LAS MEJORES EXPERIENCIAS | MAPA P. SIG.

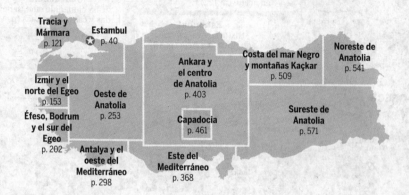

Tracia y
Mármara
p. 121

Estambul
p. 40

Noreste de
Anatolia
p. 541

Costa del mar Negro
y montañas Kaçkar
p. 509

İzmir y el
norte del Egeo
p. 153

Ankara y
el centro
de Anatolia
p. 403

Oeste de
Anatolia
p. 253

Éfeso, Bodrum
y el sur del
Egeo
p. 202

Capadocia
p. 461

Sureste de
Anatolia
p. 571

Antalya y el
oeste del
Mediterráneo
p. 298

Este del
Mediterráneo
p. 368

PÁGINA
679 **GUÍA DE
SUPERVIVENCIA**

INFORMACIÓN PRÁCTICA DE FÁCIL CONSULTA
Cómo desplazarse, conseguir una
habitación, viajar seguro y saludar.

Transporte

CÓMO LLEGAR
Y SALIR

EDICIÓN ESCRITA Y DOCUMENTADA POR

James Bainbridge

Brett Atkinson, Jean-Bernard Carillet, Steve Fallon, Will Gourlay,
Virginia Maxwell, Brandon Presser, Tom Spurling

Turquía

Península de Gallípoli
Recuerdos de la Primera
Guerra Mundial (p. 133)

Edirne
Luchadores untados
en aceite (p. 122)

Safranbolu
Una ciudad de cuento de
hadas y casas otomanas (p. 420)

Estambul
Historia viva y *ferries*
de Europa a Asia (p. 40)

Éfeso
Las ruinas mejor conservadas
del Mediterráneo (p. 204)

Ruta Licia
Recorrer montañas,
pueblos y ruinas (p. 29)

Pamukkale
Cascadas de calcita y
termas romanas (p. 282)

Fethiye
Navegar en *gület* (velero
de madera) (p. 319)

Playa de Patara
Ruinas y la playa de arena
más larga de Turquía (p. 335)

RUMANÍA
Bucarest

BULGARIA

Burgas

GRECIA

Kapikule Edirne Kirklareli

Ipsala Tekirdağ Çorlu Estambul
Keşan

Gelibolu
Península
de Gallípoli Lapseki
Çanakkale Bandirma
Troya
(Truva)
Ayvacık
Assos Edremit Balıkesir
Ayvalık

Lesbos

Bergama Pérgamo

Quíos
Aliağa
Yeni
Foça
Çeşme İzmir Sardes
Odemis
Manisa

Selçuk
Kuşadası Aydın Nazilli
Priene Éfeso
Samos Afrodisias
Dídima Milas Yatağan
Güllük
Icaria Bodrum Gökova Muğla
(Akyaka)
Cos Marmaris Ortaca
Dalaman
Fethiye
Ölüdeniz
Playa de Kaş
Patara
Megiste

Creta

MAR NEGRO
(KARADENİZ)

Sebastopol

Cide İnebolu Sinop

Amasra

Zonguldak
Karabük Safranbolu Kastamonu
Tosya Osmancı
Gerede Kurşunlu Ilgaz
Bolu Çankırı Çorum

Kocaeli
(İzmit)
Darıca
Adapazari

Yalova
Gemlik İznik
Bursa
Uludağ
(2543m) Río Sakarya
Eskişehir Gordion Ankara
Kırıkkale

Kütahya Polatlı

Sungurlu Hattu
Yoz
Kırşehir

Afyon

Eğridir
Gölü
Çivril
Hierápolis/
Pamukkale
Denizli
Burdur Isparta
Beyşehir
Gölü
Akşehir

Tuz Gölü
(Lago Salado) Aksaray

Göreme
Nevşehir
Derinkuyu
Capadocia Yah
Niğ

Beyşehir Konya

Ereğli
Çavdır Perge Aspendos
Termessos Akseki
Kemer Antalya Side
Finike Olympos
Ruta
Licia

Sugla
Gölü
Karaman
Kirobası
Uzuncaburç
Silifke Kızkalesi
Olukbaşı
Anamurium Anamur

Ada
Tarsus
Mer
(İçe

Lefkoşa/
Lefkosia
(Nicosia)

CHIPRE

MAR MEDITERRÁNEO
(AKDENİS)

Bósforo
Mar de
Mármara
Los Dardanelos

Las mejores experiencias ›

RUSIA

Ani
Sobrecogedoras ruinas de la
antigua capital armenia (p. 560)

Capadocia
Surrealistas chimeneas de hadas
y cuevas habitadas (p. 461)

Monasterio de Sumela
Custodia los valles
desde un acantilado (p. 531)

0   200 km

Grozni

Sukhumi

Kutaisi   **GEORGIA**

Tiflis

Vanadzor

Sarp   Batumi

Hopa

Bafra

Samsun   Trabzon   Rize

Mt Kaçkar
(Kaçkar Dağı)
(3937m)

Artvin   *Çıldır
Gölü*

Gyumri   **ARMENIA**

Ünye   Ordu   Giresun

Yusufeli   Göle

Kars

Ereván

Amasya

Gümüşhane   Bayburt

*Monasterio
de Sumela*

Sarıkamış

Ani   *Lago
Sevan*

Turhal   Niksar   Reşadiye

Koyulhisar   Suşehri

Tortum   *Río Aras*

Kağızman   Iğdır

Tuzluca

Tokat   Refahiye

Río Kelkit

Río Çoruh

Río Karasu

Horasan

**Mt Ararat
(Ağrı Dağı)
(5137m)**

Sivas   Zara

Erzincan   Tercan

Pasinler

Erzurum

Ağrı   Doğubayazıt

Gürbulak/
Bazargan

Patnos

Şarkışla   Divriği

Tunceli

Muradiye

IRÁN

Kayseri

Gürün

Bingöl

Muş

*Lago Van
Van Gölü*

Özalp

Göksun

Elaziğ

Río Murat

Tatvan   Bitlis

Van

Gevaş   Gürpınar

Elbistan   **Malatya**

*Nemrut Dağı
(Mt Nemrut)*

Baykan

Çatak   Başkale

Sero

Doğanşehir

Gölbaşı   Kahta

Batman

Kurtalan   Siirt

Esendere   Yüksekova

Kahramanmaraş   Adıyaman

*Atatürk
Dam*

Siverek   **Diyarbakır**

Hakkari   **Mt Cilo
(Cilo Dağı)
(4168m)**

Hilvan

Kozan

**Gaziantep
(Antep)**

Araban

Viranşehir   Mardin

Río Tigris

Şırnak

Mosul

Karatepe

Osmaniye

Birecik

**Şanlıurfa
(Urfa)**

Qamishle

Arbil

Ceyhan   Kilis

Barak

Harran

Ceylanpınar

Nussaybin

İskenderun

Elbeyli

Akçakale

**Antakya
(Hatay)**

Alepo
(Halab)

*Lago
al-Assad*

Nemrut Dağı (monte Nemrut)
El monte de las cabezas
de piedra gigantes (p. 593)

Kirkük

Reyhanlı
Bab al-
Hawa

Yayladağı

Lattakia

Deir ez-Zur

ALTITUD

Konya
Derviches danzando en el
Festival de Mevlâna (p. 449)

Río Éufrates

SIRIA

IRAK

Trípoli

LÍBANO

Palmira

3000m
2500m
2000m
1500m
1000m
700m
500m
200m
100m
0

Beirut

44°N

38°E

36°E

42°N

40°E

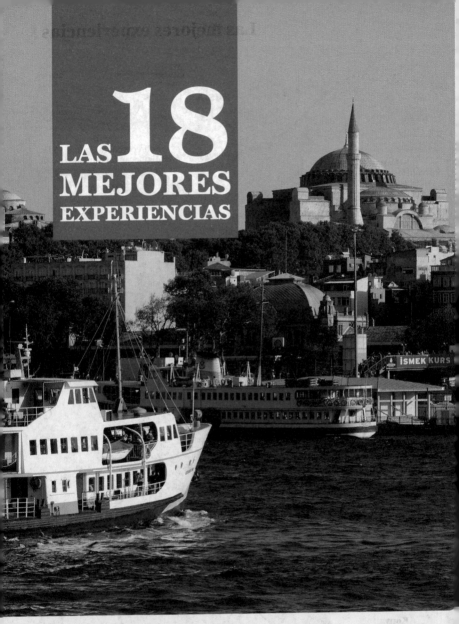

LAS 18 MEJORES EXPERIENCIAS

Entre dos continentes

1 En Estambul se puede embarcar en un *ferry* (p. 79) y pasar de Europa a Asia en menos de una hora. A diario, una flotilla de barcos transporta a los lugareños por el Bósforo y por el mar de Mármara, haciendo sonar sus estruendosas sirenas al pasar. Por la mañana, surcan las aguas en compañía de barquitos de pesca y gigantescos barcos de contenedores, vigilados por bandadas de escandalosas gaviotas. Al ponerse el sol, los minaretes y las cúpulas bizantinas del casco antiguo se dibujan sobre el cielo rosado, creando una de las más mágicas vistas de la ciudad.

Capadocia

2 Se diría que este árido paisaje es obra de un enjambre de abejas artistas, pero la realidad es algo más prosaica: las formas se deben al enfriamiento de una gran erupción volcánica. El ser humano también ha dejado aquí su marca en forma de coloridos frescos en las iglesias bizantinas o en las entrañas de complejas ciudades subterráneas. En la actualidad, Capadocia (p. 461) es un pequeño paraíso con buen vino, buena comida y cuevas maravillosas, y tiene de todo para disfrutar: senderismo, excursiones y viajes en globo aerostático. Castillo de Uçhisar, Uçhisar (arriba).

Éfeso

3 Es, sin duda, uno de los yacimientos más famosos de Turquía y el conjunto de ruinas mejor preservado del Mediterráneo. Éfeso (p. 204) es un impresionante tributo a la maestría artística y arquitectónica de griegos y romanos. Un paseo por la Vía de los Curetes, cubierta de mármol, ofrece un sinfín de posibilidades fotográficas, pero el plato fuerte es el conjunto de las casas adosadas, cuyos vívidos frescos y mosaicos permiten imaginar cómo era la vida cotidiana de la élite de la ciudad.

La ruta Licia

4 Considerada una de las 10 mejores rutas de gran recorrido del mundo, la ruta Licia (p. 29) sigue caminos bien dispuestos y señalizados a lo largo de los 500 km que separan Fethiye y Antalya, en la península de Teke, cuna de la antigua civilización licia. La ruta cruza bosques de pinos y cedros a la sombra de montañas de casi 3000 m; y recorre pueblos, impresionantes vistas costeras y ruinas de ciudades antiguas como Pınara, Xanthos, Letoön y Olympos, bastante descuidadas. Es recomendable recorrerla por etapas. Tumba tallada en la roca, Fethiye (abajo).

MICHAEL ZEGERS/PHOTOLIBRARY

Kebabs

5 Casi todo lo que pueda ensartarse en un *şiş* (brocheta) se convierte en ingrediente de un kebab, que se prepara con tacos de carne, carne picada, berenjena, ciruelas y castañas, aunque la variante regional más famosa –el kebab Adana– destaca por su sencillez: carne picada de ternera o de cordero mezclada con pimentón, cocinada a la parrilla y servida con rodajas de cebolla aromatizada con *sumac* (una especia local ligeramente ácida) y tomates a la brasa. *Afiyet olsun!* (¡Buen provecho!).

GIO SPAZZI/ALAMY

Parque Sultanahmet

6 La historia envuelve al viajero dentro de este jardín, entre la Mezquita Azul (p. 50) y Santa Sofía (p. 45), dos edificios consagrados a la gloria de Dios y a la de hombres poderosos, vestigios de la herencia bizantina y otomana de Estambul. Delimitado por el Hipódromo de la época romana y por un enclave moderno para turistas decorado con restos del Gran Palacio de Bizancio, es ideal para tomar fotografías y da fe de que Estambul es una de las más grandes ciudades del mundo.

Monasterio de Sumela

7 A pesar de su imposible ubicación, el monasterio de Sumela (p. 531) se adapta perfectamente al verde paisaje que lo rodea. Los caminos sinuosos que conducen a él pasan por rústicos restaurantes de pescado junto al río, y es probable que el ascenso del viajero se vea ralentizado por los rebaños de ovejas de cola gruesa que van a pastar. Los últimos kilómetros ofrecen sugerentes vistas de los muros de color miel de Sumela entre valles de pinares, y el último tramo a pie se disfruta mejor al son de la música del lugar.

JEAN-BERNARD CARILLET

'Hammams' (baños turcos)

8 La mayoría de los *hammams* tradicionales de Turquía ofrecen todos los extras: baño, tratamientos faciales, pedicura, etc. Pero recomendamos ceñirse a lo más básico: un remojón, una enjabonada y un contundente masaje; y el mundo (y el cuerpo) ya no volverá a ser el mismo. Para disfrutar de una experiencia de lo más auténtica, hay que visitar un *hammam* centenario en el pintoresco barrio antiguo de Antalya o en la zona histórica de Sultanahmet, en Estambul. Cağaloğlu Hamamı, Estambul (izda.).

IZZET KERIBAR

Playa de Patara

9 Patara (p. 334) cuenta con la playa de arena más larga de Turquía, un tramo de la ruta Licia y algunas de las ruinas más completas de la región. Esta ciudad mediterránea fue el principal puerto de la antigua Licia; y por si todo esto fuera poco, san Nicolás (más conocido como Santa Claus) nació aquí en el s. IV y santos como Pablo y Lucas cambiaron de barco en su tercera misión de Rodas a Fenicia, según el libro de los Hechos 21,1-2.

Practicar turco

10 Aprender lo más básico del turco no es difícil; se puede empezar pidiendo comida en un restaurante que ofrezca muchas variedades regionales. En sitios así y en teterías o estaciones de autobús hay que tomarse un tiempo y aceptar las amables invitaciones a tomar té y charlar. Un viaje no es una carrera, y estas charlas con la buena gente del lugar serán de lo más recordado del viaje.

Ani

11 Ani (p. 560) es un lugar excepcional. Históricamente fascinante, culturalmente absorbente y con un paisaje mágico, esta ciudad fantasma que parece flotar sobre un mar de hierba recuerda un decorado cinematográfico. Absorta en su plácida soledad en la frontera armenia, emana una atmósfera sobrecogedora. Ani quedó desierta tras una invasión mongola en 1239, pero había sido una ciudad próspera, capital de los reinos urarteo y armenio. Sus ruinas incluyen destacadas iglesias, como la imponente iglesia de San Gregorio y la del Redentor, además de una catedral construida entre los años 987 y 1010. Iglesia del Redentor, Ani (arriba).

Nemrut Dağı (monte Nemrut)

12 La megalomanía de un hombre trasciende los siglos desde la escarpada cima de Nemrut Dağı (p. 593). Al salir el sol, las gigantes cabezas esculpidas en el monte proyectan sus enormes sombras, y al caer la tarde se vuelven perceptibles los detalles más sutiles del inmenso paisaje que las rodea. Un vaso de çay (té) caliente ante el frío de la mañana es de lo más reconfortante. Y tras ver la cima, no hay que perderse el grácil puente romano que cruza el vecino río Cendere.

Península de Gallípoli

13 La estrecha franja de tierra (p. 133) que custodia la entrada de los disputados Dardanelos es una zona preciosa donde los pinos se extienden por las colinas sobre Eceabat y el castillo de Kilitbahir. Recorrer la pacífica campiña es una experiencia sobrecogedora: cementerios y monumentos conmemorativos recuerdan los sitios donde jóvenes soldados venidos de la otra parte del mundo dieron su vida luchando. Los apasionados guías (p. 135) transmiten la futilidad de la trágica campaña de Gallípoli, uno de los episodios más terribles de la Segunda Guerra Mundial. *Castillo de Kilitbahir, península de Gallípoli (dcha.).*

Safranbolu

14 Declarada Patrimonio Mundial por la Unesco en 1994, Safranbolu (p. 420) es una ciudad otomana resucitada. Los turistas del país la visitan con nostalgia para pasar un par de noches en casas con entramados de madera que parecen salidas de un cuento de hadas. Pero la magia no termina aquí. Sus callejones adoquinados toman vida con la venta de dulces y azafrán, mientras artesanos y zapateros ofrecen sus servicios tradicionales entre mezquitas medievales. Cuando las tormentas de verano iluminan el cielo nocturno, la seducción es completa.

Lucha en aceite en Kırkpınar

15 A finales de junio o principios de julio, la ciudad septentrional de Edirne (p. 122) se llena de fornidos *pehlivan* (luchadores) procedentes de toda Turquía y de multitudes que vienen a disfrutar de este centenario deporte (p. 126). El ambiente que se respira fuera del estadio a orillas del río es de lo más festivo, con familias que van de *picnic* y puestos de comida por todas partes. Dentro, untados en aceite de oliva, aspirantes *baş* (de primera clase) y debutantes intentan derribar a sus escurridizos oponentes agarrándose por los pantalones, donde resbalan menos.

EPU/IMAGEBROKER

Pamukkale

17 Famoso por sus intrincadas estructuras de calcita y coronado por elaboradas ruinas romanas, el 'castillo de algodón' –con pinta de espejismo blanco de día y pista de esquí alienígena de noche– es uno de los tesoros más insólitos de Turquía. Caminando con cuidado por los travertinos de cristal se llega a la cima. La recompensa es un refresco en la antigua piscina entre columnas derrumbadas y espectaculares frisos. Véase p. 282.

MMX/IMAGEBROKER

Derviches danzantes

16 Hay que unirse a los hermanos sufís de Rumi y girar hasta más no poder. Devotos y aspirantes se dan cita en Konya (p. 449), pueblo natal del sacerdote, poeta y filósofo Rumi, y cuna del destacado Museo Mevlâna, un lugar cargado de energía y símbolo de la tolerancia en el mundo musulmán. En diciembre crece el turismo gracias al Festival Mevlâna (del 3 al 17 de diciembre), una colorida e increíble celebración anual en honor del amor divino.

Navegar en 'gület'

18 En Turquía un viaje azul (*mavi yolculuk;* p. 322) es un crucero de cuatro días y tres noches a bordo de un *gület* (velero tradicional de madera) por la Costa Turquesa del oeste del Mediterráneo, y es uno de los grandes momentos del viaje a este país, que permite explorar playas desiertas y contemplar puestas de sol. Alejarse del mundanal ruido, mar adentro, sin conexión a Internet, es algo casi inaudito hoy en día. Un *gület* amarrado, península de Bodrum.

bienvenidos a
Turquía

Una tierra rica en historia, de sabrosa cocina, con una de las más grandes ciudades del mundo, y escenario de playas de arena blanca y vertiginosas montañas.

Una historia épica

El viajero que llega a Türkiye (Turquía) lo hace tras los pasos de grandes personajes históricos. Los sultanes otomanos se deleitaban en el palacio Topkapı, en Estambul, rodeados de cortesanos aduladores, mujeres del harén, eunucos y riquezas de un imperio que se extendía desde Budapest hasta Bagdad. Siglos antes, los cristianos bizantinos habían excavado iglesias-cueva en las chimeneas de hadas de Capadocia, y se ocultaban de los ejércitos islámicos en ciudades subterráneas.

Durante el transcurso de los milenios, los hititas levantaron las murallas de Hattuşa, en la estepa anatolia; los romanos trazaron la Vía de los Curetes en Éfeso; los derviches danzaron al ritmo del misticismo sufí, y los misteriosos licios dejaron ruinas en las playas del Mediterráneo. Por Turquía han pasado las principales figuras de la historia antigua, incluidos Julio César, quien 'vino, vio y venció' cerca de Amasya, y san Pablo, que recorrió el país para evangelizarlo.

Riqueza cultural

Los habitantes de Turquía son tan memorables como su país. Extrovertidos, de todos sus países vecinos –desde Azerbaiyán hasta Bulgaria– son los que más tienen en común con sus apasionados vecinos del sur de Europa. También se sienten muy orgullosos de su legado, lógicamente, y saben mucho de muchas cosas (aunque no respondemos de su exactitud), desde kílims (alfombras decoradas) hasta la cúpula flotante de Santa Sofía. La larga historia del país le ha valido una riqueza cultural notable y sumergirse en ella es tan fácil como entregarse al vapor de un *hammam* selyúcida u otomano, comer un kebab y saborear las influencias de la Ruta de la Seda, o visitar antiguas ruinas esparcidas por campos, bahías y montañas.

Paisajes y actividades

Detrás de los estereotipos de kebabs, alfombras y hábiles comerciantes bigotudos de bazar, la mayor sorpresa para los que visitan el país por primera vez es su gran diversidad, desde las playas egeas a las montañas orientales. En Estambul se puede 'navegar' –además de por el Bósforo y por sus mercados y locales nocturnos– por una metrópolis occidental que ofrece romanticismo y locura de multitudes a partes iguales. En los destinos vacacionales, como Capadocia y las costas del suroeste, el excursionismo y los deportes acuáticos se combinan con degustaciones de *mezes* (entrantes) en terrazas con vistas panorámicas. También hay zonas poco frecuentadas, donde puestos fronterizos de color miel vigilan las llanuras de la antigua Mesopotamia, y donde el viento esculpe formas que dotan de lirismo a los paisajes montañosos.

No es sorprendente que Turquía haya atraído a tantos viajeros siglo tras siglo. ¡Afortunado el viajero que va a descubrirla por primera vez!

lo esencial

Moneda
» Türk Lirası (lira turca; TRY)

Idioma
» Turco y kurdo

Cuándo ir

Estambul
abr-may, sep

Este de Anatolia
may-jun, sep

Capadocia
may, sep-oct

Egeo
may-jun, sep

Mediterráneo
abr, sep-oct

 Desierto, clima seco
Veranos entre templados y calurosos; inviernos suaves
Veranos entre suaves y calurosos; inviernos fríos

Temporada alta (jun-ago)
» Precios más caros.

» Aglomeraciones. Es necesario reservar en los principales puntos de interés.

» Mucho calor en todo el país.

» Navidad y Año Nuevo son también fechas muy concurridas y caras.

Temporada media (mayo)
» Menos gente.

» La mayoría de los establecimientos abren, los precios bajan.

» Temperaturas cálidas y primaverales, sobre todo en el suroeste.

» Incluye septiembre.

Temporada baja (oct-abr)
» Poca gente.

» Algunos hoteles de las zonas turísticas cierran.

» Descuentos del 20% o más.

» En octubre ya es otoño; la primavera empieza en abril.

» Fiesta del Kurban Bayramı.

Presupuesto diario

Económico (por día), mínimo
50 TRY
» Dormitorio colectivo: 15-25 TRY.

» Las habitaciones y los dormitorios colectivos suelen incluir el desayuno.

» Tomar autobuses y trenes nocturnos ahorra alojamiento.

Medio (por día), mínimo
100 TRY
» Habitación doble en un hotel de precio medio: 75-175 TRY.

» Los restaurantes que sirven alcohol cuestan más.

» Viajar en tren y autobús es más barato que alquilar un coche.

Alto (por día), mínimo
300 TRY
» Plato principal en un restaurante de precio alto: >17,50 TRY.

» Hay viajes en autobús más caros que algunos vuelos.

Dinero

» Hay muchos cajeros automáticos. En las ciudades y las zonas turísticas aceptan tarjetas de crédito.

Visados

» Para estancias de hasta noventa días, el visado se tramita en el aeropuerto.

Móviles

» Las tarjetas SIM son baratas y fáciles de encontrar, pero el teléfono debe estar liberado. Pasado un mes, la red bloquea el terminal.

Conducción/ transporte

» Se circula por la derecha, el volante está a la izquierda. Los autobuses son rápidos y eficientes; los trenes, lentos.

Webs

» **Lonely Planet** (www.lonelyplanet.es y www.foro.geoplaneta. com) Información, foro y reservas.

» **Turkish Cultural Foundation** (www. turkishculture.org) Cultura y patrimonio.

» **Turismo de Turquía** (www. turismodeturquia.com) Turismo.

» **Aturquia** (www. aturquia.com) Datos útiles.

» **Hispanatolia** (www. hispanatolia.com) Enlaces, noticias y artículos de actualidad.

» **Mundoturco** (www. mundoturco.com) Cultura, historia y enlaces.

Tipos de cambio

Argentina	1 ARS	0,39 TRY
Chile	100 CLP	0,31 TRY
Colombia	1000 COP	0,83 TRY
EE UU	1 US$	1,55 TRY
México	10 MXN	1,29 TRY
Venezuela	1 VEF	0,36 TRY
Zona euro	1 €	2,07 TRY

Para consultar las últimas actualizaciones, véase www.xe.com.

Teléfonos útiles

En esta guía, los prefijos locales aparecen bajo el nombre de cada ciudad.

Prefijo del país	✂90
Prefijo de acceso internacional desde Turquía	✂00
Ambulancias	✂112
Bomberos	✂110
Policía	✂155

Cómo llegar

» **Aeropuertos internacionales** İstanbul Atatürk y Sabiha Gökçen **Havaş Airport Bus** A Taksim cada 30 min (10-13 TRY). **Airport Shuttle** De 7 a 8 enlaces diarios a Taksim o Sultanahmet (10 €). **Tren Ligero** De Atatürk a Zeytinburnu, y tranvía al centro (3 TRY).

» **Gran estación de autobuses de Estambul** **Tren ligero** A Aksaray, y tranvía al centro (3 TRY). **Autobús** A la plaza Taksim o a Eminönü (1,50 TRY). **Taxi** 20/30 min a Sultanahmet/plaza Taksim (25/30 TRY). Véase también p. 113.

ISLAM Y RAMAZÁN

La presencia del islam en Turquía es moderada. En Estambul y en el oeste hay tantos bares como mezquitas, y a veces es fácil olvidar que se está en un país islámico. Cuando hay que tenerlo más en cuenta es durante el Ramazán (Ramadán), el mes sagrado en el que los musulmanes ayunan entre la salida y la puesta del sol. Suele celebrarse en verano.

Si el viajero no es musulmán practicante, no debe acudir a una tienda de *iftar* (comida nocturna con la que se rompe el ayuno diario) para pagar menos.

No se debe comer, beber o fumar en público durante el día.

Hay que ser paciente; para quien trabaja de cara al público, como los camareros, ayunar con calor es muy duro.

Es recomendable vestir con discreción; el mes de ayuno incluye abstinencia sexual.

si gusta...

Bazares

Siglos atrás, comerciantes selyúcidas y otomanos de la Ruta de la Seda paraban a negociar en los caravasares. La tradición sigue, y con ella pervive el regateo, tan típico de los laberínticos bazares de Turquía en los que lugareños y visitantes compran de todo, desde alfombras hasta despertadores.

Gran Bazar, Estambul Para practicar el regateo, nada mejor que el mayor 'centro comercial' de la ciudad, con más de cuatro mil tiendas (p. 61).

Bazar de Urfa Sus estrechas callejuelas, patios sombreados y cercanía con Siria le dan un aire de Oriente Medio (p. 585).

Kapalı Çarşı, Bursa Lejos de los más turísticos, las tiendas de sedas y de marionetas de sombras destacan en este laberíntico y tradicional mercado (p. 262).

"¡Un momento, hay que regatear!", como decían los Monty Python en *La vida de Brian*. Comprar una alfombra puede ser un proceso 'teatrero' y divertido, con varias idas y venidas, y litros y más litros de *çay* (p. 687).

Bazar de las especias, Estambul El apreciado *lokum* (delicias turcas) y las coloridas pirámides de especias alegran la vista en este fragante lugar (p. 64).

'Hammams'

Son conocidos también como "baños turcos", nombre acuñado por los europeos cuando los otomanos les descubrieron los placeres del vapor. Con techos abovedados, combinan elementos de baños romanos y bizantinos. Se puede optar por un masaje o simplemente relajarse en su atmósfera tranquila.

Sefa Hamamı, Antalya Restaurado en el s. XIII, conserva la mayor parte de sus rasgos selyúcidas. Está en Kaleiçi (vieja Antalya), entre casas otomanas y el puerto romano (p. 358).

Cağaloğlu Hamamı, Estambul Los clientes de este bonito *hammam*, cerca de Santa Sofía, gozan de sus servicios desde 1741 (p. 85).

El masaje turco Es contundente, aunque la mayoría de los masajistas son 'suaves' con los turistas; ¡hay que verles masajear a los turcos!

Sokollu Mehmet Paşa Hamam, Edirne Mimar Sinan diseñó esta joya del s. XVI, encarada a la famosa mezquita de los tres balcones (p. 124).

Playas

Si al viajero le gustan las playas, quizá el problema será decidirse por una; Turquía está bañada por el Mediterráneo, el Egeo, el mar Negro y el mar de Mármara. Al ser un país con tanta historia, no es difícil imaginar los mitos griegos de la costa turca.

Patara Siglos atrás la visitaban por el templo y el oráculo de Apolo; hoy los bañistas y las tortugas marinas vienen por sus 20 km de arena blanca (p. 334).

Kabak Un vertiginoso paseo en tractor hasta la comunidad playera mediterránea (p. 330).

Islas Egeas Un monasterio griego preside la playa de Ayazma, en Bozcaada, y quizá el viajero tenga las playas de Gökçeada para él solo (p. 157).

Pamucak Cerca de Kuşadası y Selçuk, pero mucho menos desarrollada y en el ancho delta del río, es una de las playas menos concurridas del sur del Egeo (p. 219).

》 La remota playa de Kabak (p. 330), flanqueada por espectaculares acantilados.

TIM BARKER

Museos

En un país marcado por las grandes dinastías, desde los hititas a los sultanes otomanos, los museos son una presencia obligada. Cada ciudad que se precie cuenta con un museo que preserva su historia local, ya sea por medio de colecciones polvorientas, piezas prehistóricas o nuevos centros interactivos.

Estambul Además del Museo de las Artes Turcas e Islámicas, con alfombras palaciegas, no hay que perderse lugares menos famosos, como Santralİstanbul, una vieja central eléctrica (p. 84).

Museo de la Salud, Edirne El museo de la medicina otomana ocupa un hospital de salud mental donde los pacientes eran tratados con terapia musical (p. 125).

Museo al Aire Libre de Göreme Solo en Capadocia podrían llamar museo a un valle de iglesias bizantinas esculpidas en roca (p. 465).

Museo de las Civilizaciones Anatolias, Ankara Arroja un rayo de luz sobre las antiguas civilizaciones que florecieron y se desvanecieron en las estepas circundantes (p. 405).

Diorama otomano Indispensable en los museos turcos, con maniquís bigotudos representando la vida cotidiana en un hogar otomano (p. 422).

Ciudades

Los turcos son muy regionalistas, y cada uno afirma que su ciudad es *en çok güzel* (la más bonita). De hecho, con más de una honrosa excepción, las ciudades de Turquía no son tan bonitas como sus playas y sus montañas, pero hay algunos tesoros urbanos para tener en cuenta.

Estambul La metrópoli actual fue antaño capital de imperios; y así es imposible culpar a los estambulitas por pensar que su ciudad sigue siendo el centro del mundo (p. 40).

İzmir La antigua ciudad de Esmirna está en el Egeo; los *ferries* pasan ante su paseo marítimo dándole una atmósfera muy vacacional (p. 181).

Antalya La puerta de la llamada Riviera turca, de belleza clásica aunque elegantemente moderna (p. 355).

Edirne La ciudad más septentrional del país no es un destino turístico típico. El viajero disfrutará de sus impresionantes mezquitas otomanas en compañía de los lugareños (p. 122).

Antakya (Hatay) El aspecto de la bíblica Antioquía es particularmente árabe (p. 396).

Hoteles-'boutique'

Desde mansiones otomanas con entramados de madera hasta casas griegas de piedra, las joyas arquitectónicas de Turquía se están convirtiendo en pequeños hoteles exclusivos que combinan autenticidad y elegancia.

Capadocia Alojarse en una chimenea de hadas y experimentar la vida troglodita, pero con lujos como un *hammam* en una cueva (p. 469).

Alaçati Más de cien casas griegas de piedra de esta ciudad del Egeo se han convertido en pequeños hoteles de lujo; incluso un antiguo almacén de olivas y algunos molinos (p. 197).

Asude Konak, Gaziantep También en el agreste sur de Anatolia hay hoteles-*boutique*: las cenas en el patio son uno de los platos fuertes de esta casa del s. XIX (p. 577).

Anatolia otomana Safranbolu y Amasya –con tumbas pónticas labradas en acantilados rocosos– son escenarios idílicos por sus muchos hoteles en mansiones otomanas (p. 423).

Kaleiçi Los hoteles-*boutique* aportan más encanto, si cabe, a este casco antiguo romano-otomano de Antalya (p. 356).

IZZET KERIBAR

>> La Biblioteca de Celso, en Éfeso, (p. 208) contenía 12 000 rollos en las hornacinas de sus muros.

Historia

Los turcos están orgullosos de su larga y memorable historia, y no es difícil compartir su entusiasmo ante las mezquitas, ruinas, palacios y museos del país. Paseando por un bazar o comiendo un kebab, uno ya se siente cerca de la historia; y es que tanto lo uno como lo otro se relaciona con los mercaderes de la Ruta de la Seda.

Estambul Cada rincón de esta antigua capital tiene importancia histórica, sobre todo en Sultanahmet, con el palacio Topkapı, entre otros lugares de interés (p. 45).

Los Dardanelos En un extremo está Troya, con una réplica del Caballo de Troya; y en el otro, la península de Gallípoli, escenario de una cruenta campaña en la Primera Guerra Mundial (p. 133).

Norte del Egeo Las comunidades descendientes de los nómadas turcos y de los desplazados por el intercambio de población entre Grecia y Turquía son historia viva (p. 169)

Cristianismo Para ser un país islámico, cuenta con un rico pasado cristiano; de ello dan testimonio los monasterios bizantinos de Capadocia esculpidos en la roca y las iglesias medievales georgianas de los valles del noroeste (p. 498).

Ruinas

En la lista de motivos que definen Turquía como uno de los mejores destinos turísticos del mundo, las ruinas y los kebabs compiten por el primer puesto. Ya sea en el centro de la ciudad o en lo alto de un escarpado acantilado, las reliquias de este país despertarán la pasión por la historia a cualquiera.

Éfeso La ciudad clásica mejor conservada del Mediterráneo oriental (p. 204).

Pérgamo El Asclepion era el centro médico preferente de Roma. Su vertiginoso teatro es una auténtica maravilla (p. 174).

Armenia Las ruinas armenias del este de Anatolia incluyen una iglesia del s. x en una isla y Ani, la antigua capital (p. 560).

Kekova Una ciudad sumergida y tumbas licias yacen en el fondo del Mediterráneo (p. 348)

Yacimientos recónditos Ocultas en cada rincón de Turquía hay ruinas que rara vez se visitan; cubiertas de vegetación, la única compañía del viajero será el viento y el portero del lugar.

Nemrut Dağı En la cima del monte Nemrut yacen los restos –en su mayoría, cabezas– de unas estatuas construidas por un megalómano rey romano (p. 593).

Actividades

Con un terreno atractivo y variado, con montañas y playas, Turquía es el destino ideal para las actividades al aire libre. Tanto si se prueba un deporte de aventura, como si tan solo se pasea, después hay que regalarse un poco de *çay* y *baklava* unos *meze*.

Senderismo Las posibilidades abarcan salidas de medio día en Capadocia y rutas de 500 km por caminos mediterráneos (p. 28).

Submarinismo Nadar entre antiguas ánforas y, en la península de Gallípoli, entre los restos de un naufragio de la Primera Guerra Mundial (p. 30).

Deportes acuáticos En la costa del Egeo y en la del Mediterráneo se practica *windsurf, kiteboard,* piragüismo, esquí acuático, etc. (p. 30).

Deportes de aventura El este de Anatolia ofrece actividades para descargar adrenalina, incluido el *rafting* en aguas rápidas y el ascenso de montañas (p. 29).

Barranquismo El desfiladero Saklıkent, de 18 km, cerca de Fethiye es el mejor lugar de Turquía donde practicar este deporte (p. 31).

Esquí Entre las estaciones de esquí del país figuran Erciyes Dağı, en Capadocia, y Uludağ, en Bursa (p. 32).

Si gusta... la arquitectura flamígera

Hay que ver el palacio Dolmabahçe (p. 75) y los portales de Divriği (p. 449)

Si gustan... las civilizaciones antiguas ignotas

Hay que visitar Hattuşa (p. 430) y el valle de Frigia (p. 272)

Paisaje

Salvo un pedacito que forma parte de Europa, Turquía es Asia, por lo que no sorprende que sus paisajes sean tan impresionantes. Con antiguas ruinas y pueblos bucólicos, disfrutar del paisaje nunca habrá sido tan agradable.

Capadocia Las chimeneas de hadas y los valles de toba volcánica se ven mejor a pie o a caballo (p. 461).

Noreste de Anatolia Montañas y paisajes escarpados que incluyen el techo de Turquía, el monte Ararat (5137 m; p. 569).

De Amasra a Sinop Un precioso trayecto en automóvil que pasa por las playas del mar Negro y por verdes colinas (p. 514).

Behramkale Un pueblo de la ladera con vistas de ensueño de la costa egea (p. 162).

Lago Van Un lago de 3750 km² rodeado por montañas de cimas nevadas (p. 621).

Península de Bozburun Agreste costa mediterránea llena de pinares y cuevas (p. 309).

Nemrut Dağı Las gigantescas cabezas de su cima vigilan la cadena montañosa del Antitauro (p. 593).

Parque Nacional de Ala Dağlar Cataratas que golpean acantilados de caliza en los montes Tauro (p. 495).

Comida y bebida

Turquía se aferra a la indulgencia epicúrea, tanto en los tentempiés callejeros como en los restaurantes *gourmet* con terrazas panorámicas. Cada región tiene sus especialidades y, además, pueden degustarse en restaurantes especializados, adscritos al estilo de los hoteles-*boutique*. Y nunca faltará un sitio donde tomar una copa y brindar por el viaje.

Balıkçı La cofradía de pescadores de Ayvalık regenta uno de los mejores restaurantes de pescado del Egeo (p. 168).

Cihangir Artistas y niños bien se relajan en las terrazas de bares y cafés de este barrio tan de moda de Estambul (p. 97).

Doyuranlar Gözleme En la península de Gallípoli, restaurante familiar con buena comida y ambiente bucólico (p. 141).

Ziggy's Restaurante de Ürgüp llamado así por la canción de David Bowie, que tiene unas vistas impresionantes del paisaje lunar de Capadocia (p. 489).

Oeste del Mediterráneo Una copa junto al mar, al final de un día caluroso. Ciudades como Ölüdeniz y Patara cuentan con sitios muy atrayentes (p. 327).

Principales celebraciones

1 **Lucha en aceite,** junio

2 **Senderismo,** octubre

3 **Festivales musicales,** julio

4 **Temporada de esquí,** diciembre

5 **Nevruz,** marzo

mes a mes

Enero

La soledad del invierno vacía incluso las calles de Estambul; no hay ni turistas ni lugareños. La nieve cierra los puertos de montaña y provoca retrasos en los autobuses.

✷ Año nuevo

Este país islámico celebra un sucedáneo de las Navidades, con las típicas decoraciones y el intercambio de felicitaciones y regalos. Navidad y Año Nuevo son la excepción de la temporada baja: los precios suben y los hoteles se llenan. 1 de enero

Marzo

Fuera de los principales destinos, hay poco movimiento. Los viajeros campan a sus anchas y se benefician de descuentos en los hoteles abiertos.

✷ Nevruz

Kurdos y alevíes celebran este antiguo festival de primavera de Oriente Medio con saltos sobre hogueras y alegría general. Prohibido hasta hace poco, hoy es una festividad oficial con grandes fiestas que duran hasta el amanecer, sobre todo en Diyarbakır. 21 de marzo

✷ Çanakkale Deniz Zaferi

Los turcos descienden hasta la península de Gallípoli (Gelibolu) y a la ciudad tras Dardanelos para conmemorar la victoria naval de Çanakkale. La zona se llena de gente, por lo que mejor dejar la visita turística para otro momento. 18 de marzo

Abril

La temporada turística media arranca con la primavera. No es la mejor época para broncearse al norte del país, pero el clima del suroeste es templado y agradable.

✷ Anzac Day, península de Gallípoli

Conmemoración de las batallas de la Primera Guerra Mundial pero esta vez centrada en la participación de los aliados. Peregrinos de las antípodas pasan la noche en la Anzac Cove antes de las celebraciones de la mañana. 25 de abril

✷ Festival Internacional de Cine de Estambul

Durante la mayor parte del mes, los maravillosos cines clásicos de İstiklal Caddesi, en Beyoğlu, programan eventos y películas turcas e internacionales, con entradas muy asequibles. Es como un curso intensivo sobre cine turco y se recomienda reservar con antelación. www.iksv.org/film

✷ Festival Internacional de Tulipanes de Estambul

Los parques y jardines de la ciudad resplandecen por sus tulipanes, originarios de Turquía y exportados a Holanda durante la época otomana. Algunos se plantan recreando la forma del ojo turco, el famoso amuleto azul. De finales de marzo a principios de abril

Mayo

Un buen mes para visitar el país: la temporada media sigue, hay algunos descuentos, la primavera se impone y las playas egeas y mediterráneas empiezan a animarse.

Festival Internacional Giresun Aksu

La histórica ciudad del Mar negro, productora de avellanas, invoca a la fertilidad y a la fortuna para la nueva cosecha con viajes en barco a la isla Giresun, conciertos, danzas tradicionales y otros eventos. Cuatro días a partir del 20 de mayo

Ruinas, mezquitas, palacios y museos

Tanto en Estambul como en sitios como Éfeso, es la última oportunidad hasta septiembre para ver los principales puntos de interés sin multitudes, algo que puede resultar insoportable en verano.

Junio

El verano trae consigo la temporada alta. Hasta finales de agosto, la temperatura, los precios y el número de visitantes se disparan. Lo mejor es visitar los puntos de interés a primera hora o al mediodía.

Temporada de cerezas

Junio es el mejor mes para disfrutar de las deliciosas cerezas turcas, y es cuando Giresun se abre al mundo. El Tekirdağ's Kiraz Festivalı (festival de las cerezas), en el mar de Mármara, es en honor de esta maravillosa fruta.

Kafkasör Kültür ve Sanat Festivalı, Artvin

En el Festival de Arte y Cultura del Cáucaso, celebrado en unos prados cerca de esta ciudad del noreste de Anatolia, se puede asistir al *boğa güreşleri* (luchas no sangrientas de toros). Último fin de semana de junio

Festival tradicional de lucha en aceite de Kırkpınar, Edirne

Pehlivan (luchadores) de toda Turquía se dan cita para untarse de aceite de oliva y forcejear: Es un deporte con 650 años de antigüedad.
Finales de junio o principios de julio

Julio

Junto con agosto, este mes convierte los centros turísticos del Egeo y del Mediterráneo en mecas del sol y de la diversión, y las temperaturas se disparan en todo en país. El buen tiempo saca lo mejor de la alegre personalidad turca.

Kültür Sanat ve Turizm Festivalı, Doğubayazıt

Esta ciudad kurda entre el monte Ararat (Ağrı Dağı) y el romántico palacio İshak Paşa organiza el Festival de la Cultura y las Artes, para imbuirse de la tradición turca a través de la música, la danza y el teatro.
Junio o julio

Festivales musicales

Turquía muestra su lado más europeo con varios festivales de verano, incluidos los festivales internacionales de Estambul, İzmir y Bursa; el Festival de Ópera y Ballet de Aspendos, y un sinfín de eventos dedicados al pop, el *rock,* el *jazz* y la música *dance* en Estambul y otras ciudades del país. De junio a julio

Agosto

El ambiente es húmedo y caluroso incluso de noche; no hay que olvidar el protector solar y el repelente de mosquitos, y mejor dejar cualquier actividad para primera hora de la mañana o última de la tarde.

Festivales de Capadocia

En la tierra de las chimeneas de hadas se celebran dos festivales: en los valles, conciertos de verano de música de cámara; y, entre el 16 y el 17 de este mes, la soñolienta Hacıbektaş despierta con el peregrinaje de los derviches de Bektaşı. www.klasikkeyifler.org

Festival Internacional de Ballet de Bodrum

El castillo de San Pedro, del s. xv, además del Museo de Arqueología Submarina, es el marco ideal para este festival de dos semanas, dedicado al *ballet* y la ópera turcos e internacionales. www.bodrumballetfestival. gov.tr

Septiembre

El calor y las multitudes disminuyen; los precios, también. Los hoteles y las actividades turísticas como los cruceros tienden a cerrar sus puertas de cara al invierno.

Submarinismo

Entre mayo y octubre es cuando el agua está más templada; en septiembre la temperatura puede ser de unos 25°C. Los enclaves submarinistas de Turquía son Kuşadası y Ayvalık en el Egeo, y Mármaris y Kaş en el Mediterráneo.

Bienal Internacional de Estambul

El mayor acontecimiento artístico de la ciudad, y una de las más prestigiosas bienales del mundo, tiene lugar los años impares desde mediados de septiembre hasta mediados de noviembre. En el 2009 se presentaron 120 proyectos de 70 artistas de 40 países. www.iksv.org

Octubre

En otoño quedan pocas opciones de alojamiento abiertas. En Estambul no está garantizado el buen tiempo, pero en la costa mediterránea y del Egeo todavía se puede disfrutar de días soleados.

Senderismo

En esta época del año el tiempo empeora en el este de Anatolia; pero en el suroeste, otoño y primavera son las mejores estaciones para disfrutar del paisaje sin sudar a chorros. www.trekkinginturkey.com

Festival de 'jazz' de Akbank

Desde finales de septiembre hasta mediados de octubre, Estambul celebra su pasión por el *jazz* con una ecléctica alineación de músicos locales e internacionales. Con motivo del 20º aniversario, en el 2010 también se celebró en Ankara, İzmir, Eskişehir y Gaziantep (Antep). www.akbanksanat.com

Festival de Cine Golden Orange de Antalya

El festival de cine más importante de Turquía se celebra a principios de octubre y, además de las películas, cuenta con un desfile de estrellas en coche y la controversia habitual. En la ceremonia de entrega de premios, en Aspendos, los mejores realizadores reciben la Naranja Dorada (el Oscar turco). www.altin portakal.org.tr

Noviembre

El verano ya no es más que un recuerdo lejano, incluso en la costa. La lluvia cae en Estambul mientras el mar Negro y el este de Anatolia quedan cubiertos de nieve.

'Windsurf'

La temporada termina en la meca turca del *windsurf*, Alaçatı, para volver a empezar en mayo y llegar a su punto álgido en agosto, con la celebración de la Copa del Mundo de Windsurf. Casi todas las ocho escuelas-residencia cierran desde principios de noviembre. www.alacati.de

Festival Karagöz, Bursa

Cinco días de fiestas y actuaciones celebran el tradicional Karagöz, teatro de marionetas de sombras, con marionetistas nacionales e internacionales.

Efes Pilsen Blues Festival

Entre principios de octubre y principios de noviembre, *bluesmen* estadounidenses van de gira por todo el país, desde Estambul hasta Gaziantep. www.pozitif-ist.com

Diciembre

Los turcos se protegen del frío con çay caliente y kebabs. Casi todo el país es víctima del frío, la humedad o el hielo, aunque en el oeste del Mediterráneo el tiempo es algo más plácido e invita a salir de excursión.

Temporada de esquí

¿Por qué no deslizarse por la nieve y estrenar la temporada de esquí en una de las seis estaciones del país, incluida la de Erciyes Dağı, en Capadocia, y Uludağ, cerca de Bursa? De diciembre a abril

Nieve en Anatolia

Si hay suerte, después de esquiar en Erciyes Dağı, se puede viajar hacia el oeste y ver las chimeneas de hadas de Capadocia central; cubiertas de nieve son todavía más impresionantes. El este de Anatolia también está bajo un manto de nieve, pero las temperaturas son extremadamente bajas.

itinerarios

Tanto si se tienen seis días como sesenta, estos itinerarios son punto de partida de un viaje inolvidable. Para saber más, recomendamos chatear con otros viajeros en www.foro.geoplaneta. com.

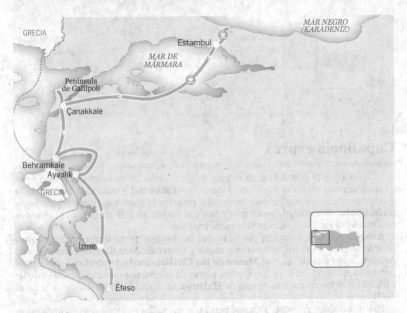

De una a dos semanas
Turquía clásica

> La mayoría de los turistas que visitan Turquía por primera vez llegan con dos nombres en la mente: **Estambul** y **Éfeso**. Tres días en esta megaciudad son esenciales para empezar a paladear sus milenios de historia. Los principales puntos de interés son **Santa Sofía**, el **palacio Topkapı** y la **Mezquita Azul,** sin olvidar un **crucero** por el Bósforo hasta el mar Negro (Karadeniz), la **vida nocturna** de la animada İstiklal Caddesi y las más de cuatro mil tiendas del **Gran Bazar.**

Después se puede ir directo a **İzmir,** cerca de Éfeso, en *ferry* y tren, pero si hay tiempo es mejor pasar por la **península de Gallípoli,** a la que se llega cómodamente en *ferry* y autobús vía **Çanakkale.** Un circuito de tarde por los emotivos campos de batalla, quizá encantados por espíritus de la Primera Guerra Mundial, es una experiencia inolvidable. En el norte del Egeo hay muchas ruinas, y se puede subir al templo de Atenea en **Behramkale,** aunque quizá sea preferible relajarse en la ruinosa **Ayvalık,** y recuperar fuerzas para la gloriosa **Éfeso,** la ciudad antigua mejor conservada del este del Mediterráneo.

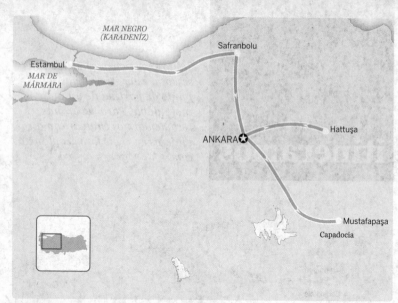

Entre 10 días y dos semanas
Capadocia exprés

❭ ¿Capadocia o la costa? El gran dilema de los viajeros. Si atrae más la primera, recomendamos seguir el itinerario anterior en **Estambul** y tomar un tren hasta la capital turca o, con algo más de tiempo, recorrer la parte superior del país hasta **Safranbolu.** Esta ciudad otomana de casas con entramados de madera entre riscos es una excelente introducción a la vida rural anatolia.

Ankara no puede competir con la ciudad del Bósforo, pero cuenta con dos puntos de interés clave en la historia turca antigua y moderna: **Anıt Kabir,** el mausoleo de Atatürk, sobre una colina; y el **Museo de las Civilizaciones Anatolias,** un *bedesten* (mercado cubierto) del s. xv que expone piezas de las estepas circundantes. Al este de Ankara están las evocadoras ruinas de **Hattuşa,** la capital hitita de finales de la Edad del Bronce.

Hay que dedicar tres días a **Capadocia,** con sus valles de chimeneas de hadas (formaciones rocosas), iglesias excavadas en la roca con frescos bizantinos, y ciudades subterráneas. Se puede recorrer a caballo. También merece la pena sentarse a contemplar con calma el fantástico paisaje en pueblos bebedores de té, como **Mustafapaşa,** con sus casas griegas en las rocas y la parra de piedra de la iglesia del s. xviii.

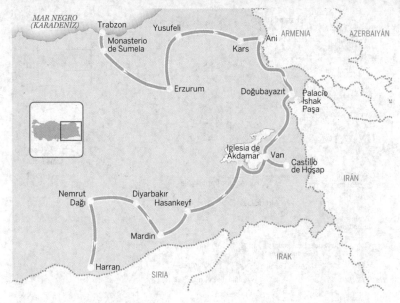

De tres a cuatro semanas
Delicias orientales

❯ Desde la animada Trabzon, se va hacia el sur, al **monasterio de Sumela,** que desde las escarpadas alturas custodia un valle arbolado. La ruta ascendente se recorre mejor en coche, así se aprecia el paisaje, especialmente los valles de las **iglesias georgianas** medievales tras Erzurum. El recorrido más vistoso es el que rodea el centro de excursionismo y *rafting* de **Yusufeli,** que pasa por montañas, desfiladeros y castillos en ruinas.

Ani es la estrella de **Kars,** zona de influencia rusa. Antaño fue una próspera capital armenia, hoy es un conjunto de magníficas ruinas, cercano a la frontera con la actual Armenia. A continuación, se va al sur, a la ciudad de **Doğubayazıt,** de predominio kurdo, apodada *doggy biscuit* (galleta de perro) por los viajeros de la ruta *hippy*. Seis kilómetros colina arriba, el **palacio İshak Paşa,** increíblemente romántico, vigila las llanuras cerca de la frontera iraní.

Más hacia el sur está **Van,** en la orilla suroriental de un gran lago rodeado de montañas. Hay que comer mucho del sabroso *kahvaltı* (desayuno) local, así habrá fuerzas para recorrer tantos puntos de interés, incluida la **iglesia de Akdamar,** única habitante de una isla en el lago Van (Van Gölü), y el recientemente restaurado **castillo de Hoşap.** Yendo hacia el oeste no hay que perderse **Hasankeyf** y su castillo esculpido en las rocas, junto al Tigris, y la ciudad de **Mardin,** de color miel, con vistas a las calurosas llanuras mesopotámicas.

Siguiendo hacia el noroeste se cruzan las murallas bizantinas de **Diyarbakır,** cuna de la cultura kurda, y luego se asciende al **Nemrut Dağı** (monte Nemrut) para ver las cabezas gigantes de piedra. La ruta termina cerca de la frontera siria, en **Harran**, que hospedó a Abrahán en el 1900 a.C. Es uno de los lugares habitados de forma continuada más antiguos de la Tierra.

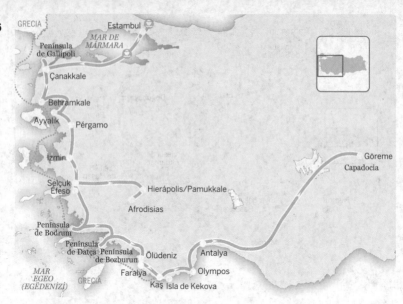

De tres a cuatro semanas
Palmeras y chimeneas de hadas

❯ Si hay tiempo, no hace falta elegir entre los sinuosos valles de Capadocia y las playas de la costa; si se está dispuesto a pasar muchas horas en autobús, podrá verse todo. Se recomienda seguir el primer itinerario y, además, ver algunas de las ruinas romanas más admirables del país en **Pérgamo,** el centro médico preeminente del Imperio, y subir a la **acrópolis.**

Después de **Éfeso,** es buena idea una excursión de un día desde **Selçuk** hasta los travertinos y las ruinas de **Hierápolis,** en Pamukkale. Las brillantes terrazas blancas pueden ser abrumadoras bajo el sol de mediodía, pero nadar entre las columnas de mármol de la **piscina antigua** repone a cualquiera. El cercano **Afrodisias** es igual de impresionante y menos concurrido; los únicos que se pierden entre sus altísimas columnas son, probablemente, arqueólogos.

De regreso a la costa, se va a la **península de Bodrum** o hacia las **penínsulas de Datça y de Bozburun**. Sus pueblos de montaña y aldeas de pescadores son ideales para recorrer en motocicleta. Siguiendo hacia el suroeste, en el precioso **Ölüdeniz** se puede practicar parapente sobre el Mediterráneo o tomar el sol en la playa. Además, está muy cerca de la **ruta Licia,** de 509 km de recorrido. Se puede salir un día entero de excursión por la magnífica campiña y pasar la noche en la divina **Faralya,** con vistas al valle de las mariposas. El más mínimo avance en dicha ruta será motivo para volver en otra ocasión.

Continuando por la costa, es buena idea hacer un alto en la relajada **Kaş.** Su bonita plaza del puerto tiene mucha vida nocturna gracias a la brisa, las vistas y las tiendas. Uno de los cruceros más cautivadores de Turquía sale desde aquí, e incluye la ciudad bizantina hundida de la **isla de Kekova.** Desde Kaş hay un par de horas hasta **Olympos,** donde se pueden pasar un par de días de relax en las casas de los árboles en la playa.

En la ciudad, el barrio romano-otomano de **Antalya,** Kaleiçi, con la cordillera como telón de fondo, bien merece un paseo. Y después, hay que dejar la playa y montarse en un autobús hacia el norte para ver las cuevas en **Göreme.** Es uno de los sitios más populares de Capadocia, un paisaje lunar surrealista salpicado de conos de toba volcánica, a menudo con formas fálicas. Las famosas formaciones decoran los caminos que llevan a los puntos de interés, incluidas las iglesias excavadas en la roca y sus frescos en el **Museo al Aire Libre de Göreme** y las ciudades bizantinas subterráneas de **Kaymaklı** y **Derinkuyu.**

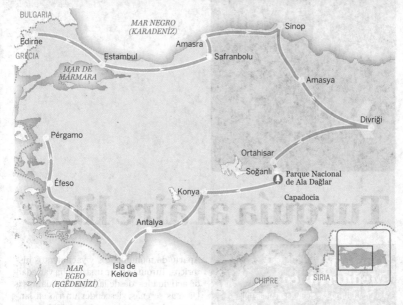

Cuatro semanas
Círculo anatolio

❭ Esta ruta solo prescinde del este de Anatolia –que por sí misma ya es una ruta completa–, e incluye joyas ignotas y puntos de interés destacados, como la mezquita Selimiye en **Edirne,** del s. XVI, una de las mejores obras del gran Mimar Sinan. A continuación, se pasan unos días entre más mezquitas, palacios y unos 13 millones de personas en **Estambul,** la antigua capital de los imperios Otomano y Bizantino, antes de dirigirse a **Safranbolu** y ver sus sinuosas calles con mansiones otomanas. Desde aquí, se sigue hacia el norte, a **Amasra,** una discreta ciudad portuaria del mar Negro que destaca por ser el inicio de la ruta en automóvil a las escarpadas colinas de **Sinop**.

Al sur de Samsun, **Amasya** recuerda a Safranbolu por sus casas otomanas. También tiene tumbas pónticas, un castillo, y menos industria turística. Siguiendo hacia el sur, se para en Sivas y se sube por un valle montañoso hasta **Divriği,** una ciudad aleví que da una idea del este de Anatolia. El conjunto de la mezquita-hospital **Ulu Cami,** de 800 años de antigüedad y protegido por la Unesco, cuenta con entradas de piedra con intrincados grabados.

La siguiente parada, **Capadocia,** supone el regreso a lo montaraz. Sin embargo, en vez de tomar parte en un circuito de autobús o de globo aerostático, es mejor ver las chimeneas de hadas y las iglesias de las cuevas a pie o a caballo. Göreme y Ürgüp son los puntos de partida más comunes, pero también puede uno alojarse en sitios menos turísticos, como **Ortahisar,** que tiene un escarpado castillo.

Al sur de Capadocia central, en **Soğanlı,** hay iglesias excavadas en la roca y menos turistas. Los asentamientos monásticos bizantinos ocupan dos valles. Y si lo que se busca es alejarse del mundanal ruido, el **Parque Nacional de Ala Dağlar** es ideal. Cuenta con algunos de los paisajes más impresionantes del país gracias a las montañas Taurus (Toros Dağları).

Tras esto, el viajero ya está listo para recorrer las llanuras de **Konya,** una parada en la ruta hacia el Mediterráneo y cuna de la orden de los Mevlâna (derviches danzantes). El **Museo Mevlâna,** con su cúpula de color turquesa, alberga la tumba del fundador de la orden, del s. XIII. Al atisbar el brillante mar Mediterráneo, hay que seguir la parte costera del itinerario anterior. No habrá tiempo de verlo todo si se quiere tomar el sol y relajarse en un *hammam* –el Seljuk Sefa de **Antalya** es uno de los mejores–, así que habrá que limitarse a lo más destacado: las ruinas de la **isla de Kekova, Éfeso** y **Pérgamo.**

Turquía al aire libre

Oeste del Mediterráneo

La Costa Turquesa cuenta con una amplia oferta de actividades que incluye el kayak en el mar, excursiones en barco, submarinismo, dos rutas de senderismo, barranquismo, *rafting* y parapente.

Capadocia

Es ideal para una excursión de medio día o de un día entero, con su paisaje surrealista de valles sinuosos y chimeneas de hadas. También se pueden hacer excursiones por las montañas, montar a caballo y esquiar en el Erciyes Dağı (monte Erciyes).

Este de Anatolia

Si lo que se busca es una buena descarga de adrenalina, hay que ir al salvaje este, sobre todo a su parte norte; allí se puede ir de excursión a las montañas, practicar *rafting* en aguas rápidas, esquiar, disfrutar del *snowboard* y caminar con raquetas de nieve.

Sur del Egeo

No hay que olvidarse el bañador si se visita esta zona, la más popular del Egeo, donde los operadores turísticos de sitios como Bodrum disponen de una amplísima oferta de excursiones en barco y deportes acuáticos, incluidos el submarinismo y el esquí acuático.

Aparte de monumentos y yacimientos históricos, Turquía ofrece una amplia variedad de actividades, desde las más trepidantes a las más serenas: descender un río en lancha, nadar entre restos arqueológicos, coronar desafiantes cimas, explorar el país a caballo... Y las actividades al aire libre que se pueden realizar no acaban aquí. Los viajeros más dinámicos, desde los aficionados al kayak hasta los más expertos esquiadores, encontrarán infinidad de sitios donde pasarlo bien. Sea cual sea la opción escogida, se encontrarán buenas condiciones de seguridad, siempre y cuando el viajero se decante por empresas de reconocida reputación que contraten a personal cualificado que hable idiomas.

Lo mejor es que los placeres epicúreos nunca están lejos. Después de tanto esfuerzo, pocas cosas resultan tan reconfortantes como saborear un *baklava* o relajarse en un *hammam*. Emocionantes actividades al aire libre, buena comida y el mimo al cuerpo: una combinación perfecta.

Excursiones y senderismo

El excursionismo en Turquía tiene cada vez más adeptos entre los propios turcos, y también entre los viajeros que la visitan; no en vano un creciente número de compañías locales y extranjeras ofrecen vacaciones basadas en esta actividad, véanse algunas en p. 699 y p. 708. El país tiene la suerte de contar con muchas montañas, desde la

AL GALOPE

Capadocia es el mejor sitio para montar a caballo en Turquía. Hay muchas pistas excelentes que recorren su maravilloso paisaje. Empresas entre las que se cuenta "El hombre que susurraba a los caballos" de Capadocia (p. 468) ofrecen paseos guiados, que van desde salidas de una hora a excursiones de una semana con todo el equipamiento. Lo mejor de montar a caballo aquí es que se llega a zonas a las que no es posible acceder de otro modo. Una sabia (y ecológica) opción para huir de las multitudes.

cordillera del Tauro en el suroeste hasta las Kaçkar en el noreste, y todas ellas ofrecen magníficas excursiones, que también son una buena manera de ver pueblos y puntos de interés a los que casi nunca llegan los turistas y donde todavía se puede contemplar la vida rural turca.

En cuanto al senderismo, las opciones varían entre las salidas de varios días, que incluyen, por un lado, el pico más alto del país, el monte Ararat (Ağrı Dağı), y la búsqueda del supuesto lugar donde se encuentra el arca de Noé, y por otro lado tranquilos paseos en parajes como Capadocia.

Se encontrará más información sobre el senderismo en Turquía en www.trekkinginturkey.com.

Precauciones

» Salvo un par de caminos muy conocidos y bien conservados, los senderos casi nunca están señalizados y es muy recomendable contratar los servicios de un guía local.

» Las condiciones meteorológicas pueden cambiar rápidamente de un extremo a otro, así que conviene ir bien pertrechado y comprobar las condiciones locales antes de ponerse en marcha.

Excursiones de un día

Capadocia es insuperable para excursiones de medio día o de un día entero. Cuenta con una docena de valles fáciles de recorrer a pie en los alrededores de Göreme y del valle de Ihlara (p. 498). Estas excursiones, de entre dos y ocho horas de duración, con pendientes suaves, son ideales para los excursionistas eventuales y las familias. Las chimeneas de hadas son inolvidables y caminar es la mejor manera de hacerle justicia al paisaje y a las vistas: permite descubrir zonas a las que los viajeros no suelen llegar. Al fin y al cabo, no hay muchos sitios del mundo donde pasear entre antiguas iglesias talladas en la roca en medio de un paisaje lunar.

Circuitos señalizados

Turquía cuenta con dos paradigmáticas rutas de larga distancia: la ruta Licia y la de San Pablo. No es necesario recorrerlas enteras; es más fácil conformarse con un trecho. La mejor época para ello es primavera o verano. En www.trekkinginturkey.com hay información sobre ambas.

Ruta Licia

Seleccionado por el *Sunday Times* como uno de los 10 mejores recorridos a pie del mundo, la ruta Licia abarca aproximadamente 500 km entre Fethiye y Antalya, parte por el interior y parte por el litoral de la antigua Licia, que pasa por Patara, Kalkan, Kaş, Finike, Olympos y Tekirova entre impresionantes vistas de la costa, bosques de pinos y cedros, tranquilos pueblos, ruinas de antiguas ciudades, el monte Olympos y el Baba Dağ. Kate Clow, quien estableció la ruta, la describe con todo detalle en la guía excursionista *Lycian Way* (La ruta Licia).

Ruta de San Pablo

Con también casi 500 km de recorrido desde Perge, 10 km al este de Antalya, hasta Yalvaç, al noroeste de Eğirdir Gölü (lago Eğirdir), la ruta de San Pablo sigue el camino trazado por el santo durante su primer viaje misionero a Asia Menor. Es más dura que la ruta Licia; tiene más ascensos, y pasa por cañones, cascadas, bosques, una carretera medieval, el Eğirdir Gölü, unas termas romanas y un acueducto; además de muchos pueblos pintorescos.

St Paul Trail, (La ruta de San Pablo), de Kate Clow y Terry Richardson, describe la ruta con detalle.

Circuitos de montaña

Turquía también permite realizar interesantes recorridos de montaña.

Monte Ararat (p. 569), la montaña más alta del país, majestuosa y desafiante con sus 5137 m de altitud, cerca de la frontera armenia, es una de las

EL DILEMA DEL EXCURSIONISTA: ¿ARARAT O LOS KAÇKAR?

Zafer Onay, guía de senderismo con base en Doğubayazıt (p. 568), lleva excursionistas al monte Ararat: "El monte Ararat es una buena ascensión, pero el paisaje de las Kaçkar es más impresionante; forman una cordillera, lo que significa que hay más diversidad. Es más colorido, se puede ver flora salvaje y, con un poco de suerte, incluso osos y cabras monteses. La observación de aves también es otra opción en las Kaçkar".

mejores ascensiones de la región y puede completarse en tres días (aunque mejor si son cuatro). Habrá que pagar (es obligatorio llevar un permiso) y ser paciente con la burocracia. Para aclimatarse, es buena idea empezar con el vecino Süphan Dağı (p. 623), de 4053 m de altitud.

Las Kaçkar (p. 535 y p. 550) Situados en el este de Anatolia, cada vez son más populares entre los viajeros europeos. Cuentan con lagos, bosques y flora variada en altitudes que van de los 2000 a los 3937 m. Existen más de treinta posibles rutas; algunas pueden completarse en unas pocas horas, y otras requieren varios días, especialmente la Trans-Kaçkar. Para más información, visítese la página de las Kaçkar en www.trekkinginturkey.com, www.kackarlar.org, o léase *The Kaçkar. Trekking in Turkey's Black Sea Mountains* (Las Kaçkar, senderismo en las montañas turcas del mar Negro), de Kate Clow y Terry Richardson.

Capadocia El sur de esta región ofrece buenas excursiones por la montaña, incluido el monte Hasan, de 3268 m (p. 500) y las montañas del Tauro (Toros Dağları), en el Parque Nacional de Ala Dağlar (p. 495).

Deportes acuáticos

Relajarse en una playa de arena blanca es de lo más tentador, pero hay muchas cosas que hacer en el mar.

Buceo con tubo

No es el mar Rojo, pero ¿en qué otro lugar del mundo se puede nadar entre ánforas y vasijas de antiguos pecios? En Turquía también hay muchos arrecifes y calas. Las aguas suelen ser tranquilas, sin mareas ni corrientes, y tiene una visibilidad media de 20 m (no está mal para el estándar del Mediterráneo). Las especies pelágicas escasean, pero abundan las de arrecife. Aquí, uno se puede cruzar con meros, dentones, morenas, doradas, pulpos, peces loro y, ocasionalmente, con serviolas, barracudas y rayas. No es necesario ser un experto buceador; hay lugares para todos los niveles de destreza. Los más experimentados cuentan con fantásticas extensiones de coral rojo (casi siempre, por debajo de los 30 m de profundidad).

Las instalaciones son buenas y los centros profesionales cuentan con instructores cualificados que hablan idiomas. Casi todos están afiliados a organizaciones internacionales de submarinismo reconocidas. Comparado con otros destinos de submarinismo del mundo, Turquía es bastante económica, además de un buen lugar para aprender. La mayoría de las empresas ofrecen inmersiones de iniciación para principiantes y cursos de certificación en mar abierto a buen precio.

Aunque se puede practicar todo el año, la mejor época es de mayo a octubre, cuando el agua está más caliente (hasta 25°C en septiembre).

El mejor submarinismo

Los siguientes lugares son ideales para practicar submarinismo:

» Kuşadası y Bodrum, sur del Egeo (p. 229).

» Marmaris y Kaş, oeste del Mediterráneo (p. 302 y p. 341).

» Ayvalık, norte del Egeo (p. 168).

Kayak y piragüismo en el mar

Si se mira un mapa de Turquía, se puede observar el tortuoso litoral del oeste del Mediterráneo. Muchas calas solitarias, bahías de un azul intenso, montañas cubiertas de pinos, islas que brillan en la distancia, pueblos tranquilos... La mejor manera de experimentar la bien denominada Costa Turquesa y de acceder cómodamente a terrenos vírgenes es a bordo de un kayak.

Otra ventaja es que se puede desembarcar en lugares inaccesibles por carretera. Para añadir emoción, es posible ver peces voladores y tortugas y, con suerte, incluso delfines retozando alrededor de la piragua.

También se organizan circuitos de más de un día, en los que se pasa la noche en tien-.

das de campaña, bajo las estrellas, en playas desiertas. Se incluyen los traslados, guías, todo el material necesario y las comidas.

Lo más destacado

Kekova Sunken City (p. 347) Un lugar mágico, con ruinas bizantinas parcialmente sumergidas a 6 m bajo el mar, que se presta a un circuito de kayak por mar desde Kaş. Esta magnífica excursión de un día, apta para todos los niveles, permite al viajero deslizarse con el kayak por aguas cristalinas sobre murallas, cimientos y mosaicos, que se ven perfectamente y que quedaron sumergidos a causa de los terremotos en el s. II.

Patara (p. 335) Las salidas en piragua por el río Xanthos ofrecen la oportunidad única de deslizarse por riberas que recuerdan la jungla y descubrir un rico ecosistema poblado por pájaros, cangrejos y tortugas, entre otros. La perspectiva de terminar la salida tumbado en la espléndida playa de Patara hace que la salida sea todavía más apetecible.

Barranquismo

Es una mezcla de escalada, senderismo, rápel, natación y saltos en cascadas, desfiladeros de ríos y piscinas naturales. No suele ser necesario tener experiencia, pero la seguridad en el agua y una buena forma física son recomendables. Los centros de aventura de barranquismo proporcionan trajes de agua, cascos y arneses, y todas las salidas se hacen con un instructor cualificado. El **desfiladero Saklıkent Gorge** (p. 332), de 18 km de largo, al sureste de Fethiye, cuenta con saltos, chapuzones en piscinas naturales, escaladas y rápel.

'Rafting' en aguas rápidas

Es muy importante elegir un operador con la experiencia, la destreza y el equipamiento adecuados para disfrutar de una experiencia tan trepidante como segura. Lo ideal es elegir al que tenga mejor reputación. El instructor debe dar una completa charla sobre seguridad y sobre cómo remar antes de que los viajeros se lancen a la aventura. Los mejores sitios para hacer *rafting* son:

Río Çoruh (p. 550) Hay que ir a Yusufeli entre los meses de mayo y julio para disfrutar de buen *rafting* en aguas rápidas; y hay que ir cuanto antes porque la zona va a quedar inundada por una presa. Gracias a una topografía accidentada y a la abundancia de agua del deshielo, el río Çoruh ofrece uno de los mejores descensos del mundo, con poderosos rápidos clasificados de nivel 2 a 5 que disparan la adrenalina. Una emoción añadida es el impresionante paisaje que bordea las escarpadas paredes de la garganta de Çoruh. Las salidas suelen durar tres horas.

Ríos Barhal e İspir (p. 550) También cerca de Yusufeli. Ideal para los más aprensivos, que pueden disfrutar de una salida tranquila viendo paisajes impresionantes por estos afluentes del Çoruh.

Çamlıhemşin (p. 537) Rápidos más suaves y paisaje impresionante.

Zamantı River (p. 495) En el Parque Nacional de Ala Dağlar, en Capadocia.

Saklıkent Gorge (p. 332) Un desfiladero de 18 km de longitud cerca de Fethiye.

Köprülü Kanyon (p. 336) En el oeste del Mediterráneo, cerca de Antalya.

'Windsurf' y 'kitesurf'

Algunas pruebas de la Copa del Mundo de Windsurf del 2010 se celebraron en Alaçatı (p. 200), en la península de Çeşme, y no es de extrañar. Con vientos fuertes y constantes (entre 16 y 17 nudos) y una zona protegida de aguas poco profundas de 500 m de lar-

PARAPENTE

Sentarse cómodamente y sobrevolar con suavidad el mar de color azul terciopelo, sintiendo la caricia de la brisa en la cara... El parapente desde las laderas del Baba Dağ (1960 m), en Ölüdeniz (p. 327), que tiene excelentes corrientes térmicas desde finales de abril hasta principios de noviembre, es una experiencia única. Para los principiantes, las empresas locales ofrecen vuelos en tándem que no requieren entrenamiento o experiencia previa; solo hay que ser capaz de correr unos pasos porque el resto lo controla el piloto, a quien el neófito está unido mediante un arnés. También se puede practicar *parasailing*. Kaş (p. 343) es otro enclave muy popular entre los aficionados al parapente.

¿VAMOS EN 'GÜLET'?

Para ir de excursión en barco por el Egeo o el Mediterráneo las opciones son infinitas. Hay salidas de un día entero –que salen de casi todos los sitios donde haya un puerto, desde Ayvalık al norte del Egeo y por toda la costa hasta Alanya, en el este del Mediterráneo– y un viaje de cuatro días en un grácil *gület* (velero de madera; p. 323) por playas y bahías. La ruta en *gület* más popular es la que va de Kale (cerca de Olympos) hasta Fethiye (o viceversa), aunque algunos aficionados a la vela dicen que la ruta entre Marmaris y Fethiye es más bonita.

go y 400 m de ancho con aguas muy tranquilas de mediados de mayo a principios de noviembre, es un destino ideal para los aficionados al *windsurf*. Asímismo, es un buen lugar donde iniciarse en este deporte, y hay una amplia oferta de clases. La bahía es también muy conocida para la práctica del *kitesurf*. Para más información, consúltese www.alacati.de.

Deportes de invierno

Turquía no es solo un destino veraniego. Fuera del país pocos saben que la oferta de deportes de invierno es muy amplia y que el esquí (*kayak* en turco), particularmente, es excelente.

Esquí

No se trata de los Alpes, pero los adictos a la nieve se verán gratamente sorprendidos con la calidad de las infraestructuras y las excelentes condiciones de la nieve de diciembre a abril.

Tanto si se es un experimentado *kayakcı* (esquiador), como un debutante que se calza los esquís por primera vez, las opciones son múltiples. Los últimos años, la mayoría de las estaciones de esquí han sido reformadas y ahora cuentan con buenas instalaciones, como hoteles equipados con saunas, *hammams* e incluso piscinas cubiertas. Lo mejor de todo es que los precios están bastante por debajo de los de las estaciones de Europa occidental y que el ambiente es familiar y sencillo.

Una gran parte de la clientela es turca, aunque cada vez hay más rusos, alemanes y turistas de Oriente Medio. Además de buenas pistas, también hay una animada vida nocturna. Las estaciones de esquí son uno de los lugares más liberales de Turquía, con locales nocturnos y bares que sirven alcohol (iponche caliente de vino!).

La mayoría de los hoteles ofrecen *packs* de un día o de una semana que incluyen *forfaits* y pensión completa. Se puede alquilar material y apuntarse a clases de esquí, aunque no abundan los monitores que hablen inglés.

Estaciones

Palandöken (p. 547) La estación más grande y más célebre, en las afueras de Erzurum.

Sarıkamış (p. 565) Una estación de nivel medio cerca de Kars. Rodeada de grandes pinares, es la que tiene el mejor paisaje. Es famoso por sus cotas de nieve y por sus soleados cielos. También se puede practicar *snowboard*.

Tatvan (p. 621) En la ladera del Nemrut Dağı (cerca de Van).

Uludağ (p. 271) Cerca de Bursa.

Davraz Dağı (p. 296) Cerca de Eğirdir.

Erciyes Dağı (Monte Erciyes; p. 505) Sobre Kayseri.

Otros deportes

El esquí de fondo también se practica en Sarıkamış, donde hay una red de caminos trazados que serpentean por el bosque. Se pueden realizar excursiones con raquetas de nieve en Capadocia, Sarıkamış y el monte Ararat.

de un vistazo

Estambul

Historia ✓✓✓
Vida nocturna ✓✓✓
Compras ✓✓✓

Historia
La metrópoli, antiguamente llamada Constantinopla y después Bizancio, fue capital de varios imperios. Santa Sofía, una iglesia que se reconvirtió en mezquita y después en museo, es la más famosa del Imperio bizantino; entre los referentes otomanos destacan la Mezquita Azul y el palacio Topkapı. La historia se asoma en cada esquina de las empinadas calles de la ciudad.

Vida nocturna
Beyoğlu es un estimulante crisol de culturas donde, de noche, todo vale. Entre las llamadas a la plegaria del amanecer y del anochecer, grupos con ganas de pasarlo bien se arremolinan en las terrazas de los bares, zonas peatonales y clubes del Bósforo. Desde Sultanahmet, centro de los puntos de interés y del alojamiento, se pasea por el puente Gálata y, después de tomar una copa con la puesta de sol, se puede probar un narguile o una cerveza Efes y unirse a la fiesta.

Compras
Los bazares de la ciudad bien merecen su fama: el Gran Bazar y sus más de cuatro mil tiendas; las tiendas de alfombras y cerámicas del bazar de Arasta; y el bazar de las especias, que incluso vende 'Viagra' turca. Abundan los mercados y los centros comerciales, y destaca el mercado de Kadıköy, en la orilla asiática, y el mercado de los miércoles en las calles de la mezquita Fatıh. En cuanto a barrios del centro, en el bohemio Çukurcuma se encuentran antigüedades y objetos de coleccionista; y en Tünel/Gálata, la moda más vanguardista.

p. 40

Tracia y Mármara

Historia ✓✓
Campos de batalla ✓✓✓
Arquitectura ✓

Historia
El noroeste de Turquía es famoso por la península de Gallípoli, zona de combates de la Primera Guerra Mundial, y por Edirne, capital del Imperio otomano. La herencia griega sigue viva en la isla Gökçeada, y en Tekirdağ vivió, en el s. XVIII, un príncipe de Transilvania.

Campos de batalla
Más de cien mil soldados murieron en la hoy pacífica península de Gallípoli, lugar de peregrinación para muchos australianos, neozelandeses y turcos. Ver los monumentos conmemorativos, los campos de batalla y las trincheras es muy emotivo.

Arquitectura
Entre las joyas otomanas de Edirne destaca la mezquita Selimiye, obra del gran arquitecto Mimar Sinan. Un interesante paseo, colina arriba, desde el puerto Gelibolu, pasa por mezquitas, tumbas, y por las aldeas de Gökçeada, en la cima de la colina, con sus casas griegas en ruinas que parecen cápsulas del tiempo.

p. 121

İzmir y el norte del Egeo

Historia ✓✓✓
Vida rural ✓✓
Gastronomía ✓✓

Historia

Troya, escenario de la famosa estratagema militar, está próxima a la parte superior de la costa egea turca. Las ruinas de Pérgamo tienen mucha fama, pero hay otros puntos de interés histórico menos visitados: ecos del intercambio de población con Grecia y descendientes de nómadas turcos.

Vida rural

El sur del Egeo está lleno de ostentosos *resorts,* pero en sitios como la isla Bozcaada, la península de Biga, Behramkale, Ayvalık y Bergama, la vida rural conserva su atractivo ritmo tranquilo, con los mercados semanales como principales eventos de la zona.

Gastronomía

Es el sitio ideal para probar el *balık* (pescado) egeo y el *rakı* (coñac anisado) en una terraza con vistas al mar, evitando los precios turísticos. Hay un dicho que resume las excelencias gastronómicas de una de sus ciudades: "rakı, balık, Ayvalık".

p. 153

Éfeso, Bodrum y el sur del Egeo

Historia ✓✓✓
Vida nocturna ✓✓✓
Sol y surf ✓✓

Historia

Los romanos transitaron por la Vía de los Curetes en Éfeso, las ruinas más visitadas de Turquía. Otras ruinas egeas menos famosas son las de Dídima; su templo de Apolo fue durante un tiempo el más grande del mundo, y la sobrecogedora Priene, una ciudad jónica sobre una colina.

Vida nocturna

La maquinaria turística de Bodrum ha generado una vida nocturna muy animada, con bares en primera línea de mar que sacan todo el partido a las bahías gemelas de la ciudad. Otro escenario interesante es Türkbükü, el patio de recreo veraniego de la *jet set* estambulita.

Sol y surf

El sur del Egeo es conocido como la Costa Azul de Turquía, y con razón; hay yates surcando las aguas de sus costas y las playas de Bodrum, excelentes para nadar y practicar deportes acuáticos.

p. 202

Oeste de Anatolia

Historia ✓✓✓
Ruinas ✓✓✓
Artesanía ✓✓

Historia

Con sus mezquitas y museos, Bursa fue capital otomana antes que Constantinopla. Los bizantinos dejaron su huella, y los monumentos rocosos del valle de Frigia se han preservado desde la lejana época frigia. Recientemente, la vibrante Eskişehir es uno de los 'tigres anatolios' de Turquía gracias a su rápido desarrollo.

Ruinas

En Hierápolis se nada entre columnas estriadas de mármol. Hay ruinas que prometen convertirse en el nuevo Éfeso, como Sagalassos, los restos de una ciudad pisidio-romana respaldada por pura roca, y Afrodisias, con el esplendor de una ciudad clásica.

Artesanía

İznik es famosa por sus azulejos. Kütahya, especializada en la producción de porcelana, le va a la zaga; y en los mercados de Bursa se pueden comprar marionetas de sombras Karagöz y seda de Bursa.

p. 253

Antalya y el oeste del Mediterráneo

Historia ✓✓✓
Playas ✓✓✓
Ruinas ✓✓✓

Historia
Las cuevas y valles de la Costa Turquesa rebosan historia. Incluso sus dos rutas señalizadas, la ruta Licia y la de San Pablo, tienen nombre de personajes históricos de la zona. En la península de Teke abundan los sepulcros y los sarcófagos licios.

Playas
En Patara, la playa más larga de Turquía, anidan tortugas marinas y se conservan muchas ruinas licias. La ciudad favorita de los *hippies,* Olympos, es famosa por las piedras de fuego de Chimaera. Si se busca tranquilidad, lo mejor es ir a la playa de Kabak, flanqueada por acantilados.

Ruinas
Más de tres milenios después del nacimiento de la civilización licia, sus monumentos funerarios siguen apostados en parajes espectaculares como Xanthos y Pınara. Otras joyas son el barrio antiguo romano-otomano de Antalya, y Knidos.

p. 298

Este del Mediterráneo

Historia ✓✓
Gastronomía ✓✓
Vestigios cristianos ✓✓✓

Historia
Los museos al aire libre son típicos de este país; y el del Parque Nacional de Karatepe-Aslantaş incluye las ruinas de un refugio veraniego de reyes neohititas. La historia tiene elementos de cuento de hadas, como el castillo de la doncella que parece flotar sobre el agua, y el abismo del cielo donde un tifón con cabeza de hidra mantenía a Zeus cautivo.

Gastronomía
Además de los restaurantes mediterráneos de pescado, esta zona de especias árabes tiene su centro culinario en Antakya (Hatay). La influencia de Siria se aprecia en las rajas de limón y la menta que acompañan kebabs.

Yacimientos cristianos
En Tarso está la casa en ruinas de san Pablo, donde los peregrinos beben del pozo. Pablo y Pedro rezaron en Antakya (la Antioquía bíblica), y santa Tecla ayunó en una gruta cerca de Silifke.

p. 368

Ankara y el centro de Anatolia

Historia ✓✓
Arquitectura ✓✓
Ruinas ✓✓✓

Historia
Aquí empezaron a girar los derviches danzantes, Atatürk inició su revolución, Alejandro Magno cortó el nudo gordiano, el rey Midas convertía las cosas en oro y Julio César pronunció su famoso "veni, vidi, vici". (llegué, vi, vencí).

Arquitectura
Amasya y Safranbolu sufren 'otomanía', y los hoteles-*boutique* ocupan sus casas blancas y negras con entramados de madera. El Museo Mevlâna, con su cúpula turquesa, es un icono de Turquía, y los caravasares selyúcidas se reparten por la estepa.

Ruinas
Hattuşa era la capital hitita, y las estrellas de piedra lucen sobre las entradas del conjunto de la mezquita de Divriği, de 780 años de antigüedad. En los acantilados de Amasya hay tumbas pónticas; destaca la tumba frigia de Gordion.

p. 403

Capadocia

Historia ✓✓
Excursionismo ✓✓
Cuevas ✓✓✓

Historia
Capadocia fue refugio de cristianos bizantinos, quienes excavaron monasterios en la roca, pintaron frescos en los muros de las cuevas y se ocultaron de los ejércitos islámicos en ciudades bajo tierra. Todo esto puede verse a caballo, a la vez que se revive la historia equina de la zona.

Excursionismo
Es una de las mejores zonas del país para ir de excursión, con opciones diversas: desde tranquilos paseos por valles de ensueño a salidas más complicadas. Al sur del frondoso valle de Ihlara, el monte Hasan, de 3628 m, y el Parque Nacional Ala Dağlar son todo un desafío.

Cuevas
Los acantilados de toba volcánica de Capadocia, con sus chimeneas de hadas, están llenas de cuevas. Algunas contienen iglesias centenarias y otras están habitadas. Muchas están abiertas al público y muestran el estilo de vida troglodita.

p. 461

Costa del mar Negro y montañas Kaçkar

Historia ✓✓✓
Excursionismo ✓✓✓
Paisaje ✓✓✓

Historia
La costa norte de Anatolia fue en la antigüedad el Reino de Ponto. Tras la Primera Guerra Mundial los griegos otomanos querían crear en esta zona un estado póntico, expulsando a los turcos. Entre las ruinas destacan el monasterio bizantino de Sumela, y la iglesia de Santa Sofía de Trabzon, del s. XIII.

Excursionismo
Las montañas Kaçkar, que se extienden a lo largo de 30 km y se levantan desde valles boscosos, desfiladeros, mesetas y lagos hasta afilados picos y paredes heladas, son uno de los principales destinos de los fans del senderismo. Recomendamos Şenyuva y el valle de Fırtına.

Paisaje
Las montañas Kaçkar y la costa de Sinop ofrecen parte del paisaje más escarpado de Turquía. La sinuosa carretera de Amasra a Sinop, dos tranquilas ciudades costeras, es espectacular.

p. 509

Noreste de Anatolia

Historia ✓✓✓
Actividades ✓✓✓
'Slow Travel' ✓✓✓

Historia
Las ruinas de esta zona son un legado de su ubicación, próxima a cuatro fronteras. Ani es la antigua capital armenia y urartia; cerca hay castillos e iglesias medievales armenias y georgianas, y el palacio İshak Paşa, recién salido de *Las mil y una noches*.

Actividades al aire libre
La oferta es muy amplia. Destaca el centro Yusufeli, dedicado al senderismo y al *rafting* en aguas rápidas, aunque puede que pronto lo inunde una presa. Los excursionistas disfrutarán en el monte Ararat y en los tramos locales de las montañas Kaçkar, y los fans de la nieve, en Palandöken y Sarıkamış.

'Slow Travel'
Para gozar del paisaje montañoso a ritmo tranquilo, es buena idea explorar los *yaylas* (valles de montaña) al noreste de Artvin. Completan el paisaje aldeas, ruinas, tradicionales casitas de madera y un ambiente caucásico.

p. 541

Sureste de Anatolia

Historia ✓✓✓
Gastronomía ✓✓✓
Arquitectura ✓✓✓

Historia
Es rica en restos de antiguas civilizaciones. Un rey armenio construyó la iglesia de la isla del lago Van y un megalómano comageno, las estatuas de la cima del monte Nemrut. Por desgracia, una presa inundará el histórico pueblo de Hasankeyf.

Gastronomía
Las influencias kurdas y árabes hacen que la cocina local sea deliciosa. Los mejores sitios para comer platos típicos son Gaziantep, con el mejor *baklava* de pistacho del mundo; y Şanlıurfa, cuna del kebab de Urfa.

Arquitectura
La historia ha dejado grandes construcciones en toda la región, incluidos los monasterios de Morgabriel y Deyrul Zafaran, que refulgen como espejismos entre el paisaje rocoso. La misteriosa Şanlıurfa; el laberinto de callejones de color terroso de Mardin, y Diyarbakır con sus murallas de basalto, merecen una visita.

p. 571

Atención a estos iconos:

 Recomendación del autor

Propuesta sostenible

 Gratis

En el índice se muestra la lista completa de los destinos incluidos en este libro.

En ruta

Estambul

13 MILLONES DE HAB.

Sumario »

Los mejores alojamientos

» Marmara Guesthouse (p. 88)
» Hotel Empress Zoe (p. 88)
» Four Seasons Istanbul at the Bosphorus (p. 92)
» 5 Oda (p. 91)
» Hotel İbrahim Paşa (p. 88)

Los mejores restaurantes

» Çiya Sofrası (p. 99)
» Hatay Has Kral Sofrası (p. 94)
» Develi (p. 96)
» Karaköy Güllüoğlu (p. 96)
» Karaköy Lokantası (p. 96)

Por qué ir

Algunas ciudades históricas son la suma de sus monumentos, pero otras, como Estambul, son mucho más que eso. En Estambul pueden visitarse iglesias bizantinas y mezquitas otomanas, comprar en tiendas elegantes por la tarde y salir de marcha toda la noche por locales nocturnos con mucho *glamour*. En pocos minutos se suceden las llamadas a la oración desde los minaretes del casco antiguo, las estruendosas sirenas de los *ferries* que navegan entre Europa y Asia, y los gritos del vendedor ambulante de turno que anuncia sus productos frescos a pleno pulmón. En otras palabras, esta maravillosa metrópoli es todo un ejercicio de seducción sensorial.

Si se pregunta a los estambulitas qué es lo que más les gusta de su ciudad, se encogerán de hombros, sonreirán, y dirán sencillamente que no hay otra igual. Si el viajero pasa en Estambul unos cuantos días, sabrá exactamente a qué se refieren.

Cuándo ir

Estambul

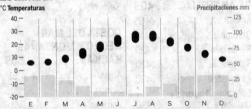

°C Temperaturas — Precipitaciones mm

Abril El sol y la brisa marcan el comienzo del multicolorido Festival Internacional de Tulipanes de Estambul.

Junio-julio Los escenarios con más ambiente son sede del Festival Internacional de Música de Estambul.

Septiembre El calor se va, y los lugareños disfrutan de la temporada de *levrek* (lubina).

Historia

BIZANCIO

El primer asentamiento fue fundado por Byzas, un colonizador de Megara. Antes de abandonar Grecia, preguntó al oráculo de Delfos dónde debería localizar su nueva colonia y recibió una enigmática respuesta: "Frente a los ciegos". Cuando Byzas y los demás colonizadores atravesaron el Bósforo en el 658 a.C., descubrieron la pequeña colonia de Calcedonia (actual Kadıköy), en la orilla asiática. Al mirar a la izquierda vieron el impresionante puerto natural del Cuerno de Oro (Haliç) en la orilla europea y pensaron: "Las gentes de Calcedonia deben de estar ciegas", y se establecieron en la orilla opuesta, en Lygos, a la que llamaron Bizancio.

Bizancio se sometió de buen grado a Roma y luchó a su lado durante siglos. Sin embargo, acabó apoyando al bando equivocado durante una guerra civil. El ganador, Septimio Severo, arrasó las murallas y le privó de sus privilegios en el año 196. Cuando reconstruyó la ciudad, la llamó Augusta Antonina.

CONSTANTINOPLA

Otra lucha por el control del Imperio romano determinó el destino de la ciudad durante los siguientes mil años. El emperador Constantino persiguió a su rival, Licinio, hasta Augusta Antonina y cruzó el Bósforo hasta llegar a Crisópolis (Üsküdar). Cuando en el 324 lo derrotó, Constantino reafirmó su poder y declaró a la ciudad la Nueva Roma. Proyectó una enorme metrópoli que sería la capital de su imperio y la inauguró con gran pompa en el 330.

Constantino murió en el 337, siete años después de la creación de la nueva capital, pero la ciudad continuó creciendo bajo el mandato de otros emperadores. Teodosio I el Grande [379-395] construyó un foro en lo que hoy es la plaza de Beyazıt, y su hijo Teodosio II levantó las murallas que llevan su nombre en el año 413, ante la amenaza de los hunos dirigidos por Atila. Derruidas por un terremoto en el 447 y reconstruidas apresuradamente en dos meses, las murallas de Teodosio aún rodean la ciudad antigua.

Teodosio II murió en el 450 y entre los emperadores que le sucedieron destaca Justiniano [527-565]. Tres años antes de subir al trono, Justiniano contrajo matrimonio con Teodora, una mujer tenaz que había sido cortesana. Juntos embellecieron Constantinopla con grandes edificios como Santa Sofía, construida en el año 537. Los proyectos urbanísticos de Justiniano y las constantes guerras de reconquista agotaron el tesoro y el Imperio. Después de él, el Imperio bizantino no volvió a recuperar su grandeza, poder y esplendor.

Se conservan muchas construcciones de la antigua Constantinopla, como iglesias, palacios, cisternas, el Hipódromo y mucho más de lo que se cree, pues las excavaciones no paran de descubrir antiguas calles, mosaicos, túneles, canalizaciones de aguas, alcantarillado y edificios públicos que permanecen enterrados bajo el moderno centro urbano.

El sultán otomano Mehmet II, que sería conocido como Fatih (que significa el "Conquistador"), llegó al poder en 1451 e inmediatamente abandonó su capital en Edirne para conquistar la que fuera la mayor ciudad bizantina.

En solo cuatro meses, supervisó la construcción de Rumeli Hisarı, la gran fortaleza de la costa europea del Bósforo, y restauró Anadolu Hisarı, levantada medio siglo antes por su bisabuelo Beyazıt I. Ambos bastiones controlaban el punto más angosto del estrecho.

Los bizantinos habían cerrado la boca del Cuerno de Oro con una gran cadena para que los barcos otomanos no pudieran penetrar en su interior y atacar las murallas de la ciudad por el norte. Pero Mehmet no se dio por vencido y reunió a su flota en una cala (donde se encuentra actualmente el palacio Dolmabahçe) y la hizo trasladar de noche por tierra. Por medio de ruedas, subieron el valle (por el emplazamiento actual del Hotel Hilton) y descendieron luego hasta el Cuerno de Oro, en Kasımpaşa, que rápidamente quedó bajo su control ante la sorpresa de los bizantinos.

El último gran obstáculo eran las enormes murallas occidentales. Sin importar la fuerza con la que las golpearan los cañones otomanos, los bizantinos las reconstruían por la noche y, al llegar el día, el joven e impetuoso sultán se volvía a encontrar en el punto de partida. Al final, recibió una propuesta de un fundidor de cañones húngaro llamado Urbano, que había llegado a la ciudad para ayudar al emperador bizantino a defender la cristiandad de los infieles. Al ver que el emperador bizantino no tenía dinero, Urbano no tardó en abandonar sus convicciones religiosas y ofrecerse a Mehmet para diseñarle el cañón más grande jamás construido. El turco aceptó y el poderoso arte-

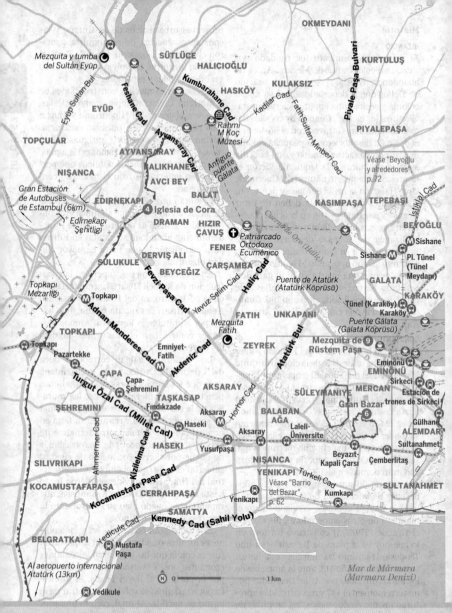

Lo más destacado de Estambul

① Descubrir el opulento **palacio Topkapı** (p. 54).

② Contemplar uno de los mejores perfiles urbanos del mundo desde un **bar con terraza** (p. 102).

③ Divertirse en una de las bulliciosas **'meyhanes'** (tabernas) de Estambul (p. 98).

④ Admirar los extraordinarios mosaicos y frescos bizantinos de la **iglesia de Cora** (p. 68).

⑤ Una **excursión en 'ferry'** por el imponente Bósforo o por el fascinante Cuerno de Oro (p. 79).

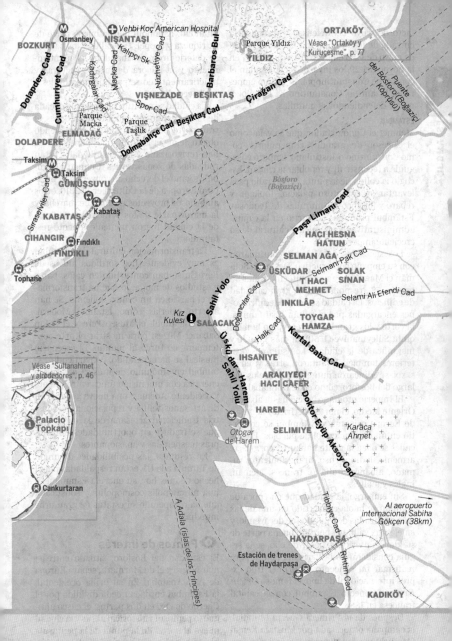

Véase "Ortaköy y Kuruçeşme" p. 77

Véase "Sultanahmet y alrededores", p. 46

6 Perderse entre la multitud del laberíntico **Gran Bazar** (véase recuadro, p. 70).

7 Ver lo último en arte en una **galería de arte contemporáneo** (véase recuadro, p. 76).

8 Disfrutar de un té y un narguile (pipa de agua) con los estambulitas en una típica '**çay bahçesi**' (jardín de té; p. 100).

9 Explorar las concurridas calles comerciales de las inmediaciones del bazar de las especias, y no perderse la pequeña pero bellísima <u>mezquita de Rüstem Paşa</u> (p. 64)

facto destruyó las defensas y franqueó la entrada de los otomanos a la ciudad. El 28 de mayo de 1453 empezó el ataque final y en la noche del 29 los invasores conseguían el control de Constantinopla. El último emperador bizantino, Constantino XI Paleólogo, murió defendiendo las murallas.

ESTAMBUL

Mehmet el Conquistador, que se veía como el sucesor de grandes emperadores como Constantino o Justiniano, empezó enseguida a reconstruir y repoblar la ciudad. Escogió la colina de la punta del Serrallo para levantar su ostentoso palacio, Topkapı, y reparó y fortificó las murallas de Teodosio. Estambul pronto se convirtió en la capital administrativa, económica y cultural de su creciente imperio.

Los sucesores de Mehmet continuaron con su empeño constructivo. Destacan Solimán el Magnífico y su arquitecto Mimar Sinan (p. 78), responsables de gran cantidad de edificios. La ciudad se llenó de edificaciones encargadas por el sultán y su familia, la corte y los grandes visires, como la mezquita Süleymaniye (1550), la más grande y magnífica de la ciudad. Los sultanes posteriores también levantaron otras y, en el s. XIX, se edificaron numerosos palacios a lo largo del Bósforo, como el de Dolmabahçe.

El Imperio otomano creció hasta abarcar Oriente Medio, el norte de África y la mitad de Europa oriental, y Estambul se convirtió en un enorme crisol de pueblos. En sus calles se oía a la gente hablar turco, griego, armenio, ladino, ruso, árabe, búlgaro, rumano, albanés, italiano, francés, alemán, inglés y maltés.

Sin embargo, la ciudad que en época de Solimán se había convertido en una de las más civilizadas del mundo fue decayendo, y en el s. XIX ya había perdido buena parte de su gloria anterior. A pesar de ello, se la seguía considerando la París del Este y, para reafirmar tal concepto, el primer tren exprés internacional de lujo, el famoso *Orient Express,* conectó Estambul con la capital francesa en 1883.

Después de la Primera Guerra Mundial, la campaña orquestada por Mustafa Kemal (Atatürk) por la salvación y la independencia nacionales se dirigió desde Ankara. Al fundar la República de Turquía, Atatürk decidió abandonar los recuerdos imperiales de Estambul y estableció su nuevo Gobierno en Ankara, una ciudad que no podía ser atacada por mar. Al ser despojada de la capitalidad, Estambul perdió buena parte de su riqueza y oropel. Las calles y los barrios se deterioraron, se abandonó el mantenimiento y la mejora de infraestructuras y prácticamente no se produjo ningún desarrollo económico.

La ciudad se mantuvo así hasta la década de 1990, cuando renació. Desde entonces, el transporte público ha sido y sigue siendo objeto de mejoras, los barrios periféricos se han revigorizado y las vías fluviales están rodeadas de zonas verdes. Cuando Estambul se ganó el derecho de convertirse en Capital Europea de la Cultura en el 2010, otros ambiciosos proyectos estaban en marcha, y la mayor parte de los principales edificios de la ciudad fueron meticulosamente restaurados.

La transformación cultural de Estambul es muy evidente. Los sórdidos antros de Beyoğlu se han convertido en cafés, bares y estudios de moda, lo que ha transformado el barrio en un centro bohemio. Se han abierto galerías como İstanbul Modern, Santralİstanbul, el Museo Pera y el Sakıp Sabancı Müzesi para mostrar el arte contemporáneo turco al mundo. El escenario musical se ha expandido, convirtiendo Estambul en sinónimo de música creativa y enérgica con una fusión única entre oriente y occidente. Además, una nueva generación de artesanos refina y reposiciona la industria tradicional artesana de la ciudad, lo que se traduce en oportunidades de compras inesperadas y apasionantes.

En resumen, las posibilidades de unión de Turquía a la UE están respaldadas por el hecho de que, hoy, su querida Estambul es una megalópolis cosmopolita y sofisticada que ha recuperado su estatus de gran urbe mundial.

◉ Puntos de interés

El estrecho del Bósforo, situado entre el mar Negro y el de Mármara, separa Europa de Asia/Anatolia. En su orilla occidental, la Estambul europea queda dividida por el Cuerno de Oro en dos partes: el casco antiguo (o península histórica) al sur y la ciudad nueva al norte. En la punta de la península histórica se halla el barrio de Sultanahmet, epicentro de la zona declarada Patrimonio Mundial por la Unesco. Aquí se encuentran la mayoría de los puntos de interés, incluidos la Mezquita Azul (Sultan Ahmet Camii), Santa Sofía y el palacio Topkapı (Topkapı Sarayı). La zona, con hoteles para todos los bolsillos, se llama actualmente Cankurtaran, aunque casi todo el mundo entiende a qué lugar se quiere ir si se pregunta por Sultanahmet.

Desde Sultanahmet, subiendo por el famoso bulevar Divan Yolu se llega al Gran Bazar (Kapali Çarşı). Al norte del bazar está la mezquita Süleymaniye, coronando grácilmente la cima de una de las siete colinas del casco antiguo; y un poco más allá están los barrios occidentales. Bajando desde el Gran Bazar se llega al Cuerno de Oro, centro neurálgico del transporte de Eminönü.

Al otro lado del puente Gálata (Galata Köprüsü), viniendo desde Eminönü, se halla Beyoğlu, en el lado norte del Cuerno de Oro. Aquí hay algunos de los mejores restaurantes, tiendas, bares y locales nocturnos de la ciudad, y la plaza Taksim, el corazón del Estambul 'moderno'.

Los barrios residenciales más sofisticados son Nişantaşi y Teşvikiye, al norte de la plaza Taksim, así como los barrios que bordean el Bósforo, sobre todo los de la orilla europea. Sin embargo, muchos estambulitas prefieren vivir en la orilla asiática. Üsküdar y Kadıköy son los dos centros neurálgicos de la zona asiática, a los que se llega en *ferry* desde Eminönü o en coche, por el puente del Bósforo.

La *otogar* (estación de autobuses) de Estambul se encuentra en Esenler, 10 km al oeste del centro. El aeropuerto internacional Atatürk se halla en Yeşilköy, 23 km al oeste de Sultanahmet, y hay otro más pequeño, el aeropuerto internacional Sabiha Gökçen, 50 km al sureste del centro. Las principales estaciones de tren son Haydarpaşa, cerca de Kadıköy, en la zona asiática, y Sirkeci, en Eminönü.

SULTANAHMET Y ALREDEDORES

No es sorprendente que muchos visitantes de Estambul no salgan en ningún momento de Sultanahmet. Al fin y al cabo, pocas ciudades pueden presumir de tener semejante concentración de lugares de interés, tiendas, hoteles y restaurantes en una única zona que se puede explorar fácilmente a pie.

Santa Sofía MUSEO
(plano p. 46; ☑0212-522 0989; Aya Sofya Meydanı, Sultanahmet; adultos/menores de 6 años 20 TRY/gratuita, guía oficial 45 min 30-50 TRY; ⏰9.00-18.00 ma-do may-oct, hasta 16.00 nov-abr, las galerías superiores cierran 15-30 min antes) Llamada Sancta Sophia en latín, Haghia Sofia en griego y Aya Sofya en turco,

este extraordinario edificio es el monumento más famoso de Estambul.

El emperador Justiniano mandó construir Santa Sofía en su esfuerzo de restaurar la grandeza del Imperio romano. Se terminó en el 537 y fue la mayor iglesia de la cristiandad hasta la conquista de 1453. Mehmet el Conquistador la convirtió en mezquita y en 1953 Atatürk decidió transformarla en museo. Los continuos trabajos de restauración (en parte subvencionados con fondos de la Unesco) hacen que la cúpula siempre esté llena de andamios pero, a pesar de ello, nada empaña la experiencia que supone visitar uno de los edificios más maravillosos del mundo.

Cuando entró en esta impresionante creación por primera vez, hace más de 1500 años, Justiniano exclamó: "Gloria a Dios, que me ha creído capaz de construir esta obra. ¡Salomón, te he superado!". Hoy en día, al entrar en el edificio y ver la magnífica cúpula que se levanta hacia el cielo, es fácil disculparle el exabrupto autocomplaciente.

Al entrar, hay que levantar la vista para descubrir en el esonártex (plano p. 49) el magnífico mosaico del Pantocrátor sobre la tercera puerta, la más grande (puerta Imperial). Al traspasarla, aparece la impresionante cúpula principal. Soportada por 40 nervios decorados, se construyó con unos ladrillos huecos fabricados especialmente en Rodas con un tipo de arcilla única, ligera y porosa. Los nervios se apoyan sobre gigantescos pilares escondidos en los muros interiores, creando la impresión de que la cúpula se sostiene en el aire.

El curioso quiosco elevado, oculto a la vista del público, es el palco del Sultán. Ahmet III [1703-1730] lo hizo construir para poder entrar, rezar y salir sin ser visto, preservando así la mística imperial. La ornamentada biblioteca, en el muro oeste, fue un encargo del sultán Mahmut I en 1739.

En el pasillo lateral situado al noreste de la puerta Imperial se encuentra la **columna que llora**, con una cubierta de cobre desgastada en la que hay un agujero. Cuenta la leyenda que, si se mete el dedo en él y se saca húmedo, se curan todas las dolencias.

Los grandes medallones del s. XIX con letras árabes doradas son obra del maestro calígrafo Mustafa İzzet Efendi. En ellos están escritos los nombres de Dios (Alá), Mahoma y los primeros califas, Alí y Abu Bakr.

Sultanahmet y alrededores

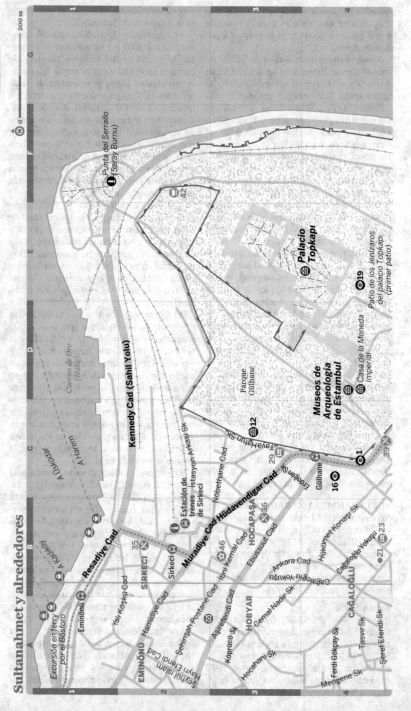

- Excursión en ferry por el Bósforo
- A Kadıköy
- A Üsküdar
- A Harem
- Cuerno de Oro (Haliç)
- Punta del Serrallo (Saray Burnu)
- Eminönü
- Reşadiye Cad
- Yalı Köşkü Cad
- Hamidiye Cad
- Kennedy Cad (Sahil Yolu)
- SIRKECI
- Estación de trenes de Sirkeci
- Istasyon Arkası Sk
- Nöbethane Cad
- TavHatun Sk
- Parque Gülhane
- Museos de Arqueología de Estambul
- Casa de la Moneda Imperial
- Palacio Topkapı
- Patio de los jenízaros, del palacio Topkapı (primer patio)
- Gülhane
- Erdoğan Sk
- EMİNÖNÜ
- Şeyhül islam Hayri Efendi Cad
- Muradiye Cad Hüdavendigar Cad
- HOCAPAŞA
- Ebussuut Cad
- İbni Kemal Cad
- Şehimşah Postane Cad
- Aşırefendi Cad
- Köprülü Sk
- Hocahanı Sk
- HOBYAR
- Cemal Nadir Sk
- Ankara Cad
- Çağaloğlu Yokuşu
- Hükümet Konağı Sk
- ÇAĞALOĞLU
- Taşvir Sk
- Ferdi Gökçay Sk
- Şeref Efendi Sk
- Mengene Sk

200 m
0

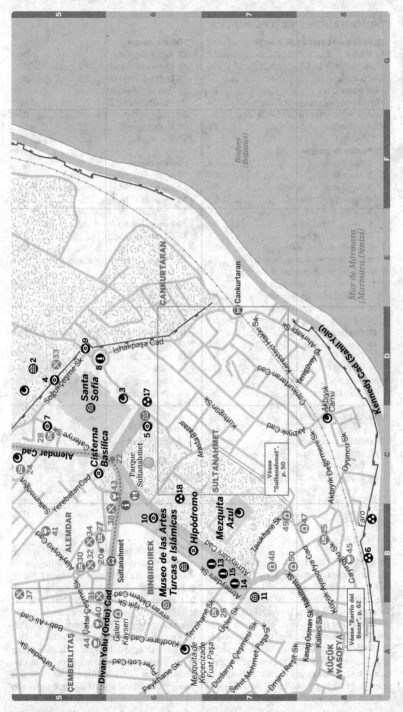

Bósforo
(Boğaziçi)

Mar de Mármara
(Marmara Denizi)

CANKURTARAN

Cankurtaran

Kennedy Cad (Sahil Yolu)

Ishakpaşa Cad

Santa
Sofía

Cisterna
Basílica

Parque
Sultanahmet

SULTANAHMET

Véase
"Sultanahmet",
p. 50

Akbiyik
Camii

Faro

Museo de las Artes
Turcas e Islámicas

Hipódromo

Mezquita
Azul

BINBIRDIREK

ALEMDAR

Véase "Barrio del
Bazar", p. 62

KÜÇÜK
AYASOFYA

ÇEMBERLITAS

Divan Yolu (Ordu) Cad

Mezquita de
Kececizade
Fuat Paşa

Mosaicos

En la base del tímpano norte (en semicírculo), bajo la cúpula, pueden verse los retratos en mosaico de san Ignacio el Joven (c. 800), san Juan Crisóstomo (c. 400) y san Ignacio Teodoro de Antioquía. Un serafín (un ángel alado bíblico) queda justo al este de aquellos. Junto a los tres santos, pero solo visible desde lo alto de las escaleras de la galería este, hay un retrato del emperador Alexandros. En el ábside figura un maravilloso mosaico de la Virgen y el Niño, y otro mosaico cercano representa al arcángel Gabriel.

Los más impresionantes son los mosaicos de las galerías superiores, a las que se accede por una rampa en zigzag situada en el extremo norte del esonártex. La magnífica Déesis (Juicio Final) de la galería sur data de principios del s. xiv; muestra a Cristo en el centro, la Virgen María a la izquierda y san Juan Bautista a la derecha.

En el extremo del ábside de la galería sur se encuentra un famoso mosaico de la emperatriz Zoe [1028-1050], que se casó tres veces y cambió el rostro de su esposo con cada nuevo matrimonio. El retrato del último, Constantino IX Monómaco, es el que ha permanecido porque la sobrevivió.

A la derecha de Zoe y Constantino hay otro mosaico donde se representan personajes con historias menos truculentas: María con el Niño en el centro, el emperador Juan II Comneno (el Bueno) a su izquierda y la emperatriz Irene (famosa por sus obras de caridad) a la derecha, con su hijo Alejo, que murió poco después de que se realizara este retrato.

Al salir del museo por el nártex hay que girarse a mirar uno de los mejores mosaicos de la iglesia, de finales del s. x, situado encima de la puerta. Muestra a Constantino el Grande, a la derecha, que ofrece a María, con el Niño en brazos, la ciudad de Constantinopla, mientras que el emperador Justiniano, a la izquierda, le ofrece Santa Sofía.

Frente a Santa Sofía están los **baños de la señora Hürrem** (Haseki Hürrem Hamamı), construidos como el *hammam* de Santa Sofía de 1556 a 1557. Proyectado por Sinan,

fue un encargo de Solimán el Magnífico en nombre de su esposa, Hürrem Sultan, que pasó a la historia como Roxelana. Mientras se redactaba esta guía, el *hammam* se hallaba en proceso de restauración y todavía no estaba claro su futuro uso.

GRATIS **Tumbas de Santa Sofía** TUMBAS (Aya Sofya Türbeleri; entrada libre; ☺9.00-19.00) Forman parte del conjunto de Santa Sofía, pero se accede a ellas por Kabasakal Caddesi. Aquí reposan los restos de cinco sultanes y sus familias, y cada uno de los edificios cuenta con un interior ricamente decorado. La tumba de Mehmed III data de 1608, y está decorada con preciosos azulejos de İznik; la de Selim II se construyó en 1577 y destaca por sus impresionantes detalles caligráficos; la de Murad III es de 1599 y se adorna con bellísimos azulejos de İznik de color coral, y la pequeña tumba de los hijos de Murad III cuenta con una sencilla pero preciosa decoración pintada.

Santa Sofía

0 ————————————————— 50 m

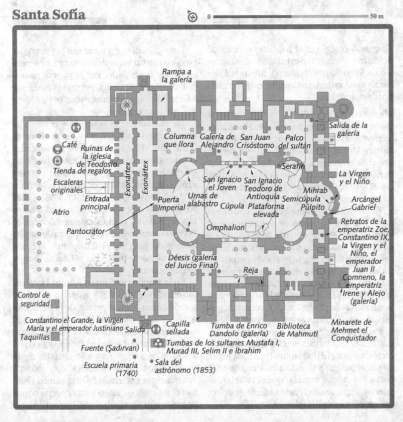

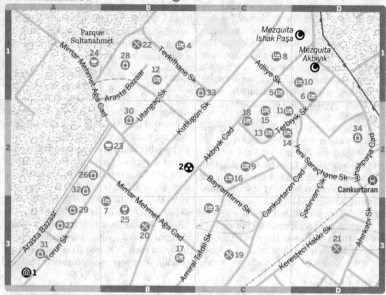

El quinto edificio es el baptisterio original de Santa Sofía, convertido en el mausoleo de los sultanes İbrahim y Mustafa I durante el s. XVII. Actualmente está cerrado por restauración.

Mezquita Azul
MEZQUITA

(Sultan Ahmet Camii; plano p. 46; Hipódromo, Sultanahmet) Con su mezquita homónima, el sultán Ahmet I [1603-1617] quiso levantar un edificio que rivalizara en belleza y grandeza con Santa Sofía, y que la superara. Hoy aquel edificio se conoce como la Mezquita Azul.

El arquitecto Mehmet Ağa consiguió causar el mismo efecto de sorpresa con el exterior que el que obtenía Santa Sofía en su interior. Sus líneas son voluptuosas, tiene seis minaretes y el patio es el más grande de todas las mezquitas otomanas. El interior también es a gran escala: los azulejos azules que le dan su nombre oficioso se cuentan por decenas de miles, hay 260 ventanas y el espacio central de oración es enorme.

Para apreciar mejor el diseño de la mezquita, hay que entrar en el conjunto arquitectónico por el Hipódromo (p. 51) en lugar de por el parque Sultanahmet. Una vez en el patio, del mismo tamaño que el interior, se pueden comprender realmente las perfectas proporciones del edificio.

La mezquita es un lugar tan popular que, para conservar su ambiente sacro, el acceso está muy controlado. Por la puerta principal únicamente pueden entrar los fieles que van a orar; los turistas están obligados a utilizar la puerta sur.

En el interior, lo primero que llama la atención son las vidrieras y los azulejos de İznik. Aun siendo imitaciones, las ventanas continúan creando el efecto luminoso de las originales, traídas de Venecia. Se observa rápidamente la razón por la que la Mezquita Azul, construida entre 1606 y 1610, más de mil años después que Santa Sofía, no es tan innovadora como su venerable vecina: la cúpula está sostenida por cuatro enormes pilares de pata de elefante, una solución menos elegante pero más sólida al problema del soporte.

En la **tumba del Sultán Ahmet I** (entrada con donativo; 🕘9.30-16.30), cubierta de azulejos, descansa el gran patrón de la Mezquita Azul. Se halla en un edificio separado en el lado norte, mirando hacia el parque Sultanahmet. Ahmet I subió al trono imperial a los 13 años y murió un año después de la construcción de la mezquita, con solo 27. Se encuentra enterrado en esta tumba recubierta de azulejos junto a una docena o más de niños (sus descendientes), lo que demuestra que la riqueza y los privilegios de la familia imperial no les evitaban las tragedias.

Museo del Mosaico del Gran Palacio
MUSEO

(Büyüksaray Mozaik Müzesi; plano p. 50; ☎0212-518 1205; Torun Sokak, Sultanahmet; entrada 8 TRY; ⊙9.00-18.00 ma-do jun-oct, hasta 16.30 nov-may) Cuando los arqueólogos de la Universidad de Ankara y de la escocesa Saint Andrew's University excavaron en la parte de atrás de la Mezquita Azul a mediados de la década de 1950, descubrieron un pavimento de mosaico de principios de la época bizantina (c. 500 d.C.). Con maravillosas escenas mitológicas, de caza, y retratos de emperadores, formaba parte de un paseo triunfal que iba desde el gran palacio bizantino del emperador (que ocupaba el lugar donde hoy se levanta la Mezquita Azul) hasta el puerto de Bucoleon, al sur. Hoy se expone in situ en este museo, donde paneles informativos documentan el rescate y la restauración de la pieza.

También se salvaron otros mosaicos del s. v gracias a que el sultán Ahmet I construyó encima de ellos una *arasta* (fila de tiendas). El bazar Arasta está actualmente formado por numerosas tiendas de alfombras y cerámica cuyos alquileres se destinan al mantenimiento de la Mezquita Azul.

Al museo se entra por Torun Sokak, detrás de la mezquita y del bazar Arasta.

Hipódromo
PARQUE

(Atmeydanı; plano p. 56) A los emperadores bizantinos les entusiasmaban las carreras, y el Hipódromo era su lugar predilecto. En su momento, la arena rectangular tenía dos niveles de galerías, una línea central o espina, casillas de salida y la curva de uno de sus extremos, llamada *esfendone*.

El Hipódromo fue el centro neurálgico de la vida bizantina durante mil doscientos años y continuó siéndolo en época otomana durante otros cuatrocientos años. Los bizantinos apoyaban a dos equipos de cuadrigas rivales, los Verdes y los Azules, cada uno con conexiones políticas encontradas. Apoyar a cualquiera de ellos significaba pertenecer a determinado partido político, y la victoria de uno u otro tenía grandes consecuencias. Un emperador podía perder su trono como resultado de una revuelta posterior a una carrera.

Los sultanes otomanos también seguían con interés las actividades que se llevaban a cabo en el Hipódromo. Si las cosas no iban bien en el imperio, las multitudes descontentas reunidas en él podían iniciar disturbios que derivasen en una revolución. En 1826, el sultán reformador Mahmut II [1808-1839]

ESTAMBUL EN...

Dos días

Si solo se tienen dos días, hay que ponerse las pilas. El primer día, se visitan la **Mezquita Azul, Santa Sofía** y la **Cisterna Basílica,** por la mañana; por la tarde se sigue nuestro **circuito a pie** del **Gran Bazar.** Se cena en Beyoğlu y se toma un narguile en Tophane. El segundo día hay que dedicarlo al **palacio Topkapı** y al **Bósforo.** La mañana se pasa viendo el palacio, y luego se embarca en uno de los barcos privados de excursiones en Eminönü para dar una **vuelta por el Bósforo.** Después, se camina por Gálata hasta **İstiklal Caddesi,** se toma una copa en la **azotea de un bar** y se disfruta cenando en una **'meyhane'** (taberna).

Cuatro días

Los dos primeros días se sigue el itinerario anterior, y el tercer día se visitan los **Museos de Arqueología de Estambul** por la mañana y la **mezquita Süleymaniye** por la tarde. Para cenar, lo mejor son los kebabs en **Develi** o en **Zübeyir Ocakbaşı.** El cuarto día hay que dedicarlo a una **excursión por el Cuerno de Oro;** de vuelta desde Eyüp, hay que bajarse en Ayvansaray y caminar colina arriba para ver los mosaicos y frescos bizantinos de la **iglesia de Cora.** De vuelta en Sultanahmet, se pueden comprar recuerdos en el **bazar de Arasta** antes de dejarse caer por los bares, restaurantes y locales nocturnos al otro lado del puente Gálata.

lideró el asesinato del corrupto cuerpo de jenízaros (guardia personal del sultán) y en 1909 se produjeron los altercados que causaron el derrocamiento de Abdül Hamit II y la reforma de la Constitución otomana.

A pesar de que el Hipódromo podía acabar siendo el escenario de su caída, tanto los emperadores bizantinos como los sultanes otomanos se empeñaron en embellecerlo con estatuas traídas de los confines del imperio. Únicamente se conservan unas pocas. Los principales responsables del expolio fueron los soldados de la Cuarta Cruzada, que saquearon Constantinopla en 1204, a pesar de que la ciudad era, supuestamente, una aliada cristiana.

Cerca del extremo norte del Hipódromo, hay un cenador de piedra con una cúpula cuyo interior está revestido de mosaico. Es la **fuente del Emperador Guillermo.** El emperador alemán realizó una visita oficial en 1901 al emperador Abdül Hamit II y le regaló esta fuente como símbolo de amistad.

El **obelisco de Teodosio,** de granito rosa magníficamente conservado, es el monumento más antiguo de Estambul. Se esculpió en Egipto durante el reinado de Tutmosis III [1549-1503 a.C.] y estuvo en el templo de Amon-Ra en Karnak. El emperador Teodosio [379-395] lo trasladó a Constantinopla en el año 390. El obelisco original hubo de partirse en dos para el viaje y la parte superior se colocó sobre una base de mármol

ceremonial construida al efecto. Son interesantes los relieves que muestran a Teodosio, su esposa e hijos, oficiales y guardia personal contemplando una carrera de cuadrigas desde la *kathisma* (tribuna imperial).

Al sur del obelisco se encuentra una extraña columna que sale de un agujero del suelo. Conocida como **columna Serpentina,** formaba parte de una pila dorada soportada por tres serpientes enroscadas que se fundió para conmemorar la victoria de la confederación helénica sobre los persas en Platea. Estuvo situada delante del templo de Apolo en Delfos desde el 487 a.C. hasta que Constantino el Grande la trasladó a su nueva capital en el año 330. Los historiadores creen que las cabezas de bronce de las serpientes fueron robadas durante la Cuarta Cruzada.

Del **obelisco de piedra** del s. IV se tiene muy poca información, excepto que en el 869 un terremoto hizo caer la piña de bronce de su extremo y que fue revestido con placas de bronce dorado por Constantino VII Porfirogeneta [913-959], tal como indica la inscripción en la base, arrancadas posteriormente durante la Cuarta Cruzada; aún se aprecian los agujeros de los tornillos que las sujetaban.

El nivel del suelo original del Hipódromo coincide con las bases de los obeliscos y la columna, 2,5 m por debajo del nivel actual.

El **Museo Republicano de la Universidad de Mármara** (entrada libre; ⏰10.00-18.00

ma-do), en el extremo sur del Hipódromo, es un bello ejemplo del revivalismo otomano, un estilo arquitectónico local que se hizo popular durante el s. XIX. Exhibe una colección de grabados originales de artistas turcos (y cuenta con buenos lavabos).

Museo de las Artes Turcas e Islámicas

MUSEO

(Türk ve İslam Eserleri Müzesi; plano p. 46; ☏0212-518 1805; Atmeydanı Sokak 46, Sultanahmet; entrada 10 TRY; ⊙9.00-16.30 ma-do) Este impresionante museo está situado en el palacio de İbrahim Paşa, construido en 1520 en el lado oeste del Hipódromo.

İbrahim Paşa era el mejor amigo y cuñado de Solimán el Magnífico. Fue capturado de niño por los turcos en Grecia y vendido como esclavo para la casa imperial de Estambul, donde trabajó de paje y se hizo amigo de Solimán, que tenía su misma edad. Cuando su amigo se convirtió en sultán, İbrahim fue ascendido a jefe halconero, jefe de la cámara real y gran visir. Solimán le otorgó este palacio un año antes de concederle la mano de su hermana Hadice. Pero la riqueza y el poder de İbrahim, así como la influencia que ejercía sobre el sultán, llegaron a ser tan grandes que despertaron la envidia de otros que también lo pretendían, sobre todo la esposa de este, Roxelana. Después de que un rival acusara a İbrahim de deslealtad, Roxelana convenció a su marido de que era una amenaza y Solimán ordenó su ejecución en 1536.

En el interior del palacio se puede contemplar una de las mejores colecciones de alfombras antiguas del mundo, así como increíbles manuscritos y miniaturas. Los paneles informativos están en turco y en inglés.

La cafetería, situada en un acogedor patio interior ajardinado, es ideal para refugiarse de las multitudes y los vendedores del exterior.

Cisterna Basílica

EDIFICIO HISTÓRICO

(Yerebatan Sarnıcı; plano p. 46; ☏0212-522 1259; www.yerebatan.com; Yerebatan Caddesi 13, Sultanahmet; entrada 10 TRY; ⊙9.00-19.30) Cuando los emperadores bizantinos construían algo, lo hacían a conciencia. Esta extraordinaria cisterna, obra de Justiniano en el 532, es un buen sitio donde refugiarse un rato; sobre todo en verano, porque en su interior se está fresquito.

También la historia de la cisterna está plagada de anécdotas. Conocida en época bizantina como la cisterna Basílica debido a su localización, bajo la Basílica Stoa,

EL GRAN PALACIO DE BIZANCIO

Constantino el Grande construyó el Gran Palacio poco después de fundar Constantinopla, en el año 330. Los siguientes emperadores bizantinos quisieron dejar su impronta en él y lo ampliaron, por lo que el complejo acabó teniendo cientos de edificios cerrados por muros y situados en parques en terraza que se extendían desde el Hipódromo hasta Santa Sofía y continuaban bajando la ladera hasta terminar en el malecón y en el palacio de Bucoleon. Se abandonó después de que la Cuarta Cruzada saqueara la ciudad en 1204 y sus ruinas fueron pasto del pillaje después de la conquista de los turcos, convirtiéndose en los cimientos de la mayor parte de Sultanahmet y Cankurtaran.

Se han descubierto varias partes del Gran Palacio –muchas de ellas por obra de arqueólogos aficionados–, por lo que realizar un recorrido de exploración de la subestructura bizantina es una buena manera de pasar una tarde. Pueden verse los mosaicos del **Museo del Mosaico del Gran Palacio** (plano p. 50), que decoraron antaño los suelos del conjunto de edificios, y también los restos del **palacio Bucoleon** (plano p. 46) y del **palacio Magnaura** (plano p. 50).

Las excavaciones del Gran Palacio en el **Parque Arqueológico Sultanahmet** (plano p. 46), en Kabasakal Caddesi, al sureste de Santa Sofía, en activo desde 1998, se habían interrumpido cuando esta guía entró en prensas debido a cierta controversia porque parte de dichas excavaciones iban a incluirse en una nueva extensión del vecino hotel de lujo Four Seasons Hotel.

Para más información, se puede visitar www.byzantium1200.com, con imágenes en 3D que recuperan la antigua Bizancio, o comprar un ejemplar de la guía ilustrada *Walking Through Byzantium: Great Palace Region*, publicada como parte del proyecto Byzantium 1200.

una de las grandes plazas de la primera colina, se utilizaba para almacenar agua para el Gran Palacio y los edificios circundantes. Acabó cerrada y al parecer olvidada por las autoridades antes de la conquista. En 1545, el erudito Petrus Gyllius (Pierre Gilles), que buscaba antigüedades bizantinas, descubrió que los vecinos de la zona obtenían agua haciendo descender cubos desde sus sótanos. Algunos le dijeron que pescaban de la misma manera. Intrigado, Gyllius exploró el vecindario y descubrió una casa desde la que se podía acceder a la cisterna. Incluso después de su descubrimiento, los otomanos (que la llamaban Yerebatan Sarayı) nunca trataron el palacio subterráneo con el respeto que se merecía y se convirtió en un vertedero para todo tipo de basura, e incluso cadáveres. Ha sido restaurada al menos en tres ocasiones.

La cisterna mide 65 m de ancho y 143 m de largo. El techo está sostenido por 336 columnas distribuidas en 12 filas. En su momento llegó a albergar 80 000 m³ de agua, que era bombeada y conducida por una red de acueductos de más de 20 km.

Su simetría y la detallada grandiosidad de su concepto son extraordinarias, teniendo en cuenta que fue construida con columnas, capiteles y plintos de edificios en ruinas. No hay que perderse las dos columnas de la esquina noroeste, que descansan sobre cabezas de medusa invertidas, o la de la zona central, en forma de lágrima.

Al caminar por las plataformas de madera se oye el agua gotear desde la bóveda del techo y se pueden ver fantasmales carpas que patrullan por el agua. La iluminación crea ambiente, y la pequeña cafetería al lado de la salida es un sitio de lo más curioso para tomar una taza de *çay*.

GRATIS **Pequeña Santa Sofía** MEZQUITA
(Küçük Aya Sofya Camii, iglesia de San Sergio y San Baco; plano p. 62; Küçük Aya Sofya Caddesi; entrada con donativo) Justiniano y Teodora ordenaron construir este edificio entre el 527 y el 536, justo antes de que Justiniano levantara Santa Sofía. Se dedicó a los santos patrones de los cristianos del ejército romano. La cúpula muestra una arquitectura sobresaliente y su planta de octógono irregular es poco común. Al igual que Santa Sofía, su interior estaba originalmente decorado con mosaicos dorados, que se perdieron, e impresionantes columnas de mármol verde y rojo, que se conservan. Hüseyin Ağa, jefe de los eunucos blancos,

la convirtió en mezquita hacia el 1500; su tumba se encuentra en la parte norte del edificio.

Después de aparecer en el listado de la World Monuments Fund (www.wmf.org) de edificios en peligro, este espléndido ejemplo de la arquitectura bizantina ha sido restaurado y actualmente luce un aspecto magnífico. Hay una tranquila *çay bahçesi* en el patio delantero.

Después de visitarlo, si se va hacia el norte por Şehit Mehmet Paşa Sokak y por la colina, se verá la pequeña pero preciosa **mezquita de Sokollu Mehmet Paşa**, diseñada por Sinan en 1571.

Palacio Topkapı PALACIO
(Topkapı Sarayı; plano p. 46 y p. 56; ☎0212-512 0480; www.topkapisarayi.gov.tr/eng; entrada al palacio 20 TRY, al harén 15 TRY; ⊙9.00-18.00 mi-lu, el harén cierra a las 17.00) Este opulento conjunto palaciego protagoniza más historias que la mayoría de las casas reales del mundo juntas. Fue el hogar de Selim el *Borracho*, que se ahogó después de beber demasiado champán; de İbrahim el Loco, que perdió la razón después de que su hermano, Murat IV, lo mantuviese 22 años encerrado; y de la malvada Roxelana (p. 643), una antigua concubina que se convirtió en la poderosa consorte de Solimán el Magnífico. Y estas son solo tres de las muchas historias de otomanos locos, tristes y malvados que lo habitaron entre 1453 y 1839.

Mehmet el Conquistador empezó los trabajos del palacio poco después de tomar Constantinopla en 1453, y residió en él hasta su muerte en 1481. Los sultanes posteriores vivieron en este enrarecido ambiente hasta el s. XIX, cuando se trasladaron a los ostentosos palacios de estilo europeo de Dolmabahçe, Çırağan y Yıldız, a orillas del Bósforo. Mahmut II fue el último en habitarlo.

Una visita a Topkapı requiere, al menos, tres horas, pero es mejor dedicarle más. Si se dispone de poco tiempo, lo recomendable es decantarse por el harén, el tesoro y las salas que rodean el baldaquín İftariye. Las entradas para el palacio se compran en la taquilla que hay junto a la puerta del segundo patio, y para el harén, en la taquilla situada a su entrada. Al lado de la taquilla principal se pueden encontrar guías que enseñan el palacio. Un circuito de una hora cuesta 10 € por persona si se va en un grupo grande; pero si el grupo es pequeño habrá que negociar el precio. Otra opción es la audioguía, que cuesta 10 TRY (más otras 10 TRY para el harén). Están disponibles en la taquilla que hay después del torniquete de la entrada del segundo patio.

Antes de traspasar la puerta Imperial (Bâb-ı Hümâyûn) de Topkapı, se recomienda observar la ornamentada estructura de la plaza adoquinada cercana a la puerta. Se trata de la fuente del Sultán Ahmet III (plano p. 46), construida en 1728 por el sultán, a quien le gustaban tanto los tulipanes que su reino es conocido como la "época de los tulipanes".

Primer patio

Topkapı fue creciendo y cambiando a lo largo de los siglos, pero mantuvo su planta inicial de cuatro patios. Los otomanos continuaron con la costumbre bizantina de apartar al monarca de la plebe: el primer patio estaba abierto al público; el segundo, solo a quienes formaban parte de la administración imperial, y los patios tercero y cuarto eran exclusivos de la familia imperial, gente importante y personal de palacio.

Al atravesar la gran puerta Imperial, situada detrás de Santa Sofía, se accede al primer patio, el de los Jenízaros. A la izquierda se encuentra la bizantina Aya İrini (Hagia Eirene, iglesia de la Paz Divina; plano p. 46), encargada en el 540 por Justiniano para reemplazar una iglesia anterior. Este edificio es tan antiguo como Santa Sofía. Por lo general, solo abre sus puertas para albergar conciertos durante el Festival Internacional de Música de Estambul, pero hay rumores que dicen que en un futuro podría convertirse en el Museo de Bizancio. Junto a Aya İrini está el restaurante Karakol; mucho mejor que el restaurante Konyalı del cuarto patio. Un poco más adelante, hacia la izquierda, hay un camino que lleva a la Casa de Moneda Imperial (Darphane-I Amire), que a veces organiza exposiciones temporales, y a los Museos de Arqueología de Estambul.

Segundo patio

La puerta del Medio (Ortakapı o Bâb-üs Selâm) conducía al segundo patio, utilizado para los asuntos de la administración del imperio. Los únicos que podían atravesarla a caballo eran el sultán y la *valide sultan* (madre del sultán reinante); los demás, incluido el gran visir, tenían que desmontar. Fue encargada por Solimán el Magnífico en 1524.

A la derecha, una vez cruzada la puerta, hay maquetas del palacio. En un edificio cercano se exhibe una colección de carruajes imperiales.

El segundo patio está bellamente diseñado a modo de parque. Topkapı no sigue el modelo típico de palacio europeo, a base de un gran edificio con jardines alrededor, sino que está formado por una serie de pabellones, cocinas, cuarteles, salas de audiencia, quioscos y aposentos construidos alrededor de un recinto central.

A la derecha (este) quedan las cocinas del gran palacio, y a la izquierda (oeste), está la ornamentada cámara del Consejo Imperial, también llamada Dîvân-ı Hümayûn. El Divan Imperial (Consejo) se reunía en ella para discutir los asuntos de Estado mientras el sultán escuchaba a través de una rejilla en lo alto del muro de la base de la torre de la Justicia (Adalet Kulesi) del harén. Detrás de esta cámara está el Tesoro, en proceso de restauración mientras se redactaba esta guía.

La entrada al lugar más famoso del palacio, el harén, se encuentra bajo la torre de la Justicia.

Harén

Para visitarlo es necesario comprar una entrada aparte en las taquillas del acceso al harén.

Según la creencia popular, era el lugar donde el sultán podía dedicarse al libertinaje (de hecho, Murat II así lo hizo, y tuvo 112 hijos). Pero, en realidad, estos eran los aposentos privados de la familia real y cada detalle de la vida en ellos estaba regido por la tradición, la obligación y la ceremonia. La palabra harén significa, literalmente, "privado".

Las mujeres del harén de Topkapı tenían que ser extranjeras, ya que el islam prohíbe esclavizar a musulmanes. Las jóvenes eran compradas como esclavas (a menudo vendidas por sus padres a buen precio) o regaladas por nobles y potentados.

Al entrar en el harén, a las jóvenes se les enseñaba el islam, la cultura y lengua turcas y las artes del maquillaje, el vestido y el comportamiento, así como música, lectura y escritura, bordado y danza. Posteriormente iniciaban un concurso de méritos, primero como damas de compañía de las concubinas e hijos del sultán; luego, de la madre del sultán; y finalmente, si mostraban aptitudes y disponían de la belleza suficiente, del sultán.

El harén lo gobernaba la *valide sultan,* quien solía tener grandes propiedades a su nombre, controladas mediante sirvientes

0 — 50 m

Cuarto patio

34

30

25

27   26

22

23

32

31

Estanque   29

28

24

33

19

18

17

16

63

Estanque   62

20

Tercer patio

15

61

59   58   57

60

54   53   55

56

64

14

52   51

50

13

Harén

65   67

48   49

66

44

12   11

47

49

6

46   8

68   69

42

71   70   71   39

40   7

73   37   36   38

4

72   35

9

5

Taquilla del harén

Segundo patio

10

2

Patio de los Jenízaros (primer patio)

1   3

A Aya Irini; Puerta Imperial;   *Taquilla*
fuente del Sultán Ahmet III

eunucos negros. Podía dar órdenes directas al gran visir y su influencia sobre el sultán en la selección de mujeres y concubinas, así como en asuntos de Estado, acostumbraba a ser muy importante.

El sultán, según la ley islámica, podía tener cuatro mujeres legítimas, que recibían el título de *kadın* (esposa) y tantas concubinas como pudiera mantener; algunos llegaron a tener hasta trescientas, aunque no coincidieron todas en el harén. Si la esposa de un sultán le daba un hijo, pasaba a llamarse *haseki sultan;* y si le daba una hija, *haseki kadın*. La dinastía otomana no contemplaba el derecho del primogénito a acceder al trono, por lo que todos los hijos imperiales podían aspirar a él. Todas las damas del harén luchaban para conseguir que su hijo fuera el heredero del trono, lo que les aseguraba su papel como nueva *valide sultan.*

Aunque el harén está construido en la ladera de una colina y cuenta con seis niveles, tan solo una docena de las estancias más espléndidas están abiertas al público. Hay paneles explicativos en turco y en inglés a lo largo del recorrido guiado, del que destacan el pequeño patio de los eunucos negros, el patio de las concubinas y las consortes del sultán, los apartamentos de la *valide sultan,* el gran vestíbulo imperial, los ornamentados aposentos privados de Murat III y Ahmet I, la sala de la fruta y los quioscos gemelos/apartamentos del príncipe heredero.

Tercer patio

Si se llega al tercer patio después de visitar el harén, se debería volver a entrar por la puerta principal para apreciar la grandiosidad del acceso al corazón del palacio. La puerta de la Felicidad, o de los Eunucos Blancos, era la entrada a los dominios privados del sultán.

Al atravesarla aparece la cámara de la Audiencia, construida en el s. XVI y remodelada en el s. XVIII. Los oficiales importantes y los embajadores extranjeros eran conducidos hasta este pabellón para dirigir los altos asuntos de Estado. Acomodado en divanes cuyos cojines se habían bordado con 15 000 perlas, el sultán inspeccionaba los regalos y ofrendas de los embajadores a medida que se los pasaban por la pequeña puerta de la izquierda.

Justo detrás de la cámara de la Audiencia está la bonita Biblioteca de Ahmet III, con varias cúpulas, construida en 1719. A la derecha de la cámara de la Audiencia (frente a la salida del harén) se ubican las salas del dormitorio de las Fuerzas Expedicionarias, que actualmente contiene ricas colecciones de túnicas, caftanes y uniformes imperiales tejidos con hilos de plata y oro. Junto a este dormitorio se halla el Tesoro; véase el siguiente apartado para profundizar en los detalles de su colección. Enfrente del Tesoro, al otro lado del tercer patio, se pueden ver otras maravillas: las reliquias sagradas de la sala del Manto Feliz, llamada **salas de la Custodia Sagrada.** Estas salas son el sanctasanctórum del palacio. Únicamente los elegidos podían entrar al tercer patio, pero el acceso a la sala del Manto Feliz era para los elegidos entre los elegidos, y solo en ocasiones ceremoniales.

En el vestíbulo de las salas de la Custodia Sagrada destaca la puerta grabada de la Kaaba en La Meca, y los canalones dorados, del mismo lugar. A la izquierda, una sala custodia la huella del pie del profeta Mahoma en arcilla, la caña del profeta Moisés y la espada del profeta David.

En el tercer patio también están las habitaciones de los pajes encargados de las salas de la Custodia Sagrada, donde se ubicaba la escuela de pajes y jenízaros del palacio. En la actualidad este espacio se dedica a exposiciones temporales.

El Tesoro

Su increíble colección de objetos preciosos y las imponentes vistas desde la terraza del balcón hacen del Tesoro una visita obligada, una vez en palacio. El edificio fue construido por Mehmet el Conquistador en 1460 y siempre se ha utilizado para almacenar obras de arte y tesoros. En la primera sala se encuentra la espada de Solimán el Magnífico, con piedras preciosas engastadas, y el trono de Ahmet I, taraceado de madreperla y diseñado por Mehmet Ağa, el arquitecto de la Mezquita Azul. En la segunda sala merecen la pena las diminutas **figuras indias,** elaboradas en su mayor parte con perlas.

Después de visitar la tercera sala y haber visto los enormes **candelabros** de oro y diamantes, se llega a una cuarta sala en la que se expone el objeto más famoso del Tesoro, la daga de Topkapı. Protagonista de la búsqueda criminal de la película *Topkapı* (1964), tiene tres enormes esmeraldas en la empuñadura y un reloj engastado en el pomo. En esta misma sala también se muestra el diamante del Cucharero (Kaşıkçı'nın Elması), de 86 quilates, tallado en lágrima y rodeado de varias docenas de piedras más pequeñas. Es el quinto diamante en tamaño del mundo y lo lució por primera vez el sultán Mehmet IV [1648-1687] el día de su coronación en 1648. Debe su nombre al hecho de que un vendedor ambulante pagara tres cucharas por él después de que fuera encontrado en un vertedero de Eğrıkapı.

Cuarto patio

Los pabellones de recreo ocupan la parte noreste del palacio, el jardín de los Tulipanes o cuarto patio. Allí se halla el Mecidiye Köşkü, añadido a Topkapı con posterioridad, construido por el sultán Abdül Mecit

[1839-1861]. Debajo está el restaurante Konyalı.

Al subir las escaleras del final del jardín de los Tulipanes aparecen los tres edificios más bellos del palacio, unidos por una terraza de mármol con una preciosa fuente. Murat IV [1623-1640] mandó construir el quiosco Revan entre 1635 y 1636 después de recuperar de manos persas la ciudad de Yereven (actualmente en Armenia). En 1369 encargó el quiosco de Bagdad, uno de los últimos ejemplos de arquitectura palaciega clásica, para conmemorar su victoria sobre esa ciudad. Destacan los magníficos azulejos de İznik, las incrustaciones de madreperla y carey, y las vidrieras.

De la terraza sobresale el tejado dorado del baldaquín İftariye, el lugar preferido por los visitantes para hacerse fotos. İbrahim el Loco mandó construir esta pequeña estructura en 1640 como lugar pintoresco para romper el ayuno del Ramadán.

En el extremo oeste de la terraza se encuentra la sala de la Circuncisión (Sünnet Odası), utilizada para el ritual de iniciación a la edad adulta de los musulmanes. Construido por İbrahim en 1640, sus paredes exteriores están decoradas con paneles de azulejos especialmente bellos.

Soğukçeşme Sokak ZONA HISTÓRICA
(plano p. 46) Soğukçeşme Sokak ("calle de la fuente fría") va desde las murallas del palacio Topkapı hasta Santa Sofía. En los años ochenta, la Turkish Touring & Automobile Association (TTAA) compró todos los edificios de la calle y los derribó para construir nueve recreaciones de las cuidadas casas otomanas que habían ocupado el lugar durante los dos siglos anteriores. Esto provocó una enconada batalla en las páginas de los periódicos, con expertos que aseguraban que la ciudad acabaría siendo un parque temático como Disneylandia, en lugar de realizarse el legítimo esfuerzo de conservación de la arquitectura. La TTAA finalmente llevó a cabo el proyecto (después de la intervención del presidente turco) y al cabo de un tiempo se inauguraron los edificios recreados, como Ayasofya Konakları, uno de los primeros hoteles-*boutique* de la ciudad. Dejando aparte las consideraciones de conservación, los coloridos edificios y la calle adoquinada son especialmente pintorescos y merece la pena pasear por ella.

Caferağa Medresesi EDIFICIO HISTÓRICO
(plano p. 46; 📞0212-513 360; Caferiye Sokak; entrada gratuita; ⏰8.30-19.00) Este pequeño y encantador *medrese* (seminario), oculto en las sombras de Santa Sofía, fue diseñado por Sinan según las órdenes de Cafer Ağa, el jefe eunuco negro de Solimán el Magnífico. Se levantó en 1560 como escuela islámica y seglar y hoy es la sede de la Fundación Turca de Servicios Culturales, que realiza talleres de artes tradicionales otomanas como caligrafía, *ebru* (marmolado de papel) y pintura en miniatura. Parte de la artesanía que se produce está a la venta y en el patio interior hay un agradable *lokanta*.

Parque Gülhane PARQUE
(Gülhane Parkı; plano p. 46) El que fuera el parque del palacio Topkapı, es hoy un sombreado punto de relax para todos los estambulitas. Es especialmente bonito a finales de marzo y principios de abril, cuando florecen miles de tulipanes plantados con motivo del Festival Internacional de Tulipanes de Estambul. En el lado oeste del parque se encuentra el **Museo de la Historia de la Ciencia y la Tecnología en el Islam** (entrada 5 TRY; ⏰9.00-16.30 mi-lu), ubicado en los antiguos establos de palacio. En el extremo norte del parque se halla la deliciosa Set Üstü Çay Bahçesi (p. 99), una tetería al aire libre con magníficas vistas al Bósforo. Aunque es un poco cara, pocos sitios de la ciudad la superan para disfrutar de una taza de té. A la izquierda de la salida sur hay un quiosco en forma de bulbo construido en el interior del muro del parque. Llamado **Alay Köşkü** (quiosco del Desfile), es el lugar donde se sentaba el sultán para ver los desfiles periódicos de las tropas y las cofradías que conmemoraban los principales días festivos y las victorias militares. Hoy es la delegación del Ministerio de Cultura y Turismo en Estambul.

Al cruzar la calle desde el Alay Köşkü (y no muy visible desde la puerta del parque) hay una puerta rococó de extraordinarias curvas que conduce al recinto de lo que fue el Gran Visirato, conocido en Occidente como la **Sublime Puerta.** Actualmente, los edificios que se encuentran al otro lado de la puerta se utilizan como oficinas del Gobierno.

Museos de Arqueología de Estambul MUSEOS
(Arkeoloji Müzeleri; plano p. 46; 📞0212-520 7740; Osman Hamdi Bey Yokuşu, Gülhane; entrada 10 TRY; ⏰9.00-18.00 ma-do may-sep, hasta 16.00 oct-abr) Quizá no atraiga tantos visitantes como Topkapı, pero no hay que perderse este espléndido conjunto de museos. Se

puede llegar fácilmente bajando la ladera desde el primer patio de Topkapı o subiendo la colina desde la puerta principal del parque Gülhane. Se requieren un mínimo de dos horas para visitarlo entero.

El complejo está dividido en tres edificios, el Museo Arqueológico (Arkeoloji Müzesi), el Museo del Antiguo Oriente (Eski Şark Eserler Müzesi) y el quiosco de los Azulejos (Çinili Köşk). En ellos se guardan las colecciones palaciegas, reunidas en el s. XIX por el artista y arqueólogo Osman Hamdi Bey (1842-1910) y ampliadas enormemente desde la proclamación de la República. Los paneles informativos, de gran calidad, están en inglés y en turco.

El primer edificio, situado a la izquierda, es el **Museo del Antiguo Oriente.** Fue construido por Alexander Vallaury en 1883 mirando al parque para acoger la Academia de Bellas Artes. Contiene piezas anatolias hititas y objetos preislámicos del Imperio otomano.

Una estatua romana del dios Bes da la bienvenida al **Museo Arqueológico,** del otro lado del patio. Hay que girar a la izquierda y entrar en las salas mal iluminadas que se encuentran al fondo, donde se exponen los principales tesoros del museo, los sarcófagos de la necrópolis real de Sidón. Osman Hamdi Bey desenterró estos sarcófagos en Sidón (en el actual Líbano) en 1887, y en 1891 convenció al sultán para construir este museo y así poderlos guardar.

En la primera sala se puede ver un sarcófago de origen egipcio, reutilizado con posterioridad por el rey Tabnit de Sidón; su momia está al lado. También se puede contemplar el sarcófago licio, perfectamente conservado, realizado en mármol de Paros a finales del s. V. De especial interés son las bellas representaciones de caballos, centauros y figuras humanas. A su lado se halla el sarcófago del Sátrapa, con representaciones de escenas cotidianas de un gobernador provincial. En la siguiente sala se custodia el famoso sarcófago de Alejandro, de mármol, una de las mayores obras de arte clásico. Debe su nombre a que en él están representadas escenas del general macedonio y su ejército combatiendo a los persas. En realidad fue esculpido para el rey Abdalonymos de Sidón. De gran exquisitez, está tallado en mármol pentélico y data del último cuarto del s. IV a.C. En un lado se ve a los persas (con calzas largas y tocados de tela) luchando con los griegos. Alejandro, a caballo, lleva un tocado en forma de León de Nemea, el símbolo de Hércules. El otro lado muestra la violencia de la caza de un león. La escultura aún conserva restos de la pintura roja y amarilla original. Al final de la sala está situado el sarcófago de las Plañideras, que también conserva restos de la pintura original. La representación de las mujeres es de una crudeza extraordinariamente emotiva. Las salas siguientes muestran una impresionante colección de sarcófagos ceremoniales antiguos procedentes de Siria, Líbano, Salónica, Éfeso y otras partes de Anatolia.

Una vez visitadas estas salas hay que retroceder y dejar atrás a Bes para llegar a la sala 4, la primera de las seis galerías de las estatuas. No hay que perderse el Efebo de Tralles, de la sala 8, ni la exquisita cabeza del niño de Pérgamo de la sala 9.

El edificio anexo a la galería principal de la planta baja es el Museo Infantil. Los niños probablemente acabarán por aburrirse con los horribles dioramas de la vida en Anatolia, sin embargo quedarán impresionados con la maqueta a gran escala del Caballo de Troya, al que se podrán subir. Al lado de este museo hay una fascinante exposición titulada *A la luz del día,* que muestra los hallazgos arqueológicos salidos a la luz gracias al gran proyecto de transporte de Marmaray. La exposición continúa en el piso de abajo, donde también hay una impresionante galería que exhibe artefactos bizantinos.

Si se tiene un mínimo interés en la rica arqueología de Estambul, no hay que dejar pasar la exposición de la entreplanta *Estambul a través de los tiempos.* Después de verla resulta más fácil apreciar la enorme parte de la ciudad antigua que permanece cubierta.

El último de los edificios del museo es el increíble **quiosco de los Azulejos** del sultán Mehmet el Conquistador. Considerado el edificio turco no religioso más antiguo de Estambul, fue construido en 1472 como pabellón externo del palacio Topkapı y utilizado para presenciar los acontecimientos deportivos. Actualmente alberga una impresionante colección de azulejos y cerámica selyúcida, anatolia y otomana.

BARRIO DEL BAZAR

Coronado por el mejor y más evocador centro comercial, el famoso Gran Bazar, en este barrio también se encuentran dos de los mayores edificios otomanos, las mezquitas de Süleymaniye y Beyazıt.

Gran Bazar
BAZAR

(Kapalı Çarşı, "mercado cubierto"; plano p. 66; www.kapalicarsi.org.tr; ☺ 8.30-19.30 lu-sa) Este laberíntico y caótico bazar es el corazón del casco antiguo; y así ha sido desde hace siglos. Una visita a Estambul no es completa si no se visita el bazar.

Empezó como un pequeño *bedesten* (mercado cubierto) de mampostería construido en la época de Mehmet el Conquistador y creció hasta ocupar una enorme extensión, a medida que los vendedores del barrio iban levantando porches y tejados para poder comerciar tanto si llovía como si hacía mucho sol. Finalmente se creó un sistema de puertas y verjas para poder cerrar la miniciudad al final de la jornada.

Actualmente, el bazar cuenta con 16 *hans* (caravasares), 64 calles, mezquitas, bancos, una comisaría de policía, restaurantes, talleres y más de dos mil tiendas, lo que lo convierte en un microcosmos. Al visitarlo, hay que estar muy atento para descubrir *hans* que quedan medio ocultos, y recorrer todas sus calles para no pasar por alto pequeñas tiendas y talleres. Resumiendo, se trata de ver tiendas, beber mucho té, comparar precios y poner a prueba las habilidades para el regateo. Al menos hay que reservarse tres horas para visitarlo; aunque hay viajeros que le dedican tres días.

Plaza Beyazıt
PLAZA

El sultán Beyazıt II [1481-1512] exigió que la **mezquita de Beyazıt** (Beyazıt Camii; plano p. 62) se decorara con grandes cantidades de mármol, pórfido, serpentina y granito poco común. Fue construida entre 1501 y 1506, y es el punto central de esta plaza de referencia, oficialmente llamada Hürriyet Meydanı (plaza de la libertad), aunque los estambulitas la conocen simplemente por Beyazıt. En época bizantina aquí se encontraba el foro de Teodosio, el mayor de la ciudad, construido por el emperador en el año 393. Hoy en día, la plaza está enmarcada por el impresionante pórtico de la **Universidad de Estambul**.

Mezquita de Süleymaniye
MEZQUITA

(Süleymaniye Camii, mezquita del Sultán Solimán el Magnífico; plano p. 62; Prof Sıddık Sami Onar Caddesi) Corona una de las siete colinas que domina el Cuerno de Oro y es un gran punto de referencia para toda la ciudad. Fue encargada por el mayor, más rico y pode-

roso de los sultanes otomanos, Solimán el Magnífico [1520-1566], y se convirtió en la cuarta mezquita imperial de Estambul.

Aunque no es la mezquita otomana de mayor tamaño, la recientemente restaurada mezquita de Süleymaniye sí es la de mayor grandiosidad. Fue proyectada por Mimar Sinan (véase recuadro en p. 78), el arquitecto imperial más famoso y de mayor talento. A pesar de que él consideraba la mezquita Selimiye de Edirne su mejor obra, escogió ser enterrado en el complejo de la Süleymaniye, probablemente porque sabía que sería gracias a este edificio por el que pasaría a la posteridad. Su tumba se encuentra al otro lado del jardín cerrado, en la esquina norte.

El interior es a la vez abrumador por su tamaño y relajante por su simplicidad. La decoración es mínima, con algunos azulejos de İznik de gran calidad en el mihrab (nicho orientado a La Meca); unas impresionantes vidrieras encargadas por İbrahim *el Borracho,* y cuatro gigantescas columnas, una de Baalbek, otra de Alejandría y dos de palacios bizantinos de Estambul.

El *külliye* (conjunto de la mezquita) de Süleymaniye, situado fuera del jardín vallado, cuenta con muchos detalles y tenía una completa oferta de servicios públicos, como un comedor de beneficencia, un hostal, un hospital, una *medrese,* un *hammam,* etc. Hoy, el comedor de beneficencia y su encantador patio ajardinado los ocupa el Darüzziyafe Restaurant, un sitio delicioso donde tomar una taza de té. Lale Bahçesi, situado en un patio a nivel más bajo cerca de Darüzziyafe, es un popular punto de encuentro de universitarios, que vienen aquí a charlar, tomar *çay* y disfrutar del narguile. El antiguo *medrese* alberga una biblioteca y numerosos restaurantes sencillos que sirven *fasulye* y *pilav* (judías y arroz).

Cerca de la pared sureste de la mezquita se halla el cementerio, donde están las **tumbas** (☺ 9.00-19.00 ma-do) de Solimán y Roxelana; ambas magníficamente decoradas con azulejos.

Mezquita de Şehzade Mehmet
MEZQUITA

(Şehzade Mehmet Camii, mezquita del Príncipe; plano p. 62; Şehzadebaşı Caddesi, Kalenderhane) Solimán el Magnífico ordenó a Sinan que proyectara esta mezquita en memoria de su hijo Mehmet, que murió de viruela a los 22 años de edad. Terminada en 1548, destaca por sus delicados alminares y su bello jardín.

Barrio del Bazar

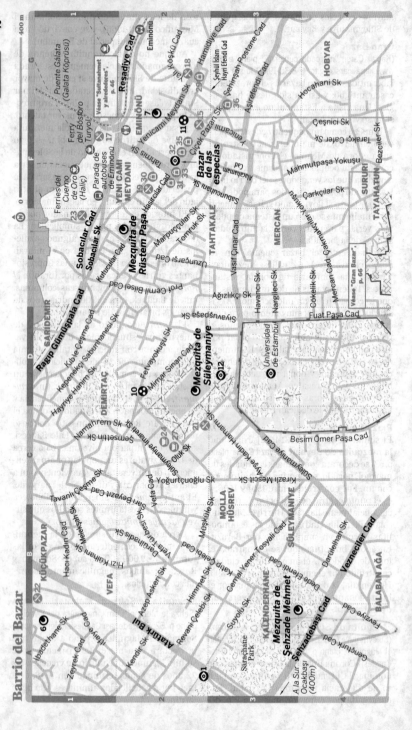

400 m

G 1

Puente Gálata
(Galata Köprüsü)

Ferry
del Bósforo
Turyolü

Resadiye Cad
Eminönü

Köşkü Cad

Hamidiye Cad

Véase "Sultanahmet
y alrededores", p. 46

Şeyhül Islam
Hayri Efendi Cad

Şehinşah Postane Cad

HOBYAR

Hocahani Sk

Çeşnici Sk

EMINÖNÜ

Ferries del
Cuerno
de Oro (Haliç)

Parada de
autobuses
de Eminönü

YENİ CAMİ
MEYDANI

Tahmis Sk

Yenicami Meydanı Sk

Bazar
de las
especias

Alacahamam
Cad

Çiçek Pazarı Sk

Yenicami
Cad

Sabuncuhanı Sk

Tarakçı Cafer Sk

Mahmutpaşa Yokuşu

Çarkçılar Sk

SURURI

TAYAHATUN

Véase "Gran Bazar", p. 66

Sobacılar Cad
Sobacılar Sk

Mezquita de
Rüstem Paşa

Kutucular Cad

Prof Cemil Bilsel Cad

Hasırcılar Cad

Marpuççular Sk

Tomruk Sk

TAHTAKALE

Uzunçarşı Cad

Vasıf Çınar Cad

Havancı Sk

Nargileci Sk

Çökelik Sk

Mercan Cad Çakmakçılar Yokuşu

Fuat Paşa Cad

MERCAN

RAGIP GÜMÜŞPALA CAD
SARIDEMIR

Kible Çeşme Cad

Kepenekçi Sabunhanesi Sk

Hayriye Hanım Sk

DEMİRTAŞ

Mimar Sinan Cad

Fetvayokuşu Sk

Mezquita de
Süleymaniye

Sivuşpaşa Sk

Ağızlıkçı Sk

Universidad
de Estambul

Namahrem Sk

Şemsettin Sk

Süleymaniye İmareti Sk

Ayşe Kadın Hamamı Sk

Besim Ömer Paşa Cad

Kirazlı Mescit Sk

Yoğurtçuoğlu Sk

Vefa Cad

MOLLA
HÜSREV

Müşküle Sk

Tavanlı Çeşme Cad
Sarı Beyazıt Cad

Vefa Türbesi Sk

Darülhadis Sk

Hızır Külhanı Sk

VEFA

Meleksah Sk

Hacı Kadın Cad

KÜÇÜKPAZAR

Azep Askeri Sk

Himmet Çelebi Sk

Revani Çelebi Sk

Katip Çelebi Cad

Cemal Yener Tosyalı Cad

SÜLEYMANİYE

Darülelhan Sk

Vezneciler Cad

BALABAN AĞA

İtfaiye Cad

İbadethane Sk

Zeyrek Cad

Kendir Sk

Atatürk Bul

Suyolu Sk

Sarachane
Park

KALENDERHANE

Dede Efendi Cad

Mezquita de
Şehzade Mehmet

Şehzadebaşı Cad

Fevziye Cad

Gençtürk Cad

A la Sur
Ocakbaşı
(400m)

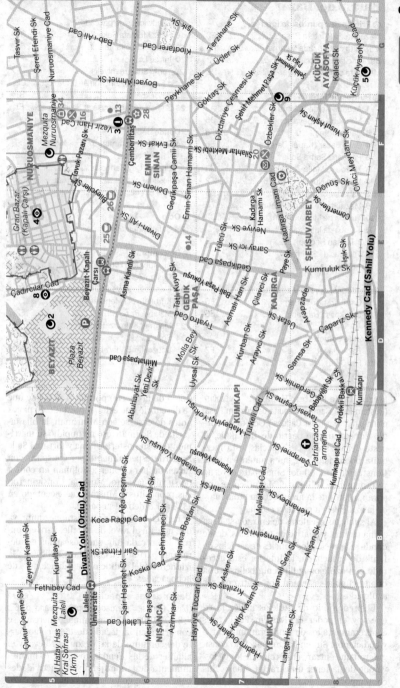

ESTAMBUL

Tasvir Sk
Şeref Efendi Sk
Nuruosmaniye Cad
Bab-ı Ali Cad
Boyacı Ahmet Sk
Klodfarer Cad
Terzihane Sk
Işık Sk
Üçler Sk
Peykhane Sk
KÜÇÜK
AYASOFYA
Göktaş Sk
Şehit Mehmet Paşa Sk
Kaleci Sk
Küçük Ayasofya Cad
5
Mezquita
Nuruosmaniye
NURUOSMANIYE
Vezir Hanı Cad
34
16
3 13
28
Çemberlitaş
Dizdariye Çeşmesi Sk
Şehit Mehmet Paşa Sk
Yusuf Aşkın Sk
9
Tavuk Pazar Sk
Bileyiciler Sk
EMIN
SINAN
Silahtar Mektebi Sk
Gedikpaşa Camii Sk
Dönem Sk
Evkat Sk
Özbekler Sk
20
Gran Bazar
(Kapalı Çarşı)
4
26
Divan-ı Ali Sk
Emin Sinan Hamamı Sk
Kadırga Limanı Cad
Cömertler Sk
Dönüş Sk
Cinci Meydanı Sk
Kadırga
ŞEHSUVARBEY
Kadırga
Hamamı Sk
Beyazıt-Kapalı
Çarşı
25
Çadırcılar Cad
8
Asma Kandil Sk
Gedikpaşa Cad
14
Nevşiye Sk
Tülcü Sk
Saray içi Sk
Paye Sk
Işık Sk
Kumruluk Sk
BEYAZIT
2
P
Plaza
Beyazıt
Mithatpaşa Cad
Tiyatro Cad
Tatlı Kuyu Sk
GEDİK
PAŞA
Balı Paşa Yokuşu
Asmalı Han Sk
Çilavori Sk
KADIRGA
Üstat Sk
Akapzade
Çaparız Sk
Kennedy Cad (Sahil Yolu)
Abuhayat Sk
Yeni Devir
Sk
Molla Bey Sk
Uysal Sk
Kurban Sk
Arayıcı Sk
Samsa Sk
Gerdanlik Sk
Divan Yolu (Ordu) Cad
Koca Ragıp Cad
Şair Fıtnat Sk
İkbal Sk
Koska Cad
Şehnameci Sk
Nişanca Bostan Sk
Daltaban Yokuşu Sk
Nişanca Yokuşu
Latif Sk
Mabeyinci Yokuşu
Türkeli Cad
KUMKAPI
Tavası Çeşme Sk
Babıyali Sk
Ördekli Bakkal Sk
Patriarcado
armenio
Kumkapı ıst Cad
Kumkapı
Şarapnel Sk
Sarpdere Sk
LALELİ
Fethibey Cad
Üniversite
Laleli
Zeynep Kamil Sk
Kurultay Sk
Şair Haşmet Sk
Aziznkar Sk
Mesih Paşa Cad
Laleli Cad
NİŞANCA
Hayriye Tüccari Cad
Katip Kasım Sk
Hadim Odaları Sk
YENİKAPI
Langa Hisar Sk
Alişan Sk
İsmail Sefa Sk
Mollataşı Cad
Kenanbey Cad
Hemşehri Sk
Keranbey Cad
Asker Sk
Kızıltaş Sk
Çukur Çeşme Sk
Mezquita
Laleli
Al Hatay Has
Kral Sofrası
(1km)

Barrio del Bazar

Mezquita de Rüstem Paşa MEZQUITA

(Rüstem Paşa Camii, mezquita de Rüstem Paşa; plano p. 62; Hasırcılar Caddesi) Oculta en medio del concurrido barrio de Tahtakale, al oeste del bazar de las especias, esta mezquita poco visitada es una auténtica joya. Construida en 1560 por Sinan para el yerno y gran visir de Solimán el Magnífico, es una obra maestra de la arquitectura otomana y de la azulejería a pequeña escala.

Al subir las escaleras de entrada se llega a una terraza y al atrio de columnas, desde donde se aprecian los paneles de azulejos de İznik de la fachada. El interior está decorado con azulejos igualmente bellos y una bonita cúpula sostenida por cuatro pilares azulejados.

El predominio de azulejos indica la riqueza y el poder de Rüstem Paşa, pues concretamente los de İznik eran muy caros y codiciados. Sin embargo, quizá no consiguieron que entrara en el reino de los cielos, ya que debía tener un carácter odioso. Sus contemporáneos lo llamaron Kehle-i-Ikbal (piojo de la suerte) porque, a pesar de que se descubrió que estaba infestado de piojos antes de casarse con Mihrimah, la hija favorita de Solimán, eso no impidió su matrimonio ni su posterior fama y fortuna. Se le recuerda especialmente por conspirar con Roxelana para poner a Solimán en contra de su hijo favorito, Mustafá. Consiguieron sus propósitos y Mustafá fue ejecutado en 1553 por orden de su padre.

Es fácil pasar por alto esta mezquita, ya que no está al nivel de la calle. Para encontrar la entrada hay que buscar las escaleras que parten de Hasırcılar Caddesi o a la izquierda del edificio de abluciones de la bocacalle.

Bazar de las especias BAZAR

(Mısır Çarşısı, "mercado egipcio"; plano p. 62; ◷8.00-19.00 lu-sa) Este animado mercado se construyó en la década de 1660 como parte del conjunto de la Mezquita Nueva, y el alquiler de las tiendas costeaba el mantenimiento de la mezquita y sus actividades benéficas. Se conocía como mercado egipcio porque en él se vendían productos de El Cairo.

Además de *baharat* (especias), nueces, jabones de aceite de oliva y de nido de abeja, también venden toneladas de *incir* (higos), *lokum* (delicias turcas) y *pestil* (fruta prensada en láminas y secada). Si se quiere comprar fruta desecada o frutos secos, se puede ir a **Malatya Pazari** (tienda 44), tiene muy buena fama; y si se quiere comprar especias, a **Ucuzcular Baharat** (tienda 51). A pesar de que el número de locales de baratijas para turistas ha aumentado considerablemente, sigue siendo un buen lugar para hacer acopio de suvenires comestibles, bromear con los vendedores y maravillarse con la fantástica conservación del edificio. No hay que olvidar visitar la tienda 41, **Mehmet Kalmaz Baharatçı**, con mucho ambiente y especializada en henna, pociones, lociones y el afrodisíaco del propio sultán. La mayoría de las tiendas envasan al vacío, lo que facilita el transporte de recuerdos a casa.

Mientras se redactaba esta guía, el bazar abría también los domingos de 8.00 a 19.00, pero los vendedores no podían asegurar la continuidad de este horario. Se recomienda confirmarlo en el hotel.

En el lado oeste del mercado hay puestos al aire libre que despachan productos frescos de toda Anatolia. También en esta zona se encuentra Hasırcılar Caddesi, una estrecha calle en la que se pueden comprar especias y otros productos mucho más baratos que en el bazar. En ella se encuentra la tienda principal del proveedor de café más famoso de Turquía, **Kurukahveci Mehmet Efendi**, en la esquina que toca al bazar.

Mezquita Nueva
MEZQUITA

(Yeni Cami; plano p. 62; Yenicami Meydanı Sokak, Eminönü) Solo en Estambul se les ocurriría llamar "nueva" a una mezquita con 400 años de antigüedad. Empezó a construirse en 1597 por orden de la *valide sultan* Safiye, madre del sultán Mehmet III [1595-1603]. Pero Safiye perdió su augusta posición y las rentas de las que disponía cuando su hijo murió, por lo que la mezquita no se terminó hasta seis sultanes más tarde, en 1663, gracias a Turhan Hadice, madre del sultán Mehmet IV.

Se parece bastante a la Mezquita Azul y a la de Süleymaniye, con un gran patio delantero y un santuario cubierto por una serie de semicúpulas coronadas a su vez por una gran cúpula. El interior está ricamente decorado con oro, azulejos policromados de İznik y mármol labrado, y cuenta con un impresionante mihrab. En el patio cercano al bazar de las especias se halla la **tumba de la 'valide sultan' Turhan Hadice**. Junto a ella están enterrados nada menos que seis sultanes, incluido a su hijo Mehmet IV.

Puente Gálata
PUNTO DE REFERENCIA

(plano p. 62) No hay nada más evocador que cruzar el puente Gálata. Al atardecer, cuando la **torre Gálata** queda rodeada por las siluetas de las chillonas gaviotas y las mezquitas que coronan las siete colinas de la ciudad se recortan contra el cielo, de suave color rojizo, el panorama es de una belleza espectacular. Durante el día, un flujo constante de estambulitas cruza el puente entre Beyoğlu y Eminönü, mientras una fila de optimistas pescadores lanza sus cebos al agua y una incesante procesión de vendedores ambulantes intenta vender de todo, desde *simit* (anillos de pan cubiertos de semillas de sésamo) hasta Rolex falsificados.

Bajo el puente hay restaurantes de pescado y cafeterías que sirven comidas y bebidas durante todo el día. Es un buen lugar para aspirar el evocador aroma del tabaco de manzana que sale de los narguiles y para observar el desfile constante de los *ferries* que surcan las aguas. Los restaurantes del puente son más de lo mismo (y eso no es decir gran cosa), pero las cafeterías son ideales para tomar un té o una cerveza a última hora de la tarde.

Este puente fue levantado en 1994 para reemplazar la anterior estructura de hierro de 1910, que cobró fama por los restaurantes sencillos, casas de té y locales de narguile que ocupaban los oscuros huecos de debajo de la calzada, pero tenía el gran inconveniente de que flotaba sobre pontones que no permitían el flujo natural del agua y, por tanto, impedían que el Cuerno de Oro expulsara la contaminación. En 1992 el puente de hierro se vio dañado por un incendio, y sus restos se remolcaron hacia la parte superior del Cuerno de Oro; se pasa ante ellos cuando se va en *ferry* a Eyüp.

Hay que tener en cuenta que, a veces, el puente es zona habitual de triquiñuelas; como la del limpiabotas que deja caer su cepillo al suelo cuando pasa un turista, para que cuando este, amablemente, se agache a recogérselo, ofrecerle sus servicios, que nunca son gratuitos.

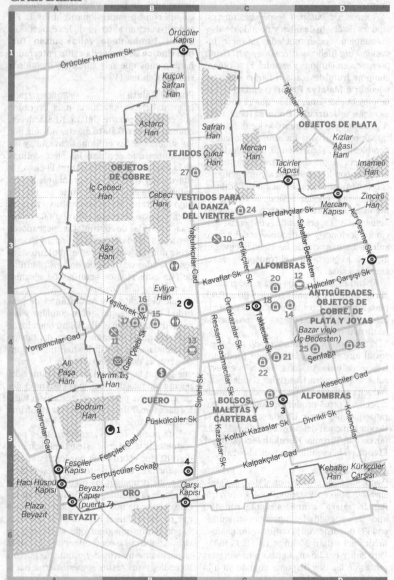

BARRIOS OCCIDENTALES

Descrito grosso modo como "el barrio que hay entre las murallas y el distrito del bazar", en esta zona se repartían antaño las iglesias de Bizancio. Hoy, la mayoría de estas se han convertido en mezquitas y muchas de las casas están en ruinas o se han transformado en horribles bloques de apartamentos, pero unas horas de exploración permiten descubrir el día a día de Estambul. Hay varios lugares que merecen la pena, entre ellos la imprescindible iglesia de Cora.

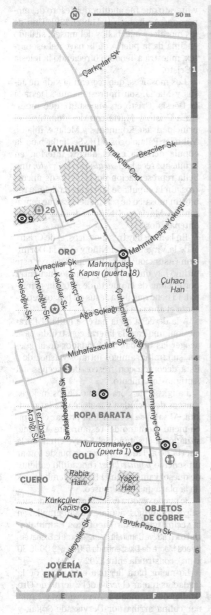

emperador Valente en el año 373, formaba parte de un elaborado sistema de 400 km de canales de agua, 30 puentes y 100 cisternas distribuidas por el interior de las murallas, que fue uno de los mayores logros de la ingeniería hidráulica de la antigüedad.

Mezquita Molla Zeyrek MEZQUITA
(Molla Zeyrek Camii, iglesia del Pantocrátor; plano p. 62; İbadethane Sokak) Originariamente formaba parte de un importante santuario bizantino compuesto por dos iglesias, una capilla y un monasterio; hoy se halla en un estado de abandono lamentable. Por ello está incluida en la lista de edificios en peligro del World Monuments Fund. Mientras se redactaba esta guía, se hallaba cerrada al público por trabajos de restauración.

El monasterio desapareció tiempo atrás y la iglesia situada más al norte está en

Acueducto de Valente PUNTO DE REFERENCIA
(plano p. 62; Atatürk Bulvarı) El **acueducto** de caliza, que se alza majestuosamente sobre el tráfico de la concurrida Atatürk Bulvarı, es uno de los puntos de referencia más característicos de la ciudad. Encargado por el

ruinas, sin embargo, la iglesia del sur, construida por la emperatriz Irene antes de su muerte en el 1124 (aparece en un mosaico de Santa Sofía junto al emperador Juan II Comneno), se salvó gracias a que fue convertida en mezquita y aún conserva algunas características intactas, como un magnífico pavimento de mosaico.

El edificio otomano al este de las casas de la mezquita acoge el restaurante Zeyrekhane, con un café al aire libre y espléndidas vistas al Cuerno de Oro y al casco antiguo.

Tras visitar Zeyrek, un tranquilo paseo de 15 minutos cuesta arriba por las calles residenciales lleva a la mezquita Fatih. El mejor día para ir es el miércoles, día del Fatih Çarşamba Pazarı (mercado del miércoles de Fatih), el mejor mercado al aire libre de la ciudad, que se celebra en las calles que rodean la mezquita.

Mezquita Fatih
MEZQUITA

(Fatih Camii, mezquita del Conquistador; plano p. 42; Fevzi Paşa Caddesi, Fatih) Situada 750 m al noroeste del histórico acueducto de Valente, fue la primera gran mezquita imperial que se construyó en Estambul. Emplazada en un vasto recinto, el complejo era enorme, con 15 establecimientos de caridad: madrazas, hospedería, caravasar, etc. Se terminó de construir en 1470, pero la destruyó un terremoto; fue reconstruida y finalmente se quemó en 1782. Lo que se ve hoy día data de la época del sultán Abdül Hamit I [1774-1789].

En el cementerio que hay detrás de la mezquita se halla la **tumba del Conquistador** (⊙9.30-16.30 ma-do), aunque Mehmet II en realidad está enterrado bajo el *mimber* (púlpito) del interior.

Iglesia de Cora
MUSEO

(Kariye Müzesi; plano p. 42; ☎0212-631 9241; Kariye Camii Sokak, Edirnekapı; entrada 15 TRY; ⊙9.00-18.00 ju-ma abr-sep, hasta las 16.30 oct-mar) Estambul tiene muchos monumentos bizantinos, pero pocos son tan bellos como este. Como se encuentra bastante apartada, en los barrios occidentales, muchos visitantes la pasan por alto, pero merece la pena visitarla. Originariamente se llamó iglesia de San Salvador en Cora (fuera de las murallas), aunque la actual no es la primera iglesia extramuros de este lugar. Fue construida a finales del s. xi y durante los siglos posteriores se restauró, reestructuró y se convirtió en mezquita. Prácticamente toda la decoración interior es de 1312 y fue fundada por Teodoro Metoquites, un poeta

y literato que fue auditor del Tesoro del emperador Andrónico II [1282-1328]. Uno de los mosaicos más bellos del museo, situado encima de la puerta de la nave del esonártex, muestra a Teodoro ofreciendo la iglesia a Cristo.

Los mosaicos, que recrean la vida de Jesús y María, son impresionantes. Destaca la Déesis (Cristo en Majestad), que muestra a Cristo y María con dos donantes: el príncipe Isaac Komnenos y Melane, hija de Mikhael Palaiologos VIII. Se halla bajo la cúpula derecha en el nártex interior, en la que aparece la *Genealogía de Cristo*, una bella representación de Jesús y sus ancestros. En la cúpula de la izquierda del nártex hay un mosaico de serena belleza que representa a María y el Niño rodeados por sus antepasados.

En la nave hay tres mosaicos, el de Cristo, el de la Virgen con el Niño y el de la Dormición (Asunción) de la Virgen. Para ver este último hay que girarse, ya que se encuentra por encima de la puerta de entrada principal. El bebé que lleva Jesús en brazos representa el alma de María.

A la derecha de la nave se halla el Paraclesion, una capilla lateral construida para acoger las tumbas del fundador de la iglesia, su familia, amigos íntimos y asociados. Está decorada con frescos de escenas del Antiguo Testamento.

La iglesia de Cora es uno de los mejores museos de la ciudad y merece una larga visita. Al salir, se recomienda probar el atípico menú otomano del restaurante Asitane, situado en el sótano del Kariye Oteli, en la puerta de al lado. También se puede tomar un sencillo *peynirli tost* (bocadillo caliente de queso) y un *çay* en el Kariye Pembe Köşk de la plaza que da al museo.

Se puede ver otra excelente muestra de mosaicos bizantinos, aunque no tan amplia, en la vecina **iglesia de Theotokos Pammakaristos** (Fethiye Camii Müzesi, iglesia de la Bienaventurada Madre de Dios; entrada 5 TRY; ⊙9.00-16.30 ju-ma), construida entre 1292 y 1294.

Lo mejor para llegar a esta parte de la ciudad es tomar el *ferry* del Cuerno de Oro (Haliç) de Eminönü a Ayvansaray y caminar colina arriba por Dervişzade Sokak y Şişhane Caddesi, siguiendo los restos de las murallas de Teodosio II. Desde Şişhane Caddesi, se gira a la izquierda hacia Vaiz Sokak, y justo antes de llegar a la empinada escalinata que lleva al terraplén de la muralla, se gira a la izquierda hacia Kariye Sokak y se llega a la iglesia de Cora.

BEYOĞLU Y ALREDEDORES

El barrio de Beyoğlu se extiende desde la orilla norte del puente Gálata e incluye la plaza Taksim y el magnífico bulevar İstiklal Caddesi. A mediados del s. XIX se conocía como "Pera" y era considerado el barrio europeo de la ciudad. Aquí vivían los diplomáticos y los comerciantes internacionales, y las calles eran escaparates de la última moda y los gustos europeos. Las pastelerías, restaurantes, tiendas y embajadas se construían siguiendo el estilo del momento en Europa. Había incluso teléfonos, luz eléctrica y uno de los primeros tranvías eléctricos del mundo, el Tünel.

Sin embargo, todo cambió en las décadas siguientes a la formación de la república. Las embajadas se trasladaron a la nueva capital, Ankara, las sofisticadas tiendas y restaurantes cerraron, los grandes edificios se desmoronaron y el barrio se convirtió en un lugar algo sórdido. Por suerte, en los años noventa hubo un renacimiento y ahora Beyoğlu vuelve a ser el corazón del Estambul moderno, epicentro de galerías, cafés y *boutiques,* donde abren nuevos restaurantes de moda casi cada noche y las calles muestran lo mejor de la Turquía cosmopolita.

La mejor manera de conocer la zona es explorarla a pie. Si se parte de Sultanahmet se puede tomar el tranvía hasta Kabataş y el funicular que conecta con la plaza Taksim. Después, se recorre İstiklal Caddesi y sus bocacalles. Al final del bulevar se encuentra la plaza Tünel; si se continúa por Galipdede Caddesi hacia abajo se llega al barrio histórico de Gálata antes de cruzar el puente homónimo, hasta Eminönü, donde se puede tomar un tranvía o caminar hasta Sultanahmet. En total es un paseo de unas dos horas desde la plaza Taksim, pero si se le dedica un día entero es más gratificante.

Torre Gálata
PUNTO DE REFERENCIA

(Galata Kulesi; plano p. 72; Galata Meydanı, Gálata; entrada 10 TRY; ☺9.00-20.00) Construida en 1348, era el punto más alto de las fortificaciones genovesas de Gálata, y ha sido reconstruida muchas veces. Ha sobrevivido a varios terremotos y a la demolición del resto de las murallas genovesas a mediados del s. XIX. Aunque las vistas desde su vertiginosa galería panorámica son espectaculares, el precio es abusivo, de modo que es preferible disfrutar de las que se dominan desde la terraza del hotel Anemon Galata, situado enfrente, mientras se toma algo.

İstanbul Modern
MUSEO

(İstanbul Modern Sanat Müzesi; plano p. 72; ☏0212-334 7300; www.istanbulmodern.org; Meclis-i Mebusan Caddesi, Tophane; adultos/estudiantes/menores de 12 años 8 TRY/3 TRY/gratuita, entrada gratuita ju; ☺10.00-18.00 ma, mi y vido, hasta 20.00 ju) Este museo es el 'padre' de numerosas nuevas galerías de arte privadas de la ciudad. Su impresionante localización a orillas del Bósforo y su extensa colección de arte turco del s. XX hace que merezca la pena. La guinda del pastel es su excelente y dinámico programa de exposiciones, dedicadas a artistas nacionales e internacionales, que acogen las salas de exposición de la planta baja. También hay una tienda de regalos, un cine de autor y una elegante cafetería-restaurante con impresionantes vistas al Bósforo.

İstiklal Caddesi
BULEVAR

(Independence Ave; plano p. 72) A finales del s. XIX, esta calle principal se llamaba Grande Rue de Pera, y por ella circulaba animadamente la vida de la ciudad 'moderna'. Hoy sigue siendo el centro de la vida estambulita, y pasear por ella es indispensable. El mejor momento para ver el ajetreo de İstiklal es entre 16.00 y 20.00, especialmente los viernes y sábados.

Casi en la mitad del bulevar se halla el **Galatasaray Lycée,** fundado en 1868 por el sultán Abdül Aziz [1861-1876] como escuela que educaba en turco y en francés. Hoy es una prestigiosa escuela privada.

Cerca de allí está el edificio Cité de Pera con el **Çiçek Pasajı** (pasaje de las Flores). Cuando el *Orient Express* llegaba al Viejo Estambul y pasear por İstiklal Caddesi era el último grito, Cité de Pera se convirtió en la dirección más glamurosa de la ciudad. Construido en 1876 y decorado al estilo del Segundo Imperio, albergaba un centro comercial, además de apartamentos. A medida que Pera fue declinando, también lo hizo el edificio, y sus elegantes tiendas se transformaron en floristerías y *meyhanes* en las que los juerguistas pasaban la noche. A finales de los años setenta se derrumbó parcialmente y, una vez reconstruido y embellecido, perdió parte de su encanto barriobajero. Actualmente, los vecinos evitan los locales de comida mediocre y continúan más allá del pasaje, hasta una de las zonas más coloridas y populares para ir a comer, **Nevizade Sokak**.

Cerca del Çiçek Pasajı están Şahne Sokak y el **Balık Pazar** (mercado de pescado) de

INICIO **PARADA
DEL TRANVÍA EN
ÇEMBERLITAŞ**
FINAL **SAHAFLAR
ÇARŞISI**
DISTANCIA **1 KM**
DURACIÓN **3 HORAS**

Tığcılar Sk.

Yağlıkçılar Cad

Perdahçılar Sk

Yeniçleler Sk

Kavaflar Sk.

Mahmutpaşa Yokuşu

Aynacılar Sk.

Halıcılar Çarşısı Sk

Ağa Sk

Kuyumcular Cad

Zenneciler Sk

Senfaga Sk

Terziler Cad

Bodrum
Han

Cadırcılar Cad

Fesçıler Cad

Kalpakçılar Cad

Rabia
Hanı

Yağcı
Hanı

Tavuk Pazarı Sk

Vezir Hani Cad

Beyazıt-
Kapalı Çarsı

Divan Yolu (Ordu) Cad

0   100 m

N

Circuito a pie
El Gran Bazar

❯ Se empieza en la parada del tranvía junto a la columna ❶ **Çemberlitaş,** erigida por orden del emperador Constantino para celebrar el nombramiento de Constantinopla como capital del Imperio romano en el año 330. Desde aquí, se camina por Vezir Han Caddesi y pronto se llega a la entrada del ❷ **Vezir Han,** un *han* (caravasar) construido entre 1659 y 1660 por los Köprülüs, una de las familias más distinguidas del Imperio otomano. Cinco de sus miembros sirvieron como Gran Visir (*Vezir*) del sultán, de ahí su nombre. En época otomana este *han* ofrecía cobijo y un lugar para hacer negocios a los mercaderes ambulantes. Mientras estaban en la ciudad, los mercaderes y su séquito dormían en los pisos superiores y organizaban sus negocios en la planta baja. Sus animales, principalmente camellos y caballos, se guardaban en el patio, y su mercancía se almacenaba y se vendía en los pisos superiores. Aunque algunos artesanos del oro todavía trabajan aquí, el *han* se halla en un estado lamentable, como

la mayoría de los edificios parecidos repartidos por este barrio (algunos expertos los cuentan por centenares). Obsérvese la *tuğra* (emblema) del sultán sobre la puerta principal.

Caminando por Vezir Han Caddesi se llega a una calle peatonal adoquinada que queda a la izquierda y que lleva a la ❸ **mezquita Nuruosmaniye,** encargada por Mahmut I en 1748. El viajero quedará frente a una de las entradas principales del Gran Bazar, la Nuruosmaniye Kapısı (puerta Nuruosmaniye, puerta 1), adornada por otro sello del sultán. La calle tan llena de luz que hay delante es Kalpakçılar Caddesi, la más concurrida del bazar, y cuyo nombre hace referencia a los *kalpakçılars* (fabricantes de sombreros de pieles), que antaño tenían aquí sus tiendas. Hoy está llena de joyeros, que pagan hasta 80 000 US$ de alquiler anual por este provechoso emplazamiento. Si se empieza a caminar por la calle, se gira a la derecha, y se baja por las escaleras de mármol se llega al ❹ **Sandal Bedesten,** un almacén del s. XVII hecho de piedra, con 20 pequeñas cúpulas, que siempre ha servido para guardar y vender telas, aunque la oferta de telas baratas que hay ahora poco tiene que ver con la finísima *sandal* (tela tejida con seda) que se vendía aquí en el pasado.

Saliendo del Sandal Bedesten al oeste (izda.), y girando a la derecha por Sandal Bedestenı Sokak y después a la izquierda por Ağa Sokak, que lleva hasta la parte más antigua del bazar, está el **5** **Cevahir (joyería) Bedesten,** también conocido como Eski (viejo) Bedesten. Esta zona siempre ha sido donde se almacenaban y vendían los objetos más preciosos, y hoy en día es la parte donde se sitúan las tiendas de antigüedades del bazar. Hasta mediados del s. XIX, aquí tenían lugar ventas de esclavos.

Saliendo del *bedesten* por la puerta sur, se camina hasta la primera calle que cruza, Halıcılar Çarşışı Sokak, donde entre las tiendas más populares están Abdulla Natural Products y Derviş. Un buen sitio para tomar un té o un café por aquí es **6** **Etham Tezçakar Kahvecı.**

Caminando hacia el este (dcha.) se llega a una calle perpendicular más grande, Kuyumcular Caddesi ("calle de los joyeros"). Según la historia del bazar, la mayoría de los plateros que trabajaban en el bazar eran de ascendencia armenia, y la mayor parte de los orfebres especializados en oro eran de procedencia árabe o aramea; algo que sigue siendo así hoy en día. Girando a la derecha se pasa por un pequeño quiosco que queda en medio de la calle. Construido en el s. XVII, y conocido como el **7** **quiosco oriental,** actualmente aloja una joyería, pero siglos atrás era la *muhallebici* (tienda de pudin de leche) más famosa del barrio. Un poco más abajo, en el lado derecho de la calle, está la entrada del bonito **8** **Zincirli (cadena) Han,** donde se halla uno de los vendedores de alfombras más conocido del bazar, Şişko Osman. De nuevo en Kuyumcular Caddesi, hay que continuar caminando y luego girar a la izquierda por Perdahçılar Sokak ("calle de los lustradores"). Se camina hasta llegar a Terlikçiler Sokak, donde hay que girar a la izquierda. Esta bonita calle es conocida

por sus *sebils* (fuentes públicas) de mármol y por las tiendas que venden kílims (alfombras tejidas en plano). Acto seguido se gira a la derecha por Zenneciler Sokak ("calle de los vendedores de ropa"), y pronto se llega al cruce con otra de las calles principales del bazar, Sipahi Caddesi ("avenida de los soldados de caballería"). **9** **Şark Kahvesi,** una cafetería tradicional, queda justo en la esquina. Luego hay que girar a la izquierda por Sipahi Caddesi y caminar hasta regresar a Kalpakçılar Caddesi, la calle de las joyerías. Se gira a la derecha y se sale del bazar por **10** **Beyazıt Kapısı** (puerta Beyazıt, puerta 7). Si se gira otra vez a la derecha, y se pasa por delante de los puestos del mercado hasta llegar al primer pasaje a la izquierda, se llega al **11** **Sahaflar Çarşısı** ("bazar de los libros viejos"), que funciona como mercado de libros y papel desde la época bizantina. En el centro de este patio arbolado hay un busto de İbrahim Müteferrika (1674-1745), impresor del primer libro en Turquía en 1732. Desde aquí, se puede salir a la plaza Beyazıt y bajar por Divan Yolu Caddesi hasta Sultanahmet, o ir al norte siguiendo el muro de la Universidad de Estambul hasta la mezquita Süleymaniye (p. 61).

Muchos viajeros eligen combinar la visita al Gran Bazar con la del bazar de las especias (p. 64), en Eminönü. Si esta es la idea, hay que volver por el bazar hasta Mahmutpaşa Kapısı (puerta Mahmutpaşa, puerta 18) y seguir por la concurrida Mahmutpaşa Yokuşu hasta llegar a la colina del bazar de las especias. De camino se pasa por uno de los *hammams* más antiguos de la ciudad, el Mahmutpaşa Hamamı (ahora convertido en un centro comercial). Esta calle y las calles al oeste del bazar de las especias (conocidas conjuntamente como Tahtakale) son las zonas comerciales más concurridas del casco antiguo. Aquí es donde los estambulitas vienen a comprar de todo, desde vestidos de novia hasta calcetines de lana, tazas de café y atuendos de circuncisión. Pasear por aquí, al contrario de lo que ocurre con las turísticas calles de Sultanahmet, es saborear la Estambul auténtica.

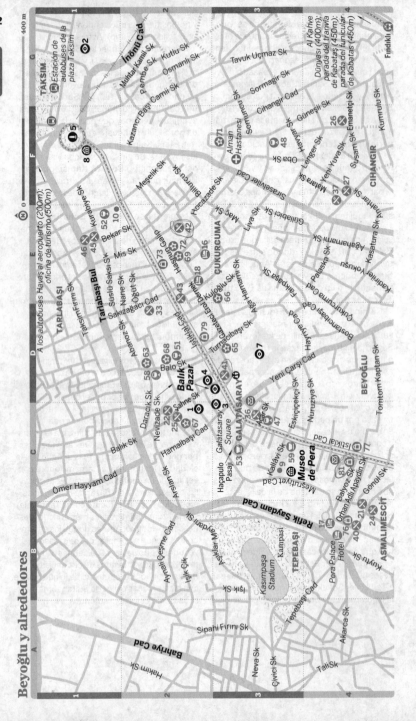

ESTAMBUL

Beyoğlu y alrededores

400 m

0

TAKSİM

İnönü Cad

Estación de
autobuses de la
plaza Taksim

A los autobuses Havaş al aeropuerto (200m);
oficina de turismo (500m)

Muhtar Kamil Sk   Kutlu Sk

Kazancı Başı Camii Sk   Pembe Sk   Osmanlı Sk

Tavuk Uçmaz Sk

Sormagir Sk

Cihangir Cad

Somrunoy Sk

Güneşli Sk

Al Kahve
Dünyası (400m);
parada del tranvía
de Kabataş (450m);
parada del funicular
de Kabataş (450m)

Fındıklı

Kumrulu Sk

Emanetçi Sk

Susam Sk

Yeni Yuva Sk

Mataralı Sk

Lenger Sk

CİHANGİR

Hayriye Sk

Oba Sk

Gülibdici Sk

Alman
Hastanesi

Sıraselviler Cad

Maç Sk

Liva Sk

Meşelik Sk

Bilirücü Sk

Hocazade Sk

Akarsu Sk

Ara Hamam Sk

ÇUKURCUMA

Kuloğlu Sk

İmam Adnan Sk

Faikpaşa Sk

Kasatura Sk

Abahamanı Sk

Palaska Sk

Kadirler Yokuşu

Çukurcuma Cad

Bostancıbaşı Cad

Hayriye Cad

Yeni Çarşı Cad

Nuruziya Sk

Tomtom Kaptan Sk

BEYOĞLU

Eskiçeşme Sk

Turnacıbaşı Sk

Meşrutiyet Cad

İstiklal Cad

Mallalvı Sk

Museo de Pera

Hacapulo
Pasajı

Galatasaray
Square

GALATASARAY

Balık
Pazar

Balo Sk

Darac'k Sk

Nevizade Sk

Sahne Sk

Hamalbaşı Cad

Galatasaray Cad

TARLABAŞI

Taksim Firini Sk

Abanoz Sk

Süslü Saksı Sk

Nane Sk

Sakızağacı Cad

Öğüt Sk

Mis Sk

Bekar Sk

Kurabiye Sk

Tarlabaşı Bul

Ömer Hayyam Cad

Arslan Sk

Balık Sk

Aynalı Çeşme Cad

Işık Çık

Aşıklar Mey.

Meydanı Sk

Kasımpaşa
Stadium

Kampası

TEPEBAŞI

Refik Saydam Cad

Pera Palace
Hotel

Orhan Adli Apaydın Sk

Balyoz Sk

Gönül Sk

ASMALIMESCİT

Kuytu Sk

Bahriye Cad

Sipahi Fırını Sk

Işık Sk

Neva Sk

Çıvıcı Sk

Tali Sk

Hakim Sk

Akarca Sk

Tepebaşı Cad

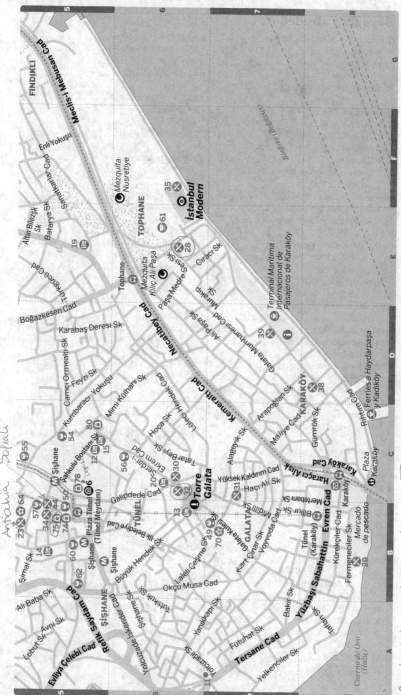

FINDIKLI

Meclis-i Mebusan Cad

Enli Yokuşu

Sanatkarlar Cad

Altın Bilezik Sk

Batarya Sk

Mezquita
Nusretiye

19

TOPHANE

61

35

**İstanbul
Modern**

Türkgücü Cad

Boğazkesen Cad

Karabaş Deresi Sk

Tophane

Mezquita
Kılıç Ali Paşa

Paşa Medresesi Sk

28

Cıracı Sk

Terminal Marítima
Internacional de
Pasajeros de Karaköy

Bósforo (Boğaziçi)

Camcı Ormealtı Sk

Feyzi Sk

Necatibey Cad

Ali Paşa Sk

Galata Münhanesi Cad Mürakıp
Sk

39

Ferries a Haydarpaşa
y Kadıköy

Kumbaracı Yokuşu

Mimi Külhanı Sk

Lüleci Hendek Cad

Hoca Sk

Kemeralti Cad

Arapoğlan Sk

KARAKÖY

38

Maliye Cad

Gümrük Sk

Rıhtım Cad

55

Şişhane

Şahkulu Bostanı Sk

54

80

12

15

Seddar-i
Ekrem Cad

56

20

30

Tatar Bey Sk

Alageyik Sk

Haracı Alisk

Karaköy Cad

Plaza
Karaköy

Antahia Sohali

64

57

23

34

44

50

6

Plaza Tünel
(Tünel Meydanı)

TÜNEL

13

Galipdede Cad

**Torre
Gálata**

Yüksek Kaldırım Cad

Hacı Ali Sk

31

Mercado
de pescado

14

60

62

Şişhane

Büyük Hendek Sk

İlk Belediye Cad

49

70

Galata Kulesi Sk

GALATA

Voyvoda Cad

Kart Çınar Sk

Midilli Sk

Bilfur Sk

Mertebanı Sk

Evren Cad

Tünel
(Karaköy)

Yüzbaşı Sabahattin

Kürekçiler Cad

Fermeneciler Cad

29

Şimal Sk

Ali Baba Sk

Refik Saydam Cad

Lobut Sk

Avnı Sk

ŞİŞHANE

Şişhane İskender Cad

Türsük Sk

Okçu Musa Cad

Yanıkkapı Sk

Bakır Sk

Tünel
(Karaköy)

Evliya Çelebi Cad

Yolcuzade İskender Cad

Tersane Cad

Fütühat Sk

Tahan Sk

Yelkenciler Sk

Yolcuzade Sk

11

Cuerno de Oro
(Haliç)

Private Cafe - Qicap Dede Ladessi Tirnaci Solcek nº3

Beyoğlu, con puestos de frutas, verduras, encurtidos y otros productos. Al salir del Balık Pazar se encuentran el **Avrupa Pasajı** (pasaje europeo), una pequeña galería de suelos de mármol y tiendas con objetos para turistas y alguna antigüedad; y el **Aslıhan Pasajı**, una galería de dos pisos repletos de libros de viejo.

Museo de Pera · MUSEO

(plano p. 72; ☎0212-334 9900; www.peramuzesi. org.tr; Meşrutiyet Caddesi 65, Tepebaşı; adultos/ estudiantes y niños mayores de 12 años/menores de 12 7 TRY/3 TRY/gratuita; ☺10.00-19.00 ma-sa, 12.00-18.00 do) Si se quiere ver el cuadro original de Osman Hamdi Bey *El entrenador de tortugas*, este es el lugar adecuado. Esta obra forma parte de la maravillosa colección de pintura orientalista del museo, situada en la 3ª planta. Los pisos restantes los ocupan exposiciones permanentes de cerámica y azulejos de Kütahya, de pesos y medidas anatolios y exposiciones temporales de primer orden.

Plaza Taksim · PUNTO DE REFERENCIA

(plano p. 72) El corazón simbólico de la Estambul moderna es esta concurrida **plaza**, que toma su nombre del *taksim* (depósito) de piedra del lado oeste, que formaba parte del antiguo sistema de canalización de aguas, y que hoy acoge la **Galería Taksim del Arte de la República** (Taksim Cumhuriyet Sanat Galerisi; entrada libre; ☺variable).

La plaza no es un modelo de urbanismo, sino más bien un caos. En el extremo occidental, el tranvía de İstiklal Caddesi rodea el **Cumhuriyet Anıtı** (monumento a la República), diseñado por un equipo italiano de arquitectos y escultores en 1928. Representa a Atatürk, a su ayudante y sucesor İsmet İnönü y a otros líderes revolucionarios.

En el lado norte de la plaza hay una febril terminal de autobuses, y en el lado este, el recientemente renovado **Centro Cultural Atatürk**. En medio de la plaza hay un acceso al metro y al tranvía funicular que va hasta Kabataş.

Askeri Müze · MUSEO

(museo militar; ☎0212-233 2720; Vali Konağı Caddesi, Harbiye; adultos/estudiantes 4/1 TRY; ☺9.00-17.00 mi-do) Situado 1 km al norte de la plaza Taksim, este museo poco frecuentado ocupa dos grandes plantas: en la baja se pueden ver armas y armaduras medievales, uniformes y vitrinas con estandartes, tanto turcos como de otros ejércitos. También hay un enorme diorama con efectos de sonido

que representa la toma de Constantinopla. El piso superior está dedicado a la Primera Guerra Mundial y a la Guerra de Independencia, con un diorama de Çannakale.

La manera más fácil de llegar al museo es caminando por Cumhuriyet Caddesi desde la plaza Taksim (20 min aprox.). También se puede tomar cualquier autobús en dirección a Cumhuriyet Caddesi desde la plaza Taksim. Se recomienda hacer la visita por la tarde para disfrutar de los conciertos que ofrece la Mehter, la banda militar otomana medieval, entre las 15.00 y las 16.00 casi todos los días.

BEŞIKTAŞ, ORTAKÖY Y KURUÇEŞME

Palacio Dolmabahçe · PALACIO

(Dolmabahçe Sarayı; ☎0212-236 9000; www.dol mabahce.gov.tr; Dolmabahçe Caddesi, Beşiktaş; adultos/niños 20/1 TRY; ☺9.00-16.00 ma-mi y vi-do mar-sep, 9.00-15.00 oct-feb) Actualmente está de moda que los críticos influenciados por la estética minimalista de la Bauhaus desprecien edificios como este. Incluso los entusiastas de la arquitectura otomana desprecian esta floritura final de la dinastía imperial, ya que piensan que tiene más en común con la Ópera de París que con el palacio Topkapı. Pero al margen de los críticos, esta residencia imperial del s. XIX es uno de los lugares más visitados por el público.

"Menos es más" no era precisamente la filosofía del sultán Abdül Mecit, que decidió desmentir los rumores del declive militar y económico otomano dejando Topkapı y trasladándose a un fastuoso palacio a la orilla del Bósforo. Escogió el emplazamiento del *dolma bahçe* (jardín relleno), donde uno de sus predecesores, Ahmet I, había construido un pabellón de recreo rodeado de jardines. En 1843, Abdül Mecit encargó a los arquitectos Nikoğos y Garabed Balyan la construcción de un palacio otomanoeuropeo que impresionara a todo aquel que lo mirara. Se terminó en 1859 y en él se abandonó la arquitectura tradicional de los palacios otomanos y se apostó por un edificio de estilo europeo con decoración neobarroca y neoclásica. Se evitó la construcción en pabellones, y el edificio se repliega sobre sí mismo, dándole la espalda a las magníficas vistas del Bósforo.

El palacio está situado entre jardines bien cuidados y se accede a él a través de una puerta ornamentada. Se divide en dos partes, la excesiva *selamlık* (salas ceremoniales) y el algo más comedido *harem-cari-*

Y TODAVÍA HAY MÁS...

La nueva tendencia de las familias comerciantes de Estambul a dotar de fondos a galerías de arte privadas es lo mejor que le puede haber ocurrido a la ciudad desde que llegó el primer bulbo de tulipán. De pronto, Estambul cuenta con un puñado de museos de arte contemporáneo de nivel mundial que añadir a su impresionante catálogo de grandes atracciones turísticas; no es de extrañar que fuera nombrada Capital Europea de la Cultura en el 2010.

El primero fue el **Museo de Arte Contemporáneo Proje4L/Elgiz** (Elgiz Çağdaş Sanat Müzesi, İstanbul; 0212-290 2525; www.elgizmuseum.org; B Blok, Beybi Giz Plaza, Meydan Sokak, Maslak; 10.00-17.00 mi-vi, 10.00-16.00 sa), seguido de cerca por el **İstanbul Modern** (p. 69) en Tophane y el **Museo de Pera** (p. 75) cerca de İstiklal Caddesi. Por no olvidar las universidades con financiación privada, que también se apuntan al tema con estilo y sustancia; el **Sakıp Sabancı Müzesi** (p. 82) en el Bósforo y el **Santralİstanbul** (p. 84) en el Cuerno de Oro son dos de los más prominentes, pero también hay otros. Muchos se han convertido en sedes de la **Bienal Internacional de Estambul** (www.iksv.org/english/biennial), que se celebra entre septiembre y principios de noviembre los años impares.

Una excelente noticia para los viajeros, que podrán disfrutar de exposiciones de primer nivel en un entorno magnífico, completado con elegantes tiendas y cafés de calidad. Algunos incluso son gratis; imposible perdérselos.

yeler (harén y aposentos de las concubinas), que solo pueden visitarse en un circuito guiado y demasiado apresurado.

Al final del circuito no hay que perderse el palacio de cristal, con su invernadero de cuento de hadas con las ventanas grabadas al aguafuerte, una fuente de vidrio e incontables arañas. Hay incluso un piano y una silla de vidrio. Está al lado del aviario, en el lateral del palacio que da a la calle.

La entrada turística al palacio está cerca de la ornamentada torre del reloj, construida por el sultán Abdül Hamit II entre 1890 y 1894. Cerca de aquí hay un café al aire libre con buenas vistas al Bósforo y precios muy económicos.

Ortaköy
BARRIO

(pueblo de en medio; plano p. 77) Este delicioso barrio ribereño comprende una mezcolanza de edificios otomanos renovados, convertidos en tiendas y en restaurantes. En las noches suaves, los restaurantes, bares y cafeterías de la pequeña plaza junto al mar y sus alrededores se llenan de vecinos que miran a la gente pasar mientras toman algo.

A la derecha de la orilla está la decorativa **mezquita de Ortaköy** (Büyük Mecidiye Camii), obra de Nikoğos Balyan, uno de los arquitectos del palacio Dolmabahçe. En una extraña conjunción de influencias barrocas y neoclásicas, fue proyectada y construida para el sultán Abdül Mecit III entre 1853 y 1855. Con el moderno puente del Bósforo a la espalda, proporciona el marco ideal para fotografiar cómo lo antiguo se encuentra con lo nuevo en Estambul.

Es mejor planear la visita en domingo, ya que las calles adoquinadas quedan cubiertas por un bullicioso mercado. Se recomienda seguir las costumbres locales, llegar a la hora del almuerzo y pasear después un rato por los puestos de bisutería, sombreros u otras fruslerías, y volver a casa antes de la hora punta de tráfico.

Para llegar aquí desde Sultanahmet, se toma el tranvía en Kabataş y después el autobús 22, 25E o 30D; desde la plaza Taksim, se toma el autobús DT2, 40, 40T o 42T (bajar en la parada Ortaköy o en Kabataş Lisesi). El tráfico por Çirağan Caddesi siempre es intenso, por lo que los recorridos en autobús o taxi se pueden hacer eternos.

ORILLA ASIÁTICA

A pesar de que la mayoría de los lugares de interés, tiendas, bares y restaurantes se encuentran en la parte europea de la ciudad, muchos de sus habitantes prefieren residir en la ribera asiática (Anatolia), aduciendo un menor precio de los alquileres y una mayor calidad de vida. Para otros, lo mejor de vivir o ir de visita a esta zona es el viaje en *ferry* de uno a otro continente.

ÜSKÜDAR

Fundado dos décadas antes que Bizancio, originariamente se llamaba Chrysopolis, y los otomanos lo llamaron Escutari. Sin mu-

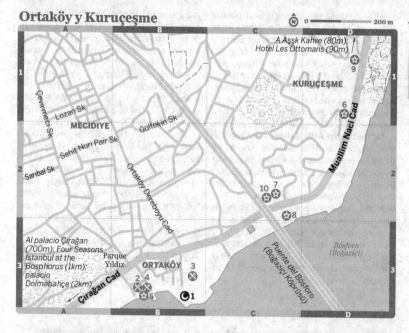

Ortaköy y Kuruçeşme

rallas y, por tanto, vulnerable, fue anexionado al Imperio otomano casi cien años antes de la caída de Constantinopla.

Hoy en día, Üsküdar es un animado barrio obrero con varias mezquitas otomanas importantes que atraen a los visitantes. Si se va a Üsküdar desde Sultanahmet, hay que tomar el *ferry* en Eminönü. Pasa cada 15-30 minutos (según la hora del día) entre 6.35 y 23.00. Los servicios de *ferry* Dentur-

Avrasya también operan entre Beşiktaş (salen junto al Deniz Müzesi) y Üsküdar. El primero sale a las 6.25, y después salen cada 20 o 30 minutos hasta la 1.00.

Mezquitas   MEZQUITAS
Como Escutari era el punto de Estambul más cercano a La Meca, muchos otomanos influyentes construyeron mezquitas para asegurarse su pasaje al Paraíso. Cada año parte de aquí una gran caravana hacia La Meca y Medina para el *haj*, lo que aumenta la reputación piadosa del barrio.

Al abandonar el muelle de Üsküdar, lo primero que se ve es la plaza principal, Demokrasi Meydanı (actualmente en obras por formar parte del enorme proyecto Marmaray). En su esquina noreste se halla la **mezquita de Mihrimah Sultan**, a veces llamada İskele (muelle del *ferry*) Camii, proyectada por Sinan para la hija de Solimán el Magnífico, y construida entre 1547 y 1548. En el lado sur de la plaza está la **mezquita Yeni Valide Mosque** (Yeni Valide Camii, la mezquita nueva de la madre del sultán), en cuyo descuidado patio hay una tumba de hierro forjado. El edificio fue construido por el sultán Ahmet III entre 1708 y 1710 para su madre Gülnuş Emetullah. En el lado este de la plaza se halla la **mezquita del Ağa** (Ağa Camii).

Al oeste de la plaza, mirando al puerto, está la encantadora **mezquita Şemsi Paşa** (Şemsi Paşa Camii). Proyectada por Sinan y construida en 1580 para el gran visir Şemsi Paşa, su modestia en tamaño y decoración refleja el hecho de que su benefactor únicamente fue gran visir durante unos meses, bajo el reinado de Solimán el Magnífico. Su madraza se ha convertido en biblioteca y en la cara sur hay una *çay bahçesi* muy popular.

La **mezquita Atik Valide** (Atik Valide Camii; Çinili Camii Sokak) también es obra de Sinan y los expertos la consideran uno de sus mejores trabajos. Se construyó en 1583 para la *valide sultan* Nurbanu, esposa de Selim II el *Borracho* y madre de Murat III. Nurbanu fue capturada por los turcos en la isla egea de Paros cuando contaba 12 años y se convirtió en un personaje muy importante en la corte otomana. Murat adoraba a su madre y, cuando murió, encargó a Sinan la construcción de este monumento, en la colina más alta de Üsküdar.

La cercana **mezquita Çinili** (Çinili Camii; mezquita de los Azulejos; Çinili Camii Sokak) no es muy atractiva desde el exterior, pero el interior está decorado con brillantes azulejos de İznik, legado de Mahpeyker Kösem (1640), esposa de Ahmet I y madre de los sultanes Murat IV e İbrahim I [1640-1648].

Para llegar a las mezquitas Atik Valide y a la Çinili, hay que subir por Hakimiyet-i Milliye Caddesi hasta llegar a la rotonda y continuar por Dr. Fahri Atabey Caddesi durante 1 km hasta alcanzar la pequeña Sarı Mehmet Sokak, a la izquierda. Desde este punto ya se ven los alminares de la mezquita Atik Valide. Para llegar hasta la mezquita Çinili desde la mezquita Atik Valide hay que caminar hacia el este por Çinili Camii Sokak unos 300 m, y después desviarse hacia el norte y subir la colina. La mezquita Çinili se encuentra unos 200 m más allá. En total, el recorrido dura 25 minutos desde la plaza principal hasta la mezquita Çinili.

EL GRAN SINAN

El reinado del sultán Solimán el Magnífico [1520-1566] es conocido como la edad de oro del Imperio otomano; aunque no fueron solamente su codificación de la ley otomana y su destreza militar lo que le convirtieron en un monarca respetado. Su afición por embellecer Estambul con maravillas arquitectónicas también tiene mucho que ver con ello; sin embargo, es algo que nunca habría conseguido sin la ayuda de Mimar Sinan, el arquitecto más famoso y más grande de Turquía. Juntos perfeccionaron el diseño de la mezquita clásica otomana.

Nacido en 1497, Sinan fue reclutado en el *devşirme*, la leva anual de jóvenes cristianos para engrosar el ejército de jenízaros; se convirtió al islam, como todos los reclutas, y se le destinó al cuerpo de ingenieros militares. Solimán el Magnífico lo nombró jefe de los arquitectos imperiales en 1538. Diseñó un total de 321 edificios, 85 de los cuales aún pueden verse hoy día en Estambul.

Casi todas las mezquitas de Sinan disponen de un gran patio exterior con una *şadırvan* (fuente para las abluciones) en el centro y arcadas con cúpulas en tres de sus caras; en la cuarta se encuentra la mezquita, con un atrio de dos alturas. La sala principal de oración está cubierta por una gran cúpula central, que se eleva muy por encima de los dos pisos de la fachada y está rodeada por cúpulas y semicúpulas más pequeñas.

La soberbia **mezquita Süleymaniye** es la mayor obra de Sinan, y también la más visitada. Si solo hay tiempo de ver una de sus obras maestras, que sea esta. La **mezquita Atik Valide**, en Üsküdar, es parecida a la Süleymaniye en muchos aspectos, sobre todo en la extensión de sus edificios anexos. La **mezquita de Rüstem Paşa** y la **mezquita de Sokollu Mehmet Paşa**, decoradas con azulejos, son exquisitas. Verlas compensa el esfuerzo de llegar hasta ellas.

Sinan no se dedicó únicamente a proyectar mezquitas. El **Çemberlitaş Hamamı** también es obra suya, lo que permite unir la visita arquitectónica a una sesión de mimo personal. Asimismo, es el autor de los **baños de la señora Hürrem** y la **Caferağa Medresesi**.

En otras ciudades del interior del Imperio otomano siguen en pie otras obras de Sinan, sobre todo en la que fuera capital del Imperio, Edirne (p. 122).

Si sobra tiempo, quizá apetezca dar una vuelta por Kadıköy, emplazamiento de la primera colonia de la ciudad (llamada originariamente Chalcedon). Aunque no hay restos de sus históricos inicios, ni tampoco mucho que ver, es un sitio interesante para visitar gracias a su mercado de productos frescos y a uno de los mejores restaurantes de la ciudad, Çiya Sofrası. El mercado queda al sur del desembarcadero del *ferry*, y el restaurante está cerca del centro, igual que Baylan Pastanesi, el sitio ideal para tomar un café y una tarta. Kadıköy y los barrios acomodados que se extienden hacia el sureste en dirección a Bostancı son los centros neurálgicos de la orilla asiática. La cultura alternativa está en **Kadife Sokak**, con cine independiente, tiendas *grunge*, estudios de tatuaje y bares muy populares. Si se quiere ver a los ricos en su salsa, hay que ir a **Bağdat Caddesi**, lleno de tiendas, restaurantes y cafés.

Al norte de Kadıköy está la **estación de trenes de Haydarpaşa**, de corte neoclásico, que recuerda a un castillo alemán. A principios del s. xx, cuando Guillermo II de Alemania intentaba convencer al sultán para cooperar en temas económicos y militares, le regaló la estación como muestra de respeto. Se rumorea que va a transformarse en un centro comercial y de ocio. Los *ferries* que navegan entre Kadıköy y Karaköy suelen hacer una parada rápida aquí.

Para llegar a Kadıköy desde Sultanahmet hay que tomar el *ferry* en Eminönü, con salidas cada 15-20 minutos (en función de la hora del día) entre 7.30 y 20.40. El último en dirección a Eminönü sale a las 20.20.

Desde el muelle del *ferry* de Karaköy (el lado de Beyoğlu del puente Gálata) hay salidas desde las 6.15 cada 10-30 minutos (en función de la hora del día) hasta las 23.30. El último a Karaköy sale a las 23.30.

También hay un servicio de *ferry* desde Beşiktaş (con parada al lado del Deniz Müzesi), que empieza a las 7.15 y pasa cada media hora hasta las 21.12. El último a Beşiktaş es a las 20.45.

🏃 Actividades

Excursiones en 'ferry'

En los ss. xviii y xix, el Bósforo y el Cuerno de Oro estaban llenos de *caïques* (esquifes largos y estrechos), cuyos remos golpeaban rítmicamente las aguas para trasladar al sultán y su corte de palacios a pabellones y de Europa a Asia. Los *caïques* desaparecieron tiempo atrás, y fueron sustituidos por las lanchas motoras de la élite adinerada y por los muy queridos *ferries* públicos que utiliza el resto de la población. Un trayecto en uno de estos *ferries* es una actividad 'obligada' cuando se está en Estambul; ya sea el corto recorrido de regreso a Kadıköy o Üsküdar, cruzando de Europa a Asia y volviendo a Europa, o una de las excursiones más largas detalladas a continuación.

Crucero por el Bósforo   CRUCERO

Divan Yolu e İstiklal Caddesi están siempre abarrotadas de gente, pero no son las vías más concurridas de Estambul. Ese honor le corresponde al imponente estrecho del Bósforo, que se extiende desde el mar de Mármara (Marmara Denizi) hasta el mar Negro (Karadeniz), 32 km al norte del centro de la ciudad. En turco moderno, el estrecho se conoce como el Boğaziçi o İstanbul Boğazı (de *boğaz*, que significa garganta o estrecho). En un lado está Asia y en el otro, Europa.

Punto de salida: Eminönü

En el muelle de Eminönü se puede elegir entre el *ferry* público de excursiones de İstanbul Deniz Otobüsleri (İDO), que recorre el Bósforo en un trayecto de ida y vuelta, o un recorrido más corto de ida y vuelta hasta Rumeli Hisarı en un barco privado. Véase *Cómo llegar y salir* (p. 82) para más detalles.

Se aconseja llegar con 30-45 minutos de antelación para conseguir un buen asiento con vistas. La orilla asiática queda al lado derecho de los *ferries* cuando se adentran en el Bósforo; y la europea, a la izquierda. Al empezar el recorrido se ve la pequeña isla y la torre de **Kız Kulesı**, en la orilla asiática, cerca de Üsküdar. Esta torre achaparrada es uno de los puntos de referencia más característicos de la ciudad. Antiguamente, una estructura anterior a la actual, del s. xviii, funcionaba como cabina de peaje y punto de defensa. El Bósforo no podía cruzarse gracias a una cadena que se extendía desde esta torre hasta la Punta del Serrallo. En 1999 esta torre apareció en la película de James Bond *El mundo nunca es suficiente*.

En la orilla europea se pasa por el ostentoso **palacio Dolmabahçe**. En su diario de viaje *Constantinopla, 1890,* el escritor francés Pierre Loti describió este palacio y su vecino, el **Çırağan**, como "una línea de palacios blancos como la nieve situados al borde del mar sobre muelles de mármol", una descripción que continúa siendo tan acertada como evocadora.

De Beşiktaş a Kanlıca

Tras una breve parada en Beşiktaş, el *ferry* pasa por delante del palacio Çırağan (actualmente, Çırağan Palace Hotel Kempinski) y la **mezquita de Ortaköy.** Por encima de los minaretes de la mezquita se perfila el gigantesco **puente del Bósforo,** inaugurado en 1973 con motivo del 50º aniversario del fundador de la República de Turquía. Bajo el puente, en la orilla europea, se ve la mansión **Balyan Usta Yalı,** de tonos verdes y ocres, construida en 1860 por el arquitecto Sarkis Balyan, que levantó aquí su *yalı* (residencia de verano de madera junto al agua) para disfrutar de las vistas al majestuoso **palacio Beylerbeyi** (Beylerbeyi Sarayı; 🖉0216-321 9320; Abdullah Ağa Caddesi, Beylerbeyi; adultos/estudiantes 10/1 TRY; ⌚9.30-16.00 ma, mi y vi-do mar-sep, hasta 15.00 oct-feb), que él mismo había proyectado en la orilla opuesta para el sultán Abdül Aziz. Destacan los dos pabellones de baño de la orilla, ambos de mármol, uno para los hombres y el otro para las mujeres del harén. El *ferry* no tiene parada aquí, pero se puede visitar tomando el autobús nº 15 en Üsküdar y bajando en la parada de Çayırbaşı.

Pasado el barrio de Çengelköy, en la orilla asiática, se halla la imponente **escuela militar Kuleli,** construida en 1860 e inmortalizada en la magnífica autobiografía de Irfan Orga *Retrato de una familia turca,* con sus dos torres puntiagudas. Casi delante, en la orilla europea, se encuentra **Arnavutköy,** un barrio residencial que presume de varias *yalıs* muy bien conservadas. Uno de los mejores restaurantes de *köfte* (albóndigas) de

---

LA OPINIÓN DEL LECTOR

Si el lector ha encontrado un restaurante estupendo, si no está de acuerdo con las recomendaciones de la guía o si simplemente desea comentar su último viaje, puede dirigirse a lonely planet.com, donde podrá dejar una reseña, preguntar o responder en el foro Thorn tree, hacer comentarios en un *blog* o compartir sus fotografías y consejos en Groups. También puede participar en el foro en español de la Comunidad del viajero en lonelyplanet. es. La opinión del lector cuenta para Lonely Planet.

---

la ciudad, **Köfteci Ali Baba** (http://koftecia libaba.net; Bebek-Arnavutköy Caddesi 69; *köfte* 6 TRY, judías 4 TRY; ⌚10.00-23.00), está en la plaza principal, cerca del muelle del *ferry.* En la colina que se eleva sobre Arnavutköy se encuentran los edificios de la que fuera la **Escuela Femenina Americana.** Su alumna más famosa fue Halide Edib Adıvar, que escribió sobre el centro en 1926 en su autobiografía: *Memorias de Halide Edib.*

Arnavutköy va a parar al glamuroso barrio de **Bebek,** famoso por sus elegantes cafés, como **Mangerie** (www.mangeriebebek. com; 3ª planta, Cevdetpaşa Caddesi 69; ensaladas 25-34 TRY, hamburguesas 33-35 TRY, fideos 30-32 TRY), **Lucca** (www.luccastyle.com; Cevdetpaşa Caddesi 51b; pasta 20 TRY, hamburguesas 25 TRY) y **Divan Brasserie** (Cevdetpaşa Caddesi 28b; ensaladas 17-25 TRY, sándwiches 19-29 TRY, pasta 20-29 TRY). También tiene un **Starbucks** (30 Cevdetpaşa Caddesi), con una estupenda terraza con vistas al mar. Al pasar con el *ferry,* se puede ver la cubierta en mansarda del **consulado egipcio,** un minipalacio modernista construido por el último jedive de Egipto, Abbas Hilmi II. Queda al sur del parque de la ribera. En el parque está la mezquita Bebek, de estilo revivalista otomano. Delante de Bebek está **Kandilli,** el "lugar de las lámparas", llamado así por las luminarias que se encendían para avisar a los barcos de las traicioneras corrientes del cabo. Entre las muchas *yalıs* destaca **Kırmızı Yalı** (Yalı roja), construida en 1790, y un poco más allá, la gran **Kıbrıslı Mustafa Emin Paşa Yalı,** de color blanco.

Cerca de Kıbrıslı Yalı se hallan el Büyük Göksu Deresi (gran arroyo celestial) y el Küçük Göksu Deresi (pequeño arroyo celestial), dos riachuelos que descienden desde las colinas asiáticas hasta el Bósforo. Entre ambos se ha formado un delta sombreado y cubierto de hierba al que la élite otomana solía ir de merienda. Los residentes extranjeros, que llamaban al lugar "las dulces aguas de Asia", solían unirse a ellos. Si hacía buen tiempo, el sultán se unía a la fiesta, y con estilo. La idea que el sultán Abdül Mecit tenía de los *picnics* se resume en el rococó **Küçüksu Kasrı** (🖉0216-332 3303; Küçüksu Caddesi; entrada adultos/estudiantes 4/1 TRY; ⌚9.30-16.00 ma, mi y vi-do mar-sep, hasta 15.00 oct-feb), construido entre 1856 y 1857. Desde el *ferry* se puede ver la ornamentada valla de hierro forjado, el muelle y la fachada exterior, similar a un pastel de bodas. Para vi-

DERVICHES EN DANZA

La hermandad mevleví sigue una rama mística del islam que utiliza un lenguaje alegórico para describir el amor a Dios, y es famosa por sus *semas*, unas ceremonias de meditación mediante el giro, que representa la unión con Dios.

Los mevleví se guían por las enseñanzas de Celaleddin Rumi, conocido como Mevlâna (nuestro guía). Nacido en 1207, Rumi fue un brillante estudiante de teología islámica que quedó profundamente impresionado por Şemsi Tebrizi, un discípulo sufí (místico islámico).

La orden mevleví fue prohibida por Atatürk en la década de 1920 como parte de su reforma, pero a principios de los años cincuenta, el Gobierno turco supo ver el potencial turístico de los giróvagos y así nació el Festival Mevlâna de Konya. El espectáculo de los derviches giróvagos es una de las mayores atracciones turísticas de Turquía aunque, técnicamente, la orden mevleví sigue siendo ilegal.

Se pueden ver actuaciones en muchos lugares de Estambul, aunque la mayoría son espectáculos turísticos. La mejor opción generalmente es ir a la **Galata Mevlevihanesi** (Plano p. 72; ☎0212-245 4141; Galipdede Caddesi 15, Tünel), donde las *semas* se celebran desde hace siglos (en la actualidad, básicamente para los turistas).

Cuando esta guía se estaba imprimiendo, la Mevlevihanesi estaba cerrada por restauración, por lo que no organizaba *semas*. Consúltense los tableros informativos del exterior para las últimas novedades. Hay un espectáculo de una hora para turistas en el **Hodjapaşa Art & Culture Center** (Plano p. 46; ☎0212-511 4626; info@hodjapasha.com; entradas adultos/menores de 15 años 40/25 TRY; ⌚19.30 mi y vi-lu), un *hammam* de 550 años de antigüedad reconvertido cerca de Eminönü.

Es importante recordar que la ceremonia es religiosa. Girando, los adeptos creen que establecen una unión más elevada con Dios; así que mientras los derviches giren, es recomendable permanecer en silencio, no levantarse del asiento ni tomar fotografías con flash.

sitarlo, hay que apearse en Kanlıca y tomar el autobús 11H o 15F.

En la parte europea, antes de llegar al **puente Fatih** (Fatih Köprüsü), la majestuosa estructura de **Rumeli Hisarı** (fortaleza de Europa; ☎0212-263 5305; Yahya Kemal Caddesi 42; entrada 3 TRY; ⌚9.00-16.30 ju-ma) se alza sobre el bonito pueblo del mismo nombre. Mehmet el Conquistador la levantó en tan solo cuatro meses de 1452, mientras preparaba el sitio de Constantinopla. Escogió como emplazamiento el punto más estrecho del Bósforo, enfrente de Anadolu Hisarı (la fortaleza de Asia), construida por Beyazıt I en 1391. De este modo podía controlar el tráfico del estrecho, impidiendo que la ciudad se reabasteciera por mar. Junto a la fortaleza hay un puñado de cafés y restaurantes del que destaca **Sade Kahve** (☎212-358 2324; www.sadekahve.com; Yahya Kemal Caddesi 36; desayunos 15 TRY; ⌚8.00-22.00), el favorito de los estambulitas para el *brunch* del fin de semana. Para llegar a Rumeli Hisarı hay que bajar del *ferry* en Yeniköy o Sarıyer (más adelante) y tomar el autobús 25E de vuelta a la ciudad, que para en Emirgan y en Rumeli Hisarı antes de terminar su recorrido en Kabataş.

Casi debajo del puente Fatih, en la orilla asiática, está **Köprülü Amcazade Hüseyin Paşa Yalı**. Construido sobre el agua en 1698, es la *yalı* más antigua del Bósforo, y estaba en pleno proceso de restauración cuando se redactaba esta guía. Justo bajo el puente, en la orilla europea, se halla el enorme **palacio de İmer Faruk Efendi**, construido a finales del s. XIX y hogar del nieto del sultán Abdül Aziz y su esposa Sabiha Sultan, hija de Mehmet VI. Al abolirse el sultanato en 1922, Mehmet abandonó este palacio y embarcó en un buque de guerra británico. Jamás volvió a pisar Turquía.

De Kanlıca a Yeniköy

Pasado el puente, aún en la orilla asiática, se halla el encantador barrio de **Kanlıca**, famoso por su delicioso yogur, que puede probarse en las dos cafeterías situadas delante de la parada del *ferry* o incluso en el mismo barco. Es la tercera parada del recorrido y, si se está interesado, se puede descender para explorar y volver a embarcar en el viaje de vuelta. Desde aquí también se puede tomar otro *ferry* para cruzar hasta Emirgan o Bebek en la zona europea y volver al centro en autobús.

En un promontorio sobre Kanlıca está **Hıdiv Kasrı** (la villa del Jedive; ☎0216-413 9644; www.beltur.com.tr; Çubuklu Yolu 32, Kanlıca; entrada libre; ☺9.00-22.00), un edificio modernista construido por el último jedive de Egipto como residencia de verano. Restaurado tras décadas de olvido, se ha convertido en un **restaurante** (platos principales 10-20,50 TRY) y **café al aire libre** (tostadas 4-4,50 TRY, tartas 6 TRY). La casa es una joya de la arquitectura, y su gran jardín es espectacular, sobre todo durante el Festival Internacional de Tulipanes de Estambul, en abril. Para llegar hasta aquí desde la parada del *ferry*, hay que girar a la izquierda hacia Halide Edip Adivar Caddesi y luego volver a girar la segunda calle a la derecha (Kafadar Sokak). Se gira a la izquierda hacia Haci Muhittin Sokağı y se camina cuesta arriba hasta que se llega a una bifurcación en la carretera. Hay que tomar el camino de la izquierda y seguir las indicaciones 'Hadiv Kasrí', que llevan hasta el aparcamiento de la casa y el jardín.

Frente a Kanlıca, en la orilla europea, está el acomodado barrio de **Emirgan**. Merece una visita por el impresionante **Sakıp Sabancı Müzesi** (Museo Sakıp Sabancı; ☎0212-277 2200; http://muze.sabanciuniv.edu; Sakıp Sabancı Caddesi 42; el precio de la entrada de las exposiciones varía; ☺10.00-18.00 ma, ju, vi y do, hasta 22.00 mi y sa), que acoge exposiciones itinerantes de todo el mundo. En este museo se sitúa uno de los restaurantes con más *glamour* de la ciudad, **Müzedechanga** (☎0212-323 0901; www.changa-istanbul.com; platos principales 22-40 TRY; ☺10.00-1.00 ma-do), cuyo interior está diseñado por la prestigiosa firma Autoban. La terraza tiene maravillosas vistas al Bósforo. Si se prefiere tomar un tentempié, hay un local de la popular cadena **Sütiş** (Sakıp Sabancı Caddesi 1; ☺6.00-1.00) frente al desembarcadero del *ferry*. Cuenta con mesas al aire libre y un delicioso menú de desayuno que sirven todo el día.

De Yeniköy a Sarıyer

Al norte de Emirgan se llega a la siguiente parada del *ferry*, **Yeniköy**, situado en una punta que sobresale de la orilla europea. Habitado desde el período clásico, Yeniköy se convirtió en uno de los lugares predilectos para veranear, como demuestra la lujosa **Sait Halim Paşa Yalı**, la *yalı* otomana del s. XIX del que fuera gran visir, con sus dos leones de piedra en el muelle. En la orilla de enfrente se sitúa el barrio de **Paşabahçe**, famoso por su industria cristalera.

Antiguamente llamada Therapeia debido a su saludable clima, la pequeña cala de **Tarabya**, al norte de Yeniköy, en la orilla europea, fue durante siglos el lugar preferido por los vecinos adinerados para el baño, pero el desarrollo moderno le ha restado parte de su encanto. La novela de Harold Nicholson *Sweet Waters* (Agua dulce), de 1921, cuenta cómo era Therapeia en sus mejores tiempos.

Al norte del pueblo pueden verse las antiguas embajadas de verano de las potencias extranjeras. Cuando aumentaba el calor y el miedo a las enfermedades durante los meses calurosos, los embajadores y su personal se retiraban a estas residencias palaciegas con exuberantes jardines, que se extendían hacia el norte hasta el pueblo de **Büyükdere**, notable por sus iglesias y por el **Sadberk Hanım Müzesi** (☎0212-242 3813; www.sadberkhanim muzesi.org.tr; Piyasa Caddesi 27-29, Büyükdere; entrada 7 TRY; ☺10.00-17.00 ju-ma), llamado así por la esposa del viejo Vehbi Koç, fundador del mayor imperio comercial de Turquía. La colección es ecléctica, con cerámicas de İznik y Kütahya, indumentaria de seda otomana y joyas y monedas romanas. Se encuentra a 10 minutos andando desde la siguiente parada del *ferry*, en Sariyer.

De Sarıyer a Anadolu Kavağı

Tras parar en Sarıyer, el *ferry* continúa hasta **Rumeli Kavağı**, famoso por sus restaurantes de pescado, y después de una breve parada, cruza el estrecho para finalizar el trayecto en **Anadolu Kavağı**, un antiguo pueblo de pescadores que hoy vive de la industria turística. Su plaza principal está llena de restaurantes mediocres y pesados vendedores ambulantes. Presiden el pueblo las ruinas de **Anadolu Kavağı Kalesi** (Yoros Kalesi), un castillo medieval que originariamente contaba con ocho grandes torres. Construido por los bizantinos, los genoveses lo restauraron y renovaron en 1350 y finalmente los otomanos también lo arreglaron. Se puede llegar caminando (25 min) por la empinada Caferbaba Sokağı. Desde allí hay excelentes vistas al mar Muerto.

Si se prefiere volver en autobús, en la plaza principal se puede tomar el 15A en dirección a Beykoz o Kanlıca y desde allí el nº 15 hacia Üsküdar o el E-2 a Taksim.

Cómo llegar y salir

Existen múltiples maneras de explorar el Bósforo. La mayoría de la gente opta por el *ferry* público de excursiones del Bósforo (ida/ida y vuelta 15/25 TRY), que sale de

Eminönü a las 10.30 todo el año. Suele haber servicio extra a las 12.00 y a las 13.30 desde mediados de abril hasta octubre.

Estos *ferries* salen de Boğaz İskelesi (muelle del *ferry* público de excursiones del Bósforo) en Eminönü y paran en Beşiktaş, Kanlıca, Yeniköy, Sarıyer, Rumeli Kavağı y Anadolu Kavağı. El trayecto dura 90 minutos la ida y otros 90 la vuelta. Regresan de Anadolu Kavağı a las 15.00 (todo el año) y a las 16.15 y 17.00 (18.00 sábados) desde mediados de abril hasta octubre. De mediados de junio a principios de agosto, un crucero de puesta de sol (20 TRY) sale de Eminönü los sábados por la tarde a las 19.15 y regresa de Anadolu Kavağı a las 22.00. Consúltese www.ido.com.tr para ver el horario y las tarifas actualizados, ya que cambian a menudo. Las opciones para regresar a la ciudad en autobús y lo que se puede ver de vuelta son las mencionadas anteriormente.

Otra posibilidad es comprar un billete para una salida en barco privado. Aunque solo llegan hasta Anadolu Hisarı y luego vuelven (sin parar), al ser más pequeños viajan más cerca de la orilla, y permiten ver muchas más cosas. El viaje dura 90 minutos y los billetes cuestan 10 TRY. Los barcos **Turyol** (☏0212-512 1287; www.turyol.com) salen del muelle del lado oeste del puente Gálata (cerca de donde venden los sándwiches de pescado) cada hora de 11.00 a 18.00 los días laborables y cada 45 minutos, más o menos, de 11.00 a 19.15 los fines de semana. Los barcos de otras compañías salen cerca de Boğaz İskelesi. Los billetes cuestan 1,50 TRY por trayecto.

Crucero por el Cuerno de Oro   CRUCERO

Los visitantes que llegan a Estambul suelen conocer los cruceros por el Bósforo pero normalmente no han oído hablar del crucero por el Haliç (Cuerno de Oro). Hasta hace poco, este estrecho de agua al norte del puente Gálata estaba muy contaminado y sus barrios no tenían nada que ofrecer al visitante, pero actualmente las cosas están cambiando. Se han limpiado las aguas, se llevan a cabo trabajos de mejora de la costa y se están abriendo impresionantes museos y galerías en sus calles. Un paseo por esta zona, subiendo y bajando del *ferry*, permite una nueva visión de Estambul, mucho menos turística.

Punto de salida: Eminönü
Estos *ferries* salen de Üsküdar, en la orilla asiática, pero cargan a la mayor parte de los pasajeros en Haliç İskelesi (muelle de *ferries* del Cuerno de Oro) en el extremo más alejado del puente Gálata en Eminönü. El *iskele* (embarcadero) está detrás de un aparcamiento junto a la joyería Storks. A partir de allí navega por debajo del puente de Atatürk y para en Kasımpaşa, en el lado opuesto del Cuerno de Oro. En esta zona se encontraban los astilleros imperiales otomanos, de los que aún pueden verse algunos de los almacenes originales.

Fener
La siguiente parada se realiza en la orilla opuesta, en Fener, donde tradicionalmente vivía la comunidad griega, de la que actualmente quedan muy pocos representantes, pero aún permanecen en pie varios monumentos griegos ortodoxos importantes. Destaca el edificio de ladrillo rojo de la colina, el **Liceo Griego de Fener** (Escuela Megali o Gran Escuela), que es la escuela más antigua de Estambul. Aunque el edificio actual es de 1881, la escuela ya existía antes de la llegada de los turcos.

Más cerca de la orilla, a la izquierda del atracadero del *ferry* y al otro lado de Abdülezel Paşa Caddesi, está el **Patriarcado Ortodoxo Ecuménico** (Plano p. 42; ☏0212-531 9670; www.ec-patr.org; Sadrazam Ali Paşa Caddesi, Fener; entrada con donativo; ☺9.00-17.00). El recinto está construido alrededor de la histórica iglesia de San Jorge, de 1730. Todos los domingos se llena de peregrinos griegos ortodoxos que asisten a la liturgia. A la derecha del atracadero del *ferry*, en el parque que hay al borde del agua se encuentra la **iglesia de San Esteban de los Búlgaros** (Mürsel Paşa Caddesi 85, Fener), neogótica, de hierro forjado. Fue construida en Viena, trasladada en barco por el Danubio y ensamblada en su actual emplazamiento en 1871. Lamentablemente no está abierta al público.

Si hay hambre, en Fener está la *işkembecisi* (local de sopa de tripas) más famosa de la ciudad: **Tarihi Haliç İşkembecisi** (☏0212-534 9414; www.haliciskembecisi.com; Abdülezel Paşa Caddesi 315, Fener; ☺24h). Se dice que la *işkembe* es un remedio contra la resaca, y muchos que lo saben realizan peregrinajes a última hora de la noche hasta ella. Se encuentra en la calle principal, enfrente del embarcadero del *ferry*.

De Fener a Sütlüce
El *ferry* pasa por Balat, en la orilla occidental, y luego por los restos del puente Gálata original, antes de parar en Hasköy, en la

otra orilla, donde está el fascinante **Rahmi M Koç Müzesi** (plano p. 42; ☏0212-369 6600; www.rmk-museum.org.tr; Hasköy Caddesi 5, Hasköy; adultos/estudiantes y niños 11/6 TRY; ⌚10.00-17.00 ma-vi, hasta 19.00 sa y do). Fundado por el jefe del grupo industrial Koç para exponer objetos del patrimonio industrial de Estambul, este museo gusta tanto a niños como a adultos. Se encuentra justo a la izquierda de la parada del *ferry*.

La siguiente parada es Ayvansaray, en la otra orilla, desde donde se puede ir a pie hasta la iglesia de Cora o la de Theotokos Pammakaristos. A la derecha del desembarcadero (norte) se ven los restos de las enormes murallas de Teodosio II encaramándose por las colinas. Después el *ferry* pasa bajo el puente Haliç hacia Sütlüce. Los aficionados al arte deberían apearse aquí y tomar el autobús 36T, 47, 47Ç o 47E hacia Bilgi Üniversitesi para visitar el **Santralİstanbul** (☏0212-311 7809; www.santralistanbul.org; Kazım Karabekır Caddesi 2/6, Eyüp; adultos/mayores de 65 y menores de 13/estudiantes 7/5/3 TRY; ⌚10.00-20.00 ma-do). Situado en una central eléctrica reformada, es una de las mejores galerías de arte de la ciudad. Se recomienda consultar su web para ver la programación. También hay un Starbucks, un puesto de *köfte* y el excelente **Tamirane** (☏0212-311 7309; www.tamirane.com; sándwiches 12-19 TRY; pasta 14-23 TRY; ⌚11.00-24.00 lu-ju, 11.00-2.00 vi, 10.00-2.00 sa, 11.00-21.00 do), un bar-café-club famoso por sus deliciosos platos, sus bebidas a buen precio y un popular bufé libre de *brunch* dominical (36 TRY) que se ameniza con *jazz* en directo.

Si se quiere volver a Taksim desde aquí, la galería cuenta con un servicio de autobús lanzadera gratuito que sale cada 20 minutos (30 los fines de semana) desde media mañana hasta las 22.30.

Eyüp

Es la última parada del *ferry*. Este barrio residencial conservador rodea la **mezquita y tumba del Sultán Eyüp** (plano p. 42; Eyüp Sultan Camii y Türbe; Camii Kebir Sokak, Eyüp; ⌚tumbas 9.30-16.30), uno de los enclaves religiosos más importantes de Turquía. En la tumba yacen los restos de Ayoub al-Ansari (Eyüp Ensari en turco), un amigo del Profeta que murió enarbolando el estandarte del islam en una batalla ante las murallas de Constantinopla, durante el asedio y posterior asalto árabe a la ciudad entre 674 y 678. La mezquita, construida al lado de su tumba, era el lugar de coronación de los príncipes otomanos. Fue destruida por un terremoto en 1766 y en su lugar se levantó el edificio actual. Es el sitio típico al que acuden los chicos el día de su circuncisión y, tanto los viernes como en días de fiesta religiosa, está abarrotada. Para llegar, hay que cruzar la calle desde la parada del *ferry* y subir por İskele Caddesi, la principal arteria comercial, hasta encontrarla.

Una vez finalizada la visita a la mezquita y la tumba, muchos viajeros continúan hacia el norte, hasta lo alto de la colina, para tomar un té y disfrutar de las maravillosas vistas en el **Pierre Loti Café** (☏0212-581 2696; Gümüşsuyu Balmumcu Sokak 1, Eyüp; ⌚20.00-24.00), a donde se dice que iba el famoso novelista francés en busca de inspiración. Para llegar, hay que salir por la puerta principal de la mezquita y girar a la derecha, rodeando el complejo (siempre hacia la derecha) hasta ver una escalera y un empinado camino adoquinado que atraviesa el Eyüp Sultan Mezarlığı (cementerio del Gran Eyüp), donde reposan muchos personajes otomanos importantes. Otra opción es el *teleferik* (teleférico; 1,50 TRY por trayecto, de 8.00 a 23.00), que va desde la orilla hasta lo alto de la colina.

Cómo llegar y salir

Los *ferries* Haliç salen de Eminönü cada hora desde las 7.45 (10.45 domingos) hasta las 20.00 (21.00 domingos); el último vuelve a Eminönü desde Eyüp a las 19.45 (20.45 domingos). El recorrido dura 35 minutos y cuesta 1,50 TRY por trayecto. En www.ido.com.tr se pueden consultar los horarios y precios actualizados.

Si se quiere volver en autobús, los nº 36E, 44B, 99 y 399B van desde la parada de *ferry* de Eyüp hasta Eminönü, pasando por Balat y Fener. Los nº 39 y 39B van a Beyazıt pasando por Edirnekapı, lo que permite bajar a visitar la iglesia de Cora a la vuelta. Para regresar a Taksim desde Hasköy o Sütlüce hay que tomar el nº 36T o el 54HT. Para ir a Eminönü, los nº 47, 47Ç o 47E. Los billetes cuestan 1,50 TRY por trayecto.

'Hammams'

Visitar un *hammam* es una experiencia auténticamente turca. Hemos seleccionado cinco: tres son turísticos y están situados en edificios históricos; otro es moderno y famoso por sus masajes; y el quinto es el mejor *hammam* gay de la ciudad. Los más turísticos son algo caros, y sus masajes suelen ser breves y no muy buenos, pero el viajero vivirá la experiencia en un edificio histórico, con limpísimos vestuarios separados para hombres y mujeres. Sopesar los pros y los contras y decidir si se va o no, es una decisión personal, pero los mejores baños y masajes son, de lejos, los del Ambassador Hotel Spa Center. Para que la experiencia sea el súmmum, hay que ir a uno de los *spas* de lujo de los hoteles de cinco estrellas de la ciudad. El Ritz Carlton, el Hotel Les Ottomans y el Four Seasons Istanbul at the Bosphorus cuentan con excelentes *spas* con tratamientos de *hammam* de primera.

Cağaloğlu Hamamı   'HAMMAM'
(plano p. 46; ☎0212-522 2424; www.cagaloglu hamami.com.tr; Yerebatan Caddesi 34; baño, exfoliación y masaje 78-98 TRY; ☺ hombres 8.00-22.00, mujeres hasta 20.00) Construido en 1741, es el más bonito de la ciudad. Los baños cuentan con una amplia *camekan* (zona de recepción) con cubículos privados con cierre, donde uno puede echarse una siesta o tomar un té después del baño. También hay una agradable cafetería y una tienda que vende jabón de aceite de oliva y otros accesorios para el *hammam*.

Çemberlitaş Hamamı   'HAMMAM'
(plano p. 62; ☎0212-522 7974; www.cemberli tashamami.com.tr; Vezir Hanı Caddesi 8, Çemberlitaş; baño, exfoliación y masaje con jabón 55 TRY; ☺6.00-24.00) Proyectado por Sinan en 1584, este bello local tiene una espléndida *camekan* en la zona masculina, y otra recientemente restaurada en la femenina; y una amplia selección de tratamientos de baño y faciales, además de masajes con aceite. La propina está incluida en el precio. Con el carnet de ISIC se obtienen descuentos.

Gedikpaşa Hamamı   'HAMMAM'
(plano p. 62; ☎0212-517 8956; www.gedikpasa hamami.com; Hamam Caddesi 65-67, Gedikpaşa; baño, exfoliación y masaje con jabón 50 TRY; ☺hombres 6.00-24.00, mujeres hasta 23.00) Otra opción de la época otomana, que funciona desde 1475. Por dentro no es tan bonito como Cağaloğlu y Çemberlitaş, pero el precio es algo más económico y cuenta con una pequeña piscina.

Ambassador Hotel Spa Center   'HAMMAM'
(plano p. 46; ☎0212-512 0002; www.hotelam bassador.com; Ticarethane Sokak 19, Sultanahmet; baño, exfoliación y masaje con jabón 75 TRY, baño, exfoliación y masaje con jabón y aceites 98-118 TRY, masaje terapéutico y de aromaterapia 49-118 TRY; ☺12.00-23.00 lu-vi, 12.00-24.00 sa y do) Pequeño y situado en un moderno

hotel cerca de Divan Yolu. Quizá le falte un poco de ambiente, pero sus *packs* de baño y masaje son excelentes, y el viajero puede quedarse el bonito *hammam* para él solo. El tratamiento de masaje turco ofrece lo mismo que dan los *hammams* más grandes (baño, exfoliación y masaje con jabón), pero es recomendable pagar un poco más y contar también con el masaje con aceite. Se puede alquilar para su uso privado (40 TRY por persona/hora).

Yeşıldirek Hamamı   'HAMMAM'
(plano p. 72; ☎0212-297 7223; Tersane Caddesi 74, Azapkapı; baño con/sin masaje 30/20 TRY; ☺6.00-21.00) Situado bajo el puente de Atatürk, es el mejor *hammam* gay de la ciudad (solo para hombres). Es grande, está bien cuidado y ofrece los servicios habituales. Se impone ser discreto.

🍴 Cursos

Los precios de los cursos a menudo se fijan en euros o en dólares en lugar de liras turcas, y así se indica en esta guía.

Caferağa Medresesi   ARTESANÍA
(plano p. 46; ☎0212-528 0089; www.tkhv.org; Caferiye Sokak, Sultanahmet) Este magnífico edificio es la sede de la Fundación de Servicios Culturales Turcos, que imparte cursos de técnicas como caligrafía, pintura en miniatura, *ebru*, encuadernación y pintura de vidrio. Suelen organizarlos en sesiones de dos horas y media un día a la semana durante tres meses. En ocasiones hay cursos más cortos. Se puede contactar con la Fundación para saber más sobre precios y disponibilidad.

Cooking Alaturka   COCINA
(☎0212-458 5919; www.cookingalaturka.com; Akbıyık Caddesi 72a, Cankurtaran; clases de cocina 130 TRY/persona) La propietaria, Eveline Zoutendijk, montó la primera escuela de cocina (ver también *Dónde comer*, p. 92) en Estambul en el 2002 y, después de trasladarse, en el 2008, a unas instalaciones en Sultanahmet expresamente diseñadas para sus clases, hoy organiza clases prácticas de cocina turca que tienen muy buena fama. Los deliciosos resultados se disfrutan en una comida de cinco platos con bebidas incluidas. Solo admite efectivo.

Istanbul Culinary Institute
                    COCINA, CIRCUITOS A PIE
(Enstitü; plano p. 72; ☎212-251 2214; www.istanbulculinary.com; Meşrutiyet Caddesi 59,

Tepebaşı) Este animado centro ofrece una amplia variedad de cursos de cocina, así como dos circuitos a pie de medio día de duración: uno dedicado a la comida de la calle (60 US$) y el otro con visita al bazar de las especias y al mercado de pescado de Beyoğlu (70 US$). Si se quiere que el circuito sea en inglés, hay que especificarlo así en el momento de la reserva.

İstanbul Food Workshop COCINA
(www.istanbulfoodworkshop.com; Yıldırım Caddesi 111, Fener) Un curso de tres horas de cocina turca/visita al mercado cuesta entre 100 y 145 TRY por persona. Otra opción es un curso de seis horas de cocina turca y otomana, más una visita al mercado (de 160 a 235 TRY/persona).

Turkish Flavours COCINA
(plano p. 46; ☎532 218 0653; www.turkishflavours.com; Apartamento 3, Vali Konağı Caddesi 14, Nişantaşı) Además de organizar excelentes circuitos gastronómicos por el bazar de las especias y los mercados de Kadıköy, que incluyen un gran ágape en el premiado Çiya Sofrası (125 €/persona), Selin Rozanes imparte cursos de cocina en grupos reducidos en su elegante casa de Nişantaşı (80 €/persona). Los resultados se disfrutan en una comida de cuatro platos con bebidas incluidas.

👉 Circuitos

La mayoría de las compañías de circuitos organizados de Estambul fijan sus precios en euros, y así se indica en esta guía.

İstanbul Vision City Sightseeing Bus
CIRCUITOS EN AUTOBÚS
(plano p. 46; ☎0212-234 7777; www.plantours.com; billete de un día adultos/estudiantes y niños de entre 6-12 años/menores de 6 años 20 €/15 €/gratuito) Un servicio de autobús turístico, de dos pisos, con paradas libres y comentarios grabados en varios idiomas. Las taquillas están delante de Santa Sofía y en la plaza Taksim. El circuito completo dura 90 minutos; otra opción es montarse y bajarse del autobús en las seis paradas que tiene repartidas por la ciudad (estos autobuses solo circulan cuatro veces al día de noviembre a marzo, y nueve de abril a octubre). Hay que prever atascos en la zona de Beyoğlu.

İstanbul Walks CIRCUITOS CULTURALES Y A PIE
(plano p. 72; ☎0212-292 2874; 5ª planta, İstiklal Caddesi 53, Beyoğlu; www.istanbulwalks.net; circuitos a pie adultos/estudiantes y mayores de 65/menores de 12 años 20 €/16 €/gratuito) Pequeña compañía especializada en turismo cultural. Ofrece una amplia variedad de circuitos a pie guiados, con personal que habla inglés, centrados en los distintos barrios de la ciudad; aunque también cuentan con circuitos para ver sus principales monumentos, incluidos Santa Sofía, el palacio Topkapı y los Museos de Arqueología de Estambul. Destaca su circuito por el Gran Bazar (20 €) y la velada 'cena a la turca' (60 €), en la que los clientes visitan un salón de té tradicional, una *ocakbaşı* (brasería), una *işkembecisi*, una *meyhane* y un café narguile.

ESTAMBUL PARA NIÑOS

Los niños de todas las edades disfrutarán con los artilugios que llenan el **Rahmi M Koç Müzesi** (p. 84), en Hasköy. La espeluznante **Cisterna Basílica** (p. 53), con sus cabezas invertidas en las bases de las columnas, también será un éxito. Los niños más mayores lo pasarán en grande de excursión en *ferry* por el Bósforo, sobre todo si la salida se combina con una visita a la fortaleza de **Rumeli Hisarı** (p. 81); pero cuidado con las escaleras, son muy empinadas y no tienen barandilla. En **Büyükada** y **Heybeliada** (p. 117), dos de las islas de los Príncipes, se pueden alquilar bicicletas o recorrer la isla en *fayton* (carruaje tirado por caballos), algo que les divertirá mucho.

Si los viajeros se alojan en Sultanahmet, hay un buen parque infantil en Kadırga Park, cerca de la Pequeña Santa Sofía; si están en Beyoğlu, hay otro cerca del mar, junto a la parada de tranvía de Fındıklı; es muy pintoresco, pero habrá que vigilar de cerca a los más pequeños.

Si hay que recurrir al 'soborno' para que se porten bien, hay una juguetería en la zona de Eminönü. La mejor y la más grande es **Ekincioğlu Toys & Gifts** (plano p. 62; ☎0212-522 6220; Kalçın Sokak 5). Hay otra pequeña en Beyoğlu: **İyigün Oyüncak** (plano p. 72; ☎0212-243 8910; İstiklal Caddesi 415).

Urban Adventures CIRCUITOS CULTURALES Y A PIE (plano p. 46; ☎0212-512 7144; www.urbanadventures.com; 1ª planta, Ticarethane Sokak 11, Sultanahmet; todos los circuitos 25 €) Dirigida por la acreditada compañía Intrepid, cuenta con un programa de circuitos urbanos que incluye un paseo de cuatro horas por Sultanahmet y el barrio del Bazar; otro por İstiklal Caddesi en Beyoğlu, y una velada con una familia local para cenar en su hogar, más una visita a una tetería para tomar un té, fumar narguile y jugar al *backgammon*.

🌟 Fiestas y celebraciones

Durante los meses cálidos, la ciudad se llena de celebraciones de arte y música, que brindan múltiples opciones de ocio al visitante. Los principales festivales de arte los organiza la **İstanbul Foundation for Culture & Arts** (☎0212-334 0700; www.iksv.org/english; Sadi Konuralp Caddesi 5, Şişhane). Las entradas de la mayoría de los eventos están disponibles en **Biletix** (www.biletix.com). Eventos destacados:

Abril

Festival Internacional de Cine de Estambul　FESTIVAL DE CINE
(www.iksv.org/film/english) Se celebra la primera mitad del mes. El programa incluye retrospectivas y estrenos turcos e internacionales recientes.

Festival Internacional de Tulipanes de Estambul　FESTIVAL DE FLORES
En los parques y jardines de la ciudad hay plantados casi nueve millones de tulipanes que florecen entre finales de marzo y principios de abril cada año.

Junio

Efes Pilsen One Love　FESTIVAL DE MÚSICA
(www.pozitif-ist.com) Se celebra en Santralİstanbul durante dos días. Ofrece un cartel internacional en el que cabe todo, desde *punk* a *rock*, pasando por la música electrónica o disco.

Festival Internacional de Música de Estambul　FESTIVAL DE MÚSICA
(www.iksv.org/muzik/english) El festival artístico más famoso de la ciudad se centra en la música clásica y la ópera.

Julio

Festival Internacional de Jazz de Estambul　FESTIVAL DE MÚSICA
(www.iksv.org/caz/english) Es un híbrido de *jazz* convencional, música electrónica

y del mundo y *rock*, y el más importante de los que se celebran en la ciudad en su categoría.

Septiembre

Bienal Internacional de Estambul
　　　　　　　　　　　　　FESTIVAL DE ARTE
(www.iksv.org/bienal/english) El principal festival de las artes plásticas de la ciudad tiene lugar entre los meses de septiembre y noviembre los años impares.

Akbank Jazz Festival　FESTIVAL DE MÚSICA
(www.akbanksanat.com) Este evento tan chic se celebra en septiembre y octubre, y presenta una ecléctica alineación de artistas locales e internacionales.

Noviembre

Festival de Blues Efes Pilsen
　　　　　　　　　　　　　FESTIVAL DE MÚSICA
(www.pozitif-ist.com) Con mucho tiempo en cartel, este festival hace gira por todo el país, y para dos días en Estambul.

🛏 Dónde dormir

En Estambul es posible alojarse en cualquier tipo de establecimiento. Se puede vivir a cuerpo de sultán en un hotel de lujo, pasar la noche en un dormitorio comunitario de un albergue o relajarse en un hotel-*boutique* a buen precio.

Los hoteles recomendados en esta sección cuentan con habitaciones con baño e incluyen el desayuno en el precio, a menos que se indique lo contrario. Todos los precios corresponden a la temporada alta e incluyen el KDV (*katma değer vergisi;* impuesto sobre el valor añadido). En temporada baja (de octubre a abril, pero no durante Navidades o Pascua) es posible negociar descuentos de al menos un 20%. Antes de confirmar cualquier reserva, hay que preguntar si el hotel ofrece descuentos por pagar en efectivo (generalmente entre el 5 y el 10%), si el precio incluye la recogida en el aeropuerto (suele ser así cuando se pasan más de tres noches en el hotel) y si hay descuentos por estancias prolongadas. Se recomienda reservar con antelación entre mayo y septiembre, y especialmente en mayo-junio, cuando se celebra el Gran Premio de Fórmula 1.

Todos los hoteles de Estambul fijan los precios en euros, y así están indicados en esta guía.

Tulip Guest house (www.adonis-house.com (6 noches 350€)

SULTANAHMET Y ALREDEDORES

La Mezquita Azul (Sultan Ahmet Camii) da nombre al barrio que la rodea. Es el corazón de la antigua Estambul, y el principal centro de puntos de interés, por lo que es conveniente alojarse en un hotel de esta zona o en uno de los barrios vecinos que quedan al este (Cankurtaran), sur (Küçük Aya Sofya) y noroeste (Binbirdirek, Çemberlitaş, Alemdar y Cağaloğlu). Lo único malo de la zona es el exceso de vendedores de alfombras y la falta de bares y restaurantes aceptables. Algunos hoteles de Cankurtaran son ruidosos: de noche, es por los albergues y los bares de Akbıyık Caddesi, que ponen música a todo volumen; y de madrugada, por la llamada a la oración desde la Akbıyık Camii detrás de Adliye Sokak.

Marmara Guesthouse   PENSIÓN €€
(plano p. 50; ☎0212-638 3638; www.marmaraguesthouse.com; Terbıyık Sokak 15, Cankurtaran; i 35-55 €, d 45-60 €; ❄ @) Hay muchas pensiones familiares en Sultanahmet, pero pocas con el grado de confort y limpieza que tiene esta. Su encantador director, Elif Aytekin, y su familia viven aquí y se desviven para que los clientes se sientan a gusto. Cuenta con una terraza cubierta de parras con vistas al mar, una sala de desayuno soleada y ofrece intercambio de libros. Las habitaciones cuentan con cómodas camas con edredones de plumas, ventanas de doble cristal y cajas de seguridad; algunas incluso tienen vistas al mar. Una joya.

Hotel Empress Zoe   HOTEL-BOUTIQUE €€€
(plano p. 50; ☎0212-518 2504; www.emzoe.com; Adliye Sokak 10, Cankurtaran; i 80 €, d 120 €, ste 140-245 €; ❄) Llamado así por la aguerrida emperatriz bizantina cuyo retrato adorna la galería en Santa Sofía, este fabuloso establecimiento lo dirigen dos norteamericanas, Ann Nevans y su hermana Cristina, que saben muy bien cómo llevar un hotel-*boutique*. Cada habitación, todas exquisitas, tiene un tipo de decoración, y cuenta con un precioso jardín florido en el que se sirve el desayuno. La terraza es perfecta para tomar una copa con la puesta de sol.

Hotel İbrahim Paşa   HOTEL-BOUTIQUE €€€
(plano p. 46; ☎0212-518 0394; www.ibrahimpasha.com; Terzihane Sokak 5, Binbirdirek; h estándar 99-175 €, h de lujo 129-235 €; ❄ @) No cabe duda de que el mismo İbrahim Paşa estaría encantado con este ejemplar hotel-*boutique* que lleva su nombre. Su decoración combina el estilo otomano con lo moderno,

ofrece habitaciones confortables, un servicio de alto nivel, preciosas salas comunes en la planta baja y una terraza-bar con vistas a la Mezquita Azul.

Osman Han Hotel   HOTEL €€
(plano p. 50; ☎0212-458 7702; www.osmanhanhotel.com; Çetinkaya Sokak 1, Cankurtaran; i/d 45/75 €; ❄ @) Solo tiene siete habitaciones y su decoración es exquisita. Si no fuera por sus precios y porque no tiene bar, estaríamos hablando de otro hotel-*boutique*. El nivel es alto: habitaciones con minibar, servicio de té y café, televisión por satélite y duchas antiestrés en el baño. La bonita sala de desayuno y la terraza de la azotea cuentan con vistas al mar de Mármara y a los minaretes de la Mezquita Azul.

Sarı Konak Oteli   HOTEL-BOUTIQUE €€€
(plano p. 50; ☎0212-638 6258; www.istanbulhotelsarikonak.com; Mimar Mehmet Ağa Caddesi 42-46, Cankurtaran; h 69-139 €, ste 129-249 €; ❄ @) Tiene mucha clase. Sus espaciosas habitaciones de lujo están muy bien decoradas, con colores suaves, sábanas de primera, y bonitas láminas, bordados y grabados adornan las paredes. Las habitaciones estándar son más pequeñas, pero igual de bonitas; y las suites son el no va más, ideales para familias. Los huéspedes pueden relajarse en la terraza de la azotea, con vistas al mar de Mármara y a la Mezquita Azul, o en el *lounge* y el patio de la planta baja.

Hanedan Hotel   HOTEL €€
(plano p. 50; ☎0212-516 4869; www.hanedanhotel.com; Adliye Sokak 3, Cankurtaran; i 30-40 €, d 40-60 €; ❄ @) Las habitaciones tienen un aire luminoso y elegante, igual que los baños de mármol y las firmes camas con sábanas blancas. Desde la terraza de la azotea se ve el mar y Santa Sofía. Los que viajen con niños se sorprenderán con las espaciosas y económicas habitaciones familiares (de 70 a 90 €), una de las cuales tiene vistas al mar.

Hotel Alp Guesthouse   HOTEL €€
(plano p. 50; ☎0212-517 7067; www.alpguesthouse.com; Adliye Sokak 4, Cankurtaran; i 35-55 €, d 55-70 €; ❄) Está a la altura de su enclave en Sultanahmet, y ofrece variedad de habitaciones atractivas y bien equipadas, a precios muy razonables. Cuentan con camas con dosel y sábanas blancas, suelos de madera cubiertos por alfombras, y extras como televisión por satélite. Las mejores habitaciones son las que quedan en la parte delantera de edificio. La terraza de la azotea es encantadora, con una buena panorámica

del mar y una cómoda distribución, tanto interior como exterior. Hay Wi-Fi, pero no sala de Internet.

Hotel Peninsula
HOTEL €

(plano p. 50; ☎0212-458 6850; www.hotelpenin sula.com; Adliye Sokak 6, Cankurtaran; i 30-40 €, d 30-55 €; ✳) Sus distintivos son: personal amable, habitaciones confortables y precios de ganga; una combinación ganadora. Cuenta con una terraza con vistas al mar y confortables hamacas, y una sala de desayunos con mesas en el interior y al aire libre. Los mismos propietarios dirigen el también impresionante **Hotel Grand Peninsula** (Plano p. 50; ☎0212-458 7710; www.grandpeninsulaho tel.com; Çetinkaya Sokak 3; i 35-50 €, d 45-80 €; ai) cercano a este.

Hotel Şebnem
HOTEL €€

(plano p. 50; ☎0212-517 6623; www.sebnemho tel.net; Adliye Sokak 1, Cankurtaran; i 50-70 €, d 65-100 €; ✳@) Aquí la palabra clave es sencillez. Las habitaciones tienen suelo de madera, buenos baños, televisión por satélite y cómodas camas. Las láminas otomanas de las paredes le dan un toque de clase. La gran terraza del piso superior tiene vistas sobre el mar de Mármara (igual que las dobles más caras) y las habitaciones del piso inferior dan a un bonito patio privado con jardín. El desayuno es bueno.

Metropolis Hostel
ALBERGUE €

(plano p. 50; ☎0212-518 1822; www.metropolis hostel.com; Terbıyık Sokak 24, Cankurtaran; dc 14-17 €, d con/sin baño 60/40 €; ✳@) Agradable y situado en una tranquila calle alejada de la ruidosa Akbıyık Caddesi. Aquí, una noche de sueño reparador es la norma, más que la excepción. Solo hay 52 camas (siete dormitorios colectivos y siete habitaciones dobles), pero todas las habitaciones tienen aire acondicionado, y uno de los dormitorios colectivos es solo para mujeres. Si a esto añadimos unos baños colectivos limpios, taquillas con cierre en todos los dormitorios y una terraza en la azotea con vistas al mar, tenemos una de las mejores estancias en un albergue.

Cheers Hostel
ALBERGUE €

(plano p. 46; ☎0212-526 0200; www.cheershos tel.com; Sultan Camii Sokak 21, Alemdar; dc 11-20 €, d con/sin baño 60/40 €; @) Oculto en una tranquila calle junto a Santa Sofía, este albergue relativamente nuevo está en boca de todos, y no es de extrañar: hay una ducha y un lavabo (nuevos e impecables) por

cada cinco huéspedes y los dormitorios son luminosos, espaciosos y aireados. Lástima que no cuente con aire acondicionado en los dormitorios más grandes, en verano se vuelven muy calurosos. Hay un bar en el interior y una zona de ocio en la última planta, así como una pequeña terraza a pie de calle.

Tan Hotel
HOTEL €€€

(plano p. 46; ☎0212-520 9130; www.tanhotel. com; Dr Emin Paşa Sokak 20, Alemdar; i 79-109 €, d 79-129 €; ✳@) Bien dirigido y bien situado, cerca de Divan Yolu, es un ejemplo de estilo moderno subestimado y un servicio de alto nivel. Las habitaciones son bastante grandes y los baños son excelentes (todos tienen *jacuzzi*). Incluso tiene un bar en la terraza con increíbles vistas de la Mezquita Azul, Santa Sofía y el mar de Mármara. El bufé de desayuno es uno de los mejores de la zona.

Agora Life Hotel
140€ HOTEL-BOUTIQUE €€€

(plano p. 46; ☎0212-526 1181; www.agoralifeho tel.com; Kadınlar Hamamı Sokak, Cağaloğlu; i 69-129 €, d 79-209 €, ste 199-259 €; ✳@) Inaugurado en el 2010, este encantador hotel está en una tranquila calle sin salida en la esquina del Cağaloğlu Hamamı. Sin pretensiones de hotel moderno, se centra en el servicio y en la elegancia tranquila. Cuenta con muchos servicios en las habitaciones, y en la terraza de la azotea las vistas son extraordinarias. Es buena idea optar por la habitación 103, con balcón y vistas a Santa Sofía, o por una de las habitaciones de lujo o una suite (la Santa Sofía es sensacional).

Emine Sultan Hotel
HOTEL €€€

(plano p. 46; ☎212-458 4666; www.eminesultan. com; Kapıağası Sokak 6, Cankurtaran; i 70-85 €, d 105-120 €; ✳@) Las mujeres que viajan solas y los que viajan en familia se sentirán aquí como en casa. La directora Özen Dalgın es tan amable como eficiente, y el resto del personal (la mayoría familiares) son como ella. Las habitaciones cuentan con una decoración de colores rosa y crema; todas con televisión por satélite y DVD, y lavabos impecables. El desayuno se sirve en una sala con vistas al mar de Mármara y la terraza de la azotea tiene vistas a la Mezquita Azul.

Sirkeci Konak
190€ HOTEL €€€

(plano p. 46; ☎0212-528 4344; Taya Hatun Sokak 5, Sirkeci; h 150-340 €; ✳@) Magnífico hotel con vistas al parque Gülhane. Cuenta con habitaciones grandes y bien equipadas, con extras como té y café, televisión por satélite, lavabos de calidad y

con Spa

sábanas de lujo. En el sótano hay piscina, gimnasio y un *hammam,* una rareza en esta parte de la ciudad. Lo mejor son los detalles gratuitos para los clientes: circuitos a pie, los tés de la tarde y las clases de cocina anatolia.

Hotel Nomade *terraza* HOTEL-BOUTIQUE €€€

(plano p. 46; ☑0212-513 8172; www.hotelnomade.com; Ticarethane Sokak 15, Alemdar; i 85 €, d 100-120 €; ❄) El entorno chic y precios razonables no suelen ir de la mano, pero este hotel es la excepción que confirma la regla. A pocos pasos de la concurrida Divan Yolu y con un aire a lo Philippe Starck, sus 16 pequeñas habitaciones y tres suites disponen de grandes baños, elegantes sábanas y televisión por satélite. En la azotea hay uno de los mejores bares con vistas de la ciudad (frente a Santa Sofía). Esto y su diseño hacen del Nomade uno de los sitios más modernos de Sultanahmet.

Ottoman Hotel Imperial *Nolays* HOTEL €€€

(plano p. 46; ☑0212-513 6150; www.ottomanhotelimperial.com; Caferiye Sokak 6, Sultanahmet; i 90-180 €, d 120-210 €; ❄@) Esta opción cuatro estrellas tiene una maravillosa ubicación, justo delante de las murallas del palacio Topkapı. Las habitaciones, decoradas con objetos de arte de estilo otomano, cuentan con un buen nivel de servicios, confort y amenidades. Es buena idea elegir una con vistas a Santa Sofía o una en el anexo trasero. No tiene terraza, pero sí un bonito jardín con un restaurante y un bar.

Sultan Hostel ALBERGUE €€

(plano p. 50; ☑0212-516 9260; www.sultanhostel.com; Akbıyık Caddesi 21, Cankurtaran; dc 9-16 €, h sin baño 42-48 €, h con baño 48-56 €; @) Siempre está hasta los topes de mochileros, por lo que solo hay que tenerlo en cuenta si uno es joven, no le importa mucho el confort y está siempre a punto para la juerga. Cuenta con una ducha y un baño limpios para cada ocho huéspedes, y con muchos dormitorios. En el más económico duermen 26 personas y tiene aire acondicionado. El vecino **Orient International Hostel** (Plano p. 50; ☑0212-518 0789; www.orienthostel.com; Akbıyık Caddesi 13, Cankurtaran; dc 11-15 €, i sin baño 25-30 €, d sin baño 35-40 €, i con baño y aire acondicionado 50-55 €, d con baño y aire acondicionado 80-90 €; @) es parecido, aunque el desayuno no es tan generoso y el dormitorio más grande es oscuro y huele a humedad (pero el bar de la azotea es mejor aquí).

También son recomendables:

Hotel Ararat *30 €* HOTEL €€

(plano p. 50; ☑0212-516 0411; www.ararathotel.com; Torun Sokak 3, Cankurtaran; h 40-110 €; ❄@) Pequeño, pero su encantador propietario Haydar Sarigul y el acogedor bar de la azotea, a la sombra de la Mezquita Azul, le convierten en una opción muy popular.

Hotel Uyan İstanbul HOTEL €€

(plano p. 50; ☑0212-518 9255; www.uyanhotel.com; Utangaç Sokak 25, Cankurtaran; i 50-60 €, h estándar/lujo 75/130 €; ❄@) Habitaciones confortables y atractivas, con variedad de amenidades. La elegante decoración tiene algo del estilo otomano, pero no es recargada. Todo el mundo se sentirá a gusto aquí.

Four Seasons Hotel İstanbul

HOTEL DE LUJO €€€

(plano p. 50; ☑0212-638 8200; www.fourseasons.com; Tevkifhane Sokak 1, Sultanahmet; h 300-490 €; ❄@) Famoso por su servicio (extraordinario), su historia (deliciosamente oscura), ubicación (en el centro de la Estambul antigua) y habitaciones (impresionantes).

✦Tulip Guesthouse *65 €* ALBERGUE €

(plano p. 50; ☑0212-517 6509; www.tulipguesthouse.com; Terbıyık Sokak 15, Cankurtaran; dc 10-12 €, i 35 €, d con/sin baño 45/35 €; ❄@) Sencillo y sin pretensiones, no cuenta con 'lujos' como una terraza en la azotea, pero es limpio y ofrece los precios más económicos de la ciudad por lo que a dormitorios colectivos se refiere. Cuenta con una pequeña sala de desayunos con vistas al mar.

Agora Guesthouse ALBERGUE €€

(plano p. 50; ☑0212-458 5547; www.agoraguesthouse.com; Amiral Tafdil Sokak 6, Cankurtaran; dc 12-17 €, i 60 €, d 70-80 €; ❄@) Vale la pena tenerlo en cuenta por sus confortables literas (todas con taquillas con cierre debajo) y sus baños limpios y modernos. Contras: pocas duchas y pocos lavabos, y ausencia de luz natural en los dormitorios del sótano.

BEYOĞLU Y ALREDEDORES

Aunque la mayoría de los viajeros se alojan en Sultanahmet, Beyoğlu comienza a ser una alternativa cada vez más popular. Es un buen lugar si uno se quiere alejar de los vendedores de la ciudad vieja y, además, esta zona, bohemia y concurrida, posee los mejores restaurantes y tiendas de Estambul. Lamentablemente, la oferta y la calidad del alojamiento no son las mismas que en Sultanahmet, con la excepción de un creciente número de elegantes apartoteles y hoteles-suite. Suelen ofrecer espectaculares vistas al Bósforo y al Cuerno de Oro, algo que a veces se paga teniendo que subir seis o siete pisos sin ascensor.

Ir o volver de los monumentos históricos del Viejo Estambul es fácil: se puede caminar por el puente Gálata (45 min aprox.) o tomar el tranvía y el funicular de la plaza Taksim a Kabataş.

Cuando se redactaba esta guía, el Pera Palace Hotel (www.perapalace.com) estaba a punto de terminar su largo período de reformas que le devolverán el título de principal hotel histórico de la ciudad.

5 Oda ⟨150 €⟩ HOTEL·'BOUTIQUE' €€€
(plano p. 72; ☑0212-252 7501; www.5oda. com; Şahkulu Bostan Sokak 16, Galata; i 115-130 €, d 125-140 €; ✳@) Su nombre significa "cinco habitaciones" y eso es exactamente lo que ofrece este elegante y formal hotel de la bohemia Gálata. Cuenta con una concienzuda distribución: cada suite dispone de cocina equipada, zona *lounge* con televisión por satélite, muebles de diseño, una gran cama con luces de lectura, cortinas tupidas que hacen la función de persianas y ventanas por las que se dejan entrar el aire fresco. Su ubicación es práctica y pintoresca, y los propietarios hacen todo lo posible para que los clientes se sientan como en casa.

Witt Istanbul Hotel ⟨290 €⟩ HOTEL·'BOUTIQUE' €€€
(plano p. 72; ☑0212-293 1500; www.wittistanbul. com; Defterdar Yokuşu 26, Cihangir; ste 160-390 €; ✳@) Situado sobre la colina que hay encima de la parada de tranvía de Tophane, en Cihangir, el barrio de moda, este elegante hotel cuenta con 17 suites con pequeñas cocinas completamente equipadas, salón con televisores por satélite con pantalla plana, reproductor de CD/DVD, camas enormes y baños grandiosos. Algunas cuentan con vistas al casco antiguo, y las del ático tienen terrazas privadas con vistas panorámicas del Bósforo. Hay un bar en el vestíbulo y la recepción funciona las 24 horas.

Anemon Galata HOTEL HISTÓRICO €€€
(plano p. 72; ☑0212-293 2343; www.anemonho tels.com; cnr Galata Kulesi Sokak & Büyük Hendek Sokak, Galata; i 128-150 €, d 150-175 €; ✳@) Construido en madera en 1842 y reconstruido casi totalmente por dentro, está situado en la bonita plaza que rodea la torre Gálata.

Cada habitación tiene una decoración propia, extremadamente elegante, con techos pintados vistosamente, camas enormes y escritorios antiguos. Los espaciosos baños tienen bañera y lavamanos de mármol. Lo mejor de todo es el restaurante, que ofrece una de las mejores vistas de la ciudad. Mejor pedir una habitación con vistas.

Ansen 130 Suites HOTEL·'BOUTIQUE' €€€
(plano p. 72; ☑0212-245 8808; www.ansensuites. com; Meşrutiyet Caddesi 70, Şişhane; h 119-189 €; ✳@) Últimamente Şişhane se ha convertido en el barrio más de moda de la ciudad, y en ello tienen cierta responsabilidad los propietarios de este hotel al restaurar este bonito edificio de cinco plantas en el 2003. Las suites son grandes y están muy bien equipadas, con escritorio, televisión por satélite y un encantador baño. Algunas incluso cuentan con una pequeña cocina y vistas al Cuerno de Oro. En la planta baja hay un conocido restaurante italiano.

Istanbul Apartments APARTAMENTOS €€
(plano p. 72; ☑0212-249 5065; www.istanbulapt. com; Tel Sokak 27, Beyoğlu; d 70-80 €, tr 85-95 €, c 110-120 €; ✳@) Ubicado en una calle tranquila junto a İstiklal Caddesi, este apartotel bien dirigido ofrece ocho apartamentos con capacidad de dos a seis personas. Cada uno cuenta con una pequeña sala con cocina bien equipada, sofá, mesa de comer y televisión por satélite, además de uno o dos dormitorios con camas confortables y baños bastante grandes. Todo el edificio está decorado con antigüedades, como alfombras, objetos de arte, cuadros y telas. Hay una lavadora y una secadora para uso comunitario.

Marmara Pera ⟨140 €⟩ HOTEL €€€
(plano p. 72; ☑0212-251 4646; www.themarma rahotels.com; Meşrutiyet Caddesi 1, Tepebaşı; h estándar 79-129 €, h superior 119-169 €; ✳@☒) Es el hermano pequeño –y muy logrado– del referente de la plaza Taksim, el Marmara Hotel, y abrió en el 2004. Desde entonces es una de las opciones más populares. Las habitaciones no son muy grandes, pero están bien orientadas y la situación es excelente. Destaca, además, por contar con uno de los mejores restaurantes de la ciudad (Mikla; véase p. 96), un bar con piscina en la terraza de la azotea, de vistas espectaculares, y un centro de *fitness* abierto las 24 horas. Merece la pena pagar un poco más y conseguir una habitación en una de las últi-

mas plantas, con vistas al mar. El desayuno no va incluido en el precio.

World House Hostel
ALBERGUE €€

(plano p. 72; ☎0212-293 5520; www.worldhou seistanbul.com; Galipdede Caddesi 117, Tünel; dc 10-14 €, h con baño 50 €; @) La mayoría de los albergues de Estambul son sitios impersonales, con un ambiente más bien propio de la selva; pero este, cerca de la torre Gálata, es pequeño, acogedor y tranquilo. Lo mejor de todo es que está cerca de la zona de restaurantes, bares y clubes de Beyoğlu, pero no demasiado, por lo que se puede dormir bien por las noches. Los dormitorios, con capacidad para cuatro, seis, ocho y 14 personas, están limpios y son luminosos. En la planta baja hay un animado café.

Büyük Londra Oteli
HOTEL HISTÓRICO €€

(plano p. 72; ☎0212-245 0670; www.londrahotel. net; Meşrutiyet Caddesi 53, Tepebaşı; i sin renovar 35-60 €, d sin renovar 50-80 €, i/d renovada 75/ 85 €; ✳) Lo mejor de este establecimiento de 1892 es su salón, conservado a la perfección, que prácticamente no ha cambiado desde que alojara a los acaudalados pasajeros del *Orient Express:* cortinas con borlas, molduras decorativas, oscuras alfombras y el mismo bar. La escalera dorada, iluminada por una araña de cristal de Bohemia, conduce a las habitaciones que, en algunos casos, dejan mucho que desear. Algunas son viejas y huelen a humedad (parecen sacadas de *La familia Addams*). Se recomienda reservar alguna de las renovadas, que son cómodas y tienen aire acondicionado.

También son recomendables:

Eklektik Guest House
HOTEL·BOUTIQUE· €€€

(plano p. 72; ☎0212-243 7446; www.eklektikga lata.com; Kadrıbey Cıkmazi 4, Galata; h 95-125 €; ✳@) Dirigido para gays –también son sus propietarios–, cuenta con una situación ideal, ocho habitaciones decoradas individualmente y un servicio amable.

İstanbul Holiday Apartments
APARTAMENTOS €€€

(☎0212-251 8530; www.istanbulholiday apartments.com; ap. por noche 115-260 €, estancia mínima 3 o 7 noches; ✳) Bonitos apartamentos repartidos por Gálata, la plaza Taksim y Kabataş, con capacidad entre una y siete personas. Ideales para estancias de tres o más días en la ciudad.

Mısafir Suites
135 € HOTEL·BOUTIQUE· €€€

(plano p. 72; ☎0212-249 8930; www.misafirsui tes.com; Gazeteci Erol Dernek Sokak 1, Taksim;

ste por noche 135-200 €; ✳@) Este hotel de suites ofrece siete elegantes habitaciones con capacidad para dos y tres personas. Todas las ventanas tienen doble cristal, por lo que, a pesar de estar cerca de İstiklal Caddesi, dormir no es un problema.

BEŞİKTAŞ, ORTAKÖY Y KURUÇEŞME

👍 Four Seasons Istanbul at the Bosphorus
HOTEL DE LUJO €€€

(☎0212-3814000;www.fourseasons.com/bospho rus; Çırağan Caddesi 28, Beşiktaş; i 320-540 €, d 380-570 €, ste 600-18 000 €; P✳@✳) Relativamente nuevo, incorpora una casa de huéspedes otomana llamada Atik Paşa Konak, que se construyó en la misma época que el palacio Çırağan. Su interior y las alas nuevas son obra del famoso arquitecto estambulita Sinan Kafadar. No es difícil elogiar este hotel: el servicio es ejemplar; las habitaciones, muy confortables, y su situación en el Bósforo, mágica. Si a esto se le añade un excelente centro de *fitness* y *spa*, un restaurante, una terraza de mármol (con café-bar) y una gran piscina con vistas al Bósforo, el resultado final no admite mejora alguna.

🍴 Dónde comer

Estambul es el paraíso de los amantes de la gastronomía. Repleta de locales de comida rápida a precios razonables, cafeterías y restaurantes, el visitante suele tener problemas para escoger un único sitio al que ir. Sultanahmet es la zona con menor surtido de locales de restauración. Por la noche, es mejor cruzar el puente Gálata y probar suerte en Beyoğlu y los barrios residenciales del Bósforo. No hay nada mejor que pasar una noche en una *meyhane* de Nevizade Sokak o en el barrio de Asmalımescit (ambos en Beyoğlu), o cenar en uno de los restaurantes de moda del Bósforo. Si se planea una excursión en *ferry* por el Cuerno de Oro o por el Bósforo, véase el listado de restaurantes recomendados en el apartado "Excursiones en *ferry*" (p. 79).

Nótese que cuando se incluye el número de teléfono, indica que es necesario reservar con antelación. Una interesante web local sobre gastronomía es İstanbul Eats (http://istanbuleats.com).

SULTANAHMET Y ALREDEDORES

Cooking Alaturka
ANATOLIA €€€

(plano p. 50; ☎0212-458 5919; www.cookinga laturka.com; Akbıyık Caddesi 72a, Cankurtaran;

menú día o noche 50 TRY; ☺almuerzo lu-sa y cena lu-sa con reserva) Este pequeño gran restaurante está dirigido por una *gourmet* nacida en Holanda, Eveline Zoutendijk, que conoce y aprecia la gastronomía anatolia y pretende crear un pequeño paraíso en mitad del frenesí de la venta de alfombras (y lo ha conseguido). Incluso vende una interesante selección de productos y utensilios de cocina turca. No hay que confundirlo con el restaurante turístico de pescado de la azotea del Hotel Alaturka en la otra punta de la calle.

Ziya Şark Sofrası · ANATOLIA €€

(plano p. 46; www.ziyasark.com.tr; Alemdar Caddesi 28, Alemdar; *pide* 11-14 TRY, kebabs 13,50-23,50 TRY) Sucursal relativamente nueva de un reputado restaurante de Aksaray. Situado en la concurrida calle entre Eminönü y Sultanahmet, no llama la atención que merece (los estambulitas vienen; los turistas, no), al menos en el momento de publicarse estas líneas. Ingredientes frescos y bien cocinados, decoración alegre y servicio amable. Una de las mejores opciones para comer en la zona, aunque no sirve alcohol.

Paşazade · ANATOLIA €€

(plano p. 46; ☎0212-513 3601; Cafariye Sokak, Hocapaşa; *meze* 6-12 TRY, platos principales 13-23 TRY) Se anuncia como *Osmanlı mutfağı* (cocina otomana), y es objeto de comentarios muy entusiastas por parte de los turistas que se alojan en los hoteles de Sirkeci. Comida otomana a buen precio, servida en las mesas de la calle o en la terraza de la azotea, con grandes vistas. Las cantidades son generosas; la comida, deliciosa, y el servicio, atento. ¡Bravo!

Teras Restaurant · RESTAURANTE €€€

(plano p. 46; ☎0212-638 1370; Hotel Armada, Ahırkapı Sokak, Cankurtaran; *meze* 7-16 TRY, platos principales 24-37 TRY) El chef del restaurante de este distinguido hotel tuvo la gran idea de ofrecer un menú turco de degustación (68 TRY). Tres platos de cocina estambulita complementados por una excelente carta de vinos. También se puede pedir a la carta. El pescado es especialmente bueno. Se recomienda reservar una mesa en la terraza con vistas a la Mezquita Azul.

Balıkçı Sabahattin · MARISCO €€€

(plano p. 50; ☎0212-458 1824; www.balikcisaba hattin.com; Seyit Hasan Koyu Sokak 1, Cankurtaran; platos principales 25-60 TRY; ☺12.00-24.00) El único restaurante de Sultanahmet al que vienen estambulitas de toda la ciudad,

atraídos por la fama del señor Sabahattin, el propietario 'pescador'. La reducida carta de *meze* y pescados es excelente, aunque el personal va un poco agobiado. Se cena en el interior de una casa otomana de madera o bajo un emparrado en el jardín.

Çiğdem Pastanesi · CAFÉ €

(plano p. 46; Divan Yolu Caddesi 62a) Funciona a toda máquina desde 1961. El *ay çöreği* (pastelito con nuez, pasas sultanas y relleno de especias) es el acompañamiento perfecto para un capuchino, y el *su böreği* (pastel de mil hojas con queso y perejil) es ideal con una taza de té o un zumo natural.

Hafız Mustafa Şekerlemeleri · CAFÉ €

(plano p. 62; Hamidiye Caddesi 84-86, Eminönü; ☺7.30-23.00) Elegir entre la deliciosa *baklava,* el sabroso *börek* (pastelito relleno) o el caprichoso *meshur tekirdağ peynir helvası* (un dulce hecho con queso, aceite de sésamo, cereales y miel o caramelo) es el desafío ante el que se ven los clientes de este popular local de Eminönü. Se puede disfrutar de la elección con un té en la cafetería del piso superior.

También son recomendables:

Sefa Restaurant · 'LOKANTA' €

(plano p. 46; Nuruosmaniye Caddesi 17, Cağaloğlu; platos principales 6,50-16 TRY; ☺7.00-17.00) Muy apreciado por los estambulitas, está de camino al Gran Bazar. Hay que llegar pronto porque a las 13.30 ya casi no queda nada.

Konyalı Lokantası · 'LOKANTA' €€

(plano p. 46; Mimar Kemalettin Caddesi 5, Sirkeci; sopas 5-8 TRY, *porsiyon* 8-17 TRY, kebabs 12-17 TRY; ☺do cerrado) El ajetreo de los muelles de Eminönü tiene su réplica a la hora del almuerzo dentro de esta popular *lokanta,* cuando multitud de trabajadores, compradores y gente que está de paso se deja caer por aquí para elegir entre la amplia oferta de sopas, *böreks,* kebabs y brochetas.

Khorasani · 'OCAKBAŞI' €€

(plano p. 46; www.khorasanirestaurant.com; Ticarethane Sokak 39-41, Alemdar; *meze* 6-8 TRY, kebabs 16-28 TRY) Aquí la carne tiene un papel secundario comparada con el entorno, extremadamente atractivo. El chef es de Antakya, y los kebabs se preparan al estilo del sureste de Anatolia.

Yeşil Ev Courtyard Cafe · CAFÉ €€

(plano p. 50; www.yesilev.com.tr; Kabasakal Caddesi, Sultanahmet; sándwiches 10-14 TRY,

La forma más barata de disfrutar del pescado fresco de las aguas que rodean Estambul es comprando un *balık ekmek* (sándwich de pescado) a un pescador. Para ello, se va al lado de Eminönü del puente Gálata (plano p. 62), donde se ven barcos vacilantes amarrados al muelle. Frente a cada barco, los hombres tienen un fogón donde cocinan filetes de pescado con rapidez, que después meten entre dos rebanadas de pan fresco y sirven con un poco de ensalada y unas gotas de limón por unas 4 TRY.

Hay otros sitios donde sirven tentempiés sencillos de pescado, como **Fürreyya Galata Balıkçısı** (plano p. 72; sopa de pescado 5 TRY, sándwich de pescado 5 TRY), un local pequeño y cuco cerca de la torre Gálata, o en el destartalado **Furran Balıkçısı** (plano p. 72), un restaurante de pescado al aire libre, cercano al mercado de pescado de Karaköy, donde se puede pedir pescado fresco recién capturado (de 6 a 14 TRY) y que los cocineros lo preparen a la brasa. Es el de los muebles de plástico y los manteles rojo brillante.

ensaladas 10-17 TRY, plato de quesos 20 TRY) El delicioso patio trasero de este hotel otomano situado entre la Mezquita Azul y Santa Sofía es el sitio ideal para tomar una copa o un almuerzo ligero en verano.

Karakol Restaurant INTERNACIONAL €€€
(plano p. 46; ☎0212-514 9494; www.karakolres taurant.com; First Court, Topkapı Palace; sándwiches 19-22 TRY, ensaladas 20-26 TRY, platos principales 20-35 TRY; ☺10.00-18.00 todo el año, verano hasta 22.00) La comida es normalita, pero la ubicación es maravillosa, y se puede pedir una jarra de cerveza o una copa de vino. La carta incluye platos turcos e internacionales. Solo hay que reservar para cenar.

Tarihi Sultanahmet Köftecisi Selim Usta 'KÖFTECI' €€
(plano p. 46; Divan Yolu Caddesi 12, Alemdar; *köfte*, alubias y ensalada 16 TRY) Los estambulitas vienen en masa a por un tentempié rápido de *köfte* con alubias, ají y ensalada.

Karadeniz Aile Pide & Kebab Sofrası 'PIDECI' €
(Dr Emin Paşa Sokak 16; *pides* 7-10 TRY; ☺6.00-23.00) Este veterano, situado junto al Tan Hotel, sirve deliciosa sopa de *mercimek* (lentejas) y también es famoso por sus *pide* (*pizza* turca).

BARRIO DEL BAZAR

👍 **Hatay Has Kral Sofrası** ANATOLIA €€
(☎0210-534 9707; www.hatayhaskralsofrasi.com; Ragıb Bey Sokak 25, Aksaray; *pides* 10-12 TRY, kebabs 18-20 TRY, guisos 13-18 TRY, *tuzdas* 35-50 TRY) Puede que cueste un poco encontrarlo, pero esta sensacional *sofrası* ("mesa")

sirve la mejor cocina anatolia del casco antiguo. La caminata desde Beyoğlu bien vale la pena. Sus *meze* son fuera de lo común, ya que son picantes, y los platos principales son de primera. Si hay dos o más comensales, se recomienda probar el *tuzda tavuk* o el *tuzda kuzu* (pollo o cordero con costra de sal, horneado lentamente y abierto en plan espectacular en la mesa). Los kebabs y los postres son igual de ricos; no hay que irse sin probar el *paşa kebab* (carne picada de cordero con piñones y queso) y el *künefe* (capas de *kadayıf* unidas por queso dulce y rociadas con sirope; se sirve en caliente). Para llegar, hay que tomar el tranvía a Aksaray, bajar por Adnan Mendenes Caddesi, pasando por la mezquita de la Valide Sultan, y seguir la línea de tranvía anulada que cruza un pequeño parque dividido. Al llegar a un segundo pequeño parque, girar a la derecha y caminar un poco hacia arriba. Tomar la primera calle a la izquierda y el restaurante queda ya muy cerca, en el lado izquierdo de la calle. No sirve alcohol.

Hamdi Et Lokantası 'KEBABÇI' €€
(Hamdi Meat Restaurant; plano p. 62; ☎0212-528 8011; www.hamdirestorant.com.tr; Kalçın Sokak 17, Eminönü; *meze* 4-12 TRY, kebabs 15-22 TRY) Uno de los favoritos de los estambulitas desde 1970. Sus espectaculares vistas al Cuerno de Oro y a Gálata son comparables a sus sabrosos kebabs y a su animado ambiente. Lamentablemente, el nivel del servicio no es óptimo. Se recomienda reservar por Internet con la máxima antelación, y pedir mesa en la terraza.

Sur Ocakbaşı 'OCAKBAŞI' €€
(http://surocakbasi.net; İtfaiye Caddesi 27, Zeyrek; kebabs 12-22 TRY) Un sitio de primera para

ver gente mientras se disfruta con las carnes a la parrilla a la sombra del acueducto de Valente. La plaza siempre está llena de lugareños que vienen a comprar o a cotillear, y no se veían apenas turistas hasta que Anthony Bourdain filmó aquí parte de uno de sus programas de *No Reservations*; después el sitió se llenó. Recomendamos probar el combinado de kebabs, el *içli köfte* (albóndigas fritas de cordero y cebolla cubiertas con trigo sarraceno) y la *çiğ köfte* (carne aderezada con especias que se come cruda).

Havuzlu Restaurant 'LOKANTA' €€
(plano p. 66; Gani Çelebi Sokak 3, Gran Bazar; *porsiyon* 6-16 TRY, kebabs 16-18 TRY; ⊙11.30-17.00 lu-sa) Hay pocos placeres comparables a dejar las bolsas de las compras y disfrutar de una comida en el mejor restaurante del Gran Bazar. Un sitio delicioso, con techo abovedado y una ornamentada luz central, donde sirven sabrosa *hazır yemek* (comida preparada) y kebabs recién hechos a hordas de turistas y vendedores hambrientos. El baño está limpio, algo muy extraño en el bazar.

Bab-ı Hayat ANATOLIA €
(plano p. 62; www.babihayat.com; Mısır Çarşısı 47, Eminönü (bazar de las especias); *pides* 7-8 TRY, kebabs 9-14 TRY; ⊙11.00-19.00 lu-sa) El equipo dirigido por uno de los arquitectos conservadores del palacio Topkapı tardó siete meses en restaurar y decorar este local abovedado, situado encima del entrada oriental del bazar de las especias. El resultado es un agradable ambiente en el que se pueden degustar platos anatolios. Se entra por la tienda de comida rápida Serhadoğlu.

Zeyrekhane RESTAURANTE €€
(plano p. 62; www.zeyrekhane.com; İbedethane Arkası Sokak 10, Zeyrek; sándwiches 11-15 TRY, ensaladas 12-18 TRY, platos principales 19,50-35 TRY; ⊙do cerrado) Situado en la restaurada *medrese* de la mezquita de Zeyrek Molla, dispone de un jardín y una terraza con vistas magníficas al Cuerno de Oro y a la mezquita de Süleymaniye. Sirven de todo, desde *croque monsieurs* y sándwiches de dos pisos hasta *mantı* (raviolis turcos). Como sirven alcohol, también es un sitio ideal para tomar una copa al atardecer.

Zinhan Kebab House at Storks 'KEBABÇI' €€
(plano p. 62; ☑0212-512 4275; www.zinhanrestaurant.com; Ragıpgümüşpala Caddesi 2-5, Eminönü; *meze* 5-6 TRY, *pides* 10-13,50 TRY, kebabs 15-23 TRY) Su ubicación, junto al puente Gálata, es una de las mejores de la ciudad. La terraza en la azotea ofrece vistas sensacionales, buenos *meze* (hay que probar el *haydari*, una salsa de yogur con berenjena asada y ajo, y el *kısır*, una ensalada de trigo sarraceno, perejil y pasta de tomate), kebabs correctos y un entorno muy confortable. Hay que reservar y pedir una mesa con vistas.

Fes Cafe CAFÉ €€
(plano p. 62; Ali Baba Türbe Sokak, Nuruosmaniye; sándwiches 12-15 TRY, ensaladas 15-18 TRY, pasta 15-18 TRY; ⊙do cerrado) Un café muy chic en una deliciosa calle cerca de la puerta Nuruosmaniye del Gran Bazar, y el sitio perfecto para probar el café turco (servido en una bandeja de plata con un vaso de agua y un trocito de delicias turcas). También es buen lugar para un almuerzo informal.

Tarihi Süleymaniyeli Kuru Fasulyeci Erzıncanlı Ali Baba 'FASULYECI' €
(plano p. 62; www.kurufasulyeci.com; Prof Sıddık Sami Onar Caddesi 11, Süleymaniye; *fasulye y pilav* 6 TRY) ¿Por qué no unirse a la multitud de lugareños con hambre en esta añeja institución situada en la antigua *kütüphanesi medrese* (escuela y biblioteca teológica) de la mezquita de Süleymaniye? Su especialidad desde hace más de ochenta años son las *fasulye* (judías de Anatolia cocidas con salsa picante de tomate). Es buena idea probarlas con *ayran* (bebida de yogur). El vecino **Ali Baba Kanaat Lokantası** es casi un clon de este.

También son recomendables:

İmren Lokantası 'LOKANTA' €
(plano p. 62; Kadırga Meydanı 143, Kadırga; *porsiyon* 4-7 TRY, kebabs 8-9,50 TRY) Este diminuto *lokanta* de barrio está fuera del circuito turístico, pero merece la pena visitarlo por sus excelentes platos económicos como el *guveç* (guiso) de cordero a la pimienta o la *musakka* (berenjena al horno con carne picada).

Burç Kebab 'OCAKBAŞI' €€
(plano p. 66; cerca de Yağulıcılar Caddesi, Gran Bazar; kebabs 7-18 TRY; ⊙8.00-19.00 lu-sa) El *üsta* (chef) de este sencillo local preside el espacio tras una parrilla de carbón donde se cuecen trozos de carne del sureste de Turquía. El comensal puede sentarse en un taburete o pedir un kebab *dürüm* (envuelto con pan) para llevar.

BARRIOS OCCIDENTALES
Asitane OTOMANA €€€
(www.asitanerestaurant.com; Kariye Camii Sokak 6, Edirnekapı; entrantes 12-18 TRY, platos principa-

les 26-42 TRY) Elegante, y situado cerca de la iglesia de Cora, sirve la cocina otomana más auténtica de la ciudad (desde 1539), con platos como melón horneado y relleno de ternera y jamón picados, arroz, hierbas aromáticas, almendras y piñones. Los chefs han recuperado recetas de las cocinas imperiales de los palacios de Edirne, Topkapı y Dolmabahçe, y las cocinan utilizando los ingredientes y los métodos originales. Una comida aquí es tan deliciosa como única.

BEYOĞLU Y ALREDEDORES

Karaköy Güllüoğlu 'BAKLAVACI' €
(plano p. 72; Rıhtım Caddesi, Katlı Otopark Altı, Karaköy; *porsiyon* 2,75-5,50 TRY; ☺8.00-19.00 lu-sa) La familia Güllü abrió su primera tienda de *baklava* en Karaköy en 1949. Desde entonces ha hecho extraordinariamente felices a sus clientes y excesivamente ricos a los dentistas. Hay que ir a la caja y pagar por un té y una *porsiyon* (ración) de *baklava* (*fıstıklı* es pistacho, *cevizli* es nuez y *sade* es sencillo). Después se hace cola para recoger la bandeja con dos o tres pastelitos, dependiendo de la clase escogida. Las *börek* (4-4,50 TRY) son especialmente buenas.

Zübeyir Ocakbaşı 'OCAKBAŞI' €€
(plano p. 72; ☎212-293 3951; www.zubeyirocakbasi.com; Bekar Sokak 28; *meze* 4-6 TRY, kebabs 10-20 TRY) Cada mañana, los chefs de esta popular *ocakbaşı* preparan la carne de primerísima calidad que asarán por la noche en sus preciosas barbacoas con tapa de cobre: alitas de pollo picantes y kebabs de Adana, sabrosas costillas, kebabs de hígado y *şiş kebabs* (carne asada en brocheta) de cordero bien marinado. Son famosos en toda la ciudad, por lo que reservar mesa es esencial.

Karaköy Lokantası 'LOKANTA/MEYHANE' €€
(plano p. 72; ☎212-292 4455; Kemankeş Caddesi 37, Karaköy; *meze* 6-10 TRY, *porsiyon* 7-12 TRY, parrilla 11-16 TRY; ☺do cerrado) Este *lokanta* familiar, situado frente a la terminal marítima internacional de pasajeros cuenta con un precioso interior decorado con azulejos, obra de Autoban Design Partnership, muy de moda. Sus platos son sabrosos y están bien de precio, y el servicio es amable y eficiente. De día funciona como *lokanta,* pero de noche se convierte en una popular *meyhane,* los precios suben un poco y aparecen mesas en la calle. Si se va a almorzar, se puede ir a tomar el postre a Karaköy Güllüoğlu y probar su famoso *baklava*.

Antiochia ANATOLIA €€
(plano p. 72; ☎0212-292 1100; www.antiochiacon cept.com; Minare Sokak 21, Asmalımescit; *meze* 6-9 TRY, platos principales 12-19 TRY; ☺do cerrado) Relativamente nuevo y situado en el barrio de moda de Asmalımescit, su especialidad son los platos de Antakya, al sureste del país. El comensal puede sentarse dentro o en la tranquila calle peatonal para probar los platos de *meze* con ensaladas donde predominan el tomillo, el sirope de granada, las olivas, las nueces, el ají y el yogur casero. La oferta de kebabs es igual de sorprendente y deliciosa.

Mikla TURCA MODERNA €€€
(plano p. 72; ☎0212-293 5656; www.miklares taurant.com; Marmara Pera hotel, Meşrutiyet Caddesi 15, Tepebaşı; entrantes 24-36 TRY, platos principales 44-71 TRY; ☺do cerrado) El famoso chef local Mehmet Gürs es un maestro de la cocina mediterránea, a la que pone acento turco para hacer de sus platos algo memorable. Vistas extraordinarias y un entorno

---

EL REY DE LOS KEBABS

El plato típico de Turquía es, sin duda alguna, el kebab. A los turcos les encanta todo lo que esté cocinado en brocheta, y si se les pregunta dónde celebrarían un ágape especial, muchos dirían que en uno de los locales de la cadena **Develi** (☎0212-529 0833; Gümüşyüzük Sokak 7, Samatya; platos principales 12-25 TRY), en Samatya, uno de los favoritos más veteranos, situado a la sombra de la Gran Muralla de Teodosio. Aquí preparan suculentos kebabs de formas muy variadas, y a menudo son reflejo de la temporada; por ejemplo, el *keme kebabi* (kebab de trufa) solo se sirve unas semanas al año. Los precios son muy razonables por la calidad de la comida, y el servicio es ejemplar. Para llegar, se toma un taxi desde Sultanahmet (el viaje cuesta unas 12 TRY) o el tren desde Sirkeci o Cankurtaran. Está cerca de la estación Koca Mustafa Paşa. Al salir de la estación del tren, se camina colina arriba hacia el norte, Develi queda un poco más adelante, en una explanada llena de coches aparcados.

de lujo completan la experiencia. En verano, mejor pedir mesa en la terraza.

İstanbul Modern Cafe
TURCA MODERNA €€€

(plano p. 72; ☎0212-249 9680; Meclis-i Mebusan Caddesi, Tophane; *pizza* 18-27 TRY, pasta 18-32 TRY, platos principales 26-50 TRY; ⏱10.00-24.00 lu-sa, hasta 18.00 do) Cierto ambiente artístico-industrial y magníficas vistas al casco antiguo desde el agua (cuando no lo tapa algún barco) hacen del café de esta galería una buena opción para almorzar. La pasta es casera; las *pizzas,* a la italiana, y el servicio, impecable. No hay que pagar entrada si solo se va a comer; tiene una entrada lateral. Hay que reservar con antelación para conseguir mesa en la terraza.

9 Ece Aksoy
'MEYHANE' €€€

(plano p. 72; ☎212-245 7628; www.dokuzeceaksoy.com; Otelier Sokak 9, Tepebaşı; platos principales 18-35 TRY, platos de *meze* variados 18-36 TRY) La sugerente música *jazz* ambiental es ideal para el interior de esta moderna *meyhane*. El chef/propietario es un firme creyente en la superioridad de los productos de cultivo ecológico locales, que emplea para elaborar sus sabrosos platos. No hay que perderse los *meze;* son sensacionales.

Canım Ciğerim İlhan Usta
'ANATOLIA' €€

(plano p. 72; ☎0212-252 6060; Minare Sokak 1, Asmalımescit; 5 brochetas 11 TRY) El nombre significa "mi alma, mi hígado". Este pequeño local situado detrás de Ali Hoca Türbesi está especializado en platos de hígado a la parrilla con hierbas aromáticas, *ezme* (salsa de tomate picante) y verduras a la parrilla. Los que no puedan con las vísceras pueden sustituirlas por cordero o pollo. No sirve alcohol.

Sofyalı 9 ⟵
'MEYHANE' €€

(plano p. 72; ☎0212-245 0362; Sofyalı Sokak 9, Asmalımescit; *meze* 2,50-10 TRY, platos principales 13-25 TRY; ⏱ do cerrado) Sus mesas están muy solicitadas las noches de los viernes y los sábados, y no es de extrañar. Este pequeño gran local, situado en una de las calles más concurridas de la ciudad, sirve buena comida de *meyhane* y logra que todo el mundo se sienta bienvenido. La mayoría de los comensales piden *meze* en lugar de platos principales. Hay que elegir lo que apetezca de la bandeja del camarero y no sentirse obligado a aceptar cualquier cosa que se coloque sobre la mesa sin pedirla.

Kahvedan
CAFÉ-BAR €€

(plano p. 72; www.kahvedan.com; Akarsu Caddesi 50, Cihangir; *sándwiches* y *wraps* 10-18 TRY, pasta 10-18 TRY, platos principales 12-30 TRY; ⏱ 9.00-2.00 lu-vi, 9.00-4.00 sa y do) Este paraíso de extranjeros residentes sirve platos como huevos con panceta, tostadas francesas, *mee goreng* y *falafel*. La propietaria, Shellie Corman, es una gran viajera y sabe lo importante que son el Wi-Fi gratuito, el buen vino por copas, los buenos precios y la buena música. Los martes, de 20.00 a 23.00 hay *happy hour*.

Medi Şark Sofrası ⟵
'KEBAPÇI' €€

(plano p. 72; Küçük Parmak Kapı Sokak 46a; kebabs 9-25 TRY) Excelente *kebapçı* cercano a İstiklal Caddesi especializado en platos de carne de la región del sureste de Turquía. Se sirven acompañados con la especialidad de la casa, *babam ekmek* ("el pan de mi padre"). Es famoso por sus kebabs de Adana y *beyti*, deliciosos acompañados por un vaso de *ayran* (no sirve alcohol).

Hacı Abdullah
'LOKANTA' €€€

(plano p. 72; www.haciabdullah.com.tr; Sakızağacı Caddesi 9a; *meze* 10,50-23 TRY, platos principales 16-42 TRY) Toda una institución en Estambul (desde 1888), sirve una buena variedad de *meze* y *hazır yemek*. No sirve alcohol, pero el despliegue de deliciosos postres lo compensa con creces.

Doğa Balık
MARISCO €€€

(plano p. 72; ☎0212-243 3656; www.dogabalik. com; 7ª planta, Villa Zurich Hotel, Akarsu Yokuşu Caddesi 36, Cihangir; *meze* 12-24 TRY, platos principales 26-60 TRY) Otro favorito de los estambulitas. Situado en la última planta de un modesto hotel de Cihangir, sirve delicioso pescado fresco en un comedor con espléndidas vistas al casco antiguo.

Kafe Ara
CAFÉ €€

(plano p. 72; Tosbağ Sokak 8a, Galatasaray; platos principales 14-20 TRY) Lleva el nombre de su propietario, el legendario fotógrafo local Ara Güler, cuyas obras decoran las paredes del local. El propio Ara suele ser el centro de atención casi todos los días. Situado en un garaje reconvertido, también tiene mesas en la amplia acera frente al Galatasaray Lycée. Sirve una amplia variedad de *paninis,* ensaladas y pasta a buen precio. No sirve alcohol.

Fasulı Lokantası ⟵
'FASULYECI' €€

(plano p. 72; www.fasuli.com.tr; İskele Caddesi 10-12, Tophane; judías y arroz 11,50 TRY) En

Turquía se sirven dos tipos de *fasulye* (platos con judías): judías de Erzincan cocinadas en salsa de tomate picante y judías del mar Negro cocinadas en salsa *gravy* roja con mantequilla y carne. Este espacioso *lokanta* cerca de los antros de narguile de Tophane sirve las segundas, y son deliciosas.

También son recomendables:

Zencefil VEGETARIANA €€
(plano p. 72; ☎0212-243 8234; Kurabiye Sokak 8, Taksim; platos principales 7-13 TRY; ☉do cerrado) Popular café vegetariano cómodo y de discreta elegancia. Se recomienda probar el plato especial del día y de la semana, todos servidos con pan casero y mantequilla a las finas hierbas. Atención, porque cuando se redactaba esta guía, había rumores de que el restaurante podría cambiar de dirección.

Saray Muhallebicisi 'MUHALLEBICI' €
(plano p. 72; ☎0212-292 3434; İstiklal Caddesi 173, Beyoğlu) Esta *muhallebici* (tienda de pudin de leche) es propiedad nada más y nada menos que del alcalde de Estambul, y prepara sus más de treinta variedades de pudin desde 1935.

Galata Konak Patisserie Cafe PASTELERÍA €
(plano p. 72; www.galatakonakcafe.com; Hacı Ali Sokak 2/2, Gálata) Después de echar un vistazo a las pastas y pasteles que venden en la pastelería de la planta baja, se sube al café de la terraza en la azotea –a pie o en ascensor–, que tiene vistas estupendas.

Güney Restaurant 'LOKANTA' €€
(plano p. 72; Kuledibi Şah Kapısı 6, Gálata; sopas 3 TRY, *porsiyon* 3,50-8 TRY; ☉ do cerrado) Hay que tener mucha suerte para encontrar una mesa a la hora de comer en este ajetreado *lokanta* enfrente de la torre Gálata.

Konak ANATOLIA €€
(plano p. 72; www.konakkebab.com; İstiklal Caddesi 259, Galatasaray; *pides* 7-9 TRY, kebabs 8-15 TRY) Los restaurantes de İstiklal suelen ser de pesadilla, pero este veterano favorito es la excepción que confirma la regla. Sirve excelentes kebabs y *pides;* hay que probar el delicioso *İskender kebab* (*döner* kebab en *pide* fresca aderezado con sabrosa salsa de tomate y mantequilla dorada). Tienen otro restaurante cerca de Tünel.

'MEYHANES': LA GRAN FIESTA DE LA CIUDAD

Si únicamente se va a pasar una noche en Estambul, es imprescindible pasarla en una *meyhane* (taberna turca). Cada noche de la semana, *meyhanes* como Sofyalı 9, Alem, 9 Ece Aksoy y Karaköy Lokantası se llenan de estambulitas que van a charlar y a disfrutar de los variados *meze* y platos de pescado del día, que acompañan con copas y copas de *rakı* (brandy anisado). Los viernes y sábados por la noche, las zonas de *meyhanes* como Nevizade y Sofyalı Sokaks están literalmente a punto de reventar.

Las *meyhanes* tradicionales a menudo tienen músicos que tocan *fasıl*, una variedad local de la música gitana. Una de las mejores de la ciudad es **Despina** (☎0212-247 3357; Açıkyol Sokak 9, Kurtuluş; cena con bebida incl. 50 TRY), fundada en 1946 y conocida por su excelente música. Está lejos de la zona turística, en el barrio de Kurtuluş, en la orilla oriental del Cuerno de Oro; se puede pedir al hotel que solicite un taxi. Otras opciones son **Cumhuriyet** (plano p. 72; ☎0212-293 1977; Sahne Sokak 4; menú cerrado/abierto 55/65 TRY) en el Balık Pazar (mercado de pescado) de Beyoğlu; **Alem** (plano p. 72; ☎0212-249 6055; Nevizade Sokak 8-10, Beyoğlu; menú con bebidas incl. 55 TRY; ☉10.00-2.00, música en directo 20.00-24.00); **Demeti** (plano p. 72; ☎0212-244 0628; Şimşirci Sokak 6, Cihangir; menú cerrado/abierto 55/65 TRY; ☉do cerrado); y **Kokosh by Asmali** (plano p. 72; ☎0212-293 2547; www.asmalikokosh.com; Meşrutiyet Caddesi 83c, Tepebaşı; menú con bebidas incl. 90 TRY; ☉do, lu y veranos cerrado), frente al histórico Pera Palace Hotel.

Si se va a cenar a una meyhane en la que ofrecen música en directo, no hay que olvidar dar propina a los músicos cuando tocan al lado de la mesa, ya que su sueldo depende de ellas; de 5 a 10 TRY por persona es una buena propina. Téngase en cuenta que la diferencia entre un menú cerrado y un menú abierto generalmente tiene que ver con el tipo de bebidas alcohólicas que ofrecen.

Helvetia Lokanta
'LOKANTA' €

(plano p. 72; Sümbül Sokak; sopas 5 TRY, *porsiyon* 5-9 TRY; ⏱8.00-22.00 lu-sa, 8.00-11.00 do) Este moderno *lokanta* es conocido entre los estambulitas (sobre todo los vegetarianos), que acuden a disfrutar de sus frescas, sabrosas y económicas sopas, ensaladas y judías.

ORTAKÖY Y KURUÇEŞME
Los restaurantes de la Milla de Oro (a lo largo de Muallim Naci y Kuruçeşme Caddesis en Ortaköy y Kuruçeşme) suelen ser caros, y si el presupuesto del viajero es reducido, lo mejor es conformarse con un *brunch;* como hacen la mayoría de los jóvenes estambulitas. Los fines de semana, los puestos que hay detrás de la mezquita de Ortaköy hacen su agosto vendiendo *gözlemes* (crepes saladas) y *kumpir* (patata asada rellena de crema agria, pasta de aceitunas, queso, chile o bulgur).

Aşşk Kahve
CAFÉ €€

(plano p. 76; Muallim Naci Caddesi 64b, Kuruçeşme; *brunch* 10-25 TRY; ⏱do invierno cerrado) Los más sofisticados de la ciudad adoran este café al aire libre y sus *brunch* de fin de semana son toda una institución. Para conseguir una mesa junto al agua hay que ir muy pronto. Se accede por las escaleras que hay detrás del Macrocenter. Para llegar desde Sultanahmet hay que tomar el tranvía hasta Kabataş y luego el autobús nº 22 o nº 25E hasta Kuruçeşme.

House Cafe
INTERNACIONAL €€€

(plano p. 76; plaza İskele 42, Ortaköy; fuente de desayuno 24 TRY, sándwiches 15-26 TRY, *pizza* 17,50-27,50 TRY, platos principales 16,50-29,50 TRY; ⏱9.00-1.00 lu-ju, hasta 2.00 vi y sa, hasta 22.30 do) Este café, informal y elegante a la vez, sirve uno de los mejores *brunch* dominicales de la ciudad. Con un enorme espacio situado enfrente del agua, ofrece un bufé de gran calidad por 45 TRY de 10.00-14.00. La comida que sirven a otras horas no es tan buena, aunque eso no impide que se llene todos los fines de semana.

Banyan
ASIÁTICA €€€

(plano p. 76; ☎0212-259 9060; www.banyanrestaurant.com; 3ª planta, Salhane Sokak 3, Ortaköy; platos principales 25-42 TRY) Los platos de cocina asiática de fusión que sirven en este elegante local están bien, pero lo mejor son las extraordinarias vistas del puente del Bósforo y de la mezquita de Ortaköy. Se recomienda reservar mesa en la terraza.

ORILLA ASIÁTICA

ÜSKÜDAR
Kanaat Lokantası
'LOKANTA' €€

(Ahmediye Meydanı; sopas 4-5 TRY, *porsiyon* 6-10 TRY, kebabs 9-13 TRY) Con aspecto de granero, este local cercano al desembarcadero del *ferry* viene sirviendo buen *hazır yemek* desde 1933, y es especialmente apreciado por sus postres. Su decoración, subestimada pero agradable, cuenta con fotografías enmarcadas de antiguas escenas callejeras. Está en la calle que hay detrás de la mezquita Ağa.

KADIKÖY
Çiya Sofrası
'LOKANTA' €€

(www.ciya.com.tr; Güneşlibahçe Sokak 43; plato de *meze* 5-12 TRY, *porsiyon* 6-14 TRY, postres 3-8 TRY) El mejor *lokanta* de la ciudad. Nos encanta la moderna sencillez de su interior y el personal tan amable, y adoramos la comida que preparan; desde deliciosos *meze* para servirse uno mismo hasta *perde pilavı* (pollo, arroz y almendras en un pastelito) y *katmer fıstık şeker hamun kaymak* (pastel hojaldrado de pistacho con cuajada). El vecino Çiya Kebabçi lo lleva el mismo equipo de gente, y es igual de impresionante. Para llegar aquí desde el desembarcadero del *ferry*, hay que cruzar la calle principal y entrar por las calles que llevan al mercado a mano derecha (sur) de Sögutlüçeşme Caddesi. No sirve alcohol.

🍷 Dónde beber

A pesar de ser la ciudad más grande de un país principalmente musulmán, a los habitantes de Estambul les gusta tomarse unas copas. Y si el aroma a *rakı* (brandy anisado) de las *meyhanes* no es prueba suficiente, una incursión en el próspero sector de los bares de Beyoğlu lo confirmará.

También se pueden visitar los *çay bahçesis* o *kahvehanes* (cafeterías) que hay por todas partes, que a pesar de no servir alcohol tienen mucho ambiente. Son sitios ideales para relajarse y disfrutar de todo un clásico turco, el narguile, junto con una taza de *Türk kahve* (café turco) o de *çay*. En los locales listados a continuación, un té cuesta 2 TRY; un café turco, 6 TRY, y un narguile, entre 10 y 15 TRY.

SULTANAHMET Y ALREDEDORES
Set Üstü Çay Bahçesi
TETERÍA

(plano p. 46; Gülhane Park, Sultanahmet; ⏱10.00-23.00) Esta casa de té al aire libre es una de las más queridas por la población, que atraviesa todos los fines de semana el parque Gülhane para llegar hasta ella. Hay que seguir su ejemplo y tomarse un té y un *tost* (sándwich caliente) mientras se disfruta de las espectaculares vistas al mar. No tienen narguiles.

Yeni Marmara — CAFÉ NARGUILE
(plano p. 46; Çayıroğlu Sokak, Küçük Ayasofya; ☺8.00-24.00) Este cavernoso local está siempre lleno de vecinos que juegan al *backgammon*, toman *çay* y echan humo con sus narguiles. Es una casa de té con mucha personalidad, con alfombras, tapices y mesas bajas de latón. En invierno, la estufa de leña mantiene el local a temperatura agradable y en verano los clientes se sientan en la terraza posterior y miran el mar de Mármara.

Derviş Aile Çay Bahçesi — TETERÍA
(plano p. 50; Mimar Mehmet Ağa Caddesi, Sultanahmet; ☺9.00-23.00 abr-oct) No existen muchos sitios mejores. Enfrente de la Mezquita Azul, con cómodas sillas de caña y árboles que dan sombra e invitan a los clientes a descansar del caos turístico.

Cafe Meşale — TETERÍA
(plano p. 50; Arasta Bazaar, Utangaç Sokak, Sultanahmet; ☺24h) Generaciones de mochileros se han unido a los lugareños que buscan aquí un sitio donde sentarse para disfrutar de un *çay* y un narguile. En verano hay música turca en vivo de 20.00 a 22.00 todas las noches. Se encuentra en un patio más bajo que la calle, detrás de la Mezquita Azul y cerca del bazar Arasta.

Türk Ocağı Kültür ve Sanat Merkezi İktisadi İşletmesi Çay Bahçesi — TETERÍA
(esquina de Divan Yolu y Bab-ı Ali Caddesis, Çemberlitaş; ☺8.00-24.00, más tarde en verano) Encajada en la esquina posterior derecha de un sombreado cementerio otomano, esta popular tetería al aire libre es el lugar ideal para escapar de las multitudes y relajarse con un té y un narguile.

Hotel Nomade Terrace Bar — BAR
(plano p. 46; Ticarethane Sokak 15, Alemdar; ☺12.00-23.00) La íntima terraza de este hotel-*boutique* tiene vistas a Santa Sofía y a la Mezquita Azul, y uno puede recostarse en una cómoda silla y saborear una copa de vino, una cerveza o un zumo recién exprimido. El único sonido que interrumpirá el ensueño de la tarde es la llamada a la plegaria del casco antiguo.

Kybele Cafe — CAFÉ-BAR
(plano p. 46; Yerebatan Caddesi 35, Alemdar; ☺15.00-1.00) El *lounge* bar de este hotel es precioso aunque algo excéntrico, lleno a rebosar de muebles antiguos, alfombras de vivos colores y viejos grabados y aguafuertes; pero el encanto lo aportan los cientos de lámparas de cristal de colores que cuelgan del techo.

Sofa — CAFÉ-BAR
(plano p. 50; Mimar Mehmet Ağa Caddesi 32, Cankurtaran; ☺11.00-23.00) Diez mesas iluminadas con velas atraen a los clientes hasta este bar cercano a Akbıyık Caddesi. Hay *happy hour* de 17.00 a 18.30 todos los días, y una atmósfera muy relajada.

Sultan Pub — 'PUB'
(plano p. 46; Divan Yolu Caddesi 2; ☺21.30-1.00) Versión local del Ye Olde English Pub que lleva décadas funcionando. La gente de entre 30 y 40 años acuden para ver las espectaculares puestas de sol en la terraza de la azotea o contemplar el devenir de la calle desde las mesas en la acera, bañadas por el sol. En la misma calle, en el nº 66, está The Cosy Pub, muy parecido.

BARRIO DEL BAZAR

Lale Bahçesi — TETERÍA
(plano p. 62; Sifahane Sokak, Süleymaniye; ☺9.00-23.00) En un patio más bajo que la calle, que antaño formaba parte de la *külliye* Süleymaniye, se encuentra esta encantadora tetería; siempre llena de estudiantes de la cercana İstanbul University, que van a sentarse un par de horas en los asientos acolchados junto a una bonita fuente. En invierno, se apiñan en la acogedora *medrese* cuyo suelo está tapizado con kílims (alfombras tejidas en plano). Tienen los narguiles más baratos de la ciudad.

Erenler Çay Bahçesi — TETERÍA
(plano p. 62; Yeniçeriler Caddesi 36/28; ☺9.00-24.00, más tarde en verano) Situado en el frondoso patio de la Medrese Çorlulu Ali Paşa, este local de narguile siempre está lleno de estudiantes de la Universidad de Estambul, que van a cumplir con su patrimonio cultural fumando.

İlesam Lokalı — TETERÍA
(plano p. 62; Yeniçeriler Caddesi 84; ☺8.00-24.00, más tarde en verano) Situado en el patio de la Koca Sinan Paşa Medrese, este club fue fundado por un grupo de enigmático nombre: Unión Profesional de Propietarios de Obras Científicas, pero sus miembros no ponen

LOCOS POR EL 'KEYIF'

El té y el narguile van de la mano, como los Beckham. Y el sitio perfecto para probar esta mágica combinación es una tradicional *çay bahçesi* (tetería al aire libre). Se trata del lugar al que van los autóctonos para practicar el *keyif*, el arte turco de la relajación. Para imitarles, solo hace falta seguir el aroma del tabaco de manzana hasta llegar a:

» Derviş Aile Çay Bahçesi (p. 100)
» Erenler Çay Bahçesi (p. 100)
» Lale Bahçesi (p. 100)
» Tophane Nargileh (p. 101)

trabas a la entrada de extraños. Al cruzar la puerta de entrada a la tumba de Koca Sinan Paşa hay que atravesar el cementerio hasta llegar a la casa de té, que es la segunda a la derecha.

BEYOĞLU Y ALREDEDORES

Hay pocas *çay bahçesis* a este lado del puente Gálata, pero muchísimos bares. Los más populares están por Balo Sokak y Sofyalı Sokak, pero también hay algunos bares elegantes en terrazas de azoteas a ambos lados de İstiklal. Tienen vistas grandiosas, como sus precios.

Tophane Nargileh CAFÉ-NARGUILE
(plano p. 72; cerca de Necatibey Caddesi, Tophane; ⊙24h) Esta animada hilera de cafés-narguile que hay detrás de la mezquita Nusretiye y frente a la parada de tranvía de Tophane siempre está llena de modernos abstemios, y es un sitio fabuloso al que ir después de comer. Para dar con él, solo hay que seguir el olor a tabaco de manzana, que es de lo más tentador.

Mikla BAR
(plano p. 72; www.miklarestaurant.com; Marmara Pera Hotel, Meşrutiyet Caddesi 15, Tepebaşı; ⊙desde 18.30 lu-sa solo verano) Merece la pena pasar por alto los aires de superioridad del servicio de este bar en la terraza de una azotea para disfrutar de la que quizá sea la mejor vista de la ciudad. Tras la copa, se puede bajar al restaurante (véase p. 96).

Leb-i Derya BAR-RESTAURANTE
(plano p. 72; www.lebiderya.com; 6ª planta, Kumbaracı Yokuşu 57, Tünel; ⊙16.00-2.00 lu-ju, hasta 3.00 vi, 10.00-3.00 sa, hasta 2.00 do) Si se pre-

gunta a unos cuantos estambulitas cuál es su bar preferido, muchos nombrarán este. Sencillo y sin pretensiones, está en la última planta de un edificio destartalado cerca de İstiklal y ofrece maravillosas vistas al casco antiguo y al Bósforo, por lo que los asientos en la terraza están muy solicitados. Hay otro bar de la misma cadena, pero más selecto, en el Richmond Hotel İstiklal Caddesi cuyas vistas incluso son mejores.

360 BAR-RESTAURANTE
(plano p. 72; www.360istanbul.com; 8ª planta, İstiklal Caddesi 311, Galatasaray; ⊙12.00-2.00 lu-ju y do, 15.00-4.00 vi y sa) El bar más famoso de Estambul, y con razón. Si el viajero logra hacerse con uno de los taburetes de la terraza, es que es su día de suerte: las vistas son extraordinarias. Los viernes y los sábados, pasada la medianoche, se convierte en local nocturno.

X Bar BAR-RESTAURANTE
(plano p. 72; www.xrestaurantbar.com; 7ª planta, Sadı Konuralp Caddesi 5, Şişhane; ⊙9.00-24.00 do-mi, hasta 4.00 ju-sa) La alta cultura y el *glamour* se dan la mano en la última planta del edificio de la İstanbul Foundation for Culture and Arts (İKSV). La comida no está a la altura de su elevado precio, por lo que se sugiere limitarse a un aperitivo con la puesta de sol. Las vistas al Cuerno de Oro son sencillamente extraordinarias.

Public BAR-RESTAURANTE
(plano p. 72; Meşrutiyet Caddesi 84, Şişhane; ⊙12.00-24.00) Lo mejor que podía pasarle a Şişhane después de la llegada del metro es este bar-restaurante-local nocturno dirigido por grandes profesionales que también tienen un exitoso café en Bebek. A los más glamurosos de la ciudad (muchos viven en este barrio del Bósforo) les encanta.

Mavra CAFÉ-BAR
(plano p. 72; Serdar-ı Ekrem Caddesi 31a, Gálata; ⊙9.00-2.00 lu-vi, hasta 16.00 sa y do) Serdar-ı Ekrem Caddesi es una de las calles más interesantes de Gálata, llena de edificios del s. XIX, tiendas vanguardistas y cafés de ambiente relajado. Este es un poco de todo: de día, funciona como café, y de noche se convierte en bar moderno.

Papillon BAR
(plano p. 72; 4ª planta, Balo Sokak 31; ⊙16.00-tarde) El clásico ejemplo de los bares que hay en las últimas plantas de Beyoğlu. Tan relajado y cómodo que parece más bien una sala de

DE MARCHA EN LA AZOTEA

Los grandes locales nocturnos de lujo que hay a lo largo del Bósforo son donde van a divertirse y a hacer sonar sus joyas los que tienen más dinero en el bolsillo y más bótox en la cara. Sus precios astronómicos son disuasorios, pero por suerte hay sitios con el mismo *glamour* para bolsillos más modestos que se pueden recomendar: los animados bares en las azoteas de la ciudad.

El magnífico perfil de la ciudad de Estambul y sus maravillosas aguas proporcionan el telón de fondo perfecto para el creciente número de bares existentes en las azoteas de Beyoğlu. Casi todos ofrecen una panorámica impresionante, en algunos tocan música en directo y otros se transforman en discotecas pasada la medianoche. Raramente imponen una consumición mínima y son menos estrictos con la etiqueta, aunque es recomendable vestirse con lo mejor que se tenga en la maleta. Las bebidas cuestan 15-20 TRY.

Entre los mejores de una lista que no deja de aumentar figuran **360**, **5 Kat**, **Mikla**, **X Bar**, **Leb-i Derya** y **Leb-i Derya Richmond**.

estar que un bar. Sacos de judías, macetas, bolas de espejos y decoración psicodélica se reparten por dos plantas. Las copas son baratas. Para llegar, hay que tomar Balo Sokak y tras pasar el *pub* irlandés James Joyce, subir por las escaleras de la izquierda, justo antes de las señales de los bares Balo y Haydar Rock Bar, y subir hasta arriba. La marcha empieza después de las 22.00.

5 Kat
BAR-RESTAURANTE

(plano p. 72; www.5kat.com; 5ª planta, Soğancı Sokak 7, Cihangir; ☉10.00-1.30) Esta institución estambulita es una gran alternativa para los que no soporten el estilo recargado de locales como 360. En invierno, sirven las copas en el bar de estilo salón privado, y en verano, la acción se traslada a la terraza. Tanto uno como la otra cuentan con grandes vistas al Bósforo.

Otto
BAR

(plano p. 72; www.ottoistanbul.com; Sofyalı Sokak 22, Asmalımescit; ☉11.00-2.00) Situado justo en el centro de la zona de ocio de Sofyalı, es una buena opción si se desea tomar una copa rápida antes de ir a cenar a uno de los restaurantes de Asmalımescit. Sus otras sucursales en Santralİstanbul en Sütlüce (abierto de 10.00 a 2.00 de lunes a jueves y hasta las 4.00 viernes y sábados; hay que tomar el *ferry* del Cuerno de Oro hasta Sütlüce, véase p. 83) y en Şehbender Sokak 5 (abierto de 11.00 a 2.00 de lunes a sábado), junto a Babylon (p. 105) en Tünel, son famosas por su música en directo (sobre todo *jazz*).

Badehane
BAR

(plano p. 72; General Yazgan Sokak 5, Tünel; ☉9.00-2.00) Pequeño y sin señalizar, es uno de los favoritos de los estambulitas. Si la noche es templada, la acera se llena de clientes con aires bohemios que charlan y fuman mientras beben cerveza; cuando hace frío, se apiñan todos dentro.

Haco Pulo
TETERÍA

(plano p. 72; Passage ZD Hazzopulo, İstiklal Caddesi; ☉9.00-24.00) En esta zona no hay tantas casas de té tradicionales como en el Viejo Estambul, por lo que esta se considera un tesoro. Situada en un pintoresco patio adoquinado, sus taburetes se llenan de veinteañeros y treintañeros las noches de verano. Para completar la experiencia, merece la pena ir caminando desde İstiklal Caddesi por la pequeña galería repleta de tiendas poco convencionales. Sin narguile.

Perla Kallâvi Nargileh Cafe
CAFÉ-NARGUILE

(plano p. 72; 4ª-6ª planta, Kallâvi Sokak 2; ☉10.00-2.00) Para llegar solo hay que seguir el aroma a tabaco de manzana. Ocupa las tres últimas plantas de un elaborado edificio de İstiklal Caddesi (se entra por la calle lateral). Siempre está lleno de gente joven (y muchas mujeres) tomando un té o fumando narguile, ya sea en los acogedores rincones del interior o en la pequeña terraza con vistas al mar de Mármara.

Kahve Dünyası
CAFÉ

(Meclis-i Mebusan Caddesi, Tütün Han 167, Tophane; ☉7.30-21.30) El nombre significa "mundo del café" y la verdad es que esta cadena de cafeterías ha conseguido poner el mundo a sus pies. El secreto de su éxito estriba en la gran carta de cafés, los tentempiés de calidad, los buenos precios, las deliciosas cucharas de chocolate, los cómodos asientos y la conexión Wi-Fi gratuita. El café de filtro es mejor que los exprés. Está cerca del tranvía de Kabataş y tiene otro local en Nuruosmaniye Caddesi, en Cağaloğlu, cerca del Gran Bazar. Ninguno de los dos locales ofrece narguile.

También son recomendables:

Atölye Kuledıbı
CAFÉ-BAR
(plano p. 72; www.atolyekuledibi.com; Galata Kulesi Sokak 4, Gálata; ⊗10.00-24.00 lu-vi, hasta 2.00 vi y sa) Buena música (a veces, en directo) y un ambiente acogedor caracterizan este bohemio local cercano a la torre Gálata.

KeVe
BAR-RESTAURANTE
(plano p. 72; Tünel Geçidi 10, Tünel; ⊗8.30-2.00) Situado en una galería *belle-époque* llena de plantas, está siempre lleno de clientes entre los 30 a los 40 años que toman una copa antes de continuar la fiesta o ir a alguna inauguración en İstiklal.

Club 17
LOCAL DE AMBIENTE
(plano p. 72; Zambak Sokak 17, Taksim; entrada vi y sa 1 copa incl. 10 TRY; ⊗23.00-4.00 do-ju, hasta 5.30 vi y sa) Las características de este popular bar gay son la agresiva música *techno* y el interior abarrotado de gente.

Bigudi Cafe
LOCAL DE AMBIENTE
(plano p. 72; 4ª y 5ª planta, Balo Sokak 20, Beyoğlu; ⊗*pub* 14.00-2.00 a diario, discoteca 12.00-4.00 vi y sa) El *pub* admite gays, pero la bohemia terraza, donde las lesbianas con carmín superan en número a las más masculinizadas, es terreno vedado a quien no sea mujer.

☆ Ocio

En Estambul hay ofertas de ocio para todo el mundo. Con su selección de cines y una devoción casi religiosa por todos los tipos de música, es extraño que pase una semana sin que haya programado algún acontecimiento especial, festival o actuación. De hecho, en esta ciudad lo difícil es aburrirse.

Los mejores locales nocturnos se concentran en la zona conocida como la Milla de Oro, entre Ortaköy y Kuruçeşme, en el Bósforo. Para visitar cualquier local de esta zona sibarita hay que ir bien vestido y estar dispuesto a gastarse muchas liras; los precios de las copas van de las 20 TRY de una cerveza hasta cifras estratosféricas por los licores de importación o los cócteles.

Es buena idea reservar en los restaurantes de estos locales, ya que a veces es la única forma de esquivar a los porteros. De otro modo, o se tiene suerte, o se 'afloja' una propina mínima de 100 TRY para poder pasar. Los días más animados son las noches de los viernes y (sobre todo) las de los sábados; y la marcha no empieza hasta la 1.00 o las 2.00. Los locales nocturnos de Beyoğlu son más baratos y menos selectos, pero no tienen ese halo de *glamour*.

Para saber bien qué se cuece en la ciudad, se pueden consultar las páginas de la revista *Time Out İstanbul* o echar un vistazo a la web **Biletix** (www.biletix.com), a través de la cual se pueden comprar entradas para la mayoría de los eventos, que también pueden adquirirse en taquilla. Hay puntos de venta de Biletix en muchas partes de la ciudad, pero el mejor para turistas está en **İstiklal Kitabevi** (İstiklal Caddesi 55, Beyoğlu; ⊗10.00-22.00). También se pueden comprar las entradas en el sitio web de Biletix, pagando con tarjeta de crédito y recogiéndolas en cualquier punto de venta o en la taquilla del recinto antes de la función.

Locales nocturnos
BEYOĞLU Y ALREDEDORES

Araf
CLUB
(plano p. 72; 5ª planta, Balo Sokak 32; entrada libre) Antro de diversión de profesores de inglés y estudiantes de turco, que menean el esqueleto con el grupo de música del local mientras toman la cerveza más barata de todos los clubes de la ciudad.

Ghetto
CLUB
(plano p. 72; www.ghettoist.com; Kalyoncu Kulluk Caddesi 10; ⊗verano cerrado) Este club de tres pisos situado detrás de Çiçek Pasajı tiene una decoración marcadamente posmoderna y un programa musical interesante, con actuaciones locales e internacionales. Consúltese la página web para informarse sobre la programación y el precio de la entrada.

Dogzstar
CLUB
(plano p. 72; www.dogzstar.com; Kartal Sokak 3, Galatasaray; entrada 5 TRY; ⊗do cerrado) Tiene tres plantas, pero su tamaño reducido (aforo máximo 300 personas) lo convierte en un local ideal para conciertos acústicos. Sus propietarios dan toda la recaudación de la entrada a los músicos y ponen precios asequibles a las copas. En verano abren la terraza para que la gente se airee un poco.

ESTAFAS EN LOCALES NOCTURNOS

Los extranjeros, sobre todo si son hombres solteros, son el objetivo de una de las típicas estafas de Estambul, que funciona como sigue:

Un extranjero soltero sale a dar una vuelta por la tarde-noche. Se le acerca un hombre turco bien vestido, muy educado, empieza a charlar con él y le recomienda un bar o un local nocturno. Como parece buen tipo, el extranjero acepta acompañarle al local en cuestión. Entran, se sientan, e inmediatamente se les unen varias mujeres, que empiezan a pedir copas. Cuando llegan las bebidas, el extranjero recibe una cuenta astronómica; que puede alcanzar las 500 TRY. Es un atraco en toda regla, y si el extranjero no paga, aparecen unos tipos con mala pinta, se lo llevan a la trastienda del local y le vacían la cartera. Y si no lleva suficiente dinero en efectivo, se lo llevan al cajero más cercano para que saque las liras que faltan.

Una variante de esta estafa: un extranjero que come solo en un restaurante o toma una copa en un bar. Un grupo de amigos turcos sentados junto a él empiezan a darle conversación, para acabar proponiendo tomar un taxi juntos para ir a otro sitio. Dentro del taxi, le quitarán la cartera por la fuerza. A veces fingen ser policías, abordan al extranjero en un callejón, le dan una paliza y le roban la cartera.

¿Cómo evitar estas estafas? La mayoría de los turcos son gente generosa, hospitalaria, curiosa y gregaria, por lo que resulta difícil saber si una invitación es algo genuino (como en la mayoría de los casos) o el preludio de una estafa. Hay que andarse con cuidado si se tiene la más mínima sospecha. En cuanto a los locales nocturnos, lo mejor es elegir los que son recomendados por fuentes de confianza, como esta guía. Evítese visitar cualquier bar o local nocturno de Aksaray (el 'barrio rojo' de la ciudad) y deambular por los callejones de Beyoğlu a altas horas de la noche.

Love Dance Point   LOCAL DE AMBIENTE
(www.lovedancepoint.com; Cumhuriyet Caddesi 349, Harbiye; ☉23.30-4.00 mi, hasta las 5.00 vi y sa) El local más importante de la escena gay de la ciudad, abierto desde hace ocho años y sin que parezca que su estrella se vaya a apagar. Los himnos homosexuales se mezclan con el *techno* más duro y el pop turco, creando un ambiente de fiesta estupendo. En la pista de baile también puede verse algún heterosexual.

ORTAKÖY Y KURUÇEŞME

Crystal   CLUB
(plano p. 76; ☎0212-261 1988, ext 2; www.club crystal.org; Muallim Naci Caddesi 65, Ortaköy; adultos/estudiantes 35/25 TRY; ☉24.00-5.30 vi y sa) Es el local de los aficionados al *techno*, que acuden para disfrutar de las sesiones de DJ turcos y europeos. El sistema de sonido es impresionante, la pista de baile siempre está llena y dispone de un agradable jardín cubierto.

Reina   CLUB
(plano p. 76; ☎0212-259 5919; www.reina.com. tr; Muallim Naci Caddesi 44, Kuruçeşme; entrada fin de semana 50 TRY, laborables gratis; ☉solo verano) Es el local más célebre de Estambul, donde se congregan los famosillos mientras los nuevos ricos tontean y algún que otro turista consigue sortear al portero para disfrutar del espectáculo y de las magníficas vistas del Bósforo.

Sortie   CLUB
(plano p. 76; ☎212-327 8585; www.sortie.com. tr; Muallim Naci Caddesi 141, Kuruçeşme; entrada vi y sa 50 TRY, lu-ju y do gratis; ☉solo verano) Rivaliza desde hace tiempo con el veterano Reina por el título de mejor local de la Milla de Oro, al que le pisa los talones. Atrae a la gente guapa y a los que se las dan de interesantes y van en busca del famosillo de turno.

Supperclub   CLUB
(plano p. 76; ☎212-261 1988; www.supperclub. com; Muallim Naci Caddesi 65, Kuruçeşme; entrada libre; ☉solo verano) Cercano al Bósforo y decorado en color blanco, emana un ambiente muy de *resort*. En lugar de sillas y mesas, hay grandes tumbonas de playa donde los clientes se relajan disfrutando de la sugerente iluminación, los espectáculos en directo, los DJ de importación y de una cocina muy creativa.

También son recomendables:

Anjelique   CLUB
(plano p. 76; ☎0212-327 2844; www.istanbul doors.com; Salhane Sokak 10, Ortaköy; entrada

libre; ☺solo verano) Justo en el paseo marítimo, y con mucho *glamour*. Hay que reservar y calzarse unos Jimmy Choo.

Blackk
CLUB

(plano p. 76; ☎0212-236 7256; www.blackk.net; Muallim Naci Caddesi 71, Kuruçeşme; sin consumición mínima; ☺19.30-4.00 vi y sa nov-abr) Este modernísimo local está dividido en tres zonas: el club, la zona *lounge* y la *meyhane* Levendiz Rom. Preside el club una impresionante bola gigante de espejos, y tanto la zona *lounge* como la *meyhane* tienen grandes vistas al Bósforo.

Música en directo
BEYOĞLU Y ALREDEDORES

Babylon
ECLÉCTICA

(plano p. 72; ☎0212-292 7368; www.babylon. com.tr; Şehbender Sokak 3, Tünel; el precio de la entrada varía; ☺21.30-2.00 ma-ju, 22.00-3.00 vi y sa, verano cerrado) Se dedica casi exclusivamente a las actuaciones en directo y su ecléctica agenda a veces presenta grandes nombres internacionales. Las sesiones *chill-out* de DJ se realizan en el restaurante-*lounge* que hay detrás de la sala de conciertos. Las entradas se compran en la taquilla (10.00-18.00) situada enfrente del local.

Munzur Cafe & Bar
TRADICIONAL TURCA

(plano p. 72; www.munzurcafebar.com, en turco; Hasnun Galip Sokak 21, Beyoğlu; ☺13.00-4.00, música a partir de las 21.00) Con 17 años de historia y mucho futuro por delante, este local cuenta con la mejor selección de cantantes de la calle, además de ofrecer conciertos de virtuosos músicos de *bağlama* (laúd). Atrae a un público variopinto que intenta conectar con las letras de las canciones.

Nardis Jazz Club
'JAZZ'

(plano p. 72; ☎0212-244 6327; www.nardisjazz. com; Galata Kulesi Sokak 14, Galata; el precio de la entrada varía; ☺20.00-1.00 lu-ju actuaciones a las 21.30 y 00.30, 20.00-2.00 vi y sa actuaciones a las 22.30 y 1.30, verano cerrado) Un poco más abajo de la torre Gálata, este local, dirigido por el guitarrista de *jazz* Önder Focan y su esposa Zuhal, es donde van los auténticos aficionados al *jazz*. Es pequeño, así que mejor reservar si se quiere conseguir una buena mesa.

Jolly Joker Balans
ECLÉCTICA

(plano p. 72; ☎0212-251 7762; www.jollyjokerbalans.com; Balo Sokak 22; el precio de la entrada varía; ☺desde 22.00 mi-sa, verano cerrado) Los fans de la música de todos los países disfrutan aquí de la mejor cerveza local y se dejan caer por la sala de conciertos de dos niveles, con un balcón de suelo de cristal.

Eylül
TRADICIONAL TURCA

(plano p. 72; Gazeteci Erol Dernek 2, Çukurcuma; ☺14.30-4.00, música a partir de las 20.30) Muy popular entre los estudiantes y los jóvenes de Estambul que quieren deleitarse los oídos con las melodías de su patria anatolia. Hasta que empieza la música uno piensa que ha entrado en un bar de *rock* turco.

Roxy
ECLÉCTICA

(plano p. 72; ☎0212-249 1283; www.roxy.com. tr; Aslan Yatağı Sokak 5, Taksim; entrada 25 TRY, estudiantes 5-10 TRY; ☺22.00-4.00 vi y sa, verano cerrado) Desde que abrió en 1994, este espacio de baile y actuaciones en directo, cercano a la plaza Taksim, ha recibido un flujo constante de jóvenes que van a escuchar música variada, desde *retro* hasta rap, *hip hop*, *jazz* fusión, música electrónica e himnos.

Toprak
TRADICIONAL TURCA

(plano p. 72; www.topraturkubar.tr.gg/ANA-SAYFA. htm; Hasnun Galip Sokak 17a, Beyoğlu; ☺16.00-4.00, espectáculo desde las 22.00) Las mesas están dispuestas hacia el escenario, como en un auditorio; ideal para captar toda la expresividad de los cantantes.

ORTAKÖY & KURUÇEŞME

İstanbul Jazz Center
'JAZZ'

(plano p. 76; ☎0212-327 5050; www.istanbuljazz. com; Salhane Sokak 10, Ortaköy; el precio de la entrada varía; ☺desde las 19.00, actuaciones en directo a las 21.30 y las 00.30 lu-sa, verano cerrado) Apodado cariñosamente JC's, es el club de *jazz* más famoso de la ciudad. Grandes músicos internacionales actúan las noches de los viernes y los sábados; consúltese la web para más detalles. Hay menú de noche para cenar, cuesta entre 40 y 60 TRY. También se puede pedir a la carta.

Cines

İstiklal Caddesi, entre Taksim y Galatasaray, es el corazón del barrio del *sinema* (cine), por lo que se puede ir pasando de un cine a otro hasta encontrar la película que se desee. El único cine cercano a Sultanahmet es el Şafak Sinemaları de Çemberlitaş. Las películas extranjeras suelen proyectarse en versión original con subtítulos en turco, pero es mejor preguntar en taquilla por si la cinta en cuestión estuviera doblada en *Türkçe* (turco), ya que a veces se hace con los grandes éxitos y las infantiles. A poder ser, es recomendable comprar las entradas con unas horas de antelación. Según el cine, cuestan entre 10 y 14 TRY. Muchos ofrecen precios reducidos antes de las 18.00, a estudiantes, y también todo el día un día a la semana (generalmente los miércoles).

Citylife Cinema CINE
(www.citylifecinema.com; 6ª planta, City's Nişantaşı Mall, Teşvikiye Caddesi 162, Nişantaşı) Está en un nuevo centro comercial de la calle principal del moderno barrio de compras de Nişantaşı.

Finansbank AFM Fitaş CINE
(plano p. 72; Mayadrom Akatlar Alışveriş Merkezi, Istiklal Caddesi 24-26, Beyoğlu)

Rexx CINE
(www.rexx-online.com; Sakızgülü Sokak 20-22, Kadıköy) Para llegar desde el muelle del *ferry,* caminar recto por Söğütlüçeşme Caddesi, girar a la derecha en General A Gündüz Sokak y preguntar por el Rexx Sinemaları. Si esto no funciona, ir por Kadife Sokak (el cine está en el extremo norte).

Şafak Sinemaları CINE
(plano p. 62; Divan Yolu 134, Çemberlitaş)

Deportes

El único espectáculo deportivo que les importa a los turcos es el fútbol. Existen 18 equipos de toda Turquía que compiten desde agosto hasta mayo, y tres de los más importantes, Fenerbahçe, Galatasaray y Beşiktaş, son de Estambul. El primer equipo de la primera división juega en la Champions League.

Los partidos suelen disputarse los fines de semana, normalmente el sábado por la noche. Casi cualquier hombre turco es capaz de decir cuál es el partido que más interesa ver. Las entradas pueden comprarse en las taquillas del *stadyum* (estadio) o a través de Biletix, y suelen salir a la venta entre martes y jueves para los partidos de fin de semana. Los asientos descubiertos tienen precios asequibles; los cubiertos, que tienen la mejor vista, son más caros. En caso de no haber podido comprar las entradas, se puede intentar conseguir alguna en la puerta del estadio, pero suelen salir muchísimo más caras.

🔒 De compras

Los amantes de las compras han llegado al sitio ideal. Aunque Estambul destaca por sus puntos de interés histórico, muchos viajeros ven que han venido aquí a comprar; a buscar y regatear 'tesoros' en los animados bazares de la ciudad. Los mejores son el Gran Bazar y el bazar de Arasta, especializados en alfombras, joyas, telas y cerámicas. Para comprar instrumentos musicales turcos hay que ir a las tiendas de Galipdede Caddesi, en Beyoğlu, que va de la plaza Tünel a la torre Gálata. Si lo que se busca es moda de diseño, la zona que hay que visitar es la distinguida área comercial de Nişantaşı, y para la moda más vanguardista, Serdar-ı Ekrem Caddesi, en Gálata. Los aficionados a las antigüedades deberán adentrarse por las calles de Çukurcuma, en Beyoğlu. Para ir de compras en Estambul hay que estar en forma, marcarse un presupuesto y –lo más importante– tener sitio en la maleta.

SULTANAHMET

Cocoon ALFOMBRAS, TELAS
(plano p. 46; www.cocoontr.com; Küçük Ayasofya Caddesi 13, Sultanahmet) Hay tantas tiendas de alfombras y telas en la ciudad que recomendar una resulta muy difícil. Sin embargo, estas dos destacan por sí solas. En uno de los locales se exponen con arte sombreros de fieltro, trajes antiguos y telas de Asia central, mientras que el otro está adornado con alfombras de Persia, Asia central, el Cáucaso y Anatolia. Existe una tercera tienda en el bazar de Arasta (plano p. 50) y otra muy pequeña que vende objetos de fieltro en el Gran Bazar (plano p. 66).

Jennifer's Hamam TELAS, JABONES
(plano p. 50; www.jennifershamam.com; 135 Arasta Bazaar, Sultanahmet) Encantadora tienda de la canadiense Jennifer Gaudet, que vende artículos para el *hammam,* como toallas, chales, albornoces y *peştemals* (paños de baño) fabricados en viejos telares a mano o a motor. También vende jabones naturales, *keses* (guantes ásperos empleados en la depilación) y cremas para manos y cuerpo hechas con rosas de Isparta.

Mehmet Çetinkaya Gallery ALFOMBRAS
(plano p. 46; www.cetinkayagallery.com; Tavukhane Sokak 7) Cuando los expertos en alfombras de todo el país se reúnen en la feria anual, esta es una de las tiendas a las que acuden para ver las piezas de mejor calidad. Hay una segunda tienda en el bazar de Arasta, y otra en el hotel Four Seasons İstanbul at the Bosphorus.

Yılmaz İpekçilik
TELAS

(plano p. 50; Ishakpaşa Caddesi 36; 9.00-21.00 lu-sa, 15.00-21.00 do) En esta tienda, algo alejada del resto, se venden telas tejidas a mano en una fábrica familiar de Antakya. La calidad de los artículos de seda, algodón y lino, así como sus razonables precios, hacen que merezca la pena la excursión.

Khaftan
ARTE, ANTIGÜEDADES

(plano p. 46; www.khaftan.com; Nakilbent Sokak 33) El propietario, Adnan Cakariz, vende antigüedades de cerámica de Kütahya e İznik a coleccionistas y museos nacionales e internacionales, por lo que está claro que sus piezas son de primerísima calidad. Esta bonita tienda también vende brillantes iconos rusos, delicada caligrafía (antigua y nueva), cerámica, marionetas de Karagöz y pintura contemporánea.

İstanbul Handicrafts Market
ARTESANÍA

(İstanbul Sanatlar Çarşısı; plano p. 50; Kabasakal Caddesi, Sultanahmet) Situado en las pequeñas habitaciones que rodean el tranquilo y frondoso patio del s. XVIII de la Cedid Mehmed Efendi Medresesi, este centro de artesanía se diferencia del resto porque se nutre de artesanos locales que trabajan en él, y no les importa que los curiosos les miren mientras trabajan. Un sitio tranquilo donde comprar caligrafía, bordados, artículos de cristalería, y pinturas y cerámica en miniatura.

Nakkaş
ALFOMBRAS, JOYERÍA

(plano p. 46; Mimar Mehmet Ağa Caddesi 39) Además de alfombras y joyas caras, en Nakkaş ofrecen una gran variedad de cerámica realizada en la famosa Fundación de İznik. Una de las razones por las que es un lugar muy querido por los turistas es la cisterna bizantina restaurada de su sótano, que no hay que perderse si se visita la tienda.

İznik Classics & Tiles
CERÁMICA

(plano p. 50; Arasta Bazaar 67 y 73, Sultanahmet) Una de las mejores tiendas de la ciudad donde encontrar artículos de cerámica de coleccionista pintados a mano, hechos con cuarzo auténtico y que usan pigmentos con óxidos de metal. Sus artículos pueden admirarse en las dos tiendas y la galería del bazar de Arasta, en su tienda del Gran Bazar (plano p. 66) o en el nº 17 de Utangaç Sokak, en Cankurtaran. Si se busca una selección más asequible de cerámica de Kütahya, se puede ir a la cercana **Ceramic Art**

Gallery (Plano p. 50; Arasta Bazaar 43, Sultanahmet; www.ceramicpalace.com).

BARRIO DEL BAZAR

Design Zone
JOYERÍA, ARTESANÍA

(plano p. 62; www.designzone.com.tr; Alibaba Türbe Sokak 21, Nuruosmaniye; do cerrado) Diseñadores contemporáneos turcos muestran su trabajo en esta bonita tienda. Destacan las elegantísimas joyas creadas por la propietaria, Özlem Tuna, así como los objetos de colección como el conjunto de cuencos artesanos para el *hammam*. Oferta variada para todos los bolsillos.

Yazmacı Necdet Danış
TEXTILES

(plano p. 66; Yağlıkçılar Caddesi 57, Gran Bazar; 8.30-19.30 lu-sa) Diseñadores de moda y compradores de todas partes del mundo saben que, en Estambul, esta es la tienda donde comprar telas de primerísima calidad. Está a rebosar de rollos de tela de todos los tipos: brillante, sencilla, elegante, sofisticada… además de *peştemals,* bufandas y ropa. La vecina **Murat Danış** forma parte del mismo negocio.

Derviş
TELAS, JABONES

(plano p. 66; www.dervis.com; Keseciler Caddesi 33-35, Gran Bazar; 8.30-19.30 lu-sa) Preciosos *peştemals* de seda y de algodón salvaje comparten estante con tradicionales chalecos de dote turcos y vestidos de compromiso. También vende jabones de aceite de oliva virgen y preciosos chales de fieltro y seda. Cuenta con una sucursal en Halıcılar Caddesi 51.

Abdulla Natural Products
TELAS, JABONES

(plano p. 66; Halıcılar Caddesi 62, Gran Bazar; 8.30-19.30 lu-sa) Antes de entrar en esta tienda hay que pensar en la cantidad de equipaje permitido por la compañía de viajes. Venden colchas de lana de Turquía oriental hechas a mano, ropa de cama y baño de algodón de gran calidad, jabón y aceite de oliva en preciosos envoltorios.

Ak Gümüş
ARTESANÍA

(plano p. 66; www.ak-gumus.com; Keseciler Caddesi 68-70, Gran Bazar; 8.30-19.30 lu-sa) Especializada en arte tribal del centro de Asia, esta tienda y las dos que tiene asociadas venden una selección de juguetes y sombreros de fieltro, además de joyas y otros objetos hechos con monedas y cuentas.

Phebus
JOYERÍA

(plano p. 66; Şerifağa Sokak 122, Cevahir Bedesten, Gran Bazar; 8.30-19.30 lu-sa) Al entrar en

DELICIAS TURCAS

Ali Muhiddin Hacı Bekir ha sido el pastelero otomano más famoso. Se trasladó a Estambul desde su pueblo en las montañas, Kastamonu, en 1777 y abrió una tienda donde preparaba ricos dulces hervidos y las joyas de gelatina traslúcida que los turcos llaman *lokum* y el resto del mundo conoce como "delicias turcas". Sus productos se hicieron tan famosos en la ciudad que su imperio del dulce prosperó y su nombre quedó para siempre ligado a los deliciosos *lokum*. Hoy, los habitantes de Estambul aún compran sus *lokum* en las tiendas del imperio que creó el pastelero hace más de dos siglos.

La tienda principal de **Ali Muhiddin Hacı Bekir** (plano p. 62; www.hacibekir.com.tr/eng) se encuentra en Hamidiye Caddesi 83, en Eminönü, cerca del bazar de las especias. Hay otras sucursales en İstiklal Caddesi (plano p. 72) y en el mercado de Kadıköy.

Una saga familiar pastelera más reciente se ha establecido en **Herşey Aşktan** (plano p. 72; www.herseyasktan.com; Meşrutiyet Caddesi 79, Tepebaşı), frente al Pera Palace Hotel. Su delicioso *lokum* se empaqueta en decorativas cajas, lo que lo convierte en el obsequio ideal para amigos y familiares.

Además de los *sade* (sencillo) *lokum*, se pueden comprar de *cevizli* (nuez) o *şam fıstıklı* (pistacho), con sabor a *portakkallı* (naranja), *bademli* (almendra) o *roze* (agua de rosas). Lo mejor es pedir un *çeşitli* (surtido) para poder probar todas sus variedades.

esta menuda tienda se ve a su propietario creando sus bonitas joyas de oro, la mayor parte con reminiscencias de diseños bizantinos. Se puede elegir entre las que hay expuestas o encargar una al gusto.

Dhoku
KÍLIMS
(plano p. 66; Takkeciler Sokak 58-60, Gran Bazar; ☉8.30-19.30 lu-sa) Tienda de alfombras de nueva generación, cuyo nombre significa "textura". Diseña y vende kílims contemporáneos con bonitos diseños modernistas. Los propietarios también regentan **EthniCon** (www.ethnicon.com), la tienda de enfrente.

Muhlis Günbattı
TELAS
(plano p. 66; Perdahçılar Sokak 48, Gran Bazar; ☉8.30-19.30 lu-sa) Una de las tiendas más famosas del Gran Bazar. Está especializada en telas *suzani* (bordadas) de Uzbekistán. Los espectaculares cubrecamas y tapices se fabrican con algodón de primera calidad y se bordan en seda. Hay otra tienda delante del Four Seasons Hotel, en Sultanahmet.

Şişko Osman
ALFOMBRAS
(Fatty Osman; Plano p. 66; www.siskoosman.com; Zincirli Han 15, Gran Bazar; ☉9.00-18.00 lu-sa) Cuatro generaciones de la familia Osman se dedican al negocio de las alfombras, y su fama es tal que la tienda original ha multiplicado su espacio por tres. La oferta y la atención al cliente son imbatibles.

Sofa
ARTE, JOYERÍA
(plano p. 62; Nuruosmaniye Caddesi 85, Cağaloğlu; ☉do cerrado) Además de una ecléctica oferta de grabados, cerámicas, caligrafía y curiosidades, también vende libros y arte contemporáneo turco. La selección de joyas hechas con monedas antiguas y oro de 24 quilates es una delicia.

Vakko İndirim
ROPA
(plano p. 62; Yenicamii Caddesi 1/13, Eminönü; ☉do cerrado) Lo que queda de lo que fue uno de los grandes almacenes con más *glamour* de Estambul debería ser visita obligada para los cazadores de chollos. La ropa, tanto de hombre como de mujer, se vende por una mínima parte de su precio original.

BEYOĞLU Y ALREDEDORES

Doors
ROPA
(plano p. 72; www.umitunal.com; Ensiz Sokak 1b, Tünel; ☉9.00-20.00 lu-sa, 12.00-18.00 do) El diseñador local de moda Ümit Ünal adquiere fama internacional rápidamente, con tiendas en Nueva York, Hong Kong y Londres que venden sus sorprendentes diseños. La mejor forma de definir su línea de ropa para mujer, para la que emplea telas naturales en colores discretos, es "arte vestible". Los precios son sorprendentemente razonables considerando la calidad y la originalidad de las prendas.

Tezgah Alley
ROPA
(plano p. 72; Terko 2 Caddesi, con İstiklal Caddesi; ☉do cerrado) Habrá que abrirse paso a codazos para llegar a primera línea de los *tezgah* (puestos) de este callejón, llenos de cami-

setas, sudaderas, pantalones y camisas de oferta, con precios entre 3 y 6 TRY la pieza. Turquía es un gran centro de manufacturación textil para Europa, y las prendas que se venden aquí son, a menudo, restos de serie de diseñadores o de grandes cadenas de tiendas de ropa.

SIR
CERÁMICA
(plano p. 72; www.sircini.com; Serdar Ekrem Sokak 66, Galata; ⊙do cerrado) La cerámica producida en Estambul puede ser bastante cara, pero los preciosos platos, fuentes, cuencos y azulejos pintados a mano que venden en este pequeño estudio son la excepción que confirma la regla.

Artrium
ARTE, JOYERÍA
(plano p. 72; Tünel Geçidi 7, Tünel; ⊙do cerrado) Es como la cueva de Aladino, llena de cerámica antigua, miniaturas otomanas, mapas, grabados y joyas.

Lale Plak
MÚSICA
(plano p. 72; Galipdede Caddesi 1, Tünel; ⊙do cerrado) Es un imán para los aficionados a la música, abierto desde hace años, y está repleto de CD de todos los géneros, entre ellos *jazz*, música clásica occidental y turca, folk turco y música electrónica.

Mephisto
MÚSICA
(plano p. 72; ☎0212-249 0687; İstiklal Caddesi 197, Beyoğlu; ⊙9.00-24.00) Si uno se aficiona a la música turca durante su estancia en la ciudad, esta popular tienda es el lugar donde adquirir un recuerdo musical. Además de una extensa colección de CD de música tradicional turca, hay una buena selección de *folk* turco, *jazz* y música clásica.

BEŞİKTAŞ, ORTAKÖY Y KURUÇEŞME
Las tiendas que rodean el moderno W Hotel cerca del palacio Dolmabahçe se cuentan entre las más glamurosas de la ciudad. Marni, Chloé, Marc Jacobs y Jimmy Choo son solo algunos de los nombres que traen a la élite adinerada de la ciudad por estos lares.

Haremlique
TEXTILES
(www.haremlique.com; Şair Nedim Bey Caddesi 11, Akaretler; ⊙do cerrado) Un negocio local entre las grandes marcas internacionales de la zona del W Hotel. Vende ropa de cama y de baño de primera calidad.

ℹ Información
Librerías
Las siguientes librerías están especializadas en publicaciones en lengua inglesa:

Galeri Kayseri
(Divan Yolu 11 y 58, Sultanahmet; ⊙9.00-21.00) Ficción y libros ilustrados sobre Estambul o ambientados en la ciudad.

Homer Kitabevi
(Yeni Çarşı Caddesi 28, Galatasaray; ⊙10.00-19.30 lu-sa, 12.30-19.30 do) Amplia selección de libros de ficción y no ficción turca.

İstanbul Kitapçısı
(İstiklal Caddesi 379, Beyoğlu; ⊙10.00-18.45 lu-sa, 12.00-18.45 do) Libros sobre Estambul, más una gran selección de mapas, grabados, postales y música.

Pandora
(Büyükparmakkapı Sokak 8b; ⊙10.00-20.00 lu-mi, hasta 21.00 ju-sa, 13.00-20.00 do) Grandes secciones de ficción y viajes, además de numerosos libros sobre Turquía.

Robinson Crusoe
(İstiklal Caddesi 389, Beyoğlu; ⊙9.00-21.30 lu-sa, 10.00-21.30 do) Novelas y libros de no ficción.

Peligros y advertencias
Estambul no es una ciudad más o menos segura que cualquier otra gran ciudad, pero hay advertencias para tener en cuenta. Algunos estambulitas conducen como si fueran pilotos de *rally*, y casi nunca ceden el paso a los peatones. Como peatón, lo mejor es ceder siempre el paso a automóviles, motocicletas y camiones en cualquier situación, incluso si hay que apartarse de un salto. Los tirones de bolso son otro problema, sobre todo en las calles laterales de Galipdede Sokak, Tünel e İstiklal Caddesi. Y por último, pero no menos importante, hay que ir con cuidado al salir de noche con las continuas estafas dirigidas a los viajeros masculinos. ¿Que qué puede pasar? Véase el recuadro de la p. 104.

Urgencias
Ambulancias (☎112)
Bomberos (☎110)
Policía (☎155)
Policía turística (☎0212-527 4503; Yerebatan Caddesi 6, Sultanahmet) Al otro lado de la calle de la Cisterna Basílica.

Medios de comunicación
La edición mensual en inglés de *Time Out İstanbul* (5 TRY) incluye una extensa guía de espectáculos, y es la mejor fuente de información para los próximos eventos. Puede obtenerse en el aeropuerto, en los quioscos de Sultanahmet y en las librerías mencionadas en este apartado. *The Guide: Istanbul* (6,50 TRY) se publica cada dos meses y ofrece una completísima guía de espectáculos.

Asistencia médica
Aunque son caros, probablemente es mejor visitar uno de los hospitales privados listados aquí en caso de necesitar atención médica en

EL PROYECTO MARMARAY

Marmaray (www.marmaray.com) es un ambicioso proyecto de transporte público para aliviar la lamentable congestión de tránsito que sufre Estambul. El nombre surge al combinar el del mar de Mármara, al sur de la zona del proyecto, con *ray*, 'raíl' en turco. Según los planos, la línea de tren Sirkeci-Halkali, que actualmente sigue la costa hasta Yeşilköy, cerca del aeropuerto, irá bajo tierra en Yedikule y llegará a las estaciones de metro de Yenikapı y Sirkeci. Desde Sirkeci recorrerá unos 5 km por un nuevo túnel que se construirá bajo el Bósforo hasta otra estación de metro en el lado asiático, Üsküdar. Desde allí volverá a salir a la superficie en Söğütlüçeşme, unos 2 km al este de Kadıköy, donde conectará con la línea de trenes anatolia a Gebze.

La fecha inicial del fin de las obras era en el 2010, pero ahora se ha marcado para el 2013, y quizá se retarde todavía más. Parte de este retraso se debe a hallazgos arqueológicos durante el transcurso de las obras; y es que el casco antiguo de Estambul está construido sobre estratos y estratos de historia. En cuanto empezaron las excavaciones, se descubrió un antiguo puerto y un bazar en Üsküdar, y un puerto bizantino del s. IV en Yenikapı. Las excavadoras se sustituyeron por pinceles, y los arqueólogos tomaron el relevo a los obreros. Para saber más sobre estos hallazgos, visítese la excelente exposición *In the Light of Day* (*A la luz del día*) en los Museos de Arqueología de Estambul (p. 59).

Estambul. El precio de una consulta estándar es de 180 TRY. Ambos aceptan tarjetas de crédito.

Alman Hastanesi (Hospital alemán; plano p. 72; ☎0212-293 2150; www.almanhastanesi. com.tr; Sıraselviler Caddesi 119, Taksim; ☺8.30-18.00 lu-vi, hasta 17.00 sa) Situado unos cientos de metros al sur de la plaza Taksim, a mano izquierda, ofrece asistencia oftalmológica y odontológica. El personal habla inglés.

Vehbi Koç American Hospital (Amerikan Hastanesi; plano p. 42; ☎0212-444 3777; Güzelbahçe Sokak 20, Nişantaşı; ☺24h servicio de urgencias) Situado 2 km al noreste de la plaza Taksim, cuenta con personal que habla inglés y una clínica dental.

Dinero

En Estambul hay cajeros automáticos por todas partes, incluso cerca de Aya Sofya Meydanı, en Sultanahmet, y a lo largo de İstiklal Caddesi, en Beyoğlu. Las *döviz bürosus* (oficinas de cambio), abiertas las 24 horas en el vestíbulo de llegadas del aeropuerto internacional Atatürk, ofrecen un tipo de cambio comparable al de las oficinas de la ciudad. Hay otras oficinas de cambio en Divan Yolu, en Sultanahmet; cerca del Gran Bazar y alrededor de la estación de Sirkeci, en Eminönü.

Correos

La oficina central de correos de Estambul (oficina de correos; plano p. 46) está un par de manzanas al suroeste de la estación de trenes de Sirkeci.

Hay una práctica estafeta de PTT (correos) en Aya Sofya Meydanı (plano p. 46), en Sultanahmet, y varias en el sótano del tribunal de justicia

(plano p. 46) en İmran Öktem Caddesi, en Sultanahmet; en Yeni Çarşı Caddesi, cerca de la plaza Galatasaray (plano p. 72); cerca del puente Gálata, en Karaköy (plano p. 72), y en la esquina suroeste del Gran Bazar (plano p. 66).

Desde la oficina central se pueden enviar paquetes; desde el resto de las estafetas, solo si pesan menos de 2 kg, salvo en la de Sultanahmet.

Teléfono

Si se está en la parte europea de Estambul y se desea llamar a un número de la parte asiática de la ciudad, hay que marcar el prefijo ☎0216, y después el número de teléfono. Desde la parte asiática, para llamar a la parte europea de la ciudad, se marca primero ☎0212, y después el número de teléfono. No son necesarios si se llama a un número de la misma orilla.

Información turística

El Ministerio de Cultura y Turismo opera las siguientes oficinas de información turística:

Aeropuerto internacional Atatürk (☺24h) Cabina en la zona de llegadas internacionales. Ofrecen un plano de la ciudad y otro del transporte.

Elmadağ (Plano p. 72; ☺9.00-17.00 lu-sa) En la galería que hay frente al İstanbul Hilton Hotel, cerca de Cumhuriyet Caddesi, 10 min a pie al norte de la plaza Taksim. Se reubicará en el Atatürk Cultural Centre de la plaza Taksim cuando acaben las reformas.

Terminal Marítima Internacional de Pasajeros de Karaköy (Plano p. 72; Kemankeş Caddesi, Karaköy; ☺9.00-17.00 lu-sa)

Estación de trenes de Sirkeci (Plano p. 46; ⊙8.30-17.00) Cerrará o se reubicará en algún momento, debido a las obras del proyecto Marmaray.

Sultanahmet (Plano p. 46; ✆0212-518 8754; ⊙8.30-17.00) En el extremo noroeste del Hipódromo.

ⓘ Cómo llegar y salir

Estambul es el centro de transporte más importante del país.

Avión

Aeropuerto internacional Atatürk (IST; Atatürk Havalımanı; ✆0212-465 5555; www.ataturkairport.com) Situado 23 km al oeste de Sultanahmet. La *dış hatlar* (terminal de vuelos internacionales) y la *iç hatlar* (terminal de vuelos domésticos) están una junto a la otra.

SERVICIOS En la zona de llegada internacional hay mostradores de alquiler de automóviles, oficinas de cambio, una farmacia, cajeros automáticos y una estafeta de PTT (correos), y en el pasillo que lleva al metro hay un supermercado abierto las 24 horas. El **servicio de consigna** (15-20 TRY por maleta por 24h; ⊙24h) queda a la derecha al salir de la aduana.

Aeropuerto internacional Sabiha Gökçen (Sabiha Gökçen Havalımanı; SAW; ✆0216-585 5000; www.sgairport.com) Situado 50 km al este de Sultanahmet, en la orilla asiática de la ciudad, es muy popular entre las compañías aéreas *low-cost* europeas.

SERVICIOS Cuenta con mostradores de alquiler de automóviles, oficinas de cambio, una farmacia, un minisupermercado y una estafeta de PTT (correos).

Para obtener más detalles sobre vuelos internacionales a/desde Estambul, véase p. 695. Para más información sobre vuelos desde Estambul a otras ciudades turcas, véase p. 702.

Barco

KARAKÖY

La **Terminal Marítima Internacional de Pasajeros de Karaköy** (plano p. 72) está cerca del puente Gálata.

YENİKAPI

Yenikapı (plano p. 62) es el muelle de **İstanbul Deniz Otobüsleri** (İDO; www.ido.com.tr), los *ferries* rápidos que cruzan el mar de Mármara hasta Bursa, Yalova y Bandırma (desde donde se puede tomar un tren a İzmir). Transportan automóviles y pasajeros.

Autobús

La principal estación de autobuses nacionales e internacionales es la **Gran Estación de Autobuses de Estambul** (Büyük İstanbul Otogarı; ✆0212-658 0505; www.otogaristanbul.com). Llamada simplemente la *otogar*, se encuentra en el barrio occidental de Esenler, unos 10 km al noroeste de Sultanahmet.

SERVICIOS DESDE LA 'OTOGAR' DE ESTAMBUL

DESTINO	TARIFA (TRY)	DURACIÓN (H)	DISTANCIA (KM)
Alanya	83	16	860
Ankara	39-49	6	450
Antalya	71	12½	740
Bodrum	83-95	12½	860
Bursa	25	4	230
Çanakkale	42	6	340
Denizli (a Pamukkale)	60	12	665
Edirne	16	2½	235
Fethiye	65	12	820
Göreme	50-60	11	725
İzmir	56-66	8	575
Kaş	70	12	1090
Konya	54	10	660
Kuşadası	67	9	555
Marmaris	83	12½	805
Trabzon	50	18	1110

La forma más fácil de llegar a la *otogar* es tomar en tranvía desde Sultanahmet hasta Aksaray y luego el tren ligero (LRT), que para en la *otogar* de camino al aeropuerto. El trayecto dura media hora y cuesta solo 3 TRY. Si se va a Beyoğlu, el autobús 830 sale del centro de la *otogar* cada 15 minutos de 5.50 a 20.45, y tarda una hora en llegar a la plaza Taksim (1,50 TRY). El autobús 910 sale hacia a Eminönü cada 15-25 minutos de 6.00 a 20.45; el trayecto dura 50 minutos, aprox. (1,50 TRY). Un taxi a Sultanahmet cuesta, aproximadamente, 25 TRY (20 min), y hasta la plaza Taksim, 30 TRY (30 min).

Fuera de la época vacacional, se puede ir a la *otogar*, pasar media hora comparando precios y horarios de salida hacia destinos más allá de Estambul, y partir en menos de una hora. No es fácil encontrar el más económico; hay que ir de una taquilla a la siguiente preguntando tarifas e inspeccionando los autobuses aparcados en la parte trasera. Es posible que algún vendedor ofrezca un billete muy barato para un autobús que salga al cabo de cuatro horas, pero hay que tener en cuenta que, durante esas horas, seguro que habría sido posible conseguir otro pasaje a precio similar.

Hay una *otogar* mucho más pequeña en **Harem** (plano p. 42; ☏0216-333 3763), al sur de Üsküdar y al norte de la estación de trenes Haydarpaşa. Si se llega a Estambul en autobús desde cualquier punto de Anatolia (la parte asiática de Turquía) y el autobús para aquí primero, siempre será más rápido bajarse y subir en el *ferry* de coches que va a Sirkeci/Eminönü (*ferry* desde las 7.00, y después cada media hora hasta las 21.30 cada día; 1,50 TRY). Si se continúa en el autobús hasta llegar a la gran *otogar*, hay que contar, al menos, con una hora más de trayecto (y todavía faltará llegar al centro de la ciudad). Si, en cambio, el autobús se detiene en una parada de autobús privado y el conductor pregunta si alguien desea usar el servicio hasta Taksim, será más rápido continuar en el autobús original hasta la *otogar* si uno se dirige a Sultanahmet.

Para información sobre el servicio de autobuses internacionales, véase p. 697.

Automóvil y motocicleta

La autopista transeuropea E80 (TEM) procedente de Europa pasa 100 km al norte del aeropuerto internacional Atatürk y se convierte en la O2, continúa por el puente Fatih y cruza el Bósforo hasta Asia, pasando a 1,5 km del aeropuerto internacional Sabiha Gökçen. Es la vía principal de entrada y salida de Estambul. Es mejor intentar evitar las horas punta (7.00-10.00 y 15.00-19.00

SERVICIOS INTERNACIONALES DE TREN A/DESDE ESTAMBUL

Para actualizaciones de horarios y precios, así como para comprobar los detalles de las salidas hacia destinos europeos, se recomienda consultar www.tcdd.gov.tr.

Desde la estación de Sirkeci

Todos los servicios detallados a continuación son trenes exprés. Los precios se refieren a asiento (más barato) y litera individual (más caro). Téngase en cuenta que en el momento de la redacción de esta guía el viaje entre Cerkezkoy y Sirkeci implicaba un traslado en autobús debido a las obras del Marmaray.

DESTINO	TREN	TARIFA	SALIDA	LLEGADA	DURACIÓN (H)
Belgrado, Serbia	Bosfor/Balkan Ekspresi	49-109 €	22.00 diario	20.12	22
Bucarest, Rumanía	Bosfor Ekspresi	38,80-136 €	22.00 diario	17.09	19
Sofía, Bulgaria	Bosfor Ekspresi	20-55 €	22.00 diario	12.40	15
Tesalónica, Grecia	Dostluk/Filia Ekspresi	26-89 €	8.30 y 21.00 diario	22.02 y 8.30	11½

Desde la estación de trenes de Haydarpaşa

Un billete para el tren Trans-Asya desde la estación de Haydarpaşa hasta Tabriz, en Irán, cuesta 352 €. Sale los miércoles a las 11.55 y llega a Tabriz 66½ horas después, a las 20.20 del sábado. El precio del billete indicado es para un vagón-litera de 1ª clase (la única opción disponible). Nótese que para ir a Siria habrá que tomar un tren desde Gaziantep (Antep) hasta Aleppo, ya que el *Toros Espress* de Estambul está fuera de servicio. Véase p. 699 para más información.

lu-sa), ya que el tráfico puede ser una auténtica pesadilla y en el puente del Bósforo siempre se producen atascos.

Si se desea alquilar un coche para viajar, se recomienda hacerlo en uno de los dos aeropuertos al salir de Estambul, para reducir así el tiempo que se tarda en salir de sus frenéticas calles conduciendo un vehículo al que no se está acostumbrado.

Tren

Mientras se redactaba esta guía, los trenes procedentes de Europa terminaban su trayecto en la **estación de trenes de Sirkeci** (Sirkeci Garı; plano p. 46; ☑0212-520 6575), pero esto cambiará debido a las obras del proyecto Marmaray. Junto a la entrada principal hay un tranvía que sube hasta Sultanahmet, pasando por el Cuerno de Oro hasta Kabataş, desde donde se puede tomar el funicular hasta la plaza Taksim.

Los trenes procedentes de la parte asiática de Turquía y de países del este y del sur terminan su recorrido en la **estación de trenes de Haydarpaşa** (plano p. 42; ☑0216-336 4470), en la orilla asiática, cerca de Kadıköy. Se recomienda ignorar cualquier sugerencia que implique tomar un taxi a/desde Haydarpaşa. El *ferry* entre Karaköy y Kadıköy es rápido y barato; mientras que los taxis que cruzan el Bósforo siempre acaban atrapados en un atasco. Los billetes para los trenes que salen de la estación de Haydarpaşa también pueden comprarse en la estación de Sirkeci. Debido al proyecto Marmaray, está previsto que la estación de trenes de Haydarpaşa quede cerrada y sus servicios pasen a una nueva estación que se está construyendo en Söğütlüçeşme, cerca de Üsküdar.

Las principales salidas nacionales desde Haydarpaşa son:

4 Eylül Mavi (Malatya vía Ankara, Kayseri y Sivas)

Doğu Ekspresi (Kars vía Ankara, Kayseri, Sivas y Erzurum)

Güney Ekspresi (Kurtalan vía Ankara, Kayseri, Sivas, Malatya y Diyarbakır)

İç Anadolu Mavi (Adana vía Konya)

Meram Ekspresi (Konya)

Pamukkale Ekspresi (Denizli vía Eğirdir)

Vangölü Ekspresi (Tatvan vía Ankara, Kayseri y Malatya)

Existen seis servicios ferroviarios entre Estambul y Ankara: los exprés Baskent, Cumhuriyet, Fatih, Boğaziçi, Anadolu y Ankara.

ℹ Cómo desplazarse
A/desde el aeropuerto

AEROPUERTO INTERNACIONAL ATATÜRK

Tren ligero (LRT) (Sultanahmet 50 min, plaza Taksim 85 min) La opción más fácil y barata. Desde el vestíbulo de llegadas, seguir las señales que indican "Rapid Transit" escaleras abajo, y girar a la derecha hasta la estación de LRT. Montar en el tren y recorrer seis paradas hasta Zeytinburnu (1,50 TRY), donde se conecta con el tranvía (1,50 TRY) que va directo a Sultanahmet y luego sigue hacia Kabataş, donde se conecta con el funicular (1,50 TRY) para ir a la plaza Taksim. El LRT sale cada 10 minutos, aproximadamente, de 5.40 a 1.40.

Airport Shuttle (www.istanbulairportshuttle. com; 10 €/persona) Ocho conexiones diarias entre el aeropuerto y Sultanahmet o Taksim. Puede resultar lento; se recomienda reservar con antelación e ir con tiempo de sobra para no perder el vuelo.

Havaş Airport Bus (☑0212-244 0487; www. havas.com.tr; 10 TRY; 40 min) Circula entre el aeropuerto y Cumhuriyet Caddesi, cerca de la plaza Taksim. Los autobuses salen del aeropuerto cada 30 minutos de 4.00 a 1.00.

Taxi Un taxi a Sultanahmet o a la plaza Taksim cuesta alrededor de 35 TRY, más si hay mucho tráfico.

AEROPUERTO INTERNACIONAL SABIHA GÖKÇEN

Havaş Airport Bus (☑0212-444 0487; www. havas.com.tr; 13 TRY; 1 h) Circula entre el aeropuerto y Cumhuriyet Caddesi, cerca de la plaza Taksim. Sale del aeropuerto cada 30 minutos de 4.00 a 24.00 y, después, según la hora a la que lleguen los vuelos.

Airport Shuttle (www.istanbulairportshuttle. com; 10 €/persona) Siete servicios lanzadera diario entre el aeropuerto y Sultanahmet o Taksim. Puede resultar lento; se recomienda

OPERADORES DE TRANSPORTE PÚBLICO

İstanbul Elektrik Tramvay ve Tünel (IETT) es la compañía responsable de los autobuses, funiculares y tranvías históricos municipales de la ciudad. Su excelente página web (www.iett.gov.tr) ofrece información muy práctica sobre horarios y rutas, en turco y en inglés. El metro, el tranvía y el tren ligero (LRT) pertenecen a la compañía İstanbul Ulaşım (www.istanbul-ulasim.com. tr), y los *ferries*, a İstanbul Deniz Otobüsleri (İDO; www.ido.com.tr).

reservar con antelación e ir con tiempo de sobra para no perder el vuelo.

Taxi Un taxi a Sultanahmet costará unas 90 TRY; a la plaza Taksim, 80 TRY. Si hay mucho tráfico, será más caro.

İETT Bus El autobús nº E3 circula entre el aeropuerto y la parada de metro de Levent 4 metro (1,50 TRY), desde donde se conecta con el metro hasta la plaza Taksim (1,50 TRY), y después con el funicular (1,50 TRY) y el tranvía (1,50 TRY) a Sultanahmet, pero el trayecto dura horas. Estos autobuses salen de 7.00 a 22.40.

Barco

La forma más agradable y cómoda de moverse por la ciudad es en *ferry*. **İDO** (☏0212-444 4436; www.ido.com.tr) cuenta con información sobre los horarios, pero también se puede conseguir un horario en los muelles de los *ferries*. Los *jetons* (billetes) cuestan 1,50 TRY y se aceptan las İstanbulkarts (véase recuadro abajo) en todas las rutas.

Los principales muelles del *ferry* se encuentran en la boca del Cuerno de Oro (Eminönü, Sirkeci y Karaköy) y en Beşiktaş, unos kilómetros al noreste del puente Gálata, cerca del palacio Dolmabahçe. También hay muelles en Kadıköy y Üsküdar, en la orilla asiática (Anatolia). Los *ferries* recorren muchas rutas alrededor de la ciudad, pero las listadas a continuación son las más usadas por los viajeros:

Beşiktaş-Kadıköy Cada 30 minutos de 7.45 a 21.15.

Eminönü-Anadolu Kavağı Tomar el Boğaziçi Özel Gezi (*ferry* de excursiones por el Bósforo); entre uno y tres servicios diarios.

Eminönü-Kadıköy Aproximadamente cada 15-20 minutos de 7.30 a 21.10.

Eminönü-Üsküdar Aproximadamente cada 20 minutos de 6.35 a 23.30.

Kabataş-Kadıköy-Kınalıada-Burgazada-Heybeliada-Büyükada Tomar el *ferry* Adalar (islas de los Príncipes); aproximadamente cada hora de 6.50 a 21.00.

Karaköy-Haydarpaşa Aproximadamente cada 20 minutos de 6.10 a 23.30.

Karaköy-Kadıköy Aproximadamente cada 20 minutos de 6.10 a 23.30.

Üsküdar-Eminönü-Kasımpaşa-Fener-Hasköy-Ayvansaray-Sütlüce-Eyüp Tomar el *ferry* Haliç; aproximadamente cada hora de 10.30 a 7.45.

Nota: mientras se redactaba esta guía, los *iskeles* de Eminönü estaban en obras, lo que puede conllevar cambios en las líneas de *ferry* que salen de cada *iskele*.

'Dolmuş'

Los *dolmuşes* de Estambul son microbuses privados que realizan rutas preestablecidas. Para visitas de pocos días no son de gran utilidad.

Transporte público

AUTOBÚS

El sistema de autobuses de Estambul es extremadamente eficiente. Las principales estaciones se encuentran en la plaza Taksim, Beşiktaş, Aksaray, Rüstempaşa-Eminönü, Kadıköy y Üsküdar. Casi todas las líneas están en servicio de 6.30 a 23.30. Los destinos y las principales paradas se

---

TARJETAS DE TRANSPORTE

Si la estancia en la ciudad es de una semana o más, es buena idea adquirir alguna de las tarjetas electrónicas de transporte, introducidas en el 2009. Son válidas en los *ferries*, autobuses İETT, tren ligero (LRT), tranvías, metro y funiculares de la ciudad:

İstanbulkart Es parecida a la Oyster Card del metro de Londres, la Octopus del de Hong Kong o la Navigo de París. Es práctica y ofrece pequeños descuentos en el precio de los billetes. Se compra (10 TRY) y se va recargando en las máquinas que hay en los muelles de los *ferries* y en las estaciones de metro y autobús. Es muy fácil de usar: al entrar en el autobús o al pasar el torniquete en la estación de metro o en el muelle del *ferry*, se pasa la tarjeta para entrar y el importe del billete se descuenta del saldo de forma automática.

beşiBiryerde Card Debe su nombre a una típica joya turca que consta de cinco piezas de oro. Tiene cinco viajes, no es recargable y cuesta 7,50 TRY. Está disponible en las máquinas y taquillas de los muelles de los *ferries*, las estaciones de metro y en algunas paradas de tranvía y autobús.

Sin embargo, mientras se redactaba esta guía, no era fácil conseguir una de estas tarjetas. En teoría, deberían estar disponibles para venta y recarga en las máquinas de los muelles de los *ferries* y en las estaciones del metro y del autobús. Preguntar en el hotel para más información, precio y disponibilidad.

muestran en las señales de los *otobus* (autobús) o en el dispositivo electrónico de la parte delantera.

Los autobuses İETT (www.iett.gov.tr) son municipales y para subir en ellos es necesario comprar antes el billete (1,50 TRY). Se pueden adquirir en las taquillas de color blanco situadas cerca de las principales paradas o en algunas tiendas cercanas, pagando un pequeño suplemento (en las que haya una señal de "İETT *otobüs bileti satılır*"). Es buena idea comprar varios para lo que dure la estancia en la ciudad, o adquirir una İstanbulkart. Los autobuses privados azules, supervisados municipalmente y llamados Özel Halk Otobüsü, recorren las mismas rutas, aceptan efectivo (se paga al conductor) y tarjetas de transporte.

FUNICULAR

El Tünel se construyó a finales del s. XIX para ahorrar a los pasajeros la subida desde Karaköy hasta İstiklal Caddesi, en Beyoğlu. El trayecto, de 3 minutos, está en servicio desde las 7.00 hasta las 21.00 de lunes a viernes (desde 7.30 fines de semana). Sale cada 10 minutos y cuesta 1 TRY.

Actualmente hay un nuevo funicular que circula desde un túnel de la orilla del Bósforo, en Kabataş, donde conecta con el tranvía que sube hasta la estación de metro de Taksim. El recorrido dura 3 minutos, su frecuencia es de otros 3 minutos y cuesta 1,50 TRY.

TREN LIGERO (LRT)

Existe un servicio de LRT que conecta Aksaray con el aeropuerto, y para en 16 estaciones por el camino, entre ellas la de la *otogar*. Sale cada 10 minutos desde las 5.40 hasta la 1.40 y cuesta 1,50 TRY. Se quiere extender el servicio hasta Yenikapı.

METRO

Una moderna red de metro conecta Şişhane, cerca de la plaza Tünel en Beyoğlu, y Atatürk Oto Sanayi, en Maslak, el centro financiero de la ciudad. Lástima que uno no pueda desplazarse entre los dos puntos con un solo viaje: un metro circula entre Şişhane y la plaza Taksim; otro entre Taksim y Levent 4, que para en Osmanbey, Şişli, Gayrettepe y Levent; y un tercero entre Levent 4 y Atatürk Oto Sanayi, que para en Sanayi Mahallesi y İTÜ Ayazağa. El trayecto completo dura entre 30 y 40 minutos. Los trenes pasan cada cinco minutos, más o menos, desde las 6.15 a las 00.30 de lunes a jueves; de 6.15 a 1.00 los viernes y sábados, y de 6.30 a 00.20 los domingos. El billete cuesta 1,50 TRY.

Actualmente hay obras para alargar la línea Taksim-Şişhane por el Cuerno de Oro, a través de un nuevo puente del metro, y por debajo del casco antiguo hasta Yenikapı, con paradas en Unkapanı y Şehzadebaşı. Conectará con el LRT a Aksaray y con un túnel de transporte que se está construyendo por debajo del Bósforo, como parte del proyecto Marmaray. Este túnel incluirá una conexión de metro entre Yenikapı, Sirkeci, Üsküdar y Söğütlüçeşme.

Transporte público de Estambul

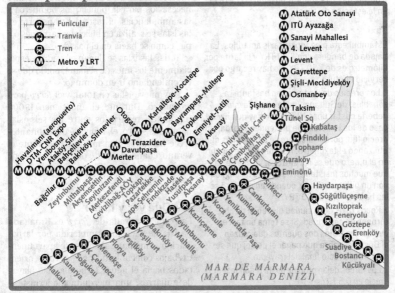

TREN

Estambul tiene dos *banliyö treni* (líneas de tren suburbano). La primera discurre por la orilla del mar de Mármara desde la estación de trenes de Sirkeci, rodea la punta del Serrallo y continúa hasta Cankurtaran (Sultanahmet), Kumkapı, Yenikapı y otras estaciones antes de terminar su recorrido, pasado el aeropuerto internacional Atatürk, en Halkalı. La segunda va desde la estación de trenes de Haydarpaşa hasta Gebze, pasando por Bostancı. A pesar de ser muy viejos, son fiables (pasan cada media hora) y baratos (1,50 TRY). Téngase en cuenta que, en algún momento, el servicio se suspenderá para completar las obras del proyecto Marmaray.

TRANVÍA

Hay una excelente línea de tranvía *(tramvay)* que va desde Zeytinburnu (donde enlaza con el LRT que va al aeropuerto) hasta Sultanahmet y Eminönü, cruza el puente Gálata hasta Karaköy (donde conecta con el funicular de Túnel) y Kabataş (donde conecta con el funicular de la plaza Taksim). Salen cada cinco minutos desde las 6.00 hasta las 24.00. El billete cuesta 1,50 TRY. También hay una línea que va de Zeytinburnu a Bağcılar, pero los turistas no suelen necesitarla.

Un pintoresco tranvía antiguo traquetea a diario por İstiklal Caddesi, en Beyoğlu. Su recorrido de 15 minutos empieza justo en la salida de la estación de metro de Túnel y llega hasta la plaza Taksim, parando frente al Galatasaray Lycée. No se puede comprar el billete a bordo, hay que adquirir un *jeton* (1,50 TRY) en la estación de Túnel.

Taxi

Estambul está plagado de taxis amarillos. La bajada de bandera son 2,50 TRY y la tarifa por kilómetro es de 1,50 TRY. No hay recargo por servicio nocturno.

Los precios de los taxis son bastante razonables: de Sultanahmet a plaza Taksim debería costar unas 12 TRY. No hay que hacer caso de los taxistas que pretenden acordar un precio fijo, porque siempre se pagará más que utilizando el taxímetro. Hay que fijarse mucho en el dinero que se les entrega, ya que se dice que muchos insisten en que se les ha pagado con un billete de 5 TRY cuando en realidad se les ha dado uno de 20 TRY.

Pocos taxis de la ciudad disponen de cinturones de seguridad. Si se toma un taxi en cualquiera de los dos puentes que cruzan el Bósforo, habrá que pagar el peaje; que se sumará al precio final del trayecto.

Los turcos dejan propina hasta redondear el precio en 0,5 TRY.

ALREDEDORES DE ESTAMBUL

Aquellos que tengan pensado permanecer un tiempo en Estambul deberían considerar la posibilidad de hacer una excursión de un día a las islas de los Príncipes, un antídoto de calma para contrarrestar el ajetreo de la gran ciudad.

Islas de los Príncipes

La mayoría de los estambulitas las conoce como Adalar (las islas). Situadas 20 km al sureste de la ciudad, en el mar de Mármara, son un buen sitio donde pasar el día y, además, el trayecto en *ferry* es muy agradable.

En época bizantina, los príncipes rebeldes, los monarcas depuestos y las personas que ya no tenían un papel importante en la sociedad eran internados en las islas (como Abdullah Öcalan, líder del PKK, aislado en la isla Imralı, en el mar de Mármara). A mediados del s. XIX se abrió un servicio de *ferry* desde Estambul y las islas pasaron a ser lugares populares de veraneo para los comerciantes griegos, judíos y armenios de Pera. Actualmente se conservan muchas de las magníficas villas victorianas que edificaron esos ricos mercaderes.

En las islas no hay coches, lo que supone un alivio cuando se ha vivido el caos de tráfico de la ciudad. Exceptuando los vehículos necesarios para la policía, los bomberos y las ambulancias, el resto del transporte en las islas se realiza en bicicleta, carruajes o a pie, como se hacía en el pasado.

Todas las islas se llenan en verano, especialmente los fines de semana, por lo que se recomienda no ir en domingo.

Hay nueve islas en total, y el *ferry* para en cuatro. Durante el año tienen 15 000 residentes, repartidos entre las seis islas habitadas, pero el número de habitantes crece hasta los cien mil o más durante el verano, cuando la gente de Estambul viene a sus residencias veraniegas huyendo del calor.

◉ Qué ver y hacer

La primera parada del *ferry* es **Kınalıada** (la isla de vacaciones preferida por la población armenia), salpicada de apartamentos bajos con cubiertas de tejas rojas, orientados hacia el agua. Tiene algunas playas de guijarros, una mezquita modernista y una iglesia armenia situada a la izquierda de la estación del *ferry*.

La segunda parada, **Burgazada**, siempre ha sido la preferida de los habitantes de Estambul con ascendencia griega. Los puntos de interés incluyen una capilla en lo alto de una colina, mezquitas, una sinagoga, un puñado de restaurantes y la casa del escritor Sait Faik, actualmente un modesto **museo** (☉9.00-12.00 y 14.00-17.00 lu-vi, hasta 1.00 sa). Ninguna de las dos islas merece mucho la pena.

Sin embargo, la encantadora isla de **Heybeliada** (Heybeli, para abreviar) tiene mucho que ofrecer al visitante. En ella se encuentra la Academia Naval Turca, fundada en 1773, visible a la izquierda del muelle del *ferry*. También dispone de varios restaurantes y de una próspera calle comercial con panaderías y tiendas de *delicatessen* que aprovisionan a los visitantes que van a pasar el día los fines de semana y se dedican a pasear por los pinares o nadar en las minúsculas y abarrotadas playas. El principal monumento de la isla es el **monasterio Haghia Triada** (☎0216-351 8563). Situado por encima de una pintoresca hilera de álamos, en un lugar que en época bizantina había estado ocupado por un monasterio griego, el edificio data de 1894 y dispone de una biblioteca de renombre internacional. El monasterio funcionaba como escuela griega ortodoxa de teología, y hasta 1971 formaba sacerdotes. Se clausuró por orden del Gobierno con mucha controversia. Se puede visitar, si se llama con antelación.

En Heybeliada hay algunos hoteles, entre los que destaca el Merit Halki Palace, ubicado en lo alto de Rafah Şehitleri Caddesi, desde el que se abre una magnífica panorámica del mar. De camino al hotel se pasa por una serie de grandes villas de madera, situadas en mitad de jardines primorosamente cuidados. De la parte alta de la calle parten muchos caminos y calles que conducen a miradores y a lugares ideales para comer al aire libre. Para seguir este camino, hay que girar a la derecha al bajar del *ferry* y continuar por delante de los restaurantes y cafés de la orilla hasta llegar a la plaza con la estatua de Atatürk. Desde aquí hay que subir por İşgüzar Sokak y seguir por la derecha hasta llegar a Rafah Şehitleri Caddesi.

Si no apetece caminar (es cuesta arriba, pero no tiene mucha pendiente), se puede alquilar una bicicleta en una de las tiendas de la calle principal, o también un *fayton* (carruaje tirado por caballos) y dar una vuelta por la isla. Un *küçük tur* (circuito de 25 minutos) cuesta 30 TRY y un *büyük tur* (circuito de una hora), 40 TRY. Algunos visitantes deciden pasar el día en la **piscina** (laborables/fines de semana 50/60 TRY) del Merit Halki Palace, pero los isleños prefieren nadar en las playas, aunque es necesario fijarse bien en el agua, pues no suele estar muy limpia.

La isla más grande es **Büyükada** (Isla Grande), que muestra una impresionante cara a los visitantes que llegan en el *ferry*, con la ladera de la colina cubierta de villas de color jengibre (rojo anaranjado) y las prominentes cúpulas gemelas del Splendid Otel.

La **terminal del 'ferry'** es un bonito edificio con reminiscencias de un quiosco otomano construido en 1899. En el interior hay un agradable café con terraza al aire libre. A la izquierda del muelle, al lado del cajero automático, hay restaurantes en los que sirven pescado fresco.

En el 2010, el **Islands Museum** abrió sus puertas en la anterior escuela primaria de Büyükada; fue uno de los muchos proyectos culturales llevados a cabo como parte del programa de Estambul, Capital Europea de la Cultura. La exposición documenta el patrimonio de las islas de los Príncipes.

La principal atracción turística de la isla es el **monasterio griego de San Jorge,** en el paso entre las dos colinas más altas de Büyükada. Para llegar hay que seguir recto desde el *ferry* en dirección a la torre del reloj de İskele Meydanı (plaza del Muelle). El barrio comercial, con sus baratos restaurantes, se encuentra a la izquierda por Recep Koç Sokak. Hay que girar a la derecha en el nº 23 de Nisan Caddesi y continuar por Çankaya Caddesi, colina arriba hasta el monasterio. Al llegar a la bifurcación se gira a la derecha. El agradable paseo de una hora pasa por un gran número de impresionantes villas de madera con jardines. Cuando se lleva recorrida una cuarta parte del camino, a mano izquierda aparece el **Büyükada Kültür Evi**, un lugar encantador donde tomar un té o un café entre jardines. La casa es de 1878 y fue restaurada en 1998.

A los 40 minutos se llega a una reserva llamada por los vecinos "parque de la Luna". Desde aquí, el monasterio queda a 25 minutos de camino, a pie, por una cuesta

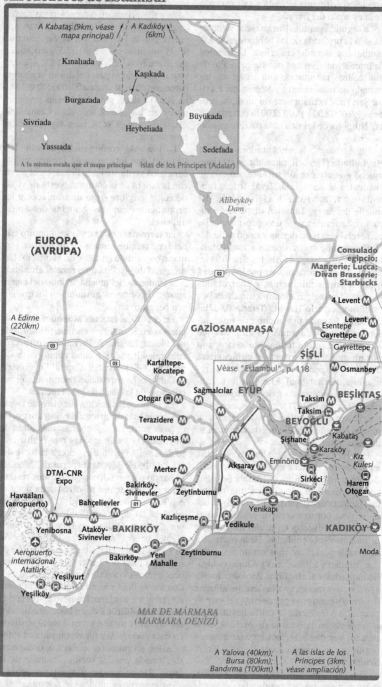

A Kabataş (9km, véase mapa principal)   A Kadıköy (6km)

Kınalıada

Kaşıkada

Burgazada

Sivriada   Büyükada

Heybeliada

Yassıada   Sedefada

A la misma escala que el mapa principal   Islas de los Príncipes (Adalar)

Alibeyköy Dam

EUROPA (AVRUPA)

Consulado egipcio; Mangerie; Lucca; Divan Brasserie; Starbucks

4 Levent Ⓜ

Levent Ⓜ
Esentepe
Gayrettepe Ⓜ
Gayrettepe

A Edirne (220km)

GAZİOSMANPAŞA

ŞİŞLİ

Kartaltepe-Kocatepe

Véase "Estambul", p. 118   Ⓜ Osmanbey

Otogar Ⓜ Ⓜ   Sağmalcılar Ⓜ   **EYÜP**   **BEŞİKTAŞ**

Taksim Ⓜ
Taksim

Terazidere Ⓜ   **BEYOĞLU**

Davutpaşa Ⓜ   Şişhane   Kabataş
Karaköy   Kız Kulesi

Merter Ⓜ   Aksaray Ⓜ   Eminönü
DTM-CNR Expo   Sirkeci   Harem Otogar

Havaalanı (aeropuerto)   Bakırköy-Sivinevler   Zeytinburnu

Bahçelievler   Kazlıçeşme   Yenikapı

Yenibosna   Ataköy-Sivinevler   **BAKIRKÖY**   Yedikule   **KADIKÖY**

Aeropuerto internacional Atatürk   Bakırköy   Yeni Mahalle   Zeytinburnu   Moda

Yeşilyurt

Yeşilköy

MAR DE MÁRMARA (MARMARA DENİZİ)

A Yalova (40km); Bursa (80km); Bandırma (100km)   A las islas de los Príncipes (3km, véase ampliación)

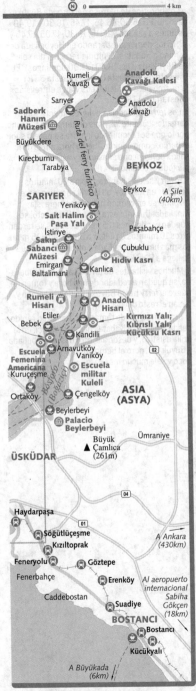

muy empinada. Durante la subida se verán pedazos de tela anudados a las ramas de los árboles a lo largo del camino: cada tela es una plegaria, la mayoría de las mujeres que visitan el monasterio van para rezar por un próximo embarazo.

Al llegar, no hay mucho que ver. El único edificio digno de mención es una pequeña iglesia de vivos colores, pero las vistas desde la terraza son fabulosas y alcanzan hasta Estambul, así como las islas vecinas de Yassıada y Sivriada. Hay un pequeño restaurante.

En el pueblo se pueden alquilar bicicletas y comprar provisiones para comer al aire libre, aunque la comida es más barata en la zona continental.

Al salir de la plaza del reloj y enfrente del Splendid Otel hay una parada de *fayton*. Se puede alquilar uno para dar una larga vuelta por el pueblo, las colinas y la playa (1 h, 55 TRY), o una más corta solo por el pueblo (22 TRY). Ir al parque de la Luna cuesta 20 TRY. Una tienda junto a la parada de *fayton* alquila bicicletas.

✕ Dónde comer

Lamentablemente, los restaurantes de las islas son corrientes y caros, sobre todo los que tienen vistas al mar, cerca de los muelles del *ferry*.

HEYBELIADA

Mavi Restaurant MARISCO €€€
(www.mavirestaurant.net; Yali Caddesi 29; platos principales 14-40 TRY; ⊘24h) Restaurante especializado en pescado, situado en el paseo marítimo principal, con mesas al aire libre, muy popular entre los isleños.

BÜYÜKADA

Yücetepe Kır Gazinosu Restaurant ANATOLIA €€
(Monasterio de San Jorge; platos principales 9-11 TRY; ⊘diario abr-oct, solo fines de semana nov-mar) La comida, sencilla pero apetitosa, se sirve en las mesas al aire libre. Sirve alcohol.

Kiyi Restaurant MARISCO €€€
(Çiçekli Yali Sokak 2; platos principales 22 TRY; ⊘solo verano) Este destartalado local es uno de los favoritos de los críticos gastronómicos de la gran ciudad. Se empieza con los *meze* (hay muchas opciones) y luego se elige un pescado fresco frito o a la parrilla. Para llegar, hay que caminar hacia la izquierda, siguiendo la línea de mar, desde el embar-

cadero del *ferry,* pasando ante la hilera de restaurantes, y luego girar en la curva.

Club Mavi
ANATOLIA €€€

(clubmavi.com/ada/ada.html; Büyüktur Yolu 12; platos principales 20-30 TRY; ☺solo verano) Hotel-restaurante situado en un pinar sobre un acantilado de la zona más tranquila de la isla. Ir y volver en *fayton* forma parte de la experiencia. La comida queda en segundo plano por culpa de las espectaculares vistas.

Sofrada Restoran
'LOKANTA' €€

(İsa Çelebi Sokak 10; *porsiyon* 8-14 TRY) Cercano al parque de *fayton* y a la torre del reloj, sirve platos sencillos como *mücver* (buñuelos de calabacín), *köfte* y *karniyarik* (berenjena rellena de carne picada). Es el más barato de la isla.

❶ Cómo llegar y salir

En verano, hay *ferries* a las islas cada día de 6.50 a 21.00. Salen desde el muelle del *ferry* Adalar İskelesi en Kabataş, frente a la parada del tranvía. Las mejores horas de salida para los que quieran hacer una excursión de un día entero son 8.30, 9.20, 10.10, 10.40 y 11.35 de lunes a sábado, y 8.30, 9.00, 9.30, 10.00, 11.00 y 12.00 los domingos, pero los horarios varían, por lo que mejor consultarlos antes en www.ido.com.tr.

Los horarios de regreso del *ferry* de Büyükada incluyen 16.00, 16.45, 17.45, 18.30 y 19.40 de lunes a sábado y 15.15, 16.30, 17.05, 17.45 y 18.15 los domingos, parando en Heybeliada de camino a Kabataş. El último *ferry* del día sale de Büyükada a las 19.40 (21.00 domingos). El trayecto de ida hasta las islas cuesta 3 TRY, lo mismo para la vuelta. Los viajes entre islas cuestan 1,50 TRY.

Los *ferries* parecen ir peligrosamente sobrecargados durante los fines de semana de verano, por lo que se recomienda ir entre semana o subir al barco, como mínimo, media hora antes de la salida para encontrar asiento y así evitar ir de pie todo el camino.

El *ferry* sale de Kabataş y para 20 minutos después en Kadıköy, en la orilla asiática, antes de ponerse en camino hacia la primera isla, Kınalıada. Durante esta parte del trayecto, se pueden ver delfines (25 min). Después se tardan otros 10 minutos en llegar a Burgazada, 15 minutos más hasta Heybeliada y otros 10 hasta que se llega a Büyükada.

Muchos visitantes de un día bajan en Heybeliada, se quedan alrededor de una hora y toman de nuevo el *ferry* hasta Büyükada, donde comen y pasan el resto del día.

También se puede tomar un catamarán rápido desde Eminönü o Kabataş hasta Bostancı, en la orilla asiática, y desde allí, otro hasta Heybeliada y Büyükada, pero el tiempo que se gana es poco y sale mucho más caro.

Tracia y Mármara

Los mejores alojamientos

» Gallipoli Houses (p. 141)

» Hotel Kervansaray (p. 145)

» Zeytindali Hotel (p. 150)

» Hotel Crowded House (p. 142)

» Hotel Endorfina (p. 129)

Los mejores restaurantes

» Melek Anne (p. 128)

» Doyuranlar Gözleme (p. 141)

» İlhan Restaurant (p. 133)

» Liman Restaurant (p. 143)

» Zindanaltı Meyhanesi (p. 128)

Por qué ir

Aunque gran parte de la franja europea de Turquía es típicamente balcánica, esta zona conforma la base de la identidad turca. Durante la sangrienta campaña de la Primera Guerra Mundial de la península de Gallípoli (Gelibolu) se forjó la conciencia nacional contemporánea de Turquía y la leyenda de Atatürk (Mustafa Kemal). Actualmente, la brisa del Egeo que mece los pinos enmascara las batallas que allí se libraron. Edirne era la capital del Imperio otomano antes de que Mehmet el Conquistador tomara Constantinopla (Estambul) y el río Tunca fluyera junto a mezquitas y complejos palaciegos. El Festival Histórico de Lucha en Aceite de Kırkpınar, de 650 años de antigüedad, rememora los días de los enfrentamientos otomano-bizantinos.

Con vistas a los Dardanelos desde el lado de Anatolia, la estudiantil Çanakkale es una ciudad muy frecuentada y un buen lugar de parada. La isla de Gökçeada, con playas azotadas por el viento y aldeas griegas en ruinas, es uno de los secretos mejor guardados del Egeo.

Cuándo ir

Edirne

Mayo Campos de amapolas cubren la isla de Gökçeada.

Finales de junio/principios

de julio Gigantes cubiertos de aceite luchan en el Festival Histórico de Lucha en Aceite

de Kırkpınar, en Edirne.

Septiembre Otoño en la península de Gallípoli.

Edirne

☎ 0284 / 136 000 HAB.

A pesar de ser la población más grande de la Turquía europea aparte de Estambul, a Edirne solo llega un puñado de viajeros que van a disfrutar de sus impresionantes mezquitas. Capital otomana durante casi un siglo, muchos de sus edificios clave están en excelente esta-do. Aquí se puede disfrutar de unas mezquitas tan geniales como las de Estambul, pero sin las aglomeraciones de la ciudad del Bósforo. A pesar de esto, Edirne es una ajetreada ciudad fronteriza, con las fronteras griega y búlgara apenas a media hora en automóvil. Sus calles están abarrotadas de extranjeros, locales y, a veces, de soldados realizando desfiles militares.

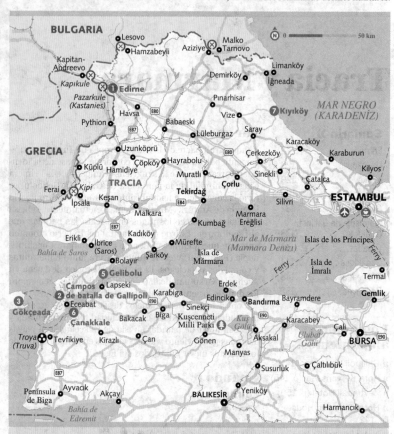

Lo más destacado de Tracia y Mármara

❶ Maravillarse con la cúpula flotante de la mezquita otomana **Selimiye Camii** (p. 123) de Edirne, diseñada por el gran arquitecto Mimar Sinan.

❷ Contemplar el pasado sangriento y el tranquilo presente de los **campos de batalla de Gallípoli** (p. 136).

❸ Disfrutar del escarpado paisaje y el ambiente griego de las aldeas de la remota isla de **Gökçeada** (p. 148).

❹ Divertirse con la lucha libre en el **Festival Histórico de Lucha en Aceite de Kırkpınar** (p. 126), en Edirne.

❺ Darse un festín de pescado y colocar una bandera turca en la 'tumba del padre de la bandera' en **Gelibolu** (p. 132), sede de uno de los mejores museos de la guerra de la península.

❻ Disfrutar de música en directo y de los *beer bongs* (embudos para beber cerveza) en la animada **Çanakkale** (p. 144).

❼ Refrescarse en las cristalinas aguas de la aldea pesquera de **Kıyıköy** (p. 129), en el mar Negro.

Historia

El emperador Adriano hizo de Adrianópolis el principal centro de la Tracia romana a principios del s. II d.C. Esta población era un importante punto de parada de la vía Ignacia, que unía Roma y Estambul. A mediados del s. XIV empezó a aumentar el tamaño y poder del naciente estado otomano. En 1363 su ejército cruzó los Dardanelos, bordeó Constantinopla y capturó Adrianópolis, que fue convertida en capital otomana.

Durante un siglo, Edirne fue la ciudad desde la que el sultán otomano emprendió campañas por Europa y Asia. Cuando llegó el momento de la conquista final del Imperio bizantino, Mehmet el Conquistador partió hacia Constantinopla desde aquí.

Cuando el Imperio otomano se derrumbó tras la Primera Guerra Mundial, los aliados entregaron Tracia a los griegos y declararon Constantinopla (Estambul) ciudad internacional. En verano de 1920 el ejército griego ocupó Edirne, aunque finalmente fue expulsado por el ejército dirigido por Atatürk. El Tratado de Lausana (1923) cedió Edirne y Tracia oriental a los turcos.

⊙ Puntos de interés y actividades

Selimiye Camii
MEZQUITA

(Mezquita de Selimiye) El gran arquitecto otomano Mimar Sinan (véase recuadro en p. 78) diseñó la mezquita más espectacular de Edirne (1569-1575) para el sultán Selim II [1566-1574]. Es una mezquita más pequeña, pero más elegante, que la Süleymaniye Camii del propio Sinan en Estambul, y es considerada su mejor obra. El complejo, iluminado por la noche, ofrece una visión espectacular.

Hay que entrar por el patio que hay al oeste, tal como previó Sinan, en lugar de hacerlo por el parque aterrazado o la fila subterránea de tiendas que hay al sur. No es necesario comprar una bolsa de plástico para los zapatos.

Su amplia y majestuosa cúpula, a 31,3 m de altura, ligeramente más ancha que la de Santa Sofía, descansa sobre ocho discretos pilares, arcos y contrafuertes exteriores, creando un interior sorprendentemente espacioso. Como solo soportan una parte del peso de la cúpula, las paredes albergan decenas de ventanas, a través de las cuales entra la luz que acentúa la colorida decoración caligráfica del interior.

El *mimber* (púlpito) de mármol intrincadamente labrado, con techo cónico de azulejos de İznik, y la *şadırvan* (fuente de las abluciones), debajo de la plataforma central de oración-lectura, son especialmente exquisitos.

Parte del impresionante efecto visual de la mezquita se debe a sus cuatro minaretes de 71 m de altura, con un diseño acanalado para resaltar su altura. En cada torre hay tres *şerefes* (balcones), quizás como reconocimiento de Sinan a su predecesor, el arquitecto de la Üç Şerefeli Cami.

Madrazas
MUSEOS

(Selimiye Camii) La *medrese* (madraza) de la esquina suroriental del complejo de Selimiye alberga el **Museo de la Fundación Selimiye** (Selimiye Vakıf Müzesi; ☏212 1133; gratis; ⊙9.00-17.00 ma-do), con exposiciones sobre la restauración de la mezquita, metalistería, azulejos de İznik y enseñanza religiosa. La madraza de la esquina oriental alberga el **Museo de Arte Turco e Islámico** (Türk İslam Eserleri Müzesi), que estaba siendo renovado.

Museo de Arqueología y Etnografía de Edirne
MUSEO

(Edirne Arkeoloji ve Etnografya Müzesi; ☏225 1120; entrada 3 TRY; ⊙9.00-17.00 ma-do) Frente a un jardín de lápidas jenízaras detrás de la Selimiye Camii, este museo se centra en la historia y los productos tradicionales locales, con exposiciones sobre bordados, tejidos, caligrafía y joyería. La técnica otomana del lacado de la madera, el cartón y el cuero se desarrolló en Edirne. Hay varias reconstrucciones de casas otomanas, incluidas salas nupciales y de circuncisión.

La sección de arqueológica alberga exposiciones prehistóricas, con hallazgos de la torre macedónica y el túmulo de Taşlıcabayır, cerca de Kırklareli, al este. El sarcófago de terracota (s. VI a.C.) de Enez, en el suroeste de Tracia, las figuras de terracota de los ss. I y II, y las figuras de bronce que datan de mil años antes, son exquisitas. En los jardines hay tinajas, esculturas, menhires, un dolmen y una tumba romana.

Üç Şerefeli Cami
MEZQUITA

(Mezquita de los tres balcones) Con sus cuatro minaretes diferentes, la Üç Şerefeli Cami domina Hürriyet Meydanı. Su nombre hace referencia a los tres balcones del minarete más alto; el segundo minarete más alto solo tiene dos balcones.

Se construyó entre 1437 y 1447, con un diseño entre el estilo turco selyúcida de las

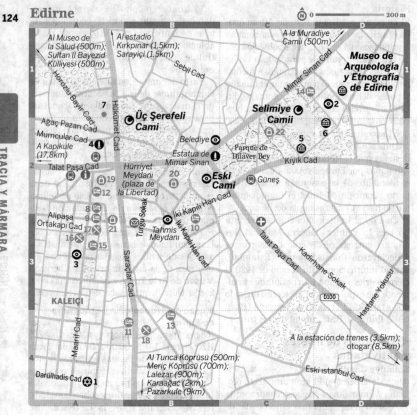

Al Museo de la Salud (500m); Sultan II Bayezid Külliyesi (500m)

Al estadio Kırkpınar (1,5km); Sarayiçi (1,5km)

A la Muradiye Camii (500m)

Museo de Arqueología y Etnografía de Edirne

Horozlu Bayır Cad

Sebil Cad

Mimar Sinan Cad

Üç Şerefli Cami

Selimiye Camii

Ağaç Pazarı Cad

Mumcular Cad

A Kapıkule (17,8km)

Hükümet Cad

Belediye

Parque de Dilaver Bey

Talat Paşa Cad

Estatua de Mimar Sinan

Kıyık Cad

Hürriyet Meydanı (plaza de la Libertad)

Eski Cami

Güneş

Alipaşa

Ortakapı Cad

Turgut Sokak

İki Kaplı Han Cad

Tahmis Meydanı

Talat Paşa Cad

Kadirhane Sokak

KALEİÇİ

Maarif Cad

Saraçlar Cad

Hastane Yokuşu

D100

A la estación de trenes (3,5km); otogar (8,5km)

Al Tunca Köprüsü (500m); Meriç Köprüsü (700m); Lalezar (900m); Karaağaç (2km); Pazarkule (9km)

Darülhadis Cad

Eski İstanbul Cad

---

mezquitas de Konya y Bursa y el auténtico estilo otomano, que posteriormente alcanzaría su apogeo en Estambul. En el estilo selyúcida, las cúpulas son más pequeñas y están construidas sobre salas cuadradas, mientras que aquí la cúpula de 24 m de ancho está sobre un tambor hexagonal y se sostiene sobre dos paredes y dos enormes pilares hexagonales. Los dibujos que hay bajo las cúpulas y la *şadırvan* central del patio parcialmente cubierto son fantásticos.

Sokollu Mehmet Paşa Hamam 'HAMMAM'
(Baño y masaje 30 TRY; ⊘hombres 7.00-22.00, mujeres 10.00-18.00) Al otro lado de la calle de la Üç Şerefli Cami, Mimar Sinan diseñó este evocador *hammam* para el gran visir Sokollu Mehmet Paşa en el s. XVI.

Makedonya Kulesi MONUMENTO
Al suroeste del *hammam* está la restaurada **torre macedónica,** una parte de las fortificaciones de la ciudad que data de la

época romana. En unas recientes excavaciones alrededor de su base se han descubierto partes de la antigua muralla de la ciudad, una necrópolis y los restos de una iglesia bizantina. En el Museo de Arqueología y Etnografía de Edirne se pueden ver hallazgos de estas excavaciones.

Eski Cami MEZQUITA
La **Mezquita Vieja** (1403-1414) ejemplifica uno de los dos estilos clásicos de mezquita usados por los otomanos en su primera capital, Bursa. Al igual que la Ulu Cami de Bursa, esta mezquita tiene filas de arcos y pilares que aguantan una serie de pequeñas cúpulas. En su interior hay impresionantes motivos geométricos de color rojo, blanco y negro en las cúpulas, un maravilloso *mimber* y enormes inscripciones caligráficas en las paredes.

Kaleiçi ZONA HISTÓRICA
En la zona de Kaleiçi, delimitada por Saraçlar Caddesi, Talat Paşa Caddesi, la línea

del ferrocarril y el río Tunca, se encuentra la población medieval original, con estrechas calles en forma de cuadrícula. Para explorarla, se puede empezar caminando hacia el sur desde la oficina de turismo a lo largo de Maarif Caddesi, donde se pueden ver algunos excelentes ejemplos de casas de madera con carpintería típica de Edirne, y terminar en la **Gran Sinagoga** (Büyük Sinagog; 1906), abandonada y en ruinas. Cumhuriyet Caddesi, que discurre perpendicular a Maarif Caddesi, es otra interesante calle con casas de madera.

NORTE DEL CENTRO

👍 **Museo de la Salud**　　MUSEO
(Sağlık Müzesi; ☎224 0922; entrada 10 TRY; ⏱9.00-17.30) Este museo, que forma parte del complejo Sultan II Bayezid Külliyesi, ha ganado premios europeos de turismo por sus ilustraciones de las terapias y enseñanzas que se impartían aquí. En funcionamiento desde 1488 hasta 1909, fue uno de los hospitales otomanos más importantes, y en él se empleó la musicoterapia desde 1652, cuando en Europa aún se quemaba vivos a los enfermos mentales. Una orquesta de 10 músicos tocaba distintos 'estilos' para tratar diferentes dolencias, desde la parálisis hasta las palpitaciones. Como todo el trabajo de cura-

ción se llevaba a cabo en la *şifahane* (sala de curación), el hospital requería menos personal. Esto dio lugar al primer sistema hospitalario centralizado. También se utilizaba como terapia el sonido del agua, y el borboteo de la fuente de la sala con techos altos resulta reconfortante tras un largo paseo desde el centro.

El museo continúa en la madraza, donde hay dioramas sobre diferentes aspectos de la medicina otomana, incluida una cauterización y el desarrollo de antídotos.

Al museo se accede por el puente otomano Yalnızgöz Köprüsü (puente del Único Ojo; 1570) sobre el río Tunca. Los autobuses a Yenimaret ("Y. Maret") desde enfrente de la oficina de turismo pasan por el complejo (1 TRY, 10 min); un taxi cuesta unos 7 TRY.

Sultan II Bayezid Külliyesi　　MEZQUITA
Ubicado de forma aislada al norte del centro, este complejo en torno a una mezquita estaba siendo renovado. El arquitecto otomano Hayreddin lo construyó para el sultán Bayezid II [1481-1512] entre 1484 y 1488. El estilo de la mezquita está entre Üç Şerefeli y Selimiye: su gran sala de oraciones tiene una gran cúpula, similar a la de Selimiye, pero también tiene un patio y una fuente como la más antigua mezquita Üç Şerefeli. Su interior tiene un aire tosco, como inacabado.

LA LUCHA EN ACEITE DE EDIRNE

Uno de los eventos deportivos más antiguos y estrambóticos del mundo, en el que musculosos hombres ataviados únicamente con un par de pantalones cortos de cuero se embadurnan de aceite de oliva y se ponen a luchar, tiene lugar anualmente a finales de junio-principios de julio en el norte de Edirne. Se trata del **Tarihi Kırkpınar Yağlı Güreş Festivali** (Festival Histórico de Lucha en Aceite de Kırkpınar).

Este evento tiene su origen en los albores del Imperio otomano, hace seis siglos y medio. Poco antes de la conquista de Edirne en 1363, el sultán Orhan Gazi envió a su hermano Süleyman Paşa con 40 hombres a conquistar la fortaleza bizantina de Domuz en Rumelia. Los 40 soldados eran muy buenos luchadores, y tras su victoria se desafiaron entre ellos en un combate de lucha libre. Dos de ellos estaban tan igualados que lucharon durante días sin que hubiera un claro ganador, hasta que ambos finalmente cayeron muertos. Cuando enterraron sus cuerpos bajo una cercana higuera, misteriosamente apareció un manantial. Al lugar se le dio el nombre de Kırkpınar (40 manantiales), en honor a los luchadores.

La Kırkpınar original es ahora la aldea de Samona, al otro lado de la frontera, en Grecia; desde el nacimiento de la República, la competición anual de tres días se celebra fuera de Edirne. Los luchadores, que están divididos por altura, edad y experiencia, compiten en 13 categorías diferentes, desde la *minik* hasta la *baş*, y decenas de combates tienen lugar simultáneamente en el estadio de Sarayiçi. Actualmente los combates están limitados a 30 o 40 minutos, rebasados los cuales se entra en un tiempo extra llamado 'muerte súbita' en el que gana el primero que tumba al rival. Cuando terminan todos los combates se conceden los premios a la conducta más caballerosa y a la mejor técnica, así como el codiciado y competido título de *başpehlivan* (mejor luchador).

Se pueden comprar entradas para la lucha libre en **Biletix** (www.biletix.com) por unos 30 TRY. En torno a las fechas del festival es complicado encontrar transporte y alojamiento.

Para más información, lo mejor es visitar **Kırkpınar Evi** (Casa de Kırkpınar; ☏212 8622; www.kirkpinar.com; ☉10.00-12.00 y 14.00-18.00), con exposiciones sobre la lucha en aceite, o consultar su sitio web y www.turkishwrestling.com.

El extenso complejo cuenta con *tabhane* (posada para viajeros), panadería, *imaret* (comedor de beneficiencia), *tımarhane* (manicomio), madraza y *darüşşifa* (hospital).

Sarayiçi
ZONA HISTÓRICA

El **Palacio Interior** es una isla que en otra época fue el coto de caza privado de los sultanes otomanos. Hoy en día es la sede de los famosos combates de lucha en aceite de Kırkpınar.

Cerca del estadio moderno, flanqueado por estatuas de bronce de los *başpehlivan* (campeones), se alza el **Adalet Kasrı** (Palacio de Justicia; 1561), una torre de piedra con tejado cónico de la época de Solimán el Magnífico. Enfrente hay dos columnas cuadradas: en la Seng-i Hürmet (piedra del Respeto), a la derecha, la gente exponía sus peticiones al sultán, mientras que en la Seng-i İbret (piedra de la Advertencia), a la izquierda, se mostraban las cabezas de los funcionarios de la corte suprema que habían faltado al respeto al sultán.

Detrás del Palacio de Justicia está el pequeño **Fatih Köprüsü** (puente del Conquistador; 1452). Cruzándolo y a mano derecha hay un lúgubre **monumento conmemorativo de las guerras de los Balcanes**; recto y a la izquierda están las desperdigadas ruinas del **Edirne Sarayı** (palacio de Edirne), algunas partes del cual están siendo restauradas. Iniciado por el sultán Murat II en 1450, en otra época compitió en tamaño y lujo con el palacio Topkapı de Estambul.

Para llegar, hay que ir hacia el norte por Hükümet Caddesi y cruzar el río Tunca por el Saraçhane Köprüsü (puente del Guarnicionero), o dirigirse al norte por Mimar Sinan Caddesi y Saray Yolu, y cruzar por el Saray Köprüsü (puente del Palacio; 1560). Si no, hay un pintoresco paseo de 1 km por la carretera al norte del río desde el complejo del sultán Bayezid II.

Muradiye Camii
MEZQUITA

Un paseo de 15 minutos al noreste de la mezquita de Selimiye por Mimar Sinan

Caddesi conduce hasta la **mezquita de Muradiye,** construida para el sultán Murat II y coronada por una cúpula poco común. Construida entre 1426 y 1436, en otra época albergó una comunidad mevleví (derviches giróvagos). La planta en forma de T de la mezquita, con dos *eyvans* (salas abovedadas) gemelas y exquisitos azulejos de İznik, recuerda a las construcciones otomanas de Bursa.

El pequeño **cementerio** en el lado este alberga la tumba del *şeyhülislăm* Musa Kâzım Efendi, el último jeque del islam del Imperio otomano, que huyó de la ocupación británica de Estambul tras la Primera Guerra Mundial y murió aquí en 1920.

SUR DEL CENTRO

Para llegar a la tranquila zona sur desde el centro hay que seguir Saraçlar Caddesi bajo la línea del ferrocarril y cruzar el **Tunca Köprüsü,** un puente peraltado otomano de piedra de 1615, y el igualmente elegante **Meriç Köprüsü** (1847). La zona alrededor de los puentes está abarrotada de restaurantes, teterías y bares; todos ellos son geniales para comer o tomar una bebida cuando hace buen tiempo. Los mejores son los de la orilla sur del río Meriç, que ofrecen perfectas vistas del río a la puesta del sol.

Un taxi de vuelta al centro cuesta 7 TRY, y un carro tirado por un caballo, 10 TRY.

🛏 Dónde dormir

La mayor parte de los hoteles económicos y de precio medio están en Maarif Caddesi.

Selimiye Taşodalar HOTEL-BOUTIQUE €€ (🕿 212 3529; www.tasodalar.com.tr; Selimiye Arkası Hamam Sokak 3; i/d desde 80/100 €; ❄ @) En una histórica mansión otomana, este hotel está junto a la mezquita de Selimiye y el *hammam* Sultan Selim Saray, del s. XIV. Algunos de los baños de sus nueve habitaciones son decepcionantes, y algunos elementos *kitsch* parecen fuera de lugar en su interior otomano, aunque abundan las antigüedades y los muebles de cedro. La habitación nº 104 tiene un atractivo tocador con espejo y la regia habitación nº 109 tiene un balcón cerrado con vistas a la mezquita. Tiene un restaurante y un agradable salón de té al aire libre.

Efe Hotel HOTEL-BOUTIQUE €€ (🕿 213 6166; www.efehotel.com; Maarif Caddesi 13; i/d 85/125 TRY; ❄ @) Opción elegante, con un vestíbulo lleno de antigüedades y objetos curiosos, y pasillos llenos de cuadros,

fotografías y grabados. Sus 22 habitaciones, pequeñas y luminosas, están bien equipadas. Cuenta con el English Pub (sep-may) y el llamativo bar-restaurante Patio.

Hotel Rüstempaşa Kervansaray
HOTEL HISTÓRICO €€

(🕿 212 6119; www.edirnekervansarayhotel.com; İki Kapılı Han Caddesi 57; i/d 60/120 TRY; ❄) Al sur de la Eski Cami, este hotel de 75 habitaciones ocupa un *han* (caravasar) del s. XVI, construido para Rüstempaşa, el gran visir de Solimán el Magnífico. Su patio interior ofrece un romántico entorno para desayunar; las habitaciones, a las que se accede por estrechas escaleras de piedra y largos pasillos, son bastante grandes, pero tienen poca ventilación y decepcionan un poco.

Tuna Hotel
HOTEL €€

(🕿 214 3340; fax 214 3323; Maarif Caddesi 17; i/d 60/85 TRY; ❄) Es una opción fiable, con cómodas habitaciones granates con pequeños televisores y un modesto bufé de desayuno servido en un pequeño patio.

Otel Açıkgöz
HOTEL €

(🕿 213 1944; hotelacikgoz@acikgoz.com; Tüfekçiler Çarşısı 54; i/d 50/70 TRY; P ❄) Aparte de su ubicación ligeramente apartada, es una de las mejores opciones de Edirne. Tras su exterior poco atractivo, sus 35 habitaciones, apartadas de la calle peatonal principal, tienen todo lo necesario, como pequeñas neveras y TV.

Saray Hotel
HOTEL €€

(🕿 212 1457; www.edirnesarayhotel.com, en turco; Eski İstanbul Caddesi 28; i/d 45/80 TRY; ❄) Tras su enorme letrero naranja, este modesto hotel de negocios de 44 habitaciones tiene fotografías de la lucha en aceite en la entrada. Hay que reservar con antelación pues se llena con rapidez.

Park Hotel
HOTEL €€

(🕿 225 4610; parkotel@isnet.net.tr; Maarif Caddesi 7; i/d 65/120 TRY; ❄) Sus habitaciones, con duchas acristaladas, son mucho más agradables de lo que sugiere su destartalada recepción. Contiguos al hotel hay un restaurante y un *pub*.

Hotel Aksaray
PENSIÓN €€

(🕿 212 6035; Alipaşa Ortakapı Caddesi 8; i/d/tr sin desayuno 40/75/90 TRY, i/tr sin baño 30/80 TRY; ❄) Las habitaciones son baratas pero no ofrecen una relación calidad-precio demasiado buena. La habitación de la planta baja junto a la recepción tiene un fresco en el techo, pero por la noche es muy ruidosa.

TRACIA Y MÁRMARA

✗ Dónde comer

Hay una amplia gama de restaurantes en Saraçlar Caddesi. Los restaurantes junto al río, al sur del centro, tienen más ambiente, pero muchos de ellos solo abren en verano, y los fines de semana suelen estar llenos.

El plato más popular es el *Edirne ciğeri*: hígado de ternera cortado en láminas finas, frito en abundante aceite y servido con pimiento rojo frito y yogur.

 Melek Anne CAFÉ €
(📞213 3263; Maarif Caddesi 18; platos principales 6 TRY) En una casa de 120 años, los muebles verdes y violetas y la zona al aire libre con pufs le dan un aire bohemio. Ofrece una buena gama de cocina casera durante todo el día, incluidos desayunos y platos vegetarianos y de pollo.

Zindanaltı Meyhanesi 'MEYHANE' €€
(📞212 2149; Saraçlar Caddesi 127; *meze* 5 TRY, platos principales 9 TRY) El viajero puede elegir algún *meze*, como la *patlıcan* (berenjena) picante, y algún plato principal, incluido un plato *karışık* (variado) con *köfte* (albóndigas) y *şiş* kebab (brocheta de carne asada) entre otras delicias, y dirigirse a la terraza de la azotea. Está en un popular edificio con fachada de madera y vistas a la calle peatonal principal.

Niyazi Usta 'KEBAPÇI' €€
(📞213 3372; Alipaşa Ortakapı Caddesi; *ciğeri* 9 TRY) Si se quiere probar el hígado de ternera al estilo de Edirne, hay que ir a este luminoso y moderno restaurante impecablemente limpio. Tiene una sucursal más pequeña al otro lado de la floristería.

Lalezar TURCO MODERNO €€
(📞223 0600; Karaağaç Yolu; platos principales 9-20 TRY) La mejor opción junto al río, de camino a Karaağaç. Tiene una carta bilingüe con platos que van desde *pide* (*pizza* al estilo turco) hasta pasta, pasando por la picante *içli köfte* (albóndiga rellena). Sus jardines son una delicia, y algunas mesas están en plataformas elevadas entre los árboles.

Penaltı CAFÉ €
(Alipaşa Ortakapı Caddesi; platos principales 6,50 TRY) Cafetería con las paredes llenas de fotografías de estrellas de fútbol, ideal para un *kahvaltı* (desayuno) turco. También tiene hamburguesas.

🍷 Dónde beber y ocio

Alrededor de la estatua de Mimar Sinan, en el centro de la ciudad, hay muchos salones de té al aire libre, y entre los dos puentes al sur del centro hay muchos bares.

Café Pena BAR
(Alipaşa Ortakapı Caddesi 6) Con pósteres de películas y objetos típicos de la cultura estadounidense en su patio exterior y sus múltiples salas de la planta superior, atrae a una clientela joven y animada. Tiene cerveza de barril, cócteles y cafés con florituras.

London Café BAR
(Saraçlar Caddesi; platos principales 5 TRY) Este bar de dos plantas inesperadamente agradable sirve comida extranjera, como pasta y sándwiches, pero su razón de ser son las bebidas alcohólicas.

Patio BAR-RESTAURANTE
(Aziziye Sokak 5; platos principales 15 TRY) Su personal es un poco frío, pero los jóvenes locales vienen a este elegante y limpio lugar por sus llamativos cócteles y su comida occidental. En el patio parcialmente cubierto hay árboles y música relajante.

🛍 De compras

Entre los recuerdos tradicionales de Edirne se incluyen los *meyve sabunu* (jabones con forma de fruta) aromatizados con esencia de rosas, y el *badem ezmesi* (mazapán).

Bazar cubierto Ali Paşa BAZAR
(Junto a Saraçlar Caddesi) Mimar Sinan diseñó este bazar con mucho ambiente en 1569.

Bedesten MERCADO
(Junto a Talat Paşa Caddesi) Al otro lado de un pequeño puente de madera desde la Eski Cami, este mercado data de 1418.

Selimiye Arastası MERCADO
(Galería comercial de Selimiye) También conocido como Kavaflar Arastası (galería comercial de los Zapateros), está debajo de la mezquita de Selimiye.

Keçecizade COMIDA Y BEBIDA
(Saraçlar Caddesi 50) Tiene sucursales por todo el centro, incluida una frente a la oficina de correos. Vende *lokum* (delicias turcas) y *badem ezmesi*.

ℹ Información

En la zona alrededor de la oficina de turismo hay varios bancos.

Araz Döviz (bazar Ali Paşa, Talat Paşa Caddesi; 9.00-19.00 lu-sa) Uno de los únicos sitios donde los sábados cambian dinero y cheques de viaje.

Oficina de correos (Saraçlar Caddesi) El único lugar para cambiar dinero los domingos.

Sky Internet Cafe (Turgu Sokak; 2 TRY/h; ⊗8.30-2.00)

Oficina de turismo (✐213 9208; Talat Paşa Caddesi; ⊗9.00-18.00) Muy útil, con un plano de la ciudad y folletos en inglés.

❶ Cómo llegar y desplazarse
Autobús y 'dolmuş'

La *otogar* (estación de autobuses) está 9 km al sureste del centro, en la carretera de acceso a la E80. Para más información sobre los cercanos pasos fronterizos búlgaros y griegos, véase p. 697. Un *dolmuş* es un microbús que para en cualquier punto a lo largo de su ruta.

ÇANAKKALE (30 TRY, 4 h) Autobuses regulares.

ESTAMBUL (10 TRY, 2½ h) Hay frecuentes autobuses, pero hay que reservar con antelación.

KAPIKULE (5 TRY, 25 min) Desde el exterior del Şekerbank, frente a la oficina de turismo en Talat Paşa Caddesi, salen *dolmuşes* hasta este paso fronterizo búlgaro, 18 km al noroeste.

KEŞAN Cada hora salen microbuses (12 TRY, 1½ h), operados por **Güneş** (✐213 2105; Kadirhane Sokak), desde la oficina de la empresa al noroeste del hospital. Desde la *otogar* sale un servicio más barato (7 TRY, 2½ h).

PAZARKULE El puesto fronterizo griego más cercano está 9 km al suroeste de Edirne. Se puede tomar un *dolmuş* (1 TRY, 20 min) directo hasta allí al lado de la oficina de turismo, o hacer transbordo en Karaağaç.

UZUNKÖPRÜ (7 TRY, 1 h) Los microbuses de Güneş a Keşan paran aquí, al igual que el servicio más barato que sale de la *otogar* (4 TRY, 1¾ h).

Automóvil

El peaje de Edirne a Estambul por la E80 cuesta menos de 10 TRY. **Turizm Rent A Car** (✐214 8478; Talat Paşa Caddesi) alquila vehículos (unos 60 € al día por un automóvil pequeño).

Tren

La estación de trenes está 4 km al sureste de la Eski Cami. Desde el centro salen *dolmuşes* y autobuses urbanos en dirección sureste por Talat Paşa Caddesi, incluido el autobús nº 3, que pasan por delante del supermercado Migros; el viajero debería apearse allí y bajar a pie por İstasyon Caddesi. Un taxi cuesta unos 10 TRY.

ESTAMBUL (10 TRY, 4-6½ h) El *Edirne Ekspresi* sale de Edirne a las 7.30 y 16.00, y el *Bosfor Ekspresi* a las 3.50. Desde Estambul, el *Edirne Ekspresi* sale a las 8.30 y 15.15, y el *Bosfor Ekspresi* a las 22.00.

EUROPA El *Bosfor Ekspresi* sale de Edirne a las 2.32 hacia Bucarest (Rumanía).

Uzunköprü

✐0284 / 39100 HAB.

Unos 63 km al sureste de Edirne por la E87/D550, la población agrícola de Uzunköprü (puente Largo) está a orillas del río Ergene. El puente otomano (1426-1443) de 1392 m del que la población toma su nombre aún sigue en pie con sus 174 arcos intactos. El puente sigue formando parte de la carretera de acceso principal a la población desde el norte, un hito impresionante tras casi seis siglos de uso continuado.

❶ Cómo llegar y salir

Uzunköprü es la población fronteriza de la línea de ferrocarril que conecta Estambul con Grecia; el *Dostluk-Filia Ekspresi* sale hacia Salónica a la 1.20, y hacia Estambul a las 4.00. La estación está 4 km al norte de la población; si el viajero toma un autobús hacia Edirne desde la estación junto al puente, hay que pedirle al conductor que le deje en la estación de trenes, o tomar un taxi (7 TRY).

Kıyıköy

✐0288 / 2500 HAB.

Kıyıköy (anteriormente Salmidesos) es una de las diversas poblaciones de la Turquía europea que hay junto al mar Negro. Es un popular lugar de escapada de los habitantes de Estambul, pero se puede llegar de forma igualmente fácil desde Tracia. Sus atracciones principales son una **playa** de arena al norte del pueblo, donde se pueden alquilar patines de agua, los restos del **castillo de Kıyıköy** (Kıyıköy Kalesi), del s. VI, y el **mercado** de los martes.

Hotel Endorfina HOTEL·'BOUTIQUE' €€
(✐388 6364; www.hotelendorfina.com; Manastır Üstü; media pensión por persona 150 TRY; @🖵) El motivo principal para visitar Kıyıköy es alojarse en este hotel-*boutique*, en un acantilado por encima de la playa principal y el río, y con una fantástica terraza. Las habitaciones, con su propia terraza o balcón, están ubicadas dentro de cubos blancos. Es como un puesto de avanzada del Estambul cosmopolita, desde su arquitectura contemporánea hasta sus excelentes gerentes. También tiene actividades, un restaurante de pescado y servicio de recogida desde Saray.

De las pensiones básicas de Kıyıköy, las mejores son la **Midye Pansiyon** (✐388 6472; i/d sin desayuno 40/80 TRY), al este de la plaza mayor; la **Deniz Feneri** (✐388 6073;

d 100 TRY), en lo alto de un acantilado en el extremo oriental del pueblo, y la **Necip Usta Pansiyon** (☑388 6068; d 50 TRY), por encima de la playa principal.

En verano los alojamientos se llenan, pero hay muchas *ev pansiyonus* (pensiones en casas particulares) con precios a partir de 50 TRY por habitación doble. Hay dos pensiones de estas antes del restaurante Son Tango y una en la carretera, señalizada con el letrero "Ender Pansiyon". También se puede acampar en ambas playas.

El pueblo está lleno de cafés y restaurantes. Asimismo, se puede comer en el **Son Tango** (☑388 6283; platos principales 10 TRY), un buen lugar para desayunar; el **Marina** (☑388 6058; platos principales 10 TRY), entre cuyos platos se incluyen *mantı* (raviolis turcos), *köfte* y desayunos, y el **Kösk** (☑0536 475 8169; platos principales 15 TRY), con buenos pescados y *meze*. Todos ellos tienen terrazas para tomar algo a la puesta de sol.

Durante todo el año hay un autobús directo diario desde Estambul (17 TRY, 3 h) a las 16.00, y dos desde Kıyıköy hasta Estambul, a las 8.00 y 12.15. Si no, hay autobuses cada 2-3 horas a/desde Saray (5 TRY, 30 min), 30 km al suroeste, que está comunicada con Estambul (14 TRY, 2½ h, cada hora), Tekirdağ (9 TRY, 1½ h, salidas regulares) y Edirne (13 TRY, 2 h, 2 diarios).

Tekirdağ

☑0282 / 138 000 HAB.

Famosa por sus uvas, usadas para hacer vino y *rakı*, y por sus cerezas, Tekirdağ da a una atractiva bahía en la orilla norte del mar de Mármara. No vale la pena viajar hasta allí, pero es un buen lugar de parada en ruta a/desde Grecia o la península de Gallípoli. Anteriormente conocida como Rodosto, tiene edificios interesantes, como algunas *yalıs* (mansiones del paseo marítimo) de madera a tres museos. También es famosa por sus músicos gitanos, que entretienen a los clientes de los locales del paseo marítimo.

La pequeña **oficina de turismo** (☑261 1698; ⊕9.00-18.00 lu-vi todo el año, 10.00-19.00 sa y do jun-sep) está cerca del *iskele* (embarcadero).

⊙ Puntos de interés

Litoral PASEO MARÍTIMO

Esta es la zona más agradable de la ciudad, un largo paseo alrededor de la bahía con el

iskele y los cercanos salones de té, bares, restaurantes y un parque infantil.

Museo Rákóczi MUSEO

(Rakoczi Müzesi; ☑263 8577; Hikmet Çevik Sokak 21; entrada 3 TRY; ⊕9.00-12.00 y 13.00-17.00 ma-do) Museo poco corriente dedicado al príncipe Ferenc II Rákóczi (1676-1735), el valeroso líder del primer levantamiento húngaro contra los Habsburgo entre 1703 y 1711. Obligado a exiliarse, Ferenc acabó en Turquía, donde el sultán Ahmet III le dio asilo. Se estableció en Tekirdağ en 1720 y vivió allí hasta su muerte. En 1906 los restos de Ferenc fueron devueltos a Kassa, en Hungría (actualmente Košice, en Eslovaquia), junto con los muebles y objetos de su casa. Sin embargo, entre 1981 y 1982, estos fueron reproducidos y expuestos en un museo sorprendentemente informativo, una especie de lugar de peregrinación para los visitantes magiares.

Las tres plantas del museo albergan retratos, armas, accesorios de cocina, cerámica y un pozo de agua. La sala más exquisita es la recepción de la 2ª planta, con vidrieras de colores, paredes pintadas con motivos tradicionales húngaros y una silla hecha por el propio príncipe. Se aconseja echar un vistazo a la sala de escritura de Kelemen Mikes, un ensayista transilvano del s. XVIII. Para llegar desde el *iskele,* hay que caminar o tomar un *dolmuş* (1 TRY) hacia el oeste por el paseo marítimo durante 1 km hasta ver la gran casa de madera de Namık Kemal. El museo está más arriba, subiendo la cuesta a mano izquierda.

GRATIS **Museo de Tekirdağ** MUSEO

(Tekirdağ Müzesi; ☑261 2082; Barbaros Caddesi; ⊕9.00-17.00 ma-do) Para llegar al museo municipal desde el Museo Rákóczi, hay que caminar 100 m hacia el este, pasando por delante de destartaladas mansiones de madera. En un exquisito edificio de finales del período otomano, alberga hallazgos de varios túmulos locales y de un yacimiento en Perinthos (Marmara Ereğlisi). Las exposiciones más impresionantes son las sillas de mármol y el juego de mesa con cuencos de bronce del túmulo de Naip (principios del s. v a.C.) y un maravilloso brasero de cerámica, con forma de una diosa madre, del túmulo de Taptepe (4300 a.C.). También son interesantes las conmovedoras inscripciones de varias lápidas romanas traducidas al inglés.

Casa de Namık Kemal   MUSEO

(Namık Kemal Evi; Namık Kemal Caddesi 9; ☺8.30-12.00 y 13.00-17.00 lu-vi, 9.30-15.30 sa) Pequeño museo etnográfico dedicado al hijo más célebre de Tekirdağ, que nació cerca de allí: el poeta, periodista y reformista social nacionalista Namik Kemal (1840-1888), que ejerció una gran influencia sobre Atatürk, quien lo consideraba "el padre de mis ideas". La casa de madera de dos plantas, que parece de estilo victoriano, está bellamente restaurada; no hay que perderse la sala de música, la cocina con sus utensilios turcos y los bonitos artesonados. Hay que subir por las escaleras que hay en el extremo oriental de los restaurantes de *köfte*; está en el lado derecho más alejado de la plaza.

Rüstem Paşa Külliyesi   MEZQUITA

(Mimar Sinan Caddesi 19) A mano derecha, cuesta abajo desde la casa de Namık Kemal hacia el paseo marítimo, esta pequeña mezquita cuadrada fue diseñada por Mimar Sinan en 1546.

Orta Camii   MEZQUITA

Para llegar a esta mezquita (1855) de piedra marrón con un solo minarete hay que girar a la izquierda en lo alto de las escaleras que hay en el extremo oriental de los restaurantes de *köfte* y seguir cuesta arriba.

Hüseyin Pehlivan   MONUMENTO

En la parte inferior de la colina, por debajo de la Rüstem Paşa Külliyesi, esta estatua está dedicada a un genial campeón de lucha en aceite (1908-1982) de Tekirdağ.

✿ Fiestas y celebraciones

El evento más destacado de Tekirdağ es el **Kiraz Festivali** (Festival de la Cereza) a principios de junio: una semana de cata y valoración de cerezas, conciertos musicales y combates de lucha en aceite.

🛏 Dónde dormir

Golden Yat Hotel   HOTEL €€

(☏261 1054; www.goldenyat.com, en turco; Yalı Caddesi 42; i/d/tr/ste desde 80/120/150/200 TRY; ❄) Con colchas doradas y alfombras rojas, este hotel de 54 habitaciones es la mejor opción junto al puerto. Las habitaciones están en perfecto orden y desde la sala de desayunos de la 5ª planta hay unas vistas inolvidables.

Rodosto Hotel   HOTEL €€

(☏263 3701; info@rodostohotel.com; İskele Caddesi 34; i/d 80/120 TRY; ❄) El Rodosto, el único otro alojamiento del paseo marítimo, se ha quedado a la zaga del Golden Yat. Las habitaciones son antiguas y oscuras, aunque el personal es muy amable, y los viajeros solos pueden ahorrar con la pequeña "individual económica" (45 TRY).

✕ Dónde comer

Los autobuses a menudo paran para almorzar en Tekirdağ, frente al paseo marítimo, junto a la fila de restaurantes que sirven *Tekirdağ köftesi*, una versión picante de las *köfte* acompañadas de arroz y pimientos. Si no, el viajero puede comprarse un *balık ekmek* (kebab de pescado,

---

TRES HURRAS POR EL 'RAKI'

La bebida nacional no oficial de Turquía es el *rakı*, un licor anisado que, al igual que el *pastis* francés, se bebe con agua y hielo, pero a diferencia de este, que es un aperitivo, el *rakı* suele tomarse con la comida.

Turquía es el tercer mayor productor mundial de uvas, un alto porcentaje de las cuales se cultivan alrededor de Tekirdağ. Cerca de un tercio de estas uvas se consumen frescas, pero gran parte del resto se dedica a la elaboración de *rakı*.

Se trata de un proceso largo y complicado, en el que uvas frescas o pasas bien conservadas se aplastan, se trituran, se mezclan con agua y se cuecen al vapor. Luego, se añade anís y el producto pasa por un proceso de doble destilación. A continuación, se rebaja con agua hasta alcanzar más o menos una graduación alcohólica del 45% y se deja envejecer durante entre 60 y 75 días. La marca más común es Yeni Rakı, pero probablemente la mejor sea Tekirdağ Rakısı, que tiene un característico sabor debido a que utiliza agua de pozo de Çorlu, una ciudad al noreste de Tekirdağ. Los turcos beben el *rakı*, al que llaman *aslan sütü* ('leche de león', posiblemente a causa del tono blanco lechoso que adquiere cuando se le añade agua), con cualquier cosa, pero la mejor forma de degustarlo es con *meze* fríos, queso blanco y melón, y pescado.

3,50 TRY) al otro lado de la calle, en el paseo marítimo.

Meşhur Köfteci Ali Usta 'KÖFTECI' €

(☎261 1621; Atatürk Bulvarı 24; platos principales 10 TRY) Con cuatro sucursales en la zona, este restaurante sirve una buena gama de platos, incluidos cuatro tipos de *köfte*.

❶ Cómo llegar y salir

Los autobuses a Estambul (15 TRY, 2½ h), Edirne (12 TRY, 2 h), Eceabat (27 TRY, 3 h) y Çanakkale (30 TRY, 3½ h) paran en la *otogar* y a lo largo del paseo marítimo.

Gelibolu

☎0286 / 29 000 HAB.

La pequeña y bonita ciudad portuaria de Gelibolu no se debe confundir con Gallípoli. Es la población más grande de la península y tiene el mismo nombre, pero está casi a 50 km de los principales campos de batalla. Sin embargo, si el viajero se confunde y llega pronto en autobús, o si llega desde Lapseki en el *ferry* que cruza los Dardanelos, descubrirá que Gelibolu es un lugar agradable. Prácticamente todo lo que uno puede necesitar –hoteles, restaurantes, bancos– se concentra alrededor del puerto.

◉ Puntos de interés

Museo de la Guerra de Gallípoli MUSEO

(Gelibolu Savaş Müzesi; ☎566 1272; Sahil Yolu; entrada 2,50 TRY; ☺9.00-12.00 y 13.00-18.00 ma-do) En la carretera principal a Gelibolu, este museo recibe buenas críticas por su presentación, desde los sacos de arena y el alambre de espino que hay en el exterior hasta las exposiciones detrás de cristales que hay delante, por encima e incluso por debajo de los visitantes. Los objetos expuestos evocan el coste humano de la campaña, desde una carta escrita a familiares en papel rosa hasta fotos de las excavaciones actuales.

GRATIS Museo Piri Reis MUSEO

(Piri Reis Müzesi; ☺8.30-12.00 y 13.00-17.00 vi-mi) Con vistas a las murallas del puerto, esta torre de piedra es todo lo que queda del asentamiento griego de Kallipolis, del que toman el nombre la actual población y la península. El pequeño museo conmemora al almirante y cartógrafo Piri Reis (1470-1554), cuya estatua se alza en el puerto de camino al muelle del *ferry*. Reis es famoso por su *Kitab-i-Bahriye* (libro del mar), que contiene información detallada sobre navegación y cartas náuticas muy precisas de puertos del Mediterráneo. Sin embargo, el fruto más importante de su trabajo fue el primer mapa conocido (1513) que mostraba todo el continente americano. En una sala de la planta superior se exhiben copias de los famosos mapas de Reis.

Santuario de Ahmed-i Bican Efendi

MONUMENTO

La carretera desde el Museo Piri Reis tuerce colina arriba pasando por varios edificios militares. Este bonito santuario está a unos 800 m, por encima de la carretera, en un pequeño parque a la izquierda.

Tumba de Mehmed-i Bican Efendi TUMBA

(Mehmed-i Bican Efendi Turbesi; gratis; ☺24 h) Esta magnífica tumba está al otro lado de la carretera desde el parque. Bican fue el autor de *Muhammadiye,* un comentario sobre el Corán.

Hallac-i Mansur Türbesi TUMBA

(Tumba de Hallac-i Mansur; gratis; ☺24 h) Para llegar a esta tumba que parece más una mezquita, hay que volver al otro lado del parque y seguir la carretera.

👍 Bayraklı Baba Türbesi TUMBA

(Tumba del padre de la bandera; gratis; ☺24 h) En la Hallac-i Mansur Türbesi hay que girar a la derecha por Fener Yolu y caminar hacia el promontorio. A poca distancia hacia la izquierda hay unos escalones cubiertos de banderas que bajan hasta esta tumba. En su interior están los restos de Karaca Bey, un abanderado otomano que, en 1410, se comió a trozos la bandera antes de dejar que fuera capturada por el enemigo. Cuando sus compañeros le preguntaron dónde estaba la bandera y él les contó lo ocurrido, no le creyeron. Para demostrar que tenía razón, se abrió el estómago, lo que le convirtió en una leyenda.

Azebler Namazgah MEZQUITA

(Zona de oración al aire libre de los soldados; gratis; ☺24 h) En el extremo del promontorio, a la derecha del salón de té al aire libre y el faro, donde en otra época estuvo el fuerte del s. XIV de Gelibolu, se halla esta inusual mezquita (1407) al aire libre de apariencia mongola, con un mihrab y un púlpito de mármol blanco.

Cementerio francés CEMENTERIO

(Gratis; ☺24 h) Si se vuelve a la carretera principal y se sigue colina abajo, a mano izquierda hay un alto campanario moderno que señala el emplazamiento de este cementerio de la Guerra de Crimea (1854-1856).

Saruca Paşa Türbesi
TUMBA

(Tumba de Saruca Pasa; gratis; ⊘24 h) Junto al cementerio francés se halla esta tumba de un héroe militar otomano de finales del s. XIV.

Hamzakoy
PLAYA

La carretera sigue bajando hasta la zona vacacional de Gelibolu, donde hay una estrecha franja de playa de arena gruesa y un pequeño café.

GRATIS **Deniz Kuvvetleri Kültür Park**
PARQUE

(Parque Cultural de la Marina) Se puede volver andando al centro rodeando la parte inferior del promontorio, a lo largo de la playa. De camino, en este pequeño parque se pueden ver torpedos, minas e incluso un pequeño submarino.

🛏 Dónde dormir y comer

Otel Hamzakoy
'RESORT' €€

(☑566 8080; www.hamzakoyotel.com; Hamzakoy; i/d 60/100 TRY) A pesar de su inestable Wi-Fi, sus duchas ajadas y sus desayunos poco apetecibles, este bloque rosa es mucho más agradable de lo que sugiere su destartalado exterior. Por dentro es luminoso y está bien ventilado, y las habitaciones tienen pequeños balcones con vistas al mar. Está 2 km al norte del puerto, y enfrente tiene un café-bar en la misma playa.

Oya Hotel
HOTEL €

(☑566 0392; Miralay Şefik Aker Caddesi 7; h 60-70 TRY, ste 90 TRY) Aunque un poco viejo y mugriento, este es el mejor de los hoteles del centro de Gelibolu, la mayor parte de los cuales están cerca del Museo Piri Reis.

👍 İlhan Restaurant
RESTAURANTE €€

(☑566 1124; Liman; platos principales 15 TRY) Este agradable restaurante situado en el mismo *iskele* es el mejor de los que hay en el puerto de Gelibolu. En su carta se incluye una amplia gama de deliciosos pescados y *meze*. Tiene *sardalya* (sardinas) locales cocinadas en un recipiente de barro.

❶ Cómo llegar y salir

La *otogar* está 500 m al suroeste del puerto, pasado el Museo de la Guerra en la carretera principal a Eceabat.

ECEABAT (5 TRY, 50 min) Cada hora salen microbuses desde el muelle del *ferry* que luego continúan hasta Kilitbahir (5 TRY, 1 h).

EDIRNE (25 TRY, 3 h, cada hora)

ESTAMBUL (35 TRY, 4½ h)

LAPSEKI El *ferry* (por persona 2 TRY, motocicletas 8 TRY, automóviles 20 TRY, 30 min) sale cada hora, a las horas en punto, en ambos sentidos.

Península de Gallípoli (Gelibolu)
☑0286

Durante un milenio, la estrecha península que forma el lado noroccidental de los Dardanelos ha sido la llave de Estambul: cualquier armada que pudiera atravesar el estrecho podía tomar la capital del mundo europeo oriental. Muchas flotas han intentado atravesar el estrecho, pero la mayor parte de ellas, incluida la poderosa flota aliada que se formó durante la Primera Guerra Mundial, han fracasado.

La península es el lugar donde se originó la leyenda del Anzac (Australian and New Zealand Army Corps), cuando una campaña aliada para dejar fuera de combate a Turquía y abrir una ruta de ayuda hasta Rusia durante la Primera Guerra Mundial se convirtió en uno de los mayores fracasos de la guerra. Al final de la campaña habían muerto 130 000 hombres: un tercio del ejército aliado y el resto turcos.

Actualmente, los campos de batalla de Gallípoli son lugares tranquilos cubiertos de maleza y pinares. Sin embargo, las batallas libradas aquí hace casi un siglo siguen presentes en el recuerdo de muchos, tanto turcos como extranjeros, y en especial australianos y neozelandeses, que consideran la península como un lugar de peregrinación. En Turquía esta victoria se conmemora el 18 de marzo; sin embargo, el gran atractivo para los extranjeros es el Anzac Day (25 de abril), cuando se oficia una misa al alba para conmemorar el aniversario del desembarco aliado que atrae a miles de viajeros de Australia, Nueva Zelanda y más allá.

La base más conveniente para visitar los campos de batalla es Eceabat, en la orilla occidental de los Dardanelos, aunque Çanakkale, en la orilla oriental, tiene mayor variedad de alojamientos y restaurantes, y una vida nocturna más animada.

El tercio meridional de la península es un parque nacional. Incluso si no se está muy interesado en la historia, vale la pena visitar la zona por su escarpada belleza natural.

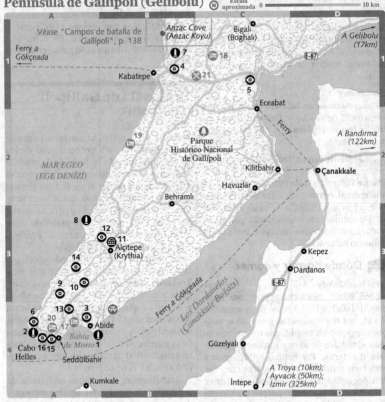

Historia

Con menos de 1500 m en su punto más estrecho, el estrecho de Çanakkale (Çanakkale Boğazı), más conocido como los Dardanelos, siempre ha sido la mejor opción para cruzar entre Europa y Asia Menor.

El rey Jerjes I de Persia vadeó el estrecho con un puente de barcos en el 481 a.C., tal como también hizo Alejandro Magno un siglo y medio más tarde. En la época bizantina el estrecho era la primera línea de defensa de Constantinopla, aunque en 1402 pasó a estar bajo el control del sultán Bayezid I [1390-1402], lo que permitió a sus ejércitos conquistar los Balcanes. Mehmet el Conquistador fortificó el estrecho como parte de su ambicioso plan para conquistar Constantinopla (1453), construyendo ocho fortalezas separadas. Cuando el Imperio otomano entró en declive en el s. XIX, Gran Bretaña y Francia compitieron con Rusia para tener influencia sobre este paso marítimo estratégico.

En un intento por tomar la capital otomana, el entonces primer lord del Almirantazgo Winston Churchill organizó un ataque naval por el estrecho a principios de 1915. En marzo, una potente flota francobritánica lo intentó sin éxito. Más tarde, el 25 de abril, tropas británicas, australianas, neozelandesas e indias desembarcaron en Gallípoli, mientras que tropas francesas lo hicieron cerca de Çanakkale. Las tropas aliadas y turcas lucharon encarnizadamente, aniquilándose mutuamente. Tras nueve meses de violentos combates pero pocos avances, los ejércitos aliados se retiraron.

El resultado de la campaña de Gallípoli se debió en parte a la mala suerte y al mal liderazgo aliado, y en parte a los refuerzos del general Liman von Sanders que recibieron los turcos. Sin embargo, un factor crucial fue que las tropas aliadas desembarcaron en un sector donde tuvieron que enfrentarse al teniente coronel Mustafa Kemal.

El futuro Atatürk, por entonces un oficial poco importante, logró adivinar el plan de batalla aliado y detuvo la invasión a pesar de que los encarnizados combates aniquilaron a su regimiento (véase "Chunuk Bair" en p. 139). Aunque padecía malaria, Kemal dirigió in situ a sus tropas a lo largo de toda la campaña, escapando milagrosamente de la muerte en varias ocasiones; en una de ellas, un trozo de metralla le alcanzó en el pecho, pero fue parado por su reloj de bolsillo. Su brillante actuación lo convirtió en un héroe popular y le allanó el camino para su ascenso a *paşa* (general).

La campaña de Gallípoli duró hasta enero de 1916 y provocó más de medio millón de heridos, de los cuales 130 000 murieron. El Imperio británico perdió 36 000 hombres, incluidos 8700 australianos y 2700 neozelandeses. Las bajas francesas ascendieron a 47 000, con 8800 muertos. La mitad de los 500 000 soldados turcos resultaron heridos, con casi 86 700 muertos. A pesar de la carnicería, los combates de Gallípoli a menudo son considerados como el último auténtico ejemplo de 'guerra entre caballeros', con ambos bandos mostrando un gran respeto hacia el enemigo.

☞ Circuitos

Mucha gente visita Gallípoli con un circuito guiado, que es la mejor forma de ver muchas cosas en poco tiempo. Los guías, que suelen estar bien informados, pueden explicar las batallas y responder a preguntas. Los operadores de circuitos recomendados suelen ofrecer circuitos de cinco o seis horas por la tarde, incluido el transporte en automóvil o microbús, guía y *picnic* de almuerzo. Es mejor realizar el circuito desde Eceabat, ya que cuesta unos 45 TRY frente a los 60 TRY que cuesta desde Çanakkale. Los circuitos no visitan el cabo Helles ni la bahía de Suvla, situada más al norte; si se quieren visitar, hay que contratar un guía para un circuito privado, que suele costar más de 100 TRY incluso si el viajero dispone de vehículo propio. También hay circuitos desde Estambul, pero pueden ser agotadores, ya que implican visitar los campos de batalla después de un viaje de cinco horas en autobús.

Las mejores agencias de Eceabat y Çanakkale son:

Crowded House Tours CIRCUITO

(☏ 814 1565; www.crowdedhousegallipoli.com) Con sede en el Hotel Crowded House de Eceabat (p. 142), esta agencia ofrece algunos de los circuitos más informativos y populares de la península, normalmente guiados por el infatigable Bülent *(Bill)* Yilmaz Korkmaz. También ofrece un circuito matutino de buceo con tubo (30 TRY, incluido transporte y equipo) por un barco hundido de la Primera Guerra Mundial en North Beach, y circuitos privados. Los paquetes de uno y dos días incluyen el traslado desde el alojamiento en Estambul hasta la *otogar* y luego una noche en Eceabat antes del circuito.

TJs Tours CIRCUITO

(☏ 814 3121; www.anzacgallipolitours.com) Con sede en el Hotel TJs (p. 142) de Eceabat, esta agencia también tiene muy buenos

TRACIA Y MÁRMARA PENÍNSULA DE GALLÍPOLI (GELIBOLU)

guías, como Graham (Ibrahim), y circuitos privados.

Hassle Free Travel Agency   CIRCUITO

(Plano p. 146; 📞 213 5969; www.hasslefreetour. com) Ofrece circuitos desde el Anzac House Hostel (p. 147) de Çanakkale, así como paquetes más largos de hasta 15 días. Su circuito cuesta 40 €, pero incluye almuerzo en un restaurante.

Trooper Tours   CIRCUITO

(Plano p. 146; 📞 0212-516 9024; www.trooper tours.com) Representada en Çanakkale por la Yellow Rose Pension (p. 146), esta agencia ofrece una amplia gama de circuitos con inicio y final en Estambul o Kuşadası y una duración de entre uno y nueve días (99-729 €).

Campos de batalla

El Parque Histórico Nacional de Gallípoli (Gelibolu Yarımadası Tarihi Milli Parkı) abarca 33 500 Ha de la península y todos los campos de batalla importantes. Coexisten varios sistemas de señalización: las señales de las carreteras turcas, los letreros de la administración del parque nacional y los letreros de madera colocados por la Comisión de Tumbas de Guerra de la Commonwealth. Esto puede llevar a confusión, porque el ejército aliado y turco usaron nombres diferentes para los campos de batalla, y los letreros del parque no se corresponden con los del departamento de carreteras. En esta guía se utilizan tanto los nombres ingleses como turcos.

En el parque hay tres docenas de cementerios de guerra aliados y alrededor de veinte cementerios turcos. Las principales batallas tuvieron lugar en la orilla occidental, en torno a Anzac Cove (Anzac Koyu), 12 km al noroeste de Eceabat, y en las colinas al este de dicha cala.

La península es una zona bastante grande para recorrer, sobre todo si no se tiene transporte propio, ya que hay más de 35 km desde el campo de batalla más septentrional hasta la punta meridional de la península. Si no se tiene mucho tiempo o si se visita la zona en transporte público, lo mejor es ir primero a Anzac Cove o Lone Pine y a Chunuk Bair.

Para información adicional, hay que ir al moderno **Centro de Información de Kilye Bay** (Kilye Koyu Ana Tanıtım Merkezi; plano p. 134; gratis; ⊙ 9.00-12.00 y 13.00-17.00). Muy popular entre los visitantes turcos, incluye un centro de información con exposiciones interactivas, zonas de exhibición, un monumento conmemorativo, cine, biblioteca y cafetería. Está 3 km al norte de Eceabat, a unos 200 m de la autopista a Estambul.

También se recomienda el **Centro de Información y Museo de Kabatepe** (Kabatepe Müzesi ve Tanıtma Merkezi; plano p. 134; entrada 3 TRY; ⊙ 9.00-13.00 y 14.00-18.00), 1 km al este de la aldea de Kabatepe. Este centro más antiguo tiene una buena colección de artefactos, aunque el de Kilye Bay tiene más información. En su interior hay viejos uniformes manchados de sangre, armas oxidadas, balas y otros hallazgos de los campos de batalla, incluido el cráneo de un soldado turco con una bala alojada en la frente. Las fotografías y las cartas son especialmente conmovedoras, incluida la de un inglés que escribió: "Espero que el próximo espectáculo sea mejor".

Norte de la península

(Plano p. 134) Unos 3 km al norte de Eceabat, la carretera a Kabatepe va al oeste hacia el parque pasando por el Centro de Información de Kilye Bay. Los campos de batalla están descritos en el orden que es más probable que sigan la mayoría de los visitantes a pie y en vehículo.

Aldea de Kabatepe (Kabatepe Köyü)

(Plano p. 134) Su pequeño puerto probablemente fue el objetivo del desembarco aliado el 25 de abril de 1915. En la oscuridad previa al amanecer es posible que corrientes no previstas empujaran al desembarco aliado en dirección norte hasta los empinados acantilados de Arıburnu. Actualmente en Kabatepe solo hay un *camping,* un café y un muelle para los *ferries* a la isla de Gökçeada (p. 148).

La carretera colina arriba hasta Lone Pine (Kanlısırt) y Chunuk Bair empieza 750 m al noroeste del Centro de Información y Museo de Kabatepe. Anzac Cove está 3 km más al norte.

Anzac Cove (Anzac Koyu)

(Plano p. 138) Unos 3 km al noroeste desde el Centro de Información está el **Beach (Hell Spit) Cemetery** (cementerio de la Playa [Punta del Infierno]). Antes de llegar, un camino irregular se dirige tierra adentro hasta Lone Pine (1,5 km) y, al otro lado de la carretera desde el aparcamiento del cementerio, otro camino va hacia el interior hasta el **Shrapnel Valley Cemetery** (cementerio del Valle de la Metralla) y el **Plugge's Pla-**

teau Cemetery (cementerio de la Meseta de Plugge).

Si se sigue la carretera costera durante otros 400 m desde el desvío, o si se toma el camino desde el Beach Cemetery que pasa por delante del búnker de la Segunda Guerra Mundial, se llega a Anzac Cove, por debajo y al sur de los acantilados de Arıburnu, donde empezó el desembarcó aliado el 25 de abril de 1915. Las fuerzas aliadas, a las que se les ordenó avanzar hacia el interior, al principio ganaron un poco de terreno, pero más tarde se encontraron con la feroz resistencia de las fuerzas otomanas dirigidas por Mustafa Kemal, que había previsto dónde desembarcarían los aliados y había desobedecido la orden de enviar sus tropas más al sur, al cabo Helles. Tras este intento fallido, el Anzac (cuerpo australiano y neozelandés del ejército) se centró en consolidar y ampliar la cabeza de playa mientras esperaba refuerzos.

En agosto del mismo año se organizó una importante ofensiva en un intento por avanzar más allá de la playa hasta las crestas de Chunuk Bair y Sarı Bair. El resultado fueron las batallas de Lone Pine y The Nek, las más sangrientas de la campaña, aunque los aliados apenas lograron avanzar.

Al cabo de unos 300 m está el **Arıburnu Sahil Anıtı** (monumento conmemorativo de Arıburnu), un conmovedor monumento con el famoso discurso sobre paz y reconciliación pronunciado por Atatürk en 1934:

> Para nosotros no hay diferencia entre los "Johnnies" y los "Mehmets"... Vosotras, madres, que enviasteis a vuestros hijos desde países muy lejanos, secad vuestras lágrimas; vuestros hijos yacen ahora en nuestros corazones... Después de haber perdido sus vidas en esta tierra, se han convertido también en nuestros hijos.

Más allá del monumento está el **Arıburnu Cemetery** (cementerio de Ariburnu) y, 750 m más al norte, el **Canterbury Cemetery** (cementerio de Canterbury). Entre ambos se encuentra el **Anzac Commemorative Site** (Anzac Tören Alanı), donde se celebran misas al alba durante el Anzac Day. Si se mira hacia arriba, uno puede distinguir fácilmente en la arenosa ladera del acantilado la figura que los jóvenes *diggers* (hombres de infantería australianos) llegados a través de Egipto apodaron "la Esfinge".

Si se sigue por la carretera costera, a menos de 1 km, a mano derecha, se hallan los cementerios de la **No 2 Outpost** (Avanzadilla nº 2) y de la **New Zealand No 2 Outpost** (Avanzadilla nº 2 de Nueva Zelanda). El **Embarkation Pier Cemetery** (cementerio del Embarcadero) está 200 m más allá de este último.

Hacia Lone Pine

(Planos p. 134 y p. 138) Hay que volver al Centro de Información de Kabatepe y seguir los letreros durante poco menos de 3 km colina arriba hasta Lone Pine.

En ruta, el primer monumento que aparece, a la derecha de la carretera a 1 km del desvío, es el **Mehmetçiğe Derin Saygı Anıtı** (plano p. 134), dedicado a Mehmetçik (el pequeño Mehmet), que puso a salvo a un soldado herido neozelandés.

Unos 1200 m más allá está la **Kanlısırt Kitabesi** (inscripción de la Cresta Sangrienta; plano p. 138), que describe la batalla de Lone Pine desde el punto de vista turco.

Lone Pine (Kanlısırt)

(Plano p. 138) Lone Pine, 400 m colina arriba desde la Kanlısırt Kitabesi, quizá sea el más conmovedor de todos los cementerios del Anzac. Aquí, las fuerzas australianas tomaron las posiciones turcas la tarde del 6 de agosto de 1915; en tan solo cuatro días murieron 7000 hombres en una superficie del tamaño de un campo de fútbol. Los árboles que resguardaban el cementerio fueron calcinados por un incendio en 1994 y quedó uno solo: un único pino plantado de la semilla del solitario árbol original que se alzaba en este lugar cuando empezó la batalla y que dio nombre a este campo de batalla.

Detrás del aparcamiento pueden verse los restos de las trincheras.

Desde aquí hay otros 3 km colina arriba por la carretera de un sentido hasta el monumento a los caídos de Nueva Zelanda de Chunuk Bair.

De Johnston's Jolly (Kırmızı Sırt) a Quinn's Post

(Plano p. 138) Si se sigue subiendo la colina desde Lone Pine, la ferocidad de los combates se hace más evidente: en algunos puntos las trincheras solo están separadas por unos metros. La orden de atacar significaba la muerte segura de aquellos que la seguían, y casi todos los soldados de ambos bandos la acataban.

La carretera, que marca la estrecha franja de tierra de nadie entre las trincheras

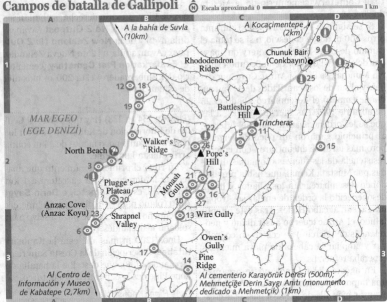

de ambos bandos, sigue adelante hasta los cementerios de **Johnston's Jolly** (Kırmızı Sırt), 200 m a la derecha más allá de Lone Pine, **Courtney's & Steele's Post**, a otros 200 m, y **Quinn's Post**, 100 m colina arriba. Casi enfrente del cementerio de Quinn's Post está el **Yüzbaşı Mehmet Şehitliği** (cementerio del capitán Mehmet).

Cementerio del 57 Alay (57º Regimiento) y de Kesikdere

(Plano p. 138) Alrededor de 1 km colina arriba desde Lone Pine, cruzando la carretera desde la estatua de Mehmet, está el **cementerio** y el monumento del 57º regimiento otomano, dirigido por Mustafa Kemal. Para ser un cementerio del ejército turco presenta una sorprendente cantidad de símbolos religiosos, ya que históricamente el ejército republicano ha sido firmemente laico. La estatua de un hombre viejo mostrando a su nieta los campos de batalla representa a Hüseyin Kaçmaz, que luchó en las guerras de los Balcanes, la campaña de Gallípoli y la batalla de Dumlupınar durante la Guerra de Independencia turca. Murió en 1994, a los 111 años: era el último veterano turco vivo de Gallípoli.

Bajando unos cuantos escalones desde allí se llega al cementerio de Kesikdere, que alberga los restos de otros 1115 solda-dos turcos del 57º regimiento y de otros regimientos.

Monumento al sargento Mehmet (Mehmet Çavuş Anıtı) y The Nek

(Plano p. 138) Unos 100 m colina arriba después del cementerio del 57º regimiento, hay una carretera hacia el oeste que lleva hasta el monumento al sargento Mehmet –dedicado al sargento turco que luchó con piedras y con sus puños después de quedarse sin munición– y hasta The Nek. Fue en The Nek donde la mañana del 7 de agosto de 1915 los regimientos 8º (de Victoria) y 10º (de Australia Occidental) de la tercera Brigada Ligera de Caballería salieron de sus trincheras a campo abierto y fueron aniquilados antes de llegar a la línea enemiga, un episodio inmortalizado en la película *Gallipoli* de Peter Weir.

Cementerio Baby 700 y Mesudiye Topu

(Plano p. 138) Unos 200 m colina arriba a la derecha de la carretera de acceso a The Nek se halla el cementerio Baby 700 y el **cañón** otomano llamado Mesudiye Topu. Baby 700 era la cota límite del ataque inicial medida en pies por encima del nivel del mar. La mayor parte de las tumbas datan del 25 de abril.

Campos de batalla

⊙ Puntos de interés

Monumento de Düztepe y a Talat Göktepe

(Plano p. 138) El monumento de Düztepe, cuesta arriba desde el cementerio Baby 700, señala el lugar donde el 10º regimiento otomano resistió a los aliados. Las vistas del estrecho y del paisaje circundante son fantásticas. Alrededor de 1 km más allá hay un **monumento** a Talat Göktepe, el director general del Departamento de Silvicultura de Çanakkale, que murió combatiendo el devastador incendio forestal de 1994.

Chunuk Bair (Conkbayırı) y alrededores

(Plano p. 138) En la cima de la colina, unos 500 m más allá del monumento a Talat Göktepe, hay un cruce en forma de T. Si se gira a la derecha se llega al **Suyatağı Anıtı** (monumento al Curso de Agua). Tras cuatro días sin dormir, Mustafa Kemal pasó aquí la noche del 9 al 10 de agosto dirigiendo parte del contraataque a la ofensiva alia-

da. Más al sur, en Scrubby Knoll, está el **Kemalyeri** (lugar de Kemal), su puesto de mando, y la carretera de vuelta al Centro de Información y Museo de Kabatepe.

Si se vuelve al cruce en forma de T y se gira a la izquierda, se llega a Chunuk Bair, el primer objetivo del desembarco aliado en abril de 1915, y actualmente el emplazamiento del cementerio y monumento a los caídos de Nueva Zelanda, el **Chunuk Bair New Zealand Cemetery & Memorial** (Conkbayırı Yeni Zelanda Mezarlığı ve Anıtı).

Mientras el 25 de abril las tropas del Anzac ascendían por las laderas cubiertas de matorrales, el comandante de división Mustafa Kemal reunió al 57º regimiento de infantería y le transmitió su famosa orden: "No os ordeno que ataquéis, os ordeno que muráis. En el tiempo que tardemos en morir, llegarán otras tropas y comandantes para ocupar nuestros puestos". El 57º regimiento fue aniquilado, pero defendió la línea e infligió un número igualmente elevado de bajas en el Anzac.

Chunuk Bair también fue el centro de la lucha por la península entre el 6 y el 10 de agosto de 1915, cuando cerca de treinta mil hombres murieron en esta cresta. El ataque del Anzac del 6 al 7 de agosto, que contó con la Brigada Montada de Fusileros de Nueva Zelanda y un contingente maorí, se saldó con muchos muertos, pero el ataque del día siguiente fue de tal ferocidad que, según Mustafa Kemal, "apenas podría describirse".

Al este, una carretera secundaria conduce hasta los monumentos conmemorativos turcos de **Chunuk Bair Mehmet Memorials** (Conkbayırı Mehmetçik Anıtları), cinco enormes placas, como los dedos de una mano rezando a dios, con inscripciones turcas que describen la batalla.

Sur de la península

(Plano p. 134) El sur de la península, donde hay más monumentos conmemorativos británicos, franceses y turcos que del Anzac, recibe menos viajeros. Durante la temporada baja es un buen lugar para escapar del tráfico y los grupos organizados, aunque el Çanakkale Şehitleri Anıtı cada vez es más popular entre los visitantes turcos.

Desde Kabatepe hay unos 12 km hasta el pueblo de **Alçıtepe**, anteriormente conocido como Krithia. Unos cuantos metros al norte de la intersección principal del pueblo está el **Museo de la Guerra Salim Mutlu** (entrada 1 TRY; ⊙8.00-20.00), un batiburrillo de hallazgos oxidados de los campos de batalla que permite hacerse una idea de la gran cantidad de artillería que se usó. Pasados los puestos de recuerdos, la más ambiciosa **Galería de la Campaña de Gallípoli** (entrada 3 TRY; ◷8.00-20.00) ofrece un enfoque más ilustrativo, con fotografías y objetos realzados con maquetas, dioramas y efectos de sonido. En la intersección principal, un letrero señala hacia la derecha en dirección al **cementerio Sargı Yeri** (1,5 km), con su enorme estatua de Mehmet y un macizo **monumento a Nuri Yamut;** para llegar a los cementerios de **Twelve Tree Copse** (bosquecillo de Doce Árboles; 2 km) y de **Pink Farm** (granja Rosa; 3 km) hay que tomar el primer desvío a la izquierda.

Desde Pink Farm, la carretera pasa por el **Lancashire Landing Cemetery** (cementerio del Desembarco de Lancashire). Para llegar al **Cape Helles British Memorial** (monumento conmemorativo británico del cabo Helles), una imponente aguja de piedra que conmemora a los más de veinte mil británicos y australianos que murieron en esta zona y que no tienen tumba conocida, hay que girar a la derecha 1 km antes de la aldea de Seddülbahir. El ataque aliado inicial se produjo en dos lugares a la vez: en V Beach y en Anzac Cove. El **Yahya Çavuş Şehitliği** (cementerio del sargento Yahya) recuerda al oficial turco que dirigió la resistencia ante el desembarco aliado en este lugar causándoles un gran número de

GALLÍPOLI EN PELIGRO

Parece que estemos en un mundo totalmente distinto del de principios de la década de 1980, cuando el director australiano Peter Weir pasó dos días correteando por las colinas de la península de Gallípoli y no vio ni un alma. El número de visitantes ha crecido rápidamente desde entonces, y estos no son solo extranjeros. Desde el 2004, cuando 81 estudiantes de las 81 provincias de Turquía llevaron a cabo una patriótica peregrinación hasta el lugar donde el héroe nacional Mustafa Kemal condujo a su nación a la victoria, los *belediyes* (ayuntamientos municipales), desde Edirne hasta Van, han estado enviando a sus ciudadanos hasta allí en autobuses. Según fuentes oficiales turcas, los visitantes nacionales alcanzaron los dos millones en el 2007, frente a los entre 400 000 y 500 000 que hubo cinco años antes.

Este aumento de popularidad ha hecho que la conservación del parque nacional suponga todo un reto, y mucha gente cree que el gobierno local y la administración del parque no manejan la situación de forma eficiente. En los últimos años ha habido un flujo extremadamente denso de autobuses y autocares, sobre todo alrededor de los cementerios y monumentos turcos más visitados. Las supuestas 'mejoras', como aparcamientos y ampliaciones de carreteras, han provocado considerables daños, sobre todo en Anzac Cove, donde la playa ahora es poco más que una estrecha franja de arena.

Multitud de viajeros acuden a Gallípoli para la misa conmemorativa del Anzac Day, uno de los eventos más populares en Turquía para visitantes extranjeros, y prácticamente un rito iniciático para los jóvenes australianos. En el 2005 llegaron más de veinte mil personas para conmemorar el 90º aniversario de los desembarcos, y esto saturó las modestas infraestructuras de la península. Para el 2015, cuando se cumpla el 100º aniversario, se espera como mínimo el mismo número de visitantes, y ya han empezado a comercializarse circuitos y cruceros. Los operadores locales estiman que se producen unas cinco mil visitas en torno a la fecha del Anzac Day. El día antes ya se producen atascos: algunos visitantes que llegan de lugares tan cercanos como Çanakkale no siempre llegan a tiempo para la misa, y mucha gente pasa la noche en el Anzac Commemorative Site para asegurarse de que podrá asistir a la ceremonia.

Unos cincuenta mil turcos se acercan hasta allí el 18 de marzo para celebrar lo que llaman la Victoria Naval de Çanakkale (Çanakkale Deniz Zaferi), cuando las minas y cañones otomanos lograron evitar que la flota aliada atravesara los Dardanelos en 1915. Es más fácil apreciar la belleza y el dramatismo de Gallípoli en cualquier otra época del año que no sea durante las fechas cercanas a este evento y al Anzac Day, y muchos visitantes tienen una experiencia emocional completamente diferente si se toman el tiempo necesario para explorar la zona de forma relajada lejos de las aglomeraciones.

bajas. El **V Beach Cemetery** (cementerio de la playa en V) se ve 500 m colina abajo.

Seddülbahir es una adormecida aldea agrícola con unas cuantas pensiones y restaurantes, un museo de guerra y las ruinas de una fortaleza otomana-bizantina que da a un pequeño puerto.

Al norte de la aldea, la carretera se bifurca: el desvío de la izquierda lleva al **Skew Bridge Cemetery** (cementerio del Puente Torcido) y al **Redoubt Cemetery** (cementerio del Reducto). Si se gira a la derecha y se va hacia el este, siguiendo los letreros hacia el Abide o Çanakkale Şehitleri Anıtı en la bahía de Morto, se llega al **French War Memorial & Cemetery** (cementerio y monumento de guerra francés). Las tropas francesas, incluido un regimiento africano, atacaron con éxito Kumkale, en la orilla asiática, en marzo de 1915, y luego fueron desembarcados en apoyo de sus compañeros de armas británicos en el cabo Helles, donde fueron prácticamente aniquilados. El cementerio francés apenas recibe visitas a pesar de ser muy emotivo, con varias filas de cruces metálicas y cinco osarios de hormigón blanco con los huesos de 3000 soldados en cada uno de ellos.

El **Çanakkale Şehitleri Anıtı** (monumento a los Mártires de Çanakkale), también conocido como monumento de Abide, es una enorme mesa de piedra, de casi 42 m de altura, con cuatro patas que conmemora a todos los soldados turcos que lucharon y murieron en Gallípoli. Está rodeado de terrenos ajardinados, incluida una rosaleda plantada en 1995 para conmemorar el 80º aniversario del conflicto.

🛏 Dónde dormir y comer

Dentro del parque hay buenas opciones de alojamiento, pero la mayor parte están alrededor de Seddülbahir y puede ser complicado llegar hasta allí sin vehículo propio.

Gallipoli Houses   HOTEL-BOUTIQUE **€€**
(Gelibolu Evleri; ☑814 2650; www.gallipoli.com.tr; Kocadere Köyü; i/d media pensión desde 70/90 €; ✲) Casa de huéspedes en una aldea, con tres habitaciones en la casa principal de piedra y siete más en anexos igual de atractivos. Un ambiente relajado invade toda la propiedad, desde la recepción con música clásica hasta las habitaciones elegantemente decoradas. Los desayunos y cenas de comida casera son innovadores y copiosos, y también ofrece almuerzos para llevar. Desde la terraza de la azotea hay excelentes vistas de los campos de batalla y de las estrellas. Su propietario belga puede responder a cualquier pregunta sobre la campaña.

Pansiyon Helles Panorama   PENSIÓN **€**
(☑862 0035; hellespanorama@hotmail.com; i/d sin baño 25/55 TRY) Acogedora casa de huéspedes con siete habitaciones y un encantador jardín al oeste del centro de Seddülbahir. Desde sus balcones hay vistas panorámicas del Çanakkale Şehitleri Anıtı y del Cape Helles British Memorial.

Hotel Kum   HOTEL **€€€**
(☑814 1455; www.hotelkum.com; i/d/tr/ste media pensión 110/180/225/275 TRY, caravana para 4 personas 30 TRY; ☉abr-oct; ✲ ▣) Sus habitaciones ocupan bloques limpios de dos plantas entre jardines, con una playa a 50 m. Las habitaciones son un poco impersonales, pero tienen terraza, y el hotel ocupa un céntrico emplazamiento en la parte más tranquila de la península.

Abide Motel   PENSIÓN **€€**
(☑862 0010; motelabide@hotmail.com; bahía de Morto; i/d 45/90 TRY) Cerca del cementerio francés, tiene habitaciones básicas y un gran restaurante con terraza. Mientras se escribía esta guía, estaba siendo renovado.

Mocamp   PENSIÓN **€€**
(☑862 0056; www.seddulbahirmocamp.com; Seddülbahir; i/d/tr 75/100/130 TRY) Este edificio de color verde lima no es la mejor opción de la península, pero sus nueve espaciosas habitaciones están un peldaño por encima de la típica pensión. Tiene una tranquila ubicación junto al V Beach Cemetery.

Doyuranlar Gözleme   LOCAL **€**
(☑814 1652; platos principales 6 TRY) Recomendado por los locales, sirve *gözleme* (crepes saladas), *köfte, menemen* (un tipo de tortilla) y desayunos. Hay que buscar el letrero de "Gözleme, ayran, çay" en la carretera entre Eceabat y Kabatepe.

ℹ Información

Centros de información

En el Centro de Información de Kilye Bay (p. 136) y el Centro de Información y Museo de Kabatepe (p. 136) tienen buena información general.

Información adicional

Gallipoli Battlefield Guide (Çanakkale Muharebe Alanları Gezi Rehberi) Excelente libro de referencia bilingüe de Gürsel Göncü y Şahin Doğan, disponible en algunas librerías de Çanakkale y Eceabat.

Gallipoli: A Battlefield Guide De los australianos Pam Cupper y Phil Taylor.

Defeat at Gallipoli Usando cartas y diarios, Peter Hart y Nigel Steel cuentan historias de los soldados.

Gallipoli Peninsula National Historic Park Guide Map (Gelibolu Yarımadası Tarihi Milli Parkı Kılavuz Harita) Mapa muy detallado que se vende en los centros de información del parque.

Visit Gallipoli (www.anzacsite.gov.au)

Gallipoli Association (www.gallipoli-associa tion.org)

En muchos alojamientos de Eceabat y Çanakkale cada noche ponen como mínimo una de las siguientes proyecciones:

Gallipoli Esta película de 1981 de Peter Weir es una forma sencilla de obtener una visión general de la campaña.

Gallipoli (Gelibolu) Un documental del 2005 de Tolga Örnek.

Gallipoli: The Fatal Shore Este documental de Harvey Broadbent es bastante antiguo (1987), pero incluye entrevistas con veteranos de la campaña.

ℹ Cómo llegar y desplazarse

Con vehículo propio se pueden visitar fácilmente los campos de batalla del norte en un día. También se puede visitar la parte norte y sur de la península en un solo día, siempre que se empiece temprano. Ir en transporte público resulta complicado: los *dolmuşes* tan solo cubren unos cuantos puntos de interés y aldeas. El grupo más importante de monumentos y cementerios, desde Lone Pine colina arriba hasta Chunuk Bair, en el norte de la península, puede visitarse a pie.

'FERRY' Se pueden cruzar los Dardanelos entre Çanakkale y Eceabat o Kilitbahir, en la península.

TAXI Los taxistas de Eceabat pueden llevar al viajero por los principales puntos de interés por unos 100 TRY, pero el recorrido suele durar solo entre dos horas y dos horas y media, y pocos ofrecen comentarios decentes. Es mejor apuntarse a un circuito organizado (p. 135).

Eceabat

📞 0286 / 5500 HAB.

Frente a Çanakkale al otro lado de los Dardanelos, Eceabat (Maydos) es un pequeño y tranquilo pueblo costero que ofrece el mejor acceso posible a los principales campos de batalla. Resulta especialmente atractivo para aquellos a los que no les guste el ajetreo de Çanakkale. Los *ferries* atracan junto a la plaza mayor (Cumhuriyet Meydanı),

donde hay hoteles, restaurantes, cajeros automáticos, una oficina de correos, oficinas de empresas de autobuses y paradas de *dolmuşes* y taxis.

Eceabat está abarrotada de estudiantes y grupos turísticos durante los fines de semana desde el 18 de marzo hasta mediados de junio, y luego otra vez a finales de septiembre.

🛏 Dónde dormir

Hotel Crowded House ALBERGUE €

(📞 814 1565; www.crowdedhousegallipoli. com; Hüseyin Avni Sokak 4; dc/i/d 15/45/60 TRY; ❄ @) Recomendado por los lectores, esta auténtica joya para mochileros ocupa un edificio de cuatro plantas junto a la plaza mayor. Sus 24 habitaciones y tres dormitorios confortables e impecables lo convierten en un albergue-*boutique* para mochileros. Lo mejor es la bienvenida y el servicio profesional que ofrece.

Hotel Boss HOTEL DE NEGOCIOS €

(📞 814 1464; www.heyboss.com; Cumhuriyet Meydanı 14; i/d 40/70 TRY; ❄ @) La fachada de color amarillo pálido de este estrecho edificio esconde un hotel tranquilo y compacto, con una recepción blanca y negra y algunas de las mejores habitaciones de Eceabat. Su servicial personal habla un poco de inglés y atrae a viajeros que quieren evitar los albergues.

TJs Hotel ALBERGUE €

(📞 814 3121; www.anzacgallipolitours.com; Cumhuriyet Meydanı 5a; dc 15 TRY; h por persona 25-50 TRY; ❄ @) Con vistas a la plaza mayor, tiene habitaciones para todos los bolsillos, desde dormitorios básicos hasta habitaciones con aire acondicionado y balcón. Sus largos pasillos le dan un aire bastante institucional y el servicio es un poco caótico, pero el bar de la 5ª planta, con su decoración de estilo otomano, es fabuloso.

Aqua Boss Hotel HOTEL €

(📞 814 2864; İstiklal Caddesi 91; i/d 35/60 TRY; ❄) Este tenebroso edificio de piedra en el paseo marítimo, 50 m al sur del restaurante Liman, es un poco estrambótico, empezando por los pájaros que revolotean entre las vigas de su vestíbulo. Con 40 habitaciones y un gimnasio, alojarse aquí es como ser un huésped de una decadente mansión rural.

Hotel Boss II HOTEL €

(📞 814 2311; Mehmet Akif Sokak 70; h desde 40 TRY; ❄) Una opción alternativa si los albergues y los otros hoteles Boss están llenos. Tiene habitaciones básicas pero limpias y bungalós de madera. Está 15 minutos a pie al suroeste del centro.

Dónde comer

Liman Restaurant
MARISCO €€

(☎814 2755; İstiklal Caddesi 67; platos principales 10 TRY) En el extremo sur de la franja principal del paseo marítimo, es el mejor restaurante de Eceabat. Sirve excelentes platos de pescado y *meze*. Su terraza cubierta es una delicia en cualquier época, y el servicio está un peldaño por encima del de sus competidores.

Maydos Restaurant
INTERNACIONAL €€

(☎814 1454; İstiklal Caddesi; platos principales 8-15 TRY) Con una terraza en el paseo marítimo con vistas a los Dardanelos, es muy popular entre los locales. Su variada carta se centra en la carne, desde filete hasta *stroganoff*, pero también tiene cinco ensaladas y varios *meze* (3,50-12 TRY). Con una buena carta de vinos y *rakıs*, su único inconveniente es su ubicación, 500 m al sur del centro.

Meydan Lokantası
'LOKANTA' €

(☎814 1357; kordon; platos principales 7 TRY) Uno de los restaurantes del paseo marítimo que sirven comida sencilla. Ofrece un servicio relativamente bueno y platos aceptables, incluido el recomendado *tavuk şiş* (kebab de pollo asado).

Boğaz
MARISCO €

(Cumhuriyet Meydanı; kebabs 3 TRY) Entre el Hotel Boss y el TJs, ofrece una buena variedad de *balık ekmek* (kebabs de pescado): una buena forma de probar las sardinas locales.

Dónde beber

Boomerang Bar
BAR

(Cumhuriyet Caddesi 102) Con bumeranes y yin yangs pintados en las paredes, junto con fotografías de las celebraciones del Anzac Day, esta choza de playa es el mejor sitio para tomar una cerveza si no se quiere cruzar los Dardanelos. Está pasada la oficina de turismo, en la entrada norte del pueblo.

Kafe'e'
CAFÉ

(Cumhuriyet Caddesi 72; ⊙9.00-22.00) A este café con panorámicas vistas de los Dardanelos se entra a través del Centro Cultural de Eceabat o del vecino cibercafé. Ofrece bebidas, incluidas cerveza y *çay*, y juegos de mesa.

ℹ️ Información

Oficina de turismo (Cumhuriyet Caddesi 72; ⊙8.00-17.00) Erkan, del vecino cibercafé, habla inglés.

ℹ️ Cómo llegar y salir

ÇANAKKALE Los *ferries* de **Gestaş** (☎444 0752; www.gestasdenizulasim.com.tr) cruzan Los Dardanelos en ambos sentidos (2 TRY, automóvil 23 TRY, 25 min) cada hora a las horas en punto entre 7.00 y 24.00, y aproximadamente cada dos horas a partir de entonces.

GELIBOLU Hay autobuses o microbuses (5 TRY, 50 min) cada hora.

KABATEPE En verano hay varios *dolmuşes* diarios hasta el muelle de *ferries* de Kabatepe (2,50 TRY, 15 min); en invierno coinciden con las llegadas y salidas de los *ferries*. Los *dolmuşes* pueden dejar al viajero en el Centro de Información y Museo de Kabatepe, 750 m al sureste de la parte inferior de la carretera que sube hasta Lone Pine y Chunuk Bair.

KILITBAHIR Hay frecuentes *dolmuşes* que bajan por la costa (1,50 TRY, 10 min).

ESTAMBUL Salen autobuses cada hora (38 TRY, 5 h).

Kilitbahir

Al otro lado de Çanakkale en el punto más estrecho de los Dardanelos y accesible en *ferry*, Kilitbahir (Esclusa del Mar) es un pequeño puerto pesquero dominado por una enorme **fortaleza** (entrada 3 TRY; ⊙8.00-17.00 ma-do en invierno, hasta 19.30 en verano). Construida por Mehmet el Conquistador en 1452 y dotada de una imponente torre interior de siete plantas por Solimán el Magnífico un siglo más tarde, vale la pena visitarla. Se puede subir por la escalera sin barandilla hasta las murallas (no apto para gente con enfermedades cardíacas, hipertensión o vértigo).

En el extremo de una de las murallas, el **Sarı Kule** (entrada 1 TRY) alberga un pequeño museo de guerra y da al **Namazgah Tabyası** (reducto de Namazgah), una laberíntica serie de búnkeres defensivos del s. XIX.

El pequeño *ferry* operado por una empresa privada a/desde Çanakkale (1,50 TRY, automóvil 18 TRY, 20 min) solo puede llevar unos cuantos coches, y no sale hasta que está lleno. Desde el *ferry*, hay *dolmuşes* y taxis hasta Eceabat y Gelibolu, así como hasta el monumento turco de Abide, aunque puede que no salgan hasta que estén llenos.

Çanakkale

☎ 0286 / 86 600 HAB.

Por sus puntos de interés, su vida nocturna y su ambiente en general, valdría la pena visitar esta desperdigada ciudad portuaria, la población más animada de los Dardanelos, incluso si no estuviera frente a la península de Gallípoli. Su amplio paseo marítimo bulle de actividad en verano, y su gran población estudiantil significa que siempre hay algo que hacer en sus calles y bares.

Çanakkale también es una buena base para visitar las ruinas de Troya (p. 155) y se ha convertido en un popular destino de fin de semana para los turcos. En verano se aconseja visitarla entre semana.

◉ Puntos de interés

Museo Militar
PARQUE, MUSEO

(Askeri Müze; ☎ 213 1730; Çimenlik Sokak; entrada al museo 4 TRY; ⊙ 9.00-17.00 ma, mi y vi-do; ℗) Un parque en la zona militar del extremo sur del muelle alberga el Museo Militar, también conocido como Museo del Mando Naval del Estrecho de los Dardanelos (Çanakkale Boğaz Komutanlığı Deniz Müzesi). La entrada al parque, abierto cada día y salpicado de artillería, cañones y objetos militares, es gratis.

Un edificio del período otomano tardío que da al mar contiene exposiciones informativas sobre las batallas de Gallípoli y algunas reliquias de la guerra, incluidos grupos de dos balas fusionadas que chocaron en el aire. Aparentemente, las probabilidades de que esto ocurra son de una entre 160 millones, lo que ofrece una idea de la cantidad de munición que llegó a dispararse.

Cerca de allí hay una réplica del **minador 'Nusrat'** (*Nusrat* Mayın Gemisi), que desempeñó un heroico papel en la campaña naval. El día antes de que la flota aliada intentara atravesar el estrecho, los dragaminas aliados comunicaron que las aguas estaban despejadas. Por la noche, el *Nusrat* zarpó, recogió las minas sueltas que pudo y las volvió a colocar. Tres barcos aliados chocaron con las minas del *Nusrat* y se hundieron o quedaron inutilizados.

Mehmet el Conquistador construyó el impresionante **Çimenlik Kalesi** (castillo de las Praderas) en 1452, y Solimán el Magnífico lo reparó en 1551. Los cañones alrededor de los muros de piedra son de fundiciones francesas, inglesas y alemanas. Alberga algunos excelentes cuadros de las batallas de Gallípoli.

Museo de Arqueología
MUSEO

(Arkeoloji Müzesi; ☎ 217 6565; 100-Yıl Caddesi; entrada 5 TRY; ⊙ 8.00-17.00; ℗) También llamado Museo de Çanakkale (Çanakkale Müzesi), está un poco más de 1,5 km al sur de la *otogar*, junto a la carretera a Troya.

Las mejores exposiciones son las de Troya (p. 155) y Assos (p. 162), aunque los hallazgos del túmulo de Dárdanos, una antigua ciudad unos 10 km al suroeste de Çanakkale, también son dignos de mención. En su pequeño jardín también hay unos cuantos objetos expuestos.

Los *dolmuşes* que bajan por Atatürk Caddesi hacia Güzelyalı o Troya pueden dejar al viajero cerca del museo por 1 TRY.

Torre del reloj
MONUMENTO

La *saat kulesi* (torre del reloj) otomana de cinco plantas que hay cerca del puerto es de 1897. Fue financiada por un comerciante de Çanakkale que dejó 100 000 francos de oro en su testamento para este fin.

👍 Caballo de Troya
MONUMENTO

En el paseo marítimo, al norte del muelle principal del *ferry*, se encuentra este enorme Caballo de Troya, el mismo que se utilizó en la película *Troya* (2004). La maqueta de la ciudad y los paneles informativos que hay debajo son mejores que los que se pueden encontrar en Troya.

Biblioteca Korfmann
BIBLIOTECA

(Korfmann Kütüphanesi; ☎ 213 7212; Tifli Sokak 12; gratis; ⊙ 10.00-18.00 ma-sa) En una antigua escuela del s. XIX del casco antiguo, esta biblioteca, frente a la mezquita de Tifli, fue el legado del difunto Manfred Osman Korfmann (1945-2005), director arqueológico en Troya desde 1988 hasta el 2003. Contiene 6000 volúmenes sobre historia, cultura, arte y arqueología.

Yalı Hamam
'HAMMAM'

(Çarşı Caddesi 5; ⊙ hombres 6.00-23.00, mujeres 8.00-18.00) El paquete completo en este *hammam* del s. XVII cuesta 30 TRY. La entrada de mujeres está en Hapishane Sokak.

Cañones de la Primera Guerra Mundial
MONUMENTO

(Cumhuriyet Meydanı) La inscripción de este monumento reza así: "Los Mehmets usaron estos cañones el 18 de marzo de 1915 para garantizar la infranqueabilidad del estrecho de Çanakkale".

Vasija de Çanakkale
MONUMENTO

Detrás de los cañones de la Primera Guerra Mundial hay una copia de enorme tamaño de este tipo de vasija del s. XIX que poco a poco está recuperando su popularidad.

✿ Fiestas y celebraciones

Çanakkale suele estar insoportablemente abarrotada durante los siguientes eventos.

Victoria Naval de Çanakkale

CONMEMORACIÓN

(Çanakkale Deniz Zaferi) Los turcos celebran este evento el 18 de marzo.

Anzac Day

CONMEMORACIÓN

Australianos y neozelandeses acuden el 25 de abril a la península de Gallípoli para conmemorar este evento (véase recuadro en p. 140).

🛏 Dónde dormir

Çanakkale tiene hoteles para todos los bolsillos, excepto durante el Anzac Day, cuando los precios se disparan abusivamente. Alrededor del 25 de abril, hay que reservar con mucha antelación y comprobar cuidadosamente los precios.

👍 Hotel Kervansaray

HOTEL-'BOUTIQUE' €€

(☎217 8192; www.otelkervansaray.com; Fetvane Sokak 13; i/d/tr 90/140/170 TRY; ❄@) El único auténtico hotel-*boutique* de Çanakkale tiene muchos elementos otomanos, en consonancia con la casa restaurada que ocupa. Sus 19 habitaciones tienen el toque justo de carácter. Las que tienen ducha están en el edificio histórico principal; el resto, con bañeras, está al otro lado del patio y el jardín, en un nuevo anexo acorde con el edificio original de ladrillo rojo.

Maydos Hotel

HOTEL €€

(☎213 5970; www.maydos.com.tr; Yalı Caddesi 12; i/d desde 50/90 TRY; ❄@) Este hotel relativamente elegante, con 36 habitaciones interiores, en el paseo marítimo, es un tranquilo refugio lejos del tumulto estudiantil del exterior, aunque en las noches más bulliciosas hay un poco de ruido. La recepción está adornada con sofás marrones y objetos de arte, y tiene un encantador bar-restaurante.

Anzac Hotel

HOTEL €

(☎217 7777; www.anzachotel.com; Saat Kulesi Meydanı 8; i/d/tr 35/45/60 TRY; ❄@) El hotel hermano de tres estrellas del Kervansaray es una excelente opción, con una insuperable ubicación junto a la torre del reloj y con vistas al estrecho. Las habitaciones tienen televisión por satélite, caja fuerte y minibar. Tiene un café en el entresuelo y el personal está bien informado.

Hotel Artur

HOTEL €€

(☎213 2000; www.hotelartur.com; Cumhuriyet Meydanı 28; i/d desde 80/120 TRY; ❄@) Hotel de moda en el centro de la ciudad, con 32 habitaciones en cuatro plantas y un vestíbulo bien diseñado, con sofás blancos y arte decorativo. El moderno restaurante Café Ka está al lado. El único inconveniente es el ascensor, que empieza después de un tramo de escaleras.

Hotel Akol

HOTEL €€€

(☎217 9456; www.hotelakol.com.tr; Kayserili Ahmet Paşa Caddesi; i/d/ste 150/200/370 TRY; ❄❄) A un corto paseo del Caballo de Troya, este bloque con balcones naranjas resulta mucho más atractivo tras cruzar su puerta giratoria. El vestíbulo, de estilo clásico, está decorado con antigüedades. Sus 138 habitaciones son pequeñas pero confortables. Tiene un bar en la azotea y el servicio está a la altura de la reputación del hotel.

Hotel Helen Park

HOTEL €

(☎212 1818; www.helenhotel.com; Tekke Sokak 10; i/d 40/60 TRY; ❄) Más nuevo aunque con las mismas tarifas que el cercano hotel Helen, tiene 16 habitaciones de colores apagados, baños agradablemente decorados y televisores de pantalla plana. El bufé de desayuno se sirve en la zona de recepción, con vistas a una tranquila calle.

Çanak Hotel

HOTEL €€

(☎214 1582; www.canakhotel.com; Dibek Sokak 1; i/d 70/120 TRY; ❄@) Excelente opción de precio medio junto a Cumhuriyet Meydanı, con una sala de juegos, un bar en la azotea y un atrio con claraboya que conecta las diferentes plantas. Algunas de sus 52 elegantes pero discretas habitaciones tienen balcón.

Otel Anafartalar

HOTEL €€

(☎217 4454; www.hotelanafartalar.com.tr; İskele Meydanı; i/d 75/125 TRY; ❄@) Gran bloque rosado con 71 habitaciones y una excelente ubicación cerca del muelle de *ferries*. Las habitaciones con balcón de la parte delantera ofrecen excelentes vistas del estrecho. A las colchas y las moquetas no les vendría mal una renovación.

Efes Hotel

PENSIÓN €

(☎217 3256; www.efeshotelcanakkale.com; Fetvane Sokak 5; i/d sin desayuno 40/50 TRY; ❄) Excelente opción para parejas y mujeres solas, ya que tiene un toque femenino del que carecen otras opciones económicas. No tiene Wi-Fi, pero cerca hay cibercafés. El desayuno cuesta 5 TRY adicionales.

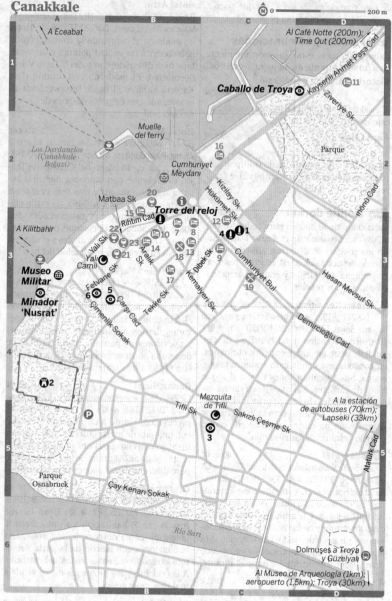

Yellow Rose Pension

ALBERGUE €

(📞217 3343; www.yellowrose.4mg.com; Aslan Abla Sokak 5; dc/i/d/tr/c 20/30/50/70/90 TRY; 🅿@) En una céntrica y tranquila calle, ofrece una buena relación calidad-precio, con un enorme televisor en el salón, cuatro plantas de pequeñas habitaciones y dormitorios, y duchas con mangueras sorprendentemente eficaces. Los suelos de baldosas y el olor a desinfectante hacen que todo parezca bastante espartano, pero tiene cocina y el personal es muy servicial.

Anzac House Hostel ALBERGUE €

(☎213 5969; www.anzachouse.com; Cumhuriyet Meydanı 59; dc/i/d sin baño ni desayuno 17/25/40 TRY; @) Suficientemente cerca de la terminal de *ferries* como para ir a pie, tradicionalmente ha sido la opción preferida de los mochileros en Çanakkale (el desayuno cuesta 10 TRY adicionales). En la planta de arriba, a pesar de las coloridas puertas y marcos de ventanas, las instalaciones, como las filas de cabinas de ducha en los baños, son poco atractivas. Sin embargo, el personal es servicial y la agencia de viajes Hassle Free tiene aquí su sede.

✖ Dónde comer

La zona del paseo marítimo está llena de restaurantes donde sirven alcohol. A lo largo del *kordon* (paseo marítimo) hay puestos callejeros que ofrecen comida más barata, como mazorcas de maíz, mejillones y otros productos sencillos, y en Matbaa y Fetvane Sokaks hay muchos restaurantes donde sirven cerveza Efes. Una especialidad local es el *peynir helvası*, un postre hecho con queso fresco suave, harina, mantequilla y azúcar, y que se sirve al natural u horneado.

Anafartalar Kebap 'KEBAPÇI' €€

(☎214 9112; İskele Meydanı; platos principales 10 TRY; ⏱8.00-23.30) Con paredes de cristal y mesas bajas en un patio cubierto frente al hotel del mismo nombre, es más tranquilo

y ofrece una mejor relación calidad-precio que los cercanos restaurantes de pescado. La *pide* y el İskender kebab (*döner* kebab sobre *pide* recién hecha, con salsa de tomate, mantequilla dorada y yogur) son excelentes.

Café Notte RESTAURANTE-BAR €€

(☎214 9112; Kayserili Ahmet Paşa Caddesi 40; platos principales 12 TRY; ⏱8.00-23.30) Genial bar-bistró en el centro de la franja norte más de moda del paseo marítimo, con una carta y unos cócteles (10 TRY) cosmopolitas. Tiene *fajitas* y *fish and chips*, además de otras comidas más sencillas, como *pizzas* y sándwiches (4-10 TRY).

Gülen Pide 'KEBAPÇI', 'PIDECI' €€

(☎212 8800; Cumhuriyet Bulvarı 27; kebabs 9-19 TRY; ⏱11.00-22.30) Los locales recomiendan esta franja de *kebapçı* (restaurantes de kebab), y el Gülen es una buena opción, con un suelo limpio de baldosas blancas y una cocina abierta donde hacen *pide* y *lahmacun* (*pizza* de estilo árabe, 2,50-8,50 TRY).

Gülen Pizza INTERNACIONAL €

(Hükümet Sokak; *pizzas* desde 6 TRY) Al otro lado del parque de donde está el Gülen Pide, este local sirve todo tipo de *pizzas* clásicas.

Çonk Coffee CAFÉ €

(Kemalyeri Sokak; tentempiés 2,50 TRY) Monedas y cámaras antiguas adornan este agradable café donde sirven café turco, sándwiches y *tost* (sándwiches calientes).

Dónde beber y ocio

Çanakkale tiene una frenética escena de bares y clubes que abastece a la gran multitud de estudiantes locales y, en temporada, a los jóvenes australianos y neozelandeses que visitan la zona. Muchos locales tienen música en directo, y la mayor parte de los sitios más frecuentados están alrededor de Matbaa y Fetvane Sokaks.

Benzin   BAR-CAFÉ
(Eski Balıkhane Sokak 11; ☎) Esté bar-café del paseo marítimo con decoración de la década de 1960 es un lugar tranquilo para tomar una copa y un bocado (*pizzas* 8-12,50 TRY), pero los fines de semana está abarrotado.

Time Out   MÚSICA EN DIRECTO
(Kayserili Ahmet Paşa Caddesi; cerveza 6 TRY) Elegante club de *rock,* con imágenes de Elvis y otros artistas similares, mesas al aire libre y un barman que realiza actuaciones.

Hedon Club   MÚSICA EN DIRECTO
(Yalı Caddesi 41; cerveza 7 TRY) Este pequeño club informal, ideal para tomar una cerveza, es un local íntimo, con dos plantas llenas de mesas que dan al escenario. A veces hay que pagar entrada.

Makkarna Bistro   BAR
(Matbaa Sokak 8; cerveza 6 TRY) En una bulliciosa calle peatonal, sirve cócteles y los tradicionales *beer bongs* (embudos para beber cerveza; 15 TRY).

Han Bar   BAR
(Fetvane Sokak 26) Popular bar donde actúan varios DJ en la planta de arriba de la Yalı Han, del s. XIX. Tiene una galería exterior que da a un salón de té al aire.

Información

Çanakkale gira en torno a su puerto, con una caseta de correos, telégrafos y teléfono, cajeros automáticos y teléfonos públicos junto a los muelles, y varios hoteles, restaurantes, bancos y oficinas de empresas de autobuses en un radio de pocos cientos de metros.

Araz Internet (Fetvane Sokak 21; 1,50 TRY/h; ☺9.00-24.00) Acceso a Internet en el centro.

Çanakkale.com.tr (www.canakkale.com.tr) Una buena fuente de información.

Oficina de turismo (☎217 1187; Cumhuriyet Meydanı; ☺8.00-19.00 jun-sep, 8.30-17.30 oct-may) A unos 150 m del muelle del *ferry,* con folletos y horarios de autobuses.

Cómo llegar y salir

Avión

Turkish Airlines (www.thy.com) vuela a/desde Estambul (85 TRY, 55 min) tres veces a la semana. Un autobús de enlace de Turkish Airlines (7 TRY) conecta el centro con el aeropuerto, 2 km al sureste. Un taxi hasta allí cuesta unos 10 TRY.

Autobús

La *otogar* está 1 km hacia el interior desde el muelle de *ferries,* junto a un gran Carrefour, pero la mayor parte de los autobuses recogen y dejan a los viajeros en las oficinas de las empresas de autobuses, cerca del puerto. Si se llega desde Estambul, se aconseja tomar un *ferry* desde Yenikapı hasta Bandırma y luego tomar un autobús a Çanakkale: es más sencillo que ir hasta la *otogar* de Estambul para tomar un autobús directo.

Ankara (45 TRY, 10 h, con regularidad)
Ayvalık (25 TRY, 3½ h, cada hora)
Bandırma (20 TRY, 2½ h, cada hora)
Bursa (30 TRY, 4½ h, cada hora)
Edirne (30 TRY, 4½ h, con regularidad)
Estambul (35 TRY, 6 h, con regularidad)
İzmir (35 TRY, 5½ h, cada hora)

Automóvil

Los aparcamientos del centro cobran 3 TRY por hora.

'Dolmuş'

Troya Los *dolmuşes* a Troya (4 TRY, 35 min) salen cada hora entre 9.30 y 16.30 (hasta las 19.00 en verano, y con menos frecuencia los fines de semana) desde una estación en el extremo norte del puente sobre el río Sarı, y dejan al viajero junto a la taquilla de las ruinas. Desde Troya, hay salidas cada hora entre 7.00 y 15.00 (hasta las 17.00 en verano).

Gelibolu Hay que tomar el *ferry* a Eceabat (o Kilitbahir) y luego tomar un microbús, o bien tomar un autobús o microbús desde la *otogar* de Çanakkale hasta Lapseki (5 TRY, 45 min) y luego tomar el *ferry* que cruza los Dardanelos.

Barco

Bozcaada Véase p. 160.
Eceabat Véase p. 143.
Gökçeada Véase p. 151.
Kilitbahir Véase p. 143.

Gökçeada

📳 0286 / 8600 HAB.

Al norte de la entrada a los Dardanelos, la escarpada y poco poblada Gökçeada (isla Celestial) es una de las dos únicas islas turcas habitadas del Egeo. Con 13 km de norte

Gökçeada

a sur y menos de 30 km de este a oeste, es la isla más grande del país y un lugar fascinante, con algunos paisajes espectaculares y un cierto ambiente griego. Es un lugar genial al que escaparse tras visitar Gallípoli.

En otra época Gökçeada fue una isla predominantemente griega llamada Imbros. Durante la Primera Guerra Mundial fue una importante base para la campaña de Gallípoli; de hecho, el comandante general aliado Ian Hamilton se estableció en la aldea de Aydıncık (por entonces Kefalos), en la costa sureste de la isla. En 1923, la nueva República de Turquía retuvo Gökçeada junto con su más pequeña isla vecina de Bozcaada (p. 157), al sur, pero la isla estuvo exenta del intercambio de población. Sin embargo, en la década de 1960, cuando estalló el conflicto chipriota, el Gobierno turco presionó a los griegos locales (alrededor de siete mil) para que se marcharan; actualmente solo quedan unos cientos de jubilados.

La mayoría de los habitantes de Gökçeada se dedican a la pesca, la ganadería y el turismo. Aparte de sus aldeas griegas semidesiertas y sus olivares y pinares, la isla posee excelentes playas y escarpadas colinas. A diferencia de Bozcaada, es un raro ejemplo de isla egea que no ha sido invadida por el turismo, y, debido a que es una base militar, así seguirá siendo.

⊙ Puntos de interés y actividades

Aldeas griegas ZONA HISTÓRICA
Unos 3 km al oeste de la población de Gökçeada se halla **Zeytinli** (Aya Theodoros), al cabo de 7 km está **Tepeköy** (Agridia) y

otros 5 km más al oeste se encuentra **Dereköy** (Shinudy). Todas fueron construidas en laderas de colinas con vistas al valle central de la isla para evitar las incursiones piratas. Muchas de las casas están abandonadas y en mal estado, sobre todo en Dereköy, que recuerda a la población fantasma mediterránea de Kayaköy (p. 328). Sin embargo, gracias a un par de acertados alojamientos, Zeytinli y Tepeköy están descubriendo los beneficios del turismo a pequeña escala. Tepeköy es absolutamente genial, rodeada de colinas de color verde grisáceo cubiertas de pedregales, con vistas a los valles y a un gran embalse, y una plaza mayor y una taberna con un toque griego; su iglesia griega también es muy pintoresca. Al parecer, esta es la única población de Turquía que no tiene una mezquita.

Kaleköy LITORAL, RUINAS
Aunque la presencia del ejército, del Gökçeada Resort Hotel y de un gran puerto deportivo estropean un poco las vistas, Kaleköy (antiguamente Kastro) rezuma un alegre ambiente costero. Por encima de las rocas y de la pequeña playa pública hay un casco antiguo en la ladera de la colina, una antigua iglesia griega encalada y los restos de un castillo de la época otomana. El litoral entre Kaleköy y Kuzulimanı es un **sualtı milli parkı** (parque nacional marino).

Playas PLAYAS
La playa de arena de **Aydıncık** es la mejor de la isla, y está contigua al **Tuz Gölü** (lago de Sal). Más al oeste, en la pintoresca costa sureste, se hallan las playas más pequeñas de **Kapıkaya** y **Uğurlu**.

'Windsurf'

'WINDSURF'

La playa de Aydıncık y el Tuz Gölü, que ofrecen aguas tranquilas y olas, son muy populares para hacer *windsurf* y *kitesurf*. **Ice Angels** (http://iceangels-club.com; ☉may-sep) ofrece alquiler de equipos (20/50 TRY por hora/día) y clases (una hora desde 40 TRY).

✰✰ Fiestas y celebraciones

Durante el **Yumurta Panayırı** (Festival del Huevo), en la primera semana de julio, muchos antiguos habitantes griegos vuelven a la isla junto con el patriarca ortodoxo de Estambul.

🛏 Dónde dormir y comer

El concepto de *ev pansiyonu,* que prácticamente ha desaparecido en todas partes, aún sigue muy vigente en Gökçeada. No es raro que los habitantes locales se acerquen a los viajeros y les ofrezcan una habitación libre en su casa por bastante menos de lo que cobran las pensiones y hoteles.

PUEBLO DE GÖKÇEADA

Los restaurantes se concentran alrededor de la plaza mayor.

Otel Taşkın HOTEL **€**
(☎887 3266; www.taskinhotel.com, en turco; Zeytinli Caddesi 3; i/d 30/60 TRY) En las tranquilas calles secundarias al suroeste de la plaza mayor, este hotel tiene un exterior de azulejos marrones, incluido un mosaico de un *gület* (velero de madera) y habitaciones espaciosas y luminosas, con TV y balcón, que ofrecen una buena relación calidad-precio.

🌱 Gül Hanım Mantı Evi 'LOKANTA' **€**
(☎887 3773; Atatürk Caddesi 23; platos principales 6 TRY) Aunque en este sencillo local de comida casera el plato estrella es el *mantı,* también se recomiendan el *moussaka,* el pollo y las espinacas.

Asmalı Konak Birhanesi CAFÉ-BAR **€**
(☎887 2469; platos principales 7 TRY) En este bar apto para mujeres en una calle lateral, la carta incluye calamares, *köfte, meze* y pescado capturado por el propietario.

Meydanı Café PASTELERÍA **€**
(☎887 4420; Atatürk Caddesi 35) Espacioso y aireado café con excelentes tentempiés y postres caseros que atrae a una joven clientela.

KALEKÖY

Club Masi Hotel HOTEL-'BOUTIQUE' **€€**
(☎887 4619; www.hotelmasi.com; Eski Bademli; h 125-175 TRY; ✳@✳) Por encima de la carretera entre Gökçeada y Kaleköy, el primo rural del Hotel Masi de Estambul tiene habitaciones modernas y elegantes, y una terraza con piscina al aire libre, *jacuzzi,* tumbonas, bar y vistas al castillo de Kaleköy y al Egeo.

Kalimerhaba Motel PENSIÓN **€**
(☎887 3648; erayda@msn.com; Barbaros Caddesi 28; i/d 50/70 TRY; ✳) En el paseo marítimo de Kaleköy, tiene algunas de las habitaciones económicas más limpias y elegantes de la isla. Se entra por una gran recepción muy luminosa y una terraza cubierta de parras.

Kale Otel PENSIÓN **€**
(☎887 4404; www.kalemotel.com; Barbaros Caddesi 34; i/d sin desayuno 40/70 TRY; ✳) A través de sus finas cortinas entra mucha luz, y el agua caliente tarda mucho en salir, pero la zona de la planta baja es perfecta para relajarse. La familia propietaria, aunque se levanta tarde, es muy amable, y su desayuno turco (5 TRY) es delicioso.

Yukarı Kaleköy ZONA
Para tomar algo a la puesta de sol con fantásticas vistas a la bahía y las colinas, hay que subir a Yukarı Kaleköy y al restaurante de la terraza del Yakamoz Motel; luego, se puede continuar, siguiendo los carteles hacia Poseidon Pansiyon, hasta el bar-café que hay por debajo del castillo.

AYDINCIK

Şen Camping 'CAMPING' **€**
(☎898 1020; i/d 30/60 TRY, acampada por persona sin desayuno 7 TRY) Con tumbonas y un restaurante con cubierta de cañas, el Şen ofrece lugares de acampada en la arena de la playa y pequeñas habitaciones básicas con suelos de baldosas. El desayuno va aparte (5 TRY).

ZEYTİNLİ

👍 Zeytindali Hotel HOTEL-'BOUTIQUE' **€€€**
(☎887 3707; www.zeytindalihotel.com; i/d 160/200 TRY; ☉may-oct; ✳) Una estrecha calle adoquinada (hay que dejar el vehículo en el aparcamiento del pueblo) serpentea cuesta arriba a través de Zeytinli hasta este elegante hotel de 16 habitaciones en un edificio de piedra restaurado. Las habitaciones están decoradas con mucha imaginación en un estilo que mezcla lo nuevo y lo viejo, con suelos de madera barnizada y muebles antiguos. El restaurante de la planta baja sirve marisco y *meze.*

TEPEKÖY

Barba Yorgo
PENSIÓN €

(☎887 3592; www.barbayorgo.com; h por persona 35 TRY; ☺may-sep) El alojamiento en este excepcional establecimiento, dirigido por el epónimo y sociable "Papa George", está repartido entre varias estancias, incluidas dos habitaciones encima de la céntrica taberna y una encantadora casa rural restaurada con vistas al valle 200 m más allá, con suelos de madera, gorriones en las vigas y una deslumbrante montaña en la parte de atrás.

Tavern
'MEYHANE' €€

(Cumhuriyet Meydanı; platos principales 10-15 TRY; ☺may-sep) El dueño griego del Barba Yorgo también dirige el restaurante de la aldea, digno de un decorado de película, donde se pueden comer *meze* por encima de la media y jabalí (prohibido en el resto de Turquía) y beber vino casero de *retsina*.

UĞURLU

Mavi Su Resort
'RESORT' €€

(☎897 6090; www.mavisuresort.com; i/d 75/120 TRY; ✱@) Si se quiere escapar de todo, este *resort*, con 35 habitaciones y suites, al sur de Uğurlu antes de llegar a la aldea, es el sitio ideal, ya que está lo más aislado posible que se puede en Gökçeada. Las habitaciones son de las mejores de la isla, y su encantador jardín se extiende prácticamente hasta el mar.

Gül Pansiyon
PENSIÓN €

(☎897 6144; i/d 30/60 TRY) De lejos la opción más nueva de la aldea, con vistas a la plaza central cubierta de hierba. Tiene habitaciones luminosas con pequeños baños limpios y un restaurante (*köfte* 7 TRY) en su porche cubierto.

🛍 De compras

Gökçeada está decidida a convertirse en la primera comunidad turca en producir únicamente alimentos de cultivo ecológico; en la actualidad, sus 120 000 olivos producen 2000 toneladas anuales de aceite, la mayor parte de cultivo ecológico. Al frente de esta iniciativa está **Elta-Ada** (☎887 3287; www.elta-ada.com.tr), una granja que produce aceite de oliva, productos lácteos (queso para untar, yogur y mantequilla) y frutas y verduras variadas de origen ecológico. Las tiendas en torno a la plaza mayor del pueblo de Gökçeada venden fruta, verdura y productos alimenticios de cultivo ecológico, incluido el **puesto de Elta-Ada**

(Cumhuriyet Meydanı; ☺8.00-21.00 en verano), frente al Pegasus Otel, y **Ekozey** (Atatürk Caddesi), cerca del Gül Hanım Mantı Evi. Si se visita Gökçeada en mayo-junio, no hay que perderse sus cerezas negras de cultivo ecológico.

ℹ Información

El *ferry* atraca en Kuzulimanı, pero los servicios, como los cibercafés, los taxis, el banco, los cajeros automáticos y la oficina de correos están más hacia el interior en el pueblo de Gökçeada, donde vive la mayoría de la población de la isla.

Oficina de turismo (☎887 2800; Cumhuriyet Meydanı; ☺10.00-20.00 jun-sep) En una caseta en la plaza mayor del pueblo de Gökçeada.

Sitios web Véanse www.gokceada.com y www.gokceada17.net.

ℹ Cómo llegar y salir

Hay que comprobar los horarios de salida, porque a veces cambian.

PENÍNSULA DE GALLÍPOLI Gestaş (☎444 0752; www.gestasdenizulasim.com.tr) tiene *ferries* diarios a/desde Kabatepe (por persona 2 TRY, automóviles 20 TRY, 1½ h) en el lado occidental de la península, desde donde salen desde allí a las 10.00, 15.00 y 19.00, y con salida desde la isla a las 7.15, 12.00 y 17.00. Los billetes también son válidos para el *ferry* entre Eceabat y Çanakkale, por lo que no hay que volver a pagar para cruzar el estrecho.

ÇANAKKALE Hay *ferries* desde Çanakkale (por persona 2 TRY, automóviles 23 TRY, 2 h) los viernes a las 9.00 y los domingos a las 17.00, con vuelta desde Gökçeada los viernes a las 18.00 y los domingos a las 19.00.

ℹ Cómo desplazarse

AUTOBÚS Y 'DOLMUŞ' Los *ferries* atracan en Kuzulimanı, donde suele haber autobuses y *dolmuşes* esperando a los viajeros para recorrer los 6 km que hay hasta el pueblo de Gökçeada (1,50 TRY, 15 min), o para llevarles directos a Kaleköy, 5 km más al norte (2,50 TRY, 25 min). Aproximadamente cada hora hay un autobús entre Kaleköy, Gökçeada y Kuzulimanı; no siempre se ajusta a los horarios, pero en general es fiable para tomar el *ferry*.

AUTOMÓVIL Gökçeada Rent-A-Car (☎218 2869; Atatürk Caddesi, pueblo de Gökçeada; por día 80 TRY) La única gasolinera está a 2 km del centro del pueblo de Gökçeada, en la carretera a Kuzulimanı.

TAXI Se puede tomar un taxi desde el pueblo de Gökçeada hasta Kaleköy (7 TRY, 5 min), Kuzulimanı (14 TRY, 10 min), Zeytinli (10 TRY, 10 min), Tepeköy (13 TRY, 20 min) y Uğurlu (25 TRY, 30 min).

Bandırma

📱 0266 / 111 000 HAB.

En Bandırma, una anodina ciudad portuaria de hormigón del s. xx, concurren los *ferries* que cruzan el mar de Mármara desde Estambul y los trenes en dirección a İzmir. Tomar un *ferry* desde el centro de Estambul hasta Bandırma es una forma rápida y agradable de ir hasta Anatolia, o hasta la península de Gallípoli vía Çanakkale.

La *otogar* está 2 km colina arriba desde la terminal de *ferries*, junto a la carretera principal; hasta allí hay *servis* (autobuses lanzadera). La estación de trenes está junto a la terminal de *ferries*.

Cómo llegar y salir

AUTOBÚS Bandırma está a mitad de camino entre Bursa (15 TRY, 2 h, 115 km) y Çanakkale (20 TRY, 2¾ h, 195 km).

AUTOMÓVIL Las principales empresas de alquiler de automóviles no tienen oficinas aquí, por lo que el viajero quizá quiera traer un vehículo desde Estambul. **Viraj Rentacar** (📱718 2102; virajoto kiralama@hotmail.com; Mehmetçik Caddesi 29) es una empresa local de alquiler de automóviles.

'FERRY' Istanbul Deniz Otobüsleri (İDO; 📱455 6900; www.ido.com.tr; por persona a pie/automóvil/pasajero 32/125/27 TRY) tiene como mínimo dos *ferries* rápidos diarios entre Bandırma y el muelle de Yenikapı en Estambul (2 h). Ofrece un servicio confortable, con asientos asignados, venta de refrescos, sala *business* y ascensor para pasajeros discapacitados.

TREN Hay trenes exprés diarios a/desde İzmir (17 TRY, 6 h) con salida a las 16.00/14.20. Excepto el martes, también hay servicios a las 9.50/9.25; estos trenes están coordinados con el *ferry* a/desde Estambul.

İzmir y el norte del Egeo

Sumario »

Los mejores alojamientos

» Biber Evi (p. 163)

» Alaçatı Taş Otel (p. 197)

» Hünnap Han (p. 165)

» Foçantique Boutique Hotel (p. 179)

» Annette's House (p. 167)

Los mejores restaurantes

» Balıkçı (p. 168)

» Cafe Agrilia (p. 198)

» Sakız (p. 187)

» Sandal Restaurant (p. 159)

Por qué ir

La apacible zona norte de la costa turca del Egeo es el destino perfecto para todo aquel que quiera relajarse al sol, pero sin pasarse el día en la playa. Hay playas, por supuesto, como las de Bozcaada, pero las colinas y penínsulas también son ricas en historia y cultura. Allí están los restos de Troya, los cerros con ruinas de Pérgamo y Behramkale y, en torno a esta última, comunidades que descienden de los nómadas turcomanos.

Puede que el aspecto más conmovedor de la historia local sea el intercambio de población entre Turquía y Grecia. En sitios como Ayvalık y el pueblo de Bozcaada, se puede oír a los más ancianos charlando en griego mientras se pasea por el antiguo y pintoresco barrio heleno.

İzmir, capital de la región, es un lugar tranquilo con un buen número de puntos de interés en torno al bazar y el frente marítimo. También es la puerta de acceso a la península de Çeşme, donde Alaçatı ofrece la mayor concentración de hoteles-*boutique* de la zona.

Cuándo ir

İzmir

Junio Bozcaada, la isla viticultora del Egeo, celebra su fiesta del vino.

Julio El Festival Internacional de İzmir trae música y bailes a la región.

Septiembre Windsurfistas y *gülets* navegan por la costa de la península de Çeşme sin grandes multitudes.

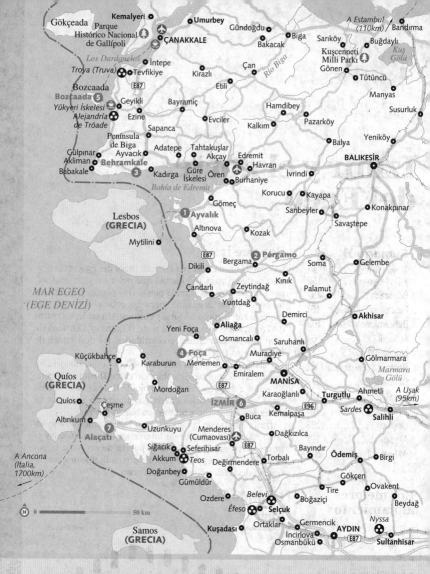

Lo más destacado de İzmir y el norte del Egeo

① Pasear por las evocadoras y decadentes callejuelas del casco antiguo de **Ayvalık** (p. 165)

② Explorar las ruinas romanas de **Pérgamo** (Bergama; p. 171), uno de los yacimientos más impresionantes del país

③ Ascender por las calles empedradas de Behramkale hasta el asombroso **templo de Atenea** (p. 162) y disfrutar de sus magníficas vistas al mar

④ Visitar **Foça** (p. 178), acogedora localidad costera y popular destino de veraneo de los turcos

⑤ Relajarse en la playa y degustar el vino local en la idílica y epicúrea isla de **Bozcaada** (p. 157)

⑥ Buscar gangas en el caótico bazar de **İzmir** (p. 185) antes de retirarse al paseo marítimo para disfrutar de un aperitivo al atardecer

⑦ Practicar *windsurf* de día y comer bien de noche en **Alaçatı** (p. 197), el paraíso exclusivo de la región

Troya (Truva) y Tevfikiye

📖 0286

Hay que decir que, si no fuese por el nombre y sus legendarias connotaciones, estas serían unas de las muchas ruinas olvidadas y descuidadas de Turquía. Entre todos los lugares de interés histórico del país, los restos de la gran ciudad de Troya están entre los menos impresionantes. A diferencia de las maravillas arqueológicas de Éfeso (p. 204) y Pérgamo (p. 171), aquí se necesita una buena dosis de imaginación para reconstruir el antiguo esplendor de la ciudad. Aun así, para los aficionados a la historia y los admiradores de *La Ilíada* de Homero, es un sitio de visita obligada, y el caballo de madera resulta gracioso. Conviene visitarla en días laborables, pues es un popular destino de fin de semana de excursiones de estudiantes.

Historia

Los primeros pobladores se asentaron aquí al inicio de la Edad del Bronce. Las ciudades llamadas Troya I y Troya V (3000-1700 a.C.) compartían una cultura similar, pero la influencia micénica hizo de Troya VI (1700-1250 a.C.) una ciudad diferente, el doble de grande y con un próspero comercio con las colonias griegas de la región. Los arqueólogos no se ponen de acuerdo en si fue Troya VI o Troya VII la ciudad que el rey Príamo embarcó en la célebre guerra. La mayoría cree que fue Troya VI y que el terremoto que derruyó las murallas en 1250 a.C. precipitó la victoria aquea.

Troya VII permaneció en pie del 1250 al 1000 a.C. Un pueblo invasor balcánico la ocupó hacia 1190 a.C., y entró en un letargo de cuatro siglos. Renació como ciudad griega (Troya VIII, 700-85 a.C.) y posteriormente romana (Novum Ilion; Troya IX, 85 a.C.-500 d.C.). Constantino el Grande, antes de asentarse definitivamente en Bizancio, acarició la idea de erigirla en capital del Imperio Romano de Oriente. Como ciudad bizantina, Troya no llegó muy lejos.

Los caballeros de la Cuarta Cruzada llegaron a justificar su ofensiva brutal en Turquía como venganza por Troya, y, cuando Mehmet el Conquistador llegó en 1462, declaró estar sepultando para siempre esos fantasmas. Después, la ciudad desapareció de la historia.

◉ Puntos de interés

Ruinas de Troya   RUINAS
(📞283 0536; por persona 15 TRY; ⏱8.30-19.00 may-15 sep, hasta 17.00 med sep-finales abr) Las tiendas de recuerdos campan a sus anchas

por la carretera que une el Hotel Hisarlık y las ruinas. Se pueden comprar guías ilustradas aquí o en la tienda que hay dentro. Hay visitas guiadas (50 €, 1½ h); conviene preguntar en el hotel o en la taquilla por ellas, o contactar con Mustafa Askin a través de su sitio web (www.thetroyguide.com) con antelación.

Lo primero que se ve al acercarse a las ruinas es una enorme reproducción en madera del símbolo más potente de la ciudad, y el medio a través del que se produjo su legendaria desaparición. A este **Caballo de Troya**, construido por el Ministerio de Turismo y Cultura, se puede subir y disfrutar de las vistas a través de las ventanas situadas en las ijadas del mismo, con las que es de suponer que no contaba el diseño griego original.

La **casa de las excavaciones**, situada cerca del caballo y utilizada por los primeros equipos de arqueólogos, expone maquetas y fotografías superpuestas para dar una idea de cómo era Troya en diferentes momentos de su historia, y ofrece información sobre la importancia del mito de la ciudad en la historia occidental. Fuera se encuentra el pequeño **jardín de Pithos**, en el que se puede ver una colección de grandes tinajas y tuberías de drenaje.

Aunque aun así el lugar resulte algo confuso, el sendero que rodea las ruinas tiene letreros que ayudan a entender lo que se está viendo.

Al llegar al recinto, hay que subir por las escaleras de piedra de la derecha, que conducen a la parte alta de lo que fue la **muralla exterior de Troya VIII y IX**. Desde allí se pueden divisar las fortificaciones de la **puerta oriental** y la **torre de Troya VI**.

Si se bajan las escaleras y se continúa hacia la derecha por la pasarela, entre gruesos muros de piedra y en lo alto de una loma se pueden observar fragmentos originales y reconstrucciones en ladrillo rojo de las **murallas de Troya II y III**. El tejado curvo que los protege tiene la misma forma y altura que tenía el montículo de Hisarlık antes de que empezaran las excavaciones en 1874.

Si se sigue el camino, se pasa por el **baluarte noreste** de la robustamente fortificada ciudad de Troya VI, los restos del grecorromano **templo de Atenea** de **Troya IX** y las murallas de Troya II y III. También se pueden distinguir los cimientos de piedra de un **'megaron'** (edificio con pórtico) del mismo período.

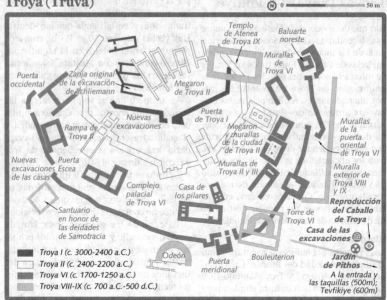

Ñ 0 ▬▬▬▬▬ 50 m

Templo de Atenea de Troya IX
Baluarte noreste
Murallas de Troya VI
Puerta occidental
Zanja original de la excavación de Schliemann
Megaron de Troya II
Puerta de Troya I
Nuevas excavaciones
Rampa de Troya II
Megaron y murallas de la ciudad de Troya II
Murallas de la puerta oriental de Troya VI
Nuevas excavaciones de las casas
Puerta Escea
Murallas de Troya II y III
Muralla exterior de Troya VIII y IX
Complejo palacial de Troya VI
Casa de los pilares
Reproducción del Caballo de Troya
Santuario en honor de las deidades de Samotracia
Torre de Troya VI
Casa de las excavaciones

- ■ Troya I (c. 3000-2400 a.C.)
- □ Troya II (c. 2400-2200 a.C.)
- ■ Troya VI (c. 1700-1250 a.C.)
- ▨ Troya VIII-IX (c. 700 a.C.-500 d.C.)

Odeón
Puerta meridional
Bouleuterion
Jardín de Pithos
A la entrada y las taquillas (500m); Tevfikiye (600m)

IZMIR Y EL NORTE DEL EGEO

Después de los vestigios de la **muralla de Troya antigua/media (puerta sur de Troya I)** se pueden ver más restos de **'megaron' de Troya II**, habitados por la clase alta, mientras que los pobres se hacinaban en el llano.

El camino continúa por la **zanja original de la excavación de Schliemann**, que atraviesa todos los estratos de la ciudad. Hay letreros que señalan los nueve niveles de esta a los lados de la zanja de 15 m de altura.

A la vuelta de la esquina hay un trozo de muralla que se cree que perteneció al **complejo palacial** de dos pisos de altura de Troya VI, y después los restos de un **santuario** consagrado a deidades desconocidas de Troya VIII y XI sobre el que posteriormente se construyó otro en honor a los dioses de Samotracia. Finalmente el camino pasa frente al **odeón** romano, en el que se celebraban conciertos, y el **'bouleuterion'** (sede del consejo) antes de regresar al inicio del recorrido.

🛏 Dónde dormir y comer

La mayoría de los viajeros se aloja en la bulliciosa Çanakkale (p. 144) y desde aquí va de excursión a Troya, pero la aldea de Tevfikiye, a 1 km de las ruinas, es un lugar más agradable y tranquilo.

Varol Pansiyon PENSIÓN €
(☎283 0828; i/d 40/70 TRY) Esta pensión hogareña, limpia y bien cuidada da a un frondoso jardín situado detrás de la tienda de Tevfikiye. Las habitaciones tienen un tamaño aceptable y los huéspedes pueden usar la cocina.

Hotel Hisarlık HOTEL €
(☎283 0026; www.thetroyguide.com; i/d/tr 25/35/50 €) Hotel sencillo pero confortable gestionado por la familia del guía local Mustafa Askin. Está a unos 500 m de las ruinas y, cuando los autobuses se van, es un sitio perfecto para observar la vida en el campo. El restaurante, que sirve comida turca casera, es ideal para recuperar energías antes o después de visitar Troya.

ℹ Cómo llegar y salir

'DOLMUŞES' Véase p. 148 para servicios a/desde Çanakkale.

CIRCUITOS Las agencias de viajes citadas en Çanakkale y Eceabat (véase p. 135) que organizan visitas vespertinas a los campos de batalla de Gallípoli también ofrecen excursiones matutinas a Troya (unos 60 TRY por persona). Vale la pena tenerlo en cuenta si se desea realizar un circuito guiado a ambos lugares por un precio asequible.

Bozcaada

📞 0286 / 2700 HAB.

La bonita y pequeña Bozcaada, la menor de las dos islas turcas habitadas del Egeo (la otra es Gökçeada), es el tipo de lugar donde uno solo piensa pasar una noche y acaba deseando quedarse para siempre. Esto es aparentemente lo que les ocurre a los estambulitas que no paran de llenar el pueblo de hoteles-*boutique* y restaurantes. Aun así, sigue siendo una de las aldeas más bonitas del Egeo gracias a su maraña de pintorescas casas antiguas cubiertas de parras y sus callejuelas empedradas apiñadas bajo una inmensa fortaleza medieval.

La ventosa Bozcaada (antigua Tenedos) siempre ha sido conocida entre los enófilos anatolios por sus vinos, y sus viñedos aún cubren sus soleadas laderas (véase recuadro en p. 159). La isla es pequeña (entre 5 y 6 km de anchura) y fácil de explorar, y por la carretera de la costa hacia el sur se suceden preciosas playas vírgenes.

Conviene saber que fuera de la temporada de vacaciones escolares (de mediados de junio a mediados de septiembre), muchos establecimientos cierran. Algunos, sobre todo restaurantes y bares, abren los fines de semana y los miércoles, día de mercado en la plaza principal.

⊙ Puntos de interés

Fortaleza
FORTALEZA

(Entrada 1,50 TRY; ⊙10.00-13.00 y 14.00-18.00) Aunque Bozcaada es un lugar más adecuado para relajarse que para hacer algo específico, hay una atracción turística oficial: el impresionante castillo del pueblo. Data del período bizantino, pero casi todo lo que se ve es posterior, de las épocas veneciana, genovesa y otomana. Dentro de sus dobles murallas hay restos de una mezquita, varios arsenales, un cuartel, una enfermería y columnas romanas.

Playas
PLAYA

Las mejores –Ayana, Ayazma, Sulubahçe y Habbele– se extienden a lo largo de la costa sur aunque, hacia el este, Tuzburnu también es aceptable. Ayazma es, con mucho, la más popular y mejor equipada, y cuenta con varias cafeterías que ofrecen las típi-

EL DESCUBRIMIENTO DE TROYA

Hasta el s. XIX, muchos historiadores dudaban de que Troya fuese un lugar real. El hombre que estaba convencido de su existencia, y casi de manera obsesiva, fue el empresario alemán Heinrich Schliemann (1822-1890), que en 1871 obtuvo permiso del Gobierno otomano para excavar en una colina próxima a la aldea de Hisarlık, identificada previamente por los arqueólogos como posible emplazamiento de la ciudad. El yacimiento requería un trabajo lento y minucioso; sin embargo, Schliemann, que tenía más de ansioso buscador de tesoros que de arqueólogo metódico, emprendió rápidamente las excavaciones. Estas sacaron a la luz los restos de una ciudad en ruinas que él identificó con toda seguridad como la Troya de la leyenda de Homero, así como un gran alijo de objetos de oro a los que denominó, con la misma 'modestia', de tesoro de Príamo. Estos hallazgos dieron fama mundial a Schliemann, pero también indujeron a que su descuidado proceder se vigilase de cerca, lo que provocó críticas y reveló que no todos sus descubrimientos eran tal y como él los presentaba.

Con tantas prisas, Schliemann no supo comprender que Troya no era una sola ciudad, sino una serie de asentamientos construidos sucesivamente uno encima de otro en el curso de unos 2500 años. Los subsiguientes arqueólogos identificaron los restos de nueve Troyas independientes, muchos de cuyos vestigios resultaron dañados por el impetuoso afán de gloria de Schliemann. Además, poco después se demostró que sus preciados tesoros no eran de la época de la Troya de Homero (Troya VI), sino de la muy anterior Troya II.

La discutible actitud de Schliemann con respecto a las normas arqueológicas continuó después de la excavación, pues sacó parte del 'tesoro de Príamo' del Imperio otomano a escondidas. Una gran parte se expuso en Berlín, donde lo apresaron las tropas soviéticas invasoras al final de la Segunda Guerra Mundial. Tras décadas de desmentidos sobre su paradero, el tesoro fue finalmente hallado escondido en el Museo Pushkin de Moscú, donde permanece mientras continúan las disputas internacionales sobre su verdadera propiedad.

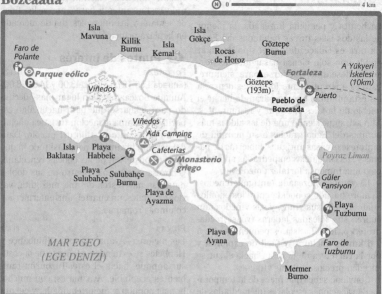

cas cosas turcas y un pequeño monasterio griego abandonado en lo alto de una colina.

Museo de Historia Local de Bozcaada

MUSEO

(Bozcaada Yerel Tarih Müzesi; ☑0532 215 6033; Lale Sokak 7; adultos/niños 5/3 TRY; ☉10.00-20.00 may-sep) Un botín de curiosidades de la isla: mapas, grabados, fotografías, conchas marinas y objetos de uso cotidiano. Al lado, una pequeña galería privada vende paisajes isleños.

Iglesia

IGLESIA

(20 Eylül Caddesi) Está situada en el antiguo barrio griego, al oeste de la fortaleza, y suele estar cerrada.

🛏 Dónde dormir

BOZCAADA (PUEBLO)

Por lo que se refiere al alojamiento, los lugareños les pisan los talones a los estambulitas. En el *iskele* (muelle) suele haber mujeres con la cabeza cubierta con un pañuelo que reciben al visitante y le ofrecen una habitación. Si se pasea por el antiguo barrio griego, al oeste del castillo, también es probable que llegue una oferta. Excepto el Hotel İskele, los siguientes establecimientos se encuentran en el cada vez más burgués barrio griego.

Kale Pansiyon

PENSIÓN €€

(☑697 8617; www.kalepansiyon.net, en turco; i/d 50/100 TRY) Con unas vistas privilegiadas desde lo alto del pueblo, esta pensión de gestión familiar cuenta con 14 habitaciones sencillas pero impolutas y una terraza en la calle para el desayuno. De sus dos casas, la de la derecha tiene los mejores baños. Los suelos de madera clara y los kílims son omnipresentes.

Otel Kaikias

HOTEL-BOUTIQUE €€€

(☑697 0250; www.kaikias.com, en turco; i/d 175/230 TRY; ☒) Este hotel con vistas a una diminuta plaza junto al mar y próximo al castillo, es una atracción en sí mismo gracias al techo de la recepción, las antigüedades u objetos como la estantería repleta de tomos desvencijados que protege un cristal. Al otro lado de la calle está el bar-restaurante, con la terraza y los suelos de madera.

Otel Ege Bozcaada

HOTEL €€€

(☑697 8189; www.egehotel.com; h 180 TRY; ☒) Una escuela de primaria del s. XIX reconvertida en un hotel de 35 habitaciones decoradas con gusto en cuyas puertas han grabado el nombre de un poeta junto a un extracto de su obra. Las del piso superior disponen de balcones con vistas a la fortaleza. En temporada baja, las habitaciones también se ofrecen como individuales (80 TRY).

Ergin Pansiyon
PENSIÓN €€

(☎697 0038; www.erginpansiyon.com, en turco; i/d 40/80 TRY; ❄) El delicioso desayuno turco que se sirve en un patio y la terraza de la azotea con vistas al castillo casi compensan las habitaciones, decoradas con combinaciones tan desastrosas como paredes verdes y colchas de color naranja. Aun así, es una de las opciones más baratas del pueblo.

Hotel İskele
HOTEL·BOUTIQUE' €€

(☎697 0087; www.bozcaadaiskeleotel.com, en turco; por persona 80 TRY; ❄) Situado en el extremo sur del puerto, claramente visible desde el *ferry*, este hotel azul y blanco cuenta con 12 habitaciones, seis con vistas al castillo, y un restaurante especializado en pescado. Sus estrafalarias habitaciones están decoradas con conchas y objetos artísticos. Algunas disponen de muebles antiguos y balcones.

Kaptan Aynar
'EV PANSIYONU' €

(☎697 8042; i/d 30/60 TRY) Debajo de la Ergin Pansiyon, esta casa moderna un tanto trillada dispone de tres habitaciones de más con camas de variable confort, lavadora y un pequeño y soleado jardín. No ofrecen desayuno.

COSTAS SUR Y ESTE

Güler Pansiyon
PENSIÓN €€

(☎697 8454; guleradaotel@hotmail.com; Tuzburnu Yolu Üzeri; i/d 50/100 TRY) Aunque un poco vieja, esta granja situada unos 2,5 km al sur del pueblo por la carretera de Tuzburnu ofrece un ambiente auténticamente isleño y un precioso entorno. Sus 11 habitaciones sencillas tienen acceso a una terraza con vistas a las viñas y a una playa privada. Los Güler son gente amable y el vino es bueno.

Ada Camping
'CAMPING' €

(☎697 0442; senayalir@mynet.com; Eski Kule Mevkii; por persona 15 TRY) Un *camping* bien equipado y situado a 200 m de la playa de Sulubahçe hacia el interior. Ofrece cocina, barbacoa y tiendas de alquiler (20 TRY por persona).

🍴 Dónde comer

Conviene comprobar el precio del pescado antes de pedir; ha habido quejas de viajeros sobre su coste exorbitante en algunos restaurantes.

Sandal Restaurant
MARISCO €€€

(☎697 0278; Alsancak Sokak; platos principales 20-25 TRY; ⊙almuerzo y cena; 🛜) Con su decoración de color azul y blanco y su emplazamiento en una calle empedrada, las principales razones para visitarlo son su servicio –el camarero fue sirviente del ex presidente turco Turgut Erzal– y sus productos frescos. La tabla de *mezes* (20 TRY), regada en aceite de oliva, está estupenda.

Lodos
MARISCO €€€

(☎697 0545; Çinar Çarşı Caddesi; platos principales 20 TRY; 🛜 En este restaurante centenario todo está en su sitio: las marinas que decoran sus paredes le confieren un ambiente

---

UN VINO EXCELENTE

Bozcaada es una de las grandes regiones vitícolas de Turquía desde la Antigüedad, cuando ingentes cantidades de vino se utilizaban para alimentar el libertinaje en los festivales en honor a Dioniso, dios griego del vino. Nadie sabe muy bien por qué, pero la alquimia mágica del clima de la isla junto a la topografía y la composición del suelo resultan perfectos para el cultivo de la uva. Los cuatro grandes productores de vino de la isla son Corvus, Talay, Ataol y Yunatçılar.

Corvus (www.corvus.com.tr; Çinar Çarşı Caddesi), que tiene una tienda junto al restaurante Lodos, es obra del famoso arquitecto turco Reşit Soley. Sus vinos, como el Karga, llamado así en honor a los muchos cuervos de la isla, y el Zeleia Vasilaki, han provocado la admiración de enólogos de todo el mundo.

La **tienda Talay** (www.talay.com.tr; Cumhuriyet Meydanı), detrás de los cajeros de la plaza principal del pueblo de Bozcaada, ofrece catas de sus tintos, blancos y rosados (9-25 TRY). También se pueden visitar los depósitos de fermentación de las bodegas, situados detrás de Ziraat Bankası.

Si se va en junio, conviene intentar hacer coincidir el viaje con el anual **Festival del Vino**, que organiza catas, charlas sobre el proceso de elaboración y circuitos por las bodegas gratuitos.

de casa de pescador, el menú incluye platos como los *deniz börülcesi* (frijoles de ojo negro) o el guiso de gambas.

Ada Café
CAFÉ €€

(☏697 8795; Çınar Çeşme Sokak 4; platos principales 8-17,50 TRY, 35 cl de vino desde 14 TRY; ⊙8.30-24.00 may-sep) Sus propietarios Melih y Semra, originarios de Estambul, se han lanzado de manera incondicional a la vida isleña y gestionan esta popular cafetería que hace las veces de punto de información turística no oficial. Sirve un desayuno variado y *mezes* calientes y fríos. La especialidad de la casa son los derivados de la amapola, como el licor y el postre.

Koreli
MARISCO €€

(☏697 8098; Yali Caddesi 12; platos principales 15 TRY) Abierto desde 1967, este restaurante del puerto situado cerca del Hotel İskele sabe perfectamente lo que hace y cuenta con una numerosa clientela fiel a sus *mezes*, sus calamares y su pulpo.

Café at Lisa's
CAFÉ €€

(☏697 0182; Kurtulus Caddesi; platos principales 15 TRY;☏) Detrás del Hotel İskele, este agradable café es una antigua pastelería dirigida por Lisa, una australiana que también publica el periódico local. Es perfecto para el desayuno; las tortillas de Lisa son legendarias, al igual que la tarta y los platos occidentales como la *pizza*.

Gülüm Ocakbaşı
'OCAKBAŞI' €€

(☏697 8567; Sakarya Sokak 5; platos principales 12 TRY; ⊙almuerzo y cena) Situado junto al mercado Tüketim, este *ocakbaşı* (asador) sirve una amplia variedad de platos tradicionales turcos como *kebaps*, *köftes* (albóndigas) y *pides* (*pizza* turca).

Ali Baba
CAFÉ €

(☏697 0207; Ayazma Plajı; platos principales 5 TRY) Es uno de los restaurantes de la playa de Ayazma. Los lectores lo valoran por su comida, con platos sencillos como *köftes* y las sabrosas *gözlemes* (tortitas saladas), y su ambiente informal, aunque esto último también se extiende a la limpieza de los aseos.

Mercado Tüketim
MERCADO DE ALIMENTOS €€

(Alsancak Sokak 20; ⊙8.00-1.00 temporada alta, 9.00-21.00 temporada baja) A unos 50 m del Sandal Restaurant. En él se vende fruta, pan recién hecho, quesos y carne, por lo que es ideal para comprar provisiones para un *picnic*.

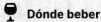 Dónde beber

Bakkal
CAFÉ

(Lale Sokak) Abierto por un restaurador de Estambul, este café súper *cool* sirve vino Corvus (1 copa 8 TRY), batidos, cafés y deliciosos sándwiches (18-25 TRY). Los clientes se sientan en pequeñas mesas en la calle o dentro, entre productos como la pasta De Cecco y tónico de piel ecológico.

Bar Ali
BAR-RESTAURANTE

(Çınar Çarşı Caddesi; ⊙8.00-4.00 temporada alta) La sala situada junto al mar da a la fortaleza; adornada con cojines, pufs y tumbonas, es el lugar ideal para relajarse al final del día. Dentro hay una zona más formal en la que disfrutar de vino y queso, y un entresuelo con cómodos asientos de piel.

Polente
BAR

(Yali Sokak 41; ⊙20.00-2.00; ☏) Situado junto a la plaza principal, este local ofrece una música tan ecléctica como su clientela, formada por lugareños y visitantes veinteañeros y treintañeros.

ⓘ Información

DINERO Ziraat Bankası (Cumhuriyet Meydanı) Esta oficina, junto a otros cajeros, está en la plaza principal del pueblo de Bozcaada, cerca de la PTT.

ACCESO A INTERNET Captain Internet Kafe (Çınar Çarşı Caddesi; 2 TRY/h; ⊙9.30-23.00)

INFORMACIÓN TURÍSTICA Quiosco de información (İskele Caddesi) Además de en esta caseta de madera próxima al *iskele*, se pueden conseguir mapas en los alojamientos y cafeterías, incluido el Ada Café (véase arriba).

ⓘ Cómo llegar y salir

BARCO Los *ferries* **Gestaş** (☏444 0752; www.gdu.com.tr) van a diario a Bozcaada desde Yükyeri İskelesi (puerto de Yükyeri; 30 min; ida y vuelta por persona/coche 3/40 TRY), 4 km al oeste de Geyikli, al sur de Troya, con salidas desde tierra firme a las 10.00, 14.00 y 19.00, y desde la isla a las 7.30, 12.00 y 18.00. También hay hidroplanos que van desde Çanakkale (55 min; por persona 10 TRY) los miércoles y los sábados a las 9.00 y que regresan a las 18.00. Conviene comprobar los horarios, pues suelen cambiar.

AUTOBÚS Hay *dolmuşes* que unen cada hora la *otogar* (estación de autobuses) de Çanakkale con Geyikli (7,50 TRY) y pasan por Ezine, con conexiones con Yükyeri İskelesi (1,50 TRY). Los *dolmuşes* esperan al *ferry* que llega de Bozcaada y continúan hacia Geyikli y Ezine (4 TRY), desde donde hay servicios a Çanakkale y destinos del sur como Behramkale/Assos y Gülpınar.

❶ Cómo desplazarse

BICICLETA Se pueden alquilar bicicletas de montaña (1 h/día 10/25 TRY) en **İskele Sancak Café** (☏0532 443 8999; İskele), a la derecha al desembarcar del *ferry*.

'DOLMUS' Hay *dolmuşes* (microbuses) que salen cada hora del *iskele* del pueblo de Bozcaada hacia la playa de Ayazma (4 TRY). En verano son más frecuentes y van a Ayazma pasando por el Ada Camping y la playa de Sulubahçe. También hay un servicio al *feneri* (faro) de Polante, en la costa oeste, para ver la puesta de sol.

TAXI Un taxi del pueblo de Bozcaada a Ayazma cuesta 20-23 TRY.

A PIE Se tarda 1½ hora en ir caminando de Bozcaada a Ayazma.

Península de Biga

☏0286

Si se cuenta con transporte propio, esta apartada península con diversas ruinas olvidadas es un buen destino para hacer una excursión. También se puede ir en transporte público, pero hay que estar preparado para pasar mucho tiempo esperando a la intemperie en los arcenes.

ALEJANDRÍA DE TRÓADE

Ubicadas 10 km al sur de Geyikli, las ruinas de **Alejandría de Tróade** (☏0532 691 3754; Dalyan köyü) están diseminadas en torno a la aldea de Dalyan.

Tras la caída del Imperio de Alejandro Magno, Antígono, uno de sus generales, asumió el control de estas tierras y fundó la ciudad de Antigonia en el 310 a.C. Más tarde, cayó derrotado en la batalla por Lisímaco, otro general de Alejandro, que tomó la ciudad y le cambió el nombre por el de su antiguo mandatario. Tras un período de ocupación romana, durante el que san Pablo pasó por allí, un terremoto destruyó la mayor parte de la ciudad.

El yacimiento es innegablemente evocador, con sus ruinas esparcidas por la hierba, pero también confuso, pues apenas hay indicaciones. Permanece en gran parte enterrado y siguen realizándose excavaciones, pero hay algunos restos maravillosos, como arcos de piedra e inscripciones legibles. Entre los hallazgos arqueológicos hay un teatro, un templo, una necrópolis, un ninfeo (templo para las ninfas del agua), un estadio, un acueducto, una iglesia y cinco odeones.

Para ir a Dalyan en autobús o *dolmuş* desde el *otogar* de Çanakkale (10 TRY) hay que cambiar en Ezine y Geyikli.

Se trata de una pequeña aldea agrícola situada al sur de Geyikli que ofrece poco más que una gasolinera y algunas tiendas que venden provisiones para un *picnic*. No obstante, albergó la antigua ciudad de **Khrysa**, famosa por el templo jónico del s. II dedicado a Apolo y por sus ratones. Un oráculo había ordenado a los colonos cretenses establecerse allí donde "los hijos de la tierra" les atacasen. Al despertarse y ver que unos ratones habían roído sus pertenencias, decidieron quedarse y construir un templo dedicado a Apolo Esminteo, el dios de los ratones. La estatua del dios, de 5 m de altura y de la que solo quedan fragmentos, tenía a sus pies varios roedores de mármol.

Las ruinas del **Apollon Smintheion** (entrada museo incl. 5 TRY; ◷8.00-17.00) se encuentran a 300 m del pueblo bajando por una carretera secundaria (si se viene del norte, hay que buscar una señal marrón a la derecha). Los maravillosos relieves y tambores de columna con pasajes de *La Ilíada* que relatan la pelea del sacerdote del Apolo Esminteo, Crise, con Agamenón, y que se encontraron entre las ruinas, se exponen en el **museo** (◷6.00-14.00 ago y sep) del yacimiento y son los primeros frisos de un templo que representan escenas de la Guerra de Troya.

Para llegar a Gülpınar en autobús o *dolmuş* desde la *otogar* de Çanakkale (9 TRY), hay que cambiar en Ezine. Desde Gülpınar también salen autobuses a Babakale (1,50 TRY, 15 min) y a Behramkale (3 TRY, 1 h).

BABAKALE (LEKTON)

De Gülpınar sale una carretera hacia el oeste que pasa por unas urbanizaciones costeras y después de 9 km llega a Babakale, el punto más occidental de la Turquía continental. El pueblo es un lugar aletargado que parece abrumado por la **fortaleza** del s. XVIII.

El fuerte se construyó para combatir a los piratas y destaca por ser el último castillo otomano erigido en la actual Turquía. Aparte de las panorámicas de Lesbos y Bozcaada, no hay mucho más que ver, pero es un sitio agradable para relajarse uno o dos días.

Situado en el paseo marítimo, el **Uran Hotel** (☏747 0218; i/d 40/80 TRY; ❄) dispone de habitaciones sencillas pero refrescadas por la brisa marina con baños diminutos y pequeños balcones con vistas al castillo y al mar. También hay una terraza estupenda y un buen **restaurante de pescado** (platos principales 15 TRY) con precios razonables. No hay que irse sin probar la especialidad, el *kalamar*.

Hay autobuses desde Gülpınar (1,50 TRY, 15 min) y servicios diarios desde Ezine (7 TRY, 2 h).

Behramkale y Assos

📞 0286

Son dos partes separadas del mismo asentamiento: una vieja aldea griega situada en lo alto de una colina que se extiende en torno a las ruinas de un antiguo templo dedicado a Atenea (Behramkale) y, a los pies de la colina, un puerto con una pequeña playa de guijarros en el que los viejos edificios y almacenes de piedra han sido transformados en hoteles y restaurantes (Assos). Forman un bonito conjunto, pero conviene evitar visitarlos en fin de semana o festivos entre principios de abril y finales de agosto, cuando los turistas llegan en masa.

Los lugareños suelen referirse a estas dos zonas como *liman* (puerto) y *köyü* (aldea) de Assos. Aparte de un cajero y una farmacia en Behramkale, hay pocos servicios. La conexión Wi-Fi no está disponible en todas partes, aunque varios restaurantes y bares ofrecen acceso a la Red.

Historia

La ciudad misia de Assos fue fundada en el s. VIII a.C. por colonos de Lesbos que en el 530 a.C. construyeron el gran templo de Atenea. La ciudad floreció bajo el mando de Hermias, discípulo de Platón, que también gobernaba la Tróade y Lesbos. Hermias invitó a filósofos a vivir en Assos, cosa que hizo el propio Aristóteles entre el 348 y el 345 a.C., que además acabó casándose con Pitia, la sobrina de Hermias. Los días de gloria acabaron de forma brusca con la llegada de los persas, que crucificaron a Hermias y obligaron a Platón a huir.

Alejandro Magno expulsó a los persas, pero la supremacía de Alejandría de Tróade en el norte ensombreció la importancia de Assos. Entre el 241 y el 133 a.C., los reyes de Pérgamo gobernaron la ciudad.

Durante su tercer viaje misionero, san Pablo llegó a Assos a pie desde Alejandría de Tróade para encontrarse con san Lucas antes de embarcar hacia Lesbos.

Al final de la época bizantina, la ciudad menguó hasta convertirse en un pueblo al que los colonos turcos llamaron Behramkale. Solo la llegada del turismo ha reavivado su economía.

👁 Puntos de interés y actividades

Templo de Atenea RUINAS
(📞 217 6740; entrada 5 TRY; ⏰ 8.00-19.30) Justo en la cima de la colina, en el pueblo de Behramkale, se halla este templo jónico del s. VI. Sus cortas columnas con la base más ancha y capiteles lisos no resultan muy elegantes, y la reconstrucción de hormigón hace más daño que bien, pero el lugar y las vistas de Lesbos son espectaculares y merecen el precio de la entrada.

Los aldeanos construyeron **puestos** a lo largo del camino que asciende hasta el templo en los que venden productos locales como bolsas con hierbas secas, champiñones o ropa de cama.

Hüdavendigar Camii MEZQUITA
Junto a la entrada del templo se sitúa esta sencilla mezquita otomana del s. XIV –una cúpula sostenida sobre pechinas que corona un espacio cuadrangular– construida antes de que los turcos conquistaran Constantinopla y asimilaran las lecciones de Santa Sofía. Es una de las dos mezquitas otomanas de su estilo que quedan en Turquía (la otra está en Bursa).

Otros restos RUINAS
Para llegar a la **necrópolis** hay que bajar desde el templo por la empinada colina o caminar por la carretera hacia Assos. Los sarcófagos ("comedores de carne" en griego) de Assos eran famosos. Según Plinio el Viejo, la piedra era cáustica y se 'comía' la carne de los fallecidos en 40 días. También se pueden visitar los restos de un **teatro** y una **basílica** del s. II a.C.

Alrededor de la colina se encuentran algunos tramos de las **murallas** de Assos, una de las fortificaciones medievales más impresionantes de Turquía.

🛏 Dónde dormir

Se puede elegir entre el pintoresco y animado puerto de Assos (incluso si los interiores de las bonitas casas de piedra suelen decepcionar) y el apacible y evocador pueblo de Behramkale.

En temporada alta, casi todos los hoteles del muelle insisten en ofrecer *yarım pansiyon* (media pensión), pero se puede negociar.

BEHRAMKALE

Biber Evi
HOTEL·'BOUTIQUE' €€€

(721 7410; www.biberevi.com; i 200-230 TRY, d 240-270 TRY;) Lütfi, un antiguo director de teatro y cultivador de la noble *biber* (pimienta), pasó tres años y medio restaurando esta casa de piedra de 150 años. Hay casi cien variedades de chile en el jardín; están en todas partes: mermeladas, condimentos e incluso, de forma figurada, en los azulejos de seis baños, que son versiones modernas de los *gusülhane* (baños en el armario) otomanos con calefacción en el suelo. El bar está bien provisto de *whiskies* de una única malta, la terraza tiene vistas al templo y la costa, y el variado desayuno y las cenas *gourmet* también demuestran cuidado y creatividad. Solo admiten reservas para un mínimo de dos noches.

Eris Pansiyon
PENSIÓN €€

(721 7080; www.erispansiyon.com; i/d merienda incl. 70/120 TRY) Ocupa una casa de piedra con unos bonitos jardines situada al final del pueblo, después del restaurante Ehl-i Keyf y varias galerías pequeñas. Se trata de una pensión de gestión americana con tres habitaciones agradables y tranquilas. La merienda, con tarta casera, se sirve en una terraza con unas vistas espectaculares de las colinas, y tienen una biblioteca con servicio de intercambio de libros.

Dolunay Pansiyon
PENSIÓN €€

(721 7172; i/d 50/100 TRY;) Situada en el centro del pueblo, en la plaza principal, la Dolunay es un lugar acogedor con seis habitaciones sencillas e inmaculadas dispuestas en torno a un bonito patio. También cuenta con una terraza en la que se puede desayunar mirando el mar.

Old Bridge House
HOTEL·'BOUTIQUE' €€

(721 7100; www.oldbridgehouse.com.tr; i/d 100/200 TRY, bungaló i/d 60/120 TRY;) Con sus elegantes habitaciones y espaciosos bungalós con baños pequeños, este hotel, desde que cambió de manos, ya no es una de las opciones preferidas de los viajeros. Sin embargo, el personal es muy hospitalario y la propiedad ha sido reformada. Está cerca del puente otomano, al norte de Behramkale, y tiene vistas al templo y el pueblo.

Assos Konuk Evi
PENSIÓN €€

(721 7081; i/d/tr desde 60/80/100 TRY;) Escondida en la parte alta del pueblo, desde donde se ve el mar 200 m más abajo, esta pensión no ha sido restaurada con gusto.

Está por encima del resto de pensiones del pueblo y cuenta con un sombreado patio.

Tekin Pansiyon
PENSIÓN €€

(721 7099; assostekinpansiyon@hotmail.com; i/d 50/100 TRY;) Es una de las primeras pensiones que se ven al llegar, y a sus habitaciones se accede por un balcón de madera. Ofrece los servicios básicos de una pensión y las habitaciones están de espaldas a las vistas panorámicas de Behramkale, pero desde las mesitas del balcón se ven los tejemanejes del pueblo.

ASSOS

El Çakır Restaurant y el Yelken Camp ofrecen alojamiento en cabañas de madera (i/d media pensión desde 60/100 TRY).

Hotel Kervansaray
HOTEL €€

(721 7093; www.assoskervansaray.com; i/d con vistas al mar 120/140 TRY;) Un almacén de bellotas del s. XIX, el cavernoso Kervansaray ofrece diversión y algarabía en sus piscinas interior y exterior, su sauna y su *jacuzzi*. Sus elegantes habitaciones, que dan al patio interior o al mar, disponen de baños pequeños y televisores con pantalla de plasma discretamente ocultos tras paneles de madera; algunas tienen balcón. Al otro lado de la calle, el Kervansaray Butik Otel cobra lo mismo y ofrece habitaciones similares.

Yıldız Saray Hotel
PENSIÓN €€

(721 7025; www.yildizsaray-hotels.com; i/d/f 80/120/200 TRY;) Aunque algunas colchas parecen de los años setenta, el colorido de sus paredes y alfombras lo sitúa en un nivel superior al de las pensiones del pueblo. Tres habitaciones tienen acceso a una terraza y dos cuentan con chimenea. El apartamento familiar con dos dobles y un baño con *jacuzzi* ofrece una buena relación calidad-precio, y el desayuno se sirve en una fantástica plataforma flotante. Los propietarios gestionan otro hotel situado al este, en Kadırga.

Dr. No Antik Pansiyon
PENSIÓN €

(721 7397; dr.noantikpansiyon@hotmail.com; i/d 35/70 TRY;) No es el escondite del villano de Bond, pero sí una opción económica y agradable con unas habitaciones pasables, aunque la combinación de verdes es un poco desafortunada. El desayuno se sirve arriba, en el salón exterior cubierto del restaurante.

Hotel Behram
HOTEL €€

(721 7016; hotelbehram@yahoo.com; i/d 70/120 TRY; @) Alegres colchas y cortinas ponen la nota de color a las habitaciones de este hotel del paseo marítimo. La sensación de decadencia de la recepción va en aumento pero, si se mira el lado positivo, tiene un restaurante al aire libre junto al agua.

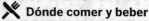 Dónde comer y beber

Al contrario de lo que suele ocurrir en estos casos, el asentamiento al pie de la colina es la parte más 'pija' del pueblo, donde los precios suelen ser más altos que en la parte alta. Conviene asegurarse del precio del pescado y el vino antes de pedir.

BEHRAMKALE

Biber Evi Restaurant RESTAURANTE €€€
(⏱721 7410; platos principales 30 TRY; ⊙cena; ☎) Este hotel-*boutique* (véase p. 163) solo admite grupos pequeños y conviene reservar con antelación para degustar sus cenas elaboradas con ingredientes frescos de su huerta. Entre sus platos destacan la cabra o el cordero asado y el pescado. Su polifacético chef, Lütfi, ganó el tercer premio en un concurso nacional de *mezes* con su atún salado.

Panorama Restaurant RESTAURANTE €€
(⏱721 7037; platos principales 10 TRY) Las vistas desde el restaurante del simpático Mehmet y su familia están a la altura de su nombre. Sirven, entre otros, una amplia variedad de carnes y *mezes* como *börülce* (frijoles de ojo negro), flores de calabaza rellenas y *avcı boreğı* (*börek* de cazador; una especie de empanada de carne o queso).

Mantı & Börek Evi 'LOKANTA' €
(⏱721 7050; platos principales 7 TRY; ⊙8.00-19.00) Esta *lokanta* (restaurante que sirve comida preparada) ofrece *mantı* (raviolis turcos), *avcı boreğı* y una buena selección de *mezes*, y cuenta con una pequeña terraza que da a la plaza principal. Es uno de los pocos restaurantes de la colina que sirve cerveza.

Aile Çay Bahçesi TERRAZA €
(Té 0,75 TRY, refrescos 2 TRY; ☎) Su agradable terraza a la sombra con unas bonitas vistas es ideal para tomar un café o un refresco. Sus *gözlemes* (4 TRY) están lo suficientemente buenas como para engullirlas.

ASSOS

Uzunev MARISCO €€
(⏱721 7007; platos principales 15-20 TRY; ⊙almuerzo y cena) Considerado el mejor restaurante de pescado del pueblo, cuenta con mesas en la terraza y en el paseo marítimo. Hay que probar su suculenta especialidad: lubina a la Aristóteles (cocida al vapor en un caldo especial), o el delicioso *meze* de marisco (10 TRY). En temporada alta, después de las 22.00, se metamorfosea en disco-bar.

Çakır Restaurant MARISCO €€
(⏱721 7048; platos principales 10-15 TRY) Situado después del Hotel Kervansaray y enfrente de una playa de guijarros y unas destartaladas plataformas de madera sobre el agua, el restaurante de los hermanos Çakýr es uno de los preferidos por el público. Se pueden pedir *mezes* y platos principales como *kalamar* y *köftes* recién hechos.

Yelken Camp BAR
(⏱721 7433; ☎) Ubicado justo antes del Çakır, el Yelken, con su techo de paja, sus coloridos sofás y la música que suena mientras se observa el ir y venir de las olas, es un buen sitio para tomar un aperitivo al anochecer.

❶ Cómo llegar y salir

ÇANAKKALE Hay un servicio regular de autobuses de Çanakkale (10 TRY, 1½ h) a Ayvacık, donde se puede tomar un *dolmuş* a Behramkale (3 TRY, 20 min). Algunos *dolmuşes* hacen otra parada en Assos (4 TRY) en verano, pero otros no, lo que obliga a cambiar al servicio de enlace.

En temporada baja, los *dolmuşes* circulan con menor frecuencia. Conviene llegar a Ayvacık lo más pronto posible para poder tomar un *dolmuş* a Behramkale. Si se pierde el último, en Ayvacık hay un par de hoteles y, si no, un taxi saldría por unos 25-30 TRY.

PENÍNSULA DE BİGA Hay *dolmuşes* que unen Behramkale con Gülpınar (3 TRY, 1 h).

BAHÍA DE EDREMİT En verano, los *dolmuşes* conectan Behramkale con Küçükkuyu (4 TRY, 1 h); un taxi cuesta unos 40-45 TRY.

❶ Cómo desplazarse

LANZADERA En verano, hay un servicio durante el día entre Behramkale y Assos (1 TRY, cada 30 min). En invierno, los *dolmuşes* cubren de vez en cuando este trayecto (7,50 TRY).

Ayvacık

⏱0286 / 7600 HAB.
De camino a Behramkale, es muy probable que se pase por Ayvacık, que acoge un gran **mercado de los viernes** en el que mujeres de las aldeas circundantes venden fruta, verduras y cestos. Las que visten largas tú-

nicas satinadas o pañuelos de colores en la cabeza son descendientes de los nómadas turcomanos que se asentaron en la zona.

Ayvacık es famosa por sus diminutas alfombras, y algunas de las 200 aldeas y comunidades turcomanas de la región aún las producen. A 2 km de Ayvacık, enfrente del taller Total de la carretera principal a Çanakkale, se encuentra el **Doğal Boya Arıştırma ve Geliştirme Projesi** (Dobag; Proyecto de Investigación y Desarrollo de los Tintes Naturales; 712 1274; ⊘9.00-18.00), fundado en 1982 para animar a los lugareños a volver a tejer alfombras con lana teñida con productos naturales. Los precios que cobran las mujeres del pueblo, que esporádicamente exhiben aquí sus trabajos, son más bajos que los que se encuentran en los bazares de las grandes ciudades. La mayoría de las alfombras se exporta, y los precios no son desorbitados si se tiene en cuenta el proceso; todo (esquilado, cardado, hilado, tejido, anudado y teñido) se hace a mano. La sala de exposiciones del piso de arriba puede que esté vacía en temporada baja, pero hay unas pocas muestras y algunos libros a la venta. Se aconseja llamar con antelación para organizar un circuito por el pueblo.

❶ Cómo llegar y salir

Hay un servicio regular de autobuses a/desde Çanakkale (10 TRY, 1½ h), y de autobuses o *dolmuşes* entre Ayvacık y Ezine, Behramkale y Küçükkuyu.

Bahía de Edremit

Se pueden encontrar varios *campings* y hoteles en la larga playa de **Kadırga**, 4 km al este de Behramkale y destino habitual de paquetes turísticos. Unos 20 km más allá, la carretera se une a la autopista, que continúa hacia el este a lo largo de la costa norte de la bahía de Edremit.

Si se gira a la izquierda, hacia Ayvacik, adentrándose en las montañas 4 km hacia el noroeste, se llega al pueblo de **Yeşilyurt**, rodeado de bosques de pinos y olivares, y repleto de hoteles-*boutique* y restaurantes. Muchas de sus casas de muros de piedra amarillenta han sido restauradas y realzadas con ladrillos rojos y madera.

De regreso a la autopista de la costa, se puede parar en Küçükkuyu para visitar el **Museo Adatepe Zeytinyağı** (✆0286 752 1303; ⊘9.00-19.00), que ocupa una antigua almazara y en el que se explica el proceso de elaboración del aceite de oliva.

Desde Küçükkuyu, continuando 4 km al noreste hacia las montañas, se llega a la bonita aldea de **Adatepe**, una piña de casas de piedra restauradas a los pies de una roca con forma de lagartija. La zona es perfecta para caminar, pues cuenta con varias cascadas en cuyas piscinas también se puede nadar, y con un puente romano cerca de las de Başdeğirmen. En la parte alta del pueblo se halla la apacible **Hünnap Han** (✆0286 752 6581; www.hunnaphan.com; i/d media pensión 190/250 TRY), una casa de campo restaurada con habitaciones decoradas en estilo tradicional, un bonito jardín y un patio de piedra.

Cada hora para un autobús en Küçükkuyu, que tiene oficinas de Metro y Truva, en su ruta hacia Çanakkale (15 TRY) e İzmir (25 TRY). Un taxi de Küçükkuyu a Adatepe o Yeşilyurt cuesta 10 TRY. En verano, hay *dolmuşes* que van a Behramkale (4 TRY, 1 h); si no, un taxi sale por 40-45 TRY.

La carretera continúa hacia el este pasando por una zona de apartamentos vacacionales, hoteles y urbanizaciones de segundas viviendas destinadas al turismo nacional. Si se sigue la señal marrón que hay justo antes de Güre İskelesi y se continúa 2,5 km hacia el norte se llega a la **Etnografya Galerisi** (Galería Etnográfica; ✆0266 387 3340; entrada 2 TRY; ⊘8.00-20.00) de Tahtakuşlar que, al exponer objetos como una tienda de campaña abovedada, intenta dar a conocer la vida en las aldeas habitadas por descendientes de los turcomanos que llegaron aquí en el s. xv.

Demre Tour, con base en Akçay, 10 km al oeste de Edremit, organiza **safaris en 'jeep'** (✆0266 384 8586; con almuerzo 50 TRY, con 1 noche en tienda turcomana y 3 comidas 125 TRY; ⊘jun-sep) en el Parque Nacional del Monte Ida (Kazdağı Milli Parkı).

Hay un buen sitio para comer cerca del paseo marítimo de Akçay. Una vez en la calle principal, hay que girar a la derecha justo después de la Ömür Lokanta para encontrar la multicolor **Zeyyat Lokanta** (platos principales 10 TRY; ⊘8.00-22.00), que tiene mesas al aire libre y platos caseros como el *balık* (pescado) con pimientos.

Cuando se redactó esta guía, en Edremit estaban a punto de abrir un aeropuerto con vuelos Atlasjet.

Ayvalık

✆0266 / 36 000 HAB.

A primera vista parece que no hay nada especial en este pueblo pesquero y complejo

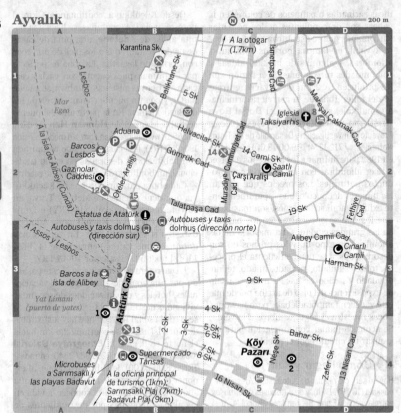

A la otogar
(1,7km)

Karantina Sk

Ismetpaşa Cad

11

5 Sk

6

7

10

Balıkhane Sk

Mar
Egeo

Aduana

Helvacılar Sk

Iglesia
Taksiyarhis

8

Mareşal Çakmak Cad

Barcos
a Lesbos

Gümrük Cad

14

14 Cami Sk

Gazinolar
Caddesi

Ofeler Aralığı

Muradiye Cumhuriyet Cad

Çarşı Aralığı

Saatlı
Camii

12

15

Talatpaşa Cad

19 Sk

Fethiye
Cad

Estatua de Atatürk

Autobuses y taxis dolmuş
(dirección sur)

Autobuses y taxis
dolmuş (dirección norte)

Alibey Camii Cad

Çınarlı
Camii

A Assos y Lesbos

Harman Sk

Barcos a la
isla de Alibey

Yat Limanı
(puerto de yates)

3

9 Sk

4 Sk

1

13

9

2 Sk

3 Sk

4 Sk

5 Sk
6 Sk

7 Sk
8 Sk

Köy
Pazarı

Bahar Sk

Neşe Sk

Zafer Sk

13 Nisan Cad

4

Microbuses
a Sarımsaklı y
las playas Badavut

Supermercado
Tansaş

A la oficina principal
de turismo (1km);
Sarımsaklı Plaj (7km);
Badavut Plaj (9km)

5

2

16 Nisan Sk

A la isla de Alibey (Cunda)

A Lesbos

İZMİR Y EL NORTE DEL EGEO

turístico de Ayvalık, cuyo nombre significa "huerto de membrillos". Su paseo marítimo, aunque se agradece que esté libre de vendedores pesados, es igual que el de otros lugares de la zona: palmeras, restaurantes de pescado y un puerto lleno de barcas para ir de excursión. Sin embargo, la vieja aldea griega que hay detrás, con su encantadora decadencia, se presenta como una especie de museo al aire libre. Carros y caballos repiquetean por sus callejuelas empedradas a cuyos lados se levantan pintorescas casas con contraventanas, algunas restauradas y otras desatendidas. El conjunto desprende un atrayente aire de decrepitud en el que la vida avanza a paso aletargado. Mujeres con la cabeza cubierta socializan desde las escaleras de sus casas, los perros duermen en el arcén y las sombras crecen poco a poco bajo el sol del Egeo.

Hay muchas tiendas de venta de aceite de oliva, cuya producción sigue siendo el tradicional motor económico de la zona. La chimenea rota que hay junto al supermercado Tansaş del centro urbano pertenece a una planta de elaboración de aceite abandonada. Ayvalık también es famosa por ser lugar de paso de quienes van a las islas de la zona, como la cercana Alibey y Lesbos (Grecia).

⊙ Puntos de interés y actividades

Casco antiguo ZONA HISTÓRICA

No cuenta con muchos puntos de interés concretos, pero da gusto pasear por el centro histórico de Ayvalık y recorrer sus calles empedradas bordeadas de viejas y encantadoras casas griegas. En Tarlakusu Gurmeko (véase p. 168), dan mapas con información turística que incluyen las antiguas iglesias ortodoxas griegas (véase recuadro en p. 169). Hay un proyecto que prevé convertir la vieja planta de elaboración de aceite en un museo local.

Mercados

MERCADO

Los jueves se celebra uno de los mayores y más animados mercados de la región, y parece que los puestos llenan todo el pueblo. Hay que preguntar por el **'köy pazarı'** (mercado local), que se hace junto al principal **'pazar yeri'** (bazar). Cada día en el paseo marítimo, junto a la terminal del *ferry* que va a Alibey (p. 170), tiene lugar un **mercado de pescado** (*balık pazarı*).

Cruceros

CRUCERO

(por persona almuerzo incl. 20 TRY) Además de los que van a zonas en las que se practica submarinismo (véase recuadro en p. 168) y los que llevan a Lesbos en verano (véase p. 169), hay cruceros que recorren las islas de la bahía, incluida Alibey, que paran para nadar, tomar el sol y caminar. Suelen zarpar a las 11.00 y regresar a las 18.30. Jale Tour (véase p. 169) también va a Assos (40 TRY), con salida a las 10.30 y vuelta a las 19.30.

Playas

PLAYA

Unos kilómetros más al sur hay buenas playas de arena. Sarımsaklı Plaj (playa de Ajo) es la más famosa e inevitablemente la más concurrida. Conviene quedarse un poco más en el autobús hasta llegar a Badavut, más al oeste, con playas más tranquilas.

🛏 Dónde dormir

🛏 Annette's House

PENSIÓN €€

(☎312 5971; www.annetteshouse.com; Neşe Sokak 12; por persona 45 TRY; @) Situada en una tranquila plaza (excepto los jueves, cuando allí se celebra el mercado local), es un oasis de calma y confort. La afable An-

nette, una profesora alemana retirada, preside sus ocho agradables habitaciones en las que se unen modernidad y decoración tradicional, con suelos blancos que hacen resaltar las coloridas alfombras. Hay dos individuales y un apartamento con su propio trozo de sombreado y bonito jardín. El desayuno tiene un coste adicional de 10 TRY.

Kelebek Pension

PENSIÓN €€

(☎312 3908; www.kelebek-pension.com; Mareşal Çakmak Caddesi 108; i/d/tr 50/80/120 TRY; ❄) Esta pensión de siete habitaciones y propiedad de la familia Kıray, que habla inglés y alemán, está ganando elogios de los lectores y se está construyendo una buena reputación en el Egeo. Su pintoresco edificio blanco y azul cuenta con una terraza para disfrutar del desayuno al aire libre.

Taksiyarhis Pension

PENSIÓN €€

(☎312 1494; www.taksiyarhispension.com; Mareşal Çakmak Caddesi 71; por persona sin baño 35 TRY; ❄) Habitaciones de todas las formas y tamaños llenan esta casa griega de 120 años situada detrás de la epónima iglesia. La terraza a la sombra de las parras, las vigas descubiertas y numerosos cojines, alfombrillas y objetos artesanales le confieren su propia personalidad. Los viajeros tienen acceso a la cocina común y hay un servicio de intercambio de libros. El desayuno no está incluido y cuesta 10 TRY.

Bonjour Pansiyon

PENSIÓN €€

(☎312 8085; www.bonjourpansiyon.com; Fevzi Çakmak Caddesi, Çeşme Sokak 5; i/d sin baño 50/90 TRY; ❄) Esta mansión de 300 años que albergó la embajada de Francia a principios del s. xx muestra ahora un esplendor marchito con sus viejos muebles y artilugios antiguos. Ofrece una fantástica acogida y un excelente desayuno bufé en el patio. Las 12 habitaciones están inmaculadas, aunque la mayoría comparten baño y algunas camas podrían mejorarse.

Dónde comer

Balıkçı
MARISCO €€

(☑312 9099; Balıkhane Sokak 7; platos principales 17 TRY; ☯cena) Situado en el paseo marítimo, el restaurante "Pescadores", gestionado por una asociación local de pescadores y ecologistas, es el sitio perfecto para tomar un *rakı* (licor anisado) y entender la expresión "rakı, balık, Ayvalık". Al personal le encanta hablar con los clientes de *mezes* y pescado, de cuáles son las especies con menos espinas y demás. Después, uno puede sentarse en la terraza o dentro para ver mejor los trovadores turcos, que cantan en coro a partir de las 20.30.

Tarlakusu Gurmeko
CAFÉ €€

(☑312 3312; Cumhuriyet Caddesi 53; ☯8.30-20.30; ☏) Con una pareja de İzmir bien informada al mando, esta cafetería sirve una gran selección de tés y cafés, incluido un buen capuchino (4,50 TRY), y cuenta con una tienda que vende bolsitas con los granos u hojas de lo que se toma. Para picar, ofrece galletas, *brownies*, sopas, ensaladas, tablas de queso y *börek* (3,50 TRY).

Deniz Kestanesi
MARISCO €€€

(☑312 3262; Karantina Sokak 9; platos principales 15 TRY; ☯10.00-24.00) Puede que sea el restaurante más elegante de la ciudad y seguramente uno de los más caros. Está situado en el paseo marítimo, y ofrece suelos de madera, techos altos, sillas de piel y unas vistas fantásticas de las luces centelleantes de Alibey. Sirven platos de carne, *mezes* (6-14 TRY) y *balık* como lubina, brema, tiburón o salmonete.

Hatipoğlu Pastaneleri
PASTELERÍA €

(Atatürk Caddesi 12; té/café turco 1/2 TRY; ☯7.00-1.00; ⊛) Con una gran selección de púdines, tartas y pasteles tradicionales turcos, esta agradable pastelería es ideal para desayunar o tomar un té. No hay que perderse la especialidad de Ayvalık: el *lok* (bizcocho rebosante de miel; 3 TRY) con una cucharada de *dondurma* (helado).

Deniziçi Cafeterya
BAR-CAFETERÍA €

(☑312 1537; Gazinolar Caddesi 1; pizzas 6-9 TRY; ☯8.00-00.30; ☏) El "café del mar" sirve platos ligeros y tentempiés como *pizzas*, *kalamar* y hamburguesas. Está al oeste del White Knight Café, rodeado de restaurantes de pescado caros, y es perfecto para disfrutar de un cóctel al final del día.

Dónde beber y ocio

White Knight Café
BAR

(☑312 3682; Cumhuriyet Meydanı 13; cerveza 4 TRY; ☯9.00-2.00; ☏) Popular cafetería situada junto a la estatua de Atatürk supervisada por Ahmet y su esposa británica, Anthea. El ambiente es sosegado excepto cuando se retransmiten partidos de fútbol importantes, y vende revistas en inglés y periódicos del día anterior.

Studio Organic
CINE, CURSOS

(☑312 3312; Cumhuriyet Caddesi 53) El estudio que está encima de la cafetería Tarlakusu Gurmeko organiza un cine club (2 TRY) los viernes por la noche y clases nocturnas: yoga los lunes, dibujo los martes, fotografía los martes y jueves, y tango y salsa los miércoles.

ℹ️ Información

C@fein Cafe Net (Cumhuriyet Meydanı; 1,50 TRY/h; ☯8.30-24.00) Acceso a Internet en la plaza principal.

Oficina de correos (Atatürk Caddesi) En el extremo norte de la ciudad, en la calle principal.

Oficina de turismo Principal (☑312 2122; Yat Limanı Karşısı; ☯8.00-12.00 y 13.00-17.00 lu-vi); quiosco (Yat Limanı; ☯jun-sep) La oficina de turismo principal está después del puerto de yates, pero en temporada alta

---

SUBMARINISMO EN AYVALIK

Las aguas de Ayvalık son famosas entre los submarinistas por sus arrecifes de coral rojo pero, al encontrarse estos a entre 30 y 42 m de profundidad, no resultan aconsejables para principiantes. Las empresas de submarinismo de Ayvalık organizan excursiones para ver el coral y las especies marinas que viven en su entorno, como morenas, meros, pulpos y caballitos de mar. Una de las mejores es **Korfez Diving Center** (☑0532 266 3589; www.korfezdiving.com; ☯mar-nov), que atraca su barco junto al mercado de pescado. Un día de submarinismo cuesta 80 TRY, y un curso 500 TRY.

Caminando por las tranquilas callejuelas de Ayvalık, no es fácil darse cuenta de que se está pasando por los restos de uno de los acontecimientos más traumáticos de la historia de Turquía: el gran intercambio de población que tuvo lugar después de la creación del Estado turco (véase p. 646).

Los primeros años de la década de 1920 traen recuerdos encontrados al lugar; el orgullo por su papel en la Guerra de Independencia (fue aquí donde se dispararon los primeros tiros) quedó mitigado por lo que sucedió después. Los griegos otomanos, que componían la mayoría de la población, se vieron obligados a abandonar su tierra natal y trasladarse a la isla griega de Lesbos, mientras que los turcos de esta, a su vez, tuvieron que emprender una vida nueva en Ayvalık. A pesar de la gran angustia que todo esto debió de causar, el intercambio Ayvalık-Lesbos es considerado, no obstante, como uno de los episodios menos dañinos de la época. Las razones por las que el intercambio provocó menos tumulto que otros acontecimientos tienen mucho que ver con la proximidad de las dos comunidades, que permitió a las gentes de ambos lados continuar visitando sus antiguos hogares, aunque sus sentimientos durante esos viajes han tenido que ser contradictorios. Además, ambas comunidades se dedicaban a la producción de aceite de oliva, por lo que todos encontraron muchas cosas que les eran familiares en sus nuevas vidas.

Hoy en día, los rumores del pasado se escuchan por todas partes. Algunos ancianos aún hablan griego y muchas de las antiguas iglesias griegas ortodoxas siguen en pie, aunque convertidas en mezquitas. La Ayios Ioannis, que en 1923 se transformó en la Saatlı Camii ("mezquita del reloj", llamada así por su torre del reloj), aún celebra oficios para la comunidad expatriada de Ayvalık los domingos por la mañana. La antigua Ayios Yioryios es ahora la Çınarlı Camii, en honor a los *çınar* (plátanos) que allí crecieron y de los que queda uno. La Taksiyarhis, una de las iglesias griegas más solemnes, no fue convertida, pero tampoco funciona ya como iglesia, sino que permanece vacía y abandonada a la espera de ser restaurada en algún momento no especificado.

se puede obtener información en el quiosco del paseo marítimo, al sur de la plaza principal.

❶ Cómo llegar y salir

Barco

LESBOS Todos los días de mayo a septiembre, excepto los domingos, zarpan barcos rumbo a Lesbos, Grecia (pasajero ida/ida y vuelta 40/50 €, automóvil 60/70 €, 1½ h) a las 17.00, y a Ayvalık (los mismos días) a las 8.30. De octubre a mayo, solo van a Lesbos y Ayvalık los martes, jueves y sábados (a la misma hora).

Conviene tener en cuenta que los horarios cambian, que es necesario reservar (en persona o por teléfono) 24 horas antes de la salida y que hay que llevar el pasaporte cuando se vaya a recoger los billetes.

Jale Tour (☎ 331 3170; www.jaletour.com; Gümrük Caddesi 24) proporciona información y vende billetes.

Autobús

BERGAMA Se puede ir de excursión a Bergama (7 TRY, 1¾ h, 45 km). Cada hora, entre las 8.00 y las 19.00, sale un autobús de la *otogar* de Bergama hacia el sur que pasa por el centro, por lo que también se puede tomar en la plaza principal.

ÇANAKKALE Si se viene de Çanakkale (13 TRY, 3¼ h, 200 km, 5 diarios), las empresas más pequeñas suelen dejar al pasajero en la autopista, desde donde tiene que ir en autostop hasta el centro. Las empresas más grandes, como Ulusoy, ofrecen *servis* hasta sus oficinas en el centro.

EDREMIT Hay un servicio regular de *dolmuş* a la *otogar* de Ayvalık (6 TRY, 1 h).

IZMIR Cada hora salen autobuses a/desde İzmir (15 TRY, 3 h, 150 km).

Automóvil

BERGAMA La ruta interior hacia Bergama, vía Kozak, mucho más pintoresca y solo ligeramente más lenta que la de la costa, serpentea entre idílicas colinas cubiertas de pinos. Hay que dar marcha atrás hacia Gömeç y después girar a la derecha.

❶ Cómo desplazarse

Autobús y 'dolmuş'

CENTRO URBANO Los taxis *dolmuş* (blancos con franjas rojas) dan servicio en el centro urbano y paran para dejar y recoger pasajeros a lo largo de una serie de cortas rutas fijas. Se pueden tomar en la plaza principal. Entre los destinos está Armutçuk, 1 km al norte de la ciudad. Los billetes suelen costar 1,50 TRY.

'OTOGAR' Los autobuses *belediyesi* (urbanos) de Ayvalık (1,50-3 TRY) circulan por la ciudad entre la *otogar* y la plaza principal.

SUR Los autobuses *belediyesi* que pasan por la plaza principal continúan hasta la oficina de turismo y las playas de Sarımsaklı. También hay microbuses (1,50-2 TRY) que salen de al lado del supermercado Tansaş, al sur de la plaza principal, con destino a las playas.

Automóvil

Conducir por las calles diabólicamente estrechas del casco antiguo de Ayvalık puede ser muy estresante. Es mejor dejar el coche en uno de los aparcamientos del paseo marítimo, que suelen costar 6/10 TRY por día/noche. Los alojamientos del centro histórico generalmente cuentan con solo una o dos plazas, pero están muy cotizadas y existe el peligro de que otro coche raye el propio.

Taxi

Un taxi desde la *otogar* al centro cuesta 6 TRY.

Isla de Alibey

Llamada así en honor a un héroe de la Guerra de Independencia, la isla de Alibey, Cunda los lugareños, está justo enfrente de Ayvalık. Una carretera la conecta con la continental Ayvalık, de la que suele considerarse una extensión más tranquila. Los habitantes de ambos lugares van y vienen regularmente de una a otra. Hay taxis *dolmuş* que las comunican, además del *ferry*, por lo que la isla es el sitio ideal al que ir de excursión desde Ayvalık.

El *ferry* deja al viajero en un pequeño muelle, delante de una larga fila de restaurantes de pescado. Detrás se encuentra un pequeño y característico pueblo formado por viejas (y en algunos casos, ruinosas) casas griegas de piedra. Al igual que Ayvalık, a principios de la década de 1920 sus gentes se vieron obligadas a efectuar un intercambio de población, en este caso, con musulmanes de Creta.

Justo a la derecha de la terminal del *ferry* está la plaza principal del pueblo. En el paseo marítimo hay cajeros automáticos y, en el aparcamiento de su extremo este, un panel informativo con mapas. Detrás de la plaza hay un pequeño mercado turístico con puestos en los que se venden joyas y baratijas. Uno de los vestigios más famosos del pasado griego del pueblo es la **iglesia Taksiyarhis** (no confundir con la iglesia del mismo nombre de Ayvalık), encaramada en lo alto de una colina justo detrás del mercado turístico. Aunque evitó convertirse en mezquita, el edificio sufrió graves daños durante el terremoto de 1944, y hoy en día permanece en un estado de pintoresco deterioro. Dentro hay algunos frescos descoloridos y bastante abandonados.

Las zonas más bonitas de la isla están al oeste, donde hay buenas playas para tomar el sol y bañarse, y al norte, en gran parte ocupado por la **Reserva Natural Pateriça**, con rutas para caminar y, en la costa norte, las ruinas del **Ayışığı Manastırı** (monasterio de la Luz de la Luna) griego.

🛏 Dónde dormir

En Alibey los precios son altos y las opciones están gestionadas de un modo menos atractivo o profesional que las de Ayvalık, así que se aconseja visitarlo de excursión.

Ada Kamping   'CAMPING'
(☎327 1211; www.adacamping.com; Alibey Adası; parcelas de *camping* por persona 15 TRY, autoca-

---

COMIDA RÁPIDA AL ESTILO DE AYVALIK

Puede que Ayvalık se haya hecho famosa por su aceite de oliva pero, hoy en día, en Turquía es más conocida por un obsequio culinario bastante menos refinado: la *Ayvalık tost* (tostada de Ayvalık), que consiste básicamente en un sándwich tostado relleno de toda suerte de ingredientes: queso, *sucuk* (embutido de ternera picante), salami, encurtidos, tomates, etc., que, por supuesto, se riegan con *ketchup* y mayonesa (a menos que se pida explícitamente lo contrario). Se encuentran en cafeterías y puestos de comida de toda la ciudad, pero **Avşar Büfe** (Atatürk Caddesi, Tanşas Yanı; ⊙24 h temporada alta, 7.00-3.00 temporada baja) y los establecimientos de alrededor son los mejores sitios para aceptar el reto de la *tost*, que suele costar 3,50 TRY (o 2,50 TRY si solo lleva queso). Eso sí, conviene saber que se trata de un festín de comida rápida dentro de un sándwich.

ravana/bungaló por persona 50/70 TRY; ⊙abr-
nov) Este *camping* grande y bien equipado
está 3 km al oeste del pueblo y cuenta con
bungalós climatizados, sencillos e impecables, playa propia y un restaurante junto
al mar (platos principales 15 TRY), aunque
las autocaravanas y las parcelas están un
poco desgastadas. Los huéspedes tienen
acceso a la cocina.

Zehra Teyze'nin Evi　　　　　　PENSIÓN
(☏327 2285; Namik Kemal Mahallesi 7; i/d
80/140 TRY; ❀) Ocupa una casa con contraventanas situada justo al lado de la iglesia Taksiyarhis, pero sus interiores y sus
dueños no son tan 'inspiradores' como su
pintoresca fachada.

🍴 Dónde comer y beber

Lal Girit Mutfağı　　　　　　　　'MUTFAK'
(☏327 2834; Altay Pansiyon Yanı 20; *mezes* 6
TRY, cerveza 6 TRY; ⊙cena) En este *mutfak*
(restaurante de cocina casera) y punto de
encuentro para los lugareños, Emine sirve
los deliciosos platos *girit* (cretenses) que
aprendió de su abuela, como *peynirli kabak*
(*courgette* con queso feta). El viajero puede
comprar pescado en el puerto (unos 10 TRY)
y llevarlo para que Emine lo cocine.

Ada Restaurant　　　　　　　　　MARISCO
(☏327 1928; Sahil Boyu 27; *mezes* 6-12 TRY, platos
principales 10 TRY; ⊙almuerzo y cena) En esta
marisquería situada casi al final este de la
fila de restaurantes intercambiables del paseo marítimo, se puede pedir en la barra y
sentarse en las mesas al aire libre. Los locales lo recomiendan por la cocina de Zeynep.

Lezzet Diyarı　　　　　　　　　　MARISCO
(☏327 1016; Çarşı Caddesi 17; platos principales
20 TRY; ⊙13.00-23.00) El frigorífico de este
pequeño restaurante blanco y azul está ati-
borrado de *mezes*. Entre los platos calientes
destacan algunos típicos del Egeo como el
guiso de pulpo.

Taş Kahve　　　　　　　　　BAR-CAFETERÍA
(Sahil Boyu 20; té 0,50 TRY, cerveza 5 TRY;
⊙7.00-24.00) Tanto para quienes juegan a
las cartas y beben dentro, como para los
niños que corretean por afuera, este es el
bar preferido por los locales para enterarse
de los cotilleos.

ℹ Cómo llegar y salir

BARCO Los barcos que van a la isla de Alibey
(jun-principios sep, 4 TRY, 15 min, cada 15 min)
salen de un muelle que hay detrás del quiosco

de información turística que está junto a la
plaza principal de Ayvalık.

AUTOMÓVIL Y 'DOLMUŞ' Al otro lado de la
carretera se puede tomar un taxi *dolmuş* para ir
por carretera a la isla (2 TRY, 20 min). Circulan
entre las 6.00 y las 24.00, y paran en el extremo
oriental del paseo marítimo de Alibey, junto al
aparcamiento (4 TRY).

TAXI Un viaje de la isla al centro de Ayvalık
suele costar 25 TRY.

Bergama (Pérgamo)

☏0232 / 58 200 HAB.

Selçuk es a Éfeso lo que Bergama a Pérgamo:
una ciudad pequeña con un mercado que se
ha convertido en una parada importante
en las rutas turísticas por su proximidad
a unos significativos restos arqueológicos,
en este caso, Pérgamo, sede del Asclepion,
el preeminente centro médico de la antigua
Roma. Pero el Asclepion y la fantástica acrópolis no atraen tantos visitantes como Éfeso, lo que confiere a Bergama un ambiente
agradable y apacible. Por ello, muchos visitantes acaban prendidos de este pueblo en
el que el esplendor clásico tiende la mano al
ritmo lento de la vida diaria. Está poblada
desde la época troyana, pero su apogeo se
produjo entre el reinado de Alejandro Magno y la dominación romana de Asia Menor,
cuando fue uno de los pequeños reinos más
ricos y poderosos de Oriente Próximo.

Historia

Pérgamo debe su prosperidad a Lisímaco,
un general de Alejandro Magno que pasó
a controlar la mayor parte del Egeo cuando el extenso imperio se vino abajo tras la
muerte de Alejandro en el 323 a.C. Durante
las guerras que se sucedieron por hacerse
con el mando, Lisímaco consiguió un gran
tesoro, valorado en más de 9000 talentos
de oro, que confió a su comandante en
Pérgamo, Filetero, antes de partir a luchar
contra Seleuco por el control de Asia Menor. Pero Lisímaco perdió y fue asesinado
en el 281 a.C., tras lo cual Filetero se autoproclamó gobernador.

　A Filetero, que era eunuco, le sucedió su
sobrino Eumenes I (263-241 a.C) y, a este,
su hijo adoptivo Atalo I (241-197 a.C.), quien
se proclamó rey, amplió sus poderes y firmó
una alianza con Roma.

　Durante el reinado de su hijo, Eumenes II (197-159 a.C.), Pérgamo alcanzó su mayor gloria. Rico y poderoso, Eumenes creó
una biblioteca que llegaría a rivalizar con

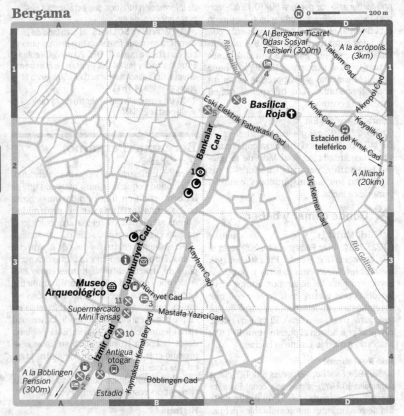

^N 0 ————————— 200 m

Al Bergama Ticaret
Odası Sosyal
Tesisleri (300m)

A la acrópolis
(3km)

Eski Elektrik Fabrikası Cad

8 Basílica Roja

Estación del
teleférico

A Allianoi
(20km)

A la Böblingen
Pension
(300m)

Antigua
otogar

Supermercado
Mini Tansaş

Böblingen Cad

Estadio

**Museo
Arqueológico**

la de Alejandría (Egipto), que entonces era el mayor 'depósito' de sabiduría del mundo. También añadió el altar de Zeus a los edificios que ya coronaban la acrópolis, construyó la ciudad media en las terrazas de la ladera y amplió y embelleció el Asclepion. Inevitablemente mucho de lo que construyeron los reyes de Pérgamo no ha sobrevivido a los embates del tiempo ni a la codicia de los museos occidentales, pero vale la pena visitar lo que queda, que sigue siendo impresionante, y su ubicación, espectacular.

Atalo II, hermano de Eumenes, continuó haciendo un buen trabajo pero, a partir de su hijo, Atalo III, el reino empezó a resque-brajarse de nuevo. Sin un heredero, Atalo III cedió el reino a Roma, y Pérgamo se convirtió en la provincia romana de Asia en el 129 a.C.

⊙ Puntos de interés y actividades

Los lugares de interés de Bergama abren de 8.30 a 18.30 todos los días de junio a septiembre, y de 8.30 a 17.30 en temporada baja (excepto el museo, que cierra los lunes) y, de los cuatro principales, solo el museo está en el centro. Los dos yacimientos arqueológicos están en lo alto de empinadas colinas, a varios kilómetros de la ciudad.

Acrópolis   RUINAS

(Akropol; entrada 20 TRY) La carretera que sube hasta la acrópolis serpentea a lo largo de 5 km desde la basílica Roja hasta un aparcamiento (3 TRY) sito en lo más alto, al lado del cual hay varios puestos de recuerdos y refrescos. Si se quiere ir a pie, conviene llevar mucha agua porque en el camino no hay donde abastecerse. Existe un atajo que ahorra 2 km de caminata. Hay que tomar Mahmut Şevket Paşa Sokak, la callejuela situada entre las tiendas de comestibles de Aklar Gıda y una tienda de alfombras, enfrente de la basílica Roja, y que conduce al ágora inferior. Conviene tener cuidado porque el camino es empinado y no siempre está bien señalizado.

Una línea de puntos azules un tanto descoloridos (y en algunos sitios, totalmente borrados) marca una ruta por las principales construcciones, entre las que están la **biblioteca** y las columnas de mármol del **templo de Trajano**, erigido durante el reinado de los emperadores Trajano y Adriano para dar culto tanto a ellos como a Zeus. Es el único edificio romano del conjunto que se mantiene en pie, y sus cimientos se usaron como aljibe en la Edad Media.

Justo debajo, descendiendo por el túnel se llega al **teatro**, con capacidad para 10 000 personas y una altura vertiginosa. Impresionante e inusual, sus constructores decidieron aprovecharse de la espectacular panorámica y preservar un valioso espacio en la cima situándolo en la ladera. En general, los teatros helénicos son más anchos y redondeados, pero la ubicación de la ladera de Pérgamo lo impedía, así que se aumentó en altura.

Bajo el escenario están las ruinas del **templo de Dionisio**, mientras que encima del teatro se halla el **altar de Zeus**. En origen estaba cubierto de magníficos frisos que representaban la batalla entre los dioses del Olimpo y sus enemigos subterráneos, pero unos arqueólogos alemanes del s. xix obtuvieron permiso para llevarse gran parte del edificio a Berlín y dejar solo la base.

Unos carteles dicen que los montones de piedras que hay en lo alto de la acrópolis eran palacios como el de **Eumenes II**. Allí también se pueden ver fragmentos de lo que fueron las magníficas **murallas** defensivas.

Para huir de las multitudes y disfrutar de unas buenas vistas del teatro y el templo de Trajano, se puede bajar por detrás del altar de Zeus o girar a la izquierda al pie de las escaleras del teatro, y seguir la señal "antik yol" (antigua calle). Varias ruinas, incluidas las de un gimnasio, se extienden ladera abajo hasta un edificio de la **ciudad**

Asclepion

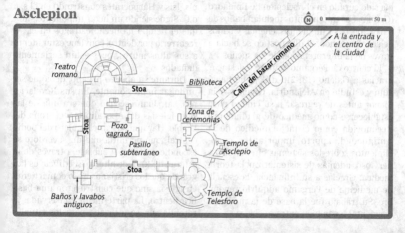

N 0 ——————— 50 m

Acrópolis. N 0 — 500 m

Arsenal
Barracones — Palacio de Eumenes II
Templo de Trajano
Biblioteca
Templo de Dioniso — Templo de Atenea
Teatro
Heroön
Altar de Zeus
Fragmentos de las murallas defensivas
Baño romano — Ágora superior
Fragmentos de las murallas defensivas
Altar y templo de Deméter — Ciudad media
Gimnasio
Palacio de Atalo I
Ágora inferior — A Bergama (2km)

media en el que se conservan parte de un atrio con peristilo y algunos **suelos de mosaico** fantásticos; no hay que perderse los rostros grotescos del fondo. Más allá hay otros monumentos como el **ágora inferior**. Desde aquí se puede avanzar a saltos hasta los pies de la colina y tomar el atajo recomendado en sentido opuesto.

Asclepion
RUINAS

(Templo de Asclepio; entrada/parking 15/3 TRY) Era un antiguo centro médico fundado por Arquías, un ciudadano de Pérgamo que había sido curado en el Asclepion de Epidauro (Grecia). Los tratamientos incluían baños de barro, hierbas y ungüentos, enemas y baños de sol. A menudo, el diagnóstico se hacía a través de la interpretación de los sueños.

El centro de Pérgamo empezó a destacar gracias a Galeno (131-210 d.C.), que nació aquí y estudio en Alejandría, Grecia y Asia Menor antes de regresar a su ciudad para establecerse como médico de gladiadores. Reconocido como el mejor médico de la Antigüedad, aportó importantes conocimientos sobre los sistemas circulatorio y nervioso, además de sistematizar la teoría médica. Gracias a su influencia, la escuela de medicina de Pérgamo adquirió renombre. Su trabajo fue la base de la medicina occidental hasta bien entrado el s. XVI.

El Asclepion está a 2 km en línea recta (aunque la carretera tiene muchas curvas) y cuesta arriba desde el centro; el camino está señalizado desde Cumhuriyet Caddesi, al norte de la oficina de turismo y la PTT. Hay otra carretera que sale de la Böblingen Pension, al suroeste de la ciudad, pero está cerrada a los motoristas y no se aconseja recorrerla a pie, pues pasa por una gran base militar de la que hay que salir al atardecer.

La **calle del bazar** romano, antes llena de tiendas, va de la entrada al centro, donde se ve la base de una columna con relieves de serpientes, el símbolo de Asclepio (Esculapia), dios de la medicina. Igual que la serpiente muda de piel y adquiere una 'nueva vida', se suponía que los pacientes del Asclepion se despojaban de sus enfermedades. Las señales marcan el **templo de Asclepio** (circular), una **biblioteca** y, un **teatro romano**.

Tras beber en el **pozo sagrado** (aunque el tubo de plástico del que sale el agua no invita a hacerlo), se pasa por un corredor subterráneo abovedado hasta llegar al **templo de Telesforo**, otro dios de la medicina. Los pacientes dormían en el templo con la esperanza de que Telesforo les enviase una cura o un diagnóstico a través de los sueños. Los nombres de sus dos hijas, Higía y Panacea, también han pasado a la terminología médica.

Se pueden comprar refrescos en los puestos que hay junto al aparcamiento, pero a precios prohibitivos.

Basílica Roja
RUINAS

(Kınık Caddesi; entrada 5 TRY) Tiene el tamaño de una catedral, y en origen fue un templo gigante dedicado a los dioses egipcios Serapis, Isis y Harpócrates construido en el s. II d.C. Sigue siendo un lugar imponente, aunque el tiempo ha hecho estragos en él. Al recorrerlo por dentro, conviene estar atento a sus altos muros, pues están seriamente dañados.

Durante su apogeo pagano, debió de ser un lugar impresionante. En sus Revelaciones, san Juan escribió que era una de las siete iglesias del Apocalipsis y el trono del Diablo. Hay que buscar el agujero del podio central, que permitía que un sacerdote se escondiese dentro y hablase a través de la estatua de 10 m de altura. El edificio es tan grande que los cristianos no lo convirtieron en iglesia sino que construyeron una basílica dentro. La parte mejor conservada, la rotonda sur, se utilizaba para los rituales religiosos y estaba recubierta con paneles de mármol, aunque ahora solo quedan ladrillos rojos.

Además de la rotonda norte, cubierta con cristal, las curiosas paredes de ladrillo rojo y plano de esta estructura sin tejado se ven desde las carreteras a la acrópolis y el centro de la ciudad. Se puede llegar fácilmente a pie, o pedir al taxista que pare allí de camino a la acrópolis.

Museo Arqueológico   MUSEO

(Arkeoloji Müzesi; 631 2884; Cumhuriyet Caddesi; entrada 5 TRY) En pleno centro urbano, este museo presenta una reducida pero sustanciosa colección de objetos, como lápidas, bustos y columnas griegas, romanas y bizantinas. La parte más interesante es la colección de estatuas del s. IV a.C. obra de la llamada escuela de Pérgamo, cuyos escultores, rompiendo con la tradición más efectista y estilizada de los siglos anteriores, empezaron a representar a los dioses como seres humanos con rasgos expresivos. Entre el resto de los objetos encontrados en los yacimientos de la zona que se exponen, destaca una tabla romana con las leyes de la ciudad descubierta en el ágora inferior de la acrópolis.

Tampoco hay que perderse la reproducción del altar de Zeus (el original está en Berlín) y, en la sala central, los hallazgos del cercano y muy probablemente arrasado yacimiento de Allianoi (véase p. 176). La sección de etnografía se centra en la artesanía y costumbres del período otomano y expone dioramas que reproducen bailes populares y el proceso de tejido de alfombras.

Hacı Hekim Hamamı   'HAMMAM'

(Cumhuriyet Caddesi; 6.00-23.00) Situado cerca de Kulaksız Cami y construido en el s. XVI, cobra 40 TRY por un servicio completo.

🛏 Dónde dormir

La parte de la ciudad más atractiva, aunque desvencijada, está en la zona norte de Cumhuriyet Caddesi.

👍 Odyssey Guesthouse   PENSIÓN €

(631 3501; www.odysseyguesthouse.com; Abacıhan Sokak 13; dc 15 TRY, s/d desde 35/40 TRY, i/d sin baño desde 25/35 TRY) Esta casa de 180 años está llena de grietas, esquinas y personalidad, lo que su amable propietario Ersin ha enfatizado con un bien surtido servicio de intercambio de libros y una copia de *La Odisea* de Homero en cada habitación. En el último piso hay una cocina para los huéspedes y una terraza con vistas

a la basílica Roja en la que también desayunan (por 7 TRY adicionales) los huéspedes del alojamiento anejo, más económico.

Gobi Pension   PENSIÓN €

(633 2518; www.gobipension.com; İzmir Caddesi 18; i/d 40/65 TRY, i/d sin baño 25/45 TRY; @) Situada en la carretera principal, detrás de una frondosa terraza, esta pensión de gestión familiar dispone de 12 habitaciones luminosas y bien ventiladas, unas recién reformadas y otras más básicas. Las de la fachada tienen doble acristalamiento para aislarlas del ruido del tráfico y las de la parte trasera dan a un jardín; algunas cuentan con balcón. Está bien equipada para viajeros, pues ofrece cocina, servicio de lavandería y consejos de la mano de Mustafa, que habla inglés.

Hotel Anıl   HOTEL €€

(632 6352; www.anilhotelbergama.com; Hatuniye Caddesi 4; i/d/tr 70/100/130 TRY;) Ofrece una ubicación céntrica y unas vistas fantásticas de la acrópolis desde sus pisos tercero y cuarto. Las habitaciones son confortables y están bien equipadas, aunque los muebles de color turquesa son tan estridentes como el exterior rosa. El restaurante de la quinta planta solo abre en pleno verano.

Böblingen Pension   PENSIÓN €

(633 2153; dincer_altin@hotmail.com; 3 Sokak 2; i/d 30/60 TRY, i/d sin baño 25/50 TRY; @) Tras su desconchada fachada amarilla (entre pinos en la ladera de la colina del Asclepion, al sur del centro) hay 13 habitaciones un poco anticuadas pero impolutas. Las de la parte trasera huelen algo a humedad, aunque disponen de todas las comodidades. Esta pensión con forma de barco cuenta con amplios balcones y está capitaneada por Dinçer, que habla inglés, y su familia, que también sirve la cena (15 TRY).

Efsane Hotel   HOTEL €€

(632 6350; www.efsanehotelbergama.com; Atatürk Bulvarı 82; i/d/tr 55/90/110 TRY;) Al norte de la *otogar*, el Efsane ofrece el mismo nivel de calidad que el Hotel Anıl, con quien comparte gestión, pero los precios son más bajos porque está fuera de la ciudad.

🍴 Dónde comer

👍 Kervan   RESTAURANTE FAMILIAR €€

(633 2632; İzmir Caddesi; platos principales 12 TRY) Al lado de la Gobi Pension, el Kervan es popular entre los locales por

En 1998, unos campesinos del lugar hicieron un apasionante descubrimiento en el valle de Kaikos, 20 km al este de Bergama: los restos de un balneario y Asclepion romano que están entre los más antiguos y mejor conservados de los que se han hallado hasta ahora. La excelente estatua de Afrodita que se expone en el museo de Bergama (p. 174) proviene de Allianoi.

Desgraciadamente el yacimiento es el centro de una polémica. El valle de Kaikos es el lugar elegido para la construcción de la nueva presa de Yortanlı, que ya está edificada aunque no abierta, y que aportará reservas de agua vitales para la región, pero que inundará el yacimiento 17 m bajo el agua. Los arqueólogos encargados del yacimiento han hecho una petición para salvarlo, y la apertura de la presa había sido retrasada cuando se redactó esta guía, pero parece que va a ser una batalla perdida. Aunque gran parte del yacimiento no ha sido excavado, lo más probable es que finalmente se abra la presa, pero no antes de que el recinto se rodee por un muro y se cubra con una capa de barro que lo proteja. Es decir, quieren volver a enterrar el yacimiento (y el problema), con la esperanza de que las generaciones futuras sean capaces de encontrar una solución.

Los Bulldozers ya han causado daños y los arqueólogos están trabajando para sacar a la luz y salvar lo que puedan. Para más información, véase www.europanostra.org/allianoi.

Para visitarlo hay que obtener un permiso del Museo Arqueológico de Bergama, que es reacio a concederlos. Si se puede demostrar que se es arqueólogo o que se tiene una razón particular para visitar Allianoi, hay probabilidades de conseguir uno.

No hay autobuses que lleguen hasta allí, pero se puede intentar tomar el poco frecuente autobús de Bergama a Paşaköy (5 TRY, 45 min), apearse en el desvío a Paşaköy, y caminar 1 km hasta Allianoi. El regreso es más complicado, pues la única opción es parar un autobús que pase. Un taxi desde Bergama cuesta entre 50 y 60 TRY.

su gran terraza y su excelente cocina. La carta incluye un amplio surtido de *kebaps*, *pides*, *çorba* (sopa) y, para el postre, *künefe* (masa empapada en sirope y queso dulce con pistachos).

Köy Evi
LOKANTA €

(Casa del pueblo; Galinos Caddesi 12; *mantı* 5 TRY; ☉10.00-19.30) Un estupendo local de gestión familiar con dos acogedores comedores, uno interior y otro en el patio. Cada día sirven platos caseros diferentes, pero siempre suele haber pimientos rellenos, *mantı* y *patlıcan kebap* (carne a la brasa con berenjena).

Bergama Ticaret Odası Sosyal Tesisleri
RESTAURANTE €€

(☎632 9641; Ulucamii Mahallesi; platos principales 15 TRY; ☉9.00-24.00) Para llegar, hay que recorrer 300 m de la carretera que sube a la colina que hay detrás de Odyssey Guesthouse; está en el parque de la izquierda. Es uno de los pocos restaurantes de Bergama que sirven alcohol y desde su terraza exterior, su jardín y comedor se divisa una panorámica magnífica de la ciudad. Conviene ir

pronto, pues las calles de alrededor no son muy seguras.

Sağlam Restaurant
RESTAURANTE €€

(☎667 2003; Yeni Otogat Yanı; platos principales 12 TRY; ☉11.30-15.00 y 18.00-24.00) Muy popular en la ciudad, se ha trasladado a las afueras, a la gasolinera Opet que hay junto a la *otogar*. A pesar de la proximidad de los surtidores, el ambiente del comedor es agradable y el *bufé* inagotable. También ofrecen cerveza, *mezes*, *pides* y *kebabs*.

Simge Pastanesi ve Simit Dünyasi
PASTELERÍA €

(İzmir Caddesi; *baklava* y helado 4 TRY; ☉24 h) Ideal para hacer un descanso y tomar un café o un pastel; Simge sirve todo tipo de dulces y *baklava* y, junto a la anexa Simgecan Pastanesi, regentada por la misma familia, está considerada la mejor pastelería de la ciudad.

Paksoy Pide
PIDECI €

(İslamsaray Mahallesi; *pides* 3,50-5,50 TRY) Diminuto, limpio y frecuentado por lugareños; no hay que perderse al chef amasando y lanzando las *pides* frente al horno.

Zıkkım
BAR-CAFETERÍA €

(Cumhuriyet Caddesi; platos principales 5-9 TRY; ☺10.30-1.00) Cuenta con un sombreado jardín con mesas junto a la carretera principal y es un sitio acogedor ideal para hacer una parada y disfrutar de sus baratas *köftes* y ensaladas (ensalada de frijoles de ojo negro, 3,50 TRY).

Bergama Sofrası
'LOKANTA' €

(☎631 5131; Bankalar Caddesi 44; *köftes* 7 TRY) Uno puede sentarse afuera, junto al *hammam*, o en el comedor interior de superficies lisas y con una cocina a la vista perfectamente iluminada. Las verduras, las patatas y la sopa parecen cocinadas la noche anterior, pero los platos de carne como las especiadas *köftes* se sirven recién cocinados.

Çiçeksever
CAFÉ €

(Bankalar Caddesi; platos principales 7 TRY) Ubicado en una zona de buenos restaurantes pequeños, el Çiçeksever ofrece platos sencillos como *pide* y *çorba*.

Mercado
MERCADO

(☺8.00-18.00) Bergama celebra los lunes un animado mercado que se extiende desde la antigua *otogar* hasta la basílica Roja, y es un lugar fantástico para comprar fruta y verdura frescas. En Böblingen Caddesi y la zona en torno a la antigua estación de autobuses uno puede proveerse para un *picnic* con productos como queso, aceitunas, pan y frutos secos.

Yanikoğlu Supermarket
SUPERMERCADO

(İzmir Caddesi; ☺8.00-24.00) Un supermercado que vende todo lo necesario.

ⓘ Información

La moderna Bergama se extiende a ambos lados de una larga calle principal en la que se puede encontrar casi todo lo que se pueda necesitar: hoteles, restaurantes, bancos, una PTT y el museo.

Oficina de turismo (☎631 2851; Hükümet Konağı, Cumhuriyet Caddesi; ☺8.30-24.00 y 13.00-17.30) Situada al norte del museo, ofrece poco más que un plano esquemático, aunque el panel que hay fuera sí que contiene información práctica como horarios de autobuses y microbuses.

ⓘ Cómo llegar y salir

Autobús

La *yeni* (nueva) *otogar* de Bergama está a 7 km del centro, en el cruce de la autopista İzmir-Çanakkale con la carretera principal que va a la ciudad. De 6.00 a 19.00 hay un autobús *servis*

gratuito que la comunica con la *eski* (antigua) *otogar*, en el centro urbano. Fuera de este horario hay que ir en taxi (unos 20 TRY). Algunos autobuses provenientes de Çanakklale paran en el cruce cercano a la *otogar*, desde donde se puede a pie hasta la estación y subirse en un *servis* (pese a lo que suelen contar los taxistas).

ANKARA 50 TRY, 8-9 h, 480 km, todas las noches.

AYVALIK 7,50 TRY, 1¼ h, 60 km, cada hora.

ESTAMBUL (vía Bursa) 50 TRY, 11 h, 250 km, todas las noches y, en temporada alta, también por la mañana.

İZMIR 10 TRY, 2 h, 110 km, cada 45 min.

'Dolmuş'

Por la mañana pronto y por la noche, cada media hora salen *dolmuşes* a Ayvalik y Çandarlı desde la antigua *otogar*; el resto del día, salen de la *otogar* nueva.

ⓘ Cómo desplazarse

Los puntos de interés de Bergama están tan diseminados que es difícil visitarlos a pie en un día. La basílica Roja está a 1 km de la oficina de turismo, el Asclepion a 2 km y la acrópolis a más de 5 km.

AUTOBÚS Cada media hora, entre las 6.00 y las 19.00, los autobuses circulan por la ciudad entre la antigua *otogar* y la zona del mercado (1,50 TRY), 200 m después de la basílica Roja y al inicio de la carretera que sube a la acrópolis.

TELEFÉRICO Conecta (ida/ida y vuelta 6/12 TRY) la acrópolis y la zona del mercado ya mencionada.

TAXI Conviene reservar un circuito por la ciudad. Desde el centro hasta el Asclepion, la basílica y la acrópolis, con media hora para ver los dos primeros y una hora para el último, debería costar unos 50 TRY. Los taxis esperan cerca de algunas mezquitas y en las *otogars*. La tarifa normal por ir de la parada de Köy Evi al Asclepion es de unos 7 TRY, y de 15 TRY para la acrópolis.

Çandarlı
☎0232

El pequeño y tranquilo pueblo turístico de Çandarlı (antiguo Pitane) se sitúa en una península que se adentra en el Egeo, 33 km al suroeste de Bergama. Destaca por su pequeño pero bien restaurado **castillo** (gratis; ☺24 h jul y ago) genovés del s. XIV, que normalmente está cerrado fuera de temporada alta, y por su playa, más arenosa que las de los pueblos vecinos.

El turismo local llena la mayoría de las pensiones en pleno verano, pero de finales de octubre a abril o mayo parece un pueblo fantasma.

Las tiendas, cibercafés y la oficina de PTT están en el centro, 200 m detrás del paseo marítimo. El castillo, las pensiones y los restaurantes se alinean frente al mar. Los viernes hay mercado.

🛏 Dónde dormir

Casi todos los hoteles y pensiones están al oeste del castillo, frente a una estrecha playa de arena gruesa.

Otel Samyeli
HOTEL €€

(☑673 3428; www.otelsamyeli.com, en turco; Sahil Plaj Caddes; i/d/tr 40/80/120 TRY; ❄) Situado en medio de la bahía, el Samyeli dispone de habitaciones sencillas, inmaculadas y alegres (la número 11, una triple, tiene sofá y vistas al mar) y de un restaurante de pescado (platos principales 15 TRY). Se recomienda reservar, en verano, con una semana de antelación.

Emirgan Beach Hotel
HOTEL €

(☑673 2500; www.otelsamyeli.com; Sahil Plaj Caddesi; i/d 40/60 TRY; ❄) Los propietarios del Otel Samyeli también dirigen este alojamiento que está 150 m más al oeste, más antiguo pero con más personalidad. Cuenta con largos balcones blancos que dan acceso a sus apacibles habitaciones.

🍴 Dónde comer

Para comprar fruta fresca, el *çarşı* (mercado) diario, a la sombra de la mezquita, es un buen sitio. También hay un supermercado Tanşaş, y puestos de helado en el paseo marítimo, al este del castillo.

Köşem Lokantası
'LOKANTA' €

(☑673 2132; PTT Sokak 3; platos principales 4-9 TRY; ◷10.00-22.00) Lugar preferido para el almuerzo por los trabajadores del supermercado de al lado y del resto de la zona, esta *lokanta* sirve una gran variedad de platos como *pides*, *köftes*, *iskender kebap* y platos del día. Está 200 m por detrás del Otel Samyeli a la izquierda, enfrente del parque.

Deniz Restaurant
MARISCO €€

(☑673 3124; Sahil Plaj Caddesi; platos principales 12 TRY; ◷11.00-23.00) Con mesas en pleno paseo marítimo, el "Restaurante del Mar" es agradable y ofrece una buena relación calidad-precio y los típicos *mezes* y platos de pescado y carne.

🍷 Dónde beber y ocio

Pitaneou Cafe-Bar
BAR

(Sahil Plaj Caddesi; cerveza 4 TRY) Un garito muy popular con agradables mesas bajo unas parras en el paseo marítimo. También sirven tentempiés.

Musti Bar
BAR

(Sahil Plaj Caddesi; cerveza 4 TRY) También en el paseo marítimo, una manzana al oeste del castillo, el Musti es el local de Çandarlı al que todos van a bailar en temporada alta.

ℹ Cómo llegar y salir

Hay autobuses que unen con frecuencia Çandarlı e İzmir (11,50 TRY, 1½ h) y pasan por Dikili (3 TRY, 15 min), y seis *dolmuşes* diarios, como mínimo, a/desde Bergama (4 TRY, 30 min).

Yeni Foça
☑0232 / 3470 HAB.

Este pequeño pueblo turístico dispuesto en torno a un puerto cuenta con una playa de arena gruesa y un buen número de mansiones otomanas y viejas casas griegas a punto de venirse abajo. Descubierto hace tiempo por los cazadores de segundas residencias, hoy en día en Yeni Foça conviven atrocidades modernas con maravillas centenarias. Aun así, es un buen sitio para relajarse uno o dos días. En el sur, de camino a Foça (Eski Foça), se encuentran playas más apartadas.

Hay opciones más nuevas, pero el tradicional **Otel Naz** (☑814 6619; www.nazotel.com; Sahil Caddesi 113; s/d 40/80 TRY) sigue siendo el preferido del paseo marítimo. Dispone de habitaciones amplias y bien decoradas. Cuando se redactó esta guía, estaban construyendo una pizzería y un bar.

En un bonito edificio de piedra de un piso, el **Kıvanç Café & Restaurant** (☑814 7857; Sahil Caddesi 67; platos principales 10 TRY) ofrece una buena selección de platos de carne y pescado como *şiş* de pollo (recomendado), *pizzas* y *pides*. Hay mesas en la terraza cubierta y bajo una gran palmera junto a la playa.

El pueblo cuenta con una PTT, un cibercafé y cajeros automáticos. Hay autobuses que salen cada media hora hacia İzmir (10 TRY, 1¾ h) y cada tres horas a Foça (4 TRY). Un taxi a Foça cuesta unos 40 TRY.

Foça
☑0232 / 13 300 HAB.

Si Çandarlı resulta demasiado tranquilo y Kuşadası (en el sur del Egeo) demasiado ruidoso, Foça es perfecto. A veces se le denomina Eski Foça ("antiguo Foça") para distinguirlo de su vecino más nuevo (Yeni

Foça), al otro lado de la colina. Se trata de un despreocupado pueblo turístico con dos bahías parecidas, un puerto pequeño y elegantes casas antiguas otomanas y griegas alineadas frente a la costa, atestada de barcos pesqueros y rodeada de restaurantes y pensiones.

El pueblo es la antigua Focea, fundada antes del 600 a.C., y que floreció en el s. v a.C. En su época dorada, los foceos, grandes marinos, fletaban rápidos barcos de 50 remeros por el Egeo, el Mediterráneo y el mar Negro. También fundaron colonias en el mar Negro, como Samsun, y en Italia, Córcega, Francia y España.

En épocas más recientes, fue un centro mercantil y pesquero otomano y griego, y actualmente es un próspero destino del turismo nacional de clase media que ofrece residencias vacacionales en las afueras y una estrecha y polvorienta playa con plataformas para bañarse. Al norte, de camino a Yeni Foça, hay playas menos concurridas.

Su paseo marítimo está dividido en dos bahías por una península en cuya cima se erige el castillo Beşkapılar. Al norte está Küçük Deniz (mar Pequeño), la parte más pintoresca del pueblo, que incluye un puerto lleno de pequeñas barcas pesqueras, un largo paseo marítimo, una hilera de restaurantes y pensiones y una playita.

Büyük Deniz (mar Grande), al sur, es una zona más equilibrada, pues solo cuenta con un par de restaurantes. Aquí es donde atracan los barcos que hacen excursiones por el pueblo y los grandes barcos pesqueros.

La *otogar* está hacia el interior de Büyük Deniz. Si se va hacia el norte, dejando Büyük Deniz a la izquierda, se llega al centro urbano y a Küçük Deniz. De camino, se pasa por la oficina de turismo, la PTT y varios bancos y, después de unos 350 m, se llega al mar. Si se continúa hacia el norte por el lado derecho (este) de Küçük Deniz, se encuentran las pensiones.

◎ Puntos de interés y actividades

GRATIS **Ruinas de la antigua Focea** RUINAS
Queda muy poco de la ciudad jónica: un teatro en ruinas, restos de un acueducto cerca de la *otogar*, un *anıt mezarı* (mausoleo) 7 km al este del pueblo, a la izquierda del camino que lleva a la autopista a İzmir, y restos de dos altares dedicados a la diosa Cibeles.

Templo de Atenea RUINAS
Recientemente los lugareños hicieron un interesante descubrimiento encima del santuario de Cibeles. En el yacimiento hallaron, entre otras cosas, un bello grifo y la cabeza de un caballo que parecen datar del s. v a.C. Cada verano, las excavaciones se reanudan y, a partir de finales del 2012 se podrán visitar.

Beşkapılar FORTALEZA
Después de pasar el santuario de Cibeles se llega a las murallas de la ciudad y al castillo Beşkapılar ("cinco puertas"), construido por los bizantinos y reformado por los genoveses y los otomanos en 1538 y 1539, y que ha sido restaurado y parcialmente reconstruido en los últimos años.

Dışkale FORTALEZA
El Dışkale ("fuerte exterior"), del s. XVII, protegía la ciudad de los ataques que llegaban por el suroeste y se aprecia mejor desde el mar (con una excursión en barco), pues se encuentra en una zona militar.

Excursiones en barco CRUCERO
Entre finales de abril y principios de octubre, hay barcos que salen a diario hacia las 11.00, tanto de Küçük Deniz como de Büyük Deniz, para hacer excursiones de un día por las islas de la zona; hacen varias paradas para que los viajeros se den un chapuzón y regresan a las 18.30. Suelen visitar Siren Kayalıkları (véase recuadro en p. 180) y cuestan 25 TRY con almuerzo y té incluidos.

Belediye Hamamı 'HAMMAM'
(☏812 1959; 115 Sokak 22; ⊙8.00-24.00) Un lugar frecuentado por turistas con tratamientos por entre 15 y 30 TRY.

🛏 Dónde dormir

Al norte de Foça, en la costa, hay varios *campings*.

🏠 Foçantique Boutique Hotel
HOTEL 'BOUTIQUE' €€€
(☏812 7616; www.focantiquehotel.com; Küçük Deniz Sahil Caddesi 54; h estándar/de lujo 250/290 TRY, ste 525 TRY) Ubicada en el tranquilo y lejano final de Küçük Deniz, es la opción más confortable y elegante de Foça. Los guías İnci y Alemdar han restaurado con mucho gusto esta casa griega de piedra del s. XIX. Sus 10 habitaciones están maravillosamente decoradas con un estilo ecléctico que une antigüedades y curiosidades como vestimentas turcomanas. La suite para cuatro personas tiene dos habitaciones dobles

(una con dos camas), dos lavadoras en el baño y un salón-cocina con balcón.

Hotel Grand Amphora
HOTEL €€

(📞 812 3930; www.hotelgrandamphora.com; 206 Sokak 7; i/d/tr 75/100/120 TRY; ❄ ☀) Aunque no tan grande como sugiere su nombre, es el único hotel de la ciudad con piscina (eso sí, pequeña) y sus tumbonas son perfectas para tomar el sol. Las habitaciones son pequeñas pero cómodas.

Siren Pansiyon
PENSIÓN €

(📞 812 2660; www.sirenpansiyon.com; 161 Sokak 13; i/d 30/50 TRY) Es fácil justificar por qué la pensión del amable y anglófono Remzi es tan popular: está a dos pasos del mar y es un lugar inmaculado con una buena relación calidad-precio. Algunas puertas necesitan una pizca de grasa y empieza a parecer vieja, pero tienen planeado reformarla. La terraza de la azotea con cocina es un gran acierto. El desayuno tiene un coste adicional de 7 TRY.

İyon Pansiyon
PENSIÓN €

(📞 812 1415; www.iyonpansiyon.com; 198 Sokak 8; h 90 TRY) Los lectores valoran muy bien esta pensión de ocho habitaciones sencillas que dan a un patio sobre el que un puente azul une dos terrazas con vistas de las colinas. Desde una habitación del piso superior y la recepción y sala del desayuno se divisa el mar. Cuando se redactó esta guía estaban reformándola; quizá hayan tenido el acierto de quitar el papel que cubría las antiguas paredes de piedra del piso de arriba.

🍴 Dónde comer

Los martes hay mercado en Foça; un buen sitio para comprar provisiones para un *picnic*. También hay varias tiendas de alimentación.

Fokai Restaurant
RESTAURANTE €€

(📞 812 2186; 121 Sokak 8; platos principales 8-20 TRY; ⏱ 10.00-24.00) Está ubicado encima del café que está cerca del castillo Beşkapılar, al final del paseo marítimo de Büyük Deniz, y lo recomiendan tanto los lectores como los lugareños. Sus ajetreados camareros van de un lado a otro del comedor, decorado con gusto, y la gran terraza. Sirven desde *pizza* hasta guiso de pollo (impresionante); el pescado es un acierto seguro.

Çarşı Lokantası
'LOKANTA' €€

(📞 812 2377; Küçük Deniz Caddesi 18; platos principales 8-18 TRY) Esta *lokanta* situada en la calle detrás del Neco Café & Bar es el mejor sitio de la ciudad para almorzar. Una bandeja mixta (con carne) suele incluir *köftes*, estofado, *kalamar* y media docena de verduras y almidones aderezados con hierbas y especias por el amable Mesut. No hay que perderse el pudin de helado.

LAS FOCAS DE FOÇA

Las islas que hay frente a Foça acogen algunas de las últimas familias de las amenazadas focas monje del Mediterráneo, otrora comunes en toda la región. Se cree que quedan menos de cuatrocientas en todo el mundo, así que es muy poco probable que se vea alguna. Afortunadamente gran parte del litoral de Foça es ahora una zona protegida cuya extensión se aumentó en el 2007. Para más información sobre la foca monje del Mediterráneo, contactar con **SAD-AFAG** (Sociedad de Investigación Submarina-Grupo de Investigación de la Foca del Mediterráneo; 📞 0312 443 0581; www.sadafag.org), con base en Ankara, que supervisa los programas de protección en la costa.

Se cree que la costumbre de las focas de tomar el sol sobre las rocas y sus quejumbrosos lamentos inspiraron la leyenda de las sirenas, tal y como se dice en *La Odisea* de Homero.

Las sirenas eran extrañas criaturas, mitad pájaro (posteriormente representadas con cola de pez), mitad mujer, que vivían en islas rocosas y utilizaban sus irresistiblemente bellos cantos para atraer a los marineros hacia sus peligrosas posiciones, lo que provocaba que los barcos se estrellasen contra las rocas y los marineros muriesen. Supuestamente, Ulises consiguió oponer resistencia a sus súplicas atándose a sí mismo al mástil de su barco.

Uno de los lugares preferidos por las focas para tomar el sol son las muy apropiadas Siren Kayalıkları ("rocas de las sirenas"), en la isla de Orak, frente a la costa de Foça, aunque hoy en día son las vidas de las focas, más que las de los marineros, las que están en peligro.

Akaryum Restaurant
RESTAURANTE €€

(☎812 6191; Sahil Caddesi 46; platos principales 12-20 TRY) Los lugareños recomiendan el Aquarium, uno de los restaurantes de pescado del lado este de Küçük Deniz. En su completo menú (y en su frigorífico) cabe toda la gama de platos de pescado y carne, incluso crepes.

Harika Köfte Evi
'KÖFTECI' €

(☎812 5409; Belediye Karşısı; platos principales 8 TRY) Además de cuatro tipos de *köftes* (según dicen, las mejores de la ciudad), este establecimiento sirve *çorba* y *tavuk şiş* (brochetas de pollo).

Palmiye
CAFÉ €

(Cumhuriyet Meydanı) Una cafetería muy popular para desayunar situada en la plaza principal, junto a Küçük Deniz, que ofrece *simit* (aros de pan revestidos de semillas de sésamo) *tost,* aceitunas y zumo de naranja.

 Dónde beber

Dip Bar
BAR-CAFETERÍA

(Sahil Caddesi 3; cerveza 6 TRY) Es uno de los garitos más *cool* de Küçük Deniz, popular porque en él se juega a *backgammon* y se fuma, a pesar de sus elegantes cojines azules. Con la cerveza sirven cuatro tapas diferentes.

Keyif
BAR-CAFETERÍA

(Sahil Caddesi 42a; cerveza 6 TRY) Ligeramente más moderno y animado que el cercano Neco Café & Bar, el Keyif ofrece música occidental y turca, también en vivo, y la gente suele bailar dentro.

 Información

Fokai 2 Internet Café (194 Sokak; 1,50 TRY/h; ☺8.30-24.00) Junto a la plaza principal.

Oficina de turismo (☎/fax 812 1222; Cumhuriyet Meydanı; ☺8.30-12.00 y 13.00-17.30 lu-vi, 10.00-19.00 sa jun-sep) Muy útil y con muchos folletos.

 Cómo llegar y salir

Autobús

İZMİR Y MENEMEN Cada 30 min, entre las 6.30 y las 21.15 (23.00 en verano), hay autobuses a İzmir (8 TRY, 1½ h, 86 km) que pasan por Menemen (con conexiones a Manisa).

BERGAMA Hay que tomar el autobús a Menemen/İzmir, bajarse en la autopista y parar cualquier autobús que vaya hacia el norte.

YENİ FOÇA Entre tres y cinco autobuses urbanos circulan a diario a/desde Yeni Foça (4 TRY, 30 min, 22 km); el horario está en el *otogar;* pasan por las bonitas y pequeñas calas, playas y *campings* situados al norte de Foça.

Automóvil

A quien quiera pasar unos días en la zona quizás le convenga alquilar un coche en **MNB Oto Kiralama** (☎812 1987; www.mnbrentacar.com; 123 Sokak 6; 1 día 85 TRY), detrás de la comisaría de Büyük Deniz.

İzmir

☎0232 / 2,7 MILLONES DE HAB.

Si no fuese por el incendio que la arrasó en 1922, la tercera ciudad más grande de Turquía podría atraer tantos visitantes como la del Bósforo. Sea como fuere, las vistas desde el *kordon* (paseo marítimo) –conocido por los lugareños como *birinci* (primer) *kordon,* mientras Cumhuriyet Bulvarı es el *ikinci* (segundo) *kordon*– incluyen miles de casas y pronunciadas subidas desde las que se divisan los *ferries* atravesando la bahía. En el interior, aunque la ajetreada zona con árboles, hay calles, como Fevzi Paşa Bulvarı, que son simples y sucias franjas de asfalto. Esta última conduce, después de pasar el moderno y concurrido bazar, a Basmane, una zona antiguamente rica en la que los *pavyons* (clubes), que solían acoger a grandes cantantes turcos, ahora son sórdidos locales nocturnos.

Pero estos puntos negros son solo algo superficial. Pasar una o dos noches en esta ciudad cosmopolita es una de las mejores cosas que se pueden hacer en la Turquía urbana. Gracias a su patrimonio levantino y judío (véase recuadro en p. 184), İzmir se muestra orgullosa de ser diferente al resto del país. De hecho, la gente del campo aún mira a los habitantes de İzmir con recelo. Durante el Ramadán, cuando algunos bares de Estambul y otros sitios cierran, los innumerables garitos del agradable *kordon* están abiertos como siempre.

En realidad, es en el borde del agua donde la ciudad muestra su valía. İzmir le debe mucho a su anterior alcalde, Ahmet Piristina, que la liberó de un desastroso proyecto que preveía construir otra autopista a lo largo de su costa. A salvo de las garras del desarrollo, el *kordon* es ahora uno de los principales atractivos de la ciudad: un amplio y agradable paseo marítimo desde el que admirar la puesta del sol.

Historia

İzmir era la antigua Esmirna, una ciudad fundada por colonos griegos en algún momento de la primera mitad del primer milenio a.C. Durante los siguientes mil años

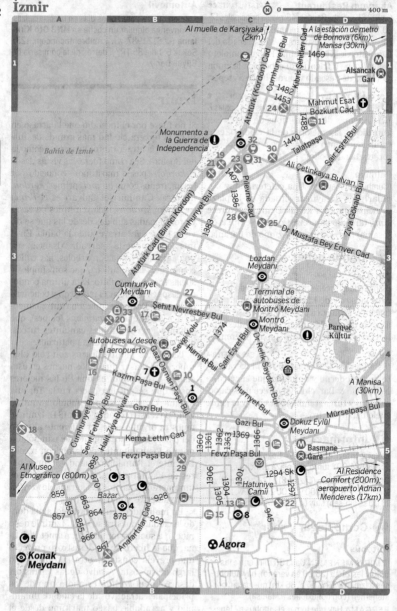

İZMIR Y EL NORTE DEL EGEO

0 — 400 m

Al muelle de Karşiyaka (2km)

A la estación de metro de Bornova (6km); Manisa (30km)

Alsancak Garı

Mahmut Esat Bozkurt Cad

Bahía de İzmir

Monumento a la Guerra de Independencia

Ataturk (Kordon) Cad

Cumhuriyet Bul

Kıbrıs Şehitleri Cad

Şair Eşref Bul

Talatpaşa

Ali Çetinkaya Bulvarı

Ziya Gökalp Bul

Pleyne Cad

Dr Mustafa Bey Enver Cad

Ataturk Cad (Brinci Kordon)

Cumhuriyet Bul

Lozdan Meydanı

Cumhuriyet Meydanı

Şehit Nevresbey Bul

Terminal de autobuses de Montrö Meydanı

Montrö Meydanı

Parque Kültür

Sevgi Yolu

Hürriyet Bul

Şair Eşref Bul

Dr Refik Saydam Bul

Autobuses a/desde el aeropuerto

Gazi Osman Paşa Bul

Kazım Paşa Bul

A Manisa (30km)

Hürriyet Bul

Gazi Bul

Gazi Bul

Dokuz Eylül Meydanı

Mürselpaşa Bul

Kema Lettin Cad

Basmane Gare

Al Museo Etnográfico (800m)

Fevzi Paşa Bul

Fevzi Paşa Bul

Al Residence Comfort (200m); aeropuerto Adnan Menderes (17km)

Bazar

Hatuniye Camii

Anafartalar Cad

Konak Meydanı

Ágora

---

crecío en importancia bajo la influencia de los sucesivos poderes de la región: primero Lidia, después Grecia y finalmente Roma. En el s. II d.C. era, junto a Éfeso y Pérgamo, una de las tres ciudades más importantes de la provincia romana de Asia. Bajo domi-

nio bizantino, sin embargo, su fortuna se redujo, pues el Gobierno dirigió su atención al norte, a Constantinopla. Las cosas volvieron a mejorar cuando los otomanos se hicieron con el control en 1415, después de lo cual Esmirna se convirtió rápidamente en la ciudad comercial más desarrollada de Turquía.

Tras la caída del Imperio otomano al final de la Primera Guerra Mundial, los griegos la invadieron, pero después fueron finalmente expulsados tras una encarnizada lucha que, junto al subsiguiente incendio, destruyó gran parte de la ciudad antigua. El 9 de septiembre de 1922, día en que Atatürk la reconquistó, marcó el inicio de la victoria turca en la Guerra de Independencia y actualmente es la festividad local más importante, que se conmemora en el enorme monumento que embellece el paseo marítimo.

◉ Puntos de interés

El 'kordon' y Alsancak PASEO MARÍTIMO, BARRIO
Símbolo por excelencia de la nueva İzmir, este largo bulevar fue transformado en la pasada década en la zona más hermosa de esta costa. Los enormes confines peatonales del *kordon* acogen todo un abanico de bares y restaurantes que atraen una multitud de gente que, al final del día, acude a disfrutar de atardeceres inolvidables. En el interior, el barrio de Alsancak también ha sido restaurado en los últimos años y ahora es el centro de la vida nocturna de la ciudad.

Konak Meydanı PLAZA
En un tramo peatonal de Cumhuriyet Bulvarı, esta amplia plaza que lleva el nombre de la **mansión del gobierno** *(hükümet konağı)* otomano marca el corazón de la ciudad. Las señales que indican el centro solo dicen "Konak". Aquí también se erige la **torre del reloj** *(saat kulesi)* otomana, construida en 1901 para celebrar el 25 aniversario de la coronación del sultán Abdül Hamit II. Puede que con su recargado estilo oriental intentasen compensar la atmósfera europea de Esmirna. Junto a ella está la

bella **Konak Camii**, de 1755 y cubierta de azulejos de Kütahya.

Ágora

RUINAS

(Agora Caddesi; entrada 3 TRY; ☉8.30-19.00, hasta 17.30 sa; **P**) La antigua ágora, construida por Alejandro Magno, quedó destruida por un terremoto en el 178 d.C., pero el emperador romano Marco Aurelio la reconstruyó. Las columnatas corintias reconstruidas, las salas abovedadas y los arcos dan una idea de cómo debía ser un mercado romano. Más tarde se levantó en el mismo sitio un cementerio musulmán del que se pueden ver muchas lápidas en torno a la plaza. Conviene pedir el folleto gratuito, pues ofrece una buena introducción. Se accede por la parte sur, junto a Gazi Osman Paşa Bulvarı.

Museo Arqueológico

MUSEO

(Arkeoloji Müzesi; ☎489 0796; Bahri Baba Parkı; entrada 8 TRY; ☉8.30-17.00 ma-do) En el extremo sur de Konak Meydanı, el tráfico regresa con fuerza, pero por encima de la carretera está Turgutreis Parkı y, en la colina del parque (sin señalizar pero visible desde la carretera), los museos arqueológico y etnográfico de İzmir. Enfrente del edificio blanco del hospital del Sağlık Bakanlığı (Ministerio de Salud) hay un camino que conduce a los museos por la parte izquierda del parque.

LA COSMOPOLITA İZMİR

Entre principios del s. xvii y principios del xx, İzmir contaba con una de las mayores poblaciones de levantinos del Imperio otomano. Esta comunidad internacional de expatriados llegó aquí cuando İzmir era uno de los principales centros mercantiles del Imperio, y su influencia aún se puede ver. Zonas como Bornova, al noreste del centro, tienen calles enteras de casas levantinas, lo que muestra la diferencia de carácter de las diversas nacionalidades. Las casas de construcción francesa y británica tienen balcones, pues a sus dueños no les importaba que los entrevieran desde la calle, mientras que los italianos, más conservadores, preferían las galerías; los griegos no tenían ni lo uno ni lo otro. Para más información, véase www.levantineheritage.com. Entre los puntos de interés de origen levantino del centro están:

Estación de trenes de Alsancak (Ziya Gökalp Bulvarı) Construida en el s. xix en estilo colonial. Cuenta con vidrieras y un tren a vapor en el exterior.

Iglesia de San Juan (Ziya Gökalp Bulvarı) Esta iglesia anglicana episcopal fue consagrada en 1902.

Jackson's (☎422 6045; Gazi Kadınlar Sokak 17; platos principales 12 TRY; ☉almuerzo y cena) Era una residencia consular británica; el estante que hay detrás de la barra se usaba para exponer porcelana.

Apikam (museo y archivo de la ciudad; ☎293 3900; Şair Esref Bulvarı 1; ☉8.30-17.30 lu-sa) Este antiguo parque de bomberos construido por los británicos en 1923 alberga exposiciones sobre la historia de İzmir y cuenta con un café en el patio.

Konak Pier (Atatürk Caddesi) Gustave Eiffel, que proyectó la famosa torre de París, diseñó en 1890 la que hoy en día es sede de un centro comercial.

Torre del reloj del 'konak' Diseñada por el arquitecto francés levantino Raymond Charles Père.

Iglesia de Sen Polikarp (San Policarpo; Vali Kazım Dirik Caddesi)

La comunidad levantina de İzmir está desapareciendo rápidamente, pero aún cuenta con una considerable comunidad judía, principalmente en Alsancak, y se pueden recorrer algunas de las bellas y antiguas **sinagogas** (circuitos guiados 35 €) de la ciudad. Los circuitos suelen incluir algunas de las sinagogas restauradas de Karataş (el antiguo barrio judío), como **Bet Israel**, que acoge un museo en el piso superior, y está cerca de **Asansör** (☉7.30-24.00), un ascensor construido en 1907 para permitir el comercio entre Karataş y el barrio turco de Halil Rifat Paşa (la alternativa son 155 escalones). A los pies del ascensor, una placa señala la casa antigua típica de İzmir en la que nació **Darío Moreno**, el último cantante judío de *Canım İzmir* (Mi querida İzmir). Otros puntos de interés son las tres sinagogas de estilo otomano de Havra Sokak, en el bazar, recuerdo de las nueve que había. Para reservar un circuito, hay que llamar a la oficina de turismo (p. 189).

El Museo Arqueológico es pequeño, pero alberga una excelente colección de vestigios de la región: estatuaria y ánforas griegas, lámparas de aceite bizantinas y sarcófagos profusamente decorados de la península de Çeşme.

GRATIS **Museo Etnográfico** MUSEO
(Etnografya Müzesi; ☎489 0796; ⏱8.30-18.30 ma-do) Más interesante que su vecino, este museo ocupa el antiguo Hospital de San Roque, un bonito edificio de piedra de cuatro pisos que acoge pintorescas exposiciones (con dioramas, fotografías y paneles informativos incluidos) que dan a conocer las artes, artesanías y costumbres locales. Aquí se puede aprender sobre cualquier tema, desde las luchas de camellos, la cerámica y el dorado de estaño hasta la confección de fieltros, el bordado y el arte de elaborar esos curiosos abalorios de color azul y blanco contra el mal de ojo (véase recuadro en p. 190). También alberga muestras de armas, tallas en madera y manuscritos miniados.

Fatih Camii MEZQUITA
(Birleşmiş Milletler Caddesi) Situada por encima de los museos, esta reconstruida mezquita de cerámica azul cuenta con una pequeña pérgola con vistas a la colina y un precioso interior cuyos azulejos muestran la diferencia entre los diseños de İznik (véase p. 258; en la base de las paredes) y los de İzmir, más coloridos y vivos y con grandes y fluidos motivos (bajo las ventanas y en el techo abovedado).

Bazar Kemeraltı BAZAR
(⏱8.00-17.00) Si nunca se ha visitado uno, la versión de İzmir del bazar turco puede decepcionar por su falta de exotismo. Mucho de lo se vende está directamente dirigido al consumo nacional (cazuelas y sartenes, calcetines, vestidos de novia, relojes, etc.), pero también hay objetos como pipas de agua, abalorios y artículos de piel (una especialidad local). La arquitectura no es gran cosa, a excepción del Kızlarağası Han.

Lo que sí tiene el bazar es ambiente y puede llegar a estar muy concurrido. Las calles son estrechas y están llenas de gente. Es un buen sitio para perderse un par de horas y, con tantas callejuelas entrecruzándose por todas partes, es muy probable que ocurra. Llegado el momento, uno puede retomar aliento en uno de sus numerosos cafés. Anafartalar Caddesi rodea el núcleo del bazar y es su principal vía pública.

Kızlarağası Han BAZAR
(Bazar Kemeraltı; ⏱8.00-17.00) Este caravasar restaurado (1744) es una versión mucho más pequeña y tranquila del famoso bazar cubierto de Estambul. Es muy turístico y vende muchos objetos del final de la Ruta de la Seda (China), pero vale la pena deambular por él. En su patio hay una cafetería en la que, antaño, los mercaderes ataban sus camellos.

Hisar Camii MEZQUITA
(Bazar Kemeraltı) El interior de la mayor mezquita de la ciudad (1592) es la quintaesencia de İzmir. Los motivos azules y dorados de sus cúpulas son más sencillos y menos orientales que los clásicos diseños otomanos. Tampoco hay que perderse las rosas y racimos tallados en la parte baja de la galería femenina y los diseños de la escalera de piedra.

Parque Kültür PARQUE
Gran parte del centro urbano interior, entre Alsancak y Basmane, resultó gravemente dañado en el incendio de 1922 y ahora lo ocupa este parque que inyecta un poco de verdor en la ciudad y atrae a paseantes y corredores, que cuentan con su propio camino. Entre sus atractivos concretos se encuentran una torre para paracaidistas de 50 m, un parque de atracciones, algunas esculturas contemporáneas en el lado oeste del estanque, y salas de exposiciones para eventos como el Festival Internacional de İzmir.

Museo de Historia y Arte MUSEO
(Tarih ve Sanat Müzesi; ☎445 6818; parque Kültür; entrada 3 TRY; ⏱8.30-18.30 ma-do) Dispone de tres secciones (escultura, cerámica y artefactos preciosos) que ofrecen una estupenda visión del patrimonio artístico de la región. Conviene prestar atención al alto relieve de Poseidón y Demetrio del s. II d.C. procedente del ágora, a la jarra antropomórfica de finales del Neolítico y a las graciosas afroditas sentadas del período romano.

GRATIS **Atatürk Evi** EDIFICIO HISTÓRICO
(Atatürk Caddesi; ⏱9.00-12.00 y 13.00-17.15 ma-do) Durante la época dorada de la ciudad, en el s. XIX, el *kordon* estaba bordeado de imponentes oficinas y elegantes casas, muchas de las cuales han desaparecido, pero este edificio da una idea del aspecto que tenían las mansiones de los más ricos. Atatürk se quedaba aquí cuando visitaba la ciudad entre 1930 y 1934.

Kadifekale FORTALEZA

(Rakım Elkutlu Caddesi) Después de ser saqueada por los lidios en el s. VI a.C., Esmirna tuvo que esperar otros dos siglos antes de que Alejandro Magno la volviese a fundar. Para ello eligió un lugar seguro en Kadifekale (monte Pagus), al sureste del centro de la ciudad moderna, y erigió las fortificaciones que aún coronan la colina. La vista desde la Fortaleza de Terciopelo es magnífica, especialmente justo antes de la puesta de sol. Se ve a las mujeres kurdas, que emigran desde el sureste de Anatolia, tejer alfombras en telares horizontales.

El autobús 33 va de Konak hasta lo alto de la colina. El barrio es bastante peligroso, por lo que no se recomienda hacer a pie el camino, en ninguna de las dos direcciones. Algunos turistas han sido atacados allí.

Şıfalı Lux Hamam 'HAMMAM'

(☑445 2209; Anafartalar Caddesi 660; baño y masaje desde 30 TRY; ☻8.00-22.00 para hombres, 7.00-18.00 para mujeres) Un *hammam* impoluto y abovedado con un precioso interior de mármol.

Museo de Máscaras y Disfraces MUSEO

Este museo, que expone cientos de piezas, entre las que se incluye la máscara fúnebre de Atatürk, estaba a punto de abrir cuando se redactaba esta guía.

✪ Fiestas y celebraciones

Cada año, de mediados de junio a mediados de julio, se celebra el **Festival Internacional de İzmir**, que presenta actuaciones de música y danza en Çeşme y Éfeso, además de en İzmir (parque Kültür). Para obtener el programa e información sobre entradas, véase www.iksev.org.

🛏 Dónde dormir

La costa de İzmir está dominada por grandes y caros hoteles de negocios que se llenan rápidamente durante las ferias del verano, mientras que los del interior son de precio medio o económicos, sobre todo en torno al bazar Kemeraltı y a la estación de trenes de Basmane. En ambas zonas también hay hoteles-*boutique*, una moda que ha llegado a İzmir en los últimos años.

BAZAR Y BASMANE

1294 Sokak y 1296 Sokak, al suroeste de la estación de trenes de Basmane, acogen varias opciones que ocupan casas otomanas restauradas. Sin embargo, esta zona es peligrosa de noche y, aunque las fachadas

de los hoteles suelen ser atractivas, los interiores, en general, son cutres y feos. Algunos lectores han vivido malas experiencias aquí. Para encontrar un hotel económico, conviene dirigirse a 1368 Sokak, al este de la estación.

👍 Konak Saray Hotel HOTEL-'BOUTIQUE' €€

(☑483 7755; www.konaksarayhotel.com; Anafartalar Caddesi 635; i/d 60/90 TRY; ❉@) Es uno de los hoteles de İzmir con mejor relación calidad-precio, y ocupa una preciosa casa otomana restaurada y transformada en un hotel de categoría superior. Sus 27 modernas habitaciones tienen mucho éxito entre los lectores; aunque un poco pequeñas, disponen de minibar y televisor de pantalla de plasma, y están insonorizadas. También cuenta con un buen restaurante en la última planta.

Otel Antik Han HOTEL-'BOUTIQUE' €€

(☑489 2750; www.otelantikhan.com; Anafartalar Caddesi 600; i/d 45/65 €; @) Este edificio otomano restaurado, construido en 1851, es uno de los pocos hoteles históricos de İzmir. Ofrece habitaciones agradables (aunque en espacios un poco raídos) con televisor de plasma y minibar, y un silencioso patio totalmente alejado del bullicio del bazar.

Residence Comfort APARTAMENTOS €€

(☑425 9503; www.comfortresidence.com; Gaziler Caddesi 206; i/d desde 55/70 €; ❉P) Recomendada por los lectores, esta sucursal de la cadena en Basmane cuenta con 25 suites grandes con salón-cocina enmoquetado y detalles cautivadores como el televisor con pantalla de plasma, el desayuno en la puerta y las lavadoras en las suites sénior, aunque dan a la ajetreada Gaziler Caddesi. La ubicación es un inconveniente, pero todos los autobuses en dirección oeste van a Konak Pier.

Grand Zeybek Hotel HOTEL €€

(☑441 9590; www.grandzeybekhotels.com; 1368 Sokak 5-7, Basmane; i/d 50/100 TRY; ❉@) Pese al nombre, no es para nada majestuoso pero, junto a sus tres hoteles hermanos situados en la misma calle, es una de las opciones más seguras de Basmane. El sencillo y anticuado Hotel Zeybek (40/80 TRY) está al otro lado de la calle.

Güzel İzmir Oteli HOTEL €

(☑483 5069; www.guzelizmirhotel.com; 1368 Sokak 8; i/d 40/70 TRY) Sus habitaciones son básicas y pequeñas, pero está cerca de la estación de trenes y de las oficinas de autobuses. Hay una mujer trabajando en la luminosa recepción, y tiene mejor reputación que las muchas opciones de pago por horas de Basmane.

ALSANCAK Y PASEO MARÍTIMO

La zona al norte de Gazi Bulvarı es más segura y agradable, pero los hoteles son todos de precio medio y alto.

MyHotel HOTEL-'BOUTIQUE' €€€
(☎445 5241; www.myhotel.com.tr; Cumhuriyet Bulvarı 132; i/d 80/110 €; ✴@) Con una elegante mezcla de hotel *business* y *boutique*, el MyHotel dispone de suelos de cristal, un bar en el vestíbulo de lo más *cool* y habitaciones limpias y minimalistas, aunque un poco oscuras. Está cerca de la costa pero no tiene vistas al mar.

Hotel Yaman HOTEL €€
(☎421 1287; www.hotelyaman.com; 1440 Sokak 19; i/d 45/60 €; ✴) Magníficamente situado cerca de los cafés y bares de Kıbrıs Şehitleri Caddesi, el sencillo Yamane es una buena opción para una estancia corta. Eso sí, la camarera no pasó por la habitación de los escritores de esta guía durante los varios días que se alojaron allí.

Swissôtel Grand Efes HOTEL €€€
(☎414 0000; www.swissotel.com.tr; Gazi Osman Paşa Bulvarı 1; i/d 140/160 €; P✴@☲) Este hotel de negocios de cinco estrellas es el gran protagonista de la ciudad, pues ocupa una ubicación privilegiada con vistas a Cumhuriyet Meydanı y la bahía. Las habitaciones son tan lujosas como se podía esperar, con televisores de pantalla plana, camas grandes y elegantes muebles en piel y acero, aunque hay que mirar por la ventana, o subir al Sky Bar, para recordar en qué ciudad se está. También ostenta un excelente restaurante y un balneario.

Hilton İzmir HOTEL €€€
(☎497 6060; www.hilton.com; Gazi Osman Paşa Bulvarı 7; i/d 115/135 €; P✴@☲) Se dice que es el edificio más alto de la costa turca del Egeo, y es que el Hilton está literalmente por encima de la competencia. Sus espacios públicos están remozados con lujoso mármol gris, y las vistas desde sus habitaciones, restaurantes y bares son fantásticas. También ofrece excelentes instalaciones como gimnasio y *spa*, piscina y pistas de tenis y *squash*.

Otel Kilim HOTEL €€€
(☎484 5340; www.kilimotel.com.tr; Atatürk Caddesi; i/d 125/165 TRY; ✴@) En el paseo

marítimo hay opciones mejores, pero tienden a costar más. Tras la recepción en tonos marrón y crema hay habitaciones relajadamente confortables con detalles estupendos como los minibares con la puerta de cristal, los televisores de plasma y las fotografías en blanco y negro de İzmir. Media docena de habitaciones dan al mar; el resto ofrecen buenas vistas laterales.

İzmir Palas Oteli HOTEL €€
(☎465 0030; www.izmirpalas.com.tr; Atatürk Caddesi; i/d desde 120/165 TRY; P✴) Abierto en 1927 y reformado en 1972, este hotel de 138 habitaciones de anodino exterior cuadrado y estilo *business* por dentro, ofrece todas las comodidades que se esperan de su precio. Su restaurante, el Deniz, también es aceptable. Su punto fuerte es su ubicación frente al mar y sus vistas de la bahía.

✗ Dónde comer

El lugar en el que disfrutar de una romántica velada estival junto al mar es el *kordon*. Aunque se paga por la ubicación (la mayoría de los restaurantes tiene mesas al aire libre con vistas a la bahía), algunos ofrecen una cocina excelente. En torno a Kıbrıs Şehitleri Caddesi, en Alsancak, no se puede disfrutar de las puestas de sol, pero el ambiente es mejor; no hay que perderse 1453 Sokak.

Para comprar fruta y verdura frescas, pan recién horneado y deliciosas empanadas, nada mejor que el mercado cubierto de toldos que está junto a Anafartalar Caddesi.

Sakız COCINA TURCA MODERNA €€
(☎484 1103; Şehit Nevresbey Bulvarı 9a; platos principales 12-22 TRY; ⊗12.00-14.00 y 19.30-22.00 lu-sa) Con su terraza de madera y sus manteles rojos y blancos, el Sakız está por encima de los típicos restaurantes "*rakı-balık*-la cuenta". Sus *mezes* recién hechos de *balık kokoreç* (intestinos de pescado) y *köz patlıcan* (berenjena ahumada con tomates y pimientos) son muy recomendables. Entre sus excepcionales primeros platos se encuentran la lubina con espárragos y el pescado sofrito con alcachofas. En el almuerzo, se puede elegir entre 35 platos vegetarianos (10 los sábados).

Damla Restaurant COCINA DEL EGEO €€€
(☎464 6655; 1407 Sokak 8; platos principales desde 30 TRY; ⊗almuerzo y cena) Un secreto bien guardado en una zona tranquila de Alsancak entre cuyos platos destacan el *dana pirzola* (filete) en su punto y el *bonfile şiş*

(kebab de vacuno). Es un buen sitio para probar especialidades locales como *şevketi bostan,* una raíz vegetal que se sirve como *meze* o con cordero entre febrero y abril, y las alubias *taze börülce* frescas.

Reyhan
PASTELERÍA €

(☑444 7946; Dr Mustafa Bey Enver Caddesi 24; tarta de queso 6,75 TRY) Una institución en İzmir desde hace generaciones, esta pastelería se toma en serio lo dulce y cuenta con un degustador profesional y camareros con auriculares. Para elaborar delicias sublimes como la tarta de queso con fresas y el pastel de crema de almendras con piña solo emplean fruta de temporada.

Balık Pişiricisi
MARISCO €

(☑464 2705; Atatürk Caddesi 212; platos principales 20 TRY; ☺12.00-22.30) Las colas de comensales en la calle y los camareros sin parar dicen mucho de este restaurante. Aunque sencillo y moderno, tiene una buena reputación por la calidad del marisco y los precios razonables. Hay que probar la especialidad: *dil şiş* (lenguado a la parrilla).

Café de Bugün
CAFÉ €

(☑425 8118; Atatürk Caddesi 162; sándwiches 6-11 TRY; café de filtro 4 TRY) Se pueden observar los *ferries* yendo y viniendo desde la ventana de este lujoso café situado en el edificio del periódico *Bugün* (Hoy). Ofrece una larga lista de cafés, batidos y sándwiches, así que es perfecto para un almuerzo ligero. Los miércoles a partir de las 20.00 toca un guitarrista acústico.

Deniz Restaurant
MARISCO €€€

(☑464 4499; Atatürk Caddesi 188; platos principales desde 17 TRY; ☺11.00-23.00) El primer restaurante de pescado de İzmir se mantiene en forma gracias a platos como la paella de pescado y su peculiar kebab, pero es caro incluso para los niveles de las marisquerías. Conviene probar la especialidad de la casa, *tuzda balık* (pescado cocinado en un bloque de sal que rompen en la mesa del comensal, idóneo para tres o cuatro personas) y saber que el resto de los clientes irán con sus mejores galas.

Kırım Ciğ Börek
'BÖREKÇISİ' €

(Junto a Birleşmis Milletler Caddesi; *börek* 1,50-2 TRY; ☺8.00-14.00 ma-do) Esta popular caseta situada en un barrio de clase obrera produce el mejor *çiğ* (cocinado con el método 'crudo') *börek* en kilómetros a la redonda. Resulta difícil elegir entre el de *peynirli* (queso) y el de *kıymalı* (carne picada). Para

llegar, hay que subir las escaleras que están frente a Fatih Camii, cruzando la carretera.

Kırçiçeği
'KEBAPÇI' €€

(☑464 3090; Cumhuriyet Bulvarı; *kebaps* 11-18 TRY; ☺24 h) Esta cadena local es cara pero merece la pena por sus excepcionales *pides* (8 TRY), incluidas las de *ıspanaklı peynirli* (queso y espinacas) y *kuşbaşılı kaşarlı* (cabeza de ave; trozos de carne que se supone que parecen cabezas de pájaros), y *kebaps*. La marca de *ayran* (yogur líquido) Eker, de Bursa, no se encuentra en todas partes.

Sir Winston Tea House
CAFÉ €

(☑421 8861; Dr Mustafa Bey Enver Caddesi 20; sándwiches 13 TRY, té 4-8 TRY) Situada en una calle famosa por sus cafeterías, esta es una de las mejores. Sirve docenas de tes, cafés calientes y fríos, ensaladas y pastas, y tiene mesas exteriores a la sombra. Están abriendo una nueva sucursal enfrente del Sakız.

Asansör
RESTAURANTE €€

(☑261 2626; Darío Moreno Sokağı; platos principales 15-30 TRY; ☺9.00-24.00) Se encuentra en lo alto de un ascensor de principios del s. XX (véase recuadro en p. 184), la ubicación preferida por las parejas de lectores y lugareños. Además de unas impresionantes vistas panorámicas, ofrece un refugio fresco en verano no lejos de las principales rutas turísticas y sirve una buena selección de platos de carne, pasta y ensaladas. Quien no pueda permitírselo, puede tomar solo una cerveza (6 TRY) o entrar en el pequeño café que hay enfrente (sándwiches 5-8,50 TRY, con el mismo horario). Está a unos 2 km del centro urbano.

7/A
CAFÉ €

(☑465 0072; 1379 Sokak 7/A; platos principales 8,50-16 TRY) Esta cafetería recién abierta está ganándose los elogios de los lugareños por sus *zeytinyağlı tabağı* (tabla de aceites de oliva) y *ev mantısı* (*mantı* de la casa), aunque algunas porciones podrían ser más grandes. Es probable que haya gente fuera curioseando, pues se encuentra al principio de una zona peatonal.

Tuğba
CONFITERÍA €

(Gazi Osman Paşa Bulvarı 56, Çankaya; ☺8.30-23.00) Para degustar frutos secos, *baklava* y delicias turcas. Cuenta con una sucursal en Alsancak, en el extremo sur de Kıbrıs Şehitleri Caddesi.

%100
RESTAURANTE, CAFÉ €€€

(☑441 5593; Konak Pier, Atatürk Caddesi; platos principales 22 TRY) Más informal que sus vecinos del final del centro comercial, el %100 sirve *sushi*, ensaladas, pasta, filetes, *kebaps*, pescado y *pizzas*, y ofrece vistas a la costa, una carta de combinados que incluye cócteles (20 TRY) y música de fondo relajante.

Mennan
PASTELERÍA €

(899 Sokak 30; cucurucho 3,50 TRY) Este café del bazar es famoso por su excelente helado artesanal.

Rıza Aksüt
PASTELERÍA €

(863 Sokak 66; pastel 3 TRY; ❄) Está en la zona Baş Durak del bazar, y no hay que perderse su *peynir tatlısı* (bizcocho de queso), preferiblemente *kaymaklı* (con crema).

Dónde beber y ocio

Los locales empiezan sus noches de ocio con un paseo por el *kordon*, ideal también para tomarse un aperitivo junto al mar. Cuanto más al norte se vaya, más modernos y animados son los locales. La hilera de bares que hay en torno al Balık Pişiricisi Restaurant es especialmente popular; el Alinda Café Bar y el contiguo Café Melanie ofrecen música en directo y sus cervezas cuestan unas 7 TRY. Alsancak es el epicentro de la vida nocturna, sobre todo gracias a las discotecas y bares de calles secundarias como Sokaks 1482 y 1452/Gazi Kadınlar.

El Jackson (véase recuadro en p. 184) organiza una noche de salsa los lunes, y de tango y milonga los jueves.

Aksak Lounge
BAR

(1452 Sokak 10) Ocupa una típica mansión de İzmir con techos altos, balcones y un patio ajardinado, y atrae a una multitud culta a sus noches de *jazz* los martes y domingos.

Tyna
BAR

(Ali Çetinkaya Bulvarı 5; cerveza 4 TRY) Las mesas exteriores de esta pizzería situada en una pequeña plaza están muy solicitadas, aunque la mayoría acude solo para una cerveza. Las *pizzas* cuestan 6 TRY. Enfrente de Ali Çetinkaya Bulvarı, el Eko también es popular para tomar algo *en plein air*.

Kybele
CLUB

(Gazi Kadınlar Sokak; entrada 20 TRY; ⏱vi y sa) Bandas de *rock* amenizan la pista de baile de este pequeño local que ocupa una antigua casa de muros de piedra y decoración profusa.

Cine Bonus
CINE

(www.cinebonus.com.tr, en turco; Konak Pier, Atatürk Caddesi; adultos 12,50 TRY) Con cinco pantallas y películas en inglés con subtítulos en turco.

De compras

La escena comercial de İzmir abarca todos los sectores del mercado, desde el bazar con sus multitudes, regateos y la exuberancia de lo antiguo, hasta el alegre, brillante y moderno centro comercial Konak Pier, que se adentra en el agua y está lleno de grandes cadenas de tiendas. El primero ofrece ambiente y mucha interacción humana (a veces no deseada), el segundo, esterilidad climatizada y política de no intervención.

Dösim (Cumhuriyet Bulvarı 115) está dirigido al turismo y sus precios son un poco altos, pero la calidad es fiable y vende una amplia selección de artículos, desde zapatillas hasta collares (desde 50 TRY).

La sucursal de **Remzi Kitabevi** (Konak Pier, Atatürk Caddesi) cuenta con una gran variedad de libros en inglés para adultos y niños.

Información

Hay bancos, cajeros automáticos, cibercafés y puntos con conexión Wi-Fi por todo el centro.

İzmir Döviz (📞441 8882; Fevzi Paşa Bulvarı 75, Çankaya; ⏱8.00-19.00 lu-sa) Oficina de cambio de dinero en la que no cobran comisión.

Oficina de correos La principal PTT está en Cumhuriyet Meydanı.

Oficina de turismo (📞483 5117; 1344 Sokak 2) Está dentro del estucado edificio de İl Kültür ve Turizm Müdürlüğü, junto a Atatürk Caddesi. El personal habla inglés, alemán y francés.

Peligros y advertencias

Como cualquier otra gran ciudad, İzmir también tiene su cuota de criminalidad. No obstante, las

TARJETAS DE TRANSPORTE

İzmir cuenta con dos tarjetas de transporte válidas para trayectos en autobús, metro y *ferry*, y que se venden en estaciones, muelles y tiendas con el rótulo de Kent Kart:

» **Kent Kart** (tarjeta urbana) Al comprarla y cargarla con saldo, se paga un depósito de 5 TRY. Cada crédito cuesta 1,55 TRY, y todos los desplazamientos que se hagan durante los siguientes 90 minutos después de su uso son gratuitos.

» **Üç-beş** (tres-cinco) Esta tarjeta con tres créditos, cada uno de ellos válido para un solo trayecto, cuesta 5,75 TRY.

EL DIABÓLICO OJO QUE TODO LO VE

Aunque la estancia en Turquía sea breve, es inevitable no darse cuenta de que el famoso mal de ojo está por todas partes. Esta antigua superstición sigue muy vigente en todo el país. Los abalorios de cuentas, los colgantes y otros objetos decorados con ojos están dirigidos tanto al mercado nacional como a los turistas.

En resumen, se cree que algunas personas poseen una fuerza malévola que se puede transmitir a otros a través de los ojos. Los amuletos con forma de ojo, conocidos como *nazar boncuk*, se usan para rebotar esa mirada diabólica de vuelta a su artífice. Casi todos los objetos para proteger del mal de ojo se fabrican en la región del Egeo, y muchas tiendas del bazar Kemeraltı los venden.

principales zonas turísticas son bastante seguras, con las destacadas excepciones del barrio de Kadifekale y la zona de la estación de trenes de Basmane, que es algo así como un barrio chino en el que las mujeres solas deberían ir con ojo. No hay que entrar en el bazar Kemeraltı de noche y, de día, estar atento a los carteristas y ladrones.

❶ Cómo llegar y salir

Avión

Hay muchos vuelos al **aeropuerto Adnan Menderes** (☏ 455 0000; www.adnanmenderes airport.com) de İzmir desde destinos europeos; véase también p. 696.

Turkish Airlines (☏ 484 1220; www.thy.com; Halit Ziya Bulvarı 65) ofrece vuelos directos desde Estambul (los dos aeropuertos), Adana, Ankara, Antalya, Diyarbakır, Erzurum, Gaziantep, Kayseri Kars, Malatya, Samsun, Sivas, Trabzon y destinos europeos. También vuelan a İzmir:

Atlasjet (www.atlasjet.com)

Izair (www.izair.com.tr)

Onur Air (www.onurair.com.tr)

Pegasus Airlines (www.flypgs.com)

Sun Express (www.sunexpress.com.tr)

Autobús

La colosal *otogar* de İzmir está 6,5 km al noroeste del centro urbano. Para viajar en viernes o sábado a los pueblos costeros que están al norte de İzmir, conviene comprar el billete con un día de antelación y, en temporada alta, con dos. Los billetes también se pueden comprar en las oficinas de las compañías en el centro de la ciudad; casi todas están en Dokuz Eylül Meydanı, en Basmane.

Los autobuses de larga distancia y sus taquillas se encuentran en la planta baja, mientras que los regionales (Selçuk, Bergama, Manisa, Sardes, etc.) y sus correspondientes taquillas están en la planta superior. Los autobuses urbanos y los *dolmuşes* salen de un patio situado frente a la planta baja.

Los autobuses de corto recorrido (por ej., a la península de Çeşme) salen de una terminal más pequeña sita en Üçkuyular, 6,5 km al suroeste del *konak*, aunque ahora también paran en la *otogar*.

En la tabla de la p. 191 figuran los servicios diarios de autobús a destinos importantes.

Tren

La mayoría de los trenes interurbanos llega a **Basmane Garı**, aunque están ampliando **Alsancak Garı** para que pueda recibir más trenes. Para ir al norte o este de Turquía, hay que cambiar en Ankara.

ANKARA Hay trenes diarios a/desde Ankara (27 TRY, 15 h) que salen en ambas direcciones a las 17.50 y las 19.45 y pasan por Eskişehir (21 TRY, 11 h).

BANDIRMA Hay trenes diarios a/desde Bandırma (17 TRY, 6 h) a las 14.20/16.00. Excepto los martes, también hay servicios a las 9.25/9.50. Estos trenes se coordinan con el *ferry* a/desde Estambul.

MANISA Todos los días salvo los martes, hay seis trenes a/desde Manisa (3-7,50 TRY, 1¾ h).

SELCUK Circulan seis trenes diarios a Selcuk con salida entre las 8.00 y las 19.00 (4,75 TRY, 1½ h).

❶ Cómo desplazarse

A/desde el aeropuerto

El aeropuerto se encuentra 18 km al sur de la ciudad, en la carretera a Éfeso y Kuşadası.

AUTOBÚS Cada hora en punto salen los autobuses 200 y 202 de ambas terminales de llegadas y el Swissôtel (el antiguo Efes Otel), y pasan por Üçkuyular; el 204 circula entre las dos terminales de llegadas y la *otogar*, y pasa por la estación de metro de Bornova. Ambas opciones cuestan dos créditos (véase recuadro en p. 189).

LANZADERA Los autobuses Havaş (10 TRY, 30 min) salen cada hora de Gazi Osman Paşa Bulvarı, cerca del Swissôtel, entre las 3.30 y las 23.30; y de las terminales de vuelos nacionales hacia el Swissôtel 25 minutos después de la llegada de un vuelo.

A/desde las estaciones de autobús

Si se llega a la *otogar* principal en un autobús interurbano de alguna compañía importante, esta ofrece un *servis* lanzadera gratuito al centro, normalmente a Dokuz Eylül Meydanı. Si se llega en un autobús urbano, se puede tomar uno de los *dolmuşes* (1,75 TRY, 25 min) que circulan cada 15 minutos entre la *otogar* y Konak o Basmane Garı, u optar por los autobuses 54 o 64 (cada 20 min) a Konak, o el 505 al metro de Bornova (cada 30 min). Los billetes (véase recuadro en p. 189) se compran en el propio autobús o en la parada.

Para llegar a la *otogar*, lo más fácil es comprar un billete para un autobús interurbano en Dokuz Eylül Meydanı y subirse en el *servis* de la empresa. En cambio, si se va a tomar un autobús urbano en la *otogar* (por ej., a Salihli), hay que ir en metro a Bornova y allí subirse en el autobús 505.

Para llegar a la estación de autobuses de Üçkuyular, hay que tomar el autobús 554 o el 169 en la terminal de Konak.

Barco

La manera más bonita de llegar a İzmir es en **'ferry'** (☉6.40-23.40). Aproximadamente cada media hora, con más frecuencia al inicio y final de los días laborables, hay servicios frecuentes entre los muelles de Karşiyaka, Bayraklı, Alsancak, Pasaport, Konak y Göztepe. Cada *jeton* (ficha de transporte) cuesta 3 TRY.

Autobús

Los autobuses urbanos recorren las principales vías de la ciudad, pero las paradas son poco frecuentes. Montrö Meydanı, junto al parque Kültür, es una importante terminal o punto de transbordo. Las líneas 86 y 169 bajan por Şair Eşref Bulvarı y pasan por Montrö Meydanı, el bazar y el ágora, y realizan la misma ruta en sentido contrario tras finalizar en Balçova, después de Üçkuyular, en el suroeste de İzmir; la 269 recorre Talatpaşa Bulvarı y Cumhuriyet Caddesi hasta Konak Meydanı. Para más información sobre billetes, véase recuadro en p. 189.

Automóvil

Las grandes franquicias de alquiler de automóviles, como Budget, Europcar, Hertz, National Alamo y Avis, así como otras empresas más pequeñas, disponen de mostradores (abiertos las 24 horas) en el aeropuerto, y algunas también en la ciudad.

Green Car (☑446 9060; www.greenautorent.com; Mithatpaşa Caddesi 57) Esta empresa local es una de las mayores de la región del Egeo.

Metro

El **metro** (☉6.30-23.30; *jeton* 1,80 TRY) de İzmir está limpio y es rápido. Cuando se redactó

SERVICIOS DESDE LA 'OTOGAR' DE İZMİR

DESTINO	TARIFA (TRY)	DURACIÓN (H)	DISTANCIA (KM)	FRECUENCIA (DIARIA)	VÍA
Ankara	38	8	550	cada hora	Afyon
Antalya	40	7	450	cada hora	Aydın
Bergama	10	2	110	frecuente	Menemen
Bodrum	25	3¼	286	cada 30 min en temporada alta	Milas
Bursa	25	5	300	cada hora	Balıkesir
Çanakkale	35	6	340	cada hora	Ayvalık
Çeşme	12	1¾	116	frecuente	Alaçatı
Denizli	21	3¼	250	cada hora	Aydın
Foça	8	1½	86	frecuente	Menemen
Estambul	45	9	575	cada hora	Bursa
Konya	30	8	575	cada 2 h	Afyon
Kuşadası	15	1¼	95	frecuente	Selçuk
Manisa	8	1	45	frecuente	Sarnıc
Marmaris	35	4	320	cada hora	Aydın
Salihli	10	1½	90	frecuente	Sardes
Selçuk	8	1	80	frecuente	Belevi

esta guía, había 10 estaciones repartidas entre Üçyöl y Bornova pasando por el *konak*, Çankaya y Basmane, pero estaba previsto ampliar la red.

Taxi

Se puede parar un taxi en la calle, en una parada o en la puerta de los grandes hoteles. La bajada de bandera es de 3,75 TRY, y después cuesta 0,30 TRY por cada 100 m. Conviene asegurarse de que el taxímetro está encendido.

Alrededores de İzmir

MANİSA
📞 0236 / 282.000

La moderna ciudad de Manisa, resguardada de montañas, fue la antigua Magnesia del Sípilo. Los primeros sultanes otomanos construyeron aquí hermosas mezquitas que destruyeron los soldados griegos en su retirada durante la Guerra de Independencia. Lo más interesante de la ciudad son sus mezquitas y los restos de Sardes que se exponen en el museo, además del festival Mesir Şenlikleri.

⊙ Puntos de interés y actividades

De las muchas mezquitas antiguas de Manisa, la **Muradiye Camii** (1585), último trabajo del famoso Mimar Sinan, es la que tiene la obra de azulejería más impresionante. El edificio contiguo, que en origen fue un comedor popular, acoge hoy día el **Museo de Manisa** (📞 231 3685; entrada 3 TRY; ⊙ 9.00-12.00 y 13.00-17.00 ma-do), en el que se exponen bellos mosaicos de Sardes.

Casi enfrente, la **Sultan Camii** (1522) presenta llamativas pinturas. El '**hammam**' (📞 232 3347; entrada 15 TRY; ⊙ 10.00-21.00) anexo tiene entradas diferentes para hombres y mujeres. Por encima del centro urbano sobresale la **Ulu Cami** (1366), que acusa el paso del tiempo y es menos impresionante que la panorámica que se divisa desde la ladera en la que está encaramada.

⚑ Fiestas y celebraciones

Quien visite la ciudad durante los cuatro días en torno al equinoccio de primavera, podrá disfrutar del **Mesir Şenlikleri**, un festival sobre la *mesir macunu* (goma de la fuerza).

La leyenda cuenta que hace 450 años un farmacéutico local llamado Müslihiddin Celebi Merkez Efendi preparó una poción para curar a Hafza Sultan, madre del sultán Solimán el Magnífico, de una misteriosa dolencia. Maravillada por su pronta recuperación, la reina madre ordenó distribuir el mágico elixir entre los lugareños.

Hoy día, la gente se viste con trajes de la época y recrea la preparación de la poción mezclando azúcar y 40 especias con otros ingredientes para luego verterla desde la cúpula de la Sultan Camii. Los lugareños atribuyen al *mesir* propiedades calmantes, estimulantes para las hormonas e inmunizadoras de picaduras venenosas.

ⓘ Cómo llegar y desplazarse

Para llegar a Manisa, lo más fácil es tomar uno de los autobuses que cada media hora salen de İzmir (8 TRY, 50 min, 30 km), aunque también hay trenes (véase p. 190). De Manisa parten autobuses a Salihli vía Sardes (5 TRY, 1 h). Para llegar a las mezquitas históricas de Manisa hay que tomar un *dolmuş* frente a la *otogar* y bajar en Ulu Parkı (1 TRY).

SARDES (SART)

La capital del próspero reino de Lidia, Sardes, dominó gran parte del Egeo antes de la llegada de los persas. Merece la pena hacer una excursión para visitar sus ruinas, 90 km al este de İzmir.

Sardes estaba cerca del río Pactolo, que arrastraba pepitas de oro que los lidios recogían con cedazos de vellón. Creso (595-546 a.C.) fue un rey de Lidia, y se cree que aquí se inventó la acuñación de monedas, de ahí la expresión "rico como Creso". Sardes se convirtió en un importante centro mercantil, en parte porque la acuñación de monedas facilitaba el comercio.

Bajo el dominio persa, la ciudad fue saqueada durante una revuelta en el 499 a.C. Más tarde, Alejandro Magno tomó la ciudad en el 334 a.C. y la embelleció aún más. Un terremoto derrumbó sus maravillas arquitectónicas en el 17 d.C., pero Tiberio la reconstruyó y la convirtió en una floreciente ciudad romana. El fin de Sardes llegó con la visita del beligerante Tamerlán en 1401.

Las ruinas están esparcidas por todo el pueblo de Sartmustafa, en un valle protegido por unas altas y escarpadas montañas.

⊙ Puntos de interés

Ruinas de Sardes RUINAS
(Entrada 3 TRY; ⊙ 8.00-17.00, hasta 19.00 temporada alta) La mayor extensión de restos está en el extremo oriental del pueblo, justo al norte de la carretera. En el recinto abundan los paneles informativos.

Se entra por una **calzada romana**, y después se pasa por una **letrina bizantina** muy bien conservada y, detrás de una sinagoga, por hileras de **tiendas bizanti-nas**, muchas de las cuales pertenecieron a mercaderes y artesanos judíos. Algunos edificios han sido identificados gracias a sus inscripciones, como, por ejemplo, un restaurante, una oficina, una ferretería y tiendas que pertenecieron a Sabbatios y Jacob, un anciano de la sinagoga.

Al girar a la izquierda, se llega a la '**ha-vra**' (sinagoga), que impresiona por su tamaño y la belleza de su decoración a base de mosaicos geométricos en el pavimento y de piedras de colores en las paredes.

En la extensión de hierba que hay al lado se alzaban el *hammam* y el gimnasio, un complejo construido probablemente en el s. II d.C. y abandonado tras la invasión sasánida del 616.

Al final del recorrido se erige un imponente edificio de dos plantas llamado el **patio de mármol del salón del culto imperial**, que, pese a haber sido profundamente (y con poco gusto) restaurado, da una idea de su antigua magnificencia. Detrás se halla la **piscina** y una zona de descanso, donde resalta un altar romano con dos águilas romanas a cada lado y leones.

Al otro lado de la carretera, las excavaciones continúan y han revelado un fragmento de la **muralla lidia** y una **casa romana** con las paredes pintadas levantada sobre una residencia lida anterior.

Templo de Artemisa   RUINAS

(Entrada 3 TRY; ⏱8.00-17.00) Una señal que indica hacia el sur por la carretera que pasa junto a los salones de té conduce al templo de Artemisa, a 1 km. En la actualidad solo se conservan unas pocas columnas de lo que un día fue un edificio majestuoso que nunca llegó a completarse. Aun así, su planta se distingue con claridad y resulta igualmente impresionante. Al lado hay un **altar** utilizado ya desde tiempos antiguos que fue reformado por Alejandro Magno y después por los romanos. En la esquina sureste del templo se conserva una pequeña **iglesia bizantina** de ladrillo.

Al regresar a İzmir, si se mira al norte de la autopista, se ve una serie de **túmulos** redondeados en los que se enterraba a los reyes lidios.

❶ Cómo llegar y salir

De la *otogar* de İzmir salen, cada media hora, autobuses con destino a Salihli (10 TRY, 1½ h, 90 km) que pasan por Sartmustafa, a donde también van *dolmuşes* (1 TRY, 15 min, 9 km) que salen de la parte trasera de la *otogar* de Salihli.

Haciendo señas, se suelen poder parar los autobuses que van por la autopista de Salihli a Manisa (5 TRY, 1 h), lo que permite visitar Manisa y Sardes en el mismo día.

PENÍNSULA DE ÇEŞME

Esta península es la zona de veraneo de İzmir, y ello implica que los fines de semana y durante las vacaciones escolares suele llenarse de turistas turcos. Los principales puntos de interés son la propia Çeşme, un destino vacacional de ambiente familiar y lugar de paso para ir a la isla griega de Quíos, y Alaçatı, un lugar de más categoría cuyo núcleo de antiguas casas griegas de piedra acoge infinitud de hoteles-*boutique* y restaurantes caros. Alaçatı Surf Paradise (véase recuadro en p. 201) y Pırlanta Beach son dos mecas del *windsurf* y el *kitesurf* respectivamente.

Çeşme

📞 0232 / 21300 HAB.

Aunque no tiene nada reseñable, es una auténtica localidad portuaria y un centro turístico con un ambiente agradable, lo que la convierte en la base perfecta para pasar unos días, sobre todo si se va o vuelve de Quíos, a 8 km de la costa. Desde İzmir llegan muchos turistas los fines de semana y en vacaciones, períodos en los que los precios suben.

◉ Puntos de interés y actividades

GRATIS **Castillo de Çeşme**   FORTALEZA

(Cumhuriyet Meydanı) Este fuerte genovés, cuyas imponentes murallas dominan la ciudad, fue erigido en 1508 y reconstruido por el sultán Beyazıt, hijo de Mehmet el Conquistador (Mehmet Fatih), para defender la costa de ataques piratas. Más tarde, también lo utilizaron los caballeros de la orden de San Juan de Jerusalén de Rodas. Desde sus almenas se puede disfrutar de unas magníficas vistas de Çeşme, y también se puede recorrer el interior y pasar bajo arcos, subir y bajar escaleras y entrar en torres con exposiciones, por ejemplo, sobre la historia naval de la zona.

Museo de Çeşme   MUSEO

(Çeşme Müzesi; entrada 3 TRY; ⏱9.00-19.00 ma-do) Ocupa la torre Umur Bey del castillo y exhibe hallazgos arqueológicos de la cercana Eritrea.

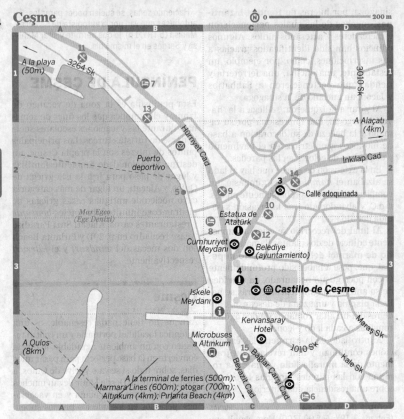

0   200 m

A la playa (50m)

3264 Sk

Hürriyet Cad

Puerto deportivo

3010 Sk

A Alaçatı (4km)

İnkılap Cad

Calle adoquinada

Mar Egeo (Ege Denizi)

Estatua de Atatürk

Cumhuriyet Meydanı

Beledıye (ayuntamiento)

Castillo de Çeşme

İskele Meydanı

Kervansaray Hotel

Maraş Sk

A Quíos (8km)

Microbuses a Altınkum

Bağlar Çarşı Cad

1010 Sk

Kale Sk

A la terminal de ferries (500m);
Marmara Lines (600m); otogar (700m);
Altınkum (4km); Pırlanta Beach (4km)

Beyazıt Çarşı Cad

Estatua de Cezayirli Gazi Hasan Paşa

MONUMENTO

Frente a İskele Meydanı y de espaldas al fuerte, hay una estatua de este almirante otomano (1714-1790) que fue vendido como esclavo y que acabó convirtiéndose en un gran visir. Llevó un león de África a Turquía, y por eso en la estatua aparece acompañado de uno.

Iglesia ortodoxa de Ayios Haralambos

IGLESIA

(İnkılap Caddesi) Al norte del castillo, esta majestuosa pero superflua iglesia del s. XIX acoge exposiciones temporales de arte y artesanía durante los meses de verano.

Playa

PLAYA

En la punta norte del paseo marítimo hay una pequeña playa de arena.

Excursiones en barco

CRUCERO

De mayo a septiembre, los *gülets* (yates de madera tradicionales turcos) ofrecen excur-

siones de un día a las cercanas isla Negra, isla del Burro e isla del Viento, donde se puede nadar y bucear. Se aconseja pasear por el muelle para comparar precios y negociar; suelen costar entre 20 y 30 TRY (almuerzo incluido). Normalmente parten a las 10.00 y regresan a las 17.00.

'Hammam'

'HAMMAM'

(712 5386; Bağlar Çarşı Caddesi 11; baño y masaje 40 TRY; 10.00-23.00 jun-sep) Después del Kervansaray Hotel hay un restaurado *hammam* del s. XVIII con una cúpula y el interior de mármol, y baños mixtos en los que se usan *peştamals* (toallas de baño del *hammam*).

Dónde dormir

Barınak Pansiyon

PENSIÓN €

(712 6670; 3052 Sokak 58; i/d 30/50 TRY;) Está al lado de la Sahil Pansiyon (que por tradición es una buena opción, pero estaba

Çeşme

cerrada por obras cuando se redactó esta guía) y cuenta con habitaciones amplias y limpias de color amarillo con baños decentes y alegres sábanas *nazar boncuk* (véase recuadro en p. 190). Dispone de una pequeña terraza para el desayuno y su servicial propietario, Suat, habla algo de inglés.

Rıdvan Otel   HOTEL €€
(☏712 6336; www.ridvanotel.com; Cumhuriyet Meydanı 11; i/d 60/100 TRY; ✽) Situado en el paseo marítimo, junto al Ertan Otel, dispone de 36 habitaciones un poco frías, pero con balcones que dan al mar o al castillo y la plaza principal. Está lleno de fotos antiguas de İzmir y en su planta baja hay una cafetería Özüt con mesas en la plaza.

Hotel Doga Garden   'RESORT' €€€
(☏712 6839; www.cesmehoteldogagarden.com; 1005 Sokak 17; h 150 TRY; ✽✽) Grupos de turistas suelen colonizar este pequeño y agradable hotel en verano, pero en temporada baja el viajero tendrá su bar-restaurante junto a la piscina para él solo. Las habita-

ciones son bonitas y es una buena opción para el invierno, cuando los precios caen en picado (i/d 40/60 TRY).

Alim Pansiyon   PENSIÓN €
(☏712 6971; tamerakpinar@hotmail.com; 1021 Sokak 3; i/d 30/60 TRY) Al sur del centro, de camino a la terminal de *ferries*, el Alim ofrece habitaciones básicas y sus propietarios son muy agradables. El desayuno tiene un coste adicional de 7 TRY.

✕ Dónde comer

Los restaurantes más turísticos están en el muelle, su especialidad es el pescado y el marisco, y tienen el menú en varios idiomas, mientras que los sitios más baratos y frecuentados por los lugareños están en İnkılap Caddesi.

Rumeli   PASTELERÍA €
(İnkılap Caddesi; ⊙8.00-20.00) En una casa de piedra otomana, esta *pastane* (pastelería) de 65 años de antigüedad vende un excelente helado (1,50 TRY por bola) desde su ventana lateral, además de todo tipo de mermeladas, encurtidos y conservas locales.

Pasifik Otel Restaurant   MARISCO €€
(☏712 1767; Tekke Plajı Mevkii 16; platos principales 10-15 TRY; ⊙12.00-24.00) Si al viajero le apetece caminar y comer pescado, ha de dirigirse a este hotel-restaurante situado en la punta norte del paseo marítimo en el que podrá disfrutar de un magnífico guiso de pescado y de vistas a la playa.

İmren Lokantası Restaurant
          RESTAURANTE €€
(☏712 7620; İnkılap Caddesi 6; platos principales 15 TRY; ⊙12.00-21.00) Abierto en 1960, fue el primer restaurante de Çeşme, y se halla en un atrio con un tejado de bambú, una fuente y plantas. Es famoso entre los lugareños por la calidad de su comida turca tradicional.

Patika Restaurant & Café-Bar
          RESTAURANTE €€
(☏712 6357; Cumhuriyet Meydanı; platos principales 12 TRY; ⊙15.00-24.00) Situado en la plaza, con un lindo balcón con dos mesas, el Patika sirve platos de carne y pescado de calidad media. Todos los días entre las 21.00 y las 4.00 hay conciertos de música turca en su pequeño escenario. No sirven alcohol.

Star Restaurant   COCINA INTERNACIONAL €€
(☏712 9444; Ertürk Sokak 3; platos principales 10-30 TRY) Este restaurante de propiedad

noruega y turca ofrece sorpresas cosmo-politas como *pizza* hawaiana y pasta a la carbonara junto a toda una gama de filetes y *lahmacun* (*pizza* al estilo árabe). Las mesas de la frondosa plaza empedrada junto a la iglesia son perfectas para pasar la tarde.

Ekol Restaurant 'LOKANTA' €€
(☑712 9077; KuTRYudağ Sokak 16; platos principales 12-25 TRY) Recomendado por los lugareños, este popular restaurante es ideal para una comida básica. Su variado menú incluye guisos y *curry*, filetes y *stroganoff*, aunque no todos los platos están siempre disponibles. Los *mezes* incluyen el aconsejable *patlican* (berenjena) y tomates, y la especialidad de la casa: *kabak çiçeği dolması* (flores de calabacín rellenas).

Rıhtım Restaurant MARISCO €€
(☑712 7433; Balıkçı Barınağı Karşısı; platos principales 11-30 TRY) Es uno de los turísticos restaurantes de pescado del muelle, pero cuenta con un frigorífico y una bodega especialmente bien surtidos. Su amplio comedor, que expone enormes botellas vacías de Metaxa (bebida alcohólica griega), tiene más personalidad que los establecimientos vecinos.

Dónde beber y ocio
El Star Restaurant incluye cócteles en su carta y tiene una discoteca en el piso de arriba; para escuchar música turca en directo, se aconseja dirigirse al Patika Restaurant & Café-Bar.

No Problem Bar BAR PARA EXTRANJEROS
(☑712 9411; Çarşı Caddesi 14; cerveza 5 TRY; ☺9.00-24.00; ☎) Este local claramente orientado al público extranjero ofrece un completo desayuno inglés (10 TRY), *pub quiz* (lunes a las 20.00) e intercambio de libros.

Información
La **oficina de turismo** (☑/fax 712 6653; İskele Meydanı 4; ☺8.30-12.00 y 13.00-17.30 lu-vi),las taquillas de venta de billetes del *ferry* y los autobuses, los bancos con cajeros automáticos, los restaurantes y los hoteles están todos en dos manzanas de Cumhuriyet Meydanı, la plaza principal próxima al muelle con la habitual estatua de Atatürk.

Sahil Net (Hürriyet Caddesi; 2 TRY/h; ☺9.00-1.00) Acceso a Internet.

Cómo llegar y salir
Autobús
Para ir de Çeşme a la mayoría de los sitios hay que hacer transbordo en İzmir (y en Çeşme

para ir a otros puntos de la península). La *otogar* de Çeşme está casi 1 km al sur de Cumhuriyet Meydanı, aunque se puede ir en *dolmuş*.

ESTAMBUL 50 TRY, 11 horas; Metro ofrece servicios por la mañana y la noche; en verano hay otras compañías que también hacen el recorrido.

İZMIR Cada 15 minutos salen autobuses hacia la principal *otogar* de İzmir (12 TRY, 1¾ h) y la terminal de Üçkuyular (10 TRY, 1½ h, 85 km).

ANKARA Sirve la misma información que para Estambul.

'Dolmuş'
ILICA Y ALAÇATI Hay *dolmuşes* (3,50 TRY) que salen cada 5 minutos en verano y 30 en invierno, de la esquina de İnkılap Caddesi con 2052 Sokak.

ALTINKUM Cada media hora salen *dolmuşes* (3,50 TRY) de la *otogar* de Çeşme que paran en la calle principal, 20 m al sur de la oficina de turismo.

'Ferry'
Cada año cambian los horarios y los destinos, así que se aconseja consultar las páginas web indicadas a continuación.

QUÍOS Hay *ferries* hacia/desde la cercana isla griega (ida/ida y vuelta 25/40 €, coche 70/120 €, 1½ h) una o dos veces al día entre mediados de mayo y mediados de septiembre. Durante el resto del año, van los viernes y sábados y regresan los sábados y domingos. Los billetes se pueden adquirir directamente en **Ertürk** (☑712 6768; www.erturk.com.tr; Beyazıt Caddesi 6; ☺9.00-19.30); no es necesario comprarlos con antelación, a menos que se lleve un automóvil.

ANCONA De mayo a septiembre hay *ferries* que zarpan los jueves hacia Ancona, Italia (215-505 €, coche 260 €, 60 h), y regresan los sábados. Los billetes se pueden comprar en **Marmara Lines** (☑712 2223; www.marmaralines.com; Turgut Özal Bulvarı 13D).

Taxi
ALAÇATI Un trayecto al centro de Alaçatı cuesta unos 35 TRY.

Alrededores de Çeşme

PIRLANTA BEACH Y ALTINKUM
Pırlanta ("diamante") Beach, situada al suroeste de Çeşme, es una playa de apropiado nombre ideal para practicar *kitesurf* y *windsurf*. Hay dos empresas que alquilan equipamiento. **Adrenaline Sports** (☑0541 803 9733; www.adrenalinesports.com.tr; ☺may-sep) también ofrece clases.

De regreso a la carretera principal que viene de Çeşme, si se gira a la derecha se llega a **Altınkum**, un pueblo cada vez más urbanizado que cuenta con varias calas de maravillosa arena. Justo donde paran los *dolmuşes,* hay un café con tumbonas en una playa impoluta de aguas azul turquesa.

Cada media hora parten *dolmuşes* de Çeşme a Altınkum (3,50 TRY) que pasan por Pırlanta Beach (2,50 TRY).

Alaçatı

☑ 0232

Emplazada pocos kilómetros al sureste de Çeşme, Alaçatı era, hasta hace 10 años, un pueblo olvidado formado por ruinosas casas griegas de piedra. Sin embargo, en el 2001, Zeynep Öziş convirtió uno de esos edificios de *taş* (piedra) en un hotel-*boutique* de categoría, y la idea tuvo tanto éxito que pronto surgió una prole de imitadores (ahora son más de cien). Durante los últimos años, Alaçatı ha sufrido un *boom* de la restauración; segundas viviendas de nueva construcción se multiplican por sus alrededores y casi todas las casas de su centro histórico se han transformado en hoteles, restaurantes caros o galerías de arte. En verano, el centro parece más Ibiza que un pueblo del Egeo, las recopilaciones de música *chill-out* están siempre en el aire y los ostentosos estambulitas sobrepasan en número a los ancianos lugareños.

Quienes no sufran de claustrofobia pueden seguir a los ricachones de Estambul o İzmir por la calle principal, Kemalpaşa Caddesi, muy animada y ruidosa en verano. Para quienes prefieran la calma del campo, la mejor época para visitarla es primavera y otoño. Es un sitio estupendo para pasear; no hay ningún punto de interés específico, pero sí un ambiente generalizado de felicidad acomodada.

🛏 Dónde dormir

Los precios caen en picado en temporada baja, aunque la mayoría de los hoteles y restaurantes solo abren de mediados de mayo a mediados de octubre y en Navidad y Año Nuevo. Es imprescindible reservar en temporada alta. Para más información sobre hoteles-*boutique*, véase www.charmingalacati.com.

🛏 Alaçatı Taş Otel HOTEL-'BOUTIQUE' €€€
(☎716 7772; www.tasotel.com; Kemalpaşa Caddesi 132; i/d merienda incl. desde 125/155 €;

※ 🖳) Las cosas grandes suelen comenzar de forma modesta, y así ocurrió con el Taş, un antiguo almacén de aceite situado al final de la calle principal que fue el primer hotel-*boutique* de Alaçatı. Su dinámico propietario, Zeynep, aún marca tendencia con sus espléndidas siete habitaciones con vistas a un jardín vallado y una gran piscina, sin televisor y con una elegancia sencilla. Las meriendas junto a la piscina son más lujosas, e incluyen pasteles recién horneados. Abre todo el año.

İncirliev HOTEL-'BOUTIQUE' €€€
(☎716 0353; www.incirliev.com; Mahmut Hoca Sokak 3; h merienda incl. desde 130 €; ※) Esta reconstruida casa griega centenaria cuenta con una higuera en el jardín (de ahí su nombre, *incirliev* significa "higuera") bajo la que los huéspedes disfrutan de legendarios desayunos con mermelada elaborada por el encantador Osman (con la ayuda del sol del Egeo). Sus ocho habitaciones, incluidas una en la antigua cuadra y otra blanca con una cama francesa, combinan con gusto comodidades modernas con alfombras y antigüedades.

Değirmen Otel HOTEL-'BOUTIQUE' €€€
(☎716 6714; www.alacatidegirmen.com, en turco; Değirmen Sokak 3; i/d 100/180 TRY; ※) Este hotel, que ocupa cuatro antiguos molinos de viento situados sobre una colina próxima a la entrada principal del pueblo, le da un sentido completamente nuevo a la palabra 'lujo'. Con un aire rústico y magníficamente decoradas, sus ocho habitaciones circulares, algunas con camas redondas o escaleras de caracol, están distribuidas en torno a una piscina y una terraza con un restaurante.

Sailors Hotel Meydan HOTEL-'BOUTIQUE' €€€
(☎716 8765; www.sailorsotel.com; Kemalpaşa Caddesi 66; h 120 €; ※) Es uno de los cuatro establecimientos Sailors de Alaçatı, y ocupa una antigua casa griega de la plaza principal. Debajo, una ajetreada cafetería (véase recuadro en p. 198) desprende un fuerte aroma a buen café. Rústicas pero refinadas, sus habitaciones en tonos azul y blanco disponen de galerías.

🍴 Dónde comer

Hay pocos sitios mejores para comer en todo el norte del Egeo que Alaçatı, aunque el privilegio se paga. De las docenas de restaurantes que han abierto en la última década, la gran mayoría es *gourmet* y está dirigida al público más elegante, con platos principales a partir de las 18 TRY. Muchos cierran a la hora del almuerzo, cuando todo el mundo va a la playa, y, en temporada baja, abren solo los fines de semana.

Cuando esta guía se publique, habrán abierto sus puertas seis nuevos restaurantes en el puerto deportivo de Alaçatı, entre ellos, una sucursal del excelente restaurante de pescado Şifne, el Ferdi Baba.

Cafe Agrilia RESTAURANTE 'GOURMET' €€€
(☎716 8594; Kemalpaşa Caddesi 75; platos principales 18-41 TRY; ☺desayuno y cena) Un clásico 100% Alaçatı: elegante y relajante. Desde el entrante de carne de ternera ahumada que se deshace en la boca hasta platos principales como el *granyoz* (un tipo de róbalo salvaje) en un lecho de espárragos y tomates *cherry*, la comida es inusual y deliciosa. El Agrilia se trasladó y ahora ocupa una antigua almazara de techos altos y con patio situada más allá del final de Kemalpaşa Caddesi.

Su'dan Restaurant RESTAURANTE-BAR €€€
(☎716 7797; Mithat Paşa Caddesi 22; platos principales 28-42 TRY; ☺9.00-13.00 y 19.00-23.00)

Abierto hace 5 años, este restaurante-bar ubicado en Hicimemiş (véase recuadro abajo) es un elegante templo al arte culinario. Se trata de un antiguo garito engalanado con un frigorífico rojo *vintage* y cuencos de fruta y hielo. Obra de Leyla, una maníaca del buen comer, la carta incluye flores de calabacín rellenas en salsa verde casera, *mousse* de chocolate con moras salvajes, y vodka de manzana y albahaca. En la misma calle, el Su'dan Palas (doble desde 125 €) ocupa un edificio griego del s. XIX.

Kaptan'nın Yeri MARISCO €€
(☎716 8030; Garaj İçi; pescado 15 TRY; ☺9.00-24.00) Es uno de los primeros restaurantes que hay debajo del aparcamiento, y uno de los más baratos de Alaçatı para comer buen pescado. Además de capturas recientes provenientes del mercado de pescado, como calamares y sardinas, se recomienda el *meze* de berenjena ahumada.

Yusuf Usta Ev Yemekleri 'LOKANTA' €
(☎716 8823; Zeytinci İş Merkezi 1; platos principales 8 TRY) Dado que la mayoría de restaurantes de la ciudad están especializados en cocina contemporánea, se agradece poder ir a algún sitio con platos (y precios) tradi-

---

PUNTO DE VISTA AUTÓCTONO

TALAT ERBOY: PROPIETARIO DE ZEYTIN VS.

Talat Erboy es miembro del Convivium Alaçatı-Çeşme de Slow Food y propietario de **Zeytin Vs.** ("olivas etc."; ☎716 0320; Kemalpaşa Caddesi 95), que vende aceitunas, aceites de oliva y productos derivados como jabones o aceites corporales.

Un plato regional
Las alcachofas son muy populares en esta zona y a mí me encantan con aceite de oliva.

Un rincón
Hicimemiş está solo a 5 minutos a pie de la plaza principal, es muy tranquilo y cuenta con antiguas casas de piedra y cafeterías turcas tradicionales muy bien conservadas. Están abriendo muchas tiendas de antigüedades.

Actividad favorita
Hay una agradable ruta ciclista que va a Ovacık y a sus numerosas bodegas.

Mejor playa
Si se conduce hasta el final de la carretera, después de los windsurfistas está Alaçatı Beach, una playa de arena de 1 km de longitud que siempre está en calma. Si de repente empieza a soplar el viento, entonces me voy a Ilıca Beach, cerca del Sheraton.

Cafetería preferida
En invierno, muchos amigos míos se reúnen en **Orta Kahve** (☎716 8765; www.sailorso tel.com; Kemalpaşa Caddesi 66; platos principales 15 TRY) para tomar té y café, y charlar cuando hay poco trabajo.

cionales. Se encuentra en la ronda que hay cerca de la entrada principal, y su bufé de ensaladas a 3 TRY y su *bain marie* con carne y verduras son muy populares a la hora del almuerzo.

Rasim
COCINA TURCA MODERNA €€

(☑716 8420; Kemalpaşa Caddesi 54; platos principales 15-30 TRY; ☺11.00-23.00) Justo por encima de la plaza principal, este restaurante de los sesenta sirve copiosos platos turcos como *köftes* y sopa de pescado, ambos muy recomendables.

Café Eftalya
CAFÉ €

(Cami Arkası Sakarya 3; *gözlemes* 6 TRY) En la línea de los cafés que hay junto a la mezquita, las *gözlemes* de Eftalya, repletas de queso y verduras, son una copiosa opción para el desayuno. También ofrece limonada casera, *çiğ börek* de carne y *mantı*.

Ciğerci Hasan
PUESTO DE COMIDA €

(Mektep Caddesi; *köftes* 4-8 TRY) Bajando desde Âlâ, este *ciğerci* (vendedor de *köftes* de hígado) ofrece sus productos condimentados con tomillo fresco y servidos con comino, cebollas y tomates.

🍷 Dónde beber y ocio

En algunos bares del centro, como el 15 Eylül, no hay Efes y, en su lugar, ofrecen botellas de cerveza importada a más 10 TRY. Los sábados por la noche en el Cafe Agrilia se baila tango. En verano, la súper discoteca Babylon (www.babylon.com.tr) de Estambul organiza fiestas en la playa con regularidad.

Gizem Café
BAR-CAFÉ

(Cumhuriyet Meydanı; cerveza 6 TRY) Aunque sus precios siguen la tendencia de Alaçatı y se disparan en verano, el "Café del Misterio" es uno de los mejores sitios para tomar una copa.

Âlâ
BAR-RESTAURANTE

(Mektep Caddesi; cerveza 8 TRY) Con mesas en la calle que va de Kemalpaşa Caddesi a la mezquita, este nuevo local ocupa una antigua panadería.

❶ Cómo llegar y desplazarse

BICICLETA ASPC (véase recuadro en p. 201) alquila bicicletas de montaña (1 día/semana desde 10/60 €).

AUTOBÚS Metro tiene una oficina junto al aparcamiento en la que venden billetes a destinos de todo el país (normalmente vía İzmir).

AUTOMÓVIL Se pueden alquilar coches en Işıltı (☑716 8514; Uğur Mumcu Caddesi 16; 1 día 70 TRY).

'DOLMUŞ' Son frecuentes los *dolmuşes* hacia/desde Çeşme (3,50 TRY, 10 min, 9 km) e İzmir (12 TRY, 1 h, 75 km) y, entre mediados de mayo y noviembre, hacia/desde Alaçatı Surf Paradise (2 TRY), 4 km al sur del pueblo por el lado occidental del *liman* (puerto).

Sığacık
☑0232

Más remota y menos urbanizada que otras localidades costeras, Sığacık es una bonita aldea portuaria escondida tras un castillo en ruinas del s. XVI. Al no tener playa, no se puede hacer otra cosa que pasear por su pintoresco muelle, ir de excursión en barca y contemplar a los pescadores que regresan de faenar. Tranquilo y apacible, solo un nuevo puerto deportivo y dos *resorts* lo estropean.

Sığacık también es famoso por su pescado, sobre todo por el *kalamar* y el *barbun* (salmonete). Para quien aún no haya probado el maravilloso pescado turco, esta podría ser la ocasión.

🛏 Dónde dormir y comer

Para encontrar las pensiones de Sığacık hay que dirigirse hacia el muelle y después seguir por el paseo marítimo hacia la derecha, junto a las murallas de la localidad.

Con un agradable ambiente familiar y habitaciones amplias y bien cuidadas, la **Teos Pansiyon** (☑745 7463; www.teospension.com; 126 Sokak 14; d 100 TRY; ✳) ofrece una buena relación calidad-precio. Todas sus habitaciones cuentan con sofás, vistas al mar y grandes camas blancas. Se puede comprar pescado en el mercado y preguntar a la complaciente familia si lo puede cocinar.

Unos 60 m más allá de la Teos, al final de la bahía, en las habitaciones básicas de la **Sahil Pansiyon** (☑745 7199; 127 Sokak 48; i/d 25/40 TRY) solo fallan sus anticuados baños. El desayuno tiene un coste adicional de 7,50 TRY.

El pescado fresco y las vistas al mar del **Liman** (☑745 7011; Liman Meydanı 19; platos principales 15 TRY), uno de los restaurantes turísticos del puerto, no defraudan.

Para comer más barato y ser recibido a la manera tradicional, hay que dirigirse hacia el interior, donde el franco-turco **Tekne Restaurant** (☑745 7421; Şadırvaniçi; *pides* 5

Mucho antes de que Alaçatı se convirtiese en la escapada *boutique* preferida de la *jet set* de Estambul, el pueblo era el paraíso de los windsurfistas gracias a sus fuertes y regulares vientos del norte, que soplan a una velocidad constante de 16-17 nudos. Alaçatı Surf Paradise es conocido en la actualidad como uno de los mejores destinos, fuera de Europa, para la práctica del *windsurf,* equiparable a Dahap, en Egipto.

"El viento viene de la tierra hacia el mar y provoca algunas olas y mar en calma, lo cual es bueno para los principiantes y divertido para los expertos; es un viento que pega de costado", explica Ali Palamutcu, de Myga Surf City, una de las escuelas de Alaçatı Surf Paradise. "Se puede tocar el fondo y caminar, así que los principiantes se sienten seguros y cómodos".

Desafortunadamente, aunque Alaçatı podría seguir siendo un remanso del Egeo si los surfistas no lo hubieran descubierto, la playa del *windsurf* ha sufrido la construcción de un puerto deportivo que ha reducido en 1 km su extensión y pone en peligro la seguridad de los deportistas, pues pasan continuamente barcas a motor, y las nuevas casas que forman parte de la urbanización residencial Port Alaçati bordean ahora la carretera.

El Colegio de Arquitectos de İzmir ha intentado parar las obras en tres ocasiones denunciándolas en los juzgados. El caso es un destacado ejemplo de la preocupación por el futuro de Alaçatı, y es que la máquina del turismo sigue zumbando allí. Sin embargo, el pueblo no se convertirá en el próximo Bodrum o Fethiye, pues el Ministerio de Turismo ha catalogado toda la península como destino turístico de calidad y ha prohibido construir casas de más de dos pisos en Alaçatı. Aun así, con la Sociedad para la Conservación de Alaçatı y la Sociedad Turística de Alaçatı desaparecidas, se teme que la calidad del servicio ofrecido a los visitantes sufra las consecuencias de un proceso urbanizador incontrolado. "El genio ha salido de la lámpara y estamos intentando volver a meterlo dentro", dice un hotelero.

TRY; ⊙8.30-24.00) dispone de mesas en un precioso patio detrás de la Burg Pansiyon.

ℹ️ Cómo llegar y salir

ÇEŞME Hay que hacer transbordo en İzmir.

İZMIR Subirse en un autobús o *dolmuş* hacia Seferihisar en la *otogar* Üçkuyular de İzmir (p. 190; 4,50 TRY, 50 min, cada 30 min). Cada media hora salen *dolmuşes* de Seferihisar rumbo a Sığacık (1,50 TRY, 10 min, 5 km).

Akkum y Teos

📿0232

A 2 km de Sığacık, al otro lado de la montaña, está **Akkum**, que cuenta con una cala protegida que solía atraer a miles de windsurfistas en verano, pero que ha quedado eclipsada por Alaçatı (véase recuadro arriba). Así, es más tranquila y barata que Alaçatı y sus dos olas son más grandes.

De sus dos playas de arena fina y suave, Büyük Akkum cuenta con mejores instalaciones (hay equipamiento y clases de *windsurf,* kayak y buceo), pero Küçük Akkum suele ser más apacible.

Antes de Akkum, si se gira a la izquierda, se llega a las dispersas **ruinas** de Teos, a 5 km de Sığacık, que consisten básicamente en unas pocas y pintorescas columnas estriadas que pertenecían a un templo dedicado a Dionisio y que han sido dispuestas entre prados y olivares. Teos, otrora una inmensa ciudad jónica, esconde en sus campos vestigios que aún no han sido hallados, como un teatro utilizado en las bacanales. Es un buen sitio para ir de *picnic.*

🛏️ Dónde dormir y comer

Hay varias pensiones justo después del desvío de Teos y *campings* un poco más allá, pero Sığacık es un sitio más recomendable para alojarse.

De camino a las ruinas, a 1 km del desvío, se encuentra el **Teos Park**, un bosquecillo perfecto para *picnics* en el que se pueden comprar tentempiés y refrescos para disfrutar a la sombra de los pinos y admirando el mar.

En la parte alta de Küçük Akkum, el **Yakamoz** (📿745 7599; 3216 Sokak 8; platos principales 18 TRY) cuenta con una magnífica terraza en la que sirven marisco y cocina

La última ofensa a la comunidad windsurfista es el nuevo sendero, que pasa por el medio de Alaçatı Surf Paradise. Algunos se han enfadado, pero Ali Palamutcu hace gala de la actitud optimista propia de un windsurfista al decir que ayudará a incrementar la llegada de clientes. "Se está convirtiendo en una bahía irónica, pues hay gente que lleva un estilo de vida muy caro y otros que solo vienen por el *windsurf*, pero todos me parecen positivos, ricos o no".

De momento, el *windsurf* sigue practicándose sin grandes estorbos: la temporada alta va de mediados de mayo a principios de noviembre (muchos operadores cierran durante el resto del año), en agosto se celebra allí una prueba de la Copa del Mundo de Windsurf y, en las siete escuelas de Alaçatı Surf Paradise (y una al otro lado de la bahía), cada año se inician en la práctica del *windsurf* más de cinco mil personas.

ASPC y Myga son los principales operadores. En los siguientes centros suele haber instructores que hablan inglés y tablas de *kitesurf*. Si las tablas se alquilan para períodos más largos, los precios bajan.

ASPC (Alaçatı Surf Paradise Club; ☎716 6611; www.alacati.info) Este club turco-alemán ofrece cursos y equipamiento de calidad, y cobra entre 40 y 65 € por un paquete (tabla, traje isotérmico, arnés y calzado) de un día. Si se reserva con antelación, los precios bajan. Disponen de tablas JP/Neil Pryde, Tabou/Gaastra y Tabou Coolrider/Gaastra Freetime para principiantes. Un curso de iniciación de 5 horas (10 h para 3 personas o más) a lo largo de 3 días cuesta 180 €.

Myga Surf Company (☎716 6468; www.myga.com.tr) Myga ofrece una amplia gama de equipamiento, y cobra de 45 a 75 € por un paquete de un día. También alquila tablas de *paddle*. Un curso de iniciación de 5 horas (7½ h para 2 personas, 10 h para 3 o más) a lo largo de 5 días cuesta 185 €.

Active Alaçatı Windsurf Centre (☎716 6383; www.active-surf.com) Recomendado por los lectores. Cobran entre 40 y 50 € por un paquete de un día. Un curso de iniciación similar a los anteriores cuesta 204 €.

típica turca, además de platos internacionales como desayunos ingleses y fajitas.

 Cómo llegar y salir

BICICLETA Las pensiones de Sığacık suelen ofrecerlas.

'DOLMUŞ' En verano, hay *dolmuşes* frecuentes a Teos que salen de Seferihisar (2 TRY, 20 min) y pasan por Sığacık y Akkum.

TAXI Un taxi de Sığacık a Akkum cuesta unos 6 TRY; un trayecto de ida y vuelta a Teos (incluido el tiempo de espera), 20 TRY.

Éfeso, Bodrum y el sur del Egeo

Los mejores alojamientos

» Kempinski Barbaros Bay (p. 252)

» Maçakızı (p. 250)

» Casa Dell'Arte (p. 252)

» Su Otel (p. 240)

Los mejores restaurantes

» Bağarası (p. 245)

» Mercado de pescado (p. 241)

» Selçuk Köftecisi (p. 216)

» Kaplan Dağ Restorant (p.219)

Por qué ir

No es de extrañar que la humanidad se haya disputado las tierras del sur del Egeo desde hace cuatro mil años: es uno de los tramos costeros más boscosos y serenamente pintorescos del hemisferio, además de sus ventajas estratégicas marinas. Hace ya varias décadas que los viajeros descubrieron las virtudes de la región, y ahora, la aireada península de Bodrum es un verdadero reclamo turístico que atrae a miembros de la *jet set* en busca de un trozo de paraíso. Aunque ya muy urbanizada, el desarrollo turístico no la ha engullido por completo.

Mucho antes de que las construcciones vacacionales salpicaran el paisaje, el sur del Egeo presentaba una impresionante constelación de antiguas ciudades y templos erigidos en honor de dioses y diosas míticos. Es una región tan rica en arqueología que las estructuras modernas no superan en número a los asombrosos vestigios de tiempos pasados.

A la larga, la mezcla de ruinas clásicas y playas color turquesa ha resultado ser una combinación ganadora, y es por lo tanto una de las regiones más visitadas de Turquía.

Cuándo ir
Selçuk

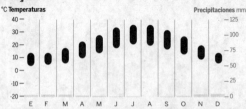

Mayo y junio Soleados y con frescas brisas, son los mejores meses para visitarla.

Julio y agosto Fiestas hasta el amanecer en Bodrum o multitudinarios cruceros en Éfeso.

Septiembre y octubre Permiten visitar las ruinas de la región sin un calor agobiante.

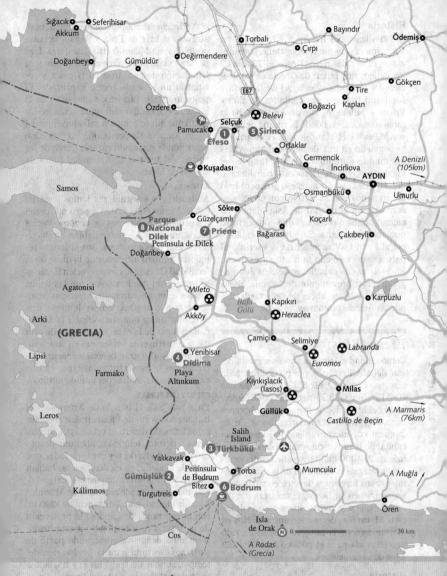

Lo más destacado de Éfeso, Bodrum y el sur del Egeo

1 Ver cómo vivían los romanos en **Éfeso** (p. 204), con las ruinas mejor conservadas del Mediterráneo.

2 Saborear pescado fresco y un ambiente tranquilo y acogedor en **Gümüşlük** (p. 246).

3 Pertrecharse con tacones altos y gafas de sol extra grandes en la elegante **Türkbükü** (p. 250).

4 Alzar la vista hacia las altísimas ruinas del templo de **Dídima** (p. 229).

5 Degustar vino de fruta en el pueblo de montaña de **Şirince** (p. 217), rodeado de vergeles.

6 Cenar con estilo y bailar toda la noche en **Bodrum** (p. 235).

7 Explorar las extraordinarias y poco visitadas ruinas de **Priene** (p. 227), donde las columnas de un blanco marfil se ocultan entre los troncos retorcidos de los árboles.

8 Contemplar los cabos barridos por el viento y nadar en las calitas del **Parque Nacional Dilek** (p. 226).

Historia

Las civilizaciones micénica e hitita fueron las primeras de las que se tiene constancia en el sur del Egeo. Desde el 1200 a.C., los jónicos que huían de Grecia se establecieron en la zona a lo largo de la costa y fundaron importantes ciudades en Éfeso, Priene y Mileto. Al sur de Jonia estaba la montañosa Caria, donde la tumba del gran rey Mausolo, el Mausoleo de Halicarnaso, se convirtió en una de las Siete Maravillas del mundo antiguo. Caria fue también el lugar de origen de Heródoto, considerado el padre de la Historia. Éfeso prosperó bajo los romanos con su activo comercio, y se convirtió en la capital de Asia Menor. La ciudad también congregó una considerable población cristiana. San Juan se estableció allí con la Virgen María, y escribió al parecer su evangelio durante su estancia. En el s. xv, los caballeros de San Juan se apoderaron brevemente de la zona ahora llamada Bodrum, antes de ser expulsados por las fuerzas otomanas.

Éfeso (Efes)

Como ciudad clásica mejor conservada del este del Mediterráneo, por no decir de toda Europa, **Éfeso** (☏892 6010; entrada/parking 20/3 TRY; ☺8.00-18.30 may-oct, 8.00-16.30 nov-abr) es el lugar donde mejor se ve cómo era la vida en tiempos grecorromanos. En su momento de mayor esplendor, Éfeso era la capital de la provincia romana de Asia, con más de 250000 habitantes. Se rendía culto a un avatar de la fertilidad de la diosa Artemisa, y sus fervientes devotos construyeron un templo en su honor, el más grande del mundo, que se convirtió luego en una de las Siete Maravillas del mundo antiguo. Hoy en día, un 18% de la antigua ciudad ha sido desenterrada para el público tras casi 150 años de excavaciones.

Historia
ANTIGUAS LEYENDAS

Cuenta la leyenda que el jonio Androclo, bajo el ataque constante de los invasores dorios procedentes del norte, decidió buscar un lugar lejano donde establecerse para proteger a su pueblo. Por ello, empaquetó sus pertenencias y visitó el oráculo de Delfos para que guiara su búsqueda. El oráculo le dijo, con su habitual lenguaje críptico, que fundaría su nueva ciudad gracias a tres elementos: el pescado, el fuego y el jabalí.

Androclo abandonó la Grecia actual, atravesó el mar de Egea y llegó a la costa oeste de Asia Menor (actual Turquía). Tras su largo viaje, el hambriento Androclo y su tripulación descansaron en la costa y cocinaron un pescado recién capturado. El pescado estaba tan fresco que saltó de la hoguera e incendió el bosque cercano. Un jabalí que allí se ocultaba salió huyendo del fuego, Androclo le persiguió y en el preciso lugar donde consiguió cazarle (cerca de las ruinas del templo de Artemisa) fundó la ciudad de Éfeso.

ARTEMISA

Androclo y sus seguidores jonios llegaron a Asia Menor en el s. x a.C., pero no fueron los primeros habitantes de la zona. Varios siglos antes, los léleges se habían establecido en esta región costera. Sus prácticas religiosas giraban alrededor de la diosa de la fertilidad Cibeles; los jonios recién llegados se integraron pacíficamente con las tribus locales e incorporaron sus creencias, dando lugar a la diosa Artemisa de Éfeso, una Artemisa única que simbolizaba la fertilidad en lugar de la caza. Los devotos de esta diosa construyeron un templo en su honor, que gracias a su gran belleza y enormes dimensiones se convertiría más tarde en una de las Siete Maravillas del mundo antiguo.

CRESO Y LOS PERSAS

En el 600 a.C., el templo de Artemisa y el transitado puerto de Éfeso atraían enormes cantidades de dinero aportado por mercaderes y devotos religiosos, algo que pronto suscitó la envidia del rey Creso de Lidia, que atacó la ciudad. Los efesios, que no habían construido murallas defensivas, extendieron una cuerda del templo de Artemisa hasta la ciudad, a una distancia de 1200 m, con la esperanza de ganarse la protección de la diosa. Creso respondió a esta insólita medida defensiva entregando parte de su famosa fortuna para la finalización del templo, aunque destruyó Éfeso y trasladó a sus habitantes al lado sur del templo, donde construyeron una nueva ciudad.

Los efesios tampoco construyeron murallas en su nueva ciudad (quizá lo tuvieran prohibido) y se vieron obligados a pagar tributo a la Lidia de Creso, y, más tarde, a los nuevos amos de la región, los persas. Posteriormente se integraron en la confederación ateniense, pero terminaron cayendo de nuevo bajo el control persa.

En el 356 a.C. el templo de Artemisa quedó destruido por un incendio provocado por Eróstrato, que justificó este acto por su deseo de hacerse famoso, demostrando así que las sociedades modernas no tienen el monopolio de un pervertido sentido de la celebridad.

Los efesios planificaron un nuevo templo grandioso, cuya construcción estaba muy avanzada cuando Alejandro Magno llegó en el 334 a.C. Impresionado, Alejandro se ofreció para pagar su construcción a cambio de que el templo le fuera dedicado. Pero rechazaron su oferta, diciendo diplomáticamente que no era adecuado que unos dios lo dedicara a otro dios. Una vez terminado, el templo fue reconocido como una de las Siete Maravillas del mundo antiguo.

LISÍMACO Y LOS ROMANOS

Tras la muerte de Alejandro Magno, el control de Jonia recayó en Lisímaco, uno de sus generales. Cuando el puerto empezó a encenagarse, Lisímaco obligó a los efesios a trasladarse y construir lo que ahora conocemos como Éfeso, en un lugar estratégico entre dos montañas.

Poco queda de la ciudad de Lisímaco, aunque tuvo antaño una muralla de casi 10 km de largo. Una torre cuadrada sigue alzándose en una colina al oeste; apodada "prisión de san Pablo", se supone que sirvió de primitivo faro.

La Éfeso romana fue la capital de Asia Menor y su población alcanzó rápidamente unos 250 000 habitantes; a título comparativo, la población actual de Kuşadası es de tan solo 30 000. Sucesivos emperadores compitieron en embellecer la ciudad, atrayendo inmigrantes de todo el imperio. A pesar de la fama del culto a Diana, Éfeso pronto reunió una notable congregación cristiana. San Juan se estableció aquí, según dicen, con la Virgen María, y san Pablo vivió en la ciudad durante tres años (probablemente en los años 60 d.C.).

DECADENCIA

A pesar de los esfuerzos de Atalo II de Pérgamo, que reconstruyó el puerto, y del procónsul de Nerón, que lo drenó, el puerto siguió encenagándose. El emperador Adriano intentó desviar el río Cayster, pero el mar retrocedió hasta Pamucak. Empezaron a formarse marismas insalubres, propicias para la malaria, el puerto perdió rápidamente su viabilidad, y la abundante población cristiana mermó los beneficios procedentes del culto a Diana. Éfeso estaba en declive, y en el s. VI, cuando el emperador Justiniano buscaba un lugar para construir una basílica consagrada a san Juan, prefirió en su lugar el monte Ayasuluk en Selçuk.

⊙ Puntos de interés

La mejor manera de recorrer Éfeso es empezar en la puerta de Magnesia en el alto Éfeso, bajar por la Vía de los Curetes, cruzar la Biblioteca de Celso, pasar por el ágora inferior y seguir por la calle del Puerto. El momento más fotogénico es por la mañana, con el sol a la espalda.

Alto Éfeso   RUINAS

Como en cualquier ciudad del mundo antiguo, la primera estructura que daba la bienvenida a los visitantes era siempre una casa de baños; en el caso de Éfeso, se conocía como **baños de Varius**. Estas estructuras estaban en todas las entradas de las ciudades, para que los viajeros pudieran librarse de cualquier agente nocivo adquirido durante el duro viaje. Sin embargo, y al igual que los *hammams*, los baños servían también para hacer vida social: era el lugar donde grupos de amigos y recién llegados pasaban el rato, se lavaban a fondo e incluso recibían masajes.

Una vez refrescado, el visitante podía dirigirse hacia el distrito legislativo de la ciudad, alrededor de una gran plaza cuadrada conocida como **ágora superior**. Era aquí donde la clase política se reunía para compartir las últimas noticias y rumores, una especie de versión antigua del Twitter. Aunque difícil de imaginar ahora, toda el ágora estaba cubierta antaño de mármol pulido, con el pequeño **templo de Isis** en el centro. Grandes columnas flanqueaban el ágora legislativa, pero fueron derribadas y 'recicladas' en otras estructuras por los cristianos varios siglos después. Los arcos que se perciben en la distancia eran almacenes donde se guardaban los alimentos.

Al andar en dirección al teatro, los ojos más avizores distinguirán fragmentos de una canalización de terracota, que distribuía el agua por toda la ciudad. El teatro de 5000 asientos se conocía como **odeón** y servía básicamente para las reuniones municipales. Los asientos de mármol y ornamentos tallados sugieren su pasado esplendor.

Más adelante, dos de las seis columnas dóricas originales marcan la entrada a las muy deterioradas ruinas del 'pritaneo' (ayuntamiento) y erario de la ciudad. Una gigantesca estatua de Artemisa se alzó antaño aquí en toda su fértil gloria: piernas torneadas, enor-

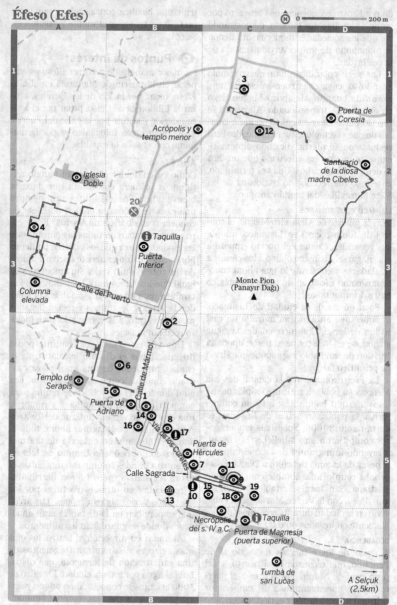

Puerta de
Coresia

Acrópolis y
templo menor

Santuario
de la diosa
madre Cibeles

Iglesia
Doble

20

Taquilla

Puerta
inferior

Monte Pion
(Panayır Dağı)

Calle del Puerto

Columna
elevada

Calle de Mármol

Templo de
Serapis

Puerta de
Adriano

Vía de los Curetes

Puerta de
Hércules

Calle Sagrada

Necrópolis
del s. IV a.C.

Taquilla

Puerta de Magnesia
(puerta superior)

Tumba de
san Lucas

A Selçuk
(2,5km)

mes pechos y acogedores brazos extendidos.
Sus manos, que los eruditos creen que eran
de oro, han desaparecido desde hace siglos.
En el *pritaneo* estaba también el **templo de
Hestia Boulea**, donde las vestales guarda-
ban la "vida de la ciudad", o llama eterna.

Una bocacalle conocida como **calle Sagrada** llevaba hasta el '**asclepion**' u hospital de la ciudad. Los médicos estaban
considerados 'misioneros' del dios Asclepio
y su hija Higía. El símbolo de Asclepio era
la serpiente (de ahí la plétora de símbo-

Éfeso (Efes)

los 'farmacéuticos' grabados en la piedra porque podía deshacerse de su piel y renovarse. También se sabía desde tiempos antiguos que el veneno de las serpientes tenía virtudes curativas. En la antigüedad, los hospitales eran más que un lugar donde se curaban las dolencias físicas, puesto que al parecer la medicina grecorromana se basaba en principios holísticos, reconociendo el estrecho vínculo entre cuerpo y mente.

Cerca de allí están las ruinas del **templo de Domiciano**, un emperador [81-96 d.C.] famoso por su crueldad. Expulsó a san Juan a Patmos y ejecutó a su propio sobrino por interesarse en el cristianismo. El templo erigido en su honor, por iniciativa propia, fue rápidamente derribado tras su muerte.

La **fuente de Polio** y el **monumento de Memius** solo son un atisbo de las exuberantes fuentes que abundaban en la antigua capital; se atribuían virtudes curativas al sonido del agua y su derroche era también un símbolo externo de gran riqueza.

Vía de los Curetes   RUINAS

Con el nombre de los semidioses que ayudaron a Leto a dar a luz a Artemisa y Apolo, la **Vía de los Curetes** era los Campos Elíseos de Éfeso, con hileras de tenderetes donde se vendía incienso y seda, y pedestales con las estatuas de ciudadanos ilustres (casi siempre doctores en medicina). Hay que hacer una pausa en lo alto de la calle antes de descender por ella, ya que desde allí se puede observar el alcance de las excavaciones realizadas, y cuánto queda todavía por hacer; toda esta arteria estaba enterrada bajo montones de tierra de 6 m, pero los tramos ya visibles permiten ahora imaginar las muchedumbres de antiguos turistas con sus togas blancas y sus sandalias pisando en los suelos de mármol.

La **fuente de Trajano**, a medio camino del paseo, fue erigida en honor del emperador epónimo durante una visita real. La estatua de Trajano era tres veces más grande que el propio emperador, y el agua corría bajo ella y se esparcía por la calle principal para limpiarla. La inscripción de la fuente reza: "Lo he conquistado todo, y ahora está bajo mi pie"; se supone que la esfera bajo el gigantesco pie en ruinas representa la tierra, lo cual demostraría que los romanos ya sabían que la tierra es redonda.

Después de la fuente están las famosas **letrinas de los hombres** y el **burdel** justo detrás (calificado a menudo de "casa del amor"). Las letrinas eran otro de los centros de la vida social en la ciudad, ya que incluso quienes poseían un lavabo privado acudían a las instalaciones públicas para charlar con sus amigos. Muchos miembros de la rica élite eran socios de las letrinas, con sus asientos preferidos marcados con su nombre (obsérvese uno con una "P"). Las visitas guiadas permiten descubrir la logística de la antigua higiene íntima...

El burdel era una estructura sin ventanas donde las prostitutas se ganaban la vida. No es de sorprender que esté tan cerca del puerto, para que los marineros tuvieran fácil acceso a ellas tras meses en el mar. La prostitución estaba considerada como una profesión normal; de hecho, muchos historiadores se sorprenden de que esta estructura fuera tan pequeña, teniendo en cuenta las dimensiones de la ciudad. A pesar de la creencia popular, no había ningún "túnel del amor" que conectara la biblioteca con el burdel.

No hay que perderse el impresionante **templo de Adriano**, de estilo corintio, el segundo monumento más famoso de Éfeso después de la biblioteca. A diferencia de esta última, sin embargo, el templo es más conocido por sus intrincados detalles decorativos y no por sus enormes dimensiones.

Cada centímetro del templo estaba cubierto por algún motivo o dibujo; el primer arco del templo representa a Tique, la diosa de la fortuna, y Medusa, con su característica cabellera de serpientes, ahuyenta a los malos espíritus en el segundo arco. Tras pasar por el primer arco, hay que alzar la vista hacia la esquina izquierda del templo. Allí, un relieve con un hombre a caballo que persigue un jabalí representa el mito fundacional de la ciudad. A la altura del hombro, hay unas esvásticas inversas que representan el río Meandro, que al arrastrar grandes cantidades de lodo encenagó el puerto y puso fin a la vida de Éfeso.

Casas adosadas   RUINAS
(Yamaç Evleri; entrada 15 TRY) Enfrente del templo de Adriano está la entrada a las magníficas casas adosadas. Lástima que el alto precio de la entrada desanime muchas visitas, que sin embargo se recomiendan encarecidamente. Un paseo por el complejo cubierto permite hacerse una idea del lujo en el que vivían las élites romanas. En la actualidad pueden visitarse siete casas, la más grande de las cuales es la primera, con más de 900 m². Todas las casas tenían agua corriente, caliente y fría, por no hablar de los magníficos mosaicos y frescos que adornaban casi todas las superficies planas. Cuando se redactó esta guía, se habían encontrado 22 tipos de mármol procedentes de todo el antiguo Imperio romano. Antes de salir, se recomienda echar una ojeada a la altura de las puertas, para tener una idea de lo bajitos que eran antaño los seres humanos.

Biblioteca de Celso   RUINAS
Celso Polemeano fue gobernador romano de Asia Menor a principios del s. II d.C. Según reza una inscripción en latín y griego en un lado de la escalinata frontal, su hijo, el cónsul Tiberio Julio Aquila, erigió esta biblioteca en honor de su padre tras la muerte del gobernador en el año 114. Celso fue enterrado bajo el lado oeste de la biblioteca.

La biblioteca contenía 12 000 rollos guardados en hornacinas de las paredes, y fue la tercera biblioteca más grande del mundo antiguo después de las de Alejandría y Pérgamo. Un espacio de 1 m de grosor entre las paredes exteriores e interiores protegía los documentos más valiosos de la humedad y las temperaturas extremas. La biblioteca fue construida como parte de un complejo e incorporaba trucos arquitectónicos para que pareciera más grande de lo que era: la base de la fachada es convexa, lo que aporta más altura a los elementos centrales; y las columnas y capiteles del centro son más grandes que los de los extremos.

Las hornacinas de la fachada contenían estatuas que representaba las cuatro virtudes: Arete (bondad), Enoia (intelecto), Episteme (conocimiento) y Sofía (sabiduría). La biblioteca ha sido restaurada con la ayuda del Instituto Arqueológico de Austria, y los originales de las estatuas están en el Museo de Éfeso en Viena.

Calle de Mármol   RUINAS
La tercera arteria principal de la ciudad es la calle de Mármol, una ancha avenida desde la biblioteca hasta el teatro, aunque cuando se redactó esta guía estaba cerrada a las visitas debido a las excavaciones en curso. Como alternativa, los turistas deben ahora atravesar el **ágora inferior** de la ciudad, un espacio de 110 m² donde hubo una enorme columnata y un mercado de alimentos y tejidos.

Al salir del ágora se llega al **Gran Teatro**, reconstruido por los romanos entre el 41 y el 117 d.C. El primer teatro allí existente era el de la ciudad helenística de Lisímaco, y muchos de sus elementos originales se incorporaron en el diseño romano, incluida la ingeniosa forma de la cávea (zona de asientos), con un aforo de 25 000 personas: en sentido ascendente, cada hilera de asientos es algo más alta que la anterior, para mejorar la vista y la acústica de los espectadores en los asientos superiores.

Los arqueólogos suelen calcular aproximadamente el tamaño de las antiguas ciudades multiplicando el aforo de sus teatros por diez; así pues, se calcula que Éfeso fue una capital de unos 250 000 habitantes.

Calle del Puerto   RUINAS
El cuarto y último gran bulevar de Éfeso es la calle del Puerto, también conocida como Arcadia, que fue en su momento la más grandiosa de la ciudad, legado del emperador bizantino Arcadio [395-408 d.C., aprox.]. En su momento de mayor esplendor, canalizaciones de agua y cloacas corrían bajo las losas de mármol y 50 farolas iluminaban sus columnatas. Para muchos, esta vasta avenida de mármol era la primera visión de la espléndida capital tras lavarse en los **baños del puerto**. Hoy en día, una columna muy alta marca el lugar donde estuvo el borde del agua, al final de la avenida.

Tras salir por la puerta inferior, pueden verse los restos del **gimnasio de Vedius**

(s. ii d.C.) de regreso a la calle principal. Este vasto complejo contenía campos para hacer ejercicio, baños, lavabos, salas de gimnasio cubiertas, piscina y sala de ceremonias. Un poco más adelante está el 'stadium', del mismo período. Los bizantinos se llevaron casi todas sus piedras finamente talladas para construir el castillo en el monte Ayasuluk.

❶ Información

Aunque los hoteles de Selçuk prestan libros para visitar Éfeso de forma independiente y hay mediocres **audioguías** (10 TRY) disponibles en numerosos idiomas, se recomienda encarecidamente visitar la ciudad con un guía. Un buen profesional puede insuflar vida a las ruinas y revelar fascinantes detalles de los tiempos antiguos que sin duda pasarían desapercibidos al visitante en solitario. Antes de la visita, conviene preguntar sobre el terreno y reservar con antelación para conseguir un buen guía. Una opción más económica serían las visitas guiadas en pequeños grupos, y conviene estudiar distintas ofertas antes de decidir qué itinerario interesa más. No se recomienda contratar uno de los "guías" que merodean alrededor de las entradas de las ruinas.

Hay que contar con hora y media o dos horas para hacer justicia a Éfeso, con 45 minutos adicionales para ver las increíbles casas adosadas (15 TRY adicionales por persona). Es mejor ir temprano por la mañana o a última hora de la tarde para evitar el calor del mediodía, con el sol reverberando en el mármol y las piedras. Conviene llevar agua e ir al lavabo antes de entrar; no hay lavabos públicos en las ruinas.

En pleno verano, Éfeso puede estar muy atestado, con autocares de turistas que llegan sin cesar. La muchedumbre, no obstante, facilita visualizar este lugar como la gran y dinámica metrópolis que fue en el pasado.

❶ **ÉFESO DESDE EL AIRE**

Si se desea ver las famosas ruinas a vista de pájaro, **Sky and Sea Adventures** (☏892 2262; www.skyltd.com.tr; vuelos desde 50 €) ofrece vuelos en ultraligero de dos plazas desde el aeropuerto de Selçuk, al este de Éfeso. Se sobrevuela Selçuk y todos los puntos de interés principales de Éfeso, antes de dirigirse hacia la costa para atisbar desde lo alto los atractivos más modernos de Kuşadası.

❶ Cómo llegar y salir

Para pernoctar cerca de Éfeso, se puede elegir entre Selçuk, unos kilómetros tierra adentro, o Kuşadası, un poco más adelante y junto al mar. Sin embargo, no hay que contar con transporte gratis desde el hotel hasta Éfeso, puesto que está explícitamente prohibido. Hay que ir en taxi, vehículo privado o con un grupo organizado.

Hay dos puntos de entrada en Éfeso, separados por unos 3 km. Si se va en coche, conviene entrar por la entrada superior (puerta de Magnesia) para bajar luego hasta el otro punto de entrada y salida. No se recomienda ir andando desde Selçuk; los primeros 20 minutos son bastante fáciles, pero el resto del camino es un tramo empinado y sin sombra por la carretera.

Muchos microbuses de Pamucak y Kuşadası pasan por el desvío hacia Éfeso (4 TRY, 5 min, 3 km); desde allí hay que andar 20 minutos hasta la taquilla en la puerta inferior. El taxi desde Selçuk ronda las 15 TRY.

Alrededores de Éfeso

Los grupos organizados para visitar Éfeso suelen incluir uno o ambos de los siguientes puntos de interés, que están a solo unos kilómetros de distancia de estas impresionantes ruinas.

◉ Puntos de interés

Meryemana (Casa de María)

EDIFICIO HISTÓRICO

(☏894 1012; entrada 12,50/5 TRY por persona/coche; ⊙8.00-19.00 may-oct, hasta 16.30 nov-abr) Los creyentes dicen que la Virgen María llegó a Éfeso con san Juan hacia el final de su vida (entre los años 37-45 d.C.). En el s. xix, la monja alemana Catherina Emmerich tuvo visiones de la Virgen en Éfeso, aunque nunca hubiera estado allí. Siguiendo sus descripciones, el clero de İzmir descubrió los cimientos de una vieja casa en la ladera boscosa de Bülbül Dağı (monte Coreso), cerca de Éfeso. Las ruinas han sido fechadas hacia el s. vi d.C., aunque con algunos elementos más antiguos, posiblemente del s. i. El papa Pablo VI autentificó el monumento de forma extraoficial durante su visita en 1967, y pronto se convirtió en centro de peregrinación.

La diminuta **capilla** suele estar copada por los autocares de turistas. Al salir, la línea rosada en un lado de la capilla indica que todo lo que hay por debajo es parte del edificio más antiguo. Hay paneles informativos en varios idiomas, pero quien esté interesado en saber por qué más de un millón de personas vienen aquí cada año, puede consultar el libro *Mary's House* de Donald Carroll, que cuenta la extraordinaria historia de este lugar durante más de dos mil años. En una pequeña tienda también se venden folletos informativos (3 €).

Para los musulmanes, María es Meryemana, la madre María, progenitora de Ïsa Peygamber, el profeta Jesús. Bajo la capilla, hay un "muro de los deseos" cubierto de jirones: los visitantes anudan en un bastidor trocitos de tela (o papel, plástico o pegatinas de los cruceros, en realidad, de cualquier material que tengan a mano), y formulan un deseo.

La misa se celebra a las 7.15 de lunes a sábado (la misa vespertina es a las 18.30), y a las 10.30 los domingos. El 15 de agosto, hay un oficio especial para celebrar la Asunción de María. Es obligatorio entrar con la vestimenta adecuada.

Para tomar algo, el **Café Turca** (Meryemana Evi; platos principales 4-10 TRY ⊗desayuno, almuerzo y cena) está en la entrada. Otra posibilidad es hacer un *picnic* en este lugar tan propicio para ello, fresco, verde y escuchando con el canto de los pájaros.

La casa está a 8,5 km de la puerta inferior (norte) de Éfeso y a 7 km de la puerta superior (sur). No hay servicio de *dolmuş* por lo que hay que ir en taxi, que ronda las 50 TRY ida y vuelta desde la *otogar* (estación de autobuses). Los precios son negociables, pero también se puede ir en un circuito organizado.

GRATIS Gruta de los Siete Durmientes
RUINAS

Entre Meryemana y Éfeso se pasa por el desvío que lleva a la Gruta de los Siete Durmientes. Cuenta la leyenda que siete cristianos perseguidos huyeron de Éfeso en el s. III d.C., y se refugiaron en una cueva en la ladera noreste del monte Pion. Los soldados de su persecutor, el emperador Decio, encontraron la cueva y la emparedaron. Dos siglos más tarde, un terremoto derribó la pared y despertó a los durmientes que bajaron hasta el pueblo en busca de comida. Al descubrir que todos sus amigos habían muerto desde hacía mucho tiempo, llegaron a la conclusión de que habían experimentado una especie de resurrección. Al morir, fueron enterrados en la cueva, que se convirtió desde entonces en un lugar de culto.

En realidad, la gruta es una necrópolis de la era bizantina con numerosos sepulcros tallados en la roca. Está a unos 200 m del aparcamiento (1,5 km de Éfeso); se sube desde allí por un sendero muy transitado.

No vale la pena desplazarse especialmente para visitarla, pues no hay gran cosa que ver, pero los cercanos tenderetes a la sombra, cubiertos de kílims, donde sirven *ayran* (yogur bebible) y *gözleme* (crepes saladas) son muy adecuados para descansar un poco después del calor de Éfeso.

Selçuk
📋 0232 / 27 280 HAB.

Como puerta de entrada a Éfeso y guardiana de una de las Siete Maravillas del mundo antiguo, Selçuk será una sorpresa para muchos turistas. Esta tranquila ciudad se extiende a lo largo de una serie de colinas, y funciona más como base de operaciones de las muchedumbres de paso que como centro turístico trepidante. Dicho esto, sigue siendo un lugar agradable como cuartel general para varios días de visitas en los alrededores; el ambiente vespertino es muy pintoresco, con la población local pululando entre los minaretes iluminados y las grandes ruinas del acueducto. Hay numerosas pensiones, frecuentadas sobre todo por viajeros independientes de bajo presupuesto.

◉ Puntos de interés

Si el itinerario previsto lo permite, convendría visitar los puntos de interés de Selçuk en un par de días, puesto que las hordas de excursionistas (sobre todo en verano) pueden ser agobiantes. Hay que tener en cuenta que la ciudadela que domina la ciudad no está abierta al público.

GRATIS Templo de Artemisa RUINAS
(Artemis Tapınağı; ⊗8.30-17.30) Éfeso solía obtener fabulosas cantidades de dinero de los peregrinos que venían a rendir homenaje al avatar efesio de la fertilidad de la diosa Artemisa. El templo en su honor, en el extremo oeste de Selçuk, fue en sus tiempos el más grande del mundo. Eclipsaba incluso el Partenón de Atenas y se ganó de este modo un puesto en la lista de las Siete Maravillas del mundo antiguo. Hoy en día, sin embargo, el visitante se preguntará sin duda qué fue de todo aquello. Solo una de sus 127 columnas sigue en pie, casi siempre coronada por el nido de una cigüeña; un patético recordatorio del carácter transitorio de los logros humanos. A pesar de todo, es un lugar tranquilo y con encanto, y

el enorme pilar permite hacerse una idea de las inmensas dimensiones del templo.

Museo de Éfeso
MUSEO

(☎892 6010; Uğur Mumcu Sevgi Yolu Caddesi; entrada 5 TRY; ⏱8.30-18.30 verano, hasta 16.30 invierno) Este excelente museo contiene una impresionante colección de objetos recuperados de la antigua ciudad. La primera galería está dedicada a los hallazgos procedentes de las casas adosadas de Éfeso, que incluyen balanzas, joyas y recipientes para cosméticos. También es aquí donde puede verse la famosa efigie de Príapo, el dios fálico que aparece en todas las postales del país, desde Estambul hasta Antakya. Para no ofender las sensibilidades más delicadas, sin duda, está expuesto en una vitrina a oscuras. Hay que presionar el interruptor para verlo iluminado en toda su erecta gloria.

En las otras salas hay colecciones de monedas, objetos funerarios y numerosas estatuas. Hay una sala entera dedicada a las representaciones escultóricas de Eros, y una cabeza y un brazo de tamaño enorme (y aspecto algo inquietante) que pertenecían antaño a una estatua del emperador Domiciano, de 7 m de altura. Destacan las estatuas de mármol exquisitamente tallado de Artemisa, de múltiples pechos, y con un huevo en la mano, que se han convertido en emblemas de la ciudad.

La última sala, cerca de la entrada, contiene una interesante exposición sobre las excavaciones de un cementerio de gladiadores descubierto en 1993. Describe las armas de los gladiadores, su entrenamiento y las horribles heridas que sufrían. También cabe destacar el friso del templo de Adriano, con cuatro heroicas amazonas con el pecho cercenado. Los más observadores distinguirán la cruz en el busto de Augusto.

Se recomienda visitar el museo después de ver las ruinas, pero conviene ir temprano para evitar las muchedumbres de los cruceros que pasan en tromba por el museo antes de volver a embarcar.

Basílica de San Juan
EDIFICIO HISTÓRICO

(St Jean Caddesi; entrada 5 TRY; ⏱8.30-18.30 verano, hasta 16.30 invierno) Según dicen, san Juan estuvo en Éfeso en dos ocasiones: la primera entre los años 37-48 d.C. con la Virgen María, y de nuevo en el año 95, hacia el final de su vida, cuando escribió su evangelio en el monte Ayasuluk. En el s. VI, el emperador Justiniano [527-565] erigió una magnífica iglesia, la basílica de San Juan, encima de una tumba del s. IV donde se suponía estaban enterrados sus restos mortales.

Terremotos y saqueadores convirtieron el monumento en un montón de escombros hasta hace un siglo, cuando se inició su restauración; prácticamente todo lo que puede verse ahora está restaurado. En sus tiempos, estaba considerado como una verdadera maravilla y atraía a miles de peregrinos medievales. Incluso hoy en día, siguen llegando autocares enteros de turistas amantes de los 'lugares santos' en temporada alta. Hay un panel informativo con un plano y un boceto, que permiten hacerse una idea de las enormes dimensiones que tuvo el templo, al igual que los antiguos escalones de mármol y la puerta monumental.

İsa Bey Camii
MEZQUITA

(St Jean Caddesi) Al pie del monte Ayasuluk está la imponente y hermosa İsa Bey Camii, construida en 1375 por el emir de Aydın en un estilo de transición postSeljuk y preotomano. Enfrente, en diagonal, hay un busto de İsa Bey. La mezquita suele estar abierta a las visitas, excepto en las horas de plegaria. Hay que dejar el calzado en la entrada y cubrirse adecuadamente antes de entrar. Como detalle interesante, las ornamentadas alfombras del interior son donativos de la población local.

Acueducto romano
RUINAS

Las impresionantes ruinas de un acueducto romano y bizantino se extienden de forma intermitente en dirección este-oeste a lo largo de Namık Kemal Caddesi e Inönü Caddesi; las cigüeñas las aprovechan hoy en día para construir sus nidos, donde ponen sus huevos en el mes de marzo, y permanecen en ellos hasta finales de septiembre. Las ruinas están bien iluminadas de noche, creando un ambiente evocador muy apto para las cenas románticas.

Museo de locomotoras a vapor Çamlık
MUSEO

(☎894 8116; Köyü Selçuk; entrada 5 TRY; ⏱8.00-19.00 verano, hasta 17.00 invierno) Los amantes del ferrocarril se entusiasmarán en este museo al aire libre, a pocos kilómetros del centro de Selçuk por la carretera de Aydın. En su bonito recinto ajardinado hay más de treinta locomotoras a vapor, algunas tan antiguas como la C-N2 británica de 1887; los visitantes pueden incluso subirse a casi todas ellas. Atatürk tenía aquí su cuartel general, donde permanecía su tren blanco especial durante las maniobras en el Egeo.

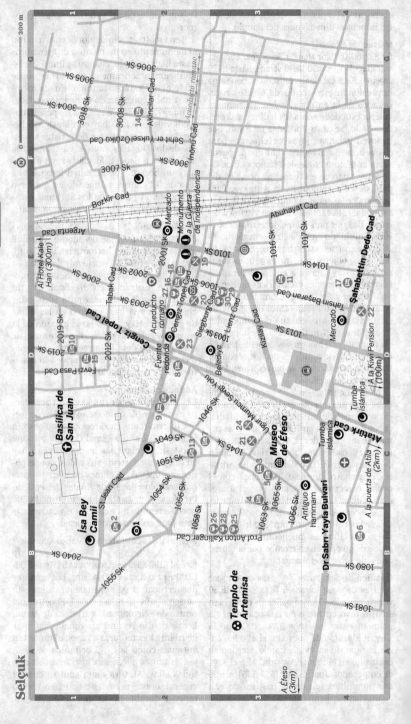

200 m

N

Basílica de San Juan

İsa Bey Camii

Templo de Artemisa

A Éfeso (3km)

A la puerta de Atila (2km)

A Éfeso (3km)

A la Kiwi Pension (100m)

Dr Sabrı Yayla Bulvarı

Atatürk Cad

Antiguo hammam

Museo de Éfeso

Aqueducto romano

Monumento a la Guerra de Independencia

Şahabettin Dede Cad

Abuhayat Cad

Bozkir Cad

Argenta Cad

Acueducto romano

Cengiz Topel Cad

Fuente redonda

Fevzi Paşa Cad

St Jean Cad

Uğur Mumcu Sevgi Yolu

Prof Anton Kallinger Cad

Belediye

Mercado

Mercado

Tumba islámica

Tumba islámica

Una pequeña galería honra su memoria con innumerables fotos, retratos, artículos de prensa y un antiguo escritorio.

Museo Çetin   MUSEO
(☎894 8116; Köyü Selçuk; entrada 3 TRY; ◉9.00-17.00) Situado a 300 m después de la rotonda hacia Pamucak y Kuşadası, este pequeño museo describe la vida en Anatolia en la década de 1950, con una colección de figurines con trajes regionales y una muestra de bailes populares. Aunque esté instalado en un hangar anodino, será una amena etapa para los viajeros que dispongan de suficiente tiempo.

Biblioteca Crisler   EDIFICIO INTERESANTE
(☎892 8317; www.crislerlibraryephesos.com; Prof Anton Kallinger Caddesi 40; entrada 5 TRY; ◉9.00-17.00 lu-vi) Aunque no sea un monumento propiamente dicho, la Biblioteca Crisler es un maravilloso remanso de paz para los interesados en ahondar sus conocimientos sobre Éfeso y la rica historia de la región. La biblioteca se nutre del legado de un erudito americano experto en la Biblia, el arqueólogo y graduado en Harvard B. Cobbey Crisler. Es una fantástica fuente de información sobre la historia antigua, clásica, bíblica e islámica, y ofrece también un programa de conferencias en salas acondicionadas, una librería bien surtida y un café muy informal.

🛏 Dónde dormir

Las numerosas pensiones de Selçuk compiten duramente entre ellas, y el nivel del servicio y prestaciones que ofrecen es más alto que en muchos otros lugares. Casi todos los alojamientos están enfocados a los viajeros de clase económica y media; los de clase alta (y quienes busquen un trozo de arena durante su visita a Éfeso) deberían optar más bien por alojarse en Kuşadası. El carácter familiar de la mayoría de los establecimientos asegura un servicio de calidad, desayunos gratuitos, aire acondicionado, comidas caseras a buen precio por la noche, bicicletas y acceso a Internet gratuitos, y descuentos en los circuitos locales. Casi todas las pensiones ofrecen servicio de lavandería por 15 TRY la carga.

Jimmy's Place   HOTEL €€
(☎892 1982; www.jimmysplaceephesus.com; 1016 Sokak 19; d/ste desde 30/70 €; ❄@🕸) En pleno centro de la acción y a cuatro pasos de la estación de autobuses, es un acogedor establecimiento con cinco espaciosas plantas de habitaciones bien renovadas, especialmente las de lujo. Jimmy y su equipo se desviven por sus clientes, y ofrecen distintas prestaciones que incluyen una agencia de viajes informal y muy informativa (véase la pared llena de folletos fotocopiados con

todas las actividades y puntos de interés de la región) y un pantagruélico desayuno con importantes dosis de café de filtro. Hay una tienda de alfombras en la parte trasera, y el hotel regenta también una piscina privada situada en un claustro cubierto de hiedra dos manzanas más abajo en la misma calle.

Akay Hotel
HOTEL €€

(☎892 3172; www.hotelakay.com; 1054 Sokak 7; i/d desde 35/55 €; ※@※) Con sus dos alas de habitaciones, con cimientos de piedra tallada a mano, paredes blancas y puertas verdes, es un establecimiento muy acogedor. El "ala antigua" ya no se merece realmente este nombre, puesto que todo ha sido renovado con suelos de madera laminada y decoración sencilla y de buen gusto. Las habitaciones más nuevas tienen suelos de madera noble barnizada y rodean un patio y una tentadora piscina color turquesa. Además, los propietarios son muy simpáticos; Ria, de origen suizo, hace todo lo posible para que sus huéspedes se sientan como en casa. Las cenas a la carta (platos principales 12-15 TRY) se sirven en la relajante terraza en la azotea.

Homeros Pension
PENSIÓN €

(☎892 3995; www.homerospension.com; 1048 Sokak 3; i/d/tr 45/70/105 TRY; ※@) En una tranquila callejuela, ofrece una docena de habitaciones distribuidas en dos edificios, todas ellas imbuidas del pintoresco carácter del acogedor y amable propietario, Derviş. Carpintero de profesión, ha realizado casi todos los muebles de estilo tradicional, que encajan perfectamente con los numerosos tapices y textiles que cubren prácticamente todas las superficies. Ambos edificios tienen terrazas en la azotea con buenas vistas. Las sustanciosas cenas tradicionales (15 TRY) son la norma, al igual que las copas de vino casero cortesía de la casa por la noche. Hay descuentos de 5 TRY para las habitaciones con cuarto de baño compartido.

Barım Pension
PENSIÓN €

(☎892 6923; barim_pansiyon@hotmail.com; 1045 Sokak 34; i/d 35/60 TRY; ※@) Doce acogedoras habitaciones se esconden tras la fachada inolvidable: una enorme obra de arte metálica llena de figuras y camellos. Los dos simpáticos hermanos propietarios de la pensión son metalúrgicos y han decorado gran parte de esta casa de piedra de 140 años con sus obras. El desayuno se sirve en el maravilloso claustro de piedra

en la parte de atrás, en medio de parras colgantes y macetas de arbustos.

Atilla's Getaway
ALBERGUE €

(☎892 3847; www.atillasgetaway.com; Acarlar Köyü; dc/i/d TRY35/40/45 media pensión incl.; ※@※) El establecimiento hotelero más insólito de Selçuk es un tranquilo 'resort' para mochileros situado 2,5 km al sur del centro. Regentado por el epónimo Atilla, un sociable turco-australiano, el albergue ofrece cantidad de agradables prestaciones como una piscina con forma de ameba rodeada de estatuas clásicas, un animado bar, una cancha de vóleibol, una práctica oficina de turismo y servicio regular de transporte hasta el centro de Selçuk. Las habitaciones privadas con aire acondicionado cuestan 7 TRY más por noche; los dormitorios colectivos en la planta baja solo tienen ventilador.

Hotel Bella
HOTEL €€

(☎892 3944; www.hotelbella.com; St Jean Caddesi 7; i/d desde 60/80 TRY; ※@) Este popular hotel de precio medio tiene una docena de habitaciones pequeñas pero con un toque de diseño. Abundan las alfombras y objetos decorativos otomanos, y casi todo el vestíbulo se ha convertido en una tienda de alfombras y joyas. Las cenas en la fantástica terraza en la azotea valen 20 TRY.

Nilya
HOTEL €€

(☎892 9081; www.nilya.com; 1051 Sokak 7; i/d/ste 100/165/210 TRY; ※) Una de las opciones más elegantes y discretas de la ciudad, está situado en una tranquila bocacalle con estupendas vistas de la llanura. Las habitaciones están amuebladas con artesanías tradicionales, antigüedades y tapices de vivos colores, y el patio central es un tranquilo espacio con árboles frondosos, farolillos y una cantarina fuente.

Naz Han
PENSIÓN €€

(☎892 8731; www.nazhan.net; 1044 Sokak 2; h 60-80 €; ※@) Situada al lado del Hotel Bella, esta opción llena de encanto justifica su nombre (naz significa 'coqueta') con una adorable pero excesivamente cara colección de habitaciones decoradas con antigüedades. En un edificio griego centenario, se distribuyen alrededor de un pintoresco patio lleno de objetos antiguos. La pequeña terraza que hay en la azotea ofrece vistas de los hermosos alrededores de Selçuk, y los propietarios venden aceite de oliva artesanal procedente de un olivar en la cercana Şirince.

Hotel Pension Nazar
HOTEL €

(☎892 2222; www.nazarhotel.com; 2019 Sokak 14; d 30-50 €; ❋ ❋ @) Renovada por completo hace unos años, es una pensión con las mejores prestaciones en su categoría. Las 13 habitaciones son grandes, limpias y confortables. Las superiores cuentan con aire acondicionado y las fantásticas comidas caseras se sirven en la terraza de la azotea por tan solo 7 €. También hay un jardín con piscina, y el propietario, Osman, recibe siempre con una calurosa bienvenida.

Alihan Guesthouse
PENSIÓN €

(☎892 9496; www.alihanguesthouse.com; 1045 Sokak 34; h con ducha 25 TRY por persona; ❋) Impecable tras una reciente renovación, con madera reluciente, es un alegre establecimiento un poco más arriba del parque, presidido por el servicial Isa, su esposa Melissa, y la perra *Sheila*. La mezcla de estilos es algo caótica, pero es un lugar informal y barato.

Hotel Kale Han
HOTEL €€

(☎892 6154; www.kalehan.com; Atatürk Caddesi; i/d desde 100/140 TRY; ❋ @ ❋) Es una sólida opción en la categoría de precio medio, que se distingue por su fachada de falso castillo. Las fotos en blanco y negro y la modesta colección de antigüedades revisten el acogedor interior con cierto encanto de antiguo hogar. Se recomiendan las habitaciones en el segundo edificio trasero, más alejadas de la carretera. Los no residentes en el hotel pueden comer en su restaurante, que vale la pena visitar. Platos de coleccionista adornan las vigas de madera y los clientes pueden aporrear el antiguo piano.

Vardar
PENSIÓN €

(☎892 4967; www.vardar-pension.com; Şahabettin Dede Caddesi 9; i/d desde 25/40 TRY; ❋ @) Reluciente de limpieza y popular entre los turistas asiáticos, cumple con creces con todos los requisitos de un alojamiento económico, con habitaciones sencillas adornadas con kílims turcos y una bonita terraza en la azotea con fugaces vistas de la Casa de María en la distancia.

Australia & New Zealand Guesthouse
ALBERGUE €

(☎892 6050; www.anzguesthouse.com; 1064 Sokak 12; dc/i/d desde 15/30/50 TRY; ❋ ❋) Aunque no sea más que un recuerdo del dinámico centro de mochileros que fuera, sigue siendo un alojamiento con mucho carácter, un laberinto de pequeños dormitorios distribuidos bastante al azar alrededor de un patio íntimo sembrado de pétalos.

Banderas internacionales le añaden un toque de color, al igual que los cojines bordados y los tapices en la sala de estar. Los dormitorios colectivos son perfectamente correctos, aunque los cuartos de baño están situados a dos tramos de escalera. El desayuno vale 7,50 TRY.

Nur Pension
PENSIÓN €

(☎892 6595; www.nurpension.com; 3004 Sokak 20; dc/i/d 20/35/50 TRY; ❋ @) Está después de la estación de trenes, en una zona solitaria de la ciudad. Tiene precios competitivos y habitaciones pequeñas pero limpias.

Ürkmez Hotel
PENSIÓN €

(☎892 6312; www.urkmezhotel.com; Namık Kemal Caddesi 20; i/d 35-38 €; ❋ @) Pulcro y limpio, con cantidad de sonrisas.

Kiwi Pension
PENSIÓN €

(☎892 4892; www.kiwipension.com; 1038 Sokak 26; h con/sin cuarto de baño 68/40 TRY; ❋ @ ❋) Opción limpia y de buen gusto en una manzana residencial. Regentada por la simpática Alison.

Tuncay Pension
PENSIÓN €€

(☎892 6260; www.tuncaypension.com.tr; 2015 Sokak 1; i/d 25/35-50 €; ❋) Propietarios amables, patio divertido y precios algo excesivos.

Canberra Hotel
HOTEL €

(☎892 7688; www.canberraephesus.com; i/d/tr 25/35/45 €; ❋ @) Habitaciones confortables pero diminutas, con papel pintado anodino. Terraza en la azotea con suelo de Astroturf y estupendas vistas.

Wallabies Hotel
HOTEL €

(☎892 3204; www.wallabieshotel.net; Cengiz Topel Caddesi 2; h 50 TRY; ❋) Su principal atractivo son las vistas del cercano acueducto, especialmente en la temporada de las cigüeñas.

Hotel Antik
HOTEL €

(☎892 1265; www.efesantikhotel.com; Atatürk Caddesi 4; i/d 25/50 TRY; ❋ @) Ventajas: sencillo, barato y limpio; desventajas: propietario demasiado parlanchín.

✗ Dónde comer

Selçuk no abunda en opciones interesantes, pero cualquiera de los establecimientos siguientes permitirá comer correctamente. Casi todas las pensiones ofrecen cenas caseras a precios muy razonables.

Selçuk Köftecisi
'KÖFTECI' €

(Şahabettin Dede Caddesi; platos principales 6-9 TRY; ⊙desayuno, almuerzo y cena) Sí, el viajero lo habrá oído antes: "este restaurante ofrece las mejores *köfte* (albóndigas)", pero esta vez resulta ser verdad. Este negocio familiar lleva sirviendo este producto desde 1959, y aunque bastante monopolizado por los grupos organizados, se recomienda encarecidamente venir a probarlo. Los más hambrientos deberían pedir dos raciones de *köfte* de ternera, puesto que no son demasiado generosas. Hay que asegurarse de dejar espacio para el suntuoso postre "templo de Artemisa", un pudin de almendras, vainilla y *tahin* (pasta de sésamo).

Ejder Restaurant
ANATOLIA €€

(Cengiz Topel Caddesi 9/E; platos principales 7-17 TRY; ⊙desayuno, almuerzo y cena) Regentado por un acogedor matrimonio (Mehmet se encarga de la carne; su mujer, de las verduras), este popular restaurante es un favorito seguro de los viajeros por sus deliciosos platos (como el *şiş* de pollo o la parrillada de carne anatolia) en un pintoresco entorno bajo los arcos del acueducto romano. Mientras se espera la comida, se pueden hojear los 25 volúmenes de comentarios de comensales; todo el mundo deja una nota, una firma y un pequeño recuerdo (un billete de metro de su ciudad de origen, una moneda extranjera, etc.; incluso hay un tique de aparcamiento y un mechón de cabello). Los más atentos incluso encontrarán un autógrafo del fallecido Steve Irwin.

Sişçi Yaşarın Yeri
'KÖFTECI' €

(Atatürk Caddesi; platos principales desde 6 TRY; ⊙desayuno, almuerzo y cena) Este tenderete en la calle principal es muy popular entre los entendidos por sus deliciosos *köfte* y kebabs. Por desgracia, Yaşar ya ha fallecido, pero su hijo sigue con la tradición. Aunque bastante oculto a la vista, hay una pequeña zona en la parte de atrás, con algunas mesas a la sombra.

St John
MEDITERRÁNEA €

(www.stjohn316.net; Uğur Mumcu Caddesi 4/C; platos principales 5-7 TRY; ⊙desayuno, almuerzo y cena; ☎) Los principales atractivos de este acogedor cafetín son sus hospitalarios propietarios y un café de primera, que puede acompañarse con *künefe*, un postre especial de Antioquía; el *hummus* casero también es muy sabroso.

Kebab House Mehmet & Alibaba
'KEBAPÇI' €€

(1047 Sokak 4-A; platos principales 5-16 TRY; ⊙desayuno, almuerzo y cena; ☎) Es un local simpático e informal, con las paredes cubiertas de testimonios de comensales satisfechos, donde sirven sabrosos platos turcos. Los sonrientes propietarios son muy serviciales y educan gustosos los paladares no iniciados con una variedad de delicias locales como el kebab de Adana. El café y el yogur son cortesía de la casa.

Eski Ev
ANATOLIA €

(1005 Sokak 1/A; platos principales 6-11 TRY; ⊙desayuno, almuerzo y cena) Con mesas en un pequeño patio a la sombra de pomelos y granados, este íntimo restaurante sirve sabrosos platos turcos entre farolillos decorados, jaulas de pájaros y asientos de mimbre. Se recomienda la apetitosa especialidad de la casa, el Old House Kebab.

Mercado
MERCADO DE ALIMENTOS

(Şahabettin Dede Caddesi; ⊙9.00-17.00 invierno, 8.00-19.00 verano) Los sábados hay un fantástico mercado detrás de la estación de autobuses de Selçuk. Con sus productos frescos, fruta, verdura, queso y aceitunas, es ideal para aprovisionarse antes de ir de *picnic*. Hay un mercado parecido los miércoles, detrás de la estación de trenes.

♟ Dónde beber

Quienes busquen más marcha deberían dirigirse a Kuşadası. En Selçuk hay dos pequeñas zonas de bares, una en Prof Anton Kallinger Caddesi, y la otra en el centro, en Siegburg Caddesi.

Destina Cafe & Bar
BAR-CAFÉ

(Prof Anton Kallinger Caddesi 24; ⊙10.00-3.00) Situado en una calle residencial, atrae a los jóvenes de la ciudad alrededor de las mesas con velas en el encantador jardín al aire libre. En el interior, la música *mod* es el fondo musical de furiosas partidas de *backgammon*, jugadas en sofás de cuero blanco. En la sala *chill-out* en la parte de atrás hay taburetes tapizados con llamativos estampados animales.

Amazon
BAR-CAFÉ

(Prof Anton Kallinger Caddesi 22; ☎) Aunque se anuncie como restaurante, es más bien un local para ir de copas. Con una de las decoraciones más refinadas de la ciudad, este sociable lugar tiene un interior con ambiente de refugio de caza africano, y un espacio exterior, al otro lado de la calle, con fantásticas vistas de una de las Siete Maravillas del mundo antiguo. No hay muchos restaurantes que puedan presumir de ello...

Anton

BAR-CAFÉ

(Prof Anton Kallinger Caddesi) Aunque el brusco servicio contraste fuertemente con la acogedora fachada blanca y azul, de inspiración mediterránea, sigue siendo un local propicio para unas copas a última hora de la noche. El patio trasero está rodeado de bustos romanos y murales decorativos.

Denis Café

BAR

(Cengiz Topel Caddesi 20; ⊙10.00-2.00) En pleno centro, es un acogedor bar con una decoración de tendencia decididamente *oda* (tradicionalmente lujosa, elegante, suntuosa); perfecto para fumar un narguile.

Pink

'PUB'

(Siegburg Caddesi 24; ⊙10.00-2.00 do-ju, 10.00-3.00 vi y sa) El establecimiento de copas más antiguo de Selçuk se anuncia como café, parece un *pub*, pero funciona más bien como un bar-local nocturno. A petición, el servicial camarero Mesut hará una demostración de sus trucos de magia.

Sky Bar

'PUB'

(Siegburg Caddesi 24; ⊙10.00-2.00 do-ju, 10.00-3.00 vi y sa) En la misma manzana que el Pink, este popular local parecido a un *pub* suele estar lleno de gente viendo el fútbol en la tele.

❶ Información

Hay varios bancos con cajero automático y oficinas de cambio a lo largo de Cengiz Topel y Namık Kemal Caddesis.

Selçuk Hospital (☑892 7036; Dr Sabri Yayla Bulvarı)

Oficina de turismo (www.selcuk.gov.tr; Agora Caddesi 35; ⊙8.00-12.00 y 13.00-17.00 verano, lu-vi invierno)

❶ Cómo llegar y desplazarse

Autobús y 'dolmuş'

Recientes mejoras en la infraestructura de transportes de la región facilitan ahora las conexiones con los demás puntos de interés del sur del Egeo sin tener que hacer indeseables transbordos de autobús en lugares como Aydın y Söke durante los meses de verano. Hay autobuses directos de Selçuk a İzmir (8 TRY, 1 h) cada 40 minutos de 6.30 a 21.00 (menos frecuentes en invierno). Si se pide previamente, el autobús puede dejar en el cruce de la carretera que lleva al aeropuerto de

İzmir (desde allí hay que andar 2 km o tomar un taxi por 10 TRY). En verano hay tres autobuses diarios entre Selçuk y Bodrum (25 TRY, 3¼ h); dos el resto del año. Dos autobuses directos conectan cada día con Denizli (25 TRY, 4½ h). Para ir hasta destinos de la costa como Fethiye y Antalya suele ser preciso hacer una breve pausa para hacer transbordo en Denizli, Aydın o Bodrum. Hay autobuses directos entre Selçuk y Estambul (45-50 TRY, 10 h) vía Bursa, con tres salidas nocturnas por lo menos y una diurna a las 11.30.

Hay servicio de *dolmuşes* a Kuşadası (4 TRY, 30 min) y Pamucak (2,50 TRY, 10 min) cada 20 minutos de 6.55 a 22.00 en verano (menos frecuentes en invierno). El último microbús que regresa de Kuşadası sale a medianoche en verano y a las 20.00 en temporada baja. No hay autobuses a Söke.

La forma más fácil de llegar a las ruinas de Priene, Mileto y Dídima es alquilar un coche (80 TRY más gasolina al día) o integrarse en una visita guiada. No hay circuitos turísticos cada día.

Taxi

La ciudad de Selçuk prohíbe el transporte gratuito hasta Éfeso, por lo que hay que ir en taxi o con un circuito organizado. Las carreras urbanas de taxi cuestan unas 5 TRY, y 120 TRY para ir hasta el aeropuerto de İzmir (hay posibilidad de regatear). Hay que contar con 15 TRY hasta Éfeso y 50 TRY hasta la Casa de María (ida y vuelta).

Tren

Cuando se escribió esta guía no había trenes a Denizli, pero eso puede cambiar en el futuro. Hay cinco trenes diarios de Selçuk a İzmir (4,75 TRY, 45 min), de 6.25 a 19.20, y una conexión entre el tren y el *ferry* en el pueblo de Bandırma que conecta İzmir con Estambul. Los asientos no están garantizados, aunque se compre el pasaje con antelación.

Şirince

☑0232 / 960 HAB.

Acurrucada entre los montes del interior, entre vergeles silvestres y ondulantes prados, es una pintoresca aldea de casitas de muñeca, de piedra y estuco. Fue seguramente fundada tras el abandono de Éfeso, pero las edificaciones actuales se remontan básicamente al s. XIX. Cuenta la leyenda que un grupo de esclavos griegos liberados se establecieron aquí en el s. XV y bautizaron la aldea como Çirkince ("fealdad") para desanimar a posibles seguidores. El pueblo fue rebautizado con el nombre más honesto de Şirince ("amabilidad") en la década de 1920, a raíz de la fundación de la nueva república.

Antes de la república de Atatürk, Şirince era una localidad más grande habitada por griegos otomanos. Los lugareños actuales, procedentes de Salónica durante un intercambio de poblaciones en 1924, son entusiastas cultivadores de fruta con la que también elaboran y venden una interesante serie de vinos (10-20 TRY). Pueden ser de melocotón, frambuesa, mora o granada, entre otros.

Şirince no es en absoluto la "joya desconocida" como se la describe en otras guías de viajes. De hecho, es su extendida reputación de autenticidad la que ha marcado el inicio de su declive. Durante el día, toda la calle principal es una sucesión de tiendas de recuerdos, cuyos vendedores intentan captar clientes con todo tipo de cantos de sirena en todos los idiomas. Los visitantes que los ignoren y pernocten en el pueblo (pagando un elevado precio, por supuesto) se verán recompensados por la oportunidad de ver la verdadera aldea en cuanto se hayan marchado todos los autocares de turistas.

◉ Puntos de interés y actividades

Para evitar el gentío, es mejor visitar la aldea a última hora de la tarde, cuando las oleadas de excursionistas han abandonado ya las montañas; el momento de mayor afluencia es hacia las 15.00. El encanto de Şirince reside en sus sutilezas, por lo que lo mejor es pasear simplemente por sus serpenteantes callejuelas empedradas y admirar su preciosa arquitectura.

La deteriorada **iglesia de San Juan Bautista** (⊙8.00-20.00 verano, 8.30-18.30 invierno) presenta un interés limitado. Desvaídos frescos adornan las paredes, que se remontan a los tiempos bizantinos. La falta de recursos ha retrasado hasta ahora las restauraciones, por lo que es todavía poca cosa más que un santuario para las aves y sus graznidos. Los interesados en saber más sobre esta estructura pueden consultar la web www.societyofephesus.com.

🛏 Dónde dormir

Şirince es un mercado cautivo, y los precios de los alojamientos suelen ser muy altos para sus prestaciones.

Nişanyan House   HOTEL-'BOUTIQUE' €€€
(☑898 3208; www.nisanyan.com; h 215-275 TRY, bungaló 275 TRY; ❄ @) Esta elegante mansión puede parecer una ruina restaurada, pero en realidad es una estructura moderna expertamente diseñada para reproducir el encanto rústico del pueblo por su creador, Sevan Nişanyan, experto en hoteles-*boutique* y famoso en toda Turquía por su guía de establecimientos de este tipo. Desvaídos frescos adornan las paredes, y fotos en blanco y negro cuelgan encima de las camas-trineo. Hay una pintoresca biblioteca donde degustar la bebida floral de bienvenida, y desde el hotel se dominan los pintorescos tejados y chimeneas del pueblo.

Güllü Konak   HOTEL-'BOUTIQUE' €€€
(☑898 3131; www.gullukonak.com; Şirince Köyü 44; h 340-420 TRY, ❄ @) En dos maravillosas mansiones de piedra y estuco, este atractivo hotel-*boutique* ofrece una docena de espaciosas habitaciones y un jardín privado impecable. La decoración sugiere un ambiente campestre sin ser opresivo, perfecto para todos los gustos. Lástima los excesivos precios...

Kırkınca Pansiyon   HOTEL-'BOUTIQUE' €€
(☑898 3133; www.kirkinca.com; i/d 130/250 TRY; ❄) Enfrente del bazar, cuesta arriba, aspira a la categoría de hotel-*boutique* con su conjunto de terrazas de piedra y moradas de 250 años, montadas con elegancia a base de elementos modernos de calidad y antigüedades restauradas. Algunas habitaciones tienen camas con dosel y una de ellas incluso cuenta con un mini*hammam*. El edificio principal tiene una terraza en la azotea con sombra y vistas del pueblo y el campo alrededor.

İstanbul Pansiyon   PENSIÓN €€
(☑898 3189; www.istanbulpension.com; İstiklal Mah 13; d 150 TRY; ❄) Aunque parezca mentira, las cinco habitaciones de esta acogedora pensión están situadas en un antiguo establo. Yeliz, el amable propietario, ha sabido dotarlas con todas las comodidades modernas (¡cabeceras de cama de cuero!) sin perder por ello el encanto rústico de la estructura original.

🍴 Dónde comer

Artemis Şirince Şarap Evi Restaurant
ANATOLIA €€
(☑898 3240; www.artemisrestaurant.com; platos principales 9,50-28 TRY; ⊙desayuno, almuerzo y cena) Este gran restaurante, que domina el valle circundante y ofrece las mejores vistas del pueblo, está instalado en lo que fue una escuela griega a la entrada de la población. En el interior hay antiguas estufas y suelos de madera oscura, y una espaciosa terraza y un jardín en el exterior.

Todo parece ostentoso y turístico, pero en realidad se come muy bien a precios bastante razonables. También se puede ir a tomar una copa; la sala de estar estilo *oda* es ideal para tomar el té.

Şirincem Restaurant & Cafe ANATOLIA €€

(☑898 3180; platos principales 7-14 TRY; ⊙desayuno, almuerzo y cena) Enfrente del palaciego restaurante Artemis, esta pintoresca opción más rústica está acurrucada bajo un umbroso bosquecillo. Ali, el propietario de voz suave, es agricultor de frutales durante el día, y se dedica a mimar a sus clientes por la noche. Se recomiendan sus platos de carne estofada, una popular receta local. Para acompañar la cocina anatolia, se pueden probar los vinos de fruta caseros, aunque también hay una buena selección de caldos tintos y blancos.

 De compras

Hoy en día casi todas las casas de la calle principal se han convertido en escaparates de los productos locales, sobre todo vino de fruta, que puede degustarse antes de comprar; conviene hacerlo, puesto que no será del gusto de todo el mundo. Otras tiendas venden aceite de oliva, jabones y artículos de cuero, casi siempre de producción local. Vale la pena detenerse en **Demetrius de Éfeso** (Şirince Köyü 26), un artesano local que realizó gran parte de las joyas y *atrezzo* para la película *Troya;* es inconfundible por la foto de Brad Pitt encima de la caja registradora.

 Cómo llegar y salir

Hay microbuses (2,50 TRY) que van de Selçuk a Şirince cada 30 minutos en verano, y cada hora en invierno.

Tire y Kaplan

☑0232

Por bonito que sea Selçuk, nadie podría calificarlo de lugar desconocido. En cambio, bastará una jornada para descubrir una fascinante Turquía menos turística dirigiéndose tierra adentro; se puede ir en *dolmuş*, pero lo mejor es alquilar un coche.

Al pie de los montes Bozdağler y rodeada de campos de cultivo, Tire tiene un popular **mercado de los martes**, donde en los últimos años suelen hacer parada los grupos organizados. Su actividad se inicia a las 8.30 con una plegaria especial emitida por los ruidosos altavoces; al atardecer, los comerciantes empiezan a cargar sus productos para marcharse.

También vale la pena ir a Tire, aunque no sea un martes, para explorar el pequeño núcleo de talleres de fieltro. Solo quedan tres artesanos del fieltro en la región, que practican este tradicional oficio con una mezcla de algodón y lana. El propietario de **Keçeci** (☑512 2391; www.tireconkece.com; ⊙8.30-19.30 lu-sa) muestra gustoso el proceso de elaboración. Primero se crea un patrón, se apelmaza luego con agua, se le añaden tres capas de algodón, luego más agua, y se prensa durante una hora.

Antes de salir de Tire, se recomienda subir a los montes vecinos para comer bajo un techo de calabazas y hojas secas en el **Kaplan Dağ Restorant** (☑512 6652; www.kaplandag.com; platos principales 10-12 TRY; ⊙13.00-21.30 ma-do) en la pequeña aldea de Kaplan. El restaurante ofrece vistas increíbles de las llanuras, aunque es más conocido en toda la región por sus sabrosas y consabidas *köfte*. Los camareros dominan el arte de transportar enormes bandejas de madera con deliciosos *mezes* caseros; hay que probar las hierbas locales con un vaso de zumo de moras. Es esencial reservar los martes y fines de semana.

 Cómo llegar y salir

Hay microbuses cada hora de Tire a Selçuk (6 TRY). El taxi de Tire a Kaplan vale 15 TRY (no hay servicio de *dolmuş*).

Pamucak

☑0232

Entre Selçuk y Kuşadası, en una zona que antaño no era más que un inhóspito pantanal infestado de malaria, Pamucak es ahora una pintoresca cala de arena flanqueada por colinas cubiertas de pinares. Situada 7 km al oeste de Selçuk, está muy poco urbanizada, con tan solo un puñado de hoteles playeros. Sin los equipos de limpieza que se encargan de adecentar a diario las zonas de los resorts, partes de la playa pueden estar algo sucias a veces, pero las grandes extensiones de arena suelen brindar cierta privacidad, incluso cuando una multitud de familias turcas acuden los fines de semana. De febrero a marzo, las marismas del estuario, a 15 minutos andando desde la playa, atraen muchos flamencos.

El alojamiento más agradable de la zona es el **Dereli** (☑893 1205; www.dereli-ephesus.

com; Pamucak Plaj; d 70-100 TRY) con sus bungalós playeros que bordean la reluciente arena tras una hilera de palmeras achaparradas. También se puede acampar (15 TRY por persona).

❶ Cómo llegar y salir

Hay microbuses cada media hora desde Selçuk (2,50 TRY, 10 min, 7 km) en verano y cada hora en invierno. A/desde Kuşadası, se pasa primero por Selçuk. Los *dolmuşes* pasan por Dereli, y pueden dejar al viajero en la puerta.

Kuşadası

 0256 / 54 660 HAB.

El cuarto puerto mediterráneo más frecuentado por los cruceros ha abandonado sus raíces pesqueras para convertirse en puerta de entrada oficial a Éfeso. Los turistas solo suelen pasar veinte minutos en la ciudad, el tiempo necesario para desembarcar desde un crucero oceánico. Sin embargo, quienes puedan quedarse un tiempo descubrirán que esta amable ciudad es bastante amena. Aparte de su característica hospitalidad, poco ofrece de entrada en cuanto a cultura turca (que sin embargo se puede descubrir, esmerándose un poco), pero el viajero podrá en cambio disfrutar de una playa correcta, aunque bastante frecuentada, y una vida nocturna de las más animadas de la costa: *pubs* irlandeses, *happy hours*, karaokes, música en directo y discotecas. Si todo ello parece excesivo, será mejor alojarse en los alrededores más tranquilos de la cercana y aletargada Selçuk.

◉ Puntos de interés y actividades

En la ciudad de Kuşadası hay una pequeña playa artificial, pero la extensión de arena más famosa de la zona, y destino principal de la mayoría de los grupos organizados, es la **Kadınlar Denizi** (playa de las Señoras), 2,5 km al sur de la ciudad, conectada por los *dolmuşes* que circulan por la carretera de la costa. Es una playa bonita pero llena de grandes hoteles y muchos turistas en verano. Al sur de Kadınlar Denizi hay varias playas más pequeñas, pero todas con grandes hoteles.

El principal atractivo turístico de la ciudad es la pequeña **fortaleza** de piedra que ocupa casi toda la **Güvercin Ada** (isla de las Palomas), un islote conectado con la costa por un paso elevado. Su sala principal presenta exposiciones de artesanías y hay varios palomares para las aves que dan nombre al islote, pero el interés principal de la fortaleza es un paseo especialmente apreciado por las parejas locales que se arrullan y besuquean entre las almenas.

Al este de la isla están los muelles de los cruceros, y justo al sur, muy apropiadamente, la zona del **bazar**. Es estrictamente turístico, con chaquetas de cuero baratas, imitaciones de bolsos de diseño, alfombras, joyas, etc., pero por lo menos los vendedores no suelen acosar a los posibles clientes.

Kuşadası puede ser una base para explorar gran parte de la región. Hay muchas agencias de viaje que ofrecen visitas a todos los puntos de interés principales, con circuitos a Éfeso (un día entero con almuerzo por 45 €) y PMD (Priene, Mileto, Dídima; 50 €), e incluso hasta Pamukkale (45 €).

🛏 Dónde dormir

Kuşadası está repleto de hoteles, y se construyen nuevos establecimientos sin cesar. Casi todos los del centro pertenecen a la categoría de pensión u hotel de clase preferente. Para un alojamiento más tipo resort, se pueden explorar las bahías al norte y al sur del centro.

Hotel İlayda   HOTEL DE NEGOCIOS €€
(📞 614 3807; www.hotelilayda.com; Atatürk Bulvarı 46; i/d 70/120 TRY; ❄ @) Conocido antes en la ciudad como "el hospital" por su fachada de inspiración soviética, ha mejorado gracias a unas recientes reformas que le han colocado en los primeros lugares de la lista de los hoteles costeros preferidos por los redactores de esta guía. Aunque las habitaciones son pequeñas, los toques de diseño y las estilizadas líneas de la inspirada decoración realzan al máximo su limitado espacio; sus grandes ventanales, con vistas panorámicas de la playa, su céntrica situación, su buen restaurante y sus precios realmente bajos lo convierten en una opción insuperable.

Atlantique Holiday Club   'RESORT' €
(📞 633 1320; www.atlantiqueclub.com; Karaova Mevkii Sahil Setileri; pensión completa desde 35 € por persona; ❄ ≋ @) Aunque la idea de alojarse en régimen de pensión completa pueda repeler de entrada, hay que tener en cuenta que por el precio de un simple alojamiento de mochileros en el centro se obtienen todas las prestaciones de un *resort* costero (piscinas, canchas de tenis y playa privada), una habitación limpia con ropa de

cama blanca y fresca, y tres comidas estilo bufé al día. Por supuesto, no es el Ritz, pero es una oferta imposible de despreciar, y además en un establecimiento simpático y acogedor. Está situado 7 km al sur del centro, de fácil acceso con el *dolmuş* n° 6.

Club Caravanserai
HOTEL HISTÓRICO €€

(☎614 4115; www.kusadasihotelcaravanserail. com; Atatürk Bulvarı 2; i/d/ste 65/85/150 €; ❄) Este grandioso caravasar del s. XVII es uno de los elementos más emblemáticos e inconfundibles de la ciudad. Luces de neón iluminan las almenas por la noche, y durante el día, la imponente estructura de piedra es el objetivo de innumerables instantáneas. Gigantescas escalinatas llevan hasta la segunda planta, donde se distribuyen las habitaciones a lo largo del espacioso patio interior. Están decoradas con auténticos complementos otomanos, desde alfombras hechas a mano hasta ornamentados tapices. En el patio de abajo suelen celebrarse 'noches turcas' bastante *kitsch*.

Villa Konak
HOTEL·BOUTIQUE'€

(☎612 6318; www.villakonakhotel.com; Yıldırım Caddesi 55; i 30-60 €, d 40-70 €; ❄@❄) Alejado del bullicio, en el barrio antiguo, está en una casa restaurada de piedra de 140 años. Las encantadoras habitaciones han sido aderezadas con toques de sabor oriental que remiten a tiempos pasados. Están distribuidas alrededor de un espacioso patio ajardinado con piscina, un antiguo pozo, ruinas romanas dispersas y frondosos magnolios. Es un lugar muy apacible, con un salón de té y un rincón biblioteca.

Charisma
HOTEL DE LUJO €€€

(☎618 3266; www.charismahotel.com; Akyar Mevkii 5; i/d/ste 165/220/850 €; ❄@❄) En una altiva y enorme estructura de mármol con ventanas azules (los propietarios también poseen una cantera de mármol), este establecimiento ha puesto el listón muy alto en la categoría de hoteles de gama alta. Situado al norte del centro, en una playa privada con la arena sembrada de guijarros, este laberíntico establecimiento cuenta con elegantes muebles de cuero en el vestíbulo y una preciosa galería con vigas de madera que domina el rompiente de las olas en la parte de atrás. Las habitaciones están en dos resplandecientes torres, todas con vistas al mar, aunque las moquetas parecen algo gastadas. Es un tranquilo hotel preferido por los turistas americanos de cierta edad.

Kısmet
HOTEL DE LUJO €€€

(☎618 1290; www.kismet.com.tr; Gazibeğendi Bulvarı 3; i/d/ste 99/129/339 €; ☺abr-med nov; ❄@❄) Es un ostentoso establecimiento de estilo característicamente oriental que presenta un fuerte contraste con el carácter de la ciudad. Situado en el extremo norte de la población, ocupa una extensa finca propiedad de un descendiente del último sultán, y está rodeado de cuidados jardines. Las habitaciones son sencillas, y algunas, pintadas en un color blanco 'sucio', necesitarían cierta renovación. Todas cuentan con balcones con vistas al mar o a la bulliciosa ciudad.

Hotel Stella
PENSIÓN €

(☎614 1632; www.hotelstellakusadasi.com; Bezirgan Sokak 44; i/d 35/70 TRY; ❄❄@) En pleno corazón de la ciudad, y en una calle bastante empinada, promete una calurosa bienvenida y una selección de cuidadas habitaciones con vistas al mar y a la ciudad. Descuentos disponibles para largas estancias.

Liman Hotel
PENSIÓN €€

(☎614 7770; www.limanhotel.com; Kıbrıs Caddesi, Buyral Sokak 4; i/d 25/38 €; ❄@) Presidido por el bien nombrado "Mr Happy" (o Hasan Degirmenci, para quien sepa pronunciarlo), este hotel es un perdurable clásico en su categoría, una de las pensiones mejor situadas en primera línea del mar, con excelentes vistas desde algunas de sus 17 habitaciones. Hay una estupenda terraza donde se sirve el desayuno (incluido en el precio) y la cena (opcional), y se ofrecen las obligatorias veladas de danza del vientre. Sus prestaciones adicionales incluyen una biblioteca y mapas gratuitos.

Sezgin Hotel Guest House
ALBERGUE €

(☎614 4225; www.sezginhotel.com; Arsanlar Caddesi 68; i/d 25/30 €; ❄❄@) Es una opción que saldrá muy a cuenta para los viajeros con bajo presupuesto: grandes dormitorios con paneles de madera, camas confortables, butacas, TV, neveras y pequeños balcones que dan a un compacto jardín con piscina. El propietario, Sezgin, es simpático y servicial y organiza actividades especiales como barbacoas a la turca y actuaciones de danza del vientre.

Cennet Pension
PENSIÓN €

(☎614 4893; www.cennetpension.com; Yıldırım Caddesi 69; i/d 40/60 TRY; ❄) Otra opción agradable en el barrio antiguo de la ciudad, a cargo de una pareja turco-alemana que regenta un puñado de cuidadas habitaciones y una maravillosa terraza en la

Kuşadası

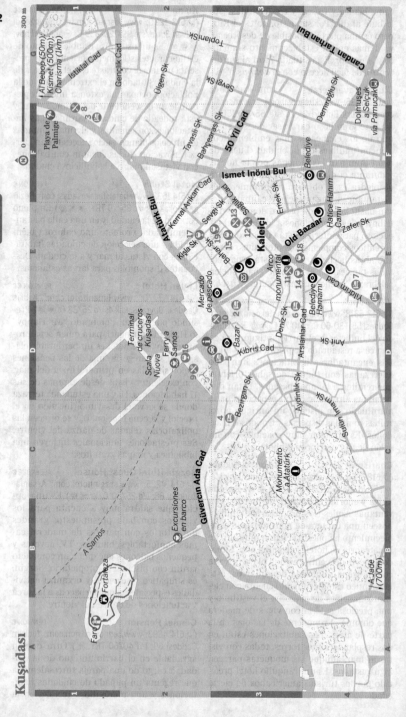

Al Bebop (50m);
Kismet (500m);
Charisma (1km)

Playa de
Palmige

Istiklal Cad

Gençlik Cad

Ulgen Sk

Tavaslı Sk

Bançarası Sk

50 Yıl Cad

Toplanı Sk

Sevgi Sk

Canden Tarhan Bul

Demıroğlu Sk

Dolmuşes
a Selçuk
vía Pamucak

Belediye

Ismet İnönü Bul

Atatürk Bul

Kemal Arıkan Cad

Selçuk Cad

Sevgi Sk

Bahar Sk

Kışla Sk

Emek Sk

Kaleiçi

Old Bazaar

Hatice Hanım
Camii

Zafer Sk

Mercado
de pescado

Arco
monumental

Yıldırım Cad

Belediye
Hamamı

Deniz Sk

Arslanlar Cad

Anıt Sk

Terminal
de cruceros

Ferry a
Samos

Scala
Nuova

Kuşadası

Bazar

Kıbrıs Cad

Bezirgan Sk

Aydınlık Sk

Sulın İnam Sk

Monumento
a Atatürk

Güvercin Ada Cad

Excursiones
en barco

A Samos

Fortaleza

Faro

A Jade
(700m)

300 m

0

Kuşadası

azotea con quizá las mejores vistas de todo Kuşadası. Los cuartos de baño merecerían una renovación a fondo.

Dónde comer

El mejor lugar para comer está en el pintoresco puerto, donde la competencia impide sin embargo que los precios se disparen. Hay que preguntar siempre el precio del marisco y el vino antes de pedir.

Las opciones más baratas están más alejadas del mar. En Kaleiçi, el barrio antiguo de Kuşadası detrás de la oficina de correos, hay varios restaurantes de ambiente pintoresco, así como algunos establecimientos concurridos y económicos.

Ferah
MARISCO €€€

(☎614 1281; İskele Yanı Güvercin Parkı İçi; platos principales 15-25 TRY; ⊙almuerzo y cena) Las mesas están al borde del agua, por lo que es un lugar ideal para contemplar la puesta de sol, los yates de paso y los grandes cruceros. Además, la cocina del Ferah es exquisita; suculentos *mezes* tientan al paladar, al igual que el pescado y el marisco preparados con esmero. Con una botella de *raki* y un puñado de buenos amigos, una velada memorable estará garantizada.

Bebop
INTERNACIONAL €€

223

(☎618 0727; www.bebopjazzclub.com; platos principales desde 9 TRY; ⊙almuerzo y cena) Situado en pleno puerto, produce la sensación de ser un *resort*, aunque no ofrezca alojamiento. Se puede venir por la mañana y quedarse hasta la cena; hay un espacioso comedor y una maravillosa piscina rodeada de tumbonas. La música de *jazz* (a menudo en directo) flota en el aire hasta tarde por la noche.

Değirmen Restaurant
LOCAL €€

(www.degirmenltd.com; Davutlar Yolu km4, Saraydamları Mevkii; tentempiés y platos principales 2-20 TRY; ⊙almuerzo y cena) Es un verdadero parque temático campestre, unos 10 km al sur del centro de la ciudad; este enclave de safaris gastronómicos está situado en una extensa finca con vistas de la península de Dilek. Para ir de *picnic,* se puede comprar todo lo necesario en el pintoresco mercado de alimentos frescos; también se puede disfrutar de una tranquila comida en el restaurante de la casa, entre artesanías otomanas.

Planet Yucca
INTERNACIONAL €€

(☎612 0769; Sağlik Caddesi 56; platos principales 12-26 TRY; ⊙almuerzo y cena) Anunciado con la peculiar denominación de "restaurante mexicano-chino-turco", es cierto que hace un entusiasta esfuerzo para ser una verdadera ONU de la cocina. La animada y fiel clientela también es una mezcla de continentes. La carta no tiene rival en cuanto a longitud, por lo que es mejor limitarse a la oferta turca para obtener resultados satisfactorios. El transporte gratis en taxi es una ventaja añadida.

Saray
INTERNACIONAL €€€

(☎0544 921 6224; Bozkurt Sokak 25; platos principales 15-35 TRY; ⊙desayuno, almuerzo y cena) Tan apreciado por autóctonos como por extranjeros, este restaurante muestra dos caras distintas al mundo. En el exterior, es un patio bastante refinado, con árboles frondosos y manteles de tela, a la luz de las velas, mientras que en el interior, sobre todo tarde por la noche, es más bien un bar de *happy hour* y karaoke. La carta es una típica mezcla cosmopolita, con platos chinos, indios, mexicanos, *fish and chips,* etc., pero con opciones turcas correctas y algunas vegetarianas. Los miércoles hay 'noches turcas', no aptas para los alérgicos al *kitsch*.

ÉFESO, BODRUM Y EL SUR DEL EGEO KUŞADASI

MOJARSE EN KUŞADASI

La cultura está muy bien, y las ruinas de Éfeso y monumentos parecidos son sin duda impresionantes y evocadores, pero a veces solo apetece deslizarse en una gran bañera llena de agua. Para gozar de estos placeres acuáticos con descarga de adrenalina, **Adaland** (618 1252; www.adaland.com; Çamlimanı Mevkii; adultos/niños 40/30 TRY; 10.00-18.00 may-oct) es el parque acuático más grande de Europa, con docenas de cascadas, toboganes, descenso de ríos y piscinas; cuenta también con un parque marino recién abierto, que alberga distintas especies de vida marina. Adaland está al norte de Kuşadası, cerca de Pamucak.

Para probar algo un poco más interesante, se puede aprender a bucear, o, si ya se ha aprendido, realizar alguna inmersión con el **Aquaventure Diving Center** (612 7845; www.aquaventure.com.tr; Miracle Beach Club, Kadınlar Denizi; 8.00-18.00), en la playa de las Señoras, que ofrece cursillos PADI en aguas abiertas por 250 € e inmersiones en los arrecifes por 30 €. El personal puede organizar el transporte desde casi todos los principales hoteles.

Köfteci Ali 'KÖFTECI' €
(Arsanlar Caddesi 14; platos principales 5 TRY; 24 h verano, 9.00-24.00 invierno) Situado cerca de la entrada a la calle de los bares, dispuesto a acoger a los noctámbulos irredentos de retirada, este sencillo tenderete sirve fantásticos kebabs picantes con pan de *pide*. Hay muchas probabilidades de que sea el propio Ali, que solo duerme cuatro horas al día en verano, quien se encargue del servicio.

Cimino ITALIANA €€
(Atatürk Bulvarı 56/B; platos principales 5-19 TRY; almuerzo y cena) Lugar de encuentro para muchos, este acogedor café restaurante sirve buenos capuchinos y comida básicamente italiana. Está frente al mar y hay buena música de *jazz*.

Kazim Usta Restaurant MARISCO €€€
(614 1226; Liman Caddesi 4; *meze* 5-12 TRY, platos principales 15-30 TRY; desayuno, almuerzo y cena) Enfrente de la oficina de turismo, este venerable establecimiento fundado en la década de 1950 está considerado como el mejor restaurante de pescado de la ciudad, y ha capitalizado su fama disparando los precios. La suntuosa sopa de pescado es su especialidad. Para conseguir mesa en primera línea hay que reservar con un día de antelación como mínimo.

Dónde beber y ocio

La vida nocturna de Kuşadası puede dividirse fácilmente en tres sectores. El más turístico está en la **Barlar Sokak** (calle de los bares), una calle de mala fama, que podría llamarse más bien calle irlandesa por la abundancia actual de bares dedicados a la isla esmeralda. Los autóctonos prefieren el barrio de **Kaleiçi** (también conocido como "ciudad vieja") para ir de marcha. Los bares y clubes de este distrito ocupan casas de piedra y patios llenos de encanto. Quienes quieran algo más desmadrado (y vaciarse los bolsillos a la velocidad del rayo) tienen la tercera opción, el conjunto de establecimientos de ocio a lo largo del **cabo Yılancı**, un poco más al sur del centro. Durante el día funcionan sobre todo como playas privadas; por la noche, la atención se concentra en los bares elegantes, plataformas de baile y escenarios situados justo encima del agua. Casi siempre hay música en directo de *jazz*, latina y *funk*, y las discotecas al aire libre no cierran hasta el amanecer.

Jade CLUB
(www.jadebeachclub.com; Yılancı Burnu Mevkii; entrada entre semana/fin de semana 25/30 TRY) Como el Raina en Estambul, Jade es el complejo de ocio más famoso de la ciudad. Al igual que un genio que concede infinitos deseos, este extenso complejo ofrece prácticamente todas las instalaciones vacacionales: piscina, cancha de voleibol, tumbonas en la playa, pistas de baile, bares y un escenario para conciertos. Incluso hay cabaré de travestis, para los aficionados al género...

Orient Bar MÚSICA EN DIRECTO
(www.orientbar.com; Kaleiçl Kışla Sokak 14 y 17) Situado en una bonita estructura de piedra en pleno corazón de Kaleiçi, ofrece divertidas veladas de música en directo, en las que al final de la noche todo el mundo se lanza a cantar con alcoholizada alegría. Del techo enrejado cuelgan las parras que permiten picar alguna uva. Pequeños toques como

los retratos enmarcados en las paredes y los diminutos cofres del tesoro para presentar la cuenta lo convierten en un local especialmente memorable.

Bizim Meyhane 'MEYHANE'

(Kişla Sokak) Con paredes de piedra y cantidad de instrumentos musicales que cuelgan del bajo techo con vigas vistas, más que un bar parece un granero. Regentado por una pareja de hermanos que cantan y tocan su propia música, es un bar de ambiente contagioso y divertido, donde unirse a los grandes consumidores de *raki* locales.

Biraver 'PUB'

(Liman Caddesi) Situado en la tienda Scala Nueva en el puerto de los cruceros, es el lugar preferido por los amantes de la cerveza, por sus variedades artesanales sorprendentemente buenas.

Akdeniz BAR

(Arsanlar Caddesi 1; ☉abr-oct) Domina la entrada de la calle de los bares desde una posición elevada, y es por lo tanto ideal para observar a la gente emperifollada que se lanza a la fiesta nocturna. El bar en sí es bastante tranquilo, a la sombra de un alto árbol, y hay un restaurante contiguo (bastante bueno) y un apartotel.

Jimmy's Irish Bar 'PUB'

(Barlar Sokak 8; ☉abr-nov) Sigue siendo uno de los más conocidos de la ciudad, en parte por su práctica situación en la entrada de la calle. A pesar de su tendencia masificada, karaoke incluido, puede ser un buen lugar para conocer a otros viajeros (suponiendo que el ruido reinante permita mantener una conversación). La gigantesca pantalla de televisión por satélite en el tejado permite ver los indispensables partidos de fútbol.

Another Bar BAR

(Tuna Sokak 10) Instalado en un antiguo huerto de cítricos, cuenta con mesas y sillas esparcidas entre los árboles supervivientes y una gran palmera central. También hay pantalla grande y pista de baile.

ℹ Información

Hay varios bancos con cajero automático en el Barbaros Hayrettin Bulvarı.

Özel Kuşadası Hastanesi (☑613 1616; Anıt Sokak, Turkmen Mahallesi) Excelente hospital privado 3 km al norte del centro por la carretera de Selçuk. Médicos anglófonos.

Oficina de correos (Barbaros Hayrettin Bulvarı 23-25; ☉8.30-12.30 y 13.30-17.30 lu-sa invierno, 8.00-24.00 a diario verano)

Oficina de turismo (İskele Meydanı, Liman Caddesi; ☉8.00-12.00 y 13.00-17.00 lu-vi) Cerca del muelle donde atracan los cruceros, unos 60 m al oeste del caravasar, no brinda mucha información pero distribuye mapas actualizados.

ℹ Cómo llegar y salir

Barco

Todas las agencias de viajes de Kuşadası venden pasajes a la isla griega de Samos.

Del 1 de abril al 31 de octubre, los barcos zarpan a diario de Kuşadası a Samos a las 8.30. El billete individual vale 30 €, 35 € con regreso el mismo día, y 50 € con regreso abierto (incluidas las tasas portuarias).

Si se pernocta en la isla hay que pagar 10 € para salir de Grecia y otros 10 € para regresar a Turquía. Si se pide con antelación, suele ser posible comprar un billete que incluye estas tasas, a veces incluso se consigue un descuento o se evita pagarlas por completo. Hay que estar en el puerto 45 minutos antes de zarpar, para los trámites de inmigración, y asegurarse de tener un visado turco de múltiples entradas en el

---

MERECE LA PENA

KİRAZLİ

Situado a lo largo de una tranquila carretera secundaria que conecta Kuşadası con Selçuk, el "Lugar de los Cerezos" es un pequeño y aletargado enclave solo conocido por los autóctonos. Mientras los autocares de turistas circulan a toda velocidad por la carretera principal, los turcos de paso dan un rodeo para desayunar en **Köy Sofrası** (☑667 1003; www.koysofrasi.com; platos principales 5-15 TRY; ☉desayuno, almuerzo y cena). En medio de un huerto de árboles retorcidos, este polvoriento refugio ofrece una excelente selección de platillos típicos de la región en sus reservados, que parecen camas. Los venerables Emine y Nihat Fırat regentan el establecimiento, y cuando no están ocupados charlando con los clientes, están preparando un delirio culinario para alguna boda, circuncisión u otras fiestas religiosas.

pasaporte; en caso contrario se pueden producir complicaciones en la aduana al pedir uno nuevo.

La naviera que fleta estos barcos es **Meander Travel** (www.meandertravel.com; Kıbrıs Caddesi 1; ☉9.00-21.00), cuya oficina está en el muelle y que también ofrece distintos circuitos de ámbito nacional.

Autobús

La *otogar* de Kuşadası está en el extremo sur de Kahramanlar Caddesi en la carretera elevada. Varias empresas tienen taquillas en İsmet İnönü Bulvarı y ofrecen *servis* (microbuses lanzadera) para no tener que ir andando hasta allí. Los *dolmuşes* salen tanto del céntrico Adnan Menderes Bulvarı como de la *otogar* principal.

En verano, hay tres autobuses cada día por la tarde hacia Bodrum (20 TRY, 2½ h, 151 km); en invierno, se puede tomar un *dolmuş* hasta Söke (4 TRY, cada 30 min como mínimo todo el año). Para ir a Dídima, Priene y Mileto, véase p. 229. Hay *dolmuşes* cada 15 minutos a Selçuk (4 TRY, 30 min); hay que pedir al conductor que pare en Pamucak o Éfeso en el camino.

❶ Cómo desplazarse

No hay transporte directo entre Kuşadası y el aeropuerto Adnan Menderes de İzmir. Se puede tomar un autobús hasta la *otogar* de İzmir y luego el servicio de lanzadera local, o un taxi. Todo el trayecto en taxi desde Kuşadası costará unas 140 TRY. Los hoteles pueden proporcionar una camioneta compartida para los grupos.

Los microbuses *Şehiriçi* (1,25 TRY) circulan cada pocos minutos en verano (cada 15-20 min en invierno) desde la *otogar* de Kuşadası hasta el centro, y por la carretera de la costa al norte y al sur. Los microbuses Kadınlar Denizi recorren veloces la costa sur hacia la playa.

Península de Dilek

Unos 26 km al sur de Kuşadası, la península de Dilek se adentra en el Egeo en dirección oeste, casi tocando la isla griega de Samos. Al oeste del pueblo de Güzelçamlı está el **Parque Nacional Dilek** (Dilek Milli Parkı; www.dilekyarimadasi.com; entrada 4/10 TRY por persona/coche; ☉7.00-19.30 jun-sep, 8.00-17.00 oct-may), una apacible y montañosa reserva natural con buenas rutas de senderismo, asombrosos miradores y calitas que conservan toda su belleza natural para bañarse.

Enfrente de la entrada del parque, una señal color marrón indica el camino hacia **Zeus Mağarası**, una cala con agua helada en verano y cálida en invierno.

Tras cruzar la puerta de entrada, hay cuatro bahías con playas de guijarros antes de que el camino se estreche hasta la entrada de un recinto militar de alta seguridad en la punta de la península (supuestamente para controlar un tramo situado a corta distancia de Samos, salvable a nado).

İçmeler Köyü, la primera cala protegida, está a cerca de 1 km de la entrada por un empinado camino; es una playa muy popular entre los autóctonos, e inevitablemente sembrada de colillas. Una pista asfaltada corre por la cima de los acantilados, con miradores que ofrecen perfectos momentos Kodak a cualquier hora del día.

Unos 3 km después de İçmeler Koyu un desvío de 1 km sin asfaltar baja a la derecha hasta la **playa Aydınlık**, con unos 800 m de arena y guijarros, bordeada de pinos y con un buen rompiente de las olas. Es una playa algo más tranquila que la de İçmeler, y cuenta con un puesto de socorrista.

A menos de 1 km más adelante hay un desvío hacia una estación de *jandarma* (policía). Poco después, un desvío a la izquierda está indicado como **"kanyon"**. Desde allí un sendero serpentea por el bosque, y tras 15 km se llega a la encantadora aldea de Doğanbey, donde se puede visitar un pequeño museo lleno de animales disecados. Los visitantes sin permiso pueden recorrer los primeros 6 km del sendero; más allá, es obligatorio ir acompañado de un guía.

La tercera bahía del parque se llama **Kavaklı Burun**, con otra playa de surf, arena y guijarros. Como en la de Aydınlık, hay una segunda entrada a la playa en el extremo más alejado, a otro kilómetro de distancia. La última playa, **Karasu Köyü**, es muchísimo más tranquila que las demás, y ofrece maravillosas vistas de la montañosa Samos, que se alza hacia el cielo desde las profundidades marinas.

Está estrictamente prohibido acampar en el parque, y se aconseja amablemente a los visitantes que se marchen a la hora del cierre. En las cuatro playas hay tumbonas de madera gratuitas, aunque están casi siempre ocupadas por los más mañaneros. Se pueden alquilar dos tumbonas de plástico, parasol incluido, por 20 TRY al día. Todas las playas cuentan asimismo con un **chiringuito** (platos principales 6-25 TRY) donde se sirven distintos platos, desde bistecs hasta lubina.

❶ Cómo llegar y salir

El parque es de acceso bastante fácil. Hay *dolmuşes* directos desde Kuşadası (4,50 TRY,

40 min) cada 15 minutos en verano. El *dolmuş* solo lleva hasta la tercera bahía del parque (Kavaklı Burun); para llegar hasta la cuarta hay que pagar 2 TRY adicionales y avisar al conductor. Los autobuses entre Güzelçamlı y Kuşadası circulan hasta la medianoche. La entrada al parque se paga en el autobús.

Priene (Güllübahçe)

📞 0256

Priene es una de las ciudades antiguas más evocadoras de Turquía. Encaramada en lo alto de las accidentadas laderas del monte Mykale, cerca del pueblo de Güllübahçe, presenta una estética aislada y barrida por el viento, y contrasta fuertemente con el gentío y el mercantilismo de Éfeso.

Aunque considerada una localidad destacada hacia el año 300 a.C. por ser la sede de la Liga de Ciudades Jónicas, que celebraba aquí congresos y fiestas, **Priene** (📞547 1165; entrada 3 TRY; ⊙8.30-19.30 med may-med

sep, 8.30-17.30 resto del año) era más pequeña y menos importante que la cercana Mileto, y por lo tanto, sus edificios helenísticos no desaparecieron bajo las posteriores edificaciones romanas.

Entre los numerosos edificios que quedan, los más impresionantes son los del **templo de Atenea**, con vistas panorámicas de la llanura a sus pies. Obra de Pitio de Halicarnaso, está considerado como arquetipo de templo jónico. Cinco columnas han sido erigidas de nuevo, y el resto yace en secciones, como gigantescas ruedas de piedra, todas en aparente buen estado y dispuestas tan cuidadosamente que parecen formar parte de los preparativos para una nueva obra, en lugar de la consecuencia de una muy antigua. Hay tantas secciones de columnas, que el visitante percibe la antigua realidad del templo con seductora cercanía.

Además, el **teatro** es uno de los ejemplos mejor conservados del período helenístico. Tenía un aforo de 6500 espectadores, y to-

Priene

Ⓝ 0 ⸻ 200 m

Acrópolis

Ⓞ **Banco de piedra**

Edificios bizantinos Ⓞ

Templo de Deméter

33 casas **Templo de Atenea** **Teatro** **Gimnasio romano**

Santuario de los dioses egipcios **Taquilla** ●

Ⓟ

Iglesia bizantina **Stoa sagrada** **Pritaneo** **Bouleuterion**

Ágora **Castillo**

Alexandrium

Santuario de Zeus

Entrada al yacimiento

Santuario de Cibeles

Antiguo límite de la costa **Gymnasium** **Stadium**

davía pueden verse los asientos en primera fila, finamente tallados, destinados a los VIP de la época. También vale la pena buscar las ruinas del 'bouleuterion' (sede del consejo), una iglesia bizantina, el 'gymnasium' y el 'stadium'.

✕ Dónde comer

Atractivamente situado a la sombra de un acueducto bizantino en ruinas, el **Selale Restaurant** (platos principales 10 TRY; ⊙desayuno, almuerzo y cena) tiene un estanque de truchas (que se pueden comer) y patos (no comestibles). Al lado, está el **Villa Sultan Café Bar Restaurant** (platos principales 6-10 TRY; ⊙desayuno, almuerzo y cena), que ofrece platos tradicionales en una antigua fábrica de kílims. Las mesas están situadas en un precioso patio de naranjos con una fuente.

ℹ Cómo llegar y salir

Hay *dolmuşes* cada 15 minutos entre Priene (Güllübahçe; 3,25 TRY, 17 km) y Söke; el último

para volver a Söke sale de Priene a las 19.00. Paran en el núcleo de restaurantes, a unos 250 m de la entrada a Priene.

Mileto (Milet)

📞 0256

La antigua ciudad de **Mileto** (📞875 5562; entrada 3 TRY; ⊙8.30-19.30 med may-med sep, 8.30-17.30 resto del año) está 22 km al sur de Priene, entre extensos campos de algodón. Su **Gran Teatro**, que se alza a la vista del viajero procedente del sur, es el recuerdo más significativo (e impresionante) de una ciudad de pasado esplendor, que fue un centro comercial y gubernamental del 700 a.C. al 700 d.C., aproximadamente. Cuando el puerto se encenagó, el comercio de Mileto entró en declive.

El teatro de 15 000 asientos era de origen helenístico, pero los romanos llevaron a cabo reconstrucciones de envergadura durante el s. I. Aunque con casi dos mil años de anti-

Mileto

Ⓝ 0 ▬▬▬▬ 200 m

A Priene (22km); Söke (28km)

Antiguo límite de la costa

Estatua de león
Bahía de los Leones
Tumba del héroe heleno
Gran Teatro
Monumento del puerto
Ⓟ
Taquillas ℹ
Ágora norte
Bouleterion
Baño de Menekse
Cafeterías
Stoa Jónica
Baños Stadium
Caravanserai
Ágora sur
Baños de Faustina
Ágora oeste
İlyas Bey Camii
Antiguo límite de la costa
Museo de Mileto
Puerta de Dídima

A Akköy (5km); Dídima (23km)
A Balat (2km); Akköy (4,5km); Dídima (20km)

CIRCUITOS PMD

Éfeso puede ser la *crème de la crème* de los enclaves arqueológicos del Egeo, pero al sur de Kuşadası se encuentran las ruinas de tres antiguos asentamientos que a menudo pasan desapercibidos para el turista. Priene ocupa una espectacular situación dominando la llanura del Büyük Menderes (río Meandro); Mileto conserva un extraordinario teatro, y Dídima asombra a los visitantes con los enormes restos del templo de Apolo. Las tres ciudades pueden fácilmente visitarse en una sola y apretada jornada.

La forma más fácil de visitar las tres ruinas es apuntarse a uno de los circuitos llamados PMD. Casi todas las agencias de viajes de Selçuk y Kuşadası (aunque no las de Bodrum) pueden organizar la visita al momento, aunque suele ser preciso reunir cuatro o más participantes, por lo que no siempre habrá una salida cada día de la semana. Hay que calcular unos 35 € por circuito, que incluye una hora en cada lugar, con el almuerzo incluido. Por desgracia, ya no es posible realizar un circuito PMD individual en transporte público, puesto que ya no hay *dolmuşes* a Mileto. Si solo se desea visitar Priene y Dídima (que son, hay que reconocerlo, más interesantes que Mileto) se puede tomar el *dolmuş* en Söke para llegar a ambas ruinas, aunque será preciso regresar hasta Söke para cambiar de microbús. Por supuesto, la forma más fácil de todas para visitar los tres lugares es alquilar un coche (fácilmente disponible en cualquier agencia de Selçuk, Kuşadası y Bodrum), que costará unas 80 TRY por día, gasolina aparte (55 TRY adicionales, aprox.). Los desvíos hacia las tres ruinas están claramente indicados con grandes señales color marrón a lo largo de la carretera principal.

güedad, está en buen estado y presenta numerosos elementos, incluidas las pasarelas cubiertas alrededor de cada grada, parecidos a los existentes en los estadios actuales.

Vale mucho la pena trepar hasta lo alto del teatro, donde las murallas de un castillo bizantino posterior forman una plataforma-mirador para contemplar otros grupos de ruinas. A la izquierda pueden verse los restos del puerto, llamado **Bahía de los Leones** por las estatuas que montaban allí la guardia. A la derecha, aparece el **'stadium'**; las **ágoras** norte, oeste y sur; los vastos **baños de Faustina**, construidos para la esposa del emperador Marco Aurelio, y un **'bouleuterion'** entre las ágoras norte y sur.

Al sur de las ruinas principales se alza la fascinante mezquita de **İlyas Bey Camii** (1404), construida en un período posterior a los selyúcidas pero anterior a los otomanos, cuando la región estaba dominada por los emires turcos de Menteşe. La entrada y el mihrab (nicho que indica la dirección de La Meca) son exquisitos, y podrán probablemente disfrutarse en solitario. En plena temporada de anidación, suelen verse cigüeñas posadas en el tejado.

Después de la mezquita, por la carretera de Dídima, está el **Museo de Mileto** (entrada 3 TRY; ☺8.30-16.30), que estaba en obras de restauración cuando los redactores de esta guía pasaron por allí, pero que pronto permitirá ver los hallazgos arqueológicos de la zona.

Si se despierta el apetito, hay una hilera de tenderetes de comida y chiringuitos (con precios excesivos) a lo largo de la polvorienta carretera enfrente del Gran Teatro.

ℹ Cómo llegar y salir

Mileto está considerada a menudo como la menos interesante del monumental trío PMD, y el transporte público ha disminuido considerablemente en los últimos cinco años. Hoy en día, es prácticamente imposible llegar hasta las ruinas en *dolmuşes*. La opción más fácil es ir con un grupo organizado o alquilar un coche ya sea desde Bodrum o desde Kuşadası.

Dídima (Didim)
☎0256

¡Ah!, lo que pudo haber sido. Con pocas columnas más, el **templo de Apolo** (☎811 0035; entrada 3 TRY; ☺9.00-19.30 med may-med sep, 9.00-17.30 resto del año) de Dídima hubiera podido ser una de las Siete Maravillas del mundo antiguo, pero sus 122 columnas solo lo convirtieron en el segundo más grande del mundo, después del de Artemisa (p. 210), cerca de Éfeso, con 127.

El apropiado nombre de Dídima significa "gemelo" y la ciudad fue muy importante en sus días, con la presencia de un oráculo cuya influencia solo estaba superada por el de Delfos. Sin embargo, la antigua Dídima no fue nunca una verdadera ciudad, puesto que solo estaba habitada por los sacerdotes consagrados al templo. En cambio, ahora sí es una población con las ruinas del templo acosadas por todos lados por pensiones, tenderetes de alfombras y restaurantes.

Quizá no sea un gran consuelo, pero en la actualidad las ruinas del templo son mucho más impresionantes que las del de Artemisa. Considerables secciones de las gruesas e imponentes paredes siguen en pie, y se han reconstruido tres columnas con sus bases ricamente talladas. Detrás del pórtico del templo hay una gran entrada donde se escribían los poemas del oráculo que se entregaban a los que buscaban su consejo. Unas rampas cubiertas a ambos lados del pórtico bajan hasta la cella (sala interior), donde estaba el oráculo y donde pronunciaba sus profecías tras beber del manantial sagrado. El suelo está sembrado de fragmentos dispersos, incluida una fotogénica cabeza de Medusa (la del peinado de serpientes). Había antaño una avenida bordeada de estatuas que llevaba hasta un pequeño puerto, pero tras permanecer intactas durante veintitrés siglos, las estatuas fueron transportadas al Museo Británico en 1858.

Más allá de Dídima está la **playa Altınkum**, una de las más concurridas de Turquía, ya que su extensión de arena dorada atrae a muchos grupos organizados británicos; numerosos cafés de estilo británico se encargan de servirles sus sabores nacionales. Después de visitar las ruinas de Dídima, cabe la posibilidad de darse un chapuzón en la playa antes de regresar.

🛏 Dónde dormir y comer

Dídima cuenta con los alojamientos y restaurantes más formales (y mejores) de las tres ruinas PMD.

Medusa House   PENSIÓN €€
(☎811 0063; www.medusahouse.com; d 60 €) Al doblar la esquina desde el templo, en la carretera de Altınkum, es una casa de piedra restaurada de 150 años con cinco habitaciones agradablemente decoradas en un jardín muy atractivo (con urnas griegas auténticas y terrazas con sombra).

Olio   INTERNACIONAL €€
(Bar restaurante del templo de Apolo; platos principales 12-36 TRY; ⏱almuerzo y cena) En una casita de piedra con mucho encanto,

decorada con adorables y heterogéneos elementos estilo *lodge*, este restaurante de gerencia alemana ofrece una amplia selección de platos internacionales entre grandes cuadros con ornamentados marcos dorados. La terraza de madera en la azotea tiene estupendas vistas del dúo de altas columnas de Dídima. Está justo enfrente de la entrada del templo.

Kamacı   COCINA DEL EGEO €€
(☎811 0028; bufé 10-15 TRY; ⏱almuerzo) Situado detrás del templo (no confundir con el comercio del mismo nombre cerca de la entrada), este restaurante ofrece un bufé libre muy popular entre los grupos organizados. Vale la pena incluso para los viajeros independientes, porque permite degustar más de treinta tipos de *mezes* locales. Se venden también libros informativos sobre las ruinas de la región.

ℹ Cómo llegar y salir

Hay frecuentes *dolmuşes* de Söke a Didim (7,50 TRY, 1 h) y Altınkum (7,50 TRY, 1½ h), así como de Didim a Akköy (3,25 TRY, 30 min).

Heraclea

☎0252

Antaño un golfo de azules aguas egeas, Bafa Gölü es ahora un lago cerrado después de que el mar se retirara hace mucho tiempo. Como detalle interesante, el lago contiene un 50% de agua dulce y un 50% de agua salada.

Al final de una carretera de 10 km con muchas curvas, que sale de la carretera principal, se llega a las ruinas de **Heraclea** y Latmos alrededor del pueblo de **Kapıkırı**, que goza de una espectacular ubicación junto al lago.

El pueblo está dominado por la imponente **Beşparmak Dağı** (montaña de Cinco Dedos; 1500 m), el antiguo monte Latmos presente en la mitología griega, donde se durmió el agraciado pastor Endimión. Mientras dormía la siesta, la diosa lunar Selene lo vio y se enamoró de él. Endimión había pedido a Zeus que le concediera la juventud eterna a cambio de permanecer dormido por toda la eternidad, y la desgraciada Selene solo pudo contemplarle noche tras noche, desde su eterno puesto de vigilancia sobre nosotros, simples mortales.

Bafa es una zona donde se refugiaron los ermitaños cristianos durante las invasiones árabes del s. VIII, como atestiguan numerosas ruinas de iglesias y monasterios. Al parecer, los monjes consideraban a Endimión como un santo por su abnegación.

Heraclea es un lugar fascinante, donde lo urbano y lo rural coexisten tan estrechamente que casi se diría que el pueblo ha sido construido en medio de una granja. Ceñido por campos salpicados de colmenas, gallinas y asnos circulan a sus anchas y hay probablemente más establos de vacas que casas. Restos de antiguas ruinas aparecen por todas partes, y de alguna manera, el atractivo turístico principal es la localidad entera, motivo por el cual las taquillas están situadas en la entrada del pueblo (8 TRY por vehículo, si el empleado está en su puesto).

El turismo ha aportado unos ingresos muy necesarios para esta comunidad venida a menos; sin embargo, sigue habiendo mucha pobreza, y los visitantes atraen siempre la atención de las mujeres del pueblo, que llevan a la espalda bandejas de productos en venta, como manteles, joyas y bordados, envueltos en sus pañuelos.

◉ Puntos de interés y actividades

El atractivo principal de Heraclea es su fantástica situación junto al lago, con las maravillosas vistas de sus plateadas aguas. Para llegar a la orilla, se baja por un camino después del **templo de Endimión**, parcialmente tallado en la roca, hasta llegar a las ruinas de un **castillo bizantino**, que domina la **necrópolis** de la ciudad, una serie de tumbas rectangulares insertadas en la roca.

Junto al lago, cerca de las ruinas de una **iglesia bizantina**, hay una pequeña playa de gruesa arena blanca. El islote cercano es a veces accesible andando, cuando desciende el nivel del agua. Alrededor de su base pueden verse los cimientos de varios edificios muy antiguos.

También hay un sendero detrás del aparcamiento del ágora, que lleva en dirección oeste hasta el gran **templo de Atenea**, en un promontorio que domina el lago. Aunque solo queden tres paredes, los grandes bloques de piedra bien tallada, montados sin cemento, son impresionantes. Otros senderos señalizados en dirección este van hasta el **ágora**, el **'bouleuterion'** y, varios centenares de metros más allá, a través de campos con muros de piedra y después de cruzar un valle, hasta el **teatro** sin

restaurar, extrañamente situado. Sus elementos más interesantes son las hileras de asientos y escalones tallados en la roca. Por todo el pueblo pueden verse también varios tramos de la **muralla** que se remonta al año 300 a.C., aproximadamente.

🛏 Dónde dormir y comer

Heraclea es sumamente popular entre los turistas alemanes, por lo que pocos propietarios de pensiones hablan algo de inglés. Lo normal es el régimen de media pensión, y casi todos los alojamientos ofrecen circuitos en barca de dos horas (50 TRY por barca) o una excursión vespertina hasta las cuevas neolíticas y las ruinas (90 TRY para 2 personas).

Karia Pansiyon & Restaurant PENSIÓN €€
(📞543 5490; www.kariapension.com; Kapıkırı Köyü; i/d 90/140 TRY media pensión incl., ❄) Hay que abrirse camino entre frondas y helechos para llegar a la preciosa terraza en la azotea y contemplar el sereno lago Bafa con el fondo musical de gallinas y aves. Las habitaciones están forradas de cuadros y tapices de intrincado diseño. A última hora de la tarde se puede entrar en la cocina, donde Cennet se afana preparando los sabores locales para la cena.

Agora Pansiyon PENSIÓN €€
(📞543 5445; www.agora.pansiyon.de; i/d desde 110/150 TRY media pensión incl.; ❄ @) Aunque las habitaciones están bien decoradas, la ventaja principal del hotel es su situación, con jardines floridos y vistas apacibles. También hay un *hammam* y una terraza con sombra y hamacas. Hay varias opciones de alojamiento, como un grupo de preciosos bungalós de madera (icon ese fantástico olor a madera!) y algunas casas del pueblo para alquilar (210 TRY). El hijo del dueño acompaña las salidas de senderismo y cortas excursiones entre las rocas y para observar las aves.

Haus Yasemin Pension PENSIÓN €€
(📞543 5598; www.bafa-see.de; Kapıkırı Köyü; d 90 TRY media pensión incl.) Es inevitable topar la cabeza con una de las bajas vigas, pero ese coscorrón será la única desventaja de este acogedor establecimiento repleto con las reliquias y utensilios de una familia trabajadora. A pesar del abarrotamiento, el caos y las boñigas de vaca, las habitaciones son muy confortables y con buena relación calidad-precio teniendo en cuenta

las sobrevaloradas tarifas de las opciones en la zona.

Selene's Pension
PENSIÓN €€

(☏543 5221; www.bafalake.com; Kapıkırı Köyü; d 120-180 TRY media pensión incl.; ❄ ✉) Fundada en 1989 por un maestro y su familia, fue la primera pensión de la zona. Hoy en día hay nueve habitaciones y un aireado restaurante, distribuidos en tres edificios.

Club Natura Oliv
HOTEL €€

(☏519 1072; www.clubnatura.com; Pıarcık Köyü; i/d 35/53 € media pensión incl.; ❄ @) Si no apetece alojarse en el pueblo, este establecimiento, 10 km al norte del desvío hacia Heraclea, es un acogedor hotel de 30 habitaciones en medio de un precioso olivar con asombrosas vistas del lago. Los dueños elaboran su propio aceite de oliva en una almazara tradicional, y también organizan distintas excursiones con guía.

❶ Cómo llegar y salir

Heraclea está a 10 km de la carretera principal, por una secundaria llena de baches. Eso significa que hay que contar con otro tipo de transporte adicional si se llega en autobús; casi todos los autobuses de larga distancia pueden dejar en el desvío. Desde allí, el servicio de *dolmuş* es sumamente escaso, y en el caso de encontrar alguno valdrá 3 TRY. El taxi sale por 15 TRY. Cuando se redactó esta guía, un microbús salía del pueblo a las 8.00 y regresaba desde la carretera principal entre las 12.00 y las 13.00. Los hoteles pueden proporcionar a menudo transporte gratuito (casi siempre solo de ida); conviene preguntar antes por teléfono.

Milas y alrededores
☏0252 / 50 975 HAB.

La antigua Milasa, llamada ahora Milas, fue la capital del reino de Caria, excepto durante el período en que Mausolo reinaba desde Halicarnaso (actual Bodrum). Hoy en día es una ciudad agrícola, aletargada pero bastante grande. Los martes hay un excelente **mercado**, que se ha convertido en un atractivo por derecho propio, frecuentado en verano por los grupos de turistas procedentes de Bodrum.

◎ Puntos de interés

Los elementos más interesantes de Milas se distribuyen en un radio de 20 km alrededor del centro. En la ciudad propiamente dicha hay varias ruinas romanas que incluyen la **Baltalı Kapı** (puerta del Hacha), una puerta romana bien conservada que presenta un hacha de doble filo grabada en la clave del arco del lado norte. Un empinado sendero que sube desde Gümüşkesen Caddesi lleva hasta la **Gümüşkesen** ("lo que corta plata" o "monedero de plata"), una tumba romana del s. II d.C., que según dicen tuvo como modelo el mausoleo de Halicarnaso, aunque a escala mucho más reducida.

Euromos
RUINAS

(Entrada 8 TRY; ⊙8.30-19.00 may-sep, hasta 17.00 oct-abr) La antigua ciudad de Euromos se alzaba antaño a unos 12 km al noroeste de Milas y a 1 km del pueblo de Selimiye. Hoy en día, lo único que queda en realidad es el pintoresco y parcialmente restaurado **templo de Zeus,** cuyas columnas lisas, sin acanalar, indican que quizá quedara inacabado.

Fundada en el s. VI a.C., Euromos contaba en un principio con un santuario consagrado a una deidad local. Con la llegada de la cultura griega (y parcialmente romana), Zeus ocupó el lugar del dios local. El momento de mayor prosperidad de Euromos fue entre los años 200 a.C. y 200 d.C. La construcción del templo se atribuye al emperador Adriano, responsable de muchos monumentos en Anatolia.

Para llegar hasta aquí, hay que tomar un autobús o *dolmuş* de Milas a Söke y pedir que pare en las ruinas, a 200 m de la carretera.

Iasos (Kıyıkışlacık)
RUINAS

Con una belleza de postal, Iasos es una preciosa aldea junto al mar (ahora llamada Kıyıkışlacık), donde rústicas cabañas playeras se mezclan con las majestuosas ruinas de un imperio olvidado. La amurallada **acrópolis-fortaleza** (entrada 2 TRY; ⊙8.30-17.30) está en un monte cubierto de olivares enfrente del muelle de pescadores. Las excavaciones locales han revelado las ruinas de un **'bouleuterion'**, un **ágora**, y un **templo romano** de Artemisa Astias (190 d.C.), entre otras estructuras. Desde el **Iasos Deniz Restaurant** (pescado desde 10 TRY; ⊙10.00-24.00) se divisan las apacibles vistas de las ruinas descendiendo hacia el mar.

En verano, un *dolmuş* suele circular cada hora entre Iasos y Milas (4,25 TRY) y con menos frecuencia en invierno. Una serpenteante carretera de 20 km acaba en las ruinas; el desvío hacia el pueblo está claramente señalizado a lo largo de la carretera, 10 km al noroeste de Milas.

Labranda

RUINAS

(entrada 8 TRY; ☼8.00-17.00) En una empinada ladera de los montes que antaño abastecían de agua a la antigua Milasa, las ruinas de Labranda están rodeadas de fragantes pinares frecuentados por apicultores. Al final del verano (octubre), se pueden ver sus tiendas plantadas entre los árboles, mientras se dedican a extraer la miel y la cera de las colmenas.

Las ruinas de Labranda eran un lugar sagrado, donde se rendía culto a un dios local ya en el s. VI a.C., y quizá incluso mucho antes de dicha fecha. Más tarde, se convirtió en un santuario de Zeus, controlado durante mucho tiempo por Milas. El gran **templo de Zeus** honra los aspectos más guerreros del dios (Stratius, o Labrayndus, significa "el que lleva el hacha"). Quizá hubiera también un oráculo en el templo, que, según se tiene constancia, fue también la sede de ciertas celebraciones y juegos olímpicos.

El cruce de la carretera hacia Labranda está al noroeste de Milas por la carretera de Söke. Las ruinas están a 14 km, por lo que la mejor opción es tomar un taxi. Hay que calcular un coste de 30 TRY desde Milas, con una hora de espera incluida (precios negociables).

Beçin Kalesi

RUINAS

(castillo de Beçin; entrada 3 TRY; ☼8.00-atardecer) A poco más de 1 km de Milas, por la carretera de Ören y señalizada por un cartel color marrón justo después de una curva, sale a la derecha una carretera hacia Beçin Kalesi. Es un castillo bizantino sobre un promontorio rocoso, reconstruido en gran parte por los emires turcos de Menteşe, que sentaron allí su capital en el s. XIV.

Las altas murallas del castillo son impresionantes, con una gigantesca bandera turca en lo alto, ondeando en la brisa, y vistas estupendas de Milas desde su altura. En el interior no hay gran cosa que ver. En lo alto de la colina contigua, a unos 500 m, hay otras ruinas de la población del s. XIV, como el **Kızılhan** (Caravasar Rojo), la **tumba de Ahmet Gazi** y, lo más destacado, una **madraza** (seminario musulmán) recientemente restaurada.

❶ Cómo llegar y salir

La *otogar* de Milas está en la carretera principal de Bodrum a Söke, a 1 km del centro, aunque los *dolmuşes* procedentes de Bodrum (7 TRY, 1 h) también dejan en el centro.

Una pequeña **estación de 'dolmuş'** (Köy Tabakhane Garaji) en el centro ofrece servicios regulares de microbús hasta Iasos (4,25 TRY).

PENÍNSULA DE BODRUM

Más que un simple destino turístico, Bodrum es ya un sinónimo de aguas cristalinas, afluencia de miembros de la *jet set* y áridas colinas de olivos. Todo el mundo en Turquía conoce el nombre de Bodrum, y todo el mundo desearía poseer un trocito de esta tierra. Miles de residencias vacacionales surgen como champiñones de año en año, y los capitalinos más acomodados acuden en masa: las mujeres vestidas en sueltos trajes de lino, los hombres con trajes de baño de marca Villebrequin. Los días transcurren ociosos junto al mar, mientras que las noches empiezan con pescado y *mezes*, y se prolongan hasta el amanecer en uno de los numerosos y atestados locales nocturnos. Al día siguiente se repite este programa hasta que termina la temporada en septiembre.

❶ Cómo llegar y salir

Avión

El **aeropuerto internacional de Bodrum** (BJV), a 60 km de la ciudad, está en realidad más cerca de Milas que de la península de Bodrum. Los folletos de las empresas de vuelos chárter suelen publicar ofertas interesantes, sobre todo al principio y al final de la temporada, pero hay que tener en cuenta que no hay tantos vuelos como sería de esperar. La oficina de **Turkish Airlines** (THY; www.thy.com; Kıbrıs Şehitler Caddesi) está en el Oasis Shopping Centre, a unos 2 km de la ciudad por la carretera de Gümbet. Para ir hasta allí, se puede tomar un *dolmuş* "Oasis" desde la *otogar* (1,25 TRY). **AtlasJet** (www.atlasjet.com) ofrece también conexiones directas con Estambul.

Para ir al aeropuerto, se puede tomar el autobús Havaş (17 TRY), participado por Turkish Airlines, que sale de la *otogar* de Bodrum dos horas antes de cada vuelo de estas líneas aéreas. También espera a los viajeros que llegan y les deja en el centro de Bodrum. Quienes no viajen con Turkish Airlines solo tendrán la opción de tomar un taxi, bastante caro (90 TRY desde el centro; 140 TRY desde el aeropuerto).

Barco

Bodrum cuenta con un flamante puerto de cruceros donde atracan los grandes trasatlánticos, y hay un proyecto de concentrar en él todo el tráfico de pequeños *ferries*. Los *ferries* hacia Datça y las islas griegas de Cos y Rodas salen ahora desde la bahía occidental. Para más información y para comprar billetes, hay que dirigirse a la **Bodrum Ferryboat Association** (www.bodrumferryboat.com; Kale Caddesi Cümrük Alanı 22; ⊗8.00-20.00), en el muelle, después de la entrada este del castillo. Hay que comprobar los horarios, a menudo cambiantes.

Para ir a Cos, hay *ferries* (solo ida o ida y vuelta el mismo día 28 €, regreso abierto 56 €) que salen de Bodrum a diario todo el año (si el tiempo lo permite) a las 9.30, y regresan de Cos a las 16.30. El trayecto dura cerca de una hora. En julio y agosto hay un servicio de acuaplanos de lunes a sábado a las 9.30, con regreso a las 17.00. Este servicio no operaba cuando se redactó esta guía, pero puede restablecerse en un futuro próximo.

Para ir a Rodas, hay acuaplanos (solo día o ida y vuelta mismo día 60 €, regreso abierto 120 €, 2¼ h) que salen de Bodrum de junio a septiembre los lunes y sábados a las 8.30 y regresan a las 17.00 el mismo día.

Los *ferries* de Datça (ida/ida y vuelta/coche 25/40/70 TRY, 2 h) salen de Bodrum cada día a las 9.00 de mediados de junio a septiembre. En abril, principios de junio y octubre las salidas son los martes, jueves y sábados a las 9.30, y no se puede regresar el mismo día. El *ferry* atraca en Körmen, en la costa norte de la península, y el resto del trayecto en autobús hasta Datça (15 min) está incluido en el precio del billete.

Los *ferries* de Kalymnos salen cada día del puerto deportivo en Turgutreis (20 €, 45 min), del 25 de mayo al 31 de octubre.

Autobús

Desde Bodrum se puede ir prácticamente a cualquier sitio en autobús. La tabla (p. 235) incluye los servicios diarios más útiles. Los interesados en visitar un monumento o una población a lo largo de una de las carreteras principales (como Dídima, por ejemplo) pueden pedir al conductor que pare en el lugar deseado.

Automóvil y motocicleta

Las principales agencias de alquiler de coches están en Neyzen Tevfik Caddesi. **Avis** (☏316 2333; www.avis.com; Neyzen Tevfik Caddesi 92/A) y **Neyzen Travel & Yachting** (☏316 7204; www.neyzen.com.tr; Kibris Sehitleri Caddesi 34) alquilan toda una serie de vehículos automáticos y manuales por 30-45 € al día. Las motocicletas y vespas cuestan 10-30 € al día, según la marca.

ⓘ Cómo desplazarse

Aunque los servicios de *dolmuş* desde la *otogar* de Bodrum puedan confundir a primera vista, en realidad el transporte público de la península es uno de los más eficientes del país, con microbuses que llevan hasta casi cualquier punto. Funcionan con un sistema de codificación por colores fácil de recordar: los de color naranja circulan por la ciudad de Bodrum (2-2,50 TRY),

Península de Bodrum

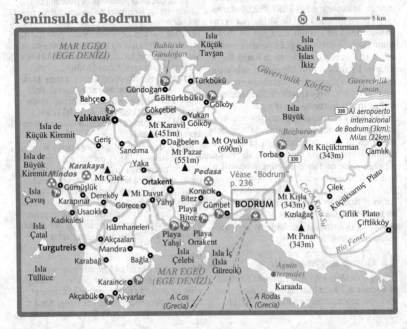

los de color turquesa recorren toda la península (2,50-7 TRY) y los *dolmuşes* verde lima van a Gümbet (2,50 TRY). El destino final figura en el parabrisas o pintado directamente en el capó de los microbuses. Desde la *otogar* de Bodrum hay dos líneas principales a través de la península. La primera se dirige hacia el oeste, con paradas en Gümbet, Bitez, Ortakent, Turgutreis, Gümüşlük y Yalıkavak; la segunda va hacia el norte hacia Torba y a menudo sigue en dirección de Yalıkavak a lo largo de la costa norte, visitando Türkbükü en el camino. Turgutreis, Gümüşlük y Yalıkavak también están conectadas por otra línea de *dolmuş*. Hay que calcular con una hora para llegar a Bodrum desde Yalıkavak, y 15 minutos el trayecto entre ambas bahías. En temporada alta los *dolmuşes* circulan las 24 horas; el resto del año, entre 7.00 y 23.00 cada día. Si se desea viajar por ejemplo de Bitez a Ortakent, habrá que parar un *dolmuş* en la carretera principal y viajar *indi bindi* (2 TRY) hasta la siguiente bahía. Algunas de las bahías, como Yalıkavak y Türkbükü, no están conectadas por microbús, por lo que habrá que hacer transbordo en la ciudad de Bodrum.

Bodrum

📞0252 / 39 320 HAB.

Esta ciudad, que es el corazón de la región y ha dado nombre a toda la península, ha sido un punto en el mapa desde hace miles de años. Su fama inicial se debió al Mausoleo, la espectacular tumba del rey Mausolo de Caria, que según el historiador romano Plinio el Viejo era una de las Siete Maravillas del mundo. Hoy en día su fama se ha extendido por toda Turquía, y más allá, como selecto paraíso donde bronceados viajeros consumen bailando las aireadas noches de verano.

Mucho antes de que Bodrum se convirtiera en sinónimo de lujo, la zona estaba muy mal considerada y fue incluso una penitenciaría informal para exiliados. Quienes hablaran mal de la nueva república o actuaran en su contra eran castigados enviándoles en barco hasta aquí. Varios miembros destacados de la élite intelectual de la época fueron unos de ellos, incluido el "Pescador de Halicarnaso", que acuñó el término *mavi yolculuk* (viaje azul). El Pescador estaba tan prendado de Bodrum que prefirió quedarse cuando finalizó su exilio.

El turismo arrancó en realidad en los años 1980 y 1990, especialmente cuando el fundador de Atlantic Records (importante discográfica americana) compró una suntuosa mansión playera en pleno corazón de la ciudad. Cada año, traía consigo al Egeo un círculo de celebridades internacionales para disfrutar de la arena, el mar y el sol. Fue el inicio de una nueva era que ha ido transformando este lugar, relativamente atrasado y refugio de marginados, en un paraíso estelar que rivaliza con enclaves como Saint Tropez. Otros personajes, como el fallecido cantante Zeki Müren, contribuyeron además a atraer a muchos viajeros gays.

Con una estricta legislación que limita la altura de los edificios de la ciudad, Bodrum presenta una bonita uniformidad arquitectónica; las idílicas casas encaladas con sus típicos detalles azules son un verdadero ape-

SERVICIOS DESDE LA 'OTOGAR' DE BODRUM

DESTINO	TARIFA (TRY)	DURACIÓN (H)	DISTANCIA (KM)	FRECUENCIA (DIARIA)
Ankara	50-75	11	689	1 nocturno
Antalya	35-38	7 ½	496	2 (9.30, 22.30)
Denizli (Pamukkale)	25	4 ½	250	1
Fethiye	25	5	265	3 (9.30, 12.30, 17.15)
Estambul	60-81	12	851	10 nocturnos
İzmir	25	3 ½	286	cada hora
Konya	45	12	626	6
Kuşadası	20	2 ½	151	4 (todos después de las 12.00)
Marmaris	18	3	165	cada hora
Milas	15	1	45	cada 15 minutos
Muğla	13	2	149	cada hora

Bodrum

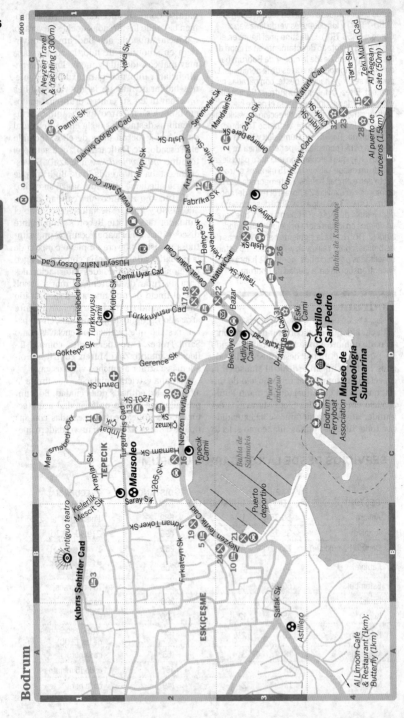

500 m

A Neyzen Travel
& Yachting (300m)

Yaka Sk

Pamili Sk

6

Derviş Görgün Cad

Yıldız Sk

Sevenceler Sk

Mandalin Sk

Uslu Sk

Omurga 2430 Sk

Omurça Dere Sk

2

Cevat Şakir Cad

Artemis Cad

Küre Sk

8

Kıbrıs Şehitler Cad

Antiguo teatro

3

Fabrika Sk

12

Bahçe Sk

Hüseyin Nafiz Özsoy Cad

Cemil Uyar Cad

Kılcı Sk

Türkkuyusu Camii

Türkkuyusu Cad

14

Cevat Şakir Cad

Atatürk Cad

Havacılar Sk

17 18

9

22

Bazar

Belediye

Adliye Camii

Marsmabedi Cad

Göktepe Sk

Gerence Sk

Davut Sk

TEPECIK

Mar smabedi Cad

Araplar Sk

Kelerlik Mescit Sk

11

İmbat Çık

1301 Sk

Turguttreis Cad

13

Çıkmaz Sk

30

29

Neyzen Tevfik Cad

Hamam Sk

16

Tepecik Camii

1205 Sk

Saray Sk

Mausoleo

ESKIÇEŞME

Adnan Toker Sk

Fırkateyn Sk

19

5

24

10 21

Neyzen Tevfik Cad

Şafak Sk

Astillero

Al Limoon Café
& Restaurant (1km);
Butterfly (1km)

Puerto
deportivo

Bahía de
Salmakis

Puerto
antiguo

Bahía de Kumbahçe

Atatürk Cad

Cumhuriyet Cad

Tarla Sk

Zeki Müren Cad

Al Aegean
Gate (50m)

Işık Sk

Çıksı Sk

32

23

28

Al puerto de
cruceros (1.5km)

Uslu Sk

20

25

Taşlık Sk

4 7 26

31

Dr Alim Bey Cad

Eski
Camii

Kale Cad

Castillo de
San Pedro

27

Bodrum
Ferryboat
Association

Museo de
Arqueología
Submarina

G

F

E

D

C

B

A

1

2

3

4

N

0

tito para las cámaras de los turistas. Incluso cuando los clubes funcionan a tope, la ciudad produce una sensación de refinamiento.

◉ Puntos de interés

Castillo de San Pedro   MUSEO
(☎316 2516; www.bodrum-museum.com; entrada 10 TRY; ⏰9.00-12.00 y 13.00-19.00 ma-do verano, 8.00-12.00 y 13.00-17.00 invierno) Cuando Tamerlán invadió Anatolia en 1402, desequilibrando temporalmente el incipiente Imperio otomano, los caballeros hospitalarios de Rodas aprovecharon la oportunidad para capturar Bodrum. En 1437 ya habían erigido el castillo de San Pedro, que siguieron ampliando con nuevos elementos defensivos, incluidos fosos, murallas y cisternas, durante las siguientes décadas. Sin embargo, en 1522, cuando Solimán el Magnífico se apoderó de la sede principal de los caballeros en Rodas, el contingente de Bodrum se vio obligado a abandonar el castillo sin siquiera haber puesto a prueba sus temibles capacidades defensivas. El castillo cayó en declive durante los siguientes siglos y sufrió daños a raíz de los bombardeos de la Segunda Guerra Mundial. Su reconstrucción no se inició hasta los años 1960, cuando servía de espacio de almacenamiento informal para el botín conseguido durante las misiones arqueológicas submarinas, antes de convertirse, en 1986, en el **Museo de Arqueología Submarina** de Bodrum.

Es un museo excelente, probablemente el más importante de su clase en el mundo, con objetos bien dispuestos e iluminados, acompañados de abundante información mediante paneles, mapas, maquetas, reconstrucciones, dibujos, murales, dioramas y vídeos.

Las vistas de la ciudad desde las almenas son espectaculares y justifican por sí solas el precio de la entrada. Como el museo ocupa todo el castillo, será preciso dedicarle dos horas para hacerle justicia. Los recorridos recomendados están indicados con flechas (rojas, largos; verdes, cortos), pero no hay guías.

Al subir por la rampa de piedra para entrar en el castillo, después de pasar por un **escudo de armas de los cruzados** tallado en mármol y montado en la pared de piedra, pueden verse trozos de mármol sustraídos del antiguo Mausoleo. La rampa lleva hasta el patio principal del castillo, con una antigua morera en el centro. A la izquierda hay una larga serie de **ánforas** –la colección del castillo es una de las más grandes del mundo– con ejemplares que abarcan desde el s. xiv a.C. hasta nuestros días, todas recuperadas del mar en el suroeste de Turquía. El café del patio contiguo, adornado con estatuas griegas y romanas, permite descansar a la sombra, y hay un pequeño taller de vidrio donde se puede ver cómo se fabrican soplando botellas y joyas (similares a las encontradas en los pecios costeros).

En la capilla hay una maqueta a escala 1:10 y una reproducción de tamaño natural de la popa de un barco del período romano tardío descubierto enfrente de Yassıada. Los visitantes pueden andar por la cubierta, situarse al timón, ver la carga de vino en la bodega y echar un vistazo a la cocina.

A la izquierda de la capilla hay un camino para subir a las torres. Allí está la entrada de la **sala del barco del vidrio** (entrada 5 TRY; ⊘10.00-12.00 y 14.00-16.00 ma-vi). Al entrar, hay que buscar en la pared un palomar con forma de castillo. Descubierto por un pescador de esponjas en 1973 y excavado por el profesor americano George Bass y un equipo de arqueólogos marinos, el barco de 16 m de largo y 5 de ancho se hundió en el año 1025 con una carga de 3 toneladas de vidrio, en gran parte roto, entre la Siria fatimí y el mar Negro.

A continuación hay una **sala del vidrio** con objetos del s. xv a.C. al s. xiv d.C. El conjunto de cuentas micénicas, botellas de vidrio romanas y pesas islámicas se exponen en la penumbra, y están iluminadas individualmente desde atrás para realzar su delicada estructura. Al lado hay una pequeña exposición de monedas que incluye numerosos ejemplares de la antigua Caria.

Después, la **torre francesa** contiene los hallazgos procedentes del *Tektaş Burnu*, el único pecio griego del período clásico (fechado hacia 480-400 a.C.) que ha sido excavado por completo. Incluye numerosas ánforas, amuletos con forma de discos de mármol y utensilios de cocina. También pueden verse fotografías de las excavaciones, que tuvieron lugar enfrente de la costa de la península de Çeşme en el 2001.

Al lado, la **sala de la princesa de Caria** (entrada 5 TRY; ⊘10.00-12.00 y 14.00-16.00 ma-do) contiene los restos mortales y pertenencias de una mujer de alto rango, descubiertos por arqueólogos turcos en 1989. Aunque la creencia popular la identifica como la reina Ada, la última reina de Caria, que regresó del exilio y fue coronada

por Alejandro Magno después de su conquista de Halicarnaso en el 334 a.C., no hay ninguna prueba fehaciente de esta teoría. Enterrada con una corona de oro, collar, brazaletes, anillos y una exquisita corona funeraria de hojas de mirto doradas, su identidad no menoscaba el increíble valor de este hallazgo.

Guardando la esquina sureste del castillo, la **torre inglesa** fue construida durante el reinado de Enrique IV de Inglaterra (cuyo escudo aparece en el dintel de la sala superior) y aparece ahora como un refectorio medieval con una larga mesa central rodeada de armaduras, cornamentas de ciervos y estandartes de los grandes maestros de los caballeros hospitalarios y sus adversarios turcos. La música medieval que suena suavemente en la sala le da una sensación de restaurante temático. En los alféizares de las ventanas de piedra pueden verse grafitis en latín grabados por los cruzados.

Al norte está la **sala del Uluburun** con una extraordinaria galería de **pecios de la Edad del Bronce**. Su elemento principal es el Uluburun, del s. xiv a.C., el pecio más antiguo que se ha excavado en el mundo. Hay reproducciones de tamaño natural del interior del barco y el lugar del fondo marino donde fue encontrado. La bien llamada sala del tesoro contiene una rica colección de hallazgos que incluyen joyería cananea de oro, dagas de bronce, recipientes de marfil para cosméticos, tablas de escribir de madera y el escarabajo dorado de la reina Nefertiti de Egipto.

Más al norte, y debajo de la **torre Gatineau**, están las mazmorras. Encima de su puerta hay una inscripción que reza "Inde Deus abest" (Donde Dios no existe). En las **mazmorras**, los cruzados encarcelaron y torturaron a sus presos de 1513 a 1523. Un cartel advierte que los utensilios utilizados para la tortura no son adecuados para los niños, pero la mayoría de los visitantes acostumbrados a los videojuegos encontrarán las figuras y gemidos grabados más risibles que inquietantes.

Mauseleo   RUINAS
(Turgutreis Caddesi; entrada 8 TRY; ⊘8.30-17.30 ma-do) Fundado hacia el s. xi a.C., el antiguo reino de Caria (que abarcaba la moderna Bodrum) fue absorbido por el Imperio persa, aunque siguió gozando de cierta autonomía hasta la llegada de Alejandro Magno dos siglos más tarde. Durante este tiempo, su dirigente (sátrapa) más famoso

fue Mausolo [376-353 a.C.], un admirador de la cultura griega, que trasladó la capital de Milasa a Halicarnaso. Tras su muerte, su esposa (y hermana) Artemisia emprendió la construcción de una tumba monumental, tal como la había planeado el propio Mausolo, diseñada en estilo helenístico por Piteos, autor también del templo de Atenea en Priene. El Mausoleo, una enorme tumba de mármol blanco coronada por una pirámide escalonada, se convirtió en una de las Siete Maravillas del mundo antiguo y permaneció relativamente intacto durante casi diecinueve siglos, hasta que los cruzados lo destrozaron en 1522 para 'reciclar' sus fragmentos en la construcción de otras estructuras. Los restos más impresionantes, que incluían frisos incorporados a las paredes del castillo de San Pedro, y las estatuas de Mausolo y Artemisia, fueron trasladados en el s. XIX al Museo Británico de Londres, donde permanecen todavía. A pesar de haber quedado prácticamente arrasado, sigue valiendo la pena visitar este monumento. Cuenta con agradables jardines, con excavaciones a la derecha y una galería cubierta a la izquierda, donde puede verse una copia del famoso friso ahora en el Museo Británico. Los cuatro fragmentos originales fueron descubiertos posteriormente. Maquetas, dibujos y documentos dan una idea del porqué de su inclusión en el listado de las maravillas de Plinio. Otros elementos en exposición incluyen una maqueta de Halicarnaso en tiempos del rey Mausolo y una maqueta del Mausoleo y sus recintos.

Que nadie espere, sin embargo, quedar deslumbrado por la grandiosidad del lugar; poco queda del monumento: unas cuantas escaleras, las cámaras funerarias, el alcantarillado, la entrada a la tumba de Mausolo, algunos tramos de muralla y los tambores de unas grandes columnas estriadas de mármol.

Myndos Kapısı RUINAS

(Turgutreis Caddesi) En el extremo oeste de la ciudad están la restaurada Myndos Kapısı (puerta de Myndos), única superviviente de las murallas de 7 km de largo construidas por el rey Mausolo en el s. IV a.C. Delante de la puerta de dos torres están los restos de un foso en el que se ahogaron muchos soldados de Alejandro Magno en el 334 a.C.

Antiguo teatro RUINAS

(Kıbrıs Şehitler Caddesi) Este antiguo teatro restaurado, con un aforo original de 13 000 espectadores, está tallado en la roca de la ladera detrás de la ciudad, en la transitada carretera hacia Gümbet. Hoy en día, el hermoso teatro es el escenario de frecuentes conciertos.

Astillero RUINAS

(Şafak Sokak; ⊙9.00-18.00) Justo después del puerto deportivo están los restos recién restaurados del astillero. En 1770 toda la flota otomana fue aniquilada por los rusos en Çeşme y tuvo que ser reconstruida desde cero en astilleros como este, que estaba fortificado para defenderse de los piratas en el s. XIX. Su torre alberga exposiciones temporales de arte, mientras que el resto del monumento sirve principalmente de zona de juegos para los niños y es especialmente memorable por las vistas desde arriba, donde hay varias antiguas lápidas del período en que el alfabeto latino empezó a sustituir el árabe.

🏃 Actividades

La actividad diurna más popular en Bodrum son los **"cruceros azules"**. Innumerables embarcaciones de ocio, atracadas a lo largo de Neyzen Tevfik Caddesi, zarpan cada mañana para pasar el día entre las olas azules. Los itinerarios varían mucho, pero la mayor parte no llevan muy lejos; si se pretende ir a otra de las bahías de la península, es mejor tomar un *dolmuş*. **Karaada** (isla Negra) es uno de los destinos más populares; allí, manantiales de agua caliente surgen de una cueva y los bañistas se frotan la piel con barro color naranja (sus propiedades terapéuticas todavía no se han demostrado).

Los cruceros pueden reservarse en el hotel, aunque también bastará con acercarse a uno de los barcos y comprar un pasaje (se recomienda hacerlo con un día de antelación, por lo menos). Hay que calcular con 10-12 € para un grupo.

Las excursiones a algunos de los lugares más destacados de la región, como Éfeso y Pamukkale, pueden contratarse en cualquier agencia de viajes y en la mayoría de los hoteles y pensiones. Un día en Éfeso, por ejemplo, rondará los 30 € con almuerzo incluido, pero sin la entrada a las casas adosadas.

Para cruceros más selectos, conviene dirigirse a **Neyzen Travel & Yachting** (☑316 7204; www.neyzen.com.tr; Kıbrıs Sehitleri Caddesi 34).

🛏 Dónde dormir

El núcleo de alojamientos de Bodrum no es más que una pequeña parte de la gran oferta hotelera de la península, por lo que cabe la posibilidad de alojarse en alguna otra bahía, aunque se tenga la intención de pasar la mayor parte del tiempo en la ciudad. En el centro abundan las pensiones baratas (y casi siempre bastante simples), aunque en la última década, varios establecimientos estupendos y de gama alta han surgido en los montes que marcan el borde de la ciudad.

Hay que tener en cuenta que cuanto más cerca del mar esté el alojamiento, más ruidoso será por la noche. Los locales nocturnos no empiezan a animarse hasta la medianoche y la marcha suele durar hasta más de las 4.00. En plena temporada alta, especialmente los fines de semana, Bodrum se llena muy rápido, por lo que hay que reservar con mucha antelación.

Su Otel
HOTEL·'BOUTIQUE' €€€

(☎ 316 6906; www.suhotel.net; Turgutreis Caddesi, 1201 Sokak; i/d/ste 55/90/125 €; ❄ @ ☎) Una serpiente de mosaico azul marca el camino hasta este alegre hotel, arquetipo de la idílica estética en blanco y azul de Bodrum. Los soleados dormitorios rodean la tentadora piscina, y unos enrejados de color azul enmarcan las curvas del edificio con radiantes flores del Egeo. Ideal para relajarse con un libro en una tumbona bajo el sol o acomodarse en la sala de estar llena de cojines, con un fondo musical sicodélico estilo Imogen Heap.

Mars Otel
PENSIÓN €

(☎ 316 6559; www.marsotel.com; Turgutreis Caddesi, İmbat Çikmazi 29; i/d 30/40 €; ❄ @ ☎) Adecuado para mochileros, ofrece la mejor relación calidad-precio en la categoría económica. A cinco minutos andando del mar, esta pensión con aspiraciones de mini-*resort* ofrece una bonita piscina, tumbonas, un pequeño bar y personal muy simpático. Las confortables habitaciones están cubiertas por excesivas capas de pintura verde, pero se mantienen muy limpias. Murat, el dueño, es muy servicial y ofrece transporte gratuito a/desde el puerto y la estación de autobuses.

Marmara Bodrum
HOTEL DE LUJO €€€

(☎ 313 8130; www.themarmarahotels.com; Suluhasan Caddesi; h/ste desde 180/600 €; ❄ @ ☎) Este hotel, sin duda el más selecto de la ciudad, está encaramado en lo alto de los riscos cubiertos de edificios de apartamentos, con vistas inigualables de lo que pasa a sus pies. Sus extensas instalaciones

incluyen un conjunto de habitaciones elegantes (aunque no todas con vistas al mar) y excelentes prestaciones adicionales como canchas de tenis, *spa*, y dos piscinas que merecerían figurar en un desplegable de revista de diseño. Los playeros irredentos pueden utilizar el servicio gratuito de lanzadera hasta una playa privada de arena en la cercana Torba. Es un lugar excelente, incluso para los no residentes, para tomar una copa cuando se pone el sol.

Butterfly
HOTEL·'BOUTIQUE' €€€

(☎ 316 8358; www.thebutterflybodrum.com; Ünlü Caddesti, 1512 Sokak 24; d 165-275 €; ❄ @ ☎) Dominando el caos desde lo alto del cabo que separa Bodrum de Gümbet, está regentado por un simpático bostoniano que ha convertido su preciosa residencia en un íntimo B&B de seis habitaciones. Las vistas de la bahía desde la piscina infinita son difícilmente superables.

Aegean Gate
HOTEL·'BOUTIQUE' €€

(☎ 316 7853; www.aegeangatehotel.com; Guvercin Sokak 2; i/d 70/100 €; ❄ ☎ @) El Aegean Gate es un acogedor hotel que cosecha las mejores críticas por su servicial personal y tranquilo entorno alrededor de una piscina color turquesa. Está a dos manzanas detrás del Halıkarnas.

Marina Vista
'RESORT' €€€

(☎ 313 0356; www.majesty.com.tr; Neyzen Tevfik Caddesi 226; h desde 160 €; ❄ @ ☎) Mucho más agradable de lo que sugiere su anodina fachada, es un hotel bastante grande oculto en un patio muy cerca de la principal arteria costera. Ciertos detalles de diseño moderno, como las luces color violeta y los retratos cubistas, encajan de alguna forma con los deslumbrantes blancos egeos. En el Tango, el restaurante argentino contiguo, se come muy bien.

Baç Pansiyon
PENSIÓN €€

(☎ 316 1602; bacpansiyon@turk.net; Cumhuriyet Caddesi 16; h 85-100 TRY; ❄) Esta pensión domina desde lo alto las muchedumbres de Cumhuriyet Caddesi y ofrece algunas de las mejores vistas al mar de Bodrum. Una joya en medio del torbellino del mercado, está en primera línea y cuatro de sus diez confortables habitaciones cuentan con deliciosos balcones. Los pasillos están cubiertos de mármol oscuro, con una bonita iluminación ambiental; los televisores de plasma son una ventaja añadida.

Kaya Pension
PENSIÓN €€

(📞316 5745; www.kayapansiyon.com.tr; Cevat Şakir Caddesi, Eski Hükümet Sokak 14; h 90 TRY; ❄@) Bastante más bonita que la mayoría de las pensiones de la ciudad (y también algo más cara), se lleva la palma por su precioso patio, donde se sirve el desayuno entre fragantes buganvillas e hibiscos. Arriba, las habitaciones están perfectamente cuidadas y cuentan con mobiliario rústico de madera.

Otel Atrium
'RESORT' €

(📞316 3926; www.atriumbodrum.com; Fabrika Sokak 21; i/d desde 80/110 TRY media pensión incl.; ❄@☒) Por poco más del precio de una pensión, este hotel ofrece un ambiente informal de *resort* con media pensión, con una zona alrededor de la piscina apta para la vida social, personal muy simpático y exuberantes jardines. El hotel está a menudo completo.

El Vino Hotel
HOTEL-'BOUTIQUE' €€€

(📞313 8770; www.elvinobodrum.com; Omurça Mahallesi Pamili Sokak; h desde 120 €; ❄@☒) Situado en una calleja oscura, no parece muy prometedor, pero tras sus paredes de piedra es uno de los hoteles más bonitos de la ciudad. Las habitaciones son espaciosas y están bien equipadas con suelos de madera, camas grandes, TV y escritorios. Las mejores tienen vistas de la piscina del jardín central, donde se sirve el desayuno, y de la ciudad. El restaurante en la azotea ofrece una panorámica todavía mejor.

Anfora
PENSIÓN €

(📞316 5530; www.anforapansiyon.com; Omurça Dere Sokak 23; i/d desde 30/60 TRY; ❄@) Aunque el personal no domine el inglés, las habitaciones estilo pensión son perfectamente correctas; de hecho, son claramente mejores que las de las demás opciones económicas, bien mantenidas, con frescas sábanas blancas y cantidad de estampados florales. La calle de los bares está a pocas manzanas, pero lo suficiente lejos como para poder dormir tranquilo.

Los siguientes establecimientos merecen una mención honorífica.

Antik Tiyatro Hotel
HOTEL-'BOUTIQUE' €€€

(📞316 6053; www.antiquetheatrehotel.com; Kıbrıs Şehitler Caddesi 243; d 120-225 €; ❄☒) Antigüedades y obras de arte adornan las elegantes habitaciones. Asombrosas vistas del castillo y el mar. Cerca del antiguo teatro, como sugiere su nombre.

Bahçeli Ağar Aile Pansiyonu
PENSIÓN €€

(📞316 1648; 1402 Sokak 4; i/d 40/50 €) Pequeña y entrañable pensión con un patio emparrado y derecho a cocina. Las habitaciones son pequeñas pero impecables, todas con balcón.

Hotel Güleç
PENSIÓN €

(📞316 5222; www.hotelgulec.com; Üçkuyular Caddesi 22; i/d desde 25/37 €; ❄@) Cumple con todos los requisitos de su categoría, con habitaciones cuidadas y personal simpático.

Gözen Butik Hotel
PENSIÓN €€

(📞316 2079; www.gozenbutikhotel.com; Cumhuriyet Caddesi 18/1; i/d desde 75/150 TRY; ❄@) Una copia idéntica de la Baç Pansiyon, en la misma manzana.

Turunç Pansiyon
PENSIÓN €

(📞316 5333; Atatürk Caddesi, 1023 Sokak 4/A; i/d desde 40/70 TRY; ❄@) Sencilla y limpia, adecuada para los presupuestos limitados.

Albatros Otel
PENSIÓN €€

(📞316 7117; www.albatrosotel.net; Neyzen Tevfik Caddesi, Menekşe Sokak 6; i/d 80/120 TRY; ❄@) Sencilla y con buen mantenimiento.

🍴 Dónde comer

El sector de la restauración de Bodrum es tan variado como los gustos de sus clientes, con nuevos restaurantes que surgen sin cesar para sustituir a los que ya no están de moda. Casi todos los restaurantes caros se encuentran a lo largo de la bahía occidental; al este es más probable encontrar comida reconstituyente tras una noche de marcha en uno de los bares y locales de noche de la zona.

Todos los gustos estarán servidos en el centro de Bodrum, ya sea para comer *pizza* como *sushi*, pero los mejores restaurantes son los de cocina turca con suculentos *mezes* de temporada y pescado fresquísimo. Durante el día, el **mercado de fruta** en Cevat Şakir Caddesi presenta un colorido surtido de saludables tentempiés.

🐟 Mercado de pescado
MARISCO €€

(Cevat Şakir Caddesi; *meze* desde 4 TRY, pescado 20 TRY; ⏰cena lu-sa) Llamado a veces "manavlar" por los concurridos puestos de fruta que marcan la entrada de este pequeño núcleo de callejuelas, el mercado del pescado de Bodrum es un animado lugar que se ha ganado bastante atención en los últimos años. Las noches de verano, las atestadas callejuelas desbordan de una caótica proliferación de mesas, parecida a la de las bocacalles del famoso İstiklal en Estambul. La gente abarrota el lugar para atracarse de *mezes*, saborear pescado fresco y engullir buenas dosis de *raki*. Para los novatos puede ser un sistema desconcertante y complicado, por lo tanto, ahí va un manual de uso: primero, hay que conseguir mesa en uno de los restaurantes. Se piden las bebidas y los *mezes*, y luego se selecciona el pescado que apetezca en uno de los puestos del mercado. Una vez pagado el pescado o los calamares (que no sea pescado barato, de piscifactoría), se regresa a la mesa. El pescadero traerá el pedido al restaurante, donde se prepara al gusto del cliente, y se sirve por 4 TRY adicionales. Conviene reservar con antelación, pasando por el mercado durante el día, o llamando por teléfono. El restaurante favorito de los redactores de esta guía es el **Eray** (☑316 7944).

Orfoz
COCINA DEL EGEO €€€

(☑316 4285; www.orfoz.com/bodrum.htm; Cumhuriyet Caddesi 177/B; platos principales desde 20 TRY; ☺cena) En una bocacalle contigua a la locura del Halıkarnas, no parece gran cosa para los profanos, pero muchos lo consideran el mejor restaurante de pescado y marisco de Bodrum. La decoración es sencilla: paredes blancas, azulejos de colores colocados bastante al azar, y muchos amuletos contra el mal de ojo colgando de detalles decorativos hechos a mano. La comida casera es sensacional, aunque, servida en pequeñas porciones, la cuenta final se dispara fácilmente; con vino, puede alcanzar unas 100 TRY por persona.

Döner Tepecik
COMIDA RÁPIDA €

(Neyzen Tevfik Caddesi; *döner* 4 TRY; ☺desayuno, almuerzo y cena) Es sin lugar a dudas el mejor puesto de *döner* en Bodrum, un diminuto local que distribuye suculentos tentempiés a los transeúntes hambrientos durante todo el día. Solo hay tres mesas de madera estilo *picnic* en la entrada. Hay que pedir un tarro de chiles verdes para insertar en el sándwich de carne (mejor si el *döner* está hecho con pan casero tostado). No está indicado con ninguna señal, hay que buscar simplemente un toldo a rayas blancas y azules enfrente de la mezquita, o guiarse por los murmullos de placer de los comensales satisfechos.

Küba
INTERNACIONAL €€€

(www.kubabar.com; Neyzen Tevfik Caddesi 62; platos principales desde 20 TRY; ☺cena) Aunque más conocido por ser el club más de moda en el centro de Bodrum, se está ganando progresivamente la fama por su sabroso surtido de opciones gastronómicas. Las mesas al aire libre, con pulcros manteles blancos, acogen a una selecta clientela alrededor de un colorido surtido de *mezes*, pescado y platos principales internacionales (incluidos ciertos intentos de fusión asiática). Una a una, en cuanto se levantan los comensales, las mesas van desapareciendo para dar paso a la pista de baile. A las 12.30, el Küba se ha transformado ya por completo en un verdadero local nocturno.

Gemibaşı
COCINA DEL EGEO €€€

(Neyzen Tevfik Caddesi; *meze* desde 5 TRY, platos principales 15-25 TRY; ☺almuerzo y cena) La decoración en blanco y azul, muy al estilo *Mamma Mía*, marca la pauta para sus sabrosos tributos a la cocina egea. Los *mezes* frescos y el pescado de primera calidad se sirven acompañados de vistas al mar y una aireada sombra.

Sünger
'PIZZA' €

(Neyzen Tevfik Caddesi 218; platos principales 8-30 TRY; ☺desayuno, almuerzo y cena) Bautizado en honor del abuelo del dueño, que era un *sünger* (pescador de esponjas), este animado local es enormemente popular entre los autóctonos. Casi todo el mundo pide *pizzas* (con fama de ser las mejores de la ciudad), pero la sopa de pescado es también deliciosa.

La Pasión
ESPAÑOLA €€

(Restaurante español; www.lapasion-bodrum.com; Atatürk Caddesi esq. Uslu Sokak; menú 35 TRY; ☺almuerzo y cena) Escondido en una de las estrechas bocacalles que salen de Cumhuriyet Caddesi, este acogedor restaurante español ocupa un viejo patio florido y una casa de piedra con encanto. La *bossa nova* flota en el aire mientras se sirven platos de inspiración ibérica a una satisfecha mezcla de autóctonos, residentes extranjeros y turistas.

Marina Yacht Club
ITALIANA €€

(☑316 1228; Neyzen Tevfik Caddesi 5; platos principales 10-32 TRY; ☺desayuno, almuerzo y cena) A pesar de la entrada bastante ostentosa y el ambiente pijo entre los yates, la comida y los precios son bastante razonables en este complejo de tres restaurantes, con música en directo cada noche de 21.00 a 1.00. Cocina turca o italiana, a elegir.

Berk Balık Restaurant
MARISCO €€

(☑313 6878; Cumhuriyet Caddesi 167; *meze* desde 5 TRY, pescado desde 12 TRY; ☺almuerzo y cena) Regentado por un grupo de amigos, este restaurante está especializado en pescado y marisco, servidos en una maravillosa terraza en la planta alta, bulliciosa como una taberna de pueblo. Está absolutamente atestado de autóctonos atiborrándose de pulpo con ajo y mantequilla, o excelente pescado a buen precio.

Nazik Ana
COCINA LOCAL €

(Eski Hukumet Sokak 7; platos principales 3-7 TRY; ⊘desayuno, almuerzo y cena, do cerrado en invierno) Está oculto en una angosta calleja, pero vale sin duda la pena salir en su busca. Sencillo pero con mucho ambiente, es un gran éxito, sobre todo entre los policías de la comisaría contigua. Ideal para probar distintos platos turcos, que se eligen señalándolos con el dedo en el surtido mostrador. Los precios son tan baratos que nadie se arrepentirá de su elección; si algo no gusta, basta con elegir otro plato. Está en una bocacalle de Cevat Şakir Caddesi.

Limoon Cafe & Restaurant
COCINA LOCAL €

(www.limooncaferestaurant.com; Cafer Paşa Caddesi 10; platos principales 8-16 TRY; ⊘desayuno, almuerzo y cena) Algo apartado del bullicio, en el extremo occidental de la ciudad, este relajado establecimiento ocupa un precioso espacio al aire libre, bajo la generosa sombra de grandes árboles retorcidos. Vale la pena desplazarse hasta aquí por el "desayuno campestre", así como por las partidas semanales de Scrabble organizadas por una pequeña brigada de simpáticas residentes extranjeras (normalmente los miércoles).

🍷 Dónde beber y ocio

Como en el caso de los hoteles y los restaurantes, hay una sencilla regla general: lo más barato y alegre está en la bahía este, lo más caro y selecto, en el oeste. Las calles Dr Alim Bey Caddesi y Cumhuriyet Caddesi funcionan como 'calle de los bares' de Bodrum, con una larga hilera de ruidosos bares musicales en primera línea de mar. Ofrecen las consabidas *happy hours*, televisores de pantalla grande para ver los grandes partidos de fútbol, camareros bailando de forma sincronizada y una clientela principalmente extranjera. Los clubes de la bahía oeste atraen más bien a la *jet set* turca.

El castillo y el antiguo teatro albergan a menudo eventos culturales como espectáculos de ópera o *ballet* y conciertos de *rock*. En www.biletix.com se puede consultar la programación actualizada.

Halıkarnas
CLUB

(www.halikarnas.com.tr; Cumhuriyet Caddesi 178; entrada entre semana/fin de semana 35/40 TRY; ⊘22.00-5.00 verano) Esta discoteca al aire libre es una verdadera institución de la ciudad desde 1979. Con su decoración *kitsh* estilo templo romano y su equipo de luz y sonido de última generación, es una experiencia inolvidable, sobre todo cuando está llena (5000 personas). No se anima de veras hasta la 1.00. Se pide 'vestir adecuadamente', pero pocas veces se impide la entrada.

Küba Bar
CLUB

(Neyzen Tevfik Caddesi 62; ⊘19.00-4.00) Es el lugar favorito de las élites turcas de Bodrum para salir de copas, y en pleno verano la marcha se prolonga todas las noches de la semana. Barras elegantes, ecléctica música de DJ y televisores de plasma mostrando sofisticadas modelos, todo parece animar a los juerguistas. A primera hora de la noche, se sirve cocina internacional selecta.

Helva
CLUB

(www.helvabodrum.com; Neyzen Tevfik Caddesi 54; ⊘14.00-3.00) Más tranquilo y un poco menos *fashion* que el cercano Küba, el Helva está sin embargo orientado igualmente hacia una clientela turca de gente joven y guapa. A pesar de sus exhortaciones para 'expresarse bailando', es más bien un local relajado donde solo se baila esporádicamente. Es un club elegante, animado e inevitablemente caro.

Hadigari
CLUB

(www.hadigari.com.tr; 1025 Sokak 2; ⊘19.00-5.00) Construido en 1974, ostenta oficialmente el título de bar más antiguo de Bodrum. Hoy en día sigue en plena forma bajo las altas torrecillas del castillo de San Pedro.

Körfez
BAR

(www.korfezbar.com; Uslu Sokak 2; ⊘21.00-5.00 verano) Es un viejo favorito (no confundir con el restaurante del mismo nombre en la bahía occidental), orientado hacia la música *rock*, con un adecuado entorno de madera oscura. La noche de los domingos está consagrada a la música de los años 1980.

Mavi Bar
MÚSICA EN DIRECTO

(Cumhuriyet Caddesi 175; ⊘18.00-6.00) Enfrente del Halıkarnas, el bar "Azul" ofrece estupendas actuaciones en directo cinco noches por semana. Es un local íntimo, con paredes blancas de piedra y detalles de color azul, que no se anima de verdad hasta cerca de la 1.00.

Moonlight
BAR
(www.moonlightbodrum.com; Cumhuriyet Caddesi 60/B) Ideal para tomarse una cerveza Efes junto a las olas, es uno de los lugares más tranquilos y evocadores de la trepidante Cumhuriyet Caddesi. Está en una bocacalle que sale de enfrente del Körfez.

Marine Club Catamaran
CLUB
(www.clubcatamaran.com; Dr Alim Bey Caddesi; entrada entre semana/fin de semana 35/40 TRY; ⊙22.00-4.00 med may-sep) Este club nocturno flotante zarpa a la 1.30 para tres horas de desenfrenada diversión entre música de DJ y en ocasiones alguna *drag queen* juguetona. Su pista de baile transparente puede reunir a 1500 personas, más los DJ de guardia. Un servicio lanzadera gratuito permite regresar a la bahía este cada 15 minutos.

Información

Imposible quedarse con la cartera vacía sin encontrar un cajero automático a lo largo de Cevat Şakir Caddesi o cualquiera de las calles del puerto.

Oficina de correos (Cevat Şakir Caddesi; ⊙8.30-17.00, cambio telefónico 8.00-24.00)

Oficina de turismo (Kale Meydanı; ⊙8.00-18.00 lu-vi, a diario en verano)

Cómo desplazarse

El centro de Bodrum se recorre fácilmente a pie. El servicio de *dolmuş* urbano vale 1,25 TRY, aunque puede ser irritantemente lento debido al tráfico y a las calles estrechas, a menudo con atascos. En el caso de conducir su propio vehículo, hay que tener en cuenta que casi todas las calles siguen un estricto sistema de sentido único en la dirección de las agujas del reloj. Si se pasa de largo, habrá probablemente que salir de la localidad para volver a empezar de nuevo.

Gümbet
⊙0252
Aunque la preferencia por el turismo de lujo haya corrido por la península como un reguero de pólvora, la bulliciosa Gümbet, a tan solo 5 km de la ciudad de Bodrum, parece haberse escapado. En lugar de hoteles de gama alta y brindis con champán, es una incesante máquina de fiesta alimentada por adrenalina adolescente y cócteles con el nombre de distintas posturas sexuales. Los *resorts* operan con el sistema de media pensión que ofrece a los juerguistas comida masificada para neutralizar los excesos de la noche. Las siestas discotequeras bajo el sol del Egeo son moneda corriente, y las perpetuas noches de jarana incesante se dan por supuesto. Los altavoces funcionan a todo volumen, al igual que las pistas de baile, y todas las discotecas compiten con sus vecinas atronando con *remixes* de Rihanna y los Black Eyed Peas. Por todo ello, la colonia extranjera de la península ha dado a la bahía el cariñoso apodo de "Scumbet", que podría traducirse más o menos como "Apuesta canalla".

Sin embargo, no todo está perdido, y la desenfadada mezcla de luces de neón y jóvenes entusiastas puede ser un cambio refrescante después de las pasarelas de arena, en las que la gente guapa viene a ver y ser visto, en las demás bahías. Para pasar las vacaciones aquí, la mejor opción será alojarse en **Fuga** (☎319 6500; www.fuga.com.tr; Adnan Menderes Cad; d 325 TRY pensión completa incl.; ❄@☒; ⊙may-oct), con aspiraciones de hotel-*boutique* en claro contraste con los anodinos alojamientos circundantes.

Caso de visitar Bodrum en invierno, no vale la pena pasar por Gümbet, que fuera de temporada es un lugar desierto, con hoteles cerrados y perros vagabundos.

Bitez
☎0252
Enmarcada por el oleaje azul y los vergeles de retorcidos naranjos, la preciosa aldea costera de Bitez parece estar a kilómetros de distancia de las trepidantes discotecas de Bodrum, a pesar de su situación relativamente conveniente. Aunque la playa parezca estar ya en gran parte urbanizada, con largas hileras de tumbonas en la arena, esta pequeña localidad todavía está buscando una nueva identidad mientras va abriéndose a los visitantes europeos. De hecho, no es raro encontrar un grupo de bañistas en *topless* relajándose a la sombra de un alto minarete.

Los amantes de la arqueología pueden encontrar interesantes las ruinas de **Pedasa**, situada en la carretera principal de la península, cerca del desvío hacia Bitez. Erigido por los antiguos léleges (predecesores de los carianos) hace más de cinco mil años, este pequeño enclave presenta los cimientos de una muralla defensiva y las ruinas de un edificio que se supone fue un templo.

244

🛏 Dónde dormir

Şah Hotel
HOTEL-'BOUTIQUE' €€

(☑363 7721; www.sahhotel.com; Şah Caddesi; d
120-220 TRY; ❄@🐾) Una pequeña y discreta
entrada a lo largo del paseo marítimo enta-
rimado da paso a un encantador patio lleno
de setos bien recortados, rústico mobiliario de jardín y una tentadora piscina color
turquesa como elemento más destacado.
Las habitaciones podrían mejorar con un
toque de diseño, pero en general el hotel se
salva por su ambiente simpático y relajado.

Okaliptüs Otel
PENSIÓN €€€

(☑363 7957; www.okaliptus.com.tr; Bitez Yalısı;
i/d 180/240 TRY media pensión incl.; ❄@🐾) Situadas detrás del popular restaurante de la
casa, con el eucalipto que le da nombre, las
habitaciones de esta pensión están distribuidas por una serie de recovecos y floridos
emparrados. Están amuebladas con sencillez y se mantienen muy limpias, especialmente los cuartos de baño de mármol. Hay
una bonita piscina, pero los huéspedes se
congregan sobre todo en la playa adyacente, sembrada de guijarros.

🍴 Dónde comer

A diferencia de algunas de las demás bahías, la de Bitez no cierra por completo en
invierno. De hecho, muchos habitantes de
la península acuden los fines de semana
para saborear los bufés para el *brunch*, servidos por los restaurantes de la playa.

👍 Bağarası
COCINA DEL EGEO €€€

(☑358 7693; Pınarlı Caddesi 59; *meze* desde 4 TRY; pescado 20 TRY; ☺almuerzo y cena,
cerrado lu nov-abr) Acurrucado en un jardín
residencial, es el secreto mejor guardado de
Bitez y un eterno favorito en la península.
Las mesas se hunden bajo el peso de suculentos *mezes* mientras el afable dueño, una
copia exacta de Shrek, se desvive por sus
clientes. Su mujer está en la cocina, preparando una serie de recetas especiales junto
a sus platos clásicos de pescado; no hay que
perderse las sabrosas *kabak çiçeği* (flores
de calabacín rellenas) y la fantástica *kıtır
mantı* (pasta turca crujiente con salsa de
carne y crema de leche). Conviene demorarse un poco para presenciar la broma que el
dueño gasta cada noche, anunciada por un
silbato. Es en turco, por supuesto, y suele
consistir en un agudo juego de palabras,
pero es una escena divertida aunque no se
domine el idioma. Las reservas son indispensables.

Bitez Mantıcı
'MANTICI' €

(Atatürk Bulvarı 40; platos principales 4-13 TRY;
☺almuerzo y cena) Poco ambiente pero mucho sabor: este diminuto local sirve lo que
muchos considerarían los mejores *mantı*
y *börek* de la península. Para engullir cu-
charadas enteras de pasta turca y devorar
pasteles salados en las mesas con mantel de
plástico, mientras la masa de los *gözleme* se
estira trabajosamente en la esquina.

Black Cat
COCINA LOCAL €€

(Mart Kedileri; www.martkedileri.com; platos principales 7-20 TRY; ☺desayuno, almuerzo y cena)
A una manzana de la playa, cerca del Şah
Hotel, Black Cat merece una mención especial por sus recetas tradicionales turcas, un
agradable cambio de la consabida oferta de
pescado y *meze*.

Indian Salsa
INDIA €€

(Gözütok Sokak 4; menú 32 TRY; ☺almuerzo y
cena, jul-ago) Picante recién llegado, que ofrece auténticos sabores del subcontinente.

Ortakent
☑0252

Parecido a la vecina Bitez, Ortakent es otro
enclave con futuro, con una generosa franja
de 3 km de arena dorada. Muchos autóctonos consideran que sus aguas son las más
limpias y frías de la península, debido al
constante oleaje. Aunque una falange de
tumbonas se haya apoderado de casi toda
la orilla pública, los visitantes pueden refugiarse en la Scala Beach (www.scalabeach.
net) en el extremo este de la bahía, para tomar el sol con más tranquilidad.

🛏 Dónde dormir

Satsuma Suites
APARTAMENTOS €€€

(☑348 4249; www.satsumasuites.com; Eren
Sokak 17; apt 145 €; ❄🐾) Este complejo solo
para adultos es una opción excelente para
pasar las vacaciones con las comodidades
de un apartamento y los servicios de un hotel. La atractiva piscina de baldosas azules
está rodeada de bonitos listones de madera
lijada; las confortables habitaciones están
justo después. El desayuno, incluido en el
precio, cosecha las mejores notas.

🍴 Dónde comer

Adasofra
'GOURMET' €€€

(☑358 7414; www.adasofra.com; Mustafa Paşa
Kulesi, Kule Sokak 29; platos principales 16-38
TRY; ☺cena) Construido como torre de vi-

gía por antiguos merodeadores, es ahora un restaurante elegante que encaja perfectamente con su entorno a la vez que sirve una cocina decididamente moderna. Para disfrutar de un homenaje culinario al Mediterráneo, entre ladrillos desmoronados y cactus retorcidos. No hay que olvidar asomarse a las ruinas del *hammam*.

Palavra COCINA DEL EGEO €€€
(☎358 6290; www.palavrabalik.com; Yahşi Beldesi; *meze* 5-15 TRY; pescado 20 TRY; ☺8.00-24.00)
Quizá deba su nombre al exagerado parloteo de los pescadores locales que presumen a menudo de haber conseguido un pescado "así de grande". Tras señalar los *mezes* de elección en el mostrador y elegir una botella de vino Kavaklıdere, el comensal se sienta a una mesa junto al mar, con los pies plantados en la arena. Por la noche es un lugar especialmente seductor, gracias a las guirnaldas de lucecitas colgantes.

Gebora COCINA DEL EGEO €€
(☎348 3340; Yahşi Beldesi; *meze* 5-15 TRY, pescado 20 TRY; ☺9.00-24.00) El dueño del Gebora es un rudo pescador que lleva treinta y cinco años surcando los mares. Su restaurante, en el paseo marítimo cerca de la mezquita Yalı Camii, sirve una excelente selección de platos de pescado y marisco y *mezes* locales en las pulcras mesas con manteles blancos. Se recomiendan los calamares a la parrilla rellenos de gambas.

Turgutreis

☑0252

Hace veinte años, Turgutreis era un centro de la lucrativa industria de la pesca de esponjas, pero hoy en día se ha transformado en un destino turístico popular entre quienes prefieren alquilar apartamentos y chalés en lugar de alojarse en *resorts*. La ciudad, la segunda más grande de la península, lleva el nombre del almirante Turgut (*reis* significa 'almirante'), el dirigente otomano que arrebató Bodrum a los cruzados.

Poco hay que ver aquí en cuanto a monumentos importantes, pero se puede venir de excursión para pasar una agradable jornada de compras en el mercado de alimentos y textiles de los sábados. Los visitantes de paso pueden dar un paseo por el puerto deportivo moderno y ver la **estatua** de una mujer encinta que se alza en el paseo marítimo adyacente. Lleva una rama de olivo, y

se supone que representa la salud, la tranquilidad y la diversidad de Anatolia.

Gümüşlük

☑0252

De todas las bahías que recortan la accidentada península sembrada de olivares, la de Gümüşlük es sin duda la favorita de los redactores de esta guía. La población local rinde homenaje a sus raíces marineras con deliciosas estructuras rústicas a lo largo de la costa, y espaciosos restaurantes junto al mar sirven el pescado más fresco del día. El ambiente relajado ha atraído a muchos *hippies* desde hace un par de décadas, y la *jet set* solo acaba de descubrir las sedantes cualidades de este pueblo.

Por evidente que sea la amenaza del desarrollo turístico, las autoridades locales se esfuerzan en conservar su característico aspecto de aldea de pescadores, y para ello se han adoptado nuevas leyes para ralentizar la urbanización. De hecho, está terminantemente prohibido asfaltar las calzadas, y en toda la zona solo se circula por pistas de tierra. Los coches también tienen prohibido entrar en el pueblo, pero hay un aparcamiento municipal (3 TRY al día) a 300 m de la orilla.

Cuesta creer que este apacible pueblo fuera antaño una extensa ciudad en el mundo antiguo. Conocida como Mindos, era un importante asentamiento cariano y ocupaba un privilegiado enclave con su puerto de aguas profundas y tranquilas. Mausolo, fundador de la ciudad, erigió un rompeolas de 3 m de profundidad en medio de la bahía para conectar la costa con un pequeño islote cónico, conocido ahora como **isla de los Conejos**. En la actualidad, un desfile constante de turistas parece andar sobre el agua para llegar a aquel 'satélite' cubierto de maleza.

🛏 Dónde dormir

Hoy en día, el innegable encanto de Gümüşlük es ya ampliamente conocido, con la inevitable subida de precios y una afluencia de visitantes cada vez menos *hippy*. Dicho esto, todavía es posible encontrar alojamiento en una pensión familiar; basta con llamar por adelantado. También es habitual alquilar chalés.

Otel Gümüşlük 'RESORT' €€
(☎394 4828; www.otelgumusluk.com; Yalı Mevkii 28; d 100-200 TRY; ❄@☎) La mejor opción

de la bahía está en una finca ajardinada bordeada de árboles, algo apartada de la animación en primera línea de mar. Los edificios del hotel, de dos plantas y estilo ranchero, rodean una atractiva piscina, y las habitaciones están decoradas con ingeniosos detalles y una limpieza de líneas elegante y minimalista. Para las estancias más largas, se puede pedir un apartamento recién instalado un poco más allá.

Club Hotel Zemda 'RESORT' €€€
(☎394 3151; www.clubhotelzemda.com; d/ste 110/165 €; ❄@⊠☏) Regentado por una encantadora pareja franco-turca, está situado en el extremo sur de la bahía y atrae a los entusiastas de los deportes acuáticos, con clases de *windsurf* y de remo a diario. Las habitaciones de este extenso y sociable centro están equipadas con mobiliario más bien anodino. Pero a quién le importa cuando los días se pasan alrededor de la piscina y las noches en el bar de la casa o en el centro del pueblo, a cuatro pasos del hotel.

Liman Motel PENSIÓN €€
(☎394 3747; www.limanmotelrestaurant.com; h 100-160 TRY; ❄) En pleno centro del pueblo, domina la animación de sus calles detrás de una fachada encalada característica de la región. En las habitaciones reina la simplicidad y el esquema cromático todo en blanco, pero las vistas del mar son insuperables y justifican los elevados precios.

✗ Dónde comer y beber

En el pueblo de pescadores de Gümüşlük abundan los restaurantes excelentes. Para imitar a los autóctonos, se puede pedir una botella de *raki* para acompañar los suntuosos platos de pescado o marisco, pero cuidado con programar algo especial para la mañana siguiente. Si se prefiere cocinar en el apartamento, se puede bajar a los muelles entre las 8.00 y las 10.00, cuando los pescadores regresan para vender la pesca del día a los restaurantes locales.

Mimoza COCINA DEL EGEO €€€
(☎394 3139; www.mimoza-bodrum.com; *meze* desde 20 TRY, platos principales desde 40 TRY; ⊙almuerzo y cena med jun-ago) Con un ambiente claramente más sofisticado que los demás restaurantes que hay junto a la orilla, este establecimiento, en el extremo norte de la bahía, es el favorito de la zona para los capitalinos turcos. La acomodada clientela degusta los *mezes* preparados por manos expertas (la berenjena ahumada es

celestial) bajo una constelación de lámparas con forma de calabaza colgando de los árboles. Es imprescindible reservar; aunque haya alguna mesa libre, el propietario hablará exageradamente de lo concurrido y atareado de su establecimiento.

Limon COCINA DEL EGEO €€
(☎394 4044; www.limongumusluk.com; *meze* 14-28 TRY; ⊙almuerzo y cena med jun-med sep) Encaramado en lo alto de la aldea de pescadores, en la antigua carretera de Mindos a Yalıkavak, la encantadora colección de muebles disparejos de este establecimiento se extiende por las ruinas de unos baños romanos y una capilla bizantina. Sirve sabrosos 'desayunos campestres', *mezes* servidos como tapas, y cócteles de diseño ante las maravillosas puestas de sol del Egeo. No hay que perderse el mercadillo de baratijas que bordea el camino de entrada.

Teldolap COCINA LOCAL €€
(www.teldolaprestaurant.com; Sarıcayer Mevkii 2, Küme Evleri 85/2; platos principales 12-28 TRY; ⊙desayuno, almuerzo y cena) En lo alto de las colinas cubiertas de olivos que flanquean el pintoresco pueblo de pescadores, es una majestuosa casa de piedra adornada con mosaicos gaudinianos. Sus desayunos caseros son deliciosos, al igual que las vistas panorámicas de las bahías. Solo tiene acceso en vehículo privado.

Ali Ruza'nin Yeri COCINA DEL EGEO €€€
(☎394 3097; www.balikcialirizaninyeri.com; *meze* 8-20 TRY, platos principales desde 20 TRY; ⊙almuerzo y cena) Uno de los restaurantes con más solera del conjunto de chiringuitos costeros de Gümüşlük, está regentado por una familia de pescadores que se precian de ofrecer el pescado más fresco del pueblo. ¡Aquí, nada de piscifactorías! Vale la pena llamar con antelación para conseguir una mesa al borde del agua.

Soğan~Sarmısak COCINA LOCAL €€€
(☎394 3087; platos principales desde 18 TRY; ⊙almuerzo y cena med jun-ago) Otra de las joyas *pied dans l'eau* de Gümüşlük, el "Cebolla y Ajo" es un informal montón de muebles de madera y alambre entre macetas. Aquí reina la cocina casera, y la dueña-chef se ha labrado un nombre en la televisión (con la consiguiente subida de precios). Conviene venir armado con muchos temas de conversación, pues la comida tarda bastante en salir.

Tenderete de 'gözleme' COMIDA CALLEJERA €

(*Gözleme* 4 TRY) Los expertos en *gözleme* difícilmente encontrarán mejores crepes que las servidas en este anónimo puesto callejero cerca del cruce de la calle de la playa y el camino hacia el aparcamiento. Los ingredientes para elegir son los habituales: espinacas, queso, carne picada y patatas, y la comida se acompaña con un vaso de *ayran* casero (yogur para beber).

Mandarina COMIDA CALLEJERA €

(*Poğaça* 1 TRY; ⊘6.30-18.30) Al sur del camino que lleva hasta el aparcamiento, el surtido de conservas de vivo color amarillo que llega hasta el techo es tan delicioso como llamativo. Hay que ir temprano por la mañana para atiborrarse de sabrosos *poğaça* caseros (hojaldres).

Yalıkavak

☑0252

Cuesta creer que esta dispersa localidad (cuyo nombre significa 'árbol junto al mar') tuvo su primer voltio de electricidad hace tan solo 30 años. Antes de la llegada del turismo, no era más que una aletargada población de pescadores y pescadores de esponjas. Los molinos de viento se encargaban antaño de generar la electricidad, y varias ruinas evocadoras salpican un paisaje en rápido desarrollo. Como una de las localidades más alejadas de la ciudad de Bodrum, Yalıkavak produce la sensación de ser una ciudad propiamente dicha, con un centro claramente definido y un alijo de playas privadas selectas; las más populares son las del **Xuma Beach Club** y el **Dodo Beach Club**.

Cerca de la aldehuela abandonada de Yakaköy, en las afueras de Yalıkavak, está el **Dibek Sofrası** (www.dibeklihan.com; Yakaköy Çilek Caddesi; ⊘may-oct), un fascinante complejo que cuenta con un restaurante, una galería de arte, un museo, un hotel-*boutique* (actualmente en obras) y un viñedo de estilo provenzal. La *raison d'être* de Dibek es la colección de dagas incrustadas de joyas, antiguas plumas estilográficas y ornamentadas tazas de café que el dueño ha ido recogiendo poco a poco por todo el antiguo Imperio otomano. Todo ello se expone en dos salas bien montadas, que dan al patio principal. Vale la pena pasar por aquí los miércoles por la noche, cuando se proyectan películas clásicas de Hollywood en una pantalla blanca.

🛏 Dónde dormir

Hillview Gardens APARTAMENTOS €€

(☑363 8234; www.lotusholidayhomes.com; apt/chalé desde 42/70 €; ❄ ▨ ▨ @) Encarna el futuro de la hostelería en Bodrum, un futuro realmente prometedor. Este brillante concepto vacacional es una comunidad de apartamentos y chalés de propiedad privada que se alquilan durante el verano. Los alojamientos rodean la cima de una árida colina que ofrece increíbles vistas del mar. Están amueblados con buen gusto y plenamente equipados (el desayuno no está incluido en el precio) y muchos chalés cuentan con pequeñas piscinas privadas. Los residentes tienen pleno acceso a una serie de instalaciones como canchas de tenis, un *spa*, un restaurante (donde se come sorprendentemente bien) y 10 piscinas comunitarias. Un frecuente servicio de *dolmuş* comunica Hillview con Yalıkavak y Gümüşlük.

Sandima 37 Suites HOTEL-BOUTIQUE €€€

(☑385 5337; www.sandima37suites.com; Atatürk Caddesi 37; ste 240-400 TRY; ❄ ▨ @) Este fantástico establecimiento, recientemente incorporado a la creciente oferta de hoteles-*boutique* de Bodrum, ofrece siete suites elegantes alrededor de un frondoso jardín. El alojamiento con más encanto es la casita de piedra perfectamente restaurada, en la parte de atrás, cerca de la piscina.

4 Reasons Hotel HOTEL-BOUTIQUE €€€

(☑385 3212; www.4reasonshotel.com; Bakan Caddesi 2; d/ste desde 149/239 €; ❄ @ ▨) "Serenidad, diseño, calidad y actitud", esas son las palabras escritas con grandes letras en la entrada (por si alguien creía que había un error tipográfico en el nombre del hotel). Aunque su apodo pudiera recordar cierta cadena hotelera internacional, el 4 Reasons es un íntimo refugio de montaña regentado por una encantadora pareja turca que habla un perfecto inglés. Las habitaciones cuentan con generosas cantidades de mármol de la región con elegantes listones de madera. Las chimeneas de leña y televisores de plasma recién instalados les dan un lujoso toque adicional. Los residentes pueden ponerse en forma jugando a la petanca o participando en las clases grupales de yoga (30 TRY). Para comer bien, no es preciso ir muy lejos: el restaurante de la casa sirve un delicioso surtido de cocina mediterránea, que incluye platos marroquíes, franceses, griegos, y por supuesto, turcos.

Lavanta Hotel
HOTEL €€€

(☑385 2167; www.lavanta.com; Begonvil Sokak 17; i/d 105/130 €; ✳ ✷) Situado en un ondulado terreno con jardines tapizados de emparrados, domina desde lo alto de la colina la proliferación de blancas residencias vacacionales. Delicados senderos de piedra recorren el recinto, conectando las habitaciones individualizadas, casi todas con preciosas antigüedades.

Adahan
HOTEL €€

(☑385 4759; www.adahanhotel.com; Seyhulislan Ömer Lütfü Caddesi 55; d 145 TRY; ☺abr-oct; ✳ @ ✷) Diseñado al estilo de un antiguo caravasar, con arcos ojivales y macizas puertas de madera, es un hotel de espaciosas y confortables habitaciones dispuestas alrededor de un patio con soportales y una bonita piscina. Deterioradas esculturas romanas y antigüedades anatolias decoran las esquinas, y fulgurantes aromas se desprenden de la cocina; los encantadores dueños regentan también un restaurante gastronómico. Está a unos 100 m del puerto deportivo, en la carretera de Gümüşlük.

Pink Life
APARTAMENTOS €€€

(☑385 5838; www.pinklifehotel.com; Aratepe Mevkii; apt 300 TRY; ☺may-oct; ✳ ✷) Este conjunto de edificios de apartamentos ofrece a los veraneantes la posibilidad de alojarse en un gran apartamento playero por un precio muy razonable. Los espaciosos apartamentos de dos dormitorios cuentan con cocina equipada y mobiliario sencillo de estilo tropical. Solo hay aire acondicionado en la sala de estar de cada unidad, por lo que conviene dejar la puerta del dormitorio abierta en las noches húmedas.

✖ Dónde comer

Yakıkavak tiene una larga tradición pesquera, y la pesca del día se vende en el distrito de Geriş Altı en el extremo oeste del pueblo, en dirección de Gümüşlük. Los jueves vale la pena visitar el bazar semanal de Çınaraltı, donde hay numerosos productos aptos para un *picnic,* como fruta, verdura y queso de cabra.

Kavaklı Köfteci
'KÖFTECI' €

(Merkez Çarşı İçi; *köfte* 6-8 TRY; ☺desayuno, almuerzo y cena) Unos 50 m tierra adentro, es un local famoso por sus *köfte* de Yalıkavak, servidas en sencillas mesas de madera con pan de ajo. Con un sabor ahumado, y ligeramente picante, son realmente suculentas. A veces habrá que luchar para conseguir mesa.

Deniz Kızı
MARISCO €€€

(La sirena; ☑385 2600; *gerişaltı;* platos principales 16-24 TRY; ☺almuerzo y cena) Muy bien situado, al lado del mar, es un restaurante donde se puede elegir el pescado preferido. Deliciosos *mezes* cubren las mesas de manteles blancos a lo largo del aireado muelle y el encantador comedor de estilo campestre.

Ali Baba
COCINA DEL EGEO €€€

(İskele Meydanı 166; pescado 20 TRY; ☺almuerzo y cena) Al borde del puerto, con mesas junto a la orilla, ofrece una excelente selección de pescado y marisco, que incluye lubina a la plancha, pulpo a la cazuela y carabineros rebozados. Pero si se quiere llamar la atención de todo el mundo, se puede pedir el kebab en ánfora, que el camarero rompe en la mesa.

Gündoğan
☑0252

La bahía de Gündoğan es más atractiva que Yalıkavak, pero las opciones de alojamiento son escasas y dispersas, ya que casi todos los edificios son segundas residencias de la élite rica de Estambul.

🛏 Dónde dormir

Hamak
HOTEL-BOUTIQUE €€€

(☑387 9840; www.hamakhotel.com; Kızılburun Mevkii, Casa Costa Sitesi; d 130-290 €; ✳ @) El mejor hotel de Gündoğan en su categoría está en un conjunto de apartamentos renovados junto al mar. Coloridos cuadros animan las habitaciones, casi todas con fantásticas vistas de los montes vecinos y del mar. Sin embargo, la *pièce de resistance* es la maravillosa terraza-solárium entarimada que se extiende hacia el Egeo con su pasarela de impecables tumbonas blancas.

✖ Dónde comer

Reana
COCINA DEL EGEO €€

(☑387 7117; Yalı Mevkii, Limaniçi; pescado 20 TRY; ☺cena) Nadie lo diría, pero este establecimiento de paredes blancas está instalado en la estructura de un antiguo supermercado. Hoy en día, los dueños han sabido dar vida al espacio con vaporosas cortinas y la luz de las velas. La especialidad de la casa es el pescado; una clientela fidelizada de habitantes de la zona y capitalinos confirma su excelencia.

Türkbükü

📞 0252

Si la península de Bodrum se precia de ser la Costa Azul de Turquía, Türkbükü es entonces, su Saint-Tropez. Como cualquier otro lugar de ocio para los ricos y famosos, la bahía se ha labrado una fama a nivel nacional que eclipsa con creces sus verdaderas virtudes. De hecho, las aguas de Türkbükü son sensiblemente más turbias que las de las playas del sur de la península, por lo que los visitantes prefieren tumbarse en las tarimas de madera en lugar de bajar a la arena. Túnicas engarzadas de diamantes sustituyen a los sencillos pareos, los zapatos de tacón a las sandalias, y los precios alcanzan niveles injustificados, para vaciar antes los bolsillos. Es un verdadero safari de celebridades, y los conocedores de la vida social turca podrán ver sin duda muchas de sus divas de plástico e ídolos adolescentes.

🛏 Dónde dormir

Se ponga como se ponga, el visitante pagará caro dormir en Türkbükü. Sin embargo, si lo que pretende es tener un atisbo de un paraíso de la *jet set*, no encontrará ningún lugar mejor que este en todo el país. Solo hay que asegurarse de traer tapones para los oídos, por si se desea obtener una noche de verdadero descanso. En temporada alta, las noches son realmente trepidantes.

👍 Maçakızı HOTEL-'BOUTIQUE' €€€
(📞377 6272; www.macakizi.com; Kesire buğlu Mevkii; h desde 400 TRY; ✶ @ ⌘) Abanderado de la *jet set* de Bodrum, el "Reina de Espadas" rinde homenaje a la imponente madre del dueño, que antaño regentó una pintoresca pensión cerca de allí. Hoy en día, el hotel es un hormiguero de famosos, extranjeros adinerados y toda una corte de bellezas en biquini. Casi toda la acción se desarrolla alrededor del espacioso bar, el sociable restaurante y la fantástica tarima de listones de madera que se extiende hasta el mar, con confortables divanes y cojines. Las habitaciones, decoradas con sencillez, son un poco deslucidas teniendo en cuenta los precios, pero los productos de tocador Acqua di Parma serán un bonito recuerdo para llevarse a casa.

Kuum HOTEL-'BOUTIQUE' €€€
(📞311 0060; www.kuumhotel.com; Atatürk Caddesi 150; h 185-555 €; ✶ ⌘ @) Con su peculiar estilo *chic* industrial, se diría que el arquitecto ha atracado una central eléctrica, y aunque no será sin duda del gusto de todo

el mundo, hay que reconocerle el mérito de su iniciativa. El mobiliario es de inspiración Eames, y las habitaciones están decoradas con gigantescas letras magnéticas. No hay que perderse el enorme *spa* en el sótano, con numerosos *hammams* de mármol y pasillos tenuemente iluminados que recuerda la cubierta del *Enterprise*. Un tratamiento de *spa* marca Aequalis cuesta 105 €.

Kaktüs Çiçeği PENSIÓN €€€
(📞377 5254; www.kaktuscicegi.com.tr; Atatürk Caddesi 119; d 160-240 TRY; ✶ @ ⌘) La única opción de la zona en la categoría de pensión es un maravilloso establecimiento con encanto, adornado con paredes color miel y deslumbrantes destellos de buganvillas. Los dueños franco-turcos tienen un talento especial para el interiorismo original; vanguardistas obras gráficas funcionan como llamativas paredes, y unas puertas antiguas han sido transformadas en mesas para el restaurante junto a la playa. Está situado justo después del puente peatonal, cerca del Divan Hotel.

YU HOTEL-'BOUTIQUE' €€€
(📞377 5275; www.yu-otel.com; Bağarası Caddesi 26; h 130-160 €; ✶ @ ⌘) Un laberinto de cemento pulido y paredes blancas, es un complejo hotelero que parece un videojuego japonés. Aunque esté a 700 m de la playa, sigue también la tendencia de la zona en cuanto a elegancia de hotel-*boutique*, incluso quizá demasiado. Persianas y paneles de cristal funcionan como mamparas en las habitaciones, y hay una tentadora piscina al pie de unas escaleras parecidas a un cuadro de Escher. El interior está decorado con sicodélicos motivos triangulares y los yacusis están justo al lado de las camas.

Maki Hotel HOTEL €€€
(📞377 6105; www.makihotel.com.tr; Keleşharımı Mevkii; d/ste desde 150/240 €; ✶ @ ⌘) Con una terraza de madera superelegante y mullidos cojines de tamaño natural como el del vecino Maçakızı, este gran *resort* tiene muchos puntos para encarnar la tríada característica de Bodrum: mar, sol y diversión. Las habitaciones son de distintos tamaños y formas, y cuentan con generosas cantidades de acero y cemento de la era espacial. Las zonas comunes están llenas de playeras en biquini que se relajan bajo grandes sombrillas con el logo de marcas famosas.

5 Oda HOTEL-'BOUTIQUE' €€€
(Beş Oda; 📞377 6219; www.otel5oda.com; İnönü Caddesi 161; h 250 €; ⊙may-oct; ✶ @) El nom-

bre lo dice todo: este nuevo y atractivo hotel tiene cinco peculiares habitaciones ocultas tras una majestuosa fachada de piedra. Objetos procedentes de los cinco continentes, como jarrones, cojines y cuentas, dan a estas *odas* cierto *je ne sais quoi* adicional. Todas tienen vistas al mar y a las terrazas de listones de madera.

Divan Hotel
HOTEL €€€
(☎377 5601; Keleşharım Caddesi 6; d 125-260 €; ✳@☀) Este consolidado establecimiento de Türkbükü cuenta con una acogedora zona alrededor de la piscina que desborda de veraneantes turcos en plena temporada. Las habitaciones están decoradas con predecibles muebles de estilo internacional que merecerían una renovación a fondo. El bar del hotel es popular y caro.

Life Co
'RESORT' €€€
(☎377 6310; www.thelifeco.com; Bağ Arası Mahallesi, 136 Sokak 2; i/d 165/300 €; ✳@☀) Como verdadero centro de desintoxicación, podría ser el antídoto perfecto para una semana de fiesta, demoledora para el hígado, en Türkbükü. Las clases de yoga, los seminarios dietéticos y los zumos exóticos son la norma. Muchos querrían quedarse aquí para siempre.

🍴 Dónde comer y beber

Los hoteles de lujo precisan complementarse con restaurantes de lujo, y hay decenas de deliciosas opciones gastronómicas a lo largo de la costa e incluso tierra adentro. Quien pueda permitírselo no debería perderse una comida en el **Maçakızı** (p. 250), y, como siempre en la península de Bodrum, asegurarse de reservar con antelación.

Ship Ahoy
BAR RESTAURANTE €€€
(☎377 5070; Yalı Mevkii; ⊗may-ago) Al lado del Divan Hotel, es todo un clásico que atrae a famosos con su ambiente de restaurante-local de noche. Las mesas están hechas con barriles de petróleo usados.

Fidèle
BAR RESTAURANTE €€€
(☎377 5081; www.fidelehotel.net; platos principales desde 20 TRY; ⊗desayuno, almuerzo y cena) Un mar de mantelería blanca cubre las mesas por la noche. Se puede cenar a base de *risotto* de marisco o *carpaccio* de pulpo antes de que el Fidèle se transforme en club nocturno; luego, se puede elegir entre la selección de licores de la casa.

Casita
'MANTICI' €€
(www.casita.com.tr; platos principales desde 15 TRY; ⊗almuerzo y cena) El famoso restauran-

te de *mantı* (raviolis turcos) de Estambul ha abierto sus puertas junto a la arena de Türkbükü. Durante el día, se puede comer reclinado en las tumbonas del restaurante.

Gölköy
☎0252

Mientras Türkbükü se queda con toda la gloria y boato, Gölköy está considerada a menudo como su hermana fea, una inmerecida reputación gracias a la cual la bahía está exageradamente subestimada, por lo que es perfecta para quienes busquen algo ligeramente (solo ligeramente) más discreto.

Uno de los principales imanes de Gölköy es **Bianca Beach** (www.biancabeach.com; Akdeniz Caddesi 35; ⊗10.00-5.00 may-oct) una trepidante discoteca en plena playa que a menudo presenta conciertos de artistas conocidos.

🛏 Dónde dormir

Villa Kılıç Hotel
HOTEL-'BOUTIQUE' €€€
(☎357 8118; www.villakilic.com; Sahil Sokak 22; h/ste desde 350/550 TRY; ✳@☀) Es un lujoso recién llegado al limitado sector hotelero de Gölköy. Cuenta con 33 habitaciones de fastuoso diseño con suelos de madera noble y acentos de mármol; las suites disponen de *jacuzzi* privado. Hay una piscina de grandes dimensiones, un restaurante en un jardín de invierno, y la plataforma en la playa más grande de la localidad (300 m²) con música de DJ en verano.

Atami
'RESORT' €€€
(☎357 7416; www.atamihotel.com; Cennet Köyü; h/ste 135/450 €; ✳@☀) Aunque se anuncie como un remanso de paz para la relajación, parece más bien el escenario de una segunda parte de *El resplandor*. Desiertos pasillos con descolorida moqueta serpentean a través de la silenciosa mansión, y la mezcla de elementos de diseño japonés y turco parece más polvorienta y olvidada que elegante y original. La única ventaja real del hotel es su pintoresca situación junto a uno de los enclaves costeros más bonitos de Turquía, la resguardada y recoleta cala Paraíso (Cennet Köyü).

Torba
☎0252

A poca distancia en *dolmuş* de la ciudad de Bodrum, la pequeña Torba, en la costa norte de la península, es un lugar encantador para sentar sus reales durante unas vacaciones en el Egeo. Enmarcada por altos minaretes y serpenteantes hileras de casas de piedra, Torba es el lugar de elección para las residencias secundarias de muchos 'fugitivos' de Estambul.

🛏 Dónde dormir

Casa Dell'Arte
HOTEL DE LUJO €€€

(☎367 1848; www.casadellartebodrum; Kilise Mevkii Mutlu Sokak; ste 460-960 €; 🏵@🌊) Si alguien tiene casualmente una tía multimillonaria y coleccionista de arte, hay muchas probabilidades de que su residencia playera sea muy parecida a este hotel. Las 12 habitaciones llevan el nombre de los signos del zodíaco, y todas se benefician de la extensa colección de pintura moderna del dueño, y de las instalaciones y *objets d'arts* llegados en avión desde todos los rincones del mundo. Las camas personalizadas y el servicio de almohadas para elegir son la norma, al igual que los desayunos con productos de cultivo orgánico y frecuentes talleres de artistas. El hotel cuenta también con un ala consagrada a las familias.

La Boutique Alkoçlar
HOTEL-'BOUTIQUE' €€€

(☎367 1970; www.alkoclar.com.tr; Hoşgörü Sokak 1; h/ste desde 250/330-700 TRY con pensión completa; 🏵@🌊) La popular cadena hotelera Alkoçlar es responsable de este intento de sofisticación playera, en una prometedora finca llena de encanto. Las habitaciones están decoradas con buen gusto, a base de colores crema y detalles de madera clara. El único elemento del diseño que suscita ciertos interrogantes es el gigantesco espejo, con luces de discoteca integradas, que cuelga encima de las camas...

Izer Hotel & Beach Club
'RESORT' €€€

(☎367 1910; www.izerhotel.com; Torba; d 180 € pensión completa incl.; 🕒may-oct; 🏵@🌊🏄) Lejos de la locura del todo incluido en Gümbet, esta opción apta para las familias tiene todas las prestaciones de un crucero, por no hablar del conjunto de toboganes de agua que parecen enredados cordones de los zapatos. Mientras las zonas comunes están cubiertas de generosas capas de pintura de vivos colores, las habitaciones incorporan un esquema cromático elegante y sedante en tonos pastel claro, beige y marrón.

🍴 Dónde comer

Gonca Balık
COCINA DEL EGEO €€

(Pescado 20 TRY; 🕒almuerzo y cena) Este sencillo restaurante con mesas de madera junto al mar es el lugar donde ir en Torba para una comida a base de pescado y *mezes*. Grafitis sicodélicos y generosas capas de pintura color naranja neón alegran el improvisado mobiliario.

Da Vittorio
ITALIANA €€

(☎346 7002; Manastır Mevkii, Hoşgörü Sokak 5; platos principales 10-20 TRY; 🕒almuerzo y cena) Situado en la playa privada del Marmara Bodrum (aunque abierta al público), este restaurante de moda se ciñe a la estética de elegantes listones de madera que reina en Bodrum. Los comensales exigentes encontrarán varios platos internacionales de valor seguro; no hay que perderse el postre, unos dulces de inspiración italiana realmente divinos.

Este de la península

☎0252

Sus bahías carecen de la fama de las playas occidentales de la península, y sin embargo, en esta zona se encontrarán algunos de los mejores alojamientos.

Kempinski Barbaros Bay
HOTEL DE LUJO €€€

(☎311 0303; www.kempinski.com; Yalıçiftlik; h desde 380 €; 🏵@🌊) El hotel más suntuoso y bonito de toda Bodrum goza de una privilegiada situación en un árido precipicio cara al mar. El lujoso conjunto de habitaciones y suites está hábilmente distribuido por todo el *resort*, para ofrecer a cada huésped un panorama inolvidable de la serpenteante línea de la costa. Los tres restaurantes excelentes (que incluyen un italiano y un asiático) y un interminable bufé libre para el desayuno dificultan el esfuerzo para abandonar el recinto y explorar otras opciones gastronómicas. El *spa* de la casa está regentado por la famosa marca Six Senses, y permite por ejemplo gozar de un lujoso tratamiento en uno de los fantásticos *hammams* iluminados por la luz de las claraboyas que atraviesan la enorme piscina en forma de ameba del hotel (la más grande del sur de Turquía); un remanso de paz para los visitantes ricos y famosos, que se encuentran en distintos grados de desnudez.

Hapimag Sea Garden
'RESORT' €€€

(☎311 1280; www.hapimag-seagarden.com; Yalıçiftlik; h desde 104 € por persona, pensión completa incl.; 🏵@🌊🏄) Como una verdadera ciudad autónoma, es un extendido campus de instalaciones hoteleras y apartamentos dedicados a la diversión familiar.

Oeste de Anatolia

Los mejores alojamientos

» Kitap Evi (p. 266)

» Babüssaade Konak (p. 275)

» Ali's Pension (p. 294)

Los mejores restaurantes

» Arap Şükrü (p. 267)

» Kebapçi İskender (p. 267)

» Mavi Boncuk (p. 270)

Por qué ir

A menudo relegado a simple encrucijada entre muchos de los lugares más famosos de Turquía, el oeste de Anatolia cuenta con su propia colección de atractivos de sorprendente variedad.

Esta región, antaño el dinámico corazón del próspero Imperio otomano, presenta miles de emblemas arquitectónicos de orden mundial, muchos de los cuales han sido restaurados para recuperar su esplendor original y son ahora encantadores restaurantes y hoteles-*boutique*. También salpican el paisaje suntuosas estructuras religiosas que ostentan los azulejos típicos de la zona.

Antiguas civilizaciones fundaron aquí sus ciudades, desde los misteriosos frigios, con sus construcciones talladas en la roca, hasta los romanos imperiales, con su ingeniería a gran escala y sus características columnatas.

Además de estos homenajes al progreso humano, la región se precia de un memorable mosaico de maravillas naturales que parecen un muestrario de las demás regiones de Turquía.

Cuándo ir

Bursa

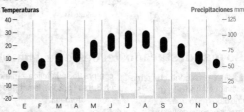

Enero y febrero
Deslizarse por las laderas de Uludağ, la principal estación de esquí de Turquía.

Julio y agosto
Escapar del calor en la aireada Eğirdir, en lo alto de los montes de Anatolia.

Septiembre
Disfrutar sin gentío de los cristalinos travertinos de Pamukkale.

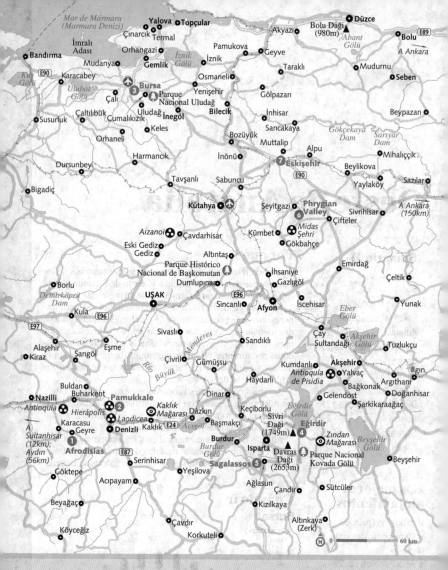

Lo más destacado del oeste de Anatolia

1 Asombrarse ante el enorme estadio de **Afrodisias** (p. 287), uno de los restos más impresionantes de Turquía.

2 Pisar de puntillas los cristalinos travertinos y bañarse entre columnas caídas en **Pamukkale** (p. 282).

3 Degustar suculentos kebabs y regatear en la compra de seda tejida a mano en **Bursa** (p. 258), la antigua capital otomana.

4 Dormirse arrullado por el sonido de las olas en **Eğirdir** (p. 291), y pasear luego por las cercanas ruinas a lo largo de la ruta de San Pablo.

5 Mojarse los dedos en la antigua fuente de **Sagalassos** (p. 290) y disparar la cámara en sus escalonadas calles romanas.

6 Recorrer las evocadoras ruinas de piedra del **valle de Frigia** (p. 272).

7 Maravillarse en la moderna **Eskişehir** (p. 274), una vívida alegoría de los ideales republicanos.

İznik

♫ 0224 / 23 200 HAB.

El aletargado pueblo de İznik, histórico centro productor de azulejos, da una bienvenida algo gris al viajero que se adentra en el oeste de Anatolia.

Historia

İznik fue fundada hacia el 1000 a.C., y su importancia creció bajo uno de los generales de Alejandro Magno en el 316 a.C. Un general rival, Lisímaco, la conquistó en el 301 a.C. y le dio el nombre de su esposa, Nikaea. Nicea se convirtió en la capital de la provincia de Bitinia, que se extendía a orillas del mar de Mármara. En el 74 a.C., toda la zona se incorporó al Imperio romano, pero las invasiones de godos y persas arruinaron la floreciente ciudad hacia el 300 d.C.

Bajo Constantinopla, Nicea recuperó su importancia. En el 325 d.C. se celebró aquí el primer Concilio Ecuménico, redactor del Credo de Nicea, que sentaba los principios básicos de la cristiandad.

Durante el reinado de Justiniano I [527-65 d.C.], Nicea se renovó con nuevos edificios y murallas contra la invasión de los árabes. Al igual que Constantinopla, Nicea no cayó nunca ante el asedio árabe, aunque sí, más adelante, ante los cruzados.

En 1331, el sultán Orhan conquistó İznik y estableció allí la primera escuela de teología otomana. En 1514, el sultán Selim I capturó la ciudad persa de Tabriz y mandó a sus artesanos a İznik. Los artesanos persas eran hábiles fabricantes de azulejos de colores, y pronto los hornos de İznik empezaron a producir fayenza, cerámica vidriada de cobre que todavía no tiene rival.

Gracias a la excelente labor de la Fundación İznik, la industria de los azulejos está experimentando un nuevo renacimiento.

◉ Puntos de interés y actividades

Casi todos los puntos de interés de İznik están protegidos tras las murallas de la ciudad.

Aya Sofya   RUINAS

(Iglesia de la Divina Sabiduría; entrada 7 TRY; ⊙9.00-19.00 ma-do) Lo que fue la iglesia de Santa Sofía es ahora una deteriorada ruina dormitando en una rosaleda de bonito diseño, y consta de tres estructuras completamente distintas. Un suelo de mosaico y un mural de Jesús con María y Juan Bautista sobreviven de la iglesia original.

Construida durante el reinado de Justiniano I y destruida por un seísmo en el 1065, fue reconstruida más tarde con mosaicos en las paredes. Tras la conquista otomana, la iglesia se convirtió en mezquita, pero un incendio lo destruyó todo de nuevo en el s. XVI. La reconstrucción fue supervisada por el gran arquitecto Mimar Sinan, que añadió azulejos de İznik a la decoración.

Yeşil Cami   MEZQUITA

Construida entre 1378 y 1387 bajo el sultán Murat I, la Yeşil Cami (Mezquita Verde) tiene proporciones de estilo selyúcida turco, con más influencias de Irán (cuna de los selyúcida) que de Estambul. Los azulejos verdes y azules en zigzag del minarete anunciaban la famosa industria que surgió pocas décadas después.

Museo de İznik   MUSEO

(İznik Müzesi; ♫757 1027; Müze Sokak; entrada 3 TRY; ⊙9.00-19.00 ma-do) Enfrente de la Yeşil Camii está el Museo de İznik, instalado en el antiguo comedor de beneficencia que el sultán Murat I construyó para su madre.

El parque del museo está lleno de estatuas de mármol. En su interior, las salas de altas paredes encaladas contienen ejemplares de los primeros azulejos de İznik, con sus colores azules lechosos y ricos "rojos de İznik". También pueden verse hallazgos de 8000 años de antigüedad recuperados en un cercano *tumulus* (túmulo funerario) de Ilıpınar, que según parece está relacionado con la cultura neolítica balcánica.

Al otro lado de la calle está la restaurada Şeyh Kutbettin Camii (1492).

Murallas y puertas de la ciudad   RUINAS

Las imponentes murallas de İznik, construidas en tiempos romanos, fueron más tarde reconstruidas y reforzadas bajo los bizantinos. Cuatro puertas principales, las de İstanbul Kapısı, Yenişehir Kapısı, Lefke Kapısı y Göl Kapısı, siguen seccionando las murallas, y también son evidentes los restos semiderruidos de otras 12 puertas menores y 114 torres. Algunos tramos de muralla siguen teniendo 10 o 13 m de altura.

Al este, la **puerta de Lefke** consiste de hecho en tres entradas de la era bizantina. Desde lo alto de las murallas puede verse una panorámica de los alrededores.

Igualmente impresionante, la **puerta de İstanbul** presenta enormes cabezas de piedra mirando hacia afuera. En cambio, poco queda de la **puerta del Göl (lago)**. Al suroeste están los restos de la **puerta del**

Saray (palacio), de menor importancia. El sultán Orhan [1326-1361] tenía un palacio cerca de allí. A poca distancia, dentro de las murallas, están las ruinas de un **teatro romano** de 15000 asientos.

Las murallas entre la **puerta de Yenişehir** y la puerta de Lefke siguen teniendo considerable altura. Un sendero a lo largo de la muralla da una idea de su tamaño.

Al entrar por la **puerta de Horoz (del gallo)**, de menor importancia, se encuentran las escasas ruinas de la **iglesia del Koimesis** (c. 800 d.C.), en el lado oeste de Kaymakam S Taşkın Sokak. Solo quedan algunos cimientos, pero en esta iglesia fue enterrado el emperador bizantino Teodoro I (Lascaris). Cuando los cruzados se apoderaron de Constantinopla en 1204, Lascaris huyó a Nicea y estableció allí su corte. Fue Lascaris quien construyó las murallas exteriores de Nicea, sostenidas por más de cien torres y protegidas por un ancho foso. En un último giro agridulce, la iglesia fue dinamitada tras la Guerra de Independencia.

🛏 Dónde dormir

Los hoteles de İznik pocas veces están completos, de hecho muchos de ellos han cerrado, dejando atrás sus carcasas más bien feas. Las mejores opciones de la ciudad

están junto al lago. También vale la pena preguntar en la **Fundación İznik** (p. 257); si no están ocupadas por sus artistas residentes o grupos de visitantes, suelen alquilar sus ocho habitaciones acogedoras y hogareñas en las plantas superiores. Los viajeros que deseen alojarse en un lugar algo más especial, podrían dirigirse al pueblo de Çamoluk, a 10 km de İznik, donde hay algunas habitaciones en casas particulares. El quiosco de información turística orientará con más detalle.

Cem Otel   HOTEL €€
(📞757 1687; www.cemotel.com; Göl Sahil Yolu 34; h 90 TRY; ✱) Cerca del lago y de las murallas, es un establecimiento que presenta buena relación calidad-precio, con TV y cantidad de espacio, especialmente en las suites adecuadas para las familias. Si no se consigue habitación con vistas al lago, siempre se puede tomar algo en la terraza del restaurante.

Çamlık Motel   HOTEL €€
(📞757 1632; www.iznik-camlikmotel.com; Göl Sahil Yolu; h 100 TRY; ✱) En el extremo sur de la orilla, este motel ofrece habitaciones espaciosas y un restaurante con vistas al lago. Solo algunas suites dan al lago, por lo que el Cem es una opción mejor. En el jardín juegan unos simpáticos perros.

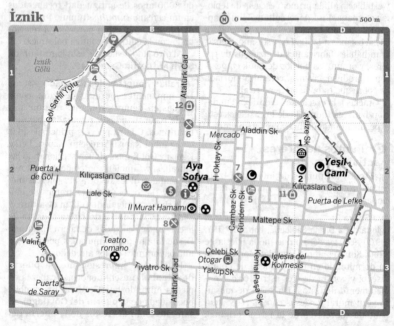

Kaynarca Pansiyon ALBERGUE €

(☎757 1753; www.kaynarca.net; Kılıçaslan Caddesi esq. Gündem Sokak 1; dc/i/d 20/35/60 TRY) Tranquilo y piadoso establecimiento donde las parejas de viajeros de distinto sexo no serán aceptadas sin un certificado de matrimonio. Quienes consigan cruzar la puerta encontrarán habitaciones sencillas pero limpias a precios bajos. Los dormitorios colectivos comparten una letrina turca, mientras que las de las habitaciones privadas son de estilo occidental. No hay conexión a Internet en la casa, hay que dirigirse a la tienda contigua (del mismo propietario).

✗ Dónde comer y beber

İznik es famoso por el pescado del lago y por la versión local de las *köfte* (albóndigas de carne). Al atardecer, se recomiendan los restaurantes en la orilla.

El barato **supermercado Bim** (Atatürk Caddesi; ☺9.30-21.30 lu-sa, 9.30-21.00 do) ofrece una selección bastante amplia de alimentos para almorzar junto al lago.

Köfteci Yusuf 'KÖFTECI' €

(Atatürk Caddesi 75; *köfte* por plato/kilo 6/30 TRY; ☺almuerzo y cena) Camareros con uniforme naranja sirven bandejas llenas de al-bóndigas planas acompañadas de gruesas rebanadas de pan y pimientos verdes picantes. Los incondicionales de las *köfte* pueden comprar la carne picada al peso.

Çamlık Restaurant PESCADO Y MARISCO €€

(Göl Sahil Yolu; *meze* desde 4 TRY, platos principales desde 8 TRY; ☺almuerzo y cena) Recomendado por los orgullosos autóctonos como el mejor de İznik para comer pescado, este restaurante es un anexo del hotel del mismo nombre. Para disfrutar de *mezes* sencillas con una cerveza fría en el jardín junto al lago.

Karadeniz 'PIDECI' €

(Kılıçaslan Caddesi esq. Yeni Mahalle 130; platos principales desde 5 TRY; ☺almuerzo y cena) Este concurrido establecimiento en la calle principal sirve sin cesar sus platos de *pide* y *lahmacun* (*pizza* de carne al estilo árabe).

Artı Bar BAR

(Göl Sahil Yolu) A la sombra de unos sauces llorones, este sencillo bar con jardín no es especialmente artístico ("artı" significa 'más'), pero es ideal para una cerveza cuando se pone el sol.

🔒 De compras

Los visitantes de İznik no deberían perderse la larga tradición de la ciudad como centro productor de azulejos, visible en decenas de talleres artesanos. La **Fundación İznik** (☎757 6025; www.iznik.com; Vakıf Sokak 13) es de visita obligada. Si se llama previamente, se puede realizar una visita gratuita al complejo y ver a las numerosas mujeres inclinadas sobre sus azulejos con finísimos pinceles en la mano.

Hay otras tiendas en algunas calles secundarias del centro; en el **Nilüfer Haltun** (☺8.30-20.30) detrás del Ministerio de Educación, en Kilicaslan Cad, unas jóvenes venden preciosos pendientes y colgantes en un agradable complejo de cedro con mesitas de té. Al norte de la rotonda de la Atatürk Caddesi, el **Sultan Hamamı** (☺9.00-21.00) es otro edificio restaurado que alberga varias tiendas de artesanías y una galería de arte.

ℹ️ Información

Cibercafé (1 TRY/h; ☺9.00-23.00) Al lado de la Kaynarca Pansiyon.

Quiosco de información turística (☺9.00-19.00 med may-med sep, 8.00-17.00 resto del año) Personal simpático. En la iglesia de Santa Sofía.

Producidos del s. xv al xvii, los azulejos de İznik fueron una destacada expresión artística del Imperio otomano. La Fundación İznik se creó para resucitar este arte perdido, mediante la recuperación de manuscritos del s. xv, la colaboración con universidades y la formación de artesanos.

Fabricados con un 85% de cuarzo procedente de las montañas alrededor de İznik, las excepcionales propiedades térmicas de los azulejos permiten mantener los edificios calientes en invierno y frescos en verano. Además, al reflejar las ondas del sonido, crean cualidades acústicas perfectas, motivos todos ellos por los que los azulejos de İznik fueron tan populares para decorar el interior de las mezquitas en tiempos otomanos.

En un soleado taller, encima de los hornos de la fundación, un equipo de diseñadoras (siempre mujeres) aplica a los azulejos blancos meticulosos y detallados dibujos florales. Siguiendo la tradición, solo se pintan flores en corte transversal.

❶ Cómo llegar y salir

Hay autobuses hacia Bursa (7,50 TRY, 1½ h) cada hora hasta cerca de las 19.00, y autobuses frecuentes hacia Yalova (7,50 TRY, 1 h).

Bursa

📞 0224 / 1,9 MILLONES DE HAB.

Bursa fue la primera capital del imperio antes de la toma de Estambul. Durante el s. xiv, la ciudad fue un modelo de progresismo y aspiraciones globales. La primera bolsa del mundo se estableció aquí, y al parecer la palabra "bolsa" deriva del nombre de la ciudad.

Hoy en día, Bursa se conoce en toda Turquía por su equipo de fútbol, el Bursaspor (ganador de la Süper Lig en el 2010), y por sus contribuciones culinarias: la receta del *İskender kebab* tuvo aquí su origen, y este plato de carne se ha vuelto tan popular que sus creadores han patentado el nombre (todos los demás deben llamarlo "kebab Bursa"). En cuanto a postres, destacan las *kestane şekeri*, deliciosas castañas confitadas, procedentes del cercano valle.

Los turistas apreciarán un paseo por los parques de la "verde Bursa" que serpentean entre un tablero de ajedrez de edificios comerciales modernos y elegantes mezquitas deterioradas. Aunque la ciudad palidece si se compara con la espectacular Estambul, a tan solo un par de horas, ofrece un atisbo excelente de la verdadera Turquía, ajena al flash de la cámara de los turistas.

Historia

El asentamiento de Bursa se remonta por lo menos al 200 a.C. Cuenta la leyenda que fue fundada por Prusias, el rey de Bitinia, pero pronto cayó en manos de Eumenes II de Pérgamo, y por lo tanto, bajo el poder romano.

Bursa cobró importancia en los primeros siglos de la cristiandad, cuando se construyeron los baños termales de Çekirge, aunque su lugar en el mapa se debe sobre todo a Justiniano I.

Con el declive del Imperio bizantino, la ubicación de Bursa, cerca de Constantinopla, llamó la atención de potenciales conquistadores, como los árabes y los turcos selyúcida. Tras barrer gran parte de Anatolia, en el 1075 los selyúcidas se apoderaron fácilmente de Bursa. Sin embargo, 22 años más tarde llegaron los primeros cruzados, y la ciudad entró en un ciclo de conquistas y reconquistas, cambiando de manos periódicamente durante los cien años siguientes.

Con la creciente inmigración de los turcos hacia Anatolia durante los ss. xii y xiii, empezaron a surgir pequeños principados alrededor de los señores de la guerra turcos. Uno de ellos, Ertuğrul Gazi, formó un pequeño estado cerca de Bursa, y en 1317 la ciudad fue asediada por su hijo Osman, que estableció la dinastía otomana. Finalmente, consiguió someter la ciudad hambrienta y la convirtió en su capital. El sucesor de Osman fue Orhan Gazi [1326-1359], que expandió el incipiente Imperio otomano y rodeó la capital bizantina de Constantinopla.

Orhan adoptó el título de sultán, acuñó las primeras monedas otomanas y, hacia el final de su reinado, consiguió dominar a los emperadores bizantinos, uno de los cuales, Juan IV Cantacuzeno, se convirtió en su aliado y suegro.

Aunque la capital otomana se trasladó a Edirne en 1402, Bursa siguió siendo una destacada ciudad. Tanto Osman como Orhan están enterrados aquí, y sus tumbas son todavía importantes monumentos.

Con la fundación de la República turca, Bursa se desarrolló como centro industrial. Las décadas de 1960 y 1970 marcaron un *boom*, con el establecimiento de las fábricas de Fiat (Tofaş) y Renault, y hoy en día el comercio sigue floreciendo en la ciudad.

◉ Puntos de interés y actividades

La extensa Bursa puede dividirse básicamente en tres secciones: Yıldırım, Osmangazi y Nilüfer (donde está el suburbio de Çekirge).

YILDIRIM

Al este de Heykel, en Setbaşı, la Namazgah Caddesi cruza el Gök Deresi (arroyo Gök), que se precipita por un espectacular barranco. Justo después del arroyo, la Yeşil Caddesi gira a la izquierda hacia Yeşil Camii y Yeşil Türbe, tras lo cual cambia de nombre y se convierte en Emir Sultan Caddesi.

Yeşil Camii   MEZQUITA

(Mezquita Verde; plano p. 260) A pocos minutos andando cuesta arriba desde Setbaşı, la Yeşil Camii, construida por Mehmet I entre 1419 y 1424, es un hermoso edificio que representa un punto de inflexión en el estilo arquitectónico turco. Hasta entonces, las mezquitas turcas reflejaban el estilo persa de los selyúcidas, mientras que con la Yeşil Camii surgió un estilo puramente turco, y su influencia es evidente en la arquitectura otomana de todo el país. Su armoniosa fachada presenta preciosos ornamentos de mármol tallado alrededor de la entrada principal, y si se estudian de cerca, se apreciará que las caligrafías alrededor de las hornacinas que enmarcan la puerta principal son todas distintas, y en algunos casos están inacabadas, debido al abandono de la construcción tres años después de la muerte de Mehmet I en 1421.

Al entrar, se pasa por debajo de los aposentos privados del sultán hasta una sala central con techo de bóveda y un mihrab (nicho que indica la dirección de La Meca) de 15 m de alto. Los azulejos azul verdoso de las paredes interiores dan su nombre a la mezquita, y también hay fragmentos de algunos frescos originales. Dentro de la entrada principal, una angosta escalera lleva

hasta el suntuosamente alicatado *hünkar mahfili* (cuarto privado del sultán), encima de la puerta principal. Aquí es donde residía el sultán, y su harén y sus sirvientes se alojaban en habitáculos menos lujosos a ambos lados.

GRATIS
Yeşil Türbe   EDIFICIO HISTÓRICO

(Tumba Verde; plano p. 260; ☺8.00-12.00 y 13.00-17.00) En un pequeño parque enmarcado de cipreses que rodea la mezquita está el Yeşil Türbe, el mausoleo de Mehmed I (5º sultán otomano), construido tras su muerte en 1421. En realidad, la estructura no es verde, los azulejos azules exteriores de Kütahya se añadieron tras el terremoto de Bursa en 1855. Sin embargo, esta renovación relativamente reciente no menoscaba su sublime y sencilla belleza, y los azulejos originales del interior siguen impresionando por su autenticidad.

Al rodear el mausoleo se apreciarán los azulejos con caligrafías que coronan varias ventanas. En el interior, la tumba más prominente es la del fundador de la Yeşil Camii, Mehmed I (Çelebi), rodeada de las de sus hijos. También hay un impresionante mihrab cubierto de azulejos.

Yıldırım Beyazıt Camii   MEZQUITA

(Mezquita de Beyazıt el Rayo; plano p. 260) Al otro lado del valle, enfrente de Emir Sultan Camii, se alzan las cúpulas gemelas de la Yıldırım Beyazıt Camii, que fue construida antes que la Yeşil Camii pero forma parte de la misma evolución arquitectónica.

Al lado de la mezquita está su madraza, el antaño seminario teológico, y ahora centro de salud público. Aquí están las tumbas del fundador de la mezquita, el sultán Beyazıt I, y de su hijo İsa.

Emir Sultan Camii   MEZQUITA

Reconstruida por Selim III en 1805 y restaurada a principios de los años 1990, la Emir Sultan Camii (plano p. 260) refleja la decadencia romántica del estilo rococó otomano, rico en maderas, curvas y arcos pintados en el exterior. El interior es sorprendentemente austero, pero su situación, al lado de un cementerio lleno de árboles que domina el valle, es muy agradable.

Para llegar hasta aquí, se puede tomar un *dolmuş* o cualquier autobús en dirección de Emirsultan. Andando desde Yeşil Camii y Yeşil Türbe, se pasa por un cementerio donde está la **tumba de İskender Usta**, el mismísimo maestro del kebab.

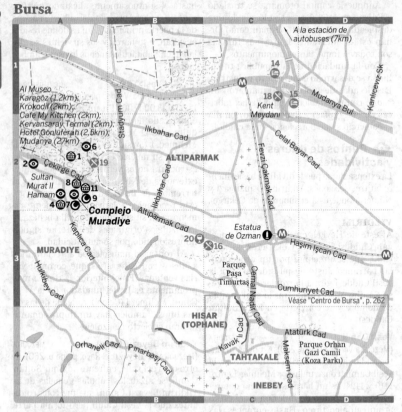

A la estación de autobuses (7km)

Al Museo
Karagöz (1,2km);
Krokodil (2km);
Cafe My Kitchen (2km);
Kervansaray Termal (2km);
Hotel Gönlüferah (2,5km);
Mudanya (27km)

Kent Meydanı

Mudanya Bul

Kanlıceviz Sk

Celal Bayar Cad

Stadyum Cad

Ilkbahar Cad

Fevzi Çakmak Cad

ALTIPARMAK

Çekirge Cad

Sultan
Murat II
Hamam

*Complejo
Muradiye*

Altıparmak Cad

Ilkbahar Cad

Kaplıca Cad

MURADIYE

Hülkbey Cad

Estatua
de Ozman

Haşim Işcan Cad

Parque
Paşa
Timurtaş

Cemal Nadir Cad

Cumhuriyet Cad

Véase "Centro de Bursa", p. 262

**HISAR
(TOPHANE)**

Kavaklı Cad

Atatürk Cad

Parque Orhan
Gazi Camii
(Koza Parkı)

Maksem Cad

Orhaneli Cad

Pınarbaşı Cad

TAHTAKALE

INEBEY

Museo de Arte Turco e Islámico MUSEO
(plano p. 260; entrada 3 TRY; ☺8.00-12.00 y
13.00-17.00) Cerca de la Yeşil Camii está su
madraza, que alberga ahora el Museo de
Arte Turco e Islámico. Su colección incluye
cerámicas preotomanas de İznik, la puerta
y las cortinas del mihrab originales de la
Yeşil Camii, joyas, bordados, caligrafías y
objetos de los derviches.

Irgandı Sanat Köprüsü EDIFICIO HISTÓRICO
(puente Irgandı; plano p. 262) Al otro lado del
río, al norte del puente Setbaşı, el edificio
Irgandı Sanat Köprüsü ha sido restaurado en estilo otomano, de tal forma que
en la actualidad presenta un conjunto de
pequeñas tiendas bajo sus encantadores
soportales (como un Ponte Vecchio en
miniatura). Con sus tranquilos cafés y
talleres de artesanos todos ellos muy comerciales, resulta un lugar interesante,
aunque algo turístico, para pasar una tarde en Bursa.

Museo Tofaş de Carruajes de Anatolia
MUSEO
(☎329 3941; Kapıcı Caddesi, Yıldırım; ☺10.00-
17.00 ma-do) Subiendo un corto tramo en
dirección sur desde Setbaşı, por la Sakal-
döken Caddesi, se llega a un pequeño museo de vehículos antiguos y carruajes de
caballos todavía más antiguos. Si los niños
están hartos de mezquitas, apreciarán un
agradable *picnic* en los preciosos jardines
otomanos. El museo está instalado en una
antigua fábrica de sedas.

CENTRO DE BURSA (OSMANGAZİ)
La plaza mayor de Bursa es la Cumhuriyet Alanı (plaza de la República), conocida
como Heykel (estatua) debido a su gran
monumento a Atatürk. La Atatürk Caddesi
sale al oeste de Heykel, pasa por el centro
comercial y lleva hasta la Ulu Cami (Gran
Mezquita). Más al oeste está la fantástica
pirámide de cristal azul del centro comer-

cial Zafer Plaza, un práctico punto de referencia al acercarse al centro de la ciudad.

Museo Municipal de Bursa MUSEO
(Bursa Kent Müzesi; plano p. 262; ☏220 2486; www.bursakentmuzesi.gov.tr; entrada 1,50 TRY; ◷9.30-17.30 ma-sa) El moderno Museo Municipal de Bursa ocupa los antiguos juzgados de la ciudad. Las salas de la planta baja cubren la historia de la localidad, con información sobre los distintos sultanes que la gobernaron. La exposición sobre la Guerra de Independencia es especialmente interesante. Casi todos los rótulos están en turco, por lo que conviene hacerse con el práctico folleto con traducciones en inglés. En las plantas superiores, las colecciones culturales y etnográficas no necesitan mucha explicación, y abajo en el sótano hay reconstrucciones de antiguas tiendas con vídeos que muestran artesanos trabajando con métodos antiguos. No hay que perderse las pantallas multimedia interactivas que permiten a los visitantes explorar la música gloriosamente retro y las carreras artísticas de algunas lumbreras de Bursa del siglo pasado.

Ulu Cami MEZQUITA
(plano p. 262) Dominando la Atatürk Caddesi, la colosal Ulu Cami es de estilo puramente selyúcida y sin duda la más imponente de las mezquitas de Bursa, fundada por Yıldırım Beyazıt en 1396. Su objetivo inicial, tras derrotar a los cruzados en la batalla de Nicopolis, era construir 20 nuevas mezquitas, pero sus grandiosos planes terminaron limitándose a una mezquita con 20 cúpulas pequeñas; a pesar de todo, Ulu Cami sigue siendo un fantástico logro arquitectónico. Un minarete de enorme circunferencia incrementa las 20 cúpulas del exterior, mientras que en el interior, el afán de megalómano se perpetúa con inmensos portales y un bosque de pilares de planta cuadrada. El *mimber* (púlpito) y la silla del predicador están adornados con exquisita madera tallada, y

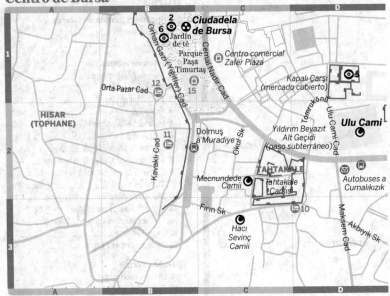

las paredes se hallan cubiertas de caligrafía. Cuenta la leyenda que la tradición del teatro de sombras Karagöz (véase p. 265) tuvo su origen durante la construcción de Ulu Cami.

Mercados centrales MERCADO

Detrás de la Ulu Cami, el extenso **Kapalı Çarşı** (mercado cubierto; plano p. 262) de Bursa se enorgullece de su carácter local, especialmente comparado con el Gran Bazar de Estambul, demasiado turístico para algunos. El *bedesten* (mercado cubierto) central fue construido a finales del s. XIV por Yıldırım Beyazıt, aunque fue reconstruido tras un terremoto en 1855.

Durante un paseo por el mercado, vale la pena buscar el **Eski Aynalı Çarşı** (antiguo mercado de espejos; plano p. 262), que en su origen era el Orhangazi Hamam (1335), o casa de baños de Orhan Camii Külliyesi, como lo indica el techo abovedado con sus claraboyas. Es un buen lugar para comprar marionetas Karagöz y otros artículos tradicionales.

El Kapalı Çarşı se desparrama por las calles circundantes, pero en algún momento se topa con la puerta de entrada al **Koza Han** (caravasar de los capullos de seda; plano p. 262), construido en 1490. Por supuesto, el edificio está lleno de tiendas caras de *ipek*

(seda). En el patio hay una pequeña mezquita construida por Yıldırım Beyazıt en 1491.

Al lado de la Ulu Cami está el **Emir Han** (plano p. 262), utilizado por muchos comerciantes de seda de Bursa. Servía de corral para los camellos de las caravanas de la seda y almacén de mercancías en las estancias de la planta baja. Camelleros y mercaderes dormían y cerraban negocios en las habitaciones de arriba. En el jardín del patio hay una preciosa fuente.

Ciudadela de Bursa CASTILLO

Osman Gazi ve Orhan Gazi Türbeleri; plano p. 262; entrada con donativo, tumbas y torre gratuita) Una empinada cuesta repleta de yacimientos arqueológicos domina la Cemal Nadir Caddesi. Esta parte, la más antigua de Bursa, estuvo antaño rodeada por murallas de piedra, todavía parcialmente visibles. Desde la Ulu Cami, se sube por la Orhan Gazi (Yiğitler) Caddesi, una calle parecida a una rampa que lleva en dirección oeste hasta la sección conocida como Hisar (fortaleza) o Tophane.

En lo alto, hay un parque con las **tumbas de los sultanes Osman y Orhan**, fundadores del Imperio otomano. Las estructuras originales quedaron destruidas por el terremoto de 1855 y fueron reconstruidas en estilo barroco otomano por el sultán Abdül

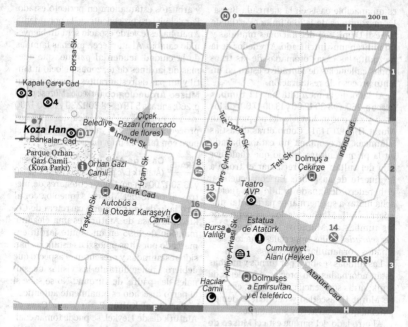

Centro de Bursa

Aziz en 1868. La tumba de Osman Gazi es la más ornamentada. Hay que descalzarse para entrar en ambos sepulcros.

Un **campanario** de seis plantas es el último de los cuatro que en su origen servían también de alarma contra incendios. A su lado, un delicioso **jardín del té** brinda buenas vistas del valle. Se pueden alquilar binoculares para contemplar mejor la ciudad enfrente, y el pico de Uludağ detrás; en cambio, no se precisará asistencia ocular para distinguir las torres gemelas de refrigeración, debido a las cuales los fans locales de los *Simpsons* han dado el apodo de "Springfield" a la ciudad.

COMPLEJO MURADIYE

Con un umbroso parque y un tranquilo cementerio, el complejo de la **Sultan II Murat (Muradiye) Camii** (plano p. 260) es un apacible oasis en la ajetreada Bursa. La mezquita es de 1426 e imita el estilo de la Yeşil Cami, con decoraciones pintadas y un mihrab muy intrincado. Alrededor de la mezquita las casas otomanas de las tranquilas callejuelas de Muradiye están en un lento proceso de restauración.

Al lado de la mezquita hay 12 **tumbas** (plano p. 260; ☻8.30-12.00 y 13.00-17.00) de los ss. xv y xvi, que incluyen la del propio sultán Murat II [1421-1451]. Como otras dinastías islámicas, la otomana no estaba basada en la primogenitura, por lo que cualquier hijo del sultán podía reclamar el trono a la muerte de su padre. En consecuencia, el heredero designado (o hijo más fuerte) solía matar a sus hermanos para evitar una guerra civil. Muchos de los ocupantes de las tumbas de Muradiye, incluidos todos los *şehzades* (hijos imperiales), fueron asesinados por familiares cercanos.

Las tumbas se abren por turnos y muchas están adornadas con preciosos azulejos de İznik; otras son sencillas y sobrias, como la de Murat II, ascético y derviche a tiempo parcial, que es austera y sin adornos.

Al otro lado del parque está el **Museo de las Casas Otomanas** (Osmanlı Evi Müzesi; plano p. 260; entrada 2 TRY; ☻10.00-12.00 y 13.00-17.00 ma-do), aunque pocas veces hay alguien para abrir la puerta. En el lado occidental de las tumbas está la **Muradiye Medresesi**, una madraza del s. xv, rehabilitada en 1951 como clínica para tuberculosos.

El cercano **Museo Ulumay de Trajes Tradicionales y Joyería Otomana** (Osmanlı Halk Kıyafetleri ve Takıları Müzesi; plano p. 260; İkincimurat Caddesi; entrada 6 TRY; ☻9.00-19.00) alberga una impresionante colección privada, abierta en el 2004 en la madraza restaurada de Sair Ahmet Paşa, de 1475, con cerca de 70 trajes y más de 350 piezas de joyería.

A poca distancia cuesta arriba, detrás del *hammam* del sultán Murat II, está indicado el camino hacia **Hüsnü Züber Evi** (plano p. 260; Uzunyol Sokak 3; entrada 3 TRY; ☻10.00-12.00 y 13.00-17.00 ma-do). No siempre hay alguien para abrir la puerta, pero vale la pena intentarlo, al igual que un paseo sin rumbo por las callejuelas de pequeñas tiendas y deterioradas casas otomanas de sus alrededores.

KÜLTÜR PARKI

El Parque de la Cultura (plano p. 260) está al norte del complejo Muradiye, pero algo más abajo. Todo el parque fue diseñado de nuevo en el 2006, y sus céspedes, árboles y arbustos están ahora en perfecto estado. Para el viajero procedente de la polvorienta Anatolia, este verde espacio será un bienvenido cambio. Al atardecer, muchas familias de la ciudad acuden al parque, que además de jardines de té, zonas de ocio infantil y un par de restaurantes, cuenta con un **Museo Arqueológico** (Arkeoloji Müzesi; plano p. 260; entrada 5 TRY; ☻8.30-12.30 y 13.30-17.00 ma-do), una colección clásica de hallazgos procedentes de los yacimientos locales, pero con falta de información.

GRATIS **Casa de Atatürk** EDIFICIO NOTABLE (Atatürk Evi; plano p. 260; ☻8.30-12.30 y 13.30-17.00 ma-do) Unos centenares de metros al oeste del Museo Arqueológico, al otro lado de la transitada carretera de Çekirge, la Casa de Atatürk es una elegante mansión de 1895 en un bonito jardín enmarcado por altos pinos. Las estancias han sido restauradas y presentan el aspecto que debieron tener durante las visitas ocasionales del 'padre' de Turquía. No se sabe si el perro disecado es igualmente auténtico.

Para ir al Kültür Parkı y a la Casa de Atatürk desde Heykel, se puede tomar cualquier autobús o *dolmuş* en dirección de Altıparmak, Sigorta o Çekirge.

ÇEKİRGE

En dirección noroeste, la Atatürk Caddesi se convierte en Cemal Nadir Caddesi, luego Altıparmak Caddesi, y finalmente Çekirge Caddesi, que lleva hasta el suburbio balneario de Çekirge, a 10 minutos en autobús. Las aguas calientes, ricas en minerales, que brotan de las laderas del Uludağ, han sido famosas por sus virtudes terapéuticas desde tiempos antiguos, e incluso hoy en día

SEDA DE BURSA

La cría de gusanos de seda es una industria local, con una historia casi tan larga como la de la propia ciudad. Cada mes de abril, los campesinos compran los gusanos de seda en las cooperativas, se los llevan a casa y los alimentan con hojas de morera. Una vez han hilado sus capullos, los llevan al Koza Han para venderlos. En junio o en septiembre, podrán verse algunos de los 14 000 campesinos dedicados a esta industria regateando en la compraventa de enormes sacos de valiosos capullos blancos de seda.

muchos enfermos pasan semanas allí para recuperarse. Casi todo el mundo se aloja en hoteles con sus propios baños de aguas minerales, y también hay varios *kaplıcalar* (baños termales) independientes.

La arteria principal de Çekirge es la I Murat Caddesi (Birinci Murat Caddesi). Para llegar hasta aquí, se toma un autobús o un *dolmuş* (ambos 1,50 TRY) desde Heykel o Atatürk Caddesi hacia Çekirge o SSK Hastanesi.

Yeni Kaplıca
'HAMMAM'

(236 6955; Mudanya Caddesi 10; 6.00-23.00) En el lado noroeste del Kültür Parkı, el baño Yeni (nuevo) fue renovado en 1522 por Rüstem Paşa, el gran visir del sultán Solimán el Magnífico, en el lugar de unos baños mucho más antiguos construidos por Justiniano I. Además del baño Yen también están los baños Kaynarca (hirvientes), solo para mujeres; y los baños Karamustafa, aptos para las familias. La última entrada es a las 22.00; un masaje completo de media hora vale 25 TRY.

Eski Kaplıca
'HAMMAM'

(233 9300; entrada hombres/mujeres 55/50 TRY; 7.00-22.30) Los baños más atractivos son quizás los Eski Kaplıca, en la periferia este de Çekirge y regentados por el contiguo Kervansaray Termal Hotel. Son de mármol cremoso y las salas de aguas calientes tienen piscinas para zambullirse. El precio incluye jabón, champú, sauna y masaje.

I Murat (Hüdavendigar) Camii
'HAMMAM'

El otro elemento principal de Çekirge's es la peculiar I Murat Camii, detrás del Ada Palas Oteli. Su diseño básico incorpora un plano en T invertida, del período otomano primitivo, que apareció primero en el *imaretı* (comedor de beneficencia) de Nilüfer Hatun en İznik. Aquí, las alas en forma de T tienen bóvedas de cañón en lugar de cúpulas. En la parte frontal de la planta baja hay un *zaviye* (albergue de derviches). La galería de la 2ª planta, construida como madraza, no es evidente desde dentro excepto por la *loge* (recámara) del sultán, en el centro de la parte trasera de la mezquita. Desde el exterior se diría casi que es un edificio cristiano.

Sarcófago del sultán Murat I
EDIFICIO HISTÓRICO

El enorme sarcófago del sultán Murat I [1359-1389], que murió en Kosovo cuando intentaba sofocar una rebelión de sus súbditos albaneses, bosnios, búlgaros, húngaros y serbios, puede verse en la tumba enfrente de la mezquita, al otro lado de la calle. Un cercano jardín del té con buenas vistas de la ciudad está muy concurrido por las familias de Bursa al final del día.

Circuitos

Karagöz Travel Agency
CIRCUITOS LOCALES

(plano p. 262; 221 8727; www.karagoztravel. com; Kapalıçarşı esq. Eski Aynalı Çarşı 4) Ofrece interesantes circuitos locales, que

---

TEATRO DE MARIONETAS DE SOMBRAS

Además de sus kebabs y su seda, Bursa también es muy conocida como cuna del teatro de marionetas de sombras de Karagöz, una tradición que llegó a Bursa de Asia central, desde donde se extendió por todo el territorio otomano. Las marionetas están hechas de cuero de camello, tratadas con aceite para que se vuelvan traslúcidas, y animadas con pinturas de colores. Los artistas manipulan las marionetas tras una tela blanca sobre la que se proyectan mediante iluminación trasera.

Cuenta la leyenda que uno de los capataces que trabajaban en la Ulu Camii de Bursa era un jorobado llamado Karagöz. Junto con su ayudante, Hacivat, solía hacer tales payasadas que los demás trabajadores abandonaban sus tareas para contemplarles. El sultán, furioso por este motivo, condenó a muerte a los dos bellacos, pero sus espectáculos cómicos quedaron inmortalizados en el teatro de sombras de Karagöz. En el 2006, ambos cobraron una nueva dimensión gracias a la película de Ezel Akay *Hacivat & Karagöz*, protagonizada por Haluk Bilginer y Beyazit Öztürk.

En Bursa, Şinasi Çelikkol se ha esforzado en mantener vigente la tradición de las marionetas de Karagöz, y su aportación fue imprescindible en la creación del **Museo Karagöz** (Karagöz Müzesi; 232 3360; www.karagozmuzesi.com; Çekirge Caddesi 59), enfrente del monumento del mismo nombre. Alberga una pequeña colección de marionetas, con algunos ejemplares magníficos procedentes de Uzbekistán. A menudo, aprendices anglófonos de este arte se prestan a enseñar el museo a los visitantes y ofrecerles información sobre el peculiar elenco de Karagöz.

incluyen visitas a la ciudad y excursiones a Cumalıkızık.

✹✹ Fiestas y celebraciones

El **Uluslararası Bursa Festival** (www.bursa festivali.org), un consolidado festival de música y danza, se celebra durante tres semanas en junio y julio. Su variada programación presenta joyas como grupos gitanos de Europa del Este, *fado* portugués y algún dudoso placer ocasional como Julio Iglesias. Es muy asequible, con entradas para los principales conciertos que rondan las 20 TRY. En julio el **Golden Karagöz Dance Festival** congrega compañías internacionales.

En noviembre, el **Karagöz Festival** reúne teatro de marionetas de sombras de Karagöz y otros grupos de marionetas occidentales durante cinco días de actuaciones y festividades.

🛏 Dónde dormir

En Bursa, la regla básica es muy sencilla: la calidad depende exclusivamente del precio. La ciudad no se precia de ser una localidad turística, por lo que casi todos los alojamientos están en la categoría de hoteles de clase preferente. Los presupuestos más limitados solo tendrán opciones de dos y tres estrellas; los más sensibles al tabaco deberán ver unas cuantas habitaciones antes de decidirse. Nuevas opciones están surgiendo cerca de Kent Meydanı, más allá del centro de la ciudad. Los viajeros con ciertos conocimientos de turco pueden solicitar una rebaja de 10 o 20 liras en el precio, los demás no tendrán muchas posibilidades de regatear. Los hoteles-balneario en el suburbio de Çekirge (unos 3 km al oeste del centro) son los alojamientos más relajantes.

Kitap Evi HOTEL-'BOUTIQUE' €€€
(Hotel Librería; plano p. 262; ☎225 4160; www.kitapevi.com.tr; Kavaklı Mahallesi esq. Burç Üstü 21; i/d/ste 90/120/220 €; ✴@) En un centro urbano lleno de anodinos hoteles de clase *business*, el Kitap Evi ha puesto el listón muy alto con su conjunto de habitaciones espléndidamente equipadas, en una mansión otomana rehabilitada. Antaño una antigua librería, el Kitap Evi (que significa 'casa de libros') tenía una fiel clientela de tendencias artísticas, y gran parte de su anticuado esplendor ha inspirado la decoración del hotel. Hileras de estantes de libros y maletas de cuero vacías dan la bienvenida a los huéspedes, que se retiran luego al claustro interior (ahora un restau-

rante con encanto; p. 268), o se acurrucan con una buena lectura en su cama *karyola* en la planta superior. La habitación nº 1 cuenta con un *hammam* de mármol en el cuarto de baño.

Hotel Gönlüferah HOTEL DE LUJO €€€
(☎233 9210; www.gonluferah.com; Murat Caddesi, Çekirge; i/d 85/115 €; ✴@☀) Abierto en 1890, este hotel en la cima de una colina es una mezcla perfecta de encanto tradicional y comodidades modernas. Las habitaciones son de una elegancia indiscutible, con sus suntuosas alfombras, cabeceras de cama acolchadas y cuartos de baño completamente modernos. Es la mejor opción para quienes quieran alojarse cerca de las aguas termales de Çekirge. El hotel ofrece paquetes de *spa* durante el día (20 TRY por persona) a los no residentes que quieran sudar al estilo turco.

Black Cloud Hotel HOTEL DE NEGOCIOS €€
(Plano p. 260; ☎253 7575; www.blackcloudhotel. com; Ulubatlı Hasan Bulvarı 33; i/d 90/160 TRY; ✴@) Quizá no sea el mejor nombre para un hotel, pero el "nube negra" (traducción literal del nombre del dueño) ofrece habitaciones renovadas por el precio de otras, avejentadas, en el centro. Cuentan con TV de plasma y modernos cuartos de baño, y el rincón del desayuno está adornado con llamativos motivos troquelados.

Safran Otel PENSIÓN €€
(Plano p. 262; ☎224 7216; www.safranotel.com; Arka Sokak 4; i/d 80/150 TRY; ✴) Cerca de las tumbas de Osman y Orhan, en el barrio histórico que domina la ciudad, está instalado en una mansión restaurada con tonalidades doradas y acentos de madera noble barnizada. El estilo otomano no se prolonga en las habitaciones (excepto por alguna alfombra), pero es a pesar de todo un alojamiento acogedor.

Otantik Club Hotel HOTEL-'BOUTIQUE' €€€
(☎211 3280; www.otantikclubhotel.com; Soğanlı; i/d 75/110 €, ste 160-180 €; ✴✴@) Enclavado en el jardín botánico de Soğanlı (a unos 7 km del centro), es un tributo a la suntuosidad otomana con influencias disneynianas. El soleado vestíbulo acoge a los clientes entre coloridas alfombras turcas y rústicas paredes de piedra cubiertas de retratos históricos. Arriba, las generosas suites están bañadas en oscuros tonos aterciopelados, y todas cuentan con *hammam* privado y chimenea antigua. Las habitaciones estándar también son confortables, pero carecen en

gran parte del añejo encanto de Bursa. Dos buenos restaurantes y un íntimo bar aportan los esenciales toques finales.

Kervansaray Termal
HOTEL DE LUJO €€

(☎233 9300; www.kervansarayhotels.com; Çekirge; d desde 87 €; ❄ ✦ @) Es el intento más logrado en cuanto a hotel de lujo de la ciudad, un extenso complejo hotelero que mezcla las comodidades modernas con el antiguo estilo otomano. El elemento central es el antiguo *hammam*, donde abundantes aguas termales reconfortan los cuerpos cansados. Las habitaciones estándar están algo gastadas y podrían renovarse con algo más de estilo.

Tuğcu Hotel
HOTEL DE NEGOCIOS €€€

(Plano p. 260; ☎256 4500; www.tugcuhotel. com; Karşış Celal Bayar Caddesi 195; i/d 90/120 €; ❄ @) Quizá se tome demasiado en serio, pero el rápido y eficiente servicio es una prioridad en esta flamante opción cerca de Kent Meydanı. Un extraño ascensor con mando táctil lleva a los huéspedes hasta las habitaciones modernas y cuidadas, con mobiliario de venta por correo. Un detalle: el personal está muy orgulloso de la instalación que permite hacerse su propia tortilla para el desayuno.

Hotel Efehan
HOTEL DE NEGOCIOS €€

(Plano p. 262; ☎225 2260; www.efehan.com.tr; Gümüşçeken Caddesi 34; i/d 100/130 TRY; ❄ @) Aunque no ganará ningún concurso de belleza, es el hotel con mejor relación calidad-precio en el centro. El personal es simpático y las habitaciones están amuebladas con un estilo estándar y familiar, más propio de un veterano hotel internacional. Su ventaja principal, sin embargo, es el comedor del desayuno en la última planta con evocadoras vistas de la ciudad a través de sus grandes ventanales. Las habitaciones cerca del ascensor son mejores que las suites orientadas al sur, puesto que la llamada a la plegaria desde la mezquita vecina despertará a los dormilones más empedernidos.

Otel Güneş
ALBERGUE €

(Plano p. 262; ☎222 1404; İnebey Caddesi 75; i/d 28/48 TRY) Es una de las pocas opciones económicas de Bursa, un animado establecimiento en pleno corazón de la ciudad que consigue como por arte de magia alojar a la familia del dueño y a una pandilla de mochileros en un espacio más bien reducido. Las habitaciones pequeñas y los cuartos de baño compartidos son la norma; en la misma calle, más abajo, hay un pintoresco establecimiento para comprar el desayuno.

Hotel Çeşmeli
HOTEL €€

(Plano p. 262; ☎224 1511; Gümüşçeken Caddesi 6; i/d 60/100 TRY; ❄) Muy cerca del mercado de Bursa, ofrece habitaciones algo deslucidas, pero con un servicio exclusivamente femenino, por lo que será una excelente opción para las viajeras. Es fácil de encontrar, justo detrás de una fuente pública a la que acuden con extraña presteza los autóctonos, como si llevaran cuarenta años perdidos en el desierto.

✕ Dónde comer y beber

¡Que los carnívoros se preparen! Bursa es famosa en todo el país por su *İskender kebab*, generosamente servido en numerosos locales de la ciudad. Cuestan a partir de unas 18 TRY por una *bir porsiyon* (porción) o 27 TRY por una *bir buçuk porsiyon* (porción y media). Otro producto típico de Bursa son las *kestane şekeri* (castañas confitadas, también llamadas *marron glacé*), que contentarán a cualquier goloso después de un ágape de carne. Los fines de semana (sobre todo los domingos), el *brunch* de Cumalıkızık es muy popular.

Arap Şükrü
COCINA DEL EGEO €€

(Plano p. 260; Sakarya Caddesi; *mezes* 4-20 TRY; ☺almuerzo y cena) Si alguien se pregunta dónde se meten todos los autóctonos al caer la noche (especialmente los fines de semana), encontrará la respuesta en esta maravillosa callejuela empedrada con un desbordante laberinto de mesas cubiertas por manteles de tela. Antaño el corazón del barrio judío, y conocida oficialmente como Sakarya Caddesi, la calle lleva el nombre de Arap Şükrü, un veterano de la Guerra de Independencia que a su regreso abrió un restaurante de pescado y marisco. Su éxito fue tan fulgurante, que sus descendientes siguieron con el negocio, y hay ahora una docena de restaurantes con el mismo nombre en esta calle. Parlanchines ganchos intentan atraer a la clientela con ofertas de mesas especiales, aunque el comensal que elija una al azar tampoco notará mucha diferencia, y podrá saborear deliciosas *karides güveç* (gambas a la cazuela), excelentes platos de pulpo, y *raki* con gruesas tajadas de melón, mientras escucha la briosa actuación de los músicos gitanos. Arap Şükrü está a unos 10 minutos andando desde la Ulu Cami.

Kebapçı İskender
'KEBAPÇI' €€

(Plano p. 262; Ünlü Caddesi 7; iskender kebab 18 TRY; ☺almuerzo y cena) Una leyenda nacional, este restaurante de kebab tenuemente iluminado abrió sus puertas en 1867 para servir lo que se convertiría en uno de los platos de carne más populares del país. De hecho, tuvo tanto éxito que los dueños patentaron el nombre: *İskender kebap*. Hoy en día, retratos del bueno de Izzy adornan las paredes del edificio. Hay unas doce sucursales en toda Bursa, pero este es el establecimiento original. Caso de visitar el jardín botánico de Soğanlı, se recomienda ver su álter ego más grande, con cortinas de satén en los comedores y un "museo" dedicado a la apreciada carne recortada.

İskender 'KEBAPÇI' €€
(Plano p. 262; Atatürk Caddesi 60; platos principales 14,75 TRY; ☺almuerzo y cena) Este céntrico local también afirma ser el lugar de origen del *İskender kebap*. Conviene dejar los tejemanejes legales a los abogados, y disfrutar de los kebabs algo más baratos, pero igualmente sabrosos, en una confortable estancia de madera, en la calle principal.

Cafe My Kitchen INTERNACIONAL €€
(☑234 6200; www.cafemykitchen.com; Çekirge Caddesi 114; *pizza* 11-18 TRY, platos principales 17-24 TRY; ☺almuerzo y cena; 🛜) ¿Mucho ruido y pocas nueces? Quizá, pero este flamante restaurante (antes *Sui*) sirve platos internacionales en un ambiente elegante. Lámparas industriales y toldos color rojo pintalabios se ciernen sobre la clientela autóctona que hojea revistas del corazón en los sofás y brinda en el bar de vinos. La imponente mansión marfileña en la parte de atrás esconde un interior moderno propicio para selectas cenas.

Mahfel Mado BAR-RESTAURANTE €
(Plano p. 260; Namazgah Caddesi 2; platos principales 5-10 TRY; ☺desayuno, almuerzo y cena) Si se ha almorzado a base de kebabs, probablemente no se tendrá apetito para la cena, y lo mejor será entonces dirigirse al café más antiguo de Bursa para tomar un *dondurma* (helado) de una de las marcas turcas más conocidas; se pueden comprar y llevar, o degustar en las mesas bajo la sombra de los árboles y en medio de una clientela de veinteañeros. El local está situado junto a un fantástico barranco.

Kitap Evi INTERNACIONAL €€€
(Plano p. 262; www.kitapevi.com.tr; Kavaklı Mahallesi esq. Burç Üstü 21; platos principales 15-30 TRY; ☺desayuno, almuerzo y cena; 🛜) Quien no tenga medios para alojarse en este hotel con encanto puede por lo menos darse el lujo de probar la variada oferta internacional del restaurante de la casa. El hotel fue una librería, y el patio interior, con sus altas paredes de piedra, cantarina fuente y olivos retorcidos, era el lugar de encuentro de los intelectuales locales que se reunían para hablar de literatura y quizá producir sus propias obras. Es sin duda un lugar muy evocador, perfecto para actualizar el *blog*. ¡Cuidado con la tortuga residente!

Uludağ Kebap 'KEBAPÇI' €
(Plano p. 260; Kent Meydanı; platos principales 8-12 TRY; ☺almuerzo y cena; 🛜) Si no se sufre de sobredosis de carne tras zamparse platos enteros de *İskender kebap*, se puede probar un "Bursa kebap" (lo mismo, con otro nombre) en Uludağ. Como el İskender, hay varias sucursales de esta sabrosa cadena; la mejor situada es la versión más sofisticada en la planta baja de Kent Meydanı, con un diseño que parece inspirarse en el contiguo Starbucks.

Gren BAR-CAFÉ €
(Plano p. 260; ☑223 6064; www.grencafe.com; Sakarya Caddesi 46) Lo más parecido a un local 'modernillo' de la ciudad, se autoproclama "primer café de fotografía". Con una ecléctica mezcla de fotos en blanco y negro y antiguas cámaras, es ideal para relajarse con una copa de cualquier cosa tras una animada comida en la cercana calle Arap Şükrü.

Krokodil ITALIANA €€€
(Çekirge Meydanı, Zübeyde Hanım Caddesi; platos principales 15-30 TRY; ☺desayuno, almuerzo y cena) Es un clásico de Bursa, en la rotonda principal de Çekirge, que lleva más de 25 años complaciendo a sus clientes con su extensa carta de vinos, agradable ambiente campestre y sabrosas recetas italianas.

Yusuf LOCAL €€
(Plano p. 260; Kültür Parkı; *mezes* 4-14 TRY; ☺almuerzo y cena) Mientras las autoridades locales siguen manteniendo a la última las casas de té y restaurantes con terraza del Parque de la Cultura, la "casa de José" parece una reliquia de tiempos pasados, con camareros en esmoquin y alegres autóctonos consumiendo nebulosos vasos de *rakı*.

Şifne MARISCO €€€
(Soğanlı; *mezes* 3-15 TRY, platos principales 15-25 TRY; ☺cena) En el Otantik Club Hotel, este restaurante, que lleva el nombre de la aldea de pescadores cerca de Çeşme, sirve como era de esperar buen pescado y marisco. Aunque Bursa esté tierra aden-

tro, este restaurante goza de excelente reputación y es mucho más discreto que los bulliciosos locales de la Arap Şükrü.

Oylum BAR-RESTAURANTE €€
(Ovlu Caddesi; platos principales 13-22 TRY; ⊘almuerzo y cena; 🛜) Es un pequeño complejo con varios restaurantes y locales nocturnos situado 1,5 km más abajo de Çekirge. El Big Momma's sirve sabrosas *pizzas* (hay que evitar la Tex-Mex) mientras que el Veni Vidi presenta música turca en directo cada noche (está de camino a Mudanya). A pesar de las marcas internacionales del complejo, apenas se verá algún extranjero. Está a 200 m de la estación de metro Paşa Çiftliği.

🛍 De compras

Bursa también es famosa por sus sedas, y el mejor lugar donde comprarlas es el **Koza Han** (Caravasar de los Capullos; ⊘8.30-20.00 lusa, 10.30-18.00 do) en el centro. Las tiendas están distribuidas alrededor del patio cuadrangular. Hay que preguntar siempre si es seda sintética o natural antes de comprar, los dependientes suelen ser honestos. Otras artesanías pueden comprarse en **Bali Bay Han** cerca del Zafer Plaza.

En cuanto a las famosas *kestane şekeri* (castañas confitadas), pueden adquirirse en **Kafkas** (www.kafkas.com; ⊘7.00-23.30); hay una sucursal de la cadena enfrente del restaurante İskender, al otro lado de la Atatürk Caddesi.

ℹ Información

Hay una oficina de correos (con muchas cabinas telefónicas) y numerosos cajeros automáticos en la Atatürk Caddesi, así como varias oficinas de cambio en el mercado cubierto.

Oficina de turismo (plano p. 262; ⊘9.00-17.00 lu-vi, hasta 18.00 sa) Por debajo de la Atatürk Caddesi, en la hilera de tiendas en la entrada norte de Orhan Gazi Alt Geçidi. Horarios fluctuantes pero personal simpático.

Peligros y advertencias

El denso tráfico y la falta de semáforos dificultan el cruce de la Atatürk Caddesi, por lo que hay que utilizar los *alt geçidi* (pasos subterráneos). En la Atatürk Geçidi (la más cerca de Heykel) hay un ascensor para discapacitados; la floristería cercana tiene la llave.

ℹ Cómo llegar y salir

Avión

Hay vuelos directos entre Bursa (Yenişehir) y Antalya, Erzurum y Trabzon; **Turkish Airlines**

(www.thy.com) ofrece información actualizada sobre los aviones hacia Bursa.

Autobús

La *otogar* (estación de autobuses) de Bursa está 10 km al norte del centro por la carretera de Yalova. En la tabla se ofrece información sobre las principales rutas y tarifas de los autobuses.

La forma más rápida para ir a Estambul es tomar el metro y el autobús hasta Mudanya, y luego el **'ferry' rápido 'İDO'** (📞444 4436; www.ido.com.tr). También hay *ferries* entre Estambul y la cercana Yalova.

Los autobuses *karayolu ile* (por carretera) hasta Estambul dan toda la vuelta a la bahía de İzmit y tardan cuatro o cinco horas. Los llamados *feribot ile* (por *ferry*) llevan hasta Topçular, al este de Yalova, y luego en *ferry* hasta Eskihisar, un trayecto mucho más rápido y agradable.

ℹ Cómo desplazarse

A/desde la estación de autobuses

El lento autobús urbano n° 38 recorre los 10 km entre la *otogar* y el centro (2 TRY, 45 min). De regreso a la *otogar*, sale de la parada 4 en la Atatürk Caddesi. El autobús n° 96 va directo de la *otogar* a Çekirge (2 TRY, 40 min).

El taxi desde la *otogar* hasta el centro ronda las 20-25 TRY.

Autobús

Los autobuses urbanos de Bursa (BOİ; 2 TRY) llevan su destino final y paradas intermedias indicadas en el parabrisas y los lados. Enfrente del Koza Parkı, al otro lado de la Atatürk Caddesi, hay una serie de paradas de autobús amarillas con los correspondientes destinos y paradas claramente indicados. Entre otros, hay autobuses hacia el Botanik Parkı, la estación de autobuses, y Cumalıkızık.

Hoy en día, todos los autobuses urbanos funcionan con un sistema prepago; los billetes pueden comprarse en los quioscos o tiendas cerca de casi todas las paradas de autobús (hay que buscar la señal BuKART). Hay varias opciones de bonos multiviaje para quien se quede unos días en la ciudad.

'Dolmuş'

En Bursa, coches y microbuses funcionan como *dolmuşes*. El destino está indicado por una señal luminosa en el techo. Los *dolmuşes* suelen ser tan baratos como el autobús y mucho más rápidos y frecuentes, especialmente entre el centro de Bursa y Çekirge.

Los *dolmuşes* hacia Çekirge pasan por el Kültür Parkı, Eski Kaplıca y I Murat Camii, y salen de una gran terminal de *dolmuş* al sur de Heykel. Otros *dolmuşes* esperan enfrente del Koza Parkı. Cuestan 1,5 TRY de Heykel a Çekirge.

Metro

El billete de metro (2 TRY) y es muy práctico para ir a Mudanya si se va hasta Estambul por mar.

Taxi

De Heykel a Muradiye 5 TRY; 10 TRY a Çekirge.

Alrededores de Bursa

CUMALIKIZIK

📞0224 / 700 HAB.

La antigua aldea otomana de Cumalıkızık era desconocida, incluso para los ciudadanos de Bursa, hasta el 2000, cuando se rodó allí la popular serie *Kınalı Kar* (Henna en la nieve). El turismo empezó entonces a llegar, y las tiendas de recuerdos empezaron a atraer a los visitantes amantes del estrellato. Años después, la fama estelar del pueblo ha disminuido y hoy en día, su atractivo principal es el mercado del domingo por la mañana. Muchos habitantes de Bursa vienen los fines de semana para un tranquilo *brunch* en una serie de restaurantes rústicos con jardín, o para comprar fruta fresca, miel de producción local y artesanías. El resto de la semana, solo se verán por las empinadas y angostas callejuelas algunos de sus apacibles habitantes. Aunque ya no sea un pueblo de Anatolia perfectamente auténtico, Cumalıkızık hace todo lo posible para redefinir los conceptos de "pintoresco" y "tradicional".

🛏 Dónde dormir y comer

En casi todas las casas de la calle principal se puede desayunar y almorzar. Solo hay dos alojamientos oficiales.

🪶 Mavi Boncuk   PENSIÓN €

(📞373 0955; www.cumalikizik-mavibon cuk.com; Saldede Sokak; h 65 TRY por persona, desayuno incl.) La pensión "cuenta azul" o "contra el mal de ojo", está situada en una antigua casa del pueblo en medio de jardines colgantes. Los confortables espacios comunes están cubiertos de cojines bordados y en la planta de arriba, las acogedoras habitaciones son perfectas para escapar del mundo (se recomienda la nº 6). El desayuno (20 TRY) es insuperable, y atrae un flujo constante de bursanos que vienen a degustar sus mermeladas caseras, sus deliciosas *menemen* (especie de tortilla), pan recién hecho y tostado a la brasa, y turbio café turco. Es el tipo de tranquilo restaurante con el que se desearía contar en el vecindario habitual.

Konak Pansiyon   PENSIÓN €

(📞372 3325; www.bulanlarkonak.com; d 60 TRY) En una casa muy bien restaurada, ofrece ocho habitaciones y prestaciones que abarcan desde colchones en el suelo al estilo otomano hasta camas de matrimonio enormes. El encantador restaurante de enfrente sirve una selección estándar de kebabs, ensaladas, *mezes* y *gözleme* entre grandes y frondosos árboles.

ℹ Cómo llegar y salir

Es muy sencillo llegar al pueblo desde Bursa, ya sea en *dolmuş* (1,50 TRY) o con el autobús nº 82 (2 TRY). Hay una salida cada hora, más o menos, y los microbuses suelen salir cuando reúnen suficientes pasajeros. El transporte sale cada 15 minutos los domingos, cuando los

SERVICIOS DESDE LA 'OTOGAR' DE BURSA

DESTINO	TARIFA (TRY)	DURACIÓN (H)	DISTANCIA (KM)	FRECUENCIA (DIARIA)
Afyon	30	5	290	8
Ankara	40	6	400	cada hora
Bandırma	15	2	115	12
Çanakkale	30	5	310	12
Denizli	42	9	532	varios
Eskişehir	15	2½	155	cada hora
Estambul	20	3	230	frecuentes
İzmir	25	5½	375	cada hora
İznik	7,50	1½	82	cada hora
Kütahya	20	3	190	varios
Yalova	9	1¼	76	cada media hora

bursanos vienen a almorzar aquí. Caso de llegar en vehículo privado, hay un aparcamiento municipal en la entrada del pueblo (a la izquierda en el edificio azul), que costará un par de liras. Para ir a la Mavi Boncuk, se puede emprender una carretera secundaria detrás del pueblo; la pensión cuenta con su propio aparcamiento.

MUDANYA
📞 0224 / 35120 HAB.

La dinámica ciudad costera de Mudanya es perfecta para quienes no tengan tiempo suficiente para visitar la costa del Egeo. Rica en historia griega, ha estado habitada desde hace miles de años, gracias sobre todo a su estratégica situación a orillas del Mármara. En la era moderna, la ciudad se hizo famosa por el Armisticio de Moudania firmado por Italia, Francia, Gran Bretaña y Turquía el 11 de octubre de 1922 (Grecia lo firmó a regañadientes tres años más tarde). El tratado reconocía la soberanía turca sobre las tierras al oeste de Edirne, incluidos Estambul y los Dardanelos. El Tratado de Lausana, un par de meses después, especificaba los detalles fronterizos. Una prominente casa blanca, en el extremo oeste de la ciudad, conmemora el acontecimiento con fotografías.

🛏 Dónde dormir

Montania   HOTEL DE LUJO €€
(📞554 6000; www.montaniahotel.com; İstasyon Caddesi; i/d/ste 150/220/300 TRY; ❄@) El hotel más famoso de Mudanya ocupa la antigua aduana francesa, construida en 1849. Hoy en día, el Montania ha sido ampliado con varias estructuras e incluye un lujoso club de natación privado. Las habitaciones no son nada del otro mundo (las mejores son las de los números 100 y 200), pero cuentan con algunos toques de diseño, como paredes de acento sorprendentemente originales.

Golden Butik Hotel   HOTEL €€
(📞554 6464; www.goldenbutikotel.com; Mustafa Kemalpaşa Caddesi 24; i/d 70/120 TRY; ❄@) Un poco más arriba de la Eski Camii, en la misma calle, este pequeño hotel mezcla antiguas esencias otomanas con decoraciones modernas. En los pasillos hay grandes fotos en blanco y negro de antiguos generales turcos, y en la parte de atrás un verde claustro permite a los residentes disfrutar de un tranquilo desayuno, que está incluido en el precio.

Hotel Ferah   HOTEL €€
(📞554 9956; mudanya@mudanyaferahhotel.com; Halitpaşa Caddesi 75; i/d 60/120 TRY; ❄) Frecuentado por muchos visitantes árabes, este sencillo establecimiento ofrece una serie de

soleadas habitaciones encima de un popular puesto de *döner*. Conviene evitar las pintadas en color naranja fluorescente. Con menos estilo que el Golden Butik, el hotel tiene sin embargo despejadas vistas del mar.

❶ Cómo llegar y salir

Desde el centro de Bursa, se toma el metro (2 TRY) hasta el final de línea, y luego un autobús público (3 TRY). Para regresar, hay *dolmuşes* más cómodos. En Mudanya hay un *ferry* hacia Estambul (www.ido.com.tr), la forma más rápida y fácil para llegar hasta allí desde Bursa.

ULUDAĞ
📞 0224

Con su cercanía a Estambul, Bursa y Ankara, Uludağ (Gran Montaña; 2543 m), en las afueras de Bursa, es la estación de esquí más popular de Turquía. Un *teleferik* (teleférico) sube hasta Sarıalan, a 7 km del pueblo de Uludağ, donde se encuentra la zona de los hoteles (y llamada, por supuesto, "Oteller"). El conjunto de alojamientos y establecimientos de alquiler de esquís cobra vida en la temporada de la nieve, de diciembre a principios de abril, y cae en un letargo el resto del año. Aunque no se pretenda esquiar ni emprender la subida de tres horas hasta la cima, vale la pena venir en cualquier momento del año para disfrutar de las vistas y el aire fresco y puro del Parque Nacional Uludağ.

Al final del recorrido del teleférico, en Sarıalan, hay algunos tenderetes de comidas y bebidas y una rústica zona de acampada del parque nacional que suele estar completa. Lo mejor es visitar la "Gran Montaña" en una excursión de un día durante el verano; en www.uludaghotels. com se encontrará información sobre los alojamientos disponibles en temporada de esquí; algunas grandes cadenas hoteleras turcas, como la Anemon, tienen aquí confortables instalaciones.

❶ Cómo llegar y salir

Se puede tomar un autobús urbano de Bursa en la parada nº 1, o un *dolmuş* marcado "Teleferik" (2 TRY) detrás del museo de la ciudad, hasta la terminal inferior del teleférico, a 15 minutos de Heykel. Los funiculares (8 TRY ida y vuelta, 30 min) salen cada 40 minutos entre 8.00 y 22.00 en verano, y entre 10.00 y 17.00 en invierno, si el viento y el clima lo permiten. Cuando hay mayor afluencia, salen cada vez que embarcan 30 pasajeros.

El teleférico para primero en Kadıyayla, y sigue subiendo hasta el final de línea en Sarıalan (1635 m). Durante la ascensión, las mejores vistas de Bursa se verán desde la parte trasera del teleférico.

Los *dolmuşes* desde el centro de Bursa hasta Uludağ (7,50 TRY) y Sarıalan (10 TRY) salen varias veces al día en verano y con más frecuencia en invierno.

En el km 11 hay que parar y pagar la entrada al **parque nacional** (5 TRY por vehículo). La zona de los hoteles está a 11 km de la entrada.

El viaje de regreso puede ser difícil en verano, por la escasez de transporte público. En invierno, *dolmuşes* y taxis suelen hacer todo lo posible por sacar algún dinero del viaje de descenso, por lo que hay que regatear con firmeza.

Valle de Frigia

Los monumentos del valle de Frigia (Frig Vadisi) son las reliquias más impresionantes que han sobrevivido de los tiempos de los frigios. Aunque no se esté interesado en aquella civilización, el valle es una parte muy hermosa de Turquía, prácticamente ignorada por el turismo. Escarpados promontorios sembrados de abetos ocultan olvidadas ruinas, y el agreste y espectacular paisaje rivaliza con el de Capadocia.

El valle de Frigia puede dividirse en tres secciones, centradas alrededor de las tres ciudades principales de la zona: Eskişhir, Kütahya y Afyon. Las ruinas cerca de Afyon son sin duda las mejores, seguidas de las de Eskişehir, mientras que las de Kütahya son más pequeñas y de limitado interés.

◉ Puntos de interés

Casi todas las ruinas son accesibles por pistas de tierra y a veces pueden ser muy difíciles de encontrar, incluso cuando están justo al lado. Poco a poco, va mejorando el estado de las calzadas, y los municipios locales están recogiendo fondos para asfaltar una 'ruta turística' por la región.

RUINAS DE ESKİŞEHIR

De Seyitgazi a Afyon, por el **valle Yazilikaya**, se gira hacia el sur tras unos 3 km por una carretera en mal estado, donde una señal color marrón indica el camino de Midas Şehri. Más adelante, una señal a la derecha indica el camino de 2 km hasta el **Doğankale** (castillo del Halcón) y el **Deveboyukale** (castillo de la Altura del Camello), ambos consistentes en formaciones rocosas con cuevas antaño habitadas.

Todavía más al sur, otra accidentada pista a la derecha lleva al cabo de 1 km a la **Mezar Anıtı** (Tumba Monumental), una tumba restaurada, tallada en la roca.

Siguiendo hacia el sur hay otro sepulcro parecido a un templo, llamado **Küçük Yazılıkaya** (Pequeña Piedra con Inscripciones).

Midas Sehri está unos kilómetros después de Küçük Yazılıkaya. Los arqueólogos llaman a esta importante sección Midas Şehri (Ciudad de Midas) aunque es en realidad el pueblo de **Yazılıkaya** (Roca con Inscripciones), 32 km al sur de Seyitgazi.

Las ruinas de Yazılıkaya están concentradas alrededor de una roca enorme. Las entradas (3 TRY) se venden en la biblioteca enfrente de las escaleras que llevan a las ruinas. El simpático encargado distribuye a los visitantes el excelente folleto "Tierras altas de Frigia", que suele guardar en la parte de atrás de su coche. Otro folleto, el de "Eskişehir", contiene buenos mapas de todo el valle de Frigia, y una guía esencial para explorar Yazılıkaya.

Esculpida en la blanda toba, la llamada **tumba de Midas** es un relieve de 17 m de alto, cubierto de motivos geométricos y parecido a la fachada de un templo. En su base hay un nicho donde se exponía una efigie de Cibeles en ciertas festividades. Alrededor de la tumba hay inscripciones en alfabeto frigio, una de ellas con el nombre de Midas. Los frigios que vivían en las llanuras que hay a sus pies vinieron a rezar aquí durante siglos.

Detrás de la tumba de Midas, un sendero baja hasta un túnel, y pasa luego por otra **tumba** más pequeña, inacabada y en un punto más alto de la roca. El sendero sube hasta la cima de un montículo, que fue una **acrópolis**. Aquí se encuentra una piedra escalonada, supuestamente un **altar** que pudo servir para los sacrificios, además de restos de paredes y caminos. No es fácil orientarse, incluso con un mapa, pero los elementos principales son fáciles de distinguir. Fue aquí, en esta acrópolis, donde se encontraron los primeros indicios de recolección de agua, mediante pozas excavadas en la roca donde se guardaba el agua de lluvia para la temporada seca.

RUINAS DE AFYON

En la pequeña aldea de Doğer hay un *han* (caravasar) que se remonta a 1434. Suele estar cerrado y hay que pedir la llave en el edificio municipal de enfrente. Desde allí, unos caminos de tierra llevan hasta el **Emre Gölü** (lago Emre), cubierto de liliáceas y do-

LOS FRIGIOS

Llegados al centro de Anatolia procedentes de Tracia hacia el año 2000 a.C., los frigios hablaban un idioma indoeuropeo, con un alfabeto parecido al griego, y establecieron su reino con la capital en Gordion (p. 419), 106 km al oeste de Ankara. El imperio floreció durante los ss. VIII y VII a.c. bajo una sucesión de reyes de Midas y de Gordias hasta que fueron derrocados por los cimerios a principios del s. VII. Aunque los cimerios saquearon e incendiaron Gordion, y asesinaron a muchos dirigentes frigios, la cultura frigia siguió floreciendo bajo los nuevos líderes y los posteriores conquistadores lidios.

Teniendo en cuenta que habitaban en cavernas, los frigios desarrollaron una cultura sofisticada e inclinada hacia las artes. Estaba basada en la cultura griega, pero con marcada influencias neohititas y hurritas. Se les atribuye la invención de los frisos, los bordados y numerosos instrumentos musicales, como el clarinete doble, la flauta, la lira, la zampoña, el triángulo y los címbalos. No está nada mal para unos cavernícolas... una especie de músicos de *rock* primitivos.

La civilización frigia alcanzó su cénit hacia los años 585-550 a.C., cuando se construyeron los monumentos tallados en la roca de Midas Şehri, los ejemplos más impresionantes de escultura frigia todavía existentes. Muchos museos de Anatolia contienen reliquias frigias, que ofrecen un fascinante atisbo de una cultura que salvó la distancia entre lo "primitivo" y lo "avanzado" entre las malezas y las rocas del centro de Turquía.

---

minado por un pequeño edificio de piedra antaño utilizado por los derviches; es un lugar perfecto para un *picnic*. También hay una formación rocosa con una tosca escalinata, llamada Kirkmerdiven Kayalıkları (Lugar rocoso con 40 escalones). El camino de tierra sigue durante 4 km hasta **Bayramaliler** y Üçlerkayası, con formaciones rocosas llamadas *peribacalar* (chimeneas de hadas), parecidas a las de Capadocia.

Después de Bayramaliler está el **valle Göynüş** (Göynüş Vadisi), con hermosas tumbas frigias talladas en la roca y decoradas con leones *(aslantaş)*. Este valle está a 3 km andando desde la ruta principal de Eskişehir a Afyon.

En el pueblo de **Ayazini** hubo antaño un asentamiento rocoso llamado Metrópolis. Todavía puede verse un templo enorme con su ábside y su cúpula esculpidos en la roca, y una serie de tumbas talladas en la roca con imágenes de leones, soles y lunas.

Alrededor del pueblo de Alanyurt hay más cuevas en **Selimiye** y chimeneas de hadas en **Kurtyurdu**. Otra concentración se encuentra alrededor de Karakaya, Seydiler e İscehisar, entre otras la roca parecida a un búnker llamada **castillo Seydiler** (Seydiler Kalesi).

☞ Circuitos

Con la creciente popularidad de la zona, los operadores turísticos han empezado a ofre-

cer excursiones de un día por el valle, casi siempre con salida desde Eskişehir. Es una actividad todavía muy incipiente, y habrá que preguntar sobre el terreno para encontrar una agencia de viajes que organice este tipo de circuito, para el que suele requerirse un mínimo de 4 personas.

En Afyon, hay de momento dos empresas que pueden encargarse de organizar un circuito por el valle de Frigia: **Ceba** (✆213 2715; A. Türkeş Bulvarı C/2 Erçelik Sitesi) y **Aizanoi** (✆213 1080; Ordu Bulvarı, Çamlı 62/31). En Eskişehir, la oficina de turismo informará al respecto.

ℹ Cómo llegar y desplazarse

Para hacer realmente justicia al valle de Frigia lo mejor es alquilar un vehículo y explorar la zona. **Arhan** (✆213 1080; Ordu Bulvarı Çamii 62/31) y **Kaya** (✆212 5100; Dumlupinar Mh Süleyman Çaruş Caddesi Ozgün Sitesi C Blok Altı 27) son dos recomendables empresas de alquiler de coches en Afyon, que ofrecen vehículos con seguro por 85-100 TRY. Si se dispone de seguro propio, serán unas 60 TRY por día.

Incluso con un vehículo privado, puede ser todo un reto encontrar algunas de las ruinas, puesto que se funden fácilmente con el paisaje. Casi todas están señalizadas con grandes carteles de color marrón, pero, a pesar de todo, a menudo habrá que armarse de paciencia. Cuando se redactó ésta guía, había serios planes de completar una 'ruta turística' asfaltada que uniría muchos de los lugares más impresionantes del valle.

Con un presupuesto reducido, se pueden visitar algunas de las ruinas de Afyon en *dolmuş*. Desde el centro de Afyon hay microbuses con destino a Ayazini por la carretera principal de Afyon a Eskişehir; dejan en una iglesia, desde donde hay que andar 500 m hasta Metrópolis. Para regresar, se toma un *dolmuş* de Ayazini a Afyon, pero se baja en Gazlıgöl (a mitad del camino, aprox.) para hacer transbordo con un *dolmuş* hacia Doğer. Los autobuses que recorren el trayecto entre Afyon y Eskişehir pueden dejar en cualquier punto intermedio, aunque será prácticamente imposible encontrar un vehículo para regresar, después de visitar las ruinas, debido al escaso tráfico en la zona.

Eskişehir

☑ 0222 / 720 000 HAB.

Eskişehir es una de las sorpresas más deliciosas del oeste de Anatolia, y aunque su nombre significa 'Ciudad Vieja', esta dinámica urbe es completamente moderna.

El alcalde de la ciudad, afectuosamente conocido como *hoca,* o "maestro", es un ex profesor de economía y parece hacer trucos de magia con el presupuesto municipal. De hecho, es un personaje tan reverenciado que se ha convertido en una especie de Atatürk en el ámbito urbano. En los últimos 10 años, la ciudad se ha transformado en una verdadera obra de arte cívica. Grandes bulevares y arterias peatonales perfectamente mantenidas se extienden entre una serie de ornamentados puentes. En el barrio alto está el histórico distrito otomano con sus mansiones fantásticamente rehabilitadas, y más allá hay dos extensos campus universitarios, que dan a la ciudad un aire maravillosamente vivaz y progresista.

⊙ Puntos de interés y actividades

Eskişehir cambia sin cesar, con nuevos museos y puntos de interés que abren cada temporada. Vale la pena preguntar sobre el terreno para enterarse de la actualidad cultural; sus habitantes están muy orgullosos del dinamismo de la ciudad. Existe el proyecto de abrir un nuevo **Museo Arqueológico** en el 2011, con más de dos mil objetos que reflejarán los 10 000 años de historia de la región.

GRATIS **Barrio otomano**   ZONA HISTÓRICA
El antiguo barrio otomano, o *eski* Eskişehir, es una asombrosa comunidad de elegantes mansiones situadas a cierta altura, más arriba de la parte más moderna de la ciudad. Generosos fondos gubernamentales han contribuido a la restauración de muchas estructuras, y el barrio cuenta ahora con un hotel, un restaurante y varios museos excelentes. No hay que perderse el **Museo de Cristal Artístico Contemporáneo** (⊙ 10.00-17.00 ma-do), con una colección internacional realmente admirable de obras de arte en cristal. La tradición del cristal fundido se remonta a los tiempos de los faraones, y un egiptólogo local (profesor en una de las universidades de la ciudad) ha revivido este arte y abierto un estudio. Destaca la maravillosa lámpara de araña en el patio central, que parece una amalgama de fuegos artificiales y muelles de somier sueltos. Cuando se redactó esta guía, los conservadores estaban montando un museo de cera en el sótano.

Complejo Atlıhan   EDIFICIO NOTABLE
(Pazaroğlu Sokak 8; ⊙ 9.00-22.00) Eskişehir es famosa por su "oro blanco" o *meerschaum* (*luletaşı* en turco), una piedra blanca, ligera y porosa que se extrae en las aldeas de la zona para darle forma de pipas y otros objetos. El complejo Atlıhan comprende un puñado de artesanos que venden sus obras en este material. En **Ak-Tas** (☑ 220 6652; Pazaroğlu Sokak 8; ⊙ 9.00-22.00), una de las tiendas, hay un taller en la trastienda donde el visitante puede observar el proceso de esculpido e incluso, a veces, poner a prueba su propia destreza.

Parque Kent   PARQUE
El hermoso "Parque de la Ciudad" es una obra maestra cívica que abarca distintos puntos de interés y actividades. Su atractivo principal es la playa pública artificial, muy concurrida en verano (las tumbonas valen 4 TRY). También vale la pena mencionar los establos que ofrecen deliciosos paseos en coche de caballos por la ciudad (10 TRY), y las góndolas que se pueden alquilar para navegar por el río de la zona (10 TRY por barca). Los senderos, perfectos para un romántico paseo, forman también parte del plan del alcalde para convertir la ciudad en la "Aşk-şehir" (Ciudad del Amor) de Turquía.

Parque Sazova   PARQUE
Lindante con el centro urbano, en un antiguo cañaveral (*sazova* significa 'cañaveral'), el parque más reciente de la ciudad se extiende tras imponentes puertas verdes.

Un enorme jardín japonés (según dicen, el más grande del mundo fuera de Japón) ofrece a los visitantes apacibles espacios para pasear y meditar. Más adelante hay un complejo parecido al Epcot, alrededor de un pequeño lago. Un gigantesco castillo de cuento de hadas lo domina desde sus alturas, y a la izquierda está el enorme barco pirata *Calyon,* una zona de juegos insuperable para los niños. Cuando se redactó esta guía, se estaba construyendo un planetarium. El taxi del centro de la ciudad al parque Sazova vale 10 TRY.

Dónde dormir

Babüssaade Konak HOTEL HISTÓRICO €€
(Hotel-*boutique* Babüssade; ☎233 7877; www.babussaade.com; Türkmenhoca Sokak 29; i/d/ste 120/160/360TRY; ❄@) Sus suntuosas habitaciones, adornadas con antigüedades, están distribuidas por un espacioso conjunto de mansiones otomanas bellamente restauradas. Los exteriores presentan una atractiva paleta de rojos cremosos, dorados y azules, mientras que elaborados kílims adornan los interiores decorados con pericia. El **restaurante** de la casa (platos principales 18-32 TRY; ⊗desayuno, almuerzo y cena) ocupa dos suntuosas plantas que exhiben sin pudor toda su extraordinaria opulencia.

Grand Namlı Otel HOTEL €€
(☎322 1515; www.namliotel.com.tr; Üniversite Caddesi 14; i/d 99/169 TRY; ❄@) Con todos los requisitos de un alojamiento realmente confortable: limpio, espacioso, renovado, con buen servicio, etc., este céntrico hotel presenta una de las mejores relaciones calidad-precio de la ciudad. La familia Namlı se hizo famosa por su comercio de productos alimenticios de gama alta, por lo que no hay que perderse los asombrosos bufés del desayuno. Posibilidad de negociar un descuento.

Ibis Hotel HOTEL €
(☎211 7700; www.ibishotel.com; Siloönü Sokak 5; i/d 100/180 TRY) En la misma calle que el Namlı, un poco más arriba y al otro lado de las vías del tren, esta contribución al sector hotelero de Eskişehir es una sorprendente excepción entre los establecimientos de cadena hotelera, construida en un silo rehabilitado.

Dónde comer y beber

La ciudad cuenta con una sorprendente y abundante oferta de restaurantes locales e internacionales, frecuentados por una variada clientela de autóctonos, estudiantes y residentes extranjeros. Por la noche, lo mejor es la calle peatonal principal, con ornamentados puentes entre las cuidadas orillas del río. En la Mahmut Kızılcıklı Caddesi también hay una buena muestra de cafés y bares elegantes, y la omnipotente cadena **Kebapçı İskender** de Bursa tiene una sucursal en el parque Sazova.

Has Kırım Çibörekçisi TÁRTARA €
(Atalar Caddesi 20/A; platos principales 4-8 TRY; ⊗10.30-21.00) En Eskişehir viven muchos tártaros, con la consiguiente presencia de varios restaurantes de su cocina tradicional. Una de las opciones más populares es este sencillo establecimiento de paredes amarillo claro y cortinas azules. Está especializado en *çiğ börek* (pasta de hojaldre rellena de carne) de Crimea (Kırım). Está situado en la estación de tranvía de Mahmure, y hay una sucursal en el parque Kent.

Mezze COCINA DEL EGEO €€
(☎230 3009; Pehlivan Caddesi 15A Nâzım Hikmet Sokak 2; platos principales desde 10 TRY; ⊗almuerzo y cena) El pescado y marisco de este restaurante, muy apreciado por una clientela internacional, es tan fresco y sabroso que el comensal creería encontrarse en una *meyhane* (taberna) en la costa de Bodrum. Su terraza al aire libre es ideal para observar a los transeúntes de la calle peatonal.

Osmanlı Evi COCINA LOCAL €€
(Yeşil Efendi Sokak 22; platos principales 3,50-14 TRY, *brunch* 12,50 TRY; ⊗desayuno, almuerzo y cena) La "Casa Otomana" tiene un ilustre pasado de 200 años y Atatürk incluso se alojó aquí durante su campaña independentista. Hoy en día, las estancias del servicio en la parte de atrás han sido transformadas en una gran cocina, y los huéspedes pueden degustar su buena gastronomía local en cualquiera de las ornamentadas salas del edificio principal (con extraordinarios techos). Desde el pequeño y polvoriento aparcamiento al otro lado de la calle se divisan estupendas vistas de la ciudad. Está en una bocacalle detrás de la Kurşunlu Camii.

222 Park INTERNACIONAL €€€
(www.222park.com; Pehlivan Caddesi 15A; platos principales desde 12 TRY; ⊗almuerzo y cena) Este complejo conocido simplemente como 222 (es decir, "two-two-two", no en turco, *iki-iki-iki,* que no suena tan bien) pretende superar en *glamour* al Reina, el palacio del

ocio de Estambul. Sus restaurantes selectos podrían estar en Londres o Nueva York, y a menudo se puede escuchar música en directo. Está situado enfrente del centro comercial Espark.

❶ Información

La **oficina de turismo** (📞230 1752) está en el edificio Valiliği (gobierno regional) en el lado suroeste de la İki Eylül Caddesi.

Hay cibercafés y cajeros automáticos en el extremo sur de la Hamamyolu Caddesi.

❶ Cómo llegar y desplazarse

Turkish Airlines (www.thy.com) informa en detalle sobre los vuelos a Bursa.

Desde la *otogar* hay autobuses regulares a Afyon (3 h), Ankara (3¼ h), Bursa (2½ h), Estambul (6 h), y Kütahya (1½ h).

La **estación de trenes** de Eskişehir es una importante terminal, y hay varios servicios desde Estambul (4-6 h) y Ankara (2½-4 h) día y noche.

La estación de trenes está situada al noroeste del centro, y la *otogar* 3 km al este. Tranvías y autobuses circulan desde la *otogar* hasta Köprübaşı, el céntrico distrito al norte de la Hamamyolu Caddesi.

Todo el transporte público de la ciudad funciona con prepago, y los billetes (2 TRY) se compran en taquillas o quioscos. Hay tranvías, autobuses urbanos y *dolmuşes* para ir a la vasta *otogar*; deben llevar el cartel de "Terminal" o "Yeni Otogar". El taxi desde Köprübaşı vale unas 10 TRY.

Kütahya

📞0274 / 212 400 HAB.

Sería injusto negarle cualquier encanto a Kütahya, sin embargo, esta localidad bastante provinciana pocas veces figura en los listados de visitas imprescindibles. Es conocida en todo el país por su producción de porcelana y azulejos, al igual que İznik, pero a diferencia de esta ciudad, que ha sabido realizar su pedigrí en el sector artesano y de gama alta, Kütahya prefiere los productos industrializados y poco inspirados. En la ciudad hay varios museos interesantes sobre los hornos que consolidaron su pasado y cada mes de julio, la historia cobra vida en la feria de artesanías de Dumlupınar. Kütahya cuenta también con una universidad, pero la ciudad es mucho menos variada y progresista que la dinámica Eskişehir.

Historia

Los primeros habitantes de Kütahya de los que se tiene noticia fueron los frigios. En el

546 a.C. fue conquistada por los persas, y estuvo luego bajo el poder de una serie de soberanos, incluidos Alejandro Magno, los reyes de Bitinia y los emperadores romanos y bizantinos, que dieron a la ciudad el nombre de Cotiaeum.

Los primeros turcos en llegar fueron los selyúcidas, en 1182. Expulsados por los cruzados, regresaron para fundar el Emirato de Germiyan (1302-1428), con Kütahya como capital. Los emires cooperaron con los otomanos de la cercana Bursa, y a la muerte del último emir sus tierras quedaron incorporadas al creciente Imperio otomano. Tamerlán llegó arrasando a principios del s. XV, e hizo de Kütahya su cuartel general temporal antes de regresar a Asia Central.

Cuando Selim I se apoderó de Tabriz en 1514, trajo consigo todos sus artesanos de la cerámica a Kütahya e İznik. Desde entonces, las dos ciudades han rivalizado en la calidad de sus azulejos.

⦿ Puntos de interés y actividades

Una enorme **fuente con forma de jarrón** marca la Zafer (Belediye) Meydanı, la plaza mayor de la ciudad, dominada por el *vilayet* (sede del gobierno provincial) y el *belediye* (ayuntamiento). La principal calle comercial de la ciudad es la Cumhuriyet Caddesi, que se extiende en dirección suroeste desde el *vilayet* hasta la **Ulu Cami**, que ha sido restaurada con esmero en distintas ocasiones desde su construcción en 1410. Los azulejos locales lo adornan todo, desde los escaparates de las tiendas hasta el mobiliario urbano.

Museo Arqueológico　　　MUSEO
(Arkeoloji Müzesi; 📞224 0785; entrada 3 TRY; ⊙9.00-13.00 y 14.00-17.45 ma-do) El Museo Arqueológico está al lado de la Ulu Cami en la Vacidiye Medresesi, construida por Umur bin Savcı, de la familia Germiyan, en 1314. Su elemento central es un sarcófago romano del templo de Zeus de Aizanoi, con escenas grabadas de amazonas en combate. También hay hallazgos del valle de Frigia e interesantes estelas votivas romanas.

GRATIS **Museo de Cerámica**　　MUSEO
(Çini Müzesi; 📞223 6990; ⊙9.00-18.45 ma-do) El Museo de Cerámica está en la İmaret Camii, enfrente de la Ulu Cami, bajo una magnífica cúpula. Casi toda la colección consiste de cerámica de Kütahya, incluida la del maestro artesano Hacı

SEYİTGAZİ

Seyitgazi, 43 km al sureste de Eskişehir, está dominada por el **complejo de la mezquita de Battalgazi** (entrada 5 TRY), construido en la cima de la colina en el s. XIII. Con elementos de la arquitectura selyúcida y otomana, el complejo contiene también piezas de mármol supuestamente procedentes de las ruinas de la ciudad romano-bizantina de Nacolea. La mezquita conmemora a Seyit/Seyyid Battal Gazi, un gigantesco guerrero que combatió con los árabes contra los bizantinos y resultó muerto en el 740. Su tumba, increíblemente alargada, está en una cámara lateral de la mezquita principal.

Entre los elementos del *külliye* figuran una *aşevi* (cocina) con ocho altas chimeneas, una *semahane* (sala de baile) donde se reunían los derviches, y una madraza con varias *çilehanes*, o "lugares de sufrimiento", sombrías celdas donde vivían (y morían) los devotos, verdaderos ermitaños con sus coranes como única compañía. Las paredes están cubiertas de inscripciones caligráficas cantando las alabanzas de Battal Gazi.

Hay autobuses de Eskişehir a Seyitgazi (5 TRY, 45 min), y algunos que van de Eskişehir a Afyon también pasan por aquí.

Hafiz Mehmet Emin Efendi, que trabajó en la estación Haydarpaşa de Estambul. Como deferencia a la principal rival de la ciudad, también hay maravillosos azulejos de İznik y muchos bordados hermosos. A un lado está la tumba de azulejos azules de Yakup Bey, del s. XIV.

Dönenler Camii   MEZQUITA
Cerca de allí, esta mezquita fue construida en el s. XIV y sirvió más adelante de *mevlevihane*, o residencia de un grupo de derviches mevleví. En su interior hay una maravillosa galería *semahane* con las columnas adornadas con pinturas de los altos sombreros de los mevleví.

GRATIS Casa Kossuth   EDIFICIO HISTÓRICO
(Kossuth Evi; ☎223 6214; ◷9.00-13.00 y 14.00-17.45 ma-do) Detrás de la Ulu Cami está señalado el camino hacia la Casa Kossuth, también llamada Macar Evi (Casa Húngara), la más antigua de Kütahya, donde los paneles informativos están en turco y húngaro.

Lajos Kossuth (1802-1894) era un destacado miembro del Parlamento húngaro. En 1848, participó en una sublevación contra el poder de los Habsburgo en Viena, que finalmente terminó con la declaración de la República independiente de Hungría en 1849. Cuando los rusos intervinieron a favor de los austríacos, se vio obligado a huir, y los otomanos le brindaron asilo. Vivió en Kütahya de 1850 a 1851.

Un majestuoso exterior encalado esconde varias salas que ofrecen un conmovedor atisbo de la vida de los habitantes de clase alta de la ciudad a mediados del s. XIX. El mirador de la 1ª planta, que da a una rosaleda con una estatua de Kossuth, tiene hermosas vistas de las montañas circundantes. Un gran mapa detalla los viajes internacionales de Kossuth, de 1849 a 1861. Fue sin duda un gran viajero.

GRATIS Fortaleza de Kütahya   CASTILLO
En lo alto de la ciudad, la fortaleza de Kütahya fue construida en dos etapas por los bizantinos, y luego restaurada y utilizada por los selyúcidas, los emires Germiyan y los otomanos. Las últimas obras de construcción parecen remontarse al s. XV, y la restauración más reciente fue en la década de 1990. Una ojeada a los restos de decenas de torres circulares permite imaginar cuan formidable debía ser este obstáculo para cualquier ejército. La caminata para subir al castillo es bastante larga, por lo que será mejor ir en taxi (10-15 TRY aprox.). Después, se puede bajar por un empinado sendero pedregoso que termina cerca de la Ulu Cami.

🛏 Dónde dormir
Kütahya no ha sido nunca una ciudad turística, por lo que su oferta hotelera es bastante limitada. Hay un par de opciones selectas con encanto, pero a los viajeros de presupuesto reducido les costará encontrar un alojamiento aceptable en la categoría económica.

Ispartalılar Konağı   HOTEL HISTÓRICO €€
(☎216 1975; www.ispartalilarkonagi.com.tr; Germiyan Caddesi 58; i/d 90/140 TRY; @) Propiedad de la universidad local, esta casa de

180 años ha sido restaurada por completo, y revela ahora toda su gloria otomana. Las habitaciones cuentan con antigüedades de madera noble y alfombras tejidas a mano; tras un panel de madera oscura, aparece un mini WC (como excusado otomano de ensueño, digno de Barbie) escondido en el armario. El **restaurante** de la casa (platos principales 5-18 TRY) tiene buena reputación por su cocina internacional, y se sirve alcohol (algo excepcional en el centro de Kütahya).

Hilton Garden Inn HOTEL DE NEGOCIOS €€€
(📞229 5555; www.kutahya.hgi.com; Atatürk Bulvarı 21; i/d 113/140 €; ❄ @) A años luz de los demás establecimientos de clase preferente de la ciudad, más bien deprimentes, el Hilton ofrece exactamente lo que su nombre promete: habitaciones modernas y confortables, con mobiliario y prestaciones previsibles.

Qtahya Otel HOTEL €€
(📞226 2010; www.q-tahya.com; Atatürk Bulvarı 56; i/d 75/120 TRY; ❄ @) Con una ubicación práctica, cerca de la estación de autobuses, aspira a una modernidad provinciana, con TV de plasma en el vestíbulo y un atento servicio que casi compensan el ligero olor a moho de las habitaciones. Descuento de 20 TRY para las dobles ocupadas por huéspedes del mismo sexo...

✕ Dónde comer y beber

Kütahya carece de los restaurantes de calidad de Eskişehir y Afyon, en cambio es muy fácil encontrar comida barata como, por ejemplo, los *döner* a lo largo del Atatürk Bulvarı, gracias a la nutrida población estudiantil de la ciudad.

Karavan Gözleme 'MUTFAK' €
(www.karavangozleme.com; Atatürk Bulvarı 12/A; platos principales 2-8 TRY) Aunque sirva 15 tipos de *gözleme*, desde los de *haşhaşlı* (semillas de amapola) hasta los de chocolate, su oferta no se limita a este tipo de crepes, sino que también incluye estupendos *pide* y *lahmacun*. Arriba, hay una pequeña terraza con una miniselva y una acogedora sala para fumar un narguile. El **Hammam-I Ziyafe** (Sevgi Yolu Tarihi Küçük Hamam; platos principales 7-15 TRY), es un avatar más selecto del mismo concepto, propiedad de los mismos y emprendedores dueños.

Döner Restaurant LOCAL €€
(Platos principales 9-15 TRY; ☺almuerzo y cena) En las ruinas del castillo, este popular local proporciona un extraño regreso a los años 1970 con su anticuada decoración.

Por increíble que sea, es un restaurante giratorio que el dueño pone en marcha a petición del cliente. Por la noche, las vistas son especialmente mágicas mientras el restaurante gira lentamente.

Kütahya Konağı LOCAL €€
(Platos principales 6-16 TRY; ☺desayuno, almuerzo y cena) Cualquier autóctono, preguntado sobre el mejor restaurante de cocina tradicional, señalará este clásico local, que sirve populares platos caseros como la versión local del kebab.

ℹ Información

Quiosco de información turística (📞223 6213; Zafer Meydanı; ☺9.00-18.00) Inglés deficiente pero buenos mapas y planos.

ℹ Cómo llegar y salir

Kütahya es una capital de provincia con servicios regulares a Afyon (1½ h), Ankara (5 h), Bursa (3 h), Denizli (5 h), Eskişehir (1½ h), Estambul (6 h) e İzmir (6 h).

Los microbuses hacia Çavdarhisar y Aizanoi (6 TRY, 1 h), salen de la parada de autobuses locales al lado del *otogar*.

Afyon (Afyonkarahisar)

📞0272 / 170 450 HAB.

La moderna Afyon es una capital de provincia que se extiende a la sombra de su antiguo castillo, realmente espectacular. Cuando ya empiece a dolerle el cuello de tanto mirar la imponente ciudadela, el visitante encontrará un buen museo, magníficas mezquitas y algunas casas otomanas con mucho encanto.

Historia

La historia de Afyon empieza hace unos tres mil años. Tras ser ocupada por hititas, frigios, lidios y persas, llegaron los romanos y los bizantinos. Tras la victoria de los selyúcidas en Manzikert en el 1071, Afyon cayó bajo el poder de los selyúcidas turcos. El importante visir selyúcida Sahip Ata tomó el poder directo de la ciudad, que durante la era otomana se llamó Karahisar-i Sahip (1428-1923).

Durante la Guerra de Independencia, las tropas griegas ocuparon la ciudad en su avance hacia Ankara. Durante la batalla de Sakarya, a finales de agosto de 1921, los ejércitos republicanos al mando de Mustafa Kemal (Atatürk) detuvieron a las fuerzas invasoras muy cerca de Ankara, en

AİZANOİ, EL TEMPLO DE ZEUS

En la apacible aldea agrícola de Çavdarhisar, unos 60 km al suroeste de Kütahya, se encuentra Aizanoi, uno de los vestigios romanos mejor conservados. El gran Templo de Zeus (entrada 3 TRY; ☉8.00-18.30) se remonta al reinado de Adriano [117-138 d.C.], y estaba consagrado al culto de Zeus (Júpiter) y Cibeles, la diosa de la fertilidad de Anatolia.

El templo se alza desierto pero orgulloso en un tranquilo prado y se asienta en una amplia terraza creada para servirle de recinto. Como el plató abandonado de una película épica de Hollywood, las caras norte y oeste del templo presentan hileras dobles de columnas jónicas y corintias intactas, mientras que las de las caras sur y este han caído en un pintoresco revoltijo. Las paredes de la cella (sala interior) están en buen estado y dan una buena impresión del impactante conjunto. Al lado de la taquilla, un cercado muestra algunas de las mejores piezas de escultura encontradas en las ruinas y por todo el recinto hay buenas explicaciones en inglés.

Si no hay nadie en la taquilla, el vigilante irá detrás de los visitantes para venderles la entrada. Estos pueden aprovechar para pedirle que les muestre el santuario de Cibeles, parecido a una cripta, bajo el templo.

Çavdarhisar está en la carretera de Kütahya a Gediz. De 11.30 a 19.20 hay microbuses a Çavdarhisar desde la *otogar* de Kütahya (6 TRY, 1 h), y *dolmuşes* en sentido contrario de 8.30 a 18.00, aproximadamente. Los autobuses con destino a Gediz o Emet pasan por Çavdarhisar; hay que pedir al conductor que se detenga en el camino.

---

una de las batallas más prolongadas de la historia. Las tropas griegas se retiraron y acuartelaron para pasar el invierno cerca de Eskişehir y Afyon.

El 26 de agosto de 1922 los turcos iniciaron su contraofensiva a lo largo de un frente de 80 km, en una rápida avanzada sobre el ejército griego. En pocos días, Atatürk había establecido su cuartel general en el *belediye* de Afyon, y obtuvo la rendición de los griegos en Dumlupınar, 40 km al oeste. Esta batalla decisiva acabó con el poder bélico del ejército griego, cuyos supervivientes tuvieron que huir hacia İzmir. Al igual que los de Gallípoli, estos campos de batalla están ahora protegidos y forman el Parque Histórico Nacional de Başkomutan.

En el 2004 el nombre oficial de la ciudad cambió de Afyon ("Opio") a Afyonkarahisar ("Fortaleza negra de opio"), para hacer referencia a la imponente ciudadela de la ciudad a la vez que se quitaba importancia a la reputación de la ciudad como productora de opio.

◉ Puntos de interés y actividades

La plaza principal de Afyon, llamada Hükümet Meydanı, está marcada por una imponente estatua de un hombre fornido y musculoso atacando a otro, caído en el suelo; conmemora al parecer la victoria turca sobre los griegos en 1922. La estatua está al noreste de la ciudadela, en el cruce del Ordu Bulvarı con la Milli Egemenlik (Bankalar) Caddesi.

GRATIS **Ciudadela** CASTILLO
Dominando las llanuras, el escarpado promontorio rocoso con la *kale* o *hisar* (ciudadela) se cierne majestuoso sobre la ciudad. Para verlo más de cerca, hay que buscar el camino enfrente de la Ulu Cami y seguir las señales color verde y marrón. Unos 570 escalones llevan hasta la cima, tras pasar por una serie de torres de vigía. Es un buen ejercicio, y por desgracia no hay una forma más fácil de subir al castillo. Hacia la mitad del camino, muchos cuestionarán la sensatez de quienes consiguieron, voluntariamente, edificar una ciudadela tan enorme en un lugar tan inaccesible.

El culpable de construir el primer castillo aquí, hacia el año 1350 a.C., fue el rey hitita Mursilis II, y los sucesivos conquistadores posteriores le fueron añadiendo sus propios elementos. A pesar de su cargada historia, poco hay que ver en el interior y las restauraciones contemporáneas han desfigurado torpemente su aspecto original de *kara hisar* (ciudadela negra) al utilizar piedras blancas.

Las vistas desde la cima (226 m) son espectaculares, y vale la pena subir a la hora de la plegaria para escuchar el sonido envolvente de los muecines de las mezquitas de Afyon. El castillo no está iluminado de noche, por lo que el descenso puede ser peliagudo después del crepúsculo.

Para sacar las mejores fotos del castillo desde abajo, conviene dirigirse al **Kültür ve Semt Evi** (Zaviye Türbe Caddesi), un *hammam* restaurado con vistas despejadas desde su terraza elevada.

GRATIS **Museo Arqueológico**   MUSEO
(Arkeoloji Müzesi; ⊘8.30-17.30) Los *dolmuşes* que circulan por la Kurtuluş Caddesi, continuación de Bankalar Caddesi, llevan hasta el Museo Arqueológico de Afyon, cerca del cruce con la İsmet İnönü Caddesi. Su colección presenta interesantes descubrimientos hititas, frigios, lidios y romanos, incluida una impresionante estatua de Hércules, en el jardín del museo. Hay cantidad de estatuas de mármol; las cercanas canteras de Dokimeon (ahora İscehisar) eran, y siguen siendo, una importante fuente de la reluciente roca. Cuando se redactó esta guía, se estaba construyendo un nuevo edificio fuera del centro (cerca de los hoteles-balneario) para albergar una colección más amplia de artefactos. El museo actual cerrará en cuanto esté terminado el nuevo edificio.

Mevlevihane Camii   MUSEO
(Zaviye Caddesi) La Mevlevihane Camii fue antaño un lugar de encuentro de los derviches, y se remonta a los tiempos de los selyúcidas (s. XIII), cuando el sultán Veled, hijo del fundador de los derviches Celaleddin Rumi, hizo de Afyon el segundo centro mevleví más importante del imperio, después de Konya. La mezquita actual, con dos cúpulas gemelas y tejados piramidales gemelos encima de su patio, solo se remonta a 1908, cuando fue construida para el sultán Abdül Hamit II. Un nuevo museo (¡gratuito!) explica la vida y los tiempos de los místicos derviches, y distribuye un panfleto en inglés.

İmaret Camii   MEZQUITA
La mezquita más grande de Afyon está al sur de la rotonda en el extremo sur de la Bankalar Caddesi. Construida para Gedik Ahmet Paşa en 1472, su diseño muestra la transición del estilo selyúcida al estilo otomano, con su minarete en espiral decorado con azulejos azules, al estilo selyúcida. La entrada en el lado este es como una *eyvan* (sala abovedada) y lleva hasta un santuario principal coronado por dos cúpulas, en la parte de delante y en la de atrás, un diseño también visto en las antiguas capitales otomanas de Bursa y Edirne. El umbroso

parque contiguo ofrece un apacible refugio de la ajetreada Bankalar Caddesi.

Al lado, el **İmaret hamamı** (⊘5.00-24.00 para hombres, 8.00-20.00 para mujeres) sigue estando muy concurrido y conserva algunos de los preciosos baños antiguos de piedra.

Ulu Cami   MEZQUITA
La Ulu Cami (1273) de Afyon es una de las mezquitas selyúcidas más importantes que todavía sobreviven, por lo que es una lástima que suela estar cerrada fuera de las horas de plegaria. Quien consiga entrar, a pesar de todo, encontrará 40 altas columnas de madera con capiteles de estalactitas y un techo de vigas planas. El minarete está adornado con azulejos verdes.

Casas otomanas   ZONA HISTÓRICA
En la zona alrededor de la Ulu Cami hay muchas casas otomanas antiguas de madera. No es Safranbolu, pero Afyon presenta una interesante serie de mansiones, varias de las cuales han sido convertidas en pequeños restaurantes.

🛏 Dónde dormir

A lo largo de la carretera de Afyon a Kütahya, a unos kilómetros de la ciudad, hay toda una serie de hoteles-balneario.

Şehitoğlu Konaği   HOTEL HISTÓRICO €€€
(⌂214 1313; www.sehitoglukonagi.com; Kuyulu Sokak 2-6; i/d 110/180 TRY) A un tiro de piedra de la mezquita de los derviches, esta mansión bellamente restaurada es una valiosa aportación local a la tendencia generalizada de convertir antiguas casas otomanas en hoteles detenidos en el tiempo. El **restaurante** de la casa (platos principales 10-20 TRY) cosecha buenas críticas por su sustanciosa selección de platos locales (sobre todo *sucuk* –salchicha picante– y kebab). Incluso elaboran su propio vino en la bodega del sótano.

Çakmak Marble Otel   HOTEL €€
(⌂214 3300; www.cakmakmarblehotel.com; Süleyman Gonçer Caddesi 2; i/d 87/140 TRY, ste 240 TRY; ❄✆@) Una manzana al este de la Hükümet Meydanı, este veterano hotel de cuatro estrellas es uno de esos raros casos en los que las habitaciones son más atractivas que el vestíbulo. El servicio es excelente, hay piscina cubierta y *jacuzzi*, y el desayuno se sirve en la 8ª planta con vistas panorámicas de la ciudad. El "Bar americano" del hotel es absolutamente anodino, pero es uno de los pocos lugares de la ciudad donde se puede tomar cerveza.

Hotel Soydan HOTEL €€

(215 2323; Turan Emeksiz Caddesi 2; i/d 40/80 TRY) Este dos estrellas es correcto por el precio. Las habitaciones son pasables y casi todas cuentan con balcón; conviene examinar unos cuantos cuartos de baño antes de decidirse. Hay una tienda de fruta estupenda en la planta baja.

Dónde comer y beber

Cantidad de tiendas en toda la ciudad están aderezadas con collares de *sucuk* artesana y acolchadas con montones de quesos. Con una hogaza de crujiente pan turco, el almuerzo estará solucionado.

Ningún restaurante del centro sirve alcohol, que solo se podrá conseguir en uno de los hoteles, el Çakmak Marble Otel.

Altınay CONFITERÍA €€

(Millet Caddesi 5; 6.30-21.00) De todas las recetas de delicias turcas, la de Afyon es sin duda la más famosa gracias a la deliciosa crema local a base de la planta protegida del opio. Altınay la ha perfeccionado la receta, y es conocida en toda la región por sus celestiales y pegajosos dulces.

Mihrioğlu Konağı LOCAL €

(platos principales 5-12TRY; desayuno, almuerzo y cena) En una antigua residencia otomana, y regentado por sus dueños, el Mihrioğlu retrasa unos siglos el reloj culinario con su carta de platos tradicionales y favoritos actuales (kebab de Afyon, *mantı*, etc.). Arrugadas fotos de la ciudad adornan las paredes, y antiguos tajines y máquinas de coser llenan las esquinas. Un rústico jardín trasero permite comer afuera en verano.

İkbal Lokantası LOCAL €€

(Uzunçarşı Caddesi 21; platos principales 6-15 TRY; almuerzo y cena) Al suroeste de la Hükümet Meydanı, es el restaurante más antiguo y famoso de Afyon. Los camareros de uniforme blanco sirven un sustancioso surtido de platos de carne a una fiel clientela de comensales satisfechos. De hecho, tiene tanto éxito que los dueños han abierto un hotel-balneario homónimo en las afueras de la ciudad.

Información

Oficina de turismo (213 5447; Hükümet Meydanı; 8.00-12.00 y 13.30-17.30 lu-vi) De discutible utilidad para los viajeros anglófonos, pero por lo menos ofrece un práctico plano.

Cómo llegar y salir

Afyon está en la ruta que conecta Estambul por tierra con Antalya y Konya, e İzmir con Ankara y la región este. Hay autobuses regulares a Ankara (4 h), Antalya (5 h), Denizli/Pamukkale (4 h), Eskişehir (3 h), Isparta (3 h), Estambul (8 h), İzmir (5½ h), Konya (3¾ h) y Kütahya (1½ h).

Con el billete de autobús se puede llegar al centro en *dolmuş* gratuitamente (también en sentido contrario, una vez comprado el billete de autobús). El taxi hasta la *otogar* vale unas 10 TRY.

Uşak

0276 / 173000 HAB.

Los aficionados a la historia no deberían perderse una etapa en Uşak para visitar su excelente **Museo Arqueológico** (Doğan Sokak; entrada 3 TRY; 8.30-13.00 y 14.00-17.45 ma-do), junto a la plaza mayor de la ciudad. Contiene el llamado "Tesoro lidio", descubierto en los túmulos del valle del río Gediz, y que se remonta a la segunda mitad del s. VI a.C. El museo saltó a los titulares de la prensa internacional del 2006 al 2008, cuando se descubrió que muchos objetos originales del tesoro habían sido robados y sustituidos por falsificaciones (por miembros del personal del museo).

Cómo llegar y salir

Frecuentes microbuses conectan Uşak con Afyon (10 TRY, 1½ h), y hay autobuses periódicos desde İzmir (20-25 TRY, 2½ h). Si se baja del autobús en la carretera principal (Dörtyol) hay que seguir las señales hacia el *şehir merkezi* (centro de la ciudad); hay cerca de 1,5 km hasta el Otel Dülgeroğlu. El taxi desde la *otogar* ronda las 10 TRY.

REGIÓN DE PAMUKKALE

Pamukkale es sin duda el principal gancho turístico del oeste de Anatolia, y atrae autocares de turistas que han visto las increíbles imágenes (retocadas posiblemente con Photoshop) de felices viajeros retozando entre el deslumbrante travertino blanco. En lo alto de las cristalinas terrazas se alza Hierápolis, una antigua ciudad y centro terapéutico. Sin embargo, las ruinas más impresionantes de la región son las de Afrodisias, que casi eclipsan el país de las maravillas de Éfeso. Al estar en un lugar tan remoto, apenas reciben visitantes.

Denizli

✓ 0258 / 500 000 HAB.

La próspera ciudad de Denizli es famosa por sus textiles, y en la carretera de Pamukkale hay muchos *outlets* donde venden toallas y ropa de cama baratas y de buena calidad. Para muchos viajeros, sin embargo, es solo una etapa para hacer transbordo de un autobús o un tren a otro autobús o *dolmuş* en dirección norte hacia Pamukkale.

Cómo llegar y salir

Avión

Turkish Airlines (www.thy.com) tiene vuelos diarios a Denizli desde Estambul. Un autobús lanzadera de estas líneas aéreas lleva a los pasajeros hasta la *otogar* de Denizli. El taxi desde el aeropuerto hasta la ciudad vale unas 50 TRY y unas 75 TRY hasta Pamukkale.

Autobús

Denizli es un eje crucial del transporte nacional. El servicio de autobuses locales a Pamukkale sale cada 15 minutos del interior de la *otogar*; no hay que esperar a que el vehículo se llene.

Los ganchos que cobran comisión de los hoteles intentan captar viajeros para que tomen uno de los *dolmuşes* que esperan enfrente de la *otogar*, en lugar del autobús.

Los autobuses y *dolmuşes* a Pamukkale valen 2,50 TRY.

Pamukkale

✓ 0258 / 2500 HAB.

Famoso por su intrincada serie de terrazas de calcita y coronado por las elaboradas ruinas de una ciudad balneario romana, el "castillo de algodón", un espejismo de blancura durante el día y una pista de esquí para extraterrestres por la noche, es uno de los tesoros más insólitos de Turquía. Tras subir de puntillas por las cristalinas terrazas de travertino, el visitante puede disfrutar al llegar en lo alto de un refrescante chapuzón en la antigua piscina de Hierápolis entre columnas caídas y espectaculares frisos.

Pamukkale fue declarada Patrimonio Mundial por la Unesco en 1988, y desde entonces se han adoptado importantes medidas para proteger las brillantes terrazas. Ahora ya no se pueden recorrer tan libremente como antes, pero seguro que las fotos saldrán igualmente maravillosas.

◉ Puntos de interés y actividades

Pamukkale tiene dos atractivos principales: los blanquísimos travertinos (comúnmente llamados "terrazas") y las ruinas de Hierápolis, ambos situados en un gran complejo ahora protegido como parque nacional, en lo alto de la colina blanca que domina la polvorienta aldea.

SERVICIOS DESDE LA 'OTOGAR' DE DENİZLİ

DESTINO	TARIFA (TRY)	DURACIÓN (H)	DISTANCIA (KM)	FRECUENCIA (DIARIA)
Afyon	22	4	240	8
Ankara	35	7	480	frecuentes
Antalya	25	5	300	varios
Bodrum	25	4½	290	varios
Bursa	42	9	532	varios
Fethiye	25	5	280	varios
Isparta	17	3	175	varios
Estambul	40 a 65	12	665	frecuentes
İzmir	21	4	250	frecuentes
Konya	35	6	440	varios
Marmaris	23	3	185	varios
Nevşehir	40	11	674	1 nocturno por lo menos
Selçuk	20	3	195	varios, o transbordo en Aydın

Pamukkale

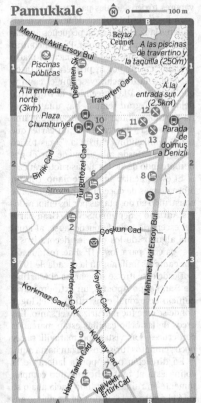

N 0 ———— 100 m

aparte. Antes, la entrada permitía acceder al parque durante 24 horas, pero ahora solo permite entrar una vez. El parque cierra por la noche.

Travertinos RESERVA NATURAL
El punto álgido de la visita a Pamukkale es el conjunto de travertinos en terrazas que se extienden por la ladera de la blanca montaña como una escalinata construida para un gigante. No pueden pisarse sin quitarse el calzado, requisito ferozmente defendido por un guardia de seguridad, que avisará con su furioso silbato a los infractores. Quienes tengan los pies delicados pueden ponerse un par de calcetines viejos, ya que algunas piedrecitas son bastante puntiagudas. Es mejor ir temprano por la mañana o a última hora de la tarde, para evitar el gentío y el sol que reverbera en la piedra blanca.

Hierápolis RUINAS
Las ruinas de Hierápolis evocan maravillosamente la vida en los primeros siglos de la era moderna. Aquí, elementos paganos, romanos, judíos y cristianos primitivos contribuyeron a crear una cultura característica de Anatolia.

Fundada hacia el 190 a.C. por Eumenes II, rey de Pérgamo, Hierápolis fue un centro terapéutico que prosperó bajo los romanos e incluso más bajo los bizantinos, cuando se desarrolló aquí una nutrida comunidad judía y una congregación de cristianos primitivos. Por desgracia, una serie de seísmos recurrentes afectaron la ciudad, que fue abandonada en 1334 tras un terremoto especialmente desastroso.

Hay tres entradas principales al parque: la del sur está a poco más de 2 km del centro del pueblo, la del norte está en el pueblo vecino de Karahayıt (donde hay varios balnearios de lujo), y la tercera entrada está en el propio pueblo. Los operadores turísticos y los grandes autobuses acceden por las entradas norte o sur, mientras que los peatones lo hacen por la tercera entrada, menos transitada, marcada por una pequeña taquilla al este del parque público Beyaz Cennet. El camino hacia la taquilla sale del Mehmet Akif Ersoy Bulvarı, enfrente del cruce con la Atatürk Caddesi. Si se pernocta en Pamukkale, la mejor opción es conseguir transporte hasta la entrada sur, pasear por Hierópolis, bajar por los travertinos hasta la entrada peatonal, y regresar andando al hotel.

La entrada (20 TRY) incluye la visita a los travertinos y a Hierápolis, pero el museo arqueológico y la antigua piscina se pagan

Hierápolis

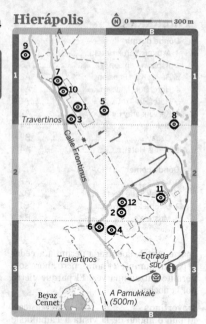

Cerca del Museo Arqueológico de Hierápolis se encuentran las ruinas de una **iglesia bizantina** y los cimientos de un **templo de Apolo**. Como los de Dídima y Delfos, el templo contaba con un oráculo atendido por sacerdotes eunucos. Su fuente de inspiración era un manantial contiguo llamado Plutonium, y dedicado a Plutón, dios del inframundo. Para confirmar su línea directa con Hades, el manantial desprendía vapores tóxicos, letales para todos excepto para los sacerdotes, que demostraban sus poderes lanzando al agua pequeños animales y aves para verles morir. Para encontrar el manantial, hay que subir hacia el teatro romano, entrar por la primera puerta en la valla a la derecha, y seguir el camino que baja hacia la derecha. A la izquierda, delante del gran templo, hay una pequeña entrada subterránea cerrada por una oxidada reja y marcada con un cartel que reza "Tehlikelidir Zehirli Gaz" (gas tóxico peligroso). Desde allí se puede oír el gas borboteando desde las aguas subterráneas.

El espectacular **teatro romano**, con un aforo de más de doce mil espectadores, fue construido en dos etapas por los emperadores Adriano y Septimio Severo. Gran parte del escenario todavía puede verse, al igual que algunos de los paneles decorativos y los 'palcos' para los VIP. Fue restaurado por canteros italianos en la década de 1970.

Desde el teatro se sube hasta el **Martirio de San Felipe Apóstol**, un extraordinario edificio octogonal construido en el lugar donde se cree fue martirizado el santo. Los arcos de las ocho capillas están marcados con cruces. Las vistas son maravillosas, y pocos circuitos turísticos llegan hasta aquí.

En dirección oeste por la ladera de la colina está el **teatro helenístico** completamente en ruinas. Mirando hacia abajo se verá el **ágora**, del s. II, uno de los más grandes jamás descubiertos. Tres de sus lados estaban rodeados de pórticos de mármol con columnas jónicas, y una basílica cerraba el cuarto.

Tras atravesar el ágora se baja hasta la carretera principal en la cima de la cresta. A la derecha en dirección de la salida norte se llega a la maravillosa **calle Frontinus**, con parte de su pavimento y su columnata todavía intactos. Esta calle, que corre en dirección norte-sur, fue la principal arteria comercial de la ciudad, y presentaba en ambos extremos unos arcos monumentales. Las ruinas del **arco de Domiciano**, con sus torres gemelas, están en el extremo norte, pero justo antes de llegar, no hay que perderse el edificio sorprendentemente grande de las **letrinas**, con dos canales labrados en el suelo, uno para las aguas residuales y otro para el agua limpia.

Después del arco de Domiciano están las ruinas de los **baños romanos**, y luego la Vía Apia de Hierápolis, una extraordinaria **necrópolis**, se extiende varios kilómetros hacia el norte. Hay una serie de tumbas circulares, que se supone estaban coronadas con símbolos fálicos. En tiempos antiguos los enfermos venían a Hierápolis para una cura milagrosa, pero las dimensiones de la necrópolis sugieren que no siempre lo conseguían.

Antigua piscina
RUINAS

(Entrada 25 TRY; ☺9.00-19.00) El punto central de Hierápolis era su piscina sagrada, ahora situada en el patio del balneario Piscina Antigua. Todavía es posible bañarse en ella, entre restos sumergidos de sus columnas estriadas de mármol. La temperatura del agua es de 36°C. En temporada alta, entre 11.00 y 16.00, la piscina desborda de excursionistas, pero suele vaciarse entrada la tarde.

El visitante de presupuesto reducido puede conformarse con un baño en las **piscinas públicas** (entrada 7,50 TRY; ☺9.00-20.00) de falso travertino, en las afueras del pueblo.

Museo Arqueológico de Hierápolis
MUSEO

(Entrada 3 TRY; ☺9.00-12.30 y 13.30-19.00 ma-do) En los antiguos baños romanos, este excelente museo tiene tres secciones, una con espectaculares sarcófagos, otra con pequeños hallazgos de Hierápolis y Afrodisias, y la tercera con frisos y estatuas romanas de la escuela de Afrodisias. Destacan entre ellas las de Atis, amante de la diosa Cibeles, y la de una sacerdotisa de la diosa egipcia Isis.

🛏 Dónde dormir

Como Selçuk, cerca de Éfeso, pero a una escala mucho menor, el pueblo de Pamukkale está lleno de pensiones y hoteles enfocados a los viajeros independientes, casi siempre de presupuesto reducido. La dura competencia implica calidad correcta a bajo precio, y el viajero encontrará además acceso a Internet, piscinas, buena comida (en los hoteles solo está incluido el desayuno) y agencias de viajes informales. Los precios suelen subir en temporada alta, pero no demasiado. Se recomienda llamar con antelación en dicho período; aunque siempre será posible encontrar habitación, las mejores quedan pronto copadas. Además, con reserva previa muchos alojamientos ofrecen transporte gratuito desde la estación de autobús Denizli. También suele ser posible plantar la tienda en el jardín de las pensiones por un precio simbólico.

🛏 Melrose Hotel
PENSIÓN €

(☎272 2250; www.melrosehousehotel.com; Vali Vekfi Ertürk Caddesi 8; i/d 50/60 TRY; ❄@☁) Los encantadores Mehmet y Ummu saben acoger a sus clientes como miembros de su propia familia en esta bonita pensión cerca de la entrada del pueblo. Las habitaciones están decoradas con alegres tonos pastel y generosas dosis de visillos en las ventanas. La pensión se lleva sin duda la palma, con refrescantes chapuzones en la piscina y sustanciosas y acogedoras cenas como ventaja añadida.

Venüs Hotel
PENSIÓN €

(☎272 2152; www.venushotel.net; Hasan Tahnsin Caddesi; i/d/tr 20/28/38 €; ❄@☁) Es otra opción excelente, con habitaciones muy bien decoradas, por no decir inmaculadas. El restaurante junto a la piscina sirve comida excelente, y una maravillosa sala repleta de kílims es el lugar perfecto para que los residentes intimen con la simpática y hospitalaria familia Durmuş.

Hotel Hal-Tur
65 €
HOTEL €€

(☎272 2723; www.haltur.net; Mehmet Akif Ersoy Bulvari 71; i/d desde 40/60 €; ❄@☁) Con vistas despejadas de los travertinos, y posiblemente la mejor piscina de Pamukkale, es uno de los más recomendables del pueblo. Tras la puerta de falso castillo ofrece todas las comodidades modernas de un hotel internacional, aunque la decoración es un poco anticuada.

Artemis Yoruk Hotel
ALBERGUE €

(☎272 2073; www.artemisyorukhotel.com; Atatürk Caddesi; dc/i/d desde 15/30/50 TRY; ❄@☁) Céntrico y espacioso, ofrece una variada serie de habitaciones, desde dormitorios colectivos hasta habitaciones individuales, dobles, triples y familiares, con cinco camas. Frecuentado por pequeños grupos, el bar que ofrece *bloody cold beer* (cerveza fría formidable) puede ser agradablemente bullicioso.

Aspawa Pension
PENSIÓN €

(☎272 2094; www.aspawapension.com; Turgut Özal Caddesi 28; i/d 30/50€; ❄@☁) Otra céntrica pensión, con todas las prestaciones habituales en Pamukkale: piscina, aire acondicionado, Wi-Fi y buena comida en un ambiente familiar. Buena alternativa.

Kervansaray Pension
PENSIÓN €

(☎272 2209; www.kervansaraypension.com; İnönü Caddesi; i/d 40/60 TRY; ❄@☁) Entre aromas de madreselva, ofrece habitaciones limpias y confortables y una aireada terraza con vistas excelentes de los travertinos, especialmente cuando están iluminados de noche. En la planta baja hay una compacta piscina, seguramente más agradable durante el día.

Beyaz Kale Pension   PENSIÓN €

(☎272 2064; www.beyazkalepension.com; Menderes Caddesi; i/d 20/25 €; ✳@⊛) El "castillo blanco" está bastante cerca del centro y cuenta con habitaciones impecables y con aire acondicionado dispuestas alrededor de una piscina. Haçer, la acogedora anfitriona, es una excelente cocinera, sobre todo de comida vegetariana. También hay habitaciones más grandes con capacidad para seis personas.

Hotel Dört Mevsim   PENSIÓN €

(☎272 2009; www.hoteldortmevsim.com; Hasan Tahsin Caddesi 19; i/d 30/50 TRY; ✳@⊛) El "cuatro estaciones" no tiene nada que ver con sus homónimos de gama alta, pero está regentado por una familia que ofrece habitaciones sencillas en una calle tranquila. Excelente cocina casera, decoración acogedora y una bienvenida todavía más calurosa. El desayuno cuesta otras 5 TRY.

Ozbay   ALBERGUE €

(☎272 2126; www.ozbayhotel.com; Mehmet Akif Ersoy Bulvarı 37; i/d 40/50 TRY; ✳@) Está en una de las calles que suben hacia los travertinos y tiene habitaciones supersencillas y un animado ambiente internacional.

✕ Dónde comer y beber

Las pensiones y los grupos de viajeros dominan el mercado de la restauración en el pueblo y los restaurantes convencionales luchan para mantenerse a flote. Hay un par que vale la pena probar, pero la comida casera de las pensiones será la mejor opción, sobre todo si solo se pernocta una noche.

Mehmet's Heaven   LOCAL €

(Atatürk Caddesi 25; platos principales 5-14 TRY; ⊙desayuno, almuerzo y cena) El simpático Mehmet invita a los turistas a comer en un mar de cojines bien rellenos. Gigantescos álbumes de autógrafos, cosechados a lo largo de los últimos 25 años, pueden hojearse mientras se disfrutan de las vistas de los travertinos.

Kayaş   LOCAL €

(Atatürk Caddesi 3; platos principales 5-14 TRY; ⊙almuerzo y cena) Además de su variada oferta de comida económica, ofrece todo lo necesario para una divertida velada, con cócteles, rincón de narguiles y grandes partidos de fútbol en la televisión por satélite.

Konak Sade Restaurant   LOCAL €€

(Atatürk Caddesi 23; platos principales 8-14 TRY; ⊙desayuno, almuerzo y cena) Con té de manzana gratuito, gigantescos sofás y piscina de la casa, es una céntrica opción muy recomendable para los excursionistas.

Mustafa's   LOCAL €€

(Atatürk Caddesi 22; platos principales 8-13TRY; ⊙desayuno, almuerzo y cena) Cojines desperdigados y mesas rústicas a la calle: un marco incomparable para las *pizzas* al horno de leña y *falafels* a buen precio.

❶ Información

Todas las pensiones ofrecen toda la información necesaria acerca de Pamukkale; de hecho, suelen resultar más útiles que las oficinas de turismo. En la explanada más arriba de los travertinos hay una **oficina de turismo** (⊙8.00-19.00 lu-sa).

Hay varios cajeros automáticos y todas las pensiones permiten conectarse gratis a Internet. Los principales bancos se encuentran en Denizli.

❶ Cómo llegar y salir

Autobús

En verano hay varios autobuses directos de Pamukkale a destinos turísticos como Selçuk (20 TRY) y Kuşadası, aunque muy a menudo hay que hacer transbordo en Denizli. Hay que preguntar al comprar el billete.

En Pamukkale no hay *otogar*; los autobuses dejan a los pasajeros en distintos lugares, como las taquillas en la plaza Cumhuriyet entre otros.

Los autobuses y *dolmuşes* (2,50 TRY, 30 min) entre Denizli y Pamukkale son muy frecuentes.

Taxi

No suele ser preciso tomar un taxi entre Denizli y Pamukkale, puesto que la mayoría de los alojamientos ofrecen transporte gratuito o muy barato. Caso de necesitarlo, el taxi rondará las 40 TRY, pero conviene comprobar antes que no hay ningún *dolmuş* disponible.

Alrededores de Pamukkale

Si se queda en Pamukkale más de un día, el viajero puede visitar uno de los siguientes lugares de interés, aunque se recomienda empezar por las asombrosas ruinas de Afrodisias, a unos 90 km del pueblo.

LAODICEA (LAODIKYA)

Antaño una próspera ciudad comercial en el cruce de dos importantes rutas, Laodicea era famosa por su lana negra, sus bancos y sus medicinas. Contaba con una nutrida comunidad judía y una destacada congregación cristiana, y era una de las Siete Iglesias de Asia mencionadas en el Apocalipsis del Nuevo Testamento. Cicerón vivió aquí unos años antes de ser sentenciado a muerte por Marco Antonio. Aunque las extensas **ruinas** (entrada 5 TRY; ☉8.30-17.00 ma-do) sugieren una ciudad de considerables dimensiones, no queda ahora gran cosa de interés. Puede verse el perfil del **estadio,** aunque casi todas las piedras sirvieron para construir el ferrocarril. Uno de los dos **teatros** está en mejor estado, con casi todos los asientos superiores todavía visibles, pero impresionan más los restos del **ágora,** con las ruinas de la **iglesia basílica** mencionada en la Biblia justo al lado.

❶ Cómo llegar y salir

En el trayecto en autobús entre Pamukkale y Denizli, una señal en el pueblo de **Korucuk** indica el camino a Laodicea, a 1 km andando desde dicha señal. Otra posibilidad es integrarse en un circuito desde Pamukkale que también incluya otros lugares de interés, aunque no hay circuitos de este tipo cada día. Un *dolmuş* poco frecuente también cubre el trayecto (2,50 TRY).

KAKLIK MAĞARASI (CUEVA DE KAKLIK) Y AK HAN

Oculta bajo un campo de cultivo, la **Kaklık Mağarası** (entrada 2 TRY) es como un Pamukkale subterráneo. Aguas ricas en calcio brotan a poca profundidad y se vierten en una gran fosa, creando una pirámide blanca con cálidas pozas de travertino en el fondo. Los guías afirman que los depósitos no se volvieron blancos hasta el terremoto de mediados de los años 1990. En el exterior hay una poza apta para el baño. Rodeada de cemento, parece una piscina de parque temático.

De camino a la cueva, se puede hacer una pausa para explorar el **Ak Han** (caravasar blanco), una construcción selyúcida a 1 km del desvío de Pamukkale, en la carretera principal de Denizli a Isparta. Con una entrada bellamente esculpida, está en excelente estado a pesar de remontarse a 1251.

❶ Cómo llegar y salir

El acceso a la cueva en transporte público supone una gran pérdida de tiempo, y es más fácil venir con un circuito desde Pamukkale. Para visitarla de forma independiente, se puede tomar un autobús o *dolmuş* (4 TRY) en dirección oeste de Denizli a Afyon, Isparta o Burdur. En el pueblo de Kaklık una enorme señal indica el camino a la izquierda (norte) hasta la cueva, a 4 km, que se pueden recorrer andando o subiendo a algún vehículo agrícola.

Afrodisias

Si Afrodisias estuviera más cerca del mar o de Estambul sería sin duda uno de los destinos más visitados de Turquía. Por suerte, su remota situación permite a menudo contemplar su maravilloso estadio y altas columnatas prácticamente en solitario. Las ruinas son muy extensas y están bien conservadas gracias a importantes aportes financieros; a menudo pueden verse grupos de arqueólogos levantando piedras o etiquetando montículos de tierra. Aunque en Éfeso hay mejores ruinas individuales, en Afrodisias se puede apreciar mejor la escala de una ciudad de la antigüedad, y resulta fácil conjurar la grandeza de este tesoro clásico perdido.

Historia

Las excavaciones han demostrado que la acrópolis de Afrodisias es un montículo prehistórico construido por sucesivos asentamientos desde el 5000 a.C., aproximadamente. A partir del s. VI a.C. su famoso templo era un importante centro de peregrinación, pero no fue hasta el s. II o I a.C. cuando el pueblo se extendió y se convirtió en una ciudad de creciente prosperidad. En el s. III d.C., Afrodisias era la capital de la provincia romana de Caria, y llegó a tener 15 000 habitantes, aunque bajo los bizantinos sufrió una considerable transformación. El provocativo templo de Afrodita se convirtió en una casta iglesia cristiana, y sus antiguos edificios fueron derribados para construir murallas con sus piedras (c. 350 d.C.).

En la Edad Media, Afrodisias siguió siendo una ciudad alrededor de su catedral, pero fue abandonada en el s. XII, y el pueblo de Geyre surgió en el mismo lugar algo más tarde. En 1956 un seísmo devastó el pueblo, que fue reconstruido en su ubicación actual, más al oeste, para facilitar las excavaciones del yacimiento. La agradable plaza enfrente del museo era la plaza mayor de Geyre antes de 1956.

GARANTIZAR EL FUTURO DE PAMUKKALE

Algunos quedarán decepcionados por el estado de los travertinos, sobre todo si habían visto fotos más antiguas de Pamukkale. Pero desde que la Unesco les declarara Patrimonio Mundial, se han adoptado medidas significativas para asegurar el futuro del yacimiento. Varios hoteles de la explanada han sido derribados, y se ha eliminado la carretera que pasaba justo en medio de los travertinos.

A pesar de los rumores, no son las piscinas de las pensiones en el pueblo las causantes de la falta de agua de las piscinas naturales. Un proceso controlado, autorizado por la Unesco, drena el agua de las pozas y vuelve a llenarlas por turnos. El objetivo es reducir la contaminación y las algas, y permitir que el sol blanquee las pozas hasta adquirir un deslumbrante color blanco, algo solo posible cuando están vacías de agua.

Afrodisias siempre se asociará con la obra de Kenan T. Erim, un profesor turco de la Universidad de Nueva York, que dirigió las excavaciones de 1961 a 1990. Su libro *Afrodisias: City of Venus Aphrodite* (Afrodisias: ciudad de Venus Afrodita; 1986) cuenta su historia. Tras su muerte, el profesor Erim, que tanto hizo para revelarlo al mundo, fue enterrado en este lugar.

⊙ Puntos de interés

Casi todas las ruinas de **Afrodisias** (entrada 8 TRY museo incl.; ⊘9.00-19.00 may-sep, 9.00-17.00 oct-abr) se remontan por lo menos al s. II d.C. Están muy bien presentadas, con excelente señalización en inglés y turco. La ruta aquí indicada, en el sentido contrario al de las agujas del reloj, permite ir a contracorriente de los ocasionales grupos organizados, que suelen llegar hacia las 11.00. Un vehículo tirado por un tractor transporta a los visitantes desde la carretera principal hasta la entrada, a 500 m. En coche privado hay que pagar 5 TRY para el aparcamiento.

Al lado del museo se gira a la derecha, y a la izquierda se verán las ruinas de una gran **casa** con pilares jónicos y corintios. Más adelante, a la izquierda, está la magníficamente elaborada 'tetrapylon' (puerta monumental), por la que entraban los peregrinos hacia el templo de Afrodita. Ha sido reconstruida con un 85% de los bloques de piedra originales. La tumba del profesor Erim está en el cercano césped.

Se sigue el sendero hasta un giro a la derecha que lleva, a través de un campo, hasta el **estadio**, de 270 m de largo, uno de los más grandes y mejor conservados del mundo clásico. El estadio tiene una forma ligeramente ovoide para mejorar la perspectiva de los espectadores. Casi todos sus 30 000 asientos están invadidos por la vegetación, pero siguen en buen estado y resulta fácil imaginarlos ocupados por miles de entusiastas espectadores. Algunos asientos estaban reservados para personajes concretos o ciertos gremios. El extremo este del estadio fue convertido en una arena para los combates de gladiadores, y todavía pueden verse los túneles por donde entraban los amenazados combatientes.

De regreso al sendero principal, se sigue hacia el antaño famoso **templo de Afrodita**, reconstruido por completo para convertirlo en basílica (c. 500 d.C.). Se eliminó su cella y las columnas fueron desplazadas para formar una nave, con la adición de un ábside en el extremo este, por lo que cuesta imaginar su aspecto en la época en que se celebraban orgías ceremoniales. Cerca del monumento está el **Palacio Episcopal**, una mansión donde al parecer residía el gobernador romano mucho antes de que lo ocupara el clero.

Justo después del Palacio Arzobispal, un sendero hacia el este lleva hasta el hermoso 'bouleuterion' de mármol, conservado casi intacto durante un milenio en un baño de barro.

Al sur del odeón estaba el **ágora norte**, antaño rodeada de pórticos jónicos, pero ahora de poca cosa más que un campo verde. El sendero pasa a continuación por los **baños de Adriano** de principios del s. II d.C., hasta el **ágora sur**, con una larga piscina parcialmente excavada, y el grandioso **pórtico de Tiberio**.

Los escalones de piedra para subir al montículo de tierra, donde hubo un asentamiento prehistórico, llevan hasta el **teatro**

Ⓝ 0 ▬▬▬▬▬▬ 500 m

Estadio

A Geyre
(3km)

A Denizli
(101km)

*Edificio
del témenos
norte*

◎ *Tetrapylon*

Museo
🏛

Ⓟ

Taquilla

Templo de Afrodita

Palacio Episcopal

◎ *Odeón*

◎
Casa

✕ *Cafetería*

Bouleuterion

◎ *Sebasteion*

Ágora norte

Ágora sur

*Palaestra
con columnas*

*Pórtico de
Tiberio*

Baños de Adriano

Baños del teatro

Teatro

Puertas de la ciudad

◎ *Martyrion*

◎ *Gimnasio y
basílica*

de mármol blanco, con un aforo de 7000 espectadores, un escenario y asientos personalizados. Al sur estaba el gran complejo de los **baños del teatro**.

El sendero gira a continuación y lleva hasta el **'sebasteion'**, en su origen un templo para los emperadores romanos deificados. En su momento de mayor esplendor era un edificio espectacular, precedido por una columnata doble de tres plantas, decorada con frisos mitológicos griegos y con las hazañas de los emperadores; se han recuperado 70 de los 190 relieves originales, una excelente proporción para unas excavaciones de estas dimensiones, y muchos de ellos pueden verse en el museo de Afrodisias.

Tras recorrer las ruinas, se recomienda una visita al **museo**. En tiempos romanos, había en la zona una cantera de mármol de calidad y Afrodisias tenía una escuela de escultores famosos. La colección del museo refleja la excelencia de su trabajo. Destacan entre otras una escultura de Afrodita del s. II, medallones con los retratos de grandes filósofos (deliberadamente destrozados por cristianos primitivos) y representaciones del misterioso Cayo Julio Zoilo, un esclavo de Octaviano que no tan solo se ganó la libertad sino que se hizo tan

rico que se convirtió en uno de los principales benefactores de Afrodisias.

❶ Cómo llegar y salir

Afrodisias está 55 km al sureste de Nazilli y a 101 km de Denizli. Caso de alojarse en Pamukkale, el hotel puede conseguir plaza en un circuito (60 TRY por persona). Las excursiones salen con un mínimo de cuatro personas, por lo que no suelen ser diarias, ni siquiera en temporada alta; permiten pasar cerca de 2½ horas en las ruinas. El hotel también puede facilitar el alquiler de un coche (80 TRY por día, más 55 TRY para la gasolina). La tercera opción es el taxi, que sale a cuenta para los pequeños grupos.

DISTRITO DE LOS LAGOS

Como un oasis en medio del extenso paisaje montañoso, el distrito de los lagos de la región será un lugar perfecto para descansar entre largos trayectos por los olvidados rincones de la Anatolia interior.

Al pie del Davraz Dağı (monte Davraz; 2635 m), la ciudad de Eğirdir ocupa una envidiable situación junto a un lago, y cobra cada vez mayor importancia como base para los senderistas y escaladores que siguen la señalizada ruta de San Pablo (véase p. 297). Los entusiastas del mundo clásico no deben perderse las destacadas ruinas de Sagalassos, que promete ser un "nuevo Éfeso" tras unos años más de excavaciones.

El mejor momento para visitar esta exuberante y verde región es en primavera. En abril florecen los manzanos y de mediados de mayo a mediados de junio se cosechan las rosas. Un mes más tarde, el lago se convierte en el refugio veraniego preferido por las familias turcas atraídas por esta "costa" a muchos kilómetros tierra adentro del Egeo, el Mediterráneo o el mar Negro.

Isparta

📞 0246 / 190 100 HAB.

Famosa por su producción de rosas, Isparta es un importante eje viario al oeste de Eğirdir. Es también la cuna del 9º presidente turco [1993-2000], Süleyman Demirel, al que rinde homenaje con una extravagante estatua en el centro.

Como Denizli para Pamukkale, Isparta funciona en gran parte como lugar de transbordo para los turistas, aunque cuenta con algunos puntos de interés como la **Ulu Cami** (1417), la **Firdevs Bey Camii** (1561) con su vecino **'bedesten'** (mercado cubierto), y el enorme **Halı Saray** (Palacio de los Tapices; Mimar Sinan Caddesi).

ℹ️ Cómo llegar y salir

Los servicios más frecuentes hacia Eğirdir salen de la céntrica terminal Çarşı (también llamada *köy garaj*), al igual que los *dolmuşes* para ir a Ağlasun (y Sagalassos). En dirección norte desde Antalya, los autobuses pueden dejar al pasajero en las afueras de Isparta, y el trayecto restante hasta la *otogar* se cubre con una *servis* (furgoneta).

Para ir a Eğirdir desde la *otogar* (30 min) se puede tomar cualquier autobús con destino a Konya. Los microbuses directos desde la terminal Çarşı salen cada 30 minutos.

Hay servicios regulares desde la *otogar* de Isparta hasta Afyon (3 h), Antalya (2 h), Burdur (45 min), Denizli (3 h), İzmir (6 h) y Konya (5 h).

Enfrente de la *otogar* salen los autobuses urbanos hacia la terminal Çarşı. Los microbuses que salen cada hora hacia Burdur no lo hacen desde la terminal Çarşı sino desde la *otogar*.

Sagalassos

Con una espectacular situación, en las laderas escalonadas de la Ak Dağ (montaña blanca), **Sagalassos** (entrada 5 TRY; ⏱7.30-18.00) es una antigua ciudad en ruinas

construida contra la roca. Desde 1990, arqueólogos belgas y británicos excavan la ciudad, uno de los proyectos arqueológicos más importantes en el área mediterránea, cuyo resultado final quizá rivalice en esplendor con Éfeso o Pérgamo. Los investigadores están reconstruyendo los edificios civiles con piezas originales, un proceso factible puesto que la ciudad no ha sido nunca expoliada. Rodeada en tres de sus lados por montañas, su espectacular telón de fondo y las vistas del valle son inolvidables.

Sagalassos se remonta por lo menos al 1200 a.C., cuando fue fundada por los belicosos pueblos del mar. Más tarde se convirtió en un importante enclave pisidio, solo superado por Antioquía de Pisidia, cerca de Yalvaç. Los pisidios construyeron sus ciudades en lugares elevados de montañas fácilmente defendibles. Las ruinas más antiguas de Sagalassos son de los tiempos helenistas, aunque casi todas las estructuras supervivientes sean romanas. El período romano fue el más próspero de la ciudad, pero las plagas y los seísmos oscurecieron su historia posterior, y quedó prácticamente abandonada tras un gran terremoto en el s. VII.

Al entrar en las ruinas se plantean dos opciones: empezar desde arriba e ir bajando (aconsejable para los pies que se cansan fácilmente) o desde abajo e ir subiendo, tal como lo hicieron sin duda los visitantes en tiempos antiguos.

La asombrosa **calle con columnata** marca la entrada sur a la ciudad desde los valles de abajo. No quedan rastros de marcas de ruedas en el mármol, por lo que se

MUSEO DE BURDUR

Tras recorrer las ruinas de Sagalassos, se puede visitar el **Museo de Burdur** (Burdur Müzesi; entrada 5 TRY; ⏱9.00-18.00 ma-do) en el pueblo del mismo nombre. Casi toda la colección está compuesta por estatuas grecorromanas, pero también hay hallazgos neolíticos de los cercanos túmulos de Hacılar y Kuruçay: el busto de bronce de un atleta, del s. II y varios sarcófagos de 'marido y mujer' exquisitamente tallados.

Desde la *otogar* de Isparta salen cada hora microbuses con destino a Burdur (5 TRY, 45 min).

supone que era un acceso solo peatonal. La calle es la columna vertebral de Sagalassos, que atraviesa por completo. Desde abajo, se diría que las fuentes escalonadas de la ciudad son una torre de agua de tres niveles, un efecto óptico realmente impresionante. Tras cruzar la **puerta tiberiana** se entra en el **ágora inferior**, con el enorme complejo reconstruido de los **baños romanos** a la derecha. Detrás del ágora está el **ninfeo de Adriano** contra la ladera de la montaña. La fuente está muy bien conservada, y todavía pueden verse las elaboradas esculturas de nereidas y musas. Un **odeón** en ruinas está justo después.

La parte superior de la principal zona civil (y corazón político de la ciudad) está dominada por el **ninfeo de Antonino**, que estaba situado en el lado norte del ágora superior. El ninfeo era una enorme fuente monumental decorada con cabezas de Medusa y peces. El borde occidental del ágora estaba flanqueado por el **'bouleuterion'**, del que todavía perviven algunos asientos. En la esquina noroeste de la fuente se alza un **'heroon'** (monumento a los héroes) de 14 m de alto. Se supone que hubo aquí una estatua de Alejandro Magno, que tomo la ciudad en el 333 a.C. Desde el borde sur del ágora se ve abajo el **'macellon'** (mercado de alimentos), con sus características columnas corintias. En el centro hay un **'tholos'**, una profunda fuente que servía para vender pescado vivo. El *macellon* estaba dedicado al emperador Marco Aurelio.

Más arriba, se encuentra una **fuente dórica** del período helenista tardío y la **biblioteca de Neón**, romana y con hermosos mosaicos en el suelo. Ambos han sido reconstruidos, y las canalizaciones de la fuente han sido conectadas con el manantial del que se nutría hace más de dos mil años. Es una estructura excepcional, un sereno refugio del inmisericorde entorno, y el agua es de una sorprendente frescura. El pabellón que alberga la biblioteca de Neón suele estar cerrado, pero se puede pedir la llave en la taquilla.

Finalmente, en lo alto de la montaña, está la estructura más grande de Sagalassos, un **teatro romano** de 9000 plazas. Los seísmos han destruido las hileras de asientos, pero sigue siendo uno de los más completos de Turquía. Detrás del complejo pueden verse los túneles por donde entraban los participantes en el espectáculo.

La visita de Sagalassos debería completarse con la del excelente museo de Burdur.

ℹ Información

El mejor momento para visitar Sagalassos es entre lunes y jueves en verano, cuando los arqueólogos se dedican a excavar y restaurar las ruinas; todos hablan inglés y ofrecen visitas guiadas informales por las ruinas. En temporada baja, el visitante estará prácticamente solo, aparte de algunas aves y lagartijas. Es una zona expuesta y sin árboles, por lo que conviene ir temprano y evitar el sol de mediodía. En la taquilla se pueden comprar bebidas. El recorrido entero de las ruinas requerirá unas 3½ horas, pero las estructuras más importantes cerca de la taquilla pueden verse en un par de horas. Todo está muy bien señalizado, con detalladas y coloridas representaciones del aspecto de la ciudad en su época de mayor apogeo.

Caso de venir con un guía, se puede pedir prestada una lámina con el mapa de la ciudad, y a veces venden copias a los turistas por unas cuantas liras.

ℹ Cómo llegar y salir

Desde la terminal Çarşı de Isparta se toma un *dolmuş* hasta Ağlasun (1 h, cada hora de 6.00 a 17.00). El último *dolmuş* de Ağlasun a Isparta sale a las 20.00 en verano.

Desde Ağlasun hay un desvío señalizado de 7 km montaña arriba. Se puede subir andando, si lo permite la condición física, pero será más fácil pagar al conductor del *dolmuş* 20 TRY más para ir hasta allí, esperar una hora, y regresar a la ciudad. Para una espera más prolongada, seguramente habrá que acordar un precio más alto.

La alternativa más sencilla es unirse a un viaje organizado o compartir taxi desde Eğirdir por unas 30-50 TRY.

Eğirdir

✓0246 / 20 400 HAB.

El ejército turco tiene la extraña costumbre de establecer sus bases y puestos de avanzada en algunos de los lugares más hermosos del país, por lo que no debe sorprender la presencia de una enorme instalación militar un poco más arriba de esta ciudad tan maravillosamente situada. Eğirdir está junto a las tranquilas aguas del Eğirdir Gölü (lago Eğirdir), y ofrece un relajante refugio intemporal entre cordiales pescadores y asnos en libertad. Pero el encanto de la zona no termina aquí: un paseo hasta el islote Yesilada, conectado con la orilla del lago por un camino someramente pavimentado, será suficiente para darse cuenta de ello.

La ciudad ha sido una popular etapa desde los tiempos de los lidios, y la tradición perdura hoy en día, puesto que está en la ruta que conecta el centro de Anatolia

Eğirdir

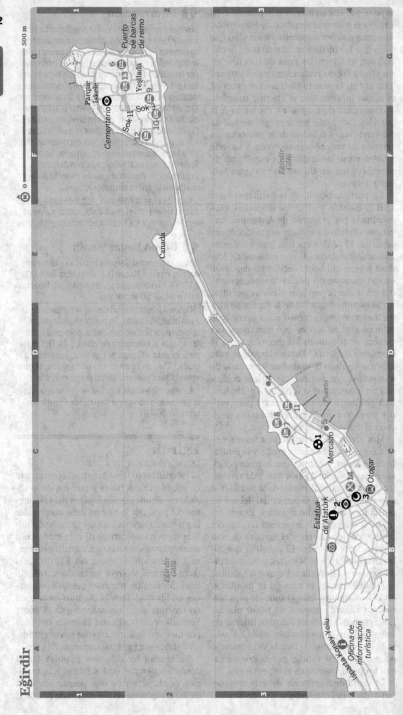

0   500 m

Eğirdir
Gölü

Eğirdir
Gölü

Puerto
de barcas
de remo

Parque
İskele

Cementerio

Yeşilada

Sok 11

Sok 3

Sok

13

6

9

10

12

Canadá

Puerto

Mercado

Estatua
de Atatürk

Otogar

Oficina de
información
turística

İsparta Kabaca Kev Yolu

7

8

11

5

1

2

3

14

Eğirdir

(Konya y Capadocia) con el Mediterráneo (Antalya) y el Egeo (Éfeso).

Historia

Fundada por los hititas, Eğirdir fue conquistada por los frigios (c. 1200 a.C.) y luego los lidios, los persas y finalmente por Alejandro Magno. Después, vinieron los romanos, que dieron a la ciudad el nombre de Prostanna. Documentos contemporáneos sugieren que era una localidad grande y próspera, pero el yacimiento no ha sido excavado, y se encuentra ahora dentro de un gran enclave militar.

En tiempos bizantinos, y con el nombre de Akrotiri ("montaña empinada"), fue la sede de un obispado. Más tarde, se convirtió en ciudad selyúcida (c. 1080-1280) y luego en la capital de un pequeño principado de la tribu hamidoğulları. Los otomanos se hicieron con el control de la ciudad en 1417, pero la población de Yeşilada siguió siendo básicamente griega ortodoxa hasta la década de 1920.

Bajo los turcos, Akrotiri se convirtió en Eğirdir, que significa "torcido". En la década de 1980, el nombre cambió por el de Eğirdir, que significa "ella está hilando", con la intención de eliminar las connotaciones negativas del anterior, fuente además de constantes bromas, pero al parecer también como referencia a una antigua leyenda sobre una reina sentada a la rueca en su casa, sin saber que su hijo acababa de morir.

⊙ Puntos de interés y actividades

Los puntos de interés de Eğirdir incluyen la **Hızır Bey Camii**, construida como almacén selyúcida en 1237, pero convertido en mezquita en 1308 por el emir hamidoğulları Hızır Bey. La mezquita es muy sencilla, con un triforio (hilera de ventanas) encima de la sala central y nuevos azulejos alrededor del mihrab. Las puertas son de madera finamente tallada y el minarete está adornado con un reborde de azulejos azules.

Enfrente de la mezquita, la **Dündar Bey Medresesi** fue construida como caravasar por el sultán selyúcida Alaeddin Keykubat en 1218 pero convertida en madraza en 1285 por el emir hamidoğulları Felekeddin Dündar Bey. Ahora es un bazar lleno de baratijas.

A unos centenares de metros hacia Yeşilada se alzan los macizos muros del **castillo** en ruinas. Sus cimientos se remontan posiblemente al reinado de Creso, el rey de Lidia del s. v, pero los conquistadores posteriores fueron añadiendo elementos a su estructura, ahora impresionante.

Playas

Aunque Yeşilada carezca de playa propiamente dicha, hay varios lugares donde bañarse tranquilamente alrededor del lago, con casetas para cambiarse y puestos de comida. La **playa Belediye** de Yazla es de arena y está a menos de 1 km del centro, por la carretera de Isparta.

La pedregosa **playa Altınkum** está unos kilómetros después de la de Belediye. En verano, hay *dolmuşes* que salen cada 15 minutos (1 TRY) de enfrente de la *otogar*. El taxi ronda las 10 TRY.

Más al norte, a 11 km por la carretera de Barla, la **playa Bedre** tiene 1,5 km de arena impoluta. Se puede ir en bicicleta o en taxi (12 TRY solo ida, aprox.).

☞ Circuitos

Cualquier pensión local puede organizar circuitos. La opción más popular son las salidas en barco, que valen 40 TRY por persona el día entero, aunque solo durante julio y agosto. Algunos barqueros se ofrecen a los turistas que pasean por el pueblo, sobre todo a orillas de Yeşilada.

El club de montañismo **Etudosd** (☑311 6356) tiene sus oficinas en la carretera de Yeşilada y aconseja sobre las excursiones al monte Davraz, el macizo de Barla y otras zonas interesantes.

También hay excursiones a Sagalassos, al Parque Nacional del Lago Kovada o al Parque Natural del Cañón Yazılı. Los precios rondan las 30-40 TRY por persona, aunque puede salir más caro para grupos pequeños o parejas. Las pensiones también pueden organizar salidas en taxi compartido para reducir costes, especialmente adecuadas para visitar Sagalassos.

Eğirdir Outdoor Centre (☎311 6688; Ata Yolu Üzeri) puede sugerir itinerarios u organizar salidas personalizadas; también alquila bicicletas de montaña por 5/20 TRY h/día. La oficina es un lugar agradable para tomar un té.

🛏 Dónde dormir

Hay alojamientos en Eğirdir, que son pequeños establecimientos familiares, de tipo pensión, alrededor de las ruinas del castillo, y en Yeşilada, el islote conectado con la orilla por una estrecha carretera. A diferencia del resto de la región, no suelen tener aire acondicionado, ya que aquí las noches son sorprendentemente frescas y aireadas, incluso en verano.

Ali's Pension PENSIÓN €
(☎311 2547; www.alispension.com; Yeşilada; i/d 40/60 TRY; @) Lo mejor no son las habitaciones, sencillas pero inmaculadas, sino la genuina hospitalidad de Ali y sus fantásticas comidas caseras. El suntuoso desayuno, con pastas recién hechas y fruta deliciosa, se comparte con los encantadores dueños, y por la noche, todo el mundo se reúne de nuevo para disfrutar del fantástico pescado fresco del lago. Está abierta todo el año para albergar a los esquiadores que se dirigen al monte Davraz.

Lale Pension PENSIÓN €
(☎311 2406; www.lalehostel.com; Kale Mahallesi 5 Sokak 2; i/d sin desayuno 40/60 TRY; ✳ @) Detrás del castillo, ofrece pulcras habitaciones con aire acondicionado y cuartos de baño privados, y un tranquilo ambiente familiar. La sala en la azotea tiene estupendas vistas del lago, y hay mucha información sobre circuitos y excursiones. Otro edificio, llamado Lale Hostel, tiene más alojamientos confortables. Los emprendedores dueños organizan todo tipo de salidas, y regentan también el Eğirdir Outdoor Centre.

Charly's Pension PENSIÓN €
(☎311 4611; www.charlyspension.com; Kale Mahallesi; dc/i/d/tr 18/35/55/65 TRY) Esta antigua casa junto al lago (1890), propiedad de los dueños de la Lale Pension, tiene suelos de madera increíblemente desiguales y acogedoras zonas de estar que dan a una playa privada. El ambiente es informal, apto para mochileros, que a menudo prolongarán su estancia. El desayuno vale 6 TRY.

Göl Pension PENSIÓN €
(☎311 2370; ahmetdavras@hotmail.com; Yeşilada; h 70-100 TRY; @) Regentada por los hermanos Davras, esta pequeña pensión ofrece habitaciones espaciosas y cuidadas. Las mejores son las de la última planta, con estupendas vistas del lago desde una terraza privada.

Mavigöl Hotel HOTEL €€
(☎311 6417; www.mavigolhotel.com; Yeşilada; i/d 50/90 TRY; @ ✳) Es el único establecimiento del pueblo con ciertas pretensiones de hotel. Las habitaciones están limpias y bien mantenidas, y atraen una clientela de categoría intermedia.

Şehsuvar Peace Pension PENSIÓN €
(☎311 2433; www.peacepension.com; Yeşilada; i/d 40/60 TRY) Habitaciones espaciosas y una tranquila y umbrosa terraza emparrada: esta es la oferta de esta discreta pensión familiar a pocos centenares de metros de la aletargada *meydan* (plaza mayor) de la isla. Se pueden alquilar barcas de remos y bicicletas, y el restaurante sirve excelentes pescados y bogavantes.

Choo Choo Pension PENSIÓN €
(☎319 4926; huseyinp01@hotmail.com; Yeşilada; i/d 40/60 TRY) Su fachada de falso castillo es un poco rara, pero las habitaciones son espaciosas, limpias y están cuidadas, con la ventaja añadida de estar a pocos metros del restaurante Halikarnas, en la orilla del lago.

Çetin Pansiyon PENSIÓN €
(☎311 2154; Kale Mahallesi; i/d/tr 40/60/70 TRY) En el lado más tranquilo del castillo, y regentada por una familia, esta pensión cuenta con seis habitaciones alegres en lo alto de una angosta (y bastante inquietante) escalera. Cuatro de ellas tienen vistas estupendas del lago y el monte Barla. El desayuno vale 10 TRY, aunque se puede regatear y quizá salga gratis.

🍴 Dónde comer

Lo mejor será, sin duda, comer en los restaurantes de las pensiones. Por la noche, los residentes se reúnen para saborear *istakoz* (cangrejos) y pescado del lago. Por

Cada mes de mayo y junio florecen los campos alrededor de Isparta. Los pétalos de rosa cuidadosamente cosechados al amanecer se convierten en *attar* de rosas, un preciado aceite utilizado para la elaboración de perfumes. Los pétalos se introducen en recipientes de cobre, y se pasan al vapor, que tras condensarse, deja una fina capa de aceite en la superficie del agua. Este aceite se recoge luego y se embotella. Cien kilos de pétalos producen tan solo 25 g de *attar* de rosas, dejando gran cantidad de agua de rosas para el consumo y venta locales.

Para observar el proceso, las pensiones de Eğirdir pueden organizar visitas a las fábricas por 40 TRY por persona, pero también puede concertarse una visita individual directamente con un fabricante. **Gülbirlik** (☑218 1288; www.gulbirlik.com) es el principal productor de aceite de rosas en el mundo, con cuatro plantas procesadoras por las que pasan 320 toneladas de pétalos al día. Los circuitos suelen tener lugar de mediados de mayo a mediados de junio cada año, en plena temporada de floración de las rosas.

supuesto, hay también varios restaurantes de oferta similar y correcta. El Eğirdir Outdoor Centre es ideal para tomar un té junto al agua. El restaurante **Kemer Lokantasi** (Sahil Yolu 20; platos principales 6-9 TRY; ☺almuerzo y cena), cerca de las mezquitas, ofrece platos sabrosos a buen precio. Cerca de allí, hay también un enjambre de kebabs.

Mercado de Eğirdir MERCADO
El mercado semanal de los jueves se extiende a la sombra de las ruinas del castillo, pero durante los 10 domingos entre agosto y octubre, los campesinos yörük bajan de las aldeas de montaña a Eğirdir para vender sus manzanas, cabras y yogures, y para comprar artículos para el invierno. Es un punto de encuentro para los habitantes de las distintas aldeas, y ha sido desde siempre una oportunidad para establecer relaciones entre ellos.

ⓘ Información

Cuando se redactó esta guía, la **oficina de información turística** (2 Sahilyolu 13) estaba cerrada, aunque quizá abra de nuevo más adelante. Está en la arteria principal de llegada al pueblo. Un pequeño quiosco en la *otogar* distribuye a menudo mapas y planos de forma informal.

Hay varios cajeros automáticos cerca del Hotel Eğirdir.

ⓘ Cómo llegar y desplazarse

Desde Eğirdir salen autobuses frecuentes hacia los principales destinos: Estambul, Bursa, Antalya, Konya, Capadocia e İzmir. Si no hay ninguno que salga pronto hacia el destino deseado, se

puede tomar un microbús hasta Isparta (5 TRY, 30 min) para seguir viaje desde allí.

Casi todas las pensiones están en Yeşilada o alrededor del castillo. El taxi desde la *otogar* hasta Yeşilada cuesta unas 10 TRY y hay un *dolmuş* (1 TRY) que cubre este trayecto de 1,5 km unas diez veces al día.

Alrededores de Eğirdir

Los siguientes destinos están en un radio de 80 km de la aletargada Eğirdir, y son por lo tanto perfectos para una excursión de un día tras un descanso a orillas del lago. Casi todos ellos forman parte de la ruta de San Pablo (p. 297) y están señalizadas de sur a norte, en la dirección emprendida por los senderistas desde Perge. Caso de alojarse en Eğirdir, lo mejor es preguntar en la pensión sobre posibles circuitos organizados, que a menudo van a Kovada Gölü, el cañón de Çandir y la cueva Zindan (35-40 TRY). En taxi privado costará entre 50 y 80 TRY, según el destino. En los meses más cálidos se puede ir a Sütçüler y Yalvaç en *dolmuş* (10-12 TRY).

SÜTÇÜLER

Es una localidad bastante anodina a lo largo de una serpenteante carretera de montaña, aunque sus vistas despiertan el apetito para una buena excursión. Vale la pena echar una ojeada a la espectacular vía romana de **Adada**, y también hay restos de un ágora y un templo de Trajano.

Para pasar la noche, el **Otel Karacan** (☑351 2411; www.karacanotel.com; Atatürk Caddesi 53; media pensión 40-50 TRY; ⊛) cuenta con 25 habitaciones espaciosas, algunas

AKPINAR

En lo alto de las empinadas laderas de la Sivri Dağı ("montaña afilada"; 1749 m), se encuentra la aldea de Akpınar, entre pintorescos huertos de manzanos. Para un delicioso tentempié y vistas espectaculares del lago y su precariamente amarrado islote, se puede seguir la carretera principal hasta el borde del precipicio, donde se encontrará una destartalada colección de sillas disparejas, mesas de *picnic* y una espaciosa tienda de fieltro. Allí se podrán degustar *gözleme* recién hechos (4 TRY) rellenos con todo tipo de ingredientes dulces y salados, y acompañarlos con *ayran* (bebida de yogur) casero.

Está a unos 5 km de marcha desde Yeşilada; el taxi costará unas 15 o 20 TRY por trayecto. Los andariegos aguerridos pueden seguir monte arriba, aunque deben tener cuidado con no acercarse a la base militar; lo más probable es que los chicos de verde no aprecien su presencia.

sin cuarto de baño. Una terraza ajardinada y un restaurante interior ofrecen vistas del verdor a sus pies, mientras que una gastada guitarra y una serie de narguiles sugieren agradables veladas tras un largo día de marcha. Se recomienda reservar con antelación durante los meses preferidos para el senderismo (julio y agosto).

ZINDAN MAĞARASI (CUEVA ZINDAN)

Unos 30 km al sureste de Eğirdir, la kilométrica **cueva Zından** presenta una entrada con ruinas bizantinas, cantidad de estalactitas y estalagmitas, y una curiosa sala llamada Hamam. La entrada de la cueva se encuentra 1 km al norte de Aksu, marcada por un bonito puente romano. Un paseo a lo largo del río será una agradable alternativa para quienes prefieran no entrar en la cueva.

PARQUE NATURAL DEL CAÑÓN DE YAZILI Y CAÑÓN DE ÇANDIR

Unos 73 km al sur de Eğirdir, el **Parque Natural del Cañón de Yazılı** (Yazılı Kanyon Tabiat Parkı; entrada 1 TRY, coche 2 TRY) protege una quebrada boscosa en lo más profundo de las montañas que separan el distrito de los lagos (antigua Pisidia) y la región de Antalya (Panfilia). Tras pagar la entrada en el aparcamiento, se sigue un sendero de 1 km río arriba a través del glorioso **Cañón Çandir** hasta unas pozas aptas para el baño; el agua está helada incluso en plena canícula, y en julio y agosto es un lugar muy concurrido por las familias turcas, pero el resto del año el visitante estará prácticamente solo.

PARQUE NACIONAL KOVADA GÖLÜ

Rico en fauna y flora, el **Parque Nacional del Lago Kovada** (Kovada Gölü Milli Parkı) rodea un pequeño lago conectado por un canal con el lago Eğirdir. Es un lugar agradable para caminar y para ir de *picnic*. El cercano **bosque Kasnak** atrae a los entusiastas de la naturaleza por sus mariposas y raras flores de montaña.

DAVRAZ DAĞI (MONTE DAVRAZ)

La temporada de esquí en el **monte Davraz** (2635 m) se extiende de mediados de diciembre a marzo. La estación es apta para el esquí de fondo y el esquí alpino, y hay un telesilla de 1,2 km. Un día de esquí, con el alquiler del equipo y el pase del telesilla, cuesta unos 40 €; también se puede practicar el montañismo y el parapente.

Hay la posibilidad de alojarse en el principal centro de esquí y en el hotel de cinco estrellas **Sirene Davraz Mountain Resort** (www.sirene.com.tr/sirenedavras.asp), pero será igualmente fácil (y más barato) alojarse en Isparta o Eğirdir.

ANTIOQUÍA DE PISIDIA

A unos 2 km de Yalvaç están las ruinas de **Antioquía de Pisidia** (entrada 3 TRY; 9.00-18.00), una antigua ciudad abandonada en el s. VIII debido a los ataques de los árabes.

Desde la entrada, una vía romana sube hasta los cimientos de un arco del triunfo, y luego gira a la derecha hacia el **teatro**. Más arriba, en una explanada rodeada por una pared semicircular de piedra, está el principal **santuario** de la ciudad. En su origen, estaba dedicado a Cibeles, la diosa madre de Anatolia y más adelante al dios de la luna Men, pero en tiempos romanos fue un templo imperial dedicado a Augusto. Un sendero a la izquierda lleva hasta el **ninfeo**, antaño un manantial permanente, pero ahora seco.

Es una ruta señalizada que serpentea a través de gran parte del oeste de Anatolia, y que permite seguir las huellas del apóstol san Pablo. La ruta empieza en Perge, cerca de Antalya, y se abre camino en dirección norte hasta la pequeña localidad de Yalvaç, cerca de Eğirdir. La salida se encuentra al nivel del mar, pero la ruta alcanza los 2200 m de altitud, pasando junto antiguas ruinas y fotogénicas vistas en el camino. El sitio web de la ruta (www.stpaultrail.com) ofrece información básica sobre su recorrido, y se recomienda encarecidamente comprar el libro sobre este tema, ingeniosamente llamado *St Paul Trail* (Ruta de San Pablo), escrito por Kate Clow (que también ha señalizado la más conocida ruta Licia).

A través de los campos pueden verse varios arcos del **acueducto** de la ciudad. Más abajo del ninfeo están las ruinas de los **baños romanos**. Varias salas grandes han sido excavadas, y gran parte del techo original sigue intacto. De regreso hacia la entrada se pasa por los cimientos de la **basílica de San Pablo**. Las prédicas del apóstol causaron tal reacción que fue expulsado de la ciudad junto con Bernabé.

Tras explorar las ruinas se puede visitar el **Museo Yalvaç** (Yalvaç Müzesi; entrada 3 TRY; ⊙8.30-17.30 ma-do), instalado en un edificio antiguo maravillosamente restaurado. Un plano de las ruinas y una modesta colección de hallazgos arqueológicos completarán la visita.

Antalya y el oeste del Mediterráneo

Los mejores alojamientos

» Mehmet Ali Ağa Konağı (p. 308)

» Hoyran Wedre Country House (p. 350)

» Hotel Villa Mahal (p. 337)

» Turan Hill Lounge (p. 330)

» Happy Caretta (p. 316)

Los mejores restaurantes

» İkbal (p. 345)

» Korsan Fish Terrace (p. 338)

» Meğri Lokantasi (p. 324)

» Levissi Garden (p. 329)

» Çiftlik (p. 341)

Por qué ir

La costa turca del oeste del Mediterráneo es una región con un interminable mar azul celeste bordeado de kilómetros de playas de arena detrás de las cuales se alzan montañas de casi 3000 m de altura; y, si a eso le añadimos la gran cantidad de antiguas ruinas que salpican sus aromáticos matorrales y pinares, y su sofisticada oferta de deportes y actividades, se puede decir que esta zona es una auténtica mina de oro.

De hecho, la perfecta mezcla de historia y ocio de la llamada Costa Turquesa inspira y entusiasma en todos los sentidos. Sin embargo, la forma más espectacular de explorarla es navegando por sus cristalinas aguas a bordo de un *gület* (velero tradicional de madera) o recorriendo a pie tramos de la ruta Licia, de 500 km de longitud, que discurre a gran altura por encima de lo que los turcos llaman el Akdeniz (literalmente, el "mar Blanco").

Cuándo ir

Antalya

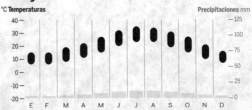

Marzo y abril Las colinas se llenan de vida con los vivos colores de las flores primaverales de bulbo.

Julio y agosto La temporada alta, cuando todo, aunque abarrotado, está abierto y lleno de diversión.

Diciembre y enero Hace más frío, pero los días soleados, son perfectos para pasear por las colinas.

Lo más destacado de Antalya y el oeste del Mediterráneo

1 Pasear por las ruinas de **Patara** (p. 348) antes de zambullirse en el mar en su playa de 20 km de largo.

2 Explorar en kayak la impresionante ciudad sumergida de **Üçağız** (p. 348) y pasar la noche a la sombra de un castillo en Kaleköy.

3 Experimentar una parte de Grecia en un viaje en barco de 20 minutos de Kaş a **Meis** (p. 345).

4 Recorrer un tramo de la ruta Licia desde los acantilados situados por encima de **Ölüdeniz** (p. 326).

5 Contemplar el esplendor otomano de **Kaleiçi** (p. 356).

6 Explorar en automóvil en vespa por las elevadas carreteras y las escondidas calas de la **península de Bozburun** (p. 309).

7 Cenar en **Kalkan** (p. 306), un epicúreo centro de cocina mediterránea.

8 Relajarse mientras se acampa en lujosos *campings* en **Kabak** (p. 330).

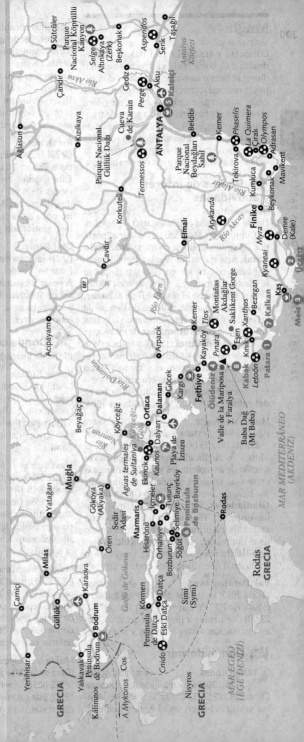

Muğla

📞 0252 / 56 600 HAB.

Compacta y tranquila, con bulevares bordeados de árboles y calles estrechas que conducen al barrio histórico, Muğla es una capital provincial turca fuera de lo común. Sus casas otomanas encaladas están muy bien conservadas y hay una amplia gama de tranquilos *çay bahçesi* (jardines de té) llenos de simpáticos estudiantes universitarios. Muğla ofrece una agradable reintroducción a la vida urbana turca tras unos días en la playa.

👁 Puntos de interés y actividades

Casco antiguo   ZONA HISTÓRICA

Desde la rotonda con la estatua de Atatürk en Cumhuriyet Meydanı hay que ir al norte por Kurşunlu Caddesi hasta la **Kurşunlu Cami,** una mezquita resplandecientemente blanca construida en 1493 y a la que se le añadió un minarete y un patio en 1900.

Si se sigue hacia el norte se llega al **bazar,** con sus estrechas calles llenas de tiendas de artesanos y restaurantes. Subiendo la colina se llega a las **casas otomanas** de los ss. XVIII y XIX, y a la **Ulu Cami** (1344), que data de la época de los emires Menteşe, aunque las reparaciones realizadas en el s. XIX han hecho que su diseño preotomano sea prácticamente irreconocible. Cerca de allí está la **torre del reloj** *(saatli kule),* construida en 1905.

Museo de Muğla   MUSEO

(📞 214 6948; Postane Sokak; entrada 3 TRY; ⊗8.00-12.00 y 13.00-17.00 ma-do) Al este, el Museo de Muğla alberga una pequeña colección de antigüedades griegas y romanas expuestas en salas alrededor de un patio. No hay que perderse la nueva **sala de los Gladiadores,** con maquetas, armas y tallas de piedra. También hay una sección con artesanía tradicional de la región. El museo da al impresionante **Konakaltı Kültür Merkezi** (Mustafa Muğlalı Caddesi 51), un complejo tradicional que alberga un centro cultural.

Vakıflar Hamamı   'HAMMAM'

(📞 214 2067; Mustafa Muğlalı Caddesi 1; baño y exfoliación 20 TRY, con masaje 40 TRY; ⊗7.00-23.00) Construido a mediados del s. XIV, tiene instalaciones para hombres y mujeres.

🛏 Dónde dormir

👍 **Mavi Konak**   HOTEL·'BOUTIQUE' €€

(📞 214 7007; www.mavi-konak.eu; Kusular Çıkmazı 13; i 22,50-33 €, d 37-53 €; @) Residencia griega del s. XIX en el centro histórico con cinco encantadoras habitaciones llenas de muebles de madera hechos a mano en torno a un frondoso patio, con una moderna cocina y lavandería para uso de los huéspedes. Solo una habitación tiene baño propio, pero el baño compartido –un antiguo *hammam*– es enorme. Sus amables propietarios alemanes, Claudia y Dieter, son una fuente de conocimiento local.

Petek Hotel   HOTEL DE NEGOCIOS €€

(📞 214 1897; www.petekhotel.com, en turco; Marmaris Bulvarı 27; i/d/tr 50/90/120 TRY; P ✳) Este hotel de tres estrellas con 64 habitaciones da a un ruidoso bulevar al sureste de Cumhuriyet Meydanı, y, aunque le falta un poco de carácter, es confortable y está bien gestionado.

Otel Saray   HOTEL €

(📞 214 1594; www.muglasaray.com, en turco; Açık Pazar Yeri Sokak 11; i/d/tr 35/60/90 TRY; P ✳) A pesar de llamarse "palacio", este caravasar de 51 habitaciones no se parece en nada a un palacio, aunque tiene la ventaja de estar muy cerca del mercado al aire libre.

🍴 Dónde comer y beber

El día de mercado es el jueves.

Konak Kuzine   RESTAURANTE €€

(📞 213 1000; Kurşunlu Caddesi 13; platos principales 8,50-16 TRY; ⊗10.00-22.00) Si se quiere comer con estilo a base de *pide* (4,50-9 TRY) y parrilladas, hay que ir a esta mansión griega del s. XIX frente a la Kurşunlu Cami.

Mavi Sofra   'KÖFTECI', 'KABAPÇI' €€

(📞 212 5250; Kurşunlu Çıkmazı 4/2; platos principales 8-15 TRY; ⊗9.00-23.00) Bajando por un callejón frente a la Kurşunlu Cami, este diminuto establecimiento se ha convertido en uno de los favoritos de los locales por sus deliciosos kebabs y *köfte* (albóndigas a la parrilla).

Muğla Lokantası   'LOKANTA' €

(📞 212 3121; İsmet İnönü Caddesi 53; platos principales 3-6 TRY; ⊗6.30-22.00) Con un gran mostrador repleto de una deliciosa selección de platos tradicionales a precios bajísimos donde solo hay elegir lo que se quiere y señalarlo, este lugar siempre está abarrotado.

Muğla Belediyesi Kültür Evi   CAFÉ

(Casa de la Cultura del Ayuntamiento de Muğla; 📞 212 8668; İsmet İnönü Caddesi 106; ⊗8.00-19.30) Esta casa de hace 200 años, con un jardín restaurado por el ayuntamiento en el

2003, es un sitio tranquilo para desayunar (5 TRY) o tomar café.

Sobe
CAFÉ-BAR
(☎212 6271; Mustafa Muğlalı Caddesi 43; ☺8.00-13.00) Lugar encantador, con un gran patio ajardinado y música en directo los fines de semana. Es muy popular entre los estudiantes universitarios.

❶ Información

Oficina de turismo (☎214 1261; www.mugla-turizm.gov.tr; Marmaris Bulvarı 22/A; ☺8.00-17.00 lu-vi) Unos 600 m al sureste de Cumhuriyet Meydanı, pasado el hotel Petek; tienen planos gratis del centro urbano y de la provincia de Muğla.

❶ Cómo llegar y salir

La *otogar* está unos 750 m al suroeste de la plaza principal por Marmaris Bulvarı y luego girando a la izquierda por Zübeyde Hanım Caddesi. Hay autobuses cada media hora (cada hora en temporada baja) a Marmaris (8 TRY, 1 h, 53 km) y Bodrum (15 TRY, 2½ h, 111 km). Si se va hacia el este por la costa hay que hacer transbordo en Marmaris.

Akyaka (Gökova)
☑0252 / 2500 HAB.

La tranquila aldea de Akyaka, entre montañas cubiertas de pinos y una playa de arena gris en el extremo más lejano del golfo de Gökova, supone un refrescante cambio con respecto a la bulliciosa Bodrum al oeste y a la exasperante Marmaris al sur. A veces se la llama Gökova, lo que puede dar lugar a confusión, ya que Gökova también es un municipio más antiguo situado varios cientos de kilómetros hacia el interior.

La carretera de Muğla hacia el norte discurre por el puerto de Sakar (Sakar Geçidi; 670 m), muy popular entre los parapentistas, y ofrece impresionantes vistas del mar y el golfo.

La **playa de Çınar**, 2 km a las afueras de Akyaka, es el mejor lugar para bañarse. Para llegar hay que girar a la derecha en la escuela de primaria yendo hacia el puerto deportivo y luego tomar la carretera elevada que tuerce a la derecha. La cooperativa local de marineros ofrece **circuitos en barco** por el golfo (40 TRY aprox.).

Con sus vientos *maltemi*, Akyaka es ideal para practicar *windsurf* y *kiteboard*. **Rüzgar Sports Center** (☎243 4217, 0505 918 3600; www.gokovaruzgar.com; Sahil Sokak 2), junto a la playa, alquila equipos y ofrece cursos

y clases. También alquila kayaks, canoas, barcos de vela y bicicletas de montaña.

Cada miércoles hay un ajetreado **mercado** en el centro de Akyaka; el día de mercado en Gökova es el sábado.

🛏 Dónde dormir

Susam Hotel
HOTEL €€
(☎243 5863; www.susamhotel.com; Lütfiye Sakıcı Caddesi 30; i 40-100 TRY, d 50-120 TRY; ✴ ☀) Está en la carretera principal que va a la playa y tiene 10 impecables habitaciones decoradas de forma temática (derviches, teatro, etc.), la mayoría con balcón. También tiene un pequeño jardín con una bonita piscina.

Yücelen Hotel
'RESORT' €€€
(☎243 5108; www.yucelen.com.tr; i/d 95/190 TRY; ✴ ☀) El hotel de 125 habitaciones del polifacético grupo Yücelen es grande y está bien diseñado. Sus instalaciones incluyen piscinas cubiertas y al aire libre, gimnasio y sauna. Está nada más subir desde la playa.

Okaliptüs Apart
APARTAMENTOS €€
(☎243 4370; www.tomsanokaliptus.com; Volkan Sokak 2i; apt de 2 habitaciones 40-60 €, de 3 habitaciones 70-100 €; ✴ ☀) Una buena alternativa, sobre todo si el viajero planea quedarse varias noches, es alquilar un apartamento de vacaciones. Hay numerosas opciones, incluido el "Eucalipto", que está un poco lejos de la acción pero a solo 300 m del mar.

Gökova Park Camping
'CAMPING' €
(☎243 4055; www.yucelen.com.tr; por persona/tienda/automóvil 3/8/11 TRY, bungaló para hasta 6 personas 175 TRY) Del mismo grupo que el hotel Yücelen y junto a este, el Gökova Park está al lado de la playa y tiene bungalós, casas móviles, casitas y tiendas de campaña.

🍴 Dónde comer

La playa principal está llena de restaurantes, pero dos de los mejores son el consolidado **Şıkıdam** (☎243 5738; İncir Sokak 8; platos principales 5-20 TRY; ☺8.00-2.00), en el extremo este junto al muelle, con una estufa de leña y especializado en pescado, y el **Spica** (☎243 4270; Sanat Sokak 4; platos principales 11-19 TRY; ☺8.00-24.00), más elegante y con una gran terraza frente al mar en el lado oeste de la playa.

Golden Roof Restaurant
INTERNACIONAL €€
(☎243 5392; Karanfil Sokak 1; *meze* 5 TRY, platos principales 12-20 TRY; ☺8.00-1.00) En el mejor rincón de la ciudad, este local familiar, toda una institución, sirve buenas *pizzas* y

pastas, así como platos turcos caseros. Su afable propietario es una buena fuente de información local.

Tıkın House

'KEBAPÇI' €

(☑243 5444; Lütfiye Sakıcı Caddesi; platos 3,50-8,50 TRY; ⊗8.30-23.00) Un escalón por encima de los locales habituales de *pizza* y kebab, también ofrece *meze*, parrilladas, tortillas y ensaladas. Está frente al hotel Susam.

❶ Cómo llegar y salir

Hay microbuses a Muğla (3 TRY, 30 min, 26 km) cada media hora, y a Marmaris (4 TRY, 30 min, 31 km) dos veces al día, aunque solo en temporada alta. Si no, los microbuses procedentes de Marmaris pueden dejar al viajero en la salida de la autopista, a 2,5 km de la playa. Desde allí se puede ir a pie o esperar un microbús.

Marmaris

☑0252 / 40 000 HAB.

En verano esta popular población vacacional alberga a más de doscientas mil personas, convirtiéndose en un lugar ruidoso y descarado. Es lo más parecido a la Costa del Sol que hay en Turquía y uno de los pocos lugares de la costa donde uno puede marcharse más estresado de lo que llegó.

Pero, si lo que se busca es una última noche de juerga, un crucero en *gület* por la costa o un *ferry* a Grecia, este es el lugar ideal. Bar St ofrece una decadencia sin igual, mientras que el paseo marítimo está lleno de cazadores de clientes para barcos en dirección este hasta Fethiye y más allá. Además, este sitio tiene un poco de historia: su impresionante puerto natural es desde donde lord Nelson organizó su flota para atacar a los franceses en Abukir, en el norte de Egipto, en 1798.

◉ Puntos de interés y actividades

Si se quiere saber cómo era Marmaris antes de la llegada de hordas de turistas, hay que dar un paseo por la zona de detrás de İskele Meydanı, donde se hallan algunos de los pocos edificios antiguos que quedan en la ciudad. Yendo hacia el interior desde İskele Meydanı se llega al barrio del *çarşı* (bazar), gran parte del cual está cubierto.

Castillo y Museo de Marmaris

FORTALEZA, MUSEO

(Marmaris Kalesi ve Müzesi; ☑412 1459; entrada 3 TRY; ⊗8.00-12.00 y 13.00-17.00 ma-do) El pequeño castillo en la colina al sur de la oficina de turismo se construyó durante el reinado de Solimán el Magnífico. En 1522 el sultán reunió aquí a 200 000 soldados para atacar y sitiar Rodas, que fue defendida por los caballeros de la Orden de San Juan. Actualmente alberga el **Museo de Marmaris.** Las exposiciones se centran en la arqueología de la región, con restos de Cnido e Hisarönü, incluidos objetos de cristal, ánforas y monedas. Desde las antiguas murallas hay fantásticas vistas del puerto deportivo.

Playas

PLAYA

Las playas de Marmaris puede que sean estrechas y pedregosas, pero permiten bañarse al lado del centro urbano. Unos 10 km y 20 km al suroeste están, respectivamente, las playas mucho más bonitas de **İçmeler** y **Turunç,** a las que se puede llegar en *dolmuş* desde enfrente del centro comercial Tansaş por 2,50 TRY y 6 TRY. De mayo a octubre también hay taxis acuáticos que conectan el paseo marítimo a ambos lados de la estatua de Atatürk con İçmeler (7,50 TRY, 30 min, cada 30 min) y Turunç (10 TRY, 45 min, 1 h). La playa del **Parque Günlücek,** una reserva forestal 3,5 km al sureste de Marmaris, también es accesible en *dolmuş* desde enfrente del centro comercial Tansaş.

'Hammam'

'HAMMAM'

El enorme **Armutalan Hamamı** (*hammam* de la Peraleda; ☑417 5374; 136 Sokak 1; baño y exfoliación 20 TRY; con masaje 40 TRY; ⊗9.00-22.00 abr-oct), al parecer el segundo *hammam* más grande de Turquía, está detrás del hospital municipal, junto a Datça Caddesi, unos 2 km al oeste del centro urbano. Hay que ir después de las 18.00, cuando ya se han ido los grupos turísticos. Hay frecuentes servicios gratis de autobús (Armutalan nº 4) a/desde el centro comercial Tansaş.

Viajes en barco

CRUCERO

Una amplia gama de empresas ofrecen excelentes circuitos de un día por la bahía de Marmaris y por sus islas y playas. Estos *dolmuşes* acuáticos suelen costar entre 25 y 30 TRY.

Si se quiere una opción menos convencional, se puede alquilar un barco con un grupo de personas para ir a calas más tranquilas. Un barco para siete personas suele costar unos 300 €, pero hay que negociar el precio. Uno de los más fiables es el '**Zeus Boat**' (☑0532 247 4974; http://zeus-boat.netfirms.com), capitaneado por Sadık Turgut.

Los yates suelen navegar entre mayo y octubre, con salida entre las 9.30 y 10.00 y vuelta entre las 18.00 y 18.30. Antes de contratar cualquier viaje hay que comprobar qué lugares se visitan, en qué barco se va y cuál es el menú de almuerzo.

Los viajes con noche incluida (350 € aprox. para cuatro personas, incluidas todas las comidas y refrescos) así como los viajes de dos días (700 €) y tres días (1050 €) a menudo van hasta Dalyan y Cauno. También se pueden contratar viajes en barco hasta Datça y Cnido, al oeste de Marmaris, o por la península de Bozburun. También están los populares *blue voyages* (travesías azules; p. 323) hasta Fethiye y más allá.

Submarinismo

SUBMARINISMO

Varios centros a lo largo de Yeni Kordon Caddesi ofrecen excursiones y cursos de submarinismo entre abril y octubre. El **Deep Blue Dive Center** (☑0541 374 5881, 0506 614 6408; www.sealung.com) cobra 240 € por un curso PADI en aguas abiertas de tres días. Las excursiones de un día cuestan 29 €, incluidas dos inmersiones, todo el equipo y almuerzo. **Professional Diving Centre** (☑0533-456 5888; www.prodivingcentre.com, en turco) cobra entre 25 y 30 € por el mismo paquete.

🛏 Dónde dormir

La vida, la comida y el alojamiento están pensados para grupos organizados que contratan paquetes de viaje con todo incluido, por lo que hay pocas opciones con una buena relación calidad-precio para viajeros independientes.

Royal Maris Hotel HOTEL €€€
(☑412 8383; www.royalmarishotel.com; Atatürk Caddesi 34; i/d/tr 110/170/200 TRY; P ❄ ☀ ≋) Dos piscinas, playa privada, *hammam*, gimnasio, espaciosos balcones con impresionantes vistas (se aconseja la habitación nº 403) y unos precios asequibles hacen de este hotel de 67 habitaciones una de las mejores opciones. La terraza de la azotea, con piscina, está diseñada como la cubierta de un barco.

Maltepe Pansiyon PENSIÓN €
(☑412 1629, 0532 346 4244; www.maltepepansiyon.com; 66 Sokak 9; i/d 30/60 TRY; ❄ @) El sombreado jardín es uno de los atractivos de esta pensión de 22 habitaciones, una de las opciones favoritas de los mochileros durante un cuarto de siglo. Tiene habitaciones pequeñas pero impolutas (15 de ellas con

baño propio) y cocina para los huéspedes. Su amable gerente, Mehemt, siempre está dispuesto a ayudar.

Özcan Pansiyon PENSIÓN €
(☑412 7761; ozcanpansitonmarmaris@hotmail.com; 66 Sokak 17; i/d 35/60 TRY; ❄) Lo que desde fuera parece un viejo bloque de apartamentos es una pensión con una buena relación calidad-precio. Algunas de sus 15 habitaciones tienen balcón, pero no todas disponen de baño. También tiene una agradable terraza ajardinada.

Halıcı Hotel HOTEL €€
(☑495 8201; www.halicihotel.com; Sokak 1; i/d 70/140 TRY; P ❄ @ ≋) Este enorme hotel de 174 habitaciones está especializado en paquetes turísticos, por lo que cuenta con todo tipo de instalaciones, desde piscinas y bares hasta un jardín tropical. Para llegar hay que seguir el canal que sube desde el mar.

Barış Motel & Pansiyon PENSIÓN €
(☑413 0652; barismotel@hotmail.com; 66 Sokak 16; i/d 40/60 TRY; ❄) Esta aletargada pensión con una docena de habitaciones está frente al canal donde están el Maltepe y el Özcan. Las habitaciones, aunque muy básicas y ajadas, están limpias. El desayuno cuesta 6 TRY adicionales.

Uğur Pansiyon PENSIÓN €
(☑413 2120, 0507 286 2299; 91 Sokak 29; i/d/tr 30/50/70 TRY; ❄) Si el viajero puede ignorar las raídas moquetas y las juergas de los grupos de estudiantes, esta pensión de 18 habitaciones, un poco al norte de donde está toda la acción, puede ser una alternativa en última instancia.

🍴 Dónde comer

Ney RESTAURANTE €€
(☑412 0217; 26 Sokak 24; *meze* 5-6 TRY, platos principales 15-20 TRY) Pequeño pero encantador restaurante en una casa griega de hace 250 años unos cuantos escalones por encima del extremo oeste del puerto deportivo. Decorado con conchas y carillones de viento, ofrece exquisita comida casera, como *tavuklu mantı böreği* (raviolis turcos con pollo; 14 TRY).

Liman Restaurant MARISCO €€
(☑412 6336; 40 Sokak 38; platos principales 10-20 TRY; ⊗8.00-1.00) Famoso por sus *meze* (6-12 TRY) y *kavurma* (un tipo de salteado de cordero), este animado restaurante está en el corazón del bazar cubierto. Su sopa de

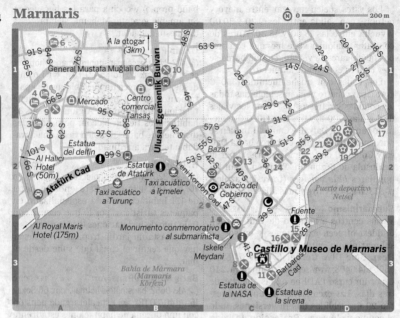

N 0 ———— 200 m

pescado (9 TRY) también es muy famosa, al igual que su *balık buğlama* (guiso de pescado; 40 TRY por 500 g).

Panorama Restaurant & Bar

INTERNACIONAL €€

(☑413 4835; Hacı İmam Sokağı 40; platos principales 10-15 TRY; ☻9.00-1.00) Junto a 26 Sokak, este local, con su famosa terraza que da al puerto deportivo, ha empezado a servir comidas sencillas, como *pizza*, pasta y tortillas, preparadas por la afable madre del propietario, por lo que ahora se puede disfrutar de las mejores vistas de Marmaris mientras se come algo.

İdil Mantı Evi

LOCAL €€

(☑0534 296 4410; 39 Sokak 140; *meze* 5-6 TRY, platos principales 8-20 TRY; ☻16.00-5.00) Con una práctica ubicación en Bar St, este es un lugar genial para saciar el hambre a altas horas de la madrugada. Con sencillas mesas de madera y sillas de cuero sintético rojo colocadas alrededor de un horno tradicional, es un lugar encantador y con mucho ambiente. Tiene platos vegetarianos (8-14 TRY), y su *gözleme* (hojaldre relleno; 6-10 TRY) es un excelente tentempié.

Aquarium Restaurant

INTERNACIONAL €€€

(☑413 1522; Barboras Caddesi; platos principales 15-30 TRY; ☻9.00-24.00) Dirigido por una amable pareja turco-neozelandesa y situado junto al puerto, sirve grandes parrilladas y filetes a una jovial clientela formada tanto por turcos como por extranjeros. Es caro, pero su buena ubicación se paga.

Meryemana

LOCAL €

(☑412 7855; 35 Sokak 5/B; platos principales 5-6 TRY; ☎) Sencillo local con fantásticos platos tradicionales. Tiene una excelente reputación y también es una buena opción para los vegetarianos (un gran plato variado cuesta entre 10 y 15 TRY). Se aconseja probar los *mantı* (raviolis turcos; 6 TRY).

Fellini

ITALIANO €€

(☑413 0826; Barboras Caddesi 71; platos principales 15-25 TRY; ☻9.00-2.00) Muy popular tanto entre los locales como entre los viajeros más informados, este restaurante en el paseo marítimo de temática cinematográfica sirve geniales *pizzas* de masa fina (18-22 TRY) y pasta (15-24 TRY).

Alin's Cafe & Restaurant

RESTAURANTE FAMILIAR €€

(☑413 2525; www.alins.com.tr, en turco; 36 Sokak 23; platos principales 5,90-14,90 TRY; ☻8.00-00.30; ☎) Parte de una elegante cadena turca, siempre está lleno de familias del país dándose un festín de saludables parrilladas, hamburguesas y patatas asadas rellenas.

Marmaris

Doyum   'KEBAPÇI' €€
(☎413 4977; Ulusal Egemenlik Bulvarı 14; platos principales 4-12 TRY; ☺24 h) Tras pasar toda la noche en Bar St, este es un buen lugar para desayunar temprano (6 TRY). Además, siempre tiene varios sabrosos platos vegetarianos (4-5 TRY).

Cafe by Özel   'KÖFTECI', 'KEBAPÇI' €
(☎413 32 84, 0536 810 6082; 62 Sokak 5; platos 3-8 TRY; ☺8.00-2.00) Céntrico local con comida sencilla, como croquetas, y una variada clientela.

☕ Dónde beber y ocio

Marmaris es un lugar para salir de fiesta, pero si solo se quiere tomar algo tranquilamente mientras se disfruta de buenas vistas, hay que ir al **Panorama Restaurant & Bar** (☎413 4835; Hacı İmam Sokağı 40; ☺9.00-1.00) o al **Keyif Bar** (☎412 1061; Netsel Marina Çarşısı; ☺8.30-4.00), un *lounge*-bar

acristalado situado por encima del puerto deportivo, al otro lado del puente peatonal.

De lo contrario, hay que ir a Bar Street (en realidad, 39 Sokak), donde hay una fila de bares y discotecas muy populares en verano. A no ser que se indique lo contrario, los siguientes bares abren a diario de 19.00 a 4.00. Las cervezas cuestan 10 TRY y los licores 15 TRY, y regularmente hay fiestas de la espuma, baile y espectáculos de láser.

Resulta complicado estar al tanto de los clubes que están más de moda, pero, si se busca un ambiente desinhibido, el **Joy** (☎412 6572; 39 Sokak 99) está entre los mejores. Al lado, el **B52** (☎413 52 92; 39 Sokak 120) está dividido en dos partes: una ruidosa discoteca por un lado y una relajada coctelería con mesas al aire libre por el otro. Otros dos locales a los que vale la pena echarles un vistazo en este extremo de la calle son el siempre popular **Back Street** (☎412 4048; 39 Sokak 123) y el **Arena** (☎412 2906; 39 Sokak 125), con dos barras a ambos lados de una gran pista de baile. En el **Crazy Daisy** (☎412 4856; 39 Sokak 119), con sus terrazas elevadas, también se puede bailar.

ⓘ Información

Akasya Internet (☎413 6906; 2ª planta, Ulusal Egemenlik Bulvarı 6; 2 TRY/h; ☺9.00-24.00) Por encima de la calle principal en dirección norte-sur; tiene 40 ordenadores.

Mavi Internet (☎413 4979; 26 Sokak 8; 2 TRY/h; ☺9.00-23.00) En el casco antiguo, cerca del restaurante Ney; tiene 18 ordenadores.

Oficina de turismo (☎412 1035; İskele Meydanı 2; ☺8.00-12.00 y 13.00-17.00 lu-vi med sep-may, a diario jun-med sep) Debajo del castillo, probablemente sea la oficina de turismo con el personal menos servicial de Turquía.

ⓘ Cómo llegar y salir

Avión

El principal aeropuerto de la región está en Dalaman, 92 km al sureste de Marmaris. Turkish Airlines tiene un autobús al aeropuerto, conocido como Havaş (25 TRY), que sale de la *otogar* de Marmaris unas tres horas antes de cada vuelo de Turkish Airlines. Si no, hay que tomar uno de los autobuses de Marmaris Coop hasta Dalaman (12 TRY) y luego hacer un corto pero caro trayecto en taxi (35 TRY) hasta el aeropuerto.

Barco

Hay catamaranes a diario a Rodas, en Grecia (ida/ida y vuelta el mismo día/ida con vuelta abierta, incluidas tasas portuarias, para personas 43/45/63 €, para automóviles 95/120/175 €, 50 min), desde el muelle que hay 1 km al sureste de Marmaris. Operan desde mediados de abril hasta octubre, con salida de Marmaris a las 9.00 y vuelta desde Rodas a las 16.30.

Los catamaranes griegos también navegan durante el mismo período desde Rodas a Marmaris, con salidas diarias a las 8.00 y vuelta desde Marmaris a las 16.30 (ida/ida y vuelta el mismo día/ida con vuelta abierta para personas 60/60/90 €, para automóviles 110/135/190 €).

En temporada alta los cargueros turcos (con capacidad para hasta 78 pasajeros) también viajan una vez a la semana a Rodas (el mismo precio que los catamaranes, 2 h, salidas diarias normalmente a las 23.30), y de dos a tres veces semanales a las 9.00 en temporada baja, dependiendo del tiempo. Suelen volver el mismo día o quedarse en Rodas durante dos o tres días.

Los catamaranes no operan entre noviembre y mediados de abril, y tampoco hay cargueros griegos. Además, el servicio del domingo por la mañana solo funciona esporádicamente en junio y julio.

Los billetes pueden comprarse en cualquier agencia de viajes, incluida **Yeşil Marmaris Travel & Yachting** (☑412 2290; www.yesilmarmaris.com; Barbados Caddesi 13; ⏱7.00-23.30 lu-sa en temporada alta, 8.30-18.30 en temporada baja).

Hay que reservar los billetes como mínimo con un día de antelación (más si se embarca un automóvil) y llevar el pasaporte. Hay que estar en el muelle de *ferries* una hora antes de la salida. Algunas agencias ofrecen servicio gratis de recogida en algunos hoteles.

Autobús

La *otogar* está 3 km al norte del centro de Marmaris. En temporada alta suele haber *dolmuşes* a/desde la *otogar* por Ulusal Egemenlik Bulvarı cada pocos minutos. Las compañías de autobuses tienen oficinas de venta de billetes en los alrededores del centro comercial Tansaş.

Hay autobuses a Bodrum (18 TRY, 3¼ h, 175 km, cada hora en temporada alta, cada 2 h en temporada baja). Durante todo el año hay autobuses a Estambul (70 TRY, 13 h, 810 km, 4 diarios), İzmir (30 TRY, 4¼ h, 270 km, cada hora), Göcek (14 TRY, 2¼ h, 98 km, cada 30 min), Dalaman (9 TRY, 1½ h, 90 km, cada 30 min), Fethiye (16 TRY, 3 h, 138 km, cada 30 min) y Antalya (40 TRY, 6 h, 365 km, como mínimo 1 diario). También hay autobuses cada media hora (cada hora en temporada baja) a Muğla (8 TRY, 1 h, 53 km).

Los *dolmuşes* a Datça (10 TRY, 1¾ h, 71 km) salen más o menos cada hora en temporada alta y cada dos horas en temporada baja. Para ir a Köyceğiz (8 TRY, 50 min, 63 km), hay que tomar el autobús a Fethiye. Para ir a Dalyan, hay que tomar el autobús a Fethiye y hacer transbordo en Ortaca (10 TRY, 1½ h, 84 km) para tomar un *dolmuş*. Hay *dolmuşes* cinco veces al día a Selimiye y Bozburun (8 TRY, 55 min, 44 km).

Cómo desplazarse

Hay frecuentes *dolmuşes* que recorren la bahía, con inicio y final en el centro comercial Tansaş, en Ulusal Egemenlik Bulvarı. Hay dos rutas diferentes: los *dolmuşes* verdes van a Uzunyalı (1,50 TRY, 3 km) y Turban-Siteler (2 TRY, 6 km), y los naranjas a İçmeler (2,50 TRY, 10 km).

Penínsulas de Datça y Bozburun

Si lo que se busca es una experiencia menos frenética, hay que ir al oeste o al suroeste hacia las escarpadas penínsulas que nacen desde Marmaris y penetran más de 100 km en el mar Egeo. El brazo occidental es la península de Datça (a veces llamada Reşadiye), mientras que el brazo más meridional es la península de Bozburun (o Hisarönü).

Esta parte de la costa turca resulta espectacular contemplada desde un autobús, una bicicleta, un barco o incluso una vespa (p. 309). Aparte del placer de navegar cerca de las costas salpicadas de pinos y de echar el ancla en alguna de sus cientos de solitarias calas, los viajeros vienen hasta aquí para explorar aldeas de pescadores, pueblos de montaña, pequeñas aldeas y épicas ruinas, como las de Cnido, en la punta de la península de Datça.

DATÇA
☑0252 / 14 800 HAB.

La pintoresca carretera –se aconseja estar pendiente de los molinos de viento tradicionales que hay por el camino– que discurre desde Marmaris, al oeste, a través de la península de Datça desciende abruptamente tras 70 km hasta el encantador pueblo portuario de Datça. A pesar de que en temporada también es accesible en un *ferry* diario desde Bodrum y en un hidroplano semanal desde Rodas, Datça parece haberse desmarcado de los grandes *resorts* vacacionales.

En Datça se mezclan habitantes locales con mordaces expatriados y habitantes de Estambul que poseen allí una casa de vacaciones. Datça es la población más cercana a las ruinas de Cnido, al pueblo digno de postal de Eski Datça (Vieja Datça) situado un par de kilómetros al norte y a una serie de remotas calas. El pueblo en sí tiene tres pequeñas playas: **Kumluk Plajı** (playa Arenosa), medio escondida detrás de las tiendas en Atatürk Caddesi, la calle principal que discurre colina abajo desde la carretera; **Hastanealtı** (literalmente "debajo del hospital"), la playa más grande, al este, y **Taşlık Plajı** (playa Pedregosa), que se extiende hacia el oeste desde el final del puerto.

🛏 Dónde dormir

Antes de la pequeña rotonda con un gran árbol y a lo largo de Atatürk Caddesi hay varias pequeñas pensiones. Más al sur, de camino al puerto, hay otro grupo de pensiones a la izquierda.

👍 Villa Aşina · HOTEL-BOUTIQUE €€€

(☑712 2444; www.villaasina.com.tr; Saklı Koyu Kargı Yolu; i/d 120/190 TRY; 🌢 ⛱) Las interminables vistas del mar y dos playas con acceso directo son algunos de los atractivos de este nuevo hotel tipo castillo que se alza por encima de la carretera varios kilómetros al oeste del centro. Tiene 17 habitaciones temáticas, algunas con techos de madera laboriosamente tallados y camas redondas. La atención al detalle es evidente en todo el hotel, las fotografías de la flora de Datça que hay en la pared son del arquitecto/propietario, y a las 17.00 se sirven a diario dulces y té gratis. Hay que tomar la carretera que se desvía a la derecha desde Atatürk Caddesi en la mezquita y seguirla durante 3 km hasta ver un cartel a la izquierda.

Villa Tokur · HOTEL-BOUTIQUE €€

(☑712 8728; www.hoteltokur.com; Koru Mevkii; d 145 TRY, ste de 1 dormitorio para hasta 4 personas 195 TRY; 🌢 ⛱) Excelente opción con una encantadora ubicación en lo alto de la colina por encima del agua, 15 habitaciones y muebles de calidad, y una piscina genial en un bonito jardín. Dirigido por una pareja turco-alemana, está 10 minutos a pie colina arriba desde Taşlık Plajı.

Tunç Pansiyon · PENSIÓN €

(☑712 3036; www.tuncpansiyon.com; Buxerolles Caddesi; i/d 30/60 TRY, apt para hasta 5 personas 100 TRY; 🌢 ⛱) Estupenda pensión bajando por una calle junto a la rotonda (hay que buscar la parada de taxis). Es muy básica pero está impoluta, con 22 soleadas habitaciones con balcón y una fabulosa terraza entarimada en la azotea. Su amable propietario ofrece excursiones de un día en automóvil a Cnido y sus alrededores, cobrando

únicamente la gasolina (30-35 TRY para hasta 3 personas).

Bora Hotel · HOTEL €€

(☑712 2040; www.borahotel.com.tr; Atatürk Caddesi; i/d 60/120 TRY; 🌢) Hotel relativamente nuevo en lo alto de la colina cuando esta empieza a descender hacia el puerto. Tiene 18 espaciosas y luminosas habitaciones con balcón y vistas al mar o al patio ajardinado. El vestíbulo de color verde lima está decorado con máscaras africanas.

Ilıca Camping · CAMPING €

(☑712 3400; www.ilicakamping.com; Taşlık Plajı; tienda y autocaravana por pareja 30 TRY, bungaló de 2 camas con/sin baño 100/60 TRY, bungaló de 3 camas 150/120 TRY; 🌢 @) En la orilla oriental de la Taşlık Plajı desde 1980, este *camping* está meticulosamente gestionado. Bien sombreado por eucaliptos, en verano es genial para bañarse en la playa.

🍴 Dónde comer

La aportación de Datça a la cocina turca es el *keşkek* (carne picado de cordero y trigo toscamente molido), especialmente popular en las bodas.

Zekeriya Sofrası · 'KÖFTECI', 'KABAPÇI' €

(☑712 4303; Atatürk Caddesi 60; platos 7-9 TRY; ⏱8.00-23.00) Dirigido por el amable Zekeriya Sofrası, en este local que lleva su nombre se sirve la mejor comida casera del pueblo. Las raciones son generosas (incluidos los platos vegetarianos), es un buen lugar para desayunar (7 TRY) y sirve unas excelentes *inegöl köfte* (albóndigas picantes de carne variada) cocinadas según la receta secreta del propio Zekeriya.

Papatya Restaurant & Bar · MARISCO €€

(☑712 2860; Kargı Yolu Caddesi 4; platos principales 12-20 TRY; ⏱8.30-5.00) Una alternativa a los establecimientos del puerto deportivo es este agradable restaurante en una casa de piedra muy antigua con una elegante terraza cubierta de parras donde la carretera principal se bifurca al oeste de la mezquita. Se aconseja probar las *karides güveç şaraplı fırında* (gambas al horno con vino; 20 TRY); también tiene platos más sencillos, como *köfte* y kebabs.

Emek Restaurant · MARISCO €€

(☑712 3375; Yat Limanı; platos principales 10-22 TRY) En el paseo marítimo del puerto deportivo hay varios restaurantes seguidos, pero el Emek es el más antiguo y fiable de Datça. El hijo del propietario es pescador, lo que garantiza un pescado fresco a buenos precios.

Fevzinın Yeri MARISCO €€€
(☎712 9746; Atatürk Caddesi 33/4; platos principales 25-30 TRY) Restaurante de temática náutica en el que los comensales pueden dejar sus comentarios escritos en el techo. Está en la Kumluk Plajı, bajando desde la rotonda con un solo árbol.

Culinarium INTERNACIONAL €€€
(☎712 9770; www.culinarium-datca.com; Yat Limanı; platos principales 20-35 TRY) Restaurante refinado, dirigido por una alemana y su marido turco, al lado del Emek. Su tentador menú del día de tres platos ofrece una excelente relación calidad-precio (35 TRY) y su carta de vinos turcos está por encima de la media.

🍷 Dónde beber y ocio
La vida nocturna gira en torno a los bares del puerto. Entre los más destacados están:

Bolero BAR
(☎712 3862; Yat Limanı; cerveza 5 TRY; ☺8.00-2.00; ☎) Céntrico y permanentemente popular.

Mojo Bar BAR
(☎712 4868; Yat Limanı; cerveza 5 TRY; ☺7.30-2.00) Al principio de la tranquila fila de bares del puerto, con altos taburetes acolchados.

🛍 De compras
Datça Köy Ürünleri COMIDA Y BEBIDA
(☎712 8318; Atatürk Caddesi 51/A; ☺9.00-17.00, hasta 1.00 jun-sep) La península es famosa por tres productos: la miel, las almendras y el aceite de oliva, y en el "Productos de la Aldea de Datça" tienen infinitas variedades de los tres.

ℹ Cómo llegar y salir
Hay *dolmuşes* a Marmaris (10 TRY, 1¾ h, 71 km, cada hora en temporada alta y 5 diarios en temporada baja) desde Cumhuriyet Meydanı, la plaza principal. Para ir a otros destinos hay que hacer transbordo allí.

Entre mayo y septiembre, los sábados suele haber hidroplanos a Rodas (ida/ida y vuelta 90/180 TRY, 45 min) y Simi (ida/ida y vuelta 60/120 TRY, 15 min), normalmente sobre las 16.00, pero hay que comprobarlo.

Entre dos y tres veces por semana hay un *gület* de Datça a Simi (120 TRY, 70 min) a las 9.00, pero si hay menos de ocho personas no sale.

Knidos Yachting (☎712 9464; Yat Limanı 4/A), junto al restaurante Emek en el puerto deportivo, vende billetes para los hidroplanos, *ferries* y *gülets*. Para ir a Rodas y Simi, hay que pasarse por aquí el sábado de la salida a las 11.00 con el pasaporte; para el *gület* se puede reservar por teléfono. También organiza excursiones de submarinismo (70/110 TRY por una/dos inmersiones).

De mediados de junio a mediados de noviembre hay *ferries* regulares a diario entre Bodrum y Körmen (el nombre del puerto de Karaköy, unos 5 km al noroeste de Datça en el golfo de Gökova). De junio a mediados de septiembre hay *ferries* diarios a Bodrum (pasajeros a pie ida/ida y vuelta 25/40 TRY; automóvil y conductor 70 TRY, pasajeros adicionales 10 TRY cada uno). En mayo solo salen los lunes, miércoles y viernes a las 9.30, y los martes, jueves, sábados y domingos a las 17.30. En abril y octubre solo salen los lunes, miércoles y viernes y regresan el mismo día. El trayecto dura unas dos horas. Desde Bodrum los *ferries* vuelven los martes, jueves, sábados y domingos a las 9.30, y el resto de la semana a las 17.30. Los billetes se venden en la **Bodrum Ferryboat Association** (☎712 2143; fax 712 4239; Turgut Özal Meydanı), junto a la mezquita del pueblo, y hay un servicio de enlace gratis que lleva a los viajeros de Datça a Karaköy a las 9.00.

ESKI DATÇA
☎0252 / 8000 HAB.
La "Vieja Datça" fue en otra época la capital de un distrito que se extendía hasta Grecia. Actualmente es un pintoresco pueblo de calles adoquinadas y viejas casas de piedra, muchas de ellas encantadoramente restauradas.

🛏 Dónde dormir y comer

 Mehmet Ali Ağa Konağı
HOTEL HISTÓRICO €€€
(☎712 9257; www.kocaev.com; casa de piedra h 160-300 €, ste 350-405, mansión h 375-425 €, ste 625-700 €; ❄@≋) Este impresionante hotel-*boutique*, con 18 habitaciones en cuatro edificios en medio de exuberantes jardines en Reşadiye, al norte de Eski Datça, probablemente sea el más bonito de la región. En otra época hogar de los Tuhfezade, una familia con influencias políticas en la zona a partir del s. XVII, la mansión estaba prácticamente en ruinas cuando se inició su renovación en el 2002. Ahora es un auténtico museo de arte, artesanía y confort otomano: solo hay que ver el techo con la "rueda de la fortuna" y los grabados de la pared de 1831 en la sala principal. La atención al detalle es realmente inspiradora, desde los grabados originales y la renovación del *hammam* familiar como *spa* hasta los muebles de inspiración otomana de las habitaciones de las tres casas de piedra más pequeñas. Resulta

difícil imaginar algo más romántico que un paseo por su jardín de rosas y su limonar hasta el famoso restaurante del hotel, el **Elaki** (platos principales 25-40 €), donde sirven deliciosos y originales platos de *meze*, carne y pescado que fusionan la cocina turca del Egeo con la de regiones mediterráneas.

Dede Garden Hotel HOTEL €€€
(☑712 3951; www.dedegardenhotel.com; Can Yücel Sokak; i/d 160/200 TRY; ✳ ✖) Un fantástico jardín amurallado, repleto de inusuales elementos decorativos creados por la mujer del propietario, rodea una casa de piedra de hace 150 años, con piscina y un tranquilo bar. Cada una de sus siete habitaciones tiene personalidad propia y una pequeña cocina.

Yağhane Pansiyon PENSIÓN €€
(☑712 2287; www.suryaturkey.com; Karaca Sokak 42; i/d 70/130 TRY) Esta encantadora pensión de siete habitaciones en el corazón del Centro de Yoga Surya es un maravilloso lugar de retiro donde se pueden recibir masajes ayurvédicos y estudiar yoga (*hatha* e *iyengar*). Sus compactas habitaciones, con suelos hipoalergénicos y ventiladores, son atractivas, aunque dos de ellas comparten baño.

Datça Sofrası 'LOKANTA' €€
(☑712 4188; Hurma Sokak 16; platos principales 6-10 TRY) Lugar pintoresco para almorzar o cenar, con mesas bajo una pérgola cubierta de parras. Está especializado en platos de berenjena, aunque también tiene carne y pescado a la barbacoa.

Antik Cafe CAFÉ €€
(☑712 9176; Can Yücel Sokak 1; platos 5-12 TRY; ⏱8.30-1.00 abr-sep) Nuevo y sencillo café que también funciona como centro de arte y artesanía.

LA PENÍNSULA DE BOZBURUN EN VESPA

La montañosa península de Bozburun (o Hisarönü) es el sitio perfecto para escapar del bullicio de Marmaris.

Es un lugar escarpado con paisajes notablemente variados; los pinares en una elevada meseta tierra adentro desde Turunç dan paso a empinadas, rocosas y desnudas laderas de colinas a medida que uno se aproxima a Bozburun. Se puede ir por la carretera principal hasta Bozburun, pero es más divertido dar un rodeo bajando por carreteras secundarias y luego regresar por la carretera principal.

Si se sale de Marmaris, se aconseja ir a **İçmeler,** al suroeste, por Atatürk Caddesi y la carretera de la costa. En İçmeler la carretera principal se bifurca; hay que tomar la carretera de la derecha, que rodea la parte de atrás de la ciudad e inicia una empinada y serpenteante ascensión hacia Turunç. Hay que seguir la carretera sin asfaltar de la derecha a través de pinares antes de llegar a Turunç. Luego, la carretera se estrecha y se vuelve más empinada, serpenteando ligeramente cuesta abajo hasta **Bayırköy,** una aldea interior con casas rústicas. La plaza del pueblo está junto a un viejo platanero y tiene agradables restaurantes con terraza que dan al valle. Más allá de Bayırköy el paisaje se vuelve mucho más seco, y las laderas de las colinas se desploman en picado hasta calas inaccesibles. Desde la pequeña **Söğüt** la carretera es relativamente plana hasta **Bozburun,** donde hay varios buenos sitios para almorzar.

Desde Bozburun hay una buena carretera de vuelta por el lado occidental de la península que pasa por las idílicas bahías de **Selimiye, Orhaniye** y **Hisarönü,** antes de incorporarse a la carretera principal entre Datça y Marmaris. Entre las dos primeras bahías, unos 3 km al sureste de la pequeña Turgutköy, hay una fabulosa cascada (hay que seguir los carteles de "şelale") y charcas en cuyas frías aguas el viajero puede refrescarse tras un polvoriento viaje en vespa.

El circuito completo de la península, con una distancia de 120 km, tarda unas seis horas en hacerse, incluidos descansos, baños y paradas para hacer fotografías. En muchos sitios de Marmaris alquilan vespas en temporada para un día (40 TRY aprox.). En las carreteras, empinadas y azotadas por el viento, apenas se puede correr. Hay que tener presente que Turquía presenta una de las tasas de accidentes de tráfico en carretera más altas del mundo; el viajero debe llevar casco y ropa apropiada para protegerse de posibles caídas.

Las únicas gasolineras de la península están en Bozburun y Turunç, por lo que se aconseja llenar el depósito en Marmaris antes de salir.

De compras

Olive Farm COMIDA Y BEBIDA, MENAJE DEL HOGAR
(☏712 8377; Güller Dağı Çiftliği 30; ⏰8.00-19.00) Unos 600 m antes de la salida de Datça en la carretera principal, ofrece circuitos, catas y una tienda bien surtida donde venden todo tipo de utensilios de madera de olivo.

ℹ Cómo llegar y salir

Entre mayo y octubre hay microbuses cada hora de Datça a Eski Datça (2 TRY) a las horas y media, y de Eski Datça a Datça a las horas en punto. En temporada baja hay uno cada dos horas.

CNIDO

Lo que queda de **Cnido** (entrada 8 TRY; ⏰8.30-19.00 may-oct, 9.00-18.00 nov-abr), en otra época una próspera ciudad portuaria doria del año 400 a.C., está desperdigado a lo largo de 3 km en el extremo de la península de Datça. El escenario es espectacular: empinadas laderas aterrazadas con olivos, almendros y árboles frutales se elevan por encima de dos bahías dignas de postal en las que a veces se puede ver un puñado de yates fondeados.

El viento suele cambiar de dirección al bordear el extremo de la península y antaño los barcos a menudo tenían que esperar en Cnido a que volvieran a soplar vientos favorables, proporcionando a la ciudad un considerable negocio de reparación de barcos, hospedería y comercio. El barco que llevaba a san Pablo a Roma para ser juzgado en el año 50 o 60 d.C. fue uno de los muchos que tuvo que refugiarse en Cnido.

Pocos de los antiguos edificios son fácilmente reconocibles, pero los caminos aún son visibles. No hay que perderse el **templo de Afrodita,** que en otra época albergó la primera estatua independiente del mundo de una mujer; el **teatro** helenístico con 5000 asientos; un **reloj de sol** del s. IV a.C. y las exquisitas tallas que hay en lo que antaño fue una iglesia bizantina.

También hay un restaurante con fantásticas vistas, pero poco más.

ℹ Cómo llegar y salir

El Knidos Taxi, cerca de Cumhuriyet Meydanı en Datça, puede llevar hasta a tres personas de Datça a Cnido y luego regresar, con una espera allí de hasta dos horas, por 100 TRY.

Se aconseja preguntar en el puerto de Datça sobre las excursiones a Cnido. Los barcos suelen salir sobre las 9.00 o 9.30 y vuelven a primera hora de la noche (25 € aprox. por persona).

SELIMIYE

☏0252 / 4900 HAB.

La austera belleza de lo que sigue siendo en cierta medida una aldea tradicional de construcción de barcos oculta en parte la proximidad de Selimiye al turismo de masas, ya que Marmaris está a poco más de una hora al suroeste. Aquí, en la península de Bozburun, el viajero podrá disfrutar de una auténtica sensación de soledad junto al mar y encontrará rápidamente compañeros para tomar unas copas en un entorno marinero especialmente tranquilo. El pueblo en sí, un pequeño tramo de paseo marítimo bordeado de restaurantes, pensiones y bares, está en una tranquila bahía por debajo de unas cuantas ruinas.

🛏 Dónde dormir

Jenny's House HOTEL €€
(☏446 4289; www.turkey-vacation.co.uk; i/d 75/120 TRY; ✱ ☀) Al otro lado de la carretera desde el puerto, este encantador B&B tiene una docena de tipos de habitaciones alrededor de un exuberante jardín. Un par de habitaciones dan a la piscina que hay en el centro, pero se aconsejan las dos dobles con una gran terraza compartida en la 1ª planta. Su epónima propietaria acoge cordialmente a muchos clientes que repiten estancia y ofrece té gratis a las 17.00.

Nane Limon Pansiyon PENSIÓN €€
(☏446 4146; www.nanelimonpansiyon.com; i/d 80/140 TRY; ✱) Cada año Nejdet deja Estambul durante seis meses para supervisar su gran casa de huéspedes azul y blanca. Las 10 habitaciones de la casa, apartada del mar, son luminosas, elegantes y están recién renovadas, y muchas de ellas tienen balcón. Un camino a través del jardín conduce a un bar junto a la playa con hamacas.

Begovina Motel HOTEL €
(☏446 4292; www.begovinamotel.com; i/d 60/80 TRY; ✱ @) Dirigido por Hakan, un ex futbolista, y su mujer finlandesa, este hotel en el extremo norte del pueblo ofrece 30 habitaciones bastante grandes, algunas con frondosos balcones y vistas al mar. Todas tienen nevera y unas cuantas incluso tienen una pequeña cocina. Está a unos metros de una playa de guijarros.

Sardunya Bungalows HOTEL €€
(☏446 4003; fax 446 4286; i/d con media pensión 120/150 TRY; ✱ @) Este popular complejo resiste firme a pesar de la llegada de mucha competencia a lo largo de los años. Sus nueve bungalós de piedra rodean un bonito

jardín justo detrás de la playa, y tiene tres habitaciones más en la casa principal. Ideal para familias.

Bahçe Apart Otel
HOTEL €€
(☎446 4235; bahceapart@hotmail.com; i/d/apt 100/120/140 TRY; ❄@) Pensión que pasa bastante desapercibida con tres habitaciones limpias y austeras a 10 pasos de la orilla del mar y cuatro apartamentos más grandes. Los tres hermanos Varol gestionan el lugar de forma excelente.

✗ Dónde comer

Falcon Restaurant
RESTAURANTE FAMILIAR €€
(☎446 4105; platos principales 10-18 TRY) Sus propietarios nunca dejan de hablar de aquel día de 1999 en que un barco griego desembarcó a Sus Altezas Reales los príncipes Guillermo y Enrique de Inglaterra, que se sentaron de inmediato en una mesa y comieron aquí. ¡E incluso han colgado recortes de prensa para demostrarlo! Tiene un horno de piedra para el *pide* y los platos hechos en *tandir* (horno de arcilla) son excelentes.

Özcan Restaurant
MARISCO €€
(☎446 4233; platos principales 10-14 TRY) Este sencillo restaurante de pescado tiene excelentes y baratos *meze* (4 TRY), pescado fresco (se recomienda el calamar a la plancha, 15 TRY) y un amable servicio.

Aurora Restaurant
MARISCO €€
(☎446 4097; platos principales 10-15 TRY) Con una atractiva ubicación en una casa de piedra de hace 200 años con una terraza a la sombra y mesas en el mismo paso marítimo, está especializado en pescado, pero sus *meze* (2-10 TRY) también son deliciosos.

Cafe Ceri
CAFÉ €
(Café 3 TRY, *frappés* 4,50 TRY; ⊗8.30-23.00) Buenas bebidas y deliciosos productos horneados en el puerto deportivo.

❶ Cómo llegar y salir
Hay *dolmuşes* a/desde Marmaris (7 TRY, 1¼ h, 43 km) cada dos horas. El autobús de Marmaris a Bozburun para en la carretera principal, en el extremo norte de Selimiye.

Si se va en automóvil, hay que tomar la carretera a Bozburun unos 9 km al sur de Orhaniye y seguir los carteles.

BOZBURUN
☎0252 / 2000 HAB.
Para llegar al encantador pueblo de Bozburun hay que bajar 12 km por la península hasta la Sömbeki Körfezi (bahía de Sömbeki). Muchos habitantes aún se dedican a la pesca y la agricultura, aunque el moderado flujo de turistas y gente que llega en yate también da trabajo a unas cuantas personas.

Para bañarse hay que bordear el puerto hacia la izquierda mirando al mar; allí uno puede zambullirse en las aguas sorprendentemente azules desde las rocas. Este también es un buen lugar para alquilar barcos para explorar las bahías de los alrededores.

🛏 Dónde dormir

Pembe Yunus
PENSIÓN €€
(Delfín Rosa; ☎456 2154; www.bozburunpembeyunus.com; Kargı Mahallesi 37; i/d con media pensión 80/160 TRY; ❄) Esta encantadora pensión, a 700 m del puerto deportivo, parece más una casa particular que un hotel, con mosquiteras y telas suaves y sedosas coronando las camas. Las habitaciones están decoradas con muebles de estilo rústico, y algunas tienen enormes terrazas e impresionantes vistas al mar. La comida de Fatma, la madre, es muy famosa (menú del día de tres platos para cenar 25 TRY).

Sabrinas Haus
HOTEL DE LUJO €€€
(☎456 2045; www.sabrinashaus.com; d 260-300 €, ste 350-495 €) Accesible en barco (una lancha motora recoge a los huéspedes) o tras un paseo a pie de media hora por la orilla oriental de la bahía, este hotel es ideal para alejarse de todo y darse unos caprichos. Tiene 14 habitaciones diseñadas con mucho gusto (mucha madera natural y tonos blancos) en tres edificios ocultos en medio de un precioso jardín. La piscina desbordante y la terraza entarimada con bar junto al mar son geniales, y en el *spa* ofrecen masajes y muchos tratamientos.

Dolphin Hotel
HOTEL €€
(☎456 2408; www.dolphinpension.com; Kargı Mahallesi 71; i/d con media pensión 90/180 TRY, ste por persona 150 TRY; ❄) Prácticamente sinónimo de Bozburun, este hotel últimamente se ha dormido en los laureles y algunos lectores han escrito cartas quejándose de que cobran de más. Aun así, sus 20 habitaciones tienen buen tamaño y están agradablemente decoradas; algunas de ellas, como la nº 4 y la 11, tienen muebles antiguos, balcón y sensacionales vistas al mar.

Yilmaz Pansiyon
PENSIÓN €
(☎456 2167; www.yilmazpansion.com; İskele Mahallesi 391; i/d 40/75 TRY; ❄) En esta agradable y pequeña pensión con 10 sencillas y alegres habitaciones, y una gran cocina

moderna para uso de los huéspedes, hay que intentar conseguir una habitación con balcón. La terraza cubierta de parras, donde se sirve un buen bufé de desayuno, está a unos metros del mar. Se encuentra unos 100 m al este del puerto deportivo.

✕ Dónde comer y beber

Fisherman House   MARISCO €€

(☑456 2730; İskele Mahallesi 391; *meze* 4 TRY, *meze* de pescado 12-15 TRY, 500 g de pescado 20-30 TRY) Dirigido por el mismo pescador local que regenta la pensión Yilmaz, ofrece pescado fresco a precio justo. Las mesas junto al mar son encantadoras.

Sabrinas Haus

TURCO MODERNO, MEDITERRÁNEO €€€

(☑456 2045; www.sabrinashaus.com; platos principales 15-35 TRY) Este restaurante al aire libre junto al mar en el hotel del mismo nombre sirve acertada cocina turca y mediterránea en un entorno encantador. Hay que llamar para que un barco recoja al viajero en el puerto deportivo.

Kandil Restaurant   'KEBAPÇI', MARISCO €€

(☑456 2227; İskele Mahallesi 3; platos principales 10-12 TRY) Junto a la plaza principal, es uno de los favoritos de los habitantes locales. Sirve excelentes platos de pescado fresco y parrilladas. Los *meze* son una ganga (4 TRY).

Marin Cafe Bar   CAFÉ-BAR

(☑456 2181; Atatürk Caddesi 56; cerveza 5 TRY) Café-bar muy tranquilo cerca del Dolphin, con cómodos sofás, *backgammon* y un perro que suele estar durmiendo.

ⓘ Cómo llegar y salir

Hay microbuses a/desde Marmaris (8 TRY, 1½ h, 55 km) seis veces al día vía Selimiye.

Köyceğiz

☑0252 / 4000 HAB.

A poca distancia de la carretera principal de la costa, este pequeño y destartalado pueblo está en el lado norte del Köyceğiz Gölü, el gran lago unido al mediterráneo por el río Dalyan. A pesar de su belleza e importancia ecológica, un lago salobre no supone una gran competencia para el Mediterráneo, y esta comunidad agrícola solo atrae a unos pocos turistas, por lo que sigue dependiendo de los cítricos, las aceitunas, la miel y el algodón. La región también es famosa por sus liquidámbares orientales (*Liquidambar orientalis*), cuya savia se utiliza para hacer incienso.

◉ Puntos de interés y actividades

Köyceğiz es un pueblo para pasear, aunque hay que estar atento a los socavones. Se aconseja ir hasta el paseo a la orilla del lago (Kordon Boyu) y pasar por delante del agradable parque municipal, los sombreados salones de té al aire libre y los restaurantes del paseo. La mayor parte de las pensiones tienen bicicletas, por lo que se aconseja dar una vuelta por los huertos y terrenos agrícolas de los alrededores. La carretera a lo largo de la orilla occidental del lago hasta las pozas de barro de Sultaniye ofrece fantásticas vistas del lago. Hasta los baños de barro hay 35 km por carretera; si no, se puede hacer una excursión en barco desde el paseo.

Por el camino se aconseja hacer un breve desvío a la aldea de **Hamitköy,** donde se puede ver el último ejemplo que queda de "casa-cesta", en otra época habitual en las marismas. Estas excepcionales casas de madera tejida, que podían levantarse y trasladarse, eran el tipo ideal de casa en una zona propensa a inundarse.

Unos 7 km al oeste del pueblo hay una pequeña **cascada** donde los locales van a bañarse. Se puede tomar cualquier microbús en dirección oeste hacia Marmaris y Muğla, y decirle al conductor que se quiere bajar en la *şelale* (cascada). Está a 15 minutos a pie de la carretera.

Se pueden hacer **viajes en barco** por el lago hacia el sur, hasta Dalyan y las ruinas de Cauno (15-30 TRY por persona, almuerzo incluido).

La vecina **Reserva Natural de Köyceğiz-Dalyan** tiene cada vez más fama entre los amantes de la naturaleza debido a sus excelentes opciones para hacer excursionismo y ciclismo.

🛏 Dónde dormir

La mayor parte de las pensiones y hoteles están en Kordon Boyu, junto al lago, o en sus alrededores.

Flora Hotel   HOTEL €€

(☑262 4976; www.florahotel.info; Kordon Boyu 96; i/d/apt 40/70/80 TRY; ✲@) Muy popular entre los mochileros, posiblemente sea el mejor alojamiento de Köyceğiz, sobre todo debido a su entusiasta y ecológico propietario, Alp, que puede organizar paseos por las cercanas montañas Gölgeli para observar aves y excursiones de pesca al lago (captura y suelta) y al mar. Algunas de sus

16 habitaciones tienen balcón con vistas al lago, y las habitaciones familiares incluyen cuna, cochecito de bebé y una pequeña cocina. Tiene dos kayaks y 10 bicicletas para uso de los huéspedes.

Hotel Alila
HOTEL €€

(☎262 1150; www.hotelalila.com; Emeksiz Caddesi 13; i/d 50/70 TRY; ※ ☒) Adornado con buganvillas, es de lejos el hotel con más personalidad. Tiene dos docenas de habitaciones, 16 de las cuales tienen vistas al lago. Su amable propietario, Ömer, dirige el lugar de forma profesional y presta atención a cada detalle.

Tango Pension & Hostel
ALBERGUE, PENSIÓN €

(☎262 2501; www.tangopension.com; Ali İhsan Kalmaz Caddesi 112; dc/i/d 20/30/50 TRY; ※ @) Gestionado por el profesor de deporte de la escuela local, ofrece una amplia gama de actividades, como viajes en barco (20 TRY), senderismo (25 TRY) y *rafting* (60 TRY). Los precios incluyen el almuerzo. Sus tres docenas de habitaciones, incluidos seis dormitorios colectivos con media docena de camas, son luminosas, alegres y están bien mantenidas. También hay un agradable jardín. Está junto a la pensión Fulya, lejos del lago. Las bicicletas son gratis.

Fulya Pension
PENSIÓN €

(☎262 2301; fulyapension@mynet.com; Ali İhsan Kalmaz Caddesi 88; i/d 20/40 TRY; ※ @) Esta genial opción económica, apartada del lago, tiene 16 habitaciones impolutas con balcón y una gran terraza con bar en la azotea donde a veces hay música en directo. Las bicicletas son gratis, y los viajes en barco (20 TRY, almuerzo incluido) hasta las atracciones locales son una ganga.

Hotel Panorama Plaza
HOTEL €€

(☎262 3773; www.panorama-plaza.net; Cengiz Topel Caddesi 69; i/d 60/100 TRY; ※ ☒) El último hotel del paseo junto al lago, a 1 km del centro, está en un edificio moderno con la fachada de piedra y un vestíbulo que necesita una renovación. Tiene 28 fantásticas habitaciones a buen precio y una genial piscina rodeada de jardín. Los huéspedes pueden utilizar gratis las tablas de *windsurf*.

✘ Dónde comer

Hay varios restaurantes, sobre todo abundan los de pescado, agrupados a lo largo del lago y muchos restaurantes desenfadados y baratos junto a la plaza principal. Muchos de los locales que hay junto al lago sirven

deliciosos *köyceğiz lokması,* una especialidad local que consiste en buñuelos fritos empapados en almíbar.

El animado mercado local se celebra los lunes cerca de la comisaría, frente a la oficina de turismo en el extremo sur de Atatürk Bulvarı.

Coliba
TURCO MODERNO €€

(☎262 2987; Cengiz Topel Caddesi 64; platos principales 6-15 TRY; ◷10.00-1.00) En este elegante restaurante de madera sirven deliciosas *ordövr* (fuentes de *meze* variados; 8 TRY) y *alabalık* (trucha; 15 TRY), aunque las parrilladas (10 TRY) son una auténtica ganga. Tiene una terraza a la sombra con vistas al lago.

Pembe Restaurant
MARISCO €€

(☎262 2983; Cengiz Topel Caddesi 70; platos principales 8-14 TRY) Al lado del Colıba, está en una inconfundible casa de color rosa con un toque de morado, y ofrece platos de pescado y carne relativamente asequibles. Los *meze* cuestan entre 3 y 4 TRY.

Thera Fish Restaurant
MARISCO €€

(☎0541 833 6154; Cengiz Topel Caddesi; platos principales 12-15 TRY; ◷9.00-24.00) Al otro lado del Colıba, permite elegir el pescado que se quiera de una gran pecera que hay en su terraza del paseo junto al lago. Los filetes de salmonete (15 TRY) son excelentes, al igual que el besugo (12 TRY). Las deliciosas gambas a la plancha (25 TRY) son ideales para una ocasión especial.

Mutlu Kardeşler
'PIDECI', 'KEBAPÇI' €

(☎262 2482; Fevzipaşa Caddesi; *köfte* y kebabs 6 TRY, *pide* 3-5 TRY; ◷7.00-22.00) Sencillo restaurante junto a la plaza principal, muy apreciado por los locales, con mesas en una pequeña terraza a la sombra.

ℹ Información

Oficina de turismo (☎262 4703; ◷8.30-17.00 lu-vi) Tiene folletos y un sencillo plano dibujado a mano. Está al sur de la plaza principal, prácticamente junto al lago.

ℹ Cómo llegar y salir

La *otogar* que da servicio a Köyceğiz está junto a la carretera principal, a unos 2,5 km del lago; más o menos cada 15 minutos hay *dolmuşes* (1 TRY) hasta el pueblo. Cada media hora hay autobuses a Dalaman (6 TRY, 30 min, 26 km), Marmaris (8 TRY, 1¼ h, 63 km), Ortaca (5 TRY, 25 min, 22 km) y Fethiye (10 TRY, 1½ h, 65 km).

Dalyan

📞 0252 / 3000 HAB.

Situada junto al río, Dalyan, que en otra época fue una aletargada comunidad agrícola y que ahora es cada vez más un destino de grupos turísticos organizados, ha conseguido conservar en cierto modo su ambiente tranquilo. Es una excelente base para explorar los fértiles canales de los alrededores, sobre todo el lago Köyceğiz y los terrenos de la playa de İztuzu donde anidan tortugas. Lo mejor son las impresionantes ruinas en la ladera de un acantilado de la antigua Cauno, pero es imposible visitarlas con tranquilidad: en las tardes de verano llega una auténtica flota de barcos de excursiones desde Marmaris y Fethiye.

👁 Puntos de interés y actividades

Cauno RUINAS

(Entrada 8 TRY; ⏱ 8.30-19.00 may-oct, 8.30-17.30 nov-abr) Fundada en el s. IX a.C., Cauno fue una importante ciudad caria sobre el año 400 a.C. En la frontera con Licia, su cultura reflejaba aspectos de ambos imperios. Por ejemplo, las famosas **tumbas reales** de los acantilados son principalmente de estilo licio. Si no se hace una excursión en barco, hay que caminar hacia el sur del pueblo por Maraş Caddesi hasta Kaunos Sokak para poder ver las tumbas al otro lado del río Dalyan.

Cuando Mausolo de Halicarnaso gobernaba Caria, su influencia llegó hasta los caunios, que adoptaron gustosamente esa cultura helenística. Cauno sufría de malaria endémica y, según Heródoto, su gente era famosa por su piel y sus ojos amarillentos. La prosperidad de los caunios también se vio amenazada por el encenagamiento de su puerto. El Mediterráneo, que en otra época rodeaba la colina donde se halla el yacimiento arqueológico, se ha retirado 5 km hacia el sur empujado por el cieno del río.

Aparte de las tumbas, el **teatro** también está muy bien conservado; cerca de allí hay partes de una **acrópolis** y otras estructuras, como baños, fuentes y murallas defensivas. Las curiosas estructuras de madera del río son *dalyanlar* (corrales de pesca), de las que el pueblo y el río toman el nombre.

Los viajes guiados en barco cuestan unos 15 TRY. Si no, se puede ir en barca de remos (5 TRY) hasta el otro lado del río y caminar unos 25 minutos.

Viajes en barco
CRUCEROS

El viajero puede ahorrarse dinero y dolores de cabeza tomando barcos operados por **Dalyan Kooperatifi** (📞 284 2094), al suroeste de la plaza principal. Es un proceso bastante sencillo, pero si se necesita ayuda, se puede preguntar por Eddy o llamarle al 📞 0541 505 0777.

Los barcos suelen salir del muelle a las 10.00 o 10.30 para ir hasta las fuentes termales y los baños de barro de Sultaniye, las ruinas de Cauno y la playa de İztuzu. Estos excelentes circuitos, con almuerzo incluido, cuestan unos 30 TRY por persona.

Si el viajero puede reunir a un grupo de gente que tenga los mismos planes, puede alquilar un barco de pasajeros con capacidad para entre 8 y 12 personas. Alquilar el barco para un circuito de dos horas a Cauno cuesta unos 50 TRY; si también se quieren visitar las fuentes termales de Sultaniye, hay que calcular unas tres horas y unos 100 TRY.

Los barcos de la cooperativa también ofrecen un servicio de *dolmuş* por el río entre el pueblo y la playa de İztuzu (ida y

Dalyan

vuelta 8 TRY). En pleno verano los barcos salen cada 20 minutos desde las 10.00 o 10.30 hasta las 14.00 y vuelven entre las 13.00 y las 18.00. En pleno verano también hay microbuses que recorren los 13 km hasta İztuzu (15 TRY) y que pueden dejar al viajero en el extremo menos abarrotado de la playa.

La cooperativa de barcos también ofrece a primera hora de la mañana un circuito de observación de tortugas de dos horas que sale cada día a las 8.00 (25 TRY). Los *dolmuş* fluviales también van a Cauno (ida y vuelta 30 TRY) tres veces al día, y a los baños de barro (20 TRY) a las 14.00.

Entre junio y septiembre hay cruceros a la puesta de sol (35 TRY por persona, cena incluida) dos o tres veces por semana (normalmente los miércoles, viernes y/o domingos).

Otras actividades
ACTIVIDADES

Kaunos Tours (☎284 2816; www.kaunos tours.com), en la plaza principal frente a la estatua de las tortugas, ofrece actividades acuáticas y terrestres organizadas, incluidos kayaks y piragüismo por el mar (65 TRY cada una), senderismo (35 TRY), barranquismo (65 TRY) y safaris en todoterreno (60 TRY). Los precios incluyen el almuerzo. Si se quiere hacer submarinismo,

Dalyan

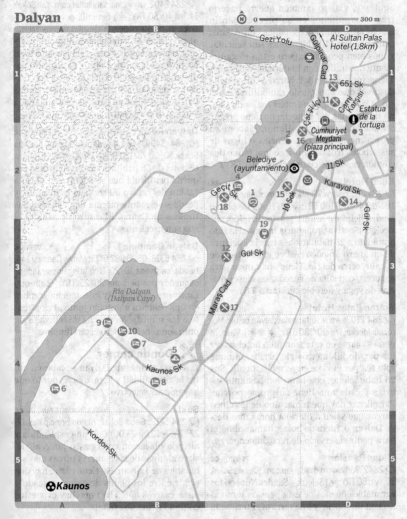

el **Dalyan Dive Centre** (☎284 2332; www. dalyandive.com; Yalı Sokak 5) ofrece una excursión de todo un día con dos inmersiones y almuerzo por 100 TRY.

🛏 Dónde dormir

Los mejores hoteles y pensiones están en Maraş Caddesi, una calle de 1 km en dirección sur que termina en una curva pronunciada junto al río y que continúa con el nombre de Kaunos Sokak.

👍 Happy Caretta HOTEL €€
(☎284 2109; www.happycaretta.com; Kaunos Sokak 26; i/d 100/150 TRY; ❄ @) El personal de National Geographic se ha alojado aquí, y el viajero también querrá hacerlo tras unos minutos en su precioso jardín de cipreses, palmeras y jaulas con pájaros cantores. Sus 14 habitaciones son sencillas y más bien pequeñas, pero están elegantemente decoradas con materiales naturales. Tiene un encantador barco y un muelle desde el que uno puede zambullirse en el río, y la vista de las tumbas reales de Cauno iluminadas por la noche no tiene precio. Su afable propietaria, İlknur, elabora su propia mermelada con ciruelas e higos de sus árboles frutales y ofrece una fantástica comida casera de cuatro platos (40 TRY).

Kilim Hotel HOTEL €€
(☎284 2253; www.kilimhotel.com; Kaunos Sokak 11; i/d/f 40/80/100 TRY; ❄ ❄) Hotel de precio medio lleno de kílims y arte dirigido por Becky, su activa propietaria inglesa. Ha sido ampliado a 25 habitaciones tras la apertura de un anexo un poco rústico al otro lado de la calle, cerca del río. Tiene una rampa para el acceso con silla de ruedas; las clases diarias de yoga y aeróbic cuestan 5 TRY.

Sultan Palas Hotel HOTEL €€€
(☎284 2103; www.sultanpalasdalyan.co.uk; Horozlar Mevkii; i/d 90/180 TRY; ❄ @ ❄) Vale la pena alojarse en este tranquilo hotel-*resort* un par de kilómetros río arriba, aunque solo sea por el viaje en *ferry* hasta allí. Sus 26 habitaciones con baño son bastante sobrias y cada una tiene su propio porche. Para llegar hay que tomar uno de los cinco barcos que salen a diario a horas fijas desde Dalyan o, fuera de horas, llamar al hotel para pedir el servicio de recogida en *ferry*.

Midas Pension PENSIÓN €€
(☎284 2195; www.midasdalyan.com; Kaunos Sokak 30; i y d 80 TRY; ❄) Selçuk y Saadet Nur son los agradables dueños de esta pensión junto al río con un muelle y una terraza entarimada

junto al agua. Sus 10 habitaciones están elegantemente amuebladas, cada una con un baño anexo. Está al lado de la pensión Likya.

Likya Pension PENSIÓN €€
(☎284 2233; www.likyapansion.com; Kaunos Sokak 32; i y d 80 TRY; ❄) Esta pensión, una de las más antiguas de Dalyan y aun así una de las mejores, es el último edificio de una calle repleta de pensiones. Sus habitaciones más bien pequeñas han sido renovadas un poco, los suelos de madera están limpios, y el jardín lleno de flores da al lugar un genuino ambiente de parque.

Çınar Sahil Otel HOTEL €€
(☎284 2402; www.cinarsahilhotel.com; Yalı Sokak 14; i/d 40/80 TRY;; ❄) Sencilla pero muy céntrica pensión rodeada de plataneros frente al río. Tiene 10 habitaciones muy limpias y una terraza con las que posiblemente sean las mejores vistas de Dalyan. Se aconseja pedir una de las cuatro habitaciones con balcón y vistas al río. En temporada organiza barbacoas y tiene un barco para alquilar con capacidad para cuatro personas (60 TRY).

Dalyan Resort 'RESORT' €€€
(☎284 5499; www.dalyanresort.com; Kaunos Sokak 50; i/d 75/120 €, ste 150 €; ❄ ❄) Elegante hotel de 58 habitaciones en su propia pequeña península que se adentra en el río a 1,2 km del centro. El servicio es discreto, y desde su elegante piscina hay vistas de las tumbas de Cauno. El centro de salud y el *spa* son excelentes.

Dalyan Camping 'CAMPING' €
(☎284 5316, 0506 882 9173; Maraş Caddesi 144; tienda/caravana 10/20 TRY; bungalós grandes/ pequeños por persona 20/25 TRY; ◷abr-oct) *Camping* compacto y con mucha sombra en una céntrica ubicación junto al río, frente a las tumbas. Su docena de bungalós de pino son sencillos pero están limpios.

🍴 Dónde comer

Los restaurantes de Dalyan se mueven entre la alta calidad y lo mediocre, por lo que hay que ser selectivo.

Saki RESTAURANTE FAMILIAR €€
(☎284 5212; Geçit Sokak; platos principales 12-22 TRY; ◷10.00-23.00) Con una espléndida y aireada ubicación en el paseo junto al río, sirve algunas de las comidas turcas más saludables de Dalyan. No tiene carta: hay que elegir entre los platos de carne, pescado y *meze* caseros (5-6 TRY) que hay expuestos en una vitrina de cristal.

Beyaz Gül TURCA MODERNA €€
(☏284 2304; www.beyazgul.info; junto a Maraş Caddesi; platos principales 14-22 TRY) El restaurante más elegante del pueblo tiene una fantástica y aireada terraza donde se puede comer mientras se admiran las tumbas del acantilado y se escucha *jazz* de fondo. Tiene zona de juegos infantil, narguile (pipa de agua) y una elegante decoración.

Kordon MARISCO €€€
(☏284 2261; Çarşi İçi 2; platos principales de pescado 20-25 TRY) Considerado por muchos como el mejor restaurante de pescado de Dalyan, tiene una ubicación privilegiada junto al río. A los que no les guste el pescado pueden elegir entre una amplia gama de filetes y parrilladas, y también tiene media docena de platos vegetarianos.

Atay Dostlar Sofrasi 'PIDECI', 'LOKANTA' €
(☏284 2156; Camı Karşısı 10; platos principales 6-8 TRY; ☺6.30-24.00) Restaurante destinado a trabajadores locales, con un personal competente y unos precios insuperables, donde los viajeros son calurosamente recibidos. Tiene un mostrador con platos que se preparan a diario: solo hay que señalar y elegir lo que uno quiere. Está frente a la mezquita y la parada de microbuses.

Chinatown CHINA €€
(☏284 4478; Gülpınar Caddesi 16; platos principales 9-20 TRY) No va a ganar ningún premio culinario, pero si el viajero necesita su dosis ocasional de arroz o fideos al estilo asiático (6-13 TRY), este restaurante propiedad de un británico puede ser de ayuda. También tiene una buena gama de platos vegetarianos.

Kösk RESTAURANTE FAMILIAR €€
(☏0537 352 4770, 284 2877; Maraş Caddesi; platos principales 10-14 TRY; ☺8.00-23.00) Este pequeño establecimiento en el centro de la calle principal es el restaurante más concurrido de Dalyan gracias a sus *meze* de estilo casero (4 TRY) y a sus platos a la parrilla. Tiene mesas en un pequeño patio delantero.

Dalyan İz CAFÉ
(☏0542 451 5451; www.dalyaniz.com; sándwiches y ensaladas 6-12 TRY, pasteles 3-5 TRY; ☺9.30-19.00) Esta nueva incorporación a la escena social de Dalyan es una excelente tienda, galería de arte y café con jardín. Es muy popular entre los expatriados locales y una excelente fuente de información.

Demet Pastanesi PASTELERÍA, CAFÉ €
(☏284 4124; Maraş Caddesi 39; café 2 TRY; ☺7.30-24.00) Con excelentes pasteles y tentadores postres turcos (4,50 TRY), también es un lugar genial para desayunar y aprovisionarse para un *picnic*. La tarta de avellanas y nueces (5 TRY) está para morirse.

❶ Información

Oficina de turismo (☏284 4235; Cumhuriyet Medanı; ☺8.00-12.00 y 13.00-17.00 lu-vi) En la 1ª planta de un bloque de oficinas en el lado sur de la plaza principal.

Hadigari Internet Cafe (Karakol Sokak 25/A; 2 TRY/h; ☺10.00-2.00) Al este de Maraş Caddesi, un poco más arriba del café Dalyan İz.

❶ Cómo llegar y salir

Los microbuses paran en Cumhuriyet Meydanı, cerca de la mezquita. No hay microbuses directos a Dalaman: primero hay que tomar un microbús a Ortaca (3 TRY, cada 25 min en temporada alta, cada hora en temporada baja, 14 km) y luego hacer transbordo allí. Desde el *otogar* de Ortaca hay autobuses a Köyceğiz (5 TRY, 25 min, 22 km) y Dalaman (4 TRY, 15 min, 9 km). Un taxi desde Dalyan hasta el aeropuerto de Dalaman cuesta 75 TRY.

Alrededores de Dalyan

FUENTES TERMALES DE SULTANIYE
Si se busca un poco de diversión, se aconseja ir a las **fuentes termales de Sultaniye** (Sultaniye Kaplıcaları; entrada 5 TRY), en la orilla sureste del Köyceğiz Gölü (lago Köyceğiz). Accesibles tanto desde Köyceğiz como desde Dalyan, estas burbujeantes pozas de barro caliente (la temperatura puede llegar a los 42°C) contienen aguas minerales ligeramente radioactivas y ricas en cloruro, sodio, sulfuro de hidrógeno y bromuro; bañarse en sus aguas y beber de ellas se dice que tiene efectos relajantes y beneficiosos para el reumatismo, las afecciones cutáneas y la bronquitis. En los baños de barro más pequeños que hay antes de la confluencia del río Dalyan con el lago, el viajero puede relajarse con un reparador baño de barro en una humeante piscina de azufre. Desde Dalyan hay que tomar un *dolmuş* fluvial (8 TRY, 30 min) que sale desde el paseo a orillas del río en cuanto está lleno (cada 30 min en verano, cada hora durante el resto del año). Desde Köyceğiz el autobús de las 9.30 a Ekincik (4 TRY) puede dejar al viajero en las fuentes termales.

PLAYA DE İZTUZU
La playa de 4,5 km de largo de İztuzu, excelente para bañarse y a la que se accede

desde el río Dalyan, es desde hace mucho el objetivo de avariciosos promotores hoteleros. Sin embargo, como İztuzu es uno de los lugares de anidación de la tortuga boba (véase recuadro en p. 381), está sujeta a normas especiales de protección. Aunque la playa está abierta al público durante el día, entre mayo y septiembre está prohibido visitarla de noche. Una línea de estacas de madera en la playa delimita las zonas de anidación, y a los visitantes se les pide que no la traspasen para no alterar los nidos de las tortugas.

En temporada hay microbuses desde Dalyan hasta la playa (8 TRY, 15 min, cada 30 min).

Dalaman

📞 0252 / 22 200 HAB.

Pocas cosas han cambiado en esta población agrícola llena de invernaderos desde la construcción del aeropuerto regional en el cercano delta del río, ya que la mayoría de los viajeros siguen adelante sin pararse en Dalaman.

Desde el aeropuerto hasta el pueblo hay poco más de 5 km, y luego otros 5 km hasta la carretera D400. Además de vuelos en temporada a muchas ciudades europeas, hay entre cuatro y siete vuelos diarios de Dalaman a Estambul durante todo el año (80 TRY solo ida). En temporada alta, varias empresas de autobuses recogen a los pasajeros fuera del aeropuerto. El resto del año hay que tomar uno de los caros taxis para llegar a Dalaman (35 TRY).

Desde la *otogar* de Dalaman, cerca de la intersección de Kenan Evren Bulvarı con Atatürk Caddesi, se pueden tomar autobuses a Antalya (24 TRY, 6½ h, 335 km), Köyceğiz (6 TRY, 30 min, 26 km) y Marmaris (9 TRY, 1½ h, 90 km). Todas las rutas hacia el norte y el este pasan por Muğla (10 TRY, 2 h, 87 km) o por Fethiye (7 TRY, 1 h, 46 km).

Göcek

📞 0252 / 4500 HAB.

Göcek es un lujoso enclave de yates del oeste del Mediterráneo, y su atractiva bahía ofrece una relajante alternativa a Fethiye a pesar de los muchos edificios que se están construyendo. Para aquellos que estén desesperados y/o no tengan barco, hay una playa bastante rudimentaria

para bañarse en el extremo occidental del muelle.

🛏 Dónde dormir

Efe Hotel HOTEL DE LUJO €€€
(📞 645 2646; www.efehotelgocek.com; Yarpız Sokak; i/d 80/90 €, ste 100-110 €; ❅ ▣) Oculto entre un exuberante jardín a unos 200 m del puerto deportivo Skopea, el hotel más ambicioso de Göcek tiene 19 habitaciones grandes y luminosas, una piscina de 25 m y relajantes vistas a las montañas.

Tufan Pansiyon PENSIÓN €
(📞 645 1334, 0546 921 7460; Belediye Marina; i y d 50-60 TRY; ❅) En el centro y a solo 25 m del mar, esta pensión familiar tiene ocho habitaciones pequeñas pero impolutas y bastante agradables, la mitad de las cuales tienen vistas al mar desde un balcón compartido.

Villa Danlin HOTEL €€
(📞 645 1521; www.villadanlin.com; Çarşı İçi; i/d 100/120 TRY; ❅ ▣) En un pequeño y encantador edificio de la calle principal que solo alberga un vestíbulo y tres habitaciones, sus otras 10 habitaciones están en una moderna ampliación situada en la parte trasera con vistas a una piscina bastante grande. Está tentadoramente cerca del mar pero no tiene vistas del agua.

A&B Home Hotel HOTEL €€
(📞 645 1820; www.abhomehotel.com; Turgut Özal Caddesi; i/d 110/130 TRY; ❅ ▣) Sus 11 habitaciones más bien pequeñas han sido renovadas (camas de hierro forjado, preferencia por los tonos amarillos), pero su auténtico atractivo es su piscina de tamaño mediano en una terraza delantera. Ofrece un buen bufé de desayuno.

Dim Hotel HOTEL €€
(📞 645 1294; www.dimhotel.com; Sokak 14; i/d 60/120 TRY; ❅ ▣) Con 15 sencillas pero bien amuebladas habitaciones y una agradable terraza, una piscina mediana y una ubicación a 30 m de la playa, este hotel al oeste del centro ofrece una buena relación calidad-precio. Todas las habitaciones tienen nevera.

🍴 Dónde comer y beber

Can Restaurant RESTAURANTE €€
(📞 645 1507; Skopea Marina; platos principales 12-22 TRY; ⏰ 7.00-24.00) Apartado del paseo marítimo y con una encantadora terraza a la sombra de una vieja yuca, este popular restaurante local sirve una gran selección

de *meze* (6 TRY, *meze* de pescado 8-18 TRY), algunos bastante inusuales. La especialidad local, el *tuzda balık* (pescado horneado a la sal), cuesta unos 240 TRY y da para tres personas.

West Cafe & Bistro INTERNACIONAL €€

(☎ 645 2794; www.westcafegocek.com; Turgut Özal Caddesi; platos principales 9-19 TRY; ☻9.00-24.00, hasta 00.30 en temporada alta; ☎) Tal como su nombre sugiere, su cocina y su ambiente son occidentales, con bacón para desayunar (7-13 TRY) y tartas para merendar. Es una buena alternativa si se está harto de kebabs. También tiene cómodas mesas al aire libre.

Kebab Hospital Antep Sofrası 'KEBAPÇI' €€

(☎645 1873; Turgut Özal Caddesi; platos principales 12-15 TRY; ☻8.00-24.00) Este sencillo local de espaldas al mar es el lugar al que todos vienen a comer kebabs (y *pide, pizza* y *lahmacun*). El servicio es amable y eficiente.

Dice Cafe CAFÉ-BAR

(☎620 8514; Safı Villalar Önü; ☎) Pequeño y elegante bar en la parte oeste del paseo marítimo, con buenos mojitos (15 TRY) y conexión Wi-Fi gratis.

Del Mar Cafe-Bar CAFÉ-BAR

(☎620 2181; Skopea Marina) Moderno bar en el muelle del puerto deportivo, muy popular entre los propietarios de yates y gente a la última.

🛍 De compras

Muse Jewellery JOYERÍA

(☎0533 361 6054; Turgut Özal Caddesi) El viajero se sentirá como un sultán contemplando las antiguas joyas otomanas de esta carísima joyería. Y, como la mayor parte de los artículos tienen unos precios en euros de al menos cinco dígitos, el viajero también necesitará ser un sultán para poder comprar algo.

ℹ Cómo llegar y salir

Los autobuses dejan a los viajeros en la gasolinera de la carretera principal, desde donde hay 1 km a pie hasta el centro. Hay microbuses hasta la plaza principal, donde hay un busto de Atatürk, cajeros automáticos y una tienda de correos, teléfonos y telégrafos. Cada media hora hay microbuses a Fethiye (4 TRY, 45 min, 30 km). Para ir a Dalyan hay que hacer transbordo en Ortaca (3 TRY, 25 min, 19 km, cada hora).

Si se viene en automóvil desde Marmaris, hay que tomar la carretera de peaje (3 TRY) que atraviesa el túnel.

Fethiye

☎0252 / 74 000 HAB.

En 1958 un terremoto arrasó la ciudad portuaria de Fethiye, salvándose únicamente los restos de la antigua Telmeso. Más de medio siglo después vuelve a ser un próspero centro en crecimiento del oeste del Mediterráneo. Fethiye también es una ciudad increíblemente discreta dado su tamaño, debido sobre todo a las restricciones sobre la construcción de edificios altos y a la naturaleza transitoria de los viajeros que llegan en *gület*.

El puerto natural de Fethiye quizá sea el mejor de la región, resguardado en la parte sur de una gran bahía salpicada de bonitas islas, entre las que destaca Şövalye Adası. Unos 15 km al sur está Ölüdeniz, uno de los lugares costeros más concurridos de Turquía, y el paisaje de los alrededores esconde muchos sitios interesantes para explorar, incluida la ciudad fantasma de Kayaköy (o Karmylassos), al otro lado de la colina.

🎯 Puntos de interés

Telmeso RUINAS

La **tumba de Amintas** (entrada 8 TRY; ☻8.00-19.00 may-oct, hasta 17.00 nov-abr) es la fachada de un templo jónico excavada en una pared de roca en el año 350 a.C. Al sur del centro, lo mejor es visitarla a la puesta de sol. Hay otras tumbas más pequeñas excavadas en la roca unos 500 m al este. En la ciudad se pueden ver curiosos **sarcófagos** licios de piedra que datan de alrededor del año 450 a.C. Hay uno al norte del *belediye* (ayuntamiento) y otros en medio de las calles (por ejemplo, de camino a Kayaköy). Todos ellos fueron profanados hace siglos por saqueadores de tumbas.

En la ladera que hay por encima (y al sur) de la ciudad, y junto a la carretera a Kayaköy, se halla la torre en ruinas de una **fortaleza de los cruzados** construida por los caballeros de la Orden de San Juan a principios del s. xv sobre cimientos más antiguos.

Detrás del puerto se hallan los restos parcialmente excavados de un **teatro** romano del s. ii a.C.

Museo de Fethiye MUSEO

(☎614 1150; 505 Sokak; entrada 5 TRY; ☻8.30-17.00) Reinaugurado tras ser reacondicionado durante dos años y centrado en hallazgos licios de Telmeso así como de los antiguos asentamientos de Tlos y Cauno, el museo exhibe cerámica, joyas, pequeñas estatuas

Fethiye

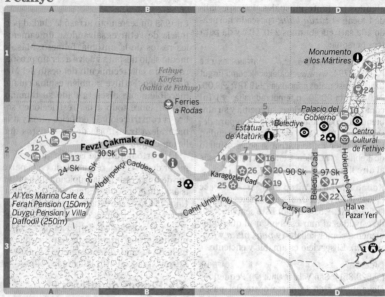

Fethiye

Una de las mejores formas de ver el Mediterráneo más de cerca es en kayak. **Seven Capes** (📞0537 403 3779; www.sevencapes.com), con sede en Kayaköy, ofrece tanto circuitos diurnos (30 TRY), incluido uno excelente de tres horas entre Ölüdeniz y Kabak pasando por el valle de la Mariposa (50 TRY), como viajes nocturnos bajo las estrellas (35 €) desde la puesta de sol hasta medianoche.

Unos 5 km al noreste del centro se halla **Çalış**, un estrecho tramo de playa de grava bordeado de hoteles, *pubs* y puestos de venta de comida rápida, y lleno de expatriados británicos. Desde la estación de microbuses hay *dolmuşes* a Çalış (1,50 TRY, 10 min) entre cada 5 y 10 minutos durante todo el día.

En Paspatur, la parte más antigua de Fethiye, están los pequeños y sencillos **antiguos baños turcos** (Tarihi Fethiye Hamamı; 📞614 9318; www.oldturkishbath.com; Hamam Sokak 2; baño y exfoliación 30 TRY, con masaje 50 TRY; ⏰7.00-24.00), del s. XVI.

👉 Circuitos

Muchos viajeros que visitan Fethiye y que no quieren hacer cruceros largos optan por el **circuito de las 12 islas** (por persona 20-25 TRY, almuerzo incluido; ⏰10.30-18.00, med abroct), un viaje en barco por la bahía de Fethiye (Fethiye Körfezi). Los barcos paran en cinco o seis islas y circunnavegan el resto; es una opción idílica, aunque los barcos suelen ir atestados. Las agencias de viajes venden billetes para este circuito o, si no, se puede negociar directamente con las empresas de barcos en el puerto deportivo. Una empresa de confianza con sede en el paseo marítimo es **Kardeşler** (📞0612 4241, 0542 326 2314; muratmelez_kardesler@hotmail.com).

Los circuitos suelen parar en **Yassıcalar** (isla Plana) para darse un baño, en **Tersane Adası** (isla Astillero) para darse un chapuzón y visitar las ruinas, y luego en **Akvaryum** (Acuario) para almorzar, darse un baño y practicar buceo con tubo. **Cennet Köyü** (bahía Paraíso) es el siguiente lugar de parada para bañarse, seguido de **Kleopatra Hamamı** (baño de Cleopatra) y por último **Kızılada** (isla Roja), con su playa y sus baños de barro.

Si se dispone de otro día, hay excelentes circuitos en barco con la misma duración que van hasta el **valle de la Mariposa** (por persona 25 TRY) pasando por Ölüdeniz y que permiten pasear, nadar y visitar ruinas. También está el **circuito por la garganta**

y piedras votivas (incluidas la estela de la Tumba y la estela de la Promesa). Sin embargo, su posesión más preciada es la llamada estela Trilingüe de Letoön, del año 358 a.C. y que se utilizó en parte para descifrar la lengua licia con la ayuda del griego antiguo y el arameo. El jardín que rodea el museo alberga una excelente colección de sarcófagos licios y lápidas romanas, algunas de las cuales contienen símbolos y ángeles de la época cristiana temprana.

🏃 Actividades

Junto a la oficina de turismo, la **Ocean Turizm & Travel Agency** (📞612 4807; www.oceantravelagency.com; İskele Meydanı 1; ⏰9.00-21.00 abr-oct) vende billetes de barco y organiza *parasailing* (125 TRY por 45 min), viajes de *rafting* de un día (85 TRY) y excursiones de equitación de medio día (50 TRY), además de muchos otros deportes acuáticos, incluidas las llamadas travesías azules (p. 322).

El **Elite Diving Centre** (📞614 9614; www.elitedivingcentre.com; Uğur Mumcu Parkı Yanı), un poco más arriba del Centro Cultural de Fethiye, organiza viajes de submarinismo (110 TRY por persona incluidas dos inmersiones, todo el equipo y el almuerzo) y cursos PADI de tres días (760 TRY).

Para muchos viajeros un crucero de cuatro días y tres noches en un *gület* (velero tradicional de madera) por la Costa Turquesa, conocido localmente como travesía azul *(mavi yolculuk)*, es el punto culminante de su viaje a Turquía. Normalmente publicitados como un viaje entre Fethiye y Olympos, los barcos en realidad inician o terminan el trayecto en Demre (Kale) y el viaje a/desde Olympos (1¼ h) es en autobús. Desde Fethiye, los barcos suelen hacer escala en Ölüdeniz y el valle de la Mariposa y paran en Kaş, Kalkan y Kekova, pasando la noche final en la bahía de Gökkaya, frente al extremo oriental de Kekova. Una ruta menos habitual, aunque algunos dicen que más bonita, es la de Marmaris a Fethiye.

El precio suele incluir la comida y el agua (y a veces refrescos), pero el alcohol hay que pagarlo aparte. Todos los barcos tienen duchas, baños y camarotes dobles más bien pequeños pero cómodos (normalmente entre seis y ocho por barco). La mayoría de la gente duerme en colchones en cubierta porque los barcos no tienen aire acondicionado.

Una travesía azul no es barata: dependiendo de la temporada, el precio oscila entre 135 y 185 €, por lo que se aconseja comparar precios. A continuación se ofrecen algunas sugerencias para evitar ser timado:

» Pedir recomendaciones a otros viajeros.

» Evitar a los buscadores de clientes de las estaciones de autobuses e ir directamente a las agencias (en particular a las que se enumeran a continuación).

» Regatear pero no necesariamente elegir la opción más barata, ya que, si no, la tripulación puede racanear con la comida y los servicios.

» Echar un vistazo al barco (si se está en Fethiye o Marmaris) y pedir ver la lista de pasajeros.

» Preguntar si el capitán y la tripulación hablan inglés.

» No pagar hasta el día de la salida, por si el tiempo se estropea.

---

de Saklıkent (por persona 40-45 TRY), que incluye las ruinas de Tlos y un almuerzo a base de trucha, y el **circuito de Dalyan** (por persona 40-45 TRY; de 9.00 a 18.30), que incluye un servicio de enlace hasta Dalyan, un circuito por el lago Köyceğiz y la visita de los baños de barro de Sultaniye, las ruinas de Cauno y la playa de İztuzu.

🛏 Dónde dormir

La mayor parte de los alojamientos están subiendo la colina detrás del puerto deportivo, en Karagözler o más al oeste. Muchas pensiones pueden organizar el traslado desde la *otogar*.

👍 Yildirim Guest House
ALBERGUE, PENSIÓN €

(📞614 4627; www.yildirimguesthouse.com; Fevzi Çakmak Caddesi 37; dc/d/tr 20/60/90 TRY; ❄ @) Este albergue y pensión en forma de barco frente al puerto deportivo es nuestra opción económica favorita. Tiene tres dormitorios colectivos (dos separados por sexo y uno mixto) con entre cuatro y seis camas, y media docena de impolutas habitaciones, algunas de las cuales dan al puerto. Su viajado propietario, Omer Yapis, ofrece desde excursiones y traslados hasta servicio de lavandería y cenas (10 TRY).

Ferah Pension
ALBERGUE, PENSIÓN €

(📞614 2816; www.ferahpension.com; Ordu Caddesi 23; dc/i/d 20/30/50 TRY; ❄ @ ☎) Al viajero le encantará este lugar, con su frondosa terraza acristalada, su pequeña piscina, los cuadros pintados por Monica y sus "cenas sexy" (12 TRY). Sus 10 habitaciones, bastante grandes y ordenadas, incluyen dos dormitorios con entre tres y seis camas. Una de las habitaciones de la planta superior tiene ventanas a ambos lados y unas vistas fantásticas.

Villa Daffodil
PENSIÓN €€

(📞614 9595; www.villadaffodil.com; Fevzi Çakmak Caddesi 139; i/d 75/100 TRY; ❄ ☎) Esta gran casa de huéspedes de estilo otomano y adornada con flores es uno de los pocos edificios antiguos que han sobrevivido al terremoto y al desarrollo urbanístico. Sus 28 habitaciones tienen elegantes muebles y un toque hogareño; las mejores, como la nº 205, tienen balcón y vistas al mar. La actividad se centra en la terraza para desayunar de la parte delantera y la piscina de la parte trasera. Su excelente gerente es Hussein, un coronel jubilado.

» No dejarse engañar por señuelos como deportes acuáticos gratis, ya que a menudo suelen ser falsas promesas y los barcos rara vez cuentan con seguro para ello si se produce algún accidente.

» Confirmar que el barco realmente navega a vela (la mayor parte no lo hacen) en lugar de ir todo el viaje con el motor diésel.

» Evitar comprar los billetes en Estambul, ya que las pensiones y los intermediarios de allí se llevan una buena tajada.

» Reservar con mucha antelación en julio y agosto.

Se recomiendan las agencias dirigidas por los propietarios de los barcos, ya que suelen ofrecer barcos en mejores condiciones. Los barcos salen casi cada día entre finales de abril y octubre (los barcos de Marmaris suelen salir dos veces a la semana desde mediados de mayo hasta finales de septiembre).

Before Lunch Cruises (☎0535 636 0076, 0532 623 4359; www.beforelunch.com) Con salida desde Fethiye, la experimentada pareja turco-australiana propietaria del barco fija su propio itinerario; estos cruceros son más caros que la mayoría, pero según parece vale la pena.

Ocean Turizm & Travel Agency (☎0252-612 4807; www.oceantravelagency.com) Con sede en el puerto deportivo de Fethiye.

Olympos Yachting (☎0242-892 1145; www.olymposyachting.com) Empresa con sede en Olympos que ofrece un crucero de cuatro días y tres noches desde la playa de Olympos hasta Kaş.

V-Go Yachting & Travel Agency (☎0252-612 2113; www.bluecruisesturkey.com) Con sede en Fethiye y una sucursal en Olympos.

Yeşil Marmaris Travel & Yachting (☎0252-413 8914; www.yesilmarmaris.com) En el puerto de Marmaris.

Yacht Classic Hotel HOTEL DE LUJO €€€
(☎612 5067; www.yachtclassichotel.com; Fevzi Çakmak Caddesi; i/d/ste 150/250/350 TRY; ⓟ⁂@) Una renovación a fondo ha convertido este eficiente y agradable hotel de 36 habitaciones en una sinfonía de color blanco con todo tipo de comodidades modernas, incluido el *hammam* de hotel más elegante de la costa mediterránea. Tiene una gran terraza con piscina y vistas al puerto, pero lo mejor son sus habitaciones de la 3ª y 4ª planta con enormes terrazas por encima del mar y *jacuzzi*.

Duygu Pension PENSIÓN €
(☎614 3563; www.duygupension.com; Ordu Caddesi 54; i/d/tr 40/60/90 TRY; ⁂@☎) Esta atractiva opción económica de color salmón en el extremo oeste del puerto tiene coloridos estarcidos y alfombras que dan un toque alegre a sus 10 fantásticas habitaciones. Tiene una pequeña piscina y una terraza en la azotea con deslumbrantes vistas del puerto.

Ece Saray Marina & Resort 'RESORT' €€€
(☎612 5005; www.ecesaray.net; 1 Karagözler Mevkii 1; i 90-165 €, d 100-195 €, ste 250-350 €;

ⓟ⁂@☎) Uno de los mejores alojamientos de Fethiye, con buenas instalaciones, incluidas 48 habitaciones y suites (con *jacuzzis*) bien amuebladas, una gran piscina, jardines ornamentales y un genial *spa* y centro de belleza y salud con *hammam* abierto a los no huéspedes (50 TRY). También tiene un fabuloso restaurante con terraza que da al mar.

Hotel Kemal HOTEL €€
(☎614 5010; www.hotelkemal.com; Kordon Gezi Yolu; i/d 50/80 TRY; ⓟ⁂@) Con sus cuatro plantas sin ascensor, un esquema cromático de color barro y chocolate, y un vestíbulo con un acuario sucio, parece más un hotel de Europa del Este que del oeste del Mediterráneo. Sin embargo, aquí lo que importa es la ubicación, ya que está en el mismo paseo marítimo, y tiene 21 habitaciones con balcón muy asequibles.

Hotel Doruk HOTEL €€
(☎614 9860; www.hoteldoruk.com; Yat Limanı; i/d 80/120 TRY; ⓟ⁂@☎) Bajando por una vía de acceso al puerto deportivo, este hotel es más tranquilo e íntimo que muchos alojamientos en esta zona. Tiene una piscina mediana bien cuidada e incluso un

pequeño cine. La mitad de sus 36 habitaciones tiene balcón con vistas a la bahía. Hay que evitar las habitaciones abuhardilladas de la planta superior, ya que son claustrofóbicas.

Tan Pansiyon PENSIÓN €
(☑614 1584; tanpansiyon@hotmail.com; 30 Sokak 41; i/d 35/50 TRY; ❂) Si al viajero no le apetece un sitio de mochileros, puede probar esta pensión un poco ajada en Karagözler dirigida por una amable familia. Sus nueve habitaciones son pequeñas, y los baños aún más, pero está muy limpia y es muy tranquila. También tiene una cocina para los huéspedes en su impresionante terraza de la azotea.

✖ Dónde comer

El enorme mercado de Fethiye se celebra cada martes a lo largo del canal entre Atatürk Caddesi y Pürşabey Caddesi junto al estadio.

Meğri Lokantasi 'LOKANTA' €€€
(☑614 4047; www.megrirestaurant.com; Çarşı Caddesi 26; platos principales 14-25 TRY;

⊘8.00-2.00 en temporada baja, 8.00-4.00 en temporada alta) Abarrotado de locales que acaban ocupando la calle, el Meğri ofrece excelente y copiosa comida casera a precios muy razonables. El viajero puede elegir algún *meze* y algún sabroso primer plato de su enorme vitrina de cristal o probar uno de sus *güveç* (guisos 17-20 TRY).

Deniz Restaurant MARISCO €€
(☑612 0212; Uğur Mumcu Parkı Yanı 10/1; platos principales 12-25 TRY) Probablemente el mejor restaurante de pescado de Fethiye lejos del mercado. Tiene expuestos los productos vivos en peceras (lo mejor es el mero) y destaca por sus *meze*. Se aconseja probar la excelente *semizotu* (verdolaga) con yogur y el ceviche (pescado crudo en jugo de limón).

Paşa Kebab 'KEBAPÇI' €
(☑614 9807; Çarşı Caddesi 42; *meze* 4-5 TRY, *pide* 4,50-8 TRY, kebabs 8,50-10 TRY; ⊘9.00-1.00) Sitio sin pretensiones con una carta con útiles fotografías de los platos que sirve a buen precio. Los locales consideran que ofrece los mejores kebabs de la ciudad. Se aconseja probar el Paşa Special (12,50 TRY), una enorme

---

PUNTO DE VISTA AUTÓCTONO

CELAL COŞKUN: VENDEDOR DE ALFOMBRAS

Celal Coşkun aprendió a hacer alfombras y a tejer kilims en el regazo de su abuela en Malatya, antes de empezar como aprendiz de reparador de alfombras en Estambul y abrir su propia tienda en Fethiye. Le pedimos a este veterano comerciante con 30 años de experiencia que nos dé sus principales consejos a la hora de comprar y cuidar las alfombras.

» Hay que saber lo básico: una alfombra es pelo de lana, o seda, tejido con nudos sencillos (persas) o dobles (turcos); un kílim es un tejido plano y reversible; un *cicim* es un kílim con una de sus caras bordada.

» Hay que fijar de antemano lo que se quiere gastar y lo que se desea en cuanto a tamaño, diseño y color.

» Solo hay que tratar con vendedores de los que uno crea que se puede fiar, ya sea por su reputación, porque se los han recomendado o porque su instinto así se lo dice.

» Contar los nudos solo es importante en las alfombras de seda sobre seda, aunque las alfombras de lana de doble nudo tienen más resistencia que las de nudo sencillo.

» La mayor parte de las tiendas de alfombras de confianza pueden negociar descuentos de entre el 5 y el 10%, dependiendo de cómo se vaya a pagar; cualquier descuento superior significa que el precio estaba inflado.

» Para prolongar la vida de la alfombra siempre hay que quitarse los zapatos para pisarla, y nunca hay que sacudirla, ya que esto hace que se rompan los nudos y los hilos de la urdimbre (verticales) y de la trama (horizontales).

» Si la limpieza profesional es demasiado cara y el método tradicional –lavarla con agua y jabón templados y secarla sobre bloques de madera para permitir que el aire circule por debajo– es demasiado pesado, se puede dejar la alfombra boca abajo unos cuantos minutos sobre nieve recién caída.

» Cualquier cosa hecha a mano, incluida una alfombra, puede repararse a mano.

y deliciosa combinación de ternera, tomate y queso. También tiene *pizza* (9,50-13,50 TRY).

Recep's Place
MARISCO €€

(☑614 8297; Hal ve Pazar Yeri 51; platos principales 10-20 TRY; ☉10.00-24.00) Una forma de probar el fabuloso pescado de Fethiye es comprándolo crudo (18-25 TRY por kilo) en las pescaderías del céntrico mercado cubierto y luego llevarlo a uno de los restaurantes que hay enfrente para que lo cocinen como quiera el viajero. De entre estos locales se recomienda el Recep's, que cobra 5 TRY por cocinar el pescado y por una ensalada verde, pan con mantequilla de ajo, una salsa para acompañar el pescado, fruta y café. También hace sus propios platos de carne y *meze*.

Pera Restaurant
'OCAKBAŞI' €€

(☑614 0395; Belediye Caddesi; platos principales 10-22 TRY; ☉9.00-1.00) Esta elegante incorporación a la escena culinaria de Fethiye, con una gran terraza al aire libre cerca del mercado y un gran horno exterior, sirve excelentes *meze* (7-15 TRY) así como parrilladas y varios tipos de *guveç* (guisos en cazuela de barro cocido).

Duck Pond
RESTAURANTE-BAR €€

(☑614 7429; Eski Cami Sokak 41; platos principales 17-25 TRY) Animado local rodeado por un estanque con una fuente y un batallón de patos en el que sirven sencilla y saludable comida tradicional turca, como el kebab Adana (13 TRY).

Blue Cafe
CAFÉ €€

(☑614 4676; www.bluecafeturkey.com; 38 Sokak 4; desayunos 7-12 TRY, platos 8-10 TRY; ☉8.00-24.00; ☎) Este café medio escondido con un trampantojo del mar es famoso por sus zumos de fruta con yogur, sus crepes y sus tostadas de extracto de levadura. También tiene buenas ensaladas y sándwiches. Los clientes disfrutan de acceso Wi-Fi gratis, y tiene un servicio de intercambio de libros.

Nefís Pide
'PIDECI' €

(☑614 5504; Eski Cami Sokak 9; *pide* 4,50-7 TRY; ☉9.00-24.00) Sencillo y austero pero muy limpio, este popular local junto a la mezquita (no sirve alcohol) ofrece deliciosos *döner*, *pizzas* y *pide*.

Taş Fırın
'PIDECI', 'KEBAPÇI' €

(☑614 6683; Atatürk Caddesi 150; comidas 6-11 TRY; ☉9.00-22.00) Frente a la escuela secundaria del centro, tiene un gran éxito entre los habitantes locales, que disfrutan con sus económicas parrilladas y kebabs.

🍷 Dónde beber y ocio

Al anochecer, los más juerguistas se dirigen a Hisarönü, un barrio de las afueras, 12 km al sureste, repleto de expatriados. La mayor parte de los bares y locales nocturnos de Fethiye están agrupados a lo largo de Hamam Sokak, que discurre en dirección norte-sur entre Karagözler Caddesi y Cumhuriyet Sokak, en el casco antiguo. Otra buena zona de bares está en Dispanser Caddesi, al sur del monumento a los Mártires.

Yes Marina Cafe
BAR-CAFÉ

(☑614 2258; Fevzi Çakmak Caddesi; ☉9.00-24.00) Excelente café y bar con una gran terraza que da al mar, ideal para pasar una relajada tarde soleada. Está en un pequeño puerto deportivo en el puerto occidental.

Val's Cocktail Bar
BAR

(☑612 2363; Uğur Mumcu Parkı Yanı; cerveza 5 TRY; ☉9.00-1.00) La inglesa Val lleva veinte años manteniendo bien informada a la comunidad local de expatriados y saciando su sed. Su pequeño y bonito bar tiene una fantástica selección de licores y café fuerte. También hay una biblioteca con más de dos mil volúmenes y servicio gratis de préstamo.

Car Cemetery
CLUB

(☑612 7872; Haman Sokak 25; cerveza 5 TRY; ☉10.00-4.00) Este bar y club de estilo británico, con una alocada decoración y música *rock* en directo los fines de semana, es especialmente popular entre los locales.

Club Rain
CLUB

(☑612 0000; Hamam Sokak; cerveza 5 TRY; ☉12.00-4.00) Este nuevo local, más elegante que su vecino Car Cemetery, está esforzándose mucho por ganarse a los clientes del CC.

Club Bananas
CLUB

(☑612 8441; junto a Hamam Sokak; cerveza 7 TRY; ☉22.00-5.00) Cualquier local en el que el personal prende fuego a la barra y luego baila sobre ella es difícil de pasar por alto cuando uno sale de fiesta. Este es el principal local de juerga de Fethiye, y suele haber fiestas de la espuma.

🛍️ De compras

Sister's Place
HERBOLARIO

(☑0536 614 3877; Hal ve Pazar Yeri; ☉7.30-21.30, hasta las 17.00 en invierno lu-sa) A esta pequeña cueva de Aladino repleta de hierbas, aceites esenciales y pociones mágicas todo el mundo viene en busca de curas y hechizos. Con

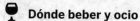

Nesrin y su hermano Tarik el viajero estará en buenas manos.

Old Orient Carpet & Kilim Bazaar
MENAJE DEL HOGAR, TEXTIL

(☑0532 510 6108; c.c_since.1993@hotmail.com; Karagözler Caddesi 5) Esta tienda seria y de confianza es donde la gente más exigente compra sus alfombras y kílims siguiendo los sabios consejos del vendedor de alfombras Celal Coşkun.

Uniquecem
JOYERÍA, TEXTIL

(☑612 9515; uniquecem@gmail.com; 37 Sokak 19; ⊙9.00-20.00) Tiene dos tiendas separadas dedicadas a la plata, el arte, la moda y las curiosidades, así como a las alfombras, las colchas y los tapices. Hay que regatear fuerte.

❶ Información

Land of Lights (www.landoflights.net) Sitio web de un periódico local gratis en inglés que a veces resulta útil.

Millennium Internet Cafe (☑612 8125; 503 Sokak 2/A; 1,50 TRY/h; ⊙8.00-24.00) Al sureste del monumento a los Mártires, tiene tres docenas de ordenadores.

Oficina de turismo (☑614 1527; İskele Meydanı; ⊙8.30-19.30 lu-vi, 10.00-17.00 do sa y do may-sep, 8.00-12.00 y 13.00-17.00 lu-vi oct-abr) Útil centro de información sobre la ciudad y la región adyacente; está frente al puerto deportivo.

❶ Cómo llegar y salir

La concurrida *otogar* de Fethiye está 2,5 km al este del centro urbano, con una estación separada para los microbuses 1 km al este del centro, cerca de la gasolinera.

En temporada alta, los autobuses a Antalya (25 TRY, 7½ h, 285 km) salen de la *otogar* como mínimo cada hora, dirigiéndose al este por la costa hasta Kalkan (10 TRY, 1½ h, 83 km), Kaş (12 TRY, 2½ h, 107 km) y Olympos (22 TRY, 5 h, 228 km). La carretera interior a Antalya (18 TRY, 4 h, 200 km) es mucho más rápida.

Los microbuses a lugares cercanos, como Faralya (5 TRY), Göcek (4,50 TRY), Hisarönü (3 TRY), Faralya y Kabak (5 TRY), Kayaköy (3,50 TRY), Ovacık (3 TRY), Ölüdeniz (4 TRY), Saklıkent (7 TRY) y Tlos (5 TRY), salen desde las paradas que hay cerca de la mezquita.

A diario salen catamaranes a Rodas, en Grecia (ida/vuelta y vuelta el mismo día/ida con vuelta abierta 58/65/85 €, 1½ h), desde el muelle frente a Ocean Turizm, donde se pueden comprar los billetes. Funcionan de mediados de abril a octubre, con salida de Marmaris a las 9.00 los lunes, martes, jueves y viernes (y a veces los domingos en temporada alta), y regreso de Rodas a las 18.30.

❶ Cómo desplazarse

Los microbuses (1,50 TRY) recorren la red de calles de sentido único por Atatürk Caddesi y Çarşı Caddesi hasta la *otogar*, así como por Fevzi Çakmak Caddesi hasta las pensiones y hoteles de Karagözler. Un taxi desde la *otogar* hasta las pensiones al oeste del centro cuesta unos 15 TRY.

Un par de agencias en Atatürk Caddesi alquilan vespas (25-40 TRY por día).

Ölüdeniz

☑0252 / 2000 HAB.

Con su resguardada laguna junto a un exuberante parque nacional, una larga lengua de playa arenosa y el Baba Dağ (monte Baba) proyectando su sombra sobre el mar, Ölüdeniz, unos 15 km al sur de Fethiye, es un sueño hecho realidad para los turistas. El problema es que, al igual que en la mayor parte de los destinos bonitos, todo el mundo quiere pasar tiempo aquí, y mucha gente cree que el turismo organizado ha convertido los encantos del 'mar Muerto' en un paraíso echado a perder. Sin embargo, Ölüdeniz sigue siendo un buen lugar para pasarlo bien antes de continuar ruta hasta el menos frenético valle de la Mariposa o Kabak. Y también es un buen punto de partida para recorrer la maravillosa ruta Licia, que discurre junto a algunos de los mejores hoteles, elevada por encima de la zona de diversión y jolgorio.

El nombre de la laguna, Ölüdeniz, es ahora sinónimo del pueblo, e incluso si se pregunta a los locales por Belcekız, el nombre oficial del pueblo, es posible que no les suene.

◎ Puntos de interés y actividades

Playa y laguna
PLAYA

La playa es el centro en torno al que gira gran parte de la actividad; está en la parte inferior de la colina, pasadas las colonias de turismo organizado de Ovacık e Hisarönü. Cerca de la intersección de la carretera con un puesto de *jandarma* y frente a la oficina de correos, teléfonos y telégrafos está la entrada al **Ölüdeniz Tabiat Parkı** (Parque Natural de Ölüdeniz; Ölüdeniz Caddesi; entrada 4 TRY; ⊙8.00-20.00) y a su laguna, un lugar encantador para pasar unas cuantas horas en la playa junto a imponentes montañas. Hay duchas, aseos y cafeterías.

Viajes en barco
CRUCERO

Durante todo el verano hay barcos que exploran la costa (20 TRY aprox. por un viaje de un día, almuerzo incluido). Los cruceros suelen visitar la bahía de Gemile, la cueva Azul, el valle de la Mariposa y la isla de San Nicolás, con tiempo libre para que los viajeros puedan bañarse.

Parapente
PARAPENTE

Si el viajero siempre ha querido saltar desde un acantilado de 1960 m de altura, Ölüdeniz y el imponente Baba Dağ son los lugares ideales para hacerlo. El descenso puede durar hasta cuarenta minutos, con impresionantes vistas de la laguna Azul, el valle de la Mariposa y hasta de Rodas.

Varias empresas ofrecen vuelos de parapente en tándem (100-160 TRY). Solo hay que asegurarse de que la empresa tiene seguro y de que el piloto tiene el título apropiado. También se puede practicar *parasailing* (100 TRY) en el parque.

🛏 Dónde dormir

Los *campings* de Ölüdeniz son casi como *resorts* económicos, con cómodos y elegantes bungalós, y tiendas.

🏕 Sugar Beach Club
'CAMPING', 'RESORT' €€

(📞617 0048; www.thesugarbeachclub.com; Ölüdeniz Caddesi 20; lugar de acampada por persona/automóvil/caravana 10/10/10 TRY, bungaló por persona 50-140 TRY; ❄@🏊) Unos 500 m al norte de la entrada al parque, esta genial opción turco-australiana es la preferida de los mochileros. Su diseño es de primera clase: una franja de playa con palmeras y zonas con tumbonas, un bar y un restaurante junto al mar, y tres docenas de coloridos bungalós con baño y aire acondicionado. Alquilan piraguas y patines de agua, hay una pequeña tienda y regularmente se celebran eventos especiales, como barbacoas. Los que no se alojan aquí pueden utilizar sus tumbonas, sombrillas y duchas por 5 TRY.

Oyster Residences
HOTEL-BOUTIQUE' €€€

(📞617 0765; www.oysterresidences.com; 1 Sokak; d 110-150 €, tr 160-200 €; ❄@🏊) Aunque este exquisito hotel-*boutique* solo tiene siete años, parece un siglo más antiguo. Tiene 25 habitaciones grandes, luminosas y bien aireadas, decoradas con un precioso estilo ligeramente neocolonial. Los vestidores son del tamaño de una habitación, los lavabos de madera son de época y las puertas acristaladas dan a exuberantes jardines que se extienden hasta la playa.

Paradise Garden
'RESORT' €€€

(📞617 0545; www.paradisegardenhotel.com; Ölüdeniz Yolu; i/d 90/130 €; ❄🏊) Subiendo por la colina, a la derecha, antes de iniciar el descenso de unos 2 km hasta el centro, este lugar paradisíaco tiene un nombre apropiado. Ubicado en un jardín de 6 Ha con tres edificios, ofrece espectaculares vistas, dos piscinas (un manantial natural a la entrada de una cueva y una piscina en forma de corazón), una reserva de animales salvajes con pavos reales, un café y un restaurante *gourmet*. Tiene 27 habitaciones grandes y muy bien decoradas.

Blue Star Hotel
HOTEL €€

(📞617 0069; www.hotelbluestaroludeniz.com; Mimar Sinan Caddesi 8; i y d 60-160 €; ❄@🏊) Hotel a 60 m de la playa, con un diseño muy atractivo y bien cuidado. Aunque no son grandes, sus 38 habitaciones repartidas entre tres edificios son alegres, luminosas y están bien ventiladas, con un balcón que da a la piscina.

Sultan Motel
HOTEL €€

(📞616 6139; www.sultanmotel.com; i/d 40/80 TRY; ❄🏊) Junto a la carretera principal, a la izquierda, según se baja desde Hisarönü (a unos 3 km de Ölüdeniz), está al lado de uno de los puntos de entrada a la ruta Licia y es uno de los favoritos de los senderistas y excursionistas. Tiene 16 habitaciones, ocho de las cuales han sido recientemente renovadas, están en chalés de piedra. Algunas tienen excelentes vistas de Ölüdeniz. También ofrece buena comida casera.

Seahorse Beach Club
'CAMPING', 'RESORT' €€

(📞617 0123; www.seahorsebeachclub.com; Ölüdeniz Caddesi; lugares de acampada por persona 15-20 TRY, caravana d 80-140 TRY; ❄) Al lado del Sugar Beach, pero a años luz de este en cuanto a estilo y confort, este *camping* tiene dos docenas de caravanas azules y blancas con todo tipo de comodidades modernas, un restaurante y un bar en una cabaña de madera abuhardillada, y una playa a un corto paseo. Puede ofrecer descuentos por estancias largas.

🍴 Dónde comer y beber

Oba Motel Restaurant
RESTAURANTE FAMILIAR €€

(📞617 0158; Mimar Sinan Caddesi; platos principales 15-25 TRY; ⏰8.00-24.00) En una cabaña de troncos, el restaurante del frondoso Oba Motel tiene una excelente reputación por su comida casera a precios razonables. También ofrece geniales desayunos turcos/europeos (10/12 TRY), incluido *muesli* casero con yogur natural y miel de pino local. La carta ofrece desde tentempiés hasta platos principales, incluidos seis platos vegetarianos.

Buzz Beach Bar & Seafood Grill
INTERNACIONAL €€€

(☏617 0526; www.buzzbeachbar.com; 1 Sokak 1; platos principales 17,50-28,50 TRY; ⏱restaurante 8.00-24.00, bar 12.00-2.00) Con una posición privilegiada frente al mar, este edificio de dos plantas ofrece una amplia carta que incluye pasta, kebabs, filetes y pescado.

Club Belcekiz Beach
ASIÁTICA €€

(☏617 0077; www.belcekiz.com; platos principales 12-21 TRY; ⏱19.00-23.00) En una impresionante terraza con vistas al mar, el restaurante insignia de este enorme *resort* sirve un popurrí de cocinas, incluidas la india y la tailandesa. Los menús del día de varios platos cuestan 47 TRY.

Help Lounge Bar
BAR

(☏617 0650; 1 Sokak; cerveza 5 TRY; ⏱9.00-4.00) Este genial bar es el local más de moda. Tiene una gran terraza con un bar frente al mar, con cómodos bancos acolchados, coloridos murales y el morro de un Chevrolet saliendo de la pared. Ofrece *happy hour* (cócteles 10 TRY) de 17.00 a 20.00 y luego de 22.30 a 24.00.

ℹ Información

Oficina de turismo (☏617 0438; www.oludeniz.com.tr; Ölüdeniz Caddesi 32; ⏱8.30-23.00 jun-sep, hasta 17.00 oct-abr) Puesto de información y servicio de reservas muy útil, en la carretera a Ölüdeniz.

ℹ Cómo llegar y salir

En temporada alta hay microbuses de Fethiye a Ölüdeniz (4 TRY, 25 min, 15 km), con salida cada siete minutos durante el día y cada 10 minutos por la noche, que pasan por Ovacık y Hisarönü. En temporada baja salen entre cada 15 y 20 minutos durante el día y cada hora por la noche. En verano hay seis microbuses diarios a Faralya y Kabak. Un taxi a Kayaköy cuesta 30 TRY, y a Fethiye, entre 35 y 40 TRY.

Kayaköy

☏0252 / 2000 HAB.

Unos 14 km al sur de Fethiye está Kayaköy (la antigua Karmylassos), una inquietante ciudad fantasma con unas cuatro mil casas de piedra y otras estructuras abandonadas

que en otra época formaron la ciudad griega de Levissi y que ahora constituyen un **museo al aire libre** (entrada 8 TRY; ⏱8.30-19.00 may-oct, 8.00-18.00 nov-abr) dedicado a la paz y la cooperación entre turcos y griegos.

Levissi fue abandonada por sus habitantes, en su mayoría griegos, en el intercambio de población supervisado por la Liga de Naciones en 1923 tras la Guerra de Independencia turca. Muchos musulmanes griegos pasaron de Grecia a Turquía, mientras que la mayoría de los cristianos otomanos se desplazaron de la costa de Turquía a Grecia. Los habitantes de Levissi, que eran cristianos ortodoxos, fueron trasladados a las afueras de Atenas, donde fundaron Nea Levissi (Nueva Levissi). Esta ciudad fantasma sirvió de inspiración para recrear Eskibahçe, el escenario de la exitosa novela de Louis de Bernières *Pájaro sin alas*.

Como había muchos más griegos otomanos que musulmanes griegos, muchas ciudades turcas quedaron deshabitadas tras el intercambio de población, y Kayaköy, o Kaya tal como se la conoce localmente, quedó gravemente dañada por el terremoto de 1957.

Con el auge del turismo en la década de 1980, una promotora inmobiliaria quiso restaurar sus casas de piedra para convertirla en un pueblo de veraneo. Los habitantes locales estaban entusiasmados oliendo el dinero que eso podía suponer, pero los artistas y arquitectos turcos pusieron el grito en el cielo y se aseguraron de que el Ministerio de Cultura declarase Kayaköy monumento histórico. Lo que actualmente se puede ver es una aldea atemporal en medio de un frondoso valle con algunos excelentes viñedos en las cercanías. Por la noche, cuando las casas de piedra están iluminadas con focos, Kayaköy es realmente surrealista.

No hay mucho que ver, pero todavía destacan dos **iglesias**: la Kataponagia, en la parte baja del pueblo, y la Taxiarkis, ladera arriba. Ambas conservan parte de su decoración pictórica y sus suelos de mosaico hechos con guijarros blancos y negros. En el cementerio de detrás de la primera de ellas hay un **osario** con los restos en descomposición de gente que murió hace ya mucho tiempo.

🛏 Dónde dormir y comer

Villa Rhapsody
HOTEL €€

(☏618 0042; www.villarhapsody.com; i/d 55/80 TRY; ❋ ❋) Este acogedor hotel tiene 16 cómodas habitaciones con balcón que dan a un precioso jardín amurallado y una piscina. Atilla y Jeanne, sus propietarios turco-holandeses, pueden ofrecer consejos y dibujar mapas para pasear por la zona. También pueden organizar el alquiler de bicicletas. Tienen menús del día previa solicitud (25-35 TRY).

Doğa Apartments
APARTAMENTOS €€

(☎618 0373; www.dogaapartments.com; apt 180 TRY; ✺ ☀) A unos 200 m de la entrada al pueblo abandonado, sus seis apartamentos independientes están ubicados en dos antiguos edificios agrícolas, uno de los cuales data de hace dos siglos y medio. Los apartamentos están bien equipados, con dormitorio, salón con sofá-cama y cocina, y capacidad para hasta cuatro personas. El bar junto a la piscina es una delicia, sobre todo por la noche.

Selçuk Pension
PENSIÓN €

(☎618 0075, 0535 275 6706; enginselcuk48@hotmail.com; i/d/apt 30/50/80 TRY; ✺) En medio de jardines de flores y huertos de verduras, tiene una docena de habitaciones un poco ajadas pero impolutas, bastante espaciosas y acogedoras; cuatro de ellas ofrecen encantadoras vistas a la abandonada Kaya. Su afable propietario, Engin, es muy servicial, y los huéspedes pueden utilizar la piscina del cercano restaurante İstanbul.

🍴 Levissi Garden
TURCA MODERNA €€

(☎618 0108; www.levissigarden.com; Eski Köy Sokak; platos principales 12-26 TRY) Este edificio de piedra de hace 400 años ha sido desde la residencia de un alcalde hasta un establo, y ahora alberga un impresionante bar de vinos y restaurante, con una bodega con miles de botellas de los mejores vinos turcos. Algunos de sus *meze* (8 TRY) son excepcionales, y en su horno de piedra elaboran guiso de cordero a fuego lento (30 TRY) y una deliciosa *klevtiko* (pierna de cordero con vino tinto, ajo y hierbas; 30 TRY).

Cin Bal
'KEBAPÇI' €

(☎618 0066; www.cinbal.com; platos principales 10-18 TRY; ✺11.00-24.00) La parrilla más famosa de Kayaköy está especializada en cordero asado en *tandir* (horno de arcilla) y kebabs. Entre el interior y su patio ajardinado tiene capacidad para 300 personas, y siempre está lleno. Se encuentra en la calle que baja del pueblo abandonado, antes de los apartamentos Doğa.

İstanbul Restaurant
RESTAURANTE FAMILIAR €€

(☎618 0148; platos principales 12-20 TRY; ✺8.00-24.00) Dirigido por los propietarios de la pensión Selçuk, sirve excelentes parrilladas y *meze* caseros, elaborados con los productos de los huertos de los alrededores. Es un sitio encantador para cenar, y sus platos turcos tradicionales son deliciosos.

❶ Cómo llegar y salir

Hay microbuses a Fethiye (3,50 TRY, 20-30 min, 14 km) cada media hora entre mediados de junio y septiembre, y cada hora en temporada baja. Un taxi hasta allí cuesta 30 TRY.

Hay dos o tres microbuses diarios a Hisarönü (3,50 TRY, 20 min, 6 km), desde donde cada 10 minutos salen microbuses a Ölüdeniz.

Desde Hisarönü hasta Kayaköy hay un paseo de una hora colina abajo a través de pinares. También se puede seguir un bonito sendero hasta Ölüdeniz (2-2½ h, 8 km).

Valle de la Mariposa y Faralya

Medio escondida en la costa de Yedi Burun (Siete Cabos), a un docena de kilómetros de Ölüdeniz, está la aldea de Faralya (también llamada Uzunyurt) y, por debajo de esta, el paradisíaco valle de la Mariposa, donde jóvenes turcos se relajan en hamacas y curiosos excursionistas de un día se lamentan por no haber llevado un saco para pasar la noche. Además de ser el hogar de la mariposa tigre, una especie exclusiva de la zona de la que toma el nombre, el valle también ofrece una excelente playa, algunos encantadores paseos por un frondoso desfiladero y nuevos centros de yoga y submarinismo.

Al valle de la Mariposa se puede llegar en barco desde Ölüdeniz o a pie a través de un sendero muy empinado que desciende por un acantilado desde Faralya. Para esta última opción hay que llevar calzado adecuado y seguir el sendero marcado con puntos rojos. Se suele tardar entre 30 y 45 minutos en bajar y cerca de una hora en subir. En los tramos más peligrosos o empinados del camino hay cuerdas fijas para ayudarse. Faralya está incluida en una de las etapas de la ruta Licia (p. 29).

🛏 Dónde dormir

El alojamiento en el mismo **valle de la Mariposa** (Kelebekler Vadisi; ☎0555 632 0236; www.kelebeklervadisi.org; con media pensión por persona y tienda 38 TRY, dc y bungaló 48 TRY) es muy simple: tiendas de campaña y bungalós sobre pilares con colchones finos en el suelo. En verano estas habitaciones son como un horno. Para los que prefieran más comodidades, los siguientes alojamientos están todos por encima del valle en Faralya.

George House PENSIÓN, 'CAMPING' €
(☎642 1102; www.georgehousefaralya.com; con media pensión por persona tienda 20 TRY, bungaló con/sin baño 40/30 TRY; ❄@❄) Toda una institución en Faralya, actualmente dirigida por Hassan, el entusiasta hijo del epónimo George. Ofrece colchones en la casa principal, con instalaciones en básicos bungalós y en plataformas montadas bajo carpas. Su comida casera es deliciosa, elaborada con ingredientes frescos del huerto familiar. Tiene una fuente de agua de manantial y una encantadora piscina. Está al inicio del sendero que desciende hasta el valle.

Melisa Pansiyon PENSIÓN €€
(☎642 1012; www.melisapension.com; i/d 40/80 TRY; ❄) Con un acogedor recibimiento, esta pensión tiene cuatro habitaciones alegres y bien cuidadas, un bonito jardín y una terraza cubierta de parras con vistas al valle. Su propietario, Mehmet, habla inglés y es una buena fuente de información local. Ofrece comidas caseras a base de verduras/carne (15/25 TRY).

Onur Motel APARTAMENTOS €€
(☎642 1162; www.onurmotelfaralya.com; media pensión por persona 40-50 TRY; ❄❄) Este nuevo alojamiento por encima de la carretera recibe críticas muy favorables de los lectores. Ofrece siete bungalós modernos y elegantes en una colina al final del pueblo, en la carretera a Kabak; los más recomendados son los tres que dan a la calle. Tiene un bonito jardín con piscina y ofrece comida excelente.

Die Wassermühle HOTEL DE LUJO €€€
(☎642 1245; www.natur-reisen.de; media pensión por persona 53-69 €; ❄) Este *resort* diseñado con muy buen gusto y propiedad de una pareja turco-alemana está en una ladera arbolada a mano izquierda según se entra en Faralya, y es el mejor alojamiento (y el más fresco) de los alrededores. Sus nueve 'suites', ubicadas en un molino de hace 150 años y en un edificio más nuevo, son espaciosas, tienen pequeñas cocinas y utilizan materiales naturales. Las vistas desde la terraza del restaurante y de la piscina son impresionantes.

❶ Cómo llegar y salir

Se puede hacer un circuito por el valle de la Mariposa desde Fethiye u Ölüdeniz, o tomar el barco de enlace (15 TRY ida y vuelta) que sale a diario desde Ölüdeniz a las 11.00, 14.00 y 18.00 (con salidas adicionales a las 12.00, 16.00 y 19.00 entre mediados de junio y septiembre). El barco también es una buena opción si se quiere pasar la noche allí. Del valle de la Mariposa a Ölüdeniz el barco sale a las 9.30, 13.00 y 17.00 (y, en temporada, también a las 10.30, 14.30 y 18.00).

En verano hay seis microbuses diarios (tres en primavera y dos en invierno) que conectan Fethiye con Faralya vía Ölüdeniz (5 TRY, 35 min, 26 km). Si se pierde el autobús, un taxi de vuelta a Fethiye suele costar entre 35 y 40 TRY.

Kabak
☎0252
La remota comunidad de playa de Kabak se está convirtiendo lentamente en el destino final de aquellos que van en busca de soledad, y muchos creen que es incluso más celestial que el valle de la Mariposa. Independientemente de cómo realice el empinado recorrido cuesta abajo hasta Kabak (10 min en tractor o 20 min a pie), el viajero se verá recompensado con una espectacular playa bordeada por dos largos acantilados. Unos 8 km al sur de Faralya, y a un mundo de distancia de cualquier otro lugar, Kabak es ideal para los amantes de la acampada y el senderismo, los amantes del yoga y cualquier persona a la que le guste la belleza natural sin explotar.

Esta zona aparece en una sección del recorrido por la ruta Licia (p. 29).

⌂ Dónde dormir

El alojamiento en Kabak consiste en *campings* o plataformas bajo carpas y bungalós. El precio de todos los alojamientos incluye media pensión: en la playa de Gemile no hay restaurantes como tal, y los únicos que hay están en la carretera a/desde Faralya. La mayor parte de los *campings* abren de mayo a octubre y pueden organizar el transporte en tractor (telefoneando o enviando un correo electrónico o un mensaje de texto con antelación).

Turan Hill Lounge 'CAMPING' €€
(☎642 1227; www.turancamping.com; con media pensión d en bungaló sin baño 80-110 TRY, con baño 120-160 TRY, *boutique* 160-240 TRY; @❄) Este alojamiento recientemente rebautizado es el más antiguo de Kabak y

aún marca tendencias. Está dirigido por Ahmet y su activa esposa Ece, que se enamoraron de este lugar durante unas vacaciones. Tiene 17 bungalós muy diferentes, incluidos cuatro de tipo *boutique* elegantemente decorados y amueblados, así como media docena de plataformas bajo carpas, incluida una con un árbol en el centro. También tiene encantadoras vistas y muchas zonas para relajarse. Ofrece cursos de yoga en la enorme plataforma que hay en el valle inferior. Las comidas, principalmente vegetarianas, se preparan con productos del huerto adyacente.

Reflections Camp 'CAMPING' €€
(☑642 1020; www.reflectionscamp.com; con media pensión por persona tienda propia/tienda del *camping*/bungaló 35/40/55 TRY; @) Construido por el estadounidense Chris, este confortable *camping* con tiendas y 11 bungalós, incluidos dos construidos con bambú en los árboles, ofrece vistas del bosque circundante. Un baño con un techo de helechos y plantas de jengibre ofrece una de las mejores vistas desde un retrete de toda Turquía. Ninguna habitación tiene baño propio.

Kabak Natural Life 'CAMPING' €€
(☑642 1185; www.kabaknaturallife.com; h por persona 35-70 TRY, con media pensión 50-100 TRY; @☒) Este consolidado alojamiento ofrece una mezcla de veintitantos bungalós (algunos sobre pilares, algunos con baños, otros abuhardillados) esparcidos a lo largo de una gran zona aterrazada. Tiene una encantadora piscina alimentada con agua de manantial de las montañas, pequeñas y encantadoras plataformas acolchadas para relajarse, dos cocinas y un popular bar.

Shambala 'CAMPING' €€
(☑642 1147; www.theshambala.com; con media pensión por persona tienda propia india 30-40 TRY, casa-árbol 50-85 TRY, bungaló 60-180 TRY; @☒) Este *camping* de temática india, a medio camino de la bajada al valle, tiene 17 bungalós divididos en tres categorías, incluidos algunos que rayan en lo lujoso. Los que cuentan con menos presupuesto suelen optar por las espaciosas casas-árbol y las aireadas tiendas indias con geniales vistas al mar. También tiene una piscina, bar, hamacas para relajarse y un centro de 'curación chamánica'.

✹ Dónde comer

Por encima de Kabak, cerca de la parada de *dolmuş* y al final de la carretera principal, hay un par de restaurantes aceptables.

Olive Garden LOCAL €€
(☑642 1083; www.olivegardenkabak.com; *meze* 6-10 TRY, platos principales 13-16 TRY) Bajando por una carretera secundaria 100 m más allá del Mamma's, este local rezuma encanto. Con fantásticas vistas desde sus acogedoras plataformas en la ladera, es un lugar maravilloso para una comida. Está dirigido por el afable Fatih, un antiguo chef. Muchos de los ingredientes proceden de las 15 Ha de árboles frutales, olivares y huertos que posee su familia. En medio de la ruta Licia y muy popular entre los senderistas, también tiene nueve limpísimas cabañas de madera (50 TRY por persona con media pensión).

Mamma's Restaurant RESTAURANTE FAMILIAR €
(☑642 1071; platos principales 7-10 TRY) Ofrece un par de sencillos pero copiosos platos además de *gözleme* (3 TRY) y de su refrescante *ayran* (bebida de yogur; 2 TRY) de elaboración propia.

❶ Cómo llegar y salir

La serpenteante carretera desde Faralya es tan memorable por sus vistas como por sus aterradoras curvas. Hay ocho microbuses diarios a/desde Fethiye (5 TRY) entre las 8.30 y las 20.30.

Tlos

☑0252
En un afloramiento rocoso a gran altura por encima de una llanura pastoril, Tlos fue una de las ciudades más importantes de la antigua Licia. Su prominencia solo era igualada por el promontorio en el que se encuentra: tan eficiente era su posición elevada que la resguardada ciudad permaneció deshabitada hasta principios del s. XIX.

Al subir por la serpenteante carretera hasta las **ruinas** (entrada 8 TRY; ⊙8.30-20.30 may-oct, 8.00-18.00 nov-abr) hay que fijarse en la **acrópolis,** coronada por una **fortaleza otomana** a la derecha. Detrás de ella, y accesibles a través de unos estrechos senderos, hay unas **tumbas rupestres,** incluida la del guerrero Belerofonte, con un fachada tipo templo excavada en la roca y, a la izquierda, un excelente bajorrelieve del héroe montado en Pegaso.

El **teatro** se encuentra 100 m más arriba de la taquilla, en la carretera. Está en un estado excelente, con la mayor parte de los asientos de mármol intactos, aunque el muro del escenario ha desaparecido; entre los escombros del escenario se aconseja fijarse en algunos bloques con tallas de guirnaldas y un águila. A la derecha del teatro hay un antiguo **sarcófago licio** en un campo de labranza. Al otro lado de la carretera están las ruinas de los antiguos **baños** (se aconseja fijarse en el símbolo de boticario tallado en un muro exterior).

Ubicado en un bonito jardín con un arroyo, una piscina, mucha sombra, zonas para sentarse y muchos pájaros cantando, el **Mountain Lodge** (✆638 2515; www.tlosmountainlodge.com; h por persona 24-36 €; ❄@✉) es un tranquilo y atractivo alojamiento dividido en cuatro edificios diseñados para parecer antiguas casas de piedra. Sus ocho habitaciones temáticas son cómodas y acogedoras (las tarifas varían dependiendo del tamaño y la ubicación), con un balcón o un porche. Tiene una piscina en una terraza con vistas. El encantador Mel ofrece menús del día caseros de tres platos (25 TRY) y elabora sus propias mermeladas, aceite y pan.

Desde el teatro, hay que retroceder 2 km cuesta abajo por la carretera, y el alojamiento está a la derecha. Si se llega en microbús, hay que apearse en la aldea de Güneşli y caminar 2 km cuesta arriba por la carretera a Yaka Köyü o hacer autostop.

❶ Cómo llegar y salir

Desde Fethiye hay microbuses cada 20 minutos a Saklıkent (7 TRY, 45 min) que pasan por Güneşli, donde hay que apearse para llegar a Tlos.

Garganta de Saklıkent
✆0252

Esta espectacular **garganta** (adultos/estudiantes en temporada alta 4/2 TRY, en temporada baja gratis; ◷8.00-20.00) de 18 km de largo es, literalmente, una grieta en las montañas Akdağlar, la cadena montañosa que se alza al noreste. Situada unos 12 km después de la salida de Tlos en dirección sur, en algunas partes la garganta es tan estrecha que ni siquiera pasan los rayos de sol, por lo que el agua suele estar muy fría durante todo el año.

A la garganta se accede por una pasarela de madera a gran altura por encima del río. En plataformas de madera suspendidas por encima del agua, el viajero puede relajarse, beber té y comer trucha fresca mientras observa cómo otros viajeros avanzan por el río resbalando y deslizándose, agarrados a una cuerda, y luego entran en la garganta propiamente dicha. Es imprescindible llevar buen calzado, aunque se pueden alquilar zapatos de plástico (3 TRY), y también se pueden contratar guías. El río es un buen lugar para practicar descenso en neumáticos (15 TRY).

Cruzando el río desde donde está el aparcamiento se halla el **Saklıkent Gorge Club** (✆659 0074; www.gorgeclub.com; lugares de acampada 20 TRY, dc en una plataforma con media pensión 25 TRY, casas-árbol i/d 35/60 TRY; @✉), un rústico *camping* orientado a mochileros con básicas casas-árbol (todas tienen pequeñas neveras), una piscina, bar y restaurante. Los baños son compartidos.

El club puede organizar diversas actividades, con traslado y bebidas incluidos, como *rafting* (30/60 TRY por 45 min/3 h), barranquismo (20/100/200 TRY por viajes de 3 h/1 día/2 días y 1 noche, mínimo 4 personas), pesca (10 TRY con guía y equipo incluidos, 2 h), y senderismo (10 TRY, 3 h). También se ofrecen safaris en todoterreno (50 TRY con almuerzo y guía incluidos) y circuitos por Tlos y Patara (20 TRY cada uno).

En la carretera entre Tlos y Saklıkent, cerca de la aldea de Kadıköy, está la **Asociación de Tejedores de Alfombras de Saklıkent** (✆636 8790), que ofrece demostraciones de técnicas de tejido de alfombras, recogida de la seda y teñido de los hilos.

❶ Cómo llegar y salir

Hay microbuses más o menos cada 20 minutos entre Fethiye y Saklıkent (7 TRY, 1 h).

Pınara

Unos 46 km al sureste de Fethiye, antes de la aldea de Eşen, hay una salida a la derecha hasta Pınara y sus espectaculares **ruinas** (entrada 8 TRY; ◷8.30-20.30 may-oct, hasta 17.00 nov-abr), 6 km más allá montaña arriba.

Pınara fue una de las seis ciudades más importantes de la antigua Licia, pero, aunque el yacimiento es enorme, sus ruinas no son las más impresionantes de la región. Lo que hace que valgan la pena es su esplendor y aislamiento.

Alzándose muy por encima del yacimiento hay una escarpada columna de piedra llena de **tumbas rupestres;** los arqueólogos aún están debatiendo cómo y por qué se excavaron allí. Dentro de la ciudad en ruinas hay otras tumbas: una situada al sureste y llamada **tumba Real** tiene excelentes relieves, incluidos varios que repre-

La civilización licia se centraba en la península de Teke, la extensión de tierra que se adentra en el mar desde Dalyan, al oeste, hasta Antalya, al este.

El origen de los licios se remonta al menos al s. XII a.C., pero no se tiene constancia de ellos por escrito hasta *La Ilíada,* cuando Homero constata su presencia durante un ataque a Troya. Se cree que podían ser descendientes de los lukka, una tribu aliada de los antiguos hititas. Los licios eran una sociedad matrilineal y hablaban su propia lengua, que todavía no ha podido ser totalmente descifrada.

En el s. VI a.C. los licios estaban bajo el dominio del Imperio persa. A partir de ahí Licia empezó a cambiar continuamente de manos: los persas cedieron ante los atenienses, que a su vez fueron derrotados por Alejandro Magno y, a continuación, vendría el Reino Ptolemaico de Egipto y luego Rodas.

Roma le concedió a Licia la independencia en el año 168 a.C. e inmediatamente se fundó la Liga Licia, una confederación de 23 ciudades-estado muy independientes. Seis de las ciudades-estado más grandes (Xanthos, Patara, Pınara, Tlos, Myra y Olympos) tenían tres votos cada una, mientras que el resto solo tenía uno. A menudo la Liga Licia es considerada como la primera unión protodemocrática de la historia.

La paz se mantuvo durante más de un siglo, pero en el año 42 a.C. la Liga tomó la poco sensata decisión de no rendir tributo a Bruto, el asesino de César, a quien Licia había apoyado durante la Guerra Civil. Con su ejército, Bruto sitió Xanthos y, viéndose superados en número y decididos a no rendirse, los habitantes de la ciudad-estado se suicidaron en masa.

Licia se recuperó durante el Imperio romano, pero en el año 43 d.C. toda Licia fue anexionada a la provincia vecina de Panfilia, una unión que duró hasta el s. IV, cuando se convirtió en parte de Bizancio.

Licia dejó poco rastro en cuanto a cultura material o documentos escritos. Sin embargo, lo que sí legó a la posteridad fueron algunos de los monumentos funerarios más impresionantes de la antigüedad: tumbas en los acantilados, tumbas-casa, sepulcros y sarcófagos que salpican los valles y montañas de toda la península, a los que se puede acceder fácilmente en automóvil o a pie.

sentan las ciudades licias amuralladas. El **teatro** de Pınara está en buen estado, pero el **odeón** y el **templo** de Afrodita, con columnas en forma de corazón, están en ruinas. Se aconseja fijarse en el enorme falo que hay grabado en la escalera del templo, una especie de grafito de la época antigua.

La carretera serpentea a través de huertos de cítricos y canales de irrigación durante 4 km hasta antes de llegar a la aldea de Minare, donde describe una pronunciada curva a la izquierda antes de seguir ascendiendo la empinada ladera otros 2 km.

En la carretera principal, frente al desvío a las ruinas, está **Clos Pınara** (☑637 1203; www.clospinara.com; ⊙9.00-17.00 lu-sa), uno de los diversos viñedos de la costa mediterránea turca que se está haciendo un nombre. Ofrece circuitos y catas.

Desde Fethiye (4 TRY, 1 h) hay salidas poco frecuentes de microbuses que pueden dejar al viajero al principio de la carretera a Pınara, desde donde se puede ir a pie hasta el yacimiento (hay que llevar suficiente agua) o intentar hacer autostop. En la aldea de Eşen, 3 km al sureste de la salida a Pınara, hay unos cuantos restaurantes básicos.

Letoön

Compartiendo un lugar con Xanthos, la capital licia, en la lista de Patrimonio Mundial de la Unesco, Letoön alberga algunas de las mejores **ruinas** (entrada 5 TRY; ⊙8.30-20.30 may-oct, 9.00-17.30 nov-abr) de la ruta Licia. Unos 17 km al sur de la salida a Pınara, este antiguo centro religioso a menudo se considera como un todo junto con Xanthos, pero Letoön tiene su propio encanto romántico.

Letoön debe su nombre e importancia a un gran santuario dedicado a Leto, quien, según la leyenda, cautivó a Zeus y se convirtió en la madre de Apolo y Artemisa. Cuando Hera, la esposa de Zeus, se enteró, condenó a Leto a pasar la eternidad vagando de país en país. Según la leyenda local, Leto pasó gran parte de ese tiempo en Licia y se convirtió en la deidad nacional licia, por lo que la federación de ciudades licias construyó este impresionante santuario para adorarla.

El yacimiento consta de tres **templos,** uno junto a otro, dedicados a Apolo (a la izquierda), Artemisa (en el centro) y Leto (a la derecha, y en la actualidad parcialmente reconstruido). El templo de Apolo tiene un excelente mosaico que representa una lira, un arco, una flecha y un centro floral. El **ninfeo** (fuente ornamental con estatuas), permanentemente encharcado y habitado por ranas (que se dice que son los pastores que rechazaron dar de beber a Leto de la fuente), resulta totalmente apropiado, ya que el culto a Leto se asociaba con el agua. Al norte hay un gran **teatro** helenístico en excelente estado.

ℹ Cómo llegar y salir

Hay microbuses desde Fethiye vía Eşen hasta Kumluova (6,50 TRY, 60 km, 65 min). Hay que bajarse en la salida a Letoön y seguir a pie con la esperanza de que pase algún vehículo que recoja al viajero y le lleve hasta el yacimiento.

Si se llega en automóvil desde Pınara, la salida está cerca de la aldea de Kumluova. Desde la carretera hay que girar a la derecha, seguir 4 km y girar a la derecha cuando aparezca el cartel de "Letoön/Karadere". Tras otros 3,5 km, hay que girar a la izquierda en la intersección en forma de T y luego a la derecha al cabo de 100 m (es fácil pasarse de largo este desvío); luego, hay que seguir 1 km hasta el yacimiento a través de fértiles campos y huertos, y de hectáreas de invernaderos llenos de tomateras.

Xanthos

En Kınık, a 63 km de Fethiye, la carretera atraviesa un río. En lo alto, en un aflora-miento rocoso, se halla la ciudad en ruinas de Xanthos (entrada 3 TRY; ⊙ 9.00-19.30 may-oct, 8.00-17.00 nov-abr), antaño la capital y ciudad más grande de Licia, con un exquisito **teatro romano** y **tumbas** en forma de pilar.

Hay un corto paseo colina arriba hasta el yacimiento pasando por delante de las puertas de la ciudad y el pedestal donde en otra época estuvo el fabuloso **monumento de Nereida** (actualmente en el Museo Británico de Londres). Debido a su grandeza, Xanthos tiene una historia plagada de guerras y destrucción. Varias veces, cuando la ciudad se vio sitiada por fuerzas enemigas, sus habitantes la destruyeron y se suicidaron en masa.

El viajero verá el teatro romano con el **ágora** frente al aparcamiento al aire libre, pero la **acrópolis** está totalmente en ruinas. Como muchas de las mejores esculturas (por ejemplo, la **tumba de las Arpías**) e inscripciones fueron llevadas a Londres en 1842, la mayor parte de las inscripciones y decoraciones que se pueden ver en la actualidad son copias.

Para llegar a los atractivos **sarcófago de las Bailarinas del Vientre** y **sarcófago del León,** así como a algunas excelentes **tumbas rupestres,** hay que seguir el camino que hay frente a la taquilla en dirección este a lo largo de la calle con columnas.

Hay microbuses desde Fethiye a Xanthos (7 TRY, 1 h, 63 km), y es posible que algunos autobuses de larga distancia paren en la carretera si el viajero así lo pide.

Patara

☑ 0242 / 945 HAB.

Patara posee la playa más larga de Turquía así como algunas de las mejores ruinas licias, por lo que la pequeña y tranquila aldea de Gelemiş es el lugar perfecto para combinar visitas a ruinas y paseos por la playa. Aunque en otra época formaba parte de la ruta *hippy*, en la actualidad Gelemiş casi nunca está abarrotada de viajeros (un auténtico milagro dado su evidente encanto), y allí sigue llevándose una vida tradicional de pueblo.

El destacado lugar que ocupa Patara en la historia está bien documentado. Fue el lugar de nacimiento de san Nicolás, el obispo bizantino de Myra del s. IV que dio lugar a la leyenda de Papá Noel. Antes de eso, Patara era famosa por su templo y su oráculo de Apolo, de los que apenas queda nada. En otra época fue el principal puerto de Licia, lo que explica el enorme granero que aún sigue en pie, y según el libro de los Hechos 21,1-2, san Pablo y san Lucas cambiaron de barco en Patara en su tercera misión de Rodas a Fenicia.

◉ Puntos de interés y actividades

Ruinas   RUINAS

Desde la salida de la carretera, Gelemiş está 2 km al sur y otros 1,5 km más allá están las ruinas (entrada 5 TRY; ⊙ 9.00-19.30 may-oct, 8.00-17.00 nov-abr). La entrada a las ruinas permite acceder a la playa y es válida durante una semana. El viajero pasará bajo un

arco de triunfo de tres arcos del s. II en la entrada al yacimiento, con una necrópolis que alberga varias **tumbas licias** cerca de allí. A continuación hay un **complejo de baños** y los restos de una **basílica bizantina.**

Se puede subir a lo alto del **teatro** para obtener una visión general del yacimiento; se aconseja fijarse en las piedras talladas con parafernalia de gladiadores que hay en la platea. En lo alto de la colina, hacia el sur, están los cimientos de un templo de Atenea y una inusual **cisterna** circular tallada en la roca con una columna en el centro.

Al norte del teatro está el **'bouleuterion'**, el antiguo 'ayuntamiento' de Patara, que será sometido a una reconstrucción, y el **ágora columnada.** Esta última conduce a un camino de tierra y a un **faro** recientemente descubierto y excavado. Al otro lado del antiguo puerto (actualmente un pantano cubierto de juncos) se halla el enorme **granero de Adriano** y un **templo-tumba** de estilo corintio.

Playa

PLAYA

Bordeada por grandes dunas de arena, esta espléndida playa arenosa de 18 km de longitud es única en la región. Se puede llegar siguiendo la carretera durante 1 km una vez pasadas las ruinas o girando a la derecha en la pensión Golden y siguiendo el camino marcado con flechas azules que conduce a las dunas de arena por el lado occidental del yacimiento arqueológico. Entre finales de mayo y octubre hay microbuses (1,50 TRY) desde el pueblo hasta la playa.

En la playa, que nunca está abarrotada, ni siquiera en plena temporada alta, se pueden alquilar sombrillas (4 TRY) y tumbonas (3 TRY), y hay un puesto de venta que ofrece sombra y tentempiés. Dependiendo de la estación, algunas partes de la playa puede que estén cerradas, ya que es un importante lugar de anidación de tortugas marinas. La playa se cierra al anochecer y está prohibido acampar.

Actividades

ACTIVIDADES

Kirca Travel (☎843 5298; www.pataracanoeing.com), con sede en la pensión Flower, está especializada en viajes de piragüismo de seis horas (40 TRY) por el río Xanthos, aunque también ofrece paseos a caballo de tres horas (70 TRY, almuerzo incluido) por las dunas de Patara. Si se desean visitar las dunas, Xanthos y la garganta de Saklıkent a mayor velocidad y sobre cuatro ruedas, hay que ponerse en contacto con **Patara Jeep Safari** (☎843 5214; www.patarajeepsafari.com; circuitos 50 TRY).

🛏 Dónde dormir

Según se entra en Gelemiş, en la ladera de la izquierda hay varios hoteles y pensiones. Si se gira a la derecha en la pensión Golden se llega al centro del pueblo, al otro lado del valle y, subiendo por el otro lado del valle, a más pensiones.

Patara View Point Hotel   HOTEL €€

(☎843 5184; www.pataraviewpoint.com; i/d 60/90 TRY; ✳@☎) Subiendo la colina desde la carretera principal, tiene una fantástica piscina, una terraza con cojines de estilo otomano, 27 habitaciones con balcón y, tal como su nombre sugiere, espléndidas vistas del valle. Tanto en su interior como en su exterior hay antiguas herramientas agrícolas, incluido un lagar de hace 2000 años. A diario ofrece traslado en tractor a/desde la playa a las 10.00 y las 15.00.

Flower Pension   PENSIÓN €

(☎843 5164; www.pataraflowerpension.com; i/d 20/40 TRY, apt 2/3 personas 50/60 TRY; ✳@) En la carretera antes de la curva que lleva al centro, tiene nueve sencillas habitaciones con balcón que dan al jardín, y cuatro estudios y apartamentos equipados con cocina y capacidad para entre cuatro y seis personas. Ofrece traslado gratis a la playa, y tanto su propietario, el teniente de alcalde Mustafa, como su hijo, Bekir, son grandes fuentes de información local.

Akay Pension   PENSIÓN €

(☎843 5055; www.pataraakaypension.com; i/d/ tr 35/50/60 TRY; ✳@) Dirigida por el servicial Kazım y su mujer, Ayşe, tiene 13 habitaciones muy bien mantenidas, con cómodas camas y balcones que dan a huertos de cítricos. La comida de Ayşe es legendaria: se aconseja probar como mínimo una vez sus menús del día (desde 15 TRY).

Golden Pension   PENSIÓN €

(☎843 5162; www.pataragoldenpension.com; i/d 35/50 TRY; ✳@) Con 15 acogedoras habitaciones con balcón y un agradable propietario (Arif, el alcalde del pueblo), la pensión más antigua de Patara es muy tranquila a pesar de su céntrica ubicación en una intersección. Ofrece viajes en barco de un día (40 TRY) y tiene un popular restaurante con una terraza a la sombra.

Zeybek 2 Pension   PENSIÓN €

(☎843 5086; www.zeybek2pension.com; i/d 30/50 TRY; ✳@) Pensión familiar con un ligero toque rural. Tiene una docena de habitaciones limpias y soleadas con balcón y decoradas con alfombras tradicionales. Para disfrutar de las mejores vistas del pueblo hay que subir a la terraza de su azotea, que ofrece vistas de 360° de las colinas y del antiguo puerto. Hay que seguir la carretera hasta más allá del restaurante Lazy Frog y seguir subiendo la colina.

Hotel Sema HOTEL €
(☎843 5114; hotelsema@hotmail.com; i/d 30/40 TRY, apt 80 TRY; ❄ @) Este gran hotel no es el más lujoso de la zona, pero es ideal para aquellos que quieran pasar un rato con encantadores habitantes locales como Ali y Hanife, sus propietarios. Su decena de habitaciones y estudios son bastante básicos pero están impolutos, son frescos y no tienen mosquitos. Está en un jardín 60 empinados escalones por encima del pueblo.

✖ Dónde comer y beber

Tlos Restaurant RESTAURANTE FAMILIAR €€
(☎843 5135; *meze* 5 €, platos principales 12-20 €; ⊙8.00-24.00) Dirigido por Osman, su sonriente y bigotudo chef y propietario, tiene una cocina abierta en el centro y está a la sombra de un gran plátano. Se recomienda el *guveç* (12 TRY), una especie de *goulash* turco. El viajero puede llevar sus propias bebidas alcohólicas.

Lumiere INTERNACIONAL €€
(☎843 5091; www.hotellumiere.com; platos principales 18-25 TRY) Restaurante de hotel bastante extraño: tiene nombre francés, un logotipo del yin y el yang, y sirve comida internacional y turca cocinada por Ferda, su propietaria. Situado en la carretera principal al pueblo, es el local más elegante de Gelemiş.

Lazy Frog LOCAL, INTERNACIONAL €€
(☎843 5160; platos principales 15-25 TRY; ⊙8.00-2.00) Con su propio huerto, este céntrico y popular local ofrece filetes así como varios platos vegetarianos y *gözleme* en su relajante terraza.

Medusa Bar BAR
(☎843 5193; cerveza 5 TRY; ⊙9.00-3.00) Con bancos con cojines y las paredes llenas de antiguas fotografías y pósteres, en este tranquilo bar ponen música hasta altas horas de la madrugada.

Gypsy Bar BAR
(Cerveza 5 TRY; ⊙9.00-3.00) Pequeño pero tradicional y muy apreciado por los locales, tiene música turca en directo a partir de las 22.00 todos los lunes, miércoles y sábados.

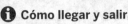

❶ Cómo llegar y salir

Los autobuses de la ruta Fethiye-Kaş pueden dejar al viajero en la carretera, a 4 km del pueblo. Desde allí hay *dolmuşes* hasta el pueblo cada 45 o 60 minutos.

En temporada, hay microbuses desde la playa vía Gelemiş hasta Fethiye (10 TRY, 1½ h, 73 km), Kalkan (5 TRY, 20 min, 15 km) y Kaş (8 TRY, 45 min, 40 km). Hay un servicio diario a la garganta de Saklıkent (10 TRY, 1 h, 52 km).

Kalkan

☎0242 / 3600 HAB.

Kalkan es un rico pueblo portuario construido en su mayor parte en colinas que dan a una bahía casi perfecta. Es famoso tanto por sus excelentes restaurantes como por su pequeña pero céntrica playa, pero es mucho más turístico y caro, y está más lleno de expatriados, que la mayoría de los otros lugares de la costa, incluida la vecina Kaş.

La otrora aldea pesquera griega de Kalamaki está ahora orientada al turismo de gama alta. Las colinas del pueblo siguen urbanizándose, y cada año aparecen gran cantidad de nuevas villas, pero lo que hay que hacer es disfrutar de los encantos del compacto casco antiguo de Kalkan.

La mayoría de la gente utiliza Kalkan como base para visitar las ruinas licias o para disfrutar de las muchas actividades que ofrece la zona de los alrededores. Sin embargo, también es un lugar excelente para un viaje en barco de un día; una buena opción es el **barco 'Anıl'** (☎844 3030, 0533 351 7520; jacksonvictoria@hotmail.com) de Ali Eğriboyun, que cuesta entre 35 y 40 TRY por persona (o 350 TRY por alquilar el barco entero), incluido un excelente almuerzo. Aparte de la playa cerca del puerto deportivo y de **Kaputaş**, una pequeña y bonita cala de arena unos 7 km al este de Kalkan en la carretera a Kaş, en varios hoteles y pensiones, como en el Caretta Boutique Hotel y en el Hotel Villa Mahal, hay **plataformas de baño** abiertas al público previo pago de una cuota.

🛏 Dónde dormir

Con villas privadas como principal forma de alojamiento y muchos hoteles completamente reservados por agencias de viajes y mayoristas, Kalkan no tiene la variedad de alojamientos que suele haber en las poblaciones vacacionales de Turquía. La temporada alta va de mayo a octubre.

Hotel Villa Mahal
HOTEL DE LUJO €€€

(844 3268; www.villamahal.com; d 180-290 €, ste 340 €; ✱ ✱) Uno de los hoteles más elegantes de Turquía está en lo alto de un acantilado en el lado occidental de la bahía de Kalkan, a unos 2 km por carretera del pueblo. Sus 13 habitaciones, diseñadas individualmente con estilo minimalista en tonos blancos y toques de azul, tienen impresionantes vistas del mar y de las puestas de sol desde las cristaleras que dan a terrazas privadas. Su piscina desbordante con forma de vela está espectacularmente suspendida al borde del vacío, pero solo hay que bajar 180 escalones para llegar al mar y a una plataforma de baño. Ofrece un servicio gratis de taxi acuático hasta el centro; un taxi normal a/desde Kalkan cuesta unos 15 TRY.

Caretta Boutique Hotel
HOTEL €€

(844 3435; www.carettaboutiquehotel.com; İskele Sokak 3; i 80-100 TRY, d 120-150 TRY; ✱ @) Uno de los favoritos de los locales por sus aisladas plataformas de baño y su excelente comida casera. Tras sufrir una completa metamorfosis ha pasado de pensión a hotel-*boutique,* con 13 habitaciones alegres y soleadas, algunas con *jacuzzi.* Para alejarse completamente de todo, se aconseja pedir una de las dos habitaciones alejadas de la casa principal a las que se llega bajando unos escalones por el acantilado. Hay un servicio gratis de barco desde debajo del faro del puerto deportivo, lo que permite ahorrarse una larga caminata cuesta abajo por un camino de tierra para poder llegar al hotel.

White House Pension
PENSIÓN €€

(844 3738; www.kalkanwhitehouse.co.uk; 5 Nolu Sokak; i 50-60 TRY, d 100-120 TRY; ✱ @) En un tranquilo rincón en lo alto de la colina, esta pensión prácticamente *boutique* tiene 10 habitaciones compactas y aireadas, cuatro de ellas con balcón, en una impecable casa familiar. Lo mejor son las vistas desde la terraza.

Türk Evi
PENSIÓN €€

(844 3129; www.kalkanturkevi.com; Şehitler Caddesi 19; d 70-100 TRY; ✱) Esta atractiva casa turca de piedra de la década de 1950 es una excelente opción de precio medio. Está rodeada por un jardín y tiene nueve grandes habitaciones decoradas de forma individual con muebles de época y coloridas alfombras. Algunas habitaciones de la planta superior tienen maravillosas vistas al mar.

Likya Residence Hotel & Spa
HOTEL 'RESORT' €€€

(844 1055; www.likyakalkan.com; Akdeniz Caddesi; i/d 130/145 €; ✱ @ ✱) Este nuevo hotel, en un empinado acantilado al oeste del centro, tiene 27 elegantes habitaciones y suites, tres piscinas, un completísimo *spa* y el bar al aire libre más romántico de Kalkan. A través de un camino tiene acceso directo al Yalı Beach Club, donde hay plataformas de baño.

Kelebek Hotel & Apartments
HOTEL, APARTAMENTOS €

(844 3770; www.butterflyholidays.co.uk; Mantese Mah 4; i 30-45 TRY, d 50-65 TRY, apt 1/2 dormitorios 60/115 TRY; ✱ @ ✱) Aunque ligeramente lejos de la acción en las "tierras altas" al norte del centro, este alojamiento familiar azul y blanco ofrece una buena relación calidad-precio. Tiene 22 habitaciones en el edificio principal, con una mesa de billar en el vestíbulo frente al cual hay una piscina, y ocho apartamentos con cocina en un bloque separado.

Zinbad Butik Hotel
HOTEL €€

(844 3475; www.zinbadhotel.com; Mustafa Koca Kaya Caddesi 26; i/d 50/100 TRY; ✱) Resulta difícil ver qué ha cambiado en este antiguo hotel para convertirse en *boutique:* sus 21 habitaciones, algunas de ellas de color azul mediterráneo difuminado y con balcones que dan al mar, son tan alegres y confortables como antes. Es céntrico y está cerca del mar.

Holiday Pansiyon
PENSIÓN €

(844 3154; Süleyman Yılmaz Caddesi 2; d con/sin desayuno 40/60 TRY) Tiene siete habitaciones sencillas pero impolutas y encantadoras; las tres que están en la sección otomana más antigua tienen mucho ambiente, con vigas de madera, cortinas de encaje y exquisitos balcones con buenas vistas. Está dirigida por los encantadores Ahmet y Şefika, que preparan deliciosas mermeladas para desayunar. Las habitaciones tienen ventilador.

Hotel Dionysia
HOTEL €€

(844 3681; aldihotels@hotmail.com; Cumhuriyet Caddesi; i/d 80/120 TRY; ✱) No ganará ningún premio de diseño, pero este nuevo hotel tiene 23 habitaciones con balcón, la mayor parte con vistas a la bahía, y ventilador. La piscina está rodeada de olivos y buganvillas. Está a un corto paseo al oeste del centro.

ANTALYA Y EL OESTE DEL MEDITERRÁNEO

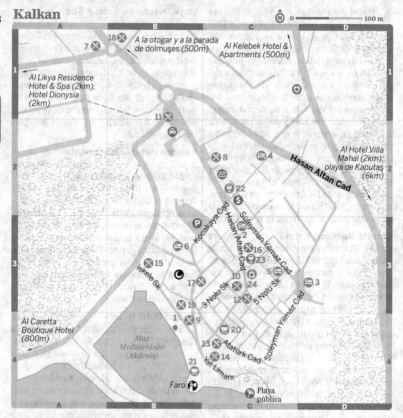

Çelik Pansiyon
PENSIÓN €

(☎844 2126; www.celikpansiyon.com; Süleyman Yılmaz Caddesi 9; i/d 40/50 TRY; ❄) Una de las pocas casas de huéspedes económicas abiertas durante todo el año. Sus ocho habitaciones con balcón, aunque bastante espartanas, están impecables y son espaciosas. Las dos habitaciones abuhardilladas de la planta superior tienen vistas de las azoteas y el puerto deportivo de Kalkan, al igual que su terraza de la azotea.

✖ Dónde comer

El día principal de mercado es el jueves, aunque los domingos hay un mercado más pequeño en el barrio de Akbel, al noroeste.

🍴 Korsan Fish Terrace
MARISCO €€€

(☎844 3076; www.korsankalkan.com; Atatürk Caddesi; platos principales 25-32 TRY; ☺10.00-24.00) En la terraza de la Patara Stone House, este restaurante probablemente sea el mejor local de marisco de Kalkan. Su

limonada casera es legendaria (3,50 TRY), y los martes hay *jazz* en directo a partir de las 20.30. Otros establecimientos del pequeño imperio Korsan, dirigido por la pareja turco-británica formada por Uluç y Claire, son el **Korsan Meze** (☎844 3622; Yat Limanı; *meze* 8-15 TRY, platos principales 20-30 TRY; ☎), frente a la playa y uno de los restaurantes más antiguos (1979) y consistentes de Kalkan en el que sirven cocina moderna turca e internacional, y el **Korsan Kebap** (☎844 2116; Atatürk Caddesi; platos principales 12-25 TRY; ☎), mucho más sencillo e ideal para almorzar geniales kebabs y *pide* en una terraza junto al puerto.

Maya
RESTAURANTE FAMILIAR €€€

(☎844 1145; Hasan Altan Caddesi; platos principales 19-26 TRY; ☺19.00-24.00) Restaurante muy acogedor dirigido por Sevilay, que ofrece una carta reducida pero con platos muy bien elegidos. Solo tiene cinco mesas, todas ellas en la terraza de la azotea con geniales vistas.

Öz Adana 'KEBAPÇI' €€

(844 1140; Yalıboyu Mah; platos principales 7-11 TRY) Frente a la primera rotonda y el desvío a Kalamar, sirve los mejores kebabs, *pide* y *lahmacun* (*pizza* turca) de Kalkan.

Marina Restaurant 'OCAKBAŞI' €€€

(844 3384; İskele Sokak; platos principales 18-27 TRY; 9.00-1.00) Por debajo del hotel Pirat, nuestro restaurante favorito junto al mar sirve excelentes (aunque un poco caros) platos de pescado y parrilladas, pero por lo que realmente destaca es por su inmensa variedad de *pide*. Cada día tienen 15 *mezes* diferentes.

Zeytinlik TURCA MODERNA €€€

(844 3408; Hasan Altan Caddesi; platos principales 23-30 TRY) Otro exitoso local turcobritánico. Situado en una azotea, sirve algunos de los platos más arriesgados de comida turca de Kalkan: se aconseja probar los *dolmas* de pescado, los triángulos de hojaldre rellenos de cordero picado o cualquiera de sus tres opciones vegetarianas. Es muy popular, por lo que se aconseja reservar una mesa con vistas en primera línea.

Ottoman House ANATOLIA €€

(844 3867; www.ottomanhouse.net; Mustafa Kocakaya Caddesi 35; *meze* 7 TRY, platos principales 15-25 TRY; 9.00-1.00) Adornado con alfombras y cojines al estilo otomano, este restaurante de falso estilo rural sirve excelentes platos clásicos turcos, como el *testi*

kebab (ternera o pollo con champiñones y cebolla cocinados en una cazuela de barro sellada; 24 TRY). Su atractiva terraza de la azotea tiene buenas vistas.

Kalamaki TURCA MODERNA, INTERNACIONAL €€€

(844 1555; Hasan Altan Caddesi 43; platos principales 16-35 TRY; 12.00-24.00) Local moderno con un *pub* minimalista muy elegante en la planta baja y un restaurante en la planta superior. Ofrece geniales platos turcos con un toque europeo. Se aconseja probar el delicioso cordero con ciruelas (27 TRY) o el generoso guiso de verduras.

Trio MARISCO €€€

(844 3380; www.triokalkan.com; İskele Sokak; platos principales 25-36 TRY; 7.00-2.00) Muy popular entre los expatriados británicos, este bar y restaurante en el paseo marítimo sirve excelentes platos de pescado, como el mero con hinojo marino, aunque también tiene otras cosas. Es un lugar genial para tomar un cóctel a media tarde repantingado en una de sus tumbonas de mimbre.

Belgin's Kitchen 'MUTFAK' €€

(844 3614; 3 Nolu Sokak; platos principales 16-26 TRY; 10.00-24.00) En un antiguo taller de prensa de aceite de hace 150 años, el Belgin's sirve comida turca tradicional a precios muy razonables. Su especialidad es el *mantı* (16 TRY) y el *çiğ börek* (*börek* relleno de ternera picada frita y picante). A pesar de la abundancia de imitaciones de objetos otomanos, la terraza de la azotea es un sitio muy agradable.

Foto's Pizza 'PIDECI' €€
(☑844 3464; www.fotospizza.com; İskele Sokak; *pizza* mediana 12-22,50 TRY) Nombrar un local de *pizza* en un pueblo con una reputación culinaria tan grande parece un sacrilegio, pero el Foto's siempre ha sido más un local de *pide* que de *pizzas* y, además, las vistas desde su terraza hacen que sea difícil pasarlo por alto. Está pasada la parada de taxis, bajando la empinada pendiente que los locales llaman Heart Attack Hill (colina del Ataque al Corazón).

Aubergine TURCA MODERNA, INTERNACIONAL €€€
(☑844 3332; www.kalkanaubergine.com; İskele Sokak; platos principales 25-35 TRY; ⏱8.00-3.00) Con mesas en el mismo puerto deportivo y cómodos asientos en el interior, este restaurante es un auténtico imán debido a su ubicación. Además, algunas de sus especialidades son exquisitas, como el jabalí asado a fuego lento (32 TRY) y el filete de pez espada con salsa cremosa de verduras (31 TRY).

Alí Baba 'MUTFAK' €
(☑844 3627; Hasan Altan Caddesi; platos principales 4-12,50 TRY; ⏱5.00-24.00 en temporada baja, 24 h en temporada alta) Con su generoso horario de apertura y sus precios muy baratos (para tratarse de Kalkan), este es el local económico favorito de todo el mundo. Es un lugar genial para desayunar. También sirve aceptables platos vegetarianos.

Merkez Cafe CAFÉ, INTERNACIONAL €€
(☑844 2823; Hasan Altan Caddesi 17; ⏱8.00-1.00) De aspecto discreto y muy céntrico, este café sirve exquisitos dulces y pasteles, incluido un genial *baklava* de chocolate (6 TRY) y macarrones de coco y almendra. También tiene comida más sustanciosa, como *pizzas* (9-15 TRY) y pasta.

Ada Patisserie CAFÉ, PASTELERÍA €
(☑844 2536; Kalamar Yolu; pasteles 3-4 TRY; 📶) Pequeño y encantador café y pastelería al principio de la carretera a Kalamar, con deliciosos pasteles caseros y Wi-Fi.

🍷 Dónde beber

Junto al aparcamiento municipal hay una fila de modernos bares y discotecas orientados a los más jóvenes, incluido el Club Mojito, el Boaters Bar Code y el Chocolate.

Fener Cafe CAFÉ, JARDÍN DE TÉ
(☑844 3752; Yat Limanı; cerveza 5 €; ⏱8.30-2.30) Lo más parecido a un salón de té al aire libre que hay en Kalkan. Ubicado en el faro, es tan popular entre los locales como entre los expatriados y los viajeros.

Cafe Del Mar CAFÉ
(☑844 1068; Hasan Altan Caddesi; ⏱9.00-1.00; 📶) Este pequeño pero adorable café tiene más de setenta variedades de café (4-7 TRY), así como batidos y zumos de fruta con yogur (desde 5 TRY).

Moonlight Bar BAR
(☑844 3043; Süleyman Yılmaz Caddesi 17; cerveza 5 €; ⏱9.00-4.00) Más abajo de la oficina de correos, el bar más antiguo de Kalkan todavía sigue siendo el que está más de moda, aunque gran parte de la gente de su pequeña pista de baile y sus mesas de fuera son viajeros.

Yalı Cafe Bar CAFÉ-BAR
(☑844 1001; Hasan Altan Caddesi 19; cerveza 4,50 TRY; ⏱13.00-24.00) En la intersección de tres calles, es un lugar muy popular para quedar, saludarse y tomar unas copas.

De compras

Just Silver JOYERÍA
(☑844 3136; Hasan Altan Caddesi 28) En la tienda más famosa de Kalkan las chicas y mujeres hacen cola para comprarse adornos para las orejas, la nariz, el cuello y los dedos.

Información

Internet cafe (☑844 3187; Hasan Altan Caddesi 1/f; 2 TRY/h; ⏱9.00-17.00, hasta 21.00 may-oct) Papelería con cuatro ordenadores frente a la parada de taxis.
Kalkan Turkish Local News (KTLN; www.turkishlocalnews.com) Sitio web independiente, completo y fiable gestionado por un expatriado británico sobre todo lo que ocurre en Kalkan.

Cómo llegar y salir

Los microbuses conectan Kalkan con Fethiye (10 TRY, 1½ h, 83 km) y Kaş (5 TRY, 35 min, 29 km) pasando por la playa de Kaputaş (3 TRY, 15 min, 7 km). También hay ocho microbuses diarios a Patara (5 TRY, 25 min, 15 km).

Alrededores de Kalkan

BEZIRGAN

En un valle elevado unos 17 km al noreste de Kalkan se halla la bonita aldea de Bezirgan, un ejemplo atemporal de vida rural turca. En lo alto de una colina, unos 725 m por encima de huertos de frutales y campos de sésamo están las ruinas de la ciudadela licia de **Pirha**.

Es posible alojarse en el **Owlsland** (☏837 5214; www.owlsland.com; h por persona 75 TRY, con media pensión por persona 110 TRY), una antigua granja de hace 150 años rodeada de árboles frutales y dirigida por una encantadora pareja turco-escocesa. Erol, un cualificado chef, elabora platos tradicionales turcos con productos cultivados localmente, mientras que Pauline prepara sus propias mermeladas y pasteles de jengibre. Sus tres habitaciones sencillas pero acogedoras conservan gran parte de sus características originales y están decoradas con antiguas herramientas agrícolas; la habitación de la planta superior, con balcón, es especialmente bonita. También ofrece circuitos a pie (60 TRY, almuerzo incluido) por la zona.

ℹ Cómo llegar y salir

Owlsland puede organizar el traslado desde Kalkan (desde 15 TRY). Si no, los microbuses que salen cada hora entre Kınık y Elmalı y que pasan por el barrio de Akbel en Kalkan (3 TRY) pueden dejar al viajero en Bezirgan.

Si se tiene vehículo propio, hay que ir hacia el norte de Kalkan, cruzar la D400 que une Fethiye y Kaş y seguir los carteles hacia Sütleğen y Elmalı. La carretera asciende de forma continua, con impresionantes vistas del mar, y sigue subiendo por la montaña. Una vez que la carretera corona el puerto de montaña se puede ver Bezirgan por debajo. Hay que ignorar la primera salida hacia Bezirgan y tomar la segunda. El desvío señalizado hacia el Owlsland está antes de que la carretera empiece a ascender de nuevo hacia Sütleğen.

İSLAMLAR

Un destino muy popular es esta antigua aldea alpina griega unos 8 km al norte de Kalkan. Su gran atractivo es tanto una temperatura en verano 5°C más fresca que en Kalkan como la docena de restaurantes de trucha que aprovechan los fríos arroyos de montaña para llenar sus peceras. En la plaza de la aldea se aconseja echar un vistazo a uno de los dos molinos en funcionamiento que aún utilizan la fuerza del agua y a una genial rueda de molino para transformar los cereales de los habitantes locales en harina. En dirección sur por una pista llena de baches se halla el **Çiftlik** (☏838 6055, 0537 421 6129), donde un plato de trucha fresca, varios *meze*, ensaladas y patatas fritas no cuestan mucho más de 12 TRY por persona. El cercano **Değirmen** (☏838 6295, 0532 586 2734) es un restaurante un poco más refinado donde elaboran su propia *tahina* a partir de sésamo recogido en los campos y molido en el sótano.

Si se quiere pernoctar aquí, el **Grapevine Cottage** (☏838 6078, 0534 744 9255; verydeb@gmail.com; h 75-100 TRY) es un miniparaíso entre huertos de cítricos y viñedos al este del restaurante Çiftlik. Dirigido por la británica Deborah y su pareja turca Ufuk, tiene dos habitaciones, una en el edificio principal decorada con azulejos mexicanos y alfombras turcas, y otra con baño propio en una casita construida al efecto. Las vistas del mar desde la terraza donde se sirve el desayuno son impagables, y Deborah elabora su propio pan, mermelada y vino. En este alojamiento pueden organizar el transporte a/desde Akbel, un barrio periférico al noroeste de Kalkan, ya que no es posible llegar hasta aquí en transporte público.

Kaş

☑0242 / 5925 HAB.

Kaş, un destino más mundano que Kalkan, puede que no cuente con la mejor cultura de playa de la región, pero es un auténtico paraíso para la gente que llega en yate y su ambiente es muy sosegado. Los alrededores son ideales para excursiones de un día por mar o en vespa, y hay una amplia oferta de deportes de aventura, sobre todo excelentes inmersiones para ver pecios.

La península de Çukurbağ, de 6 km de longitud, se extiende al oeste del casco antiguo. Aquí hay un antiguo teatro bien conservado, que es prácticamente todo lo que queda de Antiphellos, una antigua ciudad licia. Por encima del pueblo se pueden ver varias tumbas rupestres licias en la pared de la montaña, también visibles por la noche, cuando están iluminadas.

Frente a su costa se halla la isla griega de Meis (Kastellorizo), una auténtica rareza geopolítica.

◉ Puntos de interés y actividades

Ruinas de Antiphellos   RUINAS
Hay que subir la empinada Uzun Çarşı Sokak (a la que los locales llaman Slippery Street), al este de la plaza mayor, para llegar a la **tumba del León,** un fantástico sarcófago licio sobre una base elevada con cabezas de leones en la tapa. En otra época Kaş estaba salpicada de sarcófagos, pero con el paso de los años la mayor parte de ellos fueron destruidos para ser utilizados como materiales de construcción.

Antiphellos era un pequeño asentamiento y el puerto de Phellos, una ciudad licia mucho más grande que había más al norte, en las colinas. El pequeño **teatro** helenístico, 500 m al oeste de la plaza mayor, tenía capacidad para unos cuatro mil espectadores y está en muy buen estado. Se puede ir a pie hasta las **tumbas rupestres** excavadas en los acantilados por encima del pueblo.

Playas

PLAYA

Büyük Çakıl (Gran Guijarro) es una playa relativamente limpia a 1,5 km del centro, y **Akçagerme Plajı** es una playa pública que hay frente a la salida hacia Gökseki en la carretera principal en dirección oeste a Kalkan. Sin embargo, lo mejor es subirse a uno de los taxis acuáticos del puerto y dirigirse a una de las tres playas que hay en la península contigua, en **Liman Ağzı** (10 TRY).

☞ Circuitos

La mayor parte de las empresas ofrecen más o menos los mismos viajes, pero uno siempre puede personalizar su propio viaje negociando el precio.

Entre los más populares están el **viaje en autobús y barco** (50 TRY) de tres horas a Üçağız y Kekova, que incluye tiempo para ver varias ruinas interesantes y bañarse.

Otros circuitos estándar visitan la Mavi Mağara (cueva Azul), Patara y Kalkan o Longos y varias pequeñas islas cercanas. También hay excursiones a la garganta de Saklıkent.

Una excelente idea es alquilar un barco en el puerto deportivo. Un día entero recorriendo las islas alrededor de Kaş debería costar unos 200 TRY por un barco con capacidad para hasta ocho personas.

Hay varias agencias eficaces que preparan circuitos:

Kaş

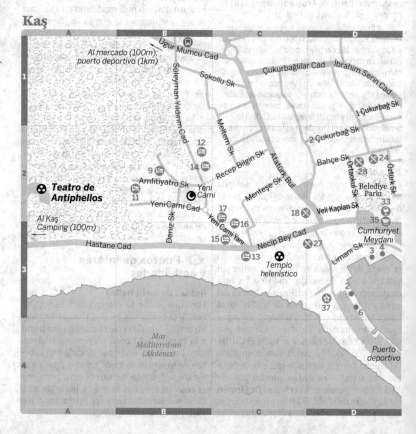

Bougainville Travel ACTIVIDADES AL AIRE LIBRE
(📞836 3737; www.bougainville-turkey.com; İbrahim Serin Sokak 10) Consolidado operador turístico turco-británico con una gran reputación y mucha experiencia en la organización de actividades de un día, como piragüismo (70 TRY por el río Patara; alquiler independiente 40/70 TRY por una piragua individual/doble), barranquismo (100 TRY), ciclismo de montaña (72 TRY; alquiler independiente 44 TRY), parapente (180 TRY por vuelos de 20-30 min), submarinismo (56 TRY por inmersión con todo el equipo incluido) y kayak (60 TRY).

Olympica Travel Agency
ACTIVIDADES AL AIRE LIBRE
(📞836 2049; www.olympicatravel.com; Cumhuriyet Meydanı; ⏱8.30-24.00) Agencia especializada en diseñar paquetes a medida del cliente según su tiempo, intereses y presupuesto.

Xanthos Travel ACTIVIDADES AL AIRE LIBRE
(📞836 3292; www.xanthostravel.com; İbrahim Serin Caddesi 5/A) Puede organizar cualquier tipo de actividad o circuito, como excursiones por el mar en kayak a Kekova (60 TRY, o 90 TRY incluyendo Aperlae).

🎊 Fiestas y celebraciones

El **Festival Licio de Kaş,** que se celebra anualmente a finales de junio durante tres días, incluye importantes músicos y grupos de danza tradicional, así como una carrera internacional de natación. Además, tiene como objetivo fomentar una mejor relación entre Grecia y Turquía.

🛏 Dónde dormir

La mayor parte de los alojamientos están al oeste y noroeste del centro a lo largo del paseo marítimo y colina arriba alrededor de la Yeni Cami (Nueva Mezquita).

Hideaway Hotel HOTEL €€
(📞836 1887; www.hotelhideaway.com; Amfitiyatro Sokak 7; i/d 80/110 TRY; ❄@🏊) Al final del pueblo, es más tranquilo que muchos de los demás alojamientos. Dirigido por el incansable Ahmet, una excelente fuente de información local, tiene 19 sencillas y cómodas habitaciones con balcón, una docena de ellas con vistas al mar. Tiene una piscina más bien pequeña y una terraza en la azotea con ordenadores, reproductor de DVD, un bar del que los clientes toman lo que quieren y luego lo apuntan, y vistas al mar y al anfiteatro. Ofrece comidas a partir de 7 TRY.

White House Pension PENSIÓN €€
(📞836 1513; www.orcholiday.com; Yeni Cami Caddesi 10; i/d 65/100 TRY; ❄@) Decorada en madera, hierro forjado, mármol y pintura de color terracota, esta pequeña y elegante pensión tiene ocho atractivas habitaciones y una bonita terraza. Se aconseja pedir la habitación del ático, situada en la parte de atrás y con un encantador balcón.

Gardenia Boutique Hotel HOTEL·BOUTIQUE €€€
(📞836 2368; www.gardeniahotel-kas.com; Hükümet Caddesi 41; i y d 80-110 €, ste 145 €; ❄) Hotel elegantemente sobrio al sureste del centro, de camino a las playas y frente a los restaurantes prácticamente idénticos del paseo marítimo con plataformas de baño. Sus 11 habitaciones están decoradas con mimbre, pantallas de lámpara con flecos y asientos de piel en tonos rojos y marrones; cuatro de ellas tienen vistas al mar. Desde la terraza de la azotea se puede ver la puesta de sol.

Hadrian Boutique Hotel   'RESORT' €€€
(☎836 2856; www.hotel-hadrian.de; Doğan Kaşaroğlu Sokak 10; i/d/ste 80/115/160 €; ❋ ❋ ☒) El único alojamiento recomendado en la excesivamente urbanizada península de Çukurbağ es este hotel alemán, un auténtico oasis tropical con 14 habitaciones y suites, aunque las imitaciones de estatuas clásicas le dan un toque *kitsch* teutónico. Su gran piscina de agua salada y su plataforma de baño son excelentes, y uno podría pasarse el resto de su vida en su bar con terraza e impresionantes vistas. La península de Çukurbağ empieza al oeste del centro del pueblo y se extiende 6 km hacia el mar.

Sonne Hotel   HOTEL €€
(☎836 1528; www.sonneotel.com; Yeni Cami Yanı 6; i/d 90/120 TRY; ❋ @) Bonito hotel turco-alemán en la parte inferior de la "colina de las pensiones". Sus 13 habitaciones son bastante espaciosas y están decoradas con buen gusto, con televisiones LCD y espejos

de inspiración otomana; algunas tienen pequeños balcones. Vale la pena darse un capricho y pedir la suite júnior (150 TRY). La terraza para desayunos y el bar ofrecen impresionantes vistas.

Santosa Pansiyon   PENSIÓN €
(☎836 1714; www.santosapension.com; Recep Bilgin Sokak 4; i/d 45/70 TRY; ❋ @) Pensión para mochileros limpia, tranquila y barata. Sus 11 habitaciones son sencillas pero están muy bien decoradas con motivos florales y ofrecen una excelente relación calidad-precio. La pareja que dirige la pensión son cocineros; se aconseja probar una de sus barbacoas (20 TRY) o sus menús del día vegetarianos (10 TRY).

Ateş Pension   PENSIÓN €€
(☎836 1393; www.atespension.com; Amfitiyatro Sokak 3; dc/i/d 25/50/80 TRY; ❋ @) Bien gestionado por Recep y Ayşe, esta agradable pensión tiene 17 habitaciones, incluidos dormitorios con cuatro camas, y una agra-

El *ferry* rápido '**Meis Express**' (☎836 1725; www.meisexpress.com; ida o ida y vuelta el mismo día 40 TRY) va todo el año hasta la pequeña isla griega de Meis (Kastellorizo) a las 10.00 (10.30 en invierno) y regresa a las 15.00 o 15.30; el trayecto solo dura veinte minutos. Meis es una sencilla aldea pesquera con unos cuantos restaurantes, una fantástica panadería, una tienda *duty-free* donde venden cerdo y vino griego, algunas excelentes excursiones por la colina y un buen museo de fotografía en la antigua iglesia. Esta opción también ofrece una forma relativamente sencilla de renovar el visado turco (15 €). Se puede pasar la noche en Meis o seguir adelante hasta Grecia propiamente dicha. Hay *ferries* regulares a Rodas (18 €, 4½ h) tres veces por semana y un catamarán de alta velocidad (32 €, 2½ h) en verano. Meis incluso tiene una pequeña pista de aterrizaje desde donde se puede volar a Rodas (26 €, 30 min) de viernes a miércoles a las 17.30. En Meis la mejor fuente de información es **Papoutsis Travel** (☎+30 22460 49 286; www.greeklodgings.gr).

Los billetes a Meis pueden comprarse en cualquier agencia de viajes o directamente en el *Meis Express*, en el puerto. Hay que llegar media hora antes de la salida para cumplimentar los trámites de inmigración.

dable terraza en la azotea donde a veces se hacen barbacoas (15 TRY). Los clientes pueden utilizar la piscina del hotel Hideaway.

Sardunya Otel
HOTEL €€

(☎836 3080; www.sardunyaotel.com; Hastane Caddesi 20; i/d 50/80 TRY; ❅) En un moderno edificio blanco al otro lado de la carretera de la costa, su docena de habitaciones son razonablemente espaciosas y tienen balcón, ocho de ellas con vistas al mar. Cruzando la carretera está el restaurante del hotel, donde el desayuno se sirve bajo moreras y naranjos a pocos metros del mar. Más abajo hay una terraza para tomar el sol y una plataforma de baño.

Kaş Otel
HOTEL €€

(☎836 1271; www.myhotelkas.com; Hastane Caddesi 20; i/d 80/100 TRY; ❅) Las habitaciones son sencillas pero lo que aquí se paga es una de las mejores ubicaciones junto al mar; de hecho, está tan cerca que se oyen las olas desde su agradable terraza o desde los balcones de sus 10 habitaciones.

Hilal Pansiyon
PENSIÓN €

(☎836 1207; www.korsan-kas.com; Süleyman Yıldırım Caddesi; i/d/tr 45/70/90 TRY; ❅@) Dirigida por el amable Süleyman y su familia, ofrece 16 habitaciones normales y corrientes y una frondosa terraza donde a veces se hacen barbacoas (15 TRY). La agencia de viajes que hay debajo ofrece a los clientes descuentos del 10% en actividades como kayak, submarinismo y viajes a Saklıkent.

Kaş Camping
'CAMPING' €

(☎836 1050; www.kaskamping.com; Hastane Caddesi 3; lugares de acampada 20 TRY; bungaló estándar/de lujo 55/140 TRY; ❅@) En un atractivo afloramiento rocoso en la península 800 m al oeste del pueblo, este popular *camping* está a 100 m del mar y tiene un animado bar con terraza. Los bungalós de lujo tienen baño y aire acondicionado.

🍴 Dónde comer

Kaş no ofrece nada similar a la escena de alta gastronomía de Kalkan, pero tiene algunos excelentes restaurantes al sureste de la plaza mayor, sobre todo alrededor de Sandıkçı Sokak.

Cada viernes hay un gran mercado al aire libre en la antigua carretera a Kalkan.

👍 İkbal
TURCA MODERNA €€€

(☎836 3193; Sandıkçı Sokak 6; platos principales 18-30 TRY; ◷9.00-24.00) El mejor restaurante de Kaş, dirigido por Vecdi y Barbara, su esposa alemana. Tiene una carta reducida pero muy sólida, con excelentes platos de pescado y la especialidad de la casa, la pierna de cordero cocinada a fuego lento. Tiene una buena selección de vinos turcos mediterráneos.

Bi Lokma
'MUTFAK' €€

(☎836 3942; Hükümet Caddesi 2; platos principales 9,50-20 TRY; ◷9.00-24.00) También conocido como "Mama's Kitchen", tiene mesas en un jardín aterrazado con vistas al puerto. Prepara excelentes platos tradicionales, incluidos sus famosos *mantı* (9,50 TRY) y *börek* (hojaldre relleno; 10,50 TRY).

Cafe Mola
CAFÉ €€

(☎836 1994; Emin Erdem Meydanı 3/B; platos 7-10 TRY; ⏱9.00-23.00) Agradable café ideal para desayunos turcos (10 TRY), sándwiches (7 TRY) o *mantı*. Tiene una máquina de café exprés y ofrece limonada natural (4 TRY).

Blue House
'MUTFAK' €€

(☎836 1320; Sandıkçı Sokak 8; platos principales 20-30 TRY) Este restaurante, con su distintiva puerta y balcón azules, tiene un ambiente genial y encantadoras vistas. Los *meze* están muy buenos y son el principal motivo para venir. Es un negocio familiar ubicado en una casa particular. Para llegar a la terraza hay que atravesar la casa.

Sultan Garden Restaurant
ANATOLIA €€

(☎836 3762; www.sultangarden.co.uk; Hükümet Caddesi; platos principales 15-30 TRY; ⏱10.00-23.00) Este popular y frondoso local, con una terraza que da al puerto y a una antigua cisterna en funcionamiento, ofrece un excelente servicio y platos turcos tradicionales e innovadores. Se aconseja probar el *hünkar beğendı* (cordero especiado guisado sobre puré de berenjenas; 22 TRY).

Havana Balık Evi
MARISCO €

(☎836 4111; Öztürk Sokak 7; platos principales 8-13 TRY; ⏱9.00-24.00) Se aconseja venir no por sus más complejos platos principales, sino por su *balık ekmek* (4 TRY), el sencillo sándwich de pescado que es muy popular en Estambul. Los clientes pueden traer sus bebidas alcohólicas.

2000 Restaurant
'KEBAPÇI' €

(☎836 3374; Atatürk Bulvarı 1; platos 3-4 TRY; ⏱24 h) Este diminuto local al otro lado de la mezquita principal resulta atractivo por dos motivos: su fantástico *dürüm* (kebab envuelto en pan de *pita*) y su generoso horario de apertura.

Natur-el
RESTAURANTE FAMILIAR €€

(☎836 2834; Gürsöy Sokak 6; platos principales 15-20 TRY) Con sus platos cocinados según las recetas tradicionales transmitidas de generación en generación, ofrece la oportunidad de probar cocina turca en su máxima expresión. Si el viajero aún no ha comido *mantı*, aquí puede elegir entre tres variedades (12 TRY). También sirve *aşure*, un pudin de frutas secas, frutos secos y alubias.

Chez Evy
FRANCESA €€€

(☎836 1253; Terzi Sokak 2; platos principales 25-40 TRY; ⏱19.00-24.00) Este restaurante francés, toda una institución en Kaş, dirigido por el infatigable Evy y situado en las calles secundarias que hay por encima del pueblo, sirve platos clásicos, como la pierna de cordero y el filete de buey con salsa bearnesa, así como muchas ensaladas. Es caro para lo que es, pero ofrece una experiencia única en Kaş, y tiene un bonito y frondoso patio delantero.

Enişte'nin Yeri
LOCAL €

(☎836 4404; Necip Bey Caddesi; platos 2,50-10 TRY) Frente al banco Yapı Kredi, ofrece *pide*, parrilladas, sopas y ensaladas muy buenas y baratas. Tiene un bonito patio y una encantadora sala con aire acondicionado para los meses más calurosos.

Sempati
MEDITERRÁNEA €€

(☎836 2418; www.sempatirestaurant.com; Gürsöy Sokak 11; comidas 11-20 TRY) La comida casera de este local con una puerta azul en la esquina de Slippery Street atrae a una clientela regular y fiel. Hay que probar sus deliciosos buñuelos de berenjena.

Alpler Restaurant
LOCAL €€

(☎836 3678; www.kasalperrestaurant.com; Cumhuriyet Meydanı 9; meze 5 TRY, platos principales 15-30 TRY; ⏱11.30-23.00) En medio de la plaza principal del puerto, tiene una ubicación perfecta para ver pasar a la gente. La comida (pescado, parrilladas, *pide*) está bien y los precios son razonables.

Bahçe Restaurant
LOCAL €€

(☎836 2370; Uzun Çarşı Sokak 31; platos principales 14-30 TRY; ⏱10.00-24.00) Detrás de la monumental tumba del León, tiene un bonito jardín y sirve excelentes platos a precios aceptables, incluida una fantástica variedad de *meze* (6-7 TRY). El pescado a la papillote (22 TRY) recibe buenas críticas.

Çınarlar
'PIDECI' €€

(☎836 2860; İbrahim Serin Sokak; pide 7-11 TRY, pizza 9-15 TRY; ⏱8.00-1.00) Es muy popular entre los más jóvenes, que vienen por su *pide* a precios asequibles y su música pop. Tiene un agradable patio junto a la calle.

Cafe Corner
BAR-CAFÉ €€

(☎836 1409; İbrahim Serin Sokak; meze 4 TRY, platos 9-15 TRY; ⏱8.00-1.00) Bar con buena ubicación, ambiente relajado y bebidas a buenos precios. También ofrece tentempiés aceptables y comidas ligeras.

🍷 Dónde beber y ocio

Hideaway Cafe & Bar
BAR-CAFÉ

(☎836 3369; Cumhuriyet Caddesi 16/A; cerveza 5 TRY; ⏱16.00-3.00) A este encantador café con jardín se puede acceder por una puerta secreta frente al Noel Baba Cafe. Ofrece desayunos turcos (17,50 TRY) y un *brunch* los domingos; también tiene tentempiés y pasteles.

Noel Baba Cafe
CAFÉ

(☑836 1225; Cumhuriyet Meydanı 1; cerveza 5 TRY, té 1 TRY; ☺8.00-24.00) En una terraza a la sombra en la plaza mayor con vistas al puerto, es uno de los puntos de encuentro favoritos de los locales.

Hi-Jazz Bar
BAR

(☑836 1165; Zümrüt Sokak 3; ☺17.00-3.00) En este pequeño y tranquilo bar, al doblar la esquina desde el Chez Evy, ponen música *jazz* y a veces hay actuaciones en directo. Es muy agradable y acogedor, pero no tiene terraza, por lo que no se aconseja ir cuando hace mucho calor.

Red Point Cafe Bar
BAR, CLUB

(☑836 1165; Topçu Sokak; ☺17.00-3.00) Aquí las cosas no empiezan a animarse hasta después de las 22.30, con copas nocturnas y una pequeña pista de baile para mover el esqueleto.

Echo Cafe & Bar
BAR, CLUB

(☑836 2047; www.echocafebar.com; Limanı Sokak; ☺8.00-4.00) Moderno y elegante, este *lounge* cerca de una antigua cisterna del s. v a.C. en el puerto atrae a la gente de la alta sociedad de Kaş, que viene a beber daiquiris mientras escucha *jazz* y *acid jazz* en directo y enlatado. La espaciosa sección de la planta superior alberga exposiciones y tiene pequeños balcones que dan al mar.

Moon River
BAR

(☑836 4423; İbrahim Serin Sokak 1/D; ☺8.00-3.00; 🛜) El antiguo Harry's Bar se ha reinventado como *lounge* con *türkü* (música tradicional turca) la mayor parte de las noches. Tiene muy buen café, y las bebidas a precios razonables.

 De compras

Turqueria
ANTIGÜEDADES, ARTESANÍA

(☑836 1631; Uzun Çarşı Sokak) Auténtica cueva de Aladino dirigida por Orhan y Martina, una encantadora pareja turco-alemana que vive desde hace mucho en Kaş. Tiene de todo, desde antiguos grabados y anuncios hasta marionetas turcas de cuero hechas a mano.

Merdiven Kıtabevi
LIBRERÍA

(☑836 3022; İlkokul Sokak 4/B; ☺8.30-22.00) La mejor librería de Kaş es pequeña pero cuenta con una buena colección de libros nuevos y usados, incluidas obras locales.

VIAJAR DE FORMA SENSATA Y AHORRANDO DINERO A KEKOVA

Dada la dificultad de llegar hasta aquí en transporte público, la mayor parte de la gente acaba haciendo un circuito en barco por la zona desde Kaş o incluso desde Kalkan, que empieza con un trayecto en autobús a Üçağız, desde donde se toma el barco a Kekova.

Conocida como la Ciudad Sumergida (Batık Şehir), a lo largo de la orilla norte de Kekova hay ruinas parcialmente sumergidas 6 m bajo el mar como resultado de una serie de terribles terremotos en el s. ıı d.C. La mayor parte de lo que todavía puede verse es una zona residencial de la antigua Simena. También se pueden ver cimientos de edificios, escaleras y atracaderos. Está prohibido echar el ancla o bañarse en los alrededores de la Ciudad Sumergida (aunque sí es posible bañarse en el resto de la isla).

Tras la visita a Kekova se almuerza en el barco y luego se va hasta Kaleköy, pasando por un par de tumbas licias sumergidas y muy fotogénicas junto a la orilla. Normalmente suele darse una hora para explorar Kaleköy y subir hasta la cima de la colina.

Los circuitos desde Kaş, que cuestan 50 TRY por persona (80 TRY si se visita Aperlae), normalmente salen a las 10.00 y regresan a las 18.00. Un circuito similar organizado localmente en Üçağız puede costar unos 35 TRY por persona; alquilar un barco para un día con capacidad para 4/8 personas cuesta a partir de 180/250 TRY. Se aconseja el barco **'Kumsal'** (☑0532 685 2401; kumsal_boat.hotmail.com) de Mehmet Doğanor o, si no, se puede contactar con el capitán Turgay Poyraz en la **Onur Pension** (☑874 2071; www.onurpension.com).

La forma de ver más de cerca las ruinas sumergidas es en un circuito por el mar en kayak (60 TRY por persona, o 90 TRY si se incluye Aperlae, incluidos traslados y almuerzo) ofrecido por una de las agencias de viajes de Kaş (p. 342) y apto para personas en cualquier estado de forma física.

Gallery Anatolia CERÁMICA
(☑836 1954; www.gallery-anatolia.com; Hükümet Caddesi 2; ☺9.00-23.00) Esta exclusiva galería en el puerto deportivo tiene objetos de cerámica que han sido diseñados localmente.

❶ Información

Computer World (☑836 2700; Bahçe Sokak; 2 TRY/h; ☺9.00-23.00) Tienda de informática frente a la oficina de correos con 13 ordenadores.

Oficina de turismo (☑836 1238; ☺8.00-17.30 a diario may-oct, 8.00-12.00 y 13.00-17.00 lu-vi nov-abr) Esta oficina relativamente útil en la plaza mayor tiene planos del pueblo.

❶ Cómo llegar y salir

La *otogar* está en Atatürk Bulvarı, 350 m al norte del centro. Desde allí hay autobuses diarios a Estambul (65 TRY, 15 h, 985 km) a las 6.30. Para ir a Ankara (50 TRY, 11 h, 740 km) o İzmir (35 TRY, 8½ h, 440 km), hay que hacer transbordo en Fethiye.

También hay *dolmuşes* cada media hora a Kalkan (5 TRY, 35 min, 29 km), Olympos (15 TRY, 2½ h, 109 km) y Antalya (16 TRY, 3½ h, 188 km), y cada hora a Fethiye (12 TRY, 2½ h, 107 km). Los servicios a Patara (8 TRY, 45 min, 40 km) salen cada media hora en temporada alta y cada hora durante el resto del año. Desde aquí también se puede llegar a la garganta de Saklıkent (10 TRY, 1 h, 52 km).

Üçağız y Kekova

☑0242 / 450 HAB.

Üçağız, una aldea pesquera y agrícola en la que está prohibido urbanizar, tiene una idílica ubicación en una bahía en medio de islas y penínsulas. Aparte del constante goteo de viajeros que la visitan y que suelen marcharse al final del día, esta aldea ha sufrido pocos cambios a lo largo de los años. Aquí no hay mucho que hacer –el agua no es especialmente buena para bañarse–, pero es una parada habitual de los cruceros en *gület* y permite disfrutar por última vez de tierra firme antes de visitar la ciudad sumergida de Kekova o la solitaria Kaleköy, conocida como Kale.

La aldea a la que se accede desde la carretera de la costa es **Üçağız,** la antigua Teimiussa, que cuenta con su propia necrópolis licia. En la otra orilla, en la península que hay al sureste, está **Kaleköy** (Kale), una aldea protegida en el emplazamiento de la antigua ciudad de Simena.

Al sur de estas aldeas y pasada la entrada al canal está la alargada isla de **Kekova,**

con sus famosas ruinas sumergidas; los habitantes locales suelen utilizar este nombre para referirse a toda la zona. Al oeste, en la península de Sıçak, está **Aperlae**, una aislada y muy evocadora antigua ciudad licia situada en la ruta Licia.

⌇ Dónde dormir y comer

Todas las pensiones de Üçağız tienen unas ocho habitaciones y ofrecen servicios gratis de barco hasta las playas de la isla de Kekova.

Onur Pension PENSIÓN €€
(☑874 2071; www.onurpension.com; i/d 60/80 TRY; ✽ @) Con una pintoresca ubicación en el puerto, esta pensión bien dirigida combina encanto con un atento servicio. El local Onur puede dar consejos sobre senderismo y hacer de guía. Cuatro de sus habitaciones, mantenidas en perfecto estado por la esposa holandesa de Onur, Jacqueline, tienen vistas panorámicas del mar, aunque las de la buhardilla son un poco claustrofóbicas.

Likya Pension PENSIÓN €
(☑874 2090; gokkaya07@mynet.com; i/d 40/60 TRY; ✽ @) Subiendo los escalones que hay desde el puerto, el sociable vendedor de alfombras Mehmet dirige esta confortable pensión en un antiguo complejo de piedra entre exuberantes jardines. Se aconseja regatear fuerte para hacerse con uno de sus kílims.

Kekova Pansiyon PENSIÓN €€
(☑874 2259; www.kekovapansiyon.com; d 60-100 TRY; ✽ @) Espléndidamente aislada en el extremo más alejado del paseo marítimo, está en un atractivo edificio antiguo de piedra con una terraza llena de macetas. Las habitaciones son cómodas y comparten un encantador porche con bancos acolchados y vistas al mar.

Kordon Restaurant MARISCO €€
(☑874 2067; *meze* 4,50 TRY, parrilladas y pescado 500 g 12-15 TRY; ☺9.00-24.00) Con una atractiva y fresca terraza con vistas al puerto, y con excelente pescado fresco (se aconseja probar el róbalo a la parrilla), es considerado el mejor restaurante de la aldea.

Sevim Hanım COMIDA CALLEJERA €
(3 TRY; ☺8.00-20.00) A pesar de haberlo buscado, no hemos encontrado ningún *gözleme* mejor que el que se sirve en este puesto, recién preparado a diario junto a las escaleras del puerto.

ℹ️ Cómo llegar y salir

Este es un lugar al que es muy complicado llegar. Hay un *dolmuş* diario que sale de Antalya a Üçağız a las 14.30 (16 TRY, 3½ h) y que regresa a las 8.00. También hay *dolmuşes* cada hora desde Antalya hasta Demre (12 TRY, 3 h), desde donde se puede tomar un taxi (60 TRY) a Üçağız.

La única opción desde Kaş es el taxi (60 TRY). En verano, el viajero puede intentar embarcar en uno de los barcos de las empresas que realizan circuitos diarios a Üçağız (ida 20 TRY, 2 h).

Desde Kale (Demre) hay un *dolmuş* diario a Üçağız (4 TRY, 30 min) a las 17.00. Desde Üçağız los *dolmuşes* salen a las 8.00.

Kaleköy (Kale)

📞 0242 / 170 HAB.

El paraíso rodeado de agua de Kaleköy es una de las maravillas del oeste del Mediterráneo. Este pueblo alberga las ruinas de la antigua **Simena** y una **fortaleza de los cruzados** (8 TRY) por encima de una aldea con vistas al mar. Dentro de la fortaleza, el **teatro** más pequeño del mundo antiguo está excavado en la roca, y cerca de allí se hallan las ruinas de varios templos y baños públicos; desde lo alto se puede ver un campo de **tumbas licias** y, a las afueras, las antiguas **murallas de la ciudad.** La majestuosa mansión con un helipuerto bajo el castillo es propiedad de la familia Koç, la más rica de Turquía, cuya influencia ha servido para que no se pueda urbanizar el pueblo.

Kaleköy es muy tranquilo, únicamente accesible desde Üçağız en lancha (10 min) o a pie (45 min) a través de un irregular camino.

En Kaleköy hay un par de pensiones, pero la primera opción del viajero debería ser la **Mehtap Pansiyon** (📞874 2146; www.mehtappansiyon.com; lugares de acampada 20 TRY, i 90-120 TRY, d 110-140 TRY; ❄), con espectaculares vistas del puerto y de las tumbas licias sumergidas que hay por debajo. Cuatro de sus habitaciones están en una tranquila casa de piedra de hace 200 años, otras cuatro están en un edificio de hace mil años y una última está en una casa de madera construida adrede. İrfan y su hijo Saffet son unos anfitriones amables y muy informados.

En la parte inferior, junto al puerto, las ocho acogedoras habitaciones con balcón de la **Kale Pansiyon** (📞874 2111; www.kalepansiyon.com; i 80-100 TRY, d 140-160 TRY; ❄) están tan cerca del mar que se oyen las olas. También tiene una genial zona para bañarse.

Propiedad de la misma familia y con unos precios similares, la pensión **Olive Grove** (📞874 2025) está alejada del puerto. Es una espléndida casa de piedra griega de hace 150 años con un encantador mosaico en el porche. Sus cuatro habitaciones son sencillas pero elegantes, y comparten un gran soportal con vistas al mar. Entre arrullos de palomas y viejos olivos, este es un lugar increíblemente tranquilo.

El viajero puede comer en la pensión donde se aloje (menú del día de tres platos 40 TRY aprox.); así, por ejemplo, Nazike, la esposa de Saffet, de la pensión Mehtap, cultiva sus propias verduras y es una excelente cocinera. Si no, hay cinco restaurantes en el paseo marítimo. El **Likya** (📞874 2096; *meze* 4 TRY, platos principales 10-20 TRY), en el extremo de un largo muelle, es frecuentado por los patrones de yate y sus tripulaciones. También hay que asegurarse de visitar el **Ankh** (📞874 2171; www.ankhpansion.com; helado 6 TRY), un café en la pensión del mismo nombre con helados caseros de melocotón, plátano y avellana, y unas impagables vistas desde su terraza.

Demre (Kale)

📞 0242 / 15 600 HAB.

Este extenso y polvoriento pueblo fue en otra época la ciudad licia (y romana) de Myra, y en el s. IV ya era suficientemente importante como para tener su propio obispo, uno de los cuales fue san Nicolás, que dio lugar en el mundo occidental a la leyenda de Papá Noel. En el año 60 d.C., san Pablo puso su mapa litúrgico al cambiar de barco en su puerto, Andriake, cuando iba de camino a Roma (Hechos 27,4-6). Aunque el nombre oficial del pueblo es Kale, todo el mundo lo llama por su antiguo nombre, Demre.

En otra época situada junto al mar, Demre se 'trasladó' hacia el interior cuando el arroyo Demre arrastró y depositó ricos aluviones. Estos depósitos orgánicos son la base de la riqueza del pueblo, que sigue siendo un importante centro de cultivo y distribución de frutas y verduras.

La calle en dirección oeste desde la plaza principal hasta la iglesia de San Nicolás es la peatonal Müze Caddesi, llena de cafés y tiendas. Alakent Caddesi discurre 2 km en dirección norte hasta las tumbas rupestres licias de Myra, mientras que la calle en dirección sur desde la plaza pasa por la *otogar* (100 m).

◉ Puntos de interés

Iglesia de San Nicolás IGLESIA

(Entrada 10 TRY; ⊘9.00-19.00 may-oct, hasta 17.30 nov-abr) A pesar de no ser tan grande como Santa Sofía ni de tener unos mosaicos tan fantásticos como la iglesia de Chora (Museo Kariye) de Estambul, la **iglesia de San Nicolás** es una de las atracciones estrella para los peregrinos y los turistas. Hoy en día casi todos ellos son rusos, ya que Nicolás es el santo patrón de Rusia. Los restos del santo epónimo se enterraron aquí tras su muerte en el año 343 d.C.

La desnuda iglesia contiene algunos interesantes frescos y suelos de mosaico bizantinos. Fue declarada basílica cuando fue restaurada en 1043. En 1087 unos mercaderes italianos abrieron el sarcófago y supuestamente se llevaron los huesos de san Nicolás a Bari.

Las obras de restauración financiadas por el zar Nicolás I de Rusia en 1862 cambiaron su fisonomía al añadirle un techo abovedado y un campanario. Las obras más recientes llevadas a cabo por arqueólogos turcos tenían como objetivo evitar su deterioro.

En la plaza frente a la iglesia hay un par de estatuas del santo, una de ellas, en el colmo de lo *kitsch*, como Papá Noel. Aquí, la festividad de san Nicolás (el 6 de diciembre) es un día muy señalado.

Myra RUINAS

(Entrada 10 TRY; ⊘9.00-19.00 may-oct, hasta 17.30 nov-abr) Si solo se tiene tiempo de ver un ejemplo de **tumbas rupestres licias,** se aconseja optar por las memorables ruinas de **Myra.** Unos 2 km hacia el interior desde la plaza principal de Demre, estas ruinas están entre las mejores de Licia, con un **teatro** romano bien conservado que incluye varias máscaras de teatro talladas en piedras desperdigadas por los alrededores. La llamada **tumba Pintada,** cerca de la necrópolis del río, representa a un hombre y a su familia en relieve. El trayecto en taxi desde la plaza cuesta unos 8 TRY.

Andriake RUINAS

Unos 5 km al suroeste del centro está el asentamiento marítimo de Çayağzı, llamado Andriake por los romanos en la época en la que el puerto era un importante centro de distribución de cereales en la ruta marítima entre el oeste del Mediterráneo y Roma.

Las ruinas de la antigua ciudad están desperdigadas por una extensa zona al norte y al sur de la carretera de acceso a Çayağzı, un pueblo formado por poco más de media docena de astilleros y unos cuantos cafés junto a la playa. Gran parte del terreno son marismas, por lo que cuando llueve puede ser complicado llegar hasta el enorme **granero** construido por Adriano y completado en el año 139 d.C., al sur de la carretera. Esta zona también es muy buena para la observación de aves.

Los *dolmuşes* circulan esporádicamente hasta Çayağzı; la mejor opción es tomar un taxi (12 TRY).

🛏 Dónde dormir y comer

La mayoría de los viajeros visitan Demre durante el día, por lo que en el centro del pueblo prácticamente no hay alojamientos. Si se llega en automóvil y se tiene hambre, unos 2 km al este de Demre, al final de una larga playa de guijarros, hay varias chozas donde sirven cangrejos con patatas fritas y ensalada.

👍 Hoyran Wedre Country House

HOTEL·'BOUTIQUE' €€€

(☑875 1125; www.hoyran.com; Hoyran Köyu; i/d 60/80 €, ste 110 €; ❄❅❆) Este complejo de edificios de piedra nuevos y viejos diseñado para que parezca antiguo es un oasis rural 18 km al oeste de Demre. Unos 500 m colina arriba en las montañas Taurus, con vistas a Kekova y a unos minutos de una importante acrópolis licia, tiene 16 habitaciones y suites de estilo tradicional decoradas con antigüedades traídas de Estambul. Tiene una encantadora piscina con forma de abrevadero de ganado y ofrece menús del día (40 TRY) preparados con productos locales, aunque si el viajero prefiere hacerse la comida algunas habitaciones tienen cocina. Está 3 km al sur de Davazlar, junto a la D400.

Gaziantep Restaurant 'KEBAPÇI' €€

(☑871 2812; Eynihal Caddesi; *pide* 5-6 TRY, kebab 9-12 TRY; ⊘7.00-24.00) Frente a la plaza donde está la iglesia de San Nicolás y las tiendas de iconos, este sencillo pero impoluto restaurante con mesas al aire libre es uno de los favoritos de los locales.

Akdeniz Restaurant 'LOKANTA' €

(☑871 5466; Müze Caddesi; *pide* 3 TRY, *köfte* 7 TRY, platos 5-7 TRY; ⊘7.00-23.00) En la plaza principal al oeste de la iglesia, este acogedor local tiene una amplia gama de sabrosos platos precocinados así como *pide* y *köfte* (albóndigas).

Sabancı Pastaneleri　　CAFÉ, PASTELERÍA €
(⍩871 2188; Eynihal Caddesi; naranjada natural 3 TRY, pasteles 1,50-3 TRY; ⊘6.00-24.00) Lugar genial para desayunar o tomar un tentempié bajando por la calle donde está el Gaziantep. También sirve helados (2 TRY por bola).

❶ Cómo llegar y salir

Hay autobuses y *dolmuşes* cada hora a/desde Kaş (8 TRY, 1 h, 45 km) y, con menos frecuencia, a/desde Antalya (13 TRY, 2½-3 h).

Olympos y Çıralı

⍩0242
Unos 65 km al norte de Demre, pasadas Finike y Kumluca, una carretera discurre 9 km hacia el sureste desde la carretera principal –hay que girar a la derecha y luego seguir los carteles– hasta Olympos. Esta es otra de las diversas ciudades antiguas que lleva este nombre; esta en concreto fue absorbida por Roma en el año 43 d.C., el mismo año que el emperador Claudio y sus fuerzas ocuparon Britania. Al otro lado de la montaña, cruzando el estrecho arroyo Ulupınar, se halla Çıralı, una aldea de vacaciones con decenas de hoteles y pensiones que alberga el más enigmático de los iconos clásicos: las llamas eternas de la Quimera.

Unos cuantos kilómetros más allá de las salidas a Olympos y Çıralı, la media docena de restaurantes de trucha de la pequeña aldea de madera de Ulupınar son un lugar excelente para almorzar.

OLYMPOS

Olympos, una importante ciudad licia en el s. II a.C., veneraba con devoción a Hefesto (Vulcano), el dios del fuego; el motivo de esto quizá se encuentre en la Quimera, una llama eterna que aún arde en la tierra no demasiado lejos de la ciudad. Al igual que las otras ciudades costeras licias, Olympos entró en declive en el s. I d.C. Con la llegada de los romanos aquí y en la ciudad vecina de Phaselis a finales del s. I las cosas mejoraron, pero en el s. III la ciudad volvió a entrar en declive debido a los ataques piratas. En la Edad Media los venecianos y los genoveses construyeron fortalezas en la

---

> **MERECE LA PENA**
>
> ### ARYKANDA
>
> Unos 26 km al este de Demre (Kale) está el poco interesante centro provincial de Finike, pero también hay una salida de la D400 que conduce hacia el norte otros 30 km hasta la antigua ciudad de **Arykanda** (entrada 10 TRY; ⊘8.00-19.00 may-oct, hasta 17.00 nov-abr). Construida en cinco terrazas en una ladera orientada al sur, se trata de uno de los yacimientos arqueológicos mejor conservados y con una de las ubicaciones más espectaculares de Turquía.
>
> Arykanda, uno de los yacimientos más antiguos de la península, formó parte de la Liga Licia desde su creación en el s. II a.C., pero nunca fue miembro del grupo de las "Seis Grandes" ciudades que contaban con tres votos. Esto es posible que se debiera más que nada a su comportamiento derrochador e irresponsable; según parece, Arykanda era la ciudad de fiesta de Licia y siempre estaba muy endeudada. Junto con el resto de Licia fue anexionada por Roma en el año 43 d.C. y perduró como asentamiento bizantino hasta el s. IX, cuando fue abandonada.
>
> El elemento más destacado de Arykanda es un complejo de **baños** de dos plantas y unos 10 m de altura cerca del gimnasio, en la terraza inferior. Siguiendo un camino en dirección norte hasta la siguiente terraza se llega a una gran **ágora** con columnas en tres de sus lados. Sus arcos del lado norte conducen a un pequeño **odeón;** se aconseja echar un vistazo al relieve del emperador Adriano al otro lado del portal. Por encima hay un excelente **teatro** que data del s. II y un **estadio**. Otras construcciones destacadas en las terrazas superiores, al noroeste, son otra ágora, un *bouleuterion* y una gran cisterna.
>
> Los *dolmuşes* de Demre (Kale) a Elmalı (5 TRY) pueden dejar al viajero a los pies de la colina que conduce a la entrada del yacimiento o en la aldea de Ariif, 1 km al norte, desde donde un camino señalizado conduce hasta las ruinas. Un taxi desde Demre (Kale) cuesta unos 70 TRY.

costa, pero al llegar el s. xv el lugar había sido abandonado.

En un profundo valle sombreado que llega hasta el mar, las **ruinas de Olympos** (entrada por día/semana 3/5 TRY; ⊙9.00-19.30 may-oct, 8.00-18.00 nov-abr), entre vides y árboles florales, parece que no hayan sido descubiertas. Se puede recorrer el arroyo Ulupınar, que discurre a través de una garganta rocosa hasta la playa, sin que por el camino se vea un solo autobús turístico.

El viajero puede bañarse en la playa que hay frente al yacimiento o participar en cualquiera de las numerosas actividades que ofrecen las agencias y *campings* de Olympos. El **Adventure Centre** (☎892 1316; ⊙8.30-22.00), en la Kadır's Yörük Top Treehouse, puede organizar las siguientes actividades (los precios son por persona): cruceros en barco (todo el día con almuerzo 40 TRY), barranquismo (todo el día con almuerzo en un criadero de truchas 70 TRY), safaris en todoterreno (todo el día con almuerzo 50 TRY), ciclismo de montaña (4 horas 40 TRY), escalada en roca (dos escaladas en pared natural 45 TRY), submarinismo (dos inmersiones con equipo y almuerzo 100 TRY), viajes en kayak por el mar (medio día con almuerzo 45 TRY) y senderismo (6 horas con almuerzo 45 TRY).

🛏 Dónde dormir y comer

Alojarse en una casa-árbol de uno de los *campings* de Olympos que bordean el camino a lo largo del valle hasta las ruinas y la playa fue durante mucho tiempo objeto de leyendas de viaje. Sin embargo, este sitio que formaba parte de la antigua ruta *hippie* se ha aburguesado considerablemente en los últimos años y hoy en día está abarrotado; si el viajero quiere relajarse y estar en comunión con la naturaleza, lo mejor es ir a Kabak. Sin embargo, guste o no, Olympos todavía ofrece una buena relación calidad-precio y un ambiente festivo en un entorno encantador. Hay que tener presente que el término "casa-árbol" no es muy apropiado, ya que apenas hay cabañas que realmente estén en los árboles.

A no ser que se especifique lo contrario, los precios de los *campings* que se enumeran a continuación son por persona e incluyen media pensión (desayuno y cena); las bebidas van aparte. Los baños suelen ser compartidos, aunque algunos bungalós tienen habitaciones con baño propio e incluso aire acondicionado. No todas las casas-árbol tienen cerraduras fiables, por

lo que se aconseja guardar los objetos de valor en la recepción.

Hay que prestar mucha atención a la higiene, ya que en verano el enorme número de visitantes puede desbordar la capacidad de los *campings* para deshacerse adecuadamente de los residuos. Cada año varios viajeros acaban enfermos.

Şaban Tree Houses 'CAMPING', PENSIÓN €
(☎892 1265; www.sabanpansion.com; dc/casa-árbol 25/35 TRY, bungaló con baño 35-45 TRY; ❄@) El sitio ideal si se quiere dormitar en una hamaca a la sombra de naranjos. Este no es un lugar de fiesta, y, en cambio, ofrece paz, tranquilidad y excelente comida casera.

Kadır's Yörük Top Treehouse
'CAMPING', PENSIÓN €
(☎892 1250; www.kadirstreehouses.com; dc 15-25 TRY, bungaló con baño 40-60 TRY; ❄@) El lugar en el que empezó todo esto parece una próspera ciudad del Lejano Oeste que ha seguido creciendo y no los campos de prisioneros japoneses que parecen los otros *campings*. Tiene camas en bungalós de madera, cabañas y dormitorios colectivos para 350 personas. El Bull Bar es el bar más animado del valle; también está el Adventure Centre.

Bayrams 'CAMPING', PENSIÓN €
(☎892 1243; www.bayrams.com; dc 25-30 TRY, casa-árbol 30-35 TRY, bungaló con/sin baño aire acondicionado 50/45 TRY; ❄@) Aquí los huéspedes se relajan en bancos acolchados jugando al *backgammon*, leyendo en el jardín o fumando en narguile en el bar. Se aconseja venir si se quiere socializar aunque no necesariamente ir de fiesta.

Doğa Pansiyon 'CAMPING', PENSIÓN €
(☎892 1066; www.dogapansiyon.net; casa-árbol 30-35 TRY, bungaló con baño 40-45 TRY) Este nuevo *camping*, más pequeño y tranquilo que gran parte del resto, no tiene nada de artificial. Sus casas-árbol (es decir, cabañas elevadas), con un encantador paisaje de montaña de fondo, están bien construidas.

Orange Pension 'CAMPING', PENSIÓN €
(☎892 1307; www.olymposorangepension.com; h sin/con baño 40/45 TRY, bungaló 45-60 TRY; ❄@) Un poco más agitado que la mayoría, este consolidado *camping* es especialmente popular entre los jóvenes coreanos (sobre todo desde que un popular escritor lo usó como escenario de una de sus obras). Aunque en los últimos años su tamaño ha aumentado, Yusuf y Apo siguen dirigien-

do un muy buen alojamiento. En la planta superior hay habitaciones de madera con baño propio, mientras que las de la planta baja son de hormigón. Los bungalós de lujo incluso tienen TV.

Varuna LOCAL €€
(☎ 892 1347; www.olymposvaruna.com; platos principales 10-15 TRY; ☺ 8.00-24.00) Junto al Bayrams, este popular restaurante sirve una amplia gama de tentempiés y platos principales, incluidos *pide* (7-9 TRY), trucha (8 TRY) y *şiş* kebabs (brochetas de carne asada; 10-12,50 TRY) en un atractivo comedor al aire libre.

ÇIRALI

Es una tranquila aldea apta para familias con elegantes pensiones y hoteles que se extienden hasta una playa y a lo largo de ella. Es una excelente alternativa al 'paraíso' de mochileros de Olympos. Además, es el lugar más cercano a la mágica y mística Quimera.

Conocida en turco como Yanartaş o "Roca Ardiente", la **Quimera** (entrada 3,50 TRY, alquiler de antorcha/linterna 3 TRY) es un grupo de llamas que arden espontáneamente en grietas de las rocosas laderas del monte Olympos. Por la noche parece como si el infierno se hubiera instalado en la superficie y no resulta difícil ver por qué los antiguos habitantes de la zona atribuían estas extraordinarias llamas al aliento de un monstruo mezcla de león, cabra y serpiente.

Según la mitología, Quimera era la hija de Tifón, el fiero y monstruoso hijo de Gaia, la diosa de la tierra. Quimera, que había aterrorizado a Licia, fue aniquilada por el héroe Belerofonte por orden del rey Iobates de Licia, que estaba poniendo a prueba a su futuro yerno. Belerofonte mató a Quimera arrojando plomo fundido en la boca del monstruo mientras montaba en Pegaso, el caballo alado.

En la actualidad sigue saliendo gas de la tierra, que arde en llamas al entrar en contacto con el aire. Se desconoce la composición exacta del gas, aunque se cree que contiene metano. Aunque las llamas pueden apagarse tapándolas, en las grietas cercanas vuelven a aparecer inmediatamente nuevas llamas. Por la noche, las 20 o 30 llamas de la zona principal son visibles desde el mar.

El mejor momento para visitar la Quimera es después de cenar. Desde Çıralı, hay que seguir la carretera a lo largo de la ladera de la colina hacia la Quimera hasta

llegar a un valle y luego subir a pie hasta el aparcamiento. Desde allí hay otra ascensión de 20-30 minutos por un empinado camino hasta la Quimera; se aconseja llevar o alquilar una antorcha. Está a 7 km a pie de Olympos, pero la mayor parte de las pensiones pueden llevar a los viajeros hasta allí por 5 TRY. Las agencias organizan circuitos de tres horas por 15 TRY, con salida a las 21.00.

🛏 Dónde dormir y comer

A primera vista puede parecer que Çıralı simplemente sean dos caminos de tierra bordeados de pensiones. Sin embargo, es una encantadora comunidad de playa para amantes de la naturaleza. Si se llega en automóvil, hay que cruzar un pequeño puente donde hay unos cuantos taxis esperando para llevar a la gente de vuelta a la carretera principal. Si se sigue adelante, al otro lado del puente se llega a una intersección en la carretera con innumerables letreros de las cerca de sesenta pensiones que hay en esta zona. Para llegar a las pensiones más cercanas al camino que sube hasta la Quimera hay que seguir recto. Para llegar a las pensiones más cercanas a la playa y a las ruinas de Olympos hay que girar a la derecha.

Myland Nature PENSIÓN €€
(☎ 825 7044; www.mylandnature.com; i 105-145 TRY, d 152-195 TRY, tr 194-250 TRY; ✳ @) Alojamiento bohemio, holístico y muy verde donde se ofrecen masajes y talleres de yoga y meditación. Sus 13 impecables bungalós están alrededor de un bonito jardín, y su comida (menú del día vegetariano 16,50 TRY) es muy alabada. Tiene bicicletas y ofrece excursiones diarias en barco. Sus proyecciones de diapositivas de Turquía son todo un acierto.

Hotel Canada HOTEL €€
(☎ 825 7233; www.canadahotel.net; d 50-55 €; bungaló para 4 personas 75-80 €; ✳ @ ✳) Bonito hotel que ofrece la quintaesencia de una experiencia en Çıralı: calidez, amabilidad y miel casera. En su jardín hay hamacas, árboles de cítricos, una piscina y ocho bungalós, y en su confortable edificio principal hay 26 habitaciones. La canadiense Carrie y su marido Şaban son unos anfitriones impecables y ofrecen excelentes menús del día (20 TRY). Está a 750 m de la playa, y tiene bicicletas gratis.

Arcadia Hotel HOTEL €€€
(☎ 825 7340; www.arcadiaholiday.com; i 70-100 €, d 90-125 €; ✳) Este hotel con mucho ver-

de en el extremo norte de la playa ha doblado su capacidad con otros cinco lujosos bungalós en el Arcadia 2, al otro lado de la carretera. Está bien diseñado y gestionado, y Ahmet, su amable propietario, es muy servicial. La comida de su gran restaurante circular con una chimenea abierta en medio es de alta calidad.

Sima Peace Pensión PENSIÓN €
(☑ 825 7245; www.simapeace.com; i 40-60 TRY, d 60-100 TRY; ❄ @) Esta auténtica joya de nueve habitaciones, que ofrece una agradable vuelta a los años sesenta, ha estado oculta en un bonito jardín más abajo de la playa durante décadas. Aynur y su amiga joyera son unos excelentes anfitriones, y *Koko,* el loro, le añade un toque tropical al lugar. Se aconseja una de las habitaciones de la planta superior, que parecen sacadas de una antigua casa rural.

Olympos Lodge 'RESORT' €€€
(☑ 825 7171; www.olymposlodge.com.tr; i 110-140 €, d 140-200 €; ❄ @) El sitio más elegante del pueblo no solo está situado junto a la playa, sino que también tiene más de 15 Ha de refrescantes huertos de cítricos y verdes jardines bien cuidados. Está muy bien gestionado, y sus 13 habitaciones en cinco villas separadas son tranquilas y muy lujosas. Sus desayunos son legendarios, y tiene un encantador jardín de invierno abierto en los meses más frescos.

Orange Motel PENSIÓN €€
(☑ 825 7327; www.orangemotel.info; i 30-45 €, d 40-55 €, bungaló de 2 dormitorios 70-85 €; ❄ @) Opción elegante y de precio razonable junto a la playa. Su jardín está lleno de hamacas, y sus escaleras circulares de hierro forjado conducen a 14 agradables habitaciones y bungalós. Sus cenas son una ganga (20 TRY).

İpek Pastanesi CAFÉ, PASTELERÍA €
(☑ 825 7200; pasteles 5 TRY; ⊙ 8.00-23.00) Si se necesita una dosis de azúcar, no hay lugar mejor que este excelente café y pastelería cerca de la playa.

❶ Cómo llegar y salir
Prácticamente cualquier autobús por la carretera de la costa entre Fethiye y Antalya puede recoger o dejar al viajero en las paradas que hay cerca de las salidas de Olympos y Çıralı. Solo hay que asegurarse de especificar en cuál se quiere bajar. Desde allí hay microbuses (5 o 6 TRY) a ambos destinos.

Entre mayo y octubre hay microbuses a Olympos (9 km) cada hora entre las 8.00 y las 19.00. De vuelta, los microbuses salen de Olympos cada hora entre las 9.00 y las 20.00 recogiendo a pasajeros por la carretera.

Después de octubre, los microbuses esperan a que haya suficientes pasajeros para salir, lo que a veces puede llevar un buen rato. Si hay suficientes pasajeros, el *dolmuş* pasa luego por todos los *campings* hasta que el conductor llega a aquel en el que le han pagado para pararse.

A Çıralı (7 km) hay microbuses más o menos cada dos horas, pero normalmente no salen hasta que no hay como mínimo cuatro pasajeros. Normalmente serpentean por la carretera de la playa, pasan por la salida a la Quimera y luego vuelven por el borde de la ladera.

La mayor parte de los alojamientos mencionados pueden recoger al viajero en la carretera si se pide con antelación.

Phaselis

Unos 6 km al norte de las salidas de la D400 a Olympos y Çıralı se halla la romántica antigua ciudad licia de Phaselis. Aparentemente fundada por colonos de Rodas en el s. VII a.C. en la frontera entre Licia y Panfilia, fue una ciudad próspera gracias a su puerto, utilizado para el transporte de madera, aceite de rosas y perfume, una actividad que se prolongó hasta principios de la Edad Media.

A la sombra de pinos, las **ruinas de Phaselis** (entrada 8 TRY; ⊙ 8.30-19.00 may-oct, 8.00-17.00 nov-abr) están alrededor de tres pequeñas y bonitas bahías, cada una con su propia playa minúscula. Las ruinas son muy extensas y vale la pena explorarlas, pero la mayor parte de ellas datan de la época romana y bizantina. Se aconseja fijarse en la **puerta de Adriano,** el **ágora** en el puerto Sur y la maravillosa **calle columnada** que baja desde el puerto Norte.

La entrada al yacimiento está a 1 km de la D400, donde hay un pequeño edificio en el que venden refrescos, tentempiés y recuerdos. Las ruinas y la orilla del mar están 1 km más allá.

Hay un nuevo teleférico *(teleferik)* llamado **Tahtalı 2365** (☑ 814 3047; www.tahtali. com; adultos/niños 7-16 años 50/25 TRY; ⊙ 9.00-19.00 may-sep, 10.00-18.00 oct-abr) que sube prácticamente hasta la cima de la **Tahtalı Dağ** (montaña Boscosa), el elemento central del **Parque Nacional Beydağları de Olympos** (Olimpos Beydağları Sahil Milli Parkı). La salida desde la carretera está unos 3 km antes de Phaselis y, a continuación, una carretera empinada pero bien asfaltada se extiende a lo largo de 7 km hasta la estación inferior del teleférico, a 725 m de altura. Las cabinas del teleférico tienen capacidad para 80 personas y salen cada media hora en verano y cada hora en invierno. El trayecto dura 12 minutos.

ℹ️ Cómo llegar y salir

Los autobuses que circulan con frecuencia por la carretera desde Antalya (7,50 TRY, 45 min, 58 km) y Kemer (4 TRY, 20 min, 15 km) pasan por las salidas a Phaselis y al Tahtalı 2365. La empresa del teleférico también ofrece un servicio de autobús a/desde Kemer (10 TRY), pero hay que reservarlo con un día de antelación.

Antalya

☑ 0242 / 956 000 HAB.

Antaño considerada únicamente como la puerta de entrada a la Riviera turca, Antalya es hoy en día un destino por sí misma. Situada en el golfo de Antalya (Antalya Körfezi), la ciudad turca más grande del oeste del Mediterráneo es bonita y elegantemente moderna. Cuenta con el maravillosamente conservado barrio antiguo de Kaleiçi (literalmente "dentro del castillo"), un espléndido puerto de la época romana y uno de los mejores museos de Turquía. En las circundantes Bey Dağları (montañas Bey) hay fantásticas ruinas.

En los últimos años en Antalya han aparecido como setas hoteles-*boutique* de calidad internacional y con una buena relación calidad-precio. Para los amantes de la fiesta hay varios excelentes bares y discotecas, mientras que la temporada de ópera y *ballet* en el anfiteatro Aspendos sigue atrayendo un gran interés.

Historia

A la ciudad se le puso el nombre de Attaleia en honor a su fundador en el s. ɪɪ a.C., Átalo ɪɪ de Pérgamo. Attaleia pasó a estar bajo dominio romano en el año 133 a.C. y, cuando el emperador Adriano visitó la ciudad tres años después, entró a través de un arco de triunfo (actualmente conocido como la puerta de Adriano) construido en su honor.

Los bizantinos se la arrebataron a los romanos, pero en 1206 los turcos selyúcidas con sede en Konya se apoderaron de la ciudad y le dieron un nuevo nombre y un nuevo icono: el Yivli Minare (minarete Acanalado). Antalya cayó en manos de los otomanos en 1391.

Tras la Primera Guerra Mundial los aliados se repartieron el Imperio otomano y Antalya fue cedida a Italia en 1918. En 1921 fue liberada por el ejército de Atatürk y convertida en capital provincial.

Antalya

◎ **Principales puntos de interés**
Museo de Antalya...A2

⊗ **Dónde comer**
1 Can Can Pide ve Kebap Salonu D2
2 Club Arma C2
3 Güneyliler C1

Ocio
Club Arma .... (véase 2)

Antalya

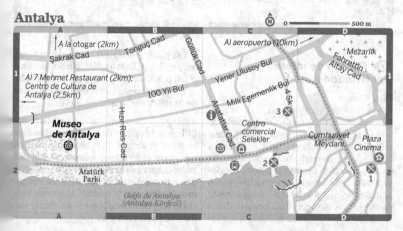

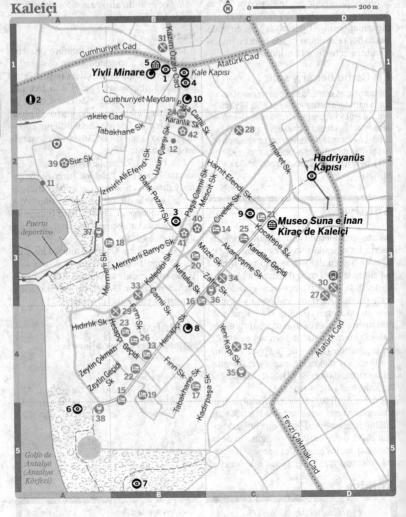

N 0 ———— 200 m

Puntos de interés y actividades

Yivli Minare MONUMENTO
El símbolo de Antalya es el Yivli Minare (plano p. 356), un atractivo y característico minarete acanalado erigido por el sultán selyúcida Aladdin Keykubad I a principios del s. XIII. La mezquita adyacente aún está en uso. Dentro del complejo hay un **Mevlevi Tekke** (monasterio de derviches; plano p. 356) muy restaurado que probablemente data del s. XIII. Actualmente alberga la **Güzel Sanatlar Galerisi** (Galería de Bellas Artes; plano

p. 356; gratis; ⊙10.00-19.00), con exposiciones temporales. Al lado hay dos **'türbe'** (tumbas; plano p. 356) de finales del s. XIV. La gran plaza que hay al oeste con la **estatua ecuestre de Atatürk** es Cumhuriyet Meydanı.

Kaleiçi ZONA HISTÓRICA
El barrio histórico de Antalya empieza en la plaza principal, llamada **Kale Kapısı** (puerta de la fortaleza), que cuenta con una antigua **torre del reloj** (saat kalesi) de piedra y una **estatua de Átalo II de Pérgamo,** fundador de la ciudad. Al noreste está el **İki Kapılar Hanı,** un extenso bazar que data de finales del s. XV.

Kaleiçi

ANTALYA Y EL OESTE DEL MEDITERRÁNEO ANTALYA

Si se va hacia el sur por Uzun Çarşı Sokak, la calle frente a la torre del reloj, a la izquierda aparece la **Tekeli Mehmet Paşa Camii** (plano p. 356), una mezquita del s. XVIII construida por el entonces *beylerbey* (bey de beyes) y ampliamente renovada en 1886 y 1926. Se aconseja fijarse en las bonitas inscripciones árabes que hay en los azulejos de colores debajo de las ventanas.

Se recomienda recorrer a fondo esta zona protegida, ya que muchas de sus elegantes **casas otomanas** han sido restauradas y convertidas en pensiones, hoteles-*boutique* y tiendas. Al este, en la parte superior de Hesapçı Sokak, se halla la monumental **Hadriyanüs Kapısı** (puerta de Adriano; plano p. 356), también conocida como Üçkapılar o las "Tres Puertas", construida durante la visita del emperador romano a Antalya en el año 130 a.C.

El **puerto romano** en la base de la ladera fue el motor económico de Antalya desde el s. II a.C. hasta finales del siglo XX, cuando se construyó un nuevo puerto unos 12 km al oeste de la ciudad, en el extremo más alejado de la Konyaaltı Plajı. El puerto fue restaurado durante la década de 1980 y ahora es un puerto deportivo para yates y barcos de excursiones.

En la parte sur de Kaleiçi está el **Kesik Minare** (minarete Truncado; plano p. 356), la parte inferior de una torre que señala las ruinas de un importante edificio que tuvo muchos usos a lo largo de los siglos. Construido originalmente como templo romano del s. II, fue convertido en la iglesia bizantina de la Virgen María en el s. V y en una mezquita en 1361. En el s. XIX un incendio lo destruyó casi por completo, pero aún es posible ver desde el exterior trozos de mármol romano y bizantino.

En el extremo suroeste de Kaleiçi, en la esquina con el **Karaalioğlu Parkı** (plano p. 356), un gran y atractivo parque lleno de flores y con buenas vistas, se alza la **Hıdırlık Kalesi** (plano p. 356), una torre de 14 m en las murallas de la ciudad del s. II d.C.

Museo Suna e İnan Kiraç de Kaleiçi
MUSEO

(Plano p. 356; 243 4274; www.kaleicimuzesi. org; Kocatepe Sokak 25; entrada 3 TRY; 9.00-12.00 y 13.00-18.00 ju-ma) En el corazón de Kaleiçi, junto a Hesapçı Sokak, este pequeño pero bien diseñado museo etnográfico está en una encantadora mansión restaurada. La 2ª planta alberga una serie de dioramas a tamaño real que ilustran algunos de los rituales y costumbres más importantes de la Antalya otomana. Mucho más impresionante es la colección de cerámica de Çanakkale y Kütahya que hay en la sala de exposiciones situada detrás del edificio, en la antigua iglesia griega ortodoxa de Aya Yorgi (San Jorge), que ha sido completamente restaurada y merece una visita por sí misma.

Museo de Antalya
MUSEO

(Plano p. 355; 236 5688; Konyaaltı Caddesi 1; entrada 15 TRY; 9.00-19.30 ma-do abr-oct, 8.00-17.30 ma-do nov-mar) Por nada del mundo hay que perderse este completo museo, unos 2 km al oeste del centro y al que se puede llegar en tranvía. El museo es grande, con exposiciones en una docena de grandes salas que abarcan desde la Edad de Piedra y del Bronce hasta Bizancio, por lo que hay que reservarse mucho tiempo para visitarlo. La Sala de Excavaciones Regionales, donde se exhiben hallazgos de ciudades licias, como Patara y Xanthos, y Panfilia; la Sala de los Retratos de Mármol, con evocadores bustos que reflejan expresiones y emociones increíblemente realistas, y la sublime Sala de los Dioses, son de obligada visita.

Incluso aquellos que no estén especialmente interesados en la mitología griega se emocionarán al ver esta colección, que incluye representaciones de unos quince dioses del Olimpo, muchas de ellas en un estado casi perfecto. Muchas de las estatuas, incluida la sublime Las Tres Gracias, fueron halladas en Perge.

En la planta de arriba hay monedas y otros objetos de oro encontrados en Aspendos, Side y algunos yacimientos bizantinos. Ocupando un puesto de honor está el llamado Tesoro de Elmalı, que consta de cerca de dos mil monedas licias saqueadas de Turquía en 1984, devueltas desde EE UU 15 años más tarde y actualmente expuestas por primera vez.

'Hammams'
'HAMMAM'

Kaleiçi es un lugar genial para disfrutar de un baño turco tradicional, sobre todo en el **Balık Pazarı Hamamı** (plano p. 356; 243 6175; Balık Pazarı Sokak; 8.00-23.00), de 700 años de antigüedad, donde un baño, una exfoliación y un masaje de jabón y aceite cuestan 35 TRY (13 TRY solo el baño y la exfoliación). El **Sefa Hamamı** (plano p. 356; 241 2321; www.sefahamam.com; Kocatepe Sokak 32; 9.30-22.00), que conserva gran parte de su arquitectura selyúcida del s. XIII, ofrece más de lo mismo: un baño aquí cuesta 15 TRY, y el servicio completo, 35 TRY. Ambos *hammams* tienen secciones separadas para hombres y mujeres.

Excursiones en barco y 'rafting'
ACTIVIDADES

Los yates de excursiones amarran en el puerto romano de Kaleiçi. Algunas excursiones van hasta Kemer, Phaselis, Olympos, Demre (Kale) e incluso Kaş. Se puede optar por una excursión de una/dos horas (20/35 TRY) o un viaje de seis horas (60 TRY con almuerzo) que visita Kemer y Phaselis, las islas del golfo de Antalya y algunas playas para bañarse.

Muchas agencias de viajes ofrecen *rafting* en aguas bravas por el cañón de Köprülü (50 TRY aprox.).

✦ Fiestas y celebraciones

El evento anual más destacado es el **Festival de Cine Naranja de Oro** (Altın Portakal Film Festivalı; www.altinportakal.org.tr), a principios de octubre. Otro evento internacionalmente reconocido es el **Festival Internacional de Piano de Antalya** (Antalya Uluslararası Piyano Festivalı; www.antalyapianofestivali.com), que se celebra en el **Centro de Cultura de Antalya** (Antalya Kültür Merkezi; 238 5444; 100 Yıl Bulvarı), al oeste del centro urbano.

🛏 Dónde dormir

El mejor sitio para alojarse es el casco antiguo de Kaleiçi (plano p. 356), un barrio prácticamente sin vehículos donde hay todo lo que uno pueda necesitar, incluidas algunas de las mejores casas de huéspedes de Turquía. Puede ser complicado orientarse por las serpenteantes calles de Kaleiçi, pero en muchas esquinas hay letreros que señalan el camino hacia muchas de las pensiones.

Tuvana Hotel
HOTEL-'BOUTIQUE' €€€

(Plano p. 356; ✆247 6015; www.tuvanahotel.com; Karanlık Sokak 18; i y d 140-300 €; ✳@◉▣) Este discreto complejo de seis casas otomanas ha sido convertido en un refinado hotel urbano con 46 habitaciones y suites, y en uno de los hoteles más bonitos e íntimos de la costa turca mediterránea. La sofisticación del hotel se personifica en sus dueños, Nermin y Aziz, que se ocupan de todo con precisión y elegancia. Las habitaciones son apropiadamente lujosas, con kílims, ropa blanca de cama, apliques de luz y comodidades modernas, como reproductores de DVD. La piscina es otro punto a su favor en los meses más calurosos, y su restaurante principal, el Seraser, es de primera clase.

White Garden Pansiyon
PENSIÓN €

(Plano p. 356; ✆241 9115; www.whitegardenpansion.com; Hesapçı Geçidi 9; i/d 35/45 TRY; ✳@◉) Sus 15 habitaciones combinan pulcritud y elegancia más allá de su precio, con un impecable servicio de Metin y su personal. El edificio está bellamente restaurado, y el patio es encantador. Los huéspedes pueden utilizar la piscina del **Secret Palace** (✆244 1060; www.secretpalacepansion.com; Fırın Sokak 10; i/d 45/60 TRY; ✳@◉), una casa otomana reconvertida detrás de la White Garden con 11 habitaciones con nevera.

Villa Perla
PENSIÓN €€

(Plano p. 356; ✆248 9793; Hesapçı Sokak 26; i/d 100/160 TRY; ✳@▣) Auténtico alojamiento otomano en un patio con piscina y tortugas junto a Hesapçı Sokak. Sus 10 confortables habitaciones están al final de una escalera que empieza con un escalón de piedra del s. XII, sus techos de madera son originales y algunas habitaciones tienen camas con dosel y armarios pintados de forma tradicional. En su restaurante ofrece *meze* caseros.

Mediterra Art Hotel
HOTEL-'BOUTIQUE' €€

(Plano p. 356; ✆244 8624; www.mediterraart.com; Zafer Sokak 5; i 52-84 €, d 69-126 €; ✳@◉▣) Esta elegante obra maestra de madera y piedra antaño albergó una taberna griega (se aconseja fijarse en los frescos y grafitos del s. XIX de la pared del restaurante). Tiene una moderna piscina, un maravilloso comedor de invierno y habitaciones pequeñas pero modestamente lujosas. En la planta superior, a la que se llega por unas antiguas escaleras de piedra, hay una pequeña galería de arte.

Sabah Pansiyon
PENSIÓN €

(Plano p. 356; ✆247 5345; www.sabahpansiyon.8m.com; Hesapçı Sokak 60; dc/i/d sin ducha 20/30/40 TRY, i/d con ducha 35/45 TRY; ✳@◉) Durante mucho tiempo uno de los favoritos de los viajeros con poco presupuesto, tiene 22 habitaciones muy diferentes entre sí, por lo que se aconseja pedir ver un par. Los hermanos Sabah lo dirigen con aplomo, mientras que su madre se ocupa de la cocina. Uno de sus atractivos es su patio a la sombra, ideal para relacionarse con otros viajeros.

Antalya Hostel
ALBERGUE, PENSIÓN €

(Plano p. 356; ✆248 9723; www.antalyahostel.com; Hesapçı Sokak 54; dc/i/d/tr 25/50/75/90 TRY; ✳@) Nuevo alojamiento muy atractivo y con buenos precios más abajo del Kesik Minare. Tiene 14 habitaciones, incluido un dormitorio con cuatro camas. Las habitaciones están amuebladas de forma sencilla pero elegante y algunas (las habitaciones nº 205 y 206) tienen vistas al mar. Los huéspedes pueden utilizar la piscina del hotel Blue Sea Garden.

Mavi & Anı Pansiyon
PENSIÓN €

(Plano p. 356; ✆247 0056; www.maviani.com; Tabakhane Sokak 26; i/d 50/70 TRY; ✳@) Casa otomana encantadoramente renovada con 15 habitaciones, algunas abuhardilladas, y zonas comunes con antiguos muebles anatolios y baratijas. Se aconseja pedir una habitación individual o doble con terraza y vistas al mar. En la planta superior tiene una gran habitación familiar (150 TRY).

Hotel Blue Sea Garden
HOTEL €€

(Plano p. 356; ✆248 8213; www.hotelblueseagarden.com; Hesapçı Sokak 65; i/d 60/90 TRY; ✳@◉▣) Su principal punto a favor es su piscina en un frondoso patio, imprescindible durante el calor del verano. Las habitaciones, con pequeños baños, no son nada del otro mundo, pero las que están en la planta superior son más tranquilas. Su restaurante recibe buenas críticas.

Kaleiçi Lodge
HOTEL-'BOUTIQUE' €€€

(Plano p. 356; ✆243 2270; www.kaleicilodge.com; Hesapçı Sokak 37; i/d 120/180 TRY; ✳@) Elegante y céntrico hotel con 14 habitaciones. Su vestíbulo bastante austero da a un patio abarrotado de objetos curioso, y los pasillos conducen a habitaciones de líneas rectas, con cortinas rojas y mucho hierro forjado y madera antigua. La suite con dos dormitorios de la planta superior está llena de antigüedades y tiene un *jacuzzi*.

La Paloma Hotel
HOTEL €€

(Plano p. 356; ☑244 8497; www.lapalomapan sion.com; Tabakhane Sokak 3; i/d 70/100 TRY; ✱@☒) Ligeramente apartado del bullicio, y aún más atractivo por ello, tiene 14 habitaciones sorprendentemente grandes para tratarse de un edificio otomano reconvertido. Las mejores dan al interior, a una piscina en forma de ocho. Algunas tienen ventiladores de techo.

Atelya Art Hotel
HOTEL €€

(Plano p. 356; ☑241 6416; www.atelyahotel.com; Civelek Sokak 21; i/d 70/100 TRY; ✱@) Este excéntrico hotel con 30 habitaciones de inspiración artística en dos edificios antiguos y dos más nuevos se esfuerza por detener el tiempo. El propietario exhibe su variada muestra de obras en las paredes, pero es el esplendor sultánico de sus telas de suntuosos colores y de sus bonitos muebles lo que mejor captura el espíritu otomano. Es una excelente opción de precio medio.

Otantik Butik Otel
HOTEL-'BOUTIQUE' €€€

(Plano p. 356; ☑244 8530; www.otantikbutikotel. com; Hesapçı Sokak 14; i/d 160/200 TRY; ✱@) Esta casa otomana convertida en hotel-*boutique* es única en cuanto a autenticidad. Tiene 10 habitaciones elegantes pero sencillas y más bien pequeñas. Su restaurante tiene una bodega bien surtida.

Marina Residence
HOTEL DE LUJO €€€

(Plano p. 356; ☑247 5490; www.marinaresidence. net; Mermerli Sokak 15; i/d 110/130 €; ✱☒) Lejos del bullicio, ha sido conocido como uno de los mejores hoteles de Antalya durante más de dos décadas. Sus 41 habitaciones han sido renovadas y ocho de ellas dan al puerto deportivo, al oeste. Tiene una piscina al aire libre con una pared de cristal en un lado que permite a los clientes del café ver lo que pasa en el agua.

✖ Dónde comer

En la zona del puerto y sus alrededores hay una variedad casi infinita de cafés y restaurantes. Para comer barato, hay que cruzar Atatürk Caddesi hasta el barrio comercial.

Seraser
MEDITERRÁNEA, TURCA MODERNA €€€

(Plano p. 356; www.seraserrestaurant.com; Tuvana Hotel, Karanlık Sokak 18; platos principales 28-45 TRY) El emblemático restaurante del hotel Tuvana, y probablemente el mejor de la ciudad, ofrece platos internacionales con un toque mediterráneo en un entorno otomano especialmente exquisito, con sillas estilo pachá y una lámpara de araña con cuentas de cristal. Se aconseja probar el mero con romero e hinojo marino o la codorniz glaseada con miel de mostaza. Su *crème brûlée* de café turco es legendaria.

Parlak Restaurant
ANATOLIA €€

(Plano p. 356; ☑241 6553; www.parlakrestaurant. com; Zincirli Han, Kazım Özlap Caddesi 7; platos principales 8-20 TRY) Frente al bazar de joyas y junto a la peatonal Kazım Özlap Caddesi, este restaurante con patio al aire libre en un antiguo caravasar es frecuentado por locales y famosos por su pollo asado a fuego lento (una mitad 8 TRY) y sus excelentes *meze*.

Sim Restaurant
RESTAURANTE €€

(Plano p. 356; ☑248 0107; Kaledibi Sokak 7; platos principales 12,50-20 TRY) Este sencillo pero acogedor restaurante ofrece una experiencia única gracias a una variada gama de zonas para comer. Cuando hace bueno se puede comer bajo el toldo del estrecho callejón de delante, junto a las antiguas murallas bizantinas. Dentro, los grafitos le dan un toque juvenil, mientras que en la planta de arriba las eclécticas antigüedades complementan sus *köfte*, sus ensaladas de judías blancas y sus gloriosas *cobra* (sopas).

Hasanağa Restaurant
RESTAURANTE-BAR €€

(Plano p. 356; ☑247 1313; Mescit Sokak 15; platos principales 15-20 TRY) Los viernes y sábados por la noche, cuando hay actuaciones de músicos y bailarines tradicionales turcos a partir de las 20.00, su zona de comedor ajardinado suele estar abarrotada. Sus platos son predecibles –*köfte*, parrilladas variadas y platos similares–, pero también tiene algunos platos vegetarianos (15 TRY aprox.).

Vanilla
INTERNACIONAL €€

(Plano p. 356; ☑247 6013; Zafer Sokak 13; platos principales 20-30 TRY) Destacado local ultramoderno dirigido por el chef británico Wayne y su esposa turca, Emel. Las superficies de cristal y las sillas de cuero color vainilla proporcionan un ambiente cálido y sin pretensiones que permite concentrarse en la carta de platos internacionales con influencias francesas e italianas.

Club Arma
MARISCO €€€

(Plano p. 355; ☑244 9710; www.clubarma. tr; Yatliman 42; platos principales 30-49 TRY) En un antiguo tanque de petróleo construido en la ladera del acantilado por encima del puerto, este caro restaurante de pescado está especializado en *meze* (presentados en una bandeja para que el cliente pueda elegir) y en pescado. Tal como su nombre sugiere, también funciona como club nocturno, y es uno de los locales más *sexies* de Antalya para tomarse un *gin-tonic*. Su fabulosa terraza al aire libre está por encima del mar.

Villa Perla
RESTAURANTE FAMILIAR €€

(Plano p. 356; ☑248 9793; Hesapçı Sokak 26; platos principales 13-21 TRY) Este tranquilo y pequeño restaurante con jardín, anexo a una popular pensión, tiene un plato de *meze* famoso a nivel local (14 TRY) preparado por la anfitriona, y nueve platos de conejo (17 TRY aprox.), entre otras cosas.

7 Mehmet Restaurant
TURCO MODERNO €€€

(☑238 5200; www.7mehmet.com; Atatürk Kültür Parkı 333; *meze* 5-9 TRY, platos principales 12-30 TRY; ☺12.00-24.00) El restaurante más famoso de Antalya está un par de kilómetros al oeste del centro, y sus espaciosos comedores interior y al aire libre ocupan una colina con vistas a la Konyaaltı Plajı y a la ciudad. Su carta bastante convencional incluye platos principales a la parrilla, pescado y *meze;* el viajero puede pedir que le dejen echar un vistazo a la enorme cocina.

Gül Restoran
RESTAURANTE €€

(Plano p. 356; ☑243 2284; Kocatepe Sokak 1; platos principales 13-24 TRY) Íntimo restaurante con jardín, a la sombra de los famosos naranjos de Antalya, muy popular entre las parejas de viajeros alemanes. Sus *meze* (4 TRY) –tiene siete diferentes cada día– son muy famosos. Está en el extremo de Atatürk Caddesi.

Can Can Pide ve Kebap Salonu
'KEBAPÇI' €

(Plano p. 355; ☑243 2548; Arık Caddesi 4/A; *pide* 3-4 TRY, *dürüm* 5-6 TRY; ☺9.00-23.00 lusa) Si se busca algo barato y alegre, este es el sitio ideal. Sirve platos de *çorba* (sopa), *pide* y Adana *dürüm* (kebab de ternera enrollado en pan de *pitta*) fantásticamente preparados a precios de ganga. Está frente al Plaza Cinema.

Konukzade Konağı
LOCAL €€

(Plano p. 356; ☑244 7456; Hıdırlık Sokak 20-22; platos principales 13-21 TRY) Atractivo restaurante de estilo casero, dirigido por una amable expatriada holandesa, con sofás, obras de arte y un jardín en la parte delantera. Ofrece platos turcos a precios razonables, además de una afamada *appeltaart* (tarta de manzana; 5 TRY).

Ottoman Garden
CAFÉ-BAR €€

(Plano p. 356; ☑248 8890; Kocatepe Sokak 4-6; platos 10 TRY; ☺9.00-24.00) Este encantador café-bar al aire libre ofrece bebidas y narguile así como sencillos platos a la parrilla, como *şiş* kebab.

Güneyliler
'KEBAPÇI' €€

(Plano p. 355; ☑241 1117; 4 Sokak 12/A; comidas 9-12 TRY) Con su interior tipo cafetería, en este establecimiento de precios razonables frecuentado solo por locales no hay mucho que ver. Sin embargo, la *lahmacun* (*pizza* de estilo turco; 6 TRY), cocinada en horno de leña, y los kebabs se sirven con tantos extras gratis que siempre se quiere volver. Si el viajero se pierde, puede preguntar cómo llegar en el hotel Best Western Khan, en Kazım Özlap Caddesi 55.

Paul's Place
CAFÉ €

(Plano p. 356; ☑244 6894; www.stpaulcc-turkey. com; Yeni Kapı Sokak 24; café con leche 4 TRY, pasteles 3,5 TRY; ☺10.00-18.00 lu-vi; ☎) 'Club' informal de expatriados en la 2ª planta del Centro Cultural St Paul. Se aconseja disfrutar de su café exprés o de cafetera de filtro y de sus pasteles caseros. Tiene una biblioteca de préstamo con 2500 libros.

Hesapçı Lounge
CAFÉ, PASTELERÍA €

(Plano p. 356; ☑247 6013; Zafer Sokak 13; helados 3,50 TRY, pasteles 7,50 TRY; ☺9.00-1.00; ☎) Junto al restaurante Vanilla y dirigido por la misma gente, este elegante café ofrece helados importados Mövenpick y una genuina cafetera Lavazza para los que estén cansados del café turco.

🍷 Dónde beber y ocio

Kaleiçi tiene mucho que ofrecer tras el anochecer. Hay bulliciosas cervecerías al aire libre con vistas impagables, locales con todo tipo de música en directo desde *rock* hasta *türkü* (música tradicional turca) y atrevidos clubes y discotecas donde las bebidas son escandalosamente caras y las prostitutas rusas trabajan a su antojo. Tanto el Club Arma como el Hasanağa Restaurant se ponen sus galas de fiesta tras servir el último postre.

Kale Bar
BAR

(Plano p. 356; ☑248 6591; Mermerli Sokak 2; cerveza 8 TRY; ☺11.00-2.00) Este bar con terraza pegado al hotel CH Tükevi puede que tenga las vistas más espectaculares del puerto y el mar de toda Antalya. El precio de los cócteles es acorde (15-22 TRY).

SERVICIOS DESDE LA 'OTOGAR' DE ANTALYA

DESTINO	TARIFA (TRY)	DURACIÓN (H)	DISTANCIA (KM)	FRECUENCIA (DIARIA)
Adana	40	11	565	Varios autobuses
Alanya	15	3	135	Cada 20 minutos
Ankara	45	8	555	Frecuentes
Çanakkale	65	12	770	Varios
Denizli (Pamukkale)	25	4	225	Varios
Eğirdir	25	3½	195	Cada hora
Fethiye (costa)	25	7½	285	Varios
Fethiye (interior)	18	4	200	Varios
Göreme/Ürgüp	40	9	485	Frecuentes
Estambul	70	11½	785	Frecuentes
İzmir	40	8	470	Varios
Kaş	16	3½	188	Frecuentes
Kemer	7	1½	55	Cada 15 minutos
Konya	25	5	305	Varios
Marmaris	40	6	365	Varios
Olympos/Çıralı	13	1½	80	Varios microbuses y autobuses
Side/Manavgat	15	1½	65	Cada 20 minutos en temporada alta

Terrace Bar   BAR-CAFÉ
(Plano p. 356; Hıdırlık Sokak; cerveza 5 TRY, café 4 TRY; ☺8.00-24.00) Por encima de los acantilados al final de Hesapçı Sokak y frente al Hıdırlık Kalesi, este bar ofrece bebidas y vistas espectaculares.

Dem-Lik   BAR-CAFÉ
(Plano p. 356; ☎247 1930; Hesapçı Sokak 16; cerveza 4 TRY, café 4 TRY; ☺12.00-24.00) Situado en un gran jardín detrás de altos muros de piedra, aquí es donde los universitarios de Antalya planean cambiar el mundo entre cervezas heladas mientras escuchan *rock* y *blues*.

Bar Nokta   BAR-CAFÉ
(Plano p. 356; ☎247 4054; Yeni Kapı Sokak 9-11; cerveza 4 TRY, café 4 TRY; ☺8.00-24.00) Contiguo a un centro cultural local en la planta superior de una renovada casa otomana, este es un discreto bar de barrio y un buen lugar para empezar una noche de fiesta.

Kralın Bahçesi   MÚSICA EN DIRECTO
(Plano p. 356; ☎248 4766; Paşa Camii Sokak 33; ☺7.00-3.00) Café con pipas de agua por el día y local de música *rock* y pop en directo por la noche, este es un excelente local a cualquier hora del día.

Filika   MÚSICA EN DIRECTO
(Plano p. 356; ☎244 8266; Mescit Sokak 46; ☺20.00-1.00 do-ju, 21.00-2.00 vi y sa) Este local de *türkü* (música tradicional turca) por encima de Mescit Sokak en el centro de Kaleiçi atrae a una genial y joven clientela turca.

Rock Bar   CLUB, MÚSICA EN DIRECTO
(Plano p. 356; junto a Uzun Çarşi) Esta oscura taberna ofrece una vuelta a la época del *grunge*, con grupos locales que tocan versiones de clásicos del *rock* alternativo. Está bajando por un callejón al otro lado de la calle de donde está el Natta Travel Centre, en Uzun Çarşi Sokak; a su izquierda hay un lugar de excavación.

Club Ally   CLUB
(Plano p. 356; ☎247 3824; Sur Sokak 4-8; entrada 20 TRY) Enorme discoteca al aire libre en el puerto, con nueve barras, luces láser y un sistema de sonido capaz de perforar los tímpanos a través del que suenan canciones comerciales de moda y *hip-hop*. Lo mejor es visitarlo bien entrada la noche,

cuando se puede ver una gran cantidad de cuerpos bonitos dando vueltas alrededor de la barra circular de la pista de baile.

ℹ Información

Librerías

Owl Bookshop (plano p. 356; ☎0532 632 3275; owlbookshop@yahoo.com; Kocatepe Sokak 9; ⊘10.00-19.00 lu-sa) Esta librería de segunda mano al sur de la puerta de Adriano está muy bien surtida.

Acceso a Internet

Rıhtım Cafe (plano p. 356; 1 TRY/h; ⊘9.00-24.00) Café con narguiles y una docena de ordenadores al norte de Cumhuriyet Meydanı.

Solemar Internet Cafe (plano p. 355; 1 TRY/h; ⊘8.00-23.00) Pequeño espacio con 18 ordenadores al este de la puerta de Adriano.

Información en la Red

Antalya Guide (www.antalyaguide.org) Completo sitio web con todo tipo de información, desde el tiempo hasta los canales de TV.

Antalya Times (www.antalyatimes.com) Sitio web de una publicación mensual gratis y útil que puede conseguirse por toda la ciudad.

Información turística

Oficina de turismo (plano p. 355; ☎241 1747; Anafatlar Caddesi 31; ⊘8.00-18.00 lu-vi) Oficina con horario de banco al norte del centro comercial Seleker y de la parada del tranvía.

ℹ Cómo llegar y salir

Avión

El concurrido aeropuerto de Antalya está 10 km al este del centro urbano en la carretera D400. En él hay un puesto de información turística y varios mostradores de agencias de alquiler de automóviles. Turkish Airlines y su línea aérea regional de bajo coste Anadolu tienen alrededor de una docena de vuelos diarios sin escala durante todo el año a/desde Estambul (60-100 TRY solo ida) y cuatro a/desde Ankara (30-165 TRY).

Autobús

La *otogar*, unos 4 km al norte del centro urbano en la carretera D650, consta de dos grandes terminales frente a un parque. Si se mira la *otogar* desde la carretera principal o desde su aparcamiento, la Şehirlerarası Terminalı (terminal interurbana), que ofrece servicios de larga distancia, queda a la derecha. La Ilçeler Terminali (terminal doméstica), que ofrece servicios a destinos cercanos, como Side y Alanya, queda a mano izquierda. Los autobuses a Olympos y Kaş salen desde una parada que hay al otro lado de la calle de donde está el hotel Sheraton Voyager Antalya, al oeste del centro.

ℹ Cómo desplazarse

El original tranvía de un sola vía y 6 km de longitud (1,20 TRY) tiene 10 paradas y ofrece la forma más sencilla de cruzar la ciudad. Sale cada media hora entre las 7.00 y las 21.00. Se paga al subir y se sale por la puerta de atrás. Aunque hay planes para ampliarlo, de momento el tranvía circula desde el Museo de Antalya (la parada del Müze es la más cercana a la Konyaaltı Plajı) pasando por Konyaaltı Caddesi, Cumhuriyet Caddesi, Atatürk Caddesi y Isıklar Caddesi.

Una línea de tranvía de doble vía con 15 estaciones, llamada AntRay e inaugurada a principios del 2009, conecta las zonas al norte de la ciudad con el sur y la costa, y resulta útil para la gente que va a trabajar pero no para los viajeros (aunque puede ser de ayuda para desplazarse a/desde la *otogar*). Las dos líneas de tranvía de momento no están conectadas, aunque la parada de İsmet Paşa del AntRay está a un corto paseo de la céntrica parada del tranvía de Kale Kapısı.

A/desde el aeropuerto

Los Havaş (10 TRY) salen desde el aeropuerto de Antalya cada 30 minutos. Los pasajeros pueden apearse en el hotel Sheraton Voyager Antalya o en Kale Kapısı, nada más salir de Kaleiçi. Para volver al aeropuerto hay que tomar el autobús lanzadera al aeropuerto en Cumhuriyet Caddesi (se puede tomar el tranvía desde la parada de Selekler).

A/desde la estación de autobuses

El autobús azul y blanco Terminal Otobusu 93 (1 TRY) va a Atatürk Caddesi, en el centro, cada 20 minutos desde la cochera que hay cerca de la parada de taxis; el trayecto dura cerca de una hora. Para ir de Kaleiçi a la *otogar*, hay que salir por la puerta de Adriano, girar a la derecha y esperar en cualquiera de las paradas de autobús de Atatürk Caddesi.

Si se tiene prisa, el nuevo AntRay tiene una parada llamada Otogar en la estación de autobuses, a ocho paradas de la céntrica parada de İsmet Paşa, nada más salir de Kaleiçi. El problema es que hay que cruzar una carretera muy transitada para poder tomarlo.

Un taxi entre la *otogar* y Kaleiçi cuesta entre 18 y 22 TRY.

Alrededores de Antalya

Antalya es una base excelente para hacer excursiones a los antiguos yacimientos de Phaselis, Termessos, Perge, Aspendos y Selge. Sin embargo, si se viaja estrictamente por la costa, se puede ahorrar mucho tiempo visitando Phaselis de camino a/desde Olympos o Kaş. Del mismo modo, visitar

Perge y Aspendos resulta más sencillo cuando se viaja a/desde Side o Alanya.

Hay una amplia gama de agencias de viajes en el barrio de Kaleiçi que ofrecen circuitos, incluidas algunas pequeñas como **Yunaya Travel** (plano p. 356; ☑ 247 9971; www.yunayatour.com; Uzun Çarşı Sokak 15/B; ⊙ 9.00-21.00). Un circuito de todo el día a Termessos con parada en las Düden Şelalesi (cascadas del Düden) cuesta 60 TRY con almuerzo incluido. Los circuitos a Perge y Aspendos con desvíos a Side y a la cascada del Manavgat cuestan 90 TRY. Hay muchas agencias de alquiler de automóviles, incluida **Gaye Rent a Car** (☑ 247 1000; www.gayerentacar.com; İmaret Sokak), que alquila automóviles por entre 50 y 70 TRY (vespas 30-35 TRY) por día.

TERMESSOS

Oculta en lo alto de un escarpado valle de montaña, 34 km al noroeste de Antalya, se halla la extensa ciudad en ruinas de **Termessos** (entrada 10 TRY; ⊙ 8.00-19.00 may-oct, 8.30-17.00 nov-abr). Sus habitantes no eran griegos ni licios, sino pisidios, gente fiera y propensa a pelear. Los pisidios lograron rechazar los ataques de Alejandro Magno en el 333 a.C., y en el año 70 a.C. los romanos aceptaron (quizá sabiamente) los deseos de Termessos de permanecer como un aliado independiente.

Termessos está desperdigada y para visitarla hace falta escalar por rocas sueltas y subir por empinados caminos bien señalados. Para explorarla hacen falta al menos dos horas; si se quiere ver todo, se necesitan unas cuatro horas. Se aconseja llevar mucha agua.

Los primeros restos que aparecen al final de la carretera de acceso (King's Rd) están en el aparcamiento. El portal que hay en la loma al oeste fue en otra época la entrada al **templo de Artemisa-Adriano** y al **propileo de Adriano.** Desde allí hay que seguir el empinado camino hacia el sur, y el viajero verá los restos de las murallas de la parte baja de la ciudad a ambos lados y atravesará la puerta de la ciudad antes de llegar, en unos 20 minutos, al **gimnasio inferior** y a los **baños,** a la izquierda. Un poco más allá, a la derecha, están las **murallas de la parte alta de la ciudad** y la **calle columnada.** A continuación, el **ágora superior** y sus cinco grandes **cisternas** son un lugar ideal para explorar poco a poco y disfrutar de un poco de sombra. Luego, se puede seguir hasta el cercano **teatro,** ubicado en un emplazamiento absolutamente espectacular en lo alto de una cima, rodeado de una cordillera montañosa que parece mucho más cerca de lo que está; desde allí se puede ver Antalya en los días despejados. Al suroeste del teatro está el **'bouleuterion',** de piedra caliza tallada, pero hay que ir con cuidado cuando se suba por los desmoronados **templo de Artemisa** y **templo de Zeus,** al sur del *bouleuterion*.

La **necrópolis meridional** está en lo alto del valle, a 3 km (una hora a pie) del aparcamiento. Desde lejos ofrece una visión bastante inquietante de sarcófagos que parecen haber sido lanzados indiscriminadamente ladera abajo por dioses enfurecidos. En realidad, los causantes de tal desorden han sido los terremotos y los ladrones de tumbas.

El **Parque Nacional de Termessos** (Termessos Milli Parkı), que rodea el yacimiento, está repleto de flora y fauna, incluidas cabras montesas, ciervos moteados, águilas reales y 680 especies de plantas, 80 de ellas endémicas. En la entrada, el pequeño **Museo de la Flora y la Fauna** contiene un poco de información sobre la ciudad en ruinas así como sobre la flora y la fauna de la zona circundante.

Termessos

0 —————— 200 m

- A Antalya (34km)
- Templo de Artemisa-Adriano y propileo de Adriano
- Puerta de Adriano
- Cisterna
- Murallas de la parte baja de la ciudad
- Tumba tallada en la roca
- Puerta de la ciudad
- Murallas de la parte baja de la ciudad
- Calle columnada
- Murallas de la parte alta de la ciudad
- Gimnasio y baños
- Tumba de Alcetas
- Casa termesia
- Edificio sin catalogar
- Stoa de Attalos
- Stoa de Osbaras
- Teatro
- Templo corintio
- Ágora
- Heroon
- Ágora superior
- Gimnasio superior
- A la necrópolis meridional (2km)
- Bouleuterion
- Templo de Zeus
- Templo de Artemisa

ℹ Cómo llegar y salir

Los circuitos en taxi desde Antalya cuestan unos 90 TRY, y las excursiones unos 60 TRY. Una opción más barata es tomar un autobús desde la *otogar* de Antalya en dirección a Korkuteli y apearse en la entrada al parque nacional. Los taxis que esperan allí en temporada alta pueden llevar al viajero hasta las ruinas (9 km por la King's Rd) y traerlo de vuelta por 25 TRY.

CUEVA DE KARAIN

Los arqueólogos (que excavaron el yacimiento por primera vez entre 1946 y 1973), creen que la cueva de Karain (Karain Mağarası), el asentamiento más antiguo de Turquía, 12 km al noreste de Termessos, ha estado habitado de forma continua durante veinticinco mil años. Gran parte de lo que se ha descubierto, incluidas puntas de flecha y hachas de piedra, está ahora en el Museo de Antalya y en el Museo de las Civilizaciones Anatolias de Ankara, aunque in situ hay un **museo** (entrada 3 TRY; ⏰9.00-19.30 abr-oct, 8.00-17.00 nov-mar) con una pequeña pero interesante colección de dientes y huesos, incluidos fragmentos de huesos del hombre de Neandertal y el cráneo de un niño encontrado en la cueva. Excavaciones más recientes sugieren que la cueva fue utilizada como templo a finales de la época romana.

La entrada a la cueva está 250 m (y 230 escalones) colina arriba, detrás del aparcamiento y del museo.

ℹ Cómo llegar y salir

Con vehículo propio se pueden visitar fácilmente en el mismo día Termessos y Karain; un circuito en taxi que combine ambos yacimientos cuesta unos 100 TRY. Bajando desde Termessos, hay que tomar la carretera de Karain a la salida del parque nacional y seguir los carteles. Desde Antalya es el siguiente desvío a la izquierda (en dirección a Döşemealtı) después de la carretera E87/D350 a Korkuteli.

PERGE

Unos 17 km al este de Antalya y 2 km al norte de Aksu en la carretera D400, **Perge** (entrada 15 TRY; ⏰9.00-19.00 abr-oct, 8.30-17.00 nov-mar) fue una de las ciudades más importantes de la antigua Panfilia. La ciudad vivió dos épocas doradas: durante el período helenístico en los ss. II y III a.C. y durante la época romana en los ss. II y III d.C. (época de la que datan la mayor parte de las ruinas). Los arqueólogos turcos iniciaron las excavaciones en 1946 y unas cuantas de las estatuas que descubrieron, muchas de ellas

Acrópolis

Ninfeo septentrional

Palaestra

⊙ Baños septentrionales

Basílica septentrional

Canal de agua

Antiguas tiendas

Murallas de la ciudad

Murallas de la ciudad

Calle columnada

Puerta helenística

Propileo y baños meridionales

Ágora

Ninfeo meridional

Basílica oriental

Muralla meridional posterior

Puerta romana

Teatro

Estadio

Taquilla y cafetería

P

P

A la carretera (2km); Aksu (2km)

en magníficas condiciones, pueden verse en el Museo de Antalya.

El **teatro,** con capacidad para 14 000 personas, y el **estadio,** con capacidad para 12 000, aparecen a lo largo de la carretera de acceso antes de llegar al yacimiento en sí; ambos están actualmente cerrados. Dentro del yacimiento, se puede cruzar la enorme **puerta romana** con sus cuatro arcos; a la izquierda está el **ninfeo meridional** y unos **baños** bien conservados, y a la derecha está la gran **ágora** en forma de cuadrado. Más allá de la **puerta helenística,** con sus dos grandes torres, se encuentra la genial **calle columnada,** donde aún se alza una impresionante colección de columnas.

La fuente de agua del estrecho canal cóncavo que baja por el centro de la calle columnada era el **ninfeo septentrional,** que data del s. II d.C. Desde allí se puede seguir un camino hasta la cresta de la colina, donde está la **acrópolis.** Las ruinas de esta zona datan de la época bizantina, cuando muchos de los habitantes de la ciudad se refugiaron aquí tras los ataques de los invasores a las tierras llanas que hay por debajo.

ℹ Cómo llegar y salir

Desde la *otogar* de Antalya hay *dolmuşes* a Aksu (2 TRY, 30 min, 15 km) hasta 15 veces al día. Luego se pueden recorrer fácilmente los 2 km en dirección norte que hay hasta las ruinas. Una excursión tanto a Perge como a Aspendos desde Antalya debería costar unos 90 TRY.

ASPENDOS

La gente llega en masa a este yacimiento antiguo cerca de la actual aldea de Belkıs por un motivo: ver el formidable **teatro** (entrada 15 TRY, aparcamiento 5 TRY; ☺9.00-19.00 abr-oct, 8.00-17.30 nov-mar) de la antigua ciudad, considerado el teatro romano mejor conservado de la antigüedad.

El teatro fue construido por los romanos durante el reinado del emperador Marco Aurelio [61-80 d.C.], y fue utilizado como caravasar por los selyúcidas en el s. XIII. Aunque la época dorada de Aspendos solo duró del s. II al III d.C., la historia de la ciudad se remonta hasta el Imperio hitita (800 a.C.).

Tras visitar la zona a principios de la década de 1930, Atatürk declaró que Aspendos era un ejemplo demasiado hermoso de arquitectura clásica para permanecer en desuso. Tras una restauración que no complació a muchos historiadores, el teatro, con capacidad para 15 000 personas, empezó a albergar representaciones de ópera, conciertos y otros eventos hasta el día de hoy. Se aconseja aprovechar la oportunidad de asistir a cualquier espectáculo en el teatro; la acústica es excelente y el ambiente que se respira por la noche es sublime.

Las ruinas de la antigua ciudad son bastante extensas, e incluyen un **estadio**, un **ágora** y una **basílica** del s. III, pero en ellas hay poco que ver. Para llegar hay que seguir el sendero que hay a la derecha de la salida del teatro. Al norte están los restos del **acueducto** de la ciudad; para llegar hasta él desde el teatro hay que seguir el sendero de la izquierda en dirección a "Theatre Hill" y tomar la bifurcación señalizada como "Aqueduct".

★ Fiestas y celebraciones

El internacionalmente aclamado **Festival de Ópera y Ballet de Aspendos** (Aspendos Opera ve Bale Festivalı; www.aspendosfestival. gov.tr) se celebra en junio en el teatro romano. Las entradas pueden comprarse en los quioscos que hay frente al teatro y junto al museo de Side. No hay que confundir este evento con el **Fuego de Anatolia** (www. fireofanatolia.com), un espectáculo multimedia bastante malo que se representa en temporada en el moderno Estadio Gloria

de Aspendos, a mano izquierda según uno se aproxima al antiguo teatro.

ℹ Cómo llegar y salir

Aspendos está 47 km al este de Antalya. Si se va en automóvil, hay que ir hasta el río Köprü, donde se puede echar un vistazo al puente peraltado selyúcida de siete arcos que data del s. XIII y que fue restaurado entre 1996 y 1999. Luego, hay que girar a la izquierda (al norte) por la orilla oeste del río siguiendo los carteles hacia Aspendos.

Desde Antalya, los microbuses (8 TRY) a Manavgat pueden dejar al viajero en la salida de Aspendos, desde donde se pueden recorrer a pie los 4 km restantes hasta el yacimiento (45 min) o hacer autostop. Los taxis que esperan en la salida de la carretera pueden llevar al viajero hasta el teatro por 20 TRY, o, si no, se puede hacer un circuito en taxi o unirse a una excursión desde Antalya por 90 TRY, con parada en ruta en Perge.

SELGE Y KÖPRÜLÜ KANYON

Las ruinas de la antigua Selge (Zerk en turco) están desperdigadas por la aldea de Altınkaya, en lo alto del Taurus, 12 km por encima del espectacular Köprülü Kanyon y dentro de un parque nacional con picos de hasta 2500 m.

Mientras se explora la aldea y sus ruinas, hay que tener presente que antaño Selge llegó a tener 20 000 habitantes. Debido a su elevada ubicación, sus murallas y los barrancos de los alrededores, aproximarse sin ser detectado no era tarea fácil, por lo que la ciudad puedo rechazar a la mayoría de los invasores. Sin embargo, los romanos finalmente se hicieron con el dominio del territorio y lo conservaron hasta la época bizantina.

Todavía quedan en pie unos 350 m de la muralla, pero su monumento más destacado es el **teatro**. Cerca de allí está el **ágora**.

Al pie de la cuesta, el viajero descubrirá el **puente Oluk,** con espectaculares arcos, que atraviesa un profundo cañón con el Köprü Irmağı (río del Puente) en su base. El puente ha estado en uso desde que los romanos lo construyeron.

🏃 Actividades

Alrededor del puente el viajero encontrará a habitantes del pueblo dispuestos a guiarle en excursiones colina arriba desde el Köprülü Kanyon (cañón del Puente) por la calzada romana original por unos 50 TRY; el trayecto de subida dura unas dos horas y el de bajada una hora y media. Un excelente guía que conoce la zona a fondo es Adem Bahar, con el que se puede contactar llamando al ☎0535 762 8116 o a través de la Perge Pansiyon; también organiza viajes de *rafting*.

Se pueden organizar excursiones de dos días para grupos al monte Bozburun (2504 m) y a otros puntos de la Kuyucak Dağları (cordillera de Kuyucak) por unos 100 TRY. También hay una caminata de tres días a través del Köprülü Kanyon por la ruta de San Pablo (p. 29).

Hay más de dos docenas de empresas que ofrecen **viajes de 'rafting'** por el cañón. Una de las más grandes es **Medraft** (☎312 6296; www.medraft.com), una gran empresa de aventuras con personal joven. Un día en los excelentes rápidos de nivel medio, con una clase, un viaje de cuatro horas y almuerzo, cuesta unos 50 TRY. Las pensiones que se enumeran a continuación organizan viajes de dos horas por 30 TRY.

🛏️ Dónde dormir

Hay un par de pensiones con restaurante en el lado oeste del río, unos 4 km más allá del moderno puente Karabük. La primera de ellas es la bastante tranquila **Selge Pansiyon** (☎765 3244, 0535 577 9475; i/d 35/70 TRY), que ofrece una buena relación calidad-precio y quizá sea más apropiada para familias. Mucho más atractiva y ani-

mada es la **Perge Pansiyon** (☎765 3074, 0533 475 8108; i/d 45/90 TRY), que cuenta con cómodos bungalós de madera con buenos baños y un restaurante aceptable en la misma orilla del río. Acampar cuesta 15 TRY por persona. Para alojarse en Altınkaya, a unos minutos a pie de las ruinas de Selge, hay que contactar con **Adem Bahar** (☎0535 762 8116).

ℹ️ Cómo llegar y salir

El Köprülü Kanyon Milli Parkı y Selge están incluidos en circuitos desde Antalya (90 TRY aprox. por persona). Si no se dispone de vehículo propio, esta es la única opción.

Si se tiene vehículo propio, la zona se puede visitar en medio día, aunque vale la pena pasar más tiempo. La salida de Selge y del Köprülü Kanyon está unos 5 km al este de la carretera de Aspendos (51 km al este de Antalya) por la carretera D400. Unos 30 km por las montañas la carretera se bifurca, a la izquierda a Karabük y a la derecha a Beşkonak. Si se toma la carretera de Karabük por la orilla oeste del río, se pasa por delante de pensiones y empresas de *rafting*. A unos 11 km de la salida está el elegante y antiguo puente Oluk. Desde allí la carretera asfaltada a Altınkaya (o Zerk) asciende unos 13 km hasta la aldea y las ruinas a través de un paisaje cada vez más espectacular.

Si se toma la carretera a Beşkonak, hay 6,5 km desde esa aldea hasta el cañón y el puente.

Este del Mediterráneo

Sumario »

Los mejores alojamientos

» Hotel Bosnalı (p. 391)
» Liwan Hotel (p. 398)
» Yaka Hotel (p. 386)
» Hotel Ünlüselek (p. 380)
» Beach House Hotel (p. 371)

Los mejores restaurantes

» Arsuz Otel (p. 398)
» Antakya Evi (p. 399)
» İskele Sofrası (p. 375)
» Side Paradise Restaurant (p. 372)
» Öz Asmaaltı (p. 392)

Por qué ir

Hace mucho que esta zona del Mediterráneo turco vive a la sombra de su vecino del oeste, que siempre ha estado más de moda. ¿Y por qué no? Aquel es algarabía, espectáculo, mientras que este es la Turquía real, la de las inmensas y productivas explotaciones hortícolas y frutícolas que se extienden entre las montañas y la fabulosa costa, la de las aldeas intemporales encaramadas en las laderas de las montañas desde las que se vislumbran grandes ciudades industriales sin un solo turista a la vista. Aquí, al viajero le esperan lugareños modernos, laicos y muy amables, así como multitud de actividades divertidas y sitios interesantes: antiguos asentamientos hititas, castillos de las Cruzadas, senderismo, etc. Algunos visitantes, sin embargo, eligen este destino por la abundancia de importantes enclaves cristianos, lugares en los que los apóstoles predicaron el Evangelio. A otros lo que les atrae es la península que más al sur mira a Siria, una zona que ofrece una de las mezclas de culturas, religiones, lenguas y gastronomías más fascinantes de Turquía.

Cuándo ir

Antakaya

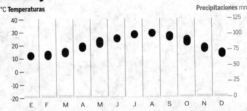

°C Temperaturas / Precipitaciones mm

Marzo y abril
En primavera, después de las lluvias y antes de las multitudes, es el momento ideal.

Julio y agosto El calor es abrasador, pero la brisa del mar ayuda a atemperar el ambiente.

De noviembre a febrero Las temperaturas son suaves, pero suele llover y el agua del mar está fría.

Lo más destacado del este del Mediterráneo

1 Ir a nado hasta el **castillo de la Doncella** (p. 385) de Kızkalesi y después caminar hasta los solitarios relieves de **Adamkayalar** (p. 387).

2 Ver los mosaicos más bellos del mundo en el **Museo Arqueológico de Hatay** (p. 396) y ascender al monte en cuya cima se sitúa el **monasterio de San Simeón** (p. 401).

3 Revivir tiempos de gloria en la ciudad bizantina de **Anemurium** (p. 379).

4 Bajar hasta la impresionante **cueva del Cielo** (p. 387), cerca de Silifke.

donde se cree que Zeus tuvo cautivo al monstruo Tifón.

5 Regresar al pasado en las ruinas hititas de **Karatepe** (p. 397), en el parque nacional homónimo.

6 Descansar en **Arsuz** (p. 398), al sur de İskenderun.

7 Disfrutar del hedonismo desenfrenado, la música vibrante y los láseres de las discotecas de **Alanya** (p. 374).

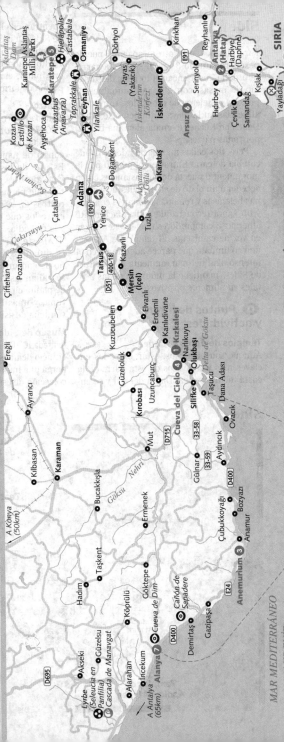

MAR MEDITERRÁNEO
(AKDENİZ)

SIRIA

Side

🖉0242 / 20100 HAB.

Para algunos, este otrora apacible pueblo pesquero situado 3 km al sur de la carretera de la costa encarna lo peor del turismo de masas, con filas interminables de puestos callejeros de recuerdos, tumbonas alineadas en la playa y anuncios de "Gute Deutsche Küche" (comida alemana buena) por todas partes.

Pero, dos calles más hacia adentro, Side cambia de cara. Entrar en el pueblo por la monumental puerta de Vespasiano es como acceder a un plató de cine: majestuosas ruinas helénicas y romanas jalonan el camino, y un ágora reconstruida podría fácilmente albergar a compradores que escogen togas en vez de camisetas. El templo de Atenea, una columnata que parece adentrarse en el intenso azul del mar, aumenta el atractivo de Side y mantiene la industria de las postales en números positivos.

◉ Puntos de interés y actividades

Templos de Apolo y Atenea　　RUINAS

Aunque son pequeños, están entre los enclaves más románticos de esta parte de la costa mediterránea. Datan del s. II y se encuentran en el extremo suroeste del puerto de Side. La media docena de columnas que se conservan del templo de Atenea se han vuelto a poner en vertical en su ubicación original y, cuando cae la noche, un foco perfila de forma teatral su forma.

Teatro　　RUINAS

(entrada 10 TRY; ⊙9.00-19.30 med abr-med oct, 8.00-17.30 med oct-med abr) Construido en el s. II d.C., este espectacular teatro rivaliza con el de Aspendos en puro dramatismo. Es uno de los más grandes de la región y su aforo es de 20000 espectadores. No hay que perderse los relieves de figuras y rostros de la pared del *skene* (escenario), entre los que destacan los de la comedia y la tragedia.

Al este del teatro y enfrente del museo se sitúan los restos de un **ágora** que antaño acogió un mercado de esclavos. Cerca se hallan las ruinas del **templo de Tiqué**, de planta circular y dedicado a la diosa fortuna, y unas llamativas letrinas con una veintena de asientos de mármol.

Museo de Side　　MUSEO

(entrada 10 TRY; ⊙9.00-19.30 ma-do) Ocupa el edificio de unos baños públicos del s. V y alberga una impresionante (aunque pequeña) colección de estatuas y sarcófagos.

Side

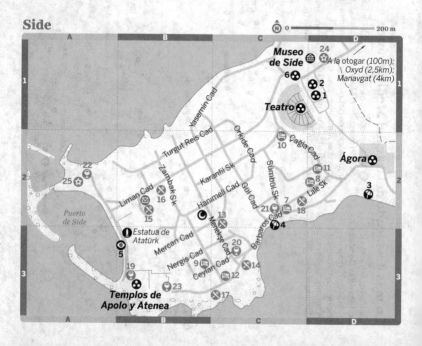

Playas

La **playa del oeste**, la principal, está al norte del centro. Para llegar, hay que ir por la principal carretera de salida de la localidad (Side Caddesi) y girar a la izquierda por Şarmaşık Sokak, frente a la *otogar*. La **playa del este**, junto a Barbaros Caddesi, está más cerca y es más pequeña. De camino se pasa por la gran **ágora**. Más al este se encuentra una playa mucho más larga.

✷ Fiestas y celebraciones

Las entradas para el **Festival de Ópera y Ballet de Aspendos**, en junio, se pueden comprar en la **taquilla** (☎0532 548 6450; 20-30 TRY, con transporte 65-80 TRY) que hay junto al museo, donde también se venden entradas para el espectáculo multimedia **Fire of Anatolia** en el Gloria Aspendos Arena, que cuestan 80 TRY con el transporte incluido. Para más información, véase www.fireofanatolia.com.

🛏 Dónde dormir

Si el viajero se mueve en automóvil y no se aloja en Side, debe utilizar el aparcamiento (3/15 TRY h/día) que está justo después del teatro. Algunas pensiones y hoteles cuentan con plazas de aparcamiento; conviene llamar con antelación para reservar una.

👍 Beach House Hotel

HOTEL €€

(☎753 1607; www.beachhouse-hotel.com; Barbaros Caddesi; i 35-50 TRY, d 75-85 TRY; P✳@) La australiana Penny y su marido turco Ali dirigen el mejor alojamiento de Side, que antaño fue el famoso Pamphylia Hotel, foco de atracción de celebridades en la década de 1960. Ofrece una ubicación en primera línea de mar y el flujo de clientes habituales es continuo: si un huésped va durante tres años seguidos, graban su nombre en la puerta. La mayor parte de sus 22 habitaciones dan al mar (la 206 es una joya), y todas disponen de amplios balcones. La terraza de la azotea, con *jacuzzi*, es una delicia, así como los restos de una villa bizantina.

Yalı Hotel

HOTEL €€

(☎753 1011; www.yalihotel.com; Barbaros Caddesi 50; i 80-100 TRY, d 100-130 TRY; P✳@⛱) No es fácil entender por qué este lugar directamente sobre el mar (las habitaciones 208, 209, 308 y 309, literalmente) no está permanentemente lleno. Es verdad que sus 25 habitaciones, aunque reformadas, son bastante espartanas, pero el personal es muy amable, el restaurante ofrece unas vistas increíbles y la piscina es un grato complemento.

Onur Pansiyon

PENSIÓN €

(☎753 2328; www.onur-pansiyon.com; Karanfil Sokak 3; i/d 35/60 TRY; ✳@) Este establecimiento de excelente gestión familiar tiene

Side

una clientela fija que regresa por sus siete acogedoras y luminosas habitaciones y, en los meses más fríos, por sus cócteles junto a la chimenea. El simpático gerente ofrece consejos útiles e información sobre tradiciones locales.

Hotel Lale Park
HOTEL €€

(☏753 1131; www.hotellalepark.com; Lale Sokak 5; i 70-90 TRY, d 80-100 TRY; P ✱ ☲) Desde hace 25 años, es uno de los hoteles pequeños más selectos de Side. Está rodeado por un jardín muy cuidado con parterres de flores, una preciosa piscina en el centro, columnas romanas, caminos de piedra y un bar. Algunas de sus 22 habitaciones disponen de balcones de estilo otomano que se asoman al jardín.

Side Doğa Pansiyon
PENSIÓN €€

(☏753 6246; www.sidedoga.net; Lale Sokak 8; i/d 40/80 TRY; P ✱) Muy cerca del teatro, esta excepcional y apacible pensión de nueve habitaciones está oportunamente situada frente al aparcamiento. Se trata de una casa de piedra antigua con habitaciones coloridas y limpias rodeada de un bonito jardín.

Hotel Sevil
HOTEL €

(☏753 2041; www.hotelsevil.com; Zambak Sokak 32; i 40-55 TRY, d 50-70 TRY; ✱) Dispuesta entorno a un pequeño bosque de moreras y palmeras, esta opción económica tiene un elegante bar y un ambiente relajado. Sus 15 habitaciones están forradas de paneles de madera; las del piso de arriba disponen de balcones, algunas con vistas al mar. Está justo detrás de una hilera de bonitos restaurantes y bares del muelle.

✖ Dónde comer

Muchos restaurantes ofrecen transporte gratuito a quienes se alojan en otras localidades próximas.

👍 Side Paradise Restaurant
MARISCO €€€

(☏753 2080; www.sideparadise.com; Barbaros Caddesi 45; platos principales 20-35 TRY; ♠) El restaurante de marisco de Side favorito de los autores de esta guía es un establecimiento de ambiente familiar con un parque infantil, un sustancioso menú para niños y un personal muy complaciente liderado por el afable Emrah. Los adultos, mientras tanto, pueden disfrutar de unas excelentes vistas al mar junto a sus *mezes* y platos de marisco.

Emir
RESTAURANTE FAMILIAR €€

(☏753 2224; Menekşe Caddesi; *mezes* 5-6 TRY, platos principales 16-22 TRY; ☺9.00-24.00; ♠) Casi apoyado sobre las ruinas de los baños romanos en los que se cree que se deleitó Cleopatra, el Emir cuenta con una cocina abierta que produce excelentes *mezes*, platos a la parrilla y una generosa selección de opciones vegetarianas (10-13 TRY).

Moonlight Restaurant
MARISCO €€€

(☏753 1400; Barbaros Caddesi 49; platos principales 15-25 TRY; ☺9.00-2.00) Situado en el muelle desde 1983, el Moonlight ofrece una extensa carta de vinos turcos, un servicio profesional pero sin extravagancias y un buen número de platos de marisco bien presentados y frescos. No obstante, su mayor atractivo es la romántica terraza trasera, siempre llena de parejitas felices.

Ottoman Restaurant
MARISCO €€€

(☏753 1434; platos principales 20-30 TRY) Rasim, el anfitrión, y la terraza, desde la que se ve la principal avenida de Side, son las razones fundamentales para cenar en este excelente restaurante próximo a Liman Caddesi que sirve mucho pescado.

Paşaköy Bar & Restaurant
RESTAURANTE-BAR €€

(☏753 3622; Liman Caddesi 98; platos principales 14-26 TRY) Aunque no tiene muy buena fama, el Paşaköy, con más de parque temático que de restaurante, bien merece una cena al más puro estilo 'absurdista'. Está escondido en un exuberante jardín con palmeras, un burbujeante arroyo y loros enjaulados que luchan por un poco de espacio, y la decoración se va haciendo más extrañamente familiar con cada trago. La comida, una mezcla de platos turcos e italianos, es aceptable.

Soundwaves Restaurant
INTERNACIONAL €€

(☏753 1059; Barbaros Caddesi; platos principales 19-27 TRY) Esta institución con forma de barco y el logo de Jolly Roger pertenece a la misma familia del Beach House Hotel. El ambiente es agradable y tranquilo, y su carta incluye 150 opciones, por lo que conviene no apartarse demasiado de los clásicos turcos y platos internacionales como la *pizza*.

➐ Dónde beber y ocio

Apollonik
BAR-CAFETERÍA

(☏753 1070; Liman Yolu; ☺9.30-2.30) Oculto tras las ruinas que hay en torno a los templos de Apolo y Atenea, el Apollonik es una prueba evidente de que viajar puede ser divertido y romántico y estar lleno de sorpresas. También cocinan, y los platos principales (sobre todo a la parrilla) cuestan entre 12 y 20 TRY.

Royal Castle Pub MÚSICA EN DIRECTO

(☎753 4373; Reis Caddesi) El local más estrafalario de los situados en la zona de marcha que hay justo detrás del puerto está
siempre lleno y lleva la expresión "bar temático" a lo más alto. El personal, disfraza-
do de Robin Hood (o Elvis, o el Zorro, o de
vikingos, dependiendo de la noche), sirve
cócteles de calidad (16-18 TRY) a turistas
con una risita permanente en la boca. En
sus grandes pantallas proyectan todo tipo
de deportes.

Kiss Bar BAR

(☎753 3182; Barbaros Caddesi 64) Este bar
al aire libre iluminado con luces de neón
y próximo al mar, es el sitio perfecto para
ver gente y un local muy popular entre los
visitantes y expatriados de Side.

Stones Rock Bar BAR

(☎512 1498, 0535 885 6179; Barbaros Caddesi
119) Un local con pista de baile, música y
unas vistas espectaculares. Es perfecto
para empezar una noche de fiesta, aunque
cuenta con todo lo necesario para no que-
rer salir hasta el alba.

Mehmet's Bar BAR

(Barbaros Caddesi; cerveza 5 TRY) Este popular
garito situado frente a la playa puede que
resulte más apropiado para una isla tropical que para un promontorio turco pero, sin
duda, es relajante y perfecto para disfrutar
tranquilamente de una copa mientras se
escucha música *surf* y *reggae*.

Oxyd CLUB

(☎753 4040; Celal Bayar Bulvarı; entrada 20-
30 TRY; ☉21.00-5.00 mi, vi y sa) Esta discoteca súper *cool* que parece un castillo de
arena y que está inspirada en una mezquita de Marruecos se encuentra 3 km al
norte de Side, en Kumköy. Es una de las
mejores de Turquía y su nivel de extravagancia o se adora o se odia. Conviene llevarse bañador (tiene piscina) e ir en taxi
(15 TRY).

Light House CLUB

(☎753 3588; Liman Caddesi; ☉11.30-5.00)
Restaurante italiano y de marisco de
día, y fábrica de música cursi de noche,
el Light House disfruta de la ventaja de
contar con un improvisado puerto junto
al patio exterior en el que atracan barcas
de pesca. Ponen sobre todo música *techno*
y pop turco, a lo que se suma la extraña (y
notable) presencia de bailarinas de barra
americana.

ℹ Información

Cafe Keyif Internet Cafe (☎753 6675; 1ª
planta, Yasemin Sokak 5; 3 TRY/h; ☉24 h)
Cibercafé que no duerme nunca.

Oficina de turismo (☎753 1265; ☉8.00-17.00
may-oct, cerrado sa y do nov-abr) Con personal
que habla alemán y turco, y situada unos
800 m al norte del centro.

ℹ Cómo llegar y salir

La *otogar* de Side está al este de la parte antigua
de la ciudad. Para llegar a pie al centro hay
que seguir las señales que indican la avenida
principal, Side Caddesi, y girar a la izquierda. En
verano, se puede tomar el **Can Tren** (ida 0,75
TRY; ☉10.00-24.00), un tren 'de juguete' con
salidas cada 10 o 15 minutos.

Hay frecuentes microbuses que conectan la
otogar de Side con la de Manavgat (2 TRY), 4 km
al noreste, desde donde salen autobuses hacia
Antalya (8 TRY, 1½ h, 75 km), Alanya (8 TRY,
1½ h, 60 km) y Konya (25 TRY, 4 h, 230 km). Al
entrar en Side, la mayoría de los autobuses para
o en la *otogar* de Manavgat o en la carretera,
donde se puede tomar un *servis* (autobús lanzadera) gratuito hasta la ciudad. Un taxi de Side a
la *otogar* de Manavgat cuesta unas 15 TRY.

En verano, hay un servicio directo de autobuses entre una y tres veces al día de Side a Ankara (30 TRY, 10 h, 625 km), İzmir (35 TRY, 8½ h,
540 km) y Estambul (50 TRY, 13 h, 850 km).

Alrededores de Side

CASCADA DE MANAVGAT

Unos 4 km al norte de Manavgat, en el río
homónimo, el más caudaloso de Turquía, se
encuentra la **cascada de Manavgat** (Manavgat Şelalesi; entrada 2,50 TRY), un reclamo turístico muy popular entre iros locales repleto de
tiendas de recuerdos, bares y cafeterías, algunos de los cuales están a pocos metros de
esta caída de agua con forma de herradura.
El río Manavgat es famoso por sus truchas.

ℹ Cómo llegar y salir

Un *dolmuş* (microbús) desde el centro de Manavgat cuesta 1,60 TRY. En el centro también
hay barcas que llevan a los visitantes río arriba
hasta la cascada; un trayecto de ida y vuelta de
80 minutos cuesta 15 TRY por persona (mínimo
4 personas). Una excursión de un día desde Side
hasta la cascada con almuerzo incluido sale por
30 TRY. Un taxi desde la *otogar* de Side cuesta
25 TRY, y desde la de Manavgat, 17 TRY.

LYRBE (SELEUKEIA)

Estas ruinas, unos 15 km al norte de la cascada (23 km al noreste de Side), resultan es-

pecialmente interesantes por su ubicación. El yacimiento, que se encuentra al final de una carretera llena de baches, en lo alto de tres acantilados verticales, está rodeado de pinares y puede hacer fresco incluso en pleno verano. Muchos restos son difíciles de identificar, pero sí se distinguen claramente una **puerta**, unos **baños públicos**, un **ágora** con tiendas, una **calle jalonada por columnas** y una **necrópolis**. Un mapa descolorido ofrece información.

Durante años, los arqueólogos creyeron que se trataba de la Seleucia en Panfilia fundada por Seleuco I Nicátor, un egocéntrico oficial de Alejandro Magno que fundó hasta nueve ciudades en su propio honor. Sin embargo, el hallazgo de una inscripción en griego y en la lengua de la antigua Side ha convencido a los investigadores de que es más probable que se trate de las ruinas de la ciudad Lyrbe, y que Seleucia en Panfilia esté en algún lugar de la costa.

❶ Cómo llegar y salir

Para ir de la cascada a las ruinas hay que tomar la carretera que se dirige hacia el norte. Después de 1 km, se pasa por un antiguo puente peraltado que queda a la izquierda y, tras otros 2,5 km, por los restos de un acueducto romano, a cuya izquierda hay una señal que indica "Lyrbe (Seleukeia)". Si se sigue, se llega al pueblo de Şıhlar, donde hay que tomar la carretera que queda a la derecha del minarete y que asciende serpenteante otros 5,5 km por un camino sin asfaltar hasta llegar a las ruinas.

Se puede tomar un taxi al otro lado del puente de Manavgat e ir a las ruinas por 60 TRY (ida y vuelta); 70 TRY con una parada en las cascadas.

Alanya

📞 0242 / 86 800 HAB.

En las últimas décadas, Alanya ha crecido vertiginosamente y ha pasado de ser un pueblo de carretera con pocos habitantes y una playa de arena, a un destino turístico densamente poblado que por la noche puede parecer Las Vegas junto al mar. Además de hacer un circuito en barca o caminar por el paseo marítimo, la mayoría de los turistas que llegan en viajes organizados solo van del aeropuerto a la piscina del hotel, comen en el hotel y frecuentan las discotecas de música vibrante e iluminación láser por la noche.

Pero Alanya también conserva algo de su pasado. En lo alto del promontorio que está al sur del centro, uno se topa con un impresionante conjunto fortificado que alberga los restos de un magnífico castillo selyúcida, algunas ruinas evocadoras e incluso retazos de una pequeña aldea tradicional. Tomando una cerveza en uno de los muchos bares que hay en la ladera se puede disfrutar de unas vistas estupendas lejos de la fiesta que hay abajo.

Lo más parecido a una plaza principal que tiene esta ciudad de 20 km de longitud es Hürriyet Meydanı, un simple cruce de caminos en el extremo norte de İskele Caddesi.

◉ Puntos de interés

Castillo de Alanya　　　　FORTALEZA
(Alanya Kalesi; entrada 10 TRY; ☺9.00-19.00 abr-oct, 8.00-17.00 nov-mar) El único punto de verdadero interés de Alanya es el formidable castillo de época selyúcida, que ofrece vistas de la ciudad, la llanura de Panfilia y las montañas de Cilicia.

Antes de llegar a la entrada, se pasa por un desvío a la aldea de **Ehmedek**, que era el barrio turco durante los períodos otomano y selyúcida. En la actualidad, varias casas de madera aún se apiñan en torno a la magnífica **mezquita de Süleymaniye**, del s. XVI, la más antigua de Alanya. Aquí también hay un **'bedesten'** (mercado abovedado) otomano y el característico mausoleo de **Aksebe Türbesi**, del s. XIII.

La carretera acaba en la entrada a la **İç Kale** (fortaleza interior), con ruinas mal conservadas entre las que destacan media docena **cisternas** y el armazón de una **iglesia bizantina** del s. XI.

La sinuosa carretera que sube a la fortaleza (Kaleyolu Caddesi) tiene 3,5 km de longitud. Si no se quiere caminar, se puede tomar un autobús en Hürriyet Meydanı (1,25 TRY, cada hora de 9.00 a 19.00) o enfrente de la oficina de turismo (a cada hora y 15 min y, en verano, a menos cuarto). También hay taxis a los pies de la colina que suben y bajan por unas 20 TRY.

Kızılkule　　　　EDIFICIO HISTÓRICO
(Torre Roja; entrada 3 TRY; ☺9.00-19.00 abr-oct, 8.00-17.00 nov-mar) Esta torre defensiva octagonal de cinco pisos, 30 m de diámetro y más de 30 m de altura cuenta con una cisterna central para almacenar agua y domina el puerto en el extremo sur de İskele Caddesi. Construida en 1226 por el sultán selyúcida Aladdin Keykubad I, quien también mandó levantar la fortaleza, fue la primera estructura erigida después de que la localidad, en-

tonces bajo control armenio, se rindiera al sultán. Allí también hay un pequeño **museo etnográfico** y unos 85 escalones conducen a una azotea con vistas al puerto. Al sur se encuentra el único **'tersane'** (astillero) selyúcida que queda en Turquía.

Museo de Alanya

(İsmet Hilmi Balcı Caddesi; entrada 3 TRY; ⊙9.00-19.00 ma-do abr-oct, 8.00-17.00 ma-do nov-mar) Este pequeño museo merece una visita, pues en él se muestran diversos objetos, como aperos, jarrones y joyas, procedentes de los yacimientos de Panfilia de la zona, además de una reproducción a tamaño real de una casa tradicional de Alanya del s. XIX. El jardín que lo rodea, un cementerio en época otomana, es maravilloso en verano.

Cueva de las piedras goteantes
CUEVA

(Damlataş Mağarası; entrada 4 TRY; ⊙10.00-19.00) Al sur de la oficina de turismo y cerca de la playa de Cleopatra está la entrada a esta cavidad con estalactitas y una humedad del 95%. Según la tradición, produce un tipo de aire que, si se inhala y exhala durante un largo rato, alivia a los enfermos de asma.

🏃 Actividades

Playa de Cleopatra
PLAYA

(Kleopatra Plajı) Esta playa de arena fina, muy poco concurrida en temporada baja y con unas vistas magníficas de la fortaleza, es la mejor de la ciudad. Las principales playas de Alanya también están bien, aunque las que quedan al este del centro se encuentran junto a una transitada carretera.

Alanya Aqua Centre
PARQUE DE ATRACCIONES

(☑512 5944; www.alanyaaquacenter.com; İsmet Hilmi Balcı Caddesi 62; adultos/niños 20/15 TRY; ⊙9.00-18.00) Un impresionante parque acuático próximo al centro de la ciudad.

👉 Circuitos

Muchas agencias locales organizan visitas a las ruinas de la costa occidental de Alanya y Anamur. La típica excursión a Aspendos, Side y Manavgat cuesta aproximadamente 65 TRY por persona, y un recorrido en todoterreno por las aldeas de los montes Tauro, unas 50 TRY por persona.

Excursiones en barco
CIRCUITOS EN BARCO

(30 TRY por persona almuerzo incl.) Cada día sobre las 10.30, salen embarcaciones de Rıhtım Caddesi para realizar una travesía de seis horas alrededor del promontorio y visitar varias cuevas y la playa de Cleopatra.

🛏 Dónde dormir

Alanya cuenta con cientos de hoteles y pensiones, casi todos destinados a grupos y turistas en busca de apartoteles. Todos los alojamientos independientes que se recomiendan a continuación se sitúan a lo largo de İskele Caddesi.

Kaptan Hotel
HOTEL €€

(☑513 4900; www.kaptanhotels.com; İskele Caddesi 70; i/d 100/170 TRY; ❋ ▨) Este hotel de cuatro estrellas cuenta con un vestíbulo de temática náutica amplio y algo opulento y un acogedor bar; la piscina está junto al entrepiso. Sus 56 habitaciones impecables disponen de todas las comodidades modernas y la mitad tienen balcones que dan al mar. El desayuno es excelente.

Seaport Hotel
HOTEL DE NEGOCIOS €€

(☑513 6487; www.hotelseaport.com; İskele Caddesi 82; i/d 90/160 TRY; ❋) Este hotel de negocios, situado al final de la zona de hoteles de İskele y a dos pasos de la Kızılkule, ofrece un servicio eficiente y unas fantásticas vistas al mar desde la mitad de sus 65 habitaciones, que no son grandes pero están muy bien equipadas y decoradas.

Temiz Otel
HOTEL €€

(☑513 1016; http://temizotel.com.tr; İskele Caddesi 12; i/d 55/110 TRY; ❋) Da gusto comprobar que el "Hotel Limpio" hace honor a su nombre. Sus 32 habitaciones distribuidas en cinco plantas son amplias, y las que dan al mar y disponen de balcón tienen el barullo de los bares y discotecas que hay más abajo a vista de pájaro.

Baba Otel
HOTEL €

(☑513 0095; İskele Caddesi 6; i/d 25/50 TRY) El Baba sigue ofreciendo las camas más baratas de İskele Caddesi, pero el precio se corresponde con la calidad, que no es mucha en este garito de 30 habitaciones un tanto grimosas. La entrada principal está a la izquierda de una escalera de cemento que hay junto a la calle.

🍴 Dónde comer

La mayor parte de los restaurantes que se incluyen a continuación llevan y traen a los clientes hasta su alojamiento.

🛍 İskele Sofrası
MARISCO €€

(☑0532 782 4647; Tophane Caddesi 2b; platos principales 18-30 TRY) Para disfrutar de una mariscada auténticamente turca, conviene evitar los restaurantes del puerto y dirigirse a este sitio pequeño e íntimo junto

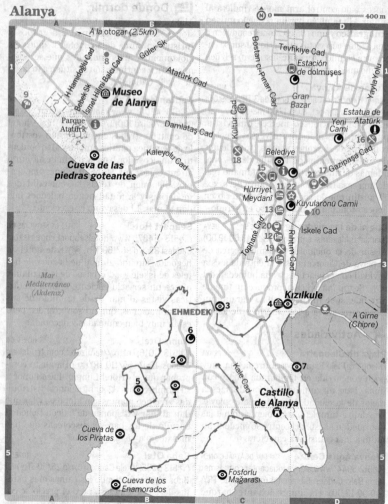

al Kaptan Hotel regentado por *père et fils* Öz. Su repertorio de unos setenta *mezes* incluye *girit ezmesi*, un memorable puré de feta, nueces y aceite de oliva, y en su "tabla del puerto" solo cabe pescado y marisco totalmente fresco. La terraza con vistas al mar es una delicia.

Ottoman House   COCINA TURCA MODERNA €€
(☎511 1421; www.ottomanhousealanya.com; platos principales 18-24 TRY) El restaurante más evocador de Alanya ocupa una villa centenaria que en su día fue hotel y que está rodeada por un frondoso jardín. El *beğendili taş kebabı* (24 TRY), un plato tradicional

otomano de cordero salteado acompañado de puré de berenjena, o los platos de pescado a la parrilla (20-22 TRY por persona) son un buen testimonio de la creatividad del personal de su cocina, aunque para disfrutar de los últimos conviene acudir al bufé libre (30 TRY) que hacen los jueves y domingos por la noche. Hay actuaciones de música en vivo muchas noches de verano.

Köfte D Köfte   'KÖFTECİ' €€
(☎512 1270; Kaleyolu Caddesi; platos a la parrilla 13-22 TRY; ⊙8.00-3.00) Está en la parte baja de la colina del castillo y permanece abierto prácticamente durante todo el día, así

que es un buen sitio para picar algo antes o después de visitar la fortaleza. Un llamativo cartel amarillo y rojo presenta a los comensales este local-*boutique* de comida rápida. Líneas sencillas, servicio atento y generosas combinaciones de carne, arroz y ensalada forman parte del negocio. Se recomienda probar las tortillas (6-8 TRY).

Köyüm Gaziantep Başpınar 'KEBAPÇI' €€€

(☑513 5664; Hükümet Caddesi; *mezes* 8-13 TRY, platos principales 17-28 TRY) Para disfrutar de algo más atrevido que los típicos platos a la parrilla, esta es una de las mejores (aunque un poco cara) opciones turcas tradicionales del centro de Alanya. Sirve platos de la ciudad de Gaziantep como los *patlıcan kebabı* (kebabs de berenjena; 20 TRY) o los *beyti sarması* (albóndigas picantes envueltas en tortas de pan; 23 TRY).

Red Tower Brewery Restaurant

RESTAURANTE-BAR €€€

(☑513 6664; www.redtowerbrewery.com; İskele Caddesi 80; *sushi* 9-14 TRY, platos principales 19-35 TRY) Este polifacético palacio del hedonismo situado al final de la zona de hoteles incluye una cervecería en la planta baja que hace su propia *lager* (y es buena), un restaurante internacional en la primera planta, platos turcos en la tercera, y *sushi* y música de guitarra en directo en el Sky Lounge de la sexta planta. Es fácil quedarse atrapado dentro.

Mahperi Restaurant INTERNACIONAL €€€

(☑512 5491; www.mahperi.com; Rıhtım Caddesi; platos principales 25-30 TRY) Un elegante restaurante de pescado y chuletones situado en el puerto que funciona desde 1947 (lo cual es toda una hazaña en Alanya), y ofrece una buena selección de platos internacionales y una cálida acogida.

⚲ Dónde beber y ocio

Alanya presenta algunos de los locales nocturnos más subidos de tono, animados y bulliciosos del planeta. Todo es diversión, a no ser que haya que dormir a menos de 1 km del frenético golpeteo *techno*.

James Dean Bar BAR, CLUB

(☑512 3195; www.jamesdeanbaralanya.net; Gazipaşa Caddesi; ⊗21.00-3.00) Este local en el que todo es *glamour* y provocación, y que homenajea a la estrella de cine, encarna a la perfección el papel del "más subido de tono, animado y bullicioso del planeta". Es imposible no ligar.

Harem Cafe Bar MÚSICA EN DIRECTO

(☑511 9225; www.haremcafebar.com; İskele Caddesi 46; ⊗9.00-3.00) Este estupendo local con música turca en vivo situado junto al puerto está lleno de chicos y chicas de Alanya que toman cerveza (10 TRY) alrededor de unas mesas pequeñas. El ambiente es mucho más relajante que el de cualquier otro sitio de la zona. La música empieza a las 22.00.

Robin Hood Bar BAR, CLUB
([☑]511 2023; www.robinhoodalanya.com; Gazipaşa Caddesi 12; cerveza 7-10 TRY; ⊙21.00-3.00) Según parece, es el local nocturno más grande de Alanya. Los dos primeros pisos de este sofisticado y animado mastodonte están decorados, como era de esperar, con temática del bosque de Sherwood.

Latin Club BAR, CLUB
(www.latinclubalanya.com) Está por encima del Robin Hood Bar, y es el que suele hacer todo el ruido.

❶ Información

Alanya Guide (www.alanya.tv) Práctico sitio web para Alanya y alrededores.

Kisayol Internet Cafe ([☑]519 0549; İskele Caddesi; 1,50 TRY/h; ⊙9.30-22.00) Cibercafé situado en la zona de los hoteles.

Murat Cafe ([☑]519 2306; 1,50 TRY/h; ⊙8.00-24.00) Cibercafé con 20 ordenadores situado en una de las calles que hay detrás de Müftüler Caddesi; hay que girar a la izquierda a la altura de la tienda Rafaello y después tomar la primera a la derecha.

Oficina de turismo ([☑]513 1240; Damlataş Caddesi 1; ⊙8.00-17.00 may-oct, cerrado sa y do nov-abr) Puede que sea la oficina de turismo más servicial y mejor informada de Turquía, y está enfrente del Museo de Alanya.

Sucursal de la oficina de turismo (Damlataş Caddesi; ⊙9.00-18.00 lu-vi) Es más pequeña que la principal y se encuentra en el extremo este de la misma calle, entre el *belediye* (ayuntamiento) y la Kuyularönü Camii.

❶ Cómo llegar y salir

Barco

La empresa **Fergün Denizcilik** ([☑]511 5565, 511 5358; www.fergun.net; İskele Caddesi 84) opera servicios a Girne (Kyrenia), en el norte de Chipre. Los barcos parten de Alanya a las 12.00 los lunes y jueves, y regresan desde Girne a las 11.00 los miércoles y domingos.

Es necesario comprar el billete y presentar el pasaporte con un día de antelación para realizar los trámites fronterizos. El precio de 78/128 TRY ida/ida y vuelta (estudiantes 65/110 TRY) no incluye las 10 TRY del impuesto portuario de Alanya ni las 32 TRY del de Girne.

Autobús

La *otogar* está en la carretera de la costa (Atatürk Caddesi), 3 km al oeste del centro. Por ella pasan autobuses urbanos cada media hora (ida 1,25 TRY). La mayoría de los servicios son menos frecuentes fuera de temporada pero, en general, salen cada hora hacia Antalya (14 TRY, 2 h, 115

km) y ocho veces al día hacia Adana (35 TRY, 10 h, 440 km), y paran por el camino en diversas localidades. Los autobuses a Konya (20 TRY, 6½ h, 320 km) hacen la ruta Akseki-Beyşehir.

❶ Cómo desplazarse

Los *dolmuşes* que van a la *otogar* (ida 1,50 TRY) paran cerca de la mezquita que hay detrás del bazar al norte de Atatürk Caddesi. Al salir de la *otogar*, hay que ir hacia la carretera de la costa; la parada del *dolmuş* está a la derecha. Un taxi a la *otogar* desde el centro cuesta 10 TRY.

Alrededores de Alanya

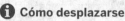

El **Şarapsa Hanı**, unos 14 km al oeste de Alanya, es un *han* (caravasar) selyúcida construido a mediados del s. xiii como escala entre Alanya y Konya reconvertido en restaurante. Aproximadamente 16 km más hacia el oeste, en dirección a Side, y justo después de la playa de Incekum, hay un desvío hacia el norte que después de 9 km lleva a **Alarahan**, otro *han* del s. xiii que puede explorarse con ayuda de una linterna. En la cabecera del valle contiguo se encuentran los restos del **castillo de Alara** (Alara Kalesi), del mismo período.

Saliendo de Alanya en dirección este, la carretera serpentea entre acantilados y cruza el fértil delta de un torrente, cubierto de plataneros e invernaderos. Hay un largo camino hasta llegar a Anamur, pero las vistas de la costa y los pinares son extremadamente bellos.

Esta región fue la antigua Cilicia Tracheia (Cilicia agreste), una zona hostil por sus montañas y los temibles piratas que se escondían en sus calas para saquear barcos, y que eran los mismos malvados que traicionaron a Espartaco en la película homónima de 1960, a quienes había encargado poner a salvo a su ejército de esclavos.

Viajando hacia el oeste desde Alanya, junto a la D400 o un poco más al norte, se pueden visitar diversos y notorios puntos de interés como los pocos visitados yacimientos de **Laertes** y **Syedra**. Un desvío junto a la señal de 11 km en dirección norte lleva, después de 6 km, a la **cueva de Dim** (Dim Mağarası; adultos/niños 8/4,50 TRY; ⊙ temporada baja 9.00-17.00, temporada alta hasta 20.00), que cuenta con una pasarela de 360 m que recorre espectaculares estalactitas y estalagmitas y un pozo de aguas cristalinas. En temporada alta, cada hora salen *dolmuşes* de Alanya con destino a Kestel que paran a la entrada de la cueva. Un taxi para hacer el viaje de regreso sale por unas 60 TRY.

Un desvío en el kilómetro 27 y otra carretera en dirección noreste de 18 km llevan al **cañón de Sapadere** (Sapadere Kanyonu; www.sapaderekanyonu.com; entrada por persona/automóvil 2/8 TRY; ⊙ temporada baja 9.00-17.00, temporada alta hasta 20.00), un lugar de incomparable belleza natural que abrió al público en el 2007 y que puede recorrerse a través de un sendero de 750 m. Ir en taxi desde Alanya y regresar sale por alrededor de 80 TRY.

Anamur

☑0324 / 35 800 HAB.

Al ser la localidad más cercana a la colosal ciudad bizantina de Anamurium, y contar con una playa y un paseo marítimo de gran belleza a lo largo de İskele, Anamur es un sitio estupendo para pasar unos días. En el otro extremo de la ciudad se encuentra su otro gran atractivo: el impresionante castillo de Mamure.

Aunque posea estos dos tesoros, la producción agrícola de la apacible Anamur pesa más que el turismo. Anamur es el centro de la próspera industria turca del plátano, y allí la dulce fruta amarilla es la reina suprema. Los plátanos autóctonos, *muzler*, más pequeños y dulces que los importados, se venden por todas partes: tiendas, puestos callejeros e incluso en la parte trasera de algunos camiones.

⊙ Puntos de interés

Anamur está al norte de la carretera D400. Unos 2,5 km al sureste de la principal rotonda (con una icónica estatua de una chica con un gran racimo de plátanos, como era de esperar) se encuentra İskele, un popular barrio marítimo que alberga la mayor parte de los hoteles y restaurantes de la localidad. Anamurium está 8,5 km al oeste; el castillo de Mamure, 7 km al este.

Anamurium   RUINAS
(Ciudad antigua de Anamurium; entrada 3 TRY; ⊙8.00-19.00 abr-oct, 8.00-17.00 nov-mar) Al llegar a Anamur desde el oeste, o al bajar desde las montañas de Cilicia, una señal indica que hacia el sur se encuentran las ruinas de Anemurium Antik Kenti. Después, la carretera avanza serpenteando durante 2 km hasta la *gişe* (taquilla). Hay otros 500 m hasta el aparcamiento.

Aunque fue fundada por los fenicios en el s. IV a.C., gran parte de lo que está visible data de las postrimerías de la época romana y las eras bizantina y medieval. Se trata de un extenso yacimiento en el que reina un silencio sobrecogedor (una especie de Kayaköy bizantino junto al mar), con restos a lo largo de 500 m hasta la playa de guijarros e imponentes murallas levantadas en la ladera de la montaña.

Historiadores y arqueólogos siguen sin ponerse de acuerdo sobre cómo cayó Anamurium. La ciudad sufrió varias catástrofes a lo largo de su activa existencia, incluido un ataque en el año 52 d.C. de una despiadada tribu de Cilicia. Hasta épocas recientes se creía que corsarios de Arabia la habían saqueado a mediados del s. VII, pero los arqueólogos han hallado pruebas que apuntan a que un devastador terremoto destruyó la ciudad en torno al año 580.

Caminando desde el aparcamiento y la extensa **necrópolis** en dirección sureste, se pasa por una **basílica** del s. IV, detrás de la cual sale un camino de mosaico que conduce hacia el mar. Detrás de la iglesia se encuentra uno de los **acueductos**. Frente al **teatro**, que data del s. II d.C., está el **odeón**, más completo y con 900 asientos y un suelo de azulejos. La estructura mejor conservada es el conjunto de los **baños públicos**; hay que fijarse en los mosaicos de colores que aún decoran ciertos tramos del suelo, e ignorar algunas de las desafortunadas reformas.

Castillo de Mamure   FORTALEZA
(Mamure Kalesi; entrada 3 TRY; ⊙8.00-19.30 abr-oct, 8.00-17.00 nov-mar) Este tremendo castillo, con sus muros almenados, sus 39 torres y parte de su foso original casi intacto, es, con diferencia, la mayor y mejor conservada fortificación de la costa mediterránea de Turquía. La parte trasera se asienta directamente en la playa, a la que en verano acuden las tortugas para depositar sus huevos (véase p. 381), mientras que la fachada casi llega a la carretera.

Mamure data del s. XIII, y fue construido por los líderes del reino armenio de Cilicia sobre los restos de una fortaleza romana del s. III d.C. En 1308 fue tomada por Karamanoğlu Mehmet Bey y sus tropas, que realizaron modificaciones como la adición de una **mezquita** en el patio oriental. También se pueden ver los restos de un **acueducto** de 5 km que llevaba agua desde las montañas, una **cuadra** que parece un garaje y los agujeros en los muros que hacían las veces de **garitas de los centinelas**. Al oeste está el **Kaleiçi** (interior del castillo), en el que vivían el gobernador y otros altos mandos.

Subir a las **torres** del castillo, sobre todo la que alberga una mazmorra, tiene algo de aventura. Algunos escalones están bastante deteriorados, así que se recomienda tener mucho cuidado. Con suerte, el incansable Recep, el jardinero del castillo, estará cerca para guiar al visitante. El premio es una fantástica vista del mar y de las ruinas del **castillo de Softa** (Softa Kalesi), otra fortificación construida por los gobernantes armenios de Cilicia unos 18 km al este de Bozyazı.

GRATIS **Museo de Anamur** MUSEO
(Anamur Müzesi; Adnan Menderes Caddesi 3; ◷8.30-17.00) Después de visitar Anamurium, conviene hacer lo propio con este pequeño y excelente museo situado en İskele. La sección de etnografía no resulta muy interesante, todo lo contrario que los hallazgos arqueológicos de la antigua ciudad, que incluyen frescos de casas privadas, mosaicos de baños meticulosamente recompuestos, un sarcófago de arcilla y todo tipo de joyas, lámparas de aceite y objetos religiosos de los primeros cristianos. Hay que fijarse en la balanza de hierro con forma de mujer, cuyos ojos saltones miran al vacío.

🛏 Dónde dormir

El popular barrio de İskele ("puerto") es el lugar en el que acaban la mayoría de los visitantes de Anamur. Las pensiones y los hoteles se suceden a lo largo de Fevzi Çakmak Caddesi (o İskele Yolu) hasta el puerto y en torno a İnönü Caddesi, la calle principal que discurre en paralelo a la costa. Los *dolmuşes* paran en el cruce principal.

🛄 **Hotel Ünlüselek** HOTEL €€
(☑814 1973; www.unluselekhotel.com; Fahri Görgülü Caddesi; i 40-55 TRY, d 70-90 TRY, tr 100-120 TRY; ❄ @ ☝) Este extenso hotel dirigido a familias y situado junto a la playa es un *resort* económico. Además de música en directo por las noches, a veces organizan proyecciones de películas al aire libre, y también dispone de un parque infantil. Sus 35 habitaciones son amplias y ofrecen vistas al mar, balcones y mosquiteras en las ventanas. La ducha con forma de molino de viento, los cristales de colores de las ventanas de las habitaciones y el Wi-Fi en la

playa son fantásticos. Su atento propietario, Halil, alquila su barca a los huéspedes para dar un paseo y pescar.

Hotel Luna Piena HOTEL €€
(☑814 9045; www.hotellunapiena.com; Süleyman Bal Sokak; i 40-50 TRY, d 80-100 TRY; ❄ @) Un hotel confortable de seis pisos a dos pasos de la playa que dispone de 32 habitaciones con suelos de parqué, balcones con panorámicas completas del mar, unas duchas de verdad y una preferencia por el rosa. Desde la habitación 505, en un día despejado, se divisa Chipre.

Hotel Rolli HOTEL €€
(☑814 4978; www.hotel-rolli.de; Yahveleri Mahallesi; media pensión por persona 90 TRY; ❄ @ ☒) Este excepcional hotel de gestión alemana especialmente diseñado para personas de movilidad reducida cuenta con 16 habitaciones, la mitad de las cuales son suites con un dormitorio adicional (y ducha) para la persona que cuida de ellos. El personal es educado, profesional y servicial.

Hotel Dedehan HOTEL €
(☑814 7522, 0532 267 4172; carretera D400, Otogar Yanı; i/d 30/50 TRY; ❄) Es uno de los pocos hoteles que hay en el centro de Anamur, y una buena opción para quien tenga que viajar en autobús, pues está justo al lado de la *otogar*. Sus 20 habitaciones están un poco desvencijadas pero son grandes y están limpias. También es ideal como base desde la que ir de excursión a Anamurium o el castillo de Mamure, ya que su amable propietario, Ahmet, presta gratuitamente bicicletas a sus huéspedes.

Şenay Hotel HOTEL €
(☑814 9758, 0538 242 8819; Fevzi Çakmak Caddesi 173; i/d 35/55 TRY; ❄ @) Junto a la carretera que va a la playa, este hotel dispone de 21 habitaciones limpias, alicatadas y con balcones, pero le falta la personalidad y la comodidad de otros hoteles de İskele. Aun así, es una buena opción económica y el propietario ofrece descuentos.

Hotel Tayfun HOTEL €
(☑814 1161; www.tayfunotel.com; Fevzi Çakmak Caddesi 176; i/d/tr 35/50/65 TRY; ❄ @) Se trata de un lugar de reciente construcción y gestión caótica situado a poca distancia de la playa. Sus 28 habitaciones con vistas a la calle o a los invernaderos de plástico que hay detrás son bastante cómodas (y algunas incluso cuentan con más de una ventana), pero no hay ascensor y el desayuno se sirve con la televisión a todo volumen.

✕ Dónde comer

Durante los meses más cálidos, el paseo marítimo de İskele se llena de grandes cafeterías al aire libre que sirven kebabs, *gözlemes* (crepes salados) y otros tentempiés.

Mare Vista Restaurant
INTERNACIONAL E ITALIANA €€

(☑814 2001; İnönü Caddesi 28; platos 8-12 TRY) Con unos precios razonables para su ubicación frente al mar, este restaurante sirve platos internacionales e italianos (incluida la omnipresente *pizza*), además de ensaladas y sándwiches.

Kap Restaurant
MARISCO €€

(☑814 2374; İskele Meydanı; platos principales 7-23 TRY) En la plaza principal de İskele, justo detrás del muelle, el Kap (que puede ser una abreviación de *kaptan*), es el mejor restaurante de pescado de Anamur. Sus *mezes* también son deliciosos (7-10 TRY).

La Pizza
'PIDECI' €

(☑814 4929; Yasemin Sokak; platos principales 3-7 TRY) Sencillo pero limpio, este popular lugar muy próximo a lo largo sirve deliciosas *pides* (*pizza* al estilo turco), *pizzas* y *döner kebaps* (lonchas de cordero a la parrilla).

ℹ Información

Oficina de turismo (☑814 5058; ☺8.00-12.00 y 13.00-17.00 lu-vi) Está en el complejo de la *otogar*, detrás de la comisaría, y ofrece muy poca información.

ℹ Cómo llegar y salir

Hay varios autobuses diarios a Alanya (20 TRY, 3 h, 130 km), Taşucu/Silifke (28 TRY, 3 h, 140 km) y Adana (30 TRY, 6 h, 305 km).

ℹ Cómo desplazarse

La *otogar* de Anamur está en el cruce de la carretera D400 con 19 Mayıs Caddesi. Los autobuses y *dolmuşes* que van a İskele salen de una parada que hay detrás (1,50 TRY, cada 30 min). Un taxi entre İskele y la *otogar* cuesta 12 TRY.

Los *dolmuşes* a Ören (2 TRY, cada 30 min) también salen desde las inmediaciones de la mezquita, al otro lado de la calle de la *otogar*, y paran en el desvío hacia Anemurium de la carretera principal, desde donde hay un paseo de 2,5 km. Un taxi de ida y vuelta a Anemurium con una hora de espera cuesta 50 TRY. Algunos hoteles y pensiones, como el Hotel Dedehan, llevan a sus huéspedes allí por 20 TRY. Ir en bicicleta es otra opción.

Los frecuentes *dolmuşes* que van a Bozyazı (2 TRY) paran junto al castillo de Mamure.

TORTUGAS EN PELIGRO

La playa de Anamur es una de las doce zonas de anidamiento que la tortuga boba (*Caretta caretta*) tiene a lo largo de la costa mediterránea turca.

La tortuga boba (en turco *deniz kaplumbağası*) tiene la cabeza aplastada, es grande y de color marrón rojizo por arriba y naranja amarillento por debajo, y pasa la mayor parte de su vida en el agua. Un ejemplar adulto puede llegar a pesar 200 kg.

De mayo a septiembre, las hembras se acercan a la costa por la noche para depositar sus huevos en la arena. Utilizando sus aletas posteriores excavan un nido de unos 40 cm de profundidad en el que ponen entre 70 y 120 huevos blancos de cáscara muy fina y el tamaño de una pelota de pimpón y lo tapan. Si se las molesta, las tortugas pueden abandonar los nidos y regresar al mar.

Los huevos se incuban en la arena durante unos 60 días y la temperatura a la que lo hacen determina el género de las crías: por debajo de 30°C, machos, por encima, hembras. Si se mantienen constantemente a 30°C, la mezcla está asegurada.

En cuanto eclosionan los huevos (por la noche, cuando hace fresco y hay menos depredadores), las tortugas neonatas se acercan al mar atraídas por el reflejo de la luz. Si hay hoteles o restaurantes demasiado cerca de la playa, lo que suele ser habitual en el este del Mediterráneo, sus luces pueden confundir a las crías e incitarles a desplazarse hacia el peligro que, en el caso de Anamur, es la carretera D400.

La tortuga boba también anida en las playas de Demirtaş y Gazipaşa, ambas al sureste de Alanya, y en el delta del Göksu. En el oeste del Mediterráneo hay importantes zonas de anidación en Dalyan, Fethiye, Patara, Demre (Kale), Kumluca y Tekirova (ambas al noreste de Demre), y en Belek (al este de Antalya).

Taşucu

☎0324 / 6750 HAB.

El activo puerto de la cercana Silifke y un destino por derecho propio, Taşucu es un pintoresco y discreto centro turístico que cuenta con una buena playa y gente encantadora. El pueblo vive básicamente del tráfico de hidroplanos y *ferries* que llevan pasajeros y automóviles a Girne, en el norte de Chipre, desde el muelle que hay junto a la plaza principal, que está justo al sur de la carretera D400. Delante de la playa pasa la Sahil Caddesi, que se extiende hasta el este desde el muelle y en donde se sitúan varias pensiones decentes.

🛏 Dónde dormir

Otel Olba
PENSIÓN €

(☎741 4222, 0542 779 1442; Sahil Caddesi; i/d 50/100 TRY; ✲) Contigua a la Meltem Pansiyon y en primera línea de mar, la Olba está limpia y bien gestionada. La inmensa terraza de la segunda planta (en la que se sirve el desayuno cada mañana) ofrece unas fantásticas vistas de la costa. Sus 25 habitaciones están revestidas de acogedores, y un tanto *kitsch*, paneles de madera.

Meltem Pansiyon
PENSIÓN €

(☎741 4391, 0533 360 0726; Sahil Caddesi 75; i 30-50 TRY, d 40-70 TRY; ✲@) A dos pasos de la playa, esta pensión de gestión familiar es económica y muy agradable. Ocho de sus modestas (aunque impolutas) 20 habitaciones dan al mar, y el desayuno se sirve en un precioso patio trasero. Por fin, un sitio que usa esos repelentes de mosquitos que se enchufan.

Lades Motel
HOTEL €

(☎741 4008; www.ladesmotel.com; İsmet İnönü Caddesi 45; i/d 80/110 TRY; ✲@✲) Situado junto a la carretera de entrada a Taşucu, es uno de los favoritos entre los observadores de aves que acuden en tropel al cercano delta del Göksu (p. 384). Su veintena de habitaciones, dispuestas en torno a una gran piscina, no tienen nada de especial, pero sus balcones ofrecen unas panorámicas del puerto fantásticas. El vestíbulo y las zonas comunes están bien diseñados para que los aficionados a las aves compartan apuntes.

Holmi Pansiyon
PENSIÓN €

(☎741 5378; holmi.pansiyon.kafeterya@hotmail.com; Sahil Caddesi 23; i/d 40/70 TRY; ✲@) Su porche frontal cubierto es especialmente agradable para relajarse cuando aprieta el calor. Está muy cerca de la playa y sus 11 habitaciones disponen de pequeños escritorios y balcones, algunos de los cuales dan al mar.

Hanımağa Motel
PENSIÓN €

(☎741 3033, 0532 296 5846; Sahil Caddesi 5; i/d 50/70 TRY; ✲) Un poco más abajo del Holmi y frente a la playa, esta pensión (o, mejor dicho, motel) regentada por una simpática y joven pareja cuenta con 14 habitaciones con frigorífico y balcón, algunos con unas buenas vistas del mar, y un espectacular restaurante en la terraza de la azotea.

Dónde comer y beber

Denizkızı Restaurant
MARISCO €

(☎741 4194; İsmet İnönü Caddesi 62c; platos principales 10-23 TRY) Frente a la estatua de Atatürk y la terminal de *ferries*, este restaurante más bien de categoría sirve buen pescado, *mezes* y platos a parrilla, y su estupenda terraza en el último piso, desde la que se ven llegar los barcos, es perfecta para refrescarse en un día de calor.

Baba Restaurant
MARISCO €

(☎741 5991; İsmet İnönü Caddesi 43; platos principales 10-20 TRY) Justo después del Lades Motel, de camino al puerto, está el Baba, considerado el mejor restaurante de la zona. La terraza es un lugar ideal para disfrutar de una cerveza fría (o sorber un *gelato* italiano importado; 4-5 TRY), pero es la comida la que atrae a los clientes, sobre todo el apetitoso carrito de *mezes* (2,50-3 TRY). No hay que perderse la selección de pescado fresco que figura en la pizarra, que actualizan a diario.

Alo Dürüm
'PIDECI' €

(☎741 5657; İsmet İnönü Caddesi 17; platos 3-10 TRY) En medio de la calle principal, este establecimiento al aire libre de *döner* y *pide* es popular entre los lugareños y los viajeros. Dispone de un servicio de entrega a domicilio las 24 horas, por si alguien tiene antojo de *lahmacun* (*pizza* árabe) de madrugada.

ℹ Cómo llegar y salir

Akgünler Denizcilik (☎741 2303; www.akgunler.com.tr; İsmet İnönü Caddesi) opera servicios de *feribotlar* (*ferry* para coches) y *ekspresler* (hidroplanos) entre Taşucu y Girne, en el norte de Chipre. Hay un hidroplano diario a las 11.30 (ida/ida y vuelta 69/114 TRY) y un *ferry* de coches (pasajero ida/ida y vuelta 59/99 TRY, automóvil 150/300 TRY) que sale a las 24.00 de domingo a jueves. El hidroplano sale todos los días de Girne a las 9.30 mientras que el *ferry* de coches lo hace solo de lunes a viernes a las 12.00.

Los hidroplanos son más rápidos (2 h) pero es fácil marearse si el mar está agitado. Los billetes de *ferry* cuestan menos, pero el trayecto puede durar entre cuatro y diez horas, dependiendo de la climatología. El precio de los billetes no incluye el impuesto portuario: 10 TRY al salir de Taşucu y 25 TRY desde Girne.

Los *dolmuşes* paran en la gasolinera que hay al norte del pueblo, a cinco minutos a pie de la playa. Son frecuentes los *dolmuşes* entre Taşucu y Silifke (1,50 TRY), de donde salen autobuses de largo recorrido.

Silifke

✔0324 / 53 000 HAB.

Silifke es una pequeña ciudad ribereña con un cierto encanto y una larga historia. Está dominada por un monumental castillo, mientras que un bello parque bordea las mineralizadas aguas de tonos verdes y azules del río Göksu, llamado Calycadnus en la Antigüedad. En los alrededores hay más sitios de interés natural y arqueológico que merecen una visita.

Seleucia del Calicadno, como se la conocía antiguamente, fue fundada en el s. III por Seleuco I Nicátor, uno de los generales más hábiles de Alejandro Magno e iniciador de la dinastía selyúcida que gobernó Siria tras la muerte de Alejandro.

La otra razón por la que Silifke pasó a la historia es porque el emperador Federico I Barbarroja (1152-1190) se ahogó en el río cerca de aquí mientras conducía a sus tropas a la Tercera Cruzada. Supuestamente fue el peso de su armadura lo que lo arrastró al fondo.

⊙ Puntos de interés

GRATIS **Fortaleza** FORTALEZA
Erigida en lo alto de una montaña, la fortaleza bizantina, con sus dos docenas de torres, cámaras subterráneas abovedadas y restos de un foso que aún es visible, fue antaño el centro de mando de la ciudad y ahora se presenta como un lugar agradable con un fantástico café-restaurante.

Tekir Ambarı EDIFICIO HISTÓRICO
Desde la fortaleza se puede ver la Tekir Ambarı, una antigua cisterna excavada en la roca a la que se accede a través de una escalera de caracol. Para llegar, primero hay que ir al cruce de İnönü y Menderes Caddesi, y después subir la pronunciada cuesta que queda a la izquierda del supermercado Küçük Hacı Kaşaplar. En esta esquina hay motoristas esperando por si alguien quiere ahorrarse la dura subida a pie. Se pagan unas 15 TRY por persona por el viaje de ida y vuelta.

Necrópolis RUINAS
Al sur de la cisterna se halla la antigua necrópolis de Silifke. En el centro, a un lado de la concurridísima İnönü Caddesi, se encuentra las ruinas del romano **templo de Júpiter** en un estado de conservación lamentable, pues en sus columnas anidan las cigüeñas. Data del s. II d.C., pero fue transformado en una basílica cristiana en algún momento del s. v.

Museo de Silifke MUSEO
(Taşucu Caddesi 29; entrada 3 TRY; ◷8.00-17.00 ma-do) Ubicado al este del centro, este museo alberga una buena colección de esculturas de cuerpo entero y bustos romanos en la planta baja y el jardín. De las salas de la primera planta, una atesora multitud de monedas y joyas antiguas (como piezas de oro depositadas sobre los párpados de los difuntos), y otra, ánforas y otros objetos de cerámica, armas y aperos de las épocas romana y griega.

Merkez Camii MEZQUITA
(Gran Mezquita; Fevzi Çakmak Caddesi) También llamada Alaaddin Camisi o mezquita de Alaaddin, es un edificio selyúcida que data de 1228, aunque ha experimentado diversas reformas a lo largo de los siglos.

Reşadiye Camii EDIFICIO HISTÓRICO
(İnönü Caddesi 138) Conviene fijarse en las columnas romanas que soportan los pórticos delantero y trasero.

Puente de piedra PUENTE
Este puente sobre el Göksu que data del año 78 d.C., ha sido restaurado varias veces, dos de ellas en el último siglo (1922 y 1972).

🛏 Dónde dormir

Göksu Otel HOTEL €
(✔712 1021; fax 712 1024; Atatürk Caddesi 20; i/d 50/80 TRY; ✳ @) El único hotel recomendable de la ciudad acapara todo el mercado de precio medio. Se encuentra en el centro, frente al parque que hay en la orilla norte del río homónimo. Aunque decorado en el estilo propio de un hotel de negocios, su encanto provincial le da más calidez de la esperada y sus 25 habitaciones son modernas

y amplias. El restaurante de la planta baja sirve un desayuno aceptable por un coste adicional de 8 TRY.

Otel Ayatekla   HOTEL €

(☎715 1081; fax 715 1085; Otogar Civari; i/d 35/70 TRY; ✱) Este hotel de 24 habitaciones y dos estrellas resulta conveniente para quien tenga que tomar un autobús a horas intempestivas, pues está pegado a la *otogar*, pero es bastante sombrío. Aun así, algunas habitaciones ofrecen vistas a la ciudad y las montañas, y dispone de una suite con balcón.

✗ Dónde comer y beber

No hay que irse sin probar el yogur típico de Silifke *(Silifke yoğrdu)*, famoso en toda Turquía.

Gözde Restaurant   'KEBAPÇI' €€

(☎714 2764; Balıkçılar Sokak 7; platos principales 7-12 TRY) Este establecimiento de *döner kebap* y *lahmacun* también sirve deliciosas sopas, *mezes* y platos a la parilla en una terraza sombreada situada en una calle pequeña. Gracias al personal, que habla inglés, la experiencia culinaria resulta magnífica y bastante informal.

Lezzet Dünyası   RESTAURANTE €€

(☎714 5533; Fevzi Çakmak Caddesi; platos principales 10-15 TRY) Próximo a la *otogar*, este restaurante sirve platos de pescado, cordero y pollo nada sorprendentes pero muy bien preparados, además de *pides* perfectas para quien tenga que viajar en autobús.

Kale Restaurant   'PIDECI' Y 'KEBAPÇI' €

(☎714 8292; platos principales 3-12 TRY) Con platos sencillos a precios razonables y el mejor escenario en varios kilómetros a la redonda para tomar un aperitivo al anochecer, este restaurante situado debajo de las torres del castillo no es solo un sitio de paso, sino un destino en sí mismo.

Göksu Pastanesi   TETERÍA, PASTELERÍA €

(Pasteles desde 1,50 TRY) Situado cerca del puente de piedra, este modesto restaurante sirve *çay* y tentempiés. Cuenta con una amplia y sombreada terraza junto a Cavit Erdem Caddesi que sobresale por encima del estruendoso río Göksu.

❶ Información

Oficina de turismo (☎714 1151; Veli Gürten Bozbey Caddesi 6; ☺8.00-17.00 lu-vi) Al norte de Atatürk Caddesi y el Göksu Otel.

❶ Cómo llegar y salir

Los autobuses hacia Adana (15 TRY, 2½ h, 165 km, cada hora) salen en dirección este durante todo el día. De Silifke también parten autobuses a Mersin (8,50 TRY, 2 h, 95 km, 3 cada hora), Alanya (30 TRY, 6 h, 265 km) y Antalya (35 TRY, 9 h, 395 km, 10 al día).

Los *dolmuşes* a Taşucu (1,50 TRY) salen cada 20 minutos desde una parada que hay frente al restaurante Lezzet Dünyası y al este de la *otogar*, o desde otra que hay en la orilla sur del Göksu. Un taxi a Taşucu cuesta 20 TRY.

Alrededores de Silifke

Al sur de Silifke se encuentran las marismas saladas, lagos y dunas del **delta del Göksu**, una importante zona de humedales que da cobijo a 332 especies de aves. Al norte y al noreste, las laderas cubiertas de matorrales de la **meseta de Olba** se extienden a lo largo de unos 60 km en paralelo a la costa, hasta que la llanura cilicia cede el paso a franjas cada vez más amplias de tierra fértil. Es una de las zonas más ricas en yacimientos arqueológicos de Turquía, algunos de los cuales son de más fácil acceso desde Kızkalesi.

IGLESIA RUPESTRE DE SANTA TECLA

En esta región se encuentran numerosos lugares de peregrinación de los primeros cristianos, como esta iglesia (Ayatekla Yeraltı Kilisesi; entrada 3 TRY; ☺8.00-20.00 abr-oct, hasta 17.00 mi-do nov-mar), un pequeño refugio excavado en la roca con media docena de columnas, celdas y un altar escondido bajo el ábside en ruinas de una iglesia bizantina del s. II, muy venerado por los creyentes. Santa Tecla fue la primera persona que san Pablo convirtió al cristianismo y fue perseguida por ello. Se cree que pasó sus últimos años de oración y ayuno en esta cueva, y es la patrona de los maestros. En la montaña también se pueden ver los restos de una cisterna, un baño y una necrópolis.

❶ Cómo llegar y salir

Para llegar a la iglesia, que está 5 km al suroeste de Silifke, hay que tomar un *dolmuş* a Taşucu (1,25 TRY) y pedir al conductor que pare en el desvío a Ayatekla, a solo 1 km del lugar. Un viaje en taxi de ida y vuelta cuesta 20 TRY.

Si se va en coche, hay que localizar la gasolinera Alpet que queda a la derecha, a unos 4 km de Silifke. Justo al lado se ve la señal a Ayatekla Sokak, que conduce hasta lo alto de la montaña y la iglesia.

UZUNCABURÇ

Vale la pena visitar las impresionantes **ruinas** (entrada 3 TRY; ⊘8.00-20.00 abr-oct, hasta 17.00 nov-mar) de Uzuncaburç, ubicadas en una zona montañosa unos 30 km al noreste de Silifke. Ocupan el mismo emplazamiento que la antigua ciudad romana de Diocaesarea, en origen una ciudad helenística conocida como Olba, en la que se rendía un culto ferviente a Zeus Olbius.

El **templo de Zeus Olbius**, con una veintena de columnas en pie, está dentro del yacimiento, a la izquierda de una espléndida **vía columnada**. Pero primero vale la pena visitar el **teatro** romano semihundido en el terreno que hay detrás del aparcamiento. Algunas de las construcciones más importantes son de época romana, como un **ninfeo** (s. II o III d.C.) y un **arco de entrada a la ciudad** que queda a la derecha, y el **templo de Tiqué** (s. I d.C.), con cinco columnas corintias al fondo de la vía columnada. En torno al templo de Zeus hay **sarcófagos** decorados con relieves (por ej., de Medusa) y estatuas yacentes.

Para ver una estructura helenística construida antes de que los romanos saquearan Olba, hay que dirigirse al norte y pasar por el pueblo y una enorme **torre de vigía** de cinco pisos con una **calzada romana** detrás. Después de 600 m en dirección al valle, se llega a una larga **necrópolis** con **tumbas excavadas en la roca y sarcófagos** que se extiende a lo largo del camino.

En Demircili (la antigua Imbriogon), a 8 km de Silifke por la carretera a Uzuncaburç, se encuentran varios ejemplos magníficos de **mausoleos** romanos que parecen casas.

❶ Cómo llegar y salir

Los microbuses que van a Uzuncaburç (5 TRY) salen de una calle pequeña cercana a la oficina de turismo de Silifke a las 10.00, 12.00, 14.00, 16.00 y 18.00, y suelen regresar de Uzuncaburç por la mañana, antes de las 12.00, aunque hay una a las 16.30.

Un viaje de ida y vuelta en taxi cuesta 100 TRY, incluido el tiempo de espera y la parada para ver las tumbas de Demircili, que están de camino.

Kızkalesi

✔ 0324 / 1975 HAB.

La maravillosa Kızkalesi, empotrada en la D400, no es el típico pueblo de carretera. No solo cuenta con una de las playas más bonitas de la región, sino que además ostenta no uno sino dos castillos, uno de los cuales está junto a la costa y parece flotar en el mar. También es el punto de acceso a la meseta de Olba, un museo al aire libre de ruinas rodeadas de elevaciones rocosas.

A pesar de sus enormes atractivos, Kızkalesi tiene los pies en el suelo gracias al humor relajado de sus lugareños. Para un visitante, el ambiente es más acogedor y agradable de lo que suele esperarse de un típico pueblo turco de su tamaño, lo que podría deberse a la constante presencia de aficionados a la arqueología que caminan por el elegante paseo marítimo atestado de turistas turcos.

◉ Puntos de interés

GRATIS **Castillo de Kızkalesi** FORTALEZA (Castillo de la Doncella) A 300 m de la costa, este castillo es como un sueño flotando en el aire. Se puede ir a nado, pero mucha gente prefiere tomar el barco (5 TRY) en el muelle que hay justo delante del restaurante Albatross. Una vez allí, hay que fijarse en los **mosaicos** del patio central y en la **galería** abovedada, y subir a una de las cuatro **torres** (la de la esquina sureste ofrece las mejores panorámicas).

Castillo de Corycus FORTALEZA (Korykos Kalesı; entrada 3 TRY; ⊘8.00-20.00 abr-oct, hasta 17.00 nov-mar) En el extremo norte de la playa y en tierra firme, está esta antigua fortaleza construida o reconstruida por los bizantinos, ocupada brevemente por los reyes armenios de Cilicia y otrora conectada con Kızkalesi por una calzada. El "castillo de la tierra" es un poco tosco, pero si se camina con precaución hacia el este se llega a una torre en ruinas que ofrece unas vistas preciosas del "castillo del mar" y el Mediterráneo.

Ruinas RUINAS Frente al castillo de Corycus, cruzando la carretera, hay una **necrópolis** en la que se enterraba a mercaderes. Hay tumbas y relieves en la roca esparcidos por todo el recinto, entre los que destaca una del s. V con un relieve de un guerrero blandiendo una espada. Unos 4 km al noreste de Kızkalesi, en Ayaş, y a ambos lados de la D400, se encuentran las extensas y poco cuidadas ruinas de la antigua **Elaiussa-Sebaste** (gratis), cuya fundación data, al menos, de los inicios de la era romana o incluso de la época hitita. Entre las construcciones más destacables que hay a la izquierda (oeste) se encuentra un teatro con 2300 asientos en lo alto de una colina, los restos de una **basílica bizantina**, un **templo romano** con suelos de mosaico que representan peces y delfines, y un **baptisterio** cruciforme que permitía la inmersión total. Las ruinas del lado oriental son inestables y está prohibida la entrada.

🛏 Dónde dormir

👍 Yaka Hotel
HOTEL €€

(☎523 2444; www.yakahotel.com.tr; i 50-70 TRY, d 60-90 TRY; ❄@) Yakup Kahveci, el políglota y perspicaz propietario del Yaka, regenta el hotel más elegante y acogedor de Kızkalesi, el puerto de escala más recomendable de la localidad. Sus 17 habitaciones están impecables, el desayuno (o la cena, si se solicita) se sirve en un bonito jardín, y abunda la información; no hay nada en la zona que Yakup no sepa o no pueda organizar. Además, es un buen sitio para conocer otros viajeros, sobre todo a aficionados a la arqueología.

Hotel Hantur
HOTEL €€

(☎523 2367; www.hotelhantur.com; i 50-60 TRY, d 60-80 TRY; ❄@) Está ubicado en primera línea de mar, por lo que los clientes pueden pasar el día observando el ir y venir de las olas. Sus 20 habitaciones pintadas en color melocotón son bonitas y cómodas y tienen balcón, aunque conviene reservar una que dé al mar (como la 301). El jardín delantero y el servicio amable y útil son otros alicientes.

Rain Hotel
HOTEL €€

(☎523 2782; www.rainhotel.com; i 40-70 TRY, d 60-90 TRY; ❄@) Con un ambiente juvenil creado por su gerente, Mehmet, el Rain está muy implicado en el circuito Medtravellers. Lo gestionan los dueños del Cafe Rain y la agencia de viajes contigua con el mismo espíritu de 'todo es posible', y ello incluye salidas para practicar submarinismo. Sus 18 habitaciones inmaculadas y espaciosas están decoradas con gusto y disponen de frigorífico, lo que incita a alargar la estancia.

Baytan Otel
HOTEL €€

(☎523 2004; www.baytanotel.com; i 40-70 TRY, d 80-110 TRY; ❄@) Puede que esté un poco descolorido, pero tiene la playa al lado, sus dos docenas de habitaciones son amplias, y el bar del jardín trasero ofrece música en directo casi todas las noches de temporada alta a partir de las 20.00. La terraza de la azotea es perfecta para un aperitivo al atardecer.

Korykos Hotel
HOTEL €€

(☎523 2212; www.korykoshotel.com; i 35-70 TRY, d 70-140 TRY; ❄@) Este elegante hotel de varios pisos y con ascensor está situado en el interior de la localidad, cerca del Yaka. El personal es atento y profesional y el vestíbulo particularmente acogedor. Sus 25 habitaciones tienen TV y camas grandes con colchones firmes.

🍴 Dónde comer y beber

En Kızkalesi hay muchos restaurantes por abrir (quizás a la alta calidad de las cocinas de sus pensiones tengan algo de culpa), así que conviene considerar la posibilidad de hacer un viaje en autobús a Narlıkuyu (1,50 TRY, 10 min) para cenar en alguno de sus restaurantes de pescado y marisco.

Cafe Rain
INTERNACIONAL €€

(☎523 2234; platos principales 15-25 TRY) El arcoíris decorativo se complementa con su jovial menú, que incluye opciones de calidad y el que podría ser el mejor *börek* (una especie de empanada de queso o carne) del este del Mediterráneo. De noche, los viajeros lo transforman en un bar de copas de ambiente amigable.

Villa Nur
RESTAURANTE FAMILIAR €€

(☎523 2340; platos principales 10-15 TRY) Los lectores han escrito cartas delirantes sobre la comida que se sirve en esta pensión contigua al Baytan Otel, frente al mar, que regenta una pareja turco-germánica. Las tartas son excepcionales.

Paşa Restaurant
'KEBAPÇI' €

(☎523 2230; Plaj Yolu 5; platos principales 6-10 TRY) Un amplio establecimiento al aire libre que sirve platos a la parrilla, *mezes* y tentempiés turcos a precios agradables muy cerca de Cumhuriyet Meydanı.

Albatross
BAR-RESTAURANTE

(☎0536 676 3902) También es un restaurante, pero es ideal para tomar un aperitivo al anochecer en su bar al aire libre con vistas panorámicas del castillo.

Titanic Bistro & Bar
BAR

(☎523 2669; Cetin Özvaran Caddesi) No muy lejos del Cafe Rain, este salón-bar ofrece sillones grandes, pósteres pop, buena música *indie* y un genuino ambiente de juerga.

❶ Cómo llegar y salir

De Kızkalesi salen con frecuencia autobuses a Silifke (3 TRY, 30 min, 24 km) y Mersin (6 TRY, 1½ h, 60 km).

Alrededores de Kızkalesi

Hay varios sitios al suroeste y noreste de Kızkalesi de gran relevancia e interés histórico, que incluyen desde una idílica aldea costera con un importante mosaico hasta un viaje a las entrañas de la tierra.

NARLIKUYU

La pequeña Narlıkuyu es más que una simple aldea bonita con una cala situada 5 km al suroeste de Kızkalesi. Cuenta con media docena de restaurantes de pescado muy populares y un mosaico de singular belleza, y cerca hay unas cuevas de ensueño.

El diminuto **Museo del Mosaico** (Mozaik Müzesi; entrada 3 TRY) local, que ocupa unos baños romanos del s. IV, alberga en su interior un maravilloso mosaico de las llamadas Tres Gracias (Aglae, Talía y Eufrósine), las hijas de Zeus.

Entre la plétora de restaurantes que hay frente al mar, con platos principales entre 15 y 25 TRY, los más recomendables son el **Kerim** (☏723 3295), junto al museo, y el **Narlıkuyu** (☏723 3286), en el lado contrario de la cala.

Hay *dolmuşes* frecuentes entre Kızkalesi y Silifke que pasan por Narlıkuyu (1,50 TRY).

CUEVAS DEL CIELO Y EL INFIERNO

Si al salir de Narlıkuyu se toma la D400 en dirección norte, después de 3 km se llega a varias **cuevas** (entrada 3 TRY; ⊙8.00-20.00 abr-oct, hasta 17.00 nov-mar) que en realidad son simas creadas por la erosión de un río subterráneo y lugares de importancia mitológica.

Para entrar en la **cueva del Cielo** (Cennet Mağarası), de 200 m de longitud, 90 de anchura y 70 de profundidad, y viajar al más allá, hay que bajar los 450 escalones desiguales que quedan a la izquierda del aparcamiento. En el rellano que hay cerca de la entrada de la cueva se encuentra la **capilla de la Virgen María**, bizantina y del s. V, que en el s. XIX se utilizó brevemente como mezquita.

Siguiendo por el sendero y adentrándose en la sima, se llega a la **cueva de Tifón** (Tayfun Mağarası), un escenario húmedo, escarpado y diabólico; de hecho, los lugareños creen que esta cueva da acceso al infierno, y Estrabón la menciona en su *Geografía*. Si se escucha algún rugido, no hay que nada que temer: es sencillamente el sonido de un riachuelo subterráneo que, según la leyenda, está conectado con el río Estigia.

Si se suben 100 m desde los escalones que llevan a la cueva del Cielo, se llega a la **cueva-cañón del Infierno** (Cehennem Mağarası), con sus paredes casi verticales y una plataforma con unas vistas de infarto que se extiende por encima de los 120 m de profundidad del hoyo. Se supone que en este foso de apariencia carbonizada Zeus encerró a Tifón, el monstruo de cien cabezas que lanzaba llamas por la boca, tras derrotarlo en una batalla.

Unos 600 m más al oeste se halla la **cueva del Asma** (Astim Mağarası) que, como la cueva de las Piedras Goteantes de Alanya, alivia a quienes sufren la enfermedad.

ADAMKAYALAR

Es un poco complicado ir, pero vale la pena visitar Adamkayalar ("rocas de los hombres"), unos 8 km al norte de Kızkalesi. Se trata de 17 relieves romanos esculpidos en un risco que formaban parte de una necrópolis del s. I e inmortalizan a guerreros blandiendo hachas, espadas y lanzas, y a ciudadanos acompañados, en algunos casos, por sus esposas e hijos. Hay más ruinas y tumbas diseminadas en lo alto del risco.

En la necrópolis situada frente al castillo Corycus una señal apunta hacia el oeste. Hay que subir la montaña y, al cabo de 5 km y obedeciendo otra señal, girar a la izquierda. El aparcamiento está después de 3 km de bajada por la misma carretera. Conviene seguir las flechas azules pintadas a lo largo de un descenso bastante complicado por la cañada durante 750 m y no ir solo.

KANLIDIVANE

Unos 8,5 km al noreste de Kızkalesi, en Kumkuyu, una carretera de 4,5 km conduce a las aterradoras **ruinas** (entrada 3 TRY; ⊙8.00-20.00 abr-oct, hasta 17.00 nov-mar) de Kanlıdivane, la antigua ciudad de Kanytelis. Al llegar al aparcamiento, lo primero que se ve es una **torre helenística** de 17 m construida por el hijo de un rey-sacerdote de Olba, la actual Uzuncaburç, en honor a Zeus.

En el centro de recinto de Kanlıdivane, que significa "lugar sangriento de la locura", hay una sima de 60 m de profundidad que llenaban de animales salvajes y en la que arrojaban a los criminales. Está rodeada de varias ruinas, entre las que destacan cuatro **iglesias bizantinas** en varios estados de decadencia y una **necrópolis** que se extiende a lo largo de una calzada romana que va hacia el noreste, y en la que se sitúa un magnífico **mausoleo** del s. II. En las paredes del risco hay un relieve con seis miembros de una familia (suroeste) y un soldado romano (noroeste).

Mersin (İçel)

☎0324 / 825000 HAB.

Hace medio siglo que Mersin fue destinada a convertirse en la salida al mar de Adana y sus fértiles tierras. Hoy en día es el mayor puerto turco del Mediterráneo y, en gran parte, un lugar sin alma que crece con rapidez y del que casi todo el mundo se va pronto. Pero, aunque casi nadie utiliza su nuevo nombre oficial, İçel, que también es el de la provincia de la que es capital, Mersin tiene sus puntos. Algunas calles del puerto recuerdan a Marsella, y hay letreros de "turco antiguo" por todas partes: cesteros, *çaycılar* (vendedores de té) que llenan vasos con una manguera que sale de una bolsa que llevan a sus espaldas y 'escritores' profesionales que componen cartas para quienes no entienden mucho de máquinas de escribir antiguas.

⊙ Puntos de interés y actividades

Un paseo por el muelle da una buena idea de lo que es Mersin. Otra opción es deambular por las concurridas callejuelas y avenidas que hay entre Uray Caddesi e İstiklal Caddesi.

GRATIS **Atatürk Evi**   MUSEO
(Casa de Atatürk; Atatürk Caddesi 36; ⊙8.00-19.00 lu-sa abr-oct, 9.00-12.00 y 13.00-16.30 lu-sa nov-mar) Está ubicado en una parte peatonal de Atatürk Caddesi y ocupa una hermosa villa de siete habitaciones en la que se alojó Atatürk.

GRATIS **Museo Arqueológico y Etnográfico**   MUSEO
(Cumhuriyet Meydanı 62; ⊙8.00-12.00 y 13.00-19.00 abr-oct, hasta 16.00 nov-mar) Un poco más al oeste, el Museo Arqueológico de Mersin muestra hallazgos procedentes de *höyükler* (túmulos) y yacimientos (como el de Elaiussa-Sebaste, cerca de Kızkalesi) de la zona, un magnífico bronce de Dioniso y objetos curiosos como una entrada de teatro de cristal de época romana en la planta baja. En el piso de arriba hay alfombras, vestimentas y armas.

Iglesia griega ortodoxa   IGLESIA
(⊙ liturgia divina 9.00-11.15 do) Junto al museo, esta iglesia fortificada construida en 1852 sigue en uso y contiene un estupendo iconostasio. Para entrar, se ha de ir a la izquierda, frente a 4302 Sokak, y tocar el timbre.

También hay una **iglesia católica** (Uray Caddesi 12; ⊙ misa 18.00 lu-sa, 8.00 y 11.00 do) abierta en la parte oriental de la ciudad.

Roll House Bowling   BOLERA
(☎325 9575; www.rollhouse.com; Adnan Menderes Bulvarı 13; partidas desde 5 TRY; ⊙ 12.00-24.00 do-ju, hasta 2.00 vi y sa) Casi nadie va a Mersin para ello, pero se puede jugar una partida de bolos junto al Mersin Hilton.

🛏 Dónde dormir

Nobel Oteli   HOTEL €€
(☎237 2210; www.nobelotel.com; İstiklal Caddesi 73; i y d desde 75 TRY; ⚙❄) Una opción muy estilosa en pleno centro de la ciudad con 74 habitaciones grandes y confortables con virtuosos detalles decorativos y televisión por satélite. El vestíbulo es un hervidero de actividad empresarial, y el restaurante anexo es muy popular para el almuerzo.

Hotel Savran   HOTEL €
(☎232 4472; Soğuksu Caddesi 14; i/d 35/55 TRY; ❄) Finalmente este hotel obtuvo las reformas que necesitaba y su alegre decoración ahora hace juego con la actitud positiva de su personal. Sus 30 habitaciones son inesperadamente grandes, y sigue siendo una popular opción económica.

Hotel Gökhan   HOTEL €
(☎232 4665; fax 237 4462; Soğuksu Caddesi 20; i/d 40/60 TRY; ⚙❄) La decoración de las zonas comunes de este hotel de dos estrellas tiene un ligero toque *art déco*, aunque no se sabe cómo cabe dentro del inmenso acuario. Sus 28 amplias habitaciones disponen de televisión por satélite y minibar. Conviene elegir una con balcón.

Mersin Oteli   HOTEL €€
(☎238 1040; www.mersinoteli.com.tr; İsmet İnönü Caddesi 62; i/d 90/140 TRY; ⚙❄) Este céntrico, enorme y relativamente lujoso hotel de cuatro estrellas tiene 102 habitaciones anodinas pero agradables, algunas con balcones con vistas al mar. Hay descuentos de fin de semana.

🍴 Dónde comer y beber

La especialidad local de Mersin es el *tantuni kebap:* ternera troceada salteada con cebolla, ajo y pimiento, y envuelta en una especie de *pitta (lavaş ekmek);* se parece a una fajita mejicana suave. Suele acompañarse de *şalgam suyu,* un zumo de color carmesí hecho con nabos hervidos y vinagre. Y de postre, nada mejor que *cezerye,* un pastel un poco gelatinoso a base de zanahorias y nueces.

Deniz Yıldızı
MARISCO €€
(☎237 7124; 4701 Sokak 10b; platos principales 10-22 TRY) Con mesas al aire libre en una calleja, este es el mejor de los varios restaurantes de pescado de esta zona próxima a Silifke Caddesi y a dos pasos (cuesta arriba) del mercado de pescado.

Hacıbaba
'LOKANTA' €€
(☎238 0023; İstiklal Caddesi 82; platos principales 7-14 TRY) Situado frente al Nobel, este maravilloso restaurante pequeño con un cartel de neón y alfombras rojas sirve excelentes *zeytinyağli biber dolması* (pimientos rellenos; 5,50 TRY), además de *döner,* *lahmacun* y *pides.*

Toscana
'LOKANTA' €€
(☎238 2228; Emlak Sokak 41; platos principales 7-10 TRY) Su nombre confunde un poco, y es que este restaurante al norte de Uray Caddesi y frente a Taşhan Antik Galerya ofrece una gran selección de guisos y otros platos turcos, y es tranquilo y eficiente.

Gündoğdu
'LOKANTA' €
(☎231 9677; Silifke Caddesi 22; platos 3-10 TRY) Un local de comida rápida especialmente deliciosa que parece estar permanentemente abarrotado; el lugar en el que probar el *tantuni.*

Piknik
BAR-CAFÉ
(☎233 4848; 5218 Sokak; ☺8.00-2.00) Este bar, cafetería y tetería es uno de los muchos locales de alterne pequeños y de clase trabajadora de Taşhan Antik Galerya, en una calle entre İsmet İnönü Caddesi y Uray Caddesi.

❶ Información
Bilgi Internet (1ª planta, Soğuksu Caddesi 30; 2 TRY/h)

Oficina de turismo (☎238 3271; İsmet İnönü Bulvarı; ☺8.00-12.00 y 13.00-17.00 lu-vi) En el puerto.

❶ Cómo llegar y salir
Autobús
La *otogar* de Mersin está a las afueras de la ciudad, al este. Para llegar al centro hay que salir por la puerta principal, girar a la derecha, subir por la avenida Gazi Mustafa Kemal Bulvarı, cruzar al otro lado y subirse a un autobús que vaya hacia el oeste

(1,25 TRY). Los autobuses que van del centro a la *otogar* salen del exterior de la estación de trenes y de una parada que hay frente al Mersin Oteli.

De Mersin parten autobuses frecuentes a Adana (10 TRY, 1½ h, 75 km), Silifke (10 TRY, 2 h, 85 km, 3 cada hora) y Alanya (40 TRY, 8½ h, 375 km, 8 diarios). Otros destinos de larga distancia son Estambul (50 TRY, 12 h, 935 km) y Ankara (40 TRY, 7 h, 490 km).

Tren
Hay servicios de tren a Tarsus (2 TRY) y Adana (4 TRY) entre las 6.00 y las 22.30.

Tarsus
📞0324 / 233500 HAB.
Si san Pablo, el hijo más famoso de Tarsus (Tarso), regresara a su ciudad natal unos dos mil años después de su nacimiento, apenas reconocería este lugar en el que se suceden los bloques de pisos de cemento. Aunque su atractivo es principalmente histórico, es una de esas ciudades que premian la perseverancia, pues un paseo por las callejuelas que van a los enclaves de los primeros cristianos e incluso del Antiguo Testamento pueden ser razones suficientes para quedarse.

◉ Puntos de interés y actividades
Puerta de Cleopatra
EDIFICIO HISTÓRICO
La romana Kancık Kapısı, literalmente "puerta de la bruja", pero más conocida como puerta de Cleopatra, no tiene nada que ver con la reina egipcia, aunque se cree que ella tuvo un encuentro aquí con Marco Antonio en el año 41 a.C. Una profunda restauración le ha arrebatado todo su aire de antigüedad.

Pozo de san Pablo
RUINAS
(St Paul Kuyusu; entrada 3 TRY; ☺8.00-20.00 abr-oct, hasta 17.00 nov-mar) Aproximadamente 1 km al norte de la puerta de Cleopatra (hay carteles que indican el camino) se encuentran los restos de la casa de san Pablo, donde se cree que nació, que puede verse por debajo de unas planchas de plexiglás.

Casco antiguo
CONJUNTO HISTÓRICO
Unos 200 m al sur y sureste del pozo de san Pablo se encuentra el casco antiguo (Antik Şehir), que incluye un estupendo tramo de 60 m de una **calzada romana con pesadas losas de basalto que cubren un largo desagüe,** y algunos magníficos ejemplos de **casas históricas de Tarsus** (*tarihi*

UN LUGAR DE PEREGRINACIÓN

Judío de nacimiento, Pablo (originalmente Saulo) fue uno de los más fervientes prosélitos de la primitiva cristiandad. A lo largo de su vida convirtió a cientos de paganos y judíos a la nueva religión en todo el Mundo Antiguo. Tras su muerte en Roma en torno al año 67 d.C., su lugar de nacimiento se convirtió en sagrado para sus seguidores. Hoy en día aún hay peregrinos que acuden en tropel al emplazamiento de su casa en ruinas, en Tarsus, para beber un poco de agua del pozo de 30 m de profundidad.

Tarsus evleri), una de las cuales es hoy el hotel-*boutique* Konak Efsus.

Al sureste del casco antiguo se hallan varias mezquitas históricas que han desempeñado otros papeles con anterioridad, como la **Eski Cami** (Mezquita Antigua), una estructura medieval que en origen fue una iglesia dedicada a san Pablo. A su lado se alzan las apenas reconocibles paredes de ladrillo de unos enormes **baños romanos**. Al otro lado de Atatürk Caddesi está la **Makam Camii** (Mezquita Oficial), del s. XIX, y debajo, hacia el este, se cree que se encuentra la **tumba del profeta Daniel**. Al oeste está la **Ulu Cami** (Gran Mezquita), del s. XVI, que luce un curioso minarete del s. XIX 'pluriempleado' como torre del reloj. Al lado, y de la misma época, está el **Kırkkaşık Bedesten** (Museo de las Cuarenta Cucharas), que aún funciona como bazar cubierto.

Iglesia de San Pablo
IGLESIA

(St Paul Kilisesi; entrada 3 TRY; ⊗8.00-20.00) Al sur del mercado, algunas partes de la iglesia de San Pablo datan del s. XVIII.

Museo de Tarsus
MUSEO

(☑613 1865; Muvaffak Uygur Caddesi 75; entrada 3 TRY; ⊗8.00-19.30 abr-oct, hasta 17.00 nov-mar) Unos 750 m al suroeste del centro urbano, enfrente del estadio de la ciudad, este museo alberga una buena colección de estatuaria antigua y monedas, una de las cuales data del s. VI a.C.

Cascada
CASCADA

Al lado de la Eski Cami para un *dolmuş* (1,25 TRY) que lleva a la refrescante cascada (*şelale*) del río Tarsus (el antiguo Cyd-

nus), situada unos 3 km hacia el norte. En la zona hay teterías y restaurantes.

🛏 Dónde dormir y comer

Konak Efsus
HOTEL-'BOUTIQUE' €€

(☑614 0807; www.konakefsus.com; Tarihi Evler Sokak 31-33; i y d 160 TRY; ❋ @) Esta esperada adición al exiguo listado de alojamientos de Tarsus es un magnífico hotel-*boutique* que ocupa una casa tradicional en el centro del casco antiguo. Sus ocho habitaciones con muros de piedra, muebles antiguos y tuberías del s. XXI son todas únicas y tienen nombres diferentes. La suite Cleopatra es especialmente bella, lo mismo que el patio.

Cihan Palas Oteli
HOTEL €

(☑624 1623; fax 624 7334; Mersin Caddesi 21; i/d 30/50 TRY; ❋) Recomendable solo en caso de apuro, este hotel bastante básico está a dos pasos de la oficina de turismo. Ofrece muy pocas comodidades, pero el precio es justo.

Antik Cafe
CAFÉ

(☑0538 866 6565; Tarihi Evler Sokak; 🛜) Esta pequeña y coqueta cafetería que ocupa un edificio de 200 años reformado frente al Konak Efsus, es ideal para tomar algo y descansar después de un caluroso y polvoriento día de expedición por Tarsus.

ℹ Información

Oficina de turismo (☑613 3888; Cumhuriyet Alanı; ⊗8.00-17.00 lu-sa) Quiosco muy servicial justo enfrente de la calzada romana.

ℹ Cómo llegar y salir

La *otogar* de Tarsus está 3 km al este del centro. Un taxi desde allí cuesta 10 TRY; también se puede tomar un autobús o *dolmuş* (1,25 TRY) frente a la entrada principal, en el mismo lado de la calle. Hay muchos autobuses y *dolmuşes* que conectan Tarsus con Mersin (3,50 TRY, 29 km) y Adana (4 TRY, 42 km).

La estación de trenes, desde donde también se puede llegar a Mersin (2 TRY) y Adana (3 TRY), está al noroeste de la oficina de turismo que hay al final de Hilmi Seçkin Caddesi.

Adana

☑0322 / 1,52 MILLONES DE HAB.

Después de pasar unos días en las playas y ruinas del este del Mediterráneo, por mucho calor que haga, entrar en esta enorme ciudad (la cuarta mayor de Turquía) es como hacerlo en una ducha fría. La D400 corta en dos este sitio totalmente moderno con algunos lugares de interés en los que detenerse, y buenas conexiones de transporte para poder huir rápidamente.

Al norte de la carretera principal, en Turan Cemal Beriker Bulvarı, que va de oeste a este y pasa por el Kennedy Köprüsü (puente Kennedy), hay barrios residenciales de gente rica. Al sur de los modernos y elevados bloques de pisos, el ambiente decae y las casas empiezan a extenderse. El río Seyhan divide el centro urbano de la zona este.

◉ Puntos de interés y actividades

Mezquitas   MEZQUITAS

La bella **Ulu Cami** (Gran Mezquita; Abidin Paşa Caddesi), del s. XVI, recuerda las mezquitas del norte de Siria, con bandas de mármol negro y blanco y ventanas profusamente decoradas. Los azulejos del mihrab (nicho que marca la dirección del rezo) proceden de Kütahya e İznik.

La **Yeni Cami** (Mezquita Nueva; Özler Caddesi), de principios del s. XVIII, imita la planta cuadrangular de la Ulu Cami, con 10 cúpulas, mientras que la **Yağ Camii** (mezquita del Aceite; Özler Caddesi), del s. XVI, con un imponente pórtico al sureste, se construyó como iglesia consagrada a Santiago.

La más impresionante de todas es la **Sabancı Merkez Camii** (Gran Mezquita de Sabancı; Turan Cemal Beriker Bulvarı), con seis minaretes, erigida en la orilla izquierda del río junto al puente Kennedy. Es la mezquita más grande entre Estambul y Arabia Saudí, y fue construida por el magnate de la industria Sakıp Sabancı (1933-2004), filántropo y fundador de la segunda dinastía más rica de Turquía después de la de Koç. Todo el edificio está revestido de mármol y pan de oro, y tiene capacidad para unos 28 000 devotos.

Museo Etnográfico de Adana   MUSEO

(Ziyapaşa Bulvarı 143; entrada 3 TRY; ⏱8.00-17.00 ma-do) Situado en una bocacalle de İnönü Caddesi, este museo ocupa una antigua y pequeña iglesia de los cruzados que posteriormente se convirtió en mezquita y que está magníficamente restaurada. Acoge exposiciones de alfombras y kílims, armas, manuscritos y monumentos funerarios.

Museo de Arqueología   MUSEO

(Fuzuli Caddesi 10; entrada 5 TRY; ⏱8.00-17.00 ma-do) Al lado de la mezquita Sabancı, este museo alberga muchas estatuas romanas de las Puertas Cilicias, al norte de Tarsus.

Estas 'puertas', el paso principal que atraviesa los montes Tauro, eran ya en época romana un importante lugar de tránsito. Atención especial merece el sarcófago de Aquiles, del s. II y decorado con pasajes de *La Ilíada*. También pueden verse objetos hititas y monumentos helenísticos.

Puente de piedra   PUENTE

Taşköprü, un puente romano sobre el río Seyhan en el extremo oriental de Abidin Paşa Caddesi, fue construido en época de Adriano [117-138] y reconstruido en el s. VI. Tiene 300 m de longitud y 21 arcos, de los cuales solo se ven 14; el resto está bajo el agua.

Gran Torre del Reloj   EDIFICIO HISTÓRICO

(Büyük Saat Kulesi) Data de 1881 y en torno a ella se extiende el **bazar cubierto** (*kapalı çarşı*).

'Hammams'   'HAMMAMS'

(Por persona 9-15 TRY) Hay dos *hammams* tradicionales en el centro en los que relajarse y exfoliarse: el **Mestan Hamamı** (Hammam Alegre; ☎351 5189; Pazarlar Caddesi 3; ⏱5.00-23.00), junto al restaurante Öz Asmaaltı, y el **Çarşı Hamamı** (*hammam* del Mercado; ☎351 8102; Ali Münif Caddesi 145; ⏱ hombres 5.00-9.00 y 16.00-22.00, mujeres 9.00-15.30), frente a la Gran Torre del Reloj.

🛏 Dónde dormir

👍 Hotel Bosnalı   HOTEL·'BOUTIQUE' €€

(☎359 8000; www.hotelbosnali.com; Seyhan Caddesi 29; i/d 75/85 €, ste 130-160 €; ❄) Este estupendo hotel-*boutique* nuevo situado junto al río ha resurgido cual ave fénix de las cenizas de una magnífica mansión de 1889. Suelos de losa, techos de madera tallada a mano, muebles otomanos en su docena de habitaciones... El cuidado de los detalles es envidiable y las vistas desde el restaurante de la azotea, fabulosas.

Erten Otel   HOTEL DE NEGOCIOS €€

(☎359 5398; www.adanaertenotel.com.tr; Özler Caddesi 53; i/d 110/150 TRY; P❄@) Otra gran adición a la lista de hoteles de cuatro estrellas de Adana, en pleno centro y con la recepción más simpática de la ciudad. La mayoría de sus 67 apacibles habitaciones cuentan con escritorios robustos, zonas de estar amplias y duchas con una buena presión de agua.

Otel Mercan   HOTEL €

(☎351 2603; www.otelmercan.com; Küçüksaat Meydanı 5; i 25-40 TRY, 40-70 TRY; ❄) Rodeado de refugios baratillos, el Mercan es una

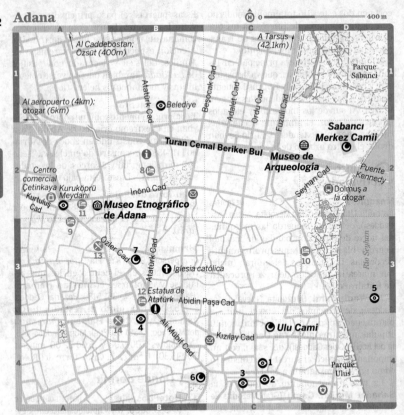

N 0 ——— 400 m

Al Caddebostan;
Özsüt (400m)

A Tarsus
(42.1km)

Parque
Sabancı

Al aeropuerto (4km);
otogar (6km)

Beşocak Cad
Adalet Cad
Ordu Cad
Fuzuli Cad

Atatürk Cad

Belediye

Sabancı
Merkez Camii

Turan Cemal Beriker Bul

Museo de
Arqueología

Puente
Kennedy

Centro
comercial
Çetinkaya
Kurtuluş
Cad

Kuruköprü
Meydanı

İnönü Cad

Museo Etnográfico
de Adana

Seyhan Cad

Dolmuş a
la otogar

Özler Cad

Atatürk Cad

Iglesia católica

Río Seyhan

Estatua de
Atatürk Abidin Paşa Cad

Ali Münif Cad

Kızılay Cad

Ulu Cami

Parque
Ulus

ESTE DEL MEDITERRÁNEO

---

opción económica segura. Dispone de 33 habitaciones pequeñas pero bien equipadas, una pintoresca sala de desayuno y un elegante salón con peculiares obras de arte.

Akdeniz Oteli HOTEL €€
(☎/fax 363 1510; İnönü Caddesi 22; i/d 50/80 TRY; ✱) Hotel limpio y decorado con gusto de dos estrellas y 30 habitaciones con duchas con mampara de cristal. No hay que perderse la psicodélica escalera con espejos que sube del vestíbulo al bar del segundo piso.

Hotel Mavi Sürmeli HOTEL DE NEGOCIOS €€€
(☎363 3437; www.mavisurmeli.com.tr; İnönü Caddesi 109; i/d 150/200 €; P ✱ @) El hotel de precio alto más impecable de Adana está situado en pleno centro y se presenta como una opción realmente lujosa para quien viaje por negocios. Sus 117 habitaciones son tan grandes que en ellas se pueden practicar deportes de contacto. Dentro hay varios

establecimientos, como el Turunç Bar, con música en directo los fines de semana.

✖ Dónde comer y beber

Adana es célebre en todo el país por sus kebabs: una brocheta de ternera o cordero picado con guindillas y asada que se sirve con rodajas de cebolla aderezadas con zumaque (una hierba ligeramente ácida) y tomates a la brasa.

Öz Asmaaltı RESTAURANTE €€
(☎351 4028; Pazarlar Caddesi 9; platos principales 12-25 TRY) Al sur del Otel Mercan, este restaurante muy popular entre los lugareños es el mejor de su clase en la ciudad. Es bastante espartano, pero los platos principales y *mezes* son deliciosos. Es el lugar en el que probar el kebab de Adana.

İmparator 'KEBAPÇI' €€
(☎352 3062; Özler Caddesi 43; platos principales 10-25 TRY) Este concurrido restaurante de

Adana

◉ Principales puntos de interés

◉ Puntos de interés

◔ Dónde dormir

◈ Dónde comer

ambiente familiar revestido de pósteres de héroes populares turcos ofrece muchas cosas ricas. Los gruesos kebabs de Adana se sirven con todo tipo de acompañamientos, y su gerente, que habla inglés, conoce todos los nombres. A veces hay música en directo los fines de semana.

Caddebostan
CAFÉ-BAR €€
(✆459 0957; Ziyapaşa Bulvarı 3; platos 15 TRY) Al sur de la estación de trenes, este establecimiento tiene más de cafetería que de restaurante, pues sirve elaborados cafés, pasteles y refrescos, y también tiene platos de inspiración italiana y francesa, sobre todo de pasta.

Özsüt
CONFITERÍA Y CAFÉ €
(✆458 2424; Ziyapaşa Bulvarı 15c; tartas 4,50-8 TRY; ⏱8.00-24.00) Tartas, púdines y un delicioso surtido de helados en esta sucursal de una popular cadena situada al final de la misma manzana del Caddebostan. Quien esté muy desesperado puede ir al Starbuck's que hay al lado.

ℹ Información
Oficina de turismo (✆363 1448; Atatürk Caddesi 7; 8.00-12.00 y 13.00-17.00 lu-sa) Una manzana al norte de İnönü Caddesi.

ℹ Cómo llegar y salir
El aeropuerto de Adana (Şakirpaşa Havaalanı) está 4 km al oeste del centro por la D400, la *otogar* 2 km más al oeste, en el lado norte de la D400, y la estación de trenes en el extremo norte de Ziyapaşa Bulvarı, 1,5 km al norte de İnönü Caddesi.

Autobús
De la gran *otogar* de Adana salen autobuses y/o *dolmuşes* directos a casi todos los puntos de Turquía. No hay que olvidad que los *dolmuşes* a Kadirli (8 TRY, 2 h, 108 km) y Kozan (6 TRY, 1 h, 72 km) salen de la *otogar* de Yüreği, en la orilla derecha del río Seyhan.

Cada día a las 14.10 sale un tren que une la profusamente decorada *gar* (estación) situada en el extremo norte de Ziyapaşa Bulvarı con la estación Haydarpaşa de Estambul (40 TRY, 19 h), y que pasa por Konya (16 TRY, 7 h). Hay casi dos trenes a la hora, entre las 6.00 y las 23.15, que van a Mersin (4 TRY) vía Taurus (3 TRY).

ℹ Cómo desplazarse
Un taxi desde el aeropuerto hasta la ciudad cuesta de 10 a 15 TRY, y desde el centro hasta la *otogar* de Yüreği, 7,50 TRY.

Alrededores de Adana

En la zona interior próxima a la bahía de İskenderun (İskenderun Körfezi), hay ruinas de castillos y asentamientos relacionados con el reino armenio de Cilicia, incluida su capital, Sis, en Kozan. Algunos, como Anavarza, datan de época romana o incluso antes.

KOZAN
Esta ciudad comercial sita 72 km al noreste de Adana por la carretera 815 fue la antigua Sis, capital del reino de Cilicia y piedra angular de un conjunto de fortificaciones que dominaban la extensa y difícil de defender llanura de Çukurova. El impresionante **castillo de Kozan** (Kozan Kalesi; gratis), construido por León II [1187-1219], se extiende 900 m a lo largo de un estrecho risco sobre la llanura.

Al subir (a pie o en coche) por el camino de 1 km que lleva al castillo, se pasa por un par de torres desmoronadas antes de llegar a la puerta principal. Junto al camino también se encuentran las ruinas de una iglesia a la que los habitantes de la zona llaman *manastır* (monasterio), y que de 1293 a 1921 fue la sede del *katholikos* de Sis, uno de los dos patriarcados más antiguos de la iglesia armenia.

En el interior del castillo hay un amasijo de edificios en ruinas, pero si se sube se pueden ver varias torres a la derecha y, a la izquierda, un enorme torreón que antaño albergaba los aposentos reales. En total, hay unas 44 torres y puestos de guardia, así como restos de un *bedesten*.

El casco urbano de Kozan, con varias casas antiguas bonitas, es un buen destino para hacer una excursión en microbús desde Adana (6 TRY, 1 h). Para quien decida pasar la noche allí, una de las casas que datan de 1890 ha sido transformada en un extravagante alojamiento llamado **Yaver'in Konaği** (mansión de Yaver; ☎515 0999; www.yaverinkonagi.com; Manastır Sokak 5; i/d 50/75 TRY; ✳@), con 13 habitaciones de estilo rústico pero confortables en una casa de tres plantas y dos dependencias más nuevas. Se encuentra al inicio del ascenso al castillo, y cuenta con un excelente restaurante (se puede pedir hasta las 21.00) que sirve un magnífico *lahmacun* cocinado en un horno de leña al aire libre.

YILANKALE

El **Yılankale** (castillo de la Serpiente; gratis) fue erigido a mediados del s. XIII, cuando la zona pertenecía al reino armenio de Cilicia. Se dice que tomó su nombre de una serpiente enroscada que aparecía en un escudo de armas sobre la puerta principal. Está 38 km al este de Adana y solo 2 km al sur de la carretera D400. Del aparcamiento sale un sendero bien trazado de 100 m

que después se convierte en un camino escarpado. Llegar al punto más alto del castillo requiere 20 minutos de un empinado ascenso por las rocas, y pasar por la caseta del guardia, cisternas, salas abovedadas e incluso una mazmorra. Una vez arriba, con los campos de trigo y girasoles abajo, uno se siente en la cima del mundo.

ANAZARBUS (ANAVARZA)

Cuando los romanos llegaron a esta región en el año 19 a.C., levantaron esta ciudad fortificada en la cima de la colina que domina una fértil llanura, y la llamaron Cesarea de Anazarbo. Más tarde, cuando Cilicia se dividió en dos, Tarso se convirtió en la capital del oeste, y Anazarbo en la del este. Cambió de manos al menos 10 veces a lo largo de los siglos: los persas, los árabes, los bizantinos, los príncipes hamanidas de Alepo, los cruzados, un rey armenio de la región, los bizantinos de nuevo, los turcos y los mamelucos. Cuando estos últimos arrasaron el reino armenio de Cilicia en 1375, la ciudad fue abandonada.

Después de haber salido de la carretera principal, al cabo de 5 km se llega a un cruce y se ve una enorme **puerta** en las murallas. Por ella se accedía a la ciudad antigua, ahora cubierta de campos salpicados de piedras antiguas. Si se gira a la derecha, se llega a la casa del *bekçi* (vigilante), el entusiasta Yaşar Dilci, en cuya propiedad se encuentran **sarcófagos romanos** (uno

SERVICIOS DESDE LA 'OTOGAR' DE ADANA

DESTINO	TARIFA (TRY)	DURACIÓN (H)	DISTANCIA (KM)	FRECUENCIA (DIARIA)
Adıyaman (por Nemrut Dağı)	35	6	335	7
Alanya	35	10	440	hasta 8
Ankara	35	7	475	cada hora
Antakya	18	3½	190	cada hora
Antalya	40	11	565	2 o 3
Diyarbakır	35	8	535	varios
Gaziantep	18	3	220	varios
Estambul	50	12	920	cada hora
Kayseri	30	6	355	varios
Konya	35	6	335	muy frecuente
Şanlıurfa	25	6	360	varios
Silifke	15	2½	165	14
Van	60	15	910	al menos 1

con la cara del emperador del s. III Séptimo Severo) y estanques con fabulosos **mosaicos** de Tito, así como delfines, peces y aves marinas. Yaşar hace de guía (conviene ser generoso con él) e indica dónde está el estadio, el teatro, los baños y, por supuesto, el **castillo**, al que se llega tras subir 400 escalones. Hay que fijarse en el ara de la **iglesia de los Apóstoles**, del s. IV y en ruinas, que tiene una cruz con las letras alfa y omega talladas; en las excepcionales **cuadras abovedadas** romanas que hay al sur del castillo, y en el **acueducto principal**, con varios arcos aún en pie.

❶ Cómo llegar y salir

Si se va desde Yılankale, hay que regresar a la D400 y tomar la salida a la carretera 817 (Kozan/Kadirli), en dirección norte, hasta llegar a la aldea de Ayşehoca (a 27 km), donde hay un desvío a la derecha que indica Anavarza/Anazarbus, 5 km al este. Si se va en *dolmuş* o microbús, hay que bajar en este punto y hacer autostop. Desde Kozan, hay que seguir la carretera 817 hacia el sur durante 28 km y girar a la izquierda en Ayşehoca.

İskenderun

📞 0326 / 191 600 HAB.

İskenderun (la antigua Alejandreta) es una moderna ciudad industrial con un puerto y la puerta de acceso a la provincial de Hatay.

Estratégicamente situada, la ciudad ha cambiado de manos más de una vez. Alejandro Magno la tomó en el 333 a.C., y fue ocupada por los británicos en 1918. Al año siguiente pasó a manos francesas, que la administraron de uno u otro modo hasta 1938. En 1939, la República de Hatay acordó unirse a la naciente República turca.

İskenderun queda muy a mano para hacer una parada en el camino entre Adana y Antakya. No tiene tanta energía como Hatay, pero hay varios alojamientos y restaurantes cerca de su bonito puerto, y es el trampolín de acceso a la localidad costera de Arsuz.

La calle principal paralela a la costa es Atatürk Bulvarı. Şehir Pamir Caddesi es la gran avenida de İskenderun, que avanza hacia el norte desde el puerto y el inmenso monumento a Atatürk y compañía. La mayoría de los hoteles están en las manzanas que rodean la estatua.

🛏 Dónde dormir

Hataylı Oteli　　　HOTEL DE NEGOCIOS €€€
(📞614 1590; www.hataylioteli.com; Mete Aslan Bulvarı; i 95-110 TRY, d 145-180 TRY; ❄) Este fla-

mante hotel de tres estrellas equipado con todas las comodidades modernas ofrece una ubicación ideal cerca del mar, en el extremo oriental de Atatürk Bulvarı. Cuenta con un excelente bar del vestíbulo de temática equina y 62 habitaciones amplias y bien decoradas; algunas (como la 415) tienen ventanas en dos direcciones, aunque es la alfombra la que atrae todas las miradas. La terraza del restaurante ofrece inolvidables desayunos con vistas.

Altındişler Otel　　　HOTEL €€
(📞617 1011; www.altindisler.com; Şehir Pamir Caddesi 11; i/d 45/75 TRY; ❄) Aunque lleve el inverosímil nombre de "Hotel Dientes Dorados", este alojamiento, con sus coloridos grabados y la enorme ventana panorámica del vestíbulo del primer piso, resulta agradable. Sus 30 habitaciones están inmaculadas y el descanso está asegurado en ellas.

İmrenay Hotel　　　HOTEL €€
(📞613 2117; www.imrenayhotel.com; Şehir Pamir Caddesi 5; i/d 75/120 TRY; ❄) Es un poco lúgubre, con su parqué de madera oscura y sus 33 habitaciones diminutas. Aun así, el vestíbulo, con un televisor de pantalla plana, es alegre y la atención amable.

🍴 Dónde comer

Sirinyer　　　MARISCO €€
(📞641 3050; www.sirinyerrestaurant.com; Akdeniz Caddesi 113; platos principales 15-25 TRY) Alabado hasta en Kalkan por servir el pescado más fresco del Mediterráneo, este establecimiento de calidad suprema con una preciosa terraza frente al mar está 2 km al suroeste del centro, en la carretera a Arsuz. A juzgar por la omnipresente escritura árabe, es muy popular entre los sirios que visitan la zona.

Hasan Kolcuoğlu　　　'KEBAPÇI' €€
(📞614 7333; Ziya Gökalp Caddesi 6; platos principales 8-15 TRY) De lejos, es el restaurante más concurrido de la ciudad. Tiene dos plantas y lleva un siglo produciendo deliciosos y sanos kebabs. Tiene un aire de restaurante americano (el servicio es atento e informal), pero la clientela es genuinamente turca.

Hasan Baba　　　'PIDECI' €
(📞617 6420; Ulucami Caddesi 35; platos principales 3-12 TRY) Este local de *pides y lahmacun* es amplio y está siempre lleno de comensales satisfechos. Si uno se sienta en el patio trasero, disfrutará de la fuente.

Durante los primeros años del s. XI, los turcos selyúcidas, provenientes de Irán, irrumpieron en Asia Menor, arrancaron el control de gran parte de Anatolia a un debilitado Imperio bizantino e invadieron las tierras altas de Armenia. Miles de armenios huyeron al sur y se refugiaron en el escarpado macizo de los montes Tauro y en la costa mediterránea, donde en el año 1080 fundaron el reino de Cilicia o Armenia Menor, gobernado por el joven príncipe Rubén.

Mientras la Gran Armenia luchaba contra las invasiones extranjeras y perdía su independencia, los armenios de Cilicia aumentaban su riqueza y prosperidad. Geográficamente su reino estaba en un enclave privilegiado para el comercio, y pronto asimilaron las ideas europeas, incluida la división social feudal. Cilicia se convirtió en un reino de barones, caballeros y siervos en el que el latín y el francés eran las lenguas nacionales, y en la corte de Sis (actual Kozan) se adoptó el estilo de vestir occidental. Durante las Cruzadas, los ejércitos cristianos utilizaron los castillos del reino como puerto seguro en su camino a Tierra Santa.

Este período de la historia armenia está considerado como el más apasionante para la ciencia y la cultura, puesto que proliferaron escuelas y monasterios en los que se enseñaba teología, filosofía, medicina y matemáticas. Además, era la época dorada de los manuscritos eclesiásticos armenios miniados, característicos por su profusa decoración y la influencia occidental.

El reino de Cilicia prosperó durante casi tres siglos antes de caer en manos de los mamelucos de Egipto. El último rey armenio, León V, pasó sus últimos años recorriendo Europa en busca de apoyos para recuperar su reino, hasta que murió en París en 1393.

Petek CONFITERÍA, CAFÉ €
(☑617 8888; Mareşal Çakmak Caddesi 16; pasteles 3,50-8 TRY) "No podemos olvidar un sabor", dice el logo de este elegante café y pastelería abierto en 1942, lo que demuestra que el personal tiene memoria de elefante.

ℹ️ Cómo llegar y salir

Hay microbuses y *dolmuşes* frecuentes a Adana (10 TRY, 2½ h, 135 km), Antakya (5 TRY, 1 h, 58 km) y Osmaniye (8 TRY, 1 h, 66 km).

Un servicio regular de *dolmuş* recorre la costa hasta Uluçınar (4 TRY, 30 min, 33 km), más conocida como Arsuz.

Antakya (Hatay)

☑0326 / 212 700 HAB.

Antakya, oficialmente conocida como Hatay y construida sobre los restos de la antigua Antioquía de Orontes, es una ciudad próspera y moderna próxima a la frontera siria que no tiene que cavar muy hondo para encontrar pruebas de su origen. Bajo dominio romano, a partir de la gran comunidad judía ya existente liderada por san Pablo, se desarrolló un importante núcleo cristiano. Hoy en día en Antakya tienen cabida tres fes: suní, aleví y cristiana ortodoxa, además de un palpable ambiente cosmopolita y civilizado. Los lugareños la llaman Barış Şehri ("ciudad de la paz"), y eso es justo lo que es.

La influencia árabe impregna la vida cotidiana, la comida y la lengua. De hecho, la ciudad no se convirtió en parte de Turquía hasta 1939, tras siglos ligada, de una manera u otra, a Siria. La mayor parte de los visitantes van a Antakya por su museo, y con razón, pues los mosaicos son memorables. Pero también conviene reservar tiempo para pasear por el río Orontes (Asi) y los bazares y callejuelas de esta ciudad que algunos consideran la joya turca del Mediterráneo.

◉ Puntos de interés

Museo Arqueológico de Hatay MUSEO
(Hatay Arkeoloji Müzesi; Gündüz Caddesi 1; entrada 8 TRY; ⊙9.00-18.30 ma-do abr-oct, 8.30-12.00 y 12.30-16.30 nov-mar) Este museo alberga una de las mejores colecciones del mundo de mosaicos romanos y bizantinos del s. I a.C. al s. V d.C. Muchos de ellos fueron recuperados casi intactos de lugares como Tarsus o Harbiye, la antigua Daphne, 9 km más al sur.

Las salas I a IV, amplias, de techos altos y con iluminación natural, son perfectas para exponer mosaicos de teselas tan pequeñas que a primera vista se confunden con pinturas. Los más impresionantes son los de **Océano y Tetis** (s. II; sala IV) y el

KARATEPE

Los aficionados a la arqueología irán derechos al **Museo al Aire Libre de Karatepe-Aslantaş** (Karatepe-Aslantaş Açık Hava Müzesi; entrada 3 TRY; ☉8.00-12.00 y 13.00-19.00 abr-oct, hasta 17.00 nov-mar), dentro del parque nacional homónimo. Las ruinas datan del s. VIII a.C., cuando era el retiro estival de los reyes neohititas de Cilicia, el más importante de los cuales fue Azitawatas. La bella cima arbolada domina el lago Ceyhan (Ceyhan Gölü), un pantano utilizado para producir energía hidroeléctrica y albergar actividades recreativas.

Karatepe estaba protegida por una muralla de 1 km de longitud de la que quedan vestigios. La visita a los restos hititas se hace en grupo y con un guía (a veces hay que esperar), y empieza en la **puerta sur del palacio**, custodiada por leones y esfinges y decorada con magníficos relieves, incluido uno que muestra un relajado banquete en la corte de Azitawatas junto al sacrificio de un toro, músicos y carros. Un sendero circular conduce a la **puerta inferior**, al noreste, con relieves aún mejores, como el que representa una galera con remeros, guerreros batallando con leones, una mujer amamantando a un niño bajo un árbol y el dios del sol hitita. Hay un magnífico **museo cubierto** con objetos excavados aquí y una maqueta del yacimiento que ayuda a tener una perspectiva general del conjunto.

Es complicado llegar a Karatepe si no se cuenta con transporte propio. Si se llega desde Kozan, hay que seguir la carretera 817 durante 18 km hasta Çukurköprü y tomar dirección este durante otros 18 km hasta Kadirli, donde una carretera secundaria lleva, después de 22 km, al yacimiento. Es más fácil llegar a Karatepe por la carretera 80-76 desde Osmaniye, 30 km al sureste, conectada en *dolmuş* con Adana (7 TRY, 1½ h, 95 km) e İskenderun (7 TRY, 1½ h, 105 km).

Si no se dispone de coche, conviene reservar un taxi en la parada que hay junto a la *otogar* de Osmaniye. Un trayecto de ida y vuelta a Karatepe (2 h) con una parada de una hora en las ruinas de la ciudad helenística de Hierápolis-Castabala cuesta 75 TRY.

del **Bufé** (s. III; sala II), con platos de pollo, pescado y huevos. Además de las típicas escenas de caza y pesca (como en el de **Talsa y los Pescadores Desnudos**, con niños sobre ballenas y delfines, en la sala IV), también hay historias mitológicas como las de los fabulosos mosaicos del s. III de **Narciso** (sala II) y **Orfeo** (sala IV). Otros mosaicos tocan temas más singulares (todos en la sala III), como el de un feliz jorobado con un falo descomunal, un pescador negro o el misterioso conjunto que forman un cuervo, un escorpión, un perro y una horca que combaten el mal de ojo.

Otras salas contienen objetos hallados en varios montículos de la zona, como uno hitita próximo a Dörtyol, 16 km al norte de İskenderun. El denominado **sarcófago de Antakya** (Antakya Lahdı), una tumba de ornamentación imposible con una inconclusa figura recostada sobre la tapa, ocupa un lugar de honor.

Bazar BAZAR
Un extenso mercado llena las callejuelas que hay al norte de Ulus Alanı y Kemal Paşa Caddesi. La manera más fácil de llegar es seguir **Uzunçarşı Caddesi**, la principal calle de tiendas.

En los alrededores de la **Habib Neccar Camii**, del s. VII, en Kurtuluş Caddesi, se encuentran muchas de las **casas antiguas** que aún se conservan en la ciudad, con dinteles de piedra labrada, aleros de madera y patios interiores. Los sacerdotes de la iglesia católica creen que san Pedro vivió en el barrio entre los años 42 y 48 d.C., puesto que entonces era la judería.

Iglesia de San Pedro IGLESIA
(St Pierre Kilisesi; entrada 8 TRY; ☉9.00-12.00 y 13.00-18.00 abr-oct, 8.00-12.00 y 13.00-17.00 nov-mar) Se cree que esta iglesia de los primeros tiempos de cristianismo, excavada en la ladera del monte Staurin ("montaña de la cruz"), fue el primer lugar en el que se reunieron los cristianos para orar en secreto. La tradición cuenta que la cueva era propiedad de san Lucas evangelista, nacido en Antioquía, quien la donó a la creciente comunidad cristiana. San Pedro y san Pablo vivieron en Antioquía durante varios años, y es casi seguro que oraron aquí. Cuando los primeros cruzados tomaron Antioquía

ARSUZ

Es el destino ideal para hacer un breve descanso después de explorar los restos del reino armenio de Cilicia y antes de peregrinar a Antakya. Arsuz, una fabulosa aldea pesquera cuyo nombre oficial es Uluçınar, se encuentra en una península 33 km al suroeste de İskenderun. No hay mucho que hacer aquí aparte de nadar, divisar las lejanas montañas y probar suerte junto a los chicos del pueblo que pescan en el cercano río, pero de eso se trata, ¿no?

En esta zona el alojamiento lo provee el **Arsuz Otel** (☑643 2444; www.arsuzotel. com; i/d desde 100/150 TRY), un intrincado hotel antiquísimo (aunque en realidad solo tenga 50 años) situado frente al mar, con playa propia y 50 habitaciones enormes y bien ventiladas. Si se puede, se aconseja derrochar un poco y elegir la habitación 28, una suite de dos dormitorios llamada Cennet ("paraíso"), con un balcón infinito. El vestíbulo, con sus azulejos anticuados y su piano, desprende un aire *belle époque*, y el restaurante es para caerse de espaldas: *mercan* (un pescado local) a la parrilla, *mezes* de Hatay como *oruk* (croquetas de ternera y especias) y *sürk* (un queso fresco condimentado con pimienta roja). Todo el que va vuelve.

Hay *dolmuşes* que conectan Arsuz e İskenderun (4 TRY, 30 min) durante todo el día. Quien disponga de vehículo propio y un poco de espíritu aventurero puede recorrer 45 km en dirección sur hasta Čevlik por una carretera llana pero con dos tercios sin asfaltar, y continuar después hacia Antakya.

en 1098, levantaron el muro delantero y el nártex, el estrecho atrio situado en el lado oriental de la iglesia.

A la derecha del altar se ven trazas de un fresco, y el suelo conserva restos de un sencillo mosaico. Al agua que gotea en la esquina se le atribuyen propiedades curativas.

Está solo 2,5 km al noreste de la ciudad, por lo que se puede llegar a pie en media hora por Kurtuluş Caddesi.

Otros lugares de culto EDIFICIOS RELIGIOSOS
En la ecuménica ciudad de Antakya se pueden encontrar, al menos, cinco religiones y sectas diferentes con representación en un par de manzanas. La mayoría de sus 1200 convencidos cristianos oran en la bella **iglesia ortodoxa** (Hürriyet Caddesi 53; ☺ liturgia divina 8.30 y 18.00), reconstruida con ayuda rusa tras un devastador terremoto en 1900. La iglesia está precedida de un hermoso patio elevado un par de escalones sobre el nivel de la calle, y contiene algunos iconos magníficos, un antiguo atril de piedra y valiosos objetos litúrgicos.

La **iglesia católica** (Kutlu Sokak 6; ☺10.00-12.00 y 15.00-17.00, misa 8.30 cada día y 18.00 do), frecuentada por la comunidad italiana y construida en 1852, ocupa dos edificios en el barrio antiguo, con una capilla en lo que antes era el salón de una de las casas. Al lado está la **Sermaye Camii** (Gran Mezquita;

Kurtuluş Caddesi 56), con un *şerefe* (balcón) espléndidamente decorado en su minarete.

Justo al sur se halla la infrautilizada **sinagoga** (Kurtuluş Caddesi 56). También allí se encuentra la relativamente nueva y metodista **iglesia protestante de Antioquía** (Saray Caddesi; ☺9.00-18.00), que atiende a la comunidad coreana y está al sur del Antik Beyazıt Hotel.

🛏 Dónde dormir

🏨 **Liwan Hotel** HOTEL-'BOUTIQUE' €€€
(☑215 7777; www.theliwanhotel.com; Silahlı Kuvvetler Caddesi 5; i/d 140/180 TRY; ℗✳) Podría decirse que el Liwan, recientemente inaugurado, es el mejor hotel-*boutique* del este del Mediterráneo. El edificio de estilo ecléctico, que data de la década de 1920 y perteneció al presidente de Siria, es una joya de cuatro plantas (con ascensor) y dos docenas de habitaciones muy grandes y exquisitamente decoradas. El restaurante está en un antiguo jardín interior con arcos conopiales que se transforma en un patio cubierto con solo apretar un botón. Su evocador bar de piedra acoge buenas actuaciones en directo los fines de semana.

Antik Beyazıt Hotel HOTEL-'BOUTIQUE' €€
(☑216 2900; www.antikbeyazitoteli.com; Hükümet Caddesi 4; i/d 90/120 TRY; ℗✳) El primer hotel-*boutique* de Antakya ocupa una boni-

ta casa colonial levantina francesa (1903) que antaño fue un palacio de justicia. Aunque parece un poco raído, los muebles antiguos, las alfombras orientales y la lámpara de araña del vestíbulo evocan un pasado elegante. Sus 27 habitaciones son básicas; las de la parte trasera tienen dormitorios de estilo *loft* y acceso a un estudio.

Antakya Catholic Church Guesthouse
PENSIÓN €

(☎215 6703; www.anadolukatolikkilisesi.org/antakya; Kutlu Sokak 6; por persona 25 TRY) Es verdaderamente un alojamiento precioso (si se consigue habitación) y está gestionado por la iglesia católica local. Cuenta con ocho habitaciones dobles inmaculadas distribuidas en torno a un frondoso patio. Invitan (pero no obligan) a los huéspedes a ir a la misa diaria que se oficia en la iglesia que hay enfrente.

Mozaik Otel
HOTEL €€

(☎215 5020; www.mozaikotel.com; İstiklal Caddesi 18; i/d 75/120 TRY) Este hotel casi *boutique* es una excelente opción de precio medio al norte de la céntrica Ulus Alanı y próximo al bazar. Sus dos docenas de habitaciones están decoradas con colchas sencillas y reproducciones de mosaicos. Está al lado del restaurante Sultan Sofrası.

Antik Grand Hotel
HOTEL €€

(☎215 7575; www.antikgrand.com; Hürriyet Caddesi 18; i/d 70/110 TRY; P❄) Este hotel bien ubicado ofrece 27 habitaciones grandes y decoradas con gusto en un pretendido estilo antiguo equipadas con TV y minibar. Hay descuentos para estancias largas.

Hotel Saray
HOTEL €

(☎214 9001; fax 214 9002; Hürriyet Caddesi 3; i/d 40/60 TRY; ❄@) Está un poco descuidado y no es lo que sugiere su nombre (*saray* significa 'palacio'), pero sus 35 habitaciones con TV son amplias y algunas disponen de un pequeño balcón con vistas a las montañas.

✗ Dónde comer y beber

Hay un amplio surtido de restaurantes al sur de Ulus Alanı, en Hürriyet Caddesi o en sus bocacalles. Las teterías que hay junto al río en el Antakya Belediyesi Parkı (Parque Municipal de Antakya), en la orilla izquierda del Orontes, al suroeste del museo, son ideales para relajarse bebiendo y picando algo.

Antakya Evi
LOCAL €

(☎214 1350; Silahlı Kuvvetler Caddesi 3; platos principales 5-10 TRY; ⊗8.00-24.00 lu-sa) Con

un nombre así (*evi* significa hogar), es fácil adivinar que comer aquí es como hacerlo en casa de un amigo, una maravilla. Además de estar decorado con gusto con fotos y muebles antiguos, sirven los típicos *mezes* (4 TRY) y platos a la parrilla a un precio razonable.

Anadolu Restaurant
RESTAURANTE €€€

(☎215 3335; Hürriyet Caddesi 30a; platos principales 8-35 TRY) Muy popular entre las familias, las celebridades locales y gente con tickets de restaurante, la meca culinaria de Antakya sirve una larga lista de excelentes *mezes* (6-8 TRY) sobre manteles dorados en un espléndido jardín en el que las palmeras se abren paso entre el tejado. Entre los platos de carne destacan el kebab Anadolu (15 TRY) y el delicioso *kağıt* o kebab 'de papel' (12 TRY).

Hatay Sultan Sofrası
LOCAL €€

(☎213 8759; www.sultansofrasi.com; İstiklal Caddesi 20a; platos principales 8-15 TRY; ⊗8.00-24.00 lu-sa) El mejor restaurante de Antakya para probar platos locales a precios razonables, un lugar impecable con un servicio rápido. A su expresivo gerente le encanta ayudar a los comensales a elegir.

Antik Han Restaurant
'KEBAPÇI' €€

(☎214 6833; www.antikhan.org; Hürriyet Caddesi 17/1; platos principales 8-15 TRY; ⊗8.00-3.00; 📶) El Han lleva tiempo en la palestra, y su alegre terraza junto a la calle y el parque infantil adyacente aún atraen clientes. Su limitado menú es aceptable, y su fantástico *künefe*, un buen remate final.

Vitamin Shop Center
CAFÉ

(☎216 3858; Hürriyet Caddesi 7) Bar de zumos de las estrellas, a juzgar por las fotos, y destino predilecto de mochileros, este lugar excepcionalmente agradable es el sitio en el que tomar un clásico batido atómico (5 TRY), una especialidad regional con plátano, pistacho, miel, albaricoque y leche que sienta muy bien y mantiene el estómago lleno durante medio día.

Shakespeare
CAFÉ

(☎216 8500; İnönü Caddesi 7a; ⊗8.00-20.00; 📶) Este café decorado en un delicioso estilo moderno atrae a los jóvenes de Antakya con su Wi-Fi gratuito y sus platos de pasta a buen precio (6,50-10 TRY).

🔒 De compras

Doğal Defne Dünyası
HOGAR, TEJIDOS

(☎215 6030; Çarşı Caddesi 16) Vende jabones de gran calidad de la antigua Daphne (la

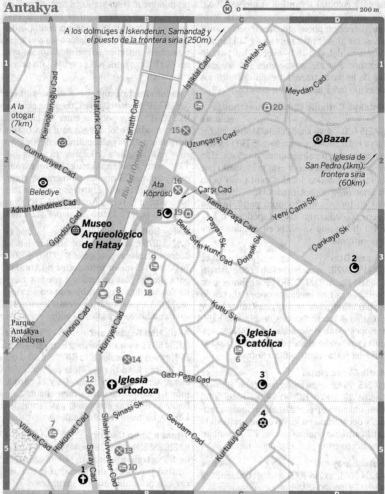

N 0 ————————— 200 m

Mapa:
- A los dolmuşes a İskenderun, Samandağ y el puesto de la frontera siria (250m)
- İstiklal Cad
- İstiklal Sk
- Meydan Cad
- Karaoğlanoğlu Cad
- Atatürk Cad
- Kanatlı Cad
- A la otogar (7km)
- Cumhuriyet Cad
- 11
- 20
- 15
- Uzunçarşı Cad
- **Bazar**
- Iglesia de San Pedro (1km); frontera siria (60km)
- Río Asi (Orontes)
- Belediye
- Adnan Menderes Cad
- Ata Köprüsü
- 16
- Çarşı Cad
- Kemal Paşa Cad
- Yeni Cami Sk
- Gündüz Cad
- **Museo Arqueológico de Hatay**
- 5 19
- Bekir Sıtkı Kunt Cad
- Payas Sk
- Dörtayak Sk
- Çankaya Sk
- 2
- 9
- 17 8
- 18
- Kutlu Sk
- İnönü Cad
- Hürriyet Cad
- Parque Antakya Belediyesi
- **Iglesia católica**
- 6
- 14
- 12 **Iglesia ortodoxa**
- Gazi Paşa Cad
- 3
- Şinasi Sk
- Sevdam Cad
- 4
- Vilayet Cad
- 7
- Hükümet Cad
- Silahlı Kuvvetler Cad
- Saray Cad
- 13
- 10
- Kurtuluş Cad
- 1

actual Harbiye), así como fabulosos pañuelos de seda tejidos y estampados a mano.

Kurşunluhan Bahartçısı COMIDA Y BEBIDA
(☎0506 535 9744; Uzunçarşı Caddesi 73) Justo en medio del extenso bazar, la tienda de Hüseyin vende productos en tarros (incluido queso *sürk*) y botellas (como la esencia de granada), además de tés locales, cafés y todas las hierbas y especias del planeta.

ℹ Información

Oficina de turismo (☎216 6098; Muammer Ürgen Alanı; ◔8.00-12.00 y 13.00-17.00 lu-vi)

En una rotonda al final de Atatürk Caddesi, a 10 minutos a pie desde el centro.

ℹ Cómo llegar y salir

Autobús

A/DESDE SIRIA Los turcos y los sirios ya no necesitan visado para cruzar la frontera entre ambos países, pero el resto del mundo sí (véase p. 699).

La **compañía de autobuses Jet** (☎444 0277; www.jetturizm.co.tr; İstiklal Caddesi esq. Abdurrahman Melek Caddesi) opera servicios directos entre la vieja *otogar* y Alepo (10 TRY, 3 h, 95 km) y Damasco (15 TRY, 7 h, 320 km) que salen a diario a las 12.00, además de uno adicional a Alepo a las 9.00. Estos autocares hacen la misma ruta que el resto de los autobuses y camiones que cruzan la frontera, la de Reyhanlı-Bab al-Hawa, así que conviene estar preparado para quedarse cruzado de brazos un buen rato, aunque parece que el tiempo de espera se ha reducido desde que Turquía y Siria eliminaron el requisito del visado para sus ciudadanos. Para agilizar el trámite, conviene cruzar antes de las 8.00 o tomar un taxi (privado o compartido) a Alepo por unas 80 TRY.

Quien prefiera pasar la frontera por etapas, puede tomar uno de los autobuses locales que van a Reyhanlı (5 TRY, 40 min), que salen de delante de la gasolinera en la esquina de Yavuz Sultan Selim Caddesi con İstiklal Caddesi. Desde Reyhanlı, se puede tomar un *dolmuş* hasta la frontera turca y caminar un par de kilómetros hasta el puesto fronterizo sirio.

Otra posibilidad es subirse en un *dolmuş* en dirección sur hacia Yayladağı, donde se puede parar un taxi o hacer autostop y recorrer varios kilómetros hasta la frontera. Una vez cruzada (se tarda 15 minutos en hacerlo), se está a 2 km del pueblo sirio de Kassab, desde donde salen microbuses que cubren regularmente la ruta de 45 minutos hasta Lattakia.

EN TURQUÍA La *otogar* de autobuses interurbanos de Antakya está ahora 7 km al noroeste del centro, al final de Mehmet Kafadar Caddesi, la continuación de Cumhuriyet Caddesi. Un taxi a/desde el centro cuesta 12 TRY. Algunas compañías de autobuses aún tienen sus oficinas en la *otogar* vieja.

Hay servicios directos a la mayor parte de las ciudades del norte u oeste (Ankara, Antalya, Estambul, İzmir, Kayseri y Konya), normalmente vía Adana (15 TRY, 3½ h, 190 km). También hay servicios frecuentes a Gaziantep (20 TRY, 4 h, 262 km) y Şanlıurfa (30 TRY, 7 h, 400 km), directos o vía Gaziantep. Los microbuses y *dolmuşes* que van a İskenderun (5 TRY, 1 h, 58 km) y Samandağ (3 TRY, 40 min, 28 km) salen de Yavuz Sultan Selim Caddesi, al final de İstiklal Caddesi.

Alrededores de Antakya

MONASTERIO DE SAN SIMEÓN

Los restos del monasterio de San Simeón (Aziz Simon Manastırı; gratis), del s. VI, se alzan en lo alto de un monte unos 18 km al suroeste de Antakya, en la carretera a Samandağ. Tiene planta de cruz y contiene los restos de tres iglesias. En el suelo de la primera (norte) se pueden ver trozos de mosaicos, pero la más bella es la central, la **iglesia de la Santa Trinidad**, con ricos relieves. La tercera (sur) es más austera. El elemento más interesante del monasterio es la base octagonal de una **columna** sobre la que san Simeón el Estilita el Joven (521-597), imitando a un predecesor sirio del s. V llamado el Viejo, predicó contra las injusticias de Antioquía. Junto a la columna se conservan vestigios de una estructura empinada que los peregrinos utilizaban para acercarse al santo y hablar con él.

ℹ **Cómo llegar y salir**

El desvío hacia el monasterio se encuentra pasado el pueblo de Karaçay, al que se llega tomando un *dolmuş* Samandağ (2 TRY, 20 min)

Las influencias árabes, especialmente sirias, impregnan la cocina tradicional de Hatay, y Antakya es el mejor sitio para probar sus especialidades. Puñados de menta y gajos de limón acompañan los kebabs; el *hummus*, poco habitual en otros sitios de Turquía, se encuentra con facilidad; y la excepcional *kekik salatası* (ensalada de tomillo fresco con cebollines y tomates) es una delicia propia del menú de un sultán.

Hay muchos platos típicos de la zona que degustar, como el *muhammara*, un *meze* bañado en nueces molidas, pimienta roja y aceite de oliva (también llamado *cevizli biber*, o pimientos a la nuez); la *oruk*, una croqueta con forma de torpedo con ternera picada picante empanada con harina de trigo sarraceno y frita, y que se parece a la *kibbeh* libanesa; y un queso fresco condimentado con una picante pimienta roja llamado *sürk*.

De postre, el *künefe*, por supuesto, un pastel elaborado con una fina pasta de harina de trigo extendida sobre una cucharada de queso fresco, con una capa de almíbar debajo y trozos de nueces por encima. Varios establecimientos próximos a Ulu Cami lo sirven por unas 3 TRY, incluido el **Kral Künefe** (☎214 7517; Çarşı Caddesi 7).

en Antakya. Después de recorrer 5 km a través de un enorme (y horrible) parque eólico, la carretera se bifurca; el monasterio está a unos 2 km subiendo por la carretera de la derecha. Reservar un taxi durante una hora para ir y volver desde Antakya cuesta unas 80 TRY.

ÇEVLİK

Unos 5 km al noroeste de Samandağ, en Çevlik, se hallan las escasas y poco interesantes ruinas de **Seleucia de Pieria**, el puerto de Antioquía en la Antigüedad, que sin embargo incluyen el **túnel de Tito y Vespasiano** (Titüs ve Vespasiyanüs Tüneli; entrada 3 TRY; ⏰9.00-19.00 abr-oct, 8.00-17.00 nov-mar), un formidable ejemplo de ingeniería romana. Durante su época dorada, Seleucia vivió bajo constante amenaza de inundaciones por culpa de un arroyo que descendía de las montañas y atravesaba la ciudad. Para hacer frente a este riesgo, los emperadores Tito y Vespasiano, del s. I, encargaron construir un canal de 1,4 km en la roca para desviar el arroyo.

Hay un sendero entre el aparcamiento y la *gişe* (taquilla). Desde aquí, hay que seguir el camino que queda a la derecha de un arco metálico, continuar por el canal de riego y pasar varios refugios en la roca hasta llegar a un puente romano peraltado que cruza la garganta, donde hay unos escalones que bajan hasta el túnel. El sendero no es muy fiable, así que conviene llevar una linterna. Al final del canal, una inscripción fecha la obra llevada a cabo por marineros y prisioneros de Judea. A unos 100 m del túnel hay una docena de **tumbas rupestres** romanas con relieves, incluida la magnífica **Beşikli Mağarası** ("cueva con una cuna").

❶ Cómo llegar y salir

Hay *dolmuşes* que conectan Antakya y Samandağ (5 TRY, 40 min, 28 km), donde se puede tomar otro hacia Çevlik (1,50 TRY, 15 min).

Ankara y el centro de Anatolia

Los mejores alojamientos

» Gül Evi (p. 423)
» Angora House Hotel (p. 412)
» Gordion Hotel (p. 413)
» Emin Efendi Konağı (p. 439)
» Cinci Hanı (p. 423)

Los mejores restaurantes

» Taşev (p. 425)
» Balıkçıköy (p. 414)
» Le Man Kültür (p. 414)
» Şehrazat (p. 443)

Por qué ir

En algún lugar entre las grietas de las ruinas hititas, las fisuras de los túmulos funerarios frigios y las marcas de los caravasares selyúcidas, los míticos y poderosos turcos recorrieron estas estepas desiertas y montañosas armados con grandes ideas y temibles espadas. Cerca de aquí, Alejandro Magno cortó el nudo gordiano, el Rey Midas convertía en oro todo lo que tocaba, y Julio César vino, vio y venció. Atatürk forjó su revolución laica a lo largo de polvorientos caminos romanos, y todos llevaban a Ankara, capital y centro geopolítico subestimado. Más hacia el norte, cruzando el vergel del país, en Safranbolu y Amasya, la 'otomanía' sigue viva gracias a los turistas de fin de semana que toman el té con los lugareños que viven en mansiones de madera. Anatolia central es el punto de encuentro entre el pasado mítico y el presente próspero, y visitarla es una delicia.

Cuándo ir

Ankara

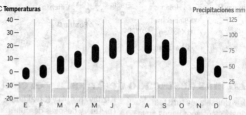

Mayo/junio Temporada de la fruta: cerezas del tamaño del puño de un bebé y albaricoques más dulces que la carita de un niño.

Junio Los relámpagos de las tormentas de verano iluminan las ciudades otomanas gemelas de Safranbolu y Amasya.

Diciembre El Festival Mevlâna, en Konya, es un espectáculo sufí sobre el extraordinario espíritu humano.

Lo más destacado de Ankara y el centro de Anatolia

❶ Unirse a los turistas nostálgicos veraniegos en la 'otomanizada' **Safranbolu** (p. 420).

❷ Visitar **Amasya** (p. 436), donde las tumbas pónticas se perfilan sobre escarpados acantilados.

❸ Poner a prueba la diplomacia en los modernos **Kızılay** (p. 414) y **Kavaklıdere** (p. 414), y después descubrir las raíces ancestrales turcas en el **Museo de las Civilizaciones Anatolias** (p. 405).

❹ Recorrer las colinas hititas de **Hattuşa** (p. 430) y contemplar la historia antigua del país.

❺ Rendir homenaje a Rumi, fundador del islam sufí, girando como un giróvago en el **Museo Mevlâna** (p. 451) de Konya.

❻ Mojarse los pies en la Turquía oriental y visitar los 'peces doctores' de **Balıklı Kaplıca** (p. 448).

❼ Llamar a las puertas divinas de **Divriği** (p. 449).

Ankara

📞 0312 / 4,5 MILLONES DE HAB.

Capital del país, y también su segunda ciudad más grande, el progreso de Ankara es notable. Dejó atrás una etapa anatolia polvorienta para convertirse en un sofisticado centro de asuntos internacionales. Compararla con Estambul no tiene sentido, sus alrededores llanos y modestos no son tema central de la poesía nacional, pero el éxito cívico de esta ciudad dinámica e intelectual está asegurado gracias al empuje de los estudiantes y a la presencia de las embajadas internacionales. El éxito económico del país se refleja en el boyante panorama de restaurantes y bares de la zona de Kavaklıdere, y en la etiqueta que 'exige' vaqueros rasgados en los cafés y puestos de mercado de Kızılay, frecuentados por modernos estudiantes, holgazanes y empresarios por igual. Tras recuperar la relación sentimental con su pasado, con la antigua Ulus y su ciudadela como destinos de importancia histórica, Ankara presume de dos monumentos que son centrales en la historia de Turquía: el Anıt Kabir, extraordinario tributo a la vida en el más allá, y el primorosamente conservado Museo de las Civilizaciones Anatolias.

Historia

Aunque en Ankara se han encontrado restos hititas de antes del 1200 a.C., la ciudad prosperó de verdad como asentamiento frigio situado en las rutas comerciales que iban de norte a sur y de este a oeste. Posteriormente fue tomada por Alejandro Magno, reclamada por los selyúcidas y finalmente ocupada por los gálatas en torno al 250 a.C. César Augusto la anexionó a Roma con el nombre de Ankyra.

Los bizantinos ocuparon la localidad durante siglos, con ataques intermitentes de los persas y los árabes. Cuando los turcos selyúcidas llegaron a Anatolia, tomaron la ciudad pero les costó conservarla. El sultán otomano Yıldırım Beyazıt fue capturado por Tamerlán cerca de aquí y murió en cautividad. Despreciada como un lugar maldito, la ciudad decayó lentamente hasta convertirse en un lugar aislado, valorado únicamente por sus cabras.

Todo cambió cuando Atatürk eligió Angora, nombre de la ciudad hasta 1930, como base para la lucha por la independencia. Cuando estableció aquí su gobierno provisional en 1920, no era más que un pequeño y polvoriento asentamiento de unas treinta

mil personas. Tras su victoria en la Guerra de Independencia, Atatürk la declaró la nueva capital turca y se dispuso a desarrollarla. Consultó a urbanistas europeos y el resultado fue una ciudad con largos y amplios bulevares, un parque arbolado con un lago artificial y numerosos barrios residenciales y diplomáticos. La posición de la ciudad en el centro de Turquía hacía que fuera más apropiada que Estambul como capital para la nueva república. De 1919 a 1927, Atatürk jamás pisó Estambul, pues prefería trabajar para conseguir que Ankara fuera el centro de poder.

⊙ Qué ver y hacer

Museo de las Civilizaciones Anatolias

MUSEO

(Anadolu Medeniyetleri Müzesi; plano p. 408; 📞 324 3160; Gözcü Sokak 2; entrada 15 TRY; ⊙ 8.30-17.00) Excelente museo y la introducción perfecta al complejo pasado de Turquía, que ilustra con objetos de todos los yacimientos arqueológicos importantes de Anatolia.

El museo se halla en un *bedesten* (mercado cubierto) del s. xv bellamente restaurado. El espacio central, con 10 cúpulas, contiene relieves y estatuas, y la sala circundante posee objetos de civilizaciones antiguas: Paleolítico, Neolítico, Eneolítico, Edad del Bronce, períodos asirio, hitita, frigio, urarteo y lidio. Las salas de la planta baja muestran objetos de la Grecia y Roma clásicas. También hay una exposición sobre la historia de Ankara.

Conviene llegar pronto para evitar la gran afluencia de grupos de turistas y escolares. Si no hace demasiado calor, se puede subir la colina desde Ulus hasta el museo (1 km); desde Ulus hay que ir al este por Hisarparkı Caddesi, seguir la carretera por la ladera y luego girar a la izquierda. Un taxi desde Ulus cuesta unas 5 TRY.

Circuito por el museo

Las exposiciones forman una espiral cronológica: conviene empezar en la sala del Paleolítico, a la derecha de la entrada, y continuar en sentido contrario a las agujas del reloj, y visitar la sala central en último lugar.

Çatalhöyük, al suroeste de Konya, es uno de los yacimientos neolíticos más importantes del mundo. En esta sala puede verse una maqueta del interior de una vivienda típica como las descubiertas en el yacimiento; los iconos de cabezas de toro

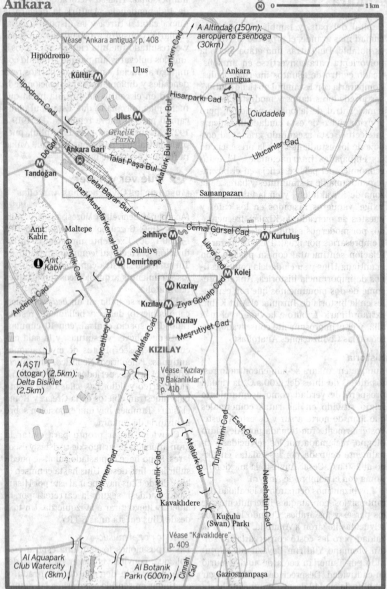

hechos con arcilla eran una característica del culto practicado en la época.

También se exponen numerosos objetos procedentes de la colonia comercial asiria de Kültepe, uno de los bazares más antiguos y ricos del mundo. Entre los objetos

hay tablillas de barro cocido encontradas en el yacimiento, que data de principios del segundo milenio a.C.

Una de las sorprendentes figuras hititas de toros y venados que hay en la siguiente sala fue en el pasado el emblema de Ankara. Los hititas destacaron por sus relieves, y algunas losas imponentes en representación de las mejores piezas encontradas en el país –normalmente de la zona de Hattuşa– se exponen en la sala central.

Casi todos los objetos de la capital frigia de Gordion, incluidos unos increíbles muebles de madera con incrustaciones, se exponen en las últimas salas del museo. Entre lo expuesto hay también unos bloques de piedra caliza con una inscripción aún no descifrada de un texto que guarda parecido con los caracteres del griego, y vasijas rituales con cabezas de león y de carnero, lo que muestra la gran calidad de la metalurgia frigia.

Animados por los ricos depósitos de metal, los urarteos fueron los metalúrgicos más importantes de Anatolia, como demuestran los cuchillos, los bocados de caballerías, los platos votivos y los escudos. También hay figuras de terracota de dioses con forma humana, algunas de las cuales desvelan sus poderes divinos por sus colas de escorpión y objetos neohititas.

En la planta baja hay objetos de la época clásica y exposiciones sobre la historia de la región. Las excavaciones han revelado una vía romana cerca de la Columna de Juliano, y Ankara tiene su propio 'eslabón perdido', el *Ankarapithecus* (un primate de unos 30 kg que se alimentaba de fruta), de 9,8 millones de años de antigüedad.

Ciudadela   ZONA HISTÓRICA
Una vez visitado el museo, se recomienda aprovechar su excelente ubicación y dar un paseo hasta la imponente **'hisar'** (ciudadela o Ankara Kalesi; plano p. 408) que se eleva en lo alto de la colina. Sin duda, el elemento de Ankara más interesante de ver es este recinto bien conservado de gruesas murallas y recónditas calles sinuosas que adoptó su aspecto actual en el s. IX, cuando el emperador bizantino Miguel II construyó las fortificaciones exteriores. Las interiores, que las autoridades locales están reconstruyendo poco a poco, datan del s. VII.

Para encontrarla, hay que subir por Gözcü Sokak (detrás del museo) y pasar la torre octogonal para llegar a la **Parmak Kapısı** (puerta del Dedo), también llamada Saatli Kapı (puerta del Reloj).

Frente a la puerta, en el preciosamente restaurado Çengelhan, el **Museo Industrial Rahmi M Koç** (Rahmi M Koç Müzesi; plano p. 408; 309 6800; www.rmk-museum.org.tr; Depo Sokak 1; adultos/niños 3/1,50 TRY; 10.00-17.00

ma-vi, 10.00-19.00 sa y do) tiene tres plantas dedicadas a temas tan diversos como el transporte, la ciencia, la música, la informática, Atatürk y alfombras; algunos con presentaciones interactivas.

Tras cruzar la Parmak Kapısı hay que seguir recto, atravesar una puerta que hay a la izquierda y pasar el café And Evi. A la izquierda queda la **Alaettin Camii**. A la derecha, una carretera en cuesta conduce a unas escaleras que suben a la **Şark Kulesi** (torre del Este), con vistas panorámicas de la ciudad. Aunque es mucho más difícil de encontrar, la torre del norte llamada **Ak Kale** (fortaleza Blanca), también ofrece buenas vistas. Si el visitante sube a la ciudadela por Hisarparkı Caddesi, a medio camino a la izquierda podrá ver las ruinas de un **teatro romano** de entre los años 200 y 100 a.C.

Dentro de la ciudadela la gente sigue viviendo como en un pueblo tradicional turco y el viajero puede ver a las mujeres golpeando y separando madejas de lana. Llaman la atención los fustes de columnas rotas, los trozos de estatuas de mármol y los dinteles con inscripciones añadidos a las murallas.

GRATIS **Anıt Kabir**   MONUMENTO
(tumba monumental; plano p. 406; 9.00-17.00 med may-oct, hasta las 16.00 novene, hasta 16.30 feb-med may) Una visita al monumental mausoleo de Mustafa Kemal Atatürk (1881-1938), el fundador de la Turquía moderna, evidencia el influjo que todavía ejerce sobre los turcos. Situado por encima de la ciudad, construido en mármol y con un halo de veneración a su alrededor, el **Anıt Kabir** es uno de los espacios más relajantes de Ankara. De camino a la tumba, el viajero encuentra la **Hurriyet Kulesi** (torre de la Libertad), con paneles explicativos y fotografías del funeral de Atatürk, la construcción de la tumba y la iconografía del lugar. Enfrente, la **İstiklal Kulesi** (torre de la Independencia) ofrece más información y maquetas.

A continuación comienza la **Vía del León,** una calzada de 262 m bordeada por 24 estatuas de leones; símbolos hititas del poder usados para representar la fuerza de la nación turca. El camino lleva a un patio enorme, rodeado por columnatas, con escalones que suben a la enorme tumba situada a la izquierda.

A la derecha de la tumba, el enorme **museo** alberga pertenencias de Atatürk, efectos personales, regalos de admiradores famosos, recreaciones de la casa y escue-

N 0 ▬▬▬▬▬ 400 m

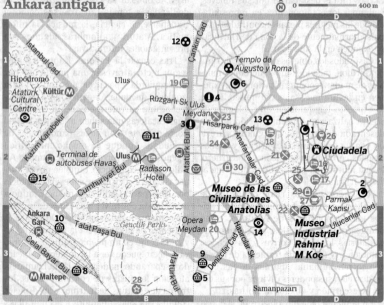

Ankara antigua

la de su infancia, y su perro favorito, *Fox* (disecado). Igual de interesantes que estos suntuosos objetos son su sencillo barco de remos y una enorme biblioteca multilingüe, que incluye tomos escritos por él.

En la planta de abajo, hay extensas exposiciones sobre la Guerra de Independencia y la formación de la República que van desde murales del campo de batalla con efectos sonoros hasta explicaciones muy exhaustivas sobre las reformas posteriores a 1923. Al final hay una tienda de regalos que vende objetos sobre Atatürk de todas las formas y tamaños, como llaveros, puzles, gemelos, relojes, corbatas y hasta medidores de altura.

Al acercarse a la tumba propiamente dicha, aparecen a izquierda y derecha unas inscripciones en oro, que reproducen citas del discurso que pronunció Atatürk en el 10º aniversario de la República en 1932. Hay que descubrirse la cabeza al entrar y levantar la vista para ver el techo de la elevada sala, forrada de mármol y decorada con mosaicos otomanos de los ss. xv y xvi. En la parte norte se levanta un inmenso **cenotafio** de mármol, de una sola pieza, que pesa 40 toneladas. La tumba está debajo, en una cámara.

La visita completa lleva unas dos horas. Es casi un lugar de peregrinación, por lo que conviene llegar pronto para evitar aglomeraciones. Entre semana, se llena de escolares, sobre todo en mayo, junio y septiembre.

El monumento conmemorativo ocupa lo alto de una colina en un parque situado unos 2 km al oeste de Kızılay y 1,2 km al sur de Tandoğan, la estación del tren subterráneo Ankaray más cercana a la entrada. Hay un autobús gratuito que sube y baja la colina regularmente. Otra opción es dar un agradable paseo de unos 20 minutos hasta el mausoleo o tomar un taxi (3 TRY). A la entrada hay controles de seguridad. Hay que decir al taxista que detenga el taxímetro durante el control.

Museo Etnográfico
MUSEO

(Etnografya Müzesi; plano p. 408; Talat Paşa Bulvarı; entrada 3 TRY; ☉8.30-12.30 y 13.30-17.30) Está en el interior de un edificio posotomano de mármol blanco (1927) que sirvió de mausoleo de Atatürk hasta 1953. Para llegar, hay que ir a la estación de metro de Ulus y seguir por Talat Paşa Bulvarı hasta ver el cartel de "Etnografya Müzesi" (no el cartel de "Resim ve Heykel Müzesi"). Pasada la estatua ecuestre de la entrada, el mauso-

leo se conserva en el vestíbulo. En las paredes hay fotografías del funeral de Atatürk. La colección es soberbia, con exposiciones dedicadas a ceremonias de *henna,* joyería anatolia, tejido de alfombras, cerámica selyúcida, puertas de principios del s. xv y al café (esta última frente a los angustiados maniquíes de la parte dedicada a la circun-

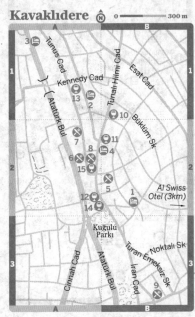

Kavaklıdere

🛏 Dónde dormir
1	Divan Hotel	B2
2	Gordion Hotel	A1
3	Midas Hotel	A1
4	Tunalı Hotel	B2

🍴 Dónde comer
5	Balıkçıköy	B2
6	Guangzhou Wuyang	A2
7	Hayyami	A2
8	Italic	A2
9	Mezzaluna	B3

🍷 Dónde beber
10	Café des Cafés	B1
11	Dolphin Cafe Bar	B2
12	Golden Pub	A2
13	Locus Solus	A1
14	Random Bar	A2
15	The Edge	A2

◉ **Puntos de interés**
1 Kocatepe Camii.................................. B3

🛏 **Dónde dormir**
2 Ankara Regency Hotel...................... B2
3 Hotel Eyüboğlu................................ A4
4 Hotel Gold....................................... A4
5 Hotel Metropol................................ A3
6 Otel Elit.. A4

🍴 **Dónde comer**
7 Cafe Sobe.. B2
8 Can Balık.. A1
9 Diet Ev Yemekleri.............................A2
10 Le Man Kültür..................................A2
11 Urfalı Kebap.................................... A4

☕ **Dónde beber**
12 Aylak Madam A4
13 Bares y *gazinos*.............................. A1
14 Fidan Café.......................................A2
15 Papillon B3
16 Qube Bar.. A1
17 Simit Bahane................................... A3

🎭 **Ocio**
18 Metropol Sineması B3

🛍 **De compras**
19 Dost Kitabevi.................................. A3
Turhan Kitabevi.....................(véase 19)

cisión). También son interesantes las colecciones de caligrafía y manuscritos de Besim Atalay, quien tradujo el Corán al kurdo.

GRATIS **Museo de Pintura y Escultura**
MUSEO
(Resim ve Heykel Müzesi; plano p. 408; ☺9.00-12.00 y 13.00-17.00) Situado junto al Museo Etnográfico, ocupa un edificio igual de elaborado. Los cuadros, que recogen desde escenas bélicas hasta retratos de sociedad, muestran que el desarrollo artístico de Turquía en los ss. XIX y XX corría paralelo al de Europa; con representaciones de Atatürk de creciente tendencia a lo abstracto.

Museo de la Guerra de Independencia y Museo de la República
MUSEOS
(Kurtulus Savasi Müzesi; plano p. 408; entrada 3 TRY; ☺8.30-17.00) El primero posee una colección de fotografías y documentos militares, albergados en el primer parlamento de Turquía (la gran asamblea nacional republicana celebró aquí sus primeras sesiones). El último fue la segunda sede de la asamblea y ofrece exposiciones sobre los inicios de la república.

GRATIS **Museos del Transporte**
MUSEOS
Museo y Galería de Arte del Ferrocarril (Demiryolları Müzesi ve Sanat Galerisi; plano p. 408; ☺9.00-12.00 y 13.00-17.00) Este pequeño edificio en el andén nº 1 de la estación de Ankara fue la residencia a Atatürk durante un año y medio, en plena Guerra de Independencia. Junto a él está el vagón privado de Atatürk, de 1930, al que se puede echar un vistazo mientras se espera el tren.

El **Museo al Aire Libre de la Locomotora de Vapor** (Açık Hava Buharlı Lokomotif Müzesi; plano p. 408; Celal Bayar Bulvarı; entrada 1 TRY) es una colección de antiguas locomotoras oxidadas. Para dar con él, hay que bajar por el paso subterráneo como si se fuera a los andenes, y seguir recto. Justo antes de entrar en la zona comercial de Tandoğan Kapalı Çarşı, se suben las escaleras de la izquierda, se gira a la derecha y se sigue unos 800 m. Este museo se reubicará cuando los trenes rápidos a Konya empiecen a funcionar en el 2011.

El **Museo de la Asociación Aeronáutica Turca** (Türk Hava Kurumu Müzesi; plano p. 408; Hipodrom Caddesi 2) posee una colección de aviones antiguos y exposiciones sobre aviación a la sombra de su famosa torre de paracaídas.

Atakule MONUMENTO

(entrada 2,50 TRY; ☉11.00-15.00) La famosa torre de Ankara cuenta con un restaurante giratorio (platos principales 16-26 TRY) con vistas de 360°. Si se tiene reserva, no hay que pagar la entrada. Subir hasta lo alto en el ascensor de cristal es la parte más espeluznante de la experiencia. En el centro comercial de abajo hay un cine. Se puede llegar en los autobuses que pasan por Atatürk Bulvarı en dirección a Atakule y Çankaya.

Mezquitas MEZQUITAS

El enorme perfil de la **Kocatepe Camii** (plano p. 410), en Kızılay, es el símbolo de Ankara. Es una de las mezquitas más grandes del mundo, y también de las más nuevas (se construyó entre 1967 y 1987).

La mezquita más reverenciada de Ankara es la **Hacı Bayram Camii** (plano p. 408), cerca del templo de Augusto y Roma. Hacı Bayram Veli fue un 'santo' musulmán que fundó la orden derviche alrededor de 1400. Ankara era el centro de la orden, y los musulmanes piadosos siguen venerando a su fundador. La mezquita se construyó en el s. XV y los azulejos se añadieron en el s. XVIII. Las tiendas de alrededor venden objetos religiosos.

Si se gira a la izquierda al salir de la *hisar* y se camina cuesta abajo, pasadas las tiendas de antigüedades, se llega a la **Arslanhane Camii** (plano p. 408) del s. XIII, que tiene en sus paredes pedazos de mampostería romana.

Şengül Merkez Hamamı 'HAMMAM'

(plano p. 408; Acıçeşme Sokak 3; baño y masaje 10 TRY; ☉5.00-23.00 hombres, 7.00-19.00 mujeres) Existen varios *hammams* al este de Opera Meydanı, incluido el Şengül Merkez Hamamı, con estancias separadas para hombres y mujeres.

Parques PARQUES

Si se camina al sur de Ulus Meydanı por Atatürk Bulvarı se llega a la entrada del **Gençlik Parkı** (parque de la Juventud; plano p. 406), donde Atatürk convirtió un pantano en un lago artificial. El parque tiene actividad en verano pero, en otras épocas, parece volver a sus orígenes. Hay *çay bahçesi* (teterías) junto al lago, y las mujeres solteras solo deben ir a las que incluyen la palabra *aile* (familia) en el nombre del establecimiento; aunque lo mejor es que eviten el parque.

Otros oasis de la ciudad son el **Kuğulu Parkı** (parque del Cisne; plano p. 406), en la parte sur de Tunalı Hilmi Caddesi, y el **Botanik Parkı** (parque botánico), que se extiende en un valle debajo de la Atakule.

Más lejos de la ciudad, en Gölbaşı, está el **Aquapark Club Watercity** (☎498 2100; www.ankaraaquapark.com, en turco; Haymana Yolu 6km, Gölbaşı; adultos 20-30 TRY, menores de 4 años/4-12 años gratis/15 TRY; ☉10.00-19.00), con piscinas cubiertas y al aire libre, y también piscinas infantiles, toboganes, instalaciones deportivas y restaurantes. Se puede llegar en *dolmuş* (taxis compartidos; pueden ser microbuses o turismos) desde Opera Meydanı.

Termas romanas RUINAS

(Roma Hamaları; plano p. 408; entrada 3 TRY; ☉8.30-12.30 y 13.30-17.30) Estas extensas ruinas de unas termas del s. III están 400 m al norte de Ulus Meydanı. El trazado de los baños se aprecia claramente; pueden verse las características salas romanas: *apoditerium* (vestidor), *frigidarium* (sala fría), *tepidarium* (sala tibia) y *caldarium* (sala caliente). Aquí también se ha encontrado una tumba bizantina y restos frigios. Hay más excavaciones en proyecto.

Columna de Juliano MONUMENTO

(Jülyanus Sütunu; plano p. 408; cerca de Ulus Meydanı) Erigida en honor a la visita a Ankara del emperador romano Juliano el Apóstata. Está en una plaza rodeada de edificios gubernamentales y siempre suele tener un nido de cigüeñas en la punta.

🎉 Fiestas y celebraciones

Los aficionados a la música y al cine están muy bien atendidos en la capital.

Festival de Cine de Ankara CINE

(www.filmfestivalankara.com.tr) Cada mes de marzo.

Festival de Música de Ankara MÚSICA

(www.ankarafestival.com) Tres semanas de música clásica en abril.

Escoba voladora CINE

(www.ucansupurge.org) El festival de cine de mujeres. Se celebra en mayo.

Profestival Rock MÚSICA

(www.theprofestival.com) La invasión *hardcore* de finales de junio.

GRATIS **Büyük Ankara Festivali**

MÚSICA/FAMILIAR

Evento de una semana en julio que combina conciertos veraniegos y carnaval.

🛏 Dónde dormir

Es importante reservar, ya que la mayoría de las habitaciones se las quedan empresarios y burócratas. Hay algunos hoteles y restaurantes económicos y de precio medio por Ulus Meydanı, pero las mejores opciones económicas están en la colina de la ciudadela. La mayor parte de los hoteles de precio medio se concentran en Kızılay, y los caros en Kavaklıdere.

ULUS

La zona más antigua que rodea Ulus se halla en proceso de modernización, tanto por dentro como por fuera de la ciudadela (un lujoso Divan hotel abrirá aquí sus puertas en el 2011). Sin embargo, dado que la mayor parte de los restaurantes y locales nocturnos están en Kızılay y Kavaklıdere, si se desea salir por la noche, el coste añadido del transporte público o del taxi para volver a Ulus hacen que una habitación en Kızılay cueste más o menos lo mismo.

👍 **Angora House Hotel** HOTEL HISTÓRICO €€

(plano p. 408; 📞 309 8380; Kalekapısı Sokak 16-18; i/d 60/120 TRY; 🕐 mar-oct; @) A pesar de lo que diga su competencia, este hotel no ha cerrado. Puede que los propietarios estén un poco desbordados, pero es el más recomendable del casco antiguo de la ciudad y una de las opciones más auténticas que hay en Ankara. El impresionante patio tapiado protege seis habitaciones decoradas con gusto de las calles de la ciudadela (es mejor evitar la de delante, es ruidosa). Las camas son muy cómodas y el rellano común tiene mucha clase.

And Butik Hotel HOTEL HISTÓRICO €€

(plano p. 408; 📞 310 2304; www.andbutikhotel. com; İstek Sokak 2; i/d/ste 60/120/150 TRY) Nuevo e impoluto, está en la esquina del Angora House, y presume de habitaciones aireadas –algunas independientes– con bonitos suelos de piedra y cuidados accesorios. Sus propietarios están involucrados en un interesante proyecto de restauración de la música turca.

Hotel Oğultürk HOTEL €

(plano p. 408; 📞 309 2900; www.ogulturk.com; Rüzgarlı Eşdost Sokak 6; i/d/tr 50/60/70 TRY; ❄) Cerca de Rüzgarlı Eşdost Sokak, es una de las opciones más elegantes del centro de Ulus y tiene el nivel de muchos de los hoteles de Kızılay. Dirigido con mucha profesionalidad, es ideal para las mujeres que viajan solas.

Otel Mithat HOTEL €

(plano p. 408; 📞 311 5410; www.otelmithat.com. tr; Tavus Sokak 2; i/d/tr 23/33/43 €) Situado cerca Opera Meydanı y con 50 habitaciones, aparenta ser muy elegante, pero no lo es tanto. Las habitaciones son minúsculas; aunque el desayuno es enorme y el wi-fi va a la velocidad del rayo.

Hitit Oteli HOTEL €€

(plano p. 408; 📞 310 8617; Hisarparkı Caddesi 12; i/d 75/100 TRY) Algo anticuado y de precio medio, está en la colina que va hacia la ciudadela. Tiene una pecera en el vestíbulo y sus habitaciones son sencillas y limpias, con el suelo de madera. El personal no habla inglés, pero es atento. Lástima de ese aire abandonado que tienen los pasillos vacíos...

KIZILAY Y BAKANLIKLAR

Si después de la estepa lo que apetece es una dosis de la Anatolia urbanita, las calles arboladas de Kızılay y del vecino Bakanlıklar son la alternativa ideal. Muchos estudiantes y gente del centro de la ciudad recorren sus calles peatonales, donde abundan los buenos hoteles en los que se consiguen descuentos con facilidad.

Ankara Regency Hotel ← HOTEL €€

(plano p. 410; 📞 419 4868; www.ankararegencyhotel.com; Selanik Caddesi 37; i/d 80/120 TRY; ❄ @) Claro vencedor en tres de las principales categorías: vestíbulo espectacular, sonrisas empalagosas del personal y proximidad a los bares. Abierto en el 2008, este agradable hotel está en el meollo de Kızılay. Sus grandes habitaciones alargadas tienen una distribución ingeniosa y están decoradas en varias tonalidades de rojo, con muchos estampados florales y minitelevisores de pantalla plana fijados a la paredes. En general, buena relación calidad-precio.

Hotel Gold ← HOTEL €€

(plano p. 410; 📞 419 4868; www.ankaragoldhotel. com; Güfte Sokak 4; i/d/tr 80/120/140 TRY; ❄ @) El vestíbulo parece la versión turca de un videoclip de *gangster rap,* y junto con la entrada con columnas y los ascensores de mármol, marca el ambiente extravagante del local. Los edredones de las habitaciones son del color de las *chuches*, y las suites parecen salidas de una versión surrealista moderna de *Alicia en el país de las maravillas*.

Midas Hotel
HOTEL €€€
(plano p. 409; ✆424 0110; www.hotelmidas.com; Tunus Caddesi 20; i/d desde 80/100 €, ste 130 €; ❄@) Excelente hotel de precio medio con nivel internacional y personal eficiente (de día), y un tentador *spa* y centro de *fitness*. Las habitaciones son grandes y sobrias, con camas enormes y decoración algo anticuada; las suites son más modernas. El desayuno incluido en el precio es abundante; pero para cenar mejor ir a otro sitio.

Otel Elit
HOTEL €€
(plano p. 410; ✆417 5001; www.elitotel.com.tr; Olgunlar Sokak 10; i/d 60/100 TRY) La filosofía 'tan malo que es bueno' se aplica a este local retro familiar de tonos morados y dorados. Su ubicación es muy buena, y las habitaciones, muy limpias, tienen cierto encanto al estilo culebrón.

Hotel Eyüboğlu
HOTEL €€
(plano p. 410; ✆417 6400; www.eyubogluhotel. com; Karanfil Sokak 73; i/d 70/120 TRY; ❄@) Una extravagancia de los ochenta con enormes salas de conferencias y mesas de billar. Las habitaciones de época tienen persianas con estrellas doradas y cubrecamas con estrellas azules. El Amerikan Bar es de color naranja.

Hotel Metropol
HOTEL €€
(plano p. 410; ✆417 3060; www.hotelmetropol. com.tr; Olgunlar Sokak 5; i/d 70/100 TRY; ❄) Veterano local en una conocida esquina de Kızılay al que las tres estrellas le pesan un poco. Las habitaciones están viejas, pero su aspecto sigue siendo presentable y las camas son cómodas. El vestíbulo está bien para estirar las piernas, el personal es muy atento y el desayuno, excelente.

KAVAKLIDERE

Gordion Hotel
HOTEL HISTÓRICO €€€
(plano p. 409; ✆427 8080; www.gordionhotel. com; Büklüm Sokak 59; d 80-140 €; ❄@≋) Hotel independiente y refinado que permanece vacío la mayor parte del año. Situado en pleno Kavaklıdere, permite que los clientes se deleiten en la piscina del sótano, las telas Vakko del vestíbulo, los grabados centenarios, el restaurante del invernadero, las bonitas camas y la extensa biblioteca de DVD. De noche, parece un cuadro.

Divan Hotel
HOTEL €€
(plano p. 409; ✆457 4000; www.divan.com.tr; Güniz Sokak 42; d 80 €; ❄) La premiada cadena de hoteles Divan, famosa por su estilo chic, abrió hace poco este flamante hotel cerca de Tunalı Hilmi Caddesi. En sus espaciosas habitaciones predominan el acero y el metal, y muebles de líneas sencillas. El Wi-Fi es rápido y gratuito; el servicio, ejemplar; y el llamativo restaurante del vestíbulo –uno de dos– se llena los fines de semana con gente de la ciudad.

Tunalı Hotel
HOTEL €€
(plano p. 409; ✆467 4440; www.hoteltunali.com. tr; Tunalı Hilmi Caddesi 119; d desde 70 €; ❄@) Situado en la principal zona comercial de Ankara, ofrece todas las facilidades del típico hotel de negocios y cuenta con habitaciones excelentes, de inspiración escandinava. El desayuno es abundante. Buena relación calidad-precio para una estancia tranquila y discreta.

Swiss Otel
HOTEL €€€
(✆455 0000; www.hilton.com; Yıldızevler Mah, Jose Marti Caddesi 21; i/d desde 280/300 €, ste 445-820 €; ❄@≋) Nos encanta este hotel de cinco estrellas en Çankaya, sobre todo el gimnasio del sótano, que emana bienestar. Lástima que su ubicación sea tan gris.

🍴 Dónde comer
ULUS

Casi todas las opciones de Ulus son baratas y sencillas. Si uno quiere comprar su propia comida, el mercado Ulus Hali (plano p. 408) es un buen lugar para abastecerse de guindillas enormes y tarros de miel. En la ciudadela y sus alrededores, se ha reconvertido una decena de casas de madera y piedra en atractivos restaurantes que sirven alcohol. El horario de verano va desde el mediodía hasta la medianoche; y es mejor visitar la mayoría de los locales al anochecer, porque hay música en directo y más ambiente. El horario de invierno es más limitado.

Kubaşik Piknik
'KEBAPÇI' €
(plano p. 408; ✆309 7274; Hükümet Caddesi; kebaps 2,50-4 TRY) Este pequeño local pertenece a una cadena. También hay *köfte* (albóndigas), kebab *döner* y pollo para comer en el lugar o para llevar.

Kale Washington
INTERNACIONAL €€
(plano p. 408; ✆311 4344; www.washingtonres taurant.com; Doyran Sokak 5-7; platos principales 15-24 TRY; ⊙12.00-24.00) De lejos el restau-

rante más elegante del casco antiguo. Entre sus clientes se cuentan dignatarios de todo el mundo (se dice que Hillary Clinton ha comido aquí), que vienen a disfrutar de la cocina internacional y de las especialidades turcas, que incluyen *halep işi kebap* y *su böreği*. Las vistas desde las mesas son de lo más agradable.

Çengelhan
ANATOLIA €€€

(plano p. 408; ☑309 6800; Depo Sokak 1; platos principales 16-25 TRY) Es el restaurante del Museo Industrial Rahmi M Koç, situado en un antiguo caravasar entre coches de época y una casa otomana reconstruida. Las mesas al aire libre son ideales para degustar la lubina (traída de muy lejos) o berenjena asadas, o un surtido de *meze*.

Zenger Paşa Konağı
'LOKANTA' €€

(plano p. 408; ☑311 7070; www.zengerpasa.com; Doyran Sokak 13; platos principales 12-17 TRY; ☉12.00-00.30; ✸) Repleto de objetos otomanos, parece un museo etnográfico desierto, pero a los habitantes adinerados de Ankara les encantan las *pide*, los *mezes* y las parrilladas, que siguen cocinando en el horno original otomano. Solo por las vistas de la ciudad desde el porche trasero, la visita ya merece la pena. La mayoría de las noches hay música en directo.

Boyacızâde Konağı
'LOKANTA' €€

(plano p. 408; ☑310 1515; Berrak Sokak 7/9; platos principales 14-18 TRY; ☉desde las 12.00) Bonita mansión convertida en restaurante. Se entra por un patio lleno de cosas. Ofrece estupendas vistas, típica decoración otomana y buenos platos de pescado. Hay música *Fasıl* (clásica turca) para ambientar.

Kınacızade Konağı
'LOKANTA' €€

(plano p. 408; ☑324 5714; www.kinacizadekona gi.com; Kale Kapısı Sokak 28; menús 12-20 TRY; ☉12.00-00.30) Recocida casa otomana junto al And Butik hotel, con trajes de época colgando de espadas. Cuenta con un precioso patio donde disfrutar de sus sabrosos menús del día.

KIZILAY

En la zona peatonal al norte de Ziya Gökalp Caddesi, los locales de comida de la acera sirven de todo, desde *döner* hasta mazorcas de maíz cocidas. Ogunlar Sokak está bien para comer un bocadillo al aire libre.

👍 Le Man Kültür
INTERNACIONAL €

(plano p. 410; ☑310 8617; Konur Sokak 8a-b; platos principales 6-11 TRY; ☉10.00-23.00) Debe su nombre a una tira cómica turca de culto que inspira su decoración. Punto de partida donde cargar pilas cenando antes de salir de fiesta, es el sitio donde se dejan ver los jóvenes guapos y cultos. De la oferta gastronómica multicultural destacan los rollos chinos de huevo (10 TRY); y de los pocos platos locales, el *köfteli sandviç* (8,50 TRY), de sabor fuerte. Las bebidas tienen precios asequibles y la música ambiental es variada, desde *electro indie* hasta pop turco.

Urfalı Kebap
'KEBAPÇI' €

(plano p. 410; ☑418 9495; Karanfıl Sokak 69; platos principales 5-10 TRY) Uno de los mejores restaurantes de kebab de la capital. Rápido y agradable, tiene sitio para más de ochenta comensales, desde estudiantes hasta tres generaciones de la misma familia. El *çiğer şiş* (8 TRY) y el *urfa kebap* (8 TRY) no decepcionarán.

Cafe Sobe
CAFÉ €

(plano p. 410; ☑425 1356; Konur Sokak 19A; platos principales 5-10 TRY) Juegos de sobremesa y melodías frescas hacen de este concurrido local el favorito de la franja de Konur Sokak. La *tereyağında* (trucha) y el *biftek* salteado son dos de los platos con más éxito.

Can Balık
MARISCO €

(plano p. 410; ☑431 7870; Sakarya Caddesi 13; sándwiches 4 TRY; ☉10.00-22.00) Alternativa popular a los caros restaurantes de pescado, ofrece pescado fresco, servido con ensalada o en bocadillo.

Diet Ev Yemekleri
COMIDA RÁPIDA €

(plano p. 410; ☑418 5683; Karanfıl Sokak; platos principales 5 TRY) Un sitio para comer como los estudiantes del lugar, a base de comida barata de la que llena: hamburguesas, *köfte, pizza, döner* y kebabs İskender.

KAVAKLIDERE

El ambiente aquí es europeo y sofisticado y dominan los restaurantes orientados principalmente al personal de las embajadas.

Balıkçıköy
MARISCO €

(plano p. 409; ☑466 0450; Abay Kunanbay Caddesi 4/1; platos principales 21-37 TRY; ☉12.00-24.00) Cuesta arriba subiendo desde el McDonalds se llega a la tercera sucursal del restaurante de marisco favorito de la ciudad. Es buena idea aceptar las sugerencias del camarero en cuanto a los *mezes* (los pescaditos en escabeche son deliciosos, 6 TRY), y después elegir un segundo plato entre el pescado frito o a la parrilla, todos muy bien cocinados y servidos enseguida. Las brochetas de gambas (12 TRY) son de lo mejor que hemos probado. Es recomendable reservar mesa.

Hayyami
BAR-RESTAURANTE €€

(plano p. 409; ☑466 1052; Bestekar Sokak 82B; platos principales 12-25 TRY; ☺12.00-hasta tarde) Este próspero local debe su nombre a un famoso filósofo sufí. Mucha gente viene a disfrutar de su *salçalı sosis* (barbacoa de salchichas) y de sus grandes tablas de quesos, entre otros platos, en el patio. La carta de vinos y licores es muy extensa.

Mezzaluna
ITALIANA €€€

(plano p. 409; ☑467 5818; Turan Emeksiz Sokak 1; platos principales 21-37 TRY; ☺12.00-23.00) El restaurante italiano más elegante de la capital tiene muchísimo movimiento y los chefs van dejando *pizzas* en el mostrador para los camareros. Ofrecen *antipasti*, *risotto*, *pizzas* al horno de leña y marisco (mejor apuesta que los filetes).

Italic
ITALIANA €€

(plano p. 409; ☑426 3017; Bestekar Sokak 68; platos principales 10-18 TRY; ☺12.00-hasta tarde) No es su cocina italiana estándar lo que atrae a la gente guapa hasta este nuevo restaurante, si no los cócteles a pie de calle, los sabrosos *antipasto* (20 TRY) y el mobiliario ecléctico. De noche, se convierte en un local nocturno.

Guangzhou Wuyang
CHINA €€

(plano p. 409; ☑427 6150; Bestekar Sokak 88/B; platos principales 12-24 TRY; ☺12.00-hasta tarde) A veces, todo lo que uno necesita es una comida china aceptable y media docena de cervezas. Por suerte, este sitio tan concurrido es mucho más que aceptable, sirve delicioso marisco y tiene platos vegetarianos.

🍷 Dónde beber

Kızılay es la zona de cafés de Ankara y las terrazas ocupan prácticamente cada milímetro de espacio al sur de Ziya Gökalp Caddesi.

Aylak Madam
CAFÉ

(plano p. 410; ☑419 7412; Karanfil Sokak 2, Kızılay) Café-bistró francés muy *cool*. Los fines de semana ofrece un *brunch* (de 10.00 a 14.30) algo escaso, además de sándwiches y buenos capuchinos, al son de *jazz-fusion*. Posgraduados y artistas trabajan con sus ordenadores portátiles y lápices ópticos algún original a medio terminar, y los demás clientes se ponen cómodos.

The Edge
BAR

(plano p. 409; ☑426 0516; Remzi Oğuz Mah, Kavaklıdere) Generosas ofertas de *happy-hour*, buena música *indie*, y una clientela variopinta hacen de este local un sitio muy popular entre semana.

Random Bar
'PUB'

(plano p. 409; ☑468 3420; Tunalı Hilmi Caddesi 114; platos principales 14-21 TRY; ☺8.30-23.00) Cerca de Kuğulu Park, tiene un patio muy fresco donde la gente viene a tomar una copa después de trabajar o antes de salir. Los fines de semana suenan pegadizas melodías turcas.

Locus Solus
BAR

(plano p. 409; ☑468 6788; Bestekar Sokak 60) Un cambio de propietarios ha propiciado un cambio de clientela en este espacioso local situado junto a una gasolinera. Ya no es tan alternativo como antes (los alternativos van a Kızılay), pero siguen sirviendo copas a los que vienen a mover el esqueleto en la pista.

Dolphin Cafe Bar
BAR

(plano p. 409; ☑427 6468; Tunalı Hilmi Caddesi 99d) Oculto cerca de Tunalı Caddesı, lleva una década ofreciendo música *blues* de calidad a una clientela exigente.

Sade Cafe
TETERÍA

(plano p. 408; ☑428 0035; İçkale Kapısı) Nueva y muy lograda, esta tetería contemporánea prepara sus propias mezclas. El servicio, la decoración otomana moderna y la variada carta de café son igual de impresionantes.

And Evi
CAFÉ

(plano p. 408; ☑312 7978; İçkale Kapısı) De estilo otomano y situado en las murallas de la ciudadela, tiene vistas fantásticas y un pastel de zanahoria (6 TRY) esponjoso y muy rico.

Qube Bar
BAR

(plano p. 410; ☑432 3079; Bayındır Sokak 16b) Algo más sofisticado que los *pubs* vecinos, cuenta con un tejado retráctil de cristal. Sirve comida.

Café des Cafés
CAFÉ

(plano p. 409; ☑428 0176; Tunalı Hilmi Caddesi 83; platos principales 14-21 TRY; ☺8.30-23.00) Como bien apunta su nombre, hay que pedir café. Y acompañarlo de crepes dulces, sentarse en el sofá rojiblanco y ver pasar la gente.

Fidan Café
CAFÉ

(plano p. 410; ☑425 8326; Karanfil Sokak 15) Este café cargado de humo, situado en una

TUĞÇE ÇELIK, ESTUDIANTE

La primera impresión de quien visita Ankara es que se trata de una ciudad muy seria, pero después del primer fin de semana siempre se cambia de opinión.

¿Los mejores clubes?
Tunalı Hilmi Caddesi, Yedinci Sokak, Arjantin Sokak y **Park Sokak.** Pero, como se verá, un fin de semana en Ankara nunca es suficiente.

1ª planta, lo lleva una agradable pareja. Los cuadros de las paredes los han hecho sus nietos.

Simit Bahane CAFÉ
(plano p. 410; Karanfıl Sokak 36a) Un antídoto a los locales más tranquilos de Kızılay, con *backgammon*, periódicos y narguiles.

Papillon BAR
(plano p. 410; 419 7303; Olgunlar Sokak 9) Este bar de barrio pone *rock* y las paredes de ladrillo están decoradas con matrículas de automóvil y carteles de Hollywood.

☆ Ocio

A veces algunos cines de Ankara proyectan películas occidentales en versión original; se puede consultar la cartelera en el *Hürriyet Daily News* o en www.askfest.org. Uno de los cines es el **Metropol Sinemasu** (plano p. 410; 425 7478; Selanik Caddesi 76, Kızılay; adultos/estudiantes 10/9 TRY), que cuesta 6 TRY los jueves. Ankara cuenta con una amplia oferta de clubes y locales de música en directo, desde antros de estudiantes hasta sitios más rebuscados. Para obtener información actualizada, se puede preguntar a los demás clientes, a los camareros o consultar folletos y programaciones.

Para salir una noche con los estudiantes de Ankara, hay que ir a Kızılay (sobre todo a Bayındır Sokak entre Sakarya Caddesi y Tuna Caddesi). Los altos y esbeltos edificios comprenden hasta cinco plantas de bares, cafés y *gazinos* (locales nocturnos). Muchos de los clubes ofrecen música pop turca en directo y las viajeras se sentirán bien en la mayor parte de ellos.

IF Performance Hall MÚSICA EN DIRECTO
(418 9506; www.ifperformance.com; Tuna Caddesi 14a Kavaklıdere) Amplio local situado

en un sótano que programa importantes actuaciones de artistas turcos e internacionales con el característico sabor del *rock* de los noventa.

Cer Modern GALERÍA
(plano p. 408; 310 0000; www.cermodern.org; Altunsoy Caddesi 3, Sıhhiye; ◷10.00-18.00 ma-do) Nueva galería de arte situada en un viejo garaje de trenes. Acoge exposiciones de arte moderno de todas partes de Europa y cuenta con una tienda y un café que están muy bien.

Ópera Estatal de Ankara SALA DE CONCIERTOS
(www.dobgm.gov.tr) Relativamente nueva, atrae a un público compacto que viene a ver espectáculos variados, incluidos conciertos de música clásica, sobre todo los viernes. Las danzas tradicionales cuentan con escenarios como el Atatürk Cultural Centre y el Museo de la Pintura y la Escultura. Consúltese la oficina de información turística para más detalles.

De compras

Es más económico ir de compras por el centro de Ulus o por **Altındağ** y **Samanpazarı**; allí una serie de pequeñas galerías, tiendas de antigüedades y de artesanía han abierto sus puertas cerca de la ciudadela. Para saber cómo se gasta las liras la Turquía moderna, hay que ir al sur por Tunalı Hilmi Caddesi.

Müni (plano p. 408; 310 2850; Atpazari Sokak 22; www.munioart.net) Galería de cerámica que ofrece **cursos** de alfarería (45 TRY/persona; mi, vi y sa ◷13.00-17.00). Cerca de aquí, las tiendas locales se mezclan con las de cadenas multinacionales, como la británica Marks & Spencer. Un poco más allá del Sheraton Hotel está **Karum** (plano p. 406; İran Caddesi), un centro comercial de mármol y cristal con más tiendas de cadenas europeas. En Konya Caddesi, detrás del mercado de alimentación Ulus Hali, se halla el **Vakıf Suluhan Çarşısı** (plano p. 408), un *han* (caravasar) restaurado en el que hay tiendas de ropa, y un patio con un café, lavabos y una pequeña mezquita. La zona que rodea la entrada de la Parmak Kapısı a la ciudadela era tradicionalmente un centro para el comercio de la lana de angora. Al bajar hacia la Arslanhane Cami desde los puestos de frutos secos que hay delante de la puerta, hay tiendas de alfombras y antigüedades. Uno se cruza con artesanos del cobre y de otros materiales realizando sus antiguos oficios.

BAHAR TEGIN, PROPIETARIO DE UNA TIENDA, SAMANPAZARI

¿Cómo puede pasar un turista la mañana en la ciudadela?

Que empiece con un café servido a la otomana, con sirope y *lokum* (delicias turcas); así tendrá fuerzas para recorrer el Museo de las Civilizaciones Anatolias.

¿El mejor sitio para comer?

Sin duda alguna, Çengelhan. Y de paso se puede ir a visitar el Museo Industrial Rahmi m Koç.

¿Y después?

Después es buena idea dejarse caer por las galerías de arte que hay cerca, y comprar algún cuadro, alguna escultura o joyas de diseño.

¿El mejor sitio para tomar una copa?

El American Bar del Divan Hotel.

¿Hora de irse?

Uno no puede irse sin ver las tiendas de objetos de cobre y kílims en las callejuelas que hay alrededor de Samanpazarı, paseando con un cucurucho de frutos secos y especias para terminar bien el día.

En Olgunlar Sokak, llena de árboles y cafés, hay una fila de **puestos de libros de segunda mano**. **Dost Kitabevi** (plano p. 410; 418 8327; Konur Sokak 4, Kızılay) vende novelas en lengua extranjera y algunos títulos de interés local. En **Turhan Kitabevi** (plano p. 410; 418 8259; Yüksel Caddesi 8/32, Kızılay) se pueden comprar libros ilustrados de sobremesa, guías de viaje, novelas en inglés, diccionarios y guías de conversación de turco, y periódicos.

ℹ Información

Acceso a Internet

Hay muchos cibercafés en Ulus y Kızılay, sobre todo por Ulus Meydanı y Karanfil Sokak; pero no tantos en Kavaklıdere. Casi todos los hoteles, cafés y bares tienen Wi-Fi.

Asistencia médica

Las farmacias se turnan para abrir las 24 horas; hay que buscar un cartel que diga "nobetçi" (abierto 24 h).

Bayındır Hospital (428 0808; Atatürk Bulvarı 201, Kavaklıdere) Un hospital privado muy moderno.

City Hospital (466 3838; Büklüm Sokak 72, Kavaklıdere) Cerca de Tunalı Hilmi Caddesi, cuenta con un centro sanitario para mujeres (Kadın Sağlığı Merkezi).

Línea directa de información hospitalaria (444 0911)

Dinero

Hay muchos bancos con cajeros automáticos en Ulus, Kızılay y Kavaklıdere. Para cambiar dinero, las *döviz bürosu* (oficinas de cambio) ofrecen, generalmente, el mejor tipo de cambio, y a menudo sin comisiones.

Correos y teléfono

Hay estafetas de PTT (correos) en la estación de trenes, en la *otogar* AŞTİ y en Atatürk Bulvarı, en Ulus. Todas tienen cabinas telefónicas cerca.

Información turística

The Guide, disponible en el Museo Industrial Rahmi M Koç Industrial y en algunas librerías, incluye una guía de espectáculos de Ankara.

Oficina de turismo (310 8789, 231 5572; Gazi Mustafa Kemal Bulvarı; 9.00-17.00 lu-vi, 10.00-17.00 sa) Situada frente a la estación de trenes. El personal es servicial y hay muchos folletos informativos.

Agencias de viajes

Raytur (417 0021; www.raytur.com.tr; Karanfıl Sokak 12/12, Kızılay) Depende de Turkish Railways. Vende billetes de tren y de avión, y organizan excursiones en todoterreno, y circuitos nacionales y en el extranjero.

Saltur (425 1333; www.saltur.com.tr; Atatürk Bulvarı 175/4, Kavaklıdere) Billetes de líneas aéreas y circuitos internacionales.

ℹ Cómo llegar y salir

Avión

El **aeropuerto Esenboğa** de Ankara, 33 km al sur del centro, es el núcleo del transporte aéreo nacional de Turquía. Aunque a Ankara vuelan numerosas compañías de bajo coste, los aeropuertos de Estambul ofrecen más elección. Incluso para vuelos nacionales, uno puede ahorrar tiempo y dinero si viaja por Estambul.

Turkish Airlines y Atlasjet ofrecen vuelos directos entre Ankara y otros destinos como Adana, Antalya, Bodrum, Chipre, Diyarbakır, Erzurum, Gaziantep, Estambul, İzmir, Kars, Malatya, Trabzon y Van.

Las compañías internacionales ofrecen vuelos directos a/desde Ankara y vuelos con conexiones en Estambul.

Autobús

Todas las ciudades turcas grandes o pequeñas cuentan con autobuses directos a Ankara. La gigantesca *otogar*, también conocida como **AŞTİ** (Ankara Şehirlerarası Terminali İşletmesi) está en el extremo oeste de la línea de tren subterráneo de Ankaray, 4,5 km al oeste de Kızılay.

Ankara es un gran centro de conexión de autobuses en Turquía central. Los autobuses a/desde Estambul (30 TRY, 6 h), Antalya (40 TRY, 8 h), İzmir (45 TRY, 8 h) y otros destinos principales, tienen varias salidas diarias. Los que van a Capadocia suelen terminar su recorrido en Nevşehir. Hay que asegurarse de que el billete indica el destino final (por ejemplo Göreme, Ürgüp). Hay tantos autobuses con tantos destinos dentro del país, que a menudo es posible llegar a la estación, comprar un billete y salir; y hacerlo todo en menos de una hora, aunque no es recomendable intentarlo los días festivos.

La *emanet* (consigna) de la planta baja cobra 4 TRY por artículo almacenado. Hay que enseñar el pasaporte.

Tren

Ankara Garı está cerca de la terminal de los autobuses Havaş del aeropuerto, 1 km al suroeste de Ulus Meydanı, en Cumhuriyet Bulvarı. Los trenes entre Estambul y Ankara son los mejores del país, y en el 2011 está prevista la inauguración de un tren rápido. Hay servicios desde Ankara a la mayoría de las ciudades y pueblos, incluidos Estambul (asiento/litera 23/80 TRY, 8 h), Diyarbakır (vía Kayseri, 23/61 TRY, 35 h), Adana (20/65 TRY, 12 h) e İzmir (26/80 TRY, 14 h).

ℹ Cómo desplazarse

A/desde el aeropuerto

El aeropuerto Esenboğa está 33 km al norte de la ciudad. Los autobuses del aeropuerto **Havaş** (📞 444 0487; Kazım Karabekir Caddesi) salen a diario de la puerta B del estadio del 19 de Mayo cada media hora entre las 4.30 y las 24.00 (10 TRY, 45 min). Pueden salir antes si se llenan, por lo que conviene ir pronto para hacerse con un asiento.

Los mismos autobuses unen el aeropuerto y la *otogar* de AŞTİ (10 TRY a 12,50 TRY, 60 min), y salen de la estación cada media hora de 4.30 a 23.30 desde delante de la sala de llegadas de pasajeros.

El horario de los autobuses del aeropuerto está coordinado con las llegadas de los vuelos. No hay que pagar más de 60 TRY por un taxi entre el aeropuerto y la ciudad.

LA LANA DE ANGORA

¿Alguien conoce la diferencia entre la piel de una cabra y la de un conejo? No es tan fácil como parece, sobre todo si esta ha sido convertida en lana. Una de las falsas creencias sobre la famosa lana de angora de Ankara es que procede de las cabras de angora, una especie fuerte que dicen que desciende de las cabras salvajes del Himalaya. Pero no. La lana suave y mullida de estas cabras se conoce como *mohair*. La de angora, en el sentido más estricto del término, procede de los conejos de angora, también oriundos de la zona, pero de aspecto más dulce. Antaño su pelaje valía su peso en oro.

A/desde la estación de autobuses

La forma más sencilla de llegar a la ciudad es en la línea Ankaray, que tiene una estación en la *otogar* de AŞTİ. Hay que ir a la estación de metro de Maltepe para llegar a la estación de trenes (a 10 min a pie), o a Kızılay para encontrar hoteles de precio medio. En Kızılay se puede cambiar a la línea Metro en dirección a Ulus para buscar hoteles más baratos.

Un taxi al centro cuesta unas 20 TRY.

A/desde la estación de trenes

Ankara Garı está 1 km al suroeste de Ulus Meydanı y 2 km al noroeste de Kızılay. Numerosos *dolmuş* se dirigen al noreste por Cumhuriyet Bulvarı hacia Ulus, y al este por Talat Paşa Bulvarı hacia Kızılay.

Desde la estación a Opera Meydanı hay un poco más de 1 km; si se pregunta por Gazi Lisezi, cualquier autobús que circule en dirección este por Talat Paşa Bulvarı dejará al viajero a unos cientos de metros.

Autobús

Ankara posee una buena red de autobuses y microbuses. Los carteles que tienen en la parte delantera y lateral resultan mejor guía que los números. Los autobuses que indican "Ulus" y "Çankaya" recorren todo Atatürk Bulvarı. Los que indican "Gar" van a la estación de trenes, y los señalizados como "AŞTİ", a la *otogar*.

Las fichas normales de 3 TRY, disponibles en las estaciones de metro y en las principales paradas de autobús o en cualquier lugar con el cartel de EGO Bilet, permiten múltiples trayectos durante 45 minutos. Funcionan en casi todos los autobuses, así como en el metro, y un pase de 10 fichas cuesta 12 TRY.

Estas fichas no sirven para los autobuses exprés, que son los largos con mostradores de billetes a mitad del vehículo.

Automóvil

El tráfico en Ankara es caótico y la señalización inadecuada. Es más sencillo dejar el automóvil y usar el transporte público.

Si se desea alquilar un coche para salir de Ankara, existen numerosas empresas pequeñas del país además de las principales agencias internacionales. La mayor parte poseen oficinas en Kavaklıdere, en Tunus Caddesi, o en el aeropuerto Esenboğa.

Metro

La red de trenes subterráneos de Ankara cuenta en la actualidad con dos líneas: la Ankaray, que va de la *otogar* AŞTİ (al oeste) a Dikimevi (al este), pasando por Maltepe y Kızılay, y la Metro, que une Kızılay con Batıkent (al noroeste), vía Sıhhiye y Ulus. Las dos líneas se encuentran en Kızılay. Los trenes funcionan a diario entre las 6.15 y las 23.45.

El billete sencillo cuesta 1 TRY. Las fichas estándar de viaje cuestan 3 TRY y una de 10 viajes, 12 TRY. En algunas estaciones de metro hay torniquetes separados para adultos y niños/estudiantes. Si la ficha no funciona, hay que mirar si se está en el lugar correcto.

Taxi

Los taxis están por todas partes y todos tienen taxímetro. La bajada de bandera cuesta 1,70 TRY y llegar al centro, unas 8 TRY. Los precios suben por la noche y el mismo viaje cuesta bastante más de 10 TRY. En Kızılay hay que tener cuidado con las calles de sentido único, ya que quizá el taxi tenga que dar marcha atrás (sin parar el taxímetro) para llegar a la calle que vaya en el sentido adecuado.

ALREDEDORES DE ANKARA

No hay que alejarse de Ankara para encontrar algunos de los lugares más importantes de la historia anatolia, pero si se quiere ir relajado en un día y no hacer noche, se puede visitar el yacimiento arqueológico frigio de Gordion o el pueblo otomano de Beypazarı.

Gordion

La capital de la antigua Frigia, que fue poblada durante unos tres mil años, se encuentra 106 km al oeste de Ankara, en el pueblo de Yassıhöyük.

Gordion fue ocupada por los frigios ya en el s. IX a.C., y pronto se convirtió en su capital. Aunque quedó destruida durante la invasión cimeria, posteriormente se reconstruyó para ser conquistada primero por los lidios y después por los persas. En el 333 a.C. Alejandro Magno llegó y cortó el famoso nudo gordiano, pero en el 278 a.C. la ciudad quedó destruida por la ocupación gálata.

El paisaje lunar que rodea Yassıhöyük está salpicado de túmulos funerarios que indican las tumbas de los reyes frigios. De los aproximadamente 90 túmulos identificados, se han excavado 35. Se puede entrar a la tumba mayor y también ver el lugar donde se encontraba la acrópolis de Gordion. En él las excavaciones han desvelado cinco niveles principales de civilización, desde la Edad del Bronce hasta los tiempos de los gálatas.

Túmulo de Midas y Museo Gordiano

RUINAS

(3 TRY, entrada museo incl.; ⊗ 8.30-17.30) En 1957, el arqueólogo austriaco Alfred Koerte descubrió Gordion, y con ella la **tumba** intacta de un rey frigio, posiblemente enterrado entre el 740 y el 718 a.C. Es en realidad una casita con el techo a dos aguas hecha de cedro, rodeada de troncos de enebro y enterrada en un túmulo de 53 m de altura y 300 m de diámetro. Se trata de la estructura de madera más antigua de Anatolia y quizá del mundo. El túnel que conduce a las profundidades del túmulo es un añadido moderno, que permite echar un vistazo al interior de la tumba cercada.

Dentro de la tumba, los arqueólogos hallaron el cadáver de un hombre de entre 61 y 65 años de edad y 1,59 m de estatura, rodeado de objetos funerarios, como mesas, *situlas* (recipientes) de bronce y cuencos que se supone formaban parte del rito funerario. Sigue sin saberse el nombre del ocupante (Gordio y Midas eran nombres populares entre los reyes frigios).

Enfrente, en el **museo,** las monedas de Macedonia y Babilonia muestran la posición de Gordion en el centro del comercio, las comunicaciones y actividades militares de Anatolia, al igual que las figurillas de bronce y las joyas de cuentas de cristal de la región sirio-levantina de Mesopotamia.

Acrópolis

RUINAS

Las excavaciones en la acrópolis del s. VIII a.C. han proporcionado gran cantidad de información sobre las numerosas civilizaciones de Gordion.

La majestuosa puerta principal de la parte oeste de la ciudad estaba precedida de una rampa de 6 m de anchura. En el interior del recinto había cuatro *megara* (salas cuadradas) desde donde el rey, sus sacerdotes y ministros gobernaban el imperio. Los mosaicos que se encontraron en una de estas salas, llamada la Ciudadela de Midas, están expuestos en el museo.

❶ Cómo llegar y salir

Los autobuses Baysal Turizm conectan la *otogar* de Ankara (mostrador 28) con Polatlı cada media hora (5 TRY, 1 h). Una vez en Polatlı, se pueden recorrer los últimos 18 km hasta Yassıhöyük en un microbús (3 TRY), pero esto implica una caminata de 1,5 km por la ciudad hasta la parada de microbuses, los cuales salen esporádicamente. Un taxista cobra unas 50 TRY por ir a los lugares principales y regresar a la *otogar* de Polatlı.

Beypazarı

📞 0312 / 34500 HAB

El cuidado enfoque de un dinámico alcalde ha convertido esta pintoresca ciudad otomana, situada sobre İnönü Vadisi, en el destino de fin de semana de muchos habitantes de Ankara. Más de tres mil casas otomanas bordean las estrechas calles en el antiguo barrio situado en alto, en el que se han restaurado más de quinientos edificios y unas treinta calles. Los artesanos del cobre y carpinteros trabajan como hormiguitas, los tenderos venden maquetas de casas otomanas en bolsitas para los habitantes de Ankara que acuden a pasar el día, y el mercado de 200 años de antigüedad recuerda que Beypazarı estaba en la Ruta de la Seda.

El **museo** (Beypazarı Tarih ve Kültür Evi; entrada 1,50 TRY; ⏱10.00-18.00 ma-do), en una mansión otomana de tamaño considerable, está bien para husmear acompañado de música clásica. Tiene desde pilares romanos y bizantinos hasta una representación otomana de un elefante y los baños-armario que se conservan intactos.

El primer fin de semana de junio se celebra el **Havuc Guvec** (Fiesta del Plato Tradicional) en honor a la humilde zanahoria (la zona cultiva más de la mitad de las zanahorias consumidas en Turquía). Otros puntos de interés son los mercados de artesanía y circuitos por casas otomanas.

Hay que probar los manjares de la zona, como la *havuç lokum* (delicia turca con sabor a zanahoria), el *cevizli sucuğu* (nueces cubiertas de gelatina de uvas) y el agua mineral de Beypazarı, embotellada aquí y bebida en todo el país.

Me'vaların Konağı (📞762 3698; Köstyolu Sokak Müzeyanı 31; h con/sin baño 80/70 TRY), uno de los hoteles en casas otomanas que hay en la plaza cercana al museo, tiene colchas preciosas y baños-armario.

Una de las casas otomanas más famosas de la ciudad, el **Tarihi Taş Mektep** (📞762 7606; Alaaddin Sokak 4; platos principales 7-10 TRY; ⏱8.00-22.00) es popular por platos como la sorprendente ensalada picante, las *yaprak sarma* (hojas de parra rellenas) y la trucha a la parrilla.

❶ Cómo llegar y salir

Desde Ankara, hay que tomar el metro hasta Akkoprü y cruzar la autopista, en sentido opuesto al Ankamall. Hay que caminar hacia la izquierda, alejándose del paso a nivel, hasta llegar a la zona que hay entre la gasolinera de M Oïl y el puente peatonal, donde se puede parar alguno de los microbuses de Beytaş Turizm que van a Beypazarı (6 TRY, 1½ h). En la oficina de Beytaş Turizm situada en el lado de la calle opuesto a la parada de autobús del centro de la ciudad (la que está decorada con el mural otomano), se puede ver a qué hora regresa el último autobús a Ankara.

Safranbolu

📞 0370 / 38300 HAB

Al pasar en autobús por la fundición de acero de Karabük y el mediocre barrio griego de la parte alta de Safranbolu, puede que el viajero maldiga esta guía y al conductor por haberle llevado a una zona tan aislada, pero al bajar por la colina enseguida se divisa la ciudad otomana mejor conservada del país, un tesoro de época con un Çarşı (casco antiguo) en el que abundan las tiendas de golosinas, los zapateros remendones y los inodoros. Los hoteles son geniales, y lo más cansado que se puede hacer aquí es pasar un día en el antiguo *hammam* o rebuscando en tiendas de artículos de segunda mano. Si se quiere evitar la afluencia de turistas turcos del fin de semana, pero se está un poco cansado de tanta visita histórica, una excursión por el maravilloso bosque de Yenice, redescubierto y mapeado de nuevo, dejará claras las razones por las que la Unesco le dio su sello en 1994.

Historia

Durante el s. XVII, la principal ruta comercial otomana entre Gerede y la costa del mar Negro pasaba por Safranbolu, lo que significaba comercio, importancia y dinero para la población. Durante los ss. XVIII y XIX, sus adinerados habitantes construyeron mansiones de adobe, madera y estuco. Las familias de la cuantiosa población de artesanos prósperos erigieron casas menos impresionantes, aunque igual de sólidas; en la actualidad, una cantidad de dichas edificaciones aún se mantiene en pie. De hecho, Safranbolu debe su fama al gran número de viviendas de este tipo que se han conservado.

Los ciudadanos más prósperos tenían dos casas. En invierno ocupaban las del barrio de Çarşı (mercado), situado en la confluencia de tres valles y resguardado de los vientos invernales. Durante los meses cálidos se trasladaban a las residencias de verano del barrio ajardinado de Bağlar (viñedos). Cuando en 1938 se establecieron las fábricas siderúrgicas en Karabük, las modernas viviendas industriales empezaron a invadir Bağlar, aunque Çarşı se ha mantenido prácticamente intacta.

Durante el s. XIX, aproximadamente el 20% de los habitantes de Safranbolu eran griegos otomanos, pero tras la Primera Guerra Mundial la mayoría de sus descendientes se mudaron a Grecia. Su iglesia principal, dedicada a san Esteban, fue convertida en la Kıranköy Ulu Cami (Gran Mezquita).

◉ Puntos de interés

GRATIS **Casas otomanas** ARQUITECTURA
El mero hecho de caminar por Çarşı es un festín para los ojos. Casi todas las casas del barrio son originales y las pocas modificaciones urbanísticas realizadas se han llevado a cabo de forma controlada. Muchos de los edificios históricos más bellos han sido restaurados y cada vez son más los que se salvan del deterioro y se convierten en hoteles, tiendas o museos.

Kaymakamlar Müze Evi, la más interesante de tres casas antiguas que se han convertido en museos, posee todos los rasgos típicos de las casas otomanas. Pertenecía a un teniente coronel y aún parece un lugar notable al subir las escaleras hacia la decoración de madera del techo. Los cuadros recrean escenas cotidianas como los baños-armario

y el banquete de bodas, momento en que las mujeres servían a los hombres usando los *dönme dolaplar* (tornos giratorios).

La **Kileciler Evi** (1884) también cuenta con piezas de los años cincuenta entre las reliquias familiares de sus aparadores. Sin embargo, el blanqueado interior se ha renovado con gusto y, entre lo expuesto, hay fotos familiares, alfombras y maniquíes vestidos con prendas tradicionales. Como explica la hoja de información, los 99 aparadores simbolizan los 99 nombres de Dios.

Las salas de exposición de las casas suelen abrir a diario de 9.00 a 19.00 y cobran de 2 a 2,50 TRY a los adultos y 1 TRY a los niños. Sirven té en los jardines y abren de forma más esporádica en invierno.

Algunas de las casas mayores tenían piscinas en el interior, las cuales, aunque eran lo bastante grandes para bañarse, eran usadas para refrescar la sala con agua corriente, que a su vez regalaba los oídos con su suave murmullo. El mejor ejemplo y también el más accesible de Çarşı es la **Havuzlu Asmazlar Konağı** (mansión con piscina; Çelik Gülersoy Caddesi 18, Çarşı), que actualmente es un hotel.

Kent Tarıhı Müzesi MUSEO
(☎ 712 1314; Çeşme Mahallesi Hükümet Sokak; entrada 3 TRY; ⊙ 9.00-19.00 abr-oct, 9.00-17.00 nov-mar) El castillo de Safranbolu, en lo alto de la colina, fue derribado a principios del siglo pasado para ceder su sitio al amarillo Eski Hükümet Konağı (edificio del antiguo gobierno), restaurado tras un incendio en 1976. En el museo que hay en su interior no hay muchos paneles explicativos en inglés, pero todo lo expuesto es una buena introducción a la vida local. Entre las reconstrucciones de comercios antiguos del sótano con suelo de mármol hay una farmacia con la inevitable tintura de azafrán entre los elixires.

La entrada al museo incluye también la vecina **torre del reloj** (1797), construida por el gran visir (primer ministro) İzzet Mehmet Paşa. Se recomienda subir a la torre a alguna hora en punto para ver el martillo del mecanismo del reloj en funcionamiento y oír cómo resuenan las campanadas en las colinas circundantes.

Cinci Hamam 'HAMMAM'
Una de las mejores casas de baños de Turquía, con estancias separadas para hombres y mujeres. El servicio es algo caro (40 TRY).

Cinci Hanı CARAVASAR
(Eski Çarşı Çeşme Mahalessi; adultos/estudiantes 2/1 TRY) El edificio más famoso e imponente

LAS CASAS OTOMANAS

Al contemplar los paisajes urbanos de hormigón que simbolizan la modernidad turca, se hace difícil imaginar el panorama que se observaba en el s. XIX, cuando imperaban las casas de madera. Por suerte, el auge del turismo de las últimas décadas ha fomentado un renacimiento de lo otomano, y las restauraciones se han convertido en un comercio floreciente. Pueden encontrarse excelentes ejemplos en Afyon, Amasya y Tokat, pero se reconoce universalmente que Safranbolu conserva la más singular muestra del país de arquitectura previa a la independencia.

Las casas otomanas de madera solían tener dos o tres plantas; las superiores sobresalían sobre las inferiores y se apoyaban en ménsulas talladas. Sus estructuras de madera se rellenaban de adobe y luego se recubrían con una mezcla de barro y paja. En ocasiones, las casas se dejaban sin enfoscar, aunque normalmente les daban un acabado de escayola o cal y añadían elementos decorativos de escayola o madera. Por supuesto, cuanto más rico era el dueño, más elaborada era la decoración.

En el interior, las más grandes contaban con 10 o 12 habitaciones que se dividían en *selamlık* (dependencias de los hombres) y *haremlik* (dependencias de las mujeres). A menudo se decoraban con nichos o armarios empotrados y poseían bellas chimeneas de escayola con *yaşmaks* (campanas cónicas). Algunos techos eran muy elaborados; el de Paşa Odasi de Tokat's Latifoğlu Konağı en Tokat, por ejemplo, pretende emular un candelabro de madera.

En las casas de Safranbolu destacan los *hayats* (corrales donde vivían los animales y se almacenaban herramientas), los ingeniosos *dönme dolaplar* (tornos giratorios que hacían posible preparar comida en una habitación y pasarla a otra sin ser visto), los baños ocultos en armarios y, por último, los sistemas de calefacción central que se alimentaban con chimeneas enormes. En cuanto a los famosos *sedirs* (bancos para sentarse que recorren las paredes), servían también para dormir, y la ropa de cama se guardaba en los baños, que eran usados durante el día como armarios. Ciertamente se aprovechaba el espacio, pero a veces uno se pregunta cómo conseguían encontrar algo allí dentro.

del Çarşı, un caravasar del s. XVII reconvertido en hotel de lujo. Los sábados se celebra un mercado en la plaza que hay detrás.

Köprülü Mehmet Paşa Camii   MEZQUITA
Este edificio recio, de tejado redondeado, construido junto a la *arasta* (hilera de tiendas junto a una mezquita) es de 1661. El reloj solar metálico del patio se añadió a mediados del s. XIX.

İzzet Paşa Camii   MEZQUITA
Data de 1796 y es una de las mezquitas más grandes construidas durante el Imperio otomano por orden del gran visir. Restaurada en 1903, muestra cierta influencia arquitectónica europea.

Hıdırlık Parkı   PARQUE
(entrada 3 TRY) Situado colina arriba, pasado el Kaymakamlar Müze Evi, ofrece vistas panorámicas.

☞ Circuitos

Un par de circuitos permiten conocer en un día Safranbolu y los puntos de interés cercanos. **Batuta Turizm** (☎725 4533; www.batuta.com.tr; Çeşme Mahallesi Hükümet Sokak) ofrece circuitos en calesa que duran de 40 minutos a 3 horas (8,50-22,50 TRY). El circuito corto es una buena introducción a Safranbolu. No obstante, es más recomendable el circuito de medio día por Bağlar (p. 427), que empieza a las 13.30 y cuesta 50 TRY, entradas incluidas. **Çarşı Taksi** (☎725 2595; Hilmi Bayramgil Caddesi) ofrece un circuito por los mismos puntos de interés más largo, y dos más por 70 TRY.

★彡 Fiestas y celebraciones

Geleneksel Sezzetler Şenliği   GASTRONOMÍA
Un popular festival gastronómico celebrado en el mes de mayo por la Asociación de Cocina Anatolia.

Festival de Cine Documental Golden Saffron   CINE
(www.altinsafranbolu.com) Prestigioso festival de cine documental que tiene lugar en el mes de septiembre.

CULTURA TRADICIONAL

También en el mes de septiembre, con exposiciones y actuaciones en toda la ciudad.

🛏 Dónde dormir

Los fines de semana, festivos y períodos vacacionales, Safranbolu recibe muchos turistas turcos. Los precios pueden aumentar en algunas épocas de gran movimiento, y es mejor reservar con antelación. Hay que estar dispuesto a darse un capricho, ya que no hay muchas ocasiones de dormir en un sitio restaurado con tanta autenticidad. Si el viajero prefiere alojarse con una familia en lugar de en un hotel, la oficina de turismo dispone de una lista de 25 pensiones básicas (la *Safranbolu'daki Ev Pansiyonları Listesi*). Son más baratas que los hoteles, aunque a menudo la calidad es más baja. Suelen costar entre 25 y 30 TRY por persona.

🅖 Gül Evi
HOTEL HISTÓRICO €€€

(☎725 4645; www.booking.com; Hükümet Sokak 46; i 60-83 €, d 80-110 €, ste 165-330 €) Una pareja de eminentes arquitectos de Ankara son los responsables de la más sorprendente reinterpretación de la estética otomana, esta "Casa de la rosa", una obra de arte asequible. Cada habitación está decorada individualmente en tonos suaves y los baños y las camas le dan un aire de *spa* urbano. Lo más destacado es el frondoso jardín con césped, un refugio poco común entre las calles adoquinadas. Hay una segunda casa en la que se halla la impresionante suite de 65 m², que ocupa el antiguo *selamlık*. El restaurante, que cuenta con una pequeña zona para banquetes de grupos, sirve un exquisito desayuno cada día a las 9.00. Los fines de semana se puede encargar un almuerzo o una cena a base de productos locales.

Cinci Hanı
HOTEL HISTÓRICO €€

(☎712 0680; www.cincihan.com; Eski Çarşı Çeşme Mahalessi; i/d/tr desde 90/140/190 TRY) Merece la pena dormir en este caravasar de la Ruta de la Seda, en el centro del Çarşı, aunque solo sea por su pedigrí histórico. Las habitaciones no son muy grandes, y no iría mal que las barrieran más a menudo, pero la acústica, parecida a la de una cueva, es sorprendente; y además está cerca de los bares de la zona. La joya del hotel es la enorme suite Han Ağası Odası, con cocina, sala de estar y un baño con lavamanos antiguo de piedra, originario de un *hammam*.

Imren Lokum Konak
HOTEL HISTÓRICO €€

(☎725 2688; www.imrenkonak.com; Kayyim Ali Sokak; i/d 70/140 TRY; @) Esta encantadora mansión nueva, oculta desde la plaza principal, atrae a una clientela sociable hasta su enorme patio y a sus habitaciones de estilo otomano. Hay partes que se ven un poco desangeladas, como el salón, donde apenas hay muebles; pero el servicio, agradable y simpático, asegura la atmósfera vacacional. Muy buena relación calidad-precio.

Safir Konak
HOTEL HISTÓRICO €€

(☎712 7060; www.safirkonak.com; Koyici Meydanı Arslanlar Caddesi; i/d 60/120 TRY; @) Pequeño y profesional, tiene nueve habitaciones restauradas que han sido amuebladas por una pareja con buena mano para el diseño y para los clientes. La Gelin Odası (suite nupcial) es tan sencilla como un buen matrimonio, y el bonito jardín recuerda al de una típica villa inglesa.

Bastoncu Pansiyon
PENSIÓN €

(☎712 3411; www.bastoncupension.com; Hıdırlık Yokuşu Sokak; dc/i/d/tr 25/45/70/80 TRY; @) Situada en un edificio de 300 años de antigüedad, es una institución para los mochileros y otras personas que lo eligen antes que otras opciones más caras por su carácter histórico incomparable. Tanto las habitaciones como los dormitorios de tres camas cuentan con sus paneles de madera originales, baños de azulejos, jarrones de flores secas y algún inodoro. Lo gestiona una amable pareja turca que habla inglés y japonés y comprende las necesidades de los viajeros, por lo que ofrece servicio de lavandería, recogida en el *otogar*, circuitos y cenas tradicionales de dos platos (10 TRY).

Turgut Reis Konağı
HOTEL HISTÓRICO €€

(☎725 1301; www.turgutreiskonak.com; Akpınar Sokak 27; i/d/tr 30/70/100 TRY) Ofrece una ubicación tranquila y unas de las mejores vistas de Safranbolu. Este agradable hotel es uno de los mejores de la zona. En el edificio, de 200 años de antigüedad, se ha llevado a cabo una gran restauración y se ha dotado de muebles y toques elegantes como escalones que llevan a las camas en la habitación 106.

Selvili Köşk
HOTEL HISTÓRICO €€

(☎712 8646; fax 725 2294; Mescit Sokak 23; i/d/tr 90/140/160 TRY) Sus barandillas y techos grabados dejan claro que este hotel de color

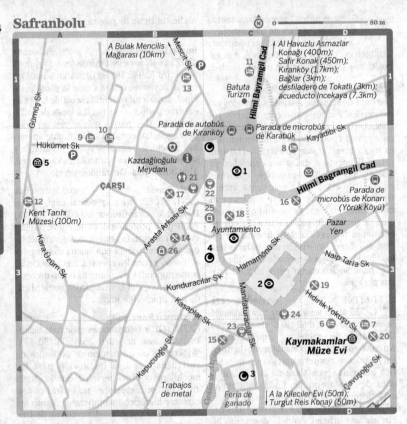

ANKARA Y EL CENTRO DE ANATOLIA

azul es otra opción muy otomana. Su bonito jardín es un buen refugio, y el salón es tan grande que hasta se pueden bailar danzas turcas en él.

🏠**Efe Backpackers Pension** ALBERGUE **€**
(📞725 2688; www.backpackerspension.com; Kayadibi Sokak; dc/i/d/tr 15/25/45/55 TRY; 📶) Fabuloso albergue que debe su nombre al activo hijo pequeño políglota de la matriarca. Cuenta con ocho habitaciones de hasta cuatro camas cada una y un baño compartido en cada una de las tres plantas. Hay buenas vistas desde la terraza, y ofrece los mismos servicios que su 'hermano mayor', el Bastoncu, más elegante.

Havuzlu Asmazlar Konağı CASA HISTÓRICA **€€€**
(📞725 2883; www.safranbolukonak.com; Çelik Gülersoy Caddesi 18, Çarşı; h laborables/fin de semana desde 150/200 TRY) La diminuta piscina natural del vestíbulo es la primera de varias peculiaridades que hay en esta bonita casa, plantada en un jardín lleno de árboles, flores y abejas. Las habitaciones están amuebladas con gusto, tienen camas de metal, *sedirs* y kílims. Es bonito y fuera de lo común, pero aunque verlo merece la pena, al alojarse en él se echa de menos cierta privacidad.

Ebrulu Konağı CASA HISTÓRICA **€€**
(📞712 0714; www.ebrulukonak.com; Hıdırlık Yokuşu Sokak 13; i/d/tr 75/145/180 TRY) La decoración moderna no disfraza la atmósfera histórica de esta mansión de la colina; evidente en los techos bajos y en los anchos alféizares de piedra de las ventanas. Hay unas vistas estupendas de Safranbolu y un agradable restaurante en el jardín.

Paşa Konağı CASA HISTÓRICA **€€**
(📞725 3572; www.safranbolupasa.com; Kalealtı Sokak 1-7; i/d 80/120 TRY) Doscientos años después de que Izzet Mehmet Paşa ocupara su mansión, las espaciosas habitaciones y

Safranbolu

Boncuk kafe

425

◉ Principales puntos de interés
Kaymakamlar Müze Evi D4

◉ Puntos de interés
1 Cinci Hamam...C2
2 Cinci Hanı..C3
3 İzzet Paşa Camii..................................C4
4 Köprülü Mehmet Paşa Camii...............C3
5 Mümtazlar Konağı A2

◉ Dónde dormir
6 Bastoncu Pansiyon...............................D4
  Cinci Hanı ....(véase 2)
7 Ebrulu Konağı.......................................D4
8 Efe Backpackers Pension.....................C2
9 Gül Evi A2
10 Imren Lokum Konak A2
11 Otel Asmalı Konak C1
12 Paşa Konağı..A2
13 Selvili Kösk B1

◉ Dónde comer
14 Arasta Lonca Kahvesi B3
15 Bizim Cafe...C4
16 Çevikköprü 2..C2
  Cinci Hanı ....(véase 2)
17 Kadıoğlu Şehzade
  Sofrası B2
18 Merkez Lokantası C2
19 Safranbolu Sofrası D3
20 Taşev D4

◉ Dónde beber
21 Arasna Pension......................................B2
22 Meydan..C2
23 Sade Kahve..C4
24 Türkü Cafe...C3

◉ De compras
25 Safrantat C2
26 Yemeniciler Arastası B3

el recogido jardín fomentan una nostalgia romántica. Algunos baños se encuentran en armarios cuyos escalones excesivamente altos pueden resultar incómodos para algún huésped.

Otel Asmalı Konak
CASA HISTÓRICA €€

(☎712 7474; www.otelasmalikonak.com; Asmazlar Caddesi 13; i/d 45/80 TRY, media pensión 60/90 TRY) Bien reformada, es muy popular entre las familias turcas. Está en un sitio muy práctico de camino a la ciudad. La decoración sigue el patrón otomano de paneles de madera oscura, paredes blancas y telas con ricos estampados florales. La zona para sentarse al aire libre es ideal para los que se traen la comida y para grupos grandes con niños.

✗ Dónde comer

El panorama gastronómico de Safranbolu está prosperando, aunque muchos viajeros se conforman con los restaurantes de los hoteles donde se alojan. Aparte de las omnipresentes tiendas de golosinas, no hay que pasar por alto el refresco local, el Bağlar Gazozu, toda una institución desde 1936. Y es que los lugareños son muy sensibles a la bebida cuyo nombre empieza por C.

Taşev
TURCA MODERNA €€

(☎712 0680; www.tasevsanatvesarapevi.com; Baba Sultan Mahallesi, Hıdırlık Yokuşu Sokak 14) Los que visiten Safranbolu ya tienen un local genuino y contemporáneo donde comer, que sirve gruesos bistecs y cremosos platos de pasta. El servicio es más frío que en cualquier otro local de la ciudad, pero el arte mural, el espacio para exposiciones y la extensa carta de vinos lo convierten en una esperada alternativa a los restaurantes otomanos.

Kadıoğlu Şehzade Sofrası
'PIDECI' €

(☎712 5657; Arasta Sokak 8; platos principales 6-12 TRY; ⊗11.30-22.30) Oculto tras un bonito patio, y muy buscado por los lugareños que saben bien adonde ir, esta mansión-restaurante tiene una infame disposición de mesas a la otomana. Se recomienda cualquiera de las enormes y humeantes *pides* calientes, la *çorba* (sopa), los platos a la parrilla y el *zerde* (postre de azafrán). Las salas son algo horteras, pero bastante grandes.

Cinci Hanı
ANATOLIA €€

(☎712 0680; Eski Çarşı Çeşme Mahallesi; platos principales 10-15 TRY) Situado en un bonito caravasar, es tan grande como para celebrar dos bodas turcas a la vez; por eso a veces se ve demasiado solitario pero aun así merece la pena venir a cenar aunque uno no se aloje aquí. La carta incluye una saludable selección de *pides,* parrilladas y platos occidentales de siempre. También cuenta con un café-bar.

Bizim Cafe
'LOKANTA' €

(Çeşme Mahallesi, Kasaplar Sokak 17; platos principales 5-8 TRY) Acogedor y pequeño, está en lo más profundo del antiguo barrio comercial. La familia que lo lleva sirve lo que tengan en la cocina que, por suerte, siempre es muy bueno, incluidas *dolmades* que enrollan en la calle y deliciosas sopas picantes. A los lugareños les encanta.

Safranbolu Sofrası 'LOKANTA' €

(☎712 1451; Hıdırlık Yokuşu Sokak 28a; platos principales 5-7 TRY; ◷9.00-21.00) Este agradable café ofrece una auténtica experiencia autóctona (porque la cena se acompaña de telenovelas y vídeos musicales turcos). Entre los deliciosos platos hay *dolma* con yogur y salsa de tomate y *cevizli yayım* (macarrones con nueces). Si a alguien le gusta el té de azafrán, puede comprar un tarro del polvo amarillo.

Çevrikköprü 3 ANATOLIA €€

(☎725 2586; Hamamönü Sokak 1; platos principales 8-18 TRY; ◷11.00-23.00) Bajando desde la colina hacia el casco antiguo se encuentra el tercer local de esta cadena que solo existe en esta ciudad (el número 2 está en el edificio vecino). A pesar de pertenecer a una cadena de restaurantes, es acogedor y sirve generosos platos de comida típica a precios muy asequibles. El servicio es amable y el menú, tan largo como una novela.

Merkez Lokantası TURCA €

(☎725 1478; Yukarı Çarşı 1; platos principales 4-5 TRY; ◷10.00-22.00) Este lugar pintoresco, limpio y agradable sigue cocinando con fuego de leña sus platos sencillos y sabrosos.

🍷 Dónde beber y ocio

Sade Kahve CAFETERÍA

(Manifaturacılar Caddesi 17; café 2 TRY, postres 2-6 TRY) Situado frente a los puestos de los caldereros y los hojalateros, este fabuloso pequeño local regentado por fanáticos del café es todo un hallazgo. Preparan cafés excelentes, ya sea turco o no, y los mejores gofres de la ciudad. Todo en este local es agradable, desde las tazas hasta las chocolatinas que las acompañan.

Türkü Cafe BAR

(Musalla Mahallesi Han Arkası Sokak 16) Acogedor local que se halla en lo que vendría a ser la zona de bares de Safranbolu. Regentado por un equipo de madre e hija, sirve Efes helada a la sombra de Cinci Hanı. Suele programar música en directo con artistas locales que se atreven con algún pegadizo éxito pop.

Meydan CAFÉ

(Arasta Arkası Sokak; tentempiés 2,50-6 TRY) Este local céntrico lo frecuenta gente joven que se sienta fuera a jugar al *backgammon*. La carta ofrece *gözleme* (crepe salada), *çeşiterli* (tortita turca) y *çorba*.

Arasta Lonca Kahvesi CAFÉ

(Boncuk Café; Yemeniciler Arastası) Se trata de uno de los locales más agradables de Safranbolu para tomar un café, pero se encuentra en medio de la acción de la *arasta*, por lo que también se paga el entorno (*çay*, 2,50 TRY); para tomar algo más barato y en un ambiente más tranquilo, se puede ir a las calles traseras.

Arasna Pension MÚSICA EN DIRECTO

(☎712 4170; Arasta Arkası Sokak 5, Çarşı) Esta pensión situada debajo de la mezquita principal y la oficina de turismo tiene un bar que ofrece música en directo. Sus evocadoras paredes de piedra están iluminadas por velas eléctricas.

🔒 De compras

Safranbolu es un lugar estupendo para hacerse con artesanía -especialmente tejidos, zapatos, objetos de metal y de madera- que se elabora en la propia localidad o se envía desde otros lugares para satisfacer a los habitantes de Estambul que están de vacaciones. El restaurado Yemeniciler Arastası (bazar de los zapateros de campesinos) es el mejor lugar para empezar a mirar, aunque los artesanos que solían hacer los zapatos planos y ligeros hace mucho que se fueron. A medida que uno se aleja de la *arasta* empiezan a proliferar las tiendas ocupadas por fabricantes de monturas, trabajadores del fieltro y demás artesanos. Hay tantas tiendas de golosinas que uno casi espera que las casas estén hechas de galletas de jengibre. Una de las especialidades de la región es el *yaprak helvası*, deliciosas capas pegajosas de *helva* (pasta de sésamo) blanca salpicada de nueces picadas. Se puede comprar en las tiendas de golosinas del lado norte de la plaza principal del Çarşı, y también en **Safrantat**, que cuenta con cinco tiendas en toda la ciudad. Además, puede visitarse la fábrica de Safrantat, ubicada detrás de la gasolinera de Kıranköy, para ver cómo se elabora.

Información

Oficina de turismo (☎712 3863; www.safranbolu. gov.tr; ◷9.00-12.30 y 13.30-18.00) Cerca de la plaza principal. Ofrece un práctico *rehberi* (plano).

❶ Cómo llegar y salir

Hay varias oficinas de empresas de autobuses a lo largo de Sadrı Artunç Caddesi y junto a Adnan Menderes Caddesi en Kıranköy, donde se pueden comprar billetes a destinos como Ankara (25 TRY, 3 h), Estambul (40 TRY, 7 h) y Kastamonu (11 TRY, 2 h). Lo más habitual es ir en *servis* hasta la *otogar* de Karabük, donde puede tomarse un autocar.

Desde Estambul, Ulusoy e İzmir, Turizm cuenta con un par de servicios diarios a Safranbolu.

Metro Doğuş (☎712 1966) y **Şavaş Turizm** (☎712 7480) tienen cinco autobuses diarios cada una a Bartın (10 TRY, 1½ h), donde se puede tomar otro a Amasra. Conviene empezar el viaje temprano para tener tiempo para la conexión. En verano, Şavaş Turizm ofrece tres autobuses diarios directos a Amasra (14 TRY, 2 h).

Si el billete solo llega a Karabük, se puede tomar un microbús directo al *Çarşı* (1,40 TRY), el casco histórico de Safranbolu, a 10 km.

Si se va en automóvil, en la carretera de Ankara-Estambul hay que salir por Gerede e ir al norte, siguiendo los carteles de Karabük/Safranbolu.

Hay un tren directo de Karabük a Ankara, pero el autobús es una opción mucho más fácil.

❶ Cómo desplazarse

Más o menos cada 30 minutos hasta las 22.00, los autobuses locales (1 TRY) salen de la plaza principal de Çarşı, suben la colina, pasan la rotonda de Kıranköy y vuelven a subir hasta la parada Köyiçi de Bağlar.

El taxi desde Çarşı a Kiranköy cuesta 9 TRY.

Alrededores de Safranbolu

YÖRÜK KÖYÜ

Por la carretera de Kastamonu, 15 km al este de Safranbolu, Yörük Köyü (pueblo nómada) es una preciosa población de decrépitas casas antiguas que en el pasado habitó la secta derviche bektaşi (véase p. 483). El Gobierno obligó a los nómadas a establecerse aquí para poder gravarles impuestos y los aldeanos se enriquecieron haciendo pan.

La **Sipahioğlu Konağı Gezi Evi** (entrada 4 TRY; ⊙8.30-atardecer) es una de las enormes casas otomanas del pueblo. Los hijos del contratista, que estaban enfrentados, dividieron la mansión en dos y el *selamlık* y el *haremlık* se visitan por separado. Son increíbles el temprano sistema de calefacción central que empleaba fuego para calentar el agua corriente, que circulaba detrás de la

pared; los relojes pintados que muestran la hora a la que los pintores terminaron su trabajo; y el cenador de la planta de arriba con un perchero para el fez del dueño.

Cerca de aquí, en Cemil İpekçi Sokağı, está la tricentenaria *çamaşırhane* (lavandería), con chimeneas arqueadas donde el agua se calentaba en calderas. La llave se pide en la Sipahioğlu Konağı Gezi Evi.

🍴 Dónde comer y dormir

Hay una **'kahvehane'** (cafetería) cerca de la mezquita.

Tarihi Yörük Pansiyon   PENSIÓN €
(☎737 2153; i/d sin baño 30/60 TRY) Casa antigua de piedra y madera con un agradable jardín. El alojamiento es sencillo pero cómodo, aunque solo hay un retrete turco para las cuatro habitaciones. En una de ellas se duerme al estilo otomano en un *sedir*.

Yörük Sofrası   ANATOLIA
Sirve platos tradicionales anatolios, *ayran* (bebida de yogur), *baklava* y *gözleme* en mesas interiores y al aire libre.

❶ Cómo llegar y salir

No hay autobús directo de Safranbolu a Yörük Köyü, pero hay unos cuantos *dolmuş* diarios al cercano pueblo de Konarı. Si se le dice al conductor, puede parar en Yörük Köyü (1,50 TRY). Al regresar, habrá que andar 1 km hasta la carretera principal. Es más práctico si se viene desde Safranbolu en un circuito organizado (véase p. 422) o en taxi, que cuesta 30 TRY ida y vuelta.

BULAK MENCILIS MAĞARASI

En la profundidad de las colinas de Gürleyik, 10 km al noroeste de Safranbolu, esta impresionante red de cuevas abrió al público hace una década, aunque es posible que los troglodytas vivieran aquí muchos milenios antes. Pueden recorrerse 400 m de sus 6 km, suficiente para descubrir un magnífico despliegue de estalactitas y estalagmitas con inevitables apodos antropomórficos. Para acceder a la **cueva** (adultos/niños 4/2 TRY; ⊙9.00-19.30) hay que subir unos escalones y conviene llevar calzado resistente, ya que las plataformas de metal están húmedas y resbalan. Un taxi desde Safranbolu cuesta 30 TRY ida y vuelta.

ACUEDUCTO DE İNCEKAYA

Este **acueducto** (Su Kemeri), situado 7 km al norte de Safranbolu, se construyó en época bizantina pero fue restaurado en la década de 1790 por İzzet Mehmet Paşa. Su

EL BOSQUE DE YENICE

Yenice es un barrio adorable situado 35 km al oeste de Karabük, y rodeado por el impresionante **bosque de Yenice**. Un 85% de Yenice es bosque silvestre, y el gobernador local, Nurullah Çekır (elegido en el 2009), quiso transmitir su amor por la naturaleza a la población con una alternativa a la industria maderera local. El resultado fue impresionante, ya que el bosque cuenta hoy con 396 km de senderos practicables que atraviesan un paisaje frondoso y exuberante; una guía de senderismo impecable, disponible en Safranbolu y en Karabük; y una cabaña construida cerca del desfiladero de Şeker. Tres parques nacionales convergen en una de las zonas silvestres más accesibles de Turquía, regada por manantiales y poblada por una amplia variedad de flora y fauna. El tren lento a Zonguldak que va a Yenice (solo ida/ida y vuelta 2/4 TRY, 1¼ h, 4 al día) cruza 16 túneles y un hondo valle por el que fluye el río Filyos.

nombre significa 'roca delgada'. Un paseo por él, sobre el impresionante **desfiladero de Tokatlı**, no es buena idea si se padece vértigo. Un taxi desde Safranbolu cuesta 20 TRY ida y vuelta, pero es recomendable ir a pie, siguiendo el empinado desfiladero, que atraviesa un precioso paisaje que conserva su belleza natural.

Kastamonu

☎ 0366 / 80600

De entrada, una ciudad cuyas tiendas están llenas de motosierras y ordeñadoras no promete mucho, pero Kastamonu es una buena parada entre Anatolia central y el mar Negro. Cuenta con dos museos, un castillo, mezquitas antiguas, casas otomanas y, algo más retirados, la mezquita de madera de Kasaba y el Parque Nacional de Pınarbaşı, de 37000 Ha.

Historia

La trayectoria de Kastamonu ha sido tan accidentada como la del resto de las ciudades de Turquía central. La evidencia arqueológica sugiere que ya en el 2000

a.C. había un asentamiento humano, pero tanto los reyes hititas como los persas, los macedonios y los pónticos (del mar Negro) dejaron su huella. En el s. XI llegaron los selyúcidas, a los que les siguieron otros pueblos. El emperador bizantino del s. XIII Juan Comneno intentó resistir aquí, pero pronto llegaron los mongoles seguidos de la república nunca consolidada de Abazistán. Curiosamente la historia moderna de Kastamonu está indisolublemente unida a la del sombrero, pues Atatürk emprendió su reforma al respecto en la ciudad en 1925, prohibiendo el fez por sus connotaciones religiosas y propugnando la adopción de los sombreros de estilo europeo.

⊙ Puntos de interés

Museo Arqueológico MUSEO
(☑214 1070; Cumhuriyet Caddesi; entrada 3 TRY; ⊗8.30-12.00 y 13.00-17.00 ma-do) Situado 50 m al sur de Cumhuriyet Meydanı, ofrece una introducción a la revolución en el vestir emprendida por Atatürk y también a la arqueología anatolia, con el predominio de restos helénicos y romanos de la zona.

Museo Etnográfico MUSEO
(☑214 0149; cerca de Cumhuriyet Caddesi; entrada 3 TRY; ⊗9.00-17.00 ma-do) Al sur de Nasrullah Meydanı, en la calle principal, se gira a la derecha en el cajero automático del Akbank y se llega a este excelente museo. Situado en la restaurada Liva Paşa Konağı de 1870, está totalmente amueblado como en la época otomana.

GRATIS **Kale** CASTILLO
(⊗9.00-17.00) El **castillo** de Kastamonu, construido en una roca alta detrás de la ciudad, es una empinada cuesta de 1 km que atraviesa las calles del casco viejo. Parte del edificio es de época bizantina pero la mayor parte pertenece a las reconstrucciones selyúcidas y otomanas. Al recorrer las murallas a su alrededor, se pueden admirar las vistas antes de descender las escaleras espirales hasta la reja (el último metro hay que saltarlo).

Nasrullah Meydanı PLAZA
Destacan la otomana **Nasrullah Camii** (1506) y la fuente doble donde los hombres hacen sus abluciones. El poeta Mehmet Akif Ersoy daba sus discursos en esta mezquita durante la Guerra de Independencia. El anterior **Munire Medresesi** (seminario) de la parte trasera acoge tiendas de artesanía. La zona del oeste de la plaza está

llena de antiguos edificios del mercado, incluidos el **Aşirefendi Hanı** y el **İsmail Bey Hanı,** del s. XV.

🛏 Dónde dormir

La mayoría de los hoteles se agrupan alrededor del puente Nasrullah. Las compañías de autobuses y los cibercafés están en esta misma zona.

Uğurlu Konakları HOTEL HISTÓRICO €€
(☑212 8202; www.ugurlukonagi.com; Şeyh Şaban Veli Caddesi 47-51; i/d 70/140 TRY) Un alojamiento impresionante para una ciudad tan pequeña y sencilla. Situadas a cuatro pasos del castillo, estas dos casas se han restaurado fielmente, y cuentan con alfombras de la India, ribetes rojos y marrones, y un patio de piedra y césped con eco. Las camas son firmes y nuevecitas.

Osmanlı Sarayı HOTEL HISTÓRICO €€
(Ottoman Palace; ☑214 8408; www.osmanlisarayi.tr.cx; Belediye Caddesi 81; i/d 60/80 TRY) Atatürk visitó una vez este antiguo ayuntamiento, construido entre 1898 y 1915. Las habitaciones, restauradas con gusto, tienen techos de madera y baños-armario auténticos pero recién empotrados. Hay un sencillo restaurante en el sótano.

Toprakçılar Konakları HOTEL HISTÓRICO €€
(☑212 1812; www.toprakcilar.com; Alemdar Sokak 2; i/d/ste 70/120/220 TRY) Más esplendor otomano, esta vez en dos casas unifamiliares situadas frente al İsfendiyarbey Parkı. Las habitaciones se han restaurado fielmente y el restaurante del patio (platos principales 6-10 TRY) a veces ofrece música en directo, momentos en que es mejor estar en el segundo edificio.

Otel Mütevelli HOTEL €
(☑12 2018; www.mutevelli.com.tr; Cumhuriyet Caddesi 10; i/d 50/75 TRY) El mejor hotel de negocios de la ciudad, situado cerca de Cumhuriyet Meydanı, cuenta con habitaciones algo sosas pero bien equipadas, más allá del estilo chillón de la recepción.

🍴 Dónde comer y beber

Las tortuosas calles al oeste de Nasrullah Meydanı son ideales para pasear y tomar un *çay.*

Eflanili Konağı OTOMANA €
(☑214 1118; Gazipaşa İlköğr Yanı; platos principales 5-8 TRY) Este restaurante situado en una casa otomana restaurada cuenta con unos preciosos comedores en la planta superior

y mesas entre las fuentes del patio. El personal está encantado de recomendar las especialidades de la zona.

Ismail Bey Konağı ANATOLIA €€
(☑214 8788; www.ismailbeykonak.com; Beyçelebi Mahallesi, Atatürk Caddesi 133; platos principales 6-16 TRY) Perfecto para tomar un *ayran* a mediodía o algo más sólido en su patio de azulejos, que tiene una fuente y mesitas de *picnic* con manteles. La carta, de seis páginas, incluye *döner,* pescado, *meze* y una larga lista de ensaladas.

Canoğlu PASTELERÍA €
(☑213 9090; Cumhuriyet Caddesi; ☉6.00-20.00) Cerca del puente Nasrullah, es uno de los principales puntos de encuentro de la ciudad. Su segunda planta tiene unos ventanales que llegan hasta el techo. Ofrecen deliciosas *pizzas* y hamburguesas.

🔒 De compras

Kaveldo Kastamonu El Dokumaları TELAS
(☑212 4207; Sanat Okulu Caddesi; ☉8.30-12.00 y 13.00-17.00) Taller textil en el que los visitantes pueden comprar prendas y mantelería recién salidas del telar.

ℹ Cómo llegar y salir

La *otogar* de Kastamonu ofrece salidas regulares hacia Ankara (25 TRY, 4½ h), Estambul (45 TRY, 9 h) y Samsun (25 TRY, 6 h). Hay autobuses directos a Sinop (20 TRY, 3 h), pero es más rápido hacer transbordo en Boyabat (10 TRY, 2 h). Hay autobuses cada hora hacia Karabük (10 TRY, 2 h) y algunos continúan hasta Safranbolu.

Los microbuses a İnebolu (10 TRY, 2 h) también salen de la *otogar.*

Alrededores de Kastamonu

KASABA

Este pequeño pueblo, situado 17 km al noroeste de Kastamonu, alberga una de las mezquitas de madera más bellas de Turquía. El alminar de **Mahmud Bey Camii** (1366) se ve desde kilómetros a la redonda. El interior restaurado tiene cuatro columnas de madera pintadas, una galería de madera y magníficas vigas pintadas en el techo. Por unas recias escaleras de mano se puede subir al tercer piso de la galería y contemplar los ornamentados extremos de las vigas y los motivos que se entrelazan en lo alto de las columnas.

Un viaje de ida y vuelta en taxi a Kastamonu, incluido el tiempo de espera, cuesta 35 TRY, y el taxista sabrá dónde vive el imán si la mezquita está cerrada. Una opción más barata es tomar el autobús de Pınarbaşı y apearse en la salida de Kasaba, pero desde ella hay 4 km a pie hasta el pueblo y hay que preguntar por el imán si la Mahmud Bey Camii está cerrada.

PINARBAŞI

Este pequeño pueblo de las montañas situado 97 km al noroeste de Kastamonu es el principal acceso al **Parque Nacional Küre Dağları** (Küre Dağları Milli Parkı; ☎0366-771 2465; www.ked.org.tr/empty.html), de 37000 Ha, catalogado en el 2000. A pesar de los esfuerzos promocionales del gobierno local, las montañas de Küre siguen siendo unas desconocidas para el turismo, por lo que el viajero casi tendrá el parque entero para él solo. Merece la pena ver las cuevas 'posada' Ilgarini y Hamam Ilıca, la cascada de Ilıca y el cañón del Horma.

Hay un sencillo alojamiento ecológico en el parque, cerca de la cascada de Ilıca. Las pequeñas cabañas para cinco personas y las más elegantes para cuatro del **Park Ilıca Turizm Tesisi** (☎0366-771 2046; www.parkilica.com; 45 TRY /persona) tienen camas sencillas en dos plantas. Con los cercanos manantiales termales, las cabañas son una base estupenda para recorrer el parque.

Un par de microbuses diarios recorren el trayecto entre Kastamonu y Pınarbaşı, pero es necesario un medio de transporte propio para recorrer el parque. Por 150 TRY un taxi llevará al viajero hasta el parque y pasará la tarde recorriéndolo antes de regresar a Kastamonu.

Boğazkale, Hattuşa y Yazılıkaya

En pleno centro de las llanuras anatolias se encuentran dos lugares declarados Patrimonio Mundial por la Unesco que evocan un momento histórico vital de la civilización hitita. Hattuşa era la capital hitita, mientras que Yazılıkaya era un santuario religioso con magníficas tallas en la roca.

La mejor base para visitar los alrededores es Boğazkale, un pueblo agrícola 200 km al este de Ankara. Ofrece servicios sencillos para el viajero. Si se quiere o necesita algo más elaborado, es mejor alojarse en Çorum (p. 435) o, si se madruga, en Ankara.

BOĞAZKALE

☎0364 / 1600 HAB.

El pueblo de Boğazkale tiene patos, vacas, niños que hacen carreras de carretillas por sus calles adoquinadas y corrales con puertas hititas y bizantinas. Uno tiene la constante sensación de encontrarse ante una ciudad antaño grandiosa. Casi todos los visitantes visitan únicamente Hattuşa y Yazılıkaya, a las que puede llegarse a pie si no hace demasiado calor, pero hay más que explorar. Hattuşa está rodeada de **valles** con cuevas hititas, nidos de águilas, mariposas y un fuerte neolítico. Al este de Yazılıkaya, a 4 km, están las **Yıldız Dağı** (montañas de la Estrella), como se conocen en la zona, desde donde puede verse la puesta de sol sobre los yacimientos.

A última hora del día, solo rompe el silencio de Boğazkale algún que otro automóvil que levanta polvo en la calle principal y la soledad rural puede hacer que el viajero se quede una noche más. Aparte de los alojamientos, los únicos servicios del pueblo son algunas tiendas pequeñas, una oficina de correos y un banco con cajero automático.

No sorprende que los objetos hititas dominen el pequeño **Museo de Boğazkale** (entrada 3 TRY; ⏲8.00-17.00, cerrado lu tarde). Su decepcionante colección recoge ejemplos de tablillas cuneiformes (incluido un tratado de estado entre reyes), sellos, vasijas de formas caprichosas, cabezas de flechas y hachas y una serie de erosionadas muestras de fotografías en blanco y negro. Si se miran de cerca las etiquetas en turco y alemán se ve que algunos objetos son copias; los originales están en Ankara.

HATTUŞA

Hattuşa (adultos/estudiantes 4,50 TRY/gratis, también válido para Yazılıkaya; ⏲9.00-17.00) fue la capital de un antiguo reino que se extendía desde Siria hasta Europa, y que coexistió con los imperios egipcio, babilonio y asirio. El montañoso y aislado emplazamiento fue una ciudad concurrida e impresionante, con 50 000 habitantes, una pirámide de 100 escalones y siete estanques que almacenaban cada uno agua para 10 000 personas. Sus defensas incluían murallas de piedra de más de 6 km de longitud, unas de las más gruesas del mundo antiguo, con atalayas y túneles secretos.

La mejor forma de recorrer las ruinas es madrugar y hacer el circuito de 5 km a pie antes de que irrumpa el s. XXI en forma de

Boğazkale, Hattuşa y Yazılıkaya

⊚ Puntos de interés

1 Aslanlı Kapı	B4
2 Büyük Kale	C3
3 Büyük Mabet	C2
4 Güney Kale	C3
Cámara con jeroglíficos	(véase 4)
5 Kral Kapı	C4
6 Museo de Boğazkale	B1
7 Nişantaş	C3
8 Sari Kale	C3
9 Yenice Kale	B4
10 Yer Kapı	C4

🛏 Dónde dormir

11 Aşıkoğlu Hotel	B1
Hattuşas Pension	(véase 13)
12 Hittite Houses	B1
13 Hotel Baykal	B2
14 Kale Hotel	C1

autocares y vendedores de recuerdos (hay estatuas de serpentina de mejor calidad en los puestos de Yazılıkaya). Al subir del pueblo al yacimiento, aparece una evocadora reconstrucción de una parte de la muralla de la ciudad. Esta demuestra la determinación de los hititas para transportar piedra hasta este lugar remoto, alejado del mar y de las rutas comerciales y construir una obra maestra de ingeniería que propulsó un imperio poderoso.

Una advertencia: algunos vendedores ambulantes y de alfombras se hacen pasar por 'guías obligatorios' en el yacimiento de Hattuşa y en la entrada de Yazılıkaya. Hay que ser firmes y no dejarse enredar.

Büyük Mabet TEMPLO HITITA

El primer yacimiento al que se llega es el vasto complejo de **Büyük Mabed** (Gran Templo), construido en el s. XIV a.C. y destruido a principios del s. XIII. Se trata del templo hitita mejor conservado, aunque es necesario utilizar la imaginación para admirar su magnificencia.

La entrada se encuentra en la subida después de la taquilla, frente a los restos de una casa en la ladera. Al bajar por la amplia calle, las dependencias administrativas del templo quedan a la izquierda. La desgastada y cúbica roca verde, al parecer una de las dos únicas roca del mundo, fue un regalo de Ramsés II tras firmar el Tratado de Paz de Kadesh.

El templo principal estaba rodeado de almacenes de varios pisos. A principios del s. XX, en dichas salas se encontraron enormes vasijas de barro y miles de tablillas cuneiformes. Destacan las piedras de los umbrales de algunas de las puertas, donde puede verse el agujero para el poste bisagra y el arco dejado en el suelo por el giro de la hoja. Se cree que el templo sirvió de altar para rituales a Teshub y Hepatu. Solo queda la gran base de piedra de una de sus estatuas.

Sarı Kale CASTILLO HITITA

Unos 250 m al sur de Büyük Mabed, la carretera se bifurca; hay que tomar el desvío de la derecha y seguir la sinuosa carretera que asciende por la ladera. A la izquierda, en el centro de la antigua ciudad, hay varias estructuras en ruinas cercadas, entre ellas la **Sarı Kale** (fortaleza Amarilla), que se supone fue un castillo frigio levantado sobre cimientos hititas.

Murallas y puertas del castillo RUINAS HITITAS

Desde el desvío quedan unos 750 m cuesta arriba hasta la **Aslanlı Kapı** (puerta del León), con dos leones de piedra a cada lado, que protegían la ciudad de los malos espíritus. Es una de las al menos seis puertas que tenían las murallas defensivas de la ciudad. Desde aquí pueden verse las partes mejor conservadas de las fortificaciones, que se extienden por el risco en dirección sureste hasta la Yer Kapı y desde esta hasta la Kral Kapı. Estas murallas de 4000 años de antigüedad ilustran la ingenuidad de los hititas en cuestión de ingeniería, la cual les permitía construir en consonancia con el terreno o transformar el paisaje, en función de lo que se necesitara. Las protuberancias rocosas fueron incorporadas al muro y se construyeron enormes terraplenes para crear fortalezas artificiales.

Caminando 600 m cuesta abajo se llega a la **Yer Kapı** (Sfenksli Kapı; puerta de la Tierra o de la Esfinge), custodiada antaño por cuatro grandes esfinges que ahora están en museos de Estambul y Berlín. Es la puerta más impresionante, con un túmulo artificial horadado por un **túnel** de 70 m. Como el arco propiamente dicho no se inventó hasta mucho después, los hititas construyeron el túnel usando un arco de ménsula (dos superficies planas de piedra inclinadas la una hacia la otra). Primitivo o no, el arco lleva allí miles de años y aún se puede atravesar el túnel de piedra como hacían los soldados hititas y emerger por la '**poterna**' (puerta menor). Después se recomienda volver a entrar en la ciudad por una de las **escaleras monumentales** que suben al amplio glacis de piedra, y disfrutar de las maravillosas vistas del yacimiento y sus alrededores.

Se puede continuar bajando la cuesta en dirección noreste desde la Yer Kapı; tras dejar a la izquierda algunos de los 28 **templos** de la parte alta de la antigua ciudad, aparece la **Kral Kapı** (puerta del Rey), nombre que obedece a la figura de apariencia regia del relieve. Dicho personaje, un dios guerrero hitita protector de la ciudad, es una copia; el original está en Ankara.

Nişantaş y Güney Kale FORTALEZA HITITA

Si sigue bajando, el viajero se topa con **Nişantaş**, una roca con una larga inscripción hitita. La larga inscripción es de la época de Suppiluliuma II [1215-1200 a.C.], el último rey hitita, y narra sus hazañas.

Justo enfrente hay un camino que conduce a la **Güney Kale** (fortaleza Sur) y a lo que pudo ser una tumba real, con una bella (pero cercada) **cámara con jeroglíficos** y relieves de figuras humanas. A unos 200 m cuesta abajo se encuentran las ruinas de **Büyük Kale** (Gran Fortaleza). Aunque la mayor parte del yacimiento ha sido excavado, muchas de las capas más antiguas se han vuelto a tapar como medida preventiva, por lo que resulta difícil descifrar lo que está a la vista. Esta fortaleza alojaba el palacio real y los archivos estatales hititas.

YAZILIKAYA

Su nombre significa "roca inscrita", justamente lo que el visitante encontrará en

Aunque el nombre pueda evocar imágenes de bárbaros vestidos con pieles, los hititas eran un pueblo sofisticado que dirigió un vasto imperio en Oriente Próximo, conquistó Babilonia y desafió a los faraones egipcios hace más de tres mil años. Aparte de unas cuantas referencias escritas en la Biblia y en tablillas babilónicas, existían pocas pistas sobre su existencia hasta 1834, cuando un viajero francés, Charles Texier, tropezó con las ruinas de la capital hitita de Hattuşa.

En 1905 las excavaciones pusieron al descubierto notables piezas de arte, casi todas guardadas hoy en el Museo de las Civilizaciones Anatolias de Ankara. También salieron a la luz los archivos estatales hititas, escritos con caracteres cuneiformes sobre miles de tablillas de arcilla. A partir de ellas, los historiadores y arqueólogos fueron capaces de reconstruir la historia de este antiguo imperio.

Los hititas, que hablaban una lengua indoeuropea, se extendieron por Anatolia sobre el 2000 a.C., conquistando el país de Hatti, de donde tomaron su cultura y su nombre. Se establecieron en Hattuşa, la capital, y durante el milenio siguiente se dedicaron a ampliar y embellecer la ciudad. Aproximadamente entre el 1375 y el 1200 a.C. Hattuşa fue la capital de un imperio hitita que, en su momento álgido, compartió Siria con Egipto y se extendió hasta Europa.

Los hititas veneraban a más de un millar de deidades; entre las más importantes se encontraba Teshub, el dios del Tiempo o de la Tormenta, y Hepatu, la diosa del Sol. Las tablillas cuneiformes revelaron una sociedad bien ordenada, que poseía más de doscientas leyes. La pena de muerte se prescribía para los casos de brutalidad, mientras que los ladrones recibían una condena más benigna, siempre que compensaran a sus víctimas.

Aunque derrotó a Egipto en el 1298 a.C., el imperio decayó en los siglos sucesivos, dividido por luchas internas y nuevas amenazas como los pueblos del mar griegos. A Hattuşa se le prendió fuego y sus habitantes se dispersaron. Solo sobrevivieron las ciudades-estado de Siria hasta que también fueron absorbidas por los asirios.

estas galerías de roca al aire libre, a 3 km escasos de Hattuşa. Hay dos galerías: la mayor, a la izquierda, era el santuario religioso más sagrado del Imperio hitita; la más estrecha, a la derecha, tiene las tallas mejor conservadas. En conjunto constituyen el mayor santuario rupestre hitita que se conoce en el mundo. Está bastante conservado y el visitante deseará haber podido verlo en todo su esplendor.

En la galería grande, la cámara A, los desvaídos relieves muestran numerosas diosas y dioses con tocados puntiagudos desfilando en procesión. Las cabezas y pies se muestran de perfil pero el torso de frente, un rasgo común en los relieves hititas. Las hileras de hombres y mujeres conducen a unos grandes relieves que representan una reunión divina. Teshub aparece en pie sobre dos montañas deificadas (representadas como hombres) al lado de su Hepatu, que está erguida sobre el lomo de una pantera. Tras ella, su hijo y (posiblemente) dos hijas se encuentran respectivamente sobre una pantera menor y un águila bicéfala. El relieve de mayor tamaño,

en la pared opuesta, representa al barbudo fundador del complejo, el rey Tudhaliya IV, que aparece en pie sobre dos montañas. Los salientes de la roca seguramente se utilizaban para ofrendas o sacrificios y las pilas, para libaciones.

De camino a la cámara B, en teoría antes de entrar hay que pedirle permiso al guarda alado con cabeza de león representado a la entrada. Se cree que la estrecha galería era una capilla conmemorativa dedicada a Tudhaliya IV por su hijo Suppiluliuma II. El gran bloque de piedra caliza podría haber sido la base de una estatua del rey. Al estar enterradas hasta hace un siglo y mejor protegidas de los elementos, entre las tallas hay una procesión de 12 dioses del averno blandiendo cimitarras. En la pared opuesta, el detallado relieve de Nergal representa al dios del averno en forma de espada. Las cuatro cabezas de león de la empuñadura (dos apuntando a la hoja, una a la izquierda y otra a la derecha) son además las rodillas y hombros de la deidad.

🛏 Dónde dormir y comer

Estos lugares ofrecen plazas de *camping* por entre 5 y 8 TRY.

Hittite Houses HOTEL FAMILIAR €
(📞452 2004; www.hattusas.com; Sungurlu Asfalt Caddesi; d 80 TRY) Los propietarios del Aşıkoğlu Hotel, buenos profesionales, han adquirido hace poco este apartotel, todo un éxito entre grupos de veraneantes y familias. Las habitaciones, con baño y cocina, huelen a nuevas.

Aşıkoğlu Hotel HOTEL €
(📞452 2004; www.hattusas.com; Sungurlu Asfalt Caddesi; i/d/tr 40/80/100 TRY) Pasear por este hotel es instructivo: las modernas habitaciones, con cubrecamas de vivos colores y todas las comodidades, llevan cada una el nombre de un personaje hitita. Tiene un restaurante (platos principales 10 TRY) con terraza, patio y pantalla de proyecciones para ver documentales; además de un café de estilo otomano con chimenea incluida. En verano suele llenarse con grupos de turismo organizado.

Hotel Baykal y Hattuşaş Pension PENSIÓN €
(📞452 2013; www.hattusha.com; Cumhuriyet Meydanı 22; pensión i/d/tr 15/25/35 TRY, hotel i/d/tr 35/50/75 TRY) Los ventanales de la planta baja cubren la pared de arriba abajo y dan a la plaza. Este lugar agradable está salpicado de objetos, mapas de Hattuşa, libros de gran formato ilustrados y un TV que muestra documentales sobre los hititas. Se entra por un patio alicatado y las limpias y compactas habitaciones del hotel cuentan con TV y estufa. Conviene ver unas cuantas antes de elegir, ya que hay diferencias entre las de la planta baja y las del segundo piso. Las habitaciones de la pensión son más sencillas y tienen letrina. Se habla inglés y alemán. Las comidas principales cuestan 10 TRY.

Kale Hotel HOTEL €
(📞452 3126; www.bogazkoyhattusa.com; Yazılıkaya Yolu Üzeri; i/d/tr 30/45/60 TRY; ☺abr-oct) Sus luminosas habitaciones de calidad tienen una alegre ropa de cama floral y cuartos de baño. Las de arriba, que dan a la parte delantera, ofrecen buenas vistas y algunas tienen balcón. El restaurante, con su terraza anexa, sirve casi exclusivamente a grupos.

ℹ Cómo llegar y salir

Para llegar a Boğazkale en transporte público hay que ir por Sungurlu. Muchos de los autobuses de Ankara a Sungurlu (12 TRY, 3 h, cada hora) los gestiona Mis Amasya (mostrador 23 de la *otogar* de Ankara). Desde Sungurlu, hay que ir hasta la parada de *dolmuşes* de Boğazkale, a 1 km de la *otogar* que hay cerca del estadio de fútbol; si se pide, los autobuses pueden parar aquí. Hay más *dolmuşes* (3 TRY) por la mañana, pero funcionan más o menos hasta las 17.30. Tomar un taxi puede ser la única opción los fines de semana. No hay que pagar más de 30 TRY.

Los viajeros que lleguen de Capadocia deben tener en cuenta que los *dolmuşes* entre Boğazkale y Yozgat, 41 km al sureste, escasean. Es mejor ir por Kırıkkale y Sungurlu.

ℹ Cómo desplazarse

Para desplazarse por Hattuşa y Yazılıkaya sin vehículo propio se impone andar o alquilar un taxi. Del Aşıkoğlu Hotel a la taquilla de Hattuşa hay 1 km. Desde allí, la carretera que serpentea por el yacimiento (sin incluir Yazılıkaya) recorre otros 5 km. La caminata por sí sola requiere como mínimo una hora, a lo que hay que añadir el tiempo de la visita, así que conviene calcular unas tres horas. No hay tiendas en el yacimiento por lo que se recomienda llevar agua y empezar temprano, antes de que haga demasiado calor, ya que hay poca sombra.

Como esta última está más cerca de la carretera principal, otra opción es recorrer Hattuşa a pie y tomar un taxi a la carretera (donde pueden tomarse *dolmuş* en cualquier dirección) que pase por Yazılıkaya y Alacahöyük. Esto es factible en un día y cuesta unas 90 TRY. En todos los casos, es más barato negociar un precio que usar el taxímetro.

Alacahöyük

Esta pequeña aldea agrícola está 36 km al norte de Boğazkale y 52 km al sur de Çorum. El yacimiento es muy antiguo pues sus orígenes se remontan hacia el año 4000 a.C., aunque quedan muy pocos restos y solo merece una visita si se cuenta con transporte propio y tiempo de sobra después de Hattuşa. Como en otros asentamientos hititas, los monumentos trasladables han sido llevados al museo de Ankara; de todos modos, el yacimiento posee un pequeño museo y hay un par de esfinges desgastadas en la entrada.

El **museo** (entrada 4 TRY; ☺8.00-12.00 y 13.30-17.30), situado al lado de las ruinas, exhibe impresiones del lugar realizadas por varios artistas a lo largo de su historia, y también hallazgos datados en el calcolítico y la Alta Edad del Bronce. En una vitrina se muestran los 15 estratos arqueológicos de Alacahöyük, desde el año 5500 al 600 a.C.

La **puerta monumental** de las ruinas aparece custodiada por dos esfinges sin ojos. Los detallados relieves (copias, por supuesto) muestran músicos, un tragador de espadas, animales camino al sacrificio y al rey y la reina hititas, todo ello como parte de festividades y ceremonias dedicadas a Teshub, representado como un toro. El amplio yacimiento incluye además los cimientos de un granero, al final de la tarima de madera de la derecha, y de un templo, algunas de cuyas rocas tienen agujeros para ofrendas expiatorias. En el extremo izquierdo hay un túnel subterráneo. Al atravesarlo y mirar los campos de abajo, se puede ver el proceso milenario de construcción.

Hay un pequeño **café** en la entrada del museo.

ℹ Cómo llegar y salir

Entre Alacahöyük y Boğazkale no hay transporte público. Se puede tomar un autobús o un *dolmuş* de Çorum a Alaca y otro de Alaca a Alacahöyük (1 o 2 servicios diarios; ninguno los fines de semana). Otra posibilidad es tomar un taxi de Boğazkale a Alacahöyük, pedirle al taxista que espere una hora y después abandonarlo en Alaca o en la carretera de Sungurlu a Çorum.

Çorum

▨0364 / 178 500 HAB.

Emplazada en una llanura aluvial junto a un afluente del río Çorum, se trata de una capital de provincia poco notoria, adormilada en su modesta fama de capital de los garbanzos turcos. La ciudad está llena de *leblebiciler* (asadores de garbanzos) y de sacos y sacos de las pequeñas legumbres blanquecinas, ordenadas en función de sutiles distinciones evidentes tan solo para un vendedor de garbanzos.

Quien se dirija al norte o al este desde Boğazkale quizá tenga que cambiar de autobús en Çorum. Su museo ofrece una preparación excelente para Hattuşa y los demás yacimientos hititas del sureste y la ciudad puede ser una práctica base para visitarlos. Es un lugar agradable y ofrece una visión de la vida en la Turquía de provincias.

◎ Puntos de interés

Museo de Çorum   MUSEO

(Entrada 3 TRY; ⊗8.00-12.00 y 13.00-15.00 ma-do) Si se viene de la *otogar,* está detrás del Anitta Otel. Este excelente museo bien merece una visita antes de continuar el trayecto hacia Hattuşa y otros puntos de interés. Al preparar esta guía se estaban llevando a cabo mejoras importantes, pero los objetos expuestos trazan la historia de Anatolia desde la Edad del Bronce hasta la época romana. Lo más destacado es una reconstrucción de la tumba real de Alacahöyük, con calaveras de toro y un esqueleto aplastado tocado con una corona. Además, hay objetos increíbles como una jarra ceremonial hitita con toros que expulsan agua alrededor del borde.

🛏 Dónde dormir y comer

Anitta Otel   HOTEL DE LUJO €€

(☏213 8515; www.anittahotel.com, en turco; İnönü Caddesi 80; i/d/tr 70/120/160 TRY; ✳ ✵) Quizá Çorum sea el lugar donde darse un lujo alojándose en un buen sitio. Los grandes hoteles de la ciudad ofrecen muy buena relación calidad-precio; con tarifas que incluyen el acceso a la piscina y al *hammam*. Las habitaciones cuentan con minibar acristalado, televisor de plasma y muchos espejos.

Real Residence Hotel   HOTEL €€

(☏225 7331; www.realresidencehotel.com; İnönü Caddesi 62; i/d 50/80 TRY, ste 120 TRY) Flamante nuevo hotel que simboliza el estatus de Çorum como región comercial emergente. Situado a 100 m del Museo de Çorum, este profesional establecimiento cuenta con habitaciones de tipo apartotel muy espaciosas; ideales para abrir los mapas y planear la siguiente aventura.

Grand Park Hotel   HOTEL €€

(☏212 3044; www.grandpark.com.tr; İnönü Caddesi 60; i/d 55/90 TRY) Otro elegante hotel de negocios, situado junto a la Residencia Real. Tiene más de sesenta habitaciones, espaciosas y enmoquetadas, un vestíbulo amplio en madera marrón oscuro. Cuenta con una divertida sala de juegos para los más pequeños.

Atak Hotel   HOTEL €

(☏225 6500; hotelatak@hotmail.com; İnönü Caddesi 38; i/d/tr 30/45/60 TRY) Entre la *otogar* y la torre del reloj, las habitaciones del Atak tienen baño y son una buena opción para una noche.

Katipler Konağı   OTOMANA €€

(☏224 9651; Karakeçili Mahallesi, 2 Sokak 20; platos principales 6-11 TRY; ⊗11.00-21.00) Este restaurante ocupa dos plantas de una casa otomana restaurada. Destacan el zumo de mora y los contundentes entrantes de la zona (3-7 TRY) como la *çatal asi* (sopa de lentejas y trigo) y el *keşkek* (trigo asado, pollo, pimiento rojo y mantequilla). Para encontrarlo desde el Hotel Sarıgül, hay que girar a la izquierda, cruzar la carretera y girar a la derecha; luego se vuelve a girar a la derecha por la pequeña calle que hay detrás de la mezquita, después, a la izquierda y queda a la derecha.

❶ Cómo llegar y salir

Al encontrarse en la carretera Ankara-Samsun, Çorum posee buenas conexiones de autobús. Hay servicios regulares a Alaca (4 TRY, 45 min), Amasya (7 TRY, 2 h), Ankara (15 TRY, 4 h), Kayseri (20 TRY, 4¾ h), Samsun (15 TRY, 3 h) y Sungurlu (5 TRY, 1¼ h).

Amasya

📞 0358 / 74 400 HAB.

Amasya tiene dos caras: al norte del río Yeşilırmak, filas de casas otomanas con entramados de madera posan unas pegadas a otras como tartas de chocolate en el escaparate de una pastelería; y al sur, la Turquía más nueva y moderna intenta avanzar como digna sucesora de todos los imperios que reinaron en este estrecho y

rocoso valle. Por encima de los minaretes y las *medreses* se distinguen las tumbas pónticas, grabadas en el altísimo risco como cicatrices, y custodiadas por una majestuosa ciudadela. La situación de Amasya es espectacular, pero la vida aquí se desarrolla con la misma lentitud con la que el tren sale de la ciudad por un túnel de montaña. La tradición local cuenta que estos túneles los excavó Ferhat, un amante desdichado enamorado de Sirin, hermana de la sultana reinante.

Historia

Llamada Hakmış por los hititas, la zona de Amasya lleva habitada de forma continuada desde el año 5500 a.C. aproximadamente. Alejandro Magno conquistó Amasya en el s. IV a.C., luego se convirtió en la capital de un reino sucesor gobernado por una familia de sátrapas (gobernadores de provincia) persas. En época del rey Mitrídates II (281 a.C.), el reino del Ponto entró en una edad dorada y dominó gran parte de Anatolia desde su cuartel general de Amasya.

Durante la última parte del esplendor del Ponto, Amasya fue el lugar de nacimiento de Estrabón (63 a.C.-25 d.C.), el primer geógrafo del mundo. Tras viajar por Europa, el oeste de Asia y el norte de

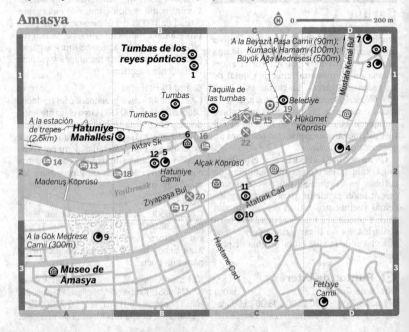

Amasya

África, escribió 47 libros de historia y 17 de geografía. Aunque casi todos sus libros de historia se han perdido, sabemos algo de su contenido gracias a las citas de muchos otros escritores clásicos. Dejó un relato de Amasya bajo la dominación romana, que aquí comenzó en el 70 a.C.

La edad dorada de Amasya continuó con los romanos, quienes la nombraron "primera ciudad" y la usaron como centro administrativo para gobernadores como Pompeyo. Fue la conquista de una ciudad de la zona por parte de Julio César la que le hizo pronunciar sus palabras inmortales "Veni, vidi, vici" (llegué, vi, vencí). Tras los romanos llegaron los bizantinos, los turcos de Danışmend, los selyúcidas, los mongoles y el califato abasí. En época otomana, Amasya fue una importante base militar y campo de pruebas para los herederos de los sultanes. También se convirtió en un centro de estudios islámicos, que en el s. XIX contaba nada menos que con 18 madrazas y 2000 estudiantes de teología.

Tras la Primera Guerra Mundial, Atatürk se reunió con sus partidarios aquí y negoció los principios básicos de la lucha turca por la independencia, que se publicaron en la Circular de Amasya. El monumento de la plaza principal conmemora la reunión y representa el infeliz estado de los turcos anatolios antes de la revolución. Cada año, los habitantes de Amasya celebra la cita revolucionaria con un festival de arte y cultura que dura una semana.

◉ Puntos de interés

Tumbas pónticas
TUMBAS

(Kral Kaya Mezarları; entrada 3 TRY; ⊙9.00-12.00 y 13.00-18.30) Un acantilado se alza imponente sobre la orilla norte del río, y en él se distinguen las **tumbas de los reyes pónticos**. Esculpidas en la piedra caliza ya en el s. IV a.C., se utilizaban para venerar a los gobernantes deificados. Hay más de veinte tumbas (vacías) en el valle (apodado el valle de los Reyes).

Hay que subir los escalones desde los puestos de recuerdos para llegar a la taquilla. Una vez pasada, el camino se divide: a la izquierda están los **baños del palacio de las Doncellas,** construidos en el s. XIV y usados hasta el s. XIX, y, al otro lado de un túnel horadado en la roca, hay un par de tumbas. A la derecha se encuentran los restos del **palacio de las Doncellas** (Kızlar Sarayı) y más tumbas. En el precipicio de detrás de la terraza hay varias más.

Cueva del Espejo
TUMBAS

Otra tumba póntica, la **cueva del Espejo** (Aynalı Mağara), se halla separada de las demás, al noreste de Amasya. Es una de las mejores y su nombre se debe al efecto deslumbrante producido por el sol al incidir en su pálida pared. Aunque se construyó en la época póntica, es probable que los bizantinos emplearan después la cueva como capilla, como indican los desvaídos frescos pintados. Con una inscripción en griego en lo alto de la fachada, esta es una de las pocas tumbas con algún tipo de decoración.

Amasya

La cueva está a 4 km de la plaza principal (10 TRY ida y vuelta en taxi). Hay que seguir la Yeşilırmak hacia el norte, cruzarlo en Künç Köprüsü, y buscar luego el cartel a la derecha a unos centenares de metros; la cueva del Espejo está 3 km antes de Ziyaret.

Ciudadela   CIUDADELA

Por encima de las tumbas se alza la *kale* (ciudadela), también conocida como el castillo Harşena, apostada peligrosamente sobre la cima del rocoso monte Harşena, con magníficas vistas al valle. Los restos de las murallas son de épocas pónticas, quizá del reinado de Mitrídates, pero aquí había un fuerte desde el principio de la Edad del Bronce. El castillo fue destruido y reparado por varios imperios, incluidos los turcos de Danışmend. Tenía ocho líneas defensivas, que descendían 300 m hasta el Yeşilırmak, y un túnel con 150 escalones labrado en la montaña. En un saliente situado justo debajo de la ciudadela hay un antiguo cañón ruso, que se disparaba durante el Ramadán para indicar el final del ayuno diario.

Se está renovando el castillo y numerosas familias acuden a pasar el día en él, pero no se recomienda a los viajeros que vayan solos a última hora del día, sean del sexo que sean. Para llegar a la ciudadela hay que cruzar el Künç Köprüsü y seguir la carretera de Samsun durante 1 km hasta llegar a una calle a la izquierda donde indica "Kale". Desde ahí quedan aproximadamente 1,7 km cuesta arriba hasta un aparcamiento pequeño y luego otros 15 minutos, también cuesta arriba, hasta la cima, señalada con un asta de bandera.

Museo de Amasya   MUSEO

(☏218 4513; Atatürk Caddesi; entrada 3 TRY; ☺8.15-12.00 y 13.00-16.45 ma-do) Conserva muchos objetos de la época otomana, incluidos estandartes, pesados manuscritos, y un arsenal de fusiles de pedernal, polvorines, y dagas con inscripciones. También se exponen objetos de artesanía como cuerdas trenzadas. Las puertas de madera de la Gök Medrese Camii de Amasya muestran la progresión entre la talla selyúcida y la otomana. La amplia colección abarca también épocas tempranas. Destaca la famosa estatuilla de Amasya, una figura de bronce del dios hitita de la tormenta Teshub, con tocado cónico y ojos en forma de almendra.

En el exterior, una tumba selyúcida con azulejos situada en el jardín preserva una colección única de momias del período il-

jánida del s. xiv. Los cuerpos, momificados sin haberles extraído los órganos, fueron descubiertos bajo la Burmalı Minare Camii. Nada de esto es apto para gente aprensiva o niños.

Hatuniye Mahallesi   BARRIO HISTÓRICO

Situado justo al norte del río, se trata de un precioso barrio de casas otomanas intercaladas con buenas reproducciones modernas que componen un conjunto muy armonioso.

Pasados los escalones que suben a las tumbas pónticas está la **Hazeranlar Konağı** (entrada 3 TRY; ☺8.15-12.00 y 13.00-16.45 ma-do), construida en 1865 y restaurada en 1979. Hasan Talat, contable del poeta y gobernador Ziya Paşa, construyó la mansión para su hermana, Hazeran Hanım. Las habitaciones restauradas contienen preciosos muebles de época, los candelabros y la madera tallada dan un toque refinado y hay modelos para demostrar cómo se usaban. En el sótano, la galería de la Junta de Bellas Artes programa exposiciones itinerantes.

Hammams   'HAMMAMS'

Amasya posee venerables *hammams* que siguen en funcionamiento. Anexo a la Hatuniye Camii, el **Yıldız Hamamı** (*hammam de la Estrella*; lavado y masaje 13 TRY) fue construido por un comandante selyúcida en el s. xiii y fue restaurado en el s. xvi. En la parte norte del Darüşşifa se encuentra el **Mustafa Bey Hamamı** (lavado y masaje 6 TRY) otomano de 1436, aunque no está lejos el **Kumacık Hamamı** (lavado y masaje 13 TRY) de 1495. Todos abren de 6.00 a 10.00 y de 16.00 a 23.00 para hombres y de 10.00 a 16.00 para mujeres.

AL SUR DEL RÍO

Se recomienda dedicar un par de horas agradables a recorrer los demás lugares de interés de Amasya en ambas riberas. La ventaja de la orilla sur es que desde ella puede contemplarse la orilla norte, que ofrece unas vistas excelentes sobre todo de noche, cuando el castillo y las tumbas rupestres se iluminan con luz artificial. La mayor parte de los edificios religiosos antiguos de Amasya también se hallan a este lado del río.

En la parte noreste de la orilla sur, cerca del Künç Köprüsü, está la **Beyazıt Paşa Camii** (1419). La primitiva mezquita otomana sigue una planta de dos cúpulas gemelas cuyo estilo es antepasado de la famosa Yeşil Camii de Bursa.

Si se sigue el río hacia el suroeste se llega a la preciosa **Mehmet Paşa Camii**, construida en 1486 por Lala Mehmet Paşa, uno de los visires del sultán Beyazıt II. Destaca el exquisito almimbar de mármol. El complejo originariamente contenía la tumba del constructor, además de un *imaret* (comedor de beneficencia), un *tabhane* (hospital), un *hammam* y una *handan* (posada).

Si se sigue caminando a lo largo del río, a la izquierda se divisa el **Darüşşifa** (1309), o Bimarhane, en Mustafa Kemal Bulvarı. Con su intrincado portal tallado, fue construido como hospital psiquiátrico por Ilduş Hatun, esposa del sultán iljánida Olcaytu, y puede que fuera el primer lugar donde se intentó tratar enfermedades mentales con música. Los iljánidas fueron los mongoles sucesores de Gengis Kan, que había derrotado a los selyúcidas anatolios. Su arquitectura toma prestados elementos de muchos pueblos conquistados; así, dicho edificio se basa en el plano de una madraza selyúcida. En la actualidad, el edificio es utilizado para exposiciones, conciertos y actos diversos.

Un poco más adelante se halla la plaza principal, con su imponente monumento a la Guerra de Independencia. En la cara este de la plaza se encuentra la mezquita cuadrada con cúpula de madera **Gümüşlü Camii** (Mezquita Plateada; 1326). Es la primera mezquita otomana de la ciudad y fue reconstruida en 1491 tras un terremoto, en 1612 después de un incendio y, de nuevo, en 1688. En 1903 se amplió y volvió a ser restaurada en 1988.

Si se continúa caminando hacia el oeste y se va hacia el interior desde el río se llega al **Vakıf Bedesten Kapalı Çarşı** (mercado cubierto) del s. xv, aún en uso. Hay que seguir hacia el oeste por Atatürk Caddesi y a la izquierda se verá el **Taş Han** (1758), un caravasar otomano parcialmente en ruinas. Tras él se encuentra la **Burmalı Minare Camii** (mezquita del Minarete Espiral) selyúcida. Fue reconstruida en 1590 después de un terremoto y tras un incendio en 1602, cuando su minarete de madera fue reemplazado por la actual estructura de piedra con una elegante talla espiral.

Si se sigue hacia el oeste se llega a la elegante **Sultan Beyazıt II Camii** (1486), el mayor *külliye* (complejo de mezquita) de Amasya, con una madraza, una fuente, un *imaret* y una *muvakkithane* (casa del astrónomo). La puerta principal de la mezquita, el mihrab (nicho que indica la dirección de La Meca) y el púlpito son de mármol blanco y sus ventanas lucen *kündekari* (tallas de madera entrelazadas).

Por último se llega a la **Gök Medrese Camii** (mezquita del Seminario Azul Cielo) del s. xiii, construida por el gobernador selyúcida Seyfettin Torumtay. El *eyvan* (salón abovedado) que le sirve de portal principal es único en Anatolia, mientras que la *kümbet* (tumba abovedada) antaño estaba cubierta de azulejos *gök* (azul cielo).

AL NORTE DEL RÍO

Al otro lado del Künç Köprüsü se alza la impresionante **Büyük Ağa Medresesi** (1488). De planta octogonal, algo poco usual en la arquitectura otomana de *medreses*, es obra del jefe eunuco blanco del Sultán Beyazıt II, Hüseyin Ağa, también conocido como Grandagha. Aún sirve de seminario para los chicos que se preparan para ser *hafız* (teólogos que han memorizado todo el Corán) y no está abierta al público.

🛏 Dónde dormir

Como sucede en Safranbolu, Amasya es uno de esos sitios donde merece la pena pagar un poco más y alojarse en una auténtica casa otomana.

Emin Efendi Konağı HOTEL HISTÓRICO €€
(☏212 6622; Ziyapaşa Bulvarı 2c; i/d 80/140 TRY; ✿ ⓐ) Recuperado por una de las familias más antiguas de Amasya, es el preferido de la élite adinerada del norte del país que viene a pasar el fin de semana. La entrada y la escalinata tienen una elegancia majestuosa, mientras que las habitaciones, algo ostentosas, cuentan con cabeceras de cama que llegan hasta el techo, estampado de rosas y sillas tapizadas en piel blanca. Son magníficas. En el restaurante del patio (platos principales de 9 a 19 TRY) es el lugar donde, cualquier noche, se cena y se cierran tratos.

Şükrübey Konağı HOTEL HISTÓRICO €€
(☏212 6285; www.sukrubeykonagi.com.tr; Hazeranlar Sokak 55; i/d/tr 55/100/150 TRY) Excelente opción. Habitaciones espaciosas y llenas de color con baño y TV. Lo mejor son los balcones, que cuentan con taburetes de madera y vistas a las tumbas o al río. El restaurante tiene vistas al Yeşilırmak.

Ezgi Pansiyon PENSIÓN €
(☏213 0477; Hatuniye Mahallesi, Yali Boyu Sokak 28; i/d 45/80 TRY) El patio arbolado es el punto fuerte de esta bonita pensión con

grandes vigas y mobiliario de madera oscura, situada en una hilera de casas otomanas. Las habitaciones son sencillas pero agradables y en el restaurante sirven unas *katmer* (pastas saladas) excelentes.

Harşena Otel HOTEL HISTÓRICO €€
(☎218 3979; info@harsenaotel.com; Hatuniye Mahallesi; i/d/tr 75/120/150 TRY; ✳) Suele estar siempre lleno los fines de semana, y combina lo antiguo con la modernidad. A un lado de la calle está la casa antigua, cerca del río y con un buen restaurante-bar; y al otro, la flamante parte moderna del hotel. ¿En cuál de las dos alojarse? Quizá una noche en cada una...

Konfor Palas Hotel HOTEL €
(☎218 1260; www.konforpalas.com; Ziyapaşa Bulvarı 2c; i/d/tr 40/65/85 TRY) Las habitaciones de este hotel son bastante cómodas si se pasan por alto las alfombras manchadas y algunas imperfecciones en el diseño. Es céntrico y está junto a los cafés. Conviene elegir una habitación trasera o lateral para evitar el ruido de la calle.

Grand Pasha Hotel HOTEL HISTÓRICO €€
(☎212 4158; www.grandpashahotel.com; Tevfik Hafız Çıkmazı 5) Aunque sus nuevos y jóvenes propietarios apuestan por la música en directo y un puñado de jóvenes fans en detrimento de la atención al cliente y la limpieza, sigue siendo uno de los locales de estilo otomano más auténticos donde alojarse. Mientras se escribía esta guía se estaban construyendo nuevas habitaciones.

✖ Dónde comer y beber

Además de los hoteles antes enumerados, hay unos cuantos cafés y restaurantes razonables en Hatuniye Mahallesi y alguna opción sencilla más por la ciudad. Amasya es famosa por sus manzanas.

Strabon Restaurant ANATOLIA MODERNA €€
(☎212 4012; Tevfik Hazız; platos principales 7-16 TRY) Situado junto al Grand Pasha Hotel, este bonito restaurante tiene quizá la mejor terraza sobre el río de la ciudad. Los *mezes* calientes o fríos (de 5 a 9 TRY) son frescos y sabrosos; las raciones de carnes y el *balik* (pescado) a la parrilla son generosas. Si no se tiene hambre, el local también es un bar, y sirve alcohol.

Bahçeli Ocakbaşı 'LOKANTA' €
(☎218 5692; Ziyapaşa Bulvarı; platos principales 4-5 TRY) Desde este café pueden contemplarse las tumbas. Es uno de la media docena de *lokanta* que compiten amistosamente por el negocio en un patio animado y lleno de gente.

Amasya Şehir Kulübü 'LOKANTA' €€
(☎218 1013; platos principales 10 TRY; ☸11.00-23.00) Situado en la planta baja del más elegante Amasya Şehir Derneği, este restaurante es famoso por su comida y sus balcones, que dan al río, junto al Hükümet Köprüsü. La carta incluye *meze, pizza, pide*, kebab Tokat y *köfte* Izgara (repletas de cebolla), muy recomendables.

Otras recomendaciones:

Ali Kaya Restaurant 'LOKANTA' €€
(☎218 1505; Çakallar Mevkii; platos principales 12 TRY; ☸12.00-23.00) El mejor momento para visitar este sencillo restaurante que sirve alcohol situado en lo alto de Amasya es a la puesta de sol, cuando uno puede recuperarse de la empinada subida con *meze* mientras disfruta de las vistas de la ciudad y las tumbas. Los taxis suben por 8 TRY.

Subaşı Çay Bahçesi CASA DE TÉ
(Tevfik Hafız Çıkmazı) Situado en la ribera, frente al Grand Pasha Hotel, es una popular tetería. También hay agradables jardines de té a lo largo del Yeşilırmak, en el Belediye Parkı y junto a la Sultan Beyazıt II Camii.

ℹ Información

Oficina de turismo (Hazeranlar Konağı; ☸9.00-17.00)

ℹ Cómo llegar y salir

Varias empresas tienen autobuses diarios a lugares como Ankara (30 TRY, 5 h), Çorum (10 TRY, 2 h), Estambul (40 TRY, 10 h), Kayseri (35 TRY, 8 h), Malatya (35 TRY, 8 h), Nevşehir (50 TRY, 9 h), Samsun (10 TRY, 2 h), Sivas (25 TRY, 3½ h) y Tokat (10 TRY, 2 h).

Para llegar a Safranbolu, lo más barato es tomar un microbús temprano a Gerede, apearse en el cruce de Karabük y parar un autobús que vaya a Safranbolu, probablemente vía Karabük. Es necesario un día entero; ir por Ankara es más sencillo.

En la **estación de trenes** (☎218 1239; ☸4.00-22.00) de Amasya paran a diario trenes que hacen el trayecto entre Samsun (4.53 y 14.09, 3 h, 6 TRY) y Sivas (11.27, 5½ h, 11 TRY).

Tokat
☎0356 / 128 000 HAB.

Sus habitantes cuentan que en Tokat todavía se oyen los pasos de las antiguas civilizaciones. En esta antigua ciudad del corazón de Anatolia los aficionados a la historia disfrutarán de lo lindo con la gran cantidad de mezquitas, mansiones, *hammams* y *hans;* aunque otros vendrán por su famoso kebab, una deliciosa combinación de cordero con verduras, y luego se lavarán las manos en el río que divide la ciudad en dos.

Ciudad emergente tras siete siglos de oscuridad, el floreciente comercio de antigüedades de Tokat y atracciones arquitectónicas como la Gök Medrese garantizan que no se perderá en el olvido cualquier siglo de estos. Como sucede en Amasya, promontorios rocosos rodean y protegen la ciudad, tanto de invasores como de las hordas de turistas.

Es fácil dejar pasar un día dando vueltas por los puestos de *yazma* (pañuelos) y le objetos de cobre del espléndido Taş Han o abandonándose a los nudillos de los reputados masajistas de Tokat.

Historia

La historia de Tokat cuenta con la inevitable lista de conquistadores anatolios. Hititas y frigios, medos y persas, el emperador Alejandro Magno, el reino del Ponto, romanos, bizantinos, turcos de Danışmend, selyúcidas y mongoles iljánidas, todos desfilaron por Tokat.

En la época del sultanato selyúcida de Rum, Tokat era la sexta ciudad más grande de Anatolia y estaba situada en medio de importantes rutas comerciales; las carreteras de acceso están llenas de caravasares y puentes selyúcidas. Sin embargo, los mongoles y sus subordinados, los iljánidas, invirtieron la tendencia a mediados del s. XIII, dejando la ciudad desheredada.

Solo en 1402, bajo el dominio otomano, Tokat reasumió su papel como importante establecimiento comercial, ciudad agrícola y núcleo dedicado a la extracción del cobre. Gazi Osman Paşa surgió de sus pobres orígenes de Tokat para convertirse en uno de los mayores generales del imperio y la calle principal lleva su nombre.

Las poblaciones significativas de no musulmanes (básicamente armenios, griegos y judíos) se ocuparon del comercio de la ciudad hasta el cataclismo de la Primera Guerra Mundial; todavía hoy existe una pequeña y activa comunidad judía.

⊙ Puntos de interés

Gök Medrese   EDIFICIO HISTÓRICO
(seminario azul; GOP Bulvarı; entrada 3 TRY; ⊙8.00-12.00 y 13.00-17.00 ma-do) Construida

por Pervane Muhinedin Süleyman, un potentado local, tras la caída de los selyúcidas y la llegada de los mongoles, este edificio del s. XIII también funcionó como hospital y como escuela. Hoy acoge el museo de Tokat.

Quedan muy pocos de los azulejos *gök* (azul cielo) en la fachada del edificio, pero hay bastantes en las paredes del patio interior para hacerse una idea del aspecto que debía tener en sus días de gloria.

Aunque el patio es lo más destacado del museo, la colección incluye tumbas romanas, alfombras selyúcidas, joyas helénicas y trajes folclóricos de la zona, con carteles informativos. Hay objetos hititas y de la Edad del Bronce, iconos y reliquias de las iglesias de Tokat (incluida una representación ortodoxa griega de Juan Bautista con su cabeza en una bandeja), así como utensilios ceremoniales derviches y armas. Hay una sección etnográfica sobre trajes y tejidos que explica el arte local de la fabricación de *yazma*.

En la madraza está la **tumba de las 40 Doncellas** (Kırkkızlar Türbesi; 1275), que en realidad es un conjunto de 20 tumbas, posiblemente de los fundadores de la madraza, aunque otra teoría es que son las tumbas de 40 enfermeras que trabajaban aquí.

🛇 Taş Han y alrededores   CARAVASAR
(GOP Bulvarı; ⊙8.00-20.00) Junto a la Gök Medrese se halla un caravasar otomano y taller del s. XVII llamado **Taş Han** que cuenta con un café en el patio. Hay dos plantas de tiendas que venden una mezcla de atuendos de la zona y objetos de cobre, así como cuadros de veleros y perritos con ojos inocentes.

Detrás del Taş Han hay calles bordeadas por antiguas **casas otomanas** con vigas vistas. En esta zona hay más tiendas; algunos de los diseños que se ven en las *yazmas*, kílims y alfombras se tomaron de los refugiados afganos que se asentaron aquí durante la invasión soviética de Afganistán en los años ochenta.

En el mercado de fruta y verdura, situado al otro lado de GOP Bulvarı desde el Taş Han, se encuentra la **Hatuniye Camii** y la madraza en ruinas, que data de 1485 y del reinado del sultán Beyazıt II.

Unos centenares de metros al norte del Taş Han, detrás de unos puestos de sandalias de plástico, en el mismo lado de la calle, está la **Sümbül Baba Türbesi** (1291), una tumba selyúcida octogonal. Junto a

DELICIAS DE BERENJENA

El kebab Tokat está elaborado con lonchas de berenjena y trozos de cordero dispuestos de forma vertical y cocinados en un horno de leña. Los tomates y el pimiento, que tardan menos en asarse, se hornean en pinchos separados. A medida que la carne se asa, va soltando jugos que impregnan la berenjena. Todo ello se sirve acompañado de una buena cabeza de ajo asada, que añade un toque picante. Casi vale la pena ir a Tokat solo por probar este plato, y de hecho es obligado; por alguna razón inexplicable no se sirve en lugares más alejados de Sivas o Amasya. De todas formas, los chefs de Tokat son los que mejor lo hacen. Los habituales *döner* de berenjena palidecen ante la maravillosa superioridad del original.

ella empieza una calle que recorre 1 km hasta la **ciudadela,** construida en el s. v y restaurada durante las épocas selyúcida y otomana. Queda poco de ella pero la vista es magnífica y las viajeras no deberían subir solas.

Ali Paşa Hamam
'HAMMAM'

(GOP Bulvarı; ☉5.00-23.00 hombres, 9.00-17.00 mujeres) Si se indaga un poco en las salas de vapor de los miles de *hammams* de Turquía, probablemente uno descubrirá que muchos de sus expertos masajistas son de Tokat. Asumiendo que todavía quede alguno en la ciudad, y que trabaje aquí, este *hammam* es casi una visita obligada. Estos baños, cubiertos con cúpulas de cristal para permitir la entrada de la luz natural, fueron construidos en 1572 para Ali Paşa, uno de los hijos de Solimán el Magnífico. Posee zonas de baño separadas para hombres y mujeres, y el baño completo cuesta alrededor de 15 TRY.

GRATIS Latifoğlu Konağı
EDIFICIO EXCEPCIONAL

(GOP Bulvarı) Al sur de Cumhuriyet Meydanı, esta magnífica casa de dos plantas del s. XIX es un bonito ejemplo de la arquitectura barroca otomana. Restaurada recientemente, se ha convertido en un pequeño museo y bien merece una visita.

GRATIS Sulusokak Caddesi
BARRIO HISTÓRICO

Aún se conservan muchos de los edificios antiguos de Tokat, aunque en ruinas, en Sulusokak Caddesi, que era la vía principal antes de que en los años sesenta se mejorara la carretera perpendicular Samsun-Sivas.

Sulusokak Caddesi se dirige al oeste desde el lado norte de Cumhuriyet Meydanı, pasada la **Ali Paşa Camii,** que fue construida en la misma época que el cercano *hammam* y muestra rasgos clásicos otomanos en su magnífica cúpula central. Si se sigue por la carretera, a la derecha se ve la diminuta **Ali Tusi Türbesi** (631-1233), una obra selyúcida de ladrillo con magníficos azulejos azules. A continuación, también a la derecha, hay un decrépito caravasar de madera, el **Katırcılar Han,** con enormes vasijas en el patio.

Más adelante, en el mismo lado de la calle, está el **Sulu Han** de ladrillo y madera, pintado de turquesa y blanco. El caravasar otomano del s. XVII proporcionaba alojamiento a los comerciantes que visitaban el *bedesten* (mercado cubierto), cuyos restos se encuentran al lado. Cerca de ahí, la **Takyeciler Camii,** del s. XVI, muestra el estilo de nueve cúpulas de las grandes mezquitas otomanas y se encuentra al final de una hilera de estructuras que se están restaurando en la actualidad.

Al otro lado de Sulusokak Caddesi, pasada la **Kadı Hasan Camii** del s. XIV, está el **Paşa Hamamı** (1434) otomano. También en este lado de la calle se encuentra el **Deveciler Hanı** otomano del s. XVI, uno de los mejores caravasares de Tokat. La estructura de dos plantas tenía un granero cubierto y una parte residencial con un porche y un patio.

Torre del reloj
EDIFICIO EXCEPCIONAL

Al sur del centro hay una **torre del reloj** que data del s. XIX; en la parte de abajo hay una tienda donde reparan relojes.

GRATIS Mevlevihane
MUSEO

(Bey Sokağı; ☉9.00-18.00) Al otro lado del canal, entre casas otomanas y calles adoquinadas, se levanta este edificio del s. XIX que fue construido como local de encuentro de derviches y sala de baile, aunque en el s. XX funcionó como prisión de mujeres. Se exponen alfombras y felpudos para la oración, frascos otomanos de perfume y candeleros, así como ejemplares centenarios del Corán.

🛏 Dónde dormir

Yücel Hotel HOTEL €€
(☎212 5235; Çekenli Caddesi 20; i/d/tr 35/70/105 TRY; @🖃) Económico, pero con extras interesantes como el restaurante y el *hammam* de la quinta planta, ambos incluidos en el precio. Las habitaciones tienen minibar, TV y muebles baratos y hay televisión digital y una zona de Internet en el vestíbulo. Los precios se pueden negociar.

Çavuşoğlu Otel HOTEL €
(☎213 0908; GOP Bulvarı 168; i/d/tr 45/65/80 TRY) Una ganga. Bonito y céntrico, con baños de color pistacho, TV, secadores y bufé de desayuno.

Otel Yeni Çınar HOTEL €€
(☎214 0066; GOP Bulvarı 167; i/d/tr 45/80/90 TRY) Una buena gama de habitaciones enmarcadas en tonos azules y con buenos baños y vistas a las colinas por la parte trasera. En recepción son muy simpáticos, lástima que el vestíbulo acristalado no huela muy bien. El restaurante de la primera planta prepara buenas parrilladas, así como uno de los mejores kebabs Tokak de la ciudad (12,50 TRY).

Grand Gümüş Otel HOTEL €€
(☎214 1331; GOP Bulvarı; i/d/tr 45/70/115 TRY; ❄) Prácticamente enfrente del Taş Han, esta opción de buena calidad ofrece habitaciones cómodas con edredones a rayas y unos servicios excelentes, como minibar y TV. El bar-restaurante tiene manteles violetas y diversos menús (5-10 TRY).

🍴 Dónde comer y beber

El famoso kebab Tokat puede degustarse en cualquier restaurante de la ciudad, y también otro plato típico de la zona, el *zile pekmezi*, una pasta para untar fermentada de uva blanca.

Kebabs y *köfte* constituyen la comida habitual. Los locales se encuentran principalmente alrededor del mercado de frutas y verduras próximo a la Hatuniye Camii. En los alrededores de Cumhuriyet Meydanı hay más restaurantes exclusivos y *pastanes*.

Şehrazat ANATOLIA €
(☎444 1406; Tokat-Sivas Karayolu; platos principales 7-20 TRY; ⏰11.00-23.00) Junto a la carretera de Sivas (a la izquierda, 1 km antes de Tokat) se halla este lugar extraño en el que restos de un parque temático abandonado dan forma a corazones gigantes de plástico plantados alrededor de minilagunas de agua estancada con pagodas y minipuentes que van a ninguna parte. Por raro que parezca, siempre está lleno de gente; y lo que sorprende aún más es que la comida es muy buena. Recomendamos –cómo no– el kebab Tokat (13 TRY); los lugareños dicen que es de los mejores.

Hacivat Köftole COMIDA RÁPIDA €
(☎212 9418; GOP Bulvarı 275; menús 4-5 TRY; ⏰9.00-23.00) El Hacivat está frente a la oficina de autobuses Metro y su público es joven. Las paredes de piedra están decoradas con recortes de revistas y fotos, que permiten empollarse la cultura turca moderna mientras se espera uno de los excelentes menús diarios.

Yeşil Köşe Et Lokantası COMIDA RÁPIDA €
(GOP Bulvarı 1; platos principales 5-6 TRY; ⏰6.30-22.00) Este puesto de comida para llevar, que es también café, es muy popular a la hora de comer. Sirve kebabs, *moussaka* y *çorba*; y es otro de los sitios de la ciudad donde disfrutar de un kebab Tokat (12 TRY). Arriba hay una zona más tranquila para sentarse.

Konak Café CAFÉ €
(☎214 4146; GOP Bulvarı; ⏰9.00-23.00) Situado en la parte de atrás de un edificio otomano restaurado, este acogedor café tiene mesas exteriores en varias plantas.

🛍 De compras

En el pasado, Tokat tenía el monopolio en la fabricación de *yazma*, los coloridos pañuelos estampados tradicionales que llevan muchas mujeres turcas, y sigue siendo un buen lugar para comprar estos pañuelos o manteles estampados de recuerdo. Durante años, se fabricaban en el Gazioğlu Han (*han* de los estampadores), cerca de la Gök Medrese. Sin embargo, actualmente los materiales se preparan en una moderna **fábrica** (Yazmacılar Sitesi; Rodi Halısaha), situada frente al Küçük Sanayi Sitesi, 4 km al noroeste del centro urbano. Puede visitarse para ver cómo fabrican las telas.

ℹ Información

Oficina de turismo (☎211 8252; Taş Han, GOP Bulvarı 138/I; ⏰8.00-17.00) Ofrece un folleto informativo sobre Tokat.

ℹ Cómo llegar y salir

La pequeña *otogar* de Tokat está 1,7 km al noreste de la plaza principal. Las empresas de autobuses ofrecen un *servis* hasta el *ferry* desde la ciudad o viceversa. Otra opción, si no se quiere esperar un *dolmuş*, es tomar un taxi que cuesta unas 10 TRY. Un trayecto por la ciudad en uno de los *dolmuşes* que ruedan regularmente por GOP Bulvarı cuesta 0,70 TRY.

Varias empresas de autobuses tienen oficinas de venta de billetes en Cumhuriyet Meydanı.

Hay autobuses regulares a Amasya (10 TRY, 2 h), Ankara (30 TRY, 6½ h), Erzurum (40 TRY, 8½ h), Estambul (50 TRY, 12 h), Samsun (20 TRY, 4 h) y Sivas (12 TRY, 1¾ h).

Los microbuses urbanos salen de la terminal separada de İlçe ve Köy.

Alrededores de Tokat

Cueva Ballıca
CUEVA

(Ballıca Mağarası; ☎0356-261 4236; adultos/niños 4/2 TRY; ☉horas de sol) La cueva Ballıca, 26 km al oeste de Tokat, es una de las cuevas más famosas del país. El laberinto de piedra caliza, de 3,4 millones de años de antigüedad y 8 km de longitud (680 m abiertos al público), presenta formaciones rocosas como estalactitas bulbiformes y estalagmitas fungiformes. Aquí vivían contrabandistas y los chillidos de los habitantes actuales (murciélagos enanos) se unen al ambiente creado por el goteo del agua.

Por desgracia, la ambientación se pierde rápidamente si hay que compartir las pasarelas de metal con mucha gente. Con su abundante iluminación y señalización, la cueva puede parecer un parque temático subterráneo, así que explorar la Bulak Mencilis Mağarası (p. 427) de Safranbolu, menos visitada, es más gratificante.

Hay muchísimos escalones dentro y fuera de la cueva, aunque muchos escolares los recorren sin ninguna dificultad. Las vistas desde el café de la entrada son impresionantes, pero sus baños no son los más limpios de Anatolia.

Al volver, se puede parar en Pazar para explorar los preciosos restos de un *han* selyúcida al salir de la ciudad por la carretera de Tokat. En el exterior se puede esperar un microbús hacia Tokat.

❶ Cómo llegar y salir

Para llegar a Ballıca, hay que tomar un microbús hacia Pazar en la terminal de microbuses de İlçe ve Köy en Tokat (2,50 TRY, 40 min), donde los taxis esperan para subir la serpenteante carretera rural de 8 km que lleva a la cueva. Los taxistas explotan a su público cautivo y se puede llegar a pagar 20 TRY ida y vuelta

(incluida una hora de espera allí). Si se llega desde Amasya, Pazar está indicado 14 km al sur de la carretera principal hacia Tokat.

Sivas

☑0346 / 294 000 HAB.

Su historia es pintoresca y a veces trágica, y cuenta con algunos de los mejores edificios selyúcidas jamás construidos. En ruta hacia el salvaje este, Sivas es un buen alto en el camino y el mejor 'campamento base' para visitar varios puntos de interés del sureste. La ciudad está situada en el corazón del país tanto política como geográficamente, gracias al papel que desempeñó en las vísperas de la Guerra de Independencia. En el edificio del Congreso resonaron planes, estrategias y principios mientras Atatürk y sus partidarios discutían su gran objetivo de liberación. El héroe turco comentó: "Aquí fue donde colocamos los cimientos de nuestra república". De noche, cuando las banderas rojas ondean en la *meydanı*, se disputan la atención con los cercanos minaretes iluminados. Puede que İnönü Bulvarı sea la vía más elegante de Anatolia central sin contar Ankara. De vez en cuando, un carro tirado por un caballo galopa por este bulevar, ante las pantallas de plasma y las luces de neón, como un fantasma del pasado de Anatolia.

Historia

Los túmulos de la cercana Maltepe evidencian la existencia de una colonia ya en el 2600 a.C., aunque la propia Sivas probablemente fuera fundada por el rey hitita Hattushilish I alrededor del 1500 a.C. Estuvo gobernada por asirios, medos y persas antes de caer bajo el dominio de los reyes de Capadocia y del Ponto. Al final, acabó cediendo ante las romanos, que la llamaron Megalópolis, nombre que más adelante se cambió por Sebastea, que luego los turcos abreviaron como Sivas.

El dominio bizantino duró desde el año 395 al 1075, cuando la ciudad fue tomada por los emires de Danışmend. Los selyúcidas y los hombres de Danışmend la golpearon dura y frecuentemente, luchando por la supremacía entre 1152 y 1175 hasta que finalmente los primeros se impusieron, aunque más tarde fueron desposeídos por la invasión mongola de 1243. Los iljánidas sucedieron a los mongoles, y la ciudad fue tomada después por los otomanos (1398), Tamerlán (1400) y de nuevo por los otomanos (1408).

Más recientemente, se celebró el famoso Congreso de Sivas, en septiembre de 1919. Con la idea de consolidar la resistencia turca a la ocupación aliada y a la partición de su país, Atatürk llegó aquí desde Samsun y Amasya, y reunió a diversos delegados para confirmar las decisiones tomadas en el Congreso de Erzurum. Ambas cumbres preconizaron la Guerra de Independencia.

◉ Puntos de interés

Kale Camii y Bürüciye Medresesi
EDIFICIOS HISTÓRICOS

La mayor parte de los edificios selyúcidas de Sivas se encuentran en la zona verde que hay al sur de Hükümet Meydanı; entre ellos destaca la **Kale Camii** (1580), una obra otomana construida por Mahmut Paşa, gran visir del sultán Murat III.

Al este de la Kale Camii se encuentra la **Bürüciye Medresesi**, a la que se accede por una puerta monumental selyúcida; fue construida en 1271 por el empresario iraní Muzaffer Bürücerdi para la enseñanza de las "ciencias positivas" (su tumba se encuentra en el interior). El jardín de té, que ofrece exposiciones, está muy bien para tomar un *çay* por la noche, a la luz indirecta del edificio.

Şifaiye Medresesi
MADRAZA HISTÓRICA

En el lado del parque opuesto a la Bürüciye Medresesi se encuentra uno de los edificios más antiguos de la ciudad, la **Şifaiye Medresesi** (1218). Fue una de las escuelas de medicina más importantes construida por los selyúcidas y antiguamente era el principal hospital de Anatolia.

Al entrar en el patio, a la derecha, se ve el porche que se cerró para convertirlo en la tumba del sultán İzzettin Keykavus I, quien encargó el edificio antes de morir de tuberculosis.

La decoración incluye estilizados motivos de soles/leones y lunas/toros, preciosos azulejos azeríes azules y un poema en árabe, compuesto por el sultán. El patio principal tiene cuatro *eyvan*, con símbolos del sol y la luna a cada lado del *eyvan* oriental.

Madraza Çifte Minare
MADRAZA HISTÓRICA

Encargada por el visir mongol-iljánida Şemsettin Güveyni tras derrotar a los selyúcidas en la batalla de Kosedağ, la **Çifte Minare Medrese** (madraza de los Minaretes Gemelos; 1271) cuenta con una *çifte* (pareja) de imponentes minaretes. De hecho, es prácticamente lo único que

queda, junto con el ornamentado portal y la fachada. Si uno se coloca entre la madraza de Çifte y la de Şifaiye puede ver la diferencia que supuso medio siglo y un cambio en el poder.

Ulu Cami
MEZQUITA

Los demás lugares interesantes de la ciudad están al sureste de Hükümet Meydanı por Cemal Gürsel y Cumhuriyet Caddesis; hay que ir hasta el extremo sur del parque y girar a la izquierda en dirección a Cemal Gürsel Caddesi.

La **Ulu Cami** (Gran Mezquita; 1197) es el edificio importante más antiguo de Sivas y una de las mezquitas más antiguas de Anatolia. Construida por el emirato de Danışmend, es una gran sala baja con un conjunto de 50 columnas. El grueso minarete de ladrillo inclinado se añadió en 1213. En el interior, 11 franjas de piedra hechas a mano rodean la zona principal de oración. El ornamentado mihrab fue descubierto durante los trabajos de renovación de 1955. Posee el encanto de la antigua Anatolia, estropeado en parte por los añadidos modernos.

Gök Medrese
MADRAZA HISTÓRICA

Desde la Ulu Cami, hay que girar a la derecha (sur) por Cumhuriyet Caddesi y enseguida se ven los minaretes gemelos de la magnífica **Gök Medrese** (madraza Azul Cielo). Se construyó en 1271 a instancias de Sahib-i Ata, gran visir del sultán Gıyasettin Keyhüsrev III, que fundó el complejo de la mezquita de Sahib-i Ata en Konya. La fachada está profusamente decorada con azulejos, motivos en ladrillo y tallas, que no solo cubren de incrustaciones el portal sino también las paredes. Los azulejos azules de los minaretes dieron su nombre a la madraza.

Museo del Congreso de Atatürk y Etnográfico
MUSEO

(Atatürk Kongre ve Etnografya Müzesi; İnönü Bulvarı; entrada 3 TRY; ⊗8.30-12.00 y 13.30-17.00 ma-do) Delante de la Kale Camii se alza el imponente edificio de la escuela otomana que acogió el Congreso de Sivas de 1919. Hoy es un museo (se entra por la parte de atrás). La amplia colección etnográfica otomana, expuesta en la planta baja, presenta una excelente selección de kílims y alfombras que incluye algunos ejemplos impresionantes del estilo de tejido local, una demostración de cómo se tejen las fundas de almohada (otro tipo de artesanía local), un

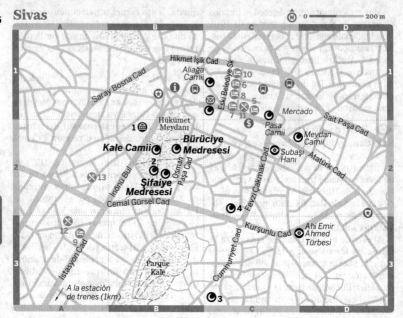

Sivas

N 0 ———— 200 m

Saray Bosna Cad

Hikmet İşik Cad
Aliağa Camii

Eski Belediye Sk

10
6
8
5
7 11

Mercado

Sait Paşa Cad

Hükümet Meydanı

1

Kale Camii

Bürüciye Medresesi

Paşa Camii

$

Meydan Camii

Subaşı Hanı

Atatürk Cad

2

Osman Paşa Cad

13

İnönü Bul

Şifaiye Medresesi

Cemal Gürsel Cad

Fevzi Çakmak Cad

4

Cumhuriyet Cad

Kurşunlu Cad

Ahi Emir Ahmed Türbesi

Parque Kale

12

9

İstasyon Cad

A la estación
de trenes (1km)

3

---

mimber de madera del s. XII de la mezquita Ulu Cami de Divriği (véase p. 449), armas y collares derviches de ceremonia y gorros de místicos.

🛏 Dónde dormir

Casi todos los hoteles están a unos minutos a pie del cruce de Atatürk Caddesi y Eski Belediye Sokak.

Eray Pansiyon　　　　　PENSIÓN €
(☎223 1647; www.eraypansiyon.com; Eski Belediye Sokak 12; dc 20 TRY/persona) Uno de los pocos dormitorios colectivos de Anatolia central. Elegantes escaleras de mármol y robustas puertas marrones llevan a seis dormitorios de seis camas que están muy limpios y, a menudo, vacíos. Tiene muy buena relación calidad-precio. Su amable propietario habla alemán.

4 Eylül Otel　　　　　HOTEL €€
(☎222 3799; www.dorteylulotel.com; Atatürk Caddesi 15; i/d/tr 70/120/150 TRY; ❀) La discreta entrada que hay junto al cajero automático de Akbank da una pista de cómo es este tranquilo hotel, en el que las habitaciones tienen oscuros minibares de madera escondidos en mesas y cuadros de mansiones otomanas. Hay un restaurante en la azotea y el concurrido hotel ofrece una experiencia similar a la del Sultan por menos dinero. El desayuno cuesta 17,50 TRY.

Otel Madımak　　　　　HOTEL €
(☎221 8027; Eski Belediye Sokak 2; i/d/tr 60/90/115 TRY) Situado en una primera planta y reformado, ofrece confortable alojamiento en tono burdeos, desde las sillas hasta los baños de azulejos. Su nombre va ligado a un trágico suceso.

Sultan Otel　　　　　HOTEL €€
(☎221 2986; www.sultanotel.com.tr; Eski Belediye Sokak 18; i/d/tr 90/140/170 TRY) Es la combinación perfecta de calidad y precio, con abundantes extras como un bar-restaurante en la azotea con música en directo, caja fuerte empotrada en el armario del TV, un generoso bufé de desayuno y bebidas calientes gratuitas. Además, los baños son casi tan grandes como las habitaciones. Entre semana está frecuentado por viajeros de negocios.

Sivas Büyük Otel　　　HOTEL DE LUJO €€€
(☎225 4763; www.sivasbuyukotel.com; İstasyon Caddesi; i/d/tr 120/190/225 TRY; ❀) Los pasillos simples y las habitaciones imponentes caracterizan el primer hotel de lujo de la ciudad, un robusto bloque de siete plantas realzado con mármol y mosaicos. No carece de espacio y el desayuno cuesta 15 TRY.

Sivas

◉ **Principales puntos de interés**

Bürüciye Medresesi	B2
Kale Camii	B2
Şifaiye Medresesi	B2

◎ **Puntos de interés**

1	Museo del Congreso de Atatürk y Etnográfico	B2
2	Medraza Çifte Minare	B2
3	Gök Medrese	C3
4	Ulu Cami	C2

🛏 **Dónde dormir**

5	4 Eylül Otel	C1
6	Eray Pansiyon	C1
7	Otel Köşk	C1
8	Otel Madımak	C1
9	Sivas Büyük Otel	A3
10	Sultan Otel	C1

🍴 **Dónde comer**

11	Büyük Merkez Lokantası	C1
	Edessa Lahmacun	(véase 8)
12	Perde Café	A3
13	Sema Hanımın Yeri	A2

Otel Köşk HOTEL €€

(☎225 1724; www.koskotel.com; Atatürk Caddesi 7; i/d/tr 130/180/220 TRY; ❄) No hay sitios mucho más modernos que esta alta torre de vidrio. Desde las butacas rojo pasión de recepción a los suelos de tarima flotante, pasando por los lavabos de vidrio y las duchas curvilíneas de las habitaciones, domina el diseño elegante. Hasta las vistas del antro que hay al otro lado de Atatürk Caddesi están bien, gracias al cartel de neón de Efes.

✗ Dónde comer

Las noches de verano todo el mundo pasea por İnönü Bulvarı y Atatürk Caddesi, donde hay puestos que venden de todo, desde *gözleme* hasta mazorcas de maíz. Hay un mercado de fruta y verdura en torno a Subaşı Hanı.

 Sema Hanımın Yeri ANATOLIA €

(☎223 9496; İstasyon Caddesi Öncü Market; platos principales 3,50-6 TRY; ❀8.00-24.00) En este rústico restaurante forrado de madera, la acogedora Madame Sema sirve comida casera como *içli köfte* (albóndigas rellenas de especias y nueces). Uno puede ver cómo elaboran las *gözleme* mientras prueba tres platos por 4 TRY.

Büyük Merkez Lokantası 'LOKANTA' €

(☎223 2354; Oyakbank Bitişiği Sultan Yanı; platos principales 7 TRY; ❀4.00-24.00) Este *lokanta* está muy concurrido a la hora del almuerzo, momento en que uno puede tener que compartir mesa con un oficinista. La carta incluye *döner* y la especialidad de la casa, *sebzeli Sivas kebabı* (14,50 TRY), una variante local del kebab Tokat.

Perde Café CAFÉ €

(☎223 2321; İstasyon Caddesi; tentempiés 3-7 TRY; ❀10.00-23.00) Este local de dos plantas, frecuentado por adolescentes y universitarios, es casi un secreto que nadie quiere desvelar. Batidos, hamburguesas, gofres y juegos de sobremesa son lo más solicitado del local. Está detrás del Sivas Büyük Otel.

Edessa Lahmacun 'LAHMACUN' €

(☎222 2638; Selçuklu Sokak; *lahmacun* 4-8 TRY; ❀9.00-23.00) El 'elegido' de todos los puestos de *lahmacun* está muy bien situado cerca de los hoteles. El amable propietario habla inglés.

ℹ Información

Hemi (☎0506-273 4662; Tekel Sokak) Asociación deportiva local que cuenta con miembros que hablan inglés. Informa sobre esquí, buceo con tubo, *rafting*, kayak, escalada y parapente; este último es muy popular en las colinas que hay sobre la universidad de la ciudad.

Sanem Internet Café (Tekel Sokak; 1 TRY/h; ❀8.30-24.00)

Oficina de turismo (☎222 2252; ❀9.00-17.00 lu-vi) En la oficina de la Unión Europea, en la primera planta del *valilik*. Sus amables representantes ofrecen folletos informativos.

ℹ Cómo llegar y salir

Autobús

El servicio de autobuses desde Sivas no es muy frecuente. Desde la *otogar*, a donde se llega en taxi desde el centro por 8 TRY, hay bastantes autobuses regulares a Amasya (20 TRY, 3½ h), Ankara (30 TRY, 6 h), Diyarbakır (35 TRY, 8 h), Erzurum (30 TRY, 7 h), Estambul (50 TRY, 13 h), Kayseri (16 TRY, 3 h), Malatya (20 TRY, 4 h), Samsun (30 TRY, 6 h) y Tokat (12 TRY, 1½ h).

Los *dolmuşes* "Yenişehir-Terminal" (0,70 TRY) pasan por la *otogar* y terminan su recorrido encima de la Paşa Camii, a cinco minutos a pie de los hoteles de Atatürk Caddesi y de Eski Belediye Sokak.

Tren

La **estación de trenes** (☎221 7000) se encuentra en una intersección importante para las

MONUMENTO CONMEMORATIVO DE MADIMAK

El primer Otel Madımak fue testigo de uno de los peores crímenes xenófobos de la Turquía moderna, cuando 37 intelectuales y artistas alevíes murieron en el incendio provocado por un tumulto. Entre las víctimas, asistentes a un festival cultural, figuraba Aziz Nesin, editor turco de los *Versos satánicos* de Salman Rushdie. Una multitud de mil extremistas islámicos se manifestó frente al hotel después de la plegaria del viernes para protestar por la publicación del libro, y en medio del caos reinante, prendieron fuego al hotel, que fue pasto de las llamas. Sin embargo, el Madımak ha vuelto a abrir sus puertas (y cuenta con un puesto de kebabs en el vestíbulo). Hay quien reclama que el hotel se convierta en un monumento conmemorativo, y quien quiere que se reabra el juicio de los sospechosos del crimen, porque creen que no se hizo justicia: 31 penas de muerte, confirmadas en una apelación del 2001, se conmutaron por cadena perpetua cuando Turquía abolió la pena de muerte al año siguiente. Las cicatrices de la tragedia no parecen borrarse y el nombre de Sivas se ha convertido en sinónimo del incidente. Manifestaciones y velas inundan Sivas durante el aniversario del ataque, y en el 2010, el ministro de estado Faruk Çelik fue el primer político turco que asistió a la ceremonia conmemorativa anual, tras haber anunciado públicamente un plan de expropiación del hotel para convertirlo oficialmente en un monumento conmemorativo.

líneas este-oeste y norte-sur. Los principales trenes exprés diarios que van de este a oeste, el *Doğu Ekspresi* y el *Erzurum Ekspresi*, atraviesan Sivas de camino a Erzurum y Kars (16 h) o para ir a Ankara y Estambul (22 h); el *Güney Ekspresi* (de Estambul a Kurtalan) pasa cuatro veces por semana en ambas direcciones y el *Vangölü Ekspresi* (entre Estambul y Tatvan), dos veces. También hay trenes regionales a Kangal, Divriği y Amasya (5 h).

Los *dolmuşes* "İstasyon" salen de la estación hacia Hükümet Meydanı y la Paşa Camii.

Alrededores de Sivas

Balıklı Kaplıca   'SPA'

(Balneario con peces; ☎ 469 1151; www.balikli. org, en turco; visitante/paciente 5/30 TRY; ☺ 8.00-12.00 y 14.00-18.00) Visitar (y bañarse) el *spa* de Balıklı Kaplıca es una experiencia inusualmente agradable desde el momento en el que se llega a Kangal, 12 km al suroeste del *resort*. La diminuta población de acceso dio su nombre a los perros Kangal, de cara negra y cuerpo pálido, presentes en toda Turquía, y una estatua de un chucho con collar de pinchos guarda la entrada a Sivas.

Se dice que un niño pastor descubrió las cualidades sanadoras del agua mineral de la zona, rica en selenio, elemento dermatológicamente curativo. Lo sorprendente es que en el agua caliente habitan 'peces doctores', que no solo viven a una temperatura mayor de la que pueden soportar la mayoría de los peces, sino que además mordisquean dedos y cualquier otra parte del cuerpo que se les ofrezca. Al parecer, son beneficiosos para la piel afectada de psoriasis y el balneario atrae a pacientes de todo el mundo. Es una maravilla terapéutica dejar colgar los pies en el agua y sentir la concienzuda pedicura de la naturaleza, con las cosquillas de estos mordisqueadores.

El complejo cuenta con seis piscinas separadas por sexo situadas en medio de los árboles, y un *hotel* (h y ste 80-125 TRY; @) con un restaurante de bufé, un café, una báscula y sillas para masajes. Los precios dependen de si uno se define como "normal" o "enfermo". El recorrido recomendado para los pacientes de verdad es de ocho horas al día en la piscina durante tres semanas. Si uno quiere alojarse aquí, la pensión completa cuesta 35 TRY más y la media pensión, 20 TRY.

❶ Cómo llegar y salir

Los microbuses de la terminal que hay junto a la *otogar* de Sivas van a Kangal (5 TRY, 1 h), desde donde se puede tomar un taxi al complejo (20 TRY). Balıklı Kaplıca ofrece transporte colectivo desde Sivas.

Por la estación de trenes de Kangal pasan trenes diarios hacia/desde Sivas (2,50 TRY, 4¼ h), así como el *Doğu Ekspresi* y el *Erzurum Ekspresi* a/desde Erzurum (10 TRY, 11 h), que lo hacen a diario.

Divriği

📞 0346 / 14 500 HAB.

Al llegar a Divriği desde el oeste, se nota un ambiente tenso, quizá porque se encuentra en el límite con la región oriental de Anatolia, que es claramente diferente. Además, es como un callejón sin salida, en un valle situado entre montañas de más de 2000 m de altitud, y hay que desviarse 100 km hacia el noroeste para continuar hacia el este de Anatolia en automóvil o autobús. Pero hay tres buenas razones para venir aquí: tres puertas de piedra de 780 años, cuya talla es tan intrincada que algunos dicen que su arte prueba la existencia de Dios. Las puertas pertenecen a una de las mejores y más antiguas estructuras religiosas de Turquía, el complejo de mezquita y madraza de Divriği, claramente poco visitado pese a su inclusión en la lista de lugares declarados Patrimonio Mundial por la Unesco.

El pueblo de Divriği ocupa un fértil valle y aún cuenta con una economía agrícola. Su población se compone principalmente de alevíes. Las estrechas calles esconden un animado mercado, la PTT, un cibercafé, restaurantes sencillos y un par de bancos con cajeros automáticos. En la carretera principal hay gasolineras.

⊙ Puntos de interés

GRATIS **Ulu Cami y Darüşşifa**   MEZQUITA
(Gran Mezquita y Hospital Mental; ⊗8.00-17.00) Cuesta arriba desde el centro de la ciudad se alzan la Ulu Cami y el Darüşşifa, dos instituciones bellamente restauradas que fundaron en 1228 el *emir* local Ahmet Şah y su esposa, Fatma Turan Melik.

Lo que sitúa a Divriği en el mapa (y en la lista de Patrimonio Mundial) son las puertas ornamentales que dominan el pueblo. Las entradas a la Ulu Cami y al Darüşşifa son un verdadero prodigio, con sus relieves minuciosamente tallados con gran riqueza de dibujos geométricos, estrellas, medallones, efectos de relieve y elaboradas inscripciones en árabe, todo ejecutado con tal detalle que se hace difícil imaginar que surgieran de una piedra lisa.

En el interior del hospital, de planta asimétrica, las paredes de piedra y las columnas torcidas carecen de adorno alguno. El estanque octogonal del patio tiene un surtidor en espiral, parecido al que hay en el Museo del Azulejo de Konya, que permitía que el sonido del agua rompiera el silencio

de la sala y relajara a los pacientes. En la planta principal hay una plataforma que pudo albergar a músicos, también destinados a calmar los nervios de los enfermos. El edificio se usó como madraza desde el s. XVIII.

La mezquita también es muy sencilla por dentro, con 16 columnas, alfombras, fragmentos de frescos y un sencillo mihrab. Las vistas del valle desde la terraza exterior son igual de impresionantes, al igual que la entrada que da al castillo situado en lo alto del risco, que presenta una mampostería más detallada.

El complejo suele abrir en el horario publicado pero, si está cerrado, se puede preguntar y seguramente alguien encuentra la llave.

❶ Cómo llegar y salir

Los microbuses de Sivas a Divriği (12 TRY, 3 h), 176 km al sureste, salen de la terminal de microbuses. No son muy frecuentes y es más rápido hacer transbordo en Kangal. Desde Sivas es posible ir y volver en un día, pero si no se va temprano, quizá haya que alojarse en Balıklı Kaplıca (p. 448).

Un taxi de ida y vuelta desde Sivas, que para en Balıklı Kaplıca y Divriği, cuesta unas 190 TRY. Hay que llevar un documento identificativo ya que a veces hay un control policial entre Kangal y Divriği.

La estación de trenes está 1,5 km al norte de la Ulu Camii y pasan trenes como el *Doğu Ekspresi* y el *Erzurum Ekspresi* (diarios) que van a Sivas (6 TRY, 4¼ h) y a Erzurum (12 TRY, 7½ h).

Quien vaya en automóvil debe saber que no hay ninguna carretera que llegue a Erzincan desde Divriği, por lo que hay que ir al noroeste, hacia Zara y la autopista, antes de que se pueda empezar a conducir hacia el este.

Konya

📞 0332 / 762 000 HAB.

Esta ciudad extremadamente conservadora está orgullosa de su importancia histórica como cuna de las órdenes de derviches giróvagos, de ser un auténtico bastión de la cultura selyúcida, y de su actual auge económico.

Gran parte del encanto de Konya reside en la mezcla de lo viejo y lo nuevo. Las mezquitas antiguas y el laberíntico barrio del mercado se encuentran con la ciudad contemporánea en Alaaddin Tepesi, en cuyos jardines de té los universitarios de aspecto moderno discuten sobre religión y política.

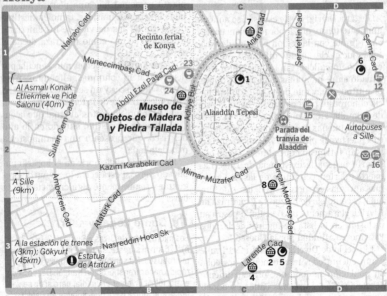

Konya

◉ Principales puntos de interés

◉ Puntos de interés

ⓑ Dónde dormir

◎ Dónde comer

◎ Dónde beber

ⓘ De compras

Si uno está de paso en esta región, de camino de la costa a Capadocia, debe tener en cuenta que el maravilloso santuario de Mevlâna es uno de los puntos de interés de mayor categoría de Turquía.

Historia

Hace casi cuatro mil años, los hititas llamaron a la ciudad Kuwanna. Fue Kowania para los frigios, Iconium para los romanos y finalmente Konya para los turcos. Iconium

fue una importante ciudad de provincias, visitada en varias ocasiones por san Pablo y san Bernabé. Quedan pocos restos de su primera comunidad cristiana, aunque Sille (p. 458) posee varias iglesias en ruinas.

De 1150 a 1300, Konya fue capital del sultanado selyúcida de Rum, que abarcó casi toda Anatolia. Los sultanes selyúcidas la dotaron de decenas de edificios magníficos construidos en un estilo arquitectónico decididamente turco, aunque hundía sus raíces en Persia y Bizancio.

Tradicionalmente era el centro del rico 'granero' de Turquía, aunque actualmente la industria ligera y el turismo de los peregrinos son igual de importantes.

◉ Puntos de interés

Museo Mevlâna   MUSEO

(☏351 1215; entrada 2 TRY; ⊙9.00-18.30 ma-do, 10.00-18.00 lu) El principal motivo para visitar Konya, tanto para los musulmanes como para los no musulmanes, es visitar este museo, que antaño fue la logia de los derviches girávagos. Durante las festividades religiosas, el museo (todo un santuario) abre más horas.

En el sultanato selyúcida de Rum vivó Celaleddin Rumi, uno de los grandes filósofos místicos del mundo; su poesía y sus textos religiosos se encuentran entre los más queridos y respetados del mundo islámico. Con el paso de los tiempos, Rumi pasó a ser conocido como Mevlâna ("nuestro guía") entre sus seguidores.

Rumi nació en 1207 en Balkh (Afganistán). Su familia escapó de la inminente invasión mongola mudándose a La Meca y después al sultanato de Rum; llegaron a Konya en 1228. Su padre, Bahaeddin Veled, era un destacado predicador, conocido como el sultán de los Eruditos, y Rumi se convirtió en un brillante estudiante de teología islámica. Tras la muerte de su progenitor en 1231, estudió en Alepo y Damasco; regresó a Konya en 1240.

En 1244 conoció a Mehmet Şemseddin Tebrizi (Şemsi Tebrizi o Şems de Tabriz), uno de los discípulos sufíes (musulmanes místicos) de su padre. Tebrizi ejercía una profunda influencia en Rumi; los discípulos de este, celosos y airados por su cercanía con el maestro, mataron a Tebrizi en 1247. Impresionado por la pérdida, Rumi se retiró del mundo para meditar y escribió su obra poética más importante, *El Masnavi* (*Mesnevi* en turco) de 25 000 versos. También escribió numerosos aforismos, poemas *ruba'i* y *ghazal,* recogidos en su gran obra *Divan-i Kebir.*

La tolerancia es fundamental en las enseñanzas de Mevlâna, como en estos famosos versos:

Ven, quienquiera que seas,
incluso aunque seas un infiel,
un pagano,
o un adorador del fuego, ven.
La nuestra no es una hermandad de desesperanza.
Incluso aunque hayas roto
tus votos de arrepentimiento cien
veces, ven.

Rumi murió el 17 de diciembre de 1273, fecha que se conoce como su "noche de bodas" con Alá. Su hijo, el sultán Veled, reunió a sus seguidores en la hermandad mevleví (o de los derviches girávagos).

En los siglos que siguieron a la muerte de Mevlâna, se fundaron más de cien logias derviches a lo largo y ancho de los dominios otomanos. Las órdenes derviches ejercieron una considerable influencia conservadora en la vida política, social y económica del país; de hecho, numerosos sultanes otomanos fueron sufíes mevlevís. Atatürk veía a los derviches como un obstáculo para el avance del pueblo turco y los vetó en 1925, aunque varias órdenes consiguieron mantenerse como hermandades religiosas. La logia de Konya se recuperó en 1957 como "asociación cultural" con el fin de preservar una tradición histórica.

Para los musulmanes, este es un lugar muy sagrado; más de 1,5 millones de personas lo visitan cada año, la mayoría turcos. Se puede ver a muchos fieles rezando y solicitando la ayuda de Rumi. Al entrar, las mujeres han de cubrirse la cabeza y los hombros, y nadie debe llevar pantalones cortos. No es necesario contar con un guía, pero si se desea contratar uno, hay que ir a la oficina de turismo a buscar un profesional y olvidarse de los vendedores de alfombras de la entrada.

Visita al museo

El edificio es visible desde la distancia y su cúpula estriada de azulejos turquesas constituye uno de los espectáculos más bellos de Turquía. Tras atravesar un precioso patio con una fuente de abluciones y pinturas que narran la historia de Mevlâna, uno se descalza y pasa a la sala de la Tilavet (recitación del Corán), conocida también como la sala de caligrafía.

A la entrada del mausoleo, la puerta de plata otomana lleva la inscripción: "Los que entran incompletos, saldrán perfectos". Al entrar al mausoleo, se ve la gran estatua de bronce *Nisan tasi* (pila de abril) a la izquierda. El agua de lluvia de abril, vital para los granjeros de esta región, se sigue considerando sagrada y se recogía en esta pila del s. XIII. La punta del turbante de Mevlâna se mojaba en el agua y se ofrecía a quienes necesitaban curarse. También a la izquierda hay seis sarcófagos que pertenecían a los partidarios de Bahaeddin Veled, que lo siguieron desde Afganistán.

La visita continúa por la parte de la sala ubicada debajo de la cúpula estriada. Allí puede verse la tumba de Mevlâna (el más grande), flanqueado por el de su hijo, el sultán Veled, y por otros sarcófagos de derviches eminentes. Todos ellos están cubiertos de mortajas de terciopelo ricamente bordadas en oro, pero los de Mevlâna y Veled portan enormes turbantes, símbolos de su autoridad espiritual; el número de vueltas de la tela indica el nivel de importancia espiritual. Hay unos 65 sarcófagos, aunque no todos se ven; 55 pertenecen a la familia de Mevlâna (los de turbante verde) y 10 son de líderes (los de turbante blanco).

La tumba de Mevlâna data de la época selyúcida. La mezquita y la *semahane,* donde se celebraban las ceremonias, fueron agregadas por sultanes otomanos posteriores (Mehmet el Conquistador fue un mevleví y Solimán el Magnífico hizo donaciones a la orden). Selim I, conquistador de Egipto, donó las lámparas de cristal mamelucas.

En la pequeña mezquita y la *semahane* situadas a la izquierda de la cámara del sepulcro se exponen instrumentos musicales, el ejemplar original del *Mathnawi* (la alfombrilla de oración de Mevlân) y un manuscrito cristiano del s. IX en piel de gacela. Hay una urna que contiene pelos de la barba de Mahoma. La vitrina está agujereada para que pueda olerse el aroma a rosas del pelo. También guarda un ejemplar del Corán tan diminuto que su autor quedó ciego por el esfuerzo. En realidad, esto era un honor en el Imperio otomano, que valoraba el arte de la miniatura. También se exponen granos de arroz donde aparecen escritas oraciones. A la izquierda del mihrab hay una *seccade* (alfombra de oración) con una imagen de la Kaaba de La Meca. Está fabricada en Irán con seda y lana y es finísima, con unos tres millones de nudos (144 por cm^2).

Las salas que rodean el patio fueron en su día las oficinas y dependencias de los derviches; cerca de la entrada hay una que se conserva tal y como habría estado en los tiempos de Mevlâna, con maniquíes vestidos de derviches. Destaca la tarima de madera donde los derviches aprendían a girar.

Frente a la entrada del museo está la **Selimiye Camii,** construida entre 1566 y 1574, cuando el sultán Selim II era gobernador de Konya.

Museo de Objetos de Madera y Piedra Tallada   MUSEO

(Tas ve Ahsap Eserler Müzesi; ☑351 3204; Adliye Bulvarı; entrada 3 TRY; ☺9.00-12.00 y 13.30-17.30) En el lado oeste de Alaaddin Tepesi está el İnce Minare Medresesi (seminario del minarete esbelto), que hoy acoge este museo. Fue construido en 1264 para el visir selyúcida Sahip Ata, quien quizá intentara superar el patrón de la contemporánea Karatay Medreseci.

El extraordinario y prolijo portal, con inscripciones árabes alrededor, es mucho más impresionante que el pequeño edificio que tiene detrás. El alminar octogonal con relieves en turquesa tiene más de seiscientos años de antigüedad y da nombre al seminario. Si parece algo corto, es porque un rayo lo seccionó.

En el interior, muchas de las tallas muestran motivos similares a los empleados en azulejo y cerámica. Los selyúcidas no prestaban atención a la prohibición islámica de representar humanos y animales: hay imágenes de aves (p. ej., el águila bicéfala selyúcida), humanos, leones y leopardos. En concreto, el *eyvan* muestra dos tallas preciosas de ángeles selyúcidas. La Ahşap Eserler Bölümü (sección de madera tallada) contiene intrincadas puertas de madera.

GRATIS Museo de las Lápidas MUSEO

(Mezar Anıtlar Müzesi; ☏ 353 4031; Sırçalı Medresi Caddesi; ☺ 8.30-17.30) En el laberinto de callejas que hay al sur de Alaaddin Tepesi hay otros monumentos selyúcidas. Se recomienda ver la pequeña Kadı Mürsel Camii y continuar luego andando por su lateral, frente a la escuela marrón con un cartel azul. A los pocos minutos se llega a otro seminario selyúcida, la Sırçalı Medrese (madraza de Cristal), llamada así por su exterior de azulejos. Patrocinado por el visir selyúcida Bedreddin Muhlis, el edificio del s. XIII acoge este pequeño museo, que expone una colección de lápidas bellamente grabadas. El *eyvan* de la parte oeste del patio era utilizado para las clases; está decorado con delicados azulejos y su arco posee una banda con caligrafía especialmente bella.

Museos Arqueológico y Etnográfico
MUSEOS

Situado junto a la Sahib-i Ata Külliyesi, el **Museo Arqueológico** (☏ 351 3207; Larende Caddesi; entrada 3 TRY; ☺ 9.00-12.30 y 13.30-17.00 ma-do) es como una continuación del museo de Çatalhöyük, y alberga hallazgos neolíticos como el esqueleto de una bebé o rígidas joyas de piedra y hueso. Los objetos presentan un recorrido milenario, desde botes de terracota del calcolítico hasta jeroglíficos hititas, una lámpara de aceite asiria en forma de racimo de uvas y sarcófagos romanos de bronce y piedra. Uno de ellos narra los trabajos de Hércules en altorrelieves.

Cerca de aquí, el polvoriento **Museo Etnográfico** (Larende Caddesi; entrada 3 TRY; ☺ 8.30-12.00 y 13.30-17.30 ma-do) posee una buena colección de artesanía otomana, que incluye llaves enormes.

(Kerimler Caddesi 25; ☺ 8.30-17.30 ma-do) Poco visitado, este museo expone el legado de Izzet Koyunoğlu. Inspector de ferrocarriles, acumuló una curiosa colección de objetos gracias a sus viajes por todo el país. Lo mejor es el pelícano disecado de aspecto cansado pero hay una maravillosa variedad, que abarca desde huesos prehistóricos hasta rosarios de cuerno de rinoceronte, pasando por cucharas de madera de boj en las que aparecen sabias palabras sobre la comida, relojes de sobremesa del s. XIX y antiguas fotos de Konya y de los derviches giróvagos.

Hay que pedir a los guardas que abran la **Koyunoğlu Konya Evi**, que recrea cómo vivía hace un siglo una familia adinerada de Konya. Izzet vivía en el edificio original rodeado de obras de arte por valor de tres millones de US$.

La forma más rápida de llegar al museo es en paralelo al **cementerio de Üçler**. En la rotonda que se halla al final del cementerio hay que seguir recto, tomando la carretera que queda a la izquierda del garaje. Si se decide atravesar el camposanto, hay que hacerlo durante el día, cuando haya más gente. Se recomienda a las mujeres que no lo crucen solas.

Museo del Azulejo MUSEO

(Karatay Müzesi; ☏ 351 1914; Alaaddin Meydanı; entrada 3 TRY; ☺ 9.00-12.00 y 13.30-17.30) Situado en una antigua escuela teológica selyúcida, estaba cerrado mientras se redactaba esta guía. El edificio fue construido entre 1251 y 1252 por el emir Celaleddin Karatay, un general selyúcida, visir y hombre de estado que está enterrado en una de las salas de la esquina. El museo merece una visita por su destacada colección de cerámica, con interesantes azulejos octogonales selyúcidas.

Alaaddin Camii MEZQUITA

(☺ 8.30-17.30) Esta mezquita selyúcida es el edificio religioso de Konya más importante después del santuario Mevlân, se alza sobre Alaaddin Tepesi. A veces es posible verla fuera del horario de visita. Construida para Alaaddin Keykubad I, sultán de Rum de 1219 a 1231, el laberíntico edificio del s. XIII fue diseñado en estilo árabe por un arquitecto de Damasco. A lo largo de los siglos se ha embellecido, reformado, arruinado y restaurado.

Actualmente se entra a la mezquita por el este. La grandiosa entrada de la cara norte incorpora elementos decorativos de edificios bizantinos y romanos anteriores. En el patio hay dos enormes *türbe* (tumbas) selyúcidas. La de la izquierda es la parte más impresionante del complejo y contiene las tumbas de azulejos azules de notables de los ss. XII y XIII.

El exterior de la mezquita es más bien sencillo pero el interior tiene antiguas columnas de mármol coronadas por capiteles romanos y bizantinos reciclados. Posee también un bello *mimber* de madera y un antiguo mihrab de mármol, enmarcado en caligrafía moderna de estilo selyúcida en azul y negro.

Sahib-i Ata Külliyesi   MEZQUITA
(Conjunto de la mezquita Sahib-i Ata; ☉9.00-12.00 y 13.00-17.00) Unas pocas manzanas al sur del Museo de las Lápidas, en Sırçalı Medrese Caddesi, están esta mezquita y su conjunto de edificios. Tras su obligada entrada grandiosa con alminar incluido está la Sahib-i Ata Camii, construida durante el reinado de Alaaddin Keykavus. Quedó destruida por un incendio en 1871 y fue reconstruida al estilo del s. XIII. El mihrab es un bello ejemplo de azulejería selyúcida en tonos azules. Junto a la mezquita, otra gran puerta condujo en su día a un alojamiento derviche.

Hay otras mezquitas interesantes desperdigadas por la ciudad.

Şemsi Tebrizi Camii   MEZQUITA
Contiene la elegante tumba del mentor espiritual de Rumi, del s. XIV. Está en un parque al noroeste de Hükümet Meydanı.

Aziziye Camii   MEZQUITA
Construida originalmente en la década de 1670 y destruida por un incendio, esta mezquita se reconstruyó en 1875 en estilo otomano tardío, barroco y rococó. Situada en el bazar, tiene alminares gemelos con balcones resguardados y un cartel que indica sus características más interesantes.

🎊 Fiestas y celebraciones

El **festival anual de Mevlâna** (☎353 4020) dura dos semanas y culmina el 17 de diciembre, aniversario de la 'noche de bodas' de Mevlâna con Alá. Conviene reservar con tiempo las entradas y el alojamiento. Para obtener ayuda, se puede contactar con la oficina de turismo o con Selene Tourism. Si no se consigue entrada, hay otros lugares en la ciudad que también organizan danzas durante el festival, aunque no son de la misma calidad.

En otras épocas del año, las '**sema**' (Aslanı Kışla; ☉20.00 sa) se celebran detrás del Museo Mevlâna. Las entradas para las actuaciones de una hora son gratuitas y se pueden concertar mediante agencias de viajes, hoteles o la oficina de turismo.

🛏 Dónde dormir

En Konya no escasean los hoteles, pero el constante flujo de peregrinos puede hacer que los precios se disparen.

Ulusan Otel   HOTEL €
(☎351 5004; Çarşi PTT Arkasi 4; i/d desde 40/70 TRY) Situado detrás de la oficina de correos, este pequeño y genial hotel cuenta con habitaciones limpísimas, unos propietarios simpáticos y desayunos de lo más generosos. Los baños compartidos son dignos de un palacio, y también están muy limpios, incluso más que algunos baños privados de Konya. El mejor de la ciudad.

Mevlâna Sema Otel   HOTEL €
(☎350 4623; www.semaotel.com; Mevlâna Caddesi 67; i/d/tr 50/75/100 TRY; ❄) Muy bien ubicado, con decoración pretenciosa y habitaciones cómodas de color beis, el Mevlâna Sema ofrece muchas posibilidades. Conviene pedir una habitación trasera, lejos de la ruidosa Mevlâna Caddesi.

Hotel Rumi   HOTEL €€
(☎353 1121; www.rumihotel.com; Durakfakih Sokak 5; i/d/tr/ste 100/150/200/250 TRY; ❄ @) Con su magnífica ubicación cerca del Museo Mevlâna, las elegantes habitaciones y suites del Rumi muestran una abundancia de sillas curvilíneas, lámparas estilizadas y espejos. La suntuosa sala de desayuno con vistas del museo, el amable personal y el *hammam* lo convierten en un oasis de calma en pleno centro.

Otel Mevlâna   HOTEL €
(☎352 0029; Cengaver Sokak 2; i/d/tr desde 40/60/85 TRY) Cruzando Mevlâna Caddesi frente al Otel Bera Mevlâna, es acogedor y céntrico, ideal para mochileros de ambos sexos. Las habitaciones cuentan con camas firmes, neveras, baño y cuadros *kitsch*.

Selçuk Otel   HOTEL €€€
(☎353 2525; www.otelselcuk.com.tr; Babalık Sokak 4; s/d/tr 60/100/125 €; ❄) El Selçuk ofrece comodidad y personalidad. Las enormes peceras separan un mar de sillones beis en el vestíbulo. Los precios son altos pero vale la pena por las instalaciones, la decoración y el servicio profesional.

La ceremonia religiosa mevleví, o *sema*, es una danza ritual que representa la unión con Dios; se trata de la famosa danza vertiginosa de los derviches, declarada en su día por la Unesco como Obra Maestra del Patrimonio Oral e Inmaterial de la Humanidad. Presenciar una *sema* puede ser una experiencia única e inolvidable. Existen muchas órdenes derviches en todo el mundo que ejecutan rituales similares, pero la versión turca original es la más fluida y pura, más próxima a una elegante danza extática que la vulgar exhibición de energía que se ve por doquier.

Los derviches se visten con largas túnicas blancas y amplias faldas que representan su mortaja. Sus voluminosos mantos negros simbolizan su tumba en la tierra y sus sombreros de fieltro cónico, su lápida.

La ceremonia comienza cuando el *hafız*, un erudito que se ha aprendido todo el Corán de memoria, entona una oración a Mevlâna y un verso del Corán. Suena un timbal, seguido del plañidero sonido de la *ney* (flauta de caña). Luego el *şeyh* (maestro) hace una reverencia y conduce a los derviches en círculo por toda la sala. Tras dar tres vueltas, los derviches dejan caer sus capas negras para simbolizar su desprendimiento de los objetos terrenales. Después, uno a uno y con los brazos cruzados sobre el pecho, comienzan a girar, es decir, a desprenderse de la vida en la tierra para renacer en mística unión con Dios.

Al alzar su brazo derecho, reciben la bendición del Cielo, comunicada a la Tierra a través del brazo izquierdo que mantienen pegado al cuerpo. A medida que rotan, forman una constelación de cuerpos giratorios que, a su vez, gira despacio. El *şeyh* camina entre ellos para comprobar que todos los derviches están realizando el ritual de forma adecuada.

La danza se repite una y otra vez. Finalmente, cuando los giros se han acabado, el *hafız* canta de nuevo pasajes del Corán, sellando así la mística unión con Dios.

Konya Deluxe Otel
HOTEL **€€**

(☑ 351 1546; Ayanbey Sokak 22; i/d 80/150 TRY; ❄) Es nuevo y está un poco más abajo de la calle del Rumi. Limpio y acogedor, sus habitaciones son pequeñas pero los baños son fantásticos. Es una buena opción para los que viajan solos.

Otel Derya
HOTEL **€€**

(☑ 352 0154; Ayanbey Sokak 18; i/d/tr 50/80/100 TRY; ❄) Tranquilo e impecable, es ideal para los que viajan en familia y las mujeres que viajan solas. Las habitaciones son un poco sosas, con baños de color rosa, TV y minibar; pero los propietarios son amables y eficientes.

Otel Anı & Şems
HOTEL **€€**

(☑ 353 8080; www.hotelani.com; Şems Caddesi 6; i/d/tr 30/45/60 €; ❄) Situado junto a una mezquita. El exterior no promete mucho, pero su interior tiene un encanto muy característico. Las habitaciones son viejas, pero todavía sirven. Cuentan con minibar y TV. El hotel dispone de su propia agencia de viajes.

✘ Dónde comer

La especialidad de Konya es el *fırın kebap*, lonchas de un tierno y bastante grasiento cordero asado al horno y servido sobre esponjoso pan. Los panaderos de la ciudad hacen una excelente *pide* con carne picada, queso o huevos; en Konya a la *pide* se le llama *etli ekmek* (pan con carne).

Hay que tener cuidado con lo que se come. Algunos restaurantes cercanos al Museo Mevlâna y la oficina de turismo tienen vistas estupendas, pero su comida no es recomendable.

Los restaurantes de comida rápida de Adliye Bulvarı, que compiten con cierta cadena internacional, son lugares animados para picar algo, pero hay que asegurarse de que la comida esté bien cocinada.

Köşk Konya Mutfağı
ANATOLIA CONTEMPORÁNEA **€**

(☑ 352 8547; Mengüç Caddesi 66; platos principales 8 TRY; ⊙ 11.00-22.00) Situado al sureste del centro, este excelente restaurante tradicional lo regenta el conocido autor de libros gastronómicos Nevin Halıcı, quien aporta su toque personal a los platos clásicos turcos. El servicio es excelente, y las mesas exteriores, bajo pilares con parras, están junto a un fragante jardín de rosas. La carta incluye algún plato singular, como un postre llamado *höşmerim*, que casi se atasca en la boca.

Gülbahçesı Konya Mutfağı · 'LOKANTA' €

(☎351 0768; Gülbahçe Sokak 3; platos principales 4-8 TRY; ⏰8.00-22.00) Es uno de los mejores restaurantes de Konya, sobre todo debido a la terraza de la planta superior, con vistas al Museo Mevlâna. Entre los platos hay *yaprak sarma*, kebab Adana y *etli ekmek*. A veces hay actuaciones de *sema*.

Asmalı Konak Etliekmek ve Pide Salonu · 'PIDECI' €

(☎322 7175; Babalık Mahallesi, Yahya Çavuş Caddesi 11/B; platos principales 3-6 TRY; ⏰8.00-22.00) Situado en una callejuela, se anuncia como el restaurante que sirve el mejor *köfte* de Konya. Las *pides* y las ensaladas también están muy bien.

Aydın Et Lokantası · 'LOKANTA' €

(☎351 9183; Şeyh Ziya Sokak 5e; platos principales 4,50-7 TRY) La decoración de este *lokanta* se centra en un roble verde falso con un renqueante pez rojo en el estanque que tiene en la base, pero la cocina, visible para el público, es tranquilizadora. Aquí se puede probar el *etli ekmek* y la carta está traducida al inglés.

Şifa Lokantası · 'KEBAPÇI' €

(☎352 0519; Mevlâna Caddesi 29; platos principales 5-8 TRY) El kebab Tandır encabeza el reparto del Şifa. El servicio es un poco apurado cuando está muy lleno, pero al menos la vista de la calle principal es buena.

Bazar · AUTOSERVICIO €

Para los que prefieren prepararse ellos mismos la comida, el bazar es el mejor lugar donde comprar ingredientes.

Makromarket · AUTOSERVICIO €

(Mevlâna Caddesi) Supermercado.

Sürüm · DULCES €

(İstanbul Caddesi) Los fans de lo dulce disfrutarán de lo lindo en esta chocolatería, fundada en 1926.

Dónde beber

En verano hay pocas cosas más agradables que relajarse en uno de los jardines de té de las laderas de Alaettin Tepesi. Konya es una de las ciudades más devotas del islam que hay en Turquía, por lo que no se sirve alcohol en casi ningún sitio.

Osmanlı Çarşısı · CAFÉ

(☎353 3257; İnce Minare Sokak) Esta casa de principios del s. xx parece un barco pirata con olor a narguile de manzana y tiene terrazas y asientos en la calle, donde los estudiantes hablan de política o echan una calada.

Café Zeugma · CAFÉ

(☎350 9474; $Adliye Bulvarı 33; fin de semana entrada con consumición 3 TRY) Con sus tallas y sus tenues fluorescentes, este oscuro centro cultural gusta mucho a los estudiantes por su música en directo.

De compras

Bazar · BAZAR

El bazar de Konya se extiende prácticamente desde el moderno edificio de la PTT hasta el Museo Mevlâna, abarrotando las estrechas calles con puestos, vendedores ambulantes y algún que otro carro de caballos. En el extremo que da al Museo Mevlâna se concentran las tiendas de artículos religiosos y recuerdos.

Ikonium · FABRICANTE DE FIELTRO

(☎350 2895; www.thefeltmaker.net; Bostan Çelebi Sokak 12a) Konya tenía una gran tradición en la fabricación de fieltro, pero este arte está cayendo en desuso rápidamente en Turquía. El apasionado *keçeki* (fabricante de fieltro) Mehmet y su mujer argentina ofrecen maravillas como motivos de arte óptico y la que podría ser la mayor pieza de fieltro del mundo decorada a mano.

Información

Elma Net (Çinili Sokak 14; 1 TRY/h; ⏰10.00-11.00) Cibercafé.

Selene Tourism (☎353 6745; www.selene.com.tr; Ayanbey Sokak 22b) Organiza circuitos; y en verano, actuaciones de derviches para grupos.

Oficina de turismo (☎353 4020; Mevlâna Caddesi 21; ⏰8.30-17.30 lu-sa) Ofrece un plano de la ciudad y un folleto sobre el Museo Mevlâna, y organiza guías para verlo.

Peligros y advertencias

Konya cuenta con una larga reputación de conservadurismo religioso; aquí hay más mujeres que llevan velo que en muchas otras ciudades, y la santificación del viernes como día de descanso se cumple con un celo que raramente se observa en otros lugares. Esto no debe ser un problema para el viajero, pero debe ser respetuoso para no molestar a los más devotos. Si se visita la ciudad durante el Ramazán (véase p. 15) no se debe comer ni beber en público, como deferencia a los que ayunan.

Parece ser que las mujeres no musulmanas están más expuestas a situaciones de acoso en este bastión de la rectitud que en la mayoría de las ciudades turcas, por lo que vestir con recato evitará más de un incidente. Los hombres pueden pasearse en pantalón corto sin problemas, pero quizá sea más recomendable llevar pantalones largos para adaptarse a las costumbres locales.

Si se busca un guía para el Museo Mevlâna, es mejor buscar uno a través de la oficina de turismo que contratar a alguno de los vendedores de alfombras que se arremolinan en la entrada del museo.

Algunos viajeros hombres nos han informado de que les habían acosado en el Tarihi Mahkeme Hamamı.

❶ Cómo llegar y salir

Avión

Hay tres vuelos diarios a/desde Estambul con **Turkish Airlines** (☑321 2100; Ferit Paşa Caddesi; ◷8.30-17.30 lu-vi, 8.30-13.30 sa).

El aeropuerto está unos 13 km al noreste del centro; un taxi cuesta 40 TRY. Havaş estaba creando un servicio de autobús mientras se preparaba esta guía. Pregúntese en la oficina de turismo.

Autobús

La **'otogar'** de Konya está unos 7 km al norte de Alaaddin Tepesi; se puede llegar en tranvía desde la ciudad. Hay autobuses regulares a los principales destinos, como Afyon (25 TRY, 3¾ h), Ankara (20 TRY, 4 h), Estambul (45 TRY, 11½ h), Kayseri (25 TRY, 4 h) y Sivas (30 TRY, 7 h). Hay numerosas taquillas en Mevlâna Caddesi y en torno a Alaaddin Tepesi.

La Eski Garaj (terminal Karatay de autobuses), 1 km al suroeste del Museo Mevlâna, tiene servicios hacia los pueblos de la zona.

Tren

La **estación de trenes** (☑332 3670) está unos 3 km hacia el suroeste del centro. Se puede llegar a Konya en tren desde İstanbul Haydarpaşa (13½ h) con el *Meram Ekspresi*, el *Toros Ekspresi* (de Estambul a Gaziantep) o el *İç Anadolu Mavi* (de Estambul a Adana), todos vía Afyon. Está previsto que un tren directo de alta velocidad una Konya y Ankara muy pronto. Reducirá el tiempo de viaje de 10½ horas a 1¼ horas.

❶ Cómo desplazarse

Se puede llegar a pie a la mayoría de los puntos de interés del centro de la ciudad, por lo que el transporte público solo es necesario para llegar a la *otogar* o a la estación de trenes. Para llegar al centro desde la *otogar* hay que tomar cualquier tranvía desde el este de la estación hasta Alaaddin Tepesi (30 min). Los billetes, que son para dos personas, cuestan 2,20 TRY. Los tranvías funcionan las 24 horas y, después de medianoche, pasan cada hora. Un taxi cuesta unos 25 TRY desde la *otogar*.

Cada media hora salen microbuses de la estación de trenes hacia el centro (1,25 TRY). Un taxi de la estación a Hükümet Meydanı cuesta unas 15 TRY.

Múltiples microbuses circulan por Mevlâna Caddesi (1 TRY).

Pueden alquilarse automóviles en **Decar** (☑247 2343; Özalan Mahallesi, Selçuklu), con base en el Dedeman Konya Hotel.

Alrededores de Konya

ÇATALHÖYÜK

A 20 m sobre las planicies se eleva el Túmulo Este de Çatalhöyük (entrada 3 TRY; ◷8.00-17.00), vestigio de uno de los mayores asentamientos neolíticos del planeta. Hace 9000 años, vivían aquí unas ocho mil personas, y el túmulo está formado por 13 estratos de viviendas, cada uno con unas mil estructuras.

Queda poco de la antigua población aparte de cinco zonas de excavación, que atraen a arqueólogos de todo el mundo. Si se visita de junio a septiembre, época en que se excava más, es posible encontrar algún experto con el que charlar. En otras épocas, el museo es suficiente para entender el yacimiento y las excavaciones, que comenzaron en 1961 al mando del arqueólogo británico James Mellaart y han continuado con la implicación de los lugareños. Vale la pena ver el vídeo de ocho minutos del museo antes que las exposiciones, que son sobre todo reproducciones de objetos que se encuentran en el Museo de las Civilizaciones Anatolias de Ankara, incluidas algunas de las vasijas de cerámica más antiguas de Anatolia, y el salero de cerámica y el espejo hecho por el hombre más antiguos del mundo, así como una representación de la diosa madre. Las controvertidas teorías de Mellaart sobre el culto a la diosa madre hicieron que el Gobierno turco cerrara el yacimiento durante treinta años.

Cerca de la entrada al museo está la casa experimental, una cabaña reconstruida de adobe y ladrillo usada para probar diversas teorías sobre la cultura neolítica. La población de Çatalhöyük vivía en casas apretadas conectadas por escaleras de mano entre los tejados en vez de por calles, y las rellenaban y volvían a construir encima cuando empezaban a envejecer. Se han encontrado esqueletos bajo los suelos y es posible que las casas hicieran también las veces de santuarios. El asentamiento estaba muy organizado pero no hay indicios obvios de ningún sistema de gobierno centralizado.

El guarda muestra encantado la **zona sur**, cubierta por una carpa; y agradece las propinas. Con 21 m de depósitos arqueológicos, muchos de los descubrimientos más famosos del yacimiento se hicieron aquí. El nivel más bajo de excavación, comenzado por Mellaart, es el más profundo de Çatalhöyük y contiene depósitos de hace más de nueve mil años. Si se va en verano, se pueden visitar otras zonas de excavación.

❶ Cómo llegar y salir

Para llegar en transporte público desde Konya, 33 km al noroeste, hay que tomar el microbús de Karkın, que sale de la Eski Garaj a las 9.00, 12.00 y 15.00. Hay que bajar en Kük Köy (2,50 TRY, 45 min) y caminar 1 km hasta el yacimiento, aunque también se puede convencer al conductor de que vaya hasta el final. Para volver, los microbuses salen de Kük Köy a las 12.00, 15.00 y 17.00.

Otra opción es tomar un microbús de la Eski Garaj a Çumra (3 TRY, 45 min) y alquilar luego un taxi al lado de la *otogar* para los últimos 11 km (35 TRY ida y vuelta).

Para ambas rutas hay que ponerse en marcha temprano, para tener tiempo de visitar Çatalhöyük y tomar el último microbús de vuelta a Konya. Un taxi de ida y vuelta desde Konya cuesta unas 80 TRY.

GÖKYURT (KILISTRA, LYSTRA)

El paisaje de Gökyurt, un pedacito de Capadocia al suroeste de Konya, recuerda lo que se ve en Güzelyurt o en el valle de Ihlara: un desfiladero con viviendas e iglesias medievales labradas en la pared de roca, pero sin multitudes.

Se cree que san Pablo se alojó aquí en sus tres expediciones por Anatolia y la zona ha sido un lugar de peregrinación cristiana durante mucho tiempo; sobre todo en los 12 meses transcurridos desde junio del 2008, declarados por el papa Benedicto XVI como el Año de San Pablo para celebrar el 2000º aniversario del nacimiento del santo.

Hay una iglesia especialmente bella esculpida por completo en la piedra, aunque no tiene frescos. Con un paisaje asombroso, constituye una excursión deliciosa de medio día.

❶ Cómo llegar y salir

La forma más fácil de llegar es desde Konya, situada a 45 km, en automóvil o taxi. Este último cuesta 120 TRY ida y vuelta (incluido el tiempo de espera). Hay varios autobuses diarios desde la Eski Garaj de Konya a Hatunsaray, a 18 km de Gökyurt, pero los taxis allí son más caros que desde Konya ya que los taxistas se aprovechan de sus clientes atrapados. Si hay suficientes habitantes de Gökyurt que quieran visitar Konya, un microbús hace el viaje a la ciudad y uno puede subirse a él en su viaje de vuelta.

Si se dispone de automóvil, hay que tomar la carretera de Antalya y seguir las indicaciones a Akören. Tras unos 34 km y unos kilómetros antes de Hatunsaray, hay que fijarse en un diminuto cartel marrón y blanco que hay a la derecha (que indica "Kilistra-Gökyurt, 16 km"). Los ciclistas deben estar atentos a los perros pastores que deambulan por la zona.

SILLE
📞 0332 / 2000 HAB.

Si se busca una excursión desde Konya, hay que pasar las señales de tráfico de "paso de tortugas" para llegar al precioso pueblo de Sille, una zona verde rodeada de afiladas colinas rocosas. Una pared de roca llena de viviendas y capillas trogloditas domina las casas del pueblo, dobladas por las vigas y en varios estados de degradación, así como unos cuantos puentes que cruzan el lecho seco del río.

Según dicen, la abovedada **iglesia de Santa Elena** (Ayaelena Kilisesi), bizantina, situada cerca de la última parada de autobús, fue fundada por la emperatriz Elena, madre de Constantino el Grande. Sufrió una restauración completa en 1833; sus frescos, más bien desvaídos, datan de la década de 1880. Pese a su uso posterior como depósito militar durante la Primera Guerra Mundial y como clínica en la que un médico alemán colocaba prótesis, la iglesia conserva parte de su carpintería antigua, incluido un púlpito roto y un iconostasio despojado de sus iconos. Si está cerrada, se puede pedir la llave en el restaurante Sille Konak.

En una colina que hay al norte se alza una pequeña capilla en ruinas, la **Küçük Kilese**; merece la pena subir, aunque solo sea para admirar las vistas del pueblo. En **Sille Konak** (📞 244 9260; platos principales 5-9 TRY), una casa griega restaurada y decorada con gusto por la familia que la gestiona, un equipo de cocineras con pañuelos en la cabeza se apresura a servir comida casera. La dueña se muestra encantada de recomendar platos como el kebab Konak y la *düğün* (sopa con yogur, menta y arroz, que se sirve en bodas). Conviene pedir varias cosas, ya que las raciones son pequeñas.

Los selyúcidas levantaron una sucesión de caravasares (alojamientos para las caravanas) en la Ruta de la Seda del s. XIII que atravesaba Anatolia. Estas paradas para las caravanas de camellos se construían, más o menos, con una separación de un día de viaje (de 15 a 30 km) para facilitar el comercio. Los gastos de edificación y mantenimiento los sufragaba el sultán y se pagaban con los impuestos recaudados sobre el rico comercio de mercancías.

Entre los mejores que aún se conservan, destacan el célebre caravasar Sultanhanı, el Sarıhan (p. 482), 6 km al este de Avanos, y el Karatay Han, 48 km al este de Kayseri. Muchos otros *hans* se reparten por el paisaje anatolio, como el Ağzıkara Hanı (p. 503), 16 km al noreste de Aksaray por la carretera de Nevşehir, y el Sultan Han (p. 508), 45 km al noreste de Kayseri por un desvío de la carretera de Sivas.

Hay un par de cafés y un restaurante familiar a la entrada del pueblo, que dan al *hammam* tachonado de trozos de cristal.

❶ Cómo llegar y salir

El autobús 64 sale de Mevlâna Caddesi (cerca de la oficina de correos), en Konya, cada media hora, aprox. (los domingos la frecuencia es menor) a Sille (1,10 TRY, 25 min).

Karaman

☑ 0338 / 252 400 HAB.

Tras la caída del Imperio selyúcida, Anatolia central se dividió en varias provincias con diferentes gobiernos y, durante algún tiempo, Karaman fue una capital regional. Aunque en la actualidad no recibe a muchos visitantes, posee una buena selección de edificios de los ss. XIII y XIV y constituye una buena base para hacer excursiones a Binbirkilise (derecha).

La **Hacıbeyler Camii**, de 1358, posee una magnífica entrada cuadrada con una decoración que parece una variante barroca del arte selyúcida. La **Mader-i Mevlâna (Aktepe) Cami**, de 1370, contiene la tumba de la madre de Mevlâna y posee un tocado estilo derviche esculpido sobre la entrada. El 'hammam' adyacente sigue en funcionamiento.

La tumba del gran poeta turco Yunus Emre está al lado de la **Yunus Emre Camii** (1349). En el jardín trasero pueden verse extractos de sus versos tallados en la pared.

El **Museo Karaman** (Turgut Özal Bulvarı; entrada 3 TRY; ⊗ 8.00-12.00 y 13.00-17.00 ma-do), aunque un tanto desorganizado, muestra hallazgos de las cuevas cercanas de Taşkale y Canhasan y cuenta con una excelente sección sobre etnografía. Al lado se halla la magnífica **Hatuniye Medresesi**

(1382), cuyo ornamentado portal es uno de los mejores ejemplos del arte de Karaman. Actualmente es un restaurante.

Si uno ha de hacer noche en Karaman, el **Nas Hotel** (☑ 214 4848; İsmetpaşa Caddesi 30; h 50 TRY), de dos estrellas, es sencillo pero cómodo y acogedor para viajeros de ambos sexos. Además, está cerca de los puntos de interés.

❶ Cómo llegar y salir

Hay autobuses frecuentes de Karaman a Konya (20 TRY, 2 h) y Ereğli (20 TRY, 2 h). Llegar a Karaman desde Nevşehir (Capadocia) lleva más tiempo, ya que hay que cambiar en Nigde y Ereğli. Los trenes *Toros Ekspresi* y *İç Anadolu Mavi* (véase p. 457) paran entre Konya y Adana.

Binbirkilise

Poco antes de la Primera Guerra Mundial, Gertrude Bell viajó 42 km al noroeste de Karaman y documentó la existencia de un grupo de iglesias bizantinas emplazadas en lo alto de una solitaria ladera, generosamente conocida como Binbirkilise ("mil y una iglesias"). Con posterioridad, Irfan Orga llegó en busca de los últimos nómadas, y relató el viaje en el libro *The Caravan Moves On*. Ya no se ven nómadas ni nada que indique que las ruinas eran iglesias, pero media docena de familias viven en torno a ellas (y algunos de sus animales, en ellas) y el lugar es una alternativa rural a lugares más concurridos.

Es más fácil llegar a las iglesias con transporte propio. Hay que salir de Karaman por la carretera de Karapınar y seguir los indicadores amarillos. Las primeras ruinas de cierta envergadura se encuentran en el pueblo de Madenşehir, 36 km más al norte, pasado el cual la carretera se vuelve cada vez peor. A lo largo de esta se divisan fabulosas vistas, que podrán verse dos veces, pues hay que regresar por el mismo camino.

Un taxi desde la *otogar* de Karaman cuesta alrededor de 100 TRY, ida y vuelta. Los taxistas saben llegar a las iglesias.

Sultanhanı

📋 0382

La carretera entre Konya y Aksaray atraviesa la quintaesencia de la estepa turca: praderas que se pierden en el horizonte y un puñado de montañas en la distancia rompiendo la monotonía. Por el camino (110 km desde Konya y 42 km desde Aksaray) se halla el deprimente pueblo de Sultanhanı, cuyo único atractivo reside en un caravasar selyúcida que lleva el mismo nombre. El asombroso **Sultanhanı** (entrada 3 TRY; ☉7.00-19.00), situado a 200 m de la carretera, es el mayor de Anatolia

Aquí paran numerosos grupos de turistas y es normal recibir invitaciones para visitar el cercano taller de reparación de alfombras. Si uno se resiste a estas ofertas, puede recorrer sin problema Sultanhanı en media hora.

Fue construido en 1229 durante el reinado del sultán selyúcida Aladino Keykubad I y restaurado en 1278 después de un incendio, convirtiéndose en el caravasar más grande de Turquía. Tras atravesar la maravillosa entrada labrada en la pared este de 50 m de longitud, hay una *mescit* (sala de oración) en alto en medio del patio abierto, que está rodeada de salas que se usan para dormir, comer y cocinar. Una puerta pequeña y sencilla conduce al evocador *ahır* (establo), cuyos arcos, cúpulas y pilares aguardan en penumbra arrullados por las palomas.

❶ Cómo llegar y salir

De la *otogar* de Aksaray salen autobuses frecuentes de lunes a viernes (5 TRY, 45 min). Los fines de semana hay menos servicios. Al salir de Sultanhanı, se puede parar un autobús o uno de los microbuses del pueblo que van a Aksaray o Konya por la carretera principal. Si se sale temprano, se puede bajar del autobús, ver el *han* y proseguir viaje al cabo de una hora aproximadamente.

Contemplar el esplendor clásico de la acrópolis de Pérgamo, uno de los yacimientos antiguos más impresionantes de Turquía.

1

5

4

THEIR NAME LIVETH
FOR EVERMORE

1. Ölüdeniz (p. 326)
Disfrutar de la resguardada bahía y el exuberante parque nacional durante el día, e ir de fiesta por la noche.

2. Bozcaada (p. 157)
Esta idílica y epicúrea isla del Egeo es perfecta para relajarse con una copa de vino.

3. Alfombras (p. 662)

Las alfombras turcas son el producto de una tradición textil de muchos siglos.

4. Biblioteca de Celso, Éfeso (p. 208)

Éfeso, con las ruinas mejor conservadas del Mediterráneo, es un tributo a las proezas griegas y romanas.

5. Cementerio australiano de Lone Pine, Gallípoli (p. 137)

Lone Pine, donde hay más de siete mil hombres enterrados, quizá sea el más conmovedor de los cementerios del Anzac.

IZZET KERIBAR

1. **Hierápolis, Pamukkale (p. 283)**
Los visitantes pueden bañarse entre las ruinas de Hierápolis, consideradas Patrimonio Mundial.

2. **Santa Sofía, Estambul (p. 45)**
Antigua iglesia y mezquita, y ahora museo, es el monumento más famoso de Estambul.

3. **Tumbas licias, Kaleköy (p. 349)**
Kaleköy alberga las ruinas de la antigua Simena.

4. **Castillo de San Pedro, Bodrum (p. 237)**
Construido por los caballeros hospitalarios en 1437.

MZJ/IMAGEBROKER

1. Delicias turcas (p. 108)
Las *lokum* (delicias turcas) fueron creadas por el pastelero otomano Ali Muhiddin Hacı Bekir.

2. Bazar de las especias, Estambul (p. 64)
Además de especias, en este ajetreado mercado se venden frutos secos, panales de miel, jabones de aceite de oliva, *incir* (higos) y mucho más.

3. Vendedor de zumo de cerezas
Las deliciosas cerezas turcas fueron introducidas en el resto del mundo a través de la histórica ciudad de Giresun, que significa 'cereza' en griego.

4. Mezquita Azul, Estambul (p. 50)

Las decenas de miles de azulejos de color azul del interior de la Sultan Ahmet Camii dan lugar a su nombre popular: la Mezquita Azul.

5. Tiendas en Kaleiçi, Antalya (p. 355)

Rebuscar entre las mercancías del barrio de antigüedades de Kaleiçi, que significa 'dentro del castillo'.

Selimiye Camii, Edirne (p. 123)
Magnífico interior de la mezquita más grandiosa del arquitecto otomano Mimar Sinan.

çhisar, Capadocia (p. 476)

viaje en globo aerostático permite contemplar la multiplicidad de sombras que el sol produce sobre las rocas del espectacular
Capadocia.

1. La gastronomía del mar Negro
Comida tradicional del mar Negro, con pescado, mezes y rakı (*brandy* anisado).

2. Pastoreo de ovejas, región de Van
Rebaño de ovejas paciendo en fértiles praderas.

3. Tomando un té en el mercado, Milas (p. 232)
Aunque Milas parezca un lugar letárgico, su mercado semanal es muy popular.

4. Palacio İshak Paşa, Doğubayazıt (p. 566)
Romántico palacio erigido sobre inhóspitos riscos por encima de la llanura, con el monte Ararat como marco.

GREG ELMS

1. 'Baklava'
El *baklava* de *fıstıklı* (pistacho) de Gaziantep
(p. 574) está considerado el mejor de Turquía.

2. Lago Van (p. 621)
Vasta extensión de agua rodeada de picos
nevados que realza la belleza natural de un
paisaje prácticamente intacto.

3. Se vende té
Venta de *çay* (té) en un mercado local; tomar té
es el pasatiempo nacional.

4. Museo Mevlâna, Konya (p. 451)

Lugar sagrado que alberga la tumba de Rumi (Mevlâna para sus seguidores), uno de los grandes filósofos y poetas místicos del mundo.

5. Montañas Kaçkar (p. 535)

Extensos bosques, praderas y escarpadas cordilleras salpicadas de lagos; el escenario ideal para la práctica del *trekking*.

GREG ELMS

3

1. Amasra (p. 511)

Amasra asume sin esfuerzo el papel de contar con el puerto más bello de la región del mar Negro.

2. Relieves hititas (p. 430)

Tallas en la roca, descubiertas en los yacimientos arqueológicos hititas de Hattuşa y Yazılıkaya. Patrimonio Mundial de la Unesco.

3. Kaymaklı, Capadocia (p. 494)
Inmensas ciudades subterráneas que dieron refugio a miles de personas en épocas de guerra durante los ss. VI y VII.

4. Monte Ararat (p. 569)
Sus dos picos gemelos, de 5137 y 3895 m de altura, aparecen en las leyendas desde el principio de los tiempos.

5. 'Mezes' (p. 655)
El nombre de estos pequeños platos de degustación viene de la palabra persa que indica 'sabor placentero'.

PETER PTSCHELINZEW

Halilur Rahman Camii, Şanlıurfa (p. 585)
Retratadísima mezquita precedida de un estanque lleno de carpas sagradas que señala el lugar en el que Abrahán cayó al suel

Ürgüp → Hamman mixto
valle de Ihlara
Güzelyurt

Capadocia

Los mejores alojamientos

» Esbelli Evi (p. 487)

» Serinn House (p. 488)

» Kelebek Hotel y Cave Pension (p. 469)

» Koza Cave Hotel (p. 470)

» Gamirasu Hotel (p. 491)

» Flintstones Cave Hotel (p. 471)

Los mejores restaurantes

» Ziggy's (p.489)

» Seten Restaurant (p. 473)

» Aravan Evi Restaurant (p. 491)

» Elai (p. 478)

Por qué ir

Cuando el Erciyes Daği entró en erupción hace milenios, nadie podía adivinar que el resultado sería tan atractivo. Esta tierra de caballos salvajes es mágica, hermosa y geológicamente única. Por donde corrió la lava se extienden ahora valles ondulantes hasta el polvoriento horizonte. La historia humana de este lugar es igualmente notable, sobre todo en la era bizantina, cuyo mundo subterráneo presenta frescos e íntimas iglesias rupestres, talladas en la roca. La región más emblemática de Anatolia sigue intentando definir su estilo: Göreme es un pueblo que se ha puesto de moda, donde rivalizan los entusiastas del aire libre con un público sofisticado que disfruta del excelente vino local y las cuevas convertidas en suites de lujo. Mientras tanto, Ürgüp y Uçhisar ofrecen una escapada prehistórica más selecta y reposada; antiguos asentamientos griegos brindan paz y tranquilidad; y, en el exterior, pintorescos valles serpentean sembrados de flores silvestres, nieve, o gigantescas rocas fálicas. Capadocia es la experiencia viajera por excelencia.

Cuándo ir

Kayseri

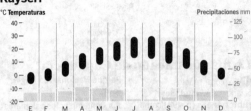

Junio Ver las espléndidas rosas en el paisaje lunar del valle de la Rosa.

Julio a septiembre Escuchar conciertos de música clásica en escenarios rocosos al aire libre.

Noviembre a marzo Esquiar "a la turca" en la estación de Erciyes Daği.

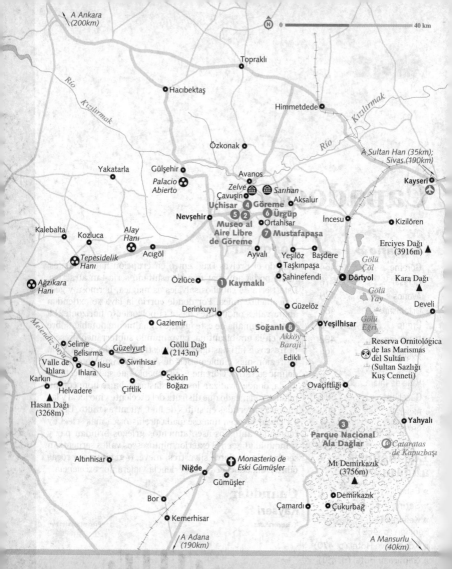

Lo más destacado de Capadocia

1 Explorar túneles bizantinos en **ciudades subterráneas** (p. 494) como Kaymaklı.

2 Examinar iglesias cubiertas de frescos en el **Museo al Aire Libre de Göreme** (p. 465).

3 Acercarse a la naturaleza en las cascadas y senderos del **Parque Nacional Ala Dağlar** (p. 495).

4 Contemplar los palomares y las chimeneas de hadas en los laberínticos **valles** (p. 469) de Göreme.

5 Asombrarse ante el promontorio convertido en castillo de **Uçhisar** (p. 476).

6 Saborear las vistas y los innumerables *mezes* en la elegante **Ürgüp** (p. 485).

7 Apartar las enredaderas para echar un vistazo a una derruida mansión griega en **Mustafapaşa** (p. 492).

8 Pasear por un recóndito asentamiento monacal en **Soğanlı** (p. 493).

Historia

Los hititas poblaron Capadocia (Kapadok-ya) entre el 1800 y el 1200 a.C., cuando pequeños reinos se hicieron con el poder hasta la llegada de los persas. Luego les siguieron los romanos, que establecieron su capital en Cesarea (la actual Kayseri). En esa época, y en la posterior de Bizancio, Capadocia fue un refugio para los primitivos cristianos, y su fe floreció allí entre los ss. IV y XI; la mayoría de las iglesias, monasterios y ciudades subterráneas datan de ese período. Más adelante, bajo el dominio de selyúcidas y otomanos, los cristianos fueron tratados con tolerancia.

Capadocia fue perdiendo importancia en Anatolia. Su rico pasado permaneció en el olvido hasta que un sacerdote francés redescubrió las iglesias trogloditas en 1907. La explosión turística de la década de 1980 dio paso a una nueva era, y actualmente Capadocia es uno de los destinos turísticos más famosos y habituales de Turquía.

Peligros y advertencias

Si se llega a Capadocia en autobús, hay que estar completamente seguro de que el billete indica claramente que es para ir a Göreme; no basta con que ponga "Capadocia". Así, siempre se podrá exigir el transporte gratuito en lanzadera si el conductor del autobús intenta dejar al pasajero en la cercana Nevşehir (¡aunque haya que negarse a bajar del autobús!). En caso de problemas, hay que llamar al hotel para que organice el resto del trayecto o llamar a un taxi.

Para más información sobre el transporte desde la *otogar* (estación de autobuses) de Nevşehir, véanse pp. 482 y 483.

Caminar por los valles de la Capadocia central es una experiencia que no hay que perderse, pero quienes viajen solos, especialmente si son mujeres, deberán tener cuidado. Los viajeros en solitario que no quieran contratar un guía deberían evitar las zonas alejadas de Göreme y otras localidades importantes por la noche.

☞ Circuitos

Hay muchas agencias de viajes en Capadocia, que suelen ponerse de acuerdo a principios de temporada sobre los precios que van a aplicar. La decisión de cada uno dependerá de la calidad del guía y el alcance del itinerario.

La mayor parte de agencias ofrecen circuitos de todo un día, excursiones con guía o expediciones por el valle Ihlara.

Con un precio similar, los **circuitos de todo un día** suelen incluir la visita a una de las ciudades subterráneas, un tramo del valle Ihlara y uno de los caravasares, pero otros van a Soğanlı y Mustafapaşa.

Las **excursiones guiadas de un día** suelen recorrer los valles de la Rosa, del Sol, el valle Rojo o el valle de la Paloma, con precios que varían según el destino, el grado de dificultad y la duración, pero no deberían superar los de los circuitos de todo un día puesto que no implican tanto transporte motorizado con el consiguiente gasto de gasolina.

El circuito de un día por el **valle Ihlara** incluye una caminata con guía y un almuerzo; casi todos los operadores cobran 60-70 TRY, pero la excursión puede alcanzar las 90 TRY.

La mayoría de los itinerarios concluyen en una tienda de alfombras, fábrica de ónice o taller de alfarería, y vale la pena echar un vistazo. Resulta interesante ver un artesano tradicional de Capadocia trabajando en su taller, pero para quien no esté interesado deberá dejarlo muy claro desde el principio. Casi todas las pensiones organizan sus propios circuitos o colaboran con una de las agencias de viajes.

Se recomienda no contratar un caro paquete turístico al llegar a Estambul. Quien ande justo de tiempo y quiera hacer un circuito por Capadocia, haría mejor contratándolo directamente con un agente en la propia Capadocia.

Consúltense los listados de agencias en Göreme (p. 468), Çavuşin (p. 478), Avanos (p. 480) y Ürgüp (p. 487).

❶ Cómo llegar y salir

AVIÓN Hay dos aeropuertos en el centro de Capadocia: Kayseri y Nevşehir. Las líneas aéreas incluyen Turkish Airlines (www.thy.com), Onur Air (www.onurair.com) y Sun Express (www.sunexpress.com).

AUTOBÚS Los autobuses de Estambul a Capadocia son nocturnos (en pleno verano puede haber otros de día) y llevan hasta Nevşehir, donde debería haber un *servis* para ir hasta Uçhisar, Göreme, Avanos o Ürgüp. Desde Ankara se viaja con mayor comodidad durante el día.

TREN Las estaciones de ferrocarril más cercanas son las de Niğde y Kayseri. Véanse pp. 497 y 508 para más información.

❶ Cómo desplazarse

A/DESDE EL AEROPUERTO La solución más fácil para el viajero es pedir al hotel o pensión de

OLD GÖREME RESTORATION FUND (OGRF, FUNDACIÓN PARA LA RESTAURACIÓN DEL VIEJO GÖREME) *PAT YALE*

Érase una vez, el Viejo Göreme estaba lleno de maravillosas cuevas-vivienda de color miel que se fundían con el paisaje, de tal manera que parecían haber surgido espontáneamente. Hoy en día el pueblo es una zona protegida pero a lo largo de las décadas ha ido afeándose con materiales de poca calidad utilizados para llevar a cabo reparaciones y ampliaciones de sus estructuras. La **Fundación para la Restauración del Viejo Göreme** (www.goremecharity.com) fue creada en el 2007 para financiar pequeñas mejoras del entorno visual, en especial la sustitución de parte del hormigón con piedra natural. Con fondos de Intrepid Travel en Australia y otros particulares generosos, ha cubierto las superficies de los bloques de cemento, limpiado antiguas fuentes y abierto de nuevo miradores que habían quedado bloqueados. Para recaudar fondos, celebra dos veces al año eventos de "Casas abiertas", en los que los visitantes pueden ver algunas de las casas de propiedad privada. Es una oportunidad excepcional para ver el esmero con el que fueron diseñadas las casas para adecuarlas a un estilo de vida en el que casi todos los alimentos eran de laboriosa elaboración casera.

Hasta la década de 1970, casi todos los residentes de Göreme se ganaban la vida con la agricultura y criaban palomas para abonar la tierra con sus excrementos. La llegada de los fertilizantes químicos acabó con las palomas, y la del turismo causó el abandono de muchos campos de cultivo. La OGRF ha limpiado algunos de los antiguos palomares e invertido en una nueva generación de palomas, y se espera con ello recuperar cierta actividad agrícola y quizá vender productos como mermelada de albaricoque de cultivo orgánico a los hoteles. A la larga, quizá se consiga también crear puestos de trabajo que no dependan del turismo.

Pat Yale trabaja para la OGRF y reside en Göreme.

Capadocia que vayan a buscarle, aunque hay un servicio de enlace entre el aeropuerto de Kayseri y los alojamientos en el centro de Capadocia, como los hoteles y pensiones de Ürgüp, Göreme, Uçhisar, Avanos y Nevşehir, y que vale entre 15 TRY (para Ürgüp) y 20 TRY (los demás destinos). Quien desee utilizar este servicio debe reservarlo por teléfono o correo electrónico a través de Argeus Tours (p. 487) en Ürgüp, si se vuela con Turkish Airlines; o a través de Peerless Travel Services (p. 487), también en Ürgüp, si se vuela con Onur Air o Sun Express.

AUTOMÓVIL Y MOTOCICLETA Capadocia se presta a los viajes en vehículo propio, gracias a sus carreteras en buen estado y a menudo desiertas. Hay mucho espacio para aparcar, aunque puede resultar difícil hacerlo enfrente de algunos hoteles-cueva.

TRANSPORTE PÚBLICO Los *dolmuşes* de Belediye Bus Corp (1,85-2,10 TRY, según el trayecto) circulan entre Ürgüp y Avanos por Ortahisar, el Museo al Aire Libre de Göreme, el pueblo de Göreme, Çavuşin y (a petición) Paşabağı y Zelve. Los autobuses salen de Ürgüp cada dos horas entre 8.00 y 16.00 (18.00 en verano) y de Avanos entre 9.00 y 17.00 (19.00 en verano). Se puede subir y bajar en cualquier punto del trayecto.

También hay un autobús del *belediye* (municipio) que va de Avanos a Nevşehir (4 TRY) por Çavuşin (10 min), Göreme (15 min) y Uçhisar (30 min). Sale de Avanos desde las 7.00 hasta las 18.00.

El valle de Ihlara está en el suroeste de Capadocia y desde Göreme se puede visitar haciendo algún circuito; es difícil visitarlo en autobús en el día porque hay que hacer transbordo en Nevşehir y Aksaray.

TAXI Los taxis son una buena opción para ir de ciudad en ciudad. Operan con taxímetro pero también aceptan precios negociados.

Göreme

📞 0384 / 6350 HAB.

Göreme es un extraordinario pueblo color miel que sigue fascinando a los viajeros, y hay suficientes rutas sin explorar en los alrededores para que el andariego disfrute durante días. La puesta de sol en el valle de la Rosa es, cómo no, rosada, y casi siempre puede verse desde una terraza de luna de miel. Un paseo entre iglesias talladas en la roca o un *picnic* al pie de los palomares romanos en lo alto de los precipicios color miel resultarán tan conmovedores como extraños. El Museo al Aire Libre es un verdadero compendio de la vida bizantina. Sin embargo, con solo un puñado de familias locales viviendo este sueño, y otra nueva pensión en cada esquina, el pueblo puede producir la sensación de parque temático, aunque por suerte se están llevando a cabo serios esfuerzos para conservar su antiguo estilo de vida campestre, y de momento, Göreme no tiene parangón en el mundo entero.

◉ Puntos de interés y actividades

Museo al Aire Libre de Göreme MUSEO
(☎271 2167; Göreme Açık Hava Müzesi; entrada 15 TRY; ☺8.00-17.00) Uno de los lugares de Turquía declarados Patrimonio Mundial por la Unesco, el Museo al Aire Libre de Göreme es una etapa esencial en cualquier viaje por Capadocia y se merece dedicarle un par de horas. Lo primero es un importante complejo monástico bizantino que albergaba a 20 monjes; luego, un centro de peregrinación del s. XVII; 1 km monte arriba desde el centro del pueblo está el conglomerado de iglesias, capillas y monasterios trogloditas.

Siguiendo el camino empedrado se llega a la **Aziz Basil Şapeli**, la capilla dedicada a san Basilio, nacido en Kayseri y uno de los santos más importantes de Capadocia. Los agujeros del suelo, cubiertos con rejas, fueron las tumbas de los arquitectos y patrocinadores de la capilla; las cajas pequeñas contenían los huesos de gente menos pudiente. A la izquierda de la nave principal hay una pintura de san Basilio; a la derecha, una cruz de Malta junto con san Jorge y san Teodoro matando un dragón que simboliza el paganismo. A la derecha del ábside, la Virgen sostiene a un Niño Jesús con una cruz en el halo.

Encima de la Aziz Basil Şapeli se entra (en cuclillas) en la **Elmalı Kilise** (iglesia de la Manzana, s. XII), que domina un valle de álamos. Relativamente bien conservada, tiene muros enlucidos con ocre rojo y frescos de escenas bíblicas pintadas con maestría. Sobre la puerta está representada la Ascensión. Se piensa que el nombre de la iglesia viene de un manzano que había cerca o que la manzana se refiere al orbe que sostiene el arcángel Gabriel en la tercera cúpula.

La **Azize Barbara Şapeli** (capilla de Santa Bárbara) fue esculpida por soldados bizantinos en honor de su santa patrona, que aparece según se entra a la izquierda. También pintaron las misteriosas escenas de la techumbre: la de en medio podría representar la Ascensión; sobre la figura de

san Jorge del muro más alejado hay una extraña criatura, que podría ser un dragón, y dos cruces, que suelen ser lo que mata a la bestia. La decoración es típica del período iconoclasta, cuando se proscribieron las imágenes: ocre rojo sobre la piedra sin ninguna imagen de personas ni animales.

Monte arriba, en la **Yılanlı Kilise** (iglesia de la Serpiente o de San Onofre), siguen los tormentos del pobre dragón; para colmo, al bautizar la iglesia, lo rebajaron a culebra. Un hermético san Onofre aparece pintado a la derecha sosteniendo una púdica hoja de palma sobre sus genitales. Siguiendo todo recto, la figura que hay cerca de Jesús es la de uno de los patrocinadores de la iglesia.

La iglesia más famosa del museo, y una de las más extraordinarias que quedan en Turquía, es la asombrosa **Karanlık Kilise** (Iglesia Oscura; entrada 8 TRY), repleta de frescos, y que vale el desembolso extra; las cantidades obtenidas sirven para sufragar la cara restauración y también para reducir el número de visitantes y preservar así los frescos. Debe su nombre a que, en un principio, tenía muy pocas ventanas.

Nada más pasar la Karanlık Kilise está la pequeña **Azize Katarina Şapeli** (capilla de Santa Catalina), con frescos de san Jorge, santa Catalina y una *Déesis*.

La **Çarıklı Kilise** (iglesia de las Sandalias) es del s. XIII, y el nombre le viene de las cuatro huellas marcadas en el suelo que representan las últimas pisadas de Cristo antes de subir a los cielos. Bajo la cúpula central están representados los cuatro

ⓘ VISITA DEL MUSEO

» Para evitar los grupos de turistas, conviene llegar temprano por la mañana, a mediodía o a última hora antes del cierre.

» Si es posible, hay que evitar los fines de semana.

» No hay que intentar ahorrar con la visita de la iglesia, se merece las 8 TRY adicionales.

» La entrada es válida todo el día, y permite salir y entrar de nuevo.

» El museo está a una fácil caminata de 1 km desde el pueblo.

» Cuidado con el sol, es un museo "al aire libre".

Göreme

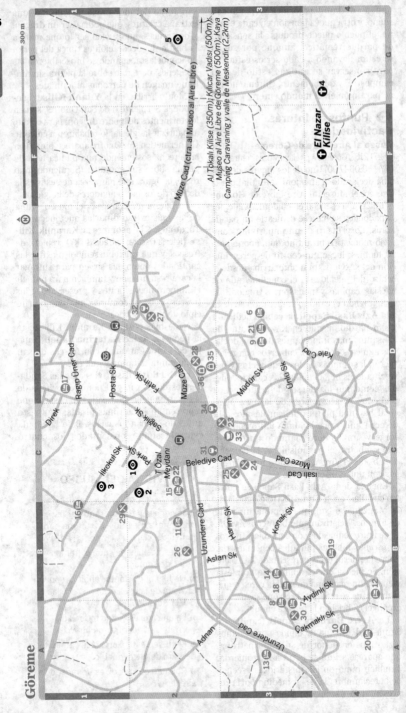

Al Tokalı Kilise (350m);
(ctra. al Museo al Aire Libre)
Kılıçar Vadısı (500m);
Museo al Aire Libre de Göreme (500m);
Kaya Camping Caravaning y valle de Meskendir (2,2km)

El Nazar Kilise

300 m
0

N

Müze Cad

Ragıp Üner Cad

Direk

Posta Sk

Fatih Sk

Sağlık Sk

Müze Cad

Park Sk

İlkokul Sk

T Özal Meydanı

Belediye Cad

Uzundere Cad

Hamm Sk

Aslan Sk

Adnan

Uzundere Cad

Konak Sk

Aydınlı Sk

Çakmaklı Sk

Müze Cad

İsalı Cad

Kale Cad

Ünlü Sk

Müdür Sk

evangelistas; y en el arco que preside la entrada, a la izquierda, la traición de Judas.

Monte abajo está acordonado el **Rahibeler Manastırı** (convento de las Monjas), que originalmente tenía varios pisos de altura; lo único que queda es un gran refectorio desnudo y, subiendo algunos escalones, una pequeña capilla con frescos poco destacables.

Al salir del museo no hay que olvidar cruzar la carretera y visitar la **Tokalı Kilise** (iglesia de la Hebilla), 50 m monte abajo camino del pueblo. No hay que pagar otra entrada y es una de las mayores y más espléndidas iglesias de Göreme. Se entra por la Tokalı Kilise vieja, del s. x, a través de una cámara con bóveda de cañón pintada con frescos de la vida de Jesús. Escaleras arriba está la iglesia nueva, menos de un siglo más joven e igualmente animada por frescos de una temática similar. Los agujeros del suelo contenían tumbas que los cristianos se llevaron consigo en el intercambio de población (p. 646).

El Nazar Kilise   IGLESIA
(Iglesia del Mal de Ojo; entrada 8 TRY; ⊙8.00-17.00) En la carretera entre Göreme y el Museo al Aire Libre, una señal indica el camino hacia la El Nazar Kilise, del s. x.

Esculpida en una formación rocosa cónica, la iglesia ha sido restaurada y es mucho más tranquila que el Museo al Aire Libre, aunque sus frescos están en peor condición. Está a un bonito paseo de 10 minutos desde la carretera principal.

Saklı Kilise   IGLESIA
De regreso hacia el museo al aire libre, una señal amarilla indica la Saklı Kilise (Iglesia Escondida). Al llegar a lo alto del monte hay que seguir el camino de la izquierda, prestando atención a los escalones que bajan por la derecha.

Museo de los Ovnis   MUSEO
(Entrada 3 TRY; ⊙9.00-19.00) ET saluda al viajero con un *hoş geldiniz* (bienvenido) en este museo de los ovnis, que es tan discreto como un visitante a medianoche. Consiste básicamente en recortes de prensa pegados al azar en las paredes de la cueva, y la visita termina con un vídeo sobre un posible avistamiento de siete ovnis en Göreme.

Elis Kapadokya Hamam   'HAMMAM'
(☏271 2974; Adnan Menderes Caddesi; entrada 35 TRY, masaje 10 TRY; ⊙10.00-24.00) Para relajarse tras visitar las chimeneas, nada

EKREM ILHAN

Cuando Persia gobernaba Anatolia (véase p. 646), Katpatuka (Capadocia) era famosa en el imperio por sus hermosos caballos. En el palacio de Persépolis (Irán), entre los relieves que muestran a los enviados de los Estados súbditos, los visitantes de Katpatuka aparecen con tributos equinos.

Así pues, parece apropiado que en Göreme todavía quede gente capaz de entenderse con los caballos. Ekrem Ilhan conduce caballos salvajes a Göreme desde el Erciyes Dağı (monte Erciyes), donde se ha ido juntando una manada de 400 conforme los campesinos locales los iban reemplazando por maquinaria.

"Cuando llegan están espantados, pero entonces abren los ojos y me ven, y yo les hablo y les doy dulces", cuenta. "La gente enseña a los animales a cocear y a morder porque les trata mal. Pero si te portas bien con ellos, les das alguna zanahoria o algún pepino, no te dan problemas."

Con el sombrero que le trajo de América un amigo comerciante de alfombras, parece un Clint Eastwood capadocio. Ilhan cuenta la historia de las dos yeguas preñadas que llevó de vuelta al monte Erciyes para parir. "Un año después volví a las montañas, les llamé por su nombre y, de entre los 400 caballos, vinieron directamente a mí."

Ilhan trata a los 11 caballos que tiene en su cueva-establo con remedios caseros, como agua de uva para desparasitar y aceite de oliva, menta y huevos para la indigestión. Ha puesto en marcha una empresa de excursiones llamada **Dalton Brothers** (✆0532-275 6869; 2 h 50 TRY) por sugerencia de un viajero canadiense, fan de Lucky Luke. "La gente prefiere los caballos salvajes porque es difícil cabalgar por las montañas pero ellos están acostumbrados a las roca", dice.

Ekrem Ilhan y Dalton Brothers tienen su sede en los establos de detrás de la oficina de Anatolian Balloons, en Göreme.

como un masaje completo en el precioso *hammam* Elis Kapadokya, con zonas mixtas y solo para mujeres.

☞ Circuitos

Los siguientes operadores han sido recomendados por lectores de Lonely Planet o por sus redactores. La lista, sin embargo, no es en absoluto exhaustiva.

Yama Tours   CIRCUITO CON GUÍA
(✆271 2508; www.yamatours.com; Müze Caddesi 2) Ofrece circuitos de tres días a Nemrut Dağı (150 €), que salen los lunes y jueves. Excelente opción ofrecida por el propietario/guía Mehmet, increíblemente simpático.

Middle Earth Travel   SENDERISMO
(✆271 2559; www.middleearthtravel.com; Cevizler Sokak 20) Especialistas en viajes de aventura, preparan escaladas y travesías que pueden ser desde locales, de un día (30-40 €) a expediciones de una semana por la ruta Licia o la de San Pablo, cruzando los montes Kaçkar o subiendo al Ararat.

Heritage Travel   CIRCUITO CON GUÍA
(✆271 2687; www.turkishheritagetravel.com; Yavuz Sokak 31) Los circuitos locales con el experto Mustafa se recomiendan encarecidamente (60 TRY para 4 personas mínimo y 100 € por un circuito privado). Tiene su base en el Kelebek Hotel & Cave Pension, y también ofrece bodas tradicionales turcas y paquetes más largos como los circuitos culinarios de dos semanas (2800 €).

New Goreme Tours   CIRCUITO CON GUÍA
(✆271 2166; www.newgoreme.com; El Sanatlari Carsis 24) Circuitos privados, divertidos y simpáticos.

Nomad Travel   CIRCUITO CON GUÍA
(✆271 2767; www.nomadtravel.com.tr; Müze Caddesi 35) Tiene un excelente circuito por el valle de Soğanlı.

Neşe Tour   EXCURSIÓN AL NEMRUT DAĞI
(✆271 2525; www.nesetour.com; Avanos Yolu 54) Ofrece excursiones al Nemrut Dağı (monte Dağı) de dos a cuatro días.

Alpino Tours   CIRCUITO CON GUÍA
(✆271 2727; www.alpino.com.tr; Müze Caddesi 5) Consolidada empresa que ofrece buenas expediciones locales y nacionales.

🎉 Fiestas y celebraciones

Klasik Keyifler   MÚSICA DE CÁMARA
(✆0532 614 4955; www.klasikkeyifler.org) Klasik Keyifler es una innovadora organiza-

ción gestionada por un músico americano, que organiza conciertos de música de cámara a cargo de los intérpretes más destacados de Turquía, en escenarios naturales e íntimos. La programación veraniega llega a Capadocia en julio y agosto, cuando se puede oír la música de Schumann repercutida por las paredes del Valle Oculto. También se celebran talleres de música en conjunción con los conciertos.

🛏 Dónde dormir

Si se va entre octubre y mayo, hay que llevar ropa de abrigo porque por la noche hace mucho frío y los dueños de las pensiones suelen tardar en poner la calefacción. Hay un puñado de alojamientos rupestres en Aydınlı Hill (alrededor de la Orta Mahallesi Camii), con vistas del pueblo y sus chimeneas de hadas.

🏠 Kelebek Hotel & Cave Pension

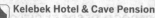
(📞271 2531; www.kelebekhotel.com; Yavuz Sokak 31; chimenea de hadas i/d 28/35 €, de lujo i 35 €, d 45-70 €, ste 70-180 €; @☒) Tranquiliza saber que ese veterano sigue siendo el mejor, y que la "Mariposa" sigue aleteando en el corazón de Göreme. El gurú local Ali Yavuz dirige un encantador equipo en el hotel-*boutique* más antiguo del pueblo, que ha visto brotar la industria turística prácticamente desde debajo de su asombrosa terraza. La pensión propiamente dicha ocupa dos fantásticas casas de piedra, cada una con su chimenea de hadas alzándose hacia el cielo, y perfectamente restauradas y 'anatolizadas'. En la planta baja hay 10 suites espaciosas enfrente de un increíble jardín y un comedor privado donde los residentes embrujados (y los invitados de los re-

---

PASEOS POR LOS ALREDEDORES DE GÖREME

La localidad está rodeada por el magnífico Parque Natural de Göreme. Se pueden visitar apie unos cuantos valles sin dificultad; cada uno ocupa entre una y tres horas. La mayoría están conectados entre sí, de modo que es fácil visitar varios en un mismo día, sobre todo con la ayuda de los muchos *dolmuşes* (microbuses) que recorren la zona.

Se puede ir andando al Museo al Aire Libre de Göreme y después tomar un *otobus* de la Belediye Bus Corp a Ürgüp, de los que paran a la puerta del museo a las horas y diez, hasta Zelve (2 TRY). Hay que pedirle al conductor que pare ahí o seguirá hasta Avanos por la carretera principal. También debería ser posible bajar más adelante, en Aktepe (para ir al valle de Devrent). Desde Zelve, se puede volver andando a Göreme por Paşabağı, Çavuşin y los valles de Meskendir, la Rosa y Rojo. ¡No hay que olvidarse de la botella de agua y el filtro solar!

He aquí algunos de los valles más interesantes y accesibles:

Bağlıdere (valle Blanco) De Uçhisar a Çavuşin.

Güllüdere (valle de la Rosa) Comunica Çavuşin y el mirador de Kızılçukur.

Güvercinlik (valle de las Palomas) Comunica Göreme y Uçhisar; palomares coloridos.

İçeridere (valle Largo) Discurre al sur de la Rock Valley Pension.

Kılıçlar Vadısı (valle de las Espadas) Saliendo de la carretera al Museo al Aire Libre de Göreme.

Kızılçukur Vadısı (valle Rojo) Magníficos palomares, iglesias con frescos.

Valle de Meskendir Sendero cerca del Kaya Camping; túneles y palomares.

Zemi Vadısı (valle del Amor) Al oeste del Museo al Aire Libre de Göreme, tiene algunas formaciones rocosas espectaculares.

Hay señales para llegar hasta la mayoría de los valles pero, una vez en ellos, no existen senderos señalizados. No todos son fáciles de recorrer y tampoco hay mapas detallados, sino que hay que confiar en planos muy elementales. Cuando se está recorriendo el valle de Meskendir, es fácil perderse si se asciende fuera de los valles.

Mehmet Güngör (📞0532-382 2069) es un guía local con un conocimiento enciclopédico de las carreteras y caminos secundarios de Göreme. Casi todos los dueños de pensiones estarán igualmente encantados de hacer de guías por una tarifa mínima (que puede incluso ser complementaria).

CAPADOCIA DESDE EL CIELO

Para quien nunca haya volado en globo, Capadocia es uno de los mejores sitios del mundo para estrenarse. Las condiciones de vuelo son especialmente favorables y casi todas las mañanas funcionan globos desde principios de abril hasta finales de noviembre. La experiencia es realmente mágica y muchos viajeros la recuerdan como lo mejor del viaje.

Los globos salen al amanecer. Las empresas acreditadas tienen el acuerdo tácito de no hacer más que un vuelo temprano al día, dado que, según avanza la mañana, los vientos pueden volverse imprevisibles y potencialmente peligrosos. El transporte entre el hotel y el punto de despegue está incluido en el elevado precio, así como un brindis con champán.

No cuesta darse cuenta de que los operadores hablan mucho sobre quién tiene experiencia, buen equipo, seguro y licencia, y quién no. Hay que ser conscientes de que viajar en globo puede ser peligroso. Es responsabilidad del viajero comprobar cuidadosamente las credenciales del operador que escoja y asegurarse de que el piloto sea experto y sepa lo que hace, aunque eso suponga pedirle la licencia y los cuadernos de bitácora. No se debe elegir el operador más barato si eso implica que lo va a intentar compensar a costa de la seguridad (haciendo dos vuelos al día, por ejemplo).

Es importante no olvidar que los globos viajan con el aire y que las empresas no pueden garantizar una ruta de vuelo determinada para un día en concreto. Todas tratan de volar sobre las chimeneas de hadas, pero a veces –muy de vez en cuando–, el viento no lo permite. En ocasiones, las condiciones desfavorables pueden obligar al piloto a cancelar el vuelo por seguridad; en ese caso, emplazan al cliente para otro día o le devuelven el dinero. Todos los pasajeros deberían llevar una chaqueta o jersey grueso y las mujeres deberían llevar calzado plano y pantalones. La mayoría de las empresas no llevan niños menores de 7 años ni adultos de más de 70.

Las siguientes agencias tienen buenas credenciales:

Ez-Air Balloons (☏0384-341 7096; www.ezairballoons.com; Kavaklionu Mahallesi 8a, Ürgüp) Trabaja desde 1991 y ofrece los servicios del veterano piloto Hasan Ezel; cobra 160 € por un vuelo de al menos una hora. Sus dos globos tienen capacidad para 8 y 20 pasajeros.

Butterfly Balloons (☏0384-271 3010; www.butterflyballoons.com; Uzundere Caddesi 29, Göreme) La nueva ala de Heritage Travel es una eficiente empresa, con dos pilotos superlativos: Mustafa, el primer ciudadano turco que ha conseguido una licencia de piloto en EE UU, y el inglés Mike, con una enorme experiencia internacional, y miembro de la Royal Meteorological Society. Los vuelos cortos cuestan 175 €.

Kapadokya Balloons (☏0384-271 2442; www.kapadokyaballoons.com; Adnan Menderes Caddesi, Göreme) Es la mejor aerolínea de vuelos en globo, en parte porque el lugar de despegue varía según la dirección del viento, asegurándose así el trayecto más pintoresco. A cargo de Kaili y Lars, pioneros de la industria de los vuelos en globo de Göreme desde hace 20 años, y su equipo de cuatro pilotos políglotas, la empresa ofrece un exclusivo vuelo de lujo (adultos 250 €, niños 6-12 años 125 €, 1½ h mínimo, 10 pasajeros) y un vuelo patrocinado (175 €, 1 h, hasta 20 pasajeros).

Sultan Balloons (☏0384-353 5249; www.sultanballoons.com; Kaktus Sokak 21, Mustafapaşa Kasabası, Ürgüp) Fundada en el 2005 por el veterano piloto Ismail Keremoglu, esta empresa realiza vuelos estándar (160 €, 1 h) en sus globos de 12 y 20 pasajeros. Es la única que ofrece vuelos VIP para dos pasajeros en un globo pequeño (600 € los dos, 1¼ h).

---

sidentes) se recuperan de la experiencia de *hammam* más lujosa en Capadocia. Al lado están las recién abiertas Sultan Cave Suites, a cargo del amable Mehmet, que ofrece alojamiento en cuevas más tranquilas, algo apartadas del suave murmullo a la hora del desayuno en el Kelebek.

👍 **Koza Cave Hotel**   HOTEL-CUEVA **€€**
(☏271 2466; www.kozacavehotel.com; Aydınlı Mahallesi, Cakmaklı Sokak 49; i/d 70/90 €, de lujo h 120€; @) El nuevo y hermoso "Capullo" es la creación de Dervish, recién repatriado tras décadas viviendo en Holanda. La ecosensibilidad holandesa ha dado a los

hoteleros de Capadocia una valiosa lección sobre turismo sostenible. Por suerte para sus clientes, Dervish no sacrifica el estilo ni el confort en aras de la sostenibilidad, y cada habitación maravillosa está amueblada con elementos hechos a mano o de materiales reciclados. Sumamente recomendado.

Köse Pension ALBERGUE €

(271 2294; www.kosepension.com; Ragıp Üner Caddesi; dc 15 TRY, i sin cuarto de baño 25 TRY, cabaña tw 50 TRY, d y tw con cuarto de baño 80 TRY, tr con/sin cuarto de baño 90/75 TRY; ≊) Una renovación a fondo a principios del 2009 y los incansables esfuerzos de la propietaria escocesa Dawn y su marido turco Mehmet permiten asegurar que seguirá siendo un alojamiento favorito entre los viajeros durante años. Esta serie de habitaciones impecables y al alcance de todos los bolsillos presentan cuartos de baño relucientes, ropa de cama alegre y camas confortables. El festín turco de tres platos por 15 TRY es uno de los mejores por el precio en toda Capadocia, y la piscina y los jardines están cuidados con esmero. Es un hotel tan adecuado para las familias como para los viajeros independientes, y está situado en una pequeña zona residencial cerca de la *otogar*.

Fairy Chimney Inn CASA-CUEVA €€

(271 2655; www.fairychimney.com; Güvercinlik Sokak 5-7; i/d/tr desde 33/55/66 €, estudiantes 22 €; @) En el punto más alto de Göreme, es un refugio selecto regentado por el Dr. Andus Emge y su encantadora esposa, cuya maravillosa hospitalidad incluye información académica. Las vistas desde el jardín y varias ventanas son magníficas, mientras que las habitaciones son un bálsamo para los sentidos con su mobiliario sencillo, textiles tradicionales y una discreta elegancia bizantina. Las comidas comunitarias se toman en el tranquilo jardín, y son un invariable motivo de felicidad.

Travellers' Cave Hotel HOTEL-CUEVA €€

(271 2780; www.travellerscave.com; Görçeli Sokak 7; i/d/tr 45/55/75 €, de lujo 65-75 €, ste 105-120 €; @) El amable Bekir preside un excelente refugio de precio medio, bastante reciente, en lo alto del monte Aydınlı. Alejado del bullicio del pueblo, ofrece distintos tipos de habitación, conectadas todas ellas por innumerables escaleras. La favorita de los redactores de esta guía es la nº 17, deliciosamente apartada, con su propio patio privado. La terraza comunitaria del hotel

es enorme y magnífica, y la comida tranquilizadoramente turca. El servicio, muy atento, habla buen inglés y puede organizar con presteza cualquier tipo de circuito o excursión. Bekir también regenta una recomendada pensión, algo más barata, al otro lado del pueblo.

Flintstones Cave Hotel ALBERGUE €

(271 2555; www.theflintstonescavehotel.com; Uzundere Caddesi, Karşıbucak Sokak 3; dc con/sin desayuno 20/15 TRY, i/d 20/40 TRY, con *jacuzzi* 40/60 TRY; @ ≊) El mejor alojamiento barato de Göreme ha superado su reputación fiestera para derrotar a muchos de sus rivales. Ofrece 11 *jacuzzis* elegantes y una espaciosa ala nueva, además de dormitorios de cinco camas con zonas comunes y cuarto de baño privado. La gran piscina es la mejor del pueblo y las superficies de pizarra y numerosas tumbonas a su alrededor la convierten en un paraíso para tomar el sol. El enorme bar, con mesa de billar y gigantesco tablón de anuncios, es un eje de potencial actividad. La cocina utiliza ingredientes de su propio huerto de cultivo orgánico, y los dueños Fatih y Mehmet son divertidos y profesionales.

Aydınlı Cave House HOTEL-CUEVA €€

(271 2263; www.thecavehotel.com; Aydınlı Sokak 12; tw 60 €, ste 70-110 €; @) Pequeño establecimiento con encanto, recomendable desde todos los puntos de vista. Su propietario, Mustafa, ha sabido convertir su casa familiar en un refugio de seis habitaciones para recién casados y quienes prefieran rodear su soledad de estilo cavernícola. Los clientes dicen maravillas de su cordial servicio y sus cuevas inmaculadas y espaciosas, antes dedicadas a secar fruta, almacenar trigo y elaborar vino. Si se viaja con niños se puede optar por la suite familiar, que incluye un horno *tandoor* en activo y antiguos utensilios de cocina. Las parejas deberían pedir la habitación nº 3, con el balcón de roca y preciosos grifos de *hammam* turco.

Canyon View Hotel HOTEL-CUEVA €€

(271 2333; www.canyonviewhotel.com; Yavuz Sokak; i/d/tr 50/65/75 TRY, con *jacuzzi* 60/85/100 TRY; @) Para quienes estén cansados de vivir al estilo prehistórico, esta discreta y elegante conversión de una iglesia del s. IX y casa bizantina ofrece un conjunto de bodega de vino, palomar y establo. Los propietarios Seyit y Hasan decoran orgullosamente las habitaciones con

DR. ANDUS EMGE: ANTROPÓLOGO

Cuéntenos qué hace en Göreme.

Diez años después de mis investigaciones etnológicas en Capadocia, regresé y compré una destartalada vivienda rupestre, que funciona ahora como sede de la Academia de Capadocia y su casa de huéspedes "Chimenea de hadas". Estoy involucrado en varios proyectos piloto relacionados con Capadocia y sigo con mi trabajo académico sobre la región.

¿Cómo pueden involucrarse los viajeros?

Los viajeros deberían aprovechar las características únicas de la región eligiendo estancias en cuevas para alojarse y pidiendo a sus anfitriones que les sirvan productos locales de Capadocia para fomentar la actividad agrícola sostenible en la región.

¿Qué aspectos de la vida rupestre deberíamos destacar?

Las viviendas rupestres locales no sirven solo para almacenar productos, sino que son también ideales para vivir. Son frescas en verano y cálidas en invierno. En lugar de construir nuevos edificios con aire acondicionado, habría que aprovechar las características típicas de la región para las construcciones futuras.

¿Qué esperanzas tiene para el futuro de Göreme?

Espero que las características arquitectónicas subregionales no se pierdan por completo y que con su inclusión en la lista del Patrimonio Mundial de la Unesco, Göreme-Capadocia pueda presentarse de forma moderna e individual, evitando una 'Disneyficación' total del sector turístico.

Describa su vivienda rupestre ideal.

Tras restaurar una antigua casa rupestre, estoy pensando ahora en realizar una vivienda rupestre moderna, funcional, y de bajo coste energético, que pudiera combinar diseños arquitectónicos actuales con las ventajas específicas de la región.

---

cerámico aplomo y dan paso con los brazos abiertos a los clientes satisfechos hacia la terraza con las mejores vistas del pueblo.

Kaya Camping Caravaning   CAMPING €
(☎ 343 3100; kayacamping@www.com; Göreme Yolu; parcelas adultos/niños 15/10 TRY; @ 🗷) Esta impresionante zona de acampada está a 2,5 km del centro del pueblo, más arriba del Museo al Aire Libre de Göreme, entre viñedos, con bastantes árboles y, además de unas vistas espléndidas, instalaciones de primera, como baños limpios, agua caliente a raudales, restaurante, supermercado, cocina común y lavadoras. Es un lugar excelente para unas vacaciones en familia, sobre todo porque tiene una enorme piscina para adultos, piscina infantil y tumbonas al sol.

Shoestring Cave Pension   PENSIÓN-CUEVA €
(☎ 271 2450; www.shoestringcave.com; Aydınlı Mahallesi; dc 15 TRY, h con/sin cuarto de baño 35/25 TRY por persona; @ 🗷) Este rocoso vestigio de un paraíso de mochileros de la vieja escuela fue uno de los primeros y sigue siendo uno de los mejores alojamientos económicos del pueblo. La anodina entrada deja paso a una impresionante pared de roca trufada de húmedos dormitorios colectivos y habitaciones rupestres. El restaurante del patio y la oficina de viajes adyacente se llenan de viajeros comparando los méritos de sus respectivos itinerarios. La gerencia muestra una insistencia excesiva para vender circuitos a sus clientes, pero estos pueden refugiarse en las habitaciones dobles semiglamurosas o en la piscina de la azotea.

Walnut House   HOTEL €
(☎ 271 2235; www.cevizliev.com; Karşıbucak Caddesi; i/d/tr 25/45/65 TRY; @) Al lado de la *otogar*, es un hotel frecuentado por avezados viajeros en solitario que valoran la comodidad antes que las empinadas cuestas, y recuerdan los tiempos cuando Göreme no era más que un puntito en el panorama de las guías de viajes. Las habitaciones más nuevas son mejores por sus relucientes

cuartos de baño y cómodas camas. La frondosa rosaleda y la abundancia de kílims aportan toques de autenticidad y encanto a esta antigua mansión otomana.

Divan Cave House
PENSIÓN-CUEVA €€

(☎271 2189; www.divancavehotel.com; Aydınlı Mahallesi; i/d 40/80 TRY; @) Este encantador recién llegado a un apacible barrio alto ofrece alojamiento selecto a muy buen precio. Las flamantes habitaciones están preparadas con gusto por Osman y su cortés personal, que también sirve desayunos sencillos en un patio espacioso y florido. En un lugar tan tranquilo y espacioso, los augurios no pueden ser más que positivos.

Cappadocia Cave Suites
HOTEL-CUEVA €€€

(☎271 2800; www.cappadociacavesuites.com; Ünlü Sokak 19; d/ste desde 210/340 TRY; @) Este acogedor precursor de los hoteles-cueva de lujo sigue superando a muchos rivales de gama alta debido a su servicio sin complicaciones, habitaciones espaciosas entre modernas y megalíticas, y frescos y elegantes establos rehabilitados. La chimenea de hadas nº 1 (280 US$) se recomienda en especial por su acogedora sala de estar. El restaurante también ha recibido críticas excelentes. A ser posible, hay que evitar las habitaciones dobles.

Vezir Cave Suites
HOTEL-CUEVA €€

(☎271 2069; www.vezircavesuites.com; Gaferli Mahallesi Ünlü Sokak 24; i/d 45/70 TRY; @) Es un recién llegado con las prestaciones típicas de un hotel-cueva pero que recuerda las de hoteles más caros. Las ocho habitaciones son impecables y elegantes, talladas profundamente en la roca, con numerosas hornacinas suavemente iluminadas y mobiliario austero de calidad. Duchas modernas, balcones privados y personal simpático como ventaja añadida.

Kismet Cave House
HOTEL-CUEVA €€

(☎271 2416; www.kismetcavehouse.com; Kağnı Yolu 9; d 120-160 TRY) Tiene un futuro asegurado, a juzgar por las alabanzas constantes que cosecha entre sus clientes, gracias a los esfuerzos del discreto Faruk y su familia para ofrecerles una experiencia realmente íntima. Las ocho habitaciones de esta casa-cueva están bien equipadas con antigüedades locales y coloridas alfombras, e incluyen cuartos de baño con *jacuzzis* y casi siempre fantásticas vistas. Las más pequeñas, en la planta inferior, pueden ser algo ruidosas, es mejor pedir una de arriba,

con arcos. Excursiones muy recomendadas por toda Capadocia.

Elysee Pension
PENSIÓN €€

(☎271 2244; www.elyseegoreme.com; Orta Mahallesi, Mizraz Sokak 18; i/d/tr 50/70/90 TRY, de lujo 130-150 TRY, ste 200-240 TRY; @) Pequeña y bonita pensión muy recomendada por los lectores, en una pintoresca granja restaurada. El carismático encargado, Cengiz, organiza excelentes caminatas por los valles circundantes. Las rosas del jardín crecen a la sombra de los perales, y como su nombre indica, aquí se habla francés e inglés.

Anatolian Houses
HOTEL-CUEVA €€€

(☎271 2463; www.anatolianhouses.com.tr; Gaferli Mahallesi, Ünlü Sokak; ste 250-800 €; @⚤) Este bastión de la opulencia subterránea en Capadocia no acaba de dar en el clavo. Las habitaciones 302 o 402 ofrecen una verdadera experiencia de cinco estrellas, con terraza privada y decoración a base de antigüedades de madera y cerámica. Las demás, sin embargo, pueden ser sombrías y compactas por el precio. El *spa* de la casa, que incluye *hammam* y piscinas cubiertas y al aire libre, es adecuadamente hedonista, aunque se han recibido quejas por el servicio.

Kemal's Guest House
PENSIÓN-CUEVA €

(☎271 2234; www.kemalsguesthouse.com; Karşıbucak Caddesi; dc 20 TRY desayuno incl., i/d/tr/c 50/75/105/120 TRY) Las grandes habitaciones otomanas y las habitaciones-cueva de este veterano establecimiento no siempre alcanzan los estándares de impecabilidad de los hoteles-*boutique* de Göreme, pero Kemal es un cocinero fantástico y su esposa holandesa Barbara conoce muy bien las rutas de senderismo.

✕ Dónde comer

Hay una serie de buenos locales para comer en el lado tranquilo del canal desecado, lejos del ajetreo de Bilal Eroğlu Caddesi.

 ### Seten Restaurant
REGIONAL €€

(☎271 3025; www.setenrestaurant.com; Aydınlı Mah; platos principales 15-25 TRY; ⊙11.00-23.00) Este flamante proyecto del emprendedor equipo del Kelebek es el elemento principal de un futuro centro cultural destinado a proteger el aroma histórico de Göreme. Por suerte, la comida es digna del maravilloso entorno. Con el nombre de los antiguos molinos que servían para moler el *bulgur,* este restaurante es muy didáctico para los novatos en cocina anatolia y una delicia para los paladares más viaja-

CHICOS DESCARADOS

Las *peribacalar* (chimeneas de hadas), que tanta fama han dado a la Capadocia, se formaron cuando la erosión se llevó la lava que cubría la toba (cenizas volcánicas consolidadas), dejando atrás pináculos aislados. Pueden alcanzar una altura de hasta 40 m, con formas cónicas y coronadas por rocas más duras sobre pilares de roca más blanda. Según la perspectiva, parecen falos gigantescos o setas enormes. Los lugareños los llaman simplemente *kalelar* (castillos).

dos. Chefs de renombre y un servicio atento saben fidelizar a sus clientes con platos clásicos perfectamente preparados y una asombrosa variedad de *mezes*.

Orient Restaurant TURCA MODERNA €€
(☑271 2346; Adnan Menderes Caddesi; *mezes* 8 TRY, platos principales 12-40 TRY, menús 3 platos 20 TRY) El restaurante más evocador de Göreme, donde las parejas se parapetan tras una larga carta de vinos, flaquea bajo el peso de su propia reputación. Bistecs jugosos, cazuelas de barro de tierna carne de ternera y un montón de sabrosos platos de pasta encabezan la impresionante carta. Sin embargo, caben los errores a la hora de pedir, y lo más seguro es el correcto menú de tres platos (20 TRY). El servicio es encantador.

Nazar Börek 'BÖREKÇİSİ' €
(☑271 2441; Müze Caddesi; platos principales 7 TRY) Frecuentado por residentes extranjeros y trabajadores industriales, está en el canal y sirve comida sencilla pero deliciosa, en un ambiente siempre divertido y acogedor. Platos recién hechos de *börek* (empanadas), *gözleme* (crepes saladas) y *sosyete böregi* (pastas rellenas en espiral, servidas con yogur y salsa de tomate) aparecen presentados por joviales camareros, y la zona de estar que da al canal es ideal para conocer gente y compartir información local.

Dibek REGIONAL €
(☑271 2209; Hakkı Paşa Meydanı 1; platos principales 10-12 TRY; ⊘9.00-23.00) Este cálido restaurante familiar instalado en un edificio de 475 años, donde todavía se elabora un fuerte vino local, rebosa de antigua temática agrícola. Los comensales se acomodan

en los cojines de las alcobas suavemente iluminadas y degustan platos como *saç tava* (tacos de cordero con tomates, pimientos y ajo; 13 TRY) y *kurufasulye* (alubias con salsa de tomate y cordero secado al sol, opcional; 6 TRY). Muchos grupos encargan con antelación (3 h mínimo) el lento *testi kebap* ("kebab en cazuela", con carne y setas o verduras en un recipiente de barro herméticamente cerrado, que se rompe en la mesa; 18 TRY).

Fırın Express 'PİDECİ' €
(☑271 2266; Eski Belediye Yanı Sokak; *pide* y pizza 4-8 TRY, platos principales 8-13 TRY; ⊘11.00-23.00) Sirve simplemente los mejores *lahmacun* (*pizza* turca muy fina) y *pide* del pueblo, además de comida para llevar (*paket*). En el horno de leña se preparan todo tipo de opciones con carne o vegetarianas, y cualquier cosa rociada con huevo. También sirven estofados tradicionales, pero se recomienda más bien un *ayran* (yogur bebible) y una *çoban salatası* (ensalada de pastor) para una comida deliciosa y muy barata.

Local Restaurant TURCA MODERNA €
(☑271 2629; Müze Caddesi 38; platos principales 11-20 TRY) Fiable restaurante de gama alta, de camino al Museo al Aire Libre, que destaca por su despejada situación y sus consistentes platos de carne que incluyen estofados, bistecs, pata de cordero y *tavuklu mantarli krep* (crepe con pollo y setas). Los manteles blancos y la terraza de paredes de piedra compensan un poco la indiferencia del servicio.

Meeting Point Café INTERNACIONAL €
(Müze Caddesi; platos principales 10 TRY) Para los extranjeros con morriña gastronómica, la pareja turco-sudafricana Cenap y Anniesa prepara *curries*, hamburguesas, batidos de fruta, café de filtro y pasteles caseros. Se come en un balcón que da al canal o en el comedor parecido a una cabaña. También se vende una buena selección de libros en inglés de segunda mano.

Hanim Sofrası LOCAL €
(☑271 2932; Uzundere Caddesi 46; platos principales 8 TRY) De camino al Flintstones Cave, este gigantesco restaurante de cemento recién abierto acoge muchos banquetes de boda. Los platos de comida casera son baratos, frescos y sabrosos, e incluyen *balmya* (quingombó), *menemen* (huevos revueltos con verduras) y varios *şiş*. Para una relajante escapada de la calle principal.

Cappadocia Kebap Center 'KEBAPÇI' €

(☎271 2682; Müze Caddesi; platos principales 3,50 TRY) Diminuto y acogedor establecimiento, ideal para un rápido tentempié. Los *döner kebap* de pollo solo cuestan 3 TRY, los kebab *acılı ezme* (con pasta picante de tomate y cebolla) 4 TRY, las patatas fritas 3,50 TRY, la cerveza 3,50 TRY y el zumo de naranja natural 3 TRY.

🍷 Dónde beber

Fat Boys 'PUB'

(☎0535 386 4484; Belediye Caddesi; platos principales 7 TRY; ⊙24 h) El local más marchoso del pueblo no parece gran cosa, pero resulta adecuadamente enrollado con ruidosa música pop y *rock*, dos grandes mesas de billar y comida clásica de bar (hamburguesas, patatas fritas), bajo la batuta de una pareja turco-australiana generosa con la bebida y aficionada al narguile.

Red Red Wine House BAR

(☎271 2183; Müze Caddesi) En un antiguo establo abovedado, este seductor local parece el antro de un antiguo contrabandista de alcohol, decorado por amantes del erotismo moderno. La nutrida clientela fuma narguiles afrutados y saborea vinos de Capadocia, de creciente calidad, ya sea fríos, calientes o a temperatura ambiente. Está abierto todo el año para honrar la memoria de Carlos Santana, que visitó este lugar y cuyo espíritu sigue vivo gracias a la música en directo casi cada noche.

Mydonos Cafe & Bistro CAFÉ

(Müze Caddesi 18) De reciente apertura, es un pequeño y bonito café frecuentado por una clientela turca juvenil, que se disputa las mesas con otros lugareños en la onda. La banda sonora es tipo *jazz* de cruceros. El pastel de miel era tan bueno como bonito era el plato en el que lo sirvieron.

Flintstones Cave Bar BAR

(Müze Caddesi) Gracias al cierre de algunos otros locales, sigue siendo la discoteca de referencia en el pueblo, y algo más que otro agujero en la roca con licencia para servir alcohol. Es un favorito entre jóvenes extranjeros de ambos sexos que viajan solos y gustan de alzar el puño hacia las estrellas y asar su cerveza fría junto a la chimenea.

🔒 De compras

Argos CERÁMICA MODERNA

(☎271 2750; Cevizler Sokak 22; ⊙10.00-20.00) Elegante selección de cerámica artesa-

nal, tanto moderna como de inspiración asiática, además de peculiares objetos de piedra.

Tribal Connections ALFOMBRAS

(☎271 2400; Müze Yolu 24; ⊙10.00-20.00) Además de preciosas alfombras, ofrece un servicio extraoficial de bienvenida gracias a la simpática neozelandesa Ruth Lockwood.

ℹ️ Información

Acceso a Internet

A cambio de un libro usado se obtiene una hora gratuita en el **Flintstones Internet Centre** (Belediye Caddesi; 2 TRY/h; ⊙10.00-24.00). **Mortel Telekom Call Shop/Internet Café** (Roma Kalesi Arkası; 2 TRY/h; ⊙9.00-24.00) también ofrece llamadas internacionales baratas.

Dinero

Hay cuatro cajeros automáticos en la *otogar* (de Vakif Bank, Türkıye Bankası, HSBC y Garanti Bankası). El del Deniz Bank en Müze Caddesi dispensa liras, euros y dólares americanos. Algunas agencias de viajes cambian divisas, pero seguramente será mejor dirigirse al PTT.

Correos

Oficina de correos (saliendo de la Bilal Eroğlu Caddesi) Con servicios telefónicos, de fax y de cambio de divisas.

Información turística

Hay una caseta de información en la *otogar* que suele abrir cuando llegan los autobuses de larga distancia, pero está regentada por la **Göreme Turizmciler Derneği** (Asociación de Turismo de Göreme; ☎271 2558; www.goreme.org). Esta coalición de restauradores y hoteleros solo pretende orientar a los viajeros hacia los hoteles del pueblo y su personal no puede proporcionar información importante. Distribuyen mapas gratuitos y venden uno por 5 TRY.

ℹ️ Cómo llegar y salir

Desde la *otogar* de Göreme salen autobuses de larga distancia a todas partes, aunque lo normal es ser llevado primero a la *otogar* de Nevşehir para tomar la línea principal (lo cual puede sumar una hora al trayecto previsto).

Conviene tener en cuenta que el autobús de la mañana a Estambul pasa por Ankara, de modo que tarda una hora más que el de la tarde. Para ir a Aksaray hay que hacer transbordo en Nevşehir.

ℹ️ Cómo desplazarse

Hay varios establecimientos para alquilar bicicletas de montaña, vespas, automóviles y los censurables *quads*, entre otros **Hitchhiker**

SERVICIOS DESDE LA 'OTOGAR' DE GÖREME

DESTINO	TARIFA (TRY)	DURACIÓN (H)	FRECUENCIA (DIARIA)
Adana	30	5	3
Ankara	25	4 ½	6
Antalya	35	9	2 nocturnos
Çanakkale	60	16	1 nocturno
Denizli (para Pamukkale)	35	11	2 nocturnos
Fethiye	55	14	1 nocturno
Estambul	40	11-12	1 mañana y 2 nocturnos
İzmir	40	11 ½	1 nocturno
Kayseri	10	1 ½	cada hora mañana, tarde y noche
Konya	20	3	2 mañana
Marmaris/Bodrum	55	13	2 nocturnos
Selçuk	50	11 ½	1 nocturnos

(☏271 2169; www.cappadociahitchhiker.com; T Özal Meydanı), **Oz Cappadocia** (☏271 2159; www.ozcappadocia.com; T Özal Meydanı) y **Motodocia** (☏271 2517; Uzundere Caddesi), todos ellos cerca de la *otogar*. Vale la pena comparar precios, puesto que presentan grandes oscilaciones.

En general, las bicicletas de montaña valen entre 10 y 15 TRY al día, y 4-6 TRY la hora. Los ciclomotores y vespas valen 30-45 TRY al día, y 25-30 TRY media jornada. Un coche pequeño, Renault o Fiat, costará 40-100 TRY al día, con aire acondicionado, cambio automático y motores diésel disponibles.

Dado que no hay gasolineras en Göreme y las empresas de alquiler suelen inflar los precios del combustible, conviene rellenar el depósito en Nevşehir, Avanos, Ürgüp o en alguna de las estaciones de servicio de la carretera principal entre Ortahisar y Ibrahimpaşa.

Uçhisar

☏0384 / 6350 HAB.

Es una bonita aldea que ha registrado un rápido desarrollo desde los trepidantes tiempos del Club Med. El enamoramiento francés por el pueblo en lo alto del acantilado se perpetúa cada verano con autocares enteros de franceses que desempacan su *joie de vivre* en modernos hoteles al pie del castillo de Uçhisar. El regio peñasco rectangular, visible desde el cercano Göreme, es el espectacular elemento central de una elegante estética capadocia, aunque a veces algo manufacturada. Quien necesite un descanso

de los múltiples matices de la roca iluminada por el sol, puede alzar la vista hasta los picos blancos del **Erciyes Dağı** (monte Erciyes; 3916 m), que está a un salvaje mundo de distancia de cualquier terraza umbrosa. Uçhisar sigue siendo una base más tranquila que Göreme para explorar la región.

Hay cajeros automáticos del Vakif Bank y el Garanti Bankası en la plaza mayor; cerca hay un **cibercafé** (1 TRY/h; ⊙9.00-24.00) y una oficina PTT.

Una de las actividades más populares es contemplar la puesta de sol sobre los valles de la Rosa y la Paloma desde la perspectiva privilegiada del **castillo de Uçhisar** (Uçhisar Kalesi; entrada 3 TRY; ⊙8.00-20.15), un elevado afloramiento de roca volcánica plagado de túneles y ventanas que se divisa desde kilómetros a la redonda y que permite ver el paisaje capadocio. Actualmente, a la experiencia turística se suman los cafés con terraza de la entrada y la basura que dejan muchos de los visitantes que llegan en autobuses. Hay que tener mucho cuidado porque no hay barreras; un fotógrafo murió despeñado al retroceder para conseguir una buena foto.

Alrededor de Uçhisar hay algunos espléndidos destinos para hacer **excursionismo**; para más información, véase recuadro en p. 469.

🛏 Dónde dormir

Kilim Pension   PENSIÓN €
(☏219 2774; www.sisik.com; Tekelli Mahallesi; i/d/tr 60/80/100 TRY) Orgullo del políglota

y fiestero "Sisik", es un pequeño hotel espacioso y sin pretensiones en lo alto del pueblo, hospitalario hasta el último narguile. Las nueve habitaciones modernas están sobriamente decoradas con cantidad de espacio para la gimnasia matutina, aunque las de la planta alta son más luminosas y con mejores vistas. La comida es de primera, sobre todo acompañada por los cadenciosos *darbouka* (tambores turcos). Se recomiendan encarecidamente las excursiones guiadas por los valles cercanos.

Kale Konak
HOTEL HISTÓRICO €€

(☑219 3133; www.kalekonak.com; Kale Sokak 9; h 150 TRY; @) La estancia en este nuevo hotel maravilloso, apartado de la calle principal y a los pies del castillo de Uçhisar, produce la sensación de un majestuoso retiro. Una tarde de relax en la terraza con arcos romanos y una velada en el *hammam* de mármol prepararán el cuerpo para la lujosa cama dorada. Pasadizos subterráneos y puertas secretas incrementan la magia de este hotel, sorprendentemente asequible.

Taka Ev
HOTEL·'BOUTIQUE' €€

(☑0532 740 4177; www.takaev.net; Kayabasi Sokak 43; i/d 50/100 TRY; @) Impresionante recién llegado, es un hotel sin pretensiones pero con cantidad de ventajas a precio razonable. Aparte de las omnipresentes vistas, las habitaciones, más bien pequeñas, son totalmente nuevas, impecables y con duchas a buena presión en los lujosos cuartos de baño. El simpático Murat se ofrece como guía gratuito para sus clientes. Limitadas opciones para cenar.

Les Maisons de Cappadoce
APARTAMENTOS €€€

(☑219 2813; www.cappadoce.com; Belediye Meydani 28; estudios 130-180 €, chalés 240-980 €) Si todos los promotores inmobiliarios pudieran compartir el buen gusto de la política constructora del arquitecto francés Jacques Avizou, quizá pudiéramos vivir todos en lugares como Les Maisons de Cappadoce, en los barrios viejos de antiguas ciudades, con cestitos del desayuno colgados en la puerta cada mañana. Situados más arriba del valle de la Paloma, estos chalés tan bien diseñados abarcan desde estudios hasta sublimes casas enteras. La recepción está en una oficina de la primera planta, en la plaza principal.

Anatolia Pension
PENSIÓN €

(☑219 2339; Hacialibey Caddesi; d 30-35 €; @) El mejor alojamiento económico en la calle

principal consta de 15 habitaciones luminosas e impecables, en una maciza casa de piedra. El encargado, Ahmet, es un anfitrión encantador y servicial que ofrece información útil para el viaje. Comidas turcas tradicionales.

Karlık Evi
HOTEL HISTÓRICO €€€

(☑219 2995; www.karlikevi.com; Karlık Mahallesi; i/d desde 120/140 €; ✦) Los pobres pacientes de este antiguo hospital llegaron demasiado pronto y se perdieron su fabulosa conversión en hotel rústico. La veintena de habitaciones están decoradas de forma individual con ornamentado mobiliario de madera y tonalidades suntuosas. Cada año, se organizan talleres de pintura en el hotel, y los artistas en ciernes pueden inspirarse con una sesión nocturna de *hammam* y masaje, o montar el caballete en el jardín o la terraza en la azotea.

Şira Hotel
HOTEL·'BOUTIQUE' €€

(☑219 3037; www.hotelsira.com; Göreme Caddesi 87; d 100-150 TRY; @) Este nuevo hotel, regentado por ex guías de habla japonesa, es una nueva apuesta segura en el panorama de Uçhisar. Las 12 habitaciones hermosas, de cuidadísimo diseño, presentan suelos de madera, iluminación de calidad y una palpable sensación de tranquilidad. Algunas son algo oscuras, por lo que conviene ver unas cuantas antes de decidirse. Como ventaja añadida, en este hotel rige el aprecio por el vino, la comida y la naturaleza, algo evidente en el restaurante, que explota con festines nocturnos a base de productos de cultivo orgánico. A petición, se puede participar en circuitos para ver la vendimia y en talleres gastronómicos.

Argos
HOTEL DE LUJO €€€

(☑219 3130; www.argosincappadocia.com; h 200-250 €, ste 400-600 €) La empresa de publicidad de Estambul ha puesto el listón muy alto en esta nueva aventura en el sector hotelero. Una serie de escaleras, allí donde estuvo un antiguo monasterio, con túneles subterráneos, antiguas bodegas y césped muy cuidado, llevan a unas de las habitaciones más hermosas de Capadocia, algunas con piscinas privadas y todas con el sello del famoso arquitecto Turgur Cansever, siempre comprometido con la conservación y restauración de elementos antiguos. Un antiguo molino de aceite de linaza es ahora una sala acústica, llamada Bezirhane, donde se ofrecen conciertos y fiestas privadas. Vale realmente la pena derrochar en una habitación doble, con un lujo de revista de diseño.

Lale Saray

APARTOTEL **€€**

(📞 219 2333; www.lalesaray.com; Göreme Caddesi; i 45-80 €, d 50-85 €; tr 60-95 €; @ 🐾) Ofrece el confort de un apartamento francés en pleno campo de Capadocia, con fragantes habitaciones-cueva adornadas con toques naranjas y rosas, duchas terapéuticas y rejuvenecedores minibares. La terraza privada permite meditar sobre el programa que se va a seguir.

✗ Dónde comer

Center Café & Restaurant

LOCAL **€**

(📞219 3117; Belediye Meydanı; platos principales 10-15 TRY) Un antiguo y famoso cocinero del Club Med preside ahora este sencillo café restaurante de plaza de pueblo. El verde jardín resuena con el murmullo de satisfechos comensales, y gente joven y guapa se extasía con los *dondurma* (helados) y desaprovechadas ensaladas. Uno casi desearía que este lugar siguiera siendo un secreto.

Elai

TURCA MODERNA **€€€**

(📞219 3181; www.elairestaurant.com; Eski Göreme Yolu; platos principales 24-45 TRY; ⏱10.30-14.30 y 18.30-23.00) Este perfecto ejemplo de estilo capadocio emergente está tan alejado de las originarias comunidades del desierto como la comida de fusión turca lo está de la cocina original de Anatolia. En un café rehabilitado, donde los ancianos parlanchines han sido sustituidos por una elegante sala con cortinas de terciopelo y vigas a la vista, los comensales pueden empezar con una copa en la terraza, con sus vistas magníficas, antes de pasar al interior para degustar platos como *confit* de pato o carabineros a la plancha.

Le Mouton Rouge

FRANCESA **€€**

(📞219 3000; Belediye Meydanı; platos principales 10 TRY) Con un grupo de viejos amigos que se reúne en un pequeño bistró francés en el centro de Turquía, un lacónico dueño y un soñoliento camarero que dispensa cerveza fría y grandes sándwiches frescos a una pareja extraviada, queda muy claro que aquí late el verdadero corazón de Uçhisar, con una bonita joyería por añadidura.

Kandil House

CAFÉ **€**

(📞219 3191; Göreme Caddesi; tentempiés 4 TRY) Con sus vistas del valle de la Rosa, un mobiliario pintado al buen tuntún y un tablero de *backgammon*, este café bajo los arcos será un refugio agradable en un día de calor.

🔒 De compras

Göreme Onyx

JOYAS

(Güvercinlik Vadisi Karşısı) Toda la gama de piedras preciosas está a la venta en esta gran tienda a las afueras de Uçhisar.

ℹ️ Cómo llegar y salir

Dolmuşes y microbuses salen de enfrente del *belediye* hacia Göreme, Çavuşin y Avanos (1,80-2,80 TRY, cada hora de 7.00 a 19.30, hasta 18.00 en invierno). Al lado de Chez Kemal, en la plaza mayor, salen autobuses con precios y horarios parecidos a Ortahisar y Ürgüp. A la vuelta, ambos servicios paran en Nevşehir después de Uçhisar.

Un taxi a Göreme cuesta 15 TRY, y a Ürgüp, 30 TRY.

Çavuşin

📞0384

A medio camino entre Göreme y Avanos está el somnoliento pueblecito de Çavuşin, cuya actividad principal son los puestos para turistas bajo las casas de los acantilados. Tiene algunos alojamientos genuinos y brinda una auténtica experiencia rural.

En la carretera principal se encuentra la **iglesia de Çavuşin** (Gran Iglesia del Palomar; entrada 8 TRY; ⏱8.00-17.00, última admisión 16.30), a la que se llega desde la tienda de alfarería por una escalera de hierro empinada y temblorosa. Es la primera iglesia posiconoclasta de Capadocia y sirvió de palomar durante muchos años; alberga algunos frescos notables.

Subiendo el monte por la parte nueva del pueblo, pasada la plaza principal, se llega a la parte vieja. En ella se puede explorar un empinado y laberíntico complejo de casas abandonadas talladas en una pared rocosa, así como una de las iglesias más antiguas de Capadocia, la **iglesia de San Juan Bautista**, situada hacia lo alto del acantilado.

Çavuşin es punto de partida de pintorescas **caminatas** hacia el sureste, a través del Güllüdere (valle de la Rosa), el Kızılçukur Vadısı (valle Rojo) y el valle de Meskendir. Incluso se puede llegar al mirador de Zindanönü (6,5 km), seguir hasta la carretera de Ürgüp-Ortahisar y subir a un *dolmuş* de vuelta a la base.

En el pueblo no hay bancos ni cajeros automáticos. Hay tres cibercafés, como el **MustiNet** (1 TRY/h; ⏱16.00-24.00) cerca de la İn Pension.

☞ Circuitos

Mephisto Voyage ACTIVIDADES AL AIRE LIBRE
(☎532 7070; www.mephistovoyage.com) Con sede en la İn Pension, este grupo está muy bien considerado. Lleva más de una década gestionando paquetes de senderismo y acampada que van desde excursiones de dos días a un viaje de 14 días alrededor de Capadocia y el Tauro (500 €). También alquilan bicicletas y ofrecen circuitos en bici, carreta y en *joëlette* para las personas con movilidad reducida.

🛏 Dónde dormir y comer

Village Cave Hotel HOTEL-'BOUTIQUE' €€
(☎532 7197; www.thevillagecave.com; h 150-200 TRY) Es el alojamiento más interesante del pueblo, en una casa de piedra restaurada del s. XVIII, con seis habitaciones en dos plantas, enfrente de la maravillosa iglesia de San Juan. Los cuartos de baño son algo exiguos. El simpático anfitrión, Halim, pertenece a la tercera generación que regenta este hotel.

Green Motel MOTEL €
(☎532 7050; www.motelgreen.com; parcelas 7, TRY h 50-80 TRY; ❀) A la sombra del valle Rojo, la versión del esplendor campestre de Çavuşin está personificada por este gran y consolidado motel en un verde recinto donde pastaban antes los caballos. Algunas partes están algo avejentadas, pero las habitaciones 213 y 305 valen la pena, aunque solo sea por sus balcones. El Yesil Restaurant de la casa sirve *pizzas* turcas correctas y permite charlar con los amables lugareños.

Turbel Hotel HOTEL €€
(☎532 7084; www.turbelhotel.com; i/d 40/80 TRY, cueva 125/150 TRY) Es una buena opción con vistas prominentes desde el restaurante y las habitaciones, que tienen un elemental baño privado y están adornadas con alfombras, muñecas folclóricas y pinturas *kitsch*. Acuden muchos viajeros franceses. El dueño, Mustafa, pasó quince años en Estrasburgo y se parece al actor francés Roger Hanin. Hay una nueva sección subterránea con cinco habitaciones con *jacuzzi* y un discobar.

İn Pension PENSIÓN €
(☎532 7070; www.pensionincappadocia.com; i/d/tr 35/70/80 TRY, i/d sin cuarto de baño 15/30 TRY; ❀) Opción económica y básica en la plaza principal, propiedad de Mephisto Voyage, que ofrece información de interés

para el viajero. Las habitaciones han sido remozadas con nueva ropa de cama y pintura blanca, aunque las camas y cuartos de baño son bastante pequeños. El café en la azotea promete una agradable velada.

Camping Cappadocia CAMPING €
(☎532 7070; 2 personas 10 €, tienda y desayuno incl., saco de dormir 2 €) Este *camping* ha sido abierto recientemente por el equipo de Mephisto Voyage para promocionar sus excelentes salidas de senderismo por el valle Rojo, entre otros.

Ayse & Mustafa's Place TURCA €
(☎0535 947 8649; tentempiés 3-4 TRY; ⏱9.00-17.00) A la sombra de los ciruelos se puede probar las *gözleme* y *menemen* caseras de Ayse; otras comidas más sustanciosas requieren reserva. También hay zumo de fruta recién exprimida, cerveza y narguiles.

❶ Cómo llegar y salir

Véase p. 478 para informarse sobre los servicios de autobús que comunican Çavuşin con los pueblos cercanos.

Zelve

La carretera entre Çavuşin y Avanos deja a un lado un desvío al **Museo al Aire Libre de Zelve** (entrada incl. Paşabağı 8 TRY, aparcamiento 2 TRY; ⏱8.00-17.00, última admisión 16.15), donde convergen tres valles con iglesias y casas abandonadas.

Zelve fue un santuario monástico entre los ss. IX y XIII. No tiene tantas iglesias con espectaculares pinturas como el Museo al Aire Libre de Göreme, pero los vigorosos muros de los valles con sus antenas rocosas parecen hechos a propósito para jugar a explorar.

Los valles estuvieron habitados hasta 1952, cuando fueron considerados demasiado peligrosos para vivir y los vecinos fueron reasentados en Aktepe, también llamado Yeni Zelve (Nuevo Zelve). Entre los restos de la vida rural están la pequeña **mezquita** tallada en la roca, sin adorno alguno, en el valle Tres y el viejo *değirmen* (molino), con su piedra de moler y las vigas de madera pintarrajeadas, en el valle Uno.

Más allá del molino se halla la **Balıklı Kilise** (iglesia del Pescado), con la representación primitiva de un pez pintado. Junto a ella está la **Üzümlü Kilise** (iglesia de la Uva), mucho más impresionante y con llamativos racimos de uvas.

Como la erosión sigue socavando las estructuras de los valles, hay partes que podrían estar ya cerradas por el peligro de derrumbamiento, mientras que otras requieren escalerillas y otros ingenios para ascender. Si el valle Dos estuviera abierto, vale la pena ver los restos de la **Geyikli Kilise** (iglesia del Ciervo).

Hay cafés y *çay bahçesi* (jardines de té) en los aparcamientos.

En el valle de **Paşabağı,** a medio camino del desvío a Zelve que sale junto a una chimenea de hadas ocupada por la *jandarma* (comisaría), destaca una de tres cabezas y algunos de los mejores ejemplos de chimeneas en forma de seta. El valle estaba habitado por monjes y se puede trepar al interior de una de ellas para ver las celdas, decoradas con cruces griegas. Unas escaleras de madera llevan a una capilla en la que tres pinturas iconoclastas escaparon a los vándalos musulmanes; en la del centro aparece la Virgen con el Niño.

ℹ Cómo llegar y salir

Si se solicita, los autobuses que circulan cada hora entre Ürgüp, Göreme, Çavuşin y Avanos (véase p. 478) pueden parar en Paşabağı y Zelve. Si se viene de Ürgüp, Göreme o Çavuşin y se le dice al conductor que se quiere ir a Paşabağı o Zelve, saldrá de la carretera principal pasado Çavuşin, dejará bajar al viajero, subirá hasta Aktepe y después seguirá hasta Avanos. Si nadie le pide, el autobús no tomará el desvío. Conseguir uno desde Zelve es más difícil y quizá toque andar los 3,5 km que median hasta la carretera principal, donde se puede parar alguno de los que va a Göreme o Avanos.

Valle de Devrent

Los alucinantes conos volcánicos del valle de Devrent son de los mejor formados y más densamente reunidos de Capadocia, y observar sus siluetas fantásticas es como volver a mirar las nubes de niño. Es todo un reto encontrar el delfín, las focas, el gorro de Napoleón, los pájaros besándose, la Virgen María y diversas figuras de reptiles, aparte de los camellos.

Casi todos los conos de roca rosada están rematados por piedras planas y más oscuras, de algún material más duro, que los protegió de la lluvia hasta que la erosión acabó con la roca circundante, en un proceso denominado erosión diferencial.

Para llegar desde Zelve al valle de Devrent (o de la Imaginación) hay que retroceder 200 m por la carretera de acceso hasta la bifurcación y tomar el camino de la derecha, que señala a Ürgüp. Después de 2 km se llega al pueblo de Aktepe (Yeni Zelve). A partir de ahí hay que proseguir menos de 2 km monte arriba por la carretera de Ürgüp.

Avanos

🖊 0384 / 11800 HAB. / ALT. 910 M

El Kızılırmak (Río Rojo) marca el lento pulso de esta ciudad de provincias y es la fuente habitual de su medio de subsistencia, el barro de característico color rojo que mezclado con otra variedad blanca de las montañas sirve para producir la famosa cerámica de la región. Normalmente son los hombres quienes moldean estas hermosas piezas y las mujeres quienes las pintan en turquesa o en los marrones y amarillos terrosos que tanto gustaban a los hititas. Aparte de los consabidos grupos organizados, Avanos está relativamente vacío de extranjeros, por lo que el visitante puede disfrutar en solitario de la puesta de sol junto al río, con un enésimo *çay*.

⊙ Puntos de interés y actividades

Los autocares de turistas inundan los almacenes de cerámica en las afueras, por lo que es mejor dirigirse a los **talleres de cerámica** más pequeños en el centro, donde incluso enseñarán gustosamente a moldear alguna pieza. Se encuentran en las callejuelas de alrededor de la plaza principal y en el grupo de tiendas que hay frente a la PTT. El favorito de los redactores de esta guía es **Le Palais du Urdu,** un taller único de cerámica y tambores que causó cierta sensación en su gremio con una reciente aparición en la televisión. También vale la pena visitar **Chez Galip** (🖊 511 5758; Firin Sokak 24), una extensa galería de cerámica, con el "Museo del pelo", una morbosa colección de 16000 muestras de cabello femenino.

Akhal-Teke (🖊 5115171; www.akhal-tekehorse center.com; Camikebir Mahallesi, Kadı Sokak 1) y **Kirkit Voyage** (🖊 511 3148; www.kirkit.com; Atatürk Caddesi 50) organizan salidas a caballo con guía por la región. Los precios oscilan entre 80 TRY por 2 horas y 160 TRY un día entero, y vale la pena estudiar las distintas opciones.

☞ Circuitos

Kirkit Voyage tiene una excelente reputación. Además de los habituales circuitos organizados, pueden organizar viajes caminando, en bici, en canoa, a caballo y con raquetas de nieve. Es una agencia de Onur Air, Pegasus Airlines, Turkish Airlines y Atlasjet, y controla un autobús lanzadera entre Avanos y el aeropuerto de Kayseri (50 TRY, reserva esencial).

🛏 Dónde dormir

Kirkit Pension   PENSIÓN €€
(☎511 3148; www.kirkitpension.com; Atatürk Caddesi; i/d/tr 30/40/55 €;@) Es una institución del pueblo, junto a la calle principal, y consta de dos antiguas casas de piedra separadas por un patio bien restaurado. Será una base sin pretensiones para las excursiones por Capadocia. Las habitaciones más bien pequeñas están decoradas con kílims, fotos en blanco y negro y *suzani* (colchas uzbecas). Los clientes pueden disfrutar de una comida casera (15 TRY la cena) en el recomendado restaurante abovedado o en el agradable patio.

Sofa Hotel   HOTEL €€
(☎511 5186; www.sofa-hotel.com; Orta Mahallesi, Baklacı Sokak 13; i/d 60/100 TRY) El artista residente Hoya ha pasado gran parte de su vida comprando y rediseñando su colección de casas otomanas que ahora acogen a todos quienes quieran vivir en medio de esa hermosa locura. Con sus intrincadas escaleras, puentes y pasillos que dan a jardines en terraza, el Sofa es un país de las maravillas para niños perdidos y adultos con ansias de conocer mundo. Las habitaciones están decoradas al estilo tradicional e incongruentes cuartos de baño modernos. El desayuno es todo un éxito.

Tokmak Konuk Evi   HOTEL HISTÓRICO €€
(☎511 4587; www.tokmakkonukevi.com; Yukarı Mah, Cami Sokak 11; d 70 TRY) Esta popular residencia restaurada en pleno barrio antiguo parece una casa de muñecas turca de tamaño natural. Está regentada por un simpático equipo y las habitaciones bien montadas cuentan con antigüedades locales, bañeras profundas y cafeteras; las nº 118 y 119 son más espaciosas y coloridas. El patio de piedra se llena de turistas franceses en verano. Está al lado de una excelente tienda de alfombras, la Galerie Yoruk.

Ada Camping   'CAMPING' €
(☎511 2429; www.adacampingavanos.com; Jan Zakari Caddesi 20; parcelas 10 TRY por persona, electricidad incl.; ✆) Siguiendo por la carretera de Nevşehir se llega a este enorme *camping* familiar, en un soberbio emplazamiento, cerca del río. Los servicios podrían estar más limpios pero hay mucha sombra y hierba, un restaurante y una piscina, fría pero tentadora.

🍴 Dónde comer

Dayının Yeri   'OCAKBAŞI' €
(☎511 6840; platos principales 10 TRY) En un nuevo local junto al puente, este *ocakbaşı* (asador) moderno y reluciente es uno de los mejores de Capadocia. Los kebabs son sensacionales, al igual que el *pide*. No hay que perderse bajo ningún concepto el *künefe* (tiras de masa cocida sobre una base de queso cremoso con almíbar; 4 TRY), que se prepara al momento en pequeños hornillos junto a las mesas. No se sirve alcohol.

Bizim Ev   INTERNACIONAL €€
(☎511 5525; Orta Mahallesi, Baklacı Sokak 1; *mezes* 6 TRY, platos principales 11-15 TRY) "Nuestra Casa", al lado del Sofa Hotel, es la mejor opción para los amantes de los manteles blancos. El local está dividido en cuatro secciones: bodega, terraza, entrada de la cueva y sala de piedra. En cualquier mesa del establecimiento, la trucha servida en un recipiente de barro (11 TRY) o los pinchos de siluro (12 TRY) serán dos de los platos más interesantes.

Seçkin Kebap   COMIDA RÁPIDA €
(Ataturk Çaddesi; platos principales 4-7 TRY) A un tiro de kebab de la Kirkit Pension, es un aireado puesto de comida rápida de *gourmet*, con música marchosa y dueños jóvenes y dinámicos.

Adana Kebap   COMIDA RÁPIDA €
(Atatürk Caddesi; platos principales 4-7 TRY) Este precursor de la comida rápida moderna, con suelos pegajosos y mesas grasientas, sirve sin cesar enormes kebabs desbordantes de chile y ajo a una golosa clientela local y regional.

Sofra Restaurant   REGIONAL €
(☎511 4324; Hükümet Konağı Karşısı; platos principales 7-8) Uno más entre la hilera de restaurantes que alimentan a los grupos organizados que visitan las tiendas de cerámica de al lado, el Sofra tiene una amplia carta de *meze*, platos a la cazuela y una pequeña terraza.

❶ Información

La **oficina de turismo** (☎511 4360; Atatürk Caddesi; ⏱8.30-17.00), que no siempre cumple con sus horarios, está en la calle principal. Hay varios cajeros automáticos en la plaza mayor y alrededores.

Para comprobar el correo o navegar por la red, está el **Hemi Internet Café** (Uğur Mumcu Caddesi; 1 TRY/h; ⊙9.00-24.00).

ℹ Cómo llegar y salir

Hay dos líneas de autobús de Avanos a Nevşehir: una es directa y sale cada 30 min, y la otra sale cada hora y pasa por Çavuşin y Göreme. Ambas funcionan de 7.00 a 19.00 y cobran 2,50 TRY por billete. También hay un autobús del *belediye* cada hora que va de Avanos a Nevşehir vía Çavuşin (10 min), Göreme (15 min) y Uçhisar (30 min). Sale de Avanos entre 7.00 y 18.00 y cuesta 1,50-3 TRY, dependiendo del trayecto.

Los *dolmuşes* a Ürgüp (2 TRY) pasan por Avanos a las 9.00, 11.00, 13.00, 15.00 y 17.00.

Kirkit Voyage alquila bicicletas de montaña por 25 TRY/día y 15 TRY/medio día.

Alrededores de Avanos

SARIHAN

El **Sarıhan** (caravasar Amarillo; entrada 3 TRY; ⊙9.00-24.00) fue construido en 1249 y tiene un elaborado portón con una pequeña mezquita encima. Es uno de los caravasares selyúcidas mejor conservados, restaurado a finales de la década de 1980. Al bajar a toda marcha por la carretera de acceso, cabe ponerse en la piel de un mercader del s. XIII con ganas de darle descanso a los camellos y terminar la jornada de parranda.

Una vez dentro, hay que seguir usando la imaginación porque solo hay un patio empedrado. Los visitantes pueden subir al tejado, pero la principal atracción son los 45 min de **ceremonia de los derviches giróvagos** (☎511 3795; entrada 25 €; ⊙21.30 abroct, 21.00 nov-mar). Es preciso reservar con antelación, cosa que se puede hacer en casi cualquier pensión de Göreme, Ürgüp, Avanos y Uçhisar. El precio puede oscilar según la comisión que se lleve el agente turístico o la pensión.

A pesar de que el escenario tiene mucho encanto, la *sema* (ceremonia) es mucho menos impresionante que la que se representa en el monasterio mevleví de Beyoğlu, en Estambul (véase p. 81). Quien haya presenciado esta última puede prescindir de la otra.

ℹ Cómo llegar y salir

El Sarıhan está 6 km al este de Avanos y es difícil llegar sin transporte propio, porque no hay *dolmuş* y apenas pasan vehículos para hacer autostop. Los taxistas de Avanos exigirán probablemente 30 TRY para ir y volver, incluido el tiempo de espera.

CIUDAD SUBTERRÁNEA DE ÖZKONAK

Unos 15 km al norte de Avanos, el pueblo de Özkonak alberga una versión reducida de las ciudades subterráneas de Kaymaklı y Derinkuyu (véase recuadro en p. 494), con idénticos depósitos de vino, puertas rodantes de piedra y demás. La **ciudad subterránea de Özkonak** (entrada 8 TRY; ⊙8.30-17.30) no es tan espectacular ni tan sorprendente como las grandes, pero también está mucho menos abarrotada.

La forma más fácil de llegar es en *dolmuş* desde Avanos (1,50 TRY, 30 min), aunque circulan autobuses los fines de semana. Hay que pedir que paren en la *yeraltı şehri* (ciudad subterránea); se detienen en la gasolinera, a 500 m de la entrada.

Nevşehir

 0384 / 81 700 HAB. / ALT. 1260 M

Según dicen, quien se quede mirando el castillo del monte que la domina, quedará tan cautivado por la belleza de la estampa que no se irá en siete años. Debe ser una leyenda muy antigua, porque actualmente Nevşehir es una fea y moderna ciudad de provincias con pocos alicientes para los viajeros.

Peligros y advertencias

Hay que evitar cualquier trato con los organizadores de viajes de la estación y asegurarse de que el billete de autobús incluye el servicio de lanzadera desde Nevşehir hasta el destino final, según se aconseja en la p. 463. La falta de ética está tan institucionalizada en la *otogar* que a veces incluso la gente de las taquillas de las empresas de autobuses echa a los viajeros en brazos de los agentes de viajes. Quien tenga un hotel reservado y necesite un *servis* o un taxi, hará bien en llamar por teléfono para pedir ayuda; los profesionales de la industria del turismo del resto de Capadocia saben bien que la *otogar* de Nevşehir suele dar problemas.

◉ Puntos de interés

El **Museo de Nevşehir** (☎213 1447; Türbe Sokak 1; entrada 3 TRY; ⊙8.00-17.00 ma-do) se halla en un poco atractivo edificio a 1 km del centro y 400 m al este de la oficina de turismo. La exposición comprende una sala arqueológica con vasijas y utensilios frigios, hititas y de la Edad del Bronce, así como objetos romanos, bizantinos y otomanos. La sección etnográfica que hay arriba tiene menos interés.

La estatua del parque que hay frente al centro de cultura es de Nevşehir'li Damat İbrahim Paşa (1662-1730), el gran visir otomano que da nombre a la ciudad. Esta importante figura local financió el complejo de la gran mezquita de la ciudad, claramente visible sobre la colina del sur de Atatürk Caddesi, que sigue teniendo una mezquita, una *medrese* (madraza) que actualmente es una biblioteca, un *hammam* y una tetería.

🛏 Dónde dormir y comer

Aparte del Safir, el panorama hotelero de Nevşehir no es muy propicio para los viajeros. No importa la hora de la noche que sea: se recomienda seguir camino hasta Göreme, que está muy cerca y donde el alojamiento es más barato e infinitamente mejor.

Hotel Safir   HOTEL €€
(📞214 3545; www.otelsafir.com; Yeni Mah, Paşa Bulvarı 27; i/d 70/110 TRY; ❄ @) Por fin, un hotel casi correcto en Nevşehir, con grandes habitaciones embaldosadas y limpias, un lujoso ascensor y personal bastante servicial.

Nevşehir Konaği   REGIONAL €
(📞213 6183; Aksaray Caddesi 46; *mezes* 2,50 TRY, platos principales 7 TRY; ⏱9.00-21.30) Solo hay un buen motivo para ir a Nevşehir. Este restaurante municipal especializado en gastronomía local, que sirve especialidades capadocias como *bamya çorba* (sopa de ocra) y *dolma mantı* (raviolis). Su emplazamiento en un edificio de estilo otomano con columnas tipo griego, en el parque que hay junto al Kültür Merkezi (Centro de Cultura), 1,5 km al suroeste del centro, es el entorno ideal para devorar platos tan deliciosos como *yoğurtlu beyti* (kebab Adana con yogur).

ℹ Información

La **oficina de turismo** de Nevşehir (📞214 4062; Atatürk Bulvarı; ⏱8.00-17.00) está en un gran edificio gubernamental en la calle principal de la ciudad. Su personal puede proporcionar un somero plano de Nevşehir, pero poca cosa más. También hay varios bancos con cajero automático cerca.

ℹ Cómo llegar y salir

Turkish Airlines (www.thy.com) tiene vuelos de ida y vuelta de Estambul a Nevşehir los miércoles, viernes, sábados y domingos (69-199 TRY solo ida).

Nevşehir es el principal nudo de comunicaciones de la región. Hay servicios de autobús a las localidades de los alrededores desde la *otogar* y diversas paradas. Van a Göreme (1,75 TRY, cada 30 min, 8.00-18.00 lu-vi, cada hora fines de semana); Uçhisar (1 TRY, cada 30 min, 7.30-18.00 lu-vi, cada hora fines de semana); Niğde (7 TRY, cada 2 horas, 7.30-18.00) vía Kaymaklı y Derinkuyu; y Ürgüp (3,50 TRY, cada 15 min, 7.30-22.00). Algunos autobuses a Ürgüp pasan por Ortahisar y todos pueden dejar al viajero en el desvío de la carretera principal, a 1 km andando del centro. Hay dos servicios a Avanos: uno sale cada hora y va directamente, y el otro, cada 30 min y pasa por Göreme y Çavuşin. Ambos funcionan de 7.00 a 19.00 y el billete

---

HACI BEKTAŞ VELİ Y LA ORDEN DE LOS BEKTAŞİ

Nacido en Nishapur (Irán) en el s. XIII, Hacı Bektaş Veli inspiró un movimiento político y religioso que aunaba aspectos del islam (tanto suní como chií) y la Iglesia ortodoxa cristiana. Se sabe que viajó por Anatolia y vivió en Kayseri, Sivas y Kırşehir, aunque acabó estableciéndose en una aldea que actualmente es la pequeña ciudad de Hacıbektaş.

Aunque no se sabe mucho más sobre su vida, su libro, el *Makalât*, propone una filosofía mística menos austera que el islam convencional. En él describe un camino de cuatro etapas hacia la iluminación (las Cuatro Puertas). A pesar del escarnio que hacían de ellos muchos clérigos islámicos, los derviches bektaşi llegaron a ejercer una considerable influencia política y religiosa en tiempos otomanos. Junto con todos los demás derviches, fueron ilegalizados por Atatürk en 1925.

La peregrinación anual de los derviches bektaşi es un acontecimiento enormemente importante para la actual comunidad aleví. Los políticos suelen acaparar los primeros días, pero hay dos o tres dedicados a la música y el baile.

cuesta 2 TRY. La *otogar* está 2,5 km al suroeste de la ciudad.

Los taxis a Göreme deberían costar alrededor de 35 TRY .

Alrededores de Nevşehir

Quien vaya a Ankara puede hacer una parada para ver Gülşehir y sobre todo Hacıbektaş. Es fácil cuando se dispone de vehículo propio y no tan difícil si se usan los transportes públicos.

GÜLŞEHIR
🖉 0384 / 9800 HAB.
En las afueras de esta pequeña localidad, 19 km al norte de Nevşehir, hay dos atracciones rocosas que valen la pena si se está de paso.

El **Palacio Abierto** (Açık Saray; entrada gratuita; ☉8.00-17.00), un bonito monasterio troglodita de los ss. VI y VII, está 4 km antes del centro urbano. Tiene iglesias, refectorios, dormitorios y una cocina, todo excavado en chimeneas de hadas.

Y 2 km más cerca del pueblo, justo antes de doblar hacia el centro, está la **iglesia de San Juan** (entrada 8 TRY; ☉8.00-17.00), igualmente tallada en la roca. A 5 minutos andando por una carretera señalizada a la izquierda de la principal hay una señal que indica "Church of St Jean/Karşı Kilise". Esta iglesia de dos plantas del s. XIII tiene frescos espléndidos, que representan la Anunciación, el Descendimiento, la Última Cena, la Traición de Judas y el Juicio Final (que no suele verse en las iglesias capadocias). Los frescos están especialmente bien conservados gracias a que habían estado cubiertos por una capa de hollín hasta su restauración en 1995.

Los autobuses y *dolmuş* a Gülşehir (1,50 TRY, 15 min) salen de la parada del centro de Nevşehir. Para evitar tener que retroceder desde el pueblo, se puede pedir al conductor que pare en el Açık Saray o la Karşı Kilise. Para volver, basta con parar algún autobús que pase por la carretera principal. Los que siguen ruta hasta Hacıbektaş salen de la pequeña *otogar* de Gülşehir, enfrente de la Kurşunlu Camii (2 TRY, 30 min).

HACIBEKTAŞ
No hay que confundir con el Museo Etnográfico de la ciudad, normalmente cerrado; el **Museo Hacıbektaş** (Hacıbektaş Müze; entrada 3 TRY; ☉8.00-12.00 y 13.00-17.00 ma-do) contiene las tumbas de Hacı Bektaş Veli y sus seguidores. Los peregrinos practican supersticiones como abrazar un pilar, besar marcos de puertas y atar cordones en torno a una morera que supuestamente es un *dilek ağacı* (árbol de los deseos). Hay varias salas dispuestas con el aspecto que debían tener cuando las ocupaban los bektashíes, en las que se exponen cosas como fotos de derviches y los anillos que llevaban los miembros célibes de la orden.

En Hacıbektaş hay pocas opciones de alojamiento. El anodino **Evrim Hotel** (🖉441 2900; i/d 30/60 TRY) o el algo más popular **Hünkar Otel** (🖉441 3344; i/d 35/60 TRY), en la *meydanı* (plaza mayor) entre el santuario y la *otogar*, ofrecen habitaciones básicas con muebles azules y amarillos y cuartos de baño razonables. Los precios suelen ser negociables salvo en agosto, cuando está todo reservado. Para comer hay *lokantas* (figones), *pastanes* (pastelerías) y *kebapçıs* (locales de kebab) en la calle principal.

Los autobuses desde el centro de Nevşehir a Hacıbektaş (3 TRY, 45 min, 11 diarios, 7.00-18.15 entre semana, menor frecuencia fines de semana) parten de las oficinas "Has Hacıbektaş", según se sale de la Alibey Camii de camino a Gülşehir. El último a Nevşehir sale de la *otogar* de Hacıbektaş a las 17.00 (16.45 fines de semana).

Ortahisar
🖉 0384 / 4800 HAB.
Cuando los cartógrafos de Capadocia se pusieron de acuerdo por primera vez, debieron dejar fuera del mapa turístico el pueblo agrícola de Ortahisar. Conocido por el recortado castillo que le ha dado el nombre, Ortahisar es el arquetipo de aletargada aldea donde hombres de semblante curtido se apoyan lánguidamente contra las casas igualmente curtidas, o trabajan almacenando cítricos en bodegas subterráneas. Las calles empedradas del barranco están silenciadas por los cañones circundantes y quedan desiertas al caer la noche. El Museo de Cultura Tradicional es excelente, y atrae un flujo constante de grupos organizados.

El personal de la pequeña **oficina de turismo** (🖉343 3071; Tepebaşı Meydanı; ☉8.00-17.00) que hay junto al castillo es amigable, pero no habla inglés. Lo más seguro es que lleven al viajero ante el "loco Alí", dueño de la tienda de antigüedades de al lado, que chapurrea inglés, francés y alemán. Este poeta locuaz, que afirma que el apodo le viene de cuando viajó a la luna en una carreta de bueyes, ofrece paseos guiados hasta lugares como el valle de Pancarlık.

Los correos se pueden mirar en **Antiknet** (Huseyin Galif Efendi Caddesi; 1 TRY/h; ⊙8.00-24.00), según se baja desde la PTT.

◉ Puntos de interés

En el pueblo no hay más monumentos que el **castillo** (kale; 3 TRY; ⊙9.00-18.00), una roca de 18 m que sirvió de fortaleza en tiempos bizantinos.

En la plaza mayor, junto al castillo, el **Museo de Cultura Tradicional** (Kültür Müzesi; Cumhuriyet Meydanı 15; entrada 5 TRY; ⊙9.00-19.00) permite adquirir unas nociones de cultura local, a pesar de las irrupciones de grupos de turistas. Hay representaciones con paneles explicativos en varios idiomas en las que maniquíes tocados con pañuelos y *şapkas* (gorros) elaboran *yufka* (finos rollos de pan ácimo), *pekmez* (almíbar de zumo de uva) y kílims.

Subiendo al hotel AlkaBris, el parque municipal y mirador **Manzara ve Kültür Parkı** está un poco desarreglado, pero las zonas con hierba son estupendas para hacer un *picnic*. Tiene un café con vistas al cañón, situado entre agujeros lo bastante grandes como para que una paloma aparque su Volvo.

🛏 Dónde dormir y comer

AlkaBris HOTEL-'BOUTIQUE' €€€
(☎343 3433; www.alkabris.com; Cedid Mahallesi, Ali Reis Sokak 23; h 200-250 TRY, ste 280 TRY; @) Los anfitriones, Sait y Kamer, han creado un refugio capadocio especial en lo alto del pueblo, con dos suites antiguas en cuevas, dos habitaciones rupestres y una habitación independiente que goza de vistas del castillo y de Erciyes Dağı. Cada estancia lleva el nombre de un personaje histórico hitita, como Gilgamış y Pankuş, pero todas comparten una decoración con mosaicos y colores suaves. Los cuartos de baño son muy elegantes, la mesa del desayuno muy abundante y bien preparada, y las terrazas sensacionales. El restaurante (cena 50 TRY) es caro pero bueno.

Hisar Evi HOTEL-CUEVA €
(☎343 3555; www.hisarevi.com; Esentepe Mah, Tahirbey Sokak; h 65-80 €, ste 100 €; @) La "Casa del Castillo" es muy popular entre las agencias de viajes gracias a su dinámico dueño, Ismail, que es además un fantástico jugador de *backgammon*. El hotel cuenta

con una relajante terraza y habitaciones rupestres limpias y frescas, algunas mucho más grandes que otras. Las suites tienen enclaves adecuados para niños pequeños.

Park Restaurant RESTAURANTE JARDÍN €
(☎343 3361; Tepebaşı Meydanı; *pides* 6-9 TRY, platos principales 9-15 TRY) Mirando a la plaza mayor, con el castillo de fondo, este atractivo jardín es el lugar perfecto para cargar las pilas con *pide* de carne y una ensalada, acompañadas por una cerveza (5 TRY) o un zumo de naranja recién exprimido (3 TRY).

Cultural Museum Restaurant TURCA €
(☎343 3344; menú del día 20 TRY; ⊙comida y cena) El atractivo restaurante de la planta superior del museo suele servir solo a grupos, pero cualquiera puede comer, especialmente si se llama antes. Entre los platos que ofrece hay albóndigas y *testi kebap* (cazuela de kebab). El gerente, Cenk, habla inglés, es una buena fuente de información sobre la zona y se precia de haber servido a políticos húngaros y a la reina de España.

ℹ Cómo llegar y salir

Los autobuses lanzadera de los hoteles circulan entre Ortahisar y Kayseri (65 km, 45 min).

Hay *dolmuş* que hacen 5 km de trayecto entre Ortahisar y Ürgüp cada 30 min de 8.00 a 17.00, de lunes a sábado (1,50 TRY). En la p. 463 se informa sobre los *dolmuşes* de la Belediye Bus Corp que circulan entre Ortahisar y Avanos vía Göreme y Çavuşin. Todos los servicios paran junto al museo. Circulan autobuses a Nevşehir, aunque quizá sea más rápido caminar 1 km hasta el desvío de Ortahisar por la carretera principal, donde los autobuses paran a recoger viajeros.

En el pueblo hay oficinas de las compañías de autobuses Metro, Kent y Nevşehir.

Ürgüp →

☎0384 / 15 500 HAB.

Cuando los griegos fueron expulsados de Ürgüp en 1923, muchos cubos de lágrimas debieron recogerse en la frontera. Casi noventa años después, turistas del mundo entero se entristecen al alejarse de sus residencias temporales. Ürgüp es elegante sin ni siquiera intentarlo, como una simpática tía turca que viniera de visita una vez al año. Lo mejor de todo es que no hay gran cosa que hacer, ningún monumento de visita obligada, solo unos cuantos restaurantes estupendos, un *hammam* fabuloso, una floreciente bodega y vistas

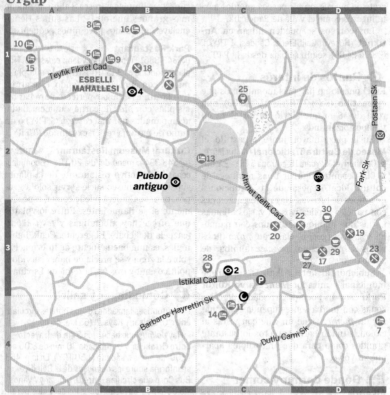

Ürgüp

⊚ Principales puntos de interés
Pueblo antiguo..B2

⊚ Puntos de interés
1	Museo	E2
2	Tarihi Şehir Hamamı	C3
3	Colina de Temenni	D2
4	Bodegas Turasan	B1

🛏 Dónde dormir
5	Antik Cave House	A1
6	Ayvansaray Butik Hotel	F2
7	Cappadocia Palace	D4
8	Elkep Evi Pensiyon	A1
9	Esbelli Evi	B1
10	Hotel Assiana	A1
11	Hotel Elvan	C4
12	Hotel Kilim	F3
13	Melekler Evi	C2
14	Sacred House	C4
15	Serinn House	A1
16	Yunak Evleri	B1

🍴 Dónde comer
17	Angel Café Bistro	D3
18	Dimrit	B1
19	Ehlikeyf	D3
20	Han Çirağan Restaurant	C3
21	Ocakbaşı	E3
22	Teras Cafe	D3
23	Ürgüp Pide Salonu	D3
24	Ziggy's	B1

☕ Dónde beber
25	Ailanpa Wine House	C1
26	Barfiks	E4
27	Café Naturel	D3
28	Mahzen Sarap Evi	C3
29	Micro Café & Restaurant	D3
30	Sükrüoğlu	D3

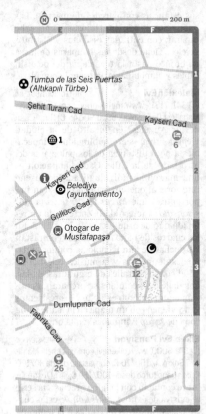

antigua iglesia, que ofrece baños mixtos, aunque decorosos.

El **museo** (entrada 3 TRY; ☺8.00-12.00 y 13.00-17.00 ma-do) exhibe unos dientes de 10 millones de años pertenecientes a un ancestro del elefante, desenterrados en Mustafapaşa, aunque la exposición en general es anodina.

La abundante luz solar y el fértil suelo volcánico de Capadocia producen una uva deliciosa y hay numerosas bodegas que prosiguen la tradición vinícola greco-otomana. Se puede degustar alguna muestra local en las **bodegas Turasan** (☏341 4961; Çimenli Mevkii; ☺7.30-20.00).

☞ Circuitos

Varias agencias de viajes de Ürgüp organizan circuitos por Capadocia. **Argeus Tours** (☏3414688; www.argeus.com.tr, www.cappadocia exclusive.com; İstiklal Caddesi 7) ofrece paquetes de tres a nueve días, incluido uno de ocho días en bicicleta de montaña, además de excursiones de un día y vuelos, y es el representante de Turkish Airlines en Ürgüp. **Peerless Travel Services** (☏341 6970; www.peerlessexcursions.com; İstiklal Caddesi 59a) es también el representante en Ürgüp de Onur Air, Sun Express, Atlasjet y Pegasus Airlines.

Horseriding Kapadokya (☏299 8131, 342 7171; www.horseriding-kapadokya.com) es una empresa de equitación muy recomendada que opera entre Ürgüp y Ortahisar con excursiones ecuestres para todo tipo de niveles, y de un día a una semana de duración.

🛏 Dónde dormir

Ürgüp posee muchos hoteles-*boutique,* la mayoría en la colina de Esbelli, y un par de opciones económicas y de precio medio más céntricas para tener en cuenta. Muchos cierran entre noviembre y marzo.

Esbelli Evi HOTEL-'BOUTIQUE' €€
(☏341 3395; www.esbelli.com; Esbelli Mahallesi Sokak 8; i/d/ste 90/120/200 €; ❉ 🖳 @) *Jazz* en el cuarto de baño, whisky en la bañera, túneles secretos hacia jardines secretos de postal, privacidad y compañía alternativamente: este es el mejor hotel de Capadocia. Süha Ersöz, un abogado que nunca ha ejercido, creó un hotel sumamente sofisticado, pero sin ser pretencioso, que se alza en el exclusivo monte Esbelli. Las 15 habitaciones parecen más bien apartamentos de primera clase para dignatarios de visita, desde la suite familiar con una habitación infantil

---

del valle que saben como miel sobre hojuelas. Es quizá el refugio rural más en la onda de Turquía, y los entendidos sentarán aquí su base para explorar el corazón geográfico de Capadocia.

◉ Puntos de interés y actividades

Al noroeste de la plaza mayor está la parte más antigua de la ciudad, o **pueblo antiguo**, con muchas **casas antiguas** preciosas, al que se accede por un arco de piedra. Vale la pena darse una vuelta y luego dirigirse a Ahmet Refik Caddesi y doblar a la derecha hacia la **colina de Temenni** (colina de los Deseos ☺9.00-23.00), que alberga la tumba de un santo, un café y vistas de 360º sobre la ciudad. No siempre se atienen a los horarios de apertura.

Al lado de la plaza mayor está el **Tarihi Şehir Hamamı** (entrada 15 TRY; ☺7.00-23.00), un *hammam* parcialmente alojado en una

plenamente equipada, hasta las camas altas y cocinas provinciales en las enormes cuevas de las suites normales. El delicioso desayuno es a base de productos de cultivo orgánico, mientras que una encantadora velada en la terraza será toda una lección de historia local, humildad y gracia.

Serinn House
HOTEL-BOUTIQUE €€

(☎341 6076; www.serinnhouse.com; Esbelli Mahallesi Sokak 36; d 100-140 €; @) La anfitriona de la *jet set* Eren Serpen ha puesto el listón muy alto en cuanto a diseño hotelero en Capadocia con este esfuerzo contemporáneo en el que se funden perfectamente la estética europea de Estambul con la vida provinciana turca. Las cinco habitaciones minimalistas presentan acentos de color, lámparas de Arquímedes, sillas de diseño, alfombras modernas y mesas demasiado elegantes para el café. Los productos de tocador son de gama alta, el restaurante de la casa está al mando de un chef experto, y el patio, de una belleza conmovedora, deja a los clientes convencidos de que la especie ha evolucionado mucho desde los tiempos prehistóricos.

Hotel Elvan
HOTEL ECONÓMICO €

(☎341 4191; www.hotelelvan.com; Barbaros Hayrettin Sokak 11; i/d/tr 45/70/90 TRY; @) La mejor pensión barata de Ürgüp sigue siendo por suerte un secreto de familia bien guardado. Las 20 cuidadas habitaciones cuentan con televisión por satélite y minibar, y en las zonas comunes y en la frondosa azotea reina un ambiente sociable y acogedor. El pequeño restaurante es muy apreciado por los lugareños, como lo demuestran sus considerables barrigas.

Hotel Kilim
HOTEL €€

(☎341 3131; www.hotelkilim.com; Dumlupinar Caddesi 50; i/d/tr desde 40/80/100 TRY; ❄ @) Renovado en el 2008, presenta ahora habitaciones luminosas, con mullidas alfombras, balcones privados y sedante interiorismo, preparadas por un personal serio y profesional. Es uno de los mejores hoteles económicos de Ürgüp, en pleno centro.

Yunak Evleri
HOTEL DE LUJO €€

(☎341 6920; www.yunak.com; Yunak Mahallesi; d 100-115 €, ste 145 €; @) Con su propio código postal, este hotel es un laberinto de buen gusto que se desparrama por la ladera de la montaña. Este regio establecimiento, algunas de cuyas estructuras se remontan al s. v, se despliega en una guirnalda de lámparas árabes que guían a los clientes hasta

sus estancias con paredes de mármol. Las habitaciones son tan lujosas como cabe esperar, con entradas discretas y distintos niveles. Tiene desde las lámparas de mesa de bronce hasta la tecnología del ocio sin cables y el mobiliario artesanal de madera.

Melekler Evi
HOTEL-BOUTIQUE €€

(☎341 7131; www.meleklerevi.com.tr; Dereler Mahallesi Dere Sokak 59; d 90-145 €) La "Casa de los Ángeles" en lo alto de la ciudad vieja contiene siete habitaciones impecables a poca distancia de los palomares del otro lado de la calle. Cada habitación es una maravilla individualizada de diseño interiorista, que abarca conceptos tan importantes como *huzur* (paz), *sevgi* (amor) y *sonsukluk* (eternidad), cortesía de un refinado dúo de arquitectos de Estambul. En los cuartos de baño de arenisca contrastan las duchas de alta tecnología con los andamiajes de madera y la música celestial de Hi-Fi con los detalles de esculturas aladas. Las deliciosas comidas se preparan a petición en un antiguo establo, y los residentes van y vienen con un mapa en la mano y una copa de *şarap* (vino) local en la otra.

Elkep Evi Pansiyon
PENSIÓN €€

(☎341 6000; www.elkepevi.com.tr; Esbelli Mahallesi Sokak; i/d 50/70 €, con *jacuzzi* desde 80/100 €, con baño turco desde 100/120 €; @) Desde su breve contacto con la fama gracias a la serie televisiva de éxito *Asmali Konak*, estas cuatro casas rupestres aferradas a la montaña en lo alto de Esbelli Mahallesi han sido el objetivo de muchos viajeros de presupuesto medio en busca de habitaciones espaciosas y de oscuras tonalidades. Cada una tiene su propia zona al aire libre –algunas incluso con *hammam*–, pero los más sociables pueden refugiarse en la obligatoria terraza en la azotea o en el jardín con pilares.

Antik Cave House
HOTEL-CUEVA €€

(☎341 4428; www.antikcavehouse.com; Dolay Sokak 14; i/d 60/120 TRY, ste 140 TRY; @) Es un nuevo hotel, dinámico y juvenil, en el monte Esbelli. Las siete habitaciones, tres suites y cuatro dobles, son pequeñas comparadas con las demás en Ürgüp, y heterogéneas, con una mezcla de estilos: cueva, *konak* (mansión) y chimeneas y arcos.

Cappadocia Palace
HOTEL-BOUTIQUE €

(☎341 2510; www.hotel-cappadocia.com; Duayeri Mahallesi Mektep Sokak 2; i/d/tr 35/70/85 TRY, cueva 60/120/140 TRY; @) Si no apetece una estancia prolongada en una cueva, esta casa griega rehabilitada será un alojamiento muy razonable. Bekir y Aden son los anfitriones omnipresentes que satisfacen gustosos las peticiones de sus clientes a la sombra de la Cumhuriyet Meydanı. Las 13 habitaciones estilo motel tienen televisión por satélite y cuartos de baño pequeños. Las suites, más recientes, son también más troglodíticas, y hay también un bonito restaurante-*lounge* con arcos. Reserva previa.

Ayvansaray Butik Hotel   HOTEL €€
(☎341 4406; www.ayvansarayboutiquehotel. com; Eski Kayseri Caddesi 62; d desde 100 TRY; ❄@) Matices de Asia Central reinan en esta casa de piedra recientemente rehabilitada en la calle Kayseri. Las tres habitaciones independientes –Ukbek, Seluklu y Turkmen– son verdaderos estudios de textiles rojos y maderas oscuras. El ruido de la calle puede ser un problema, pero las habitaciones son inmaculadas, con accesorios de calidad y camas confortables. El café contiguo, del mismo y alegre propietario, está regentado por su ex esposa, una fantástica cocinera.

Sacred House   HOTEL DE LUJO €€€
(☎341 7102; www.sacred-house.com; Dutlu Cami Mahallesi, Barbaros Hayrettin Sokak 25; d115-190€; @) Yezim y su equipo exclusivamente femenino han saqueado los mercadillos otomanos de segunda mano y levantado el polvo de centenares de anticuarios en busca de la pieza adecuada para llenar las 12 habitaciones espaciosas en este hotel de alta costura que emplea un máximo de filosofía de diseño. Por suerte, el servicio no es pretencioso, mientras que los ostentosos esquemas cromáticos incitan a reflexionar sobre cuál sería la opinión de nuestros antepasados griegos acerca del hombre moderno.

Hotel Assiana   HOTEL €€
(☎341 4960; www.assianahouse.com; Esbelli Mahallesi Dolay Sokak 1; i/d/ste 65/85/100 €; @) Este pequeño hotel en el monte Esbelli cuenta con tres cuevas y dos habitaciones con arcos de piedra. Los interiores son sencillos pero de buen gusto y hay alfombras sobre suelos de madera barnizada, alguna vasija en estantes bien ordenados y un árbol esculpido en una pared. Se recomiendan las habitaciones de piedra de arriba.

✗ Dónde comer
El abanico de restaurantes de Ürgüp es más limitado que en Göreme, pero el nivel general es muy superior. Al salir de la *otogar* hay abundancia de *pastanes* y cafés.

👍 Ziggy's   TURCA MODERNA €€
(☎341 7107; Yunak Mahallesi, Teyfik Fikret Caddesi 24; *mezes* 6-12 TRY, menús 35 TRY, platos principales 15-18 TRY) Este tributo al adorado perro (y un afeminado David Bowie) de los carismáticos dueños Selim y Nuray, esta última a menudo cubierta por sus joyas artesanales en venta en la planta baja, es un decidido éxito. Con la mejor carta de *mezes* de Capadocia, y una terraza en dos niveles que se llena día y noche con suaves murmullos, fuertes cócteles y una clientela en la onda, el Ziggy consolida su brillante reputación con un servicio profesional y una cocina innovadora y merecedora de algún galardón.

Han Çirağan Restaurant   TURCA MODERNA €€
(☎341 2566; Cumhuriyet Meydanı; platos principales 10-18 TRY) Tras una estupenda renovación, es un restaurante que ha mejorado muchísimo bajo una nueva dirección. El comedor en la terraza es precioso (aunque poco aireado) y la comida de alta calidad. Las chuletas de cordero (14 TRY) y la trucha (13 TRY) se recomiendan especialmente. Después de cenar, el nuevo y elegante bar en la planta baja presenta un ambiente cosmopolita y una excelente carta de vinos.

Dimrit   TURCA MODERNA €€
(☎341 8585; Yunak Mahallesi, Teyfik Fikret Caddesi 40; platos principales 10-21 TRY) Uno de los mejores de Ürgüp en cuanto a ambientación, no siempre muy lograda, ofrece una carta larga y familiar pero no especialmente ilustre por el precio, aunque queda compensada por su divina presentación y la situación del restaurante en una terraza. Hay distintos tipos de *raki* (licor de anís) y el servicio es atento.

Ürgüp Pide Salonu   'PIDECI'
(☎341 8242; Terminal Içi, Onur Işhanı, *pides* 5-12 TRY) Al lado de la *otogar* pero digna de algo más que viajeros hambrientos, esta pizzería turca es una de las mejores de la región. Además, hay servicio de entrega gratuito a la habitación del hotel.

Teras Cafe   CAFÉ-RESTAURANTE €
(☎341 2442; Cumhuriyet Meydanı 42; platos principales 5-10 TRY) Nuevos propietarios y una renovación correcta han dado a este agradable café con terraza el perfil físico que se merece su ubicación de primera, al pie de la montaña. La terraza a la calle incluye TV de pantalla grande y sofás confortables bajo gigantescos parasoles de colores. El pequeño restaurante en el interior y la planta alta sirve platos típicos turcos, como

kebabs y sopas picantes, a precios de ganga. Hay Wi-Fi gratuito para los clientes con portátiles, y algunos ordenadores en la 3ª planta (1 TRY/h).

Ehlikeyf
REGIONAL €€

(☏341 6110; Cumhuriyet Meydanı; platos principales 12-25 TRY) Competencia del vecino Şömine en cuanto a sofisticación y con las mismas carencias, el Ehlikeyf ocupa un comedor impecable con techo ondulado. Los platos como el fantástico *Ehlikeyf kebap* (bistec sobre rodajitas de patatas fritas, yogur de ajo y salsa española; 19 TRY) se sirven en platos de cristal; el *testi kebap* viene acompañado de un camarero enguantado que esgrime un cuchillo de trinchar. Las amplias mesas con asientos de cuero son cómodas para pasar una tarde, pero la cuenta será tan pretenciosa como la presentación.

Micro Café & Restaurant
TURCA MODERNA €€

(☏5341 5110; Cumhuriyet Meydanı; platos principales 11 TRY) No es el más popular de la plaza, pero turistas y autóctonos acuden atraídos por su variada carta, que abarca desde pollo otomano hasta crepes de espinacas y chuletones a la pimienta. Su terraza es un lugar estratégico para contemplar la vida de la calle. Se recomienda la crema de sémola con chocolate y helado, pero no la ensalada de cuchara.

Ailanpa Wine House
LOCAL €

(☏341 6972; platos principales 5-10 TRY, vino 10 TRY) Esta bodega a medio camino montaña arriba ofrece deliciosa comida casera a cargo de la cordial Emine, la madre del negocio familiar que produce vino peleón de distintas calidades, caliente o frío.

Ocakbaşı
'OCAKBAŞI' €€

(☏341 3277; Güllüce Caddesi 44; platos principales 8-13 TRY) Encima de la *otogar,* es un restaurante tan enorme que parece institucional, pero donde se sirven *mezes* deliciosamente aceitosos y enormes bandejas de carne asada y arroz a una risueña clientela local que se zampa cerveza y *ayran* fresco, a menudo a la vez.

Dónde beber

La plaza mayor es el mejor sitio para hacerse con una bebida alcohólica o un café, sentarse a la mesa de una terraza y ver Capadocia pasar. Los *pastanes* y cafés, como **Şükrüoğlu** y **Café Naturel**, compiten con sus bocaditos dulces y sus ventanales relucientes.

Con las tiendas de alfombras al fondo, el pasaje peatonal que hay al noreste del restaurante Ehlikeyf está lleno de cafés, bares y viejos jugando al *backgammon*.

Mahzen Sarap Evi
BODEGA

(☏341 6110; İstanbul Caddesi; ◷11.00-hasta tarde) A menudo, las bodegas turcas tradicionales son locales húmedos y anticuados, llenos de bebedores avergonzados. Esta versión moderna, sin embargo, rompe el molde gracias a su dinámica dueña que sirve sin cesar café, alcohol y sándwiches a los reservados desde su pequeña cocina que da a la calle. La clientela del salón de belleza de enfrente marca la pauta al anochecer, moviéndose al ritmo de la música *indie* turca y electrónica curda.

Barfiks
MÚSICA EN DIRECTO

(☏341 8442; Cumhuriyet Meydanı; *mezes* 5 TRY, ensaladas 5-7 TRY, platos principales 9-15 TRY) Incluso las localidades turcas más modestas deberían contar con un restaurante como este, donde la modestia hace fugaces apariciones en medio de melodías tradicionales y evocadoras para acompañar la comida turca tradicional preparada por un chef estelar. En el bar del sótano se han conocido muchas parejas.

Angel Café Bistro
BAR

(☏341 6894; Cumhuriyet Meydanı; 6-14 TRY) Como recién llegado de la gran ciudad, es un bar de incongruente modernidad, con pufs rojos en la parte de delante y sabrosas *pizzas* (8 TRY) en el menú. Se anima sobre todo al caer la noche.

Información

Hay varios bancos con cajero automático en la plaza mayor y alrededores. La oficina de correos está al noreste de la Cumhuriyet Meydanı.

La servicial **oficina de turismo** (☏0341 4059; Kayseri Caddesi 37; ◷8.00-17.00 lu-vi oct-abr, 8.00-17.30 lu-vi may-sep) distribuye un plano en color y un listado de los hoteles de Ürgüp.

Hay Wi-Fi en los soportales al lado del Kardeşler Restaurant y Vodafone, y en **Eftelya** (Refik Basaran Heykeli; 1,50 TRY/h; ◷9.30-23.00).

Cómo llegar y salir

Circulan *dolmuş* a Nevşehir cada 15 min de 6.55 a 23.30 (2,50 TRY). Hay un servicio entre Ürgüp y Avanos (2 TRY) que pasa por Ortahisar, el Museo al Aire Libre de Göreme, Göreme y Çavuşin cada dos horas entre 8.00 y 18.00.

Todos los días viajan siete autobuses entre Ürgüp y Mustafapaşa de 8.15 a 17.30 (1 TRY;

DESTINO	TARIFA (TRY)	DURACIÓN (H)	FRECUENCIA (DIARIA)
Adana (por Nevşehir)	25	5	3 mañana y tarde
Aksaray	7	1½	cada hora
Ankara	25	4½	7
Antalya	40	10	1 nocturno (y 1 mañana en verano)
Çanakkale	60	16	1 tarde
Estambul	40	11	1 mañana, 2 nocturnos
İzmir y Selçuk	40-50	11½	1 nocturno
Kayseri	6	1¼	cada hora de 7.00 a 19.30 (hasta 17.30 en invierno)
Konya	20	4	5
Marmaris/Bodrum/Pamukkale	55	11-15	1 nocturno

menor frecuencia do). Salen de la *otogar* de Mustafapaşa, junto a la *otogar* central.

❶ Cómo desplazarse

La caminata cuesta arriba desde el centro hasta lo alto de Esbelli Mahallesi es matadora y mucha gente opta por tomar un taxi (5 TRY) de los que esperan junto al Micro Café & Restaurant en la plaza mayor.

Ürgüp es un buen lugar para alquilar un coche; la mayoría de las agencias están en la plaza principal o en İstiklal Caddesi. Las tarifas rondan las 70-75 TRY diarias por un turismo pequeño y aumentan hasta 90-120 TRY por coches mayores de cambio automático. **Decar** (☑341 6760) es más cara pero ofrece el mejor servicio; también están **Astral** (☑341 3344), **National** (☑341 6541) y **Avis** (☑341 2177). Si la idea es dejar el coche en otro punto de Turquía, la mejor es Decar. Además, si se reserva de antemano no cobran las prohibitivas tarifas de movilidad (p. ej., 200 TRY por dejar el coche en Ankara) que aplican otras agencias.

Hay muchos negocios donde alquilar ciclomotores y motocicletas desde 50 TRY diarias y bicicletas desde 25 TRY. Por ejemplo Astral, **Safari** (☑341 6480) y **Alpin** (☑341 7522).

Ayvalı

 0384 / 500 HAB.

Esta preciosa aldea en un valle al sur de Ürgüp podría ser un pueblo griego del período otomano tardío si no fuera por los chavales con camisetas del Barcelona jugando al fútbol bajo brillantes carteles de la NTT. Verduras y flores secas bordean las calles empedradas y los turistas son prácticamente invisibles... de momento.

🛏 Dónde dormir y comer

Gamirasu Hotel HOTEL-'BOUTIQUE' €€€
(☑341 5825; www.gamirasu.com; d 90-140€, ste 200-400 €) En un milenario monasterio bizantino, ofrece confort y estilo de primera en una apartada quebrada donde las ranas producen el único ruido nocturno. Tiene un restaurante al que se accede por un puente, una iglesia con frescos y una antigua bodega. Un sendero baja por el valle y se pueden organizar paseos a caballo y en bicicleta.

Ovku Evi HOTEL-CUEVA €€
(☑354 5852; www.ovkuevi.net; Ayse Gaffaroglu; d 90-140 €) Nuevo hotel-cueva con encanto, buenas vistas y con habitaciones clasificadas según un código cromático; las mejores son las rojas y las azules. La esforzada matrona es muy jovial y su hijo habla inglés con suficiente fluidez.

Aravan Evi Restaurant TRADICIONAL €
(☑341 5838; www.aravan.com; platos principales 7-15 TRY; ⊙almuerzo) Uno de los mejores restaurantes de Capadocia. Con sus sabores sencillos e ingredientes de calidad, se ha labrado una merecida fama. Es un local discreto pero elegante, en una fantástica terraza blanca, donde platos típicos como *dolmades* y *çorbasi* se preparan y sirven

con delicadeza. Hay que llamar con antelación, y si los postres exquisitos producen modorra, siempre se puede recurrir a la casa de huéspedes de la familia.

Mustafapaşa

📞 0384 / 1600 HAB.

Otra preciosa aldea de Capadocia, en lenta evolución desde el pasado pero todavía muy por debajo del radar turístico. Todavía conocido por muchos con el nombre griego de Sinasos, anterior a la Primera Guerra Mundial, su arquitectura esculpida en la piedra recuerda su próspero pasado helénico. Sus pequeñas iglesias cortadas en la roca aportarán al visitante su dosis cultural, y el lento pulso de la localidad no desmerece del fantástico entorno natural. Los visitantes avispados se alojarán aquí en lugar de en los cercanos destinos, más obvios.

Se entra a Mustafapaşa por la prolongación de una intersección, Sinasos Meydanı, en la que una señal indica dónde están las iglesias cortadas en la roca. Se sigue carretera abajo hasta llegar al centro del pueblo, Cumhuriyet Meydanı, con el pertinente busto de Atatürk y unas cuantas teterías.

No tiene oficina de turismo ni cajeros automáticos; hay acceso a Internet en la plaza principal y en el **Monastery Hotel** (1,50 TRY/h; ⏰ 8.30-24.00).

👁 Puntos de interés

Ayios Vasilios Kilise   IGLESIA
(Iglesia de San Basilio; entrada 5 TRY; ⏰ 9.00-18.00) Una señal indica el camino de 1 km desde Sinasos Meydanı hasta la iglesia del s. XII Ayios Vasilios Kilise, encaramada cerca del borde de un barranco. En su interior hay frescos poco llamativos del s. XX. Tiene que haber alguien para pedirle la llave; si no, hay que preguntar en el *belediye*.

Ayios Kostantinos-Eleni Kilise   IGLESIA
(Iglesia de San Constantino y Santa Elena; entrada 5 TRY; ⏰ 8.30-12.00 y 13.00-17.30) En la Cumhuriyet Meydanı está la impresionante Ayios Kostantinos-Eleni Kilise, construida en 1729 y restaurada en 1850. En torno a la puerta se enrosca una preciosa parra de piedra, pero no vale la pena pagar la entrada por ver el ruinoso interior con frescos deslavazados del s. XIX. Debería haber un empleado municipal uniformado apostado fuera; si no, hay que ir a pedir la llave al *belediye*.

También hay iglesias en el **valle del Monasterio;** aunque no son comparables a otras de Capadocia, el paseo es bonito. También se pueden hacer paseos de entre 4 y 8 km por el **valle de Gomeda,** al oeste de Mustafapaşa, donde se halla Niyazi, una aldea griega en ruinas del s. XI. El guía local cobra 25 € por persona y grupo; se le puede encontrar en el Old Greek House.

Entre la Sinasos Meydanı y la Cumhuriyet Meydanı hay una **madraza** del s. XIX con un exquisito portal esculpido. Las columnas de piedra a ambos lados de la entrada tienen, según dicen, la capacidad de oscilar cuando se produce algún movimiento en los cimientos, avisando así de los seísmos inminentes.

🛏 Dónde dormir y comer

Muchos de los alojamientos de Mustafapaşa cierran entre noviembre y marzo.

La mayoría de los hoteles y pensiones dan comidas, lo cual es una suerte porque la del resto de los establecimientos del pueblo es espantosa. Para almuerzos y cenas se recomienda el Old Greek House y el Hotel Pacha (menú del día 8 €).

Perimasali Cave Hotel   HOTEL-CUEVA €€
(📞 353 5090; www.perimasalihotel.com; Davatlu Mahallesi, Sehit; i/d 60/120 €) El "Cuento de Hadas" cobra vida en esta renovación de ensueño, obra de su propietario Salih Birbilen, que ha convertido las estancias de una antigua casa griega en un opulento refugio troglodita. El detallismo de la decoración es digno de un hotel de cinco estrellas, con preciosa ropa de cama, maravillosos cuartos de baño y suntuosos rojos y azules. Es la elegancia subterránea personificada, con vistas insuperables por encima de la superficie.

Hotel Pacha   PENSIÓN €
(📞 353 5331; www.pachahotel.com; Sinasos Meydanı; i/d 50/80 TRY) Apreciado por los aficionados a los alojamientos a la antigua, este edificio griego otomano renovado es el terreno de juegos de la matriarcal Dembra, que seduce a sus clientes con una docena de habitaciones impecables de varios tipos y un restaurante de renombre en la planta alta.

Old Greek House   HOTEL HISTÓRICO €€
(📞 353 5306; www.oldgreekhouse.com; Şahin Caddesi; i 60 TRY, d 80-120 TRY) Si fue suficientemente bueno para que el ex alcalde se alojara aquí, también lo será para nosotros. Hoy en día, la mansión es más conocida por sus menús del día, de tendencia otomana

(20-30 TRY), protagonizados por buenas versiones de los sospechosos habituales: *mantı*, *köfte* (albóndigas), frijoles, ensaladas crujientes y *baklava*. Si el café turco no ha hecho efecto, se puede pedir una de las espaciosas habitaciones con suelos de madera barnizada y un ambiente genuinamente *antik*.

Ukabeyn Pansiyon HOTEL·'BOUTIQUE' **€€**
(☑353 5533; www.ukabeyn.com; d/tr 110/150 TRY; ❄) El águila bicéfala de la mitología hitita posada encima de la entrada ha dado su nombre y un toque de majestuosidad a este hotel moderno y bien presentado, respaldado por el Valle Oculto y la iglesia de San Basilio. La piscina en la terraza inferior es una ventaja añadida, al igual que las vistas desde los dos niveles superiores. El apartamento completamente equipado (75-95 €) incitará a más de uno a prolongar su estancia.

❶ Cómo llegar y salir

Nueve autobuses diarios (3 do) recorren los 5 km que hay entre Ürgüp y Mustafapaşa (1 TRY, 10 min). El primero sale de Mustafapaşa a las 7.45 y el último abandona Ürgüp a las 19.00. En taxi, cuesta 20 TRY.

Soğanlı
0352 / 400 HAB.

Que quede claro de entrada: a pesar del paisaje de ciencia ficción, ninguna escena de *Star Wars* fue rodada cerca de Soğanlı ni en ningún otro lugar de Turquía. Pero que los fans de Chewbacca no se desesperen, sigue habiendo cantidad de motivos para viajar hasta este pueblito 36 km al sur de Mustafapaşa, como por ejemplo, toda una serie de iglesias talladas en la roca y ocultas en dos valles recónditos y espectaculares. Una tarde de exploración al pie de estas caras verticales podría inspirar la escritura de un nuevo guión.

Para llegar a Soğanlı hay que salir de la carretera de Mustafapaşa a Yeşilhisar y seguir 4 km hasta el pueblo. Al lado del Kapadokya Restaurant se compran las entradas para las **iglesias** (adultos/niños 2 TRY/ gratis; ☉8.00-20.30, hasta 17.00 invierno). En la plaza, las mujeres venden las muñecas que supuestamente le dan fama a Soğanlı.

MERECE LA PENA

VIAJE EN COCHE A SOĞANLI

Si se alquila un coche una sola vez durante todo el viaje, el mejor momento sería para visitar Soğanlı. Aparte de la dificultad de recorrer los valles en transporte público, el trayecto es de una gran belleza. El campo abierto es todo un cambio respecto de los cañones del centro de Capadocia, y se puede hacer alguna pausa en aletargadas aldeas que permiten hacerse una idea de cómo era Göreme hace 30 años.

Indicado desde la carretera principal, unos 10 km al sur de Mustafapaşa, el complejo bizantino tallado en la roca del **monasterio Keşlik** incluye frescos deteriorados por el vandalismo y 16 casas donde vivían centenares de monjes. En las viviendas, pueden verse chimeneas, hogares, estantes de libros y hendiduras grises dejadas en la roca por cinceles metálicos. En la cocina hay tornos para pasar la comida al refectorio, con asientos en el extremo más alejado para los maestros.

Unos 7 km más al sur, los tractores avanzan dando tumbos por las empinadas calles empedradas de **Taşkınpaşa**, que lleva el nombre de su **mezquita** selyúcida de 600 años de antigüedad. Unas fotos cerca de la entrada de la mezquita muestran su púlpito original del s. XIV, ahora en el Museo de Civilizaciones Anatolias en Ankara (p. 405). Afuera, el propio Taşkın Paşa está enterrado en una de las dos tumbas selyúcidas; en los días de los caravasares, los mercaderes ocupaban el espacio bajo los arcos. Al regresar hacia la carretera principal, puede verse una madraza con un ornamentado marco de la puerta.

En la antigua ciudad de **Sobesos** (entrada gratuita; ☉8.30-17.30), señalizada desde Şahinefendi, todavía se distinguen fácilmente varias secciones de los baños romanos. También hay algunos mosaicos romanos muy bellos, una momia y una iglesia bizantina, construida durante la renovación de la ciudad romana a finales del s. IV.

A veces hay autocares de turistas visitando estos lugares.

PENETRANDO EN LAS PROFUNDIDADES

Durante los ss. VI y VII, cuando los ejércitos persas y árabes se lanzaban a dominar a los cristianos, se encendían fuegos en atalayas y el aviso viajaba de Jerusalén a Constantinopla en cuestión de horas. Cuando el mensaje llegaba a Capadocia, los cristianos bizantinos escapaban por túneles secretos hacia las grandes ciudades subterráneas.

Se han abierto ya 37 ciudades y queda al menos un centenar más. Las excavaciones no han proseguido porque no han descubierto más que tumbas y alguna vasija, dado que los habitantes se llevaban todo cuando volvían a la superficie.

En **Derinkuyu** vivían 10 000 personas, y en **Kaymaklı**, 3000, que llegaron a pasar meses bajo tierra. Los respiraderos estaban astutamente camuflados a modo de pozos. Los jinetes persas quizá arrojaran veneno en ellos pensando que así envenenarían el agua. No veían el fuego porque la toba absorbía casi todo y el resto del humo se diluía en los respiraderos, que llegan a descender hasta 100 m en algunas ciudades, y también servían para la construcción, pues cada nivel se abría descendiendo por ellos.

Recorrer las ciudades subterráneas, ya mencionadas por el historiador griego Jenofonte en su *Anábasis*, es como penetrar en las profundidades de la Tierra y de la Historia por estrechos pasadizos, cruzando establos con argollas para atar el ganado, iglesias con altares y pilas bautismales, paredes con conductos de aire, graneros con piedras de moler y ennegrecidas cocinas con hornos.

Visitar las ciudades es fascinante, pero se pueden llegar a producir episodios desagradables en pasajes abarrotados y a veces claustrofóbicos. Es mejor evitar los fines de semana, cuando acuden autobuses repletos de turistas. Incluso para quienes no tengan costumbre de contratarlos, viene bien contar con un guía al recorrer una ciudad subterránea, pues será capaz de evocar mucho mejor los detalles de la vida cotidiana bajo tierra.

◉ Puntos de interés

Los valles de **Aşağı Soğanlı** y **Yukarı Soğanlı** los usaron primero los romanos como necrópolis y después los bizantinos con fines monásticos (algo parecido a Göreme y Zelve).

La mayoría de las **iglesias trogloditas** más interesantes están en el valle de la derecha (al norte) y se recorren en dos horas andando tranquilamente. Todas están señalizadas pero muchas están en mal estado.

Según se llega desde la carretera principal, 800 m antes de las taquillas, las señales indican la **Tokalı Kilise** (iglesia de la Hebilla), a la derecha, a la que se llega por una empinada escalera de peldaños desgastados; hacia la izquierda, cruzando el fondo del valle, señalan a la **Gök Kilise** (iglesia del Cielo), con naves gemelas separadas por columnas y acabadas en ábsides. El doble friso con los santos está muy desgastado.

La primera iglesia a la derecha después de las taquillas, llamada **Karabaş** (Sombrero Negro), es una de las más interesantes. Está cubierta de pinturas sobre la vida de Cristo, con el arcángel Gabriel, diversos santos y una paloma, como las que atraían los monjes a los palomares.

Subiendo por el valle de la derecha está la **Yılanlı Kilise** (iglesia de San Jorge o de la Serpiente), cuyos frescos fueron deliberadamente cubiertos con pintura negra, probablemente para protegerlos. El agujero ennegrecido del techo de una de las cámaras demuestra que allí se encendieron fuegos.

Girando a la izquierda desde la Yılanlı Kilise se cruza el fondo del valle y se sube por la ladera más alejada hasta las iglesias **Kubbeli** y **Saklı Kilisesi** (de la Cúpula y Escondida). La primera es inusual debido a su cúpula de estilo oriental limpiamente excavada en la roca. La iglesia Escondida está alojada dentro de la colina y permanece oculta a la vista hasta que no se está cerca.

En el valle de la izquierda, al que se accede desde el pueblo, se llega primero a la **Geyikli Kilise** (iglesia del Ciervo), donde el refectorio de los monjes sigue siendo claramente visible. La **Tahtalı Kilise** (iglesia de Santa Bárbara), 200 m más allá, tiene motivos decorativos bizantinos y selyúcidas bien conservados.

🛏 Dónde dormir y comer

Kapadokya Restaurant   INTERNACIONAL €
(☑653 1045; menús fijos 8 TRY; ◷almuerzo) En sus mesas bajo umbrosos árboles se sir-

La **ciudad subterránea de Kaymaklı** (*yeraltı şehri*; entrada 15 TRY; ☉8.00-17.00, última admisión 16.30) tiene un laberinto de túneles y habitaciones excavados a ocho niveles de profundidad (solo cuatro están abiertos). Dado que es la más accesible y popular de todas, lo mejor es llegar a comienzos de julio o agosto para tomarle la delantera a los grupos, o entre las 12.30 y las 13.30, que es cuando paran a comer.

Para llegar a la **ciudad subterránea de Özlüce** (entrada gratuita), hay que girar a la derecha al entrar en Kaymaklı desde el norte para ir a la pequeña localidad de Özlüce, 7 km más allá. Esta ciudad subterránea es más discreta que Kaymaklı o que Derinkuyu, y también menos explotada y atestada.

La **ciudad subterránea de Derinkuyu** (Pozo Profundo; entrada 15 TRY; ☉8.00-17.00, última admisión 16.30), 10 km al sur de Kaymaklı, tiene salas más grandes dispuestas en línea en siete niveles. Una vez abajo del todo, se puede mirar hacia arriba por el respiradero para comprobar su profundidad. ¡Claustrofóbicos abstenerse!

También hay ciudades subterráneas en Güzelyurt (p. 500) y Özkonak (p. 482), cerca de Avanos.

Cómo llegar y salir

Aunque es posible visitar alguna de las ciudades en un circuito de un día desde Göreme, Avanos o Ürgüp, también resulta sencillo llegar por cuenta propia. El autobús Nevşehir-Niğde, que pasa cada media hora, para tanto en Kaymaklı (2 TRY, 30 min) como en Derinkuyu (3 TRY, 40 min). Es fácil visitar Kaymaklı y Derinkuyu y luego seguir camino hasta Niğde en un mismo día viajando en autobuses locales.

Para ir de Özlüce a Kaymaklı hace falta un taxi.

ven tortillas algo pesadas pero aceptables, guisos a la cazuela y *çorba*. El terreno de acampada (5 TRY) es una extensión cubierta de hierba, con un decrépito módulo de los aseos. El modesto **Soğanlı Restaurant** (☎653 1016; ☉solo almuerzo) tiene un jardín a la sombra para tomar un *çay*. Cerca de allí, el único alojamiento del pueblo es la pensión familiar **Emek** (☎/fax 653 1029; dc con media pensión 40 TRY), con sencillos y limpios dormitorios colectivos en cuevas. La mujer del dueño se encarga de la comida, que se sirve en una agradable terraza superior.

ℹ Cómo llegar y salir

Es prácticamente imposible ir a Soğanlı en transporte público. Lo mejor es ir a Yeşilhisar desde Kayseri (2,50 TRY, cada 30 min de 7.00 a 21.00) y luego tomar un taxi hasta allí. También se puede alquilar un coche (véase recuadro, p. 493) o apuntarse a una excursión de un día con salida desde Ürgüp o Göreme.

Parque Nacional de Ala Dağlar

El Ala Dağlar Milli Parkı protege los accidentados montes Tauro entre Kayseri, Niğde y Adana. Es famoso en todo el país por sus extraordinarias rutas de senderismo, que transcurren entre escarpados montes calizos salpicados de saltos de agua. Lo mejor es hacer las rutas entre mediados de junio y finales de septiembre, dado que las condiciones climáticas durante el resto del año pueden resultar demasiado inciertas, y más teniendo en cuenta que hay pocos núcleos habitados y solo algún que otro refugio de montaña. Es mejor llevar ropa de abrigo y contar con condiciones extremas.

Las caminatas más populares empiezan en los pueblecitos de **Çukurbağ** y **Demirkazık**, al pie del Demirkazık Dağı (monte Demirkazık, 3756 m), 40 km al este de Niğde.

También se puede llegar por Yahyalı, 70 km al sur de Kayseri, a un paseo en coche de las impresionantes **cataratas de Kapuzbaşı**, en el río Zamantı.

Aunque hay muchas posibilidades, la mayoría de la gente suele optar por la caminata de al menos dos días al hermoso **Yedigöller** (Siete Lagos, 3500 m), que empieza y acaba en Demirkazık. Hay otra más fácil de tres o cuatro días que parte de Çukurbağ y cruza el boscoso valle de Emli antes de concluir en Demirkazık.

A pesar de que a veces hay excursionistas que se aventuran en solitario por las montañas, si no se tiene suficiente experiencia y buena preparación puede ser más conveniente contratar un guía o unirse a un grupo organizado. Un guía debería costar unas 100 TRY al día; un caballo, que puede cargar el equipaje de cuatro personas, unas 60 TRY. Si se desea explorar a fondo la cordillera, Middle Earth Travel (p. 468) será una buena opción en Göreme (unas 400 TRY por una semana, todo incluido). La agencia ofrece un programa de cinco días por 550 TRY por persona, para un mínimo de seis personas. **Osman Üçer** (☎0536 813 6032) y **Ahmet Üçer** (☎0536 712 0728) son dos guías vinculados con el parque, y hay agencias en Niğde: **Demavend Travel** (☎0388-232 7363; www.demavendtravel.com; Esenbey Mahallesi Bahadir Is Merkezi 15, 5ª planta, Niğde) y **Sobek Travel** (☎0388-232 1507; www.trekkinginturkeys.com; Avanoğlu Apt 70/17, Bor Caddesi, Niğde).

🛏 Dónde dormir y comer

Ala Dağlar Camping 'CAMPING' ℃
(☎0388-724 7033; www.aladaglarcamping.com; Çukurbağ; parcelas 10 TRY por persona, d con/sin cuarto de baño 25/16 TRY por persona; @) Es el mejor de la zona de acampada, un nuevo establecimiento con verdaderas cabañas de troncos, un bonito chalé y mucho espacio para acampar. Las instalaciones compartidas son excelentes. Los guías cuestan unas 200 TRY al día, al igual que el transporte desde el aeropuerto de Adana.

Şafak Pension & Camping
PENSIÓN Y 'CAMPING' ℃
(☎0388-724 7039; www.safaktravel.com; Çukurbağ; parcelas 20 TRY por persona, d con media pensión 50 TRY por persona; @) Lo lleva el amable guía de senderismo y escalada Hassan, que habla inglés. Las habitaciones son sencillas pero limpias, con agua caliente a raudales, calefacción y camas confortables. Las parcelas de acampada tienen luz y sus propias instalaciones de aseo. La terraza y el jardín ofrecen vistas espléndidas del monte Demirkazık.

Al otro lado de la carretera, la misma familia tiene otra pensión similar, la **Öz Şafak**, con los mismos precios. Ambas pensiones están en la carretera principal, a 1,5 km del puente y la señal que pone "Demirkazık 4, Pinarbaşı 8".

En Çukurbağ hay tiendas para un aprovisionamiento básico.

ℹ Cómo llegar y salir

Desde Niğde hay que tomar un microbús en dirección a Çamardı (5 TRY, 90 min, cada hora, 7.00-17.30) y pedir que pare en la Şafak Pension (5 km antes de Çamardı).

Niğde
☎0388 / 33 677 HAB.

Es un centro agrícola con un puñado de edificios históricos, fundado por los selyúcidas, 85 km al sur de Nevşehir y con la cordillera nevada de Ala Dağlar como telón de fondo. En sí no tiene mucho mérito, pero a lo mejor se necesita hacer noche si se quiere visitar el fantástico monasterio de Eski Gümüşler, 10 km al noreste. También puede caer de camino para emprender rutas por el Parque Nacional de Ala Dağlar.

En la **oficina de turismo** (☎232 3393; Belediye Sarayı 38/39; ◷8.00-12.00 y 13.00-17.00 lu-vi) son muy amables y hablan francés; está en el 1er piso del feo Kültür Merkezi (centro cultural) de Bor Caddesi. Hay muchos cibercafés en la calle principal, entre ellos **Cafe In** (Bor Caddesi; 1 TRY/h; ◷9.00-12.00), frente a la oficina de turismo. Se pueden encontrar cajeros automáticos por las avenidas Bankalar/İstiklal/Bor Caddesi.

◉ Puntos de interés

Museo de Niğde MUSEO
(Niğde Müzesi; ☎232 3397; entrada 3 TRY; ◷8.00-12.00 y 13.00-17.00 ma-do) El museo de Niğde alberga una selección bien presentada de hallazgos de la ciudad asiria de Acemhöyük, cerca de Aksaray, desde los períodos hititas y frigios hasta las esculturas de Tyana (ahora Kemerhisar), el antiguo centro romano y capital hitita 19 km al suroeste de Niğde. También se exhiben varias momias, una de ellas perteneciente a una monja rubia del s. XI descubierta en la década de 1960 en el valle de Ihlara.

La mezquita selyúcida **Alaeddin Camii** (1223), sobre la colina coronada por una fortaleza, es la mayor de la ciudad; pero la **Süngür Bey Camii**, en una terraza al final del mercado, es más interesante. La construyeron los selyúcidas y la restauraron los mongoles en 1335, y muestra una curiosa mezcla de estilos.

La atractiva **madraza de Ak** (1409) alberga un centro cultural que está abierto

LAS MARISMAS DEL SULTÁN

No todo el mundo elegirá pasar la tarde chapoteando con sus botas de goma en las marismas del Sultán, pero hay algo indiscutiblemente reconfortante en la observación de una bandada de flamencos abrevando, o un águila lanzándose en picado para romperle el cuello a un bebé de ardilla demasiado curioso. El gigantesco tramo pantanoso entre Soğanlı y Ala Dağlar es famoso a nivel internacional entre la comunidad de ornitólogos aficionados que acuden todo el año para ver las cerca de trescientas especies distintas de aves, que se detienen aquí en su migración desde África, Rusia y Europa continental. A pesar de un mito local, según el cual los incendios forestales han acabado con toda la ornitología, siguen abundando las aves, y bastará un corto desvío por los campos llanos y abiertos para verse recompensado con creces.

Para pernoctar en la zona, la **Sultan Pansiyon** (☏658 5549; www.sultanbirding.com; i/d/tr/c 30/45/70/80 TRY; ✴ @) será prácticamente la única opción. Por suerte, es muy confortable y está justo al lado de las marismas. Los afables propietarios y los forofos de las aves residentes en la pensión pueden transportar al neófito en coche y ayudarle a descubrir una nueva afición. También resulta fácil conducir un vehículo propio, siempre que el terreno no esté demasiado empapado.

a veces. En el centro también están la **Hüdavend Hatun Türbesi** (1312), una bella tumba selyúcida, y la mezquita otomana **Dış Cami**.

🛏 Dónde dormir y comer

Niğde tiene varios hoteles deprimentes de hormigón y muchos *lokantas* y *pastanes* alegres y baratos en las calles principales.

Hotel Nahita HOTEL €
(☏232 3536; Emin Erişingil Caddesi 19; i/d/tr 45/60/70 TRY) Cerca de la *otogar*, en la carretera principal de entrada a la ciudad, este bloque de tres estrellas es anodino, pero cómodo, limpio y con un gran restaurante.

Saruhan TRADICIONAL €
(☏232 2172; Bor Caddesi 13; platos principales 6-10 TRY) Ocupa un *han* (caravasar) restaurado de 1357 y con ambiente, aunque la comida tampoco es broma. Sirven deliciosos kebabs y platos potentes como el *işkembe çorba* (sopa de mondongo). El *Adana kebap* está muy bueno y todo es baratísimo. No sirven alcohol.

Arısoylar Restaurant REGIONAL €
(☏232 5035; Bor Caddesi 8; platos principales 7-9 TRY) Este establecimiento moderno y elegante ofrece clásicos como el kebab İskender, *çiğ köfte* (pastelillos de cordero crudo con especias) y *beyti sarma* (rollo de cordero con ajo, 9 TRY). Su comedor con aire acondicionado es perfecto para escapar del calor y el ruido.

ℹ Cómo llegar y salir

En Niğde hay una nueva *otogar*. Circulan autobuses a Adana (15 TRY, 3½ h, 5 diarios), Aksaray (10 TRY, 1½ h, cada hora 7.00-21.00), Ankara (25 TRY, 5 h, 5 diarios), Estambul (50 TRY, 11 h, 5 diarios), Kayseri (10 TRY, 1½ h, cada hora, 7.00-21.00), Konya (20 TRY, 3½ h, 10 diarios) y Nevşehir (10 TRY, 1 h, cada hora, 7.00-18.00).

Niğde está en la vía férrea Ankara-Adana. Hay un servicio diario a Adana a las 6.00 (15 TRY, 4 h) y otro a Ankara a las 23.30 (25 TRY, 9¼ h).

Alrededores de Niğde

MONASTERIO DE ESKI GÜMÜŞLER
Este antiguo **monasterio** (entrada 3 TRY; ☺8.30-12.00 y 13.00-17.00), que se extiende por la base de un acantilado, 10 km al noreste de Niğde, está excavado en la roca y tiene algunos de los frescos mejor conservados de Capadocia.

No fue redescubierto hasta 1963. Se entra por un pasadizo tallado en la piedra que se abre hasta convertirse en un amplio patio con depósitos para el vino y el aceite, moradas trogloditas, criptas, una cocina y un refectorio.

Un pequeño agujero del suelo hace de respiradero para un pozo de 9 m que conduce a dos niveles de habitaciones subterráneas. Se puede bajar por las cámaras o subir las escaleras hasta una alcoba.

Hasta los pilares de la elevada iglesia principal están adornados con coloridos frescos bizantinos de los ss. VII al XI. El precioso Nacimiento parece como si hubiera ocurrido en una cueva parecida, y la conmovedora Virgen con el Niño de la izquierda del ábside muestra una figura tan estilizada que parece sonreír a lo Mona Lisa; se dice que es la única Virgen sonriente que se conoce.

❶ Cómo llegar y salir

Los microbuses de Gümüşler Belediyesi (1 TRY, 15 min) salen cada hora desde la terminal de microbuses que hay junto a la *otogar* de Niğde. Al entrar a Gümüşler se pasa por delante de un par de señales al monasterio; no hay que alarmarse porque luego se detiene allí mismo. Para volver a Niğde hay que ir hasta la rotonda que hay a 500 m del monasterio y parar algún microbús que vaya hacia la izquierda.

Valle de Ihlara (Ihlara Vadisi)

♪ 0382

Al sureste de Aksaray, el valle de Ihlara penetra a cuchillo entre los campos ralos. Antes se llamaba Peristrema y era uno de los santuarios preferidos de los monjes bizantinos, que excavaron iglesias en la base de sus descollantes precipicios. Serpentea con el río (Melendiz Suyu), entre iglesias pintadas, peñascos y un verdor espectacular, acompañado por el canto de los pájaros; es una experiencia inolvidable. En palabras del viajero eslovaco Radovan: "El profundo cañón con infinidad de iglesias y árboles se va abriendo al acercarse a Selime. Después te encuentras en un apacible valle con el río que fluye, las enormes montañas típicas de Capadocia y el precioso monasterio de Selime".

Un buen momento para visitarlo es entre semana en mayo o septiembre, cuando hay menos gente. A la mitad del valle, en Belisırma, hay una ringlera de restaurantes a la orilla que permiten no tener que ir cargado con comida.

No hay cajeros automáticos en los pueblos de Ihlara, Selime y Belisırma, pero sí Internet en el **Kappadokya Café** (1 TRY/h; ⏱9.00-24.00), junto a la Akar Pansion de Ihlara, y en **Derren Net** (1,50 TRY/h; ⏱8.00-22.00), cerca del supermercado y la PTT de Selime.

⊙ Puntos de interés y actividades

Senderismo en el valle de Ihlara

Hay cuatro entradas al **valle de Ihlara** (entrada 5 TRY, aparcamiento 2 TRY; ⏱8.00-18.30). Si lo que se quiere es, como casi todo el mundo, recorrer el trayecto corto en el que está la mayoría de las iglesias, hay que entrar por los 360 escalones que bajan, destrozando rodillas, desde el Ihlara Vadisi Turistik Tesisleri (Complejo Turístico del Valle de Ihlara), encaramado al borde del desfiladero a 2 km del pueblo. También hay entradas junto al abandonado Star Otel de Ihlara (hay que seguir el camino que sube al monte por la izquierda), en Belisırma y en Selime. Cuesta entre dos horas y media y tres llegar desde el Ihlara Vadisi Turistik Tesisleri hasta Belisırma y otras tres horas de Belisırma a Selime. En total son siete u ocho horas para hacer todo el camino desde el pueblo de Ihlara hasta Selime, parando en Belisırma a comer. Si se piensa recorrer entero, es mejor empezar por la mañana temprano, especialmente en verano cuando hay que buscar cobijo del sol despiadado. La entrada para el valle debería cubrir también el monasterio de Selime, el valle del Monasterio y la Ciudad Ancestral de Güzelyurt (p. 501). Al fondo del valle hay señales que indican las distintas iglesias. Aunque merece la pena visitarlas todas, las imprescindibles son:

Kokar Kilise (Fragante) IGLESIA

Esta iglesia tiene algunos frescos fabulosos –el Nacimiento y la Crucifixión, para empezar– y tumbas bajo el suelo.

Sümbüllü Kilise (del Jacinto) IGLESIA

Quedan algunos frescos, pero lo que más destaca es su fachada bien conservada.

Yılanlı Kilise (de la Serpiente) IGLESIA

Muchos de los frescos están muy dañados, pero sigue siendo posible descifrar los castigos que esperan a los pecadores, en especial la sierpe de tres cabezas con un pecador en cada boca y las mujeres con los pezones atenazados por no amamantar a su prole.

Kırk Dam Altı Kilise (de San Jorge) IGLESIA

Entrar es endiablado, pero las vistas del valle hacen que valga la pena perder el resuello. Los frescos están muy pintarrajeados, pero sobre la entrada puede verse a san Jorge sobre un caballo blanco acabando con la vida de una serpiente de tres cabezas.

Bahattın'ın Samanlığı Kilise (del Granero de Bahattın) IGLESIA

Tiene algunos de los frescos mejor conservados del valle y el nombre de un lugareño que solía almacenar el grano dentro. Los frescos muestran escenas de la vida de Cristo como la Matanza de los Inocentes, el Bautismo y la Crucifixión.

Direkli Kilise (de las Columnas)   IGLESIA

Iglesia de planta cruciforme con seis columnas que le dan nombre. La gran cámara adjunta tenía originalmente dos pisos, como se puede deducir por los restos de escaleras y los agujeros de las vigas en las paredes. En el suelo hay cámaras funerarias.

Monasterio de Selime   MONASTERIO

(☼amanecer-anochecer) El monasterio de Selime es una asombrosa estructura excavada en la piedra que incluye una gran cocina con una altísima chimenea, una iglesia circundada por una galería, establos con pesebres tallados en la roca y otras pruebas del estilo de vida troglodita. La entrada está incluida en la general al valle de Ihlara. El acceso está enfrente de la tumba de Ali Paşa (1317).

👉 Circuitos

Las agencias de viajes de Göreme (p. 468), Avanos (p. 480) y Ürgüp (p. 487) ofrecen circuitos de un día por Ihlara (50-60 TRY día completo, almuerzo incl.).

🛏 Dónde dormir y comer

Para quien prefiera recorrer el cañón entero, hay pensiones modestas en ambos extremos (pueblo de Ihlara y Selime). También se puede dividir el viaje en dos y hacer noche en los *campings* o la pensión de Belisırma. No conviene olvidar que todos los alojamientos cierran fuera de temporada (dic-mar).

PUEBLO DE IHLARA

Akar Pansion & Restaurant   PENSIÓN €

(☎453 7018; www.ihlara-akarmotel.com; i/d/tr 20/40/55 TRY; @) Es uno de los escasos alojamientos del pueblo y cuenta con 18 habitaciones tipo motel, sencillas pero limpias, con cuarto de baño privado. El restaurante de la casa (platos principales 6-7 TRY) sirve *saç tava*, trucha a la parrilla, pollo frito y tortillas, y una pequeña tienda de alimentación vende productos para el *picnic*. Cengiz, el dueño, acerca a la gente hasta Selime (20 TRY), Belisırma (15 TRY) y el Ihlara Vadisi Turistik Tesisleri (gratis). Hay una pequeña tetería al lado, servicio barato de lavandería (6 TRY por carga) y Wi-Fi gratuito.

Valle de Ihlara ⓝ   0 ━━━━━━━ 1 km

A Aksaray (45km)
● Selime
Meléndiz Suyu
Monasterio de Selime
Çatlak Restaurant Piri Pension
Yaprakhisar ●   Taquilla
Kayabaşı Motel
Anatolia Valley Restaurant & Camping; Tandırcı Restaurant & Camping
A Güzelyurt (9km); Aksaray (48km)
Direkli Kilise (de las Columnas)   Belisırma
Vadi Pansiyon
Taquilla
Kırk Dam Altı Kilise (de San Jorge)
Yılanlı Kilise (de la Serpiente)
Ihlara Vadisi Turistik Tesisleri
Sümbüllü Kilise
Bahattın'ın Samanlığı Kilise (del Granero de Bahattın)
Kilise (del Jacinto)
Taquilla
Kokar Kilise (Fragante)
Star Otel
Akar Pansion & Restaurant **Pueblo de Ihlara**
A Ilısu (2km); Güzelyurt (13km)

BELİSIRMA

A mitad del cañón, bajo el pueblo de Belisırma, hay cuatro restaurantes autorizados muy básicos que alimentan a los excursionistas. Si no fuera porque están junto al río, no tendrían ningún atractivo. Dos de ellos tienen espléndidas mesas en plataformas sobre el agua. Todos sirven cosas sencillas como trucha a la plancha, *saç tava*, kebabs, ensaladas y sopas, y cobran más o menos lo mismo: 10 TRY por un plato principal y 5 TRY por una parcela de *camping*, en los cuales hay servicios de aseo básicos.

EL GRAN HASAN

Quien se quede con las ganas de emprender más caminatas después de recorrer el valle de Ihlara, la zona que rodea la segunda montaña más alta de Capadocia, el Hasan Dağı (monte Hasan), es buena para el senderismo. El pueblo más cercano a este volcán inactivo de 3268 m es **Helvadere**, 10 km al suroeste del pueblo de Ihlara y 20 al este de Taşpınar. Allí se encuentra la antigua ciudad de Nora, cuyos restos arquitectónicos únicos pueden verse a 1 km de la localidad. Desde el refugio de montaña, 8 km al suroeste de Helvadere, se emplean ocho horas en ir y volver andando hasta la cumbre, en la que aún quedan los cimientos de lo que fue la iglesia más alta de Turquía. Desde ahí se dominan las cordilleras de Ala Dağlar y Bolkar y el Tuz Gölü, el segundo mayor lago salado del país. Es una excursión hermosa aunque dura, que en invierno requiere cierta experiencia montañera. Desde Göreme, Middle Earth Travel (p. 468) ofrece circuitos de dos días que incluyen Kaymaklı y el valle de Ihlara desde 150 €. Ellos pueden proporcionar más información.

Anatolia Valley Restaurant & Camping
'CAMPING', RESTAURANTE €

(✆457 3040; almuerzo 10 TRY, parcela 5 TRY) Agradable terreno de acampada con un par de pérgolas emparradas para dar sombra, aunque los aseos no están muy limpios. El dueño lleva a los excursionistas de regreso al aparcamiento de Ihlara por 15 TRY si están cansados.

Belisırma Restaurant
'CAMPING', RESTAURANTE €

(✆457 3057; almuerzo 10 TRY, parcela 5 TRY) Está en la otra orilla del río y tiene unos miradores que encantan a los grupos. La zona de acampada compensa la ausencia de sombra con unos aseos dignos y algunas hamacas.

Tandırcı Restaurant & Camping
'CAMPING', RESTAURANTE €

(✆457 3110; almuerzo 15 TRY, parcela gratis) Las parcelas de acampada están dispersas entre huertos y jardines. Pocos grupos se detienen en el restaurante, que ofrece por lo tanto un enclave tranquilo y umbroso, e incluso la posibilidad de conseguir una plataforma sobre el río. Hay una pensión en el destartalado pueblo al otro lado del puente: la espartana **Vadi Pansiyon** (✆457 3067; d 50 TRY) tiene habitaciones con pequeños cuartos de baño privados, y un café con terraza panorámica.

SELİME

El alojamiento más barato y agradable en el extremo norte del cañón es la gastada pero limpia **Piri Pension** (✆454 5114; i/d 20/40 TRY), un establecimiento tranquilo y acogedor con vistas a algunas chimeneas de hadas. Mustafa, el dueño, hace de guía por

el valle y el cercano monasterio (15 TRY). En un bloque verde oliva a 2 km del pueblo en dirección a Belisırma, las habitaciones desnudas y limpias del **Kayabaşi Motel** (✆454 5565; i/d 25/50) son interesantes por sus vistas a las fauces abiertas del cañón. Hay un local desvencijado para comer, el **Çatlak Restaurant**, en una orilla embarrada nada más empezar el camino.

❶ Cómo llegar y salir

Hay 10 *dolmuşes* al día que bajan al valle desde Aksaray y paran en Selime, Belisırma, el pueblo de Ihlara e Ilısu de camino a Güzelyurt (p. 503). En Belisırma, los *dolmuşes* paran en la parte nueva del pueblo, en la meseta, y hay que bajar unos metros hacia el valle. Para ir en dirección contraria, es necesario tomar un taxi: entre el pueblo de Ihlara y Selime debería costar 35 TRY; de Selime a Aksaray, 55 TRY. Véase p. 502 para las tarifas de los taxis desde Güzelyurt.

Güzelyurt
✆0382 / 3735 HAB. / ALT. 1485 M

Según afirman los carteles de las carreteras desiertas al este del valle de Ihlara, "un viaje sin Güzelyurt no es un viaje a Capadocia". Puede que el eslogan peque de optimista, pero lo cierto es que Güzelyurt reúne todos los puntos de interés de Capadocia y además no atrae a muchos visitantes. Al pie de un talud con el antiguo nombre del lugar, Gelveri, escrito en grandes letras estilo Hollywood, hay ciudades subterráneas, iglesias trogloditas, casas de piedra y un monasterio lacustre.

En tiempos de los otomanos, en Karballa (Gelveri) vivían 1000 familias grecootomanas y 50 turcomusulmanas. Durante los intercambios de población entre Grecia y Turquía de 1924, los griegos de Gelveri fueron reasentados en Nea Karvali, Grecia, mientras las familias turcas de Kozan y Kastoria lo hicieron en Gelveri. Todos los años se celebra en julio un **Festival de la Amistad** entre ambas naciones.

Güzelyurt tiene una PTT, una sucursal del TC Ziraat Bankası (sin cajero automático) y varias tiendas. El personal de la **oficina de turismo** (☎451 2498; ☺8.30-19.00) de la calle principal habla inglés y da buena información sobre el pueblo y el valle de Ihlara. En el 1er piso de la *pastane* que hay en una plaza detrás del banco, se halla el cibercafé **Arikan Internet Café** (1 TRY/h; ☺8.00-23.00).

⊙ Puntos de interés

Valle del Monasterio y Ciudad Ancestral
RUINAS

En la plaza mayor hay señales que indican por dónde bajar al valle del Monasterio y la Ciudad Ancestral. A unos 300 m de la plaza hay una señal para ir a un pequeño satélite poco interesante de la **ciudad subterránea** (yeraltı şehri; entrada 5 TRY; ☺8.00-18.30). La siguiente parada son las taquillas; quien tenga entrada para el valle de Ihlara no tiene que pagar otra vez. El complejo restaurado ocupa varios niveles e incluye una espeluznante bajada por un agujero en el suelo.

El valle también alberga varias iglesias; la más impresionante es la **Aşağı o Büyük Kilise Camii** (Baja o Gran Mezquita). Fue construida como iglesia de San Gregorio Nacianceno en el año 385, restaurada en 1835 y convertida en mezquita tras el intercambio de población de 1924. San Gregorio (330-390) creció aquí y se convirtió en teólogo, patriarca y uno de los cuatro Padres de la Iglesia Griega. El púlpito de madera es al parecer un obsequio de un zar ruso. Existe el proyecto de recuperar los frescos ahora encalados. Más allá están la iglesia de **Koç** (del Carnero) y la de **Cafarlar** (del Arroyo), con interesantes frescos.

A continuación se pueden recorrer los 4,5 km del **valle del Monasterio**, una especie de Ihlara en miniatura. Abundan los miradores y ya solo caminar por él es agradable, pero también hay más iglesias y moradas troglíditas que explorar. A 2 km del grupo anterior está la **Kalburlu Kilisesi** (iglesia del Cancel) con su espléndida entrada, y, casi pegada, la **Kömürlü Kilisesi**

(iglesia del Carbón), cuyas tallas incluyen un elaborado dintel y algunas cruces de Malta.

Yüksek Kilise & Manastır
RUINAS

Encaramada a una roca sobre el lago Güzelyurt se encuentra la **Yüksek Kilise** (Iglesia Alta), 2 km al sur de un desvío señalizado desde la carretera de Ihlara, 1 km al oeste de Güzelyurt. La ruta serpentea entre grandes peñascos, en equilibrio sobre otras rocas, como una galería de esculturas desproporcionadas. El complejo amurallado se compone de una iglesia y un monasterio pintarrajeados. Es mucho más impresionante de lejos pero, una vez arriba, ofrece vistas preciosas del lago y las montañas.

Gaziemir
CIUDAD SUBTERRÁNEA

(Entrada 3 TRY; ☺8.00-18.00) Unos 18 km al este de Güzelyurt, saliendo de la carretera a Derinkuyu, la ciudad subterránea de Gaziemir abrió en el 2007. Se pueden ver iglesias, una bodega con barricas de vino, silos, *hammams* y hornos *tandoor*. Los huesos de camello y los agujeros en los muros para atar animales sugieren que también se usó como caravasar.

⊨ Dónde dormir y comer

Halil Pension
PENSIÓN €€

(☎451 2707; www.halilpension.com; Yukarı Mahal-lesi Amaç Sokak; i/d/tr con media pensión 80/120/150 TRY; @) Esta casa familiar puede resultar una estupenda base para pasar unos días recorriendo la zona. Las comidas, repletas de delicias de la huerta y servidas en una mesa hecha con una puerta antigua, podrían ser la cumbre culinaria del viaje. La casa original griega, de 140 años, tiene una moderna ampliación con habitaciones luminosas, cuartos de baño pequeños pero impecables y una alegre decoración. La azotea brinda vistas magníficas de la Yüksel Kilise y hay una habitación con balcón privado. Según se entra al pueblo desde el oeste, una señal a la derecha lo indica; está a un paseo bajando desde el centro.

Aslani Pansiyon
PENSIÓN €

(☎451 2726; pensionlion@hotmail.com; Yeni Camii Yani; i/d 30/50 TRY) Oculta tras una gran puerta con un león como aldaba, es un auténtico alojamiento familiar enfrente de una concurrida mezquita. La diminuta anciana de la casa ofrece dos habitaciones llenas de flores y con ropa fresca de cama. El desayuno es una selección de panes y pastas para untar. Muy recomendada.

Hotel Karballa HOTEL HISTÓRICO €€
(☑451 2103; www.karballahotel.com; standard
i/d/tr/c 40/55/75/100 €, de lujo 50/65/85/110 €;
❈ ❈) Ocupa un monasterio griego del
s. XIX, más arriba del centro, y conserva
cierta atmósfera contemplativa. El huésped
se siente como un monje rompiendo el ayuno en el antiguo refectorio abovedado, que
ahora es un restaurante (cenas 10 €). Las
habitaciones llevan los nombres de sus antiguos y beatos habitantes, tienen ventanas
en cruz, luminosas colchas uzbekas y tragaluces. Algunas de ellas, a las que se sube
por escaleras de caracol, se acurrucan bajo
sus techos arqueados. Incluso la piscina invita a la meditación.

Kadir's Houses CASA OTOMANA €€
(☑451 2166; www.kadirshouses.com; i/d/tr/c
60/100/120/140 TRY) Esta versión económica pero sobrevalorada del Hotel Karballa
ocupa una casa otomana de 120 años de
antigüedad a la que se accede a través de
una antigua puerta de madera tallada. Las
tres habitaciones cuentan con cuartos de
baño modernos, iluminación sutil, altillos
y camas con edredones de lana natural. El
vino casero se sirve en el pequeño bar al
aire libre, y la cena vale 15 TRY. El dueño
es muy discreto.

Hay tres *lokantas* similares en la plaza
mayor y alrededores, donde sirven cerveza barata y *raki,* y platos como kebabs y
pide.

❶ Cómo llegar y salir

Hay autobuses de ida y vuelta de Güzelyurt a
Aksaray (5 TRY, 1 h) cada dos horas de 6.30 a
17.30, con menos frecuencia los domingos.

El taxi es necesario para ir a Selime (25 TRY),
el pueblo de Ihlara (35 TRY) y el Hasan Dağı
(monte Hasan; 60 TRY). A Aksaray cuesta
60 TRY.

Aksaray

☑0382 / 152 000 HAB.

Aksaray es todo un ejemplo del desarrollo
económico de Turquía, prosperando discretamente gracias a una creciente confianza
consumista. Los canales son bonitos y el
ambiente, juvenil. Aunque es en parte una
fea ciudad moderna que solo atrae a los
viajeros de camino al valle de Ihlara, una
tarde pasada entre el gentío de la atractiva
plaza mayor, a la sombra de edificios gubernamentales, será una experiencia inequívocamente anatolia.

◉ Puntos de interés

La **Ulu Cami** (Gran Mezquita; Bankalar Caddesi)
está decorada en el típico estilo beylik del
período postselyúcida. Todavía pueden
verse parte de las piedras amarillas originales en la majestuosa entrada.

El **Museo de Aksaray** (Aksaray Müzesi; entrada 3; ◷8.30-12.00 y 13.00-17.00), en un edificio nuevo en el camino de la *otogar* al centro, cubre etnografía y arqueología. Entre
otros materiales, se pueden ver abalorios
neolíticos, un sarcófago infantil helénico,
botellas de perfume romanas, alfombras
de la Ulu Cami y, en la sala de las momias,
un gato momificado.

En la parte antigua de la ciudad, a lo
largo de Nevşehir Caddesi, está el peculiar
Eğri Minare (Minarete Torcido), construido
en 1236 e inclinado en un ángulo de 27º.
Los vecinos lo llaman la "torre turca de
Pisa".

🛏 Dónde dormir y comer

Los siguientes establecimientos están en
la plaza principal o a poca distancia andando.

Otel Yuvam HOTEL €
(☑212 0024; Eski Sanayi Caddesi Kavşağı; i/d/
tr 25/40/60 TRY) Es este hotel económico
y simpático, situado en la plaza mayor al
lado de la Kurşunlu Cami, reina el *rock
and roll* retro. El suelo de las habitaciones
está cubierto de linóleo y el mobiliario es
de madera maciza. Los cuartos de baño están impecables y las camas son duras pero
con sábanas limpias y crujientes. La pequeña sala de estar con televisión por satélite
es un refugio agradable... hasta que suena
la llamada a la oración.

Otel Erdem HOTEL €
(☑214 1500; Bankalar Caddesi 19A; i/d 35/50
TRY) Un joven gerente supervisa este estupendo hotel económico con habitaciones pequeñas pero impecables. El trazado
entero de la ciudad se distingue desde el
balcón. Está al lado del Harman.

Otel Vadim HOTEL €
(☑212 8200; 818 Vadi Sokak 13; i/d/tr
30/50/60 TRY; ❂) Vale la pena pagar un
poco más que en el Yuvam por esta excelente opción de gama media. Situado en
una tranquila bocacalle de Büyük Kergi
Caddesi, la prolongación por el sur de
Bankalar Caddesi, tiene una fachada
de azulejos verdes y habitaciones grandes, cómodas y con Wi-Fi.

Harman 'OCAKBAŞI' MODERNA €

(☎212 3311; Bankalar Caddesi 16a; platos principales 7 TRY) El mejor restaurante de Aksaray, a unos portales de distancia del Yeni Merkez Lokantası, está adornado con fotos de celebridades posando junto a los atónitos camareros. Tiene una gran selección de *ızgara* (platos a la plancha, 6,50 TRY), *döner kebabs* (7 TRY), *pide* y sopas (2 TRY). Quienes prefieran terminar la comida con un dulce quedarán impresionados con las excelentes versiones caseras de *baklava* y *künefe* (masa empapada de almíbar y requesón dulce cubierto de pistachos, 4 TRY).

Yeni Merkez Lokantası 'LOKANTA' €

(☎213 1076; Bankalar Caddesi, Valilik Karsısı 8d; platos principales 4-7 TRY) Un favorito local, enfrente del *vilayet,* es un acogedor establecimiento con toda una serie de platos del día expuestos al baño maría, además de otras especialidades como los *İskender kebaps.* Los sándwiches de *döner* para llevar pueden comprarse aquí o en los puestos callejeros cercanos.

Melisa Pastanesi PASTELERÍA €

(☎212 3134; Eski Sanayi Caddesi 11; pasteles 2-10 TRY) Esta pastelería junto al Otel Yuvam sirve los pasteles habituales y el personal es simpático y habla inglés.

❶ Información

El servicial personal de la **oficina de turismo** (☎213 2474; Taşpazar Mahallesi; ⊗8.30-12.00 y 1.30-17.00 lu-vi) habla francés. Para encontrar la oficina, hay que andar por la Ankara Caddesi (en dirección oeste desde la Bankalar Caddesi cerca del *vilayet*), pasar por la Zafer Okulu (escuela) y girar por la primera a la izquierda. Hay conexión a Internet cerca del Harman, en **VIP Net** (Hükümet Sokak 10; 1 TRY/h; ⊗9.00-22.00), donde grandes peceras relucen junto a seis pantallas planas.

❶ Cómo llegar y salir

Desde Aksaray hay autobuses directos a Ankara (18 TRY, 3½ h, 230 km), Konya (14 TRY, 2 h, 140 km) vía Sultanhanı (5 TRY, 45 min, 50 km), Nevşehir (10 TRY, 1 h, 65 km) y Niğde (10 TRY, 1½ h, 115 km).

Circulan *dolmuş* entre la *otogar* vieja y Güzelyurt (5 TRY, 1 h, 45 km, 6 diarios) cada dos horas entre 7.30 a 18.00 que paran en Selime, Belisırma, el pueblo de Ihlara e Ilısu. Entre 9.00 y 14.00 también salen cuatro *dolmuş* solo al valle de Ihlara. Hay servicio a Sultanhanı (5 TRY, 45 min, 50 km, 10 diarios), que decrece los domingos.

Alrededores de Aksaray

La carretera entre Aksaray y Nevşehir sigue una de las rutas comerciales más antiguas del mundo, Uzun Yol (el Camino Largo, parte de la Ruta de la Seda), que comunicaba Konya, la capital selyúcida, con otras ciudades importantes (Kayseri, Sivas y Erzurum) para acabar en Persia (Irán).

El Camino Largo estaba antiguamente salpicado de *hans* en los que paraban los mercaderes a descansar y hacer negocios. Desde Aksaray pueden visitarse los restos de tres de ellos; el mejor conservado es el impresionante **Ağzıkara Hanı** (entrada 3 TRY; ⊗7.30-20.00), 16 km al noreste de la ciudad, construido entre 1231 y 1239. Un taxi desde Aksaray cobrará 50 TRY por ir y volver. Quien prefiera ir en autobús, puede tomar uno que vaya a Nevşehir y bajar en el Ağzıkara Hanı. También se visita en circuitos de un día desde Göreme y Ürgüp.

Más lejos en dirección a Nevşehir se pasa por los escasos restos del **Tepesidelik Hanı,** del s. XIII, 23 km al noreste de Aksaray, y 10 km más allá, por el **Alay Hanı,** del s. XII.

Kayseri

☎0352 / 1,2 MILLONES DE HAB./ ALT. 1067 M

Bajo la mirada del Erciyes Dağı, Kayseri es al mismo tiempo la ciudad más islámica de Turquía después de Konya y uno de sus motores económicos, mezcla de tumbas selyúcidas, mezquitas y modernidad. En el bazar, uno de los mayores del país, se apilan coloridos tocados de seda y las tiendas cierran los viernes a mediodía, pero las inclinaciones religiosas de la ciudad destacan menos que su capacidad industrial. Los residentes de la ciudad, bajo la vigilancia e inspiración del Erciyes Dağı, confían en su futuro y se enorgullecen de su pasado. No dependen del turismo y a menudo son menos obsequiosos que en otros lugares, lo cual puede resultar frustrante para quien llegue de las chimeneas de las hadas. No obstante, si hay que pasar por este nudo de comunicaciones vale la pena echar un vistazo a esta ciudad en expansión con un sentido tan fuerte de su identidad.

Historia

En tiempos del emperador romano Tiberio [14-37 d.C.], Eusebia (que es como se llamaba entonces el asentamiento) fue rebautizada como Cesarea. Los árabes la convirtie-

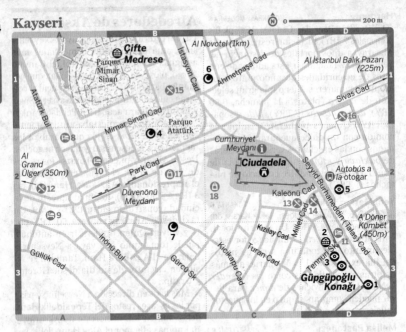

ron en Kaisariyah y los selyúcidas le dieron su nombre actual.

Kayseri se hizo famosa como cuna de san Basilio el Grande, que organizó la vida monástica de Capadocia. Su historia cristiana primitiva quedó interrumpida por las invasiones árabes a partir del s. VII. Los selyúcidas la conquistaron en el 1084 y se mantuvieron en el poder hasta la llegada de los mongoles en 1243, a excepción de un breve período en que fue tomada por los cruzados de camino a Tierra Santa.

Después de formar parte del Imperio mongol durante alrededor de cien años, el gobernador proclamó su propio emirato en 1335, que duró 45 años y fue sucedido por otro, antes de ser conquistada por los otomanos, tomada por los mamelucos y finalmente reconquistada por los otomanos en 1515, todo en poco más de un siglo.

◉ Puntos de interés

Actualmente sirven para acoger parte del desparrame del cercano bazar, pero las monumentales murallas de roca volcánica negra de la **ciudadela** (*hisar* o *kale*) fueron levantadas a principios del s. XIII, durante el reinado del sultán selyúcida Alaattin Keykubat. El primer castillo de Kayseri data del s. III, cuando gobernaba el emperador romano Gordiano III, y el bizantino Justiniano lo modificó 300 años después. El edificio actual se ha ido restaurando con el paso del tiempo, dos veces en el s. XV.

Entre los rasgos distintivos de Kayseri hay varios importantes complejos edificados por reinas y princesas selyúcidas, cómo el austero **complejo Mahperi Hunat Hatun** (Seyyid Burhaneddin [Talas] Caddesi), al este de la ciudadela. Incluye la Mahperi Hunat Hatun Camii (1238), construida por la esposa de Alaattin Keykubad; la Hunat Hatun Medresesi (1237) y un *hammam* que todavía se usa.

Otro complejo llamativo son las **Çifte Medrese** (Madrazas Gemelas). Estas escuelas coránicas contiguas, situadas en el Mimar Sinan Parkı al norte de Park Caddesi, fueron edificadas por orden del sultán selyúcida Gıyasettin I Keyhüsrev y su hermana Gevher Nesibe Sultan (1165-1204). El **Museo de Historia de la Medicina** (1,50 TRY; ◷8.00-12.00 y 13.00-17.00) en su interior está situado en el antiguo quirófano de una de las primeras escuelas médicas del mundo.

Volviendo hacia la ciudadela está la **Kurşunlu Cami** (mezquita de la Cúpula de Plomo; Atatürk Parkı), de estilo otomano, también llamada Ahmet Paşa Camii por su fundador. Fue construida a finales del s. XVI,

se cree que siguiendo los planos dibujados por el gran Sinan (que nació en un pueblo cercano). Al norte de Cumhuriyet Meydanı no conviene pasar por alto la **Sahabiye Medresesi** (desde 1267; Ahmetpaşa Caddesi), una madraza que actualmente es un bazar de libros.

Otra mezquita notable es la **Ulu Cami** (Gran Mezquita), iniciada a mediados del s. XII durante el emirato turco de Danışmend y concluida por los selyúcidas en 1205. Tiene algunos buenos ejemplos del estilo selyúcida temprano, como el alminar de ladrillo, uno de los primeros de Anatolia.

Esparcidas por la ciudad se hallan diversas **tumbas selyúcidas** cónicas, la más famosa de las cuales es la llamada **Döner Kümbet** (Tumba Giratoria; Talas Caddesi), en el cruce de Kartal. De camino al Museo Arqueológico se pasa por delante de unos cuantos monumentos selyúcidas, entre ellos la **Alaca Kümbet** (tumba de Alaca; Seyyid Burhaneddin [Talas] Caddesi), con una planta cuadrada típica y techo piramidal.

La **Surup Krikor Lusavoriç Kilise** (iglesia de San Gregorio el Iluminador; semiesq. Nazım Bey Bulvarı) del s. XIX es una de las pocas iglesias armenias que quedan en Turquía. El edificio, apenas usado, está echado a perder, pero vale la pena echar un vistazo a su interior con cúpula, especialmente por sus tres altares dorados, que contienen pinturas que sustituyeron a las originales el siglo pasado; la de la izquierda, con sus cuatro columnas llameantes, representa la visión de san Gregorio, que se crió en Kayseri. Está situada en un mal barrio y es difícil de encontrar, así que es mejor ir en taxi (15 TRY ida y vuelta desde la oficina de turismo, incl. tiempo de espera). Para que abran hay que llamar

---

ESQUÍ EN ERCİYES DAĞI

Si alguien consigue armarse de valor para enfrentarse al agreste y precioso Erciyes Dağı, no debería en absoluto esperar encontrarse con una belleza alpina suiza. Esto es la temporada de esquí a la turca, donde ser atropellado por una moto de nieve o devorar un montón de nieve amarilla está considerado parte de la aventura. Por suerte, allí arriba reina una increíble belleza y los esquiadores más aguerridos encontrarán una gran cantidad de pistas desiertas sin una sola bandera roja a la vista. ¡Pero que se acuerden de girar en cuanto vean una roca!

El popular Erciyes Dağı Ski Resort está en la ladera noreste de la montaña, que es también la zona más propicia para el montañismo. En verano, se puede acampar en varios terrenos alrededor de Cobaini. El mejor hotel es el nuevo y algo pretencioso **Grand Ergas Erciyes** (☏342 2128; Erciyes Dağı; i/d 100/200 TRY; @ 🖂).

a la puerta del lado occidental del edificio y dejarle al guarda una propina al salir.

Museos

Al sureste de la ciudadela está la **Güpgüpoğlu Konağı** (semiesq. Tennuri Sokak), una mansión otomana de piedra del s. XVIII con hermosos balcones y pórticos de madera. Dentro, el **Museo Etnográfico** (entrada 3 TRY; ◷8.00-17.00 ma-do) se divide en una exposición de artesanía otomana y una sección llena de maniquíes que recrean cómo era la vida.

Cerca está la coqueta **Atatürk Evi** (Tennuri Sokak; entrada gratuita; ◷8.00-17.00 lu-vi), una pequeña casa otomana con mobiliario de la época, en la que solía alojarse Atatürk cuando estaba de visita.

Quien tenga media hora libre puede caminar por el parque hasta el pequeño **Museo Arqueológico** (Kışla Caddesi 2; entrada 3 TRY; ◷8.00-17.00 ma-do), un pequeño nido de urraca que alberga hallazgos de la vecina Kültepe (la antigua Kaniş, principal ciudad del pueblo hatti y primera capital hitita). En Kültepe, la mayor ciudad en forma de montículo encontrada en Anatolia, aparecieron los documentos escritos más antiguos de la zona. Muchos tienen que ver con el comercio, como las tabletas de arcilla asirias del 1920 al 1840 a.C. También hay, entre otras cosas, un asombroso sarcófago con representaciones de los trabajos de Hércules, la figura de una diosa madre de la Edad del Bronce, momias infantiles, joyas romanas y helenísticas, inscripciones jeroglíficas referentes al rey hitita Tudhaliya IV y una estatua suya, decapitada pero igualmente impresionante.

🛏 Dónde dormir

Dado que Kayseri es una ciudad de culto para los hombres de negocios turcos, fuma-dores empedernidos, conviene hacer las reservas con antelación. Una vez conseguida una habitación, hay que reservarla por toda la estancia, no sea que se la adjudiquen al primero en pedirla.

Hotel Almer　　　　　HOTEL €€
(☎320 7970; www.almer.com.tr; Osman Kavuncu Caddesi 15; i/d/tr 80/100/150 TRY; ✳@) El mejor establecimiento de Kayseri, casi con categoría de Hilton, ofrece una profesionalidad sin fisuras en cuanto se entra por la puerta giratoria. En la relajante recepción hay un bar con iluminación trasera y pequeños reservados para repasar el estante de revistas. Pilares cubiertos de espejos relucen entre manteles color de rosa en el restaurante, y las habitaciones con Wi-Fi son sorprendentemente silenciosas a pesar del ajetreo de la calle.

Hotel Çapari　　　　　HOTEL €€
(☎222 5278; Gevher Nesibe Mahallesi, Donanma Caddesi 12; i/d/tr/ste 60/90/110/120 TRY; ✳) Con alfombras rojas mullidas y personal amable, este hotel de tres estrellas en una tranquila bocacalle del Atatürk Bulvarı presenta una de las mejores relaciones calidad-precio de la ciudad. Las habitaciones bien equipadas disponen de televisión por satélite, Wi-Fi y grandes minibares.

Hotel Sur　　　　　HOTEL €
(☎222 4367; Talas Caddesi 12; i/d/tr 40/60/75 TRY) Más allá de su oscura recepción y sus pasillos casi burocráticos, las habitaciones son cómodas y luminosas. El servicio es amable y las murallas de la antigua ciudad casi se pueden tocar.

Novotel　　　　　HOTEL €€
(☎207 3000; www.novotel.com; Kocasinan Bulvarı; i 120-135 €, d 140-155 €; ✳@) Es una ver-

---

TRENES DESDE KAYSERİ

Los trenes circulan a diario, salvo que se indique lo contrario.

DESTINO	TARIFA (TRY)	DURACIÓN (H)	SALIDAS
Adana	14	6	2.15 y 7.40
Ankara	13	8	24.00, 12.55, 2.51 (excl. do), 4.00 y 16.17
Estambul	22	18	2.51 (excl. do) y 4.00
Kars	26	20 ½	1.30 y 22.17
Kurtalan	21	20	11.50 (lu, mi, vi y sa)
Malatya	15	9	2.52 y 11.50 (excl. ju)
Tatvan	22	24	11.50 (ma y do)

sión muy atractiva de la consolidada cadena internacional, con líneas limpias, colores alegres y un servicio de cinco estrellas.

Grand Ülger
HOTEL €€

(☎323 8303; www.grandulgerhotel.com; Osman Kavuncu Caddesi 55; i/d 50/90 TRY; ❄ @) Al entrar en la ciudad desde Göreme se topa con este llamativo hotel de clase preferente, una opción atractiva por su vestíbulo de mármol y cuero. Las habitaciones confortables y el restaurante correcto son ventajas añadidas.

Bent Hotel
HOTEL €€

(☎221 2400; www.benthotel.com; Atatürk Bulvarı 40; i/d/tr 75/100/120 TRY) Otra buena opción de precio medio con vistas a las barcas a pedales del Mimar Sinan Parkı. Las habitaciones pequeñas pero confortables son de colores pardos y ahumados, pero todas cuentan con TV, minibares con surtido Efes y servicio de habitaciones las 24 h.

✖ Dónde comer
Kayseri presume de algunos de sus platos más especiales, como la *pastırma* (ternera salada secada al sol, bañada en *çemen*, un mejunje picante de ajo, guindilla, perejil y agua), el *pastrami* original.

Pocos restaurantes sirven alcohol, para ello habrá que dirigirse al Hotel Almer (platos principales 12 TRY; abierto de 19.00 a 23.30) o al **Kale Rooftop Restaurant** (☎207 5000; Cumhuriyet Meydanı, İstasyon Caddesi 1; platos principales 20-40 TRY; ⊙12.00-2.00) en el Hilton.

En el extremo occidental de Sivas Caddesi hay una hilera de chiringuitos de comida rápida que parece que sigue animada cuando el resto de la ciudad ya se ha retirado.

Elmacioğlu İskender et Lokantası
'LOKANTA' €

(☎222 6965; Millet Caddesi 5, 1ª y 2ª planta; platos principales 8-10 TRY; ⊙9.00-22.30) Es el mejor restaurante de Kayseri, al que se accede subiendo en ascensor; los camareros llevan pajarita y los grandes ventanales ofrecen vistas de la ciudadela. La especialidad de la casa son los *İskender kebaps*, disponibles con *köfte* o "dobles" (13 TRY), y otros platos incluyen el *pide* de *pastırma* (8,50 TRY). Recomendado.

İstanbul Balık Pazarı
MARISCO €

(☎231 8973; Sivas Caddesi; platos principales 3 TRY; ⊙8.00-23.00) Hay que elegir algún pescado de entre los que se están friendo en la entrada y pasar por delante del mostrador con las relucientes capturas del día para llegar a un pequeño comedor decorado con un pastiche de motivos históricos y náuticos.

Tuana
REGIONAL €

(☎222 0565; Sivas Caddesi, 2º piso; platos principales 7 TRY) Entrando por el pasaje que lleva de la PTT a Sivas Caddesi, es un sitio elegante que ofrece una colección de clásicos como kebabs y *mantı* de Kayseri. Cuando hay poca gente, el océano de mesas y sillas adornadas con cintas rojas parece un lugar de veraneo fuera de temporada, pero es fácil distraerse con las vistas de la ciudadela y el Erciyes Dağı.

Divan Pastanesi
PASTELERÍA €

(☎222 3974; Millet Caddesi; 2-9 TRY) Al otro lado de la Millet Caddesi desde el Elmacioğlu İskender et Lokantası, es una

SERVICIOS DESDE LA 'OTOGAR' DE KAYSERİ

DESTINO	TARIFA (TRY)	DURACIÓN (H)	FRECUENCIA (DIARIA)
Adana	22	5	frecuentes
Ankara	25	5	cada hora
Erzurum	40	10	frecuentes
Gaziantep	25	6	6 al día
Göreme	10	1½	cada hora
Kahramanmaraş	20	4	cada hora
Malatya	25	5	frecuentes
Nevşehir vía Ürgüp	12/6	1½/1¼	cada hora
Sivas	18	3	frecuentes
Van	50	13	frecuentes

pastelería moderna, muy apreciada por los golosos de Kayseri.

Anadolu Et Lokantası LOKANTA €

(☎320 5209; Osman Kavuncu Caddesi 10; platos principales 5-10 TRY) La carne de calidad es la norma en este dinámico lugar de encuentro a la hora del almuerzo.

De compras

Kayseri está en la encrucijada de antiquísimas rutas comerciales y hace miles de años que es un importante nudo comercial. Su *kapalı çarşı* (bazar cubierto) fue uno de los mayores que edificaron los otomanos; restaurado en la década de 1870 y en la de 1980, sigue siendo el corazón de la ciudad y bien vale un paseo. Junto a él, el *bedesten* (mercado cubierto), construido en 1497 para comerciar con tejidos, aún es un buen lugar para encontrar alfombras y kílims; los lunes y jueves se celebra una subasta de alfombras antiguas.

❶ Información

En la servicial **oficina de turismo** (☎222 3903; Cumhuriyet Meydanı; ☺8.00-17.00 lu-vi) se habla inglés y alemán; distribuyen mapas y folletos.

Hay numerosos bancos con cajero automático en el centro. Para mirar el correo electrónico, está el **Soner Internet Café** (Düvenönü Meydanı; 1,50 TRY/h; ☺8.00-24.00).

❶ Cómo llegar y salir

Avión

Turkish Airlines (☎222 3858; Tekin Sokak Hukuk Plaza 6c) tiene tres vuelos diarios a/desde Estambul (69-169 TRY ida, 1½ h) y un Sun Express a/desde İzmir (74 TRY ida, 1½ h) los miércoles y sábados por la mañana.

Onur Air (☎231 5551; Ahmetpaşa Caddesi 7) fleta un vuelo diario a/desde Estambul (54-174 TRY ida).

El taxi entre el centro urbano y el *havaalanı* (aeropuerto) cuesta 15 TRY y el *dolmuş*, 1,25 TRY. Hay *servis* entre el aeropuerto y diversos hoteles de Capadocia central (véase p. 463).

Autobús

En un importante cruce de carreteras norte-sur y este-oeste, Kayseri está muy bien servido en cuanto a líneas de autobuses.

La *otogar* tiene un cibercafé, consignas (6 TRY/24 h), peluquero, alquiler de coches y un café con una fuente de *ayran*. Si no circulasen *servis* hasta el *merkezi* (centro), hay que recurrir a un taxi (15 TRY) o a un autobús local (1,25 TRY).

Salen *dolmuş* a Ürgüp (5 TRY, 1¾ h) desde la cochera occidental.

Tren

En Kayseri paran el *Vangölü Ekspresi* (Estambul-Tatvan), el *Güney Ekspresi* (Estambul-Kurtalan), el *Doğu Ekspresi* (Estambul-Kars), el *Erzurum Ekspresi* (Ankara-Kars), el *Çukurova Mavi* (Ankara-Adana) y el *4 Eylül Mavi Train* (Ankara-Malatya). El servicio Estambul-Teherán de RAJA Passenger Trains (véase p. 698) para en Kayseri de camino a Irán.

Para llegar al centro desde la estación de ferrocarril hay que salir de la estación, cruzar la avenida grande (Çevre Yol) y subir a cualquier autobús que vaya por Atatürk Bulvarı a Düvenönü Meydanı. También se puede ir andando por Altan Caddesi, que es más tranquila que Atatürk Bulvarı.

Tranvía

Una línea de tranvías de última generación circula ahora por Kayseri de 6.00 a 2.00 cada día. Es un medio muy eficiente para desplazarse por la ciudad, y los billetes valen 1 TRY.

Alrededores de Kayseri

SULTAN HAN

Es un impactante **caravasar** (entrada 3 TRY; ☺horas de luz) selyúcida construido en la década de 1230 en la antigua vía Kayseri-Sivas, 45 km al noreste de Kayseri, un buen ejemplo restaurado de lo que eran los alojamientos para las caravanas reales, el más grande de Anatolia después del Sultanhanı, junto a Aksaray.

En teoría, la gente del lugar se encarga de abrir las puertas y cobrar la entrada, pero hay visitantes que afirman haberse quedado con las ganas. Si se accede desde Kayseri, lo mejor es preguntar en el Museo Arqueológico (p. 506).

Sultan Han está al sureste de la carretera Kayseri-Sivas, cerca de Tuzhisar. Para llegar desde Kayseri, hay que subirse a un autobús que vaya a Sivas (5 TRY) o a un *dolmuş* (2,50 TRY) a Sarioğlan o a Akkişla desde la cochera *doğu* (oriental).

Costa del mar Negro y montañas Kaçkar

Los mejores alojamientos

» Zinos Country Hotel (p. 516)

» Sebile Hanim Konaği (p. 520)

» Otel Ural (p. 527)

» Fora Pansiyon (p. 538)

» Otel Doğa (p. 539)

Los mejores restaurantes

» Saray Restaurant (p. 516)

» Çakırtepe (p. 520)

» Mıdı (p. 521)

» Trabzon Mangal Dünyasi (p. 527)

» Evvel Zaman (p. 533)

Por qué ir

Muchos viajeros ni siquiera contemplan la posibilidad de visitar la costa del mar Negro. Cuando planean una estancia en Turquía piensan en el sur del país, con el mar Mediterráneo, o en el oeste, con el Egeo, y se olvidan del norte y el este, con el otro mar turco, el Negro, que merece tanto o más la pena.

Su escarpado y espectacular litoral está plagado de vestigios de las civilizaciones e imperios que han pasado por esta región. Castillos, iglesias y monasterios rememoran los días de los reyes del Ponto, los genoveses y los otomanos, mientras que mitos como los de las amazonas y Jasón y los Argonautas se remontan a tiempos aún más antiguos. La propia Turquía moderna debe en buena parte su existencia al apoyo local a la revolución de Atatürk. Después del ambiente de Sinop y el ajetreo de la Turquía moderna de Trabzon, conviene explorar las aldeas de montaña aisladas y los lagos y valles alpinos de las montañas Kaçkar. A veces sorprende descubrir que se le está dando la espalda a lo mejor.

Cuándo ir

Trabzon

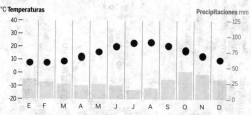

Mayo Celebrar la llegada de la primavera en el Festival Internacional Giresun Aksu.

De junio a agosto Practicar senderismo por los hermosos valles de las montañas Kaçkar.

Abril y septiembre Ser uno de los pocos viajeros que disfruta del encanto de Amasra y Sinop.

Lo más destacado de la costa del mar Negro y las montañas Kaçkar

❶ Admirar frescos bizantinos centenarios en el extraordinario escenario rocoso del **monasterio de Sumela** (p. 531).

❷ Disfrutar de la sabrosa comida casera local y quemar sus calorías pateando por lagos, valles y cumbres de las **montañas Kaçkar** (p. 535).

❸ Contar las espectaculares y vertiginosas curvas y dejarse embelesar por las panorámicas de la carretera costera de **Amasra a Sinop** (p. 514).

❹ Reducir la marcha e imbuirse del relajado ambiente de estilo mediterráneo del puerto pesquero de **Sinop** (p. 515).

❺ Explorar el intrincado laberinto de callejuelas del **castillo de Amasra** (p. 511).

❻ Satisfacer los impulsos cosmopolitas en las concurridas calles de **Trabzon** (p. 524).

❼ Regresar a caminos secundarios para descubrir la playa de Persembe y Çaka, en la vieja carretera costera que une **Bolaman y Ordu** (p. 522).

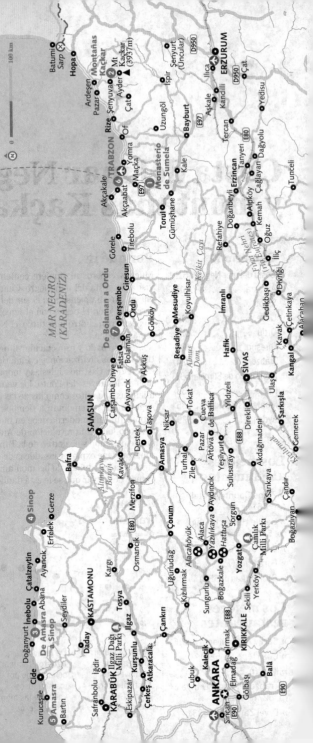

Amasra

☑ 0378 / 7000 HAB.

Hay seis horas de viaje desde Estambul, pero cuando se vislumbra Amasra desde las colinas, uno se da cuenta de que ha valido la pena. Es la primera localidad importante de la costa del mar Negro y presume de contar con el puerto más bello de la región.

Aunque discreto en comparación con los *resorts* de la costa del Egeo, es un popular destino turístico. Los visitantes internacionales son relativamente escasos, pero reciben una calurosa y campechana bienvenida por parte de los lugareños y los turistas turcos. En los fines de semana de verano el ambiente se anima pero, de lunes a viernes, las calles y las playas están tranquilas.

Los bizantinos controlaban Amasra como parte del reino del Ponto, pero alquilaron el puerto a los genoveses como centro comercial desde 1270 hasta 1460, cuando Mehmet el Conquistador entró sin encontrar resistencia. Bajo el Imperio otomano, perdió importancia respecto a otros puertos del mar Negro y actualmente es un lugar tranquilo en el que planificar el resto del viaje por la costa.

Según se entra en Amasra, a la izquierda queda el museo en un antiguo edificio de piedra. La mayoría de los autobuses paran en un cruce cerca de la oficina de correos (PTT). Hay que seguir la señal de "Şehir Merkezi" (centro urbano), hacia el norte, para ir al Küçük Liman (Puerto Pequeño), con sus restaurantes y pensiones. Siguiendo recto (hacia el este) se llega a la franja arenosa del Büyük Liman (Puerto Grande).

La entrada a la ciudadela se esconde entre las tiendas de *souvenirs* del Küçük Liman.

Si se va en coche de Amasra a Sinop, conviene hacer una parada en Bartın, al otro lado del monte.

⊙ Puntos de interés y actividades

Al norte de ambos puertos hay un puente por el que se llega a la **'kale'** (ciudadela), atravesando sus puertas genovesas. Es un promontorio fortificado por los bizantinos cuando el puerto era conocido como Sesamos Amastris.

Casi todo el intramuros de la ciudadela es ahora una zona residencial que conser-va los muros originales y algunos vestigios como la **capilla Eski** (Capilla Antigua), del s. XV. El excelente **Museo de Amasra** (Amasra Müzesi; Dereoğlu Sokak 4; entrada 4 TRY; ⊙9.00-17.30 ma-do), que da a Küçük Liman, alberga hallazgos romanos, bizantinos y helenísticos.

El emplazamiento de Amasra se disfruta mejor desde el mar. Desde el Büyük Liman se ofrecen **excursiones en barco** por el puerto y a lo largo de la costa. Hay que calcular unas 7 TRY por una excursión breve (45 min) y 35 TRY por una más larga (6 h), con paradas para nadar y almuerzo en una isla cercana. Los barcos son más frecuentes los fines de semana de verano.

🛏 Dónde dormir

En Amasra, los precios pueden subir entre un 10 y un 40% los fines de semana de mediados de junio a mediados de septiembre, período en el que muchos alojamientos cobran a los viajeros en solitario el coste de una habitación doble. Los precios aquí indicados son para entre semana e incluyen un descuento para quienes viajen solos. En todo caso, conviene negociar siempre.

Proliferan las *ev pansiyons* (pensiones en viviendas particulares). Hay que buscar carteles de "Pansiyon" por el paseo marítimo y la *kale*. Las *pansiyons* cierran de noviembre a abril, y durante esos meses la mayoría de los hoteles solo abre los fines de semana.

Hotel Türkili   HOTEL €€
(☑315 3750; turkiliotel@ttnet.net.tr; Özdemirhan Sokak 6; i/d 70/100 TRY; ❋) Sus balcones de hierro forjado y la fachada rosa le dan un toque europeo. Wi-Fi, televisión por satélite y buen inglés en la recepción terminan de hacer de él uno de los mejores de Amasra. El restaurante del 5º piso ofrece vistas de ambos puertos.

Timur Otel   HOTEL €€
(☑315 2589; www.timurotel.com; Çekiciler Caddesi 27; i/d/tr 50/80/110 TRY; ❋) Céntrica opción de bonitas e inmaculadas habitaciones pintadas de color rosa y con vistas a una apacible plaza. El doble acristalamiento de las ventanas garantiza un sueño reparador.

Çarşı Butik Otel   PENSIÓN €€
(☑315 1146; www.carsibutikotel.com; Zeki Çakan Caddesi 23; i/d 80/100 TRY; ❋) En el mercado, junto a la entrada al castillo, este alojamiento ofrece patios privados adornados

con confortables cojines. Las habitaciones, decoradas con madera, consiguen de algún modo resultar modernas y rústicas a la vez, aunque no se puede decir que sea un *butik otel*.

Kuşna Pansiyon
PENSIÓN €

(☎315 1033; kusnapansiyon@mynet.com; Kurşuna Sokak 36; i/d 40/80 TRY; @) Habitaciones luminosas y modernas que dan a un frondoso jardín; así se presenta este castillo *ev pansiyonu* con vistas a una ensenada rocosa. Hay que caminar un rato por la propiedad cargando con el equipaje, pero la recompensa es un paraje bello e íntimo.

Büyük Liman Otel
HOTEL €

(☎315 3900; Turgut Işık Caddesi; i/d 70/110 TRY; ✳) Le falta una mano de pintura, pero ofrece una ubicación excelente en la avenida del puerto y sus habitaciones son amplias; algunas disponen de balcones con vistas al mar.

Pansiyon Evi
PENSIÓN €

(☎661 6337; Küçük Liman 33a; i/d 35/70 TRY; ✳) En el interior de la ciudadela, junto a las puertas, esta casa de madera de tres pisos llena de recovecos tiene habitaciones limpias y sirve el desayuno en una alegre terraza que da a Küçük Liman. Está cerca de la zona de garitos de Amasra.

Şahil Otel
HOTEL €

(☎315 2211; Turgut Işık Caddesi 82; i/d 40/80 TRY; ✳) Frente al club marítimo de Büyük Liman, esta opción pequeña pero moderna cuenta con balcones con vistas al mar. Los buenos restaurantes y bares del paseo marítimo están a dos pasos.

Balkaya Pansion
PENSIÓN €

(☎315 1434; İskele Caddesi 35; i/d 35/70 TRY) La pensión decente más barata del lugar ofrece habitaciones básicas y de tamaño reducido en una bocacalle entre los dos puertos.

✗ Dónde comer

Amasra tiene restaurantes que venden alcohol en el puerto y que sirven *canlı balık* (pescado fresco) por raciones. Otra opción es comprar comida para llevar y elegir puerto.

Çesmi Cihan Restaurant
MARISCO €€

(Büyük Liman; platos principales 8-22 TRY; ⊙11.00-23.00) Con vistas al puerto, cerveza fría y tres plantas para los amantes del marisco, este es el lugar que eligen los lugare-ños para darse un lujo. El *levrek* (róbalo) y la *istavrit* (caballa) son habituales en el menú, y las excelentes ensaladas convencen incluso al más acérrimo carnívoro. Es caro, pero vale la pena.

Mustafa Amca'nın Yeri
MARISCO €€

(Küçük Liman Caddesi 8; platos principales 12-24 TRY; ⊙11.00-23.00) Este restaurante decorado con conchas marinas es muy popular entre los grupos turísticos y los locales. Conviene llegar pronto para elegir una mesa junto al mar y disfrutar de una cerveza al atardecer.

Hamam Cafe
TETERÍA €

(Tarihi Sağır Osmanlar Hamamı; platos principales 3-10 TRY) Los lectores recomiendan este lugar que ocupa un antiguo *hammam* por su ambiente relajado, ideal para tomar un té y retar a los parroquianos a una partida de *backgammon*. Los *gözlemes* son especialmente deliciosos.

Amasra Sofrası
'LOKANTA' €

(Mithat Ceylan Caddesi; platos principales 4-12 TRY) El mejor sitio de Amasra de cocina a la parrilla, sobre todo de pollo, cuenta con un bonito jardín y se sitúa en una plaza tranquila entre los dos puertos. Se aconseja pedir un kebab *paket servis* (para llevar) y elegir uno de los dos escenarios portuarios al aire libre.

Karadeniz Aile Pide Salonu
'PIDECI' €

(Mustafa Cengiz Caddesi 9; platos principales 7-10 TRY) Este establecimiento abierto a la calle y situado junto a Küçük Liman sirve magníficas *pides* (*pizza* turca). Sugerencia: la Amasra Special (7 TRY) con una gota de picante.

Lotti's
MARISCO €€

(Büyük Liman; platos principales 8-16 TRY; ⊙11.00-23.00) Es la más destacable de la hilera de marisquerías baratas que se alinean en las aceras de Büyük Liman. Las vistas al mar son limitadas, pero los precios son más bajos que en otros sitios más ostentosos de la localidad.

● Dónde beber

Ağlayan Ağaç Çay Bahçesi
TETERÍA

(Nöbethane Sokak; ⊙8.00-20.00) Atravesando la *kale*, se llega a este quiosco en lo alto de un acantilado, desde el que se ve volar a las gaviotas mar adentro. Hay carteles para encontrarlo. Conviene llevarse un libro, pues es el típico sitio en el que se pueden pasar unas horas tranquilamente.

Hayalperest Café & Bistro BAR-CAFÉ

(Küçük Liman Caddesi 3) Cerveza de barril bien tirada y una amplia selección de cócteles y bebidas alcohólicas hacen de este elegante local el mejor para disfrutar del atardecer de Amasra. La música en directo empieza casi todas las noches a las 21.00. Entre canciones y copas, conviene sacar tiempo para los sabrosos tentempiés y tapas (5-8 TRY).

Lutfiye CAFÉ

(Küçük Liman Caddesi 20a; ⊗11.00-18.00) Revestido de ladrillo, el Lutfiye, además de un relajado café con una impresionante selección de tés y cafés de todo el mundo, es una alternativa elegante al excesivamente *kitsch* mercado de Amasra. No hay que perderse su delicioso *lokum* recubierto de nueces.

Han Bar BAR

(Küçük Liman Caddesi 17) Del puñado de *pubs* de Amasra, este es el más popular. Está embutido entre las casas frente a la muralla, y suele haber *canlı musik* (música en directo) por la noche.

Han Kir Çay Bahçesi TETERÍA

(Küçük Liman; ⊗ 8.00-22.00) Un frondoso jardín de té en el que sumirse en la contemplación de una enorme variedad de plantas.

Na Bar BAR

(Büyük Liman 50b) Remetido entre los apartamentos de primera línea de playa del Büyük Liman, este agradable *pub* con decoración rústica es menos canalla que los demás bares de Amasra.

❶ Información

ACCESO A INTERNET Can Internet Café
(Atatürk Kültür Parkı; 1,50 TRY/h; ⊗9.00-22.00) Cerca de la estatua de Atatürk.

INFORMACIÓN TURÍSTICA Hay una oficina de turismo en un quiosco junto al Hamam Cafe que abre de junio a septiembre. A menudo el horario de apertura se limita al fin de semana.

❶ Cómo llegar y salir

Para ir hacia el este es mejor madrugar. Los *dolmuş* se van haciendo más escasos conforme avanza el día.

No hay empresas de autobuses interurbanos que viajen a Amasra. De cerca de la PTT salen

---

HISTORIA DEL MAR NEGRO

La estrecha y serpenteante franja costera del mar Negro fue, durante más de mil años, un auténtico polvorín por el que pasaron varias civilizaciones.

En el s. VIII a.C., los milesios y los arcadios colonizaron la costa y fundaron las ciudades de Sinop, Samsun y Trabzon, origen del posterior Reino del Ponto. El rey póntico Mitrídates VI Eupátor luchó contra los romanos del 88 al 84 a.C., y conquistó Capadocia y otros reinos anatolios, aunque al final tuvo que aceptar un acuerdo de paz que reconocía las fronteras anteriores a la contienda.

Entre el 74 y el 64 a.C. volvió a las andadas, esta vez animando a su yerno Tigranes I de Armenia a arrebatar Capadocia a los romanos, que respondieron conquistando el Ponto, lo que provocó la huida de Mitrídates y su posterior suicidio. Los romanos dejaron un pequeño Reino póntico en Trebisonda (Trabzon).

La costa fue posteriormente gobernada por Bizancio, y Alejo Comneno, hijo de Manuel I, se autoproclamó emperador del Ponto cuando los cruzados saquearon Constantinopla en 1204 d.C. Sus descendientes conservaron el control de la zona hasta 1461, año en que cayó bajo dominio de los otomanos con Mehmet el Conquistador.

Mientras que en Trebisonda reinaba Alejo, en Samsun gobernaban los selyúcidas y los genoveses gozaban de privilegios comerciales pero, cuando llegaron los otomanos, los genoveses redujeron Samsun a cenizas y huyeron en sus barcos.

Tras la Primera Guerra Mundial, los griegos otomanos de la región intentaron crear un nuevo Estado póntico con el apoyo de los aliados, que habían desarmado a los turcos. Estos fueron perseguidos por bandas de guerrilleros de etnia griega a los que les habían permitido conservar sus municiones. En tales circunstancias, los turcos respondieron rápidamente a la llamada a la revolución. Mustafa Kemal (Atatürk) se escapó del control del sultán en Estambul y desembarcó en Samsun el 19 de mayo de 1919. Poco después se trasladó a Amasya para organizar la batalla por la independencia de Turquía.

cada 40 minutos microbuses que van a Bartın (3 TRY, 30 min), donde se puede cambiar hacia Safranbolu (14 TRY, 2 h), Ankara (32 TRY, 5 h) y Estambul (45 TRY, 7 h).

De Amasra a Sinop

Serpenteando por los escarpados montes que bordean el mar Negro, la carretera de Amasra a Sinop (312 km en dirección este) es muy pintoresca. Hay que contar con poquísimo tráfico y vistas asombrosas a cada curva, carreteras estrechas, conducción lenta y el asfalto roto aquí y allá por algún corrimiento de tierra *(heyelan)*, velocidad media de 40-50 km/h y siete u ocho horas hasta llegar a Sinop. Si se usa el transporte público, hay que recurrir a los servicios locales entre poblaciones. Más vale madrugar y, con un poco de suerte, atrapar alguno de los servicios diarios de autobús desde Estambul.

Algunos pueblos tienen zonas de acampada y, yendo en vehículo propio, se puede parar donde el paisaje resulte más atractivo. Al ir de oeste a este es posible darse un baño en la **playa de Bozköy,** al oeste de **Çakraz,** o visitar a los constructores de botes de **Kurucaşile,** 45 km al este de Amasra. Ambas ciudades tienen pensiones y hoteles modestos.

También está el precioso pueblo de **Kapısuyu,** con sus dos playas, o el diminuto puerto de **Gideros,** una cala idílica. Allí hay un par de restaurantes en los que darse un banquete de marisco y admirar la puesta de sol.

Unos 63 km al este de Amasra, la carretera desciende hasta una playa de arena y piedras que se extiende durante muchos kilómetros hasta un pueblo oportunamente llamado **Kumluca** (arenoso). La playa sigue 8 km hacia el este hasta **Cide,** una pequeña ciudad en la que acaban su ruta numerosos *dolmuş.* Las pensiones se amontonan cerca del paseo marítimo, en el extremo oriental del pueblo, a unos 2 km de la *otogar* (estación de autobuses) y la más recomendable es la **Sahil Pansiyon**.

Saliendo de Cide hay un mirador junto al mástil de la bandera que domina la ciudad. Siguiendo 12 km se llega a **Kuscu Köyü,** un pequeño pueblo con acceso al **cañón de Aydos,** una abrupta garganta fluvial.

Doğanyurt, 31 km antes de İnebolu, es otra agradable ciudad portuaria, mientras que siguiendo al este desde İnebolu aparece **Abana,** con una playa bastante digna.

İnebolu está muy a mano para hacer una parada de camino a Sinop, sobre todo porque al final de la tarde suele ser difícil encontrar transporte para continuar viaje. El **Yakamoz Tatil Köyü** (☎0366-811 3100; inebolu@yakamoztatilkoyu.com; İsmetpaşa Caddesi;

Sinop

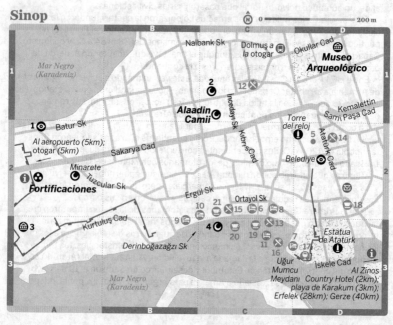

bungalós i/d 60/90 TRY, i/d/tr 60/90/110 TRY;
❄ 🐾) es un *resort* de playa 800 m al oeste
del centro con restaurante (platos principales 8-16 TRY), bar y cafetería. En el centro
de la ciudad hay casas otomanas y una mansión restaurada que alojó a Atatürk en 1925.

Unos 41 km al este de İnebolu, cerca de
Çatalzeytin, se extiende una larga playa de guijarros entre bellos paisajes. En
Ayancık la carretera se divide; el ramal de
la izquierda (norte) constituye la ruta más
pintoresca para llegar a Sinop, que queda a
dos horas y media de İnebolu.

Sinop

📞 0368 / 120 000 HAB.

La única ciudad del mar Negro que mira al
sur se encuentra en una lengua de tierra que

Sinop

se adentra en el mar. Quizá por su orientación meridional tenga más aspecto del
Akdeniz (Mediterráneo) que del Karadeniz
(mar Negro). Colonizada desde Mileto en el
s. VIII a.C., la actividad comercial de Sinop
fue prosperando y los sucesivos gobernantes –incluidos los reyes del Ponto (que establecieron allí su capital), romanos y bizantinos– la convirtieron en un activo centro
mercantil. Los selyúcidas la utilizaron como
puerto después de tomarla en 1214, pero los
otomanos prefirieron Samsun, que ofrecía
mejores comunicaciones por tierra.

El 30 de noviembre de 1853, Sinop fue
atacada sin previo aviso por una flota rusa,
y la guarnición que defendía la plaza sufrió
gran número de bajas. La batalla aceleró
el comienzo de la Guerra de Crimea, en la
que los otomanos se aliaron con franceses
y británicos para frenar las ambiciones de
los rusos en Oriente Próximo.

Con más de mil años de historia como
puerto comercial, Sinop aún conserva un
animado aire cosmopolita. Su pasado también se refleja en las muchas tiendas que
venden maquetas de barcos en la ciudad.

En el 2006, esta región fue elegida sede
de una de las primeras centrales nucleares de Turquía. La resistencia en la ya de
por sí reticente Turquía era fuerte y orga-
nizada (véase www.sinopbizim.org), pero
en mayo del 2010, el Gobierno turco anunció que había suscrito un acuerdo con una
empresa surcoreana para profundizar en la
viabilidad del proyecto.

🔍 Puntos de interés y actividades

Fortificaciones   FORTALEZA
Expuesta a los ataques marítimos, la ciu-
dad estuvo fortificada incluso desde el 2000
a.C., pero las murallas que quedan en pie
son ampliación de las erigidas por Mitrídates VI, rey del Ponto, en el 72 a.C.; estos
muros defensivos de 3 m de grosor llegaron
a superar los 2 km de longitud, tenían siete puertas y unas torres de 25 m de altura.
Caminando sobre ellos se puede ver el mar.

En el lado norte hay un antiguo bastión
llamado **Kumkapı** (puerta de Arena). En
el lado sur está la **Tarihi Cezaevi** (cárcel vieja; entrada 3 TRY; ⊙ 9.00-18.00), una antigua
prisión gigantesca que cobija una pequeña
selección de tiendas de artesanía.

Museo Arqueológico   MUSEO
(Okullar Caddesi; entrada 3 TRY; ⊙8.00-17.00
ma-do) El mejor museo de Sinop alberga

una excelente colección de conmovedoras estelas romanas, iconos bizantinos y tumbas otomanas en su fresco y sombreado jardín.

Alaadin Camii

MEZQUITA

También llamada Ulu Cami, esta mezquita (1267) se erige en un patio tapiado en Sakarya Caddesi. Fue construida por Muinettin Süleyman Pervane, un poderoso gran visir selyúcida. Ha sido objeto de varias reformas; el mihrab de mármol y el *mimber* (púlpito) son añadidos del emir local Candaroğlu. En el 2010 se completó una concienzuda restauración, y su austero interior y su espacioso patio son dos refugios imprescindibles para huir del enérgico ajetreo de Sinop.

Pervane Medresesi

MEZQUITA

Construida por Süleyman Pervane en 1262 para conmemorar la segunda conquista de Sinop, la madraza Pervane está ahora llena de tiendas que venden artesanía local, incluida excelente ropa de cama. Conviene dirigirse a la caseta con el letrero "Tourist Information" y pedir un buen mapa de Sinop e información al personal, que chapurrea inglés.

Tersane Hacı Ömer Camii

MONUMENTO

Medio escondida cerca del puerto, la conmovedora Şehitler Çeşmesi (fuente de los Mártires) fue levantada en 1903 en memoria de los soldados turcos que murieron en el inesperado ataque ruso de 1853. La construcción se financió con el dinero que hallaron en los bolsillos de los soldados.

☞ Circuitos

Sinope Tours

CIRCUITOS LOCALES

(☎261 7900; www.sinopetours.com; Atatürk Caddesi 26) Organiza circuitos diarios por la ciudad y sus inmediaciones.

🛏 Dónde dormir

Zinos Country Hotel

HOTEL-BOUTIQUE €€

(☎260 5600; www.zinoshotel.net; Enver Bahadır Yolu 75; i/d 90/150 TRY; ❄@) Se encuentra a unos 2 km del centro, en la carretera hacia la playa de Karakum, pero no está en el campo. A pesar de la confusión geográfica, vale la pena darse un capricho y alojarse en sus románticas habitaciones de estilo otomano con vistas al mar y suelos de madera con alfombras. Al otro lado de la carretera, en lo alto de la colina, hay un bar, y un sendero conduce a una zona de baño privada.

Otel Mola

HOTEL €€

(☎261 1814; www.sinopmolaotel.com.tr; Derinboğazağzı Sokak 34; i/d/tr 50/80/100 TRY; ❄@) Un precioso jardín y las vistas al mar ayudan a este alojamiento próximo al puerto a sacar notas altas. Las habitaciones son muy confortables y el desayuno, que incluye deliciosas *menemen* (una especie de tortillas), supremo.

Denizci Otel

HOTEL €€

(☎260 5934; www.denizciotel.com; Kurtuluş Caddesi 13; i/d/tr 60/80/110 TRY; ❄@) Es el hotel más ostentoso de la ciudad, con un restaurante de temática marina, habitaciones espaciosas y decoración de época. Su amable personal se esfuerza por atender en inglés.

Otel 57

HOTEL €

(☎261 5462; www.otel57.com; Kurtuluş Caddesi 29; i/d 40/60 TRY; ❄@) Flamantes sillones de cuero en la recepción dan paso a habitaciones cómodas con alegres edredones y suelos de madera. Conviene reservar con antelación, pues es muy popular entre los viajeros de negocios.

Otel Sarı Kadır

HOTEL €

(☎260 1544; Derinboğazağzı Sokak 22; i/d 40/60 TRY; ❄) Este establecimiento en la marina es una buena opción en cuanto a calidad-precio. Habitaciones sencillas pero amplias con TV, sofá y nevera. Se divisa el mar desde los balcones y tiene un jardín de té enfrente.

Yılmaz Aile Pansiyonu

PENSIÓN €

(☎261 5752; Tersane Çarşısı 11; i/d/tr 30/40/60 TRY) De indiscutible calidad para su precio, ofrece habitaciones sencillas pero cuidadas con TV y ducha con caldera individual. La 47 es especialmente recomendable por sus vistas al mar.

Mavi Ev

PENSIÓN €

(☎260 3500; İskele Caddesi; i/d/tr 25/40/60 TRY; ❄) Habitaciones sencillas a dos pasos del puerto y con una buena relación calidad-precio, lo que implica que se tiene más dinero para gastar en el reluciente restaurante del piso de abajo. Se aconseja probar los deliciosos y cremosos *mantıs* (raviolis turcos).

🍴 Dónde comer

La marina de Sinop está ribeteada de restaurantes al aire libre que sirven alcohol.

Saray Restaurant

MARISCO €€

(İskele Caddesi 18; platos principales de pescado 10-18 TRY; ⏱11.00-23.00) Sus estupendas ensaladas y el *rakı* (anisete) lo convierten en un punto de referencia para los aficionados al marisco recién traídos de la lonja. Lo mejor: conseguir sitio en la plataforma flotante y disfrutar de los maravillosos *mezes*.

Gaziantep Sofrası
'LOKANTA' €

(Atatürk Caddesi; platos principales 5-10 TRY) Las familias y las parejitas atestan el comedor de la planta de arriba para degustar sus enormes kebabs de berenjena y sus excelentes *lahmacun (pizzas)*. Es un sitio acogedor perfecto para mujeres que viajen solas.

Sahil Ocakbaşı
'OCAKBAŞI' €

(Ortayol Sokak; platos principales 3-6 TRY) Un local diminuto de platos a la parrilla para elegir empotrado entre puestos de pescado y marisco en una calle muy concurrida. Sirven *köftes* (albóndigas), *tavuk* (pollo) y berenjenas y pimientos frescos. Puede que las mujeres que viajen solas no se sientan muy cómodas entre tanto hombre.

Dolunay Pastanesi
PASTELERÍA €

(Kurtuluş Caddesi 14; postres desde 2 TRY) Esta moderna apuesta por lo dulce sirve helados y *baklava*; la compañía perfecta en un paseo por el cercano puerto.

Diyarbakır
'KEPABÇI' €

(Nalbank Sokak 1; platos principales 4-6 TRY) Puede que parezca un poco improvisado, pero es muy popular por sus excelentes versiones de los kebabs de Adana a Bursa. La opción *paket servis* es ideal para un viaje en autobús.

Mangal
'OCAKBAŞI' €

(Kurtuluş Caddesi 15; platos a la parrilla 3-7 TRY) Este acogedor y resplandeciente asador sirve deliciosos *gözlemes* y platos de carne y verdura a la parrilla. Los *mantıs* también están muy buenos.

🍷 Dónde beber

Zeyden Mutfak
CAFÉ

(Derinboğazağzı Sokak 9; café 3-5 TRY; ☺7.00-24.00; 🛜) Cafetería chic y minimalista con una gran variedad de tés y cafés, además de *muffins* y galletas.

Yalı Kahvesi
SALÓN DE TÉ

(Derinboğazağzı Sokak 14; ☺ 8.00-22.00) Popular jardín de té con mesas junto al puerto y sombrillas.

Konak Şira Evi
CAFÉ

(Atatürk Caddesi, esq. Konak Sokak; ☺12.00-22.00) Con un bosque tropical repleto de delicias recién exprimidas, la "Casa de los Zumos Konak" hace honor a su nombre. Hay un cibercafé justo al lado.

Burç Café
BAR

(Sinop Kalesi, Tersane Caddesi) En la torre fortificada, este local con mucho ambiente atrae a multitud de jóvenes con música en directo, vistas al mar y cerveza fría. Conviene llevar ropa de abrigo, pues puede hacer fresco.

Liman
TETERÍA

(İskele Caddesi 20; ☺12.00-22.00) A este bar junto al puerto hay que ir bien preparado para una partida de *backgammon*. Los novatos quizás deberían conformarse con una cerveza al atardecer.

Pub
'PUB'

(İskele Caddesi 19; ☺12.00-22.00) ¿Qué tal una cañita fresca al aire libre junto a alegres barcas de pesca?

ℹ Información

ACCESO A INTERNET Hay conexión Wi-Fi en el café Zeyden Mutfak o en **Konak Internet** (Atatürk Caddesi, esq. Konak Sokak; ☺12.00-22.00), contiguo al Konak Şira Evi.

INFORMACIÓN TURÍSTICA Oficina de turismo (☎261 5298; Gazi Caddesi; ☺8.30-17.00 med jun-med sep) Muy servicial y con personal que habla inglés. Hay otro quiosco en la entrada a la Tarihi Cezaevi.

ℹ Cómo llegar y salir

AVIÓN Turkish Airlines (www.turkishairlines.com) opera vuelos diarios desde el aeropuerto Atatürk de Estambul.

AUTOBÚS Para ir a Amasra hay que subirse en un microbús directo o cambiar en İnebolu o Cide. La *otogar* de Sinop está 5 km al noroeste de la localidad, en la carretera principal a Kastamonu.

ℹ Cómo desplazarse

Los *dolmuşes* (1,50 TRY) que van a la *otogar* de Sinop salen de una parada que está 100 m al oeste del Museo Arqueológico. Se puede tomar un taxi al aeropuerto (20 TRY), 5 km al oeste del centro.

Alrededores de Sinop

En las oficinas de turismo de Sinop o en Sinope Tours ofrecen información sobre circuitos por la zona. Las excursiones más comunes son a Erfelek, célebre por sus 28 cascadas, la histórica villa pesquera de Gerze y la zona de Ayancık. Para los visitantes

DESTINO	TARIFA (TRY)	DURACIÓN (H)	DISTANCIA (KM)	FRECUENCIA (DIARIA)
Ankara	40	8	443	3
İnebolu	20	3	156	1 a las 8.00
Estambul	50	11	700	5
Karabük (por Safranbolu)	35	5	340	5
Samsun	20	3	168	cada hora
Trabzon	50	10	533	1 a las 20.00

con energías, los pasatiempos más populares son los paseos a pie y los recorridos en canoa.

La **playa Karakum** (entrada 1 TRY), de arena negra y con restaurante y *camping*, está 3 km al este del puerto de Sinop.

Samsun

📞 0362 / 504 000 HAB.

La desparramada Samsun es el mayor puerto del mar Negro. Hay pocos viajeros que paren para otra cosa que no sea cambiar de autobús. Incluso los emprendedores genoveses se detuvieron lo justo para quemarla hasta los cimientos en el s. xv. Con alojamientos y sitios para comer muy a mano, en el centro, supone una parada oportuna camino del este o del oeste. Además, en Samsun empieza la autopista de la costa del mar Negro, de entre cuatro y seis carriles. El centro de la ciudad es Cumhuriyet Meydanı (plaza de la República), al oeste del parque Atatürk, que se extiende a lo largo de la avenida marítima. El *valiliği* (sede del Gobierno provincial) está un poco más al norte. Cumhuriyet Caddesi bordea el lado sur del parque.

⊙ Puntos de interés

Museo de Arqueología y Etnografía

MUSEO

(Arkeoloji ve Etnoğrafya Müzesi; Fuar Caddesi; entrada 3 TRY; ⊙8.30-12.00 y 13.00-19.00 ma-do) Si sobra una hora, vale la pena visitar este museo situado al oeste del grande y rosado edificio Samsun Valiliği. Lo más llamativo es un enorme mosaico romano-bizantino que representa a Tetis, Aquiles y las cuatro estaciones, hallado cerca de Karasamsun (Amissos). Su colección también incluye elegantes joyas de oro que se cree que datan de época del legendario Mitríades VI Eupátor (c. 130-120 a.C.), además de una sobrecogedora muestra sobre cirugía del cráneo antigua.

Museo Atatürk

MUSEO

(Atatürk Müzesi; Fuar Caddesi; entrada 3 TRY; ⊙8.30-13.00 y 14.00-17.00) Contiguo al Museo de Arqueología y Etnografía, conmemora el inicio de la Guerra de Independencia en Samsun, el 19 de mayo de 1919.

🛏 Dónde dormir y comer

La zona del bazar de ropa (Bedesten), cerca del Hotel Necmi, es la mejor para encontrar alojamiento económico.

Hotel Necmi

HOTEL €

(📞432 7164; Bedestan Sokak 6; i/d/tr sin baño 45/50/70 TRY) Abajo hay un salón-recibidor lleno de macetas y las habitaciones de arriba son escuetas, con baños compartidos.

Samsun Park Otel

HOTEL €

(📞435 0095; www.samsunparkotel.com; Cumhuriyet Caddesi 38; i/d/tr 60/70/100 TRY; ✳@) Un ascensor decorado con jeroglíficos da acceso a habitaciones pequeñas pero confortables. Está 200 m al este de Cumhuriyet Meydanı y se pueden negociar los precios.

Vidinli Oteli

HOTEL €€

(📞431 6050; Kazımpaşa Caddesi 4; i/d 75/150 TRY; ✳@) Se pasan un poco con lo de ser un hotel para viajantes. Las habitaciones son cómodas tirando a insípidas, pero tiene cuartos de baño alicatados y un cordial bar-restaurante con cargo a la cuenta.

Gaziantep Kebap Salonu

'PIDECI' €

(Osmaniye Caddesi 7; platos principales 4-8 TRY) Delicioso *lahmacun* con chile y *ayran* (bebida de yogur) recién hecho.

Hay que caminar 100 m hacia el este de Cumhuriyet Meydanı y, en Cumhuriyet Caddesi, girar a la derecha después del Hotel Amisos.

Samsun Balık Restaurant
MARISCO €€

(Kazımpaşa Caddesi 20; platos principales 10-16 TRY; ⊙11.00-22.00) El mejor local para comer pescado está en un peculiar edificio de ladrillo. En él hay un tanque lleno de bellezas esperando ser elegidas, y arriba, un comedor lleno de flores.

Gül Köfteci
'KÖFTECI' €

(Osmaniye Caddesi 8; platos principales 4-10 TRY) Justo enfrente del Gaziantep Kebap Salonu, haciendo esquina, el Gül ofrece un consistente *güveç* (guiso turco) y una amplia selección de kebabs.

ℹ Información

ACCESO A INTERNET Hay varios cibercafés apiñados en torno a Cumhuriyet Meydanı.

INFORMACIÓN TURÍSTICA Cuando se redactó esta guía, la oficina de turismo de Samsun estaba en proceso de cambio de dirección, y aún no estaba confirmada la nueva ubicación. En el Samsun Park Hotel pueden ofrecer información actualizada.

ℹ Cómo llegar y salir

AVIÓN Turkish Airlines (www.turkishairlines.com) opera hasta cinco vuelos diarios directos entre Estambul y el Havaalani Samsun (aeropuerto de Samsun). También hay vuelos directos a Ankara, Antalya e İzmir.

Onur Air (www.onurair.com) Vuelos directos a Estambul.

Pegasus Airlines (www.flypgs.com) Vuela a İzmir tres veces por semana.

AUTOBÚS La *otogar* de Samsun está a 3 km del centro, hacia el interior. La mayoría de las compañías de transporte importantes tienen oficina en Cumhuriyet Meydanı con Cumhuriyet Caddesi, y ofrecen *servis* (lanzaderas) desde Cumhuriyet Meydanı hasta la *otogar*. También hay *dolmuşes* (2 TRY) frecuentes de la *otogar* a Cumhuriyet Meydanı, y consigna en la *otogar*.

AUTOMÓVIL Y MOTOCICLETA Las agencias de alquiler de vehículos se concentran en torno a Lise Caddesi, como **Avis** (☑231 6750; Ümraniye Sokak 2) y **Eleni** (☑230 0091; Ümraniye Sokak 6). Desde el parque Atatürk hay que ir 700 m al sureste por Cumhuriyet Caddesi hasta Lise Caddesi. Pasados 150 m se gira a la derecha para llegar a Ümraniye Sokak.

TREN Hay dos trenes diarios que conectan la **estación** de Samsun (☑233 5002) con Sivas (19,50 TRY, 8½ h) y a las 8.20 y a las 17.04, y con Amasya (7,50 TRY, 3 h), a las 18.00 y a las 21.08. La estación está 500 m al sureste de Cumhuriyet Meydanı, en la principal avenida de la costa.

ℹ Cómo desplazarse

Hay *dolmuşes* (1,50 TRY) frecuentes entre la *otogar* y Cumhuriyet Meydanı. **Havas** (www.havas.net) cuenta con un servicio regular de enlace del aeropuerto al centro de Samsun.

Ünye

☑0452 / 72 800 HAB.

Es un vibrante lugar a 95 km de Samsun al que acuden muchos veraneantes turcos, aunque también tiene una larga historia de asentamientos humanos. Hay pruebas de civilización durante el Paleolítico y fue un importante puerto en la intersección entre la Ruta de la Seda y la carretera de la costa durante el período otomano. Entre sus antiguos habitantes se encuentran el

SERVICIOS DESDE LA 'OTOGAR' DE SAMSUN

DESTINO	TARIFA (TRY)	DURACIÓN (H)	DISTANCIA (KM)	FRECUENCIA (DIARIA)
Amasya	10	2½	130	muy frecuente
Ankara	49	7	420	muy frecuente
Artvin	40	8	577	4
Giresun	20	3½	220	5
Estambul	79	11	750	varios
Kayseri	45	9	530	unos pocos
Sinop	20	3	168	varios
Trabzon	30	6	355	varios
Ünye	8	1½	95	cada 30 min

poeta místico turco del s. XIV Yunus Emre y san Nicolás, a quien la leyenda acabó convirtiendo en Santa Claus. Actualmente es una moderna ciudad con un paseo marítimo y un intrincado laberinto de calles y callejuelas bien conservadas.

⊙ Puntos de interés y actividades

Unos 7 km tierra adentro desde la ciudad se alzan las ruinas del **castillo de Ünye,** una fortaleza erigida por los pónticos y reconstruida por los bizantinos; llama la atención una antigua tumba excavada en la roca. Para llegar, hay que subir a cualquier microbús que se dirija a Kaleköy o Akkuş (1 TRY) por la carretera de Niksar y pedirle al conductor que pare en la carretera del castillo. Luego hay una hora y media de marcha hasta la cima.

Otra excursión es la que conduce a la **Tozkoparan Kay Mezarı** (tumba rupestre de Tozkoparan), junto a la carretera de Trabzon, a 5 km del centro. Cualquier microbús que vaya hacia el este puede dejar al pasajero junto a la fábrica de cemento en la desviación a la cueva.

De vuelta en la ciudad, al este de la plaza está el **Ali-Namık Soysal Eski Hamam,** que antaño fue una iglesia y ahora abre al público masculino pronto por la mañana hasta el mediodía, y todo el día los domingos. Para las mujeres abre de 12.00 a 16.00 de lunes a sábado.

⊨ Dónde dormir

Al igual que los alojamientos que figuran a continuación, los *campings,* además de un puñado de pensiones, se extienden a lo largo de la carretera a Samsun, al oeste de la localidad.

Sebile Hanim Konaği HOTEL-BOUTIQUE **€€**
(☑323 7474; www.sebilehanimkonagi.com; Çamurlu Mahallesi Paşabahçe Arif, Çubukçu Sokak; i/d 70/120 TRY; ✱) El estilo hotel-*boutique* llega a Ünye de la mano de este edificio magnífico restaurado con una romántica ubicación en lo alto de una colina en el antiguo barrio armenio. Todas las habitaciones, acogedoras y revestidas de madera, están equipadas con un *hammam* privado, y el popular restaurante del piso bajo (platos principales 10-16 TRY), al que también puede entrar quien no sea huésped, está especializado en cocina del mar Negro. Conviene reservar con antelación, tanto para el hotel como para el restauran-

te. Para llegar, seguir las indicaciones que hay al final de las escaleras en el lado oeste de las murallas de la ciudad.

Otel Çınar HOTEL **€**
(☑323 1148; Hükümet Caddesi 18; i/d 25/40 TRY) En esta opción económica y céntrica los baños son compartidos y no se sirve el desayuno. Para llegar, girar a la izquierda en la plaza principal y continuar hacia el interior hasta pasar una manzana.

Otel Lider HOTEL **€**
(☑324 9250; Hükümet Caddesi 36; i/d 25/45 TRY) Céntrico y con terraza en la azotea. No dan desayunos pero hay un buen sitio de kebabs al lado y enseguida preparan un *kahvalti* (desayuno).

Cafe Gülen Plaj Camping 'CAMPING' **€**
(☑324 7368; Devlet Sahil Yolu; parcelas de *camping* para 2 personas 25 TRY, bungalós 60 TRY) Con una excelente ubicación y bonitos bungalós de madera.

✖ Dónde comer y beber

Çakırtepe 'LOKANTA' **€**
(Çakırtepe; platos principales 5-10 TRY; ⊙11.00-22.00) En lo alto de una colina al oeste del centro, esta cafetería y merendero es uno de los sitios preferidos por los lugareños para disfrutar de un largo almuerzo festivo. Sirven excelentes *pides* y *güveç.* Hay microbuses que salen del lado suroeste de Cumhuriyet Meydanı y pasan cerca del restaurante.

Iskele RESTAURANTE **€€**
(Devlet Sahil Yolu 32; comidas 10-16 TRY) Es la respuesta más habitual a la pregunta "¿cuál es el mejor restaurante de Ünye?". Disfruta de una ubicación junto al agua y de una buena reputación en toda la región por su marisco y carnes a la parrilla. Se aconseja olvidar diversiones innecesarias basadas en sabores italianos y mejicanos y quedarse con lo local, con el salmonete o el róbalo. El elegante comedor expone interesantes instantáneas en blanco y negro del pasado de Ünye.

Trip Café CAFÉ **€**
(Cumhuriyet Meydanı 25; tentempiés 3-6 TRY) Este moderno café de temática retro que da al extremo oriental de Cumhuriyet Meydanı está siempre lleno de jóvenes que fuman narguile y disfrutan de las mejores vistas de la ciudad. No venden bebidas alcohólicas; en su lugar, sus crujientes ensaladas y sabrosas tortas de pan son la diversión fundamental.

Café Vanilya CAFÉ €

(Cumhuriyet Meydanı 3; tentempiés 2-5 TRY; ☺24 h; ☎) Es un café con terraza en una mansión restaurada en el extremo suroeste de la plaza principal al que van los jovencitos más prometedores; elegante pero sin pretensiones, con *backgammon* y pop turco.

Yunus Emre Çay Bahçesi SALÓN DE TÉ €

(Yunus Emre Parkı; platos principales 4-8 TRY) Muy frecuentado y situado junto al muelle, sirve sustanciosos guisos y *pides*, así como las bebidas habituales.

❶ Cómo llegar y salir

Las compañías de autobuses tienen oficinas en la avenida de la costa. Hay microbuses y autobuses de tamaño medio a Samsun (10 TRY, 1½ h) y Ordu (10 TRY, 1¾ h).

Ordu

☑0452 / 124000 HAB.

Está 60 km al este de Ünye y tiene un casco urbano bien cuidado en torno a un paseo marítimo con palmeras. La ciudad se extiende en ambas direcciones, pero las callejas sinuosas le dan al centro el aire de un pueblo.

◉ Puntos de interés

Palacio del Pachá y Museo Etnográfico MUSEO

(paşaoğlu Konağı ve Etnoğrafya Müzesi; Taşocak Caddesi; entrada 3 TRY; ☺9.00-12.00 y 13.30-17.00 ma-do) Este interesante museo ocupa una casa de finales del s. XIX a 500 m cuesta arriba de Cumhuriyet Meydanı. Hay carteles de "Müze-Museum" que llevan hasta él, pasando por un bazar de artesanía. Las habitaciones recreadas del 1er piso demuestran que los otomanos de clase alta disfrutaban de una vida sofisticada y cosmopolita. También hay una silla en la que supuestamente Atatürk se sentó en 1924. Quizá también disfrutara del *pide* del horno de leña en la serenidad del jardín.

Centro cultural Taşbaşı EDIFICIO HISTÓRICO

Esta antigua iglesia griega (1853) ofrece magníficas vistas a la costa desde su ubicación en lo alto de un risco, unos 800 m al oeste de la plaza principal. De esta última sale un *dolmuş* (4 TRY, 6,5 km) en dirección oeste que lleva a la **zona de recreo de Boztepe**, con unas panorámicas aún mejores y buenos restaurantes.

🛏 Dónde dormir y comer

En el campo del alojamiento y la restauración, hay unos cuantos locales que valen la pena.

Taşbaşı Butik Otel HOTEL-'BOUTIQUE' €€

(☑225 3530; www.tasbasibutikotel.com; Kazım Evi Sokak 1; i/d 65/110 TRY; ☀) La decoración a veces ralla lo ordinario, pero las vistas del mar Negro son fabulosas. Además, ocupa una mansión recién restaurada situada en lo alto de Taşbaşı, el antiguo barrio griego de Ordu. En recepción son expertos en tramitar reservas de paseos en barco por la costa y excursiones un poco más duras a los *yayla* (valles) del interior.

Karlıbel Atlıhan Hotel HOTEL €€

(☑225 0565; www.karlibelhotel.com.tr; Kazım Karabekir Caddesi 7; i/d/tr 70/95/120 TRY; ☀) Establecimiento eficiente con amplias habitaciones y gran afición por el arte ecuestre. Está a una manzana del puerto, detrás del *belediye* (ayuntamiento). La misma empresa lleva dos hoteles-*boutique* cercanos, el Atherina en la marina y el İkizevler en la cima de una colina.

Otel Kervansaray HOTEL €

(☑212 2815; Şarkiye Mahallesi; i/d/tr 35/60/80 TRY; platos principales 4-8 TRY; ☀) Medio escondido detrás de la oficina de turismo de Ordu, el equipo del Kervansaray ofrece la combinación básica para el viajero: habitaciones limpias y confortables y un restaurante permanentemente lleno y de calidad en el piso de abajo. El almuerzo, con un menú diferente cada día, está especialmente recomendado. La barra de ensaladas (5 TRY) es perfecta para comer buena verdura a buen precio.

Mıdı Restaurant MARISCO €€

(İskele Üstü 55; platos principales 8-15 TRY; ☺11.00-23.00) La mejor comida y el mejor ambiente marítimo en un restaurante flotante y con clase que sirve opíparas comidas. Sirve cerveza y vino, está decorado con fotografías de la antigua Ordu y la especialidad de la casa es el marisco capturado en la zona.

Jazz Café CAFÉ €

(Sımpasa Caddesi 28; tentempiés 3-6 TRY) Un lugar elegante y cosmopolita situado en la zona comercial peatonal que sirve exquisiteces dulces como chocolate a la taza y gofres. Quienes prefieran los sabores salados no deberían perderse el excelente *sigara böreği* (tentempiés de queso feta y pasta).

LA VIEJA CARRETERA DE LA COSTA

Unos 25 km al este de Ünye, justo después de Bolaman, la autopista de la costa del mar Negro vira hacia el interior y no vuelve a tocar el litoral hasta poco antes de Ordu. Se trata de un tramo espectacular que atraviesa el túnel más largo de Turquía, de 3,28 km, pero el desvío tierra adentro ha propiciado la creación de una pintoresca ruta alternativa por la vieja carretera de la costa.

Al este de Bolaman, tras unos pocos kilómetros por una serpenteante carretera, se halla el escarpado **cabo Yason,** donde una diminuta capilla señala el lugar en el que los marineros solían rezar en un templo dedicado a Jasón y los Argonautas. Más al este se encuentra la sorprendente **playa de Çaka,** una franja de arena blanca de 400 m considerada como la mejor del mar Negro. Hay un restaurante-asador y una cervecería al aire libre que ayudan a disfrutarla.

Más allá, 15 km al oeste de Ordu, el pueblo pesquero de **Perşembe** se despliega entre dos faros. Las habitaciones de **Dede Evi** (✆0452-517 3802; Atatürk Bulvarı; i/d 40/80 TRY; ✳ @), de dos estrellas, tienen suelos de parqué y vistas al mar. Por las noches, los vecinos pescan en el espigón y los restaurantes de pescado preparan la captura del día.

Este desvío tan sinuoso se disfruta mejor con vehículo propio, pero hay un tráfico relativamente frecuente de *dolmuş* a Perşembe desde Fatsa y Ordu.

Ayışığı RESTAURANTE-CAFÉ €

(Atatürk Bulvarı; platos principales 5-10 TRY; ⊙desde 11.00) El "Luz de Luna", que ocupa una construcción de hormigón encalada junto a la playa, combina con éxito un café-terraza, un restaurante y una *meyhane* (taberna). Al lado hay una agradable tetería decorada en estilo Mondrian.

ℹ Información

ACCESO A INTERNET Dream Net (Fidangör Sokak 1; 1,25 TRY/h; ⊙10.00-24.00) Girar a la derecha 200 m al este del Jazz Café.

INFORMACIÓN TURÍSTICA Oficina de turismo (✆223 1444; www.ordu.gov.tr; Şarkiye Mahallesi 1; ⊙8.00-18.00 a diario may-sep y 8.00-17.00 lu-vi oct-abr) En esta oficina situada en el edificio del gobierno provincial hay mucha información y hablan un inglés excelente. Suelen recomendar viajar al interior para visitar los *yayla* del mar Negro.

ℹ Cómo llegar y desplazarse

La *otogar* de Ordu está 5 km al este de la carretera de la costa. Hay autobuses regulares a Giresun (5 TRY, 1 h) y Ünye (10 TRY, 1¾ h). También se puede parar a los que van por la carretera de la costa.

Los *dolmuş* locales suelen atravesar el centro urbano. La línea 2 sube desde el centro hasta después del centro cultural Tasbaşı en un sentido, y hasta cerca de la *otogar* en el otro.

Giresun

✆0454 / 84 000 HAB.

La ciudad de Giresun, 46 km al este de Ordu, fue fundada hace tres mil años. Se cree que en ella los romanos descubrieron los cerezos y de ahí los exportaron al resto del Imperio.

Actualmente, el motor de su economía es la avellana *(fındık)*, de la que Giresun posee las mejores plantaciones de Turquía. En el parque de la colina, próxima al centro, las vistas son fantásticas y se puede uno poner morado.

El centro es el Atapark, en el paseo marítimo. El ayuntamiento está nada más entrar al casco urbano desde el parque. La principal calle comercial es Gazi Caddesi, según se sube la colina desde el ayuntamiento.

◉ Puntos de interés y actividades

Museo de la Ciudad MUSEO

(Şehir Müzesi; Atatürk Bulvarı 62; entrada 2 TRY; ⊙8.00-17.00) Este museo ocupa la iglesia de Gogora, del s. XVIII, situada 1,5 km al este del Atapark, rodeando el promontorio por la carretera de la costa. El edificio, muy bien conservado, reviste más interés que las habituales exposiciones arqueológicas y etnográficas. Para llegar, hay que tomar cualquier *dolmuş* "Hastanesi" (1,25 TRY) en dirección este y pedir al conductor que pare en *"muze"*.

Kalepark PARQUE

Encaramado en la empinada ladera de la colina que domina la ciudad, este umbroso parque con los restos de un castillo ofrece vistas panorámicas, terrazas al aire libre y barbacoas. Los fines de semana se llena.

No hay transporte público hasta aquí, así que hay que caminar (unos 2 km) colina arriba desde el Atapark, en Gazi Caddesi, y girar a la izquierda por Bekirpaşa Caddesi. Es una buena manera de quemar calorías tras el atracón de cerezas y avellanas. También se puede ir en taxi por unas 4 TRY.

Mesetas alpinas MESETAS ALPINAS

Si se dispone de tiempo, esta meseta situada unos 40 km hacia el interior ofrece buenas oportunidades para caminar y practicar deportes invernales.

✨ Fiestas y celebraciones

El **Festival Internacional Giresun Aksu**, que empieza cada 20 de mayo y dura cuatro días, celebra la fecundidad y la nueva estación de cultivo con conciertos, bailes tradicionales y otros espectáculos al aire libre. Las excursiones en barca a la diminuta isla Giresun son un *hit*.

🛏 Dónde dormir y comer

Er-Tur Oteli HOTEL €

(☎216 1026; otelertur@mynet.com; Çapulacılar Sokak 8; i/d 30/50 TRY; ❄) Las banderas internacionales de este acogedor hotel en una bocacalle al este del Atapark son un poco pretenciosas, pero sus dos estrellas son totalmente justas. La colorida ropa de cama y el personal joven de la recepción, que habla inglés, lo convierten en el sitio idóneo para hacer una parada en el camino a Trabzon y más allá.

Otel Çarıkçı HOTEL €€

(☎216 1026; Osmanağa Caddesi 6; i/d 65/100 TRY; ❄) La relación calidad-precio de este hotel de suelos de contrachapado y baños alicatados es más que excelente. Está bajando por la primera calle según se sale de Gazi Caddesi por el este. Hay un cartel con una babucha.

Otel Başar HOTEL €€

(☎212 9920; www.hotelbasar.com.tr; Atatürk Bulvarı; i/d/tr 80/130/150 TRY; ❄) Tras la fachada de este poco atractivo edificio de ocho plantas que domina el paseo marítimo se encuentra un hotel gratamente confortable con personal que habla inglés, un coqueto bar en mampostería de ladrillo y un restaurante en la azotea.

Orta Kahve CAFÉ €

(Topal Sokak 1; tentempiés 4-10 TRY; ⏱8.00-20.00) Se agradece encontrar este acogedor local para el público más joven y cosmopolita de Giresun que nada tiene que ver con los establecimientos fluorescentes de *pide* y *lokanta* (restaurante que sirve comida preparada) que hay a lo largo de la costa. Viejas máquinas de escribir y revistas modernas de viajes y diseño proporcionan el escenario perfecto para disfrutar de diferentes tés y cafés. Sus saludables tentempiés incluyen ensaladas (5,50-7 TRY) y crepes (5-7 TRY). Para llegar, tomar Gazi Caddesi y después de 50 m, pasado el Café Piccolo, girar a la izquierda.

Deniz Lokantası 'LOKANTA' €

(Alpaslan Caddesi 3; platos principales 4-10 TRY; ⏱10.00-22.00) Esta cafetería reformada junto al ayuntamiento lleva desde 1953 sirviendo estupendas comidas. A mediodía toca esperar un poco, pero vale la pena.

Ellez 'PIDECI' €

(Fatih Caddesi 9; *pides* 5-12 TRY; ⏱10.00-23.00) Una manzana al norte del Atapark, este comprimido local de *pides* y *pizza* atrae a la juventud con su buena comida y sus banderas turcas al viento en el balcón.

ℹ Información

Cuando se redactó esta guía, la oficina de información turística local estaba cerrada. En el Otel Başar proporcionan buenos mapas y folletos. Hay cibercafés a unos cientos de metros, cuesta arriba, del ayuntamiento.

ℹ Cómo llegar y salir

Aunque la estación queda 4 km al oeste del centro, los autobuses también dejan a los pasajeros en Atapark. Hay microbuses directos a Trabzon (10 TRY, 2 h) y Ordu (5 TRY, 1 h). Los servcios a Trabzon salen de las oficinas de al lado del Atapark. Los autobuses a Ordu paran al otro lado de la calle, según se sale del aparcamiento.

De Giresun a Trabzon

Otros 150 km separan Giresun de Trabzon, pero la autopista ha deslucido las vistas del litoral. La carretera pasa por muchos pueblitos, como el bonito **Tirebolu,** con un puerto comprimido y dos castillos (St Jean Kalesi y Bedrama Kalesi). La planta procesadora de té Çaykur señala la llegada a las tierras turcas del té.

El siguiente pueblo en dirección este después de Tirebolu es **Görele**, famoso por sus grandes tortas de pan. A continuación viene **Akçakale**, con las ruinas de un castillo bizantino del s. XIII sito en una pequeña península. Poco antes de llegar a Trabzon está **Akçaabat**, célebre por sus restaurantes de *köfte*: el Korfez y el Cemilusta son dos buenas opciones.

Trabzon

0462 / 770 000 HAB.

Es uno de esos sitios que se aman o se odian. Hay quienes se espantan por su carácter desaliñado de ciudad portuaria, mientras que otros aprecian su ritmo cosmopolita. Trabzon es la urbe más sofisticada del mar Negro y está demasiado inmersa en su propio torbellino de actividad como para prestarle atención a las lejanas Estambul y Ankara.

El pasado de la región se exhibe en los alrededores, en la refinada iglesia medieval de Aya Sofya y en el monasterio de Sumela, pero en Atatürk Alanı, la principal y concurridísima plaza de Trabzon, el mundo moderno reluce por todas partes. Los *dolmuşes* no paran de pitar y se mueven a toda velocidad como en una carrera de carros moderna, mientras los estudiantes de la ciudad combinan pañuelos con Converse All Stars bajo una pantalla gigante que retransmite un partido de su querido equipo de fútbol, el Trabzonspor, que, hasta el 2010, cuando el Bursaspor ganó la liga, era la única escuadra de fuera de Estambul en ganar el campeonato nacional.

Trabzon es el puerto más industrioso del mar Negro oriental, en el que se reciben y despachan mercancías de Georgia, Armenia, Azerbaiyán e Irán. La ciudad impresiona, y es tan prototípica de la experiencia del mar Negro como el ambiente relajado de Amasra o los lagos y montañas Kaçkar. El ritmo vertiginoso, después de épocas de tranquilidad en pequeñas localidades de la región, es contagioso.

El corazón de Trabzon es el barrio de Atatürk Alanı, también conocido como Meydan Parkı. El puerto queda al este de Atatürk Alanı, bajando por una empinada colina. Hay cafeterías y restaurantes al oeste de Atatürk Alanı, a lo largo de Uzun Sokak (callejón largo) y Kahramanmaraş Caddesi (abreviado como Maraş Caddesi). Al oeste del centro, después del bazar, se encuentra Ortahisar, un pintoresco y antiguo barrio que se extiende a lo largo de un barranco.

Historia

La historia de Trabzon comienza hacia el 746 a.C., cuando colonos oriundos de Mileto llegaron de Sinop y fundaron un asentamiento (Trapezus), con su acrópolis en lo alto de la *trápeza* (mesa) que domina el puerto.

A la ciudad le fue más o menos bien durante dos mil años hasta que en 1204 los ejércitos de la Cuarta Cruzada tomaron y saquearon Constantinopla, cuyos nobles buscaron refugio en Anatolia. La dinastía de los Comnenus creó un imperio en la costa del mar Negro en 1204 y Alejo I Comneno se sentó en el trono como emperador de Trebisonda.

Los gobernantes de Trebisonda se las arreglaron para concertar alianzas con selyúcidas, mongoles y genoveses. El próspero comercio con el este de Anatolia y Persia encumbró al imperio durante el reinado de Alejo II [1297-1330], antes de sumirse en disputas fragmentarias. El Imperio de Trebisonda logró sobrevivir hasta la conquista otomana de 1461, ocho años más que Constantinopla.

Cuando se liquidó el Imperio otomano tras la Primera Guerra Mundial, los habitantes griegos de Trabzon trataron de fundar una República de Trebisonda que resucitara el antiguo imperio de los Comneno. Con la victoria turca, Atatürk declaró Trabzon como "una de las fuentes de confianza más ricas, fuertes y sensibles de la República de Turquía".

Puntos de interés y actividades

Museo de Trabzon MUSEO
(Trabzon Müzesi; plano p. 525; Zeytinlik Caddesi 10; entrada 3 TRY; 9.00-12.00 y 13.00-18.00 ma-do). Justo al sur de Uzun Sokak, esta mansión de estilo italiano mandada construir por un mercader ruso en 1912 fue brevemente habitada por Atatürk. Su fantástico interior y el mobiliario original harían enrojecer a la mayoría de las recreaciones otomanas, con habitaciones de techos altísimos en las que se pueden contemplar objetos etnográficos e islámicos, la mayoría con explicaciones en inglés. La sección arqueológica del sótano también tiene piezas notables, entre ellas, una estatua de bronce de Hermes procedente de las excavaciones de Tabakhane y hallazgos bizantinos de los alrededores de Sumela.

Villa Atatürk EDIFICIO HISTÓRICO
(Atatürk Köşkü; 231 0028; entrada 3 TRY; 8.00-19.00 may-sep, 8.00-17.00 oct-abr) Situada 5 km al suroeste de Atatürk Alanı,

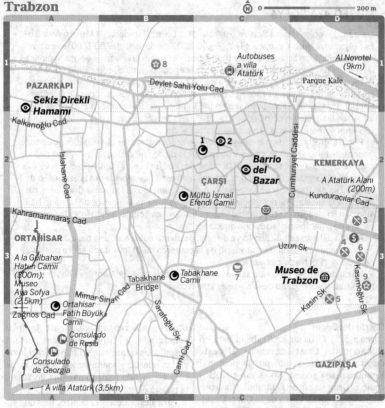

es ideal para escapar del bullicio de la ciudad. Emplazada sobre Trabzon en un barrio boscoso, tiene vistas espléndidas y encantadores jardines. La casa, blanca y de tres plantas, fue proyectada en el estilo propio del mar Negro, muy popular en Crimea, y construida entre 1890 y 1903 para una familia de banqueros locales que se la regalaron a Atatürk cuando visitó la ciudad en 1924. Actualmente alberga un museo de reliquias del fundador de la República. En un estudio hay una sencilla mesa de madera con el mapa de la campaña de los Dardanelos (Primera Guerra Mundial) grabado a cuchillo.

Los autobuses urbanos con el letrero "Köşk" salen del aparcamiento de autobuses (plano p. 525), al otro lado de la antigua carretera de la costa (Devlet Sahil Yolu Caddesi), y paran enfrente de la villa (1,50 TRY). No hay que bajarse en la parada de "Atatürk Köşk 200 m"; la buena queda 1 km cuesta arriba.

Trabzon

◉ Principales puntos de interés

Barrio del Bazar C2
Sekiz Direkli Hamamı A1
Museo de Trabzon D3

◉ Puntos de interés

1 Çarşı Camii C2
2 Taş Han C2

🍴 Dónde comer

3 Bordo Mavi D3
4 İstanbul Kır Pidesi D3
5 Kalendar D3
6 Kılıçoğlu D3

🍷 Dónde beber

Cingil Bar .... (véase 9)
7 Stress Cafe C3

🎭 Ocio

8 Luna Park B1
9 Sinema Lara D3

MUSEO AYA SOFYA

Llamado en origen Hagia Sophia o iglesia de la Divina Sabiduría, el **Museo Aya Sofya** (Aya Sofya Müzesi; entrada 3 TRY; ⊙9.00-18.00 ma-do abr-oct, 9.00-17.00 ma-do novmar) se halla 4 km al oeste del centro de Trabzon, en una terraza que antaño albergó un templo pagano. Construida a finales de la época bizantina, entre 1238 y 1263, la iglesia muestra la evidente influencia de los estilos georgiano y selyúcida, aunque las pinturas murales y los mosaicos del pavimento siguen los cánones de Constantinopla. Tras la conquista otomana en 1461, fue convertida en mezquita, y más tarde los rusos la utilizaron como depósito de armas y hospital, hasta que en la década de 1960 fue sometida a una exhaustiva restauración.

Por la entrada occidental de Aya Sofya se accede al nártex abovedado, que acoge frescos de temas bíblicos en muy buen estado de conservación. La planta es de cruz inscrita en un cuadrado, y está rematada por una única cúpula, lo que revela la influencia georgiana. En el pórtico sur hay un fresco que representa la expulsión de Adán y Eva del Paraíso y un relieve de un águila, símbolo de la familia Comneno, mecenas de la iglesia. Por desgracia, muchos de los frescos al alcance de la mano han sido pintarrajeados. Está prohibido hacer fotografías con *flash* para intentar conservar los fragmentos pintados que quedan.

Al lado del museo hay una torre de reloj de planta cuadrada, una casa de labranza reconstruida y un *serander* (granero) de la comarca de Of levantado sobre postes para evitar la entrada de ratones.

Un *dolmuş* (1,50 TRY) que sale del lado sureste de Atatürk Alanı lleva hasta el lugar, situado por encima de la carretera de la costa.

Barrio del Bazar
MERCADO

(plano p. 525) El bazar de Trabzon está en el barrio del Çarşı (mercado), al oeste de Atatürk Alanı, yendo por la peatonal Kunduracılar Caddesi. No es tan turístico como el Gran Bazar de Estambul, sino cotidiano y muy local. Cerca de la **Çarşı Camii** restaurada están el **Taş Han** (o Vakıf Han), un *han* (caravasar) de una sola cúpula construido alrededor de 1647, y la plaza del mercado más antigua de Trabzon, hoy llena de talleres y tiendas.

Gülbahar Hatun Camii
MEZQUITA

Al oeste del centro, la Gülbahar Hatun Camii (mezquita de los Otomanos) es otra mezquita interesante. Fue construida en 1514 por Selim el Triste, el gran conquistador otomano de Siria y Egipto, en honor a su madre Gülbahar Hatun. Al lado hay una tetería y un reconstruido *serander* de madera. Para llegar, dirigirse hacia el oeste por Zağnos Cadessi, en el barrio de Ortahisar, y girar a la izquierda en Şenol Güneş Caddesi.

Zona de recreo de Boztepe
ÁREA DE INTERÉS HISTÓRICO

En la ladera del monte, 2 km al sureste de Atatürk Alanı, está la zona de recreo de Boztepe (Boztepe Piknik Alanı), con unas vistas estupendas de la ciudad y el mar, teterías al aire libre y restaurantes.

Boztepe albergó antiguamente templos consagrados a Mitras, dios solar persa, y después los bizantinos erigieron en el lugar varias iglesias y monasterios. Ahora es un sitio estupendo para tomar una cerveza a la puesta de sol.

Para llegar desde el centro, hay que tomar uno de los *dolmuşes* (1,50 TRY) en dirección a Boztepe que salen cerca del extremo sureste de Atatürk Alanı. La ruta discurre 2,2 km montaña arriba hasta el parque.

Sekiz Direkli Hamamı
'HAMMAM'

(Direkli Hamami Sokak; sauna y masaje 25 TRY; ⊙hombres 7.00-17.00 vi-mi, mujeres 8.00-17.00 ju) Unos 600 m al oeste de la Çarşı Camii se halla el mejor baño turco de Trabzon. Sus columnas pulidas datan del período selyúcida, aunque el resto del edificio ha sido modernizado. Algunos de sus vetustos empleados parecen solo ligeramente más jóvenes que el conjunto, pero los masajes que dan son contundentes.

Meydan Hamam
'HAMMAM'

(plano p. 528; Kahramanmaraş Caddesi; sauna 15 TRY; ⊙hombres 6.00-23.00, mujeres 9.00-18.00) Este céntrico baño turco está limpio y gestionado con eficiencia, pero no es tan evocador como el Sekiz Direkli. La entrada para mujeres está doblando la esquina.

☞ Circuitos

Eyce Tours (plano p. 528; ☎ 326 7174; www.eycetours.com, en turco; Taksim İşhanı Sokak 11) organiza circuitos diarios a Sumela (20 TRY, salida a las 10.00), Uzungöl (30 TRY, salida a las 10.00) y Ayder (50 TRY, mínimo 6 personas).

En verano, las empresas de autobuses **Ulusoy** y **Metro** (plano p. 528) también ofrecen excursiones de un día a Sumela (20 TRY) y Uzungöl (25 TRY). Salen del exterior de sus oficinas, en el extremo sur de Atatürk Alanı.

🛏 Dónde dormir

Algunos de los alojamientos más económicos situados en la esquina nororiental de Atatürk Alanı y a lo largo de la carretera de la costa también funcionan como burdeles. Mientras se redactaba esta guía, los siguientes establecimientos tenían la aprobación de la oficina de turismo. En la mayoría de los sitios se pueden negociar las tarifas indicadas.

Otel Ural   HOTEL €€
(plano p. 528; ☎ 326 8281; Güzelhisar Caddesi 3; i/d 50/80 TRY; ❉) La última adición a la calle de los hoteles de Trabzon sube considerablemente el listón con habitaciones inmaculadas y amplias decoradas en color marrón chocolate y equipadas con televisores de pantalla plana y los baños más ostentosos de este lado del país. Es muy popular entre los viajeros de negocios, así que se aconseja negociar el precio si se va en fin de semana.

Novotel   HOTEL €€
(☎ 455 9000; www.novotel.com; Cumhuriyet Mahallesi, Yomra; h 150 TRY; ❉@☒) Unos 9 km al este de Trabzon, en la localidad de Yomra, este hotel compensa su ubicación con vistas al mar y las habitaciones más confortables y mejor equipadas en muchos kilómetros a la redonda. Además, por fuera pasan numerosas *dolmuşes* con destino a la gran urbe de Trabzon. En su sitio web anuncian ofertas. Los precios no incluyen el desayuno.

Hotel Nazar   HOTEL €€
(plano p. 528; ☎ 323 0081; www.nazarhotel.com.tr; Güzelhisar Caddesi 5; i/d 70/100 TRY; ❉) Quien pueda perdonarle el flagrante montaje fotográfico del folleto, con un florido jardín en pleno centro de Trabzon, comprobará que el Nazar es un hotel de negocios con estilo.

Hotel Anıl   HOTEL €
(plano p. 528; ☎ 326 7282; Güzelhisar Caddesi 12; i/d 40/70 TRY; ❉) Su recepción prometedoramente ostentosa atrae clientes, y las habitaciones, rosas y amarillas, en realidad ofrecen una buena relación calidad-precio, pues disponen de baños impolutos, Wi-Fi y aire acondicionado. Está construido en la ladera de la colina, así que hasta los dormitorios de abajo tienen vistas.

Hotel Nur   HOTEL €
(plano p. 528; ☎ 323 0445; Camii Sokak 15; i/d 40/60 TRY; ❉) Un clásico con solera entre los viajeros, con un personal simpático que habla inglés y habitaciones pequeñas y coloridas. La mezquita de al lado llama a la oración a las 5 de la mañana.

Otel Horon   HOTEL €€
(plano p. 528; ☎ 326 6455; www.hotelhoron.com; Sıramağazalar Caddesi 125; i/d 90/125 TRY; ❉) La fachada de color berenjena oculta habitaciones deslucidas con decoración de los años setenta. El Wi-Fi, los minibares bien surtidos y las vistas desde el restaurante de la azotea remedian los defectos de diseño.

Hotel Can   HOTEL €
(plano p. 528; ☎ 326 8281; Güzelhisar Caddesi 2; i/d 30/60 TRY; ❉) Habitaciones sencillas pero limpias. Una buena opción céntrica y económica.

🍴 Dónde comer

Trabzon no tiene la mejor gastronomía del mar Negro, pero hay buenos locales en Atatürk Alanı y las dos bocacalles al oeste.

Trabzon Mangal Dünyasi   'OCAKBAŞI' €€
(plano p. 528; Atatürk Alanı; platos principales 8-12 TRY) Al norte de Atatürk Alanı, esta versión más estilosa del tradicional *ocakbaşi* (asador) turco ofrece la perfección a la parrilla. Conviene elegir una de las mesas compartidas que hay en torno a las *mangal* (barbacoas) y lanzarse a por sus excelentes kebabs, su esponjoso pan y sus verduras a la parrilla. Sirven trozos de *kuzu* (cordero) al kilo para los más carnívoros.

Kalendar   CAFÉ €
(plano p. 525; Zeytinlik Caddesi 10; platos principales 5 TRY) Mesas bajas e iluminación de ambiente confieren a este sitio próximo al Museo de Trabzon un aire cosmopolita. Es perfecto para un café después de visitar el museo, o un *brunch* de *menemen* y

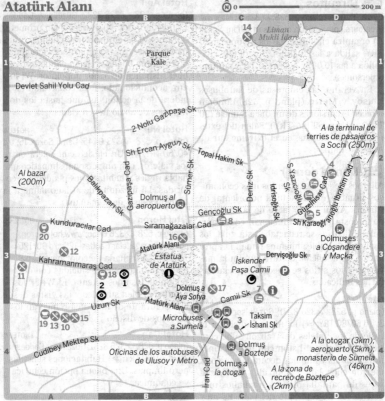

N 0 200 m

14 *Liman Mukli İdare*

Parque Kale

Devlet Sahil Yolu Cad

A la terminal de ferries de pasajeros a Sochi (250m)

2 Nolu Gazipaşa Sk

Sh Ercan Aygun Sk
Topal Hakim Sk

Gazipaşa Cad

Al bazar (200m)

Balıkpazarı Sk

Sümer Sk

Deniz Sk

İdrisoğlu Sk

S Yazıcıoğlu Sk

Pranoğlu İbrahim Cad

Güzelhisar Cad

Dolmuş *al aeropuerto*

6 4
9
5
Sh Karaoğl

Gençoğlu Sk

Kunduracılar Cad
20

Sıramağazalar Cad

8

Dolmuşes a Coşandere y Maçka

12
Kahramanmaraş Cad
11

16
Atatürk Alanı

Estatua de Atatürk

Dervişoğlu Sk

İskender Paşa Camii

P

18 1
2

Uzun Sk

Dolmuş a *Aya Sofya* 17

Atatürk Alanı

Camii Sk

7

19 13 10 15

Microbuses a Sumela

3 Taksim İshani Sk

Dolmuş a Boztepe

A la otogar (3km); aeropuerto (5km); monasterio de Sumela (46km)

Cudibey Mektep Sk

Oficinas de los autobuses de Ulusoy y Metro

İran Cad

Dolmuş a la otogar

A la zona de recreo de Boztepe (2km)

---

tostadas para quien esté cansado de tanto pepinillo, tomate y queso.

Bordo Mavi CAFÉ €€
(plano p. 525; Halkevi Caddesi 12; comidas 7-12 TRY; ⊘11.00-22.00) Este moderno café con terraza colinda con la sede del Trabzonspor, el equipo de fútbol local, pero no hay ni rastro de borrachines ni jaleo. La bebida más fuerte que sirven es la cola, y sus deliciosas *pizzas* y platos de pasta tienen el auténtico sabor de Italia.

Reis'in Yeri RESTAURANTE-BAR €€
(plano arriba; Liman Mukli İdare; comidas 8-14 TRY; ⊘11.00-23.00) En medio del tráfico de Atatürk Alanı, es fácil olvidar que Trabzon es una ciudad costera. Si se baja la colina y se cruza por la pasarela peatonal, se llega a este extenso asador de pescado, pollo y *köfte* que también funciona como cervecería. No hay ni rastro de los *dolmuşes*, garantizado, y hasta se puede

alquilar una barquita para remar por la pequeña cala.

Seyidoğlu PUESTO DE COMIDA €
(plano arriba; Uzun Sokak 15a; platos 1,50-2,50 TRY) Un local comprimido que lleva cuatro décadas sirviendo suculentos y finos kebabs y *lahmacuns;* el que lleva ensalada fresca no tiene desperdicio.

İstanbul Kır Pidesi 'PIDECI' €
(plano p. 525; Uzun Sokak 48; platos principales 4-7 TRY) Tres pisos llenos de delicias cocinadas con leña para los amantes del *pide* y el *börek* (hojaldre relleno).

Üstad 'LOKANTA' €
(plano arriba; Atatürk Alanı 18b; comidas 5-8 TRY) Los parroquianos se apelotonan en este pequeño *lokanta* en plena plaza mayor. Sus *biber dolması* (pimientos rellenos) con un toque de guindilla son altamente recomendables.

Atatürk Alanı

Fevzi Hoca Balık-Köfte · MARISCO €€
(plano p. 528; İpekyolu İş Merkezi, Kahramanmaraş Caddesi; comidas 12-25 TRY; ☉12.00-21.30) En este restaurante de pescado no hay menús; se elige el animalito y lo sirven con ensalada, encurtidos y postre. Quien tenga fobia al pescado y esté obsesionado con el ahorro, puede pedir *köfte* (7 TRY). Está en la primera planta de un centro comercial.

También son recomendables los siguientes establecimientos, sobre todo para los amantes de lo dulce.

Kılıcoğlu · PASTELERÍA €
(plano p. 525; Uzun Sokak 42; postres desde 3 TRY) Una irresistible variedad de helados y pasteles.

Mevlana Kuruyemiş · CONFITERÍA €
(plano p. 528; Uzun Sokak 31) El vendedor con más renombre de *kuruyemiş* (fruta seca) de Trabzon también ofrece *lokum, helva* (dulce tradicional a base de semillas de

---

sésamo), *pestil* (láminas de fruta seca) y una excelente *kestane balı* (miel de castañas).

Beton Helva · CONFITERÍA €
(plano p. 528; Uzun Sokak 15b) Tabletas dulces de *helva* que parecen tortas de pan.

Cirav Fındık · CONFITERÍA €
(plano p. 528; Ticaret Mektep Sokak 8c) En una bocacalle de Kahramanmaraş Caddesi, esta tienda diminuta sirve pasteles y castañas desde 1940.

🍷 Dónde beber y ocio

Trabzon tiene una pequeña zona de bares, pero la mayoría cierra a medianoche.

Koza Caffe · BAR-CAFÉ
(plano p. 528; Kunduracılar Caddesi, esq. Sanat Sokak 1; ☉10.00-23.00) Mejor ignorar la incongruente decoración medieval y tomar asiento para disfrutar de un café y un tentempié con el alegre sonido del pop turco de fondo. Con un poco de suerte, se puede conseguir asiento en el balcón y, si se pide con amabilidad, hasta traen (de extranjis) una cerveza o un vaso de vino.

Stress Cafe · CAFÉ
(plano p. 525; Uzun Sokak; ☉10.00-23.00) Su nombre parece una broma desafortunada, pues se trata de uno de los mejores locales de Trabzon de música en directo, narguile y tranquilidad. Hay música en vivo a partir de las 20.00 muchos viernes y sábados.

Cingil Bar · BAR
(plano p. 525; 1° planta Gazipaşa Mahallesi Saray Çarşisi, Kasımoğlu Sokak) Oculto en una galería comercial (hay que subir las escaleras desde el Sinema Lara y cruzar al otro lado), este encantador bar dedicado a la música con un *collage* de artistas célebres (c. 1975) es un buen lugar para tomar algo tranquilamente, lejos de las cervecerías más masculinas. A veces hay música en directo los fines de semana.

Efes Pub · 'PUB'
(plano p. 528; Kahramanmaraş Caddesi 5; ☉12.00-23.00) Dos plantas de ambiente masculino cargado de humo con buenos *snacks* y Efes de barril en jarras de 0,7 o 2 l, perfectas para compartir con los marineros rusos de la mesa de al lado.

Keyif Coffee & Tea Store · CAFÉ
(plano p. 528; Canbakkal İş Merkezi, Uzun Sokak 37; ☉8.00-22.00) Estudiantes de Trabzon se reúnen entre ropa deportiva anglófila *vintage* y sillones de piel para disfrutar

de más de doscientas variedades de bebidas calientes.

Sinema Lara
CINE

(plano p. 525; Gazipaşa Mahallesi Saray Çarşisi 5, Kasımoğlu Sokak; entrada 10 TRY) Proyecta los éxitos de Hollywood pocos días después de su estreno internacional.

Luna Park
PARQUE DE ATRACCIONES

Este parque (plano p. 525) situado entre la carretera de la costa vieja y la nueva ofrece diversión y acción en el mar Negro.

De compras

Gracias al flujo de mercancías desde los antiguos territorios soviéticos, Trabzon se ha convertido en un buen sitio para encontrar ropa barata, sobre todo en los tenderetes de Karaoğlanoğlu Caddesi. Incluso se pueden encontrar logotipos occidentales bien escritos en camisetas, sudaderas y zapatillas de deporte.

Las marroquinerías de Sıramağazalar Caddesi venden chaquetas, bolsos y otros artículos casi a mitad de precio que en el Gran Bazar de Estambul. También hacen arreglos.

Información

Los bancos, cajeros, oficinas de cambio y la PTT se encuentran a lo largo de Maraş Caddesi o en los alrededores.

URGENCIAS Policía turística (☎326 3077; Atatürk Alanı)

ACCESO A INTERNET Çağri Internet (Atatürk Alanı; ☉10.00-23.00)

VIP Internet (Gazıpaşa Caddesi 6; 1,50 TRY/h; ☉9.00-24.00)

INFORMACIÓN TURÍSTICA Oficina de turismo (☎326 4760; Camii Sokak; ☉8.00-17.30 jun-sep, 8.00-17.00 lu-vi oct-may) Un lugar muy servicial y atento con los viajeros que suele contar con personal que habla inglés.

AGENCIAS DE VIAJES Ustatour (☎326 9545; İskenderpaşa Mahallesi 3) Agencia de vuelos nacionales en el Usta Park Hotel.

Cómo llegar y salir

Avión

Turkish Airlines (www.thy.com) Vuelos directos a Ankara, Estambul (ambos aeropuertos) e İzmir. También hay vuelos a Bursa (miércoles y sábado) y Antalya (jueves y domingo).

Pegasus Airlines (☎444 0737; www.flypgs.com) Dos vuelos directos a Estambul (aeropuerto Sabiha Gökçen) y uno a Ankara.

Onur Air (☎444 6687; www.onurair.com.tr) Tres vuelos directos a İstanbul Atatürk.

SunExpress (☎444 0797; www.sunexpress.com.tr) Cinco vuelos semanales a Estambul, dos a Sivas y Bursa y uno a Adana y Antalya.

Barco

Como los horarios de los *ferries* a Sochi (Rusia) cambian con una regularidad alarmante, conviene informarse de la última situación en las siguientes oficinas de transporte marítimo:

Apollonia II (İskele Caddesi)

Princess Victoria Lines (İskele Caddesi 53a) Ambas se encuentran a los pies de la colina, en Atatürk Alanı con İskele Caddesi. Un trayecto

SERVICIOS DESDE LA 'OTOGAR' DE TRABZON

DESTINO	TARIFA (TRY)	DURACIÓN (H)	DISTANCIA (KM)	FRECUENCIA (DIARIA)
Ankara	40 TRY	12	780	varios
Artvin	25 TRY	4½	255	muy frecuente
Bakú (Azerbaiyán)	70 US$	30		1
Erzurum	25 TRY	4	325	varios
Hopa	18 TRY	3½	165	cada 30 min
Estambul	50 TRY	18	1110	varios
Kars	40 TRY	10	525	1
Kayseri	50 TRY	12	686	varios
Rize	7 TRY	1	75	cada 30 min
Samsun	30 TRY	6	355	muy frecuente
Sinop	340 TRY	9	533	1 a las 20.00
Tiflis (Georgia)	40 TRY	20		varios
Ereván (Armenia)	80 US$	25		8.00 ju y do

en *ferry* dura unas doce horas, y hay que estar preparado para pasar varias noches en Trabzon esperando la salida. Un billete de ida cuesta unos 80 US$.

Al reservar el billete conviene preguntar cuándo hay que informar a la policía del puerto, porque suele ser bastantes horas antes de la salida. Para información sobre visados véase p. 699.

Autobús

Las oficinas de las empresas de autobuses de largo recorrido (incluidos destinos en Georgia y Azerbaiyán) están en torno a Atatürk Alanı.

No hay servicios directos a Ayder y las montañas Kaçkar. Hay que tomar un autobús con destino a Hopa y cambiar en Pazar o Ardeşen, y, si se pierde el trayecto diario a Kars, dirigirse a Erzurum o Artvin, de donde salen más servicios.

Automóvil

Entre las empresas de alquiler de coches están **Avis** (☑322 3740; Gazıpaşa Caddesi 20) y **Eko Rent A Car** (☑322 2575; Gazıpaşa Caddesi 3/53).

ℹ Cómo desplazarse

A/desde el aeropuerto

El *havaalanı* (aeropuerto) se encuentra 5,5 km al este de Atatürk Alanı. Los *dolmuş* con ese destino (2 TRY) salen desde una bocacalle del lado norte de Atatürk Alanı, pero dejan el pasaje en el lado opuesto de la carretera costera, a 500 m de la entrada de la terminal.

Un taxi cuesta unas 25 TRY. Los autobuses con el letrero "Park" o "Meydan" van desde el aeropuerto hasta Atatürk Alanı. Havas (www. havas.net) opera un servicio de enlace entre el aeropuerto y el centro de Trabzon.

Autobús y 'dolmuş'

La *otogar* de Trabzon está 3 km al este del puerto, en el lado de la carretera que da al interior. Para llegar a Atatürk Alanı desde la *otogar* hay que cruzar la carretera de la costa que pasa enfrente de la terminal, girar a la izquierda, caminar hasta la parada de autobús y tomar cualquier autobús con el letrero "Park" o "Meydan". En el *dolmuş* que va a Atatürk Alanı pone "Garajlar-Meydan". Un taxi entre la *otogar* y Atatürk Alanı cuesta unas 12 TRY.

Para acceder a la *otogar* hay que situarse en la esquina nororiental de Atatürk Alanı y subir a un *dolmuş* donde se lea "Garajlar" o "KTU"

Casi todos los *dolmuş* parten de Atatürk Alanı, aunque cualquiera puede pararlos por la calle; con independencia del destino, una carrera debería costar 1,50 TRY.

Taxi

La principal parada de taxis está en Atatürk Alanı.

Monasterio de Sumela

El **monasterio de la Virgen María** (entrada 8 TRY; ☺9.00-18.00), griego ortodoxo, está en Sumela, 46 km al sur de Trabzon, y es innegablemente una de las perlas de la costa del mar Negro. Fundado en la época bizantina, fue abandonado en 1923, después de que la creación de la República de Turquía sofocara las aspiraciones independentistas de los griegos locales.

Sumela se aferra de forma inverosímil a un escarpado y altísimo muro de piedra, con bosques de hoja perenne y un impetuoso arroyo de montaña a sus pies. Es un lugar lleno de misterio, sobre todo cuando la niebla se arremolina en el valle y surge de los bosques la llamada etérea de una mezquita invisible.

Para llegar al monasterio se ha de tomar la carretera de Erzurum y desviarse a la izquierda a la altura de Maçka, 29 km al sur de Trabzon; el lugar también aparece señalizado como Meryemana porque estaba consagrado a la Virgen María. La carretera serpentea después para internarse en un tupido bosque siguiendo el curso de un torrente salpicado de criaderos de truchas y restaurantes de pescado.

Si se llega en coche, a la entrada del **Altındere Vadısı Milli Parkı** (Parque Nacional del Valle del Altındere) hay que pagar 10 TRY. Si se va en transporte público, es mejor tomar un *dolmuş* desde Trabzon a eso de las 8.00 para evitar la invasión de grupos organizados a media mañana.

Al final del camino de entrada se abre un parque umbrío a la orilla de un río, con mesas, oficina de correos, restaurante y varios bungalós de alquiler (no se permite acampar).

La cabecera del sendero al monasterio comienza en el restaurante, que es empinado pero fácil de seguir. Del restaurante al monasterio hay una subida de unos 250 m que se cubre en entre 30 y 45 minutos, y se nota que el aire se hace cada vez más fresco a medida que se asciende a través de bosques y praderas. Un segundo sendero arranca más adelante, remontando el valle; para llegar a él se ha de tomar la carretera sin asfaltar, 1 km colina arriba, y cruzar dos puentes hasta llegar a un puente peatonal de madera a la derecha, tendido sobre el arroyo. Este sendero discurre entre los árboles, junto al armazón de la ermita de Ayavarvara. Suele estar más tranquilo que la ruta principal y se tarda lo mismo en recorrerlo.

Siguiendo con el coche por la carretera del restaurante se llega a un pequeño aparcamiento, desde el que solo hay que andar 10 min hasta el monasterio. Unos pocos kilómetros antes del aparcamiento hay un mirador desde el que se ve el monasterio, encaramado en la cara de un acantilado dominando el paisaje por encima del bosque.

Pasada la taquilla, unos empinados escalones suben al complejo monástico, cobijado bajo un poderoso afloramiento. Lo más destacable es la capilla principal, tallada en la roca y recubierta de coloridos frescos por dentro y por fuera. Son en su mayor parte del s. XIX, aunque los ejemplos más tempranos datan del s. IX. Por desgracia, los pastores, cuando se aburrían, utilizaban estas pinturas como dianas para sus tirachinas, y los visitantes inconscientes que llegaron después (desde turistas rusos hasta soldados del ejército del aire americano en 1965) grabaron sus nombres en ellas.

En los últimos años, el monasterio ha sido exhaustivamente restaurado para mostrar las diversas capillas y habitaciones que usaban los devotos de otros siglos. Los trabajos siguen, pero no le quitan valor a esta hito imprescindible del mar Negro.

🛏 Dónde dormir y comer

Casi todos los viajeros visitan Sumela en una excursión de un día desde Trabzon, pero el siguiente alojamiento es una buena base para explorar los alrededores.

Coşandere Tesisleri Restaurant & Pansiyon   PENSIÓN **€**
(📞 0462-531 1190; www.cosandere.com, en turco; Sümela Yolu; h desde 40 TRY) Está en Coşandere, una letárgica aldea bañada por un arroyo situada 5 km al sur de Maçka. Cuenta con tres antiguos *seranders* (graneros) de pino con capacidad para seis personas y un inmenso edificio de estilo motel preferido por los grupos de turistas. Los propietarios organizan circuitos, caminatas y excursiones de un día, como un safari por los *yayla* o una excursión en todoterreno; una buena manera de moverse por las montañas si no se cuenta con transporte propio.

ℹ Cómo llegar y salir

De mayo a finales de agosto, Ulusoy y Metro operan autobuses (20 TRY ida y vuelta) de Trabzon a Sumela con salida a las 10.00 y regreso a las 15.00.

Los *dolmuşes* a Maçka y el pueblo de Coşandere salen durante todo el día de las paradas de microbús que hay bajando la colina desde Atatürk Alanı, en Karaoğlanoğlu Caddesi. Ir y volver a Sumela cuesta 15 TRY, pero hay que esperar a que se llenen para salir. Por 5 TRY más se viaja con Ulusoy o Metro y desaparece esa incertidumbre.

De Trabzon a Erzurum

Quien se dirija hacia las montañas del sur se embarca en un viaje largo (325 km) pero pintoresco. **Maçka** está a 29 km de Trabzon por la carretera que va al interior. Casi 1,5 km al norte de la población hay unas columnas basálticas. A partir de Maçka, la carretera de montaña va subiendo entre zonas de frecuentes desprendimientos hacia el **Zigana Geçidi** (paso de Zigana; 2030 m).

El aire denso y húmedo de la costa desaparece a medida que se asciende para volverse ligero y seco al llegar a la vertiente meridional de los montes del mar Negro oriental. La nieve aparece todos los meses, salvo quizá en julio, agosto y septiembre.

Gümüşhane, 145 km al sur de Trabzon, es una aldea enclavada en un valle de montaña con instalaciones mínimas para atender a los viajeros.

La capital provincial, **Bayburt,** a 195 km de Trabzon, está ya en la ondulada estepa con las achatadas montañas que caracterizan la alta meseta anatolia. Bayburt es un rincón seco y desolado con una gran fortaleza medieval. La carretera que parte de allí pasa por verdes tierras de labranza con alamedas y rebaños de ovejas. A principios del verano, el paisaje se cuaja de flores silvestres.

Justo 33 km después de Bayburt está el **Kop Geçidi** (paso de Kop; 2370 m), con excelentes vistas. A partir de allí, la carretera a Erzurum permite una conducción suave y sin problemas.

Uzungöl

📞 0462 / 2800 HAB.

Con sus mezquitas a orillas del lago y sus bosques alpinos, Uzungöl es otra joya del paisaje turco que exhiben en las oficinas de turismo de todo el país. El entorno sigue siendo idílico, pero hay que estar preparado para la proliferación de hoteles vulgares y el creciente número de visitantes provenientes de los Estados del Golfo. Merece una visita de un día o incluso hacer noche, y también es una buena base para hacer excursiones a los montes Soğanlı y los lagos que rodean Demirkapı (Holdizen). Los fines de semana veraniegos suele estar hasta los topes; es mejor ir entre semana.

El **Ensar Otel** (☑656 6321; www.ensarotel. com; Fatih Caddesi 18; h 150-200 TRY) es un atractivo complejo con confortables bungalós en los que caben hasta cuatro personas. Todo está forrado de madera, salvo los techos, y decorado con objetos tradicionales. En el restaurante hay música en directo los fines de semana de verano. Está en el extremo del lago opuesto a la mezquita, entre un puñado de pensiones con revestimientos de madera (i/d 45/90 TRY aprox.). Cerca se pueden alquilar **bicicletas de montaña** (2 TRY/h).

En la carretera principal a Uzungöl hay *pansiyons* más sencillas y baratas (i/d 30/60 TRY aprox.).

Hay un par de **microbuses** que viajan a diario entre Trabzon y Uzungöl. Ulusoy y Metro ofrecen un servicio diario a las 9.00 en verano (25 TRY). Otra posibilidad es tomar un *dolmuş* en dirección a Rize, bajarse en Of (5 TRY) y allí esperar a otro que vaya hacia el interior.

Rize

☑0464 / 78 000 HAB.

Es una moderna ciudad, 75 km al este de Trabzon, cuya vida se desenvuelve en torno a una animada plaza mayor. Es el corazón de la región del té, que se cultiva en los montes circundantes, luego se seca, se mezcla y se envía al resto del país. Hay un par de lugares estupendos para comer y tomar una buena infusión antes de partir hacia el este o el oeste.

En la plaza mayor, Atatürk Anıtı, están la PTT espléndidamente reconstruida y la Şeyh Camii; se halla 200 m más adentro desde el paseo marítimo, Menderes Bulvarı. Los hoteles se ubican al este de la plaza o al salir de Cumhuriyet Caddesi, una manzana hacia el interior, en paralelo a Menderes Bulvarı.

◉ Puntos de interés

Subiendo la cuesta desde la oficina de turismo aparece el **Museo de Rize** (☑214 0235; Ulubatlı Sokak; entrada 3 TRY; ◐9.00-12.00 y 13.00-16.00 ma-do), una casa otomana bellamente restaurada con un *serander* encantador. Las salas superiores

están decoradas al estilo tradicional, con objetos diversos y una radio antigua que recuerda que los últimos otomanos ya formaban parte de la modernidad. Se exhiben atuendos tradicionales del pueblo laz, oriundo de la zona central de Rize, y de los hemşin, que habitan en los alrededores de la región de Ayder.

Rize tiene un florido y fragante **jardín botánico y de té**, a 900 m de la ciudad subiendo por la empinada calle de detrás de la Şeyh Camii (señalizado en inglés: "Çaykur Tea and Botany Garden"). Si hay una experiencia típica es disfrutar de una infusión fresca (2 TRY) mientras se contempla el soberbio panorama. Un taxi desde la mezquita sale por 7 TRY.

El antiguo **castillo** fue levantado por los genoveses en la empinada colina a espaldas de la población. Desde Atatürk Caddesi hay señales que indican la subida por Kale Sokak.

⎙ Dónde dormir

Hotel Milano HOTEL €

(☑213 0028; www.hotelmilanorize.com, en turco; Cumhuriyet Caddesi 169; i/d/tr 40/60/110 TRY; ✳@) Engalanado con tonos amarillos y baldosas Ezy-Kleen, puede que este agradable hotel ofrezca las duchas con más presión de todo Rize.

Otel Kaçkar HOTEL €€

(☑213 1490; www.otelkackar.com, en turco; Cumhuriyet Caddesi 101; i/d/tr 70/90/120 TRY; ✳@) Según se sale de la plaza mayor, el mosaico de su fachada esconde habitaciones pulcras y sencillas, y un *hammam* detrás.

✗ Dónde comer y beber

Evvel Zaman 'MUTFAK' €€

(Eminettin Mahallesi; platos principales 8-11 TRY) Esta casa otomana restaurada con mucho gusto (el interior es como una alegre sala de maravillas) es un lugar fabuloso para probar la comida tradicional laz, con platos como el *muhlama* (queso en una especie de *fondue*) y los *labana sarması* (rollos de col rellenos). El menú no está escrito; hay que confiar en el criterio de su amable personal. Está al suroeste (colina arriba) de la plaza principal.

Deragh Pastaneleri PASTELERÍA €

(Deniz Caddesi 19; platos principales 4-7 TRY; ◐7.00-22.00; 🛜) Esta reluciente y moderna *pastane* (pastelería) funciona desde 1985. Como tiene conexión Wi-Fi, se pueden leer los correos mientras se desayuna.

LA CULTURA DEL REPOLLO

El este del mar Negro tiene una cultura única y es muy probable que lo primero que el viajero conozca del peculiar carácter de la región le llegue por vía estomacal, pues la gastronomía local atesora unos cuantos sabores que no se encuentran en ningún otro lugar.

La gente del mar Negro siente una pasión por el repollo solo superada por la de algunos europeos del Este, y todos los viajeros deberían probar al menos la *labana sarması* (rollitos de repollo relleno) y el *labana lobia* (alubias con repollo). Son platos ricos en fibra, sabrosos y sanos, que convencerán incluso a los más reticentes.

También tienen mucha fama el *muhlama* (o *mıhlama*) y el *kuymak*, que son dos clases de denso queso fundido que se sirve en platos de metal; parecido a la *fondue* o la *raclette*, pero sin complicarse tanto. Si se toman con pan para desayunar pueden resultar un poco pesados, sobre todo si se van a pasar unas cuantas horas en un autobús. Sientan mejor en los pueblos de montaña de las Kaçkar, donde los hacen con huevo para que resulten más ligeros. Con eso ya vale para empezar una buena jornada de marcha.

Si las papilas gustativas todavía se resisten, hay que pasar a los *laz böreği,* deliciosos pastelillos de hojaldre con capas de natilla. Al igual que con la mayoría de los postres turcos, bastan unos cuantos bocados para crear adicción. Hay que tener en cuenta que muchos de los maestros pasteleros turcos son oriundos del mar Negro.

Un buen sitio para degustar la gastronomía del mar Negro es el Evvel Zaman, en Rize.

COSTA DEL MAR NEGRO Y MONTAÑAS KAÇKAR

Bekiroğlu   'LOKANTA' **€**
(Cumhuriyet Caddesi 161; platos principales 6-10 TRY) A un nivel muy superior al de la mayoría de los *lokantas* turcas, la Bekiroğlu cuenta con un interior moderno y sus ajetreados camareros se esfuerzan en hablar inglés. Sus inmensos expositores albergan mil y una variedades de ensaladas y kebabs, pero también preparan deliciosas *pides*.

 Información

ACCESO A INTERNET Sahra Internet Café (Atatürk Caddesi; 1 TRY/h; ⏰10.00-23.00) Una manzana por detrás de la plaza principal.

INFORMACIÓN TURÍSTICA Oficina de turismo (☑213 0408; ⏰9.00-17.00 lu-vi med may-med sep) En la plaza principal, junto a la PTT.

 Cómo llegar y salir

De la *otogar* de Rize parten con frecuencia microbuses a Hopa (8 TRY, 1½ h) y Trabzon (7 TRY, 1½ h). Para ir a Ayder, hay que tomar un microbús en dirección este, hacia Pazar (7 TRY) o Ardeşen (6 TRY), y allí subirse en uno hacia Ayder. Las conexiones entre Ayder y Pazar son más frecuentes. También hay unos pocos microbuses locales a Hopa y Trabzon que salen de una pequeña estación 150 m al noreste de la plaza principal de Rize, en la antigua carretera de la costa.

La principal *otogar* de Rize está en Cumhuriyet Caddesi, 1 km al noroeste de la plaza principal.

Hopa

☑0466 / 24 000 HAB.

Es la típica ciudad fronteriza con hoteles baratos, mercadeo y ambiente funcional. Solo 30 km al suroeste de la frontera georgiana y 165 km al este de Trabzon, como mejor se aprecia su carácter es en un día gris con resaca de *rakı*. Al menos esa sensación. Solo se aconseja parar aquí si se está de camino (o de regreso) a Georgia y se llega demasiado tarde como para proseguir el viaje. Hay una PTT, un par de bancos con cajeros y cibercafés.

🛏 Dónde dormir

Otel İmren   HOTEL **€**
(☑351 4069; Cumhuriyet Caddesi; i/d 20/30 TRY) He aquí un sitio para los viajeros con poco presupuesto y destino a Georgia. Decorado en tonos menta y con habitaciones relativamente limpias, es un alojamiento para antes o después de cruzar la frontera. Abajo se juega a las cartas en una atmósfera masculina de nicotina. Está en la avenida principal.

Otel Huzur   HOTEL **€**
(☑351 4095; Cumhuriyet Caddesi 25; i/d 40/60 TRY; ✱) Acogedor hotel frecuentado por viajeros que hacen la ruta del mar Negro hacia Georgia con habitaciones bastante nuevas, algunas con vistas al mar. Está en

Rize es el último reducto importante de los laz (véase p. 670), un grupo étnico de unas 250 000 personas de las cuales 150 000 aún hablan lazurí, una lengua cau-cásica. Son célebres por sus coloridos trajes tradicionales y su música popular *lazeburi*. En la zona de Rize se pueden ver actuaciones de los laz en cualquier fiesta de importancia.

Sin embargo, decir que alguien es laz no es cosa fácil. Los laz turcos cuestionan enérgicamente cualquier clasificación que los agrupe con sus homólogos georgianos. Los lugareños que no son laz, para distinguirse, se hacen llamar *karadenizli* (del mar Negro) pero, aun así, muchos turcos utilizan el término "laz" como un cajón de sastre que engloba a todo aquel que viva al este de Samsun.

A los laz, que son la población mayoritaria en localidades como Pazar y Ardeşen, les gusta diferenciarse de otros habitantes de la costa, y hacen caso omiso del estereotipo del pescador laz que solo come anchoas, blanco de innumerables chistes turcos.

De hecho son los laz los últimos en reír, porque muchas de las líneas marítimas turcas son propiedad de familias laz que, a su vez, suelen tripular sus barcos con marineros laz, de modo que no sería raro encontrar en el viaje algún lobo de mar re-tirado capaz de narrar en perfecto inglés sus recuerdos de San Francisco, Sri Lanka o Singapur.

la calle principal, enfrente del aparcamiento de camiones.

🍴 Dónde comer y beber

Green Kebap 'PIDECI' €
(Cumhuriyet Caddesi; platos principales 3-7 TRY) Hace exactamente lo que pone en la etiqueta: sirve kebabs y *pides* en dos terrazas y un comedor rodeados por un frondoso parque. Cerca hay un *tekel bayii* (puesto que vende alcohol) en el que marcarse una cerveza fría después de un duro viaje en autobús.

ℹ️ Cómo llegar y salir

La *otogar* de Hopa está en la vieja carretera de la costa, 1 km al oeste del centro. Hay autobuses directos entre Hopa y Erzurum (30 TRY, 6 h) que salen a las 9.00, 16.00 y 19.00, y servicios regulares de autobús o microbús a Artvin (12 TRY, 1½ h), Rize (8 TRY, 1½ h) y Trabzon (18 TRY, 3½ h). Solo hay un autobús diario y directo a Kars (20 TRY, 7 h).

Para ir a Georgia, hay hasta 10 autobuses con destino a Batumi (10 TRY, 1 h) y dos a Tiflis (35 TRY, 8 h), aunque lo más habitual es tomar un autobús directo en Trabzon o Rize.

MONTAÑAS KAÇKAR

La recortada cordillera de las Kaçkar (Kaçkar Dağları) limita al norte con la costa del mar Negro y al sur con el río Çoryh, y se extiende a lo largo de 30 km desde el sur de Rize hasta casi Artvin por su extremo norte. Los valles situados a menor altitud se hallan cubiertos de tupidos bosques pero, por encima de los 2100 m, los pastos tapizan los puertos de montaña y las mesetas, y el paisaje se tachona de lagos y de *yayla* de veraneo de tipo alpino.

Las Kaçkar son célebres por sus posibilidades para el senderismo. Entre las excursiones más populares está su punto más elevado, el **monte Kaçkar** (Kaçkar Dağı; 3937 m), con un glaciar en la cara norte, y las cordilleras nororientales en torno al pico **Altıparmak** (3310 m). Es posible visitarlos en un día, pero harían falta al menos tres para desvelar toda la belleza de esta región.

🏃 Actividades

'Trekking'

La temporada de *trekking* es muy breve, y las rutas por los montes más altos solo se pueden hacer entre mediados de julio y mediados de agosto, cuando la cota de nieve lo permite. De mediados de mayo a mediados de septiembre se pueden realizar un montón de caminatas por las laderas más bajas.

Una de las excursiones de varios días más populares es la ruta **Trans-Kaçkar**. La caminata hasta la **cumbre del Kaçkar** por su cara sur se hace fácilmente en tres días, pero puede requerir equipamiento de nieve. La ruta **Trans-Altıparmak** se realiza en tres o cuatro días y es similar a

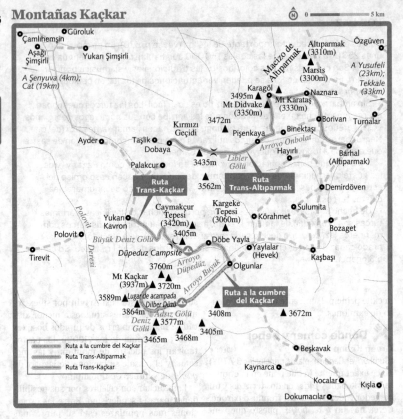

la Trans-Kaçkar, pero cruza el macizo de Altıparmak y no sube a la cumbre. Si se pernocta en **Barhal (Altıparmak)** se puede subir en cuatro o cinco duras horas hasta **Karagöl**, acampar allí para pasar la noche y regresar al día siguiente.

La mayoría de la gente toma como base Ayder o Çamlıhemşin e inicia las caminatas desde los flancos orientales de los montes en Barhal, Yaylalar (Hevek) u Olgunlar. Se pueden hacer **excursiones de un día** por las laderas y los lagos desde Yukarı Kavron, Caymakçur y Avusor, poblaciones comunicadas (aunque poco) por *dolmuş* con Ayder.

Para más información, véase el excelente sitio web www.trekkinginturkey.com o la guía *The Kaçkar. Trekking in Turkey's Black Sea Mountains*, que incluye 30 rutas diferentes por las Kaçkar.

En www.kackarlar.org se pueden descargar mapas y resúmenes de las principales rutas y senderos.

GUÍAS LOCALES DE 'TREKKING'

Para hacer senderismo en las Kaçkar es conveniente contratar a alguien que conozca los caminos. La mayoría de las rutas no están señalizadas y la niebla puede dificultar la orientación. A veces cuesta encontrar un guía al llegar a la zona, sobre todo fuera de la temporada de *trekking*, por lo que se recomienda reservar uno con anterioridad.

Hace falta una buena tienda, hornillo y saco de dormir, aunque si se hacen las rutas con un operador que lo incluya todo, bastará con las botas y ropa de abrigo.

Por un circuito guiado en su totalidad para dos personas, con la tarifa del guía, las tiendas y los sacos incluidos, pero sin el transporte y la comida, se suelen pagar unos 150 US$ por día desde Ayder.

Entre los guías de confianza que hablan inglés están **Mehmet Demirci** (☏0464-651 7787, 0533-341 3430; www.turkutour.com), un jovial emprendedor local que ofrece excursiones a pie de un día, caminatas más largas, safaris en todoterreno, circuitos en bicicleta y *rafting*. Durante la temporada de *trekking* está en la Fora Pansiyon (p. 539), en Ayder. Muchos guías de Ayder trabajan a través de su empresa **Turku Tourism** (www.turkutour.com). Su sitio web ofrece más información sobre excursiones de varios días y actividades como equitación, ciclismo de montaña, senderismo y fotografía.

Otra referencia recomendable es **Egemen Cakir** (☎0532-606 4096; egemen_cakir@yahoo.com). Tiene su base al otro lado de los montes, cerca de Erzurum, pero puede organizar circuitos guiados (por día 150 TRY aprox.) desde la zona de Ayder y Çamlıhemşin. Véase www.kackarlar.org para información de contacto de otros guías locales.

También hay guías de montaña en Yusufeli, Tekkale y Barhal, en el lado sur de la cordillera (véase p. 550). Otra posibilidad es unirse a un circuito de **Middle Earth Travel** (www.middleearthtravel.com; 1 semana de *trekking* por las Kaçkar 570 €).

Quien no quiera reservar un guía con antelación tiene la opción de tomar un *dolmuş* desde Ayder hasta la aldea de montaña de Yukarı Kavron, donde hay varias pensiones sencillas con guías que a veces están disponibles.

'Rafting' de aguas blancas

En julio y agosto se puede practicar en los rápidos que hay al oeste de Çamlıhemşin. Conviene preguntar en los hoteles o en **Dağraft** (☎0464-752 4070; www.dagraft.com.tr; por persona 50-70 TRY), a 9 km de la costa, en la carretera de Ayder a Çamlıhemşin. Su curso para aficionados se centra en vueltas de 9 km de clase 1-2, mientras que el curso profesional consiste en un viaje de 18 km de clase 3-4 desde Çamlıhemşin.

Los rápidos de la zona de Çamlıhemşin son pequeños en comparación con las emocionantes aguas que hay cerca de Yusufeli (p. 550), pero la región del mar Negro cuenta sin lugar a dudas con el paisaje más bello.

Deportes de invierno

También se pueden practicar algunos **deportes de invierno** como el esquí de fondo, pero como hay muy poca gente fuera de la temporada de senderismo, se recomienda organizarlo con antelación. Se aconseja contactar con **Mehmet Demirci** (☎0464-651 7787, 0533-341 3430; www.turkutour.com) para obtener más información.

Çamlıhemşin y alrededores

☎0464 / 2400 HAB.

A 300 m de altitud, 20 km más allá de la carretera litoral, Çamlıhemşin es un punto de transición entre climas. La llovizna y la niebla comienzan al abandonar la costa, y en el camino hacia los valles que llevan a Ayder se empieza a notar una mayor influencia alpina en el clima, el paisaje y la vegetación.

Viajando de Çamlıhemşin a Ayder se pasa por varios **puentes peraltados** antiguos que cruzan el Fırtına Çayı (arroyo de la Tormenta) y que fueron restaurados para conmemorar el 75 aniversario de la República turca en 1998. Entre este lugar y la costa se sitúan un par de *campings* y la empresa de *rafting* Dağraft.

Al pasar Çamlıhemşin, la carretera se bifurca. Recto (en el cartel pone "Zil Kale & Çat"), se sigue el río hasta Şenyuva, y a la izquierda (pone "Ayder Kaplıcaları"), se asciende hasta Ayder (17 km).

Çamlıhemşin es un práctico pueblo con el único cajero de las Kaçkar, un lugar en el que aprovisionarse o recuperar energías en sus restaurantes baratos.

Para alojarse, se aconseja continuar hacia Ayder, pero hay una joya oculta, el **Ekodanitap** (☎651 7230; www.turkutour.com; media pensión por persona casa Hemşin/casa en el árbol 60/45 US$), una combinación de casas tradicionales de Hemşin y casas en los árboles medio escondidas en una empinada ladera junto a la carretera principal entre la costa y Çamlıhemşin. La sostenibilidad es prioritaria, así que cuenta con un huerto ecológico y energía solar, pero también dispone de comodidades modernas como frigoríficos y duchas solares. Las comidas se sirven en una cabaña común con vistas al valle de un río.

No hay *dolmuşes* directos desde Trabzon o Rize; hay que ir desde Çamlıhemşin o Ayder (desde Pazar o Ardeşen).

El pueblo cuenta con cafeterías básicas y con el **Yeşilvadi** (☎651 7282; İnönü Caddesi; comidas 10-14 TRY), junto al puente del Ayder, que sirve excelentes comidas a base de trucha y *mezes* en un invernadero. A 1 km de Çamlıhemşin en dirección a Ayder, el **Dağdibinde** (comidas 6-10 TRY) dispone de un comedor al aire libre junto al elegante arco de un puente de piedra centenario.

El tránsito de *dolmuş* desde Pazar o Ardeşen hacia Çamlıhemşin es frecuente.

MEHMET DEMIRCI – GUÍA DE 'TREKKING'

Mejor alojamiento

Ekodanitinap (p. 537) cuenta con cabañas y casas en el árbol, y es un lugar apacible próximo al pueblo de Çamlıhemşin. Hay energía solar y una granja ecológica. Cuando no estamos en Ayder durante la temporada de *trekking*, me quedo allí con mi familia. No hay gente y te puedes quedar mirando el sistema solar. Me encanta.

Caminata preferida por las montañas Kaçkar

La de una semana que empieza en Çamlıhemşin y sube por el valle de Fırtına hasta Çat. Llegamos hasta 2650 m y entonces bajamos un poco para pasar tres noches usando la casa de la montaña de Kotençur como base, a 2300 m. Después, regresamos monte abajo hasta las fuentes termales de Ayder, para acabar el camino en Çamlıhemşin.

Şenyuva

📍 0464

Es un pueblo bonito y evocador y, puesto que Ayder cada vez está más concurrido, resulta un lugar espléndido para disfrutar de un ambiente totalmente tradicional. Los lugareños están tan orgullosos de su encanto especial que en el 2010 vetaron la llegada de la televisión.

En Şenyuva es especial hasta la carretera que lleva a él, que atraviesa verdes valles entrecruzados por cables a través de los que se transportan productos de consumo a remotas casas de montaña. No hay que perderse las mansiones en lo alto de los montes construidas a principios del s. xx, cuando los lugareños regresaron forrados de dinero después de haber trabajado como chefs y panaderos en la Rusia prerrevolucionaria.

Unos pocos kilómetros al norte de la Fırtına Pansiyon se halla el grácil arco del **Şenyuva Köprüsü** (puente del Şenyuva, 1696). Desde aquí se sigue la carretera durante 9 km hasta el espectacular enclave de las ruinas del **castillo de Zil** (Zil Kale), torre redonda de piedra sobre una base de roca desnuda, rodeada de un exuberante bosque de rododendros; la caminata es magnífica, mientras que el trayecto resulta duro para los automóviles. Continuando 15 km más allá se llega a **Çat** (1250 m), aldea de montaña que se utiliza como base de *trekking*, donde hay una tienda y un par de pensiones de temporada y de donde salen pistas aún peores, que se internan en los montes.

🛏 Dónde dormir

Conviene reservar con antelación, pues las opciones de alojamiento en Şenyuva son limitadas. Los dueños de las pensiones pueden organizar excursiones a pie por la zona.

Otel Doğa PENSIÓN €
(📞 651 7455; www.hoteldogafirtina.com; media pensión por persona 45 TRT) Acogedora pensión a unos 4 km de Çamlıhemşin, acurrucada junto a un pequeño meandro del río Fırtına. Su viajero propietario, İdris Duman, habla francés e inglés y es un apasionado de su región natal. Casi todas las habitaciones disponen de baño y balcón propios, y la comida casera es el reconstituyente perfecto después de un largo día de caminata. Es muy popular, así que se aconseja reservar con antelación. En verano, los *dolmuşes* que van a las aldeas situadas en las praderas más altas de las Kaçkar pasan justo por delante.

Fırtına Pansiyon PENSIÓN €
(📞 653 3111; www.firtinavadisi.com; media pensión por persona 65 TRY; ☉ abr-sep) Unos 2 km por encima del valle del río, esta agradable pensión ofrece lindos bungalós junto a la corriente y habitaciones alegres en el edificio de una antigua escuela. Una reciente reforma ha añadido nuevos dormitorios revestidos de pino y decorados con colorida ropa de cama. La zona común, con una chimenea, instrumentos de música y montones de libros, bien podría ser el rincón más acogedor de Turquía. Todas las opciones de alojamiento comparten baño.

ℹ Cómo llegar y salir

Como solo hay un microbús diario entre Şenyuva y Çamlıhemşin, quizá haya que ir a pie (6 km) o tomar un taxi, que suele costar 20 TRY por trayecto.

Ayder

📞0464

Es el eje turístico de las Kaçkar, un pueblo de altos pastos en medio de un valle a 1300 m, con montañas cubiertas de nieve por encima y cascadas que bajan hacia el río. El antiguo desarrollismo salvaje dotó de feos bloques de hormigón a este magnífico paraje, pero ahora predominan los edificios tipo chalé alpino, y los nuevos tienen que seguir de estilo tradicional (revestidos de madera).

Ayder es un destino habitual del turismo nacional, y cada vez es más popular entre los grupos de excursionistas de países occidentales, sobre todo de Israel. En consecuencia, su alma de destino económico avanza sigilosamente hacia la categoría superior, lo que se traduce en hostelería de más calidad pero también en precios más altos.

Solo hay movimiento durante la temporada de senderismo (med may-med sep), mientras que el resto del año puede que solo vivan unas cuantas familias. Sin embargo, cada segunda semana de junio, cuando se celebra el **Festival Çamlıhemşin Ayder** (véase recuadro en p. 540), y los fines de semana de julio o agosto, los turistas turcos invaden el pueblo y a media tarde la mayoría de los alojamientos ya están llenos.

En el que está considerado el centro del pueblo se encuentran varios restaurantes, un supermercado, un cibercafé, la oficina de los microbuses y una parada de autobús, además de varias tiendas. También hay otros alojamientos, restaurantes y tiendas dispersos a lo largo de 1 km según se sube por la carretera. No hay donde cambiar dinero y el cajero automático más cercano está en Çamlıhemşin.

Unos 4,5 km más abajo, Ayder señala la entrada en el Kaçkar Dağları Milli Parkı (Parque Nacional de las Montañas Kaçkar), donde hay que pagar 8 TRY por vehículo.

🏃 Actividades

La mayoría de la gente usa Ayder como base para hacer **senderismo** en la montaña, aunque también vale la pena pasar una noche solo por disfrutar del magnífico paisaje.

Para relajar los músculos después de una caminata, nada mejor que las impolutas **'kaplıca'** (fuentes termales; entrada 8 TRY, cabina privada 25 TRY; ⏲8.00-20.00), donde el agua alcanza los 56ºC.

🛏 Dónde dormir

Muchos de los establecimientos hoteleros de Ayder están cerca de la carretera, a mitad de camino subiendo el monte, y a ellos se accede por senderos estrechos y empinados. Cuando baja la niebla puede ser complicado llegar. Por lo general, los bultos se suben mediante ingeniosos sistemas de poleas.

Fora Pansiyon　PENSIÓN €
(📞657 2153; www.turkutour.com; media pensión por persona sin baño 40 US$) Es una de las pensiones ubicadas en la ladera, y ofrece una acogedora sala de estar, dormitorios revestidos en pino con baños compartidos, balcones y lavandería. La familia Demirci es muy sociable, y no hay que irse sin comer con los niños en la terraza, con unas buenas vistas, aunque es probable que al viajero le entre morriña.

Zirve Ahşap Pansiyon　PENSIÓN €
(📞657 2162; i/d sin baño 30/60 TRY) Para presupuestos ajustados, esta casa en la ladera es bastante rústica, pero hay una cocina para los huéspedes, es agradable y se habla inglés.

Yeşil Vadi Otel　HOTEL €€
(📞657 2050; www.ayderyesilvadi.com, en turco; i/d 70/140 TRY) Con más revestimiento de madera que una sauna sueca, es un estupendo alojamiento céntrico junto a la carretera principal. Muchas de las habitaciones tienen vistas al valle, y en el restaurante de delante preparan un *menemen* estupendo, si se quiere variar el desayuno.

Kuşpuni Pansiyon　PENSIÓN €€
(📞657 2052; www.ayderkuspuniotel.com; i/d 60/120 TRY) Otro chalé-pensión familiar en cuya sala de estar se disfruta, al amor de la estufa, de buenas vistas y comidas suculentas, como su genial *muhlama*. A los huéspedes les encanta la comida; muchas veces se la sirven en su agradable terraza que mira al valle. Junto al edificio principal hay un delicioso *serander* rústico.

Otel Ayder Haşimoğlu　HOTEL €€
(📞657 2037; www.hasimogluotel.com; i/d/ tr 80/105/140 TRY) Gestionado por Ayder Turizm, el mismo que regenta las fuentes termales y el restaurante Ayder Sofrası, situado más arriba, este ostentoso hotel revestido de pino está junto al río, a 100 m monte abajo del centro. Para ir hay que seguir el sendero que pasa junto a la mezquita. Cuenta con instalaciones como gim-

LA CULTURA HEMŞİN

Si se visita Ayder un fin de semana de verano, con suerte se verá algo de lo último que queda de la cultura de los hemşin o hemsinli (véase p. 670). Durante las vacaciones, los hemşin se reúnen en las praderas de la ciudad para bailar el *horon*, cruce entre la conga y el corro, al quejumbroso son del *tulum*, gaita de piel de cabra. Aunque no se coincida con una de estas fiestas, por toda la montaña se ve a sus mujeres con espléndidos tocados, que a menudo desentonan con las chaquetas de punto, faldas largas, zapatillas deportivas o botas de lana que completan su atuendo. Todos los años, en la segunda semana de junio, muchos emigrantes vuelven a Hemşin desde ultramar para asistir al Festival Çamlıhemşin Ayder. Durante esos días es casi imposible conseguir alojamiento.

nasio y *spa*, pero falta el toque personal y familiar que ofrecen otros alojamientos del pueblo más pequeños, aunque este es el más confortable.

 ## Dónde comer y beber

Mucha gente opta por la media pensión, pero hay más posibilidades.

Nazlı Çiçek   RESTAURANTE €
(platos principales 6-10 TRY) Situada en pleno centro, esta encantadora casa antigua se especializa en trucha recién pescada, además de ofrecer una limitada gama de platos clásicos y especialidades del mar Negro como el *muhlama*.

Yilmaz Cafeterya   'LOKANTA' €
(platos principales 4-8 TRY) Acogedora y agradable, la Yilmaz es una joya de la cocina tradicional del mar Negro. El *muhlama* y el *labana sarması* son excelentes, y la *menemen* con pimiento verde picante es el almuerzo perfecto en una fría mañana en las Kaçkar. Está cerca de la cima de la colina, a la izquierda; hay que caminar al fresco para llegar, pero vale la pena.

Zümrut Café   CAFÉ €
La mejor selección de dulces y cafés de Ayder viene con unas vistas a una cascada propia de un anuncio de agua mineral incluidas. Sugerencias: las cremosas natillas y una delicia que en la zona llaman *laz böreği*.

ℹ Cómo llegar y salir

De mediados de junio a mediados de septiembre hay servicios frecuentes de *dolmuş* entre Pazar, en la costa, y Ayder (8 TRY, 1 h) que pasan por Ardeşen y Çamlıhemşin. Los domingos de verano el goteo de microbuses que suben a Ayder es constante. El resto del año, los pasajeros son lugareños que van a hacer la compra, así que los *dolmuşes* bajan de Ayder por la mañana y regresan de Pazar al principio de la tarde.

En temporada, por la mañana salen *dolmuş* de Ayder hacia otros pueblos de montaña como Galer Düzü, Avusor, Yukarı Kavron y Ceymakcur (consúltense los horarios exactos con los vecinos).

Incluso en temporada baja sigue habiendo cuatro microbuses diarios entre Pazar y Çamlıhemşin.

Noreste de Anatolia

Los mejores alojamientos

» Karahan Pension (p. 553)

» Ski Lodge Dedeman (p. 547)

» Grand Ani Hotel (p. 557)

» Greenpeace Camping (p. 551)

» İhtiyaroğlu (p. 551)

Los mejores restaurantes

» Ocakbaşı Restoran (p. 557)

» Erzurum Evleri (p. 545)

» Ani Ocakbaşı (p. 557)

» Güzelyurt Restorant (p. 545)

Yöresel Yemek Evi (p. 567)

Por qué ir

Si el viajero tiene debilidad por los lugares remotos, ¿por qué no explorar la parte menos conocida de Turquía? A pesar de su gran atractivo, sigue siendo una gran desconocida incluso para los turcos, ajena al acoso de autocares turísticos y multitudes. Lo que más sorprende es la extraordinaria variedad de sus paisajes, desde escarpados desfiladeros y estepas infinitas hasta majestuosas montañas y pastos a grandes altitudes. No es de extrañar que sea zona de senderismo (hay que ir al monte Ararat y a las Kaçkar), de *ráfting* en aguas bravas y de esquí.

La cultura también tiene su espacio. Junto con lo más destacado –las ruinas de Ani y el palacio Işhak Paşa– emergen muchos tesoros ocultos, incluidos palacios, castillos, iglesias georgianas y monumentos armenios aislados, todos ellos vestigios de antiguas y prósperas civilizaciones. Y si alguien echa en falta un poco de vida urbanita, Erzurum y Kars serán la solución. ¿El exponente más completo de Turquía? Quizá.

Cuándo ir

Erzurum

Mayo La estepa está en flor; sus fragancias y colores son inolvidables.

Julio-septiembre Calzarse las botas de montaña e ir rumbo a las Kaçkar o al monte Ararat.

Diciembre-abril Esquiar en las estaciones de Palandöken o Sarıkamış.

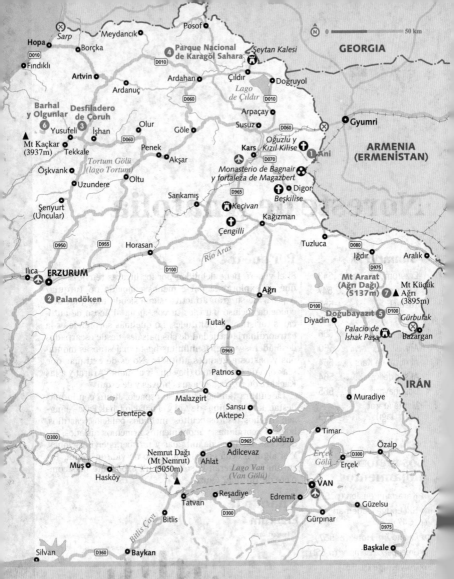

Lo más destacado del noreste de Anatolia

① Visitar la antigua y gloriosa **Ani** (p. 560), antaño una próspera capital armenia.

② Disfrutar de la nieve en la estación de **Palandöken** (p. 547).

③ Poner a prueba el temple surcando los rápidos en el **desfiladero de Çoruh** (p. 550).

④ Explorar el **Parque Nacional Karagöl Sahara** (p. 555) y recorrer sus pintorescos pueblecitos y sus bellos bosques alpinos.

⑤ Quedarse con la boca abierta delante del **palacio İshak Paşa** (p. 566), en Doğubayazıt.

⑥ Ver pasar el tiempo en los tranquilos **Barhal** (p. 552) y **Olgunlar** (p. 553).

⑦ Subir a la cima del icónico **monte Ararat** (p. 569), la montaña más alta de Turquía.

Erzurum

⏹ 0442 / 402 000 HAB. / ALT. 1853 M

Es la capital arquitectónica del este de Anatolia, y los amantes de la arquitectura devorarán con los ojos los magníficos edificios selyúcidas y las maravillosas *medreses* (madrazas, seminarios) de la calle principal de la ciudad. Tampoco querrán perderse la fantástica panorámica que se divisa desde la ciudadela, con la estepa como telón de fondo.

Pero Erzurum no es una ciudad que se duerma en los laureles de su historia; el dinamismo vital de sus calles, flanqueadas por flamantes centros comerciales, le ha valido la fama de centro de dinamización cultural y metrópoli moderna. Aunque se dice que es muy beata y conservadora, como Konya, los universitarios con pinta de modernos le aportan un ambiente algo más laxo. Y cuando llega el invierno, la cercana estación de esquí de Palandöken enciende una animada vida nocturna.

Historia

Por su estratégica situación en la confluencia de las rutas a Constantinopla, Rusia y Persia, Erzurum ha sido conquistada y perdida por ejércitos armenios, persas, romanos, bizantinos, árabes, turcos, selyúcidas, mongoles y rusos. En 1515, Selim I el Cruel la ganó para los otomanos y, más tarde, la ocuparon tropas rusas en 1882 y 1916.

En julio de 1919, Atatürk convocó en Erzurum el congreso del que se alzó el grito de la lucha turca por la independencia y en el que se establecieron los territorios del Pacto Nacional, que formaron las fronteras de la nueva República de Turquía.

◉ Puntos de interés

Çifte Minareli Medrese   MADRAZA
(Seminario de los alminares gemelos; Cumhuriyet Caddesi) Al este del centro, el icono más característico de Erzurum data de la década de 1200, cuando era una rica ciudad selyúcida, antes de ser atacada y devastada por los mongoles en 1242. La fachada es un ejemplo de las variaciones selyúcidas sobre la simetría: los paneles de ambos lados de la entrada son idénticos en tamaño y posición pero tienen diferentes motivos decorativos; el de la derecha muestra el águila de la dinastía mientras que el de la izquierda luce una decoración inacabada.

Sobresalen dos alminares gemelos de ladrillo decorados con pequeños azulejos azules. La parte alta de ambos se perdió a causa de la violenta historia de la ciudad. El patio principal tiene cuatro nichos grandes y una columnata doble en sus lados este y oeste. Al final se halla la Hatuniye Türbesi, una gran sala abovedada de 12 lados donde reposa Huand Hatun, fundador de la madraza.

Ulu Cami   MEZQUITA
(Gran mezquita; Cumhuriyet Caddesi) A diferencia de la elaborada decoración de la Minareli, la Ulu Cami, levantada en 1179 por el emir Saltuk de Erzurum, es sobria y elegante, con siete pasillos de norte a sur y seis de este a oeste, lo que produce un bosque de columnas. Se entra al pasillo principal por el norte. Sobre el tercero, de este a oeste, hay una impresionante cúpula de mocárabes que se abre al cielo. En el extremo sur del pasillo central se pueden ver una curiosa cúpula de madera y un par de troneras. Muy cerca de la Ulu Cami está la pequeña **Caferiye Camii** (Mezquita Caferiye; Cumhuriyet Caddesi), otomana.

Üç Kümbetler   MAUSOLEOS
(Tres tumbas) Si se camina hacia el sur entre la Çifte Minareli y la Ulu Cami se llega a un cruce. Hay que girar primero a la izquierda y después, enseguida, a la derecha. Tras andar una manzana cuesta arriba se llega a estos tres mausoleos protegidos por una cerca. Obsérvense los tejados, casi cónicos, y los elaborados paneles laterales.

Yakutiye Medrese   MADRAZA
(Yakutiye Seminary; Cumhuriyet Caddesi) Erigida en una plaza del centro, esta imponente madraza es un seminario teológico mongol de 1310. Los gobernadores mongoles imitaron los conceptos básicos de la arquitectura selyúcida y les añadieron sus propias variaciones, como en el caso de la entrada al edificio. De los dos alminares originales solo se conserva la base de uno y la parte baja del otro, y unos soberbios mosaicos que no llamarían la atención de estar en Asia central. En la actualidad, la madraza es el **Museo Etnográfico y de Artes Turco-Islámicas** (Türk-İslam Eserleri ve Etnoğrafya Müzesi; entrada 3 TRY; ⏰8.00-12.00 y 13.00-17.00 ma y ju-do). En el interior, la impresionante cúpula central está cubierta de mocárabes en forma de prisma que atrapan la luz de la abertura central y proyectan bellas formas.

El bonito edificio que hay a la derecha de esta madraza es la clásica **Lala Mustafa Paşa Camii**, de 1562.

Kale

FORTALEZA

(Entrada 3 TRY; ⊙8.00-17.00) Si sudar no es un problema, hay que subir hasta esta fortaleza, en la ciudadela, para contemplar las mejores vistas de Erzurum. Está apostada en lo alto de una colina al norte de la Çifte Minareli. Fue levantada por el emperador Teodosio hacia el s. v.

Museo de Erzurum

MUSEO

(Erzurum Müzesi; Yenişehir Caddesi; entrada 3 TRY; ⊙8.00-17.00 ma-do) Los fans de la arqueología querrán ir derechitos a este museo, que expone objetos de yacimientos cercanos. Queda varias manzanas al suroeste de la madraza Yakutiye.

🛏 Dónde dormir

Erzurum cuenta con un par de opciones económicas y de precio medio, pero si uno quiere darse un lujo puede alojarse en la estación de esquí de Paladönken, 5 km al suroeste de Erzurum.

Yeni Çınar Oteli

HOTEL €

(📞213 6690; Ayazpaşa Caddesi; i/d 30/40 TRY) No parece gran cosa, pero es limpio, seguro, tranquilo y permite ir a pie a todas partes. Hay que evitar las habitaciones traseras, sin vistas. El desayuno no está incluido. Al lado hay un *lokanta* (restaurante que sirve comida recién preparada). Está en el mercado, a poca distancia de İstasyon Caddesi. La pega es que de noche la calle está mal iluminada y solitaria.

Grand Hotel Hitit

HOTEL €€

(📞233 5001; www.grandhitithotel.com; Kazım Karabekir Caddesi; i/d 80/120 TRY) Renovado y modernizado hace poco, ofrece habitaciones bien orientadas con TV, muebles de madera oscura, baños impecables y buenos colchones. Con una dirección muy profesional, es una buena opción para las mujeres que viajan solas. Destaca la sala de desayunos de la última planta, ideal para contemplar la ciudad. Y está a cuatro pasos de todas partes.

Erzurum

Esadaş Otel　　　　　　　　　HOTEL €

(☎233 5425; www.erzurumesadas.com.tr; Cumhuriyet Caddesi; i/d 60/90 TRY) Pros: está en la calle principal y cerca de todas partes, también de la magnética tienda de dulces Kılıçoğlu. Contras: está en la calle principal, peligrosamente cerca de Kılıçoğlu, y es un poco ruidoso (el tráfico cesa hacia las 23.00). Bien mantenido y dirigido con eficiencia. El desayuno es excelente. Conviene regatear un poco si hay poca actividad.

Hotel Dilaver　　　　　　　　HOTEL €

(☎235 0068; www.dilaverhotel.com.tr; Aşağı Mumcu Caddesi; i/d 60/120 TRY; ❄) Este monolito sin personalidad es algo caro, pero está a cuatro pasos de los principales puntos de interés, en una calle tranquila. Las habitaciones son prácticas y tienen buenos baños.

Se puede disfrutar de un copioso desayuno con vistas a la ciudad.

545

Yeni Ornek　　　　　　　　　HOTEL €

(☎233 0053; Kazım Karabekir Caddesi; i/d 40/65 TRY) Es sencillo, pero las habitaciones están bien y el personal es agradable, lo que lo convierte en una opción de precio medio muy fiable. Tras un día ajetreado, uno puede desparramarse en los confortables sillones de piel del vestíbulo y contemplar la antigua centralita.

🍴 Dónde comer y beber

👍 **Erzurum Evleri**　　　　　　CAFÉ €

(Cumhuriyet Caddesi, Yüzbaşı Sokak; platos principales 7-13 TRY) Espectacular. Situado en una antigua casa de madera junto a la calle principal, da la sensación de que toda la parafernalia del Imperio otomano ha venido a parar aquí: kílims, cuadros, armas, herramientas de labranza y otros objetos llenan las paredes de este café. Uno solo puede rendirse a la languidez de las alcobas privadas, con cojines y mesas bajas; y tomarse una sopa, un *börek* (hojaldre relleno) o un kebap *tandır* (estofado). El vecino Daşhane, del mismo propietario, ofrece música en directo las noches de los viernes y los sábados. Lástima que no sirva alcohol.

Güzelyurt Restorant　　　RESTAURANTE €€

(Cumhuriyet Caddesi; platos principales 8-15 TRY) Todo un símbolo que funciona desde 1928, adorable por lo anacrónico que parece, con sus visillos en las ventanas, su encanto tradicional y sus gruesas alfombras. Es además un lugar perfecto para gastarse el dinero en una buena comida. Los *mezes* son la estrella principal, hay más de veinte especialidades, pero la carta incluye una selección de platos principales, incluido el 'Bof Straganof' (así aparece en la carta), todo servido al estilo de la vieja escuela por camareros con pajarita. Sirve alcohol.

Kılıçoğlu　　　　　　　　　PASTELERÍA €

(Cumhuriyet Caddesi; tentempiés y pastas desde 2 TRY) Quien esté a dieta, por muy férrea que sea su voluntad, verá difícil resistirse a la tentadora oferta de esta pastelería-heladería. Sus productos están tan bien presentados como los de una joyería. Si alguien puede resistirse a los esponjosos *baklavas* de *fıstıklı* (pistacho), es que no es humano.

Küçükbey Konağı　　　　　　CAFÉ €

(Cumhuriyet Caddesi, Erzurum Düğün Salonu Karşısı; platos principales 4-9 TRY) Situado en una vieja mansión reconvertida en café, es un acogedor oasis muy popular entre estudiantes de ambos sexos, que vienen aquí a cotillear, a ligar y a fumar narguile. En cuanto a la comida, ofrece platos y tentempiés sencillos, pero la gente viene por el ambiente. Está en una calle secundaria de la calle principal.

Arzen
HELADOS €

(Cumhuriyet Caddesi; helados y tentempiés desde 2 TRY) La mejor heladería de la ciudad. Un local moderno que atrae a los adictos al *baklava* como la miel atrae a las moscas. Con solo probar el helado de *fıstıklı*, uno ya no puede dejar de comerlo. También sirve tentempiés, sándwiches y tartas.

Gel-Gör Cağ Kebabı
'KEBAPÇI' €

(İstasyon Caddesi; platos principales 5-10 TRY) Carismático. Especializado en kebab *cağ* (carne de oveja a l'ast), que se sirve con pequeñas fuentes de ensalada, cebolla y yogur. Un concepto hecho culto desde 1975. Los carnívoros entregados ya saben dónde ir a comer.

TWI
BAR-RESTAURANTE €€

(İsmetpaşa Caddesi; platos principales 7-15 TRY) Un recién llegado con desparpajo. Este local multifuncional –bar, restaurante y discoteca– sirve una amplia variedad de comida turca sencilla en un ambiente bastante elegante. Es muy popular entre estudiantes de clase alta de ambos sexos.

Aspava
'KEBAPÇI' €

(Cumhuriyet Caddesi; platos principales 7-12 TRY) Energético, animado, con comida de la que llena y buena relación calidad-precio. En este local de la calle principal preparan buenas *pides* (*pizza* turca) y kebabs que llenan. El ambiente es alegre; y la comida, fresca, se prepara con todas las garantías de higiene.

De compras

Erzurum es conocida por la producción de joyas y otros objetos elaborados con *oltutaşı*, el ámbar negro local. Se pueden comprar en el ambientado **Rüstem Paşa Çarşısı** (Adnan Menderes Caddesi), construido entre 1540 y 1550 por el gran visir de Solimán el Magnífico.

ⓘ Información

CONSULADO El **consulado iraní** (☎316 2285; fax 316 1182; Atatürk Bulvarı; ⏰8.30-12.00 y 14.30-16.30 lu-ju y sa) está 2 km al sur del centro, en dirección a la estación de esquí Palandöken (para información sobre visados, véase p. 699).

ACCESO A INTERNET En el centro abundan los cibercafés.

DINERO La mayoría de los bancos tienen sucursales con cajeros automáticos en Cumhuriyet Caddesi y alrededores. También hay algunas oficinas de cambio, incluida **Cihan Döviz** (☎234 9488; Çaykara Caddesi; ⏰8.00-19.00 lu-vi, 10.00-17.00 sa y do), que abre más horas.

INFORMACIÓN TURÍSTICA La **oficina de turismo** (☎235 0925; Cemal Gürsel Caddesi; ⏰8.00-17.00 lu-vi) ofrece algunos folletos; y, si hay suerte, un plano de la ciudad.

ⓘ Cómo llegar y salir

Avión

Durmazpınar Turizm (%233 3690; Cumhuriyet Caddesi; ⏰8.00-20.00) vende billetes de Sun Express, Turkish Airlines y Onur Air. Sun Express tiene cinco vuelos semanales al aeropuerto internacional Sabiha Gökçen de Estambul (desde 110 TRY) y cinco vuelos semanales a İzmir (desde 80 TRY, 2 h). Onur Air tiene cinco vuelos semanales a Estambul (desde 118 TRY, 2 h). Turkish Airlines ofrece vuelos diarios a Estambul (desde 108 TRY) y Ankara (desde 64 TRY, 90 min).

SERVICIOS DESDE LA 'OTOGAR' DE ERZURUM

DESTINO	TARIFA (TRY)	DURACIÓN (H)	DISTANCIA (KM)	FRECUENCIA (DIARIA)
Ankara	50	13	925	10 autobuses, aprox.
Diyarbakır	35	8	485	5 autobuses
Doğubayazıt	20	4½	285	5 autobuses
Estambul	65	19	1275	7 autobuses
Kars	15	3	205	frecuente
Kayseri	45	10	628	varios
Trabzon	25	6	325	varios
Van	30	6½	410	3 autobuses, aprox.

Autobús

La *otogar* (estación de autobuses), a 2 km del centro por la carretera del aeropuerto, aglutina la mayor parte del transporte entre ciudades.

Para ir a Irán (con visado), se toma el autobús a Doğubayazıt, y desde allí se toma un microbús hasta la frontera iraní.

El Gölbaşı Semt Garajı, 1 km al noroeste de Adnan Menderes Caddesi por las callejuelas (tomar un taxi para llegar), tiene microbuses que van a las ciudades del norte y este de Erzurum, incluidas Artvin, Hopa, Rize y Yusufeli. Los microbuses a Yusufeli salen 'aproximadamente' a las 9.00, 13.30 y 16.00 cada día (20 TRY, 3 h, 129 km); los microbuses que van a Artvin (20 TRY, 4 h, 215 km), Hopa y Rize salen hacia las 7.30, 11.30, 14.00, 16.30 y 18.00.

Tren

La estación está 1 km al norte de Cumhuriyet Caddesi. El *Doğu Ekspresi* sale a diario a las 12.00 hacia Estambul vía Sivas, Kayseri y Ankara (40 TRY); con destino a Kars parte a las 17.20 (12 TRY). El *Erzurum Ekspresi* sale a las 13.00 diariamente hacia Ankara vía Sivas y Kayseri (40 TRY, 24 h); y a Kars, a las 11.00 (10 TRY, 4½ h).

Cómo desplazarse

Un taxi a/desde el aeropuerto, a 14 km de la ciudad, cuesta 40 TRY.

Los microbuses y autobuses urbanos pasan por la *otogar* y llevan hasta la ciudad por 1 TRY; un taxi cuesta 10 TRY.

Se pueden alquilar automóviles a través de **Avis** (☑233 8088; www.avis.com.tr; Terminal Caddesi, Mavi Site 1 Blok 5; ◷8.00-19.00).

Alrededores de Erzurum

ESTACIÓN DE ESQUÍ DE PALANDÖKEN
☑0442

Muchos viajeros se sorprenden al saber que la mejor estación de esquí del país se halla tan solo 5 km al sur de Erzurum, en Palandönken. Cuenta con pistas excelentes para todos los niveles y una infraestructura de primera clase que incluye telesillas, teleférico, zona de *snowboard* e impresionantes zonas de salto. La estación obtuvo el reconocimiento internacional en enero del 2011, al acoger la Universiada (los Juegos Universitarios Mundiales de Invierno).

Los fines de semana entre diciembre y abril hay que estar preparado para abrirse paso entre los esquiadores y para hacer cola en los remontes. El ambiente *après-ski* también es excelente.

Dónde dormir y comer

Salvo el Dedeman, los siguientes lugares abren todo el año. Todos los hoteles tienen restaurante, bar y discoteca. Los precios mencionados son los de la temporada alta de invierno (en temporada baja hay descuentos de hasta el 30%), pero suelen ser negociables.

Ski Lodge Dedeman HOTEL €€€
(☑317 0500; www.dedeman.com; i/d con media pensión 380/400 TRY; P ※) El más elegante e íntimo de todos.

Dedeman HOTEL €€
(☑316 2414; www.dedeman.com; i/d con media pensión 280/430 TRY; P ※) A pie de pistas, a 2450 m de altitud.

Palan Otel HOTEL €€
(☑317 0707; www.palanotel.com; i/d con media pensión 200/280 TRY; P ※ ※) Insulso, pero con instalaciones muy completas.

Polat Renaissance HOTEL €€
(☑232 0010; www.polatrenaissance.com; i/d con media pensión 250/350 TRY; P ※ ※) Tiene forma de pirámide, y parece una mini-ciudad.

Cómo llegar y salir

Desde el centro de Erzurum, un taxi cuesta 17 TRY.

Valles georgianos

Además de su espectacular paisaje, la región montañosa al norte de Erzurum es una de las zonas culturalmente más peculiares del noroeste de Anatolia. Antaño formaba parte del reino medieval de Georgia, de ahí su abundante legado de iglesias y castillos. Como se verá, combinan características de los estilos armenio, selyúcida y persa, y no reciben muchas visitas. A mediados de junio, los campos de cerezos y albaricoqueros están en plena floración y ofrecen una vista espectacular.

Para saber más cosas de este pequeño rincón de Turquía, lo mejor es consultar el intenso *Bread and Ashes: A Walk Through the Mountains of Georgia* (Pan y cenizas: un paseo por las montañas de Georgia), de Tony Anderson, que incluye un capítulo dedicado a los valles georgianos.

Historia

Desde el s. IV, persas y bizantinos se disputaron la zona, que en el s. VII fue conquistada y reconquistada sucesivas veces por

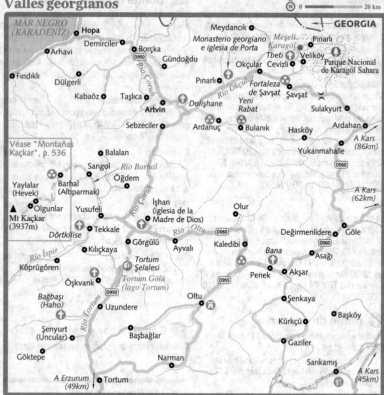

árabes y bizantinos. Durante el s. x formó parte del reino medieval de Georgia, regido por los bagrátidas, del mismo linaje que los armenios que gobernaban la región de Kars. La religiosidad, el apoyo de Bizancio y el aislamiento que producía la escarpada configuración del terreno favorecieron una cultura floreciente, cuyas iglesias pueden admirarse en la actualidad.

En el 1008 el ambicioso rey Bagrat III salió de los protegidos valles y unificó los distintos reinos georgianos en lucha; cambió la orientación de su nuevo reino, trasladando la capital desde Tiflis, en teoría bajo dominio árabe, a Kutaisi, y alejándose gradualmente de los valles del suroeste que habían estado bajo influencia bizantina desde el 1001.

Estas provincias habían sobrevivido en armonía entre las influencias bizantina y georgiana, pero la llegada de los turcos selyúcidas en el 1064 echó por tierra la espe-

ranza de una estabilidad verdadera. El rey David IV el Constructor [1089-1125] derrotó a los selyúcidas en 1122 y continuó la labor de Bagrat III al reunificar Georgia con la región de Tiflis y las provincias suroccidentales. Así comenzó la edad de oro de la cultura georgiana, que alcanzó su punto álgido con la reina Tamara [1184-1213].

Tras la llegada, en 1386, del conquistador mongol Tamerlán, el reino recibió su golpe más duro con la captura otomana de Constantinopla, en 1453. Aquello puso fin a la protección con la que habían contado los georgianos, quienes vivían prácticamente gobernados por Bizancio. El reino comenzó su declive, los otomanos se anexionaron sus valles y, más tarde, la Rusia imperial ocupó el resto del territorio.

En la actualidad, muchos habitantes de la región tienen ascendencia georgiana, pero se han convertido al islam o han huido por los problemas acaecidos a principios del s. xx.

ℹ️ Cómo llegar y salir

Es una delicia explorar estos pueblecitos de montaña, pero el transporte público entre ellos suele consistir en un único microbús que une Erzurum y Artvin a primera hora de la mañana y regresa por la tarde. También hay autobuses entre Erzurum y Yusufeli, pero no dejan mucho tiempo para explorar la zona. Es mejor alquilar un automóvil en Erzurum o tomar un taxi en Yusufeli (250 TRY al día aprox.).

El siguiente itinerario empieza en Yusufeli.

İŞHAN

Desde Yusufeli, hay que ir a la gasolinera situada en el km 9 de la carretera Artvin-Erzurum y continuar 8 km hasta llegar al cruce con la D060. Hay que tomar la carretera de la izquierda que indica Olur y Ardahan. Pasados 6 km se llega a İşhan, y se gira a la izquierda en el cruce que indica "İşhan Kilisesi". El pueblo de más arriba tiene una ubicación espectacular, 6 km cuesta arriba por una carretera empinada y estrecha labrada en la montaña. Cuando se redactaba esta guía, la carretera estaba bastante deteriorada, no es buena idea aventurarse por ella si hace mal tiempo.

Pasada la moderna mezquita blanca, se llega hasta la **iglesia de la Madre de Dios,** construida en el s. VIII y ampliada en el s. XI. Quedan algunos vestigios azules de los frescos en su cúpula casi cónica, pero están perdiéndose con rapidez; hace 25 años había paredes llenas de ellos. En el ábside se conserva una soberbia colección de arcos de herradura con capiteles distintos; asimismo, los cuatro pilares son impresionantes, como los de Öşkvank. La nave está dividida por un enorme muro, levantado cuando la mitad de la iglesia servía de mezquita hasta que se construyó una nueva en 1984. Los relieves con más detalle están sobre la puerta de una pequeña capilla contigua y atribuyen la construcción de la iglesia al rey Bagrat III. También merece la pena admirar las inscripciones sobre la puerta de ladrillo del edificio principal y la elaborada decoración de las ventanas, entre la que destaca una que representa la lucha entre un león y una serpiente. El tambor también muestra bellos arcos ciegos y elegantes columnas.

TORTUM GÖLÜ Y TORTUM ŞELALESİ

De vuelta al cruce con la D060, hay que tomar la carretera 950 en dirección a Erzurum (sur). Tras 16 km, se llega a las impresionantes **Tortum Şelalesi** (cascadas

de Tortum), señalizadas a 700 m de la carretera principal. Si se sigue hacia el sur, la carretera 950 bordea la orilla oeste del **Tortum Gölü** (lago Tortum), que se formó hace tres siglos por un desprendimiento de tierras. Un buen sitio para hacer un alto en el camino es el **İskele Et & Balık Lokantası** (platos de pescado 6-10 TRY), 4 km al sur de las cascadas, y degustar junto al lago platos de pescado muy bien preparados. El entorno es impresionante, y se pueden alquilar barcos (20 TRY). También se puede acampar (10 TRY).

ÖŞKVANK

Si se sigue 8 km al sur por la carretera 950, se llega al desvío de Öşkvank, que está a 7 km de la carretera. Sin dejar la ruta principal, que serpentea por el valle, se alcanza el pueblo, en el que se alza una espléndida **catedral** del s. X, la más importante de las catedrales georgianas de la región. Es una basílica de tres naves, coronada por una cúpula. Hay que fijarse en los arcos ciegos y los relieves de los arcángeles.

La nave central tiene dos pasillos a cada lado, separados por un muro interior. El pasillo suroccidental y el nártex de triple arcada se conservan en un estado relativamente bueno y se aprecian los elaborados diseños geométricos típicos de la arquitectura religiosa georgiana. Destacan también los excelentes relieves de los dos capiteles que sostienen la majestuosa cúpula y los de los muros exteriores. Obsérvese el bonito relieve de los tres Reyes Magos a la derecha (noreste) de la entrada principal. El relieve de María y José ha sido destruido. La mayor parte del tejado se ha derrumbado, pero todavía quedan en pie fragmentos bien conservados de los frescos en la media cúpula del interior del pórtico principal.

BAĞBAŞI (HAHO)

Unos 15 km al sur de la desviación a Öşkvank hay otro desvío a la derecha (oeste) que cruza un puente y llega a un pueblo llamado "Haho" en georgiano. Hay que buscar la señal que indica "Pehlivanlı Bağbaşı Serdarlı". Se sigue durante unos 5 km por la carretera asfaltada que pasa entre huertos de árboles frutales y campos hasta llegar al pueblo, y luego girar a la derecha cuando se vea una señal que indique "Taş Camii Meriem Ani Kilisesi". Tres kilómetros después se atisba el **conjunto del monasterio,** que data de finales del s. X. Merece la pena ver la cúpula cónica de azulejos multicolores y unos espléndidos relieves, como el de un águila con una cierva entre las garras. El uso alternativo de piedra clara y oscura confiere mayor elegancia al edificio.

La iglesia se utiliza en la actualidad como mezquita, por lo que se han realizado ciertos trabajos de restauración.

OLTU

Si se sigue hacia el sur por la carretera 950, se llega al desvío de Narman. Una vez pasado el pueblo, al llegar al cruce con la D955 se gira a la izquierda (norte). Por la D955 se llega a la tranquila Oltu, una localidad arracimada bajo una asombrosa 'kalesi' o ciudadela, restaurada con poca fortuna en el 2002. De su historia se conoce muy poco pero se supone que fue levantada por los urarteos en el 1000 a.C. y más tarde utilizada por colonos genoveses. En épocas romana y bizantina adquirió cierta importancia antes de ser ocupada por selyúcidas y luego por otomanos en el s. XVI.

BANA Y PENEK

Si se siguen otros 18 km hacia el norte por la D955 se llega al cruce con la D060, donde se gira a la izquierda. A los 4 km se ve un castillo en un montículo. Tiene un aire inquietante, en armonía con el paisaje surrealista, que alterna gargantas escarpadas con afloramientos rojizos. A 400 m de él aparece otro castillo en ruinas a la izquierda, sobre un promontorio rocoso que domina un río flanqueado por álamos. Si se vuelve al cruce con la carretera 955, se puede girar a la izquierda por la D060 en dirección a Kars. A los 14,2 km se pasa un puente que cruza el Penek Çayı (está indicado) y 100 m más allá aparece un camino a la izquierda que sube por el monte 2 km hasta el pueblo de Penek. Al atravesar el pueblo se divisa la impresionante iglesia de Bana, armenia, encaramada sobre una colina y con el magnífico telón de fondo que le sirven las montañas. Su rasgo más distintivo es su planta redonda. Para llegar, hay un camino de tierra que queda a la izquierda unos 600 m después de salir del pueblo (si llueve, no conviene ir en un coche normal).

Yusufeli

☎0466 / 6400 HAB. / ALT. 560 M

Probablemente sea esta la última vez que esta guía incluya un apartado dedicado a Yusufeli. Esta ciudad y parte del valle vecino están sentenciados a desaparecer bajo el agua. El proyecto de la presa de Yusufeli, que forma parte del plan nacional de Turquía para extender el uso de la energía hidráulica y conseguir mayor independencia energética, sigue en marcha a pesar de la oposición local e internacional. Dicho esto, nadie sabe con exactitud cuándo va a producirse la inundación, lo que complica todavía más las cosas a sus habitantes, que esperan el golpe de gracia en cualquier momento. Serán reubicados en una zona más elevada de las montañas, y voces oficiales han asegurado que ninguna iglesia va a quedar sumergida.

Antes de que esto ocurra, hay mucho que ver y hacer en la zona. Los rápidos del río Çoruh y sus afluentes ofrecen experiencias inolvidables a expertos y principiantes, y la ciudad es un buen campamento base para excursionistas y aficionados a la historia. Además, los valles georgianos quedan a una corta distancia en automóvil.

🏃 Actividades

'Rafting' en aguas bravas

El Çoruh es uno de los mejores ríos para practicar *rafting*, ya que alrededor de Yusufeli cuenta con rápidos excelentes y buenos remolinos. Este río y sus afluentes ofrecen una amplia variedad de posibilidades para todos los niveles, desde clase II a clase V, según los tramos y los niveles de las aguas. Los principiantes se desenvolverán mejor en los tramos más benévolos del vecino río İspir (generalmente de Tekkale a Yusufeli) o del río Barhal (de Sarıgöl a Yusufeli). La mejor época para practicar es de mayo a julio. En agosto, el caudal suele ser insuficiente.

Hay varios operadores locales que ofrecen salidas de un día fuera de Yusufeli por unas 60 TRY por persona (mínimo dos o tres personas) y unas tres horas de *rafting*. Entre las guías con más prestigio destacan Necmettin Coşkun (☎0505 541 2522; www.coruhriver.com), que está en la ciudad durante el mes de julio y habla bien inglés; Sıralı Aydın (☎0533 453 3179, 0542 405 3658; www.coruhoutdoor.com, www.coruhrafting.com); y Oktay Alkan (☎811 3620; www.birolrafting.com), un ex campeón de kayak (se le encuentra en el Greenpeace Camping, dirigido por su padre).

Senderismo

Desde Yusufeli, los guías organizan circuitos a medida por los Kaçkar (Kaçkar Dağları); un guía recomendable es Cumhur Bayrak (☎0537 562 4713; cumhurbayrak@hot mail.com). También organizan excursiones de un día por los valles cercanos.

🛏 Dónde dormir

Yusufeli no dispone de buenos alojamientos; el proyecto de la presa ha truncado el desarrollo turístico.

YUSUFELİ

Greenpeace Camping — PENSIÓN €
(☏811 3620; birol_alkan@hotmail.com; zona de acampada 10 TRY/persona, casa en un árbol 30 TRY, i/d 25/45 TRY; P @) Un entorno excelente y una variada oferta de alojamiento. Para los viajeros con presupuesto ajustado están muy bien las casas en los árboles o la zona verde de acampada. Las habitaciones más nuevas de los dos edificios del huerto de árboles frutales tienen buena relación calidad-precio. Hay un agradable restaurante junto al río (el almuerzo cuesta unas 15 TRY) y sirve alcohol. Si se quiere desayunar, hay que sumar otras 10 TRY. Organiza salidas de *rafting* y senderismo. Para llegar, cruzar el puente colgante junto al Hotel Baraka y seguir las indicaciones; está a 700 m del puente.

Otel Barcelona — HOTEL €€
(☏811 2627; www.hotelbarcelona.com.tr; Arikli Mahallesi; i/d 55/75 €; P ✳ ✻) De propiedad turco-catalana, esta casa de calidad superior es un refugio tranquilo, con habitaciones de colores alegres y baños escrupulosamente limpios, una gran piscina y un bar (que sirve Efes fresquita). Los propietarios están en todo y organizan excursiones por la zona. Ah, y el personal habla inglés. Si se logra un buen descuento, es un lujo que merece la pena.

Hotel Baraka — HOTEL €
(☏0538 604 1775; Enver Paşa Caddesi; i/d 25/40 TRY) Antes se llamaba Barhal Hotel, y es la opción que suelen elegir los que buscan un hotel de precio económico. Las moquetas manchadas y los baños diminutos le restan atractivo, pero el hotel está bien situado, en el centro y junto al puente flotante. Algunas habitaciones dan al río, y tiene restaurante. Si está lleno, hay un anexo al otro lado de la calle. El desayuno va aparte.

ENTRE YUSUFELİ Y BARHAL

Estos lugares están en la carretera de Barhal, junto al río, y es fácil llegar en microbús desde Yusufeli (5 TRY).

Hotel River — PENSIÓN €€
(☏824 4345; Bostancı; i/d con media pensión 65/90 TRY; ✳ @) Regentada por una familia, está a 12 km de Yusufeli. Las habitaciones son pulcras y confortables, con paredes revestidas de pino, buenos colchones, baño privado y aire acondicionado (de ahí que los precios suban un poco). Las habitaciones que van de la 106 a la 109 tienen las mejores vistas. La comida se sirve en una terraza donde sopla la brisa, el sitio ideal para darse un capricho comiendo una trucha fresca mientras se contempla el río.

İhtiyaroğlu — PENSIÓN €€
(☏824 4086; www.apartagara.com; Sarıgöl Yolu; camping 10 TRY/persona, i/d con media pensión 40/80 TRY, platos principales 5-10 TRY) Un sitio muy tranquilo, situado 1,5 km más allá del Hotel River. Esta propiedad tan verde goza de una magnífica ubicación en la ribera del río, e invita a la relajación. Los tres edificios de estilo chalé cuentan con 19 habitaciones pequeñas pero impecables. También se puede optar por plantar la tienda de campaña en la zona verde. La comida tiene muy buena fama, y además se puede saborear en una glorieta junto al río.

🍴 Dónde comer

Tanto el Hotel Baraka como el İhtiyaroğlu cuentan con restaurante abierto también para quienes no se hospeden en ellos.

Hacıoğlu Cağ Döner — RESTAURANTE €
(İnönü Caddesi; platos principales 5-9 TRY) Cercano a la oficina de turismo, prepara platos de carne muy energéticos (incluido el *cağ döner* en los almuerzos) y también de pescado, además de *sulu yemekler* (platos preparados para llevar). Conviene evitar estos últimos (demasiada salsa) y probar la trucha fresca, a ser posible en la terraza, con vistas al río.

Köşk Cafe & Restaurant — RESTAURANTE €
(İnönü Caddesi; platos principales 5-9 TRY) Parece una sauna sueca, con tanto revestimiento de pino, pero este acogedor local, situado sobre la oficina de turismo, es un buen sitio donde llenar el estómago después de una salida de *rafting*. Sirve los platos clásicos, incluidos los de pescado.

Çoruh Pide ve Lahmacun Salonu — 'PIDECI' €
(Ersis Caddesi; platos principales 4-7 TRY) Aunque por su entorno humilde nadie lo diría, sirve excelentes *pizzas* turcas y árabes recién salidas del horno.

ℹ️ Información

ACCESO A INTERNET Hay un par de cibercafés en la calle principal y sus alrededores.

NECMETTIN COŞKUN: EXPERTO EN 'RAFTING'

Guía de *rafting* de Yusufeli, Necmettin Coşkun acompaña a los viajeros en las salidas de *rafting* por el río Çoruh.

La temporada

La temporada de *rafting* empieza a comienzos de junio. Para los principiantes, es mejor venir en julio o agosto, porque el nivel del agua es más bajo y los rápidos, menos exigentes.

¿Qué tiene de especial?

El Çoruh y sus afluentes son ríos largos; se puede remar durante horas, incluso días, si así se desea. Y en cuanto a aventura de las buenas, el Çoruh es un río de primera. Tiene tramos muy completos con rápidos, remolinos y grandes rocas. No se llaman "King Kong" y "Alta tensión" por casualidad... El paisaje complementa su encanto con profundos desfiladeros, castillos y aldeas de lo más pintoresco.

Principiantes

Ellos empiezan con una charla teórica y una sesión práctica en un tramo tranquilo del río, normalmente en el Ispir, antes de enfrentarse a tramos más emocionantes, aunque nadie está obligado a hacer demasiado. Siempre hay un guía en la balsa, que da instrucciones al equipo, y un microbús nos sigue por carretera y nos recoge al final de la aventura.

¿Y qué hay de la presa?

Creo que todavía nos quedan unos años antes de que la presa sea una realidad. De todos modos, cuando esté construida, encontraremos otros tramos del Çoruh, del Ispir o del Barhal. Siempre hay alternativas.

DINERO En la calle principal hay bancos con cajeros automáticos.

INFORMACIÓN TURÍSTICA La **oficina de turismo** (İnönü Caddesi; ☉8.00-18.00 lu-sa) está cerca de la *otogar*, en la calle principal. En teoría, el personal lo forman estudiantes que hablan inglés.

ⓘ Cómo llegar y salir

La *otogar* está en el centro, cerca de la oficina de turismo. Desde Yusufeli hay, al menos, tres autobuses por la mañana que van a Erzurum (20 TRY, 3 h), un servicio a las 9.00 hacia Trabzon (40 TRY) y varios microbuses a Artvin (15 TRY; ultima salida alrededor de las 13.30). Para ir a Kars, hay que tomar un taxi hasta la gasolinera (25 TRY), por la carretera de Artvin a Erzurum, y tomar un autobús desde allí, que sale hacia las 13.00 (27 TRY); cualquier microbús que vaya a Artvin puede acercar al viajero a la gasolinera (4 TRY).

Alrededores de Yusufeli

BARHAL (ALTIPARMAK)

📞 0466 / 1000 HAB. / ALT. 1300 M

Situado unos 27 km al noroeste de Yusufeli, Barhal es un lugar muy tranquilo. Un *köy*

(pueblo) acurrucado en un verde valle, con un riachuelo que lo cruza, un bonito paisaje montañoso que lo envuelve y un puñado de acogedoras pensiones. Además, cuenta con una **iglesia georgiana** del s. x muy bien conservada, junto a la Karahan Pension. También se puede subir a la pequeña **capilla** en ruinas situada en unos prados encima del pueblo. Vale la pena jadear durante 45 minutos para ver desde lo alto el pueblo y los irregulares picos al fondo. El camino sin señalizar empieza al otro lado del puente peatonal de madera, cercano a la Karahan Pension.

Hay muchos sitios para ir de **excursión**. Los propietarios de las pensiones organizan salidas de senderismo de entre dos y cuatro días por las montañas hasta Ayder con caballos (o asnos) que transportan el equipaje. Un caballo, por 100 TRY, lleva el equipaje de dos senderistas. Hay que sumar otras 100 TRY por día y un guía (tarifa plana). El resto de precios son negociables.

🛏 Dónde dormir y comer

Quien llega a Barhal no se quiere ir, sobre todo porque las pocas pensiones que posee son mucho más agradables que las de Yusufeli.

Karahan Pension
PENSIÓN €

(☎0538 351 5023, 826 2071; www.karahanpension.com; media pensión 60 TRY/persona) Regentada por Mehmet Karahan y su hijo Ebubekir, esta pensión es acogedora como pocas, además de contar con una situación adorable en la ladera de una colina a las afueras del pueblo. La casa principal está llena de rincones y recovecos, y dispone de 20 habitaciones pequeñas. Un consejo: hay que pedir una habitación con baño y vistas al valle (las mejores son las habitaciones 107, 108, 114 y 115). La comida es excelente: ¡qué mejor que saborear cocina auténtica al aire libre, en la terraza cubierta, ante la iglesia georgiana de Barhal!

Barhal Pansiyon
PENSIÓN €

(☎0535 264 6765; media pensión 75 TRY/persona) El primer local que se ve al entrar al pueblo por la carretera. Cuenta con 15 habitaciones bastante nuevas, cada una con equipamiento individual, repartidas entre dos edificios separados, pero no puede presumir de las vistas. Tiene un aire moderno, pero algunas habitaciones tienen más luz natural que otras. La copiosa cena incluye seis *çeşit* (platos).

Marsis Village House
PENSIÓN €

(☎826 2002; www.marsisotel.com; media pensión 50 TRY/persona) Casi al lado de la Barhal Pansiyon, detrás del río. Parece una acogedora casa de muñecas, con 16 habitaciones, una agradable terraza y personal amable; tres de ellas tienen baño privado. Si se viaja solo, conviene pedir las nº 106 y 107, con vistas al río. Sus saludables cenas tienen muy buena fama.

❶ Cómo llegar y salir

Un par de microbuses cubren el trayecto desde Yusufeli (12 TRY, 2 h), normalmente entre las 14.00 y las 16.00 o 17.00. Si se cuenta con vehículo propio, hay que saber que únicamente los primeros 18 km (hasta Sarıgöl) están asfaltados. Desde Sarıgöl a Barhal (9 km), solo están asfaltados 6 km. La carretera es estrecha, pero si no llueve, los conductores expertos no tendrán problema en recorrerla con un automóvil ordinario, aunque es más prudente pedir consejo a los lugareños antes de partir.

YAYLALAR (HEVEK)

☎0466 / 500 HAB.

Pueblecito situado a 22 km de Barhal al que se llega por una carretera llena de baches.

El trayecto es agotador, pero la recompensa al llegar es un paraje idílico: muchas granjas tradicionales y majestuosos *yaylalar* (pastos de alta montaña) por todas partes. En Yaylalar solo hay un alojamiento, la **Çamyuva Pension** (☎832 2001; www.kackar3937.com; media pensión 50-65 TRY/persona), que ofrece varias opciones. Se puede pernoctar en las sencillas habitaciones con baños compartidos del edificio antiguo o, si se busca mayor privacidad, en una de las cuatro cabañas anejas, a las que de forma exagerada se les llama bungalós (máximo cuatro personas). Un segundo edificio, parecido a una gran casa de campo suiza, alberga habitaciones impecables con baño. Los propietarios, İsmail y Naim, también regentan una bien provista tienda de comestibles y una panadería, y organizan excursiones. İsmail es el conductor del microbús de Yusufeli.

Los microbuses que van a Barhal suelen recorrer 22 km más hasta terminar el trayecto en Yaylalar (20 TRY desde Yusufeli).

OLGUNLAR

☎0466 / 30 HAB

Es una aldea entrañable y bucólica, situada a 3 km de Yaylalar montaña arriba, a la que se llega por una carretera de infarto. Es como alcanzar el fin del trayecto. Algo aislada pero feliz, cuenta con vistas impresionantes: picos de montaña, paisajes verdes, arroyos cantarines y el aire más puro que se puede respirar en Turquía.

Olgunlar es un sitio magnífico para relajarse unos días, aunque los que busquen actividades tienen mucho con que entretenerse porque hay fantásticas excursiones para recorrer la zona. Esta aldea es el punto de salida de la ruta **Trans-Kaçkar** (p. 535) y del alucinante ascenso al **monte Kaçkar** (3937 m). Se tardan entre dos y tres días en llegar a Ayder, cruzando el paso de Çaymakçur (3100 m, aprox.); el viaje de vuelta al monte Kaçkar se cubre normalmente en dos días.

Es buena idea contratar a un guía local que conozca bien los caminos, ya que la mayoría no están señalizados. **Cumhur Bayrak** (☎0537 562 4713; cumhurbayrak@hotmail.com), instalado en Yusufeli, tiene buenas credenciales, sabe mucho sobre flora y fauna y habla inglés. Los propietarios de las pensiones de Barhal y Olgunlar también organizan excursiones guiadas. Los dueños de las pensiones ayudan a los clientes a organizar el recorrido, proporcionando mulas, caballos, guías y material de acampada. Sin guía, se puede emprender el ascenso al campamento de Dilber Düzü (el camino está bien delimitado); se tardan entre siete y ocho horas, ida y vuelta.

🍴 Dónde dormir y comer

Junto al río hay un par de pensiones bastante correctas.

Kaçkar Pansion PENSIÓN €

(☑824 4011, 0538 306 4564; www.kackar.net; media pensión 75 TRY/persona) La mejor opción para los excursionistas. Un remanso de paz con paredes revestidas de pino y habitaciones impecables con instalaciones individuales, una cocina para los clientes, una acogedora sala de estar y comida excelente. Es recomendable pedir una habitación con vistas al río. İsmail, el amable dueño, habla un poco de inglés. Y sí, ¡hay Wi-Fi!

Denizgölü Pansion PENSIÓN €

(☑832 2105; media pensión 65 TRY/persona) Junto a la Kaçkar Pansion. Es más sencilla, pero también es agradable.

Olgunlar Cafe CAFÉ €

Una delicia. También hay una tetería familiar al final de la aldea, done empieza el camino rural. Vende productos básicos de alimentación, que también pueden comprarse en la Kaçkar Pansion, al lado de la Denizgölü Pansion.

ℹ Cómo llegar y salir

Los microbuses que van a Yaylalar pueden acercar al viajero hasta Olgunlar, a 3 km de Yaylalar, por unas pocas liras más.

TEKKALE Y DÖRTKILISE
☑0466 / 2000 HAB.

El tranquilo Tekkale está 7 km al suroeste de Yusufeli. Es un punto de partida ideal para explorar Dörtkilise (Cuatro Iglesias) y las ruinas de una iglesia georgiana del s. x y su monasterio, situados 6 km río arriba, en una ladera (sin señalizar). Al edificio le falta la cúpula y conserva un tejado con gabletes y escasos frescos. Es muy similar al de Barhal, aunque más grande y antiguo. La hiedra cubre sus musgosas piedras.

De camino a Tekkale se pasa junto a las ruinas de un castillo que prácticamente cuelga sobre la carretera.

La expresión 'bonito y barato' parece hecha adrede para la Cemil's Pension (☑811 2908, 0536 988 5829; cemil_pansion@hotmail.com; Tekkale; media pensión 50 TRY/persona). Este incondicional lugar económico tiene

numerosos recovecos, así como una agradable terraza junto al río y una enorme pecera llena de truchas. Se recomiendan las habitaciones del edificio nuevo, que no cuestan más y son mucho más agradables. Los baños son compartidos. Sirven cenas previa petición. Cemil Albayrak, su dueño, organiza rutas de senderismo por los alrededores y descensos de aguas bravas. Algunas noches toca la guitarra para sus huéspedes.

ℹ Cómo llegar y salir

Para llegar a Tekkale, hay que tomar un microbús en Yusufeli que sale del lado sur del puente, en Mustafa Kemal Paşa Caddesi, en dirección a Kılıçkaya o Köprügören; hay unos tres servicios diarios (3 TRY). Un taxi cuesta 25 TRY. Desde Tekkale, es necesario andar hasta Dörtkilise (6 km), teniendo en cuenta que no hay ninguna indicación de la iglesia, que se encuentra entre la vegetación, a la izquierda de la carretera; está asfaltada en parte pero es bastante desigual desde Tekkale y es mejor no usarla si llueve. Desde Yusufeli, un taxi cuesta unas 50 TRY.

Artvin
☑0466 / 21000 HAB. / ALT. 600 M

El principal atractivo de esta localidad es su espectacular ubicación en las montañas, ya que está en el borde de una empinada colina por encima de la carretera que une Hopa (en la costa del mar Negro) y Kars. En los últimos años, la construcción de gran cantidad de presas y carreteras ha dejado huella en el paisaje. Aparte de un par de casas antiguas, la ciudad no resulta muy seductora pero es el mejor lugar para explorar los desconcertantes *yaylalar*. Y si se viaja en verano, es ideal coincidir con el Kafkasör Kültür ve Sanat Festivalı (Festival de las Artes y la Cultura del Cáucaso), que se celebra el último fin de semana de junio y que incluye combates de toros no sangrientos.

Al final de la calle principal hay una rotonda dominada por la oficina de turismo (☑212 3071; artvin@ttmail.com; İnönü Caddesi; ☺8.00-17.00 lu-vi), donde se pueden conseguir un par de folletos y un útil mapa de la zona.

🍴 Dónde dormir y comer

La mayoría de los hoteles se hallan a una manzana del *valiliği* (edificio del gobierno provincial). Muchos de ellos son también prostíbulos, pero el viajero siempre puede

En verano, la zona al noreste de Artvin es impresionante. Se teje un tapiz de lo más bucólico con lagos, ríos, desfiladeros, montañas, bosques, *yaylalar* (pastos de alta montaña), casas y aldeas tradicionales de madera... a los que se suma un sabor típicamente caucasiano, gracias a la proximidad de Georgia. En este encantador paraje se alzan las ruinas de varias iglesias y castillo, además de aldeas que quedan fuera de los circuitos más conocidos y que realmente merece la pena visitar. Este territorio se presta sin problemas a que el viajero lo recorra por su cuenta, preferiblemente contando con un medio de transporte propio, ya que el transporte público es poco frecuente. Todo lo que necesitará es un plano (como el *Artvin İli Şehir Planı ve İl Haritası*, disponible en la oficina de turismo de Artvin, aunque cualquier buen mapa del país bastará); y también es recomendable preguntar a los lugareños, ya que algunas carreteras secundarias pueden hallarse en mal estado.

Unos 17 km al este de Artvin, en la carretera que va a Kars y a Ardanuç, una señal de desvío ("Dolişhane Kilisesi 3 km") guía al viajero a la preciosa **iglesia de Dolişhane**, del s. x, decorada con algunos relieves. La carretera a Ardanuç es preciosa por su paisaje. Viniendo de Artvin, primero se pasa ante el **castillo de Ferhatlı** (a la derecha, encaramado en un afloramiento rocoso) y 8,5 km más hacia el este, se ve el **castillo de Gevernik** (indicado como "Adakale") antes de llegar a **Ardanuç**, situado en un cañón custodiado por una fortaleza inexpugnable. Si hay ganas de aventura, se puede ir hasta la **iglesia de Yeni Rabat**, unos 17 km más allá de Ardanuç, cerca del pueblo de Bulanık, y de acceso más complicado. Es recomendable preguntar a la gente de Ardanuç antes de seguir conduciendo, ya que algunas partes de la carretera pueden hallarse en mal estado.

Al **monasterio georgiano y la iglesia de Porta**, del s. x, se llega por una pista que sale de la carretera Artvin-Şavşat, a unos 10 km antes del desvío a Meydancık. Mientras se redactaba esta guía, los últimos 3 km no podían recorrerse en coche por culpa de desprendimientos de rocas. Si el viajero quiere ver un típico asentamiento *yaylalar*, que vaya directo a **Meydancık**, cerca de la frontera con Georgia; y que siga la carretera asfaltada que sale de la carretera de Artvin s Şavşat (en buen estado cuando se redactaba esta guía).

El antiguo pueblo georgiano de **Şavşat** merece una visita por su **castillo** de cuento de hadas, que vigila las afueras de la zona oeste del pueblo. Desde Şavşat, una carretera sube hasta el **Parque Nacional de Karagöl Sahara**, una zona dotada de un espectacular paisaje montañoso y un precioso lago llamado Meşeli Karagöl, al que se llega tras recorrer 23 km por una carretera asfaltada. De camino al parque, se puede hacer una breve pausa para ver la **iglesia de Tbeti** (en el pueblo de Ciritdüzü, hay que buscar la señal que indique "Tibet" y continuar 4 km más para dar con ella). Esta iglesia en ruinas del s. x se halla en un paraje precioso. Destacan sus ventanas, con grabados muy elaborados.

De vuelta a Şavşat, una carretera panorámica abandona los frondosos valles y serpentea por múltiples curvas hasta el puerto de montaña de Çam (a 2540 m) antes de llegar a **Ardahan,** un típico pueblo de la estepa, con una ciudadela y un puente antiguo.

Dónde dormir y comer

Si el viajero cae en el hechizo de estos preciosos parajes, puede alojarse en **Laşet Tesisleri** (☎0535 734 6711; Şavşat Ardahan Karayolu; i/d 50/100 TRY, platos principales 5-10 TRY), un adorable hotelito en la carretera de Şavşat a Ardahan, 8 km al este de Şavşat. Cuenta con un excelente restaurante. Hay que preguntar por Koray, que habla inglés.

Otras opciones interesantes incluyen el **Saray Motel & Restaurant** (☎0466-517 2947; Köprüyaka Köyü, Şavşat; h 70 TRY, comidas 5-9 TRY), uno 4 km al oeste de Şavşat, en la carretera principal, y la **Karagöl Pansiyon** (☎0536 259 5783; Meşeli Karagöl; ☉ 80-100 TRY, platos principales 5-10 TRY), a orillas del lago Meşeli Lake; aquí hay que pedir una habitación con vistas al lago. En el restaurante sirven apetitosos platos de pescado.

alojarse en el turístico **Karahan Otel** (☎212 1800; www.artvinkarahan.com; İnönü Caddesi; i/d 60/80 TRY; ✱), una buena opción si no se le tiene en cuenta la entrada desvencijada de la calle principal (la entrada de la parte trasera es más normal).

Para comer barato, en İnönü Caddesi hay pequeños restaurantes y pastelerías. Los kebabs de **Bakiroğlu Kebap** (İnönü Caddesi; platos principales 4-7 TRY) tienen muy buena fama, y están muy bien de precio.

❶ Cómo llegar y salir

La *otogar* está más metida en el valle, a 500 m del centro, cerca de una curva cerrada. Por las mañanas hay un autobús a Kars (30 TRY, 5 h, 270 km) y autobuses regulares a Trabzon (25 TRY, 4½ h, 255 km). Hacia Erzurum circulan tres autobuses y microbuses diarios (25 TRY, 5 h, 215 km). Algunos de los servicios desde Erzurum o Ardahan en dirección a Hopa no paran en la *otogar*, sino que dejan a los viajeros en la carretera, al pie de la colina.

También hay bastantes microbuses a Hopa (12 TRY, 1½ h, 70 km), otros dos a Ardahan (25 TRY, 2½ h, 115 km), y al menos siete a Yusufeli (15 TRY, 2¼ h, 75 km), además de autobuses regulares a Ardanuç (12 TRY, 1 h, 30 km) y a Şavşat (15 TRY, 1½ h, 60 km).

Kars

☎0474 / 78 500 HAB. / ALT. 1768 M

Con sus majestuosos edificios de piedra color pastel de la época de la ocupación rusa y su trazado cuadriculado y bien organizado, parece un pedazo de Rusia en el noreste de Anatolia. Y la mezcla de influencias azeríes, turcomanas, kurdas, turcas y rusas contribuye a la sorpresa. Por algo fue el escenario elegido por Orhan Pamuk para su premiada novela *Nieve*.

Kars suele ser el punto de salida de las excursiones a Ani, pero sería una pena pasar por alto sus magníficos puntos de interés y no empaparse de su ambiente ecléctico. Y no hay que irse sin probar su deliciosa *bal* (miel) y su *peynir* (queso).

La cercana frontera con Armenia seguía cerrada mientras se elaboraba esta guía, pero cuando se reabra fomentará prósperas relaciones comerciales entre Kars y Ereván; por no mencionar una estimulante ruta terrestre hacia el Cáucaso.

Historia

Dominada por una austera fortaleza medieval, la ciudad ha sido plaza fuerte y capital del reino bagrátida de Armenia antes que Ani, y, más tarde, peón en las luchas territoriales de rusos y turcos durante el s. XIX. Los rusos la ocuparon en 1878 y mantuvieron una guarnición hasta 1920, cuando las fuerzas republicanas turcas la recuperaron durante la Guerra de Independencia. Muchos de los sólidos edificios de piedra del centro datan de la época de la ocupación.

Se dice que sus habitantes descienden de los karsaks, una tribu turca que llegó del Cáucaso en el s. II a.C. y dio nombre a la ciudad.

◉ Puntos de interés

GRATIS **Castillo de Kars** FORTALEZA
(Kars Kalesi; ☉8.00-17.00) Situada al norte del río, en la parte antigua de la ciudad, visitar esta fortaleza bien merece la agotadora subida que hay hasta ella, aunque solo sea por disfrutar, los días claros, de las vistas sobre la ciudad y la estepa. Los turcos de Saltuk construyeron aquí una primera fortaleza en 1153, que fue arrasada por el conquistador mongol Tamerlán en 1386 y reconstruida varias veces durante los siglos siguientes. Fue escenario de duras batallas durante la Primera Guerra Mundial. Cuando las tropas rusas se retiraron en 1920, el control de Kars pasó a manos armenias hasta que el ejército republicano turco tomó el *kalesi*.

Kümbet Camii MEZQUITA
De camino al castillo, a lo largo de ambas orillas del río, se amontonan vestigios ruinosos del pasado más antiguo de Kars, incluida esta mezquita que antaño fue iglesia. Construida entre los años 932 y 937 por el rey bagrátida Abas, se convirtió en mezquita en 1579, cuando los otomanos reconstruyeron la práctica totalidad de la ciudad. Los rusos le añadieron los porches en el s. XIX. Los 12 relieves del tambor representan a los 12 apóstoles. Cerca de la iglesia se ven los restos de la **Ulu Cami** y el **Beylerbeyi Sarayı** (palacio Beylerbeyi).

Taş Köprü PUENTE
Una de las estructuras más atractivas, e intactas, de la parte antigua de la ciudad es este puente del s. XV, destrozado por un terremoto y reconstruido en 1725.

Museo de Kars MUSEO
(Kars Müzesi; Cumhuriyet Caddesi; entrada 3 TRY; ☉8.00-17.00 ma-do) Situado en el extremo este de la ciudad, cuenta con piezas de la tardía Edad del Bronce, de los períodos urarteo, romano y griego, y de las épocas

selyúcida y otomana. Hay fotografías que muestran excavaciones de Ani y ruinas de algunas iglesias armenias en la provincia de Kars.

Monumentos rusos EDIFICIOS HISTÓRICOS

Paseando por Kars se ven muchas mansiones rusas y otros edificios de la *belle époque* repartidos por el centro. Muchos han sido restaurados y convertidos en oficinas administrativas. Para empezar, hay que ver la **Fethiye Camii**, una iglesia ortodoxa rusa del s. XIX reconvertida en mezquita que preside, majestuosa, la parte sur del centro de la ciudad.

Dónde dormir

Güngören Hotel HOTEL €

(☎ 212 6767; fax 212 5630; Millet Sokak; i/d 40/70 TRY) Su aspecto no es gran cosa, pero ¿no dicen que la belleza está en el interior? Buenos precios, desayunos generosos y ubicación en una calle tranquila, a dos pasos del Barış Cafe Pub. Las habitaciones están limpias y es una apuesta segura para las mujeres que viajan solas. Solo tiene una pega: no hay ascensor.

Grand Ani Hotel HOTEL €€€

(☎ 223 7500; Ordu Caddesi; www.grandani.com; i/d/ste 70/90/120 €; P ❄ ❄) Recién inaugurado, nadie puede decir que le falte ambición. La lista de servicios es muy extensa: piscina, sauna, *hammam*, gimnasio y un restaurante de primera. Atrae a extranjeros y a empresarios turcos por igual, que vienen por sus confortables habitaciones, sus televisores de pantalla plana y sus baños impecables. Las camas son enormes y el servicio, muy profesional.

Kar's Otel HOTEL-'BOUTIQUE' €€€

(☎ 212 1616; www.karsotel.com; Halit Paşa Caddesi; i/d 200/280 TRY; ❄) Solo cuenta con ocho habitaciones, pero este hotel-*boutique* (toda una rareza en el noreste de Anatolia) que ocupa una antigua mansión rusa es como un refugio de lujo. Las habitaciones son confortables, aunque algunos piensen que tanto color blanco recuerda a un hospital, o que los muebles están algo pasados de moda. Tiene restaurante.

Hotel Temel HOTEL €

(☎ 223 1376; fax 223 1323; Yenipazar Caddesi; i/d 35/60 TRY) La principal competencia del Güngören ofrece habitaciones que están bien, con sábanas impecables y una decoración suave en tonos azules y amarillos, pero el ambiente no es muy acogedor, y el desa-

yuno es algo escaso; aunque tiene ascensor, a diferencia del Güngören. Cuenta con un anexo al otro lado de la calle, el Temel 2, con habitaciones más baratas y más sencillas.

Dónde comer

Kars es famosa por su excelente miel, que se vende en muchas tiendas de Kazım Paşa Caddesi, junto con el *kaşar peyniri* (queso amarillento suave), las *kuruyemiş* (frutas secas) y otros dulces, los ingredientes perfectos para un *picnic* en la estepa.

Si uno quiere darse un lujo, puede ir a comer al Kar's Otel o al Grand Ani Hotel; ambos tienen excelentes restaurantes, con la carta traducida al inglés. El mobiliario contemporáneo del primero es ideal para una cena romántica, y su original carta ofrece una diversidad que es de agradecer entre tanto kebab. El segundo está especializado en platos típicos turcos, que preparan con maestría, el *kuzu sarma* (cordero relleno) se deshace en la boca. Ambos sirven alcohol.

Ocakbaşı Restoran RESTAURANTE €€

(Atatürk Caddesi; platos principales 6-12 TRY) Resistiendo el paso del tiempo, este local tan arraigado sigue copando los primeros puestos de la lista de los mejores restaurantes de Kars. El *ali nazık* (puré de berenjena con yogur y carne) o la *pide* Anteplim (pan de sésamo relleno con carne, queso, perejil, frutos secos y huevos), sus dos platos estrella, se merecen un premio. La carta, con fotos y traducciones al inglés, es de gran ayuda. Tiene dos salas anexas (una imita una vivienda troglodítica), pero no sirve alcohol.

Ani Ocakbaşı RESTAURANTE €€

(Kazım Paşa Caddesi; platos principales 7-11 TRY) Muy concurrido, tiene mucho éxito entre los lugareños. Ofrece una carta extensa, con ensaladas, sopas, kebabs y estofados. Hay que guardar hambre para el exquisito *sütlaç* (pudin de arroz). Es un sitio limpio, acogedor y siempre está abierto. También es un buen lugar donde ir a desayunar (14 TRY). En las paredes hay colgadas fotografías antiguas de Kars.

Döneristan Et Lokantası 'LOKANTA' €

(Atatürk Caddesi; platos principales 6-10 TRY) Un sitio con muchos puntos positivos. Ofrece *sulu yemekler* muy fresco, ensaladas, *meze* y *döner* kebabs a precios muy competitivos. La carta cambia a diario según los productos de temporada y la inspiración.

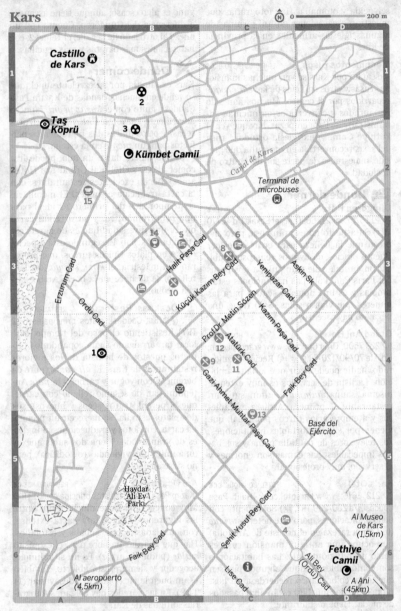

Castillo de Kars

2

Taş Köprü

3

Kümbet Camii

Canal de Kars

Terminal de microbuses

15

14   5   6

8

Halit Paşa Cad

Küçük Kazım Bey Cad

Yenipazar Cad

Aşkın Sk

7

10

Erzurum Cad

Ordu Cad

Prof Dr. Metin Sözen

12

Atatürk Cad

Kazım Paşa Cad

1

9

11

Gazi Ahmet Muhtar Paşa Cad

Faik Bey Cad

13

Base del Ejército

Haydar Ali Ev Parkı

Al Museo de Kars (1,5km)

Şehit Yusuf Bey Cad

Faik Bey Cad

4

Fethiye Camii

Al aeropuerto (4,5km)

Lise Cad

Ali Bey (Ordu) Cad

A Ani (45km)

Doğuş Pastanaleri   PASTELERÍA €

(Gazi Ahmet Muhtar Paşa Caddesi; platos principales 2-10 TRY) Los más golosos tienen aquí dónde escoger: tartas, púdines y una apetitosa selección de helados y otras delicias. Los que no sean aficionados a los dulces cuentan con los típicos tentempiés.

Semazen   'LOKANTA' €

(Atatürk Caddesi; platos principales 6-10 TRY) Este puesto de comida tan concurrido prepara excelentes kebabs y *pides,* además de sabrosa comida para llevar. En las paredes, las fotografías de época en blanco y negro de la antigua Kars aportan un toque especial al local.

Kars

Dónde beber

Barış Cafe Pub 'PUB'

(Atatürk Caddesi; ☺8.00-hasta tarde) Ocupa una mansión histórica y tiene mucho ambiente. Es un café-bar-discoteca muy animado y atrae a estudiantes de ambos sexos, que vienen a charlar de sus cosas, fumar narguile y a escuchar música en directo (tres veces por semana). Si aprieta el hambre, hay tentempiés. En la discoteca del sótano, las mujeres con pañuelo se arrancan a bailar.

Antik Cafe & Pastane CAFÉ

(Gazi Ahmet Muhtar Paşa Caddesi; pastas y platos principales desde 4 TRY; ☺8.00-hasta tarde) Rebosa buen humor, y es un local moderno y tranquilo, ideal para cargar las pilas después de pasear por el centro. Sirven tentempiés y tartas, aunque también puede uno relajarse con una taza de té.

İstihkam Çay Bahçesi TETERÍA

(Atatürk Caddesi; ☺8.00-21.00) Frondoso local junto al canal, perfecto para descansar tras una visita al castillo tomando una tacita de té en la sombra.

ℹ Información

CONSULADO El **consulado de Azerbaiyán** (☏223 6475, 223 1361; Ordu Caddesi; ☺9.30-12.30 lu-vi) está al noroeste del centro. Hay que visitarlo si se planea ir a Nakhichevan (p. 566).

ACCESO A INTERNET En el centro hay varios cibercafés.

DINERO En Kars abundan los bancos con cajeros automáticos.

INFORMACIÓN TURÍSTICA La **oficina de turismo** (☏212 6817; Lise Caddesi; ☺8.00-12.00 y 13.00-17.00 lu-vi), al oeste del centro, ofrece información limitada. Para conseguir transporte a Ani (y otros lugares de la zona) es buena idea contactar con **Celil Ersoğlu** (☏0532 226 3966; celilani@hotmail.com), que ejerce de chófer (el trabajo de guía va aparte) y habla bien inglés. Es probable que se le encuentre en la recepción del hotel.

ℹ Cómo llegar y salir
Avión

Un *servis* (autobús lanzadera; 4 TRY) sale desde las agencias hasta el aeropuerto, a 6 km de la ciudad. **Turkish Airlines-Sun Express** (☏212

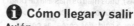

ENTRAR EN GEORGIA

Entrar en Georgia por el noreste de Anatolia es bastante sencillo. Desde Kars, se puede subir a un microbús a Posof (25 TRY), y luego pedirle al conductor que siga hasta la frontera en Türkgözü, unos 16 km más de trayecto (25 TRY). Se cruza la frontera (sin problemas), y se toma un taxi a Akhaltsikhe, la ciudad importante más cercana. Desde allí, una opción es tomar un autobús a Borjomi, donde se puede encontrar alojamiento. Una alternativa más directa es tomar un microbús a Ardahan (12 TRY desde Kars), donde se puede tomar el bus diario que va de Estambul a Tiflis, y sale de Ardahan hacia las 9.30 (50 TRY). Para delante de la oficina de la compañía de autobuses **Özlem Ardahan** (☏0478-211 3568; Kongre Caddesi), en el centro, y también cruza la frontera por Türkgözü. De Ardahan a Türkgözü se tarda dos horas y media; desde la frontera no hay más de seis horas hasta Tiflis. Si hay que pernoctar una noche en Ardahan, el **Büyük Ardahan Oteli** (☏0478-211 6498; Kars Caddesi; h 50 TRY), a las afueras de la ciudad (en dirección a Kars), es una buena opción.

SERVICIOS DESDE LA 'OTOGAR' DE KARS

DESTINO	TARIFA (TRY)	DURACIÓN (H)	DISTANCIA (KM)	FRECUENCIA (DIARIA)
Ankara	50	16	1100	unos pocos
Ardahan	12	1½	80	microbuses frecuentes
Artvin	30	6	270	1 por la mañana
Erzurum	15	3	205	microbuses frecuentes
Iğdır	15	3	132	varios
Posof	25	2	142	1 por la mañana y 1 por la tarde
Trabzon	35	9-10	525	2 directos, o transbordo en Erzurum o Artvin
Van	35	6	370	1 por la mañana

3438; Faik Bey Caddesi; ☺8.00-20.00) vende billetes de las dos aerolíneas. Turkish Airlines cuenta con dos vuelos diarios a/desde Ankara (desde 70 TRY, 1¾ h) y a/desde Estambul (desde 158 TRY, 2 h). Sun Express tiene dos vuelos semanales a İzmir (desde 110 TRY).

Autobús

La *otogar* de Kars, para trayectos de largo recorrido, está 2 km al sureste del centro, aunque los *servises* transportan a los pasajeros al/desde el centro de la ciudad. Las principales compañías de autobús locales, **Doğu Kars** (Faik Bey Caddesi), **Serhat Kars** (Faik Bey Caddesi) y **Kafkas Kars** (Faik Bey Caddesi), tienen una oficina de venta de billetes en el centro. **Turgutreis** (Faik Bey esq. Atatürk Caddesis), unos metros más allá de Doğu Kars, ofrece un autobús diario a Van.

Los microbuses a ciudades cercanas como Iğdır, Erzurum, Sarikamis, Ardahan y Posof, salen de la **terminal de microbuses** (Küçük Kazım Bey Caddesi). Hacia Doğubayazıt no existen servicios directos, por lo que se suele tomar un microbús a Iğdır y luego otro hasta Doğubayazıt.

Para ir a Georgia, hay que tomar un microbús a Posof o el primero a Ardahan a las 8.00 para subir al autobús que sale hacia Tiflis sobre las 10.00. Para ir a Yusufeli, hay que tomar un autobús a Artvin y pedir que pare en el cruce más cercano (a unos 10 km de Yusufeli) en la carretera de Artvin a Erzurum, desde donde habrá que hacer autostop hasta Yusufeli. Para más información sobre el autostop en Turquía, véase p. 706. Para más detalles sobre el transporte a Ani, véase p. 564.

Automóvil

Se recomienda evitar las empresas de venta de coches del centro. Dicen que alquilan pero, al parecer, no tienen el seguro en regla.

Tren

El *Doğu Ekspresi* sale a diario a las 7.10 hacia Estambul (45 TRY) vía Erzurum, Kayseri y Ankara. El *Erzurum Ekspresi* (40 TRY) parte a las 9.00 diariamente hacia Ankara, pasando por Erzurum y Kayseri. Cualquiera de ellos interesa para hacer un viaje corto a Erzurum (12 TRY, 4 h aprox.).

Ani

Sus ruinas, 45 km al este de Kars, son una visita imprescindible para cualquiera, pues exhalan un aire de misterio único e inolvidable en un entorno espectacular. La primera visión que se tiene de Ani es espectacular: ruinas de enormes edificios de piedra sobre un mar de hierba ondulante, emblemas de una ciudad fantasma que siglos atrás fue la gran capital armenia, con casi cien mil habitantes, y que rivalizó con Constantinopla en poder y gloria. Sus impresionantes ruinas, la meseta azotada por el viento con vistas a la frontera turcoarmenia, y la ausencia de multitudes le otorgan un aire fantasmagórico inolvidable. Hay que visitarla para reflexionar sobre su pasado de reino próspero, sobre la solemne ceremonia de la liturgia armenia, e imaginar a viajeros, mercaderes y nobles recorriendo este 'almacén' de la Ruta de la Seda.

Dada la proximidad de la frontera, la zona sigue bajo control militar, pero el visitante no sufre molestias ni necesita permiso.

Historia

El rey bagrátida Ashot III [952-977] trasladó desde Kars la capital en el 961, debido a su excelente situación en una importante ruta comercial entre el este y el oeste, y a la protección que le brindaban las barreras naturales. La prosperidad de la ciudad continuó durante los reinados de Smbat II [977-989] y Gagik I [990-1020] pero, tras ellos, las luchas entre los feudos y las intrusiones bizantinas comenzaron a debilitar el reino.

Los bizantinos tomaron la ciudad en el 1045. En el 1064 llegaron sucesivamente los grandes selyúcidas de Persia, los reyes de Georgia y los emires kurdos locales. Las luchas por su dominio continuaron hasta que los mongoles expulsaron a todos ellos en 1239. Pero este era un pueblo nómada que no tenía ningún apego a la vida urbana, así que poco les importó que un fuerte terremoto destruyera la mayor parte en 1319. El golpe de gracia lo provocaron poco después las rapiñas de Tamerlán, que cambiaron el curso de la Ruta de la Seda y acabaron con la fuente de riqueza de la villa. Desde entonces, los grandes edificios dañados por el terremoto se han ido desmoronando poco a poco.

◉ Puntos de interés

El único acceso a las **ruinas** (entrada 5 TRY; ⏱8.30-17.00) es a través de la puerta Arslan Kapısı. Hay que seguir el camino de la izquierda y ver las iglesias en el sentido contrario de las agujas del reloj. No todo el yacimiento está abierto al público, algunas zonas son de acceso restringido. Hay que dedicar al menos dos horas y media para verla. Es recomendable llevar agua y algo de comida, porque no hay ningún sitio donde comprarla.

Arslan Kapısı   PUERTA
Se supone que la robusta puerta Arslan Kapısı (también llamada Aslan Kapısı) debe su nombre a Alp Arslan, el sultán selyúcida que conquistó Ani en el año 1064, aunque también es probable que se llame así por el *aslan* (león) del relieve del muro interior.

Iglesia del Redentor   IGLESIA
Nada más pasar los restos de una **almazara,** aparece la asombrosa iglesia del Redentor (o de san Prkitch). Solo queda la mitad de su estructura; la otra mitad fue destruida por un rayo en 1957. Data de entre 1034 y 1036 y parece que fue construida para albergar un trozo de la Santa Cruz traído desde Constantinopla, historia que se narra en las inscripciones en armenio de la fachada, que luce también una magnífica *khatchkar,* una cruz tallada sobre un elaborado fondo rectangular, a 3 m del suelo. Su estilo de planta circular y ábside múltiple es típico de las iglesias armenias de la época.

Iglesia de San Gregorio (Tigran Honentz)   IGLESIA
Más allá de la iglesia del Redentor, escondida junto a las murallas que separan la ciudad de la garganta de Arpa Çayı, se encuentra la iglesia de San Gregorio el Iluminador (Resimli Kilise o iglesia con Pinturas). Dedicada al apóstol armenio y construida por un piadoso noble llamado Tigran Honentz en 1215, es el edificio mejor conservado del yacimiento, a pesar de que el clima y el vandalismo han dañado gravemente su interior. Hay que buscar las largas inscripciones en armenio de los muros exteriores y los brillantes frescos que narran escenas de la Biblia y la historia religiosa armenia. También cuenta con relieves bien conservados, así como con un pequeño reloj de sol.

Convento de las Vírgenes (Kusanatz)   IGLESIA
Con una ubicación espectacular al borde de la garganta de Arpa Çayı, el convento de las Vírgenes no puede visitarse pero se ve claramente desde la Menüçer Camii. Su característica capilla de cúpula dentada está protegida por una muralla. Al oeste se ven las escasas ruinas de un **puente** (en res-

FESTIVALES CULTURALES

Si se visita el noreste de Anatolia en verano, es buena idea intentar coincidir con el **Kafkasör Kültür ve Sanat Festivalı** (Festival de las artes y la cultura del Cáucaso), que se celebra el último fin de semana de junio en Kafkasör Yaylası, un prado 7 km al suroeste de Artvin, donde la principal atracción son los *boğa güreşleri* (combates de toros). En Doğubayazıt no hay que perderse el **Kültür ve Turizm Festival** (Festival de la cultura y el turismo), que tiene lugar en junio o julio; para saber las fechas exactas se puede llamar a una agencia de viajes. Es una excelente ocasión para sumergirse en la cultura kurda, con canciones, danzas y teatro.

tauración) que cruzaba el río, que tampoco pueden visitarse.

Catedral
IGLESIA

De nuevo en la llanura se llega hasta la catedral, denominada Fethiye Camii (mezquita de la Victoria) por los conquistadores selyúcidas, el edificio mayor y más impresionante del enclave. Lo comenzó a construir en el 987 Smbat II y fue terminado en el 1010 bajo el reinado de Gagik I.

Ani fue la sede del patriarcado ortodoxo armenio. Las tres puertas de la catedral eran utilizadas, respectivamente, por el patriarca, el rey y el pueblo. Por ser el edificio más importante de la ciudad, se convertía en mezquita cada vez que caía en manos de los musulmanes y volvía a ser iglesia cuando regresaban los cristianos. La amplia cúpula sostenida por cuatro enormes columnas se derrumbó hace siglos.

Desde lejos, el edificio parece parco, pero al acercarse pueden distinguirse bellos elementos decorativos, como varias troneras decoradas con elegancia, nichos triangulares, una inscripción en armenio cerca de la puerta principal y una serie de arcos ciegos con finas columnas que lo rodean.

Caminando hacia el oeste en dirección a la Menüçer Camii se pasa por una **zona de excavaciones** en la que, se supone, había una calle con tiendas. Más al norte se ven las ruinas de un alminar caído que pudo pertenecer a la **Ebul Muhammeran Camii.**

Menüçer Camii
MEZQUITA

Este edificio rectangular con un alto alminar octogonal truncado se dice que fue la primera mezquita construida por los turcos selyúcidas en Anatolia (1072). Se conservan seis bóvedas distintas entre sí, características de dicho estilo. La interesante y extraña mezcla de decoraciones armenias y selyúcidas probablemente se debe a los arquitectos, ingenieros y mam-

Ani

N   0 _____ 200 m

A Ocaklı Köyü (100m);
Kars (45km)

1

14

13

9

15

4

11

Pueblo
troglodita

3

8

Bezirhane
(almazara)

6

2

Ruinas
de tiendas

12

Ruinas de
un puente

Acceso
prohibido

5

7

Río Alaca

Arpa Çayı

Acceso prohibido

ARMENIA

10

posteros armenios empleados por los turcos. Su característica más sobresaliente es la combinación de piedra roja y negra, así como la policromía de los techos. La estructura contigua sería posiblemente una madraza o un palacio.

El alminar luce la inscripción árabe "bismillah" (En el nombre de Alá). Está prohibido subir, porque la escalera de caracol es empinada y estrecha y no hay parapeto en lo alto.

Cerca se encuentra una zona recién excavada en la que hay restos de casas, con hornos, un granero y baños.

İç Kale
FORTALEZA

Al otro lado de las praderas, al suroeste de la mezquita, se levanta el monumental İç Kale (alcázar), que guarda entre sus extensas ruinas la mitad de una iglesia derruida. Más allá, sobre un promontorio de roca en un recodo del Arpa Çayı, se encuentra la pequeña iglesia de **Kız Kalesi** (castillo de la Doncella). Ambos monumentos tienen prohibido el acceso y solo se pueden contemplar a distancia.

Iglesia de San Gregorio (Abughamrentz)
IGLESIA

En el extremo occidental se puede ver esta iglesia de planta circular, coronada por un tejado cónico, construida a principios del s. x para la adinerada familia Pahlavuni por el mismo arquitecto que proyectó la iglesia del Redentor. En los 12 lados exteriores tiene una serie de nichos con relieves en forma de concha en su parte superior. Las ventanas del tambor están enmarcadas por una doble hilera de arcos ciegos.

Desde la iglesia se puede disfrutar de la vista de un pueblo troglodita al otro lado de la escarpa del río, en la orilla armenia.

Kervansaray (iglesia de los Santos Apóstoles)
IGLESIA

Data del 1031 pero, tras la conquista de la ciudad por los selyúcidas en el 1064, a la iglesia de los Santos Apóstoles (Arak Elots Kilisesi) se le añadió un estilizado pórtico con una bella cúpula y fue utilizada como caravasar; de ahí su nombre.

Está bastante bien conservada y presenta grabados decorativos, ventanas redondas, arcos cruzados en diagonal en la nave, y techos con diseños geométricos hechos con incrustaciones de piedras policromadas. Destacan también las varias inscripciones armenias y un *khatchkar* grabado sobre un fondo rectangular.

Iglesia de San Gregorio (Gagik I)
IGLESIA

Al noroeste del Kervansaray se alza la enorme iglesia de San Gregorio, comenzada en el 998 según planos del mismo arquitecto de la catedral. Su ambiciosa cúpula se derrumbó poco después de terminarse la iglesia, y el resto del edificio se encuentra ahora muy dañado. Todavía se pueden ver los muros exteriores y restos de columnas.

Templo de Zoroastro (templo del Fuego)
TEMPLO

Al norte de la iglesia de los Santos Apóstoles se hallan los restos de un templo dedicado a Zoroastro, construido probablemente entre mediados del s. iv a.C. y principios del s. i a.C. Parece que poco después de construirse fue convertido en capilla cristiana. Los únicos restos son cuatro columnas de no más de 1,5 m de altura, difíciles de divisar entre las ondulaciones del terreno, situadas entre las iglesias de los Santos Apóstoles y la Georgiana, 100 m más al norte.

Iglesia Georgiana (Ürcü Kilisesi)
IGLESIA

Es imposible no ver su único muro, al norte del templo de Zoroastro. Debió ser un gran edificio, construido en el s. xi, cuya pared sur se cayó alrededor de 1840. De las tres arcadas que quedan en pie, dos presentan bajorrelieves, uno de la Anunciación y otro de la Visitación.

Ani

Palacio selyúcida   PALACIO

Está situado al noroeste de la iglesia de San Gregorio (Gagik I), en el interior de las murallas, y ha sufrido una restauración tan desastrosa que parece fuera de lugar.

Cómo llegar y salir

El transporte a Ani siempre ha sido un problema. La mayoría de la gente opta por los microbuses que van al yacimiento, organizados por la oficina de turismo de Kars o por **Celil Ersoğlu** (☏0532 226 3966; celilani@hotmail.com), por unas 35 TRY por cabeza, siempre y cuando haya un mínimo de seis personas. Si no hay más visitantes, es obligatorio pagar la tarifa completa de 140 TRY (ida y vuelta), que incluye el tiempo de espera. El trayecto suele durar cincuenta minutos. También se puede alquilar un taxi (90 TRY). Se recomienda asegurarse de que el conductor comprende que debe esperar en el lugar un mínimo de dos a tres horas.

Al norte de Kars

Muchos viajeros ni siquiera sospechan que Çıldır Gölü exista. Mucho menos carismá-tico que el lago Van, vale la pena hacer el viaje hasta esta masa de agua, 60 km al norte de Kars, aunque solo sea por la paz que se respira. También es un importante lugar de cría de varias especies de aves, que se pueden observar mejor desde la **isla de Akçekale**. **Doğruyol**, la única población significativa, ubicada en la orilla este, tiene una llamativa iglesia sobre la colina.

Desde la población de **Çıldır**, en la orilla norte, se puede seguir 3,5 km hasta la aldea de Yıldırımtepe. Desde allí, un camino que serpentea por un desfiladero lleva hasta la **Şeytan Kalesi** (el castillo del diablo) que, vigilante en un promontorio de roca sobre un meandro del río, presume de un entorno sensacional.

Para llegar a estos lugares hay que contar con transporte propio.

Al sur de Kars

En el pueblo kurdo de **Çengilli** hay un precioso monasterio georgiano del s. XIII que dibuja el perfil de la ciudad. En muchos

---

IMPRESCINDIBLE

IGLESIAS ARMENIAS CERCA DE ANİ

Después de la encantadora Ani, aún pueden verse otras iglesias y castillos armenios impresionantes. Estos yacimientos suelen contar con parajes increíbles en medio de la estepa. También es una buena manera de conocer un pedazo de la Anatolia más rural.

Para llegar hasta estos yacimientos (sin señalizar), lo más práctico es contactar con **Celil Ersoğlu** (☏0532 226 3966; celilani@hotmail.com), que puede conducir al viajero hasta ellos, además de llevarle a tomar un té con los lugareños. Cabe esperar un precio alrededor de las 150 TRY. No hay instalaciones turísticas, así que mejor ir bien avituallado con agua y comida.

A unos 40 km de Kars, la monumental **iglesia de Oğuzlu** del s. X se levanta en medio de la estepa, dominando las casas que la rodean. Su estado de conservación es malo debido al terremoto que en 1936 derribó la cúpula y otras estructuras.

En Yağkesen, a 6 km de Oğuzlu, el viajero quedará impactado ante la iglesia **Kızıl Kilise** (Karmir Vank), situada sobre un pequeño montículo. Es el único elemento vertical de esta zona verde de horizontalidad absoluta; no hay ni un árbol. Con un poco de suerte, se verá el monte Ararat en la distancia. Lo más destacado de esta iglesia es su tejado cónico, los nichos en forma de V del exterior y sus estilizadas ventanas, una inscripción en armenio sobre el portal y algunos bonitos grabados.

Cerca de Ani, en el pueblo kurdo de Kozluca, se pueden admirar dos monumentos armenios conocidos como **monasterio de Bagnair**. La iglesia más grande, posiblemente del s. XI, está en muy mal estado, pero la pequeña, situada a 200 m tras un pequeño barranco, se conserva muy bien. Tiene un tambor de 12 lados en forma de cúpula adornado con arcos ciegos. Ambas se usan como corrales de rebaños.

La **fortaleza de Magazbert** está cerca del pueblo de Üçölük. Por desgracia, mientras se redactaba esta guía, esta joya armenio-bizantina, situada en un saliente rocoso con vistas a un meandro del río Arpa Çayı, no podía visitarse.

aspectos es parecido a las iglesias armenias que hay cerca de Ani, pero las vistas de los montes Aras son inolvidables. Está a 20 km de la D965-04, que une Kars con Kağızman. La pista que sube desde la carretera hasta Çengilli no está asfaltada, y algunos tramos son muy empinados.

Más al norte (hacia Kars), en el pueblo de Ortaköy, una carretera secundaria lleva hasta Keçivan, donde se encuentran las espléndidas ruinas de un castillo precariamente encaramado en una cresta; otra vista espectacular.

Luego se puede ir a Beşkilise (Cinco Iglesias), uno de los edificios religiosos con una ubicación más espectacular. Esta iglesia armenia está 35 km al sur de Kars, en un desvío de la carretera de Digor a Iğdır, en la garganta del río Digor. Es difícil encontrar el camino. Desde Kars, está 4 km antes de Digor y 600 m antes de un camino de tierra que lleva a una cantera de piedra pómez blanca, a la derecha. Desde la carretera principal, hay que cruzar a pie unos pastos para encontrar la entrada de la garganta, seguir el valle río arriba por un camino borroso de la ladera, situado a la mitad de la pared del desfiladero. A los 30 minutos, aparece la iglesia como un espejismo, en un saliente que domina el valle. Inicialmente había cinco (de ahí el nombre). Esta, que es del s. XI, es la única que queda. Pese a algunos nombres rascados en las paredes, sigue en buen estado, con una cúpula intacta y elaboradas inscripciones en armenio.

Es difícil llegar a estos lugares sin transporte propio. La mejor opción es alquilar un taxi y un taxista dispuesto a colaborar en Kars, y organizar una salida de un día entero. Celil Ersoğlu (☎0532 226 3966; ce lilani@hotmail.com), de Kars, también lleva viajeros hasta estos puntos de interés.

Sarıkamış

Ciudad y estación de esquí 55 km al suroeste de Kars. Sus instalaciones y su nieve hacen las delicias de esquiadores y *snowboarders*. También es apta para el esquí de fondo. El ambiente es más sencillo y familiar que en Palandöken (p. 547) y la zona es menos ventosa. Los paisajes de las pistas son mejores, con extensas zonas de pinares de pino silvestre. La temporada de esquí suele ser de diciembre a abril, pero también se puede disfrutar en verano, con una buena red de caminos para practicar senderismo.

La infraestructura es puntera, con dos *telesiej* (telesillas) informatizadas y nueve pistas de esquí (tres para principiantes, tres intermedias y tres avanzadas), a una altitud que va de 2200 a 2634 m. Los hoteles alquilan equipo (30 TRY al día aprox.).

La estación está a 3 km del centro de la ciudad. El acogedor **Çamkar Hotel** (☎0474-413 5259; www.camkar.com; i/d con pensión completa invierno 200/270 TRY, verano 70/130 TRY; @᎒) y el enorme **Toprak Hotel** (☎0474-413 4111; www.sarikamistoprakhotels.com; i/d con pensión completa invierno 300/400 TRY, verano 160/200 TRY; @᎒) están a pie de pistas y cuentan con excelentes servicios, como un club infantil, sauna, bar, discoteca, tiendas y restaurantes que sirven alcohol. Los precios incluyen el *forfait* de esquí.

Microbuses regulares hacen la ruta entre Kars y Sarıkamış (7 TRY, 45 min), desde donde se puede tomar un taxi a la estación de esquí (10 TRY).

De Kars a Doğubayazıt

La ruta hacia Doğubayazıt y el monte Ararat sale desde Kars hacia el sur por Digor, Tuzluca e Iğdır durante 240 km. Desde Tuzluca la carretera sigue la frontera armenia.

Se puede hacer una pausa en Iğdır, que tiene variedad de alojamientos, aunque casi todos son también burdeles. Una opción es el **Hotel Dedemin** (☎0476-227 3920; Bağlar Mahallesi Gençler Sokak; i/d 40/60 TRY), que no queda lejos del *belediye* (ayuntamiento). Otra opción, en la misma calle, es el Yıldırım Otel, que se estaba construyendo mientras se redactaba esta guía.

De la calle principal salen microbuses hacia Kars (15 TRY, 3 h, 7 servicios diarios, aprox.; última salida hacia las 17.00); hay que buscar la tienda Serhat Iğdır Turizm, unos 300 m antes del Grand Otel Derya (viniendo de Kars).

Si se viene de Kars y se quiere ir a Doğubayazıt (5 TRY, 45 min, cada hora), la 'terminal' de microbuses queda escondida a una manzana de la calle principal, cerca de una mezquita; desde la parada de microbuses de Kars hay que cruzar la calle principal y preguntar (unos cinco minutos a pie, más o menos).

Doğubayazıt

☎0472 / 36 000 HAB. / ALT. 1950M

El entorno es magnífico. A un lado, el talismánico **monte Ararat** (Ağrı Dağı, 5137 m),

Desde Iğdır, la compañía de autobuses Iğdır Turizm ofrece servicios directos al este del enclave azerbaiyaní de Nakhicheván (10 TRY, 3½ h, 8 autobuses diarios como mínimo; última salida sobre las 17.30). La compañía tiene una oficina frente al *belediye*, justo en el centro. Es necesario contar con un visado (hay un consulado de Azerbaiyán en Kars). Este enclave queda separado del resto de Azerbaiyán por Armenia, y habrá que tomar uno de los pocos vuelos diarios para llegar a Baku. Para más información sobre los visados, véase p. 699.

el pico más alto de Turquía, se perfila majestuoso en el horizonte; y al otro lado, el impresionante palacio İshak Paşa, un precioso conjunto de fortaleza, palacio y mezquita, despliega su encanto 6 km al sureste de la ciudad. Doğubayazıt en sí no tiene mucho más, pero obviamente es el punto de partida de las ascensiones al monte Ararat y para salir a explorar la zona. Es también el punto de partida de una larguísima ruta que atraviesa Irán (cuya frontera está solo a 35 km).

Viniendo de Kars, el viajero enseguida se da cuenta de que el ambiente aquí es bastante distinto. Al ser una ciudad de predominio kurdo, está muy orgullosa de su sólido patrimonio, que se conmemora cada año con el Kültür ve Turizm Festival.

◉ Puntos de interés

Palacio İshak Paşa   PALACIO
(İshak Paşa Sarayı; entrada 3 TRY; ☉9.00-17.30 abr-oct, 9.00-17.00 nov-mar) Situado 6 km cuesta arriba en el sureste de la ciudad, es el epítome del castillo de *Las mil y una noches*. Parte de su magia proviene de su ubicación en una pequeña meseta, contigua a desolados acantilados y con vistas a una llanura, con el monte Ararat al fondo.

Su construcción la inició en 1685 Çolak Abdi Paşa y la terminó en 1784 su hijo, un jefe kurdo llamado İshak (Isaac). La arquitectura es una fantástica amalgama de estilos selyúcida, otomano, georgiano, persa y armenio.

La elaborada entrada principal conduce al **primer patio,** antiguamente abierto a mercaderes y huéspedes.

Solo la familia y algunos huéspedes especiales podían penetrar en el **segundo patio,** donde está la entrada al *haremlik,* al *selamlık,* a los alojamientos de los guardias y a los graneros, en el lado sur, y a la tumba de Çolak Abdi Paşa, İshak Paşa y sus familias, en la esquina noroeste. Esta tumba está ricamente decorada con una mezcla de grabados selyúcidas y relieves de estilo persa. Unas escaleras descienden hasta los sarcófagos.

Desde el segundo patio se puede atravesar el decorado pórtico del **'haremlik'** para entrar en las habitaciones del palacio. Lo mejor del harén es, sin duda, el precioso comedor, una mezcla de estilos con muros coronados por piezas de cantería triangular selyúcida, relieves florales armenios y orlados capiteles que revelan influencias georgianas. También tiene una cocina y un comedor con columnas.

Luego, hay que volver al segundo patio para visitar el **'selamlık',** en el lado norte. Se entra a través de una majestuosa sala donde eran recibidos los invitados antes de ser agasajados en la sala-patio ceremonial que hay a la derecha. También alberga una biblioteca y una bella mezquita, que conserva gran parte de sus relieves originales (destaca el árbol de la vida) y de los frescos del techo.

Al otro lado del valle se encuentran las ruinas de **Eski Beyazıt** (la vieja Beyazıt), que tal vez fundaron los urarteos alrededor del año 800 a.C. La actual Doğubayazıt es bastante nueva, ya que los habitantes de la zona se desplazaron de las colinas a la llanura solo a partir de 1937. Se pueden distinguir una mezquita en mal estado, una tumba y las ruinas de una fortaleza, que podría datar de la época de Urartu (ss. XIII a VII a.C.).

Los microbuses (2 TRY) traquetean entre la *otogar* y el palacio sin horarios fijos, ya que salen cuando están llenos. En taxi cuesta 20 TRY ida y vuelta, incluido el tiempo de espera en el palacio.

🛏 Dónde dormir

Aunque hay bastantes hoteles en el centro, mientras se redactaba esta guía no fue fácil encontrar opciones de alojamiento buenas y de confianza.

Hotel Tahran HOTEL €

(☎312 0195; www.hoteltahran.com; Büyük Ağrı Caddesi 124; i/d 25/40 TRY; @) Es el 'aterrizaje' perfecto en Doğubayazıt. Bien dirigido, este hotel emana tranquilidad. Aunque más bien pequeñas, las habitaciones ofrecen sábanas limpias y vistas del monte Ararat. El mismo veredicto se llevan los baños: diminutos pero salubres. Los extras más valorados son una terraza en la azotea, la conexión a Internet (gratuita), una cocina para los huéspedes y el servicio de lavandería. Si se va a ir a Irán, el afable gerente está bien informado. Es una apuesta segura para las viajeras que vayan solas.

Hotel Grand Derya HOTEL €€

(☎312 7531; fax 312 7833; Dr İsmail Beşikçi Caddesi; i 60-70 TRY; d 100-120 TRY; ✱) El refugio ideal después de pasar unos días trepando por las montañas. Este bien dirigido local ofrece habitaciones confortables con todas las comodidades. Las mejores tienen vistas al monte Ararat, que bien valen su precio. Es recomendable llevar tapones para los oídos; si no, la llamada a la oración de las 5 de la mañana desde la mezquita cercana dará más de un sobresalto.

Hotel Urartu HOTEL €

(☎312 7295; fax 312 2450; Dr İsmail Beşikçi Caddesi; i/d 30/60 TRY) Céntrico y fiable, no es mal lugar para empezar una aventura en el Ararat, pero está totalmente reservado por *öğretmen* (profesores) y otros funcionarios durante el curso escolar, aunque de mediados de junio a septiembre, admite viajeros. No sirven desayuno.

Lale Zar Camping 'CAMPING' €

(☎0544 269 1960; lalezarcamping@hotmail. com; İshakpaşa Yolu Üzeri; parcela de *camping* 10 TRY/persona, tienda incl.) A lo largo de los años, este *camping,* dirigido por dos amigos, Bertil y Mecit (un holandés y un turco) se ha convertido en una popular zona de *picnic,* muy concurrida por familias del lugar, pero sigue siendo una buena opción de alojamiento si al viajero no le molesta la música que suena hasta medianoche los fines de semana (bodas). Está situado en una propiedad bien cuidada, con algunas zonas verdes, en las afueras de la ciudad, en la carretera que va hasta el palacio İshak Paşa. Cuenta con una tienda de comestibles y un restaurante.

También hay otros dos *campings*-pensión, el Paraşüt y el Murat Camping, cerca del palacio İshak Paşa. Son algo solitarios,

pero tienen unas vistas magníficas. Ambos están bien para mochileros (hombres) de buen conformar. Para las mujeres es más recomendable alojarse en el Hotel Tahran o en el Hotel Grand Derya.

🍴 Dónde comer y beber

Yöresel Yemek Evi RESTAURANTE €

(Dr İsmail Beşikçi Caddesi; platos principales 5-7 TRY) Este local lo lleva una asociación de mujeres kurdas cuyos maridos están en la cárcel. Preparan unas deliciosas comidas *yöresel* (tradicionales) a precios de ganga. El servicio habla un poco de inglés, pero se esfuerza por explicar la comida de las bandejas metálicas a los curiosos. También vale la pena el kebab *döner*.

Ehli Kebap 'KEBAPÇI' €

(Dr İsmail Beşikçi Caddesi; platos principales 6-10 TRY) Una interjección describe este local del centro: ¡Mmm! La variada comida, kebabs, *pides* y sopas, es de gran calidad y está muy bien presentada; y el servicio y el entorno están a la par. La única pega es que los dos comedores están abarrotados.

Saray Restaurant 'KEBAPÇI' €

(Dr İsmail Beşikçi Caddesi; platos principales 4-8 TRY) Muy apreciado por los lugareños, y con razón. El servicio es atento; los ingredientes, frescos; y los precios, muy razonables. Sirve kebabs, *pides* y comida preparada para chuparse los dedos.

Doğuş Restaurant RESTAURANTE €€

(Dr İsmail Beşikçi esq. Belediye Sarayı Caddesi; platos principales 6-11 TRY) Un poco turístico y un poco caro, pero es el único restaurante de la ciudad con vistas al monte Ararat desde la terraza del piso de arriba. Y eso no tiene precio.

Türkü Cafe CAFÉ-BAR €

(Dr İsmail Beşikçi Caddesi; tentempiés 3-6 TRY) Es lo más parecido a un café 'moderno', y tiene un ambiente relajado. Aunque no tiene licencia para servir alcohol, puede que sirva cerveza a los extranjeros, que también pueden llevarla consigo. Además, hay tentempiés. Por la noche hay música en directo.

🔒 De compras

Artesanía local ALFOMBRAS

(İshak Paşa Caddesi; www.kurdishcrafts.com; ⊙8.00-21.00) Si el viajero quiere comprar alfombras, mantas o alforjas kurdas, tiene que venir directo a esta tienda, cerca de la *otogar.* Su amable propietario, Osman

Map labels:

N · 0 —— 200 m

Microbús a Iğdır

Microbús a Van

Ağrı Cad

Microbús a la frontera iraní (Gürbulak)

Al monte Ararat (5km); cráter del meteorito (35km); Irán (35km)

Hospital (Devlet Hastanesi)

A Diyadin (50km)

Dr İsmail Beşikçi Cad

Rıfkı Başkaya Cad

Ahmedi Hani Camii

2

4

Tamzara Turizm

Nişantaş Döviz

Emniyet Cad

$

3

Güven Cad

Büyük Ağrı Cad

Mezquita

7

6

Meryemana Cad

A Zaf Travel (1,5km); Lale Zar Camping (2,5km); palacio de İshak Paşa (5km)

5

1

8

Belediye

9

Küçük Ağrı Cad

Akkuş, habla algo de inglés y no presiona a los clientes para que compren. La mayoría de los objetos procede de aldeas y pueblos vecinos.

ℹ Información

ACCESO A INTERNET En la calle principal hay varios sitios donde consultar el correo electrónico.

DINERO La mayoría de los bancos del centro tienen cajeros automáticos. También hay varias oficinas de cambio, como **Nişantaş Döviz** (Dr İsmail Beşikçi Caddesi; ☉7.00-19.00 lu-sa, 7.00-12.00 do), que abre más horas y cambia dinero en efectivo.

INFORMACIÓN TURÍSTICA Hay varias agencias de viajes dispuestas a solventar dudas y a tramitar los permisos para el ascenso al monte Ararat. Algunas opciones son **Zaf Travel** (☎0531 822 9282; www.trekkinginararat.com; Dr İsmail Beşikçi Caddesi; ☉8.00-20.00), dirigida por el experto Zafer Onay; **Tamzara Turizm** (☎0544 555 3582; www.letsgotomtararat.com;

Emniyet Caddesi; ☉8.00-20.00), en el Hotel Urartu; y **Murat Camping** (☎0542 437 3699, 0543 635 0494), que tiene una oficina frente a la *otogar*. El personal habla inglés.

ℹ Cómo llegar y salir

Los microbuses (5 TRY) hacia la frontera iraní (Gürbulak) salen aproximadamente cada hora desde muy cerca de la esquina entre Ağrı y Rıfkı Başkaya Caddesis, inmediatamente después de la *petrol ofisi* (gasolinera); el último, alrededor de las 17.00. Para información sobre visados, véase p. 699.

No hay autobuses que vayan a Van, solo microbuses. Las horas de salida 'aproximadas' son 6.30, 8.00, 9.00, 12.00, 14.00 y 15.30 cada día (15 TRY, 3 h, 185 km). Para ir a Kars, hay que tomar un microbús a Iğdır (5 TRY, 45 min, 51 km, cada hora) y cambiar allí. De Iğdır a Kars cuesta 15 TRY.

De la *otogar* principal salen autobuses a otros destinos de larga distancia; normalmente hay que pasar por Erzurum (20 TRY, 4 h, 285 km).

Doğubayazıt

Alrededores de Doğubayazıt

Las agencias de viajes y muchos hoteles de Doğubayazıt pueden ayudar a organizar excursiones por la zona. Las de medio día (unas 60 TRY/persona) incluyen el palacio İshak Paşa, el "Arca de Noé" (una forma ovalada y alargada de piedra que supuestamente era el barco de Noé), el sobrevalorado 'cráter del meteorito' (muy probablemente una anomalía geológica) en la frontera iraní, y una aldea al pie del monte Ararat. Las de un día completo comprenden los lugares anteriores más los manantiales de aguas termales de Diyadin, 51 km al oeste de Doğubayazıt.

Monte Ararat (Ağrı Dağı)

Ver los picos gemelos del monte Ararat, que ha aparecido en las leyendas desde el principio de los tiempos como el lugar donde se posó el Arca de Noé, es imprescindible en cualquier viaje a Turquía oriental. El de la izquierda, llamado Büyük Ağrı (Gran Ararat), tiene una altura de 5137 m, y el de la derecha, el Küçük Ağrı (Pequeño Ararat), 3895 m.

Ascenso al monte Ararat

Durante muchos años se han denegado los permisos para ascender al Ararat por razones de seguridad, pero esta fantástica cima vuelve a estar en el circuito de *trekking*, aunque con restricciones. Es obligatorio llevar un permiso y guía. Mientras se redactaba esta guía era necesario solicitarlo con, al menos, 30 días de antelación. La solicitud debe tramitarse a través de una agencia de viajes turca e ir acompañada de una fotocopia del pasaporte y una carta solicitando permiso e indicando las fechas en las que se desea realizar el ascenso. Se puede tramitar por medio de cualquier agencia de viajes acreditada, incluidas Zaf Travel, Tamzara Turizm y Murat Camping, en Doğubayazıt. Aunque dicho esto, hay que añadir que se rumoreaba que la obtención del permiso podría simplificarse; por lo que ahora quizá pueda tramitarse directamente en Doğubayazıt en unos pocos días. Para estar seguros, lo mejor es contactar con alguna de las agencias de viajes mencionadas para informarse de las últimas novedades.

Si algún guía no oficial, un empleado del hotel o algún 'listillo' de Doğubayazıt se ofrece al viajero para conseguirle el permiso en un par de días, hay que desconfiar de inmediato. Probablemente recurran al soborno o a algún tipo de delito; además, en algunos casos, retienen el pasaporte de los viajeros y les hacen creer que han obtenido una autorización que, en realidad, no es legal. Conviene seguir el procedimiento oficial, aunque implique soportar la lentitud de la burocracia.

Y ahora, el precio. Sea cual sea la agencia con la que se tramite, lo previsible es pagar unos 450 € por persona por la excursión (tres días, con guías incluidos, *camping* y comida) desde Doğubayazıt (algo menos si se va en grupo). Las agencias más reputadas recomiendan emplear cuatro días para facilitar la aclimatación antes de abordar la cima.

YENİ HAMAM

Si se ha subido al monte Ararat, quizá después de tanto ejercicio el cuerpo necesite un poco de mimo. El **Yeni Hamam** (Şehit Mehmet Özer Caddesi; ⊙6.00-24.00), al suroeste del centro, lo recomiendan por igual guías de senderismo y lugareños. Está muy bien dirigido y la limpieza es impecable. Se puede pedir un masaje (15 TRY), seguro que más que merecido.

A pesar de la abusiva tarifa, ascender al Ararat es una experiencia fantástica. Las vistas y los paisajes que ofrece son magníficos. La mejor época es durante los meses de julio, agosto y septiembre. Se debe estar familiarizado con las técnicas de ascensión por nieve con crampones por encima de los 4800 m, incluso en verano.

La ruta habitual es la sur, que empieza en Eliköyü, un pueblo abandonado en la falda de la montaña, a 2500 m. Hay otra ruta que comienza en el pueblo de Çevirme, pero se usa poco. El primer campo está a 3200 m y el segundo, a 4200 m.

También es posible realizar marchas de un día alrededor de la montaña. Si no se sobrepasan los 2500 m de altitud, no son necesarios tantos trámites burocráticos. Lo mejor es solicitarlo a través de una agencia de la zona. Para este tipo de actividad se suelen pagar 300 TRY por persona.

Sureste de Anatolia

Los mejores alojamientos

» Asude Konak (p. 577)

» Casa particular en la aldea de Yuvacali (p. 592)

» Aslan Konuk Evi (p. 587)

» Kasr-ı Nehroz (p. 617)

» Hacı Abdullah Bey Konaği (p. 616)

Los mejores restaurantes

» Yörem Mutfağı (p. 578)

» İmam Çağdaş (p. 579)

» Beyaz Köşk (p. 588)

» Kamer Vakif (p. 614)

» Sütçü Fevzi y Sütçü Kenan (p. 626)

Por qué ir

El sureste de Anatolia es una parte de Turquía sin igual y, aparte de pequeñas bolsas de árabes y cristianos, esta extensa región es predominantemente kurda. Se puede elegir entre una amplia gama de ciudades históricas, incluidas Mardin, en una colina que domina Mesopotamia; Şanlıurfa, envuelta en mística histórica; la antigua ciudad de Diyarbakır, resguardada tras unas impresionantes murallas de basalto; y la ciudad fluvial color miel de Hasankeyf, en grave peligro. Se puede ir al Nemrut Dağı, coronado por colosales estatuas antiguas, o al resplandeciente lago Van, rodeado de montañas nevadas. Algunos lugares maravillosamente aislados son Darende y la bonita aldea de Savur, en lo alto de una colina, mientras que Gaziantep es una visita obligada para los amantes de la gastronomía. Puede que los viajeros no puedan visitar algunos lugares, sobre todo cerca de la frontera con Irak, pero la mayor parte del sureste de Anatolia es segura y accesible. Sin duda, lo que más perdurará en el recuerdo del viajero es el caluroso recibimiento que le brindarán los habitantes de esta zona.

Cuándo ir
Gaziantep

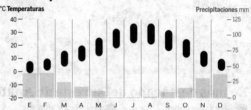

Mayo y septiembre Para evitar el calor más extremo del sureste de Anatolia.

Junio El Festival Internacional Kahta Kommagene cerca del Nemrut Dağı.

Lo antes posible Antes de que el Tigris inunde la bella Hasankeyf.

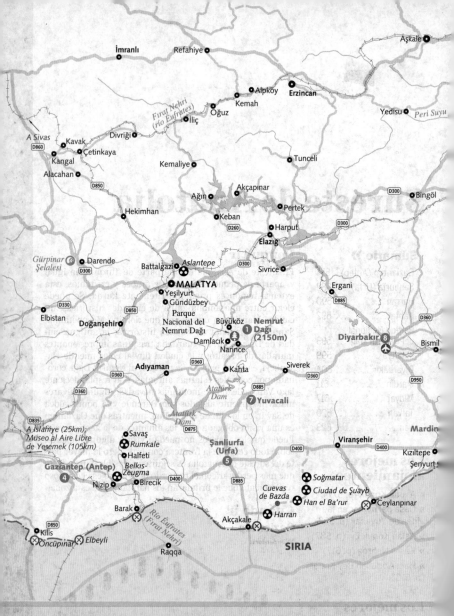

Lo más destacado del sureste de Anatolia

1 Sentirse eufórico mientras se contempla la puesta (o la salida) de sol desde el **Nemrut Dağı** (p. 593), el "trono de los dioses".

2 Explorar los edificios históricos y las casas de piedra de color miel de la bonita **Mardin** (p. 611).

3 Extasiarse junto a un borboteante río en la aldea de

Savur (p. 616), maravillosamente aislada en un valle.

4 Enamorarse de la *Niña gitana* y darse un festín de exquisiteces culinarias en **Gaziantep** (p. 574).

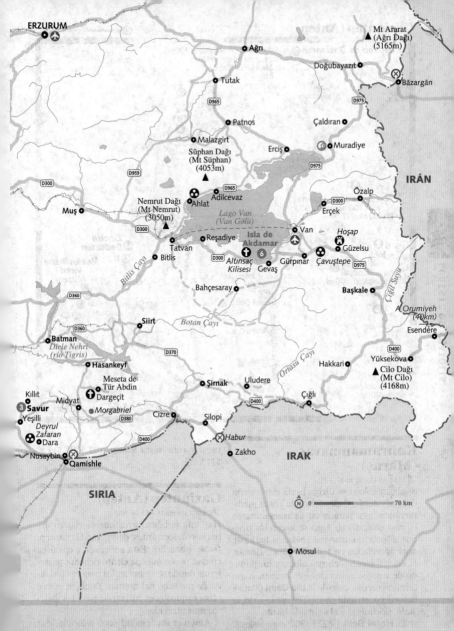

⑤ Alimentar el alma en la genial ciudad de peregrinación de **Şanlıurfa** (Urfa; p. 582).

⑥ Maravillarse con la arquitectura armenia de la **Akdamar Kilisesi** (p. 621) en un viaje en barco a la isla de Akdamar.

⑦ Empaparse de la vida familiar kurda en la aletargada aldea de **Yuvacali** (p. 592).

⑧ Explorar los laberínticos mercados, los serpenteantes callejones, las casas armenias restauradas y las antiguas iglesias de **Diyarbakır** (p. 604).

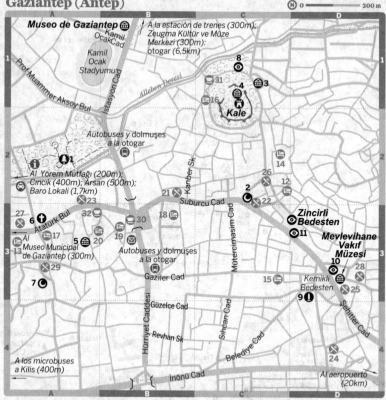

Museo de Gaziantep 🏛

*A la estación de trenes (300m);
Zeugma Kültür ve Müze
Merkezi (300m);
otogar (6,5km)*

Kamil
OcakCad

Kamil
Ocak
Stadyumud

Prof Muammer Aksoy Bul

Istasyon Cad

Alleben Deresi

8

31
4
3

16
Kale

Autobuses y dolmuşes
a la otogar

ℹ

*Al Yörem Mutfağı (200m);
Cıncık (400m); Arsan (500m);
Baro Lokali (1,7km)*

14

23

27
6
32
18

Kanber Sk

26
12
2
22

21
Suburcu Cad

**Zincirli
Bedesten**

11

**Mevlevihane
Vakıf
Müzesi**

10
28

13
17
5
20
19

*Al
Museo Municipal
de Gaziantep (300m)*

Autobuses y dolmuşes
a la otogar

29
Gaziler Cad

7

Mütercimasim Cad

15

*Kemikli
Bedesten*

25

9

Güzelce Cad

Hürriyet Caddesi

Sihcan Cad

Şehitler Cad

Revhan Sk

Belediye Cad

24

*A los microbuses
a Kilis (400m)*

Inönü Cad

*Al aeropuerto
(20km)*

Kahramanmaraş (Maraş)

☎ 0344 / 543 900 HAB.

Si algún goloso se dirige hacia este rincón del país desde Capadocia o la costa mediterránea, una parada en Kahramanmaraş es casi obligatoria. Aquí se hacen los divinos *dövme dondur-ma* (helados batidos), muy apreciados en toda Turquía. Además, la ciudad ciento ochenta alberga un puñado de tesoros culturales que ocupan como mínimo un día, caso de la **Ulu Cami** (Atatürk Bulvarı), construida en 1502 en estilo sirio, la **'kale'** (fortaleza) y el animado **bazar.**

El **Hotel Belli** (☎ 223 4900; www.otelbelli. com; Trabzon Caddesi; i/d 45/80 TRY; ❄) ofrece pulcras habitaciones, baños limpios y la opción de poder tomar una copa al final del día en su bar.

Desde la *otogar,* salen microbuses a Gaziantep (14 TRY, 2 h, 80 km) cada hora y cinco autobuses diarios recorren la espectacular ruta hasta Kayseri (22 TRY, 5½ h, 291 km).

Gaziantep (Antep)

☎ 0342 / 1,8 MILLONES DE HAB.

Hay una palabra turca que el viajero debería conocer antes de visitar Gaziantep: *fıstık* (pistacho). Esta acelerada y epicúrea ciudad posee más de ciento ochenta pastelerías donde se elaboran los mejores *baklava* de pistacho del mundo. También ofrece otras exquisiteces culinarias para los viajeros más atrevidos.

Antep es una ciudad poco valorada, con un estilo de vida moderno y tranquilo, que mira con desdén a la piadosa Şanlıurfa. Es uno de los lugares más sugerentes para vivir del sureste de Anatolia, con muchas ambiciones, y no solo en el terreno gastronómico. Con el mayor parque urbano a este lado del Éufrates y una vivaz cultura de cafés, tiene mucho garbo y cree que ha llegado el momento de compartirlo con el mundo. Además, cuenta con un atractivo que, por sí solo, ya merece el viaje: el Museo de Gaziantep. Incluso los viajeros que nunca hayan tenido interés por los mosaicos romanos se sentirán fascinados cuando vean la *Niña gitana*.

La ciudad se está revigorizando, y la fortaleza, los bazares, los caravasares y un puñado de antiguas casas de piedra han sido encantadoramente restaurados. Una de las puertas de entrada al sureste de Anatolia, Gaziantep pocas veces ha tenido tanta confianza y esperanza en el futuro.

El centro de la ciudad está en la intersección de Atatürk Bulvarı con Suburcu, Hürriyet e İstasyon Caddesi, que forman una plaza todavía llamada *hükümet konağı* (casa de Gobierno), con una gran estatua ecuestre de Atatürk.

Historia

Antes de que los árabes conquistaran la ciudad en el año 638, los persas, Alejandro Magno, los romanos y los bizantinos ya habían dejado su impronta en la región; y procedentes del este, los selyúcidas entraron en el territorio en el año 1070.

Aintab (nombre antiguo de Gaziantep) fue una ciudad de cultura selyúcida, gobernada por señores feudales turcos, hasta la llegada de los otomanos en 1516, encabezados por Selim el Cruel.

Durante el período otomano, Aintab contó con una considerable población cristiana, sobre todo armenios; por ello, en su casco antiguo se pueden admirar iglesias, mansiones y edificios comunitarios armenios.

En 1920, los aliados trataban de repartirse los territorios otomanos, de forma que Aintab fue asediada por las fuerzas francesas que pretendían anexionar tierras turcas a sus posesiones en Siria y Líbano; los feroces defensores nacionalistas se rindieron el 8 de febrero de 1921. El epíteto *gazi* (héroe de guerra) se añadió al nombre de la ciudad en 1973 como homenaje a su tenaz resistencia.

◎ **Puntos de interés**

En la oficina de turismo hay que pedir el folleto *Gaziantep Tarih ve Kültür Yolu* (Camino de Historia y Cultura de Gaziantep), un práctico plano con 40 puntos de interés repartidos por toda la ciudad. Los amantes de las mezquitas y los caravasares restaurados se sentirán en el séptimo cielo.

Museo de Gaziantep y Zeugma
Kültür ve Müze Merkezi   MUSEO
(İstasyon Caddesi; entrada 2 TRY; ⊘8.30-12.00
y 13.00-17.00 ma-do) Incluso si al viajero no
le apasionan los museos arqueológicos, el
Museo de Gaziantep le impresionará con
su voluminosa colección de mosaicos desenterrados en el rico yacimiento romano
de Belkıs-Zeugma antes de que la nueva
presa de Birecik lo inundara parcialmente
para siempre. Es imposible no enamorarse
de la *Niña gitana*, del s. II, la joya del museo. Tampoco hay que perderse la famosa
*Escena de Aquiles siendo enviado a la Gue-
rra de Troya*.

Está previsto que todos los mosaicos
sean trasladados a un nuevo museo llamado **Zeugma Kültür ve Müze Merkezi**,
que ya debería haber sido inaugurado detrás de la estación de ferrocarriles cuando
se publique esta guía. El museo actual se
centrará en la arqueología.

GRATIS 'Kale'   FORTALEZA
(Ciudadela; ⊘amanecer-anochecer)
Para hacerse una idea de la extensa área urbana que se va a visitar, no hay nada mejor
que subir al castillo. Se cree que la ciudadela fue construida por los romanos; posteriormente fue restaurada por el emperador
Justiniano en el s. VI, y ampliamente reconstruida por los selyúcidas en los ss. XII y
XIII. El interior del castillo alberga el **Museo
Panorámico de la Defensa y el Heroísmo
de Gaziantep** (entrada 1 TRY; ⊘9.00-18.00 lu-
vi, 9.00-19.00 sa y do), un tributo a la gente
que defendió la ciudad en 1920. Estatuas a
tamaño real de generales, soldados y civiles
reviven la tenaz lucha de la ciudad contra
los franceses. Hay completos paneles informativos en inglés.

El barrio al pie de la ciudadela ha sido
completamente renovado durante los últimos años. Se han arreglado antiguos talleres y tiendas, pero en el proceso, han perdido parte de su carácter.

Bakircilar Çarşisi   BAZAR
Al sur de la *kale* está la laberíntica zona de
bazares de Gaziantep, incluido el **Zincirli
Bedesten** (mercado de Artesanos del Cobre), en la actualidad completamente restaurado y lleno de artesanos del metal y
zapateros artesanos. Es bastante turístico,
pero vale la pena explorarlo y perderse entre
sus calles para encontrar excelentes mercados de alimentos con montañas de especias
multicolores y elegantes ristras de guindillas secas. Al sur del Zincirli Bedesten, en

la zona de **Elmacı Pazarı,** se encuentra la
tienda original de *baklavas* **Güllüoğlu;** se
aconseja ir sobre las 8.00, cuando sus famosas pastas aún están calientes.

Para tomar un café, se aconseja el **Tahmis Kahvesi** (Buğdaypazarı Sokak), posiblemente el *kahvehane* (café) con más ambiente de Gaziantep en un caravasar restaurado
en el corazón del bazar, y el más institucionalizado **Tütün Hanı** (Eski Saray Caddesi
Yanı).

Museo Municipal de Gaziantep   MUSEO
(Gaziantep Kent Müzesi; Atatürk Bulvarı; entrada 1
TRY; ⊘9.00-18.00 lu-vi, 9.00-19.00 sa y do) El excelente nuevo museo municipal de Gaziantep está en el maravillosamente restaurado
Bayazhan, donde los comerciantes y sus
camellos solían pasar la noche. Numerosas
exposiciones interactivas y audioguías en
lenguas extranjeras guían a los visitantes
a través de un amplio recorrido que incluye desde la historia del *baklava* hasta la
historia de la manufactura de calzado de
Gaziantep. Luego, el viajero puede relajarse
tomando un té o un café en la cafetería con
patio del Bayazhan.

GRATIS Mevlevihane Vakıf Müzesi MUSEO
(Tekke Camii Yanı; ⊘9.00-17.00 ma-do)
Interesante museo centrado en los sufíes
mevlevís (una orden de derviches), con material gráfico, kílims, manuscritos, prendas
de los mevlevís y otros objetos de los derviches. Los paneles están en inglés.

Museo Culinario Emine Göğüş   MUSEO
(Köprübaşı Sokak; entrada 1 TRY; ⊘9.00-18.00
lu-vi, 9.00-19.00 sa y do) En un estrecho callejón por debajo de la ciudadela, este museo
recién inaugurado proporciona tanto información como inspiración antes de empezar a explorar los geniales restaurantes de
Gaziantep. Las excelentes traducciones en
inglés y las ocasionales exquisiteces locales
cocinadas por el chef que hay in situ son
los ingredientes clave de la exitosa receta
del museo.

Museo de Etnografía Hasan Süzer MUSEO
(Hanefioğlu Sokak; entrada 3 TRY; ⊘8.00-12.00
y 13.00-17.00 ma-do) En una casa de piedra
restaurada de hace 200 años en una calle
lateral junto a Atatürk Bulvarı, vale la pena
visitar este museo. Un *hayat* (patio) central
con piedras claras y oscuras ofrece acceso a
las salas. Las de la planta baja se utilizaban
para el servicio, las de la 1ª planta consti-
tuían el *selamlık*, reservado a los hombres
de la familia y sus visitantes; y las de la 2ª,

SELIN ROZANES: GUÍA CULINARIA DE VIAJES

Aunque vive en Estambul, Selin Rozanes a menudo guía a grupos de viajeros para explorar el patrimonio culinario de Gaziantep y el sureste de Anatolia. De vuelta a Estambul, Selin ofrece una introducción a los sabores de Anatolia en las clases de cocina que da en su apartamento con **Turkish Flavours** (www.turkishflavours.com); véase p. 86.

Especialidades locales de Antep

Hay que probar el kebab *ali nazik,* con una base de berenjena ahumada machacada con yogur. En Antep tienen la rara costumbre de desayunar *beyran,* una deliciosa mezcla de sopa, carne *tandoori* y arroz, con mucho ajo.

Algo más dulce

Hay que probar el *katmer* (pan plano con una capa de frutos secos y nata cuajada) y comprarse una caja de *kahke,* una galleta fina como una oblea. Mis favoritas son las *köylü kahkesi,* hechas con melaza de uva, aromatizadas con especias y salpicadas con semillas de lino y neguilla. No son tan dulces y sí muy sabrosas.

Imprescindible

Un buen lugar para probar platos locales es el **Yörem Mutfağı.** Para comprar *baklava,* la tienda de **Güllüoğulu** en Elmacı Pazarı es mejor que sus otras sucursales. Se aconseja tomar café en el cercano **Tahmis Kahvesi.**

el *haremlik,* eran para las mujeres y sus visitas.

Naib Hamamı 'HAMMAM'
(Kale Arası; *spa* y masaje 25 TRY; ⊗hombres 9.00-17.00, mujeres 18.00-24.00) Recién restaurado, este elegante *hammam* al norte de la ciudadela ofrece sesiones de *spa* y masajes.

Şira Hanı EDIFICIO HISTÓRICO
En el extremo suroeste del bazar, el bellamente restaurado Şira Hanı es el emplazamiento del elegante restaurante Sahan.

100 Yil Atatürk Kültür Parkı PARQUE
Si se está harto de mercados y museos, este parque a tiro de piedra de las congestionadas calles principales de Gaziantep es un sitio encantador en medio de la ciudad que ofrece un paraíso verde para los amantes de la naturaleza, las familias y las parejas de veinteañeros. También hay un par de buenos sitios para tomarse una cerveza a la puesta de sol.

Kurtuluş Camii MEZQUITA
En una pequeña colina junto a la calle principal, es la mezquita más impresionante de las muchas que hay en Gaziantep. Inicialmente construida como catedral en 1892, tiene franjas alternas de piedra blanca y negra.

Otra mezquita que vale la pena ver es la **Alaüddevle Camii,** cerca del mercado

de Artesanos del Cobre. Hay muchas otras mezquitas recién restauradas que aparecen en el plano *Gaziantep Tarih ve Kültür Yolu,* disponible en la oficina de turismo.

Kendirli Kilisesi IGLESIA
(Atatürk Bulvarı) Incrustada entre edificios en pleno centro urbano, esta **iglesia** es como una aparición. Los sacerdotes franceses la construyeron con la ayuda de Napoleón III en 1860 y, en la lejanía, no parece relevante, pero de cerca cautiva por sus escasos elementos decorativos, incluidos unos medallones blancos y negros.

🛏 Dónde dormir

En Gaziantep hay muchos alojamientos, sobre todo en Atatürk Bulvarı y en Suburcu, Hürriyet e İstasyon Caddesi, o cerca de ellas. Los precios son elevados en comparación con otras ciudades turcas orientales, pero hay algunos excelentes hoteles-*boutique.*

🏠 **Asude Konak** HOTEL-'BOUTIQUE' €€
(☎231 2044, 0535 381 3798; www.asude konak.com; Arkası Millet Sokak 20; i 40-50 €, d 50-70 €; ❄ @) Con solo cinco habitaciones decoradas con antigüedades rústicas, madera y tejidos tradicionales, alojarse en esta casa encantadoramente restaurada con patio es como estar con amigos o familiares. Las comidas, preparadas por la propietaria, Jale Özaslan, ofrecen una fantástica

introducción a las exquisiteces culinarias de Gaziantep. Entre los platos más destacados se incluyen el *katmer* (pan plano con nata cuajada y frutos secos) del desayuno, y la especialidad local, *yuvarlama* (sopa de arroz, carne, garbanzos y yogur), para cenar. Las cenas suelen ser eventos relajados al aire libre en los que la conversación fluye de forma natural tras una copa de *rakı*, cerveza o vino.

Anadolu Evleri
HOTEL-'BOUTIQUE' €€€

(☏220 9525, 0533 558 7996; www.anadoluevleri.com; Köroğlu Sokak; i/d 70/90 €, ste para 1/2 personas 90/105 €; ✳@) Antigua casa de piedra restaurada con muy buen gusto, con un encantador patio, techos pintados o con vigas, suelos de mosaico, pasillos secretos, y muebles y objetos antiguos. Está a un paso del bazar, aunque dentro uno se siente tranquilo y relajado. No tiene dos estancias iguales. Las habitaciones nº 1 y 2 de la planta baja son maravillosamente acogedoras, y las otras 11 habitaciones, incluidas tres relucientes suites, tienen mucha luz natural. Timur Schindel regenta este hotel con gran afabilidad, y ofrece a los clientes una explicación pormenorizada en un perfecto inglés de todo lo que vale la pena ver en la ciudad.

Zeynep Hanim Konaklari
HOTEL-'BOUTIQUE' €€

(☏221 0207; www.zeynephanimkonaklari.com; Eski Sinema Sokak; i/d 80/150 TRY; ✳) El hotel-*boutique* más nuevo de Gaziantep, con habitaciones cómodas y espaciosas que dan a un patio central. Tiene relucientes baños y cómodas camas, y ofrece sesiones de cata en la bodega subterránea. El barrio de Mahalessi en el que se encuentra es donde están los cafés y restaurantes nuevos más de moda.

Kale Evi
HOTEL-'BOUTIQUE' €€

(☏231 4142; www.kaleevi.com, en turco; Köprübaşı Sokak; i/d 40/60 €; ✳) Este hotel de ocho habitaciones pretende ofrecer una estancia *boutique* por menos dinero, pero no lo consigue del todo debido a unos cuantos toques de gusto dudoso, como los enormes aparatos de aire acondicionado y las colchas cursis de las habitaciones, o una réplica del mosaico de la *Niña gitana* en el restaurante. Por debajo de la ciudadela, tiene una ubicación genial, y su restaurante al aire libre es muy agradable.

Yesemek Otel
HOTEL €€

(☏220 8888; www.yesemekotel.com; İsmail Sokak; i/d 50/80 TRY; ✳) Su moderno exterior y su imponente vestíbulo fácilmente podrían confundirse con los de un banco. En medio de toda la acción, este hotel bien considerado ofrece un servicio y unas instalaciones geniales, incluido un restaurante y un *otopark* (aparcamiento) privado.

Nil Hotel
HOTEL €€

(☏220 9452; www.nilhotel.net; Atatürk Bulvarı 53; i/d 60/90 €; ✳) Este pequeño hotel de varias plantas no ofrece grandes innovaciones, pero al menos los baños están impecables, y tiene una céntrica ubicación y muchos servicios, como televisión por satélite y aire acondicionado.

Yunus Hotel
HOTEL €

(☏221 1722; hotelyunus@hotel.com; Kayacık Sokak; i/d 35/60 TRY; ✳) En cuanto a belleza, este es un hotel de lo más normalito, pero es un sitio seguro para dejar la mochila, tiene buenos precios y está en el centro de la ciudad. Ofrece habitaciones anodinas con baños muy limpios.

Güzel Otel
HOTEL €

(☏221 3216; Gaziler Caddesi 7; i/d 25/40 TRY; ✳) Uno de los hoteles con mejor relación calidad-precio, con una práctica ubicación junto al mercado y habitaciones limpias y espaciosas. Advertencia: tienen que gustar las paredes de color rosa.

Anit Hotel
HOTEL €

(☏220 9656; anithotel@yahoo.com; Atatürk Bulvarı 81; i/d 40/70 TRY; ✳) Buena opción de precio económico-medio con habitaciones espaciosas y soleadas en una tranquila y arbolada calle. Tiene un bar en la 1ª planta, y los mejores cafés de Antep están a un corto paseo de allí.

🍴 Dónde comer

Gaziantep es un nirvana para los sibaritas, con una buena selección de restaurantes y pastelerías para cualquier paladar y presupuesto. En la oficina de turismo hay que hacerse con un ejemplar del excelente libro *Gaziantep Mutfaui* (Cocina de Gaziantep), donde aparecen los mejores restaurantes de la ciudad y sus especialidades.

Yörem Mutfağı
'MUTFAK' €€

(İncilipınar Mahallesi 3, Sokak 15; platos principales 8-10 TRY) Lo que empezó como un simple *lokanta* (local de comida preparada) dirigido a los empleados de las cercanas oficinas se ha transformado en un elegante local donde sirven algunas de las mejores

GAZIANTEP PARA LOS GOLOSOS

Para los amantes del *baklava*, Gaziantep es el paraíso. La ciudad tiene fama de hacer los mejores *baklavas* de fıstıklı (pistacho) de Turquía, y del mundo. Recién hechos son imposibles de superar. Con más de ciento ochenta pastelerías por toda la ciudad, es difícil determinar cuál es la mejor, pero algunas tiendas de *baklava* han alcanzado un estatus de culto, como **Güllüoğulu** (Elmacı Pazarı), **Çavuşoğulu** (Eski Saray Caddesi), **Baklava Ünlüler** (Suburcu Caddesi) e **İmam Çağdaş** (Kale Civarı Uzun Çarşı).

Le preguntamos a Burhan Çağdaş, propietario de la epónima İmam Çağdaş, que ha estado atormentando a los amantes de los hidratos de carbono desde 1887, cuáles son las cualidades de un *baklava* bien elaborado. "Escojo cuidadosamente los ingredientes más frescos. Todo procede del cultivo ecológico. Conozco a los mejores productores de pistachos y de aceite de la región. La naturaleza del suelo que hay aquí le da un aroma especial a los pistachos. Y no producimos en masa."

¿Cómo se puede saber si un *baklava* está recién hecho? "Es sencillo: cuando te lo metes en la boca debería producir un sonido del tipo a 'kshhhh'", explica Burhan Çağdaş.

Tiene razón. Uno nunca olvida el típico "kshhhh" que caracteriza a un *baklava* recién hecho cuando estimula sus papilas gustativas.

comidas caseras de Gaziantep. Los almuerzos (solo hay que elegir y señalar lo que se quiere) ofrecen una buena relación calidad-precio, mientras que las cenas son eventos más formales con una mayor variedad de platos. Su decoración de casita de campo oculta en parte la sofisticación de sus comidas. Hay que buscar el letrero del AK Parti en la calle que bordea el extremo norte del Atatürk Kültür Parkı y girar a la derecha.

İmam Çağdaş
RESTAURANTE €€

(Kale Civarı Uzun Çarşı; platos principales 10-16 TRY) Pastelería y restaurante dirigido por la familia Çağdaş. Su fantástico *baklava* de pistacho se sirve a diario a clientes de toda Turquía. Si existiera el Oscar al mejor kebab, este lugar sería un serio candidato. ¿El secreto? Ingredientes frescos, muy bien seleccionados y el inimitable toque Çağdaş. Se aconseja el kebab *ali nazik,* con su cremoso puré de berenjena ahumado al carbón.

Çınarlı
'MUTFAK' €

(Çınarlı Sokak; platos principales 6-12 TRY) Resistiendo el paso del tiempo, aún goza de una excelente reputación por sus *yöresel yemeks* (platos tradicionales), una excusa perfecta para experimentar con platos menos conocidos, como las *ekşili ufak köfte* (pequeñas albóndigas agrias), la *yuvarlama* (sopa de garbanzos, carne y yogur) o la *kuruluk dolma* (berenjena rellena especiada). La decoración es una maravilla: tres pequeñas salas con alfombras, armas y objetos de colección, además de un enorme comedor en el piso superior donde por las tardes se puede disfrutar de música en directo.

Çulcuoğlu Et Lokantası
'LOKANTA' €

(Kalender Sokak; platos principales 5-10 TRY; ⊙11.30-22.00 lu-sa) Uno se vuelve carnívoro en esta institución de Gaziantep: sus sabrosos kebabs se preparan como es debido, pero también ofrecen pollo a la parrilla. No hay que dejarse influir por la entrada; hay un enorme comedor en la parte trasera. Está escondido en una estrecha callejuela al otro lado del *otopark* desde Şıra Hanı, a 20 m de la pequeña mezquita de Nur Ali.

Metanet Lokantası
'LOKANTA' €

(Kozluca Camii Yanı; platos principales 6-9 TRY; ⊙11.00-15.00) Este es el tipo de lugar que solo se encuentra si se busca. Enclavado en una calleja cercana a Kozluca Camii, siempre ha estado entre los favoritos de los residentes. Los camareros con bigote, que parecen ser los mismos desde hace décadas, cortan a conciencia la carne al mediodía frente a una gran parrilla. El *ayran* (bebida de yogur) se sirve en un bol; la atmósfera es muy agradable. Mucho menos institucionalizado que el İmam Çağdaş.

Baro Lokali
RESTAURANTE-BAR €€

(Yıl Atatürk Kültür Parkı; platos principales 8-12 TRY; ⊙11.00-23.00) El entorno es lo más importante, con una agradable terraza bajo los árboles; situado en el extremo occidental del 100 Yıl Atatürk Kültür Parkı (8 TRY aprox. en taxi), es perfecto para dejar atrás la pegajosa ciudad en un día·caluroso. Buena selección de *meze* y platos de carne. Con la comida se puede pedir cerveza, *rakı* o vino.

Sahan
RESTAURANTE €€

(Şıra Hanı; platos principales 12-16 TRY; ⊙12.00-23.00) En la restaurada Şıra Hanı, prepara excelentes versiones de especialidades locales. Tiene permiso para vender alcohol, por lo que se aconseja, como mínimo, entrar a tomar una cerveza o un vino y unos cuantos *meze* en su elegante y espacioso patio.

Çavuşoğulu
PASTELERÍA €

(Eski Saray Caddesi; platos principales 4-9 TRY) En parte *baklavacı*, en parte *kebapçı*, este animado local ofrece platos que sacian el hambre sin vaciarle a uno la cartera. Las raciones son generosas, la carne está perfectamente cortada y las ensaladas son frescas.

Mado Café
CAFÉ €€

(Atatürk Bulvarı; platos principales 8-10 TRY) El superelegante Mado es el sitio ideal para encontrarse con la gente influyente de Gaziantep. Tiene tentempiés y cócteles de frutas, pero lo mejor son sus pasteles y helados.

Önder Lahmacun Salonu
'PIDECI' €

(Eyüboğlu Caddesi; *pide* desde 5 TRY) Las *pizzas* al estilo turco de este moderno restaurante, a pocos metros de Kurtuluş Camii, son excepcionales.

Dónde beber

Papirüs Cafeteria
CAFÉ

(Noter Sokak; ⊙10.00-22.00) Multitud de estudiantes, tanto chicos como chicas, se reúnen aquí para disfrutar de su encantador entorno (está ubicado en una mansión histórica junto Atatürk Bulvarı) y para intercambiar números de teléfono en su frondoso patio. No hay que perderse los antiguos frescos de las salas de la planta superior.

Adana Şalgamacısı – Gürbüz Usta
CAFÉ

(Hürriyet Caddesi; zumos desde 2 TRY; ⊙8.30-20.00) Las piezas de uva, plátano y naranja que hay en el mostrador de este garito están esperando ser exprimidas. Se recomienda el delicioso *atom* (una mezcla explosiva de leche, miel, plátano, avellanas y pistacho).

Cıncık
BAR-RESTAURANTE

(Atatürk Kültür Parkı; ⊙12.00-23.00) Sus parrilladas y ensaladas son exquisitas, pero lo mejor es su frondoso y relajado bar al aire libre lleno de gente repantingada en pufs y relajándose con una cerveza Efes y el ocasional narguile. Está a un corto paseo del centro por el Atatürk Kültür Parkı. Por la noche hay que tener cuidado con los besucones locales.

Tütün Hanı
JARDÍN DE TÉ

(Eski Saray Caddesi Yanı; ⊙8.30-20.00) En un pintoresco patio de la cuidadosamente restaurada Tütün Hanı, es un lugar genial para disfrutar de un té y un narguile por poco dinero. Tiene mucha personalidad, con alfombras, mesas bajas y cojines.

Kir Kahvesi
CAFETERÍA

(Köprübaşı Sokak; café turco 4 TRY; ⊙8.30-18.00) En un edificio histórico excesivamente restaurado a los pies de la ciudadela, carece de la pátina y el ambiente del Papirüs, pero aun así es un buen sitio para tomarse un descanso tras visitar la zona.

ℹ Información

En la plaza principal y sus alrededores hay una oficina de correos y cajeros automáticos, mientras que en una calle paralela a Atatürk Bulvarı hay varios cibercafés.

Arsan (☏220 6464; www.arsan.com.tr; Nolu Sokak; ⊙8.00-19.00) Reputada agencia de viajes que puede organizar varios circuitos (desde 90 TRY por persona), por ejemplo, al "Triángulo Mágico" (Birecik, Halfeti/Rumkale, Belkıs-Zeugma), a Yesemek e incluso a Alepo (Siria).

Oficina de turismo (☏230 5969; 100 Yıl Atatürk Kültür Parkı İçi; ⊙8.00-12.00 y 13.00-17.00 lu-vi) En un edificio negro y gris en el parque municipal. Su personal bien informado habla inglés y alemán.

ℹ Cómo llegar y salir

Avión

El aeropuerto Oğuzeli de Gaziantep está a 20 km del centro. Se aconseja preguntar en una agencia de viajes por el autobús Havas al aeropuerto. Un taxi cuesta unos 30 TRY.

Onur Air (www.onurair.com.tr, en turco) Vuelo diario a/desde Estambul (desde 66 TRY).

Pegasus (www.flypgs.com) Vuelos diarios a/desde Estambul (desde 66 TRY).

Turkish Airlines (www.thy.com) Vuelos diarios a/desde Estambul (desde 51 TRY) y a/desde Ankara (desde 51 TRY), y dos vuelos semanales a/desde Antalya (desde 51 TRY).

DESTINO	TARIFA (TRY)	DURACIÓN (H)	DISTANCIA (KM)	FRECUENCIA (DIARIA)
Adana	18	4	220	Frecuentes autobuses
Adıyaman	14	3	162	Frecuentes microbuses
Ankara	45	10	705	Frecuentes autobuses
Antakya	15	4	200	Frecuentes microbuses
Diyarbakır	25	5	330	Frecuentes autobuses
Estambul	60	15	1136	Varios autobuses
Kahramanmaraş	10	1½	80	Frecuentes autobuses y microbuses
Mardin	30	6	330	Varios autobuses
Şanlıurfa	10	2½	145	Frecuentes autobuses
Van	50	12	740	Varios autobuses

Autobús

La *otogar* está a 6,5 km del centro urbano. Para llegar se puede tomar un autobús (2 TRY) o un microbús en Hürriyet Caddesi, al norte de Gaziler Caddesi, o en İstasyon Caddesi, unos 400 m más al norte. Un taxi cuesta 15 TRY.

No hay ningún autobús directo a Siria; primero hay que ir a Kilis, y luego tomar un taxi hasta la frontera o hasta Alepo. Los microbuses a Kilis (8 TRY, 65 km) salen más o menos cada 20 minutos desde otra *garaj* (terminal de microbuses) situada en İnönü Caddesi.

Los taxis privados a Alepo salen desde los alrededores del consulado sirio, cerca de la oficina de turismo. Cuestan alrededor de 60 US$ para hasta cuatro personas.

Hay que tener en cuenta que, como los ciudadanos turcos ya no necesitan visados para entrar en Siria, puede haber mucho movimiento en la frontera.

Automóvil

Para ver los puntos de interés de los alrededores, sobre todo el Museo al Aire Libre de Yesemek, Arsan puede organizar el alquiler de automóviles sin coste adicional. El precio suele ser de unos 90 TRY por día.

Tren

Durante la redacción de esta guía, los trenes a Gaziantep desde otras partes de Turquía habían sido suspendidos debido a las obras de mantenimiento en la línea. Los martes y viernes sale un tren de Gaziantep a Alepo, en Siria, a las 20.30. En febrero del 2010 empezó a circular un tren a Mosul, en Iraq, pero fue cancelado en abril del 2010 debido a motivos de seguridad. Para información actualizada, se aconseja consultar el sitio web de los ferrocarriles turcos (www.tcdd.gov.tr).

La estación de trenes está 800 m al norte del centro urbano. Desde el centro de Gaziantep hasta allí hay un servicio de tren ligero.

Alrededores de Gaziantep

KILIS
0348 / 70 700 HAB.

Kilis está llena de encantadores edificios antiguos desperdigados por el centro, incluidos mausoleos, caravasares, *hammams,* mezquitas, fuentes y *konaks* (mansiones). Muchos han sido recientemente restaurados. En la plaza mayor y alrededores se puede ver el Adliye, la Mevlevi Hane, la Tekye Camii, el Paşa Hamamı y la Kadı Camii. La Cuneyne Camii y la Çalik Camii son un poco más difíciles de encontrar (conviene preguntar).

Se aconseja tomar un microbús desde Gaziantep y pasar un día en esta sorprendente ciudad. Para pernoctar allí, el **Mer-Tur Otel** (814 0834; mer-turotel@hotmail. com; Zekerya Korkmaz Bulvarı; i/d 60/90 TRY;) es una buena opción.

Hay frecuentes microbuses a Gaziantep (8 TRY, 65 km, 1 h). Para ir a Alepo, en Siria, se puede tomar un taxi a Öncüpınar en la frontera (12 TRY, 7 km), y desde el lado sirio, otro hasta Alepo.

MUSEO AL AIRE LIBRE DE YESEMEK
El **Museo al Aire Libre de Yesemek** (Yesemek Açık Hava Müzesi; entrada 2 TRY; ama-

necer-anochecer) es una extensa ladera con unas trescientas piedras y estatuas hititas en un pintoresco entorno.

El uso que se dio al yacimiento resulta fascinante. A partir de 1375 a.C. (aprox.), esta ladera fue una cantera y un taller de esculturas hititas. Durante más de seiscientos años, produjo multitud de bloques de basalto, que pesaban entre 1,5 y 8 toneladas y en los que se esculpían leones, esfinges y otros motivos. Hoy día las piezas aparecen en diversos estados de acabado, pues fueron abandonadas al final del período hitita. Recientemente se ha añadido un arroyo artificial y un estudio al aire libre para que escultores contemporáneos expongan sus creaciones del s. XXI.

Yesemek dista 113 km de Gaziantep. Llegar hasta allí en transporte público es bastante difícil porque no hay servicios directos. Lo más fácil sería alquilar un coche en Gaziantep y, de paso, hacer una ruta panorámica que pasara por Kilis, Yesemek y İslahiye. Desde Kilis, hay que seguir la D410 en dirección a Hassa/Antakya hasta un desvío a la derecha que conduce a la carretera de gravilla a Yesemek.

BELKIS-ZEUGMA

En otra época una ciudad importante, Belkıs-Zeugma fue fundada por uno de los generales de Alejandro Magno en torno al año 300 a.C. Tuvo su época dorada con los romanos, y posteriormente se convirtió en un importante puesto comercial a lo largo de la Ruta de la Seda. Ha perdido mucho atractivo, ya que la mayor parte del enclave desapareció bajo las aguas del embalse de Birecik. Los mosaicos y hallazgos más interesantes se han trasladado al Museo de Gaziantep, donde se exponen algunos. Todo lo que queda del antiguo esplendor de la ciudad es una montaña de escombros y un par de columnas derruidas, sin carteles explicativos. Hay planes de hacer un museo al aire libre para proporcionar al yacimiento un poco de lustre.

El yacimiento se encuentra a 50 km de Gaziantep y a 10 de Nizip, por la carretera principal a Şanlıurfa (señalizado desde Nizip), pero no hay servicios de microbús. Si no se dispone de vehículo propio, quizá no merezca la pena el esfuerzo.

HALFETI Y RUMKALE

Si se desea encontrar un lugar aislado donde descansar antes de lanzarse a las bulliciosas ciudades de Şanlıurfa (al este) y Gaziantep (al oeste), Halfeti puede resultar perfecto. Este pueblo apacible se halla 40 km al norte de Birecik, a orillas del Éufrates, y su emplazamiento no puede ser más seductor, con atractivas casas que se derraman por la ladera y sobre el río. El embalse de Birecik inundó la mitad de la localidad, incluidos varios yacimientos arqueológicos, y parte de la población tuvo que ser realojada.

A lo largo del río hay varios sitios para empaparse de su ambiente. El frondoso **Siyah Gül Restaurant** (☎0414-751 5235; platos principales 7-10 TRY), con vistas al río, es una buena opción y sirve alcohol. El **Duba Restaurant** (☎0414-751 5704; platos principales 7-10 TRY), al final del pueblo (siguiendo la carretera ribereña), también merece la pena; cuenta con un pontón sobre el agua y un *bahçe* (jardín). Recientemente se han abierto otros restaurantes, pero sus emplazamientos no son tan buenos. Si se quiere pernoctar aquí, el acogedor **Şelaleli Konak** (☎0414-751 5500; d por persona 30 TRY) es una buena opción, pero solo tiene tres habitaciones, una de ellas con baño propio. Si no hay nadie atendiendo, se aconseja preguntar en la comisaría que hay al lado.

Desde Halfeti se pueden organizar excursiones en barco a **Rumkale** (50 TRY aprox. por todo el barco). El barco avanza durante unos 20 minutos hasta que llega a la base del rocoso acantilado en el que se halla esta **fortaleza** en ruinas. Accesible a través de un corto pero empinado sendero, la fortaleza cuenta con una mezquita, una iglesia, un monasterio, un pozo y otros restos, todos ellos en un estado relativamente bueno. De vuelta a la embarcación, se puede pedir al barquero que continúe hasta **Savaş**, otro pueblo medio inundado, a un corto trayecto de 10 minutos desde Rumkale. La infraestructura en Savaş es limitada pero nada supera la experiencia de tomar una taza de *çay* en uno de los jardines cercanos al río.

Entre semana es relativamente fácil acceder a Halfeti en transporte público. Cada hora salen microbuses desde cerca del hotel Acar, en Birecik, que van a Halfeti (4 TRY). Desde la *otogar* de Gaziantep hay salidas regulares de *dolmuşes* a Birecik (8 TRY).

Şanlıurfa (Urfa)

☎0414 / 650 000 HAB. / ALT. 518 M

Tras los placeres culinarios de Gaziantep, toca ejercitar el alma en la mística y pía Şanlıurfa (la Ciudad de los Profetas, tam-

El paisaje en el sureste de Anatolia está cambiando a medida que avanza el Güneydoğu Anadolu Projesi –más conocido como GAP o Güneydoğu–, ya que aporta agua para irrigar las grandes regiones áridas y genera enormes cantidades de energía hidroeléctrica para la industria. Resecos valles se han convertido en lagos llenos de peces, y polvorientas aldeas ahora son pueblos comerciales en auge o ciudades industriales.

El proyecto afecta a nueve provincias y dos enormes ríos, el Tigris y el Éufrates. En el 2008 ya se habían completado 17 presas de las 22 previstas. En torno al 2012, cuando se haya completado el proyecto, 19 centrales hidroeléctricas serán capaces de satisfacer el 22% del total de las necesidades eléctricas de Turquía, y más de 1,7 millones de Ha de tierra podrán ser irrigadas.

Pero un proyecto tan gigantesco y esperanzador también puede causar problemas considerables, especialmente en los ámbitos ecológico y sanitario, debido al cambio de una agricultura de secano a otra de regadío. Según datos del Departamento de Malaria del Ministerio de Salud turco, la incidencia de esta enfermedad aumentó desde los 8680 casos de 1990 hasta los 18 676 en 1992.

También ha ocasionado problemas políticos, ya que Siria e Irak, países situados río abajo y para los que las aguas del Tigris y el Éufrates también resultan vitales, se quejan de que Turquía está utilizando o almacenando una mayor cuota hídrica de la que le corresponde. Por si fuera poco, innumerables yacimientos arqueológicos han desaparecido bajo el agua de las presas o lo harán en breve.

bién conocida como Urfa), centro espiritual por excelencia y gran ciudad de peregrinación. En esta ciudad dejaron su impronta los profetas Job y Abrahán. Para el viajero, al igual que para los peregrinos que han visitado la ciudad durante siglos, la primera visión del complejo de mezquitas de Dergah y de la zona santa de Gölbaşı, con la llamada a la oración como música de fondo, será un momento mágico.

Debido a la cercanía a Siria, en Urfa uno empieza a sentir que se encuentra en Oriente Medio. La mujeres ataviadas con chadores de riguroso negro se abren paso entre el rico halo de fragancias de las calles del bazar; los señores con mostacho y vestidos con *şalvar* (los tradicionales pantalones bombacho árabes) beben grandes sorbos de té y mueven las fichas del *backgammon* en un patio umbroso; los peregrinos dan de comer a las carpas sagradas a la sombra de una fortaleza medieval.

Sin embargo, gracias a la inversión en el cercano Proyecto del Sureste de Anatolia, Urfa está adquiriendo un brillo sorprendentemente cosmopolita que se añade a su patrimonio de varios siglos de antigüedad. Un nuevo aeropuerto y una nueva *otogar* hacen que llegar hasta aquí sea menos complicado, y las calles de la ciudad bullen de actividad.

La zona alrededor de la ciudad moderna es un conjunto de bloques de apartamentos y moles de hormigón, pero aun así vale la pena pasar un par de días en Urfa para ver todos sus puntos de interés y empaparse del irresistible ambiente de sus callejones.

Historia

Los hititas se impusieron en la zona hacia el 1370 a.C. Tras un período de dominio asirio, Alejandro Magno llegó a Urfa. Él y sus compañeros macedonios la rebautizaron como Edesa en honor a una antigua capital de Macedonia, y la ciudad fue la capital de una provincia selúcida hasta el año 132 a.C., cuando la población aramea local creó un reino independiente y la rebautizó como Orhai. Finalmente toda la zona fue conquistada por los romanos.

Siguiendo su tradición rebelde, Edesa adoptó con rapidez el cristianismo (c. 200), antes incluso de que se convirtiera en la religión oficial de los conquistadores.

Emplazada en la frontera entre persas y romanos, la ciudad fue objeto de numerosas batallas y cambió varias veces de manos. En el 533, ambos imperios firmaron un tratado de Paz Eterna que duró siete años, tras lo que volvieron a las armas hasta que llegaron los árabes en el 637 y echaron a ambos. La ciudad disfrutó entonces de tres siglos de paz, después de los cuales volvió a desestabilizarse.

Turcos, árabes, armenios y bizantinos lucharon por la ciudad del 944 al 1098, cuando la Primera Cruzada, encabezada por el conde Balduino de Bolonia, fundó el condado latino de Edesa. Este peculiar Estado

feudal europeo duró hasta 1144, año en que fue conquistado por un emir selyúcida.

Al emir le sucedieron el sultán Saladino y luego los mamelucos. Los otomanos, bajo el reinado de Selim el Cruel, conquistaron la mayor parte de la región a principios del s. XVI, pero Edesa no se convirtió en Urfa

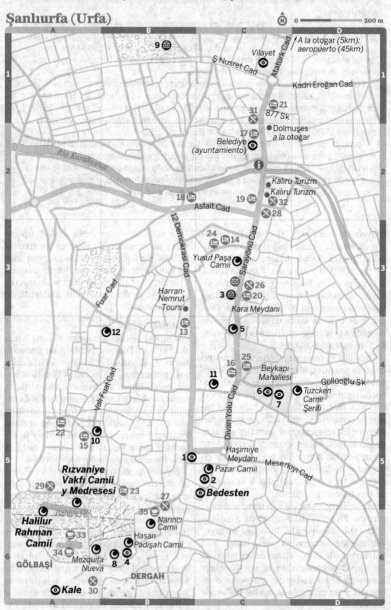

Şanlıurfa (Urfa)

hasta 1637, fecha en que los otomanos acabaron de tomar el poder.

Urfa fue bautizada Şanlıurfa (Gloriosa Urfa) en 1984. A partir de 1973, cuando se otorgó la denominación especial a la "Heroica" Antep (Gaziantep), los ciudadanos de Urfa empezaron a quejarse de lo que ellos consideraban una relativa pérdida de dignidad. Ahora que su ciudad es gloriosa, los habitantes de Urfa pueden mirar directamente a los ojos a los de la heroica Antep.

◉ Puntos de interés

Gölbaşı
ZONA HISTÓRICA

Según la leyenda, Abrahán (İbrahim) –considerado un gran profeta por los musulmanes– estaba un día en la antigua Urfa destruyendo dioses paganos cuando el rey asirio Nemrod se ofendió ante tan imprudente comportamiento e intentó inmolarlo en una pira funeraria; Dios lo evitó al convertir el fuego en agua y las brasas en peces. Abrahán fue arrojado al vacío desde la colina donde se erige la fortaleza y aterrizó sin un rasguño en un lecho de rosas.

La pintoresca zona de Gölbaşı es una recreación simbólica de esta historia. Los dos estanques rectangulares (**Balıklı Göl** y **Ayn-i Zeliha**) están llenos de carpas supuestamente sagradas y la zona situada al oeste de la Hasan Padişah Camii es una magnífica rosaleda. Según la leyenda, si alguien pesca una de esas carpas se quedará ciego; por ello, estos peces parecen ser los más mimados y corpulentos de Turquía.

En el extremo norte del Balıklı Göl se encuentra la elegante **Rızvaniye Vakfı Camii y Medresesi**, que presenta unos soportales admirados por miles de fotógrafos; mientras que en el extremo occidental se halla la **Halilur Rahman Camii**. Este edificio del s. XIII sustituye a una iglesia bizantina anterior y alberga el lugar donde Abrahán cayó al suelo. Los dos estanques se nutren de un manantial situado en la base de la colina de Damlacık, sobre la que se alza la fortaleza.

Bazar
MERCADO

(◔lu-sa) Extendiéndose al este de la Narıncı Camii, el bazar de Urfa es un revoltijo de calles, algunas cubiertas y otras al aire li-

x

Şanlıurfa (Urfa)

bre, donde se vende de todo, desde pieles de cordero y palomas hasta vaqueros y zapatos artesanales. Construido en gran parte por Solimán el Magnífico a mediados del s. XVI, lo mejor es meterse en el barullo y perderse; las mujeres deben estar atentas, porque se han dado casos de toqueteos lascivos.

Uno de los lugares más interesantes es el 'bedesten' (mercado cubierto), un antiguo caravasar donde se comerciaba con artículos de seda y donde aún hoy se venden unas modernas y chillonas alfombras y los maravillosos fulares azules y rojos que llevan las mujeres autóctonas. Junto al *bedesten* se halla el **Gümrük Hanı** (almacén de aduanas), con un espléndido patio siempre lleno de caballeros bigotudos que beben té o café mientras juegan al *backgammon;* posee un ambiente muy auténtico.

Escondidos en las callejuelas del bazar, hay varios **'hammams'** antiguos y muy baratos, como el **Arasa Hamamı**.

'Kale'

FORTALEZA

(Ciudadela; entrada 3 TRY; ☻8.00-20.00) Con impresionantes vistas, la fortaleza de la colina Damlacık, desde la que Abrahán fue supuestamente arrojado, es de visita obligada. Existen varias historias contradictorias sobre su origen que dicen que fue construida en la época helenística, por los bizantinos, durante las Cruzadas o incluso por los turcos. En cualquier caso, es enorme, tiene un aspecto majestuoso cuando está iluminada por los focos, y es accesible a través de un tramo de escaleras o un túnel excavado en la roca. En lo alto, lo más interesante son un par de columnas, llamadas el Trono de Nemrut en honor al supuesto fundador de Urfa, el rey bíblico Nimrod.

Dergah

PARQUE

Al sureste de Gölbaşı está el complejo de mezquitas y parques de Dergah, que rodea el patio con columnas de la **Hazreti İbrahim Halilullah** (Cueva natal del profeta Abrahán; entrada 1 TRY), construida y reconstruida a lo largo de los siglos como lugar de peregrinación. En el lado oeste está la **Mevlid-i Halil Camii,** una gran mezquita de estilo otomano. En el lado sur está la entrada a la cueva en la que, según se dice, nació Abrahán. El profeta vivió oculto allí durante sus primeros siete años de vida, ya que el rey Nimrod, en respuesta a una profecía anunciada en un sueño, temía que un recién nacido acabara destronándolo, por lo que hizo matar a todos los bebés. Este aún es un lugar de peregrinación y oración, con entradas separadas para los hombres y las mujeres.

Para visitar estos lugares de culto hay que ir vestido de forma recatada.

Mezquitas

MEZQUITAS

La **Ulu Cami,** de estilo sirio, data de entre 1170 y 1175. Sus 13 *eyvans* (salas abovedadas) dan a un espacioso patio delantero con una alta torre coronada por un reloj con números otomanos.

En la Kara Meydanı, la plaza a medio camino entre el *belediye* (ayuntamiento) y Dergah, está la **Hüseyin Paşa Camii,** de estilo otomano tardío, construida en 1849.

En Vali Fuat Caddesi, que sube desde detrás de Gölbaşı hasta la casa de huéspedes y restaurante Cevahir Konuk Evi, está la enorme y bellamente restaurada **Selahattin Eyubi Camii,** que en otra época fue la iglesia de San Juan (aún conserva el altar). Más al norte está la restaurada **Yeni Fırfırlı Camii,** en otra época la iglesia armenia de los Doce Apóstoles.

Museo de Şanlıurfa

MUSEO

(Şanlıurfa Müzesi; entrada 3 TRY; ☻8.00-12.00 y 13.30-17.00 ma-do) Colina arriba junto a Atatürk Caddesi, este museo ofrece un recorrido arqueológico por el este de Turquía.

Los jardines albergan varias esculturas, y cerca de la entrada hay varios mosaicos, los más interesantes de los cuales representan a varios animales salvajes. En su interior hay útiles del Neolítico, piedras con relieves asirios, babilonios e hititas, y otros objetos de la época bizantina, selyúcida y otomana.

Casas antiguas

EDIFICIOS HISTÓRICOS

Se aconseja explorar las calles secundarias de Urfa para descubrir las características casas de piedra caliza de la ciudad, con ventanas saledizas apoyadas en ménsulas de piedra. Aunque muchas se están desmoronando (y son demasiado grandes para las familias actuales), unas cuantas han sido restauradas. La más destacada es la casa de Hacı Hafızlar, cerca de la oficina de correos, teléfonos y telégrafos. Actualmente es la **Güzel Sanatlar Galerisi** (☻8.00-17.30 lu-vi, 12.00-16.00 sa), una galería de arte en cuyos patios hay obra de cantería exquisitamente tallada.

El **Şurkav** (Balıklı Göl Mevkii), un edificio gubernamental local, tiene un patio cubierto de verde.

Al norte de la zona de mercado, en el barrio de Beykapı Mahallesi (hay que ir por

1001 Sokak), se aconseja intentar encontrar la **İl Özel İdaresi Kültür ve Sanat Merkezi,** otra espléndida casa restaurada en el 2002 que antaño fue una iglesia. Cerca de allí, un majestuoso edificio alberga actualmente la escuela **İlköğretim Okulu.**

🛏 Dónde dormir

🏠 Aslan Konuk Evi
PENSIÓN €

(☎215 1575, 0542 761 3065; www.aslanko nukevi.com; Demokrasi Caddesi 12; i/d 50/75 TRY, por persona con baño compartido 25-30 TRY; ❄ @) Tiene habitaciones sencillas pero espaciosas de techos altos alrededor de un patio central comunitario en un edificio de interés histórico. Bien dirigida por el profesor local de inglés Özcan Aslan, ofrece excelente comida y cerveza fría en su restaurante con terraza de la azotea. Los no huéspedes pueden cenar aquí, pero hay que reservar por la mañana. Esta es una buena opción para las mujeres viajeras con poco presupuesto. Özcan también puede recoger gratis a los clientes en la *otogar* de Urfa. Sus nuevas habitaciones privadas ofrecen una excelente relación calidad-precio.

Manici Hotel
HOTEL HISTÓRICO €€€

(☎215 9911; www.manici.com.tr; Balıklı Göl Mevkii; i/d 110/180 TRY; ❄) El recién inaugurado Manici tiene una amplia gama de habitaciones bellamente restauradas que satisfarán las expectativas del viajero sobre lo que debe ser un lugar romántico de escapada. Su lujoso mobiliario no llega a ser recargado, y tiene un toque más contemporáneo que otros alojamientos históricos de la ciudad. Las zonas comunes son tranquilas.

Otel Urhay
HOTEL HISTÓRICO €

(☎216 2222, 0544 215 7201; otelurhay@hotmail. com; Sarayönü Caddesi, Beyaz Sokak; i/d 30/50 TRY; ❄) Ofrece la oportunidad de disfrutar del ambiente de un edificio histórico a precios razonables. Su genial salón-restaurante decorado con kílims complementa sus sencillas habitaciones encaladas con aire acondicionado (imprescindible durante el verano) y baño propio. El tranquilo patio interior es perfecto para tomarse un té mientras el viajero pone al día su diario de viaje. Los fines de semana a veces acoge bodas y fiestas.

Hotel Arte
HOTEL 'BOUTIQUE' €€

(☎314 7060; www.otel-arte.com; Köprübaşı Caddesi; i/d 60/100 TRY; ❄) Es un establecimiento elegante y muy atractivo, con interiores de diseño a base de *leds*, sillas de plástico en el vestíbulo, suelos de parqué y mobiliario contemporáneo en las habitaciones; los grandes ventanales ofrecen unas maravillosas vistas de la calle principal. De todas formas, no le vendría mal una mano de pintura.

Kilim Otel
HOTEL €€

(☎313 9090; Atatürk Caddesi esq. 877 Sokak; i/d 70/100 TRY; ❄) Bajando por una tranquila calle junto a la vía principal, su moderno diseño de negocios resulta igualmente atractivo para los viajeros de presupuesto medio. Sus habitaciones son espaciosas, con impolutos baños y vistas a la extensa zona urbana de Urfa. Sus desayunos son de los mejores de Urfa, sobre todo la sabrosa *menemen* (tortilla turca).

Hotel Rabis
HOTEL DE NEGOCIOS €€

(☎216 9595; www.hotelrabis.com, en turco; Sarayönü Caddesi; i/d 70/120 TRY; ❄) Uno de los hoteles de precio medio más nuevos de Urfa, muy popular entre los viajeros de negocios. Está decorado en marrón claro y beis, con gruesas alfombras, televisores de pantalla plana y ventanas de doble cristal. Desde la terraza de la azotea hay buenas vistas. Una de las opciones con mejor relación calidad-precio de Urfa.

Lizbon Guest House
PENSIÓN €

(☎0535 373 8926; lizbonguesthouse@hotmail. com; Balıklı Göl, Yeni Mahallesi, Sokak 1286; por persona con media pensión 35 TRY; @) En un barrio cerca de Balıklı Göl, está dirigida por una pareja kurda que habla muy bien inglés. Las habitaciones son muy sencillas, con un baño compartido, y ofrece sabrosa comida tradicional. Sin embargo, al parecer, el anfitrión, Izzet, puede ser un poco pesado a la hora de intentar vender más caro a los clientes viajes por la zona de los alrededores.

Hotel Güven
HOTEL €€

(☎215 1700; www.hotelguven.com; Sarayönü Caddesi; i/d 60/90 TRY; ❄) El fuerte olor a desinfectante es una muestra de lo limpio que está este hotel. Los pasillos, con luces de neón, tienen un toque institucional, pero está muy céntrico y las habitaciones están bien aisladas del bullicio de la calle principal.

Hotel Bakay
HOTEL €

(☎215 8975; Asfalt Caddesi; i/d 40/60 TRY; ❄@) Una apuesta segura que no dañará el bolsillo del viajero. Está increíblemente limpio, pero hay que estar preparado para tropezarse cada dos por tres con la mochila en sus diminutas habitaciones. Algunas son más luminosas que otras, por lo que se aconseja echarles una ojeada antes de elegir una.

✗ Dónde comer

Entre las especialidades culinarias de Urfa se incluyen el kebab de Urfa (brocheta de cordero servida con tomate, cebolla y chile picante), la *çiğ köfte* (carne picada de añojo cruda), las *içli köfte* (albóndigas de añojo fritas y cubiertas con *bulgur*) y el *şıllık* (crepe rellena de nueces y sirope). A la gente de Urfa le gusta la comida picante, y muchos platos se sirven con una copiosa cantidad de *ızot* (pimientos secos pelados). En la zona de mercado de Urfa el viajero verá grandes cantidades de *ızot*. También se aconseja echar un vistazo a las botellas de aderezo de granada, utilizado para darle un toque dulce y refrescante a muchas ensaladas.

Conviene tener cuidado con la comida, especialmente en verano, porque el calor puede estropearla. En Urfa no suelen servir alcohol; una excepción es el restaurante de la casa de huéspedes Aslan Konuk Evi.

👍 Beyaz Köşk 'KEBAPÇI' €

(Akarbaşı Göl Cadessi 20; platos principales 4-7 TRY) Los mejores restaurantes de *lahmacun* (*pizza* al estilo árabe) de Turquía están en el laberinto de calles de la zona de Gölbaşı, y este es un lugar genial para probar una *pizza* grande como un plato con picante *ızot* por encima. También sirve kebab *ciğer* (brocheta de hígado a la parrilla), un popular desayuno. Lo mejor es hacerse con una mesa en la terraza de la planta de arriba y observar el bullicio de Urfa mientras se come.

Gülhan Restaurant RESTAURANTE €€

(Atatürk Caddesi; platos principales 6-12 TRY) Local con camareros con pajarita, comida muy bien presentada, buen ambiente, un entorno elegante y salubre, buenos ingredientes y una carta con ilustraciones y traducciones al inglés para ayudar a elegir los platos. De postre no hay que perderse el *şıllık*.

Çift Mağara RESTAURANTE €€

(Çift Kubbe Altı Balıklıgöl; platos principales 7-12 TRY) Aunque su comedor está excavado directamente en un promontorio rocoso que da a Gölbaşı, su bella y fresca terraza con vistas lo supera. Es famoso por sus deliciosas *içli köfte*.

Zahter Kahvaltı & Kebap Salonu

'LOKANTA' €

(Köprübaşı Caddesi; platos principales 4-7 TRY) Se aconseja saltarse el desayuno del hotel y acudir a este pequeño y bonito local de la calle principal donde sirven miel, *pekmez* (sirope de uva), mermelada y nata sobre pan plano acompañado de un gran vaso de *çay* o de *ayran* por unos 6 TRY.

Baklavacı Badıllı Dedeoğlu PASTELERÍA €

(Sarayönü Caddesi; pastas 2 TRY) Sirve buenos *baklavas* de pistacho y *sarması* (hojas de parra) de pistacho.

Büyükfırat RESTAURANTE €

(Sarayönü Caddesi; platos principales 5-10 TRY) Con una fuente y mesas al aire libre, este restaurante, café y local de comida rápida sirve hamburguesas, *pizzas*, guisos, kebabs y zumo de naranja recién exprimido.

🍷 Dónde beber

Para tomarse un té en un frondoso entorno, hay que ir a uno de los diversos *çay bahçesis* (jardines de té) del parque Gölbaşı. Para tomarse una cerveza fría, hay que reservar para cenar en el Aslan Konuk Evi.

Gümrük Hanı CAFETERÍA

(Bazar de Urfa; café 2 TRY; ⏱7.00-17.00) Este caravasar maravillosamente restaurado y abarrotado de habitantes locales es el sitio ideal para tomarse el primer café del día. Se aconseja pedir el *kahve mırra*, una variedad local muy fuerte y amarga.

Şampiyon Vitamin CAFÉ

(Akarbaşı Göl Cadessi; zumos desde 2 TRY; ⏱7.00-22.00) Genial bar de zumos naturales en el extremo del bazar de Urfa. Todo está muy bueno, pero el *greyfurt suyu* (zumo de pomelo) resulta especialmente refrescante. Si se busca algo más sustancioso, el *atom* es una deliciosa bebida de yogur, plátano y pistachos picados, casi una minicomida en sí misma.

☆ Ocio

Urfa es una ciudad ambigua: beata durante el día y salvaje por la noche. Lo que hace que la ciudad se mueva son las *sıra geceleri* que se celebran en los *konuk evi*, normalmente los fines de semana. Los invitados se sientan, comen, cantan y bailan en los *şark odası* (salones de estilo otomano) y, después

Urfa es famosa por sus *konuk evi*, encantadoras mansiones de piedra del s. XIX que han sido convertidas en restaurantes y, en menor medida, en hoteles. Normalmente tienen un patio alrededor del cual hay varios cómodos *şark odası* (salones de estilo otomano), así como unas cuantas habitaciones en la planta de arriba. Son sitios muy elegantes para descansar y vivir una experiencia típica de Urfa, pero los fines de semana, cuando se celebran *sıra geceleri* (veladas con música en directo) o bodas, pueden ser muy ruidosos. Además, no todas las habitaciones tienen baño propio, y lo que se está pagando es un plus por disfrutar del ambiente típico de patrimonio histórico.

Tanto el Otel Urhay como el Aslan Konuk Evi ofrecen una experiencia similar por menos dinero.

Beyzade Konak (☑216 3535; www.beyzadekonak.com, en turco; Sarayönü Caddesi, Beyaz Sokak; i/d 40/80 TRY, platos principales 6-12 TRY; ✸) Buena comida y cómodos salones, pero las habitaciones no están a la altura del entorno.

Çardaklı Köşk (Vali Fuat Caddesi, Tünel Çıkışı; platos principales 8-15 TRY) Esta antigua casa ha sido tan restaurada que casi parece nueva. La comida solo es pasable, pero su auténtico atractivo son las vistas de Gölbaşı que hay desde la terraza de la planta superior. No tiene habitaciones.

Cevahir Konuk Evi (☑215 4678; www.cevahirkonukevi.com, en turco; Yeni Mahalle Sokak; i/d 150/180 TRY, platos principales 8-12 TRY; ✸) En su enorme terraza sirve excelente *tebbule (tabouleh)* y un *tavuk şiş* (kebab de pollo asado) muy bien preparado. Sus habitaciones son decepcionantes, con cuadros *kitsch* de la época otomana y muebles antiguos que no combinan bien.

Gülizar Konukevi (☑215 0505; www.gulizarkonukevi.net, en turco; Divan Yolu Caddesi 23; i/d 50/80 TRY, platos principales 8-15 TRY; ✸) Recién reubicado en la calle principal de Urfa, tiene seis habitaciones en una mansión restaurada. Sirve buena comida y es un popular local de bodas, por lo que hay que reservar con antelación y estar preparado para el ruido de la fiesta los fines de semana.

Yıldız Sarayı Konukevi (☑215 9494; www.yildizsarayikonukevi.com, en turco; Yıldız Meydanı, 944 Sokak; i/d 50/80 TRY, platos principales 8-12 TRY; ✸) Magnífica residencia con patio que ofrece una amplia gama de habitaciones, desde colchones en el suelo hasta dormitorios más tradicionales. In situ hay un *hammam* con fantásticos azulejos turquesa de İznik.

de la comida, un grupo toca en directo antiguas canciones muy populares que hacen que la gente no pare de bailar. Los extranjeros son bienvenidos a estas fiestas. Si se duerme encima de uno de estos salones hay que comprarse tapones para los oídos.

ℹ Información

En la calle principal de Urfa hay cibercafés, cajeros automáticos y la oficina de correos.

Harran-Nemrut Tours (☑215 1575, 0542 761 3065; www.aslankonukevi.com; Demokrasi Caddesi 12) Pequeña agencia de viajes eficientemente dirigida por Özcan Aslan, un profesor local que habla muy bien inglés y que es una mina de información. Organiza circuitos a lugares de los alrededores, incluidos Harran, la ciudad de Şuayb, Soğmatar, Mardin y el Nemrut Dağı; también puede organizar el alquiler de automóviles (80 TRY por día). A Özcan se le

puede encontrar en la casa de huéspedes Aslan Konuk Evi.

Puesto de información turística (☑0535 334 7482; serdaravic78@hotmail.com; Sarayönü Caddesi) El guía turístico local Serdar Avci puede proporcionar mapas e información en inglés.

ℹ Cómo llegar y salir

Avión

El aeropuerto está a 45 km de Urfa en la carretera a Diyarbakır. En **Kalıru Turizm** (☑215 3344; fax 216 3245; Sarayönü Caddesi; ⊙8.30-18.30) se puede preguntar sobre el autobús Havas. **Turkish Airlines** (www.thy.com) tiene vuelos diarios a/desde Ankara (desde 29 TRY) y Estambul (59 TRY).

Autobús

La nueva *otogar* de Urfa está 5 km al norte del centro, junto a la carretera a Diyarbakır. Algunos

SERVICIOS DESDE LA 'OTOGAR' DE ŞANLIURFA

DESTINO	TARIFA (TRY)	DURACIÓN (H)	DISTANCIA (KM)	FRECUENCIA (DIARIA)
Adana	30	6	365	Frecuentes autobuses
Ankara	55	13	850	5-6 autobuses
Diyarbakır	15	3	190	Frecuentes autobuses
Erzurum	50	12	665	1 autobús
Gaziantep	15	2½	145	Frecuentes autobuses
Estambul	70	20	1290	Unos cuantos autobuses
Kayseri	35	9	515	2 autobuses
Malatya	25	7	395	1 autobús
Mardin	20	3	175	Unos cuantos autobuses
Van	40	9	585	2 autobuses

autobuses dejan a los pasajeros en una rotonda a unos 300 m de la *otogar*. Los autobuses a la *otogar* pueden tomarse en Atatürk Caddesi (2 TRY). Los taxis suelen cobrar 15 TRY. Los microbuses a Akçakale (4 TRY), Harran (4 TRY), Kahta (12,50 TRY) y Adıyaman (10 TRY, 2 h) salen desde la terminal regional de microbuses que hay debajo de la *otogar*. Si se quiere ir a Siria, hay que tomar un microbús a Akçakale y, luego, un taxi para cruzar la frontera hasta Talabiyya. Como los ciudadanos turcos ya no necesitan visados para entrar en Siria, puede haber mucho movimiento en la frontera, sobre todo los fines de semana.

Automóvil

Para alquilar un automóvil (80 TRY aprox. por día) se aconseja probar en **Kalıru Turizm** (☏215 3344; fax 216 3245; Sarayönü Caddesi; ◷8.30-18.30) o en **Harran-Nemrut Tours** (☏215 1575, 0542 761 3065; www.aslankonukevi.com; Demokrasi Caddesi 12).

Harran

☏0414 / 6900 HAB.

Según se dice, Harran es uno de los lugares del planeta que lleva más tiempo habitado de forma continua. En el libro del Génesis aparecen mencionados Harran y Abrahán, su habitante más famoso, que vivió en ella unos años alrededor del 1900 a.C. Las ruinas de las murallas, la Ulu Cami, la fortaleza y sus casas-colmena son lugares poderosamente evocadores que confieren a la localidad un profundo aire de antigüedad. Tradicionalmente sus habitantes han vivido de la agricultura y el contrabando,

pero la construcción de la presa de Atatürk ha hecho que ahora haya campos de algodón donde antes solo había árido desierto.

Al llegar al pueblo, se supone que hay que adquirir una entrada (3 €), pero en la taquilla no suele haber nadie. Si en el castillo alguien intenta cobrar al viajero, deberá asegurarse de que recibe la entrada oficial. Se puede ir a Harran en una sencilla excursión de un día en microbús público desde Şanlıurfa. Los descarados niños locales pueden llegar a ser un poco pesados.

Historia

Además de ser el lugar donde residió Abrahán, Harran fue un centro de culto a Sin, el dios de la luna. La veneración del sol, la luna y los planetas fue popular en Harran y la vecina Soğmatar desde el 800 a.C. hasta el 830 d.C., aproximadamente, aunque el templo dedicado a Sin fue destruido por el emperador bizantino Teodosio I en el 382. Las batallas entre árabes y bizantinos ocuparon a los habitantes hasta la llegada de los cruzados; la fortaleza, supuestamente construida sobre las ruinas del templo de Sin, se renovó cuando se aproximaban estos, que consiguieron conquistarla y mantenerla durante un tiempo hasta que fueron expulsados de la región.

◉ Puntos de interés

Casas-colmena   ZONA HISTÓRICA

Harran es célebre por sus casas-colmena, cuyo diseño más antiguo se remonta al s. III a.C., aunque los ejemplos actuales se construyeron sobre todo en los últimos

200 años. Se cree que este tipo de construcción se desarrolló, en parte, debido a la falta de madera para levantar tejados y también porque las ruinas proporcionaban una rápida fuente de ladrillos reutilizables. Pese a que son únicas en Turquía, en el norte de Siria se pueden encontrar edificios similares.

La **Harran Kültür Evi,** situada a poca distancia del castillo, está habilitada para que los visitantes puedan apreciar su interior y luego tomar un refresco en su patio amurallado; la **Harran Evi** es parecida pero resulta un poco vacía.

'Kale'
FORTALEZA

En el lado este de la colina, la *kale* en ruinas se alza por encima de algunas casas-colmena. Probablemente aquí ya existía un castillo desde la época hitita, pero la construcción actual es en gran parte de después del 1059, cuando los fatimíes se apoderaron de él y lo restauraron. Antiguamente había cuatro torres multiangulares en las esquinas, de las que hoy solo quedan dos; también contaba con 150 salas que se han derrumbado o se han llenado de lodo.

Murallas de la ciudad
RUINAS

Las **murallas** de piedra medían 4 km y tenían 187 torres y cuatro puertas; solo se conserva la **puerta de Alepo,** excesivamente restaurada y próxima a la parte nueva del pueblo.

Ulu Cami
MEZQUITA

Aparte de la *kale,* destaca la **Ulu Cami,** construida en el s. VIII por Marwán II, el último califa omeya. Es fácil distinguirla por su elevado alminar cuadrado, muy poco turco; dicen que es la mezquita más antigua de Anatolia. Cerca de ella se erigió la primera universidad islámica y, en la ladera de más arriba, se pueden apreciar los restos poco importantes de la antigua Harran, que se remontan a unos cinco mil años.

❶ Cómo llegar y salir

Los microbuses (4 TRY, 1 h) salen de Urfa más o menos cada hora y realizan una parada en la parte nueva de Harran, cerca del *belediye* y la PTT; desde allí, se tardan 10 minutos a pie hasta el casco antiguo. El tráfico de microbuses de vuelta a Urfa disminuye a partir de media tarde, por lo que, antes de regresar por la mañana, es mejor preguntar en la estación de autobuses de Urfa.

Sería una pena perderse la sorprendente transformación que ha sufrido el paisaje local debido al proyecto GAP; donde antes se extendía el desierto hoy hay innumerables campos de algodón y cebada.

El desplazamiento sin vehículo propio resulta casi imposible, a menos que se disponga de tiempo ilimitado. Durante los últimos años se han modernizado las carreteras, pero la señalización sigue siendo insuficiente, por lo que vale la pena considerar la opción de contratar los circuitos ofrecidos por **Harran-Nemrut Tours** (☑0414-215 1575, 0542 761 3065; www.aslankonukevi.com; Demokrasi Caddesi 12), en Şanlıurfa. Con un precio de 25 TRY por persona para grupos de tres o más personas, la visita incluye Harran, Han el Ba'rur, la ciudad de Şuayb y Soğmatar, con la posibilidad de tomarse un té con los habitantes locales. No hay que esperar mucho más que un sencillo servicio de taxi, a menudo con limitadas explicaciones en inglés. Puede que haya que llevar el almuerzo o que se haga una parada en un pueblo para almorzar. Resulta útil llevar mucho dinero suelto para las propinas.

Otra opción para realizar un circuito organizado es **Nomad Tours Turkey** (☑0533 747 1850; www.nomadtoursturkey.com).

Cuevas de Bazda
RUINAS

Unos 20 km al este de Harran se pueden visitar las impresionantes cuevas de Bazda (señalizadas como "Bazda Mağaları"), que se supone fueron usadas para construir las murallas de Harran.

Han el Ba'rur
RUINAS

Otros 20 km al este, se hallan los restos del **Han el Ba'rur,** un caravasar selyúcida construido en 1128 para atender a las caravanas comerciales. Solo se han realizado obras menores de restauración.

Ciudad de Şuayb
RUINAS

Los vastos restos de Şuayb se encuentran 12 km al noreste de Han el Ba'rur. Consisten en robustos muros y dinteles de piedra sobre una red de salas subterráneas; una de ellas alberga una mezquita en el emplazamiento de la supuesta casa del profeta Jetro (suegro de Moisés). Tampoco se ofrece ningún tipo de servicio y conviene llevar linterna y calzado resistente.

Soğmatar
RUINAS

Este pueblo aislado, 18 km al norte de Şuayb, está emplazado en un lugar miste-

ESTANCIA EN UNA CASA PARTICULAR EN LA ALDEA DE YUVACALI

Alrededor de una hora al norte de Şanlıurfa, la aletargada aldea kurda de Yuvacali acoge uno de los únicos programas de estancias en casas particulares del este de Turquía. El alojamiento es en una sencilla pero impoluta casa rural con instalaciones básicas y compartidas bajo la atención de una amable familia kurda. En verano la mejor opción es dormir en la azotea, bajo las estrellas, levantándose a primera hora de la mañana con el sonido de las ovejas, las mismas que proporcionan la leche para hacer el queso y el yogur caseros que sirven de acompañamiento al pan plano recién hecho del desayuno. La cena también es un evento familiar, con pollo a la parrilla, trigo *bulgur* y ensaladas frescas.

El programa de estancias en casas particulares de Yuvacali sirve para financiar la guardería y la escuela local, y es una opción agradable y tranquila para romper con la rutina habitual de pensiones y hoteles económicos del sureste de Anatolia. Para más detalles, véase **Nomad Tours Turkey** (☏0533 747 1850; www.nomadtoursturkey.com; por persona 25 TRY, con pensión completa 60 TRY). El traslado de Hilvan, en la carretera principal entre Diyarbakır y Şanlıurfa, a Yuvacali cuesta 5 TRY.

Dirigida por la expatriada y residente en Yuvacali Alison Tanik, Nomad también ofrece circuitos de un día a Harran (50 €), Şanlıurfa (40 €), el Nemrut Dağı (100 €) y Diyarbakır (60 €). Los circuitos de varios días incluyen visitas a Mardin, Midyat y Hasankeyf, y también es posible viajar a Siria y al Kurdistán iraquí. Para más detalles, véase su sitio web.

rioso y con mucho carácter, rodeado por un paisaje yermo de rocas y terrazas. En la Antigüedad, en una de estas terrazas, se erguía un templo al aire libre donde se realizaban sacrificios en honor a las deidades del sol y la luna, cuyas efigies talladas se pueden apreciar en un extremo. Al igual que Harran, Soğmatar fue un centro de veneración a Sin, dios de la luna, desde aproximadamente el 150 hasta el 200 d.C. Este altar fue el templo central y principal. En una cueva cerca del centro del pueblo hay 12 estatuas talladas, además de inscripciones asirias.

Desde la cima de la estructura se pueden ver restos de otros templos en las colinas circundantes. Al parecer, había siete en total.

Tampoco se ofrece ningún servicio, pero los aldeanos estarán encantados de indicar al viajero dónde se hallan los puntos de interés.

Kahta

☏0416 / 60 700 HAB.

La polvorienta Kahta no es un lugar idílico de vacaciones, pero está bien preparada, con circuitos y hoteles, para recibir a los viajeros que van a visitar el Nemrut Dağı. Los alojamientos en la propia montaña, como la Karadut Pension, la Çeşme Pansion

y el hotel Euphrat, son más inspiradores y pintorescos.

En torno al 25 de junio, y durante tres días, el **Festival Internacional Kahta Kommagene** ofrece música y danza popular. En esa época es imprescindible reservar con antelación.

🛏 Dónde dormir

Hotel Kommagene & Camping PENSIÓN €
(☏725 5385, 0532 200 3856; kommagenem@ hotmail.com; Mustafa Kemal Caddesi 1; lugares de acampada por persona 8 TRY, caravanas 18 TRY, por persona sin/con baño 18/25 TRY; ❄) La opción más obvia para viajeros de presupuesto ajustado, no tanto por sus méritos sino por la falta de competencia en esta horquilla de precios. Las habitaciones están limpias y son seguras, algunas con cómodas camas nuevas. Los campistas pueden montar su propia tienda en el aparcamiento, y el bloque de aseos está en buen estado. El desayuno cuesta 7 TRY adicionales. En algún momento suelen insistir en que se compren circuitos a Nemrut y más allá. Una oferta con todo incluido, con una noche de alojamiento (puede ser en hoteles alternativos de la zona) y un viaje a Nemrut cuesta 95 TRY por persona. **Mezopotamya Tours & Travel** (☏0532 200 3856; www.nemruttours. info) ofrece otros circuitos de varios días por el este de Turquía.

Zeus Hotel

HOTEL €€

(☎725 5694; www.zeushotel.com.tr; Mustafa Kemal Caddesi; lugares de acampada por persona 20 TRY, i/d 60/80 TRY; ❄ ☷) Otro incondicional de los grupos organizados, situado frente al Hotel Nemrut, es una buena opción de tres estrellas con una buena piscina en un bello jardín, maravilloso después de un largo trayecto en autobús. Se recomiendan las habitaciones renovadas, que cuentan con baños de primera y TV de pantalla plana. Se puede acampar pueden plantar sus tiendas en el aparcamiento y disponen de letrinas propias.

✖ Dónde comer

Todas las opciones de alojamiento tienen restaurante. Si se busca algo diferente, se puede tomar un taxi (10 TRY aprox.) hasta el enorme lago formado por la presa de Atatürk, unos 4 km al este de Kahta. Su atractivo son los restaurantes con licencia para vender alcohol, que ofrecen pescado fresco y tienen encantadoras vistas del lago.

Papatya Restaurant

'LOKANTA' €

(Mustafa Kemal Caddesi; platos principales 5-8 TRY) Elegante local frente al hotel Zeus donde sirven todos los platos habituales. No hay carta; basta con señalar lo que se desea.

Kahta Sofrası

'LOKANTA' €

(Mustafa Kemal Caddesi; platos principales 5-8 TRY) Junto a la intersección principal, este sencillo local sirve sabrosos kebabs y melosos *pide*.

Akropalian

RESTAURANTE-BAR €€

(Baraj Yolu; platos principales 7-11 TRY) Está enclavado en una colina, a 1 km de la orilla del lago. Hay que sentarse en el frondoso *bahçe* y disfrutar de las vistas.

Neşetin Yeri

RESTAURANTE-BAR €€

(Baraj Yolu; platos principales 7-11 TRY) El frondoso jardín está muy bien situado junto al lago (es mejor evitar el comedor parecido a un hospital). Se aconseja la impecable *alabalık* (trucha) a la parrilla servida en una *kiremit* (cazuela de barro).

❶ Cómo llegar y desplazarse

La pequeña *otogar* de Kahta está en el centro urbano, con las paradas de microbuses y taxis al lado. Hay autobuses regulares a Adıyaman (2 TRY, 30 min, 32 km), Ankara (45 TRY, 12 h, 807 km), Estambul (70 TRY, 20 h, 1352 km), Kayseri (40 TRY, 7 h, 487 km), Malatya (15 TRY,

3½ h, 225 km) y Şanlıurfa (12 TRY, 2½ h, 106 km).

Más o menos cada dos horas hay microbuses a Karadut (7 TRY) que vuelven entre las 7.30 y 8.30 del día siguiente.

La carretera hacia el este en dirección a Diyarbakır quedó inundada por el lago que se formó detrás del embalse Atatürk; los autobuses desde Kahta actualmente viajan a Diyarbakır por el norte del lago (22 TRY, 5 h, 174 km). Una forma más interesante de viajar hasta allí es tomando uno de los microbuses hasta Siverek programados para coincidir con los *ferries* que cruzan el lago. En Siverek puede que haya que esperar una media hora para seguir hasta Diyarbakır, pero a veces hay salidas inmediatas de servicios directos a Diyarbakır.

Parque Nacional del Nemrut Dağı

El Parque Nacional del Monte Nemrut (Nemrut Dağı Milli Parkı) probablemente sea la atracción estrella del este de Turquía. Sus enigmáticas estatuas en lo alto de la cima se han convertido en un símbolo nacional. El espectacular paisaje, los puntos de interés histórico y ese innegable hálito de misterio y locura que emana, hacen imprescindible una visita.

El hechizante pico del **Nemrut Dağı** se eleva hasta los 2150 m en la cordillera del Antitauro, dejando al norte la capital provincial de Malatya y al sur, Kahta, la capital de la provincia de Adıyaman.

Nadie supo nada de este lugar hasta 1881, cuando un ingeniero alemán, contratado por los otomanos para evaluar posibles rutas de transporte, se quedó impresionado al toparse con las estatuas que cubren la remota cima. Las excavaciones arqueológicas no comenzaron hasta 1953, año en que la Escuela Americana de Investigaciones Orientales se hizo cargo del proyecto.

La cima fue erigida por un megalómano rey local anterior a los romanos, que cortó dos terrazas en la roca, las llenó con colosales estatuas de sí mismo y los dioses (que consideraba sus parientes) y luego ordenó que se apilara entre ellas una montaña artificial de piedras trituradas de 50 m de altura. Supuestamente su tumba y las de tres mujeres de su familia pueden encontrarse bajo las toneladas de roca; aunque nadie lo sabe a ciencia cierta.

Los terremotos han decapitado casi todas las estatuas y hoy día muchos de los enormes cuerpos se hallan en hileras, sen-

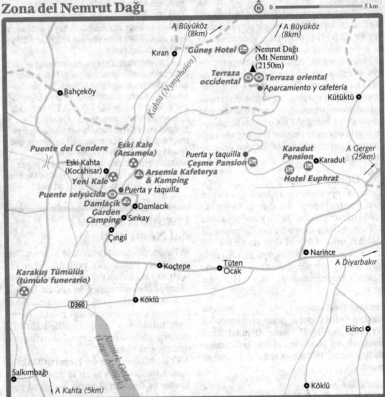

tados en silencio, con las cabezas de 2 m de altura mirando desde el suelo.

Aunque es relativamente fácil llegar a la cima con vehículo propio, la mayoría de la gente va en circuitos organizados desde Kahta o Malatya o, cada vez más, en viajes de un día desde Şanlıurfa o Capadocia.

Hay que visitar el Nemrut entre finales de mayo y mediados de octubre, preferentemente en julio o agosto, ya que el resto del año la carretera se vuelve infranqueable por la nieve. Incluso en pleno verano en la cima hace mucho frío y viento, sobre todo a la puesta de sol, el momento más frío del día. Por ello, hay que llevar ropa de abrigo.

En la montaña hay varios alojamientos. Las impresionantes vistas y el tranquilo entorno compensan la falta de comodidades modernas. Hay que asegurarse de que se proporcionan buenas mantas.

Hay tres maneras de aproximarse a la cima. Por el lado sur: se pasa por **Karadut,** una aldea a unos 12 km de la cima, antes de emprender los últimos kilómetros hasta el aparcamiento. Por el lado suroeste: se viaja por una carretera secundaria que atraviesa **Eski Kale** (Arsameia) y que asciende de forma empinada durante unos 10 km antes de unirse a la carretera de Karadut, unos 6 km antes del aparcamiento en la cima. Por el lado norte: se puede iniciar el viaje desde Malatya, y, aunque es un largo recorrido de 98 km, se trata de un trayecto muy pintoresco y la carretera está asfaltada prácticamente en su totalidad hasta el hotel Güneş, cerca de la cima. No es posible cruzar la cima en automóvil desde el lado norte al lado sur.

La entrada al Parque Nacional del Monte Nemrut cuesta 6,50 TRY. Si se llega desde el suroeste, la entrada está en el desvío a Eski Kale; si se llega desde el sur, la entrada está pasada la Çeşme Pansion, y si se llega desde el norte, la entrada está en el hotel Güneş.

Historia

A partir del 250 a.C., la región quedó emplazada entre los límites de los Imperios seléucida –heredero del de Alejandro Magno en Anatolia– y parto (hacia el este), que también ocupaba parte de las tierras del heroico macedonio. Era una zona pequeña pero estratégicamente importante, rica, fértil y cubierta por bosques; siempre tuvo una historia de pensamiento independiente desde la época del rey Samos (c. 163 a.C.).

Bajo el Imperio seléucida, el gobernador de Comagene declaró la independencia de su reino. En el 80 a.C., con los seléucidas en plena huida y los romanos extendiéndose por Anatolia, un aliado de Roma se autoproclamó rey, y como Mitrídates I Calínico estableció su capital en Arsameia, cerca de la actual Eski Kahta. El rey se vanagloriaba de su linaje monárquico, que se remontaba, hacia el oeste, a Seleuco I Nicátor, fundador del Imperio seléucida; y hacia el este, a Darío I el Grande, rey de la antigua Persia.

Mitrídates murió en el 64 a.C. y le sucedió su hijo Antíoco I Epífanes (64-38 a.C.), que consolidó rápidamente la seguridad de su reino firmando un pacto de no agresión con Roma, lo que convirtió a su Estado en un tapón para contener el ataque de los partos. Sus buenas relaciones con ambos bandos le permitieron enriquecerse y dedicarse a sus delirios de grandeza, ya que creía que estaba a la altura de los grandes reyes y dioses del pasado. Por ello ordenó la construcción de los fabulosos templos y el túmulo funerario en la cima del Nemrut.

En la tercera década de su reinado, Antíoco se alió con los partos en una disputa contra Roma y, en 38 a.C., los romanos le depusieron. A partir de entonces, Comagene fue gobernada directamente desde Roma o por monarcas títeres hasta el 72 d.C., cuando el emperador Vespasiano la incorporó a la provincia romana de Asia. La época dorada de Comagene se limitó a los 26 años del reinado de Antíoco i.

⊙ Puntos de interés y actividades

Karakuş Tümülüs · MONUMENTO
La autovía D360, con indicaciones hacia el Nemrut Dağı Milli Parkı (9 km), comienza en Kahta junto al Hotel Kommagene. Pocos kilómetros después se llega a una bifurcación; la carretera a mano izquierda lleva después de 1,5 km a **Karakuş Tümülüs**. Construido en el 36 a.C., es un túmulo fu-

nerario artificial, como el del Nemrut, que aparece rodeado por varias columnas (había más, pero los bloques de caliza fueron utilizados por los romanos para construir el puente del Cendere). En el aparcamiento, se alza una columna coronada por un águila, al otro lado del túmulo hay otra con un león y una tercera muestra una losa con inscripciones que dan fe de que en ella yacen mujeres de la familia de Mitrídates II.

Puente del Cendere · PUENTE
A 10 km del Karakuş Tümülüs, la carretera cruza un puente moderno sobre el río Cendere. A mano izquierda, se podrá ver un magnífico puente romano del s. II, cuyas estelas en latín exponen que fue erigido en honor al emperador Septimio Severo, su mujer y sus hijos mucho después de que Comagene pasara a formar parte del Asia romana. De las cuatro columnas corintias originales (dos en cada extremo), se conservan tres.

Eski Kahta (Kocahisar) y Yeni Kale · RUINAS
A unos 5 km del puente hay un desvío de 1 km junto a la carretera principal que lleva a **Eski Kahta** (Kocahisar). En otra época allí hubo un palacio, construido al mismo tiempo que Arsameia, la capital de Comagene. Lo que ahora se ve son las ruinas de un castillo mameluco del s. XIII, la **Yeni Kale** (Nueva Fortaleza). El castillo estaba siendo renovado y su reinauguración estaba prevista para el 2011.

Al inicio del sendero que sube a la fortaleza, se encuentra el **Kocahisar Halı Kursu** (Curso de Alfombras de Kocahisar), un rudimentario taller donde las mujeres locales aprenden técnicas de tejido de alfombras para mantener viva la tradición. Aquí no venden las alfombras que hacen, pero vale la pena echarle un vistazo.

Después de visitar la Yeni Kale se puede cruzar el río Kahta (Nymphaios) para ver la antigua carretera y el elegante **puente selyúcida.**

Eski Kale (Arsameia) · RUINAS
Alrededor de 1,5 km más allá por la carretera principal hay una carretera a la izquierda que tras 2 km conduce hasta Eski Kale, la antigua Arsameia, capital de Comagene. Después del desvío está la entrada al parque, donde hay que pagar para ver el yacimiento de Arsameia y acceder a la cima (6,50 TRY).

En Eski Kale hay una gran **estela** que representa a Mitra (o Apolo), el dios del sol,

CIRCUITOS ORGANIZADOS AL NEMRUT DAĞI (MONTE NEMRUT)

Las principales localidades para contratar un circuito son Kahta y Malatya, pero también salen otros desde Karadut, Şanlıurfa y Capadocia.

Desde Karadut

Varias pensiones de Karadut ofrecen viajes, ida y vuelta, a la cima, con una hora en la cumbre, por unos 50 TRY por vehículo (Karadut Pension) o por 75 TRY (hoteles Euphrat o Kervansaray).

Desde Kahta

Esta ciudad siempre ha tenido la reputación de ser una trampa para turistas, por lo que conviene prestar atención a lo que se ofrece. Hay que confirmar lo que se va a ver, aparte de las cabezas, y cuánto tiempo dura el recorrido; casi todos los circuitos a Nemrut Dağı están organizados por hoteles y hostales.

Muchos recorridos están programados para poder disfrutar de una espléndida salida o puesta de sol. Si se elige el circuito del amanecer, se saldrá de Kahta alrededor de las 2.00, vía Narince y Karadut, para llegar a tiempo de ver la salida del sol desde el Nemrut Dağı. Después de una hora, se descenderá por la renovada carretera que va directamente a Arsameia para visitar Eski Kahta, la Yeni Kale, el puente del Cendere y el Karakuş Tümülüs; se suele estar de vuelta hacia las 10.00. Si se contrata un "circuito a la puesta de sol", se hace el mismo recorrido pero en sentido contrario: se sale a las 13.30 y se empieza con los puntos de interés alrededor de Arsameia, luego se sube a la cima y finalmente se desciende pasando por Karadut y Narince. Se regresa a Kahta sobre las 21.30.

Una tercera opción es el "circuito corto", que dura unas tres horas e incluye el viaje, ida y vuelta, de Kahta a la cima, con alrededor de una hora libre para hacer visitas. Es más barato, pero mucho menos interesante. Mezopotamya Tours & Travel, en el hotel Kommagene, ofrece salidas diarias garantizadas entre abril y octubre (por persona circuito largo/corto 60/65 TRY).

Si se va en grupo es posible alquilar un taxi desde Kahta por unos 100 TRY. Se tiene constancia de que algunos operadores turísticos presionan a los taxistas locales, así que buena suerte a la hora de negociar el precio.

Aunque los hoteles y casas de huéspedes de Kahta anuncian estos servicios como "circuitos", el viajero se dará cuenta de que solo son servicios de taxi en cuanto el conductor suelte un comentario tipo: "Esto es un puente antiguo". Si se quiere un guía bien informado que hable inglés, hay que acudir a **Mehmet Akbaba** (☎0535 295 4445; akbabamehmet@hotmail.com) o a **Nemrut Tours** (☎0416-725 6881; Mustafa Kemal Caddesi), con sede en el hotel Nemrut. Por un guía que hable inglés lo normal es pagar unos 150 TRY adicionales por grupo.

con un gorro del que emanan rayos de sol. Más adelante, aparecen otras dos estelas de las que solo se conservan las bases, aunque se cree que la más alta representaba a Mitrídates I Calínico junto a Antíoco I sujetando un cetro. Detrás de ellas está la entrada a una cueva que conduce a una sala subterránea, que se cree que fue construida para rituales de adoración a Mitra.

Colina arriba hay un **relieve en piedra** prácticamente intacto que representa a Mitrídates I dándole la mano al dios Heracles. Al lado hay otro templo-cueva que desciende 158 m a través de la roca. La extensa inscripción griega situada sobre la caverna describe la fundación de Arsameia y, junto a la entrada, hay un recipiente que pudo servir para realizar abluciones religiosas.

Más arriba, en la cima, están los cimientos en ruinas de la capital del rey Mitrídates.

Desde Arsameia hasta la cumbre

En Arsameia, se puede tomar el atajo de 16 km, parcialmente pavimentado, hasta la cumbre o volver a la carretera principal, que es una ruta más larga pero menos pronunciada y totalmente pavimentada. El atajo comienza junto a la entrada al yacimiento y sube trabajosamente la montaña durante 8 km, hasta que se une a la ruta principal, 6 km antes de llegar al aparcamiento de la

Desde Malatya

Supone una ruta alternativa para ascender al Nemrut Dağı, pero si el viajero llega al monte desde el norte, se perderá los otros magníficos puntos de interés situados en las laderas del sur (a los que se llega desde Kahta). Se puede disfrutar de ambas rutas cruzando la cumbre a pie y haciendo autostop hasta Kahta o, si se dispone de vehículo propio, tomando la ruta larga que pasa por Adıyaman.

La oficina de turismo de Malatya organiza circuitos en microbús (sin líos) al Nemrut Dağı de principios de mayo a finales de septiembre o hasta mediados de octubre, si continúa el buen tiempo. Los circuitos salen al mediodía desde cerca del puesto de información turística que hay en la tetería detrás del *valiliği* (Gobierno provincial). Hay que preguntar por Kemal en una de las teterías.

El trayecto de tres horas a través de espectaculares paisajes hasta la cima se realiza por una carretera asfaltada. Tras disfrutar de la puesta de sol durante dos horas, se pernocta en el Güneş Hotel antes de volver a la cima para ver la salida del sol. Tras desayunar en el Güneş, se vuelve a Malatya sobre las 10.00.

El circuito cuesta 100 TRY por persona (mínimo dos personas), e incluye transporte, cena, cama y desayuno, pero no incluye la entrada al parque nacional y al yacimiento. En teoría, hay circuitos diarios, pero los viajeros que vayan solos puede que tengan que pagar más si no hay más gente que quiera unirse al circuito.

Desde Şanlıurfa

Harran-Nemrut Tours (www.aslankonukevi.com), en Şanlıurfa, ofrece circuitos (100 TRY por persona, mínimo dos personas) al Nemrut. A diferencia de otros circuitos, se llega al Nemrut sobre las 10.00. No se ve ni la salida ni la puesta de sol, pero la ventaja es que hay mucha menos gente en la cima. El coste por persona se reduce a 75 TRY para grupos de cuatro o más personas.

Nomad Tours Turkey (www.nomadtoursturkey.com), con sede en la aldea kurda de Yuvacali, también ofrece circuitos de un día (100 € por persona).

Desde Capadocia

Muchas empresas de Capadocia (p. 468) ofrecen circuitos en microbús al Nemrut desde mediados de abril hasta mediados de noviembre a pesar de que hay más de 500 km en cada sentido. Los circuitos de dos días cuestan unos 280 TRY e implican muchas horas de agotador viaje. Si se tiene suficiente tiempo, es mejor optar por un circuito de tres días, lo que permite dividir el trayecto en tramos más manejables, ya que estos circuitos suelen incluir una visita a Harran y Şanlıurfa. Hay que preguntar los detalles sobre las paradas nocturnas y la duración del trayecto antes de apuntarse a uno.

cumbre. Solo es transitable durante el día y cuando no llueve. Los últimos 2 km no están asfaltados y la carretera tiene curvas muy cerradas.

La mayor parte de los circuitos combina ambas rutas haciendo un círculo; los que parten al amanecer escogen para subir la más larga (pasando por Narince y Karadut) y el atajo a Kahta para descender, mientras que los que salen al atardecer lo hacen al revés.

Si se toma la ruta más larga desde Arsameia, hay que volver a la carretera principal y girar a la izquierda para, 3 km más adelante, encontrar el tranquilo pueblo de Damlacik. En Narince hay señalizado un desvío a la izquierda hacia Nemrut. Al norte de Karadut, la última media hora de viaje (12 km) es muy empinada.

Excursionismo

Los viajeros que se alojen en Karadut pueden caminar los 12 km hasta la cumbre por una carretera perfectamente señalizada y de pendiente constante.

La cumbre

La **entrada al parque** (entrada 6,50 TRY; ☉amanecer-anochecer) está 200 m más arriba de la Çeşme Pansion y 2,5 km antes del cruce con el atajo a Arsameia.

Más allá del aparcamiento, hay que recorrer a pie 600 m (20 min aprox.) por la roca partida de la pirámide de piedra hasta la **terraza occidental.** Antíoco I Epífanes ordenó construir una combinación de tumba y templo a la que se accedía por un camino ceremonial. El edificio incluía lo que el rey llamó "los tronos de los dioses", que se basarían "en unos cimientos que nunca serán destruidos".

Lo primero que se ve es el templo occidental, con un túmulo funerario cónico de piedras del tamaño de un puño detrás de él. El rey y sus parientes divinos aparecen sentados con solemnidad, aunque parte de sus cuerpos yacen junto a sus cabezas.

Desde la terraza occidental, hay cinco minutos a pie hasta la **terraza oriental.** Aquí, los cuerpos se encuentran casi intactos, pero las cabezas caídas parecen peor conservadas que las de la occidental; en sus espaldas, las estatuas lucen inscripciones en griego.

Ambas terrazas se hallan en planos similares y poseen diversos dioses sentados, supuestos antepasados de Antíoco. Son, de izquierda a derecha, Apolo, dios del sol (Mitra para los persas, Helios o Hermes para los griegos); Fortuna o Tique, Zeus-Ahura Mazda en el centro, luego el rey Antíoco y, en el extremo derecho, Heracles, también conocido como Ares o Artagnes.

Los muros bajos de los extremos de cada templo solían albergar bajorrelieves que mostraban las antiguas realezas persa y griega, los "antepasados" del rey; las águilas representan a Zeus.

🛏 Dónde dormir y comer

A lo largo de la carretera hacia la cumbre hay varios establecimientos donde alojarse. En el pueblo de Karadut hay algunos restaurantes pequeños. Los establecimientos se enumeran en orden de aparición, empezando por el lado suroeste (Eski Kale) hasta la cima.

Damlacık Garden Camping 'CAMPING' €
(☑0416-741 2027; tavsi_camping@hotmail.com; lugares de acampada por persona 8 TRY; @) En Damlacık, a unos 2 km de la salida a la entrada del parque, este sencillo *camping* cuenta con una acogedora familia anfitriona y zonas de acampada cubiertas de hierba. También hay un aparcamiento seguro para autocaravanas equipado con electricidad. Ofrece comidas por 10 TRY. El transporte al Nemrut cuesta 100 TRY por vehículo.

Arsemia Kafeterya & Kamping 'CAMPING' €
(☑0416-741 2224, 0533 682 1242; kal_bin_sasi@ hotmail.com; lugares de acampada por persona 6 TRY) Aquí se puede montar la tienda o aparcar la autocaravana en una cresta sin hierba ni sombra, y disfrutar de las vistas del valle. Ofrece sencillas comidas (10 TRY). El transporte al Nemrut cuesta 80 TRY por vehículo. Está en Eski Kale, aproximadamente 1 km después de la puerta de entrada. Sus tranquilos propietarios pueden organizar excursiones de senderismo y pesca por los valles circundantes.

Karadut Pension PENSIÓN €
(☑0416-737 2169, 0532 566 2857; www.karadut pansiyon.net; lugares de acampada por persona 5 TRY, d por persona 25 TRY; ❄ @) Pensión y albergue en el extremo norte de Karadut con 14 habitaciones bien cuidadas, aunque un poco pequeñas (algunas con aire acondicionado), baños limpios y una cocina compartida. Ofrece comidas (10 TRY) junto con vino, cerveza o *rakı* en su bar con terraza al aire libre. Los campistas pueden montar su tienda en una parcela medio sombreada en la parte de atrás, con buenas vistas de las montañas y un bloque de aseos muy limpio. Suele ser frecuentado por grupos organizados, por lo que hay que reservar con antelación.

Çeşme Pension PENSIÓN €
(☑0416-737 2032; www.cesmepansion.com; lugares de acampada por persona 5 TRY, por persona con media pensión 40 TRY) El alojamiento más cercano a la cima, a solo 6 km de esta; los propietarios pueden llevar al viajero hasta allí por 40 TRY. Las habitaciones, todas con baño propio, son básicas pero están limpias, y los campistas disfrutarán de un entorno ajardinado con sombra.

Hotel Euphrat HOTEL €€
(☑0416-737 2175; www.hoteleuphratnemrut. com, en turco; i/d con media pensión 80/160 TRY; ❄ ☀) En temporada alta es muy popular entre los grupos organizados. Sus habitaciones ahora son más grandes y confortables gracias a unas recientes renovaciones, y las vistas desde la terraza del restaurante y la nueva piscina son espectaculares. La comida está muy buena, incluido el pan recién horneado.

Güneş Hotel HOTEL €
(☑0535 760 5080, 0542 2720 0130; nemruttour malatya@yahoo.com; media pensión por persona 50 TRY) Aislado a 2,5 km de la terraza oriental, en el valle que hay debajo, lo usan

básicamente los visitantes de Malatya. La ubicación, entre pedruscos rocosos, es excepcional (incluso espeluznante los días nublados), el silencio, reconfortante, y las habitaciones, corrientes pero limpias.

ℹ️ Cómo llegar y desplazarse

Automóvil

Para subir la ladera sur del Nemrut desde Kahta, hay que conducir por la D360, pasando por Narince, o tomar una ruta más larga, pero más pintoresca, que incluye Karakuş, Cendere, Eski Kahta y Arsameia, para luego seguir por el atajo de 15 km hasta la cima. Hay que asegurarse de disponer de gasolina para al menos 250 km, pues, aunque el viaje de ida y vuelta a la cumbre es inferior a 160 km, habrá que conducir en primera por muchos tramos, lo que aumenta el consumo. A su vez, conviene ir preparado para los últimos 3 km antes de la cima, ya que se sube por una carretera abrupta y deteriorada.

El viajero también se puede acercar a la cima desde Malatya (98 km) y subir hasta el Hotel Güneş. La carretera está asfaltada en gran parte, pero hay que estar preparado para encontrarse con muchas obras viales a lo largo de la panorámica ruta. Desde allí, una abrupta carretera conduce a la terraza oriental, a otros 2,5 km de distancia. Se puede hacer con un automóvil normal si no llueve, pero sin duda solo es apto para conductores seguros de sí mismos.

En la cima no hay ninguna carretera que una el lado norte con el lado sur, pero una carretera muy abrupta rodea la base de la montaña uniendo Kahta (lado sur) con Malatya (lado norte). Desde Kocahisar, una carretera discurre 21 km hasta la aldea de Büyüköz. Los primeros 7 km hasta Kıran están pavimentados. En los 6 km siguientes hasta la aldea de Taşkale, el camino se deteriora mucho y poco a poco se convierte en grava; los últimos 8 km hasta Büyüköz no están pavimentados y la carretera es estrecha y muy empinada, con giros muy bruscos. Esta opción es más corta que volver hacia atrás por Adıyaman, pero la carretera está en muy mal estado y solo es apta para conductores muy seguros de sí mismos. No hay que arriesgarse en temporada húmeda y conviene pedir consejo previo en Kocahisar (si se viene de Kahta y se va a Malatya) o en Büyüköz (si el trayecto es Malatya-Kahta).

Taxi y microbús

En verano hay microbuses (10 TRY) cada dos horas entre Kahta y la Çeşme Pansion, a unos 6 km de la cima; en ruta paran en la aldea de Karadut (7 TRY). Los propietarios de las pensiones también pueden recoger al viajero en la *otogar* de Kahta (conviene acordar el precio antes). No hay que creer a nadie de Kahta que diga que no hay microbuses a la Çeşme Pansion y a Karadut desde Kahta.

Todas las pensiones y hoteles pueden llevar al huésped hasta la cumbre y devolverlo, pero no hay que esperar ningún tipo de guía. Cuanto más cerca se esté de la cima, más barato será. Los hoteles de Kahta cobran 150 TRY por un microbús completo (hasta ocho personas), y la Çeşme Pansion, solo 40 TRY.

Malatya

📞 0422 / 600 000 HAB. / ALT. 964 M

Sin duda, pocos *yabanci* (extranjeros) que cruzan el centro de Anatolia en ruta al este de Turquía paran en Malatya.

Su arquitectura no ganará ningún premio, y cuenta con pocos puntos de interés, pero la ciudad pronto cala en el viajero. Entre las recompensas que ofrece se incluyen verdes parques, bulevares arbolados, caóticos bazares y la agradable sensación de que uno es el único turista en muchos kilómetros a la redonda. En cuanto a atracciones culturales, cerca de allí está el yacimiento histórico de Battalgazi. Malatya también es la capital turca del *kaynsi* (albaricoque), y tras su cosecha a finales de junio, miles de toneladas de esta fruta se distribuyen por todo el mundo.

Malatya se extiende a lo largo de İnönü/Atatürk Caddesi, pero todo lo que puede necesitar el viajero se encuentra cerca de la plaza mayor, con su enorme estatua de İsmet İnönü, el segundo presidente de Turquía después de Atatürk.

En Malatya también se ofrecen circuitos al Nemrut Dağı.

Historia

Los asirios y los persas se alternaron en el gobierno de la ciudad y, más tarde, ocurrió lo mismo entre los reyes de Capadocia y los del Ponto. En el 66 a.C., Pompeyo venció a Mitrídates y se apoderó de la localidad, conocida entonces como Melita. Los bizantinos, los sasánidas, los árabes y los emires danisméndidas también la controlaron hasta la llegada de los selyúcidas en 1105. A continuación, fue conquistada por los otomanos (1399), Tamerlán (1401), los mamelucos, los emires de Dülkadir y los otomanos de nuevo (1515).

Las fuerzas egipcias de Mohamed Alí invadieron Anatolia en 1839 y el ejército otomano se guareció en Malatya, que, tras abandonarla, dejó gran parte de la localidad en ruinas. Más tarde, los residentes que habían huido de la guerra regresaron y fundaron una nueva ciudad en el emplazamiento actual. Es posible visitar las cercanas ruinas de la antigua Malatya (Eski Malatya), la actual Battalgazi.

⊙ Puntos de interés

Bazar MERCADO

El animado mercado se extiende al norte de PTT Caddesi y del Malatya Büyük Otel. Especialmente fascinante resulta la animada zona donde se trabajan los metales. Se aconseja aprender cuatro palabras básicas en turco y dirigirse al **mercado de albaricoques** (*kayisi pazarı* o *şire pazarı*). El viajero no se irá de Malatya sin llevarse la mochila llena de esta fruta. Además, es un delito irse de la ciudad sin haber probado los sensacionales albaricoques recubiertos de chocolate.

GRATIS **Museo Etnográfico de Malatya** MUSEO

(Sinema Caddesi; ⊗8.00-17.00) Ofrece excelente información en inglés que hace que esta exposición de joyas, tejidos y aterradoras colecciones de armas antiguas cobre vida. Está ubicado en una de las cinco **antiguas casas típicas de Malatya** que han sido restauradas en Sinema Caddesi.

Museo MUSEO

(Fuzuli Caddesi; entrada 3 TRY; ⊗8.00-17.00 ma-do) A unos 750 m del centro urbano, el Museo de Malatya exhibe interesantes hallazgos de las excavaciones de Aslantepe.

🛏 Dónde dormir

La ciudad dispone de unos cuantos alojamientos con una estupenda relación calidad-precio, bien situados en el bazar y el centro urbano y aptos para mujeres viajeras.

Grand W Aksaç Hotel HOTEL €€

(☑324 6565; www.aksachotel.com, en turco; Saray Mahallesi, Ömer Efendi Sokak 19; i/d 80/120 TRY; ✱) Hotel recién inaugurado con una tranquila y céntrica ubicación, ostentosas instalaciones, como un *hammam*, y espaciosos y relucientes baños. Tiene televisores de pantalla plana y enormes camas, y en su recepción venden albaricoques recubiertos de chocolate.

Grand Sinan Otel HOTEL €€

(☑321 2907; www.grandsinanotel.com; Atatürk Caddesi; i/d 70/100 TRY; ✱) Gracias a una reciente reforma, ofrece habitaciones relativamente compactas decoradas con colores

de diseño y equipadas con baños nuevos. Tiene una práctica ubicación en la calle principal, y sus ventanas dobles amortiguan la mayor parte del ruido del tráfico. Su joven personal de recepción habla un excelente inglés.

Malatya Büyük Otel HOTEL €€

(☑325 2828; fax 323 2828; Halep Caddesi, Yeni Cami Karşısı; i/d 50/80 TRY; ✱) Este monolito sin personalidad detrás de la Yeni Cami tiene habitaciones prácticas, aunque un poco pequeñas, con buenos baños y bonitas vistas de la enorme mezquita al otro lado de la calle. Tiene una ubicación muy práctica: el bazar está una manzana por detrás.

Yeni Hotel HOTEL €

(☑323 1423; yenihotel@turk.net; Yeni Cami Karşısı Zafer İşhanı; i/d 45/70 TRY; ✱) Los tonos pastel, las colchas de color azul eléctrico y los impecables suelos laminados alegran las habitaciones de este hotel bien gestionado. A los amantes de las compras les gustará su ubicación, ya que está al borde de la zona de mercado.

Hotel Pehlivan HOTEL €

(☑321 2609; Cumhuriyet Caddesi; i/d 35/45 TRY) A las afueras del mercado, tiene habitaciones limpias y espaciosas decoradas en una amplia gama de colores que ofrecen una buena relación calidad-precio.

🍴 Dónde comer

Atatürk Caddesi está llena de restaurantes económicos, y en el arbolado bulevar Kanal Boyu hay modernos cafés.

Sarı Kurdela Restaurant & Cafe RESTAURANTE €

(İnönü Caddesi; platos principales 6-10 TRY) Local muy moderno con decoración contemporánea, eficientes camareros y una ecléctica carta, incluidos platos vegetarianos, excelentes comidas preparadas y una amplia gama de postres. Los precios son más baratos en la cafetería de la planta baja y la comida es igual de buena.

Beşkonaklar Malatya Mutfağı 'MUTFAK' €€

(Sinema Caddesi; platos principales 10-15 TRY; ⊗12.00-22.00) En la misma fila de casas restauradas que el Museo Etnográfico, ofrece comida tradicional local. Su interior está lleno de antigüedades, y si hace bueno, se puede pasar a su espacioso jardín para dis-

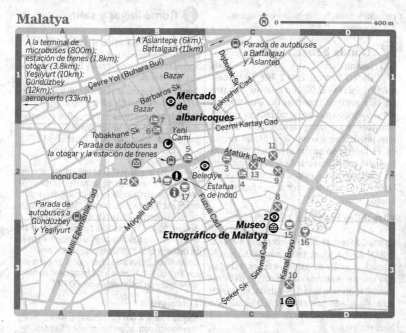

Mapa con referencias:

A la terminal de microbuses (800m);
estación de trenes (1,8km);
otogar (3,8km);
Yeşilyurt (10km);
Gündüzbey (12km);
aeropuerto (33km)

A Aslantepe (6km);
Battalgazi (11km)

Parada de autobuses a Battalgazi y Aslantep

Çevre Yol (Buhara Bul)

Bazar

Barbaros Sk

Bazar

Mercado de albaricoques

Tabakhane Sk

Yeni Cami

Parada de autobuses a la otogar y la estación de trenes

İnönü Cad

Cezmi Kartay Cad

Atatürk Cad

Belediye

Estatua de İnönü

Parada de autobuses a Gündüzbey y Yeşilyurt

Mücelli Cad

Milli Egemenlik Cad

Fuzuli Cad

Sinema Cad

Şeker Sk

Kanal Boyu

Museo Etnográfico de Malatya

Eskişehir Cad

Dişbudak Sk

frutar de platos interesantes como la *anali kizli* (sopa con garbanzos y albóndigas).

Mangal Vadisi

'OCAKBAŞI' €€

(Kışla Caddesi; platos principales 6-12 TRY; ☺12.00-22.00) Las enormes *mangals* (barbacoas) que ocupan en primer plano en la planta baja marcan la pauta en este restaurante bien considerado, en una pequeña calle junto a Atatürk Caddesi, que cuenta con un amplio surtido de carnes a la parrilla.

Sevinç

PASTELERÍA €

(Atatürk Caddesi; pasteles desde 2 TRY) Esta pastelería presenta un interior moderno y refinado y una amalgama de apetitosos postres, incluidos *baklava* y pasteles. En la parte de arriba hay un acogedor *aile salonu* (comedor familiar).

Mado

CAFÉ €

(Kanal Boyu; helados desde 3 TRY) El mejor establecimiento para disfrutar de un helado, un café o un pastel en un entorno refinado.

Hacıbey Lahmacun

'PIDECI' €

(Kışla Caddesi; platos principales 6-10 TRY) Es el mejor lugar para disfrutar de *pide* o *lahmacun* (*pizza* con una base delgada y crujiente con cordero troceado,

Malatya

cebolla y tomate), regadas con refrescante *ayran*.

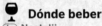 Dónde beber

Nostalji CAFÉ
(Müçelli Caddesi; café 2 TRY, tentempiés 4-7 TRY; ☺11.00-22.00) En cuanto se entra en esta antigua mansión llena de objetos curiosos y con suelos de tablas que crujen, el estrés desaparece rápidamente. El viajero puede empaparse de su genial karma en el luminoso salón principal mientras escucha música relajada y bebe café turco. También tiene platos sencillos, y es un buen sitio para conocer a estudiantes de ambos sexos.

Vilayet Çay Bahçesi – VIP Cafe
JARDÍN DE TÉ
(İnönü Caddesi; té 1 TRY, tentempiés 4-8 TRY; ☺8.00-21.00) Ideal para comer hamburguesas o *gözleme* (finas crepes saladas con queso, espinacas o patata), o para relajarse tomando un té. Sin duda, el viajero será abordado por el amable Kemal, que lleva el cercano puesto de información del Nemrut Dağı.

Semerkant CAFÉ
(Kanal Boyu; café 2 TRY, platos principales 3-7 TRY; ☺10.00-23.00) El dulce aroma de los narguiles resulta embriagador. Este tranquilo café con algunos detalles rústicos (paredes de falsa piedra y pequeñas sillas de madera) es un buen lugar para imbuirse de la atmósfera del Kanal Boyu.

Taşkent CAFÉ
(Kanal Boyu; café 2 TRY, platos principales 3-7 TRY; ☺10.00-23.00) Al otro lado de la calle, este café ofrece un ambiente igualmente relajado y excelentes *manti* (raviolis turcos).

❶ Información

El centro está lleno de cajeros automáticos y cibercafés.

Puesto de información (☏0535 760 5080; Atatürk Caddesi; ☺8.00-19.00 may-sep) En el salón de té que hay detrás de la oficina de turismo –hay que preguntar por Kemal– y gestionado por el Hotel Güneş del Nemrut Dağı. Hablan inglés.

Oficina de turismo (☏323 2942; Atatürk Caddesi; ☺9.00-17.00 lu-vi) En la planta baja de la *valiliği* (sede del gobierno provincial), en el centro urbano, tiene buenos planos de la ciudad y folletos muy útiles.

❶ Cómo llegar y salir

Avión

El aeropuerto está 35 km al noroeste del centro. Se aconseja preguntar en una de las agencias de viajes de Atatürk Caddesi sobre el autobús Havas.

Onur Air (www.onurair.com.tr) Un vuelo diario a/desde Estambul (desde 64 TRY).

Turkish Airlines (www.thy.com) Dos vuelos diarios a/desde Estambul (desde 89 TRY) y uno diario a/desde Ankara (desde 89 TRY).

Autobús

La inmensa *otogar* MAŞTİ se halla en las afueras, unos 4 km al oeste. La mayor parte de las empresas fleta *servis* (microbuses directos) del centro hasta ella. Los microbuses que salen de la *otogar* también recorren Turgut Özal Bulvarı/Buhara Bulvarı (llamado Çevre Yol), aunque no llegan al centro urbano; hay que pedir al conductor que se detenga en la confluencia de Turan Temelli Caddesi con Buhara Caddesi y luego seguir a pie. Los autobuses urbanos a la *otogar* salen de cerca del *vilayet* y un taxi cuesta unos 20 TRY.

Automóvil

Meydan Rent a Car (☏325 3434; www.meydanoto.com.tr, en turco; İnönü Caddesi, Sıtmapınarı Ziraat Bankası Bitişiği; ☺8.00-19.00) es un agencia fiable. En el centro urbano hay varias empresas más.

Tren

Situada en medio de Turquía, Malatya es un importante eje ferroviario bien comunicado con el este (Elazığ, Tatvan, Diyarbakır), el oeste (Estambul, Ankara, Sivas, Kayseri) y el sur (Adana) del país. Así, tomar un tren desde aquí puede ser una buena alternativa a los eternos viajes en autobús.

El *Vangölü Ekspresi* sale rumbo a Estambul, pasando por Sivas, Kayseri y Ankara los martes y domingos (30,75 TRY); a Elazığ y Tatvan (12,25 TRY), los miércoles y domingos.

El *Güney Ekspresi* sale con destino a Estambul vía Sivas, Kayseri y Ankara los lunes, miércoles, viernes y domingos (30,75 TRY); para Elazığ y Diyarbakır (7,50 TRY), parte los martes, jueves, sábados y domingos.

El *4 Eylül Ekspresi* viaja a diario a Ankara pasando por Sivas y Kayseri (19,75 TRY).

El *Firat Ekspresi* parte diariamente hacia Adana (15 TRY) y Elazığ (5,75 TRY).

Conviene comprobar el horario exacto de todos los trenes en la estación, a la que se puede llegar en microbús (1 TRY) o en los autobuses urbanos "İstasyon" desde el *valiliği*. Los autobuses urbanos y los microbuses con el letrero de "Vilayet" circulan entre la estación y el centro.

DESTINO	TARIFA (TRY)	DURACIÓN (H)	DISTANCIA (KM)	FRECUENCIA (DIARIA)
Adana	25	8	425	Unos cuantos autobuses
Adıyaman	12	2½	144	Frecuentes autobuses
Ankara	30	11	685	Frecuentes autobuses
Diyarbakır	23	4	260	Unos cuantos autobuses
Elazığ	8	1¾	101	Autobuses cada hora
Gaziantep	18	4	250	Unos cuantos autobuses
Estambul	50	18	1130	Unos cuantos autobuses
Kayseri	20	4	354	Varios autobuses
Sivas	25	5	235	Varios autobuses

Alrededores de Malatya

ASLANTEPE

Los escasos hallazgos de este **yacimiento arqueológico** (◷8.00-17.00), a unos 6 km de Malatya, no son exactamente muy apasionantes, pero si se está interesado en la arqueología anatolia, se disfrutará con Aslantepe y su bonito entorno rural.

Cuando los frigios invadieron el reino hitita en Boğazkale, alrededor del 1200 a.C., muchos pobladores huyeron hacia el sureste, cruzando los montes Taurus, para reasentarse y construir ciudades amuralladas. Milidia (en la actualidad Aslantepe) fue una de esas ciudades-Estado neohititas.

Las sucesivas excavaciones realizadas a partir de la década de 1930 han revelado siete estratos de restos.

Para llegar desde Malatya, se debe tomar un autobús que indique "Orduzu" (1,50 TRY, 15 min) en el extremo sur de Buhara Bulvarı, cerca del cruce con Akpınar Caddesi. Hay que comprar de antemano el billete de vuelta y comentar al conductor dónde se quiere bajar; el recinto se encuentra a un agradable paseo de 500 m desde la parada.

BATTALGAZI (ANTIGUA MALATYA)

No hace falta ser un forofo de la arqueología para quedar cautivado por los vestigios de esta antigua ciudad amurallada que se levanta en Battalgazi, al lado de Aslantepe y 11 km al norte de Malatya.

Según se entra al pueblo, se verán las ruinas de las antiguas **murallas de la ciudad,** con sus 95 torres romanas completadas en el s. VI. Todo su revestimiento de piedra se utilizó para erigir otras construcciones, de forma que lo que fueron manzanas de edificios actualmente sirven como huertos de albaricoques. El pueblo de Battalgazi ha crecido dentro y alrededor de las ruinas.

La línea de autobuses desde Malatya acaba en la plaza mayor. Muy cerca, junto a la mezquita que ostenta un alminar de tejado plano, se encuentra el **Silahtar Mustafa Paşa Hanı,** un caravasar otomano del s. XVII. Estaba siendo restaurado, pero cuando esté terminado promete ser una estructura majestuosa.

Si se gira a la derecha desde el caravasar y se sigue por Osman Ateş Caddesi unos 600 m, a la izquierda aparece el minarete roto de ladrillo de la exquisitamente restaurada **Ulu Cami,** del s. XIII. Esta mezquita, un espectacular edificio selyúcida del reinado de Aladino Keykubad I, constituye el hito señero, aunque se está deteriorando a marchas forzadas. Destacan los azulejos selyúcidas que revisten la cúpula sobre el *mimbar* (púlpito) y las inscripciones árabes en las paredes del *eyvan* (vestíbulo abovedado) y la madraza. A su vez, cabe resaltar la **Ak Minare Camii** (mezquita del Alminar Blanco), situada a 50 m de la Ulu Cami y también del s. XIII.

Muy cerca se hallan el **alminar de Halfetih,** del s. XIII, construido totalmente con ladrillos, y la **tumba de Nezir Gazi.**

Los autobuses a Battalgazi (1,50 TRY, 15 min) salen de Malatya aproximadamente cada 15 minutos desde la misma parada que los de Aslantepe. Tras su exploración arqueológica, el viajero puede comer algo en la agradable plaza mayor de Battalgazi, una alternativa más tranquila que las ajetreadas calles de Malatya.

YEŞILYURT Y GÜNDÜZBEY

En verano, es maravilloso poder disfrutar del refrescante y apacible ambiente de Yeşilyurt y Gündüzbey, situados a 10 y 12 km respectivamente de Malatya. Sus casas antiguas, su abundante vegetación, sus agradables teterías y sus zonas de *picnic* son fantásticas. Sale un microbús desde Milli Eğemenlik Caddesi en Malatya (1,50 TRY, 20 min).

Diyarbakır

✆0412 / 665400 HAB. / ALT. 660 M

Diyar, una ciudad con mucha alma, corazón y carácter, finalmente está aprovechando su enorme potencial como destino turístico. Aunque está orgullosa de seguir siendo el símbolo de la identidad y la tenacidad kurda, gracias a los cada vez más numerosos programas de promoción y restauración, los turistas turcos y extranjeros están volviendo a visitarla. Tras sus inexorables murallas de basalto, los serpenteantes callejones de la antigua ciudad están repletos de edificios históricos y mezquitas de estilo árabe.

Los turcos occidentales sentirán temor ante la mera mención de Diyarbakır porque, desde la década de 1980, esta animada ciudad ha sido el centro del movimiento kurdo de resistencia y todavía suceden de vez en cuando violentas manifestaciones callejeras. En ningún otro lugar del este de Turquía sus gentes se sienten más orgullosas de ser kurdas.

Prohibido hasta hace pocos años, el festival Nevruz se celebra el 21 de marzo y es una ocasión espléndida para sumergirse en la cultura kurda.

Excepto por unos cuantos niños de la calle un poco pesados, Diyarbakır es tan segura como cualquier otra ciudad de la región.

DARENDE, EL OASIS OLVIDADO

Quién sabe si la tranquila población de Darende, unos 110 km al oeste de Malatya, será capaz de soportar toda esta publicidad, pero uno no puede dejar de mencionarla porque es un lugar genial para relajarse durante un día o dos en un entorno fantástico. Darende en sí no es un lugar deslumbrante, pero a la vuelta de esquina hay un espléndido cañón así como unos cuantos tesoros arquitectónicos bien conservados, incluidos la **Somuncu Baba Camii ve Külliyesi** (con un museo); la **Kudret Havuzu**, una piscina de piedra construida a propósito en el **cañón del Tohma** cerca de la Somuncu Baba Camii, y el **Zengibar Kalesi,** en lo alto de un afloramiento rocoso.

Hay pocas cosas más placenteras que comer una trucha fresca en uno de los restaurantes que hay a orillas del río en el cañón. Se aconseja el **Hasbahçe** (✆0422-615 2215; Somuncu Baba Camii Civarı; platos principales 6-12 TRY), o, si no, se puede hacer un *picnic* en una de las resguardadas *köşk* (zonas de *picnic*) que hay. En verano, el viajero puede bañarse en la maravillosa Kudret Havuzu, y también se puede hacer 'rafting' (✆0422-615 3513, 0555 565 4935; www.tohmarafting.com) en el cañón: no ofrece emociones fuertes, pero permite recorrer impresionantes cañones bajo un extraordinario cielo azul cobalto.

El **Tiryandafil Otel** (✆0422-615 3095; i/d/tr 60/90/110 TRY; ✳ @) ofrece una excelente relación calidad-precio, y tiene una práctica ubicación a las afueras de Darende, 1 km antes del cañón y los puntos de interés. Tiene habitaciones impecables y muy espaciosas con comodidades modernas. Su restaurante es una apuesta segura, con excelentes especialidades locales, como la *şelale sızdırma* (carne con queso fundido, setas y mantequilla), pero no tiene licencia para vender alcohol. Se aconseja preguntar por Hassan o Tahla: ambos hablan inglés y pueden resolver cualquier duda.

Si se tiene vehículo propio se puede llegar fácilmente a las **Gürpınar Şelalesi** (cascadas), a unos 7 km de Darende; desde el hotel, hay que seguir la carretera a Ankara durante 6 km y luego ya está señalizado. No hay que esperar unas cascadas como las del Niágara, pero es un sitio excelente para un *picnic*.

Hay servicios regulares de autobús (12 TRY) y microbús (8 TRY) entre Malatya y Darende. En Malatya salen desde la terminal de microbuses, también conocida como "Eski Otogar", en Çevre Yol.

Historia

Mesopotamia, la tierra situada entre los valles del Tigris y el Éufrates, vio nacer a los primeros grandes imperios del mundo. La historia de Diyarbakır comienza con el reino hurrita de Mitani hacia el 1500 a.C. y continúa con la dominación de las civilizaciones urartea (900 a.C.), asiria (1356-612 a.C.), persa (600-330 a.C.), de Alejandro Magno y sus sucesores, los seléucidas.

Los romanos tomaron el poder en el 115 d.C., pero dada su importante posición estratégica, la ciudad cambió de manos en numerosas ocasiones, hasta la conquista árabe del 639; la tribu de Beni Bakr la bautizó como Diyar Bakr (Reino de Bakr).

Durante los siguientes siglos, fue ocupada por diversas tribus hasta 1497, año en que la dinastía safávida, fundada por el sah İsmail, conquistó Irán y puso fin a más de un siglo de gobierno turcomano en la región. Los otomanos la tomaron en 1515, pero aun así, Diyarbakır no disfrutaría de una paz duradera. Como estaba situada en el paso de las invasiones que perpetraban los ejércitos anatolio, persa y sirio, sufrió muchas catástrofes.

◉ Puntos de interés

Murallas y puertas de la ciudad

FORTALEZA

El monumento más emblemático está formado por un gran recinto de murallas de basalto que probablemente se remonta a la época romana, aunque las actuales datan de principios de la época bizantina (330-500). Con casi 6 km de longitud, se dice que son las segundas más largas del mundo, solo por detrás de la Gran Muralla China.

Numerosos baluartes y torres hacen guardia sobre estas enormes murallas negras. En su origen, contaban con cuatro puertas de acceso: **Harput Kapısı** (norte), **Mardin Kapısı** (sur), **Yenikapı** (este) y **Urfa Kapısı** (oeste).

El tramo más accesible es también el más interesante en cuanto a inscripciones y ornamentación se refiere. Hay que comenzar cerca de la Mardin Kapısı, que da paso al Deliller Han, un caravasar de piedra que alberga el Otel Büyük Kervansaray. No hay que perderse la **Nur Burcu** (torre Nur), la **Yedi Kardeş Burcu** (torre de los Siete Hermanos), con dos bajorrelieves selyúcidas de leones únicamente visibles desde el exterior de las murallas, y los bajorrelieves de la **Malikşah Burcu** (torre de Malik Şah).

Para obtener buenas vistas del Tigris hay que subir a las murallas de la **İç Kale** (torre del homenaje), que ha estado siendo restaurada durante varios años y que incluye la bellamente resucitada **iglesia de San Jorge**. Este espacioso edificio, del s. III d.C., actualmente se utiliza como espacio de exhibición. En la entrada a la İç Kale cada domingo se celebra un excelente mercado local.

En varios sitios dentro de las murallas hay coloridos **sarcófagos sufíes** al aire libre, notables por sus turbantes, cuyo tamaño es un símbolo de autoridad espiritual. Hay un grupo de ellos unos cientos de metros al noreste de la Urfa Kapısı.

Hay que ir con cuidado al pasear por las murallas y junto a ellas, ya que se han dado casos de intentos de robo. Se aconseja ir en grupo.

Mezquitas

MEZQUITAS

La más impactante es la **Ulu Cami**, construida en el 1091 por Malik Şah, uno de los primeros sultanes selyúcidas. Incorpora elementos de una iglesia bizantina anterior y fue ampliamente restaurada en 1155 tras un incendio. Su planta rectangular es de estilo árabe y el pórtico de la entrada, adornado con dos medallones donde figuran un león y un toro, conduce a un enorme patio, la sección más elegante del edificio, con soportales en dos alturas, un par de **şadırvans** (fuentes para las abluciones) cónicas, elaboradas columnas y varios frisos que representan frutas y vegetales.

Al otro lado de Gazi Caddesi se halla el **Hasan Paşa Hanı**, un caravasar del s. XVI ocupado por tiendas de alfombras y vendedores de recuerdos. Ampliamente restaurado en el 2006, alberga algunos sitios excelentes para tomar un desayuno relajado. También suele haber música en directo.

La alternancia de bandas de piedras blancas y negras es una característica de las mezquitas de Diyarbakır. La **Nebi Camii** (1530), en la intersección principal de Gazi con İzzet Paşa/İnönü Caddesi, tiene un minarete separado en piedra blanca y negra.

La **Behram Paşa Camii** (1572), situada en un recóndito laberinto de callejuelas de un barrio residencial, es la más grande de la ciudad. Más persa en su estilo, la **Safa Camii** (1532) posee un alminar profusamente decorado que incorpora azulejos azules.

Diyarbakur

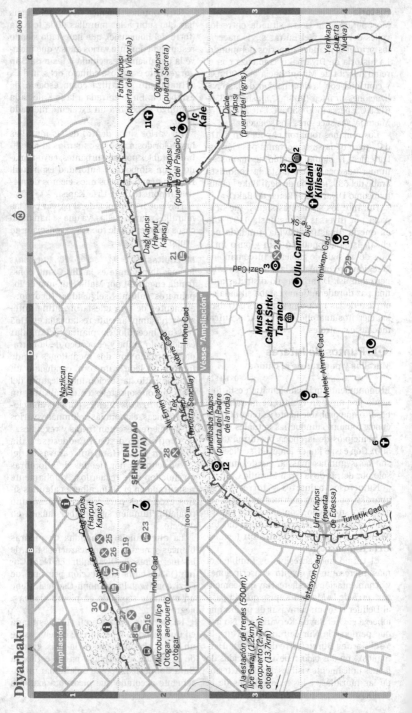

Fathi Kapısı
(puerta de la Victoria)

Ogrun Kapısı
(puerta Secreta)

İç
Kale

11

4

Saray Kapısı
(puerta del Palacio)

Dicle
Kapısı
(puerta del Tigris)

Yenikapı
(puerta
Nueva)

Dağ Kapısı
(Harput
Kapısı)

13

2

Keldani
Kilisesi

21

Véase "Ampliación"

Nazlican
Turizm

24

Gazi Cad

3

Ulu Cami

Sk

Dr C

Yenikapı Cad

10

29

Museo
Cahit Sıtkı
Tarancı

İnönü Cad

Kıbrıs Cad

Alt Emin Cad

Tek
Kapı
(puerta Sencilla)

Melek Ahmet Cad

1

YENI
SEHIR (CIUDAD
NUEVA)

28

Hindibaba Kapısı
(puerta del Padre
de la India)

12

9

6

Urfa Kapısı
(puerta
de Edessa)

Turistik Cad

İstasyon Cad

A la estación de trenes (500m);
İlçe Garajı (1,2km);
aeropuerto (2,7km);
otogar (13,7km)

Ampliación

Dağ Kapısı
(Harput
Kapısı)

30

Kıbrıs Cad

17

25

26

19

27

18

16

20

23

İnönü Cad

7

Microbuses a İlçe
Otogar, aeropuerto
y otogar

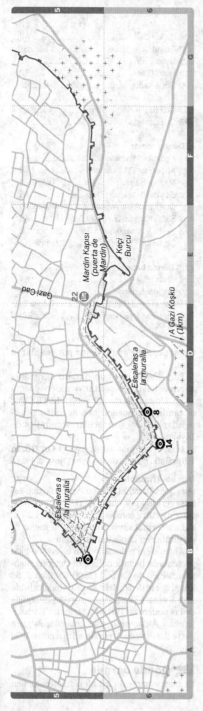

La **Şeyh Mutahhar Camii** (1512) no solo es famosa por su minarete separado, sino también porque su torre está apoyada sobre cuatro esbeltos pilares de unos 2 m de altura, lo que le ha hecho ganarse el nombre de Dört Ayaklı Minare (minarete de las Cuatro Patas).

La **Hazreti Süleyman Camii**, del s. xii, está detrás de la İç Kale y es especialmente venerada porque alberga las tumbas de héroes de antiguas guerras islámicas.

Se recomienda programar la visita unos 20 o 25 minutos después de la llamada al rezo (cuando ya habrán terminado de orar), pues gran parte de ellas solo están abiertas durante las oraciones.

Casas museo de Diyarbakır

EDIFICIOS NOTABLES

Las antiguas casas urbanas se construían con basalto negro, se decoraban con estarcidos y constaban de dos tipos de dependencias, para verano e invierno; el centro de la zona estival era siempre el *eyvan,* un vestíbulo con arcos que daba a un patio con una fuente en medio. En verano, la familia sacaba al patio unas elevadas plataformas de madera llamadas *tahts* para que el fresco ayudara a conciliar el sueño. Para ver por dentro estas antiguas casas, hay que visitar uno de los museos que hay en el interior de las murallas. El poeta Cahit Sıtkı Tarancı (1910-1956) nació en una casa de basalto negro de dos plantas construida en 1820, en una calle lateral unos 50 m al norte de la Ulu Cami. Ahora alberga el **Museo Cahit Sıtkı Tarancı** (Ziya Gökalp Sokak; gratis; ⊙8.00-17.00 ma-do).

La bonita **Esma Ocak Evi,** con bandas grises y blancas, fue construida en 1899 por la familia armenia Şakarer y restaurada en 1996 por la escritora Esma Ocak. El cuidador, que vive en ella, y sus dos hijas gemelas mostrarán al viajero los salones elegantemente amueblados. La entrada es con donativo (donativo recomendado: 3 TRY).

Iglesias

IGLESIAS

En Diyarbakır vivían antes numerosos cristianos, principalmente armenios y caldeos, pero casi todos fueron expulsados o perecieron durante los conflictos de principios del s. xx y, más recientemente, debido a Hezbolá.

La **Keldani Kilisesi** (iglesia caldea), junto a Yenikapı Caddesi, ocupa un edificio sencillo y luminoso que siguen utilizando familias cristianas del rito sirio, en comunión con la Iglesia católica romana; el capellán de la Meryem Ana Kilisesi celebra una misa aquí los segundos domingos de mes. Hay que pasar junto al alminar exento de la Nebi Camii, girar la primera a la izquierda (Dicle Sokak) y luego la primera a la derecha (Şeftali Sokak). El guarda se suele sentar delante de la Şeyh Mutahhar Camii.

La armenia **Surpağab Kilisesi,** también junto a Yenikapı Caddesi, estaba cerrada por obras de restauración. Está al otro lado de la calle de la Esma Ocak Evi.

La maravillosa **Meryem Ana Kilisesi** (iglesia de la Virgen María) aún es utilizada por los cristianos ortodoxos sirios. La iglesia está muy bien cuidada, a pesar de que solo unas siete familias siguen asistiendo a las misas. Los niños locales enseñarán al viajero cómo llegar.

Una **antigua iglesia** cerca de la Şeyh Mutahhar Camii es ahora una oficina de correos.

Gazi Köşkü EDIFICIO HISTÓRICO
(Entrada 1 TRY) Alrededor de 1 km al sur de la Mardin Kapısı, el Gazi Köşkü es un excelente ejemplo del tipo de casa de Diyarbakır a la que se retiraban a pasar el verano los ciudadanos más ricos. La casa data de la dinastía turcomana del s. XV Akkoyunlu y está en un parque bien cuidado. El cuida-dor suele pedir una propina por enseñar la casa.

Para llegar hay que dar un agradable aunque bastante solitario paseo cuesta abajo. Un taxi hasta allí cuesta 12 TRY. Por el camino se pueden obtener vistas despejadas de las espectaculares murallas de Diyarbakır.

Unos 2 km más al sur está el **On Gözlu Köprüsü** (puente de los Diez Ojos), del s. XI.

Museo Arqueológico MUSEO
(Arkeoloji Müzesi) El Museo Arqueológico estaba cerrado por obras de renovación, pero su reapertura estaba prevista para el 2012. Para información actualizada, lo mejor es preguntar en la oficina de turismo.

Antes de la renovación, su colección bien presentada incluía hallazgos del yacimiento neolítico de Çayönü (7500-6500 a.C.), 65 km al norte de Diyarbakır. También exhibía una aceptable colección urartia y reliquias de las poderosas dinastías tribales Karakoyunlu y Akkoyunlu, que gobernaron gran parte del este de Anatolia e Irán entre 1378 y 1502.

🛏 **Dónde dormir**
La mayor parte de los alojamientos tienen una práctica ubicación en Kıbrıs Caddesi

y en la cercana İnönü Caddesi. En Kıbrıs Caddesi hay mucho ruido de tráfico, por lo que se aconseja pedir una habitación en la parte de atrás. En verano hace mucho calor, otra cosa que hay que tener en cuenta al elegir una habitación. Los mejores alojamientos para mujeres que viajan solas son el Balkar Otel, el Hotel Evin y las opciones más caras.

Hotel Evin
HOTEL €€

(☑228 6306; fax 224 9093; Kıbrıs Caddesi 38; i/d 60/80 TRY; ❋) Reluciente hotel inaugurado en el 2009 que se añade a la escena hotelera de Kıbrıs Caddesi. Sus habitaciones son espaciosas y soleadas, y las vistas desde el salón de desayunos de la azotea harán que el viajero se demore tomando otra taza de té.

SV Business Hotel
HOTEL DE NEGOCIOS €€€

(☑228 1295; www.svbusinessotel.com; İnönü Caddesi 4; i/d 60/100 €; ❋) El primer intento de Diyar de ofrecer un moderno hotel-*boutique*/de negocios combina tonos pastel, muebles demasiado modernos y un ambiente relajado pero profesional en recepción, donde hablan inglés. Las habitaciones son moderadamente grandes, pero no muestran ningún rastro de los elementos de la década de 1980 del Büyük Hotel, el antiguo hotel que ocupaba este edificio. Un pequeño gimnasio y sauna ofrece ayuda al viajero si la oferta culinaria de la ciudad le resulta demasiado irresistible.

Hotel Surkent
HOTEL €

(☑228 1014; fax 228 4833; İzzet Paşa Caddesi; i/d 25/40 TRY; ❋) Marcos naranjas y platos de aluminio en la fachada, paredes rosas, ropa de cama multicolor y cortinas llamativas: a sus propietarios les gusta colorear la vida. Las habitaciones de la planta superior gozan de buenas vistas (las individuales 501, 502 y 503 son las mejores). Está en una calle tranquila, cerca de todo. No hay ascensor. El desayuno cuesta 5 TRY adicionales.

Otel Büyük Kervansaray
HOTEL HISTÓRICO €€

(☑228 9606; fax 228 9606; Gazi Caddesi; i/d 100/200 TRY; ❋❋) Es la oportunidad de dormir en el Delieler Han, un caravasar rehabilitado del s. XVI. Sin ser el colmo del lujo, presenta instalaciones de alto nivel, como un restaurante, un bar, un *hammam* y una piscina. Las habitaciones estándar son diminutas, pero no se pasará mucho tiempo en ellas habiendo un patio tan agradable. Como mínimo, se aconse-

ja pasarse por allí para tomar un té o una cerveza.

Aslan Palas
HOTEL €

(☑228 9224; fax 223 9880; Kıbrıs Caddesi; i/d 30/60 TRY; ❋) La peor sorpresa que uno se puede encontrar en esta aceptable opción para los viajeros (masculinos) con menos presupuesto son sus viejas cañerías. Todas las habitaciones tienen aire acondicionado. Los precios no incluyen el desayuno, pero en la misma calle hay varios *kahvaltı salonu* (restaurantes especializados en desayunos turcos). Tampoco tiene ascensor y los baños son compartidos.

Grand Güler Hotel
HOTEL €€

(☑229 2221; www.grandgulerotel.com; Kıbrıs Caddesi 13; i/d 60/110 TRY) La opción preferida de los grupos organizados. No es tan magnífico como su nombre sugiere, pero su fachada de mosaicos azules le da un toque glamuroso a una calle que, por lo demás, es anodina. Las habitaciones delanteras tienen doble cristal, por lo que (prácticamente) no se oye el ruido del tráfico.

Balkar Otel
HOTEL €€

(☑228 6306; fax 224 6936; Kıbrıs Caddesi 38; i/d 60/90 TRY; ❋) Típico hotel regular de tres estrellas con habitaciones bien equipadas con TV y minibar, pero con baños muy pequeños. Entre sus atractivos se incluyen un copioso desayuno y una terraza en la azotea con excelentes vistas.

Hotel Güler
HOTEL €

(☑/fax 224 0294; Yoğurtçu Sokak; i/d 40/70 TRY; ❋) En un callejón junto a Kıbrıs Caddesi, este hotel de dos estrellas tiene habitaciones impersonales aunque bien mantenidas, buenos colchones y baños muy pequeños pero limpios.

Hotel Kaplan
HOTEL €

(☑229 3300; Kıbrıs Caddesi, Yoğurtçu Sokak; i/d 30/50 TRY; ❋) Con una céntrica ubicación cerca de varios restaurantes, es una buena opción para los viajeros de larga estancia que tengan que controlar mucho su presupuesto.

✕ Dónde comer

En Kıbrıs Caddesi hay muchos restaurantes informales con una buena relación calidad-precio. Para excelentes carnes a la parrilla, hay que unirse a la clientela masculina que abarrota los diversos *ocakbaşı* que hay en los estrechos callejones adyacentes a Kıbrıs Caddesi.

Selim Amca'nın Sofra Salonu

RESTAURANTE €€

(Ali Emiri Caddesi; platos principales 8-15 TRY, menú del día 23 TRY) Luminoso local fuera de las murallas de la ciudad famoso por su *kaburga dolması* (cordero relleno de arroz y almendras). La comida se puede rematar con un *İrmik helvası* (un empalagoso postre). El *saç kavurma* (cordero estofado) también es excelente.

Meşhur Kahvaltıcı

CAFÉ €€

(Hasan Paşa Hanı; desayuno 15 TRY) Es más caro que los sitios de *kahvaltı* que hay en Kıbrıs Caddesi, pero vale la pena por el glorioso ambiente que hay en la restaurada Hasan Paşa Hanı. El viajero puede disfrutar de un relajado desayuno en su terraza y sentirse agradecido por haber incluido Diyarbakır en su itinerario por Turquía.

Şafak Kahvaltı & Yemek Salonu

'LOKANTA' €

(Kıbrıs Caddesi; platos principales 6-10 TRY) Toda una institución en Diyarbakır, este animado local sirve platos de carne recién preparados y copiosos guisos y verduras rellenas. También es un buen sitio para un reconstituyente desayuno con pan recién hecho, exquisita *kaymak* (nata cuajada) y miel. También tiene un genial *pide* crujiente cocinado en horno de leña.

Otel Büyük Kervansaray

RESTAURANTE-BAR €€

(Gazi Caddesi; platos principales 8-12 TRY; ⊗11.00-22.00) No hace falta alojarse en este histórico hotel para poder disfrutar de una comida en el restaurante, que fue un establo de camellos. Casi todas las noches ofrece música en directo.

Küçe Başı Et Lokantası

'LOKANTA' €

(Kıbrıs Caddesi; platos principales 6-12 TRY) Ofrece una amplia carta y un entorno muy original (la sala de la parte de atrás está diseñada como un rústico granero). Destacan platos innovadores como *tavuk tava* (carne de pollo frita con abundante aceite en una sartén plana).

Kebapçı Hacı Halid

'KEPABÇI' €

(Borsahan Sokak; platos principales 5-10 TRY) Sabrosos kebabs y platos preparados en un entorno muy bello, con fotos en blanco y negro del antiguo Diyarbakır en la 1ª

planta. Se halla en una callejuela peatonal junto a Gazi Caddesi.

Şeyhmus Tatlıcısı

PASTELERÍA €

(Kıbrıs Caddesi; ⊗7.00-20.00) Buen lugar para cargar pilas con un exquisito *baklava* o un meloso *kadayıf* (rosquilla empapada en sirope).

Dónde beber y ocio

Otel Büyük Kervansaray

JARDÍN DE TÉ

(Gazi Caddesi; ⊗11.00-22.00) Su enorme terraza es ideal para relajarse tomando una taza de té y empapándose del ambiente. Si se prefiere una cerveza fría, también vende alcohol.

Class Hotel

BAR DE HOTEL

(Gazi Caddesi; ⊗10.00-22.00) Su atractivo es el restaurado **Çizmeci Köşkü** (un pabellón de madera tallada) que hay en sus jardines. Es un sitio encantador para tomar un té, un café o algo más fuerte.

Hasan Paşa Hanı

CAFETERÍA

(Gazi Caddesi; ⊗8.00-22.00) A pesar de ser un poco turístico, este restaurado caravasar tiene excelentes cafés y salones de té. Hay que estar atento a los folletos donde se anuncia *canlı müzik* (música en directo).

Doğal Vitamin

CAFÉ

(Kıbrıs Caddesi) Caravana donde sirven zumos naturales.

Información

La antigua Diyarbakır está rodeada de murallas en las que hay varias puertas principales. Dentro de las murallas la ciudad es un laberinto de callejones estrechos y serpenteantes, muchos de ellos sin señalizar. La mayor parte de los servicios útiles para los viajeros están en la antigua Diyarbakır, en Gazi Caddesi o sus alrededores, incluidos cibercafés, la oficina de correos, agencias de viajes y cajeros automáticos.

Oficina municipal de información (⊗9.00-12.00 y 13.00-18.00 ma-sa) Oficina municipal junto a Kıbrıs Caddesi.

Oficina de turismo (☎228 1706; Kapısı; ⊗8.00-17.00 lu-vi) Oficina provincial en una torre de las murallas.

Cómo llegar y salir

Avión

Los microbuses A1, A2 y A3 van al aeropuerto (1,50 TRY) desde cerca de la Dağ Kapısı. Un taxi cuesta unos 10 TRY.

Onur Air (www.onurair.com.tr) Dos vuelos diarios a/desde Estambul (desde 94 TRY) y uno diario a/desde İzmir (desde 84 TRY).

DESTINO	TARIFA (TRY)	DURACIÓN (H)	DISTANCIA (KM)	FRECUENCIA (DIARIA)
Adana	40	8	550	Varios autobuses
Ankara	60	13	945	Varios autobuses
Erzurum	35	8	485	Varios autobuses
Malatya	20	5	260	Frecuentes autobuses
Mardin	10	1½	95	Autobuses cada hora
Şanlıurfa	15	3	190	Frecuentes autobuses
Sivas	40	10	500	Varios autobuses
Tatvan	20	4	264	Varios autobuses
Van	35	7	410	Varios autobuses

Pegasus Airlines (www.flypgs.com) Un vuelo diario a/desde Estambul (desde 76 TRY) y vuelos diarios a/desde Adana (desde 42 TRY).

Turkish Airlines (www.thy.com) Cinco vuelos diarios a/desde Estambul (desde 59 TRY), cuatro vuelos diarios a/desde Ankara (desde 59 TRY), cuatro vuelos semanales a/desde Antalya (desde 53 TRY) y dos vuelos diarios a/desde İzmir (83 TRY).

Autobús

Muchas empresas de autobuses tienen taquillas en İnönü Caddesi y Gazi Caddesi, cerca de la Dağ Kapısı. La otogar está a 14 km del centro, en la carretera a Urfa (15 TRY en taxi).

Hay una terminal separada de microbuses (İlçe Garajı) 1,5 km al suroeste de las murallas de la ciudad, con servicios a Batman (5 TRY, 1½ h), Elazığ (10 TRY, 2 h), Mardin (10 TRY, 1¼ h), Malatya (20 TRY, 5 h), Midyat (12 TRY) y Siverek (para ir a Kahta sin rodear el lago vía Adıyaman). Para ir a Hasankeyf hay que hacer transbordo en Batman (5 TRY). Para llegar a la terminal de microbuses, se debe tomar un autobús cerca del Balkar Otel, al otro lado de la calle, y preguntar por "İlçe Garajı" (2 TRY), o tomar un taxi (6 TRY).

Para ir a Irak hay que tomar un autobús a Cizre (20 TRY, 4h) o Silopi (22 TRY, 5 h) desde la otogar principal. Suele haber cuatro servicios diarios. Para más información, véase recuadro en p. 615.

Avis (✆236 1324, 229 0275; www.avis.com.tr; Elazığ Caddesi; ⏰8.00-19.00) Frente al belediye y en el aeropuerto.

Tren

La estación de trenes está aproximadamente a 1,5 km del centro, en el extremo occidental de İstasyon Caddesi. El Güney Ekspresi sale hacia Estambul (44 TRY) vía Malatya (7,50 TRY) y Sivas (23 TRY) a las 8.42 los lunes, miércoles, viernes y domingos. Se aconseja comprobar los horarios en la estación de trenes.

Mardin

✆0482 / 55 000 HAB. / ALT. 1325 M

Esta ciudad digna de postal es un lugar altamente adictivo del que no se puede pasar de largo. Con sus minaretes asomando por encima de un laberinto de calles, su viejo castillo dominando el casco antiguo y sus casas de piedra color miel en la ladera, Mardin emerge cual ave fénix entre las llanuras mesopotámicas abrasadas por el sol. También ofrece una fascinante mezcla de culturas kurda, yazidí, cristiana y siria.

Sin embargo, el viajero no estará solo visitando la ciudad. Con vuelos regulares desde Estambul y una gran cobertura informativa en los medios turcos, en verano se puede ver a muchos visitantes locales. Si se busca algo aún más especial, se aconseja hacer un pequeño desvío a Dara o, aún mejor, a Savur.

Si se llega desde Diyarbakır, primero se pasa por la parte nueva de Mardin. Luego hay que seguir colina arriba hasta la rotonda donde la carretera se bifurca. Si se sigue colina arriba se llega a la calle principal, Cumhuriyet Caddesi (todavía llamada por su antiguo nombre, Birinci Caddesi), donde están muchos hoteles y la plaza mayor, Cumhuriyet Meydanı, con la estatua de Atatürk. La carretera que va a la derecha desde la rotonda, Yeni Yol, rodea la ladera a un nivel inferior para juntarse con Cumhuriyet Caddesi al norte de la İlçe Otogar.

Historia

Igual que en Diyarbakır, durante milenios, la historia de Mardin ha estado protagonizada por las eternas luchas entre ejércitos enemigos, aunque en los últimos años, el único conflicto importante fue el que se libró entre el PKK (Partido de los trabajadores de Kurdistán) y el Gobierno. En esta colina ha habido un castillo desde tiempos inmemoriales, y al ejército turco aún le resulta útil para reafirmar su autoridad.

Los cristianos asirios se asentaron en Mardin durante el s. v y los árabes la ocuparon en los años 640 y 1104. Después, fue gobernada por una sucesión de señores feudales selyúcidas, kurdos, mongoles y persas hasta que los otomanos, encabezados por Selim el Cruel, la conquistaron en 1517. A principios del s. xx, muchos de estos cristianos asirios fueron expulsados o perecieron durante la contienda, y en las últimas décadas, otros tantos han emigrado. Se estima que todavía quedan unos seiscientos cristianos, con 11 iglesias que se usan rotativamente.

👁 Puntos de interés

Bazar   MERCADO

El laberíntico centro comercial de Mardin discurre paralelo a Cumhuriyet Caddesi una manzana por debajo de esta. Aquí, el principal medio de transporte siguen siendo los asnos, encantadoramente adornados. Se aconseja echar un vistazo a los reparadores de sillas de montar, que parecen capaces de resucitar incluso la silla más ajada.

Hay que intentar encontrar la aislada **Ulu Cami**, una mezquita selyúcida iraquí del s. xii que sufrió graves daños durante la rebelión kurda de 1832. Su interior es bastante sencillo, pero destacan los delicados relieves que decoran su alminar.

Museo de Mardin   MUSEO

(Mardin Müzesi; Cumhuriyet Caddesi; entrada 3 TRY; ☻8.00-17.00 ma-do) Esta mansión de finales del s. xix magníficamente restaurada tiene columnas talladas y elegantes arcadas en la planta superior. La pequeña colección exhibe con gracia diversas piezas, desde un jarrón asirio del s. vii a.C., repleto de detalles, hasta objetos procedentes de Girnavaz, un yacimiento de la Edad del Bronce situado 4 km al norte de Nusaybin.

Luego, se aconseja ir al este por Cumhuriyet Caddesi y estar atento a un fabuloso ejemplo de arquitectura local que hay a la izquierda: la fachada con tres arcos de una antigua casa de Mardin profusamente tallada.

Sultan İsa (Zinciriye) Medresesi
                                     EDIFICIO HISTÓRICO

(Cumhuriyet Caddesi) Lo mejor de este complejo de 1385 es su imponente soportal,

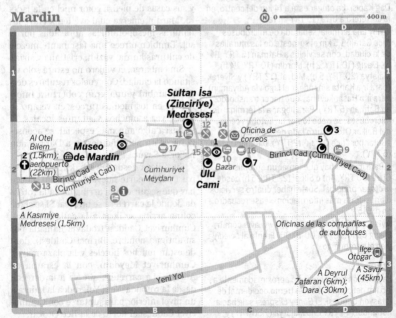

Mardin

N 0 ——————— 400 m

Sultan İsa (Zinciriye) Medresesi

Al Otel Bilem
2 (1,5km);
aeropuerto (22km)

Museo de Mardin

Birinci Cad (Cumhuriyet Cad)

13

Cumhuriyet Meydanı

Ulu Cami

Bazar

Oficina de correos

Birinci Cad (Cumhuriyet Cad)

A Kasımiye Medresesi (1,5km)

Yeni Yol

Oficinas de las compañías de autobuses

İlçe Otogar

A Deyrul Zafaran (6km); Dara (30km)

A Savur (45km)

pero no hay que dejar de dar un paseo por sus bonitos patios, muy bien mantenidos por el cuidador, y de subir a la azotea para disfrutar de las vistas de la ciudad.

Oficina de correos
EDIFICIO HISTÓRICO

(Cumhuriyet Caddesi) La oficina de correos más impresionante de Turquía está en un caravasar del s. XVII con tallas, incluidas algunas alrededor de las ventanas, y lágrimas de piedra en las paredes.

Emir Hamamı
EDIFICIO HISTÓRICO

(Cumhuriyet Caddesi; tratamientos desde 15 TRY; ☺hombres 6.30-12.00 y 18.30-22.00, mujeres 12.00-17.30) Este *hammam* de la época romana es uno de los *hammams* con más ambiente de Turquía. Tras una sauna y un masaje, se puede disfrutar de las excelentes vistas de las llanuras mesopotámicas que hay desde su terraza.

Şehidiye Camii
MEZQUITA

(Cumhuriyet Caddesi) Al otro lado de la calle desde la oficina de correos se alza el elegante y esbelto minarete de esta mezquita del s. XIV. El minarete, exquisitamente tallado, rodeado de columnas y con tres pequeñas cúpulas bulbiformes superpuestas una encima de la otra en lo alto, tiene una serie de pilares en su base.

Detrás del Akbank, la **Latifiye Camii**, del s. XIV, posee un patio sombreado con un *şadırvan* en su centro.

Cerca de allí, en las inmediaciones del Artuklu Kervansarayı, la llamativa **Hatuniye** y la **Melik Mahmut Camii** han sido restauradas.

Iglesia de los Cuarenta Mártires
IGLESIA

(Kırklar Kilisesi; Sağlık Sokak) Al oeste de la ciudad, esta iglesia del s. XV tiene una entrada decorada con mártires. Hay que llamar a la puerta para avisar al cuidador. Cada domingo se celebran misas.

Kasımiye Medresesi
EDIFICIO HISTÓRICO

Construida en 1469, tiene dos cúpulas que se alzan por encima de las tumbas de Kasım Paşa y su hermana, pero lo mejor es el sublime patio rodeado de columnas con arcos y la magnífica entrada tallada. Arriba, se pueden ver las estancias de los estudiantes y subir las escaleras que llevan a la azotea para disfrutar de otra maravillosa panorámica de Mardin. Está 800 m al sur de Yeni Yol.

🛏 Dónde dormir

El alojamiento es caro debido a la popularidad de Mardin como destino de los turistas turcos. Cada vez hay un mayor número de hoteles-*boutique* con bastante ambiente, pero muy a menudo las habitaciones son pequeñas y tienen poca luz natural. Al reservar hay que asegurarse de hacer las preguntas apropiadas. Los fines de semana de verano suele haber mucha gente, por lo que puede que resulte más fácil visitar Mardin en una excursión de un día desde Midyat o Diyarbakır.

Antik Tatlıede Butik Hotel
HOTEL-'BOUTIQUE' €€

(☎213 2720; www.tatlidede.com.tr, en turco; Medrese Mahallesi; i/d 100/150 TRY; ※) Laberíntica mansión de interés histórico con una tranquila ubicación cerca del bazar y muchas habitaciones de diferentes tamaños. La mayor parte son bastante espaciosas, y todas ellas están decoradas con kílims y muebles antiguos. Su enorme vestíbulo da a enormes terrazas con vistas a las llanuras de Mesopotamia.

Artuklu Kervansarayı HOTEL-'BOUTIQUE' €€€
(☏213 7353; www.artuklu.com; Cumhuriyet Caddesi; i/d 150/200 TRY; ❋) Con suelo de tablas y muebles oscuros, paredes de piedra y puertas de madera maciza, este sitio parece un castillo. Al menos rompió el molde al concebir su interior con un diseño "medieval". Tiene una amplia gama de servicios e instalaciones, pero no tiene vistas.

Zinciriye Butik Hotel HOTEL-'BOUTIQUE' €€
(☏212 4866; www.zinciriye.com; Sok 243, Medrese Mahallesi; i/d 90/140 TRY; ❋) Junto a la calle principal, tiene habitaciones pequeñas decoradas de forma pintoresca con paredes de piedra de hace varios siglos. Algunas de las habitaciones de la planta baja no tienen ventanas, por lo que se aconsejan las de la planta superior, donde hay una terraza con fantásticas vistas.

Erdoba Konakları HOTEL-'BOUTIQUE' €€€
(☏212 7677; www.erdoba.com.tr; Cumhuriyet Caddesi; i/d 150/200 TRY; ❋) Es la serenidad en medio del clamor de la avenida principal. Ubicado en pleno casco antiguo, este hotel-*boutique* (el primero de este tipo en Mardin) ocupa cuatro mansiones muy bien restauradas, con mucho encanto de época. Lo negativo: solo cinco habitaciones tienen vistas, aunque unas cuantas terrazas de la parte trasera dan a la llanura mesopotámica.

Mardin Homestays PENSIÓN €
(Nomad Tours Turkey; ☏0533 747 1850; www.nomadtoursturkey.com; por persona 25 TRY, con media pensión 60 TRY) A través de Nomad Tours Turkey se puede reservar alojamiento básico en casas particulares en el casco antiguo. Los huéspedes son recibidos en la *otogar* por sus anfitriones.

Otel Bilem HOTEL €€
(☏213 0315; fax 212 2575; Yenişehir; i/d 60/100 TRY; ❋) Opción segura pero poco atractiva en la parte nueva de Mardin (Yenişehir), 2 km al noroeste de Cumhuriyet Meydanı. Su estructura achaparrada de hormigón tiene instalaciones modernas pero poca personalidad. Desde la İlçe Otogar hay que tomar cualquier *dolmuş* azul hacia "Yenişehir". Hay servicios regulares de *dolmuş* que conectan la parte nueva de la ciudad con el casco antiguo.

Otel Başak HOTEL €
(☏212 6246; Cumhuriyet Caddesi; i/d 25/40 TRY) El único hotel económico de la ciudad combina habitaciones limpias con baños compartidos bastante mediocres. Las habitaciones dan a la calle principal, por lo que pueden ser ruidosas.

🍴 Dónde comer y beber

👍 **Kamer Vakıf** 'MUTFAK' €€
(Cumhuriyet Caddesi; platos principales 10-15 TRY) Dirigido por la Kamer Vakıf ("Fundación Luna"), una organización de apoyo para las mujeres víctimas de violencia doméstica, este genial restaurante sirve algunas de las mejores comidas locales de Mardin. Hasta 10 mujeres diferentes se turnan en la cocina y preparan genuinas y sabrosas versiones de *pilav* kurdo de trigo *bulgur* e *içli köfte*. Uno de los mejores restaurantes del este de Turquía.

Cercis Murat Konağı RESTAURANTE 'GOURMET' €€€
(☏213 6841; Cumhuriyet Caddesi; platos principales 20-25 TRY; ⏱12.00-23.00) En una casa cristiana siria tradicional, tiene dos salas exquisitamente decoradas y una terraza con impresionantes vistas. Sirve una serie de exquisitos platos basados en recetas de antaño con un toque creativo. Entre sus platos más destacados están las *mekbuss* (berenjenas encurtidas con nueces), las *kitel raha* (albóndigas de estilo sirio) y el *dobo* (cordero con ajo, especias y pimienta negra). Para probar un poco de todo, lo mejor es la deliciosa fuente de *meze* (30 TRY). Se aconseja reservar con un par de días de antelación, o pasarse al mediodía para reservar para cenar. Sirve vino y cerveza.

Antik Sur RESTAURANTE €€
(Cumhuriyet Caddesi; platos principales 10-15 TRY) Hay que ignorar la inapropiada estatua de Ronald McDonald que hay en la parte delantera y perderse en los encantadores patios de este caravasar maravillosamente restaurado. A los turistas turcos les encantan los genuinos sabores locales y la posibilidad de probar vino asirio. Muchos fines de semana hay música en directo a partir de las 20.00, y la planta superior está llena de tranquilos salones de té donde la gente juega al *backgammon*.

Vitamin CAFÉ €
(Cumhuriyet Caddesi; zumos desde 2 TRY) Con unas espectaculares paredes naranjas, adornadas con instrumentos musicales, esta caja de cerillas en la avenida principal es el local más estrafalario de Mardin. Se sirven rebosantes vasos de zumos recién exprimidos.

Cruzar al Irak kurdo por la frontera turco-iraquí de Habur, 15 km al sureste de Silopi (se puede llegar en autobús desde Mardin o Diyarbakır vía Cizre), es un ejercicio relativamente sencillo. Una vez en Silopi, el viajero estará en manos de la cada vez más emprendedora mafia de taxis locales. Ellos se ocupan de todas las formalidades hasta el puesto fronterizo iraquí, y pueden pedir cualquier cantidad hasta 70 US$ (o el equivalente en liras turcas o euros) por taxi. Algunos viajeros han conseguido que les cobren unos 50 US$ por taxi, así que el viajero debe mostrar todas sus habilidades negociadoras.

En la frontera iraquí al viajero le pueden preguntar en qué hotel se alojará: simplemente hay que nombrar cualquier hotel de Zakho o Dohuk. Las colas y el tiempo de espera para cruzar de Turquía a Irak son relativamente cortos (unos 90 minutos), pero pueden ser mucho más largos para entrar en Turquía desde Irak. Esto se debe a que los automóviles son inspeccionados a fondo en busca de artículos de contrabando.

Una vez que el viajero haya pasado el control de inmigración iraquí, su taxista turco le llevará hasta el centro de transporte fronterizo de Zakho, donde hay unos cuantos hoteles baratos; si no, el viajero puede continuar su viaje hasta Dohuk o Erbil.

Para más información sobre cómo desplazarse por el Irak kurdo, véase la guía *Middle East* de Lonely Planet o consúltese la sección "Travel to Kurdistan" (Viajar a Kurdistán) en www.krg.org, el sitio web del Gobierno regional de Kurdistán.

Çay Bahçesi JARDÍN DE TÉ €
(Cumhuriyet Caddesi) El lugar perfecto para garabatear unas postales: "Las vistas sobre la vieja Mardin y Mesopotamia son fenomenales...".

Kepapçı Pide 'PIDECI' €
(Cumhuriyet Caddesi 219; platos principales 6-8 TRY) Sitio perfecto para los viajeros con poco presupuesto, con alegres y baratos platos cocinados en horno de leña.

İpek Yemek Salonu 'LOKANTA' €
(Cumhuriyet Caddesi 217; platos principales 4-7 TRY) Sabrosos platos preparados y sopas que llenan mucho.

Información

En Cumhuriyet Caddesi, la calle de sentido único del casco antiguo de Mardin, hay una oficina de correos, cajeros automáticos y cibercafés.

Oficina de turismo (☎212 3776; iktm47@kultur turizm.gov.tr; Valilik Binası 2º piso; ☺8.30-17.30) Frente al Antik Tatlıede Butik Hotel y por debajo del bazar. Hablan un poco de inglés y tienen buenos planos y folletos, incluida una completa guía sobre el patrimonio arquitectónico de Mardin.

❶ Cómo llegar y salir

Avión

El aeropuerto está unos 20 km al sur de Mardin. No hay servicios directos, pero cualquier microbús que vaya a Kızıltepe puede parar en la entrada (2 TRY).

Turkish Airlines (www.thy.com) Hasta dos vuelos diarios a/desde Estambul (desde 79 TRY) y uno diario a/desde Ankara (desde 59 TRY).

Autobús

Casi todos los autobuses parten de la İlçe Otogar, al este del centro. Los de larga distancia paran frente a las oficinas que las empresas poseen en la ciudad antigua y en la nueva Mardin. A partir de las 16.00 los servicios disminuyen y por ello se recomienda madrugar.

Más o menos cada hora hay microbuses a Diyarbakır (8 TRY, 1¼ h), Midyat (6 TRY, 1¼ h) y a la frontera siria en Nusaybin (6 TRY, 1 h). También hay hasta 10 microbuses a Savur (8 TRY, 1 h). Otros servicios regulares útiles para los viajeros son los que van a Şanlıurfa (20 TRY, 3 h), Cizre (15 TRY, 2½ h) y Silopi (20 TRY, 3 h), ideales para ir al norte de Irak.

Alrededores de Mardin

DEYRUL ZAFARAN

El magnífico **Deyrul Zafaran** (monasterio de Mar Hanania; adultos/reducida 3/2 TRY; ☺8.30-12.00 y 13.00-17.00) está en unas rocosas colinas unos 6 km al este de Mardin por una buena pero estrecha carretera. Este edificio fue la sede del Patriarcado Ortodoxo sirio, ahora en Damasco.

En el año 495 se construyó el primer monasterio en un emplazamiento anteriormente dedicado al culto al sol. Destruido por los persas en el 607, fue reconstruido, pero Tamerlán lo saqueó seis siglos más tarde.

Poco después de entrar al recinto amurallado por un portal con una inscripción en siriaco (un dialecto del arameo), el viajero verá el **santuario** original, una inquietante cámara subterránea con un techo de enormes piedras perfectamente encajadas que se sostienen sin ayuda de argamasa. Esta sala fue supuestamente utilizada por adoradores del sol que veían a su dios elevarse a través de una ventana del extremo oriental; se dice que el nicho de la pared sur servía para sacrificios.

A continuación, un guía conducirá al viajero a través de un par de puertas de hace 300 años hasta las **tumbas** de los patriarcas y los metropolitanos que sirvieron a la comunidad.

En la capilla, el **trono del patriarca,** situado a la izquierda del altar, tiene grabados los nombres de todos los patriarcas que han servido al monasterio desde que se refundó en el 792. A la derecha del altar se halla el **trono del metropolitano,** cuyo **altar de piedra** sustituye a otro de madera que se quemó hace alrededor de medio siglo. Sus paredes están adornadas con magníficos cuadros y tapices, y continúa utilizándose para la celebración de misas en arameo.

En las salas siguientes, se verán algunas **literas,** que servían para transportar a los dignatarios eclesiásticos, y una **fuente bautismal.** En una pequeña estancia lateral hay un **trono de madera** de 300 años y un **mosaico** en el suelo de 1500 años.

Unas escaleras conducen a unas humildes habitaciones para huéspedes (viajeros y peregrinos); el pequeño y simple dormitorio y el salón del patriarca también se encuentran arriba.

No hay transporte público hasta aquí, por lo que hay que tomar un taxi o caminar unos 90 minutos desde Mardin. Afortunadamente, frente a las oficinas de las empresas de autobuses de Mardin suele haber conductores que piden unos 30 TRY por llevar al viajero hasta allí y luego traerlo de vuelta.

Se aconseja visitarlo entre semana, ya que, si no, el silencio monástico puede verse perturbado por una gran cantidad de autobuses de turistas turcos.

DARA

Unos 30 km al sureste de Mardin está Dara, una antigua ciudad romana del s. VI olvidada en el tiempo. Aquí es donde se construyó la primera presa y los primeros canales de irrigación de Mesopotamia. Las excavaciones que hay en marcha prometen revelar una de las joyas olvidadas del sureste de Anatolia. La atracción estrella son las torres de las cisternas y acueductos subterráneos de Dara, a las que se llega bajando por unas antiguas escaleras. La luz natural que penetra en ellas crea un ambiente parecido al de una catedral.

Salvo un par de casas de té, en Dara no hay servicios. Desde Mardin hay tres conexiones diarias (4 TRY).

SAVUR

A solo una hora en microbús (60 km) desde Mardin, esta localidad supone una escapatoria, pues parece un espejismo. Es una Mardin en miniatura, sin las aglomeraciones. El ambiente es muy relajado y el emplazamiento, maravilloso, con viejas casas de color miel acurrucadas bajo una importante ciudadela, mucha vegetación y un efusivo río que fluye por el valle.

Si se dispone de vehículo propio, se puede visitar **Dereiçi,** también conocido como **Kıllıt,** 7 km al este de Savur. Este pueblo ortodoxo sirio cuenta con dos iglesias restauradas.

🛏 Dónde dormir y comer
👍 Hacı Abdullah Bey Konaği

PENSIÓN €

(☎ 0535 275 2569; savurkonagi@hotmail.com; h por persona con media pensión 80 TRY) Al cruzar el umbral de esta *konak* encaramada en lo alto de la montaña, uno se dará cuenta de que se halla en un lugar especial. Las siete habitaciones están muy bien acondicionadas con kílims, mobiliario muy cómodo, camas de bronce, antigüedades y viejas telas. Los baños son compartidos pero se compensa con todos los elementos positivos, incluida la cálida bienvenida de la familia Öztürk. Apenas hablan inglés, pero consiguen crear un ambiente acogedor y sirven comidas tradicionales con sencillos ingredientes frescos. La terraza de la azotea mantendrá fascinado al viajero durante horas.

Uğur Alabalık Tesisleri & Perili Bahçe

RESTAURANTE €

(☎ 0482-571 2832; Gazi Mahallesi; platos principales 6-10 TRY; ⏱ 8.00-21.00) Para una relajada comida al aire libre hay que dirigirse a este jardín a la sombra junto al río. Se puede saborear trucha fresca, ensaladas hechas con hortalizas locales de cultivo ecológico e *içli köfte*, y regarlo todo con una copa de *kıllıt* (vino local) o *rakı*. El dueño, un profesor retirado, y sus perros ofrecen un caluroso recibimiento.

❶ Cómo llegar y salir

En verano hay hasta 10 microbuses diarios de Mardin a Savur (8 TRY, 1 h). En invierno hay menos servicios.

Midyat

📞 0482 / 61600 HAB.

Situada 65 km al este de Mardin, Midyat crece a ritmos acelerados. Posee un barrio nuevo y monótono llamado Estel que está conectado al singular casco antiguo mediante los 3 km llenos de baches de Hükümet Caddesi. No resulta tan pintoresca como Mardin, sobre todo porque carece de un emplazamiento en la ladera.

El centro del casco antiguo está formado por una simple rotonda. Muy cerca, hay varias **casas de color miel** escondidas tras una hilera de joyerías. Los callejones están bordeados por viviendas, cuyas modestas puertas dan a enormes patios rodeados por paredes, ventanas y recovecos con complicadas tallas.

Al igual que en Mardin, la población cristiana de Midyat sufrió mucho a principios del s. xx y en las últimas décadas, de forma que gran parte de la comunidad ha emigrado. En la ciudad hay nueve **iglesias** ortodoxas sirias, pero no en todas se celebran misas. Aunque se pueden ver sus campanarios, resulta difícil encontrarlas en el laberinto de calles de Midyat, por lo que lo mejor es aceptar la ayuda de uno de los guías locales.

🛏️ Dónde dormir y comer

Kasr-ı Nehroz　　HOTEL-'BOUTIQUE' €€€

(📞464 2525; www.hotelnehroz.com; Işıklar Mahallesi Caddesi, Sokak 219; h desde 120 €; ❄ @) En la parte antigua de la ciudad, esta mansión restaurada con patio es uno de los alojamientos más encantadores del este de Turquía. Sus lujosos baños se combinan con inmaculadas paredes de piedra y coloridos kílims, mientras que su espacioso patio interior tiene escaleras y torrecillas desde las que hay vistas de las azoteas de Midyat. Las habitaciones estándar son un poco compactas, pero es en sus exquisitas zonas comunes, incluida una biblioteca y una sala de lectura, donde el viajero se sentirá como en casa.

Su restaurante (platos principales 12-20 TRY), con licencia para vender alcohol, está dispuesto en curva alrededor de un elegante patio con piscina. El viajero debe estar preparado para demorarse más de lo normal en el fantástico bufé de desayuno del hotel, repleto de especialidades locales. El restaurante también está abierto a los no huéspedes.

Hotel Demirdağ　　　　HOTEL €

(📞462 2000; www.hoteldemirdag.com, en turco; Mardin Caddesi; i/d 40/60 TRY; ❄ @) En la parte nueva de Midyat, tiene habitaciones bien equipadas y con mucho colorido, aunque hay que evitar las nº 107 y 109, ya que no tienen ventanas. Su ubicación es muy práctica: la *otogar* está una manzana detrás.

JOYAS OCULTAS ALREDEDOR DE LA MESETA DE TÜR ABDIN

Si se tiene vehículo propio o se está dispuesto a contratar un taxi para un día en Midyat (ya que no hay transporte público), la meseta de Tür Abdin, hogar tradicional de la iglesia ortodoxa siria, al este de Midyat en dirección a Dargeçit, es un destino perfecto para los amantes de la cultura y los viajeros independientes. Esparcidos alrededor de la meseta hay históricos monasterios e iglesias rurales, algunos de ellos recién restaurados. Entre los sitios que no hay que perderse se incluyen **Mor Yakup,** cerca de Barıştepe; **Mor Izozoal,** en lo alto de una loma en Altıntaş; **Mor Kyriakos** en Bağlarbaşı; **Mor Dimet** en İzbarak; **Meryemana** en Anıtlı, y **Mor Eliyo** en Alagöz, a unos 3 km de Anıtli.

Las carreteras están asfaltadas, las aldeas están señalizadas, y los aldeanos estarán encantados de darle indicaciones al viajero. Desde Midyat, hay que tomar la carretera a Hasankeyf. Tras unos 7 km se llega a la salida del Mor Yakup, a mano derecha. "İlyi yolculukluar!" (¡Buen viaje!)

Saray Lokantası 'LOKANTA' €

(Mardin Caddesi; platos principales 7-9 TRY) En la misma calle que el Hotel Demirdağ, ofrece kebabs y *pide* con una buena relación calidad-precio.

❶ Cómo llegar y salir

Varios microbuses realizan el trayecto desde el Saray Lokantası hasta el viejo Midyat, lo que evita el desagradable paseo. Midyat tiene dos *otogars*, una en el nuevo Midyat (una manzana por detrás del Hotel Demirdağ) y otra en el viejo Midyat, 200 m al sur de la rotonda, por la carretera que lleva a Cizre. Hay servicios frecuentes a Hasankeyf (5 TRY, 45 min), Batman (7 TRY, 1½ h, 82 km) y Mardin (6 TRY, 1¼ h) desde la *otogar* de la parte nueva de Midyat. Los microbuses a Cizre (9 TRY, 1½ h) y Silopi (10 TRY, 2 h), para ir a Irak, salen desde el *otogar* del casco viejo.

Los *dolmuş* procedentes de Mardin cruzan la ciudad nueva y realizan una parada en la rotonda del casco antiguo. Midyat puede servir como base de operaciones para hacer excursiones de un día a Mardin y Hasankeyf.

Alrededores de Midyat

MORGABRIEL

El monasterio de Morgabriel, Deyrul Umur (☻9.00-11.30 y 13.00-16.30), se alza 18 km al este de Midyat como un espejismo en mitad de un paisaje semidesértico; data del 397 y está muy restaurado. San Gabriel está enterrado en él y se dice que la arena en torno a su tumba cura enfermedades. Presenta varios frescos, la inmensa y antigua cúpula erigida por Teodora (esposa del emperador bizantino Justiniano) y un campanario más reciente.

En Morgabriel vive el arzobispo de Tür Abdin (montaña de los Siervos de Dios), el altiplano circundante. Los feligreses han ido disminuyendo con los años y hoy día el arzobispo se hace cargo de unas setenta personas, la mayoría estudiantes. Muchos estudiantes han regresado después de vivir en Europa y América del Norte, por lo que el viajero puede tener suerte a la hora de conseguir un guía que hable inglés.

A pesar de que el monasterio existe desde hace más de mil quinientos años, sus tierras estaban siendo reclamadas de forma legal por hasta seis aldeas vecinas. Para más información, véase el sitio web de la Alianza Siriaca Universal (www.sua-ngo.org).

Se puede pedir información sobre la posibilidad de visitar otras iglesias de la región, como la **Meryem Ana Kilisesi,** en Anıttepe.

Para llegar desde Midyat, hay que tomar un microbús a Cizre (6 TRY) hasta la salida señalizada de la carretera y seguir a pie 2,5 km colina arriba hasta la entrada. Hay que salir pronto, ya que los microbuses cada vez pasan con menos frecuencia según avanza el día. Un taxi, ida y vuelta con un tiempo de espera allí, cuesta unos 50 TRY.

HASANKEYF
0488 / 5500 HAB.

Esta maravillosa aldea de tonos melados, enclavada en los peñascos de un barranco sobre el río Tigris, rompe el corazón. Es una especie de Capadocia en miniatura, amenazada con desaparecer bajo las aguas. Nadie sabe exactamente cuándo pasará porque las autoridades turcas mantienen silencio sobre la cuestión. Mientras tanto, no hay que perderse Hasankeyf, que se ha convertido en un popular destino turístico, sobre todo los fines de semana, entre los visitantes turcos.

⦿ Puntos de interés

En la carretera principal que lleva a Batman, a mano derecha se verá la cónica **Zeynel Bey Türbesi,** aislada en un campo cercano al río. Esta tumba de azulejos de color turquesa fue construida a mediados del s. XV para Zeynel, hijo de un gobernador Akkoyunlu, y constituye uno de los pocos ejemplos que se conservan de ese período. Unas recientes obras de restauración han logrado que recupere gran parte de su encanto de antaño.

Ahora hay un puente moderno que cruza el Tigris, pero a su derecha se hallan los arcos y pilares rotos del **Eski Köprüsü** (puente Viejo). Su tamaño pone de relieve la importancia de Hasankeyf en el período inmediatamente anterior a la llegada de los otomanos.

Al otro lado del río, una señal a mano derecha apunta hacia la *kale* y las *mağaras* (cuevas). La **El-Rizk Cami** (1409) tiene un bonito y esbelto minarete similar a los que hay en Mardin, y está coronada por un nido de cigüeñas. Una vez pasada la mezquita, la carretera se bifurca. Si se sigue hacia la derecha, se va descendiendo hasta el río junto a una gran pared de roca que se eleva por el lado izquierdo. La bifurcación de la izquierda atraviesa un rocoso desfiladero cuyas paredes están llenas de cuevas. Hay que subir los resbaladizos escalones de piedra que ascienden a la derecha hasta la **'kale'** (entrada 2 TRY). Este punto estratégico lleva ocupado desde la época bizantina, pero gran parte de lo que se ve hoy fue construido en el s. XIV bajo el reinado ayubí. Más allá de la puerta aparecen unas cuevas que, según los jóvenes guías, eran tiendas y casas. En lo alto de la roca están las ruinas del **Küçük Saray** (Pequeño Palacio), del s. XIV, con vasijas empotradas en el techo y las paredes para lograr un aislamiento acústico.

Cerca de allí hay una pequeña **mezquita**, que antaño fue una iglesia bizantina, y el **Büyük Saray** (Gran Palacio), con una espeluznante mazmorra debajo. Al lado hay una antigua atalaya al borde del acantilado. La **Ulu Cami** del s. XIV fue construida sobre una iglesia.

🛏 Dónde dormir y comer

En Hasankeyf solo hay un alojamiento y es bastante mediocre, por lo que vale la pena visitar el pueblo desde Midyat o Diyarbakır (vía Batman) en una excursión de un día.

Otra opción es dormir en uno de los *çardaks* (refugios con frondosos tejados) que se han instalado a lo largo de la orilla del río. Se espera que los que pernoctan allí coman en uno de los restaurantes contiguos (10 TRY aprox.) para poder acostarse entre cojines y kílims al llegar la noche. Las mujeres viajeras deberían ser más cautelosas y reservar una habitación en el motel.

Hasankeyf Motel HOTEL €
(☑381 2005; Dicle Sokak; i/d 20/40 TRY) Modesto 'motel' con una buena ubicación junto al Tigris, habitaciones sin florituras, alfombras muy ajadas y pésimos baños compartidos (retretes a la turca). Se recomiendan las de la parte de atrás, con un balcón que da al río. Se puede pedir agua caliente y toallas.

Yolgeçen Hanı RESTAURANTE €€
(Dicle Kıyısı; platos principales 7-11 TRY) Este laberinto de tres plantas con comedores excavados en la roca junto al río proporciona un refrescante refugio para escapar del calor. El viajero puede sentarse en abultados cojines y tomarse un kebab o un pescado a la parrilla.

Naman's Place CAFÉ €
(Dicle Kıyısı; platos principales 5-8 TRY) Con una excelente ubicación junto al río y sencillas parrilladas, panes planos y ensaladas, es ideal para pasar una tarde relajada junto al Tigris. Hay que preguntar si el amable Idris está por allí, ya que puede proporcionar información actualizada sobre la situación local en un perfecto inglés. Está frente a la rocosa entrada al restaurante Yolgeçen Hanı, y tiene uno de los *çardaks* en los que se puede pasar la noche.

ℹ Cómo llegar y desplazarse

Hay microbuses frecuentes entre Batman y Midyat que paran en Hasankeyf (3 TRY, 40 min, 37 km). Otra opción es visitar Hasankeyf desde Diyarbakır haciendo transbordo en Batman.

Bitlis

☎0434 / 44 000 HAB.

La infravalorada Bitlis tiene una de las mayores concentraciones de edificios históricos restaurados del este de Anatolia, en gran parte gracias a proyectos subvencionados por la UE. Una amplia gama de monumentos dan testimonio de los ricos orígenes de la ciudad. En fuerte contraste con la vecina Tatvan, que tiene un ordenado trazado, Bitlis está caóticamente apretujada en el estrecho valle de un arroyo.

Un **castillo** domina la ciudad, y dos antiguos puentes cruzan el arroyo. Se aconseja ir directamente a la **Ulu Cami** (1126) y luego a la **Şerefiye Camii**, que data del s. XVI. Otras visitas obligadas son la espléndida **İhlasiye Medrese** (escuela coránica), el edificio más significativo de Bitlis, y la **Gökmeydan Camii.**

El **İl Kültür Merkez** (Cumhuriyet Caddesi; ⊙8.00-17.00 lu-vi) tiene buenos mapas de la ciudad y folletos de la zona. Está dentro de la İhlasiye Medrese.

Unos 2 km antes de Bitlis en la carretera desde Tatvan está el recién restaurado **El-Aman Kervansaray.** Construido por Hüsrev Paşa en el s. XVI, ahora alberga tiendas, un *hammam* y una mezquita.

El **Dideban Hotel** (☑226 2821; didebanotel@hotmail.com; Nur Caddesi; i/d 45/70 TRY) tiene habitaciones muy bien cuidadas y una práctica ubicación a unos 100 m de la parada de microbuses a Tatvan, y cerca de restaurantes locales y de la mayor parte de los monumentos. Algunas habitaciones dobles son bastante pequeñas. Microbuses regulares circulan entre Tatvan y Bitlis (4 TRY, 30 min).

Por último, no hay que marcharse sin haber probado la excelente *bal* (miel) local.

Tatvan

0434 / 54000 HAB.

Tatvan tiene una ubicación ideal para visitar el espectacular Nemrut Dağı (no hay que confundirlo con el más destacado Nemrut Dağı al sur de Malatya), Ahlat y Bitlis. Con varios kilómetros de largo y unas manzanas de ancho, no despierta mucho interés, pero posee una magnífica ubicación a orillas del lago y, de fondo, unas montañas peladas y salpicadas de nieve. Es el puerto occidental para los barcos a vapor del lago Van.

🛏️ Dónde dormir y comer

Tatvan Kardelen   HOTEL €€

(☑825 9500; Belediye Yanı; i/d 60/90 TRY) Este alto bloque muy popular entre los grupos turísticos tiene una tranquila ubicación junto al *belediye*. Presenta habitaciones espaciosas y bien equipadas, pero el mobiliario está pasado de moda y los pasillos con luces de neón son tan agradables como los de un hospital.

Hotel Dilek   HOTEL €

(☑827 1516; Yeni Çarşı; i/d 40/70 TRY) Recibe buenas críticas por sus coloridas habitaciones con baños de azulejos. Las habitaciones individuales son pequeñas, por lo que se aconseja pedir la nº 201, 202, 301 o 302, que son más espaciosas y tienen más luz natural. Está en una calle paralela a la vía principal.

Eyvan Pide Lahmacun ve Melemen Salonu   'PIDECI' €

(1 Sokak; platos principales 4-7 TRY) Este compacto local es el mejor lugar para un *pide* de masa fina o un *lahmacun*. Tras probar un sabroso *kaşarli pide* (*pide* de queso), impecablemente cocinado en el *fırın* (horno de leña) de la planta baja, uno se da cuenta de que es uno de los mejores locales de *pide* del este de Turquía. Su *ayran* casero también es excelente.

Kaşı Beyaz İzgara Salonu   'OCAKBAŞI' €

(PTT Yanı; platos principales 6-10 TRY) Los habitantes locales acuden en masa por sus sabrosos kebabs, cocinados a la perfección en una gran *ocak* (parrilla) en la planta baja. Hay que elegir lo que se quiera de la vitrina y luego apresurarse para hacerse con una mesa en la planta de arriba. También hay excelentes *pides*. Está en la calle del Hotel Dilek.

Gökte Ada   RESTAURANTE €

(Cumhuriyet Caddesi; platos principales 6-11 TRY) Este elegante local encima del nuevo complejo de tiendas y cines de Tatvan combina sabrosos tipos de *pide* y kebab con panorámicas vistas del lago Van. Está en el extremo occidental del centro urbano.

ℹ️ Cómo llegar y desplazarse

Quienes vayan a Van, pueden tomar el *ferry* que cruza el lago dos veces al día (8 TRY

HASANKEYF EN PELIGRO

Hasankeyf es una auténtica joya, pero sobre ella pende la amenaza de un enorme proyecto de ingeniería. A pesar de su belleza e historia, esta población está destinada a desaparecer bajo las aguas de la presa de Ilisu, una parte del proyecto GAP cuya construcción está prevista para el 2012. La construcción de la presa de Ilisu tiene previsto hacer desaparecer bajo las aguas una zona que se extiende de Batman a Midyat, de forma que este histórico enclave y otros muchos hallazgos arqueológicos quedarán anegados y se provocará el desplazamiento de más de treinta y siete pueblos. En el 2008 los socios inversores alemanes, suizos y austriacos retiraron su apoyo al proyecto, aduciendo una gran preocupación por su impacto cultural y medioambiental, y en el 2010 se hizo una propuesta para conservar Hasankeyf construyendo cinco presas más pequeñas en lugar de una más grande.

La oposición al proyecto, apoyada por el trabajo de la Fundación Doğa (Naturaleza) (www.dogadernegi.org), sigue creciendo. El viajero puede pararse en su caseta de Hasankeyf para firmar su petición de salvar Hasankeyf, o mostrar su apoyo en línea en la página web http://hasankeyf.dogadernegi.org/English.aspx.

De momento se estaban buscando inversores chinos para suplir la deserción de inversores europeos en el 2008, y el gobierno provincial local se había ofrecido a construir réplicas a tamaño real de las estructuras y edificios históricos que está previsto que queden sumergidos por las aguas de la presa.

Gracias, pero no...

por persona, 4 h aprox.). No tiene un horario fijo. Los autobuses a Van rodean la ribera sur del lago (10 TRY, 2½ a 3 h, 156 km).

Los microbuses a Ahlat (3 TRY, 30 min) salen más o menos cada hora desde PTT Caddesi, al lado del Türk Telekom y la PTT. La parada de los microbuses que van a Bitlis (3 TRY, 30 min) está un poco más arriba de la calle. No abundan los microbuses directos a Adilcevaz; se deberá cambiar en Ahlat.

Alrededores de Tatvan

NEMRUT DAĞI (MONTE NEMRUT)

El Nemrut Dağı (3050 m), al norte de Tatvan, es un volcán inactivo con varios lagos de cráter que no hay que confundir con el más famoso Nemrut Dağı, cerca de Malatya, coronado por enormes cabezas.

Un viaje a lo alto de este Nemrut Dağı también es una experiencia inolvidable. Desde el borde del cráter, a 13 km de la carretera principal, hay sensacionales vistas del lago Van y de Tatvan, y de cráteres cercanos llenos de agua. Para llegar a la cima solo hay que ascender por el borde del cráter durante 30-45 minutos (el último tramo es un poco complicado). Entre semana, el viajero no tendrá más compañía que los pastores con sus rebaños y sus perros, las abubillas, los trepadores, las alondras y otras aves. Se puede seguir el camino de tierra que baja hasta el lago desde el borde del cráter y buscar allí una zona para hacer un *picnic*.

La montaña solo se puede visitar desde mediados de mayo hasta finales de octubre, ya que el resto del año la cima está nevada.

ⓘ Cómo llegar y desplazarse

No resulta fácil llegar al Nemrut, ya que no existen transportes regulares desde Tatvan. En temporada alta, se puede intentar hacer autostop. Un taxi, ida y vuelta, desde Tatvan cuesta unos 120 TRY.

Si se dispone de vehículo propio, hay que salir de Tatvan por la carretera que rodea el lago y girar a la izquierda en dirección a Bitlis; unos 300 m más adelante, se tuerce a la derecha siguiendo la señal "Nemrut 13 km". El firme está en mal estado, pero se puede recorrer en un coche corriente, excepto si llueve. Al llegar a la boca del cráter, una carretera de tierra serpentea hasta el cráter propiamente dicho y conecta con otras pistas que lo bordean.

Alrededores del lago Van (Van Gölü)

♫ 0432

Tras los rigores del centro de Anatolia, esta enorme extensión de agua rodeada de montañas nevadas en apariencia suena muy prometedora si lo que se busca son playas y deportes acuáticos. El lago Van tiene un gran potencial, pero no se ha urbanizado y carece de infraestructuras. Sin embargo, esto significa que es una zona muy pintoresca y prácticamente virgen.

En cualquier mapa del sureste de Turquía, se puede distinguir perfectamente el lago Van. Con una superficie de 3750 km², se formó cuando la colada de lava del Nemrut Dağı bloqueó la salida de agua.

ORILLA SUR

Si se viaja hacia el sur alrededor del lago entre Van y Tatvan, el paisaje es muy bonito, pero hay pocos motivos para pararse excepto uno: la fabulosa iglesia de la Santa Cruz, del s. x, en la isla de Akdamar, 5 km al oeste de Gevaş.

GEVAŞ

Al igual que Ahlat en la orilla norte, Gevaş cuenta con un cementerio repleto de lápidas de los ss. xiv-xvii. Cabe destacar la poligonal **Halime Hatun Türbesi**, construida en 1358 para una mujer de la dinastía Karakoyunlu.

AKDAMAR

Una de las maravillas de la arquitectura armenia es la cuidadosamente restaurada **Akdamar Kilisesi** (iglesia de la Santa Cruz; entrada 3 TRY). Está encaramada en lo alto de una isla situada a 3 km de la orilla del lago, desde donde los *ferries* turísticos van y vienen.

En el 921, Gagik Artzruni, rey de Vaspuracán, construyó un palacio, un monasterio y una iglesia. Poco queda de los dos primeros, pero los muros de la iglesia están en magníficas condiciones y sus fabulosos bajorrelieves se cuentan entre las obras maestras del arte armenio. Si el viajero está familiarizado con las historias bíblicas, reconocerá inmediatamente a Adán y Eva, Jonás y la ballena (con una cabeza de perro), David y Goliat, Abrahán a punto de sacrificar a Isaac, Daniel en la guarida del león, Sansón y otros. Además, en el interior hay algunos frescos.

ALTINSAÇ KILISESI

Otra iglesia armenia bien conservada es la Altınsaç Kilisesi, en lo alto de un montículo con vistas al lago. Si el viajero tiene vehículo propio debe asegurarse de hacerle un hueco en su itinerario.

Desde Akdamar, se recorren 12 km hacia Tatvan hasta llegar a un cruce, en el que se debe girar a la derecha en dirección a Altınsaç. Después de 3 km, el asfalto pasa a ser gravilla y bordea el lago otros 14 km hasta alcanzar la aldea de Altınsaç. En los días despejados, este es un trayecto con un paisaje muy pintoresco. Desde la aldea, quedan 2 km más hasta la iglesia, que ya se vislumbra a lo lejos.

🛏 Dónde dormir y comer

Akdamar Camping ve Restaurant

'CAMPING'

(☎216 1505; lugares de acampada gratis; ☺abr-sep) Este básico *camping* (una superficie cubierta de hierba sin duchas) está frente al lugar desde el que salen los *ferries* a la isla de Akdamar. El restaurante (platos principales 10-15 TRY) tiene una terraza con vistas al lago, y aunque el pescado es fresco, su precio incluye un plus por la ubicación junto al lago. Otra de las especialidades es el *kürt tavası* (carne, tomate y pimientos cocinados en una cazuela de barro). Tiene licencia para vender alcohol, por lo que se puede pedir una cerveza mientras se espera a que el barco a Akdamar se llene. Acampar es gratis; pero si se hace, se espera que se coma en el restaurante.

❶ Cómo llegar y salir

En temporada alta hay microbuses que recorren los 44 km de Van al puerto de Akdamar por 5 TRY. El resto del año hay un microbús cada hora a Gevaş (5 TRY). La mayoría de los conductores pueden arreglarlo todo para que el viajero haga el transbordo a otro microbús desde Gevaş hasta el puerto de Akdamar. Si no, el viajero puede tomar un microbús a Tatvan y pedirle al conductor que le deje en el puerto de Akdamar. Hay que asegurarse de estar en la carretera para parar un autobús de vuelta a Van sobre las 16.00, ya que después de esa hora los servicios disminuyen y los autobuses pueden ir llenos.

Los barcos a la isla de Akdamar (5 TRY) solo salen cuando hay suficiente gente (mínimo 15 personas). En verano los barcos se llenan rápido, por lo que el tiempo de espera suele ser mínimo.

ORILLA NORTE

El viaje por la orilla norte del lago Van desde Tatvan hasta Van es aún más bonito que el trayecto por la orilla sur.

Las principales compañías de autobuses toman la ruta más corta por la orilla sur, desde Tatvan a Van. Para bordear la orilla norte hay que tomar un microbús de Tatvan a Ahlat y luego hacer transbordo a otro microbús hasta Adilcevaz, donde se puede pernoctar. A la mañana siguiente se puede tomar otro autobús a Van.

AHLAT

Unos 42 km más allá de Tatvan por la orilla del lago está el pequeño pueblo de Ahlat, famoso por su espléndido cementerio y sus tumbas turcas selyúcidas. Se aconseja no pasar de largo.

Fundada durante el reinado del califa Omar [581-644], Ahlat se convirtió en una fortaleza selyúcida en la década de 1060. Cuando el sultán Alp Arslan partió a luchar contra el emperador bizantino Romano IV Diógenes en la batalla de Manzikert, estableció Ahlat como base.

Más tarde, el pueblo vivió una historia increíblemente agitada, incluso para Anatolia; un emir derrotaba a un príncipe y un rey echaba al emir.

Al oeste de Ahlat hay una tumba poligonal del s. XIII cubierta de vegetación, la **Usta Şağirt Kümbeti** (Ulu Kümbeti), a 300 m de la carretera. Se trata de la tumba selyúcida más grande de la región.

Si se sigue por la carretera, a la izquierda hay un museo y detrás de él hay un enorme **Selçuk Mezarlığı** (cementerio selyúcida), con lápidas tipo estelas de toba volcánica gris o roja cubiertas de líquenes con intrincados diseños en forma de telaraña y franjas de caracteres cúficos.

A lo largo de los siglos, los terremotos, el viento y el agua han movido las lápidas en todas direcciones; la visión impresiona, con el espectacular Nemrut Dağı de fondo. Casi todas las tumbas están vigiladas por un cuervo y entre las ruinas también se pasean tortugas.

En el extremo nororiental del cementerio se halla la peculiar **Bayındır Kümbeti ve Camii** (tumba y mezquita de Bayındır; 1477), con su propio mihrab y un porche repleto de columnas.

El pequeño **museo** (☺8.00-12.00 y 13.00-17.00 lu-sa) tiene una colección aceptable que incluye agujas y cinturones urarteos de bronce así como algunos collares bizantinos con cuentas de cristal.

En Ahlat hay otros puntos de interés, como las **Çifte Kümbet** (tumbas gemelas), a unos 2 km del museo hacia el centro del pueblo, y la **Ahlat Sahil Kalesi** (fortaleza lacustre de Ahlat), al sur de las Çifte Kümbet, que fue construida durante el reinado de Solimán el Magnífico.

Desde Tatvan hay microbuses a Ahlat (4 TRY, 30 min) desde al lado de Türk Telekom y de la oficina de correos, teléfonos y telégrafos. Se aconseja apearse en el museo, en las afueras occidentales de Ahlat, ya que si no el viajero tendrá que volver andando desde el centro para verlo. Desde Ahlat, circulan microbuses regulares a Adilcevaz (3 TRY, 20 min).

ADILCEVAZ

Unos 25 km al este de Ahlat, se halla Adilcevaz, una antigua población urartea que hoy día está dominada por una gran fortaleza selyúcida (1571).

El agua procedente del deshielo del Süphan Dağı baja hasta Adilcevaz, convirtiendo sus alrededores en un territorio verde y fértil. En el extremo oeste del pueblo está la **Ulu Camii,** construida en el s. XIII y aún en uso.

Desde el centro de la población se puede tomar un taxi a la **Kef Kalesi,** otra ciudadela urartea en lo alto del valle (25 TRY aprox. ida y vuelta).

El mejor alojamiento es el recién inaugurado **Cevizlibağ Otel** (☏0434-311 3152; www.cevizlibagotel.com; Recep Tayyip Erdoğan Bulvarı 31/1; i/d 35/70 TRY; 🌐), con una práctica ubicación a medio camino entre la *otogar* y el centro del pueblo. Sus espaciosas habitaciones tienen reluciente mármol, suelos de madera y unos baños impecables. En la planta baja hay un buen restaurante.

Desde Adilcevaz, hay cinco autobuses directos a Van (15 TRY, 2½ h), pero el último sale sobre las 14.00; hay que asegurarse de madrugar.

SÜPHAN DAĞI (MONTE SÜPHAN)

La mole tipo Kilimanjaro que enmarca el horizonte es el **Süphan Dağı** (4053 m), la segunda montaña más alta de Turquía después del monte Ararat (Ağrı Dağı). Este pico ofrece excelentes opciones de excursionismo y una buena forma de prepararse para la más complicada ascensión del monte Ararat. Hay que contactar con alguna de las agencias de viajes de Doğubayazıt.

Van

🖉 0432 / 391 000 HAB. / ALT. 1727 M

Las ciudades fronterizas nunca tuvieron un aspecto tan liberal: jóvenes parejas agarradas de la mano paseando por la calle, estudiantes flirteando en las pastelerías, grupos tocando canciones kurdas en directo en los *pubs* y chicas sin pañuelo comiendo helados en las terrazas y atreviéndose a mirar a los ojos a los extranjeros. Más urbana, más informal y menos estricta, Van es muy diferente del resto del sureste de Anatolia.

Van está muy bien ubicada, cerca del lago homónimo, pero conviene olvidarse de las actividades acuáticas y las playas, porque las opciones son muy escasas; es mejor centrarse en los impresionantes monumentos, como el Van Kalesi (castillo o roca de Van), pasar unos días viajando alrededor del lago, y explorar los yacimientos históricos cercanos de Çavuştepe, Hoşap y Yedi Kilise. Para escapar de todo, se aconseja tomar el microbús diario a la remota aldea de montaña de Bahçesaray.

En Cumhuriyet Caddesi y sus alrededores hay hoteles, restaurantes, cibercafés, cajeros automáticos, la oficina de correos y oficinas de empresas de autobuses.

Historia

El reino de Urartu, el Ararat bíblico, floreció entre los ss. XIII y VII a.C. y tuvo su capital en las afueras de la actual Van. Los urarteos tomaron prestada gran parte de su cultura, incluida la escritura cuneiforme, de sus vecinos asirios, con los que estaban más o menos en guerra permanente. Los poderosos asirios nunca consiguieron someterlos, pero cuando varias oleadas de cimerios, escitas y medos entraron en Urartu y se unieron a la batalla, el reino sucumbió.

Más tarde la región fue repoblada por un pueblo al que los persas llamaban armenios. En el s. VI a.C. la zona estaba gobernada por sátrapas (gobernadores provinciales) persas y medos.

En el s. VIII d.C., los árabes entraron en tropel desde el sur, obligando al príncipe armenio a refugiarse en la isla de Akdamar; incapaz de reprimirlos, accedió a pagar tributo al califa. Cuando estos retrocedieron, los bizantinos y los persas ocuparon su lugar, de forma que el mando supremo de Armenia pasó de un pueblo a otro, según quien tuviera ventaja militar.

Tras derrotar a los bizantinos en el 1071 en Manzikert, al norte del lago Van, los selyúcidas siguieron avanzando junto a una multitud de nómadas turcomanos

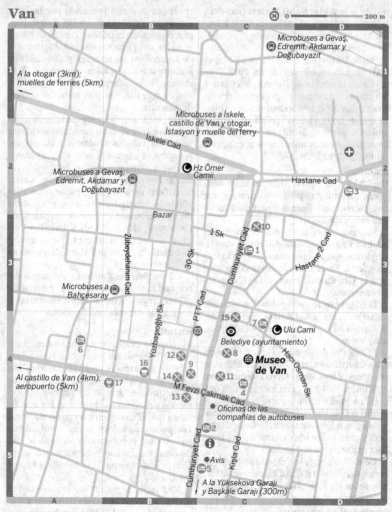

Map labels:

N 0 — 200 m

Microbuses a Gevaş, Edremit, Akdamar y Doğubayazıt

A la otogar (3km); muelles de ferries (5km)

Microbuses a İskele, castillo de Van y otogar, İstasyon y muelle del ferry

İskele Cad

Microbuses a Gevaş, Edremit, Akdamar y Doğubayazıt

Hz Ömer Camii

Hastane Cad

Bazar

1 Sk

Cumhuriyet Cad

10

1

Zübeydehanım Cad

30 Sk

Hastane 2 Cad

Microbuses a Bahçesaray

Yüzbaşıoğlu Sk

PTT Cad

15

7

Ulu Cami

Belediye (ayuntamiento)

6

8

Museo de Van

16   12   9

14

11

Haci Osman Sk

Al castillo de Van (4km); aeropuerto (5km)

17

M Fevzi Çakmak Cad

13

4

Oficinas de las compañías de autobuses

Cumhuriyet Cad

2

Kışla Cad

Avis

5

A la Yüksekova Garajı y Başkale Garajı (300m)

---

hasta fundar el sultanato de Rum, con base en Konya. A continuación, el gobierno del este de Anatolia cayó en manos de emires turcos hasta la llegada de los otomanos en 1468.

Durante la Primera Guerra Mundial, algunos grupos guerrilleros armenios que pretendían crear un Estado independiente colaboraron con los rusos para derrotar al Ejército otomano en el este de Turquía. A partir de entonces, estos antiguos súbditos leales al sultán fueron considerados traidores por los turcos. Las encarnizadas luchas entre las fuerzas turcas y kurdas por un lado, y los armenios y los rusos por el otro, provocaron la devastación de toda la región de Van. Para más información, véase p. 647.

Los otomanos destrozaron el casco antiguo de Van (cerca del castillo de Van) antes de que los rusos lo ocuparan en 1915. El Ejército otomano contraatacó, pero fue incapaz de echar a los invasores, por lo que Van quedó bajo las fuerzas de ocupación rusas hasta el armisticio de 1917. Tras la fundación de la República Turca, se construyó una nueva ciudad de Van, 4 km al este del antiguo emplazamiento.

Van

⊙ Puntos de interés

Castillo de Van (Van Kalesi) y Eski Van
RUINAS

Lo más impresionante de Van es el **castillo** (roca de Van; entrada 3 TRY; ⊙9.00-anochecer), que domina el panorama de la ciudad, unos 4 km al oeste del centro. Hay que intentar visitarlo a la puesta de sol, cuando hay unas geniales vistas del lago.

El yacimiento es bastante extenso, algo que conviene tener en cuenta cuando aprieta el calor. El autobús dejará al viajero en la esquina noroeste de la roca, donde se hallan la taquilla y un jardín de té.

Pasada la taquilla, se ve un viejo **puente de piedra** y varios sauces. A la izquierda, unas escaleras llevan hasta la roca. En la subida, aparece una **mezquita** en ruinas con un alminar, además de un edificio con un tejado abovedado, anteriormente una escuela coránica.

Desde la cima se vislumbran los cimientos de la **Eski Van** (la antigua ciudad) en el lado sur de la roca. El terreno llano salpicado de cimientos de numerosos edificios cubiertos de hierba era el emplazamiento de la antigua ciudad, destruida durante los bombardeos de la Primera Guerra Mundial. Han sobrevivido varios edificios, muy visibles desde la cima: la **Hüsrev Paşa Külliyesi,** de 1567, que ha sido restaurada y tiene una *kümbet* (tumba) al lado; la cercana **Kaya Çelebi Camii** (1662), con un alminar a rayas; el alminar de ladrillo de la selyúcida **Ulu Cami;** y la **Kızıl Camii** (Mezquita Roja).

En la taquilla el viajero debe pedirle al guarda (que esperará una propina por ello) que le enseñe las enormes inscripciones cuneiformes *(tabela)* así como las numerosas *khachkars* (cruces armenias) que hay talladas en la cara norte de la roca. Se aconseja echar un vistazo al depósito de agua, a un antiguo *hammam* y a un palacio en ruinas que no son visibles desde lo alto de la roca. También se pueden ver la Kızıl Cami y la Ulu Cami, más al sur. Si se toma algo de distancia para ampliar la perspectiva, el guarda señalará varias **cámaras funerarias** excavadas en la roca (no visibles desde la base), como la del rey Argishti.

De vuelta en la taquilla, conviene preguntar al guarda por la **Sardur Burcu** (torre Sardur; 840-830 a.C.), situada en el pequeño bosque de sauces (no está señalizada y no es fácil de encontrar). Se trata de un gran rectángulo negro de piedra con inscripciones cuneiformes en asirio que elogian al rey urarteo Sardur I.

Para llegar al Van Kalesi hay que tomar un microbús con el letrero de "Kale" (2 TRY) en İskele Caddesi, frente a la Hz Ömer Camii.

Museo de Van
MUSEO

El pequeño **museo** (Van Müzesi; Kışla Caddesi; entrada 3 TRY; ⊙8.00-12.00 y 13.00-17.00 ma-do) dispone de una extraordinaria colección de objetos urarteos; destacan especialmente sus joyas de oro, pero también merece la pena ver los cinturones, los cascos y las armaduras para caballos en bronce, así como las figuras de terracota.

Las exposiciones etnográficas de la planta superior exhiben varios kílims kurdos y turcomanos de la región y un espacio alfombrado donde sentarse como el que hay en las casas de los pueblos. La sección del genocidio constituye una versión propagandística en la que se muestra el contenido de tumbas procedentes de las masacres de turcos y kurdos, perpetradas por armenios en Çavuşoğlu y Zeve.

Existe una buena librería con multitud de obras sobre la región en diversos idiomas.

🛏 Dónde dormir

Van tiene una aceptable gama de alojamientos, pero son más caros que en cualquier otro lugar del este de Turquía.

Hotel Bayram HOTEL €€
(📞216 1136; www.hotelbayram.com; Cumhuriyet Caddesi 1a; i/d 70/120 TRY; ※) Con una céntrica ubicación junto a la calle principal, este flamante hotel nuevo tiene espaciosas habitaciones en cálidos tonos marrón chocolate y mucha madera natural. La grifería y los accesorios del baño aún están relucientes. En un radio de 50 m hay varios buenos bares y restaurantes.

Hotel Tamara HOTEL DE NEGOCIOS €€€
(📞214 3295; Yüzbaşıoğlu Sokak; i/d 155/185 TRY; ※) Hotel que ofrece un confort clásico, una práctica ubicación, acogedoras habitaciones con todo tipo de comodidades modernas, un *hammam* y un personal imperturbable. En su restaurante ofrecen unas impresionantes parrilladas *mangal*. Está dirigido sobre todo a gente de negocios, pero también tiene un *pub* inglés bastante decente.

Otel Bahar HOTEL €
(📞215 5748, 0539 729 6838; Ordu Caddesi 20; i/d 25/50 TRY) Con sencillas habitaciones con baños limpios y pequeños balcones, esta es una de las mejores opciones económicas de la ciudad. Cuando el viajero se despierte temprano debido al ruido de la cercana mezquita, se aconseja disfrutar de las vistas de los callejones llenos de salones de té

y barberías. La gente de recepción es amable, pero puede ofenderse un poco cuando uno renuncia al aceptable desayuno del hotel para disfrutar de las exquisiteces de los locales de *kahvaltı* que hay cerca de allí.

Hotel Kahraman HOTEL €
(📞216 1525; ercan_216646@mynet.com; Cumhuriyet Caddesi 111; i/d 25/50 TRY; ※) Con una excelente ubicación, ofrece habitaciones espaciosas que dan a la calle principal. Los tonos pastel y la colorida ropa de cama animan un poco el ambiente. La mayor parte de las habitaciones tienen baños compartidos, pero estos están muy limpios.

Büyük Asur Oteli HOTEL €€
(📞216 8792; www.buyukasur.com; Cumhuriyet Caddesi, Turizm Sokak; i/d 60/90 TRY; ※) Incluso si se tiene poco presupuesto, se aconseja considerar la posibilidad de gastar un poco más para disfrutar de las comodidades de esta opción de precio medio de toda confianza. Tiene coloridas habitaciones con ropa de cama limpia, TV y baños impolutos. Hablan inglés y organizan circuitos a la isla de Akdamar, al castillo de Hoşap y a otros puntos de interés.

Büyük Urartu Oteli HOTEL €€
(📞212 0660; www.buyukurartuotel.com; Hastane 2 Caddesi; i/d 90/130 TRY; ※ ※) Se trata de una propuesta tranquilizadora, de hotel serio, con un servicio muy profesional y un vestíbulo impresionante. Las habitaciones estilo motel no tienen nada de especial, pero su amplio abanico de comodidades, que incluye sauna, piscina y un restaurante en la azotea, compensa con creces.

DESAYUNOS DE CAMPEONATO

Van es famosa por sus sabrosos *kahvaltı* (desayunos). Se aconseja saltarse el normalmente anodino desayuno del hotel y dirigirse a Eski Sümerbank Sokak, también llamada Kahvaltı Sokak, una calle lateral peatonal que discurre paralela a Cumhuriyet Caddesi. Allí hay una serie de locales especializados en desayunos turcos, incluido el ruidoso **Sütçü Fevzi** (📞216 6618; Eski Sümerbank Sokak; ⊙7.00-12.00) y el **Sütçü Kenan** (📞216 8499; Eski Sümerbank Sokak; ⊙7.00-12.00), con mesas fuera. Los demás restaurantes de la calle son igual de buenos.

En las mañanas de verano, la calle es un hervidero de gente que prueba *otlu peynir* (queso mezclado con hierbas de fuerte sabor, la especialidad de Van), *beyaz peynir* (un suave queso amarillo), miel de las tierras altas, aceitunas, *kaymak* (cuajada), mantequilla, tomates, pepinos, y *sucuklu yumurta* (tortilla con salchicha). El viajero puede ir abriendo el apetito consultando las fotografías que aparecen en el sitio web www.vandakahvalti.com (en turco). Un desayuno completo puede costar entre 12 y 15 TRY. Una experiencia imprescindible en Van.

Ada Palas
HOTEL €€

(☎216 2716; www.vanadapalas.tr.gg; Cumhuriyet Caddesi; i/d 80/120 TRY; ✳) La 2ª planta es *yeşil* (verde), la 3ª es de color amarillo canario y la 4º es *mavi* (azul) eléctrico. A los propietarios de este céntrico y bien organizado hotel sin duda les gusta añadir un toque de color a la vida.

✖ Dónde comer

Tamara Ocakbaşı
'OCAKBAŞI' €€

(Yüzbaşıoğlu Sokak; platos principales 10-15 TRY; ☺17.00-tarde) Una comida aquí resulta gloriosa, sobre todo para los carnívoros. Situado en el hotel Tamara, tiene un comedor con 40 *ocak* (cada mesa tiene su propia parrilla). Su tenue iluminación le añade un toque de ambiente a las veladas. Tiene sobre todo platos de carne y pescado de mucha calidad, pero la lista de *meze* es igual de impresionante. El contiguo *pub* North Shield es como un trozo de Inglaterra en el sureste de Turquía.

Kebabistan
'KEBAPÇI' €€

(Sinemalar Sokak; platos principales 6-10 TRY) Sirve kebabs (se aconseja el *kuşbaşsı*, con pequeños trozos de ternera) muy bien preparados. Tiene una sucursal, al otro lado de la calle, especializada en *pide*. Está en una calle lateral donde suele haber hombres sentados en sillas bajas jugando al *backgammon* y bebiendo té.

Saçi Beyaz Et Lokantası
RESTAURANTE €€

(Kazım Karabekir Caddesi; platos principales 5-12 TRY) Con una apetecible selección de dulces y exquisiteces, los amantes de los hidratos de carbono estarán encantados en esta pastelería. A última hora de la tarde, la enorme terraza suele estar llena de paisanos con ganas de pasarlo bien. También tiene tentempiés, pasta y parrilladas, que la gente suele devorar en la sección de restaurante de la planta superior.

Halil İbrahim Sofrası
'LOKANTA' €€

(Cumhuriyet Caddesi; platos principales 7-12 TRY) Hay una palabra para describir este concurrido local del centro: delicioso. Su ecléctica comida está bien presentada y es de alta calidad, con un servicio que está a la altura y un entorno elegante. Se aconseja el delicioso y tierno İskender kebab. El *"pide* especial"* lleva un poco de todo.

Safa 3, Çorba 1 Paça Salonu
'LOKANTA' €

(Kazım Karabekir Caddesi; sopas 3 TRY; ☺24 h) Si al viajero le gusta probar cosas nuevas, se aconseja ir a este pequeño y peculiar restaurante. A los habituales les encanta la *kelle* (cabeza de añojo), aunque la especiada sopa de lentejas provoca menos reparos.

Ayça Pastaneleri
PASTELERÍA €

(Kazım Karabekir Caddesi; tentempiés 2-5 TRY) Con su enorme vidriera de la 1ª planta que permite ver y ser visto y su moderno mobiliario, este local atrae a estudiantes en busca de un lugar agradable para flirtear y relajarse mientras toman deliciosos *baklavas* y aceptables tentempiés.

Akdeniz Tantuni
COMIDA CALLEJERA €

(Cumhuriyet Caddesi; sándwiches 4 TRY) Este encantador y pequeño local en la calle principal sirve deliciosos sándwiches de pollo al estilo *tantuni* de la ciudad Akdeniz (mediterránea) de Mersin a precios tirados.

Çavuşoğlu
PASTELERÍA €

(Cumhuriyet Caddesi; dulces desde 2 TRY) Exquisitos helados y *baklavas* buenísimos.

🍺 Dónde beber y ocio

Halay Türkü Bar
BAR-RESTAURANTE

(Kazım Karabekir Caddesi) Tiene varias plantas para disfrutar de diferentes maneras de la discreta vida nocturna de Van. Se puede empezar con unos sabrosos platos de *meze* y carne a la parrilla antes de pasar a la cerveza de barril, los licores locales servidos de forma generosa y la música en directo.

North Shield
'PUB'

(Hotel Tamara, Yüzbaşıoğlu Sokak) Si se quiere una cerveza fría, hay que dirigirse al North Shield, en el hotel Tamara, con un ambiente familiar parecido al de un *pub* inglés. Tras un par de cervezas se puede ir directamente al excelente restaurante de *mangal* de la planta de arriba.

Durum X
CAFÉ

(Kazım Karabekir Caddesi; zumos naturales desde 2 TRY; ☺8.00-22.00) Diminuto bar de zumos con un amplia oferta, incluidos zumos de manzana, naranja, kiwi y pomelo. También tiene económicos sándwiches calientes. Ideal para llevarse un almuerzo rápido y seguir explorando la ciudad.

❶ Información

En Cumhuriyet Caddesi se pueden encontrar fácilmente cajeros automáticos y cibercafés.

Oficina de turismo (☎216 2530; Cumhuriyet Caddesi; ☺8.30-12.00 y 13.00-17.30 lu-vi) Hablan inglés y tienen buenos mapas y folletos.

DESTINO	TARIFA (TRY)	DURACIÓN (H)	DISTANCIA (KM)	FRECUENCIA (DIARIA)
Ağrı	20	3	213	Frecuentes autobuses
Ankara	70	22	1250	Frecuentes autobuses
Diyarbakir	35	7	410	Frecuentes autobuses
Erciş	10	1¼	95	Varios autobuses
Erzurum	35	6	410	Varios autobuses
Hakkari	15	4	205	Unos cuantos autobuses
Malatya	50	9-10	500	Frecuentes autobuses
Şanliurfa	40	9	585	Unos cuantos autobuses
Tatvan	10	2½	156	Frecuentes autobuses
Trabzon	60	12	733	Unos cuantos autobuses directos, la mayoría vía Erzurum

Cómo llegar y salir

Avión

Un taxi al aeropuerto cuesta unos 20 TRY.

Pegasus Airlines (www.flypgs.com) Tiene seis vuelos semanales a/desde Ankara (desde 90 TRY) y vuelos diarios a/desde Estambul (desde 80 TRY).

Turkish Airlines (www.thy.com) Tiene uno o dos vuelos diarios a/desde Estambul (desde 90 TRY) y uno diario a/desde Ankara (desde 90 TRY).

Barco

Un *ferry* cruza el lago Van entre Tatvan y Van dos veces al día sin un horario establecido; la travesía cuesta 8 TRY por pasajero y dura cuatro horas. Los *dolmuşes* con el rótulo "İskele" recorren İskele Caddesi hasta el puerto (2 TRY).

Autobús

Muchas empresas de autobuses tienen oficinas de venta de billetes en Cumhuriyet Caddesi con Kazım Karabekir Caddesi. Ofrecen servicios de traslado de pasajeros a/desde la *otogar,* en las afueras noroccidentales de la ciudad.

Para Bahçesaray (18 TRY, 3 h, 1 por la mañana) salen desde cerca de una casa de té llamada Bahçesaray Çay Evi, al sur del bazar. Hacia Hoşap y Çavuştepe (5 TRY, 45 min), se puede tomar un microbús que parte desde el Yüksekova Garaji o el Başkale Garaji, ambos en Cumhuriyet Caddesi, 100 m al sur del Büyük Asur Oteli.

Los microbuses a Gevaş y Akdamar (3 TRY, 45 min aprox.) salen desde un polvoriento aparcamiento que hay bajando una calle lateral a la derecha de la prolongación norte de Cumhuriyet Caddesi. Desde allí también salen los servicios

a Doğubayazit, un trayecto de 185 km con un magnífico paisaje pastoril que vale la pena hacer, sobre todo si se puede parar en las espectaculares cascadas de Muradiye.

Circulan autobuses directos a Orumiyeh (Irán).

Automóvil

Se aconseja considerar la opción de alquilar un automóvil para recorrer el lago Van. **Avis** (✆214 6375; www.avis.com.tr; Cumhuriyet Caddesi), cerca de la oficina de turismo, alquila automóviles por unos 100 TRY por día. En Cumhuriyet Caddesi hay otras agencias de alquiler.

Tren

El *Vangölü Ekspresi* sale dos veces por semana desde Estambul y Ankara y acaba en Tatvan, desde donde se ha de tomar un *ferry* hasta el muelle de Van. Parte hacia Teherán (48 TRY) los martes y viernes durante todo el año entre las 21.00 y las 24.00; hacia Estambul (65 TRY), también los martes y los viernes. Hay un tren de Van a Tabriz (20 TRY, 9 h), en Irán, los jueves sobre las 21.30. Hay que confirmar las horas exactas en la estación de trenes.

La estación principal de trenes está al noroeste del centro, cerca de la *otogar.* Hay otra estación, la İskele İstasyonu, varios kilómetros al noroeste, a orillas del lago. Para llegar hay que tomar en İskele Caddesi los microbuses con el letrero de "İstasyon".

Cómo desplazarse

Para ir al Van Kalesi y al *iskele* (muelle de *ferries*), hay que tomar un microbús en İskele Caddesi.

La remota esquina sureste de Turquía (al este de Siirt y Midyat) aún tiene fama de peligrosa entre los viajeros extranjeros y los turcos de Anatolia occidental. El sureste fue el epicentro de la rebelión kurda durante las décadas de 1980 y 1990, y durante mucho tiempo estuvo prohibida para los viajeros.

Cuando se estaba redactando esta obra, el conflicto entre el ejército turco y el PKK (Partido de los Trabajadores de Kurdistán) había alcanzado su nivel más bajo en muchos años, y pudimos viajar sin problemas a poblaciones del sureste con el único inconveniente de unos cuantos controles de pasaportes y puntos de control militares.

Sin embargo, poco después, el PKK suspendió su alto el fuego de 14 meses y reanudó los ataques contra los militares turcos. El conflicto se centró en Hakkari y las zonas fronterizas con Irak, pero también llegó cerca de ciudades más grandes, incluida Van.

El atractivo del remoto sureste es innegable, con recortadas montañas y espectaculares cañones y gargantas. En épocas menos conflictivas, la zona alrededor de Hakkari debería ser una excelente base para hacer senderismo por las montañas Cilo Dağı. En esa zona, la hospitalidad kurda también alcanza su punto álgido.

En la actualidad, puede que la situación haya vuelto a mejorar, por lo que se aconseja llevar a cabo un sólido trabajo de investigación antes de partir hacia allí consultando fuentes de información actualizadas, como el foro Thorn Tree de Lonely Planet. Hay que esperar una importante presencia militar y tener siempre el pasaporte a mano en los puntos de control militares.

De Van a Hakkari hay servicios regulares de autobús (17 TRY, 4 h). También hay varios microbuses diarios a Yüksekova (8 TRY, 78 km), desde donde se puede cruzar la frontera por Esendere-Serô y seguir el viaje por Irán.

Alrededores de Van

YEDI KILISE

Las ruinas de la conmovedora Yedi Kilise (Siete Iglesias; entrada con donativo), que fue un gran monasterio, están unos 9 km al sureste de Van, en una aldea típicamente kurda. En el arco de su portal hay elaboradas tallas de piedra con varias inscripciones armenias. En su interior hay varios frescos bien conservados. Cerca del edificio suele haber mujeres que venden guantes y calcetines de punto.

No hay un transporte fiable que lleve a Yedi Kilise, de forma que lo más práctico sería ir en taxi (35 TRY aprox., incluido el tiempo de espera).

BAHÇESARAY

Desde Van, el trayecto de 110 km para llegar a este pueblo en medio de la nada, oculto entre las montañas, es muy estimulante. El principal atractivo de Bahçesaray es su aislamiento. Debido a la nieve, suele estar aislado del mundo exterior seis meses al año. Los lugareños dicen: "La mitad del año pertenecemos a Dios".

Desde Van, la más que pintoresca carretera cruza la estepa y sube gradualmente hasta el Karabel Geçiti, a unos vertiginosos 2985 m. De camino al pueblo se aconseja fijarse en los *zoma* (campamentos) de pastores kurdos, con sus rebaños y sus enormes perros. En los días despejados el paisaje es cautivador. El aire es encantaramente frío y vigorizante, y las montañas circundantes componen el telón de fondo perfecto.

Bahçesaray es un lugar para relajarse, aunque hay algunos monumentos cercanos que merecen una visita, como es el caso de un par de iglesias armenias y un puente antiguo. El viajero puede jugar al ajedrez con los habitantes locales, y no debe marcharse sin probar la deliciosa miel local (*bal*).

En Bahçesaray no hay alojamientos oficiales, pero a los viajeros normalmente se les ofrece la posibilidad de dormir en el instituto local. Hay que preguntar por la *oğretmenevi* (casa del profesor).

En verano se puede llegar a Bahçesaray con un vehículo convencional, pero la carretera solo está asfaltada hasta Yukarı Narlıca y empeora sustancialmente cerca del puerto de montaña, por lo que es más apropiado ir en todoterreno. Si estuviera mojada, este tramo no se podría emprender con un automóvil convencional. Este trayecto no es para pusilánimes, ya que hay muchas curvas y recodos, empinadas cuestas y barrancos a gran altura.

Cada día, salvo los domingos, salen uno o dos microbuses desde una pequeña parada de Van (hay que preguntar por la Bahçesaray Çay Evi, junto a Zübeydehanım Caddesi). El movidito viaje dura tres horas y cuesta 15 TRY. Tras el duro trayecto, el viajero sin duda necesitará pernoctar allí antes de regresar a Van.

HOŞAP Y ÇAVUŞTEPE

Desde Van, si se emprende una excursión de un día hacia el sureste por la carretera de Başkale y Hakkari, se llegará al yacimiento urarteo de Çavuştepe (a 25 km de Van) y al espectacular castillo kurdo de Hoşap (33 km más adelante); ambos lugares recompensan con creces el esfuerzo el viaje.

El fotogénico **castillo de Hoşap** (entrada 3 TRY) está encaramado sobre un promontorio rocoso en Güzelsu, un pueblo que es una parada en la ruta de camiones. Hay que cruzar uno de los dos puentes (el que alterna piedras oscuras y claras es del s. XVII) y seguir las señales hasta el extremo opuesto de la colina para llegar a la entrada del castillo, encima del cual hay unos estupendos relieves de león. Mirando hacia el este hay una fila de murallas defensivas de barro que en otra época rodeaban la aldea. Construido en 1643 por Mahmudi Süleyman, un jefe kurdo local, el castillo cuenta con una impresionante puerta en una torre circular. En el 2010 se completaron unas importantes obras de restauración del castillo.

La pequeña colina emplazada en el lado izquierdo de la carretera, en Çavuştepe, estaba coronada en la antigüedad por el palacio-fortaleza de **Sarduri-Hinili,** hogar de los reyes de Urartu. Construido entre 764 y 735 a.C. por el rey Sardur II, hijo de Argishti I, constituyen los cimientos mejor conservados de un palacio urarteo.

Desde el aparcamiento, la **'yukarı kale'** (fortaleza superior) se halla arriba, a la izquierda, y la extensa **'aşağı kale'** (fortaleza inferior), a la derecha.

El viajero puede subir por la rocosa colina hasta las ruinas de la fortaleza inferior (Mabet), señalizadas con una puerta de pulidos y relucientes bloques de basalto negro; en unos cuantos bloques del lado izquierdo hay inscripciones cuneiformes. Hay otros ejemplos que reflejan el ingenio urarteo en temas de ingeniería, incluidas las cisternas bajo los caminos, los depósitos de almacenamiento, la cocina y el palacio. Abajo, en las llanuras del sur se divisan canales también creados por los urarteos.

Para llegar a los yacimientos de Hoşap y Çavuştepe, hay que tomar un microbús desde Van en dirección a Başkale o Yüksekova y apearse en Hoşap (6 TRY). De vuelta, tras visitar el castillo, se puede parar a un autobús que vaya a Çavuştepe, a 500 m de la carretera, y luego tomar un tercero hasta Van. Hay frecuentes microbuses y autobuses que recorren esta ruta.

Comprender Turquía

❯

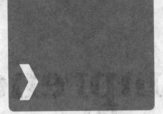

Turquía hoy

Los turcos adoran los animales y llenan las calles de cuencos con comida para perros y gatos. Incluso, según un sondeo de Reuters, el 49% de los turcos prefiere pasar el día de San Valentín con su mascota en vez de con su pareja.

Centro del mundo durante los Imperios bizantino y otomano, Turquía conserva un papel fundamental en el escenario global. Su ubicación en la confluencia de Europa y Asia delata su posición política: un país laico con un Gobierno islámico moderado y buenas relaciones con Occidente, para quien es un importante aliado en Oriente Próximo.

Recientemente, algunos acontecimientos han enturbiado las relaciones internacionales turcas. En mayo del 2010, tropas israelíes asaltaron el *Mavi Marmara,* un barco turco que formaba parte de una flotilla de ayuda a Gaza, y murieron nueve activistas. Ankara retiró a su embajador en Israel y suspendió las maniobras militares conjuntas. Un informe de la ONU calificó los asesinatos como "ejecuciones extrajudiciales, arbitrarias y sumarias". Entretanto, los intentos por normalizar las relaciones turco-armenias desistieron y la frontera entre ambos países sigue cerrada. Turquía también votó en contra de la imposición de nuevas sanciones de la ONU al programa nuclear de Irán, con quien negocia el intercambio de uranio enriquecido.

Mientras, continúa la puja por la integración en la UE. En el 2005 se iniciaron las conversaciones para la adhesión y la negociación de 13 de los 35 capítulos del acuerdo. Los principales obstáculos son el rechazo turco al reconocimiento de Chipre, la marginación de la minoría kurda en el este de Anatolia, la libertad de expresión (YouTube, por ej., está censurado por ofrecer contenidos contra Atatürk) y la reticencia europea a la inclusión de un país musulmán al 99%, pese al despliegue de tropas turcas contra los talibanes y Al Qaeda en Afganistán.

El problema interno más grave es la propia "guerra contra el terror" turca: la cuestión kurda. Tras décadas de enfrentamientos entre el ejército y el Partido de los Trabajadores del Kurdistán (PKK), clasificado a nivel internacional como un grupo terrorista, la situación se calmó y el Gobier-

Los mejores libros

Véase p. 662 para más información sobre libros y películas.

» **La serpiente de piedra** (Jason Goodwin)

» **Retrato de una familia turca** (Irfan Orga)

» **Pájaro sin alas** (Louis de Bernières)

» **Nieve** (Orhan Pamuk)

» **La bastarda de Estambul** (Elif Şafak)

» **Magic Bus: On the Hippie Trail from Istanbul to India** (Rory MacLean)

» **Turquía** (Tom Brosnahan)

Lenguaje corporal

» Mover ligeramente la cabeza hacia abajo es "sí".

» Mover ligeramente la cabeza hacia arriba mientras se chasquea la lengua ("tch") es "no".

» El gesto de "OK" (el círculo entre el índice y el pulgar) indica homosexualidad.

grupos étnicos
(% de la población)

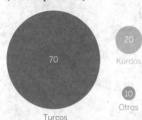

70
Turcos

20
Kurdos

10
Otros

si en Turquía hubiera 100 personas

80 serían musulmanes
19 serían musulmanes alevíes
1 de otras religiones

no dio pasos como la autorización de las retransmisiones kurdas. Pero en el 2010, el PKK finalizó su alto el fuego de 14 meses con la promesa de su jefe de trasladar la lucha de las montañas del sureste de Anatolia y el Irak kurdo al oeste de Turquía. No obstante, abandonaron de nuevo las armas durante el Ramadán. El principal contacto que los viajeros suelen tener con el problema kurdo son los controles policiales en el sureste.

Tratar de manera democrática la cuestión kurda ha sido una de las acciones progresistas del Gobierno del primer ministro Erdoğan y el AKP, el Partido de la Justicia y el Desarrollo. Otra fue el referéndum para la reforma constitucional, en el que Turquía votó a favor del cambio y de la limitación del poder del ejército; un paso más hacia una mayor democracia. Perdura tanto la lealtad a la República laica fundada por Atatürk, cuya fotografía aún corona cada *kebapçı* (restaurante de kebab), que se maquinó un complot (infructuoso) contra las actividades "no seculares" del AKP. Es muy probable que el ex alcalde de Estambul y su partido, con dos legislaturas en el poder, ganen las elecciones de julio del 2011.

Sin duda, el islam tiene una gran fortaleza en Turquía, pero no conviene hacer predicciones electorales en un país que ha sufrido tantos golpes militares. Sus sociables gentes abrazan esta circunstancia con incertidumbre, y en sus conversaciones caben la reivindicación y la teoría de la conspiración. Las intrigas son una especialidad local desde la decadencia de los sultanes otomanos, pero casi todo el mundo está de acuerdo en que la economía del país está en alza y ha evitado los graves problemas vividos en Europa; las exportaciones aumentan y el desempleo ha descendido hasta el 11%. En el sector del turismo, un estudio de Deloitte concluyó que los ingresos de los hoteles de Estambul solo disminuyeron un 3,5% durante la crisis del 2009, mientras que la media europea fue del 16,7%.

Los turcos tienen mucho olfato para los negocios. Valga como ejemplo el de un hombre que, poco después de que el pulpo *Paul* se hiciese famoso por predecir el resultado de los partidos de la Copa del Mundo del 2010, ofreció al que según él era su primo lejano, *Polat*.

Las mejores películas

» **Vizontele** Comedia negra sobre la primera familia de un pueblo pequeño en tener TV.

» **Filler ve Çimen** Narra las historias de personajes desesperados.

» **Al otro lado** La vida de una disidente política.

» **Mi padre y mi hijo** Conflicto generacional en una aldea del Egeo.

» **Tres monos** Las dificultades de una familia pobre de Estambul.

» **Veda** Un buen resumen de la vida de Atatürk.

» **Hamam: el baño turco** Aborda el tema de la homosexualidad.

Protocolo

» **Puntualidad** Algo muy serio.

» **Restaurantes** El que invita, paga.

» **Comidas** No dejar nada en el plato si se come en casa de alguien.

» **Vino** Averiguar si el anfitrión bebe alcohol antes de ofrecer una botella.

Historia

El destino ha situado a Turquía en la unión de dos continentes. Puente terrestre, punto de encuentro y campo de batalla, ha visto cómo los pueblos se desplazaban de Europa a Asia, y viceversa, a lo largo de la historia.

Hace mucho tiempo que empezaron a florecer culturas en Anatolia (la parte de Turquía que está en Asia), y allí se fundó, hace unos ocho mil años, la que ha sido reconocida como primera 'ciudad' de la historia, Çatalhöyük. Más tarde, los hititas crearon el primer imperio de Anatolia y gobernaron otros pueblos a la vez que repelían la llegada de griegos que intentaban colonizar las zonas costeras. Entre esas colonias estaba Troya, protagonista de *La Ilíada* de Homero. Entretanto, una retahíla de pueblos (licios, lidios y frigios entre otros) salía y entraba de la escena histórica.

La llegada de los persas, provenientes del este, obligó a Alejandro Magno a perseguirlos de nuevo. Su Imperio no duró mucho más, pero aceleró la helenización de Anatolia y la creación de grandes riquezas gracias a las redes comerciales griegas. Los astutos romanos llegaron en el 190 a.C. para explotar el comercio y los recursos, y se quedaron para ver, y acosar, a las primeras comunidades cristianas. La cristiandad se extendió poco a poco hasta que en el s. IV d.C. el emperador romano Constantino se convirtió a la nueva religión y fundó Constantinopla (la moderna Estambul), la futura capital del Imperio bizantino, un vestigio de Roma cristiano y de habla griega que persistiría durante más de mil años.

Los turcos selyúcidas, que llegaron de Asia central en el s. XI, desafiaron a los bizantinos por el control de Anatolia. Los otomanos, sucesores de los selyúcidas, tomaron finalmente Anatolia y derrocaron a los bizantinos en el s. XV. A partir de entonces, los otomanos empezaron a expandirse por el sureste europeo hasta alcanzar las murallas de la misma Viena antes de que les hiciesen retroceder implacablemente. En 1912 los ejércitos serbio y griego avanzaron hacia Estambul y, durante y después de la Segunda Guerra Mundial, las fuerzas europeas buscaron con ansia la desmembra-

---

Hasta el redescubrimiento de las ruinas de Boğazkale en el s. XIX, solo se sabía de los hititas por una vaga referencia en el Antiguo Testamento.

Sobre el asentamiento neolítico de Çatalhöyük, visítese la página oficial www.catalhoyuk.com. Se pueden ver imágenes de los trabajos en el yacimiento en www.flickr.com/photos/catalhoyuk/.

CRONOLOGÍA

c. 6500 a.C.

Fundación de Çatalhöyük, primera ciudad de la historia. A lo largo de los siglos se construyen 13 capas de casas de estilo colmena interconectadas y unidas por escaleras. En su auge, albergaba unas ocho mil personas.

c. 4000-3000 a.C.

La cultura hatti se desarrolla en Alacahöyük al inicio de la Edad del Bronce, aunque el asentamiento fue continuo desde el Calcolítico. Fabricaban joyas, así como objetos y armas de metal.

c. 2000 a.C.

Los hititas, un pueblo indoeuropeo, llegan a Anatolia, someten a los hatti e instalan su capital en Hattuşa. Crearon un reino que se extendía hasta Babilonia y Egipto.

ción de toda Turquía. Solo el acertado liderazgo de Mustafa Kemal Atatürk sacó al país del apuro. Durante la lucha por la independencia, Atatürk y sus ejércitos expulsaron a los intrusos extranjeros para posteriormente fundar la República de Turquía en 1923. Desde entonces, el país ha experimentado un exhaustivo proceso de modernización, ha construido una democracia viable y ha recuperado su sitio en el panorama internacional.

Con tantos años repletos de importantes y fascinantes acontecimientos, culturas y personajes se podrían llenar varios libros de historia.

Primeras culturas, ciudades y conflictos

Los descubrimientos arqueológicos indican que los primeros habitantes de Anatolia fueron cazadores-recolectores del Paleolítico. En torno al séptimo milenio a.C. algunos pueblos formaron asentamientos. Çatalhöyük, levantada hacia el año 6500 a.C. podría ser la primera ciudad de la historia. Sin duda fue un centro de innovación, sus habitantes desarrollaron el riego de cultivos, domesticaban cerdos y ovejas y elaboraban una cerámica característica. Sus reliquias se pueden ver en el Museo de las Civilizaciones Anatolias de Ankara (p. 405).

El Calcolítico vio el auge de Hacılar, en el centro de Anatolia, y de las comunidades del sureste que absorbieron las influencias mesopotámicas, entre ellas el uso de herramientas de metal. Por toda Anatolia fueron surgiendo e interactuando comunidades cada vez mayores, aunque no siempre bien avenidas: los asentamientos solían estar fortificados.

En torno al 3000 a.C., los avances en la metalurgia permitieron a un astuto grupo de gentes concentrar el poder en sus manos, lo que condujo a la creación de varios reinos anatolios. Uno de ellos estaba en Alacahöyük, en plena Anatolia, aunque mostraba influencia caucásica, prueba del comercio desarrollado fuera de la meseta.

El comercio también aumentaba en la costa occidental, pues Troya comerciaba con las islas del Egeo y con Grecia continental. Hacia el año 2000 a.C., los hatti fundaron su capital en Kanesh (Kültepe, cerca de Kayseri) y dominaron una red de comunidades dedicadas al comercio. Es entonces cuando la historia de Anatolia pasa del ámbito de la conjetura arqueológica al plano real: las tablillas de arcilla proporcionan documentos escritos con fechas, acontecimientos y nombres.

Aún no había aparecido ninguna civilización anatolia singular, pero se habían creado las bases para los milenios sucesivos. La interacción cultural, el comercio y la guerra se convertirían en elementos recurrentes de la historia de Anatolia.

La Edad del Bronce: los hititas

Tras la caída de los hatti, los hititas ocuparon su territorio y, hacia 1800 a.C., trasladaron la capital de Alacahöyük a Hattuşa, cerca de la

Tras las huellas del arte rupestre en Capadocia, de Victoria Bastos y Carlos Lafor, muestra tanto en textos como en ilustraciones los aspectos más relevantes de la arqueología y la arquitectura de esta región.

LICIOS

El sitio www. lycianturkey.com ofrece información sobre los avatares de la vida en la antigua Licia, así como de los yacimientos licios en la costa turca.

c. 1200 a.C.

Se produce la caída de Troya, inmortalizada en *La Ilíada* de Homero. Durante diez años los micénicos asediaron la ciudad, estratégicamente situada junto a los Dardanelos, paso del comercio con el mar Negro.

c. 1100 a.C.

Tras la caída de los hititas, surgen varios reinos neohititas, mientras que los asirios y diversos grupos caucásicos invaden el sur de Anatolia. Los fenicios llevan el alfabeto a Anatolia en esa época.

BAH/IMAGEBROKER

» Las ruinas de Troya permanecieron enterradas hasta el s. XIX.

Se cree que Homero, el autor griego de *La Ilíada*, que cuenta la historia de la Guerra de Troya, nació en Esmirna (la actual İzmir) antes del 700 a.C.

HOMERO

actual Boğazkale; constituyen su legado su gran capital, sus archivos de Estado (tablillas de arcilla grabadas con escritura cuneiforme) y sus particulares estilos artísticos. Hacia 1450 a.C., tras repetidos enfrentamientos internos, el reino renació como imperio, el primero de Ánatolia. Los hititas fueron guerreros, pero mostraron otros rasgos imperiales, gobernaron multitud de estados vasallos y a príncipes menores sin por ello dejar de mostrar un sentido de la ética y cierta inclinación a la diplomacia. Esto no les impidió invadir Egipto en 1298 a.C., pero sí les permitió hacer las paces con el derrotado Ramsés II casándolo con una princesa hitita.

El imperio hitita se vio atacado en años sucesivos por los principados sometidos, como Troya, y finalmente fue invadido por los griegos, conocidos como "pueblos del mar", que ya fundían hierro. Los hititas no tenían salidas al mar (una desventaja en una época de floreciente comercio marítimo) ni conocían la metalurgia.

Mientras tanto, una nueva dinastía en Troya se erigía en potencia de la región. Los troyanos fueron a su vez hostigados por los griegos, lo que originó la Guerra de Troya en 1250 a.C. Esto dio a los hititas un respiro, pero las oleadas posteriores aceleraron su desaparición; persistieron algunos reductos en los montes Tauro, pero el gran imperio había muerto. Las posteriores ciudades-estado favorecieron una cultura neohitita que atrajo a los comerciantes griegos y sirvió de conducto para que la religión y el arte mesopotámicos llegaran a Grecia.

Imperios clásicos: Grecia y Persia

La Anatolia poshitita era un mosaico de pueblos, anatolios autóctonos y advenedizos. Al este, los urarteos, descendiente de los hurritas anatolios, fundaron un reino cerca del lago Van (Van Gölü). En el s. VIII a.C., los frigios llegaron al oeste de Anatolia. Durante el reinado de Gordias, famoso por el nudo gordiano, establecieron su capital en Gordion y su poder llegó a la cúspide durante el reinado de Midas; culminó en el 725 a.C., al ser arrasado el reino por la caballería cimeria.

En la costa suroeste, los licios crearon una confederación de ciudades-estado independientes que se extendía desde la actual Fethiye a Antalya. En el interior, los lidios dominaban la Anatolia occidental desde su capital, Sardes; a ellos se atribuye la acuñación de las primeras monedas.

Mientras tanto, las colonias griegas proliferaban en la costa mediterránea, y su cultura se infiltraba en Anatolia. Casi todos los pueblos del mosaico anatolio tenían una clara influencia griega: el rey Midas de Frigia tenía una esposa griega; los licios tomaron prestada la leyenda de la Quimera; y el arte lidio era una amalgama de formas artísticas griegas y persas. Parece que, en algunos casos, la admiración fue mu-

Julio César pronunció sus célebres palabras "Veni, vidi, vici" (Llegué, vi, vencí) tras una victoria militar en Zile, cerca de Tokat, en el 47 a.C.

547 a.C.	**333 a.C.**	**205 a.C.**	**133 a.C.**
Ciro de Persia invade Anatolia y se inicia una larga rivalidad greco-persa. Después, Darío I y Jerjes aumentaron la influencia persa y frenaron la expansión de las colonias griegas.	Alejandro Magno derroca a los persas y conquista la mayor parte de Anatolia. El emperador persa Darío abandona a su mujer, sus hijos y su madre quien, horrorizada, reniega de su hijo y "adopta" a Alejandro.	Un grupo de ciudades-estado de la costa mediterránea, entre ellas Janto, Patara y Olimpia, y posteriormente Faselis, forman la Liga Licia, que perdura tras la conquista de Roma.	En su lecho de muerte, Atalo III de Pérgamo lega su reino a Roma, que establece una capital en Éfeso, un concurrido puerto, y explota su enérgico comercio marítimo.

tua, pues los licios fueron el único pueblo anatolio que los griegos no calificaron de bárbaro; impresionados por la riqueza de Creso, rey de Lidia, los griegos acuñaron la expresión "rico como Creso".

Estas crecientes manifestaciones de influencia helénica no pasaron desapercibidas. Ciro, emperador de Persia, no se quedó impasible ante tanta temeridad e invadió la región en 547 a.C., sometiendo primero a los lidios y luego extendiendo su control hasta el Egeo. Durante muchos años, bajo los reinados de Darío I y Jerjes I, los persas controlaron la expansión por la costa de las colonias comerciales griegas y sometieron el interior, acabando con la era de los reinos anatolios autóctonos. Aunque gobernaron Anatolia a través de sátrapas (jefes provinciales), los persas no lo tuvieron siempre fácil, pues debían hacer frente periódicamente a los belicosos anatolios, como sucedió en el alzamiento de la ciudad jonia de Mileto en el 494 a.C. La sublevación, supuestamente fomentada desde Atenas, fue sofocada bruscamente. Los persas, en connivencia con Atenas, invadirían Grecia hasta su derrota en Maratón.

Según la leyenda, la madre de Alejandro soñó que un rayo le caía en el vientre, y su padre, que el vientre de su esposa había sido fecundado por un león. Un vidente les dijo que esto significaba que su niño tendría el carácter de un león.

Alejandro y sus sucesores

El control persa sobre Anatolia se prolongó hasta el año 334 a.C., cuando una nueva fuerza arrasó la región. Alejandro Magno y sus aventureros macedonios cruzaron los Dardanelos para liberar Anatolia del yugo persa; bajaron por la costa y arrollaron a los persas cerca de Troya, para luego proseguir hasta Sardes, que se rindió inmediatamente. Tras sitiar y tomar Halicarnaso (la actual Bodrum), viraron al este y liquidaron a un nuevo ejército persa en la llanura de Cilicia.

Alejandro estaba más dispuesto a conquistar que a construir una nación, así que, cuando murió en Babilonia en el 323 a.C. sin sucesión, su Imperio acabó dividido tras varias guerras civiles. Si la intención de Alejandro fue limpiar Anatolia de la influencia persa e introducirla en la esfera griega, lo consiguió de manera grandiosa. El paso de sus ejércitos dejó una estela de helenización que supuso la culminación del proceso iniciado siglos atrás y que tanto había irritado al rey Ciro. Una

ALEJANDRO Y EL NUDO GORDIANO

En el 333 a.C., Alejandro se encontró en la antigua capital frigia, Gordion, con el nudo gordiano. Según la tradición, quien lo deshiciese se haría con el control de Asia. Un impaciente Alejandro, incapaz de desatarlo, despachó el asunto cortándolo con su espada. Al reanudar su avance hacia oriente, Asia se tendió a sus pies y, junto a sus hombres, arrasó Persia hasta el Indo y todo el mundo conocido quedó bajo su dominio. Sin embargo, el enorme Imperio que creó tuvo una corta vida; quizás debió haber tenido más paciencia a la hora de desenredar la maraña...

45-60 d.C.	330	395	412
San Pablo, natural de Tarso (Asia Menor) emprende sus viajes evangélicos por Anatolia. Se cree que san Juan y la Virgen María terminaron sus días en Éfeso.	Constantino declara su "Nueva Roma", que luego sería Constantinopla, capital del Imperio romano de Oriente (Bizancio). Antes se había convertido al cristianismo y convocó el Concilio de Nicea en el 325.	Con Teodosio, el Imperio romano se convierte al cristianismo, se prohíbe el paganismo y penetra la influencia griega. A su muerte, el Imperio se divide por la línea que Diocleciano había trazado un siglo antes.	Teodosio II erige las murallas de Constantinopla para proteger las riquezas de la capital. Muestran su efectividad al resistir varios asedios. Solo se traspasan una vez: en 1453, por Mehmet.

En el 1054, la línea que había dividido el Imperio romano desde el año 395 se convirtió en la frontera entre el cristianismo católico y el ortodoxo, división que persiste hasta la fecha.

formidable red de comunidades con vocación comercial se extendió por toda Anatolia. La más notable fue Pérgamo (actual Bergama), cuyos reyes eran grandes guerreros y entusiastas mecenas del arte. El más destacado fue Eumenes, responsable de gran parte de lo que queda de la acrópolis de Pérgamo. Tan importante como la construcción de templos y acueductos fue la difusión gradual de la lengua griega, que finalmente provocó la extinción de las lenguas anatolias autóctonas.

El crisol de culturas anatolias continuó generando varios reinos, casi todos pasajeros. En el 279 a.C. los celtas irrumpieron y fundaron el reino de Galacia, con capital en Ankyra (Ankara). Al noreste, Mitrídates ya había creado el reino del Ponto, con capital en Amasya, y los armenios, que ocupaban desde tiempo atrás la región del lago Van, se reafirmaron en el poder tras haber conseguido cierta autonomía en época de Alejandro.

Mientras, al otro lado del Egeo, el Imperio romano iba haciéndose cada vez más fuerte y ponía sus ojos en las ricas redes comerciales de Anatolia.

Dominación romana

Las legiones romanas derrotaron a los ejércitos del rey selyúcida en Magnesia (Manisa) en el 190 a.C., y Pérgamo, la mayor ciudad posalejandrina, se convirtió en el lugar de desembarco desde el que iniciar la toma de Anatolia, sobre todo después de la muerte del rey Atalo III en el 133 a.C., que legó la ciudad a Roma. En el 129 a.C., Éfeso fue nombrada capital de la provincia romana de Asia y, 60 años más tarde, los romanos vencieron la vehemente resistencia de Mitrídates VI en el Ponto y ampliaron su dominio hasta Armenia, la frontera persa.

La *Breve historia de Bizancio*, de John Julius Norwich, consigue concentrar 1123 años de la abigarrada historia bizantina en un volumen.

Con el paso del tiempo, el poder del Imperio romano fue languideciendo gradualmente. A finales del s. III, Diocleciano lo dividió en dos unidades administrativas, la oriental y la occidental, para intentar consolidarlo y, a la vez, acabar con el cristianismo; pero ambos objetivos fracasaron. Las reformas provocaron una guerra civil de la que salió victorioso Constantino, uno de los primeros conversos. Se decía que los ángeles empujaron a Constantino a erigir una Nueva Roma sobre la helénica Bizancio, que se llamaría Constantinopla (hoy Estambul). En su lecho de muerte, el emperador fue bautizado y, a finales de siglo, el cristianismo se había convertido en la religión oficial del Imperio.

La caída de Roma y el florecimiento de Bizancio

La gobernabilidad del Imperio romano no mejoró con la nueva capital en Constantinopla y, tras la muerte de Teodosio [379-395], que lo dirigió con mano firme, se dividió. La mitad occidental (romana)

527-565	S. VII	654-576	867
Durante el mandato de Justiniano, Bizancio vive una edad dorada. Sus conquistas militares incluyen gran parte del norte de África y España. También aplica reformas y emprende programas constructivos.	Los persas sasánidas, eternos rivales de los griegos, invaden y arrasan toda Anatolia y el territorio bizantino hasta Egipto, lo que provoca un colapso económico y debilita Bizancio.	Ejércitos árabes musulmanes toman Ankara y sitian Constantinopla. Las incursiones árabes en el oeste son temporales, pero los extremos este y sur (Siria y Egipto) del dominio bizantino se pierden para siempre.	Basilio I ayuda a restaurar las riquezas de Bizancio al catalizar el resurgimiento de la fuerza militar y un florecimiento de las artes. Fue conocido como "el Macedonio", aunque era armenio, de Tracia.

sucumbió a la decadencia y a los bárbaros; la mitad oriental (Bizancio) prosperó, adoptando gradualmente la lengua griega y, con el cristianismo, su rasgo característico.

Con Justiniano [527-565], Bizancio se convirtió en un Imperio al estilo de la antigua Roma; los historiadores le citan como el responsable de la construcción de Aya Sofya (p. 45) y la codificación del derecho romano, aunque también amplió las fronteras del Imperio hasta el sur de España, el norte de África e Italia. En este período, Bizancio adquirió una entidad diferenciada, pero el apego por Roma se mantendría, pues los bizantinos, aun hablando griego, se definían como romanos; en siglos posteriores, los turcos les llamarían "rum". No obstante, la vehemencia y la ambición de Justiniano hicieron que el Imperio creciera hasta que la peste y la invasión de los ávaros y las tribus eslavas del norte del Danubio pusieron fin a su expansión.

Posteriormente la lucha con su eterno rival, Persia, debilitó aún más a Bizancio, dejando las provincias orientales a expensas del ataque de los ejércitos de Arabia; los árabes tomaron Ankara en el 654 y hacia el 669 ya tenían sitiada Constantinopla. Eran un pueblo nuevo que traía un nuevo idioma, una nueva civilización y una nueva religión: el islam.

El frente occidental sufría a su vez las invasiones de godos y lombardos, de modo que, en el s. VIII, Bizancio había retrocedido a los Balcanes y Anatolia. El imperio decayó hasta la aparición de los emperadores macedonios. Basilio I accedió al trono en el 867 y las fortunas fueron en alza, mientras se lograban victorias contra el Egipto islámico, los búlgaros y Rusia. Basilio II [976-1025] se ganó el apodo de Matador de Búlgaros tras sacar los ojos a 14 000 prisioneros de guerra de esa nacionalidad. Cuando murió, el Imperio echo de menos a alguien de su calibre, o quizás ferocidad, y la era de la expansión bizantina llegó a su fin.

HISTORIA LA CAÍDA DE ROMA Y EL FLORECIMIENTO DE BIZANCIO

TURCHIA

Los europeos se referían a Anatolia como "Turchia" ya en el s. XII. Los propios turcos no lo hicieron hasta los años veinte.

LA CRISTIANDAD EN CIERNES

El mandato del emperador Augusto, que finalizó en el 14 d.C., fue para Anatolia un período de relativa paz y prosperidad. Este contexto hizo posible que el cristianismo, en su fase incipiente, se extendiera, aunque de forma clandestina y sujeto a violentas e intermitentes persecuciones. Según la tradición, san Juan se retiró a Éfeso para escribir el cuarto Evangelio, llevándose consigo a María, la madre de Jesús. Los restos de san Juan reposan en lo alto de un cerro –próximo a la actual Selçuk–, donde se erigió la gran basílica de San Juan (p. 211); en cuanto a María, se dice que fue sepultada cerca de Meryemana (p. 209). El infatigable san Pablo sacó gran provecho a la red viaria romana y recorrió ávidamente Anatolia con sus prédicas.

976-1014	1071	1080	1204
Basilio II (el Matador de Búlgaros), con quien Bizancio llega al final de su era de expansión, soluciona crisis internas, extiende las fronteras hacia Armenia, recupera Italia y derrota a los búlgaros.	Los selyúcidas, nuevos en el panorama, derrotan el gran ejército bizantino en Manzikert; un duro revés para los segundos, aunque no implicó el inicio de una carrera de éxitos para los primeros.	Los armenios, huyendo de la Anatolia selyúcida, fundan el reino de Cilicia en la costa mediterránea, que duró casi trescientos años y elevó la cultura armenia a altas cotas.	La expedición de la Cuarta Cruzada saquea Constantinopla; una señal del desprecio con el que los cristianos de Occidente miran la iglesia ortodoxa de Oriente.

Bizancio ha ocupado tradicionalmente un lugar secundario en la historia de Europa. Como nunca aceptó la autoridad de los papas de Roma, fue vista como algo externo a la cristiandad latina y, por lo tanto, prácticamente ajeno a Europa. Sin embargo, Bizancio actuó como baluarte de Europa y la protegió durante siglos de la expansión militar del islam. Apartado en la periferia europea, con su combinación de lengua y educación griega y cristiandad ortodoxa, Bizancio forjó un magnífico legado cultural y artístico durante once siglos aunque, en general, y en cierto modo de forma despectiva, solo se le recuerda por la complejidad y las intrigas de su panorama político. Tras la caída de Constantinopla en 1453, Europa olvidó a los griegos, que solo estuvieron de actualidad brevemente en el s. XIX, cuando románticos como Lord Byron y otros helenófilos se solidarizaron con la causa de la liberación de Grecia. No obstante, lo que en realidad evocaban e idealizaban no era Bizancio, sino la Grecia clásica de Platón, Aristóteles y Safo.

Primer Imperio turco: los selyúcidas

Durante los siglos de altibajos del Imperio bizantino, un pueblo nómada turcomano había avanzado hacia el oeste desde Asia central. En su camino, se encontraron con los persas y se convirtieron al islam. Fuertes y marciales por naturaleza, asumieron el control de una parte del moribundo califato abasí y construyeron el suyo propio con centro en Persia. Tuğrul, del clan de los selyúcidas, fue nombrado sultán en Bagdad, desde donde comenzó el ataque contra el territorio bizantino. En el 1071, Alp Arslan, sobrino de Tuğrul, logró intimidar al poderoso ejército de Bizancio en Manzikert (al norte del lago Van) y, aunque les superaban en número, la hábil caballería turca se impuso. Esta victoria hizo que Anatolia quedara expuesta a grupos de nómadas turcomanos y marcó el inicio de la caída del Imperio bizantino.

Sin embargo, no todo se puso a favor de los selyúcidas. Durante los ss. XII y XIII se produjeron incursiones de los cruzados, que fundaron asentamientos temporales en Antioquía (la moderna Antakya) y Edesa (hoy en día Şanlıurfa). En paralelo, un ejército de cruzados rebeldes saqueó la ciudad de Constantinopla, capital de los cristianos bizantinos, aparentemente, aliados de los cruzados. Mientras, los selyúcidas se debatían en sus propias luchas internas por el poder, que acabarían por fragmentar su vasto Imperio.

El legado selyúcida persistió en Anatolia en el sultanato de Rum, cuyo centro era Konya. Aunque de etnia turca, los selyúcidas aportaron la cultura y el arte persas; fueron los introductores de las alfombras de lana anudada en Anatolia y precursores de una notable arquitectura

Roxelana, la esposa de Solimán, ha inspirado obras de arte como pinturas, la Sinfonía n° 63 de Joseph Haydn o novelas en ucraniano, inglés y francés.

» Derviches giróvagos.

1207-1270	**1243**	**1300**
Vida de Celaleddin Rumi, conocido como Mevlâna, fundador de la orden sufí mevleví o de los derviches giróvagos. Un gran poeta y filósofo místico que vivió en Konya tras huir de los mongoles.	Los mongoles irrumpen desde Asia central, toman Erzurum y derrotan a los selyúcidas en Köse Dağ. Al marchar, dejan solo Estados menores.	Cerca de Eskişehir, entre los moribundos bizantinos y los selyúcidas, neuróticos de la guerra, Osman se alza con el protagonismo y se enfrenta al ejército bizantino atrayendo poco a poco seguidores y ganando fuerza.

(aún visible en Erzurum, Divriği, Amasya y Sivas). Estos edificios fueron las primeras formas de arte verdaderamente islámico y se convertirían en prototipos sobre los que se modelaría después el arte otomano. Celaleddin Rumi (p. 451), el místico sufí que fundó la orden mevleví o de los derviches giróvagos, es un ejemplo del nivel cultural y artístico alcanzado en Konya.

Los descendientes mongoles de Genghis Khan atravesaron Anatolia, derrotando a los selyúcidas en Köse Dağ en 1243. Anatolia se fracturó en un mosaico de *beyliks* (principados) turcos y estados feudales mongoles. Pero en 1300, un único bey (gobernador) turco, Osman, fundó la dinastía otomana que pondría fin a la línea bizantina.

Fundación del Estado otomano

Las bandas de Osman se movían con impunidad por las tierras fronterizas entre Bizancio y el antiguo territorio selyúcida En una era marcada por la desintegración, ofrecían un ideal que atrajo a legiones de seguidores y, muy pronto, establecieron un modelo administrativo y militar que les permitió expandirse. Desde un principio, asumieron las culturas anatolias para crear la suya propia como una amalgama de elementos griegos y turcos, islámicos y cristianos; especialmente el cuerpo de jenízaros, que procedía de poblaciones cristianas.

Vigorosos y aparentemente invencibles, los otomanos avanzaron hacia el oeste y establecieron una primera capital en Bursa, para cruzar después hacia Europa y tomar en 1362 Adrianópolis (la actual Edirne). En 1371, ya habían llegado al Adriático y, en 1389, derrotaron a los serbios en Kosovo Polje, haciéndose con el control de los Balcanes.

Allí encontraron una afianzada comunidad cristiana, a la que absorber hábilmente aplicando el sistema de *millet,* que reconocía oficialmente a las comunidades minoritarias y les permitía gobernar sus asuntos internos. No obstante, no consintieron ni la insolencia cristiana ni las bravatas militares: el sultán Beyazıt aplastó a los ejércitos de la última Cruzada en Nicópolis (Bulgaria) en 1396. Pero Beyazıt, que quizás pensó que a partir de entonces contaría todas sus batallas por victorias, pecó también de insolencia al provocar a Tamerlán, el señor de la guerra tártaro; fue capturado, su ejército derrotado y el próspero Imperio otomano atajado mientras Tamerlán sacudía Anatolia a su antojo.

El auge otomano: Constantinopla y su legado

Hubo que esperar una década para ver marchar a Tamerlán y recuperar la paz. Los hijos de Beyazıt se disputaron el control hasta que apareció

En su libro *El imperio Otomano,* Colin Imber analiza la formación y las campañas de expansión de los diferentes sultanes.

Jason Goodwin traza la historia de esta época en *Los señores del horizonte: una historia del Imperio Otomano* y en *El árbol de los jenízaros,* una novela histórica sobre un eunuco a principios del siglo XIX.

1324	**1349**	**1396**	**1402**
Osman muere en una batalla contra los bizantinos en Bursa y nombra a su hijo Orhan su sucesor. Bursa se convierte en la primera capital otomana, que gobierna un reino en rápida expansión.	Como aliados de los bizantinos, los otomanos, con Orhan a la cabeza, hacen su primera incursión militar en Europa. Orhan previamente había consolidado el islam como la religión de los otomanos.	La Cruzada de Nicópolis, un grupo de fuerzas del oriente y occidente de Europa, intenta impedir que los turcos entren en el Viejo Continente impunemente. Los otomanos los aplastan y Europa se queda indefensa.	Beyazıt, victorioso tras la Cruzada de Nicópolis, dirige sus objetivos al botín más preciado, Constantinopla, y se enfrenta con soberbia a las fuerzas tártaras de Tamerlán, que doblegan a su ejército y lo esclavizan.

un sultán digno. Al mando de Mehmet I, los otomanos volvieron a expandirse. Con las fuerzas reunidas durante la espera, tomaron el resto de Anatolia, llegaron a Grecia, intentaron tomar Constantinopla y vencieron a los serbios por segunda vez en 1448.

Los otomanos habían resurgido cuando Mehmet II se convirtió en sultán en 1451. Constantinopla, último reducto de los sitiados bizantinos, estaba rodeada por territorio otomano y Mehmet no tenía otra opción que reclamarla. Construyó una fortaleza en el Bósforo, impuso un bloqueo naval y reunió a su ejército. Los bizantinos pidieron ayuda a Europa; tras siete semanas de asedio, la ciudad cayó el 29 de mayo de 1453. La cristiandad se estremeció ante los imparables otomanos y los diplomáticos compararon a Mehmet con Alejandro Magno, declarándolo digno sucesor de los grandes emperadores romanos y bizantinos.

La maquinaria de guerra otomana era imparable, y alternaba campañas entre las fronteras oriental y occidental del Imperio. El cuerpo de jenízaros, compuesto por jóvenes cristianos que eran entrenados para combatir, convirtió a los otomanos en el único ejército permanente de Europa; eran rápidos, organizados y estaban motivados.

Los sucesivos sultanes fueron expandiendo el reino. Selim I el Severo capturó Hiyaz en 1517 y, con ella, La Meca y Medina, por lo que reclamó el título de guardián de los lugares santos del islam. Aunque no todo era un militarismo ciego: Beyazıt II demostró el carácter multicultural del imperio cuando en 1492 invitó a Estambul a los judíos expulsados de España.

La edad de oro tuvo lugar durante el reinado de Solimán I [1520-1566], que destacó por codificar el derecho otomano y por sus proezas militares. Bajo su gobierno, los turcos celebraron victorias sobre los húngaros y se anexionaron la costa mediterránea de Argelia y Túnez. El código legislativo de Solimán era una visionaria amalgama de la ley secular y la islámica, y, gracias a su mecenazgo, alcanzaron su cenit cultural.

Solimán también es conocido por ser el primer sultán otomano en contraer matrimonio. Los sultanes anteriores habían disfrutado de los placeres del concubinato, pero él se enamoró de Roxelana y se casó con ella. Lamentablemente la monogamia no aseguró la paz familiar y las intrigas palaciegas provocaron la muerte de sus dos primogénitos. Agotado, Solimán murió luchando en el Danubio en 1566.

El gigante otomano se tambalea

Es difícil determinar cuándo o por qué se inició la caída del Imperio otomano, pero algunos historiadores señalan la muerte de Solimán como punto de inflexión. Su fracasada invasión de Malta en 1565 fue un mal presagio de lo que estaba por venir. Con la perspectiva del tiempo, es fácil decir que la dinastía de soberanos otomanos (desde Osman

En el serrallo: la vida privada de los sultanes en Estambul, de John Freely, cuenta la historia de la dinastía de los osmanlíes, que dirigió el Imperio otomano durante siete siglos.

Mujeres en púrpura: soberanas del Medievo bizantino, de Judith Herrin, muestra la vida de tres importantes mujeres: Irene, Eufrosine y Teodora, y recrea Constantinopla con sus ceremonias, rituales, monumentos y palacios.

El nombre de Anatolia procede del griego *anatolē,* que significa "salida del sol". En turco, *anadolu* se traduce más o menos como "tierra madre".

1421-1451	1453	1480-1481	1512-1516
Murat II restituye la grandeza otomana tras el revés de Tamerlán, toma Grecia y se retira a su palacio de Manisa dos veces, pero en ambas debe volver a ocupar el trono.	Mehmet II asedia Constantinopla coincidiendo con un eclipse lunar. Los bizantinos interpretan esto como un mal augurio y presagian el fin del cristianismo. Los turcos consiguen pronto la victoria.	Mehmet II intenta convertirse en un auténtico heredero de la gloria romana invadiendo Italia. Consigue conquistar Otranto, en Apulia, pero muere antes de marchar hacia Roma.	Selim el Severo derrota a los persas en Çaldiran, emprende la toma de Siria y Egipto asumiendo el manto del califa y conquista las ciudades santas de La Meca y Medina.

hasta Solimán, líderes de gran influencia y poderosos generales) no podía continuar indefinidamente. El árbol genealógico otomano tenía que generar algún inepto, y lo hizo.

Los sultanes que sucedieron a Solimán no estaban a la altura. El hijo de Solimán y Roxelana, Selim, conocido despectivamente como "el Borracho", reinó poco tiempo tras la catástrofe de Lepanto, que anunció el final de la supremacía naval Otomana. Las intrigas y las luchas por el poder originadas durante el sultanato de las Mujeres contribuyeron al desconcierto general de los últimos sultanes, aunque también desempeñaron un papel importante los intereses personales, que se sobrepusieron a los del Imperio.

Además, Solimán fue el último sultán en llevar a su ejército a la lucha. Sus sucesores estaban atrapados en los placeres de palacio, tenían poca experiencia en la vida cotidiana y escasa inclinación por administrar el Imperio. Esto, unido a la inercia inevitable de 250 años de expansión imparable, supuso el declive del poderío militar turco que, según Lutero, era irresistible.

Miguel de Cervantes resultó herido mientras luchaba contra los turcos en la batalla de Lepanto. Se dice que sus experiencias le inspiraron algunas escenas de *El Quijote*.

El enfermo de Europa

El asedio sobre Viena en 1683 fue el último intento de los otomanos para expandirse por Europa. Fallaron y, desde entonces, todo fue cues-

---

EL SULTANATO DE LAS MUJERES

En el imperio islámico más poderoso de la historia, el otomano, hubo un tiempo en que las mujeres ejercieron una gran influencia en palacio. Más que en cualquier otro período, desde el reinado de Solimán el Magnífico hasta mediados del s. XVII, algunas mujeres de la corte tuvieron y demostraron considerable fuerza política.

Esa época, a veces citada como el "Sultanato de las Mujeres", comenzó con lady Hürrem, conocida en Occidente como Roxelana. Esta concubina de Solimán pronto se convirtió en su consorte favorita y, al morir la madre del sultán, paso a ser la mujer más poderosa del harén. Luego se dedicó a cimentar su propia posición, convenciendo a Solimán de que se casara con ella, cosa que ninguna concubina había hecho antes.

Maestra en las intrigas palaciegas, persuadió al sultán para que eliminara a Mustafá, hijo de un emparejamiento anterior del soberano, y a Ibrahim, su gran visir; lo que allanaba el camino para que su propio hijo, Selim, heredase el trono. Pero tales artimañas tuvieron su efecto en el Imperio: Selim II demostró ser un soberano incapaz y un alcohólico, y algunos afirman que el precedente de las manipulaciones subrepticias de Roxelana contribuyó a la creciente incompetencia y posterior caída de la aristocracia otomana.

1520-1566

Reinado de Solimán el Magnífico, cenit del Imperio otomano. Solimán conduce a su ejército hacia la toma de Budapest, Belgrado y Rodas, y multiplica por dos el tamaño del Imperio.

1553

Mustafá, primogénito de Solimán, es estrangulado siguiendo órdenes de su padre. Supuestamente Roxelana, esposa de Solimán, conspiró para que lo hicieran y conseguir así que fuese su propio hijo el que ascendiese al trono.

» La ornamentada tumba de Solimán el Magnífico.

ta abajo. El Imperio aún era enorme y poderoso, pero había perdido ímpetu y se estaba quedando detrás de Occidente a nivel social, militar y científico. La bravucona campaña de Napoleón en Egipto en 1799, que demostró que la envalentonada Europa estaba dispuesta a plantar cara a los otomanos, fue la primera intromisión del industrializado Viejo Continente en los asuntos de Oriente Próximo.

Napoleón no era la única amenaza; los Habsburgo, en Europa central, y los rusos tenían cada vez más fuerza, mientras que Europa occidental había ido enriqueciéndose a lo largo de siglos de colonización del Nuevo Mundo, pues seguían moribundos, encerrados en sí mismos y ajenos a los avances que ocurrían en Europa, como demuestra la negación del clero otomano a permitir el uso de la imprenta hasta el s. XVIII, siglo y medio después de su implantación en Europa.

No obstante, fue otra idea importada de Occidente la que aceleraría la disolución del Imperio: el nacionalismo. Durante siglos, habían coexistido en relativa armonía diversos grupos étnicos, pero la creación de los estados-nación en Europa occidental desató el deseo de los pueblos sometidos de decidir su propio destino; así fue cómo se fueron liberando las diversas piezas del puzle otomano. Grecia consiguió la independencia en 1830, Rumanía, Montenegro, Serbia y Bosnia tomaron su propio rumbo en 1878 y, al mismo tiempo, Rusia avanzaba sobre Kars.

Mientras el Imperio otomano se reducía, hubo varios intentos de reforma, pero eran tímidos y tardíos. En 1829 Mahmut II suprimió el cuerpo de jenízaros y modernizó las fuerzas armadas. En 1876, Abdül Hamid II permitió la creación de la Constitución y el primer Parlamento, aunque aprovechó los sucesos de 1878 para abolirla y volverse cada vez más autoritario.

Pero la intranquilidad no venía solo de los pueblos súbditos: los turcos cultos también pretendían mejorar. En Macedonia se creó el Comité de Unión y Progreso (CUP) que, con una voluntad reformadora y los ojos puestos en Occidente, se dio a conocer como el movimiento de los Jóvenes Turcos y obligó a Abdül Hamid a abdicar y reinstaurar la Constitución en 1908. Pero la alegría duró poco, pues en la Primera Guerra de los Balcanes, Bulgaria y Macedonia desaparecieron del mapa otomano y las tropas búlgaras, griegas y serbias avanzaron rápidamente sobre Estambul.

El régimen otomano, otrora temido y respetado, acabó siendo conocido como el "enfermo de Europa". Los diplomáticos europeos hablaban con grandilocuencia de la "cuestión oriental", es decir, de cómo desmembrar y repartirse los trozos del Imperio.

Primera Guerra Mundial y consecuencias

La crisis militar coincidió con el golpe de Estado del triunvirato de ambiciosos, nacionalistas y brutales bajás del CUP, que tomaron el control del

Constantinopla. La ciudad deseada por el mundo 1453-1924, de Philip Mansel, es una rigurosa fuente de información, con anécdotas y análisis sobre la historia de esta fascinante ciudad.

1571	**1595-1603**	**1638**	**1683**
La marina otomana es arrasada en Lepanto por las renacientes fuerzas europeas, que controlan el comercio del Atlántico y el Índico, y que experimentan los avances del Renacimiento.	El celoso sultán Mehmet estrangula a sus 19 hermanos para proteger su trono. Su sucesor instituye "la jaula" para mantener a los potenciales aspirantes al trono distraídos con concubinas.	Los otomanos firman la paz con los persas en el Tratado de Zohrab, que acaba con 150 años de guerra en el extremo oriental de Anatolia entre los dos Estados islámicos.	El sultán Mehmet IV sitia Viena y su ejército cae derrotado. Al final del siglo, los otomanos habían pedido por primera vez la paz y perdido el Peloponeso, Hungría y Transilvania.

LA BATALLA DE GALLÍPOLI

El único frente donde los otomanos resistieron fue Gallípoli, en parte debido a la ineptitud del alto mando británico, pero también a la brillantez del comandante turco Mustafá Kemal. Con una voluntad férrea, supo alentar a sus hombres a mantener las posiciones mientras causaban un gran número de bajas en las fuerzas invasoras británicas y del Anzac (ejército conjunto de Australia y Nueva Zelanda), que habían desembarcado el 25 de abril de 1915.

Las dificultades del terreno, las duras condiciones climáticas de la península, azotada por el viento, y la propia naturaleza de una guerra de trincheras hicieron que la batalla entrase en un sangriento punto muerto, aunque hay informes que destacan gestos de civismo entre ambos bandos. Los aliados se retiraron después de ocho meses.

Dos leyendas nacionalistas brotaron posteriormente en las arenas teñidas de sangre de Gallípoli: los australianos recuerdan esa brutal campaña como el nacimiento de su independencia, mientras que los turcos consideran aquella exitosa defensa de su patria en la costa de Gallípoli como el origen de su conciencia nacional.

menguante Imperio. Consiguieron repeler el avance de la singular alianza de ejércitos balcánicos y salvar Estambul y Edirne, pero el siguiente movimiento fue elegir el bando equivocado en la guerra mundial que se avecinaba. Como consecuencia, los turcos tuvieron que enfrentarse a las potencias occidentales en múltiples campañas durante la Primera Guerra Mundial: a Grecia en Tracia, a Rusia en el noreste de Anatolia, a Gran Bretaña en Arabia y a una fuerza multinacional en Gallípoli. Además, esta época de agitación coincidió con los sucesos de Armenia.

Hacia el final de la Primera Guerra Mundial, los turcos estaban en una situación caótica, ya que los franceses ocupaban el sureste de Anatolia; los italianos, el oeste del Mediterráneo; los griegos, İzmir; y los armenios, con apoyo ruso, controlaban regiones del noreste de Anatolia. El Tratado de Sèvres de 1920 significó el desmembramiento del Imperio y dejó a los turcos con tan solo un reducto de árida estepa. Pero Europa no contó con una posible reacción turca. Así, poco a poco fue creciendo un movimiento nacionalista motivado por el humillación, a la cabeza del cual estaba Mustafá Kemal, líder de la victoria de Gallípoli, que se hizo con el apoyo de los derviches Bektaşi, empezó a organizar la resistencia turca y creó una Asamblea Nacional en Ankara, lejos de los ejércitos enemigos y la intromisión de los diplomáticos.

Mientras, una fuerza expedicionaria griega presionaba desde İzmir. Los griegos, que desde la obtención de la independencia en 1830 habían soñado con recrear el Imperio bizantino, vieron una gran oportunidad. Ante el caos turco, tomaron Bursa y Edirne y avanzaron hacia Anka-

1720	1760-1800	1826	1839
El mandato de Ahmet III, un sultán extravagante, que gasta ingentes cantidades en el Bósforo, está marcado por el nepotismo y la corrupción. Los Habsburgo austríacos y Rusia emergen como grandes rivales.	A pesar de los intentos franceses de modernización, los otomanos ceden terreno a los rusos con Catalina la Grande, que se autoproclama protectora de los súbditos ortodoxos otomanos.	Importantes intentos de reforma con Mahmut II. Centraliza la administración y moderniza el ejército, lo que deriva en la eliminación, literalmente, del cuerpo de los jenízaros.	Las reformas continúan con el Tanzimat, un paquete de medidas jurídicas y políticas basadas en el principio de igualdad entre los súbditos musulmanes y no musulmanes.

ra; pero esto fue la provocación que necesitaba Mustafá Kemal para obtener un apoyo masivo del pueblo. Tras una escaramuza inicial en İnönü, los griegos presionaron en dirección a Ankara, pero la decidida resistencia turca les frenó en la batalla de Sakarya. Los dos ejércitos volvieron a encontrarse en Dumlupınar, donde los turcos asestaron una gran derrota a los griegos, que se batieron en retirada hacia İzmir y desde ahí fueron expulsados de Anatolia, dejando numerosos refugiados griegos, pillajes y saqueos.

Mustafá Kemal se convirtió en el héroe de los turcos. Macedonio de nacimiento, había materializado el sueño de los Jóvenes Turcos: crear un moderno estado-nación. El Tratado de Lausana de 1923 enmendó las humillaciones del de Sèvres e impuso la retirada de las potencias extranjeras de Turquía. Se trazaron las fronteras del moderno Estado turco y el Imperio otomano desapareció, aunque su legado está presente desde Albania a Yemen.

Atatürk: reformas y república

Los turcos consolidaron Ankara como capital y abolieron el sultanato. Mustafa Kemal, que más tarde adoptaría el nombre de Atatürk (literalmente "padre de los turcos"), asumió la presidencia de la nueva república laica y los turcos se pusieron manos a la obra. La energía de Mustafa Kemal parecía no tener límites, ya que quería ver a Turquía situada entre los países más modernos y desarrollados de Europa.

En aquella época, el país estaba devastado tras años de guerras, así que se necesitaba una mano firme, la de Atatürk y su despotismo ilustrado, que crearon las instituciones democráticas pero sin permitir ninguna oposición. Toleró muy pocas discrepancias y se dejó llevar por un cierto autoritarismo, aunque su motivación última siempre fue el progreso de su pueblo. No obstante, su insistencia en que el Estado fuera exclusivamente turco tendría consecuencias para el país. Con el objetivo de fomentar la unidad nacional, trató de integrar los movimientos nacionalistas y separatistas que ya habían causado problemas al Imperio, pero al hacerlo negó la existencia como cultura de los kurdos, muchos de los cuales habían combatido valientemente por la independencia turca. Como era de esperar, años más tarde estalló una revuelta kurda en el sureste de Anatolia, la primera de las innumerables que surgirían a lo largo del s. xx (véase p. 669).

El deseo de crear estados-nación unificados en el Egeo provocó intercambios de población entre Grecia y Turquía: comunidades de habla griega de Anatolia fueron enviadas a Grecia, mientras que los musulmanes residentes en Grecia eran trasladados a Turquía. Estos intercambios trajeron desarraigo y la creación de pueblos fantasma, vaciados y nunca reocupados, como Kayaköy (p. 328). Fue una medida

Turquía, entre Occidente y el Islam, una historia contemporánea, de Gloria Rubiol, analiza la trayectoria del país desde el Imperio otomano hasta su fundación por Atatürk, así como la política en el siglo xx o la situación de las minorías étnicas.

1876	**1908**	**1912-1913**	**1915-1918**
Abdülhamid II sube al trono. Se reúne por vez primera la Asamblea Nacional y se crea una Constitución pero, Serbia y Montenegro, envalentonadas por el movimiento paneslavo, luchan por la independencia.	Los Jóvenes Turcos del Comité de Unión y Progreso (CUP), con base en Tesalónica, reclaman la reintroducción de la Constitución. En las siguientes elecciones ganan por mayoría.	Primera y segunda Guerra de los Balcanes. Una alianza entre las fuerzas serbias, griegas y búlgaras toma Salónica y Edirne. Más tarde la alianza se vuelve contra sí misma.	Los turcos participan en la Primera Guerra Mundial con las Potencias Centrales. Lucharon en cuatro frentes, pero solo salieron victoriosos en Gallípoli. Al final de la guerra, una flota británica se posiciona frente a Estambul.

pragmática destinada a evitar brotes de violencia étnica, pero se convirtió en un triste episodio y, lo más importante, perjudicó al desarrollo del nuevo Estado. Turquía perdió a una parte importante de su clase culta otomana, que no hablaba turco, y, a cambio, acogió campesinos musulmanes pobres de los Balcanes.

EL DESTINO DE LOS ARMENIOS DE ANATOLIA

Durante los últimos años del Imperio otomano, hubo miserias humanas de dimensiones épicas, aunque ninguna ha dejado un legado tan perdurable de melancolía y controversia como el destino de los armenios de Anatolia. El relato comienza en la primavera de 1915 con testimonios oculares de unidades del ejército otomano que desfilaban por poblaciones armenias hacia el desierto de Siria; termina con el interior de Anatolia prácticamente desprovisto de armenios. Lo que ocurrió en medio queda envuelto en la conjetura, la ofuscación y la propaganda descarada.

Los armenios sostienen que fueron víctimas del primer genocidio orquestado del s. xx, en el que se ejecutó de forma sumaria o mató en marchas de la muerte a un millón y medio de armenios, y que las autoridades otomanas ordenaron su deportación para eliminar la presencia armenia de Anatolia. A día de hoy, los armenios siguen exigiendo que se reconozca el exterminio.

Aunque Turquía admite que murieron miles de armenios, rechaza la idea de genocidio y afirma que las órdenes consistían en trasladar armenios pero no en exterminarlos. Las muertes, según las autoridades turcas, sobrevinieron a causa de las enfermedades y el hambre, consecuencias directas del caos de una época de guerra. Algunos dicen, incluso, que fueron los turcos los masacrados por parte de las guerrillas armenias.

Casi un siglo después, la cuestión sigue sin resolverse, aunque parece que se están haciendo pequeños progresos. El asesinato del categórico periodista turco-armenio Hrant Dink a principios del 2007 a manos de ultranacionalistas turcos pareció confirmar que el acercamiento era imposible. Pero, para sorpresa de muchos, miles de turcos se manifestaron en solidaridad con el periodista asesinado luciendo pancartas que decían "Todos somos armenios".

La llamada "diplomacia del fútbol" del 2009, cuando los presidentes turco y armenio intercambiaron visitas oficiales para ver partidos de fútbol, significó el restablecimiento del contacto diplomático. Los obstáculos políticos perduran, pero cada vez hay más relación entre artistas, académicos y grupos civiles turcos y armenios. Entretanto, el dinámico intercambio comercial turco-armenio continúa, a pesar de que su frontera común está cerrada. Las fábricas turcas envían sus manufacturas a Armenia a través de una ruta que pasa por la vecina Georgia, lo que prueba que turcos y armenios tienen mucho que ganar si entierran sus recelos mutuos. ¿Tiene solución el problema? Ojalá.

IZZET KERIBAR

» Monumento turco, Gallípoli.

1919-1920

Empieza la Guerra de Independencia de Turquía. El Tratado de Sèvres (1920) reduce Turquía a una franja de Anatolia, pero los turcos, liderados por Mustafa Kemal, se sublevan para defender su tierra.

1922

Los turcos hacen retroceder a las fuerzas expedicionarias griegas, que habían avanzado hasta Anatolia, y las expulsan de Esmirna (İzmir). Turquía reafirma su independencia y las potencias europeas la aceptan.

1923

El Tratado de Lausana, firmado por el resuelto İsmet İnönü, enmienda los errores de Sèvres. Los miembros de la Asamblea Nacional apoyan unánimemente la creación de la República de Turquía.

El afán modernizador de Atatürk era inquebrantable, por lo que transformó el Estado turco a todos los niveles. Todo fue escudriñado, desde el uso de turbantes al lenguaje, y se hicieron las reformas necesarias. Durante las décadas de 1920 y 1930, Turquía adoptó el calendario gregoriano y el alfabeto romano, estandarizó el idioma, prohibió el uso del fez, instituyó el sufragio universal y decretó que los turcos debían tener apellidos, algo de lo que siempre habían prescindido, acercándose así más a Occidente. Cuando murió en noviembre de 1938, Atatürk había hecho en gran medida honor a su nombre, pues se había convertido en protagonista de la creación del Estado-nación turco y lo había llevado a la modernidad.

Democratización y golpes de estado

Pese a que las reformas avanzaban con rapidez, Turquía seguía siendo un país débil económica y militarmente, y el sucesor de Atatürk, İsmet İnönü, tuvo la precaución de no implicarse en la Segunda Guerra Mundial. Una vez finalizada, Turquía pasó a ser aliada de EE UU. Como baluarte contra los soviéticos (la frontera armenia marcaba el límite del bloque comunista), Turquía adquirió una gran importancia estratégica y recibió la ayuda estadounidense. La nueva amistad se cimentó con la participación turca en la Guerra de Corea y la entrada del país en la OTAN.

Mientras, el proceso democrático cobró impulso. En 1950, el Partido Demócrata ascendió al poder. Gobernó durante una década pero no hicieron honor a su nombre y aumentaron progresivamente su autoritarismo hasta que el ejército los depuso en 1960. El gobierno militar duró poco, pero permitió la liberalización de la Constitución y sentó las bases para los años siguientes. Los militares se consideraban guardianes del proyecto de Atatürk, pro occidental y laico, por lo que se sentían obligados y autorizados a intervenir para asegurar que la República siguiera la trayectoria correcta.

En las décadas de 1960 y 1970 nacieron nuevos partidos políticos de todos los colores, pero la profusión no hizo que la democracia fuese más activa. A finales de la década de 1960, se registró un activismo de izquierdas y una violencia política que llevaron a un desplazamiento de los partidos de centro hacia la derecha. El ejército volvió a entrar en escena en 1971 y no restituyó el poder al pueblo hasta 1973. Varios meses después, las tropas fueron enviadas a Chipre por el presidente Bülent Ecevit para proteger a la minoría turca y dar respuesta a la organización extremista grecochipriota que se había hecho con el poder y amenazaba con la anexión a Grecia. La invasión ocasionó la división de la isla en dos sectores –uno de ellos solo reconocido por Turquía–, situación que se mantiene actualmente.

El caos político y económico se prolongó durante el resto de la década de 1970, de forma que, en 1980, los militares tomaron otra vez

El turco: diez siglos a las puertas de Europa, de Francisco Veiga, es un excelente libro para conocer de forma detallada la historia de Turquía, desde sus orígenes hasta sus negociaciones de ingreso en la UE.

LA TURQUÍA MODERNA

1938	1945-1950	1950-1953	1971
Muere Atatürk a los 57 años en el palacio Dolmabahçe, en Estambul, el 10 de noviembre. Todos los relojes del palacio se pararon a la hora de la defunción: 9.05.	Tras la Segunda Guerra Mundial, en la que los turcos no participaron, la Doctrina Truman lleva ayuda a Turquía con la condición de la democratización. En 1950 el Partido Demócrata gana las elecciones.	Turquía envía tres batallones para ayudar a EE UU en la Guerra de Corea. Los soldados turcos sirven con distinción y Turquía se convierte en un aliado clave de EE UU en la guerra fría.	Crecientes conflictos políticos impulsan al ejército a intervenir y restaurar el orden. El jefe militar entrega al primer ministro un ultimátum por escrito conocido como "golpe por memorándum".

el poder para restablecer el orden. Lo hicieron a través del nuevo y temido Consejo de Seguridad Nacional, aunque en 1983 permitieron la celebración de elecciones. Por primera vez en décadas, se registró un resultado satisfactorio para el país. Turgut Özal, líder del Partido de la Madre Patria (ANAP), consiguió la mayoría y, al no tener que bregar con socios de gobierno, puso de nuevo en marcha el país. Özal, astuto economista pro islámico, impulsó importantes reformas económicas y legislativas que permitieron a Turquía alcanzar un buen nivel internacional y plantar la semilla para su futuro desarrollo.

No obstante, el final de la década de 1980 se caracterizó por la corrupción y el separatismo kurdo, que tendrían un impacto más duradero que el gobierno de Özal.

PADRE DE LA MADRE PATRIA

Para occidentales poco acostumbrados a venerar a personajes públicos, la devoción de los turcos por Atatürk puede parecer peculiar. Como respuesta, la gente dirá que el Estado turco es producto de su energía y su visión, y que sin él no existiría Turquía. Una vez pasada la era de Stalin, Hitler y Mussolini, Atatürk se erige como modelo en el arte de gobernar y demuestra que las reformas radicales gestionadas con habilidad pueden ser un gran éxito.

La gratitud de los turcos hacia Atatürk se manifiesta continuamente, pues aparece en sellos, billetes, estatuas (a menudo a caballo, con pose marcial) y plazas de todo el país, y su nombre acompaña innumerables puentes, aeropuertos y autovías. Además, parece ser que cada casa en la que pasó una noche, desde el sur del Egeo hasta el mar Muerto, se ha convertido en museo.

Los escolares turcos conocen a la perfección la vida y milagros de Atatürk, ya que se lo aprenden de memoria. Pero quizá la imagen del personaje sea mucho más simple en realidad. Defensor declarado de la cultura turca, prefería la ópera a la música tradicional; y aunque se hizo llamar "Padre de los turcos", no tuvo hijos y su matrimonio fue corto y problemático. Murió relativamente joven, a los 57 años, en 1938. Sin duda, la vida militar, las reformas y el ser una figura pública se cobraron su precio. Su amigo y sucesor en el cargo, İsmet İnönü, aseguró que sería objeto de alabanzas por parte de sus paisanos; y así ha sido, pues la adoración continúa a día de hoy. De hecho, cualquier insulto contra Atatürk no solo se considera altamente ofensivo, sino que también es ilegal. Las críticas a políticos pueden ser algo normal en casa, pero en Turquía son impensables si hacen referencia a Atatürk.

Existen dos biografías destacadas sobre Atatürk. *Atatürk: el renacimiento de una nación*, de Patrick Kinross, resulta interesante y se acerca al punto de mira turco; mientras que *Atatürk*, de Andrew Mango, analiza su vida en detalle con mayor distancia y objetividad.

1980	1983	1985-1999	1997
Tercer golpe militar de Turquía, esta vez, para parar la violencia callejera entre grupos de derechas e izquierdas. Se forma el Consejo de Seguridad Nacional.	Con las elecciones tras el golpe de 1980 empieza la era Özal, un líder populista y pragmático que emprende reformas económicas. Turquía se abre a Occidente y despega la industria del turismo.	Abdullah Öcalan funda el Partido de los Trabajadores del Kurdistán (PKK), un grupo terrorista que reclama un Estado kurdo. En el sureste de Anatolia se desarrolla una guerra de baja intensidad, hasta la captura de Öcalan en 1999.	La coalición gubernamental liderada por Necmettin Erbakan y su religioso Partido del Bienestar (Refah) es disuelta, supuestamente bajo presión militar, en lo que se ha llamado un "golpe posmoderno".

La década de 1990: modernización y separatismo

La década de 1990 tuvo un inicio fulminante con la Guerra del Golfo. Turquía desempeño un papel destacado en la invasión aliada de Irak, pues Özal apoyó las sanciones y permitió los ataques aéreos desde bases del sur de Anatolia. Tras décadas en segundo plano, Turquía adquiría relevancia en la comunidad internacional y se convertía a la vez en un importante aliado de EE UU. Al final de la Guerra del Golfo, millones de kurdos iraquíes emigraron al sureste de Anatolia, ya que temían represalias de Sadam Hussein. Este éxodo llamó la atención de los medios de comunicación internacionales y volvió a poner en el candelero el asunto kurdo, lo que acabó con el establecimiento de un territorio kurdo protegido al norte de Irak. Esto provocó que el Partido de los Trabajadores del Kurdistán (PKK) potenciara su campaña y, a su vez, que las respuestas del ejército turco fueran más drásticas y fulminantes, de modo que el sureste del país se vio prácticamente envuelto en una guerra civil.

Turgut Özal murió repentinamente en 1993 dejando un vacío de poder. A lo largo de toda la década, se sucedieron débiles gobiernos de coalición, con personajes que desaparecían pronto del escenario político. Tansu Çiller fue durante un breve período la primera mujer en dirigir el Gobierno turco, pero su tan aireado toque femenino y su experiencia económica ni encontraron la solución a la cuestión kurda ni mejoraron la delicada situación financiera.

En diciembre de 1995, el religioso Partido del Bienestar (RP) consiguió formar Gobierno, con el veterano Necmettin Erbakan a la cabeza. Embriagados de poder, los políticos del RP hicieron unas declaraciones islamistas que provocaron la ira del ejército. En 1997, el Consejo de Seguridad Nacional declaró que el RP había cometido desacato contra la Constitución, que prohibía el uso de la religión en política. Ante lo que algunos llamaron un "golpe de Estado posmoderno", el Gobierno dimitió y el RP se disolvió.

La captura del líder del PKK, Abdullah Öcalan, a principios de 1999 podía parecer un buen augurio tras los caldeados años noventa, pues ofrecía una oportunidad para zanjar el problema kurdo, algo que aún no se ha conseguido. Pero aquel mismo año el catastrófico terremoto de İzmit eliminó cualquier esperanza para el nuevo milenio. El Gobierno gestionó la crisis de manera inadecuada, pero la efusión mundial de simpatía y ayuda, incluso de sus eternos enemigos, los griegos, sirvió para que los turcos se convenciesen de que son miembros importantes de la comunidad internacional.

2001	2002	2005	2008
La economía se colapsa y la lira turca se desploma. Con una compleja coalición en punto muerto, una inmensa deuda externa y violaciones de los derechos humanos, Turquía está en horas bajas.	El Partido de la Justicia y el Desarrollo (AKP) de Recep Tayyip Erdoğan gana arrolladoramente las elecciones, un reflejo del descontento de los turcos con los partidos consolidados. La economía se recupera.	Comienzan las conversaciones para la integración en la UE y la implementación de reformas. La resistencia de algunos Estados de la UE provoca que descienda el índice de aprobación de los turcos.	Tras la sonada reelección a mediados del 2007, el AKP es amenazado con el cierre alegando que está minando la naturaleza laica de la nación turca.

Arquitectura

Turquía, en cuyo territorio se han establecido infinidad de civilizaciones a lo largo de la historia, despliega una monumental variedad de estilos y vestigios que muestran las influencias culturales y las destrezas técnicas de sus creadores.

Antigua

Los primeros restos arqueológicos hallados en Anatolia, de unos siete mil años de antigüedad, son los de Çatalhöyük, y muestran construcciones de ladrillos de barro a las que se accedía por el tejado. Alacahöyük, que data del 4000 a.C., se caracteriza por edificaciones más complejas. En la época de la fundación de Troya empezaba a desarrollarse el diseño de templos, mientras que los vestigios hititas de Hattuşa, que incluyen imponentes puertas, muros de piedra y murallas terrosas, revelan una progresiva sofisticación en la intervención del paisaje.

En el árido sureste se desarrollaron peculiares técnicas constructivas en forma de colmena que aún pueden verse en Harran.

Griega y romana

Los arquitectos de la antigua Grecia hicieron gala de un excelente sentido urbanístico y de una gran capacidad de innovación al incorporar bóvedas y arcos a sus edificios. Más tarde, los romanos se basaron en sus avances. Estructuras típicas del diseño clásico como el anfiteatro, el ágora y el foro pueden verse en Side, mientras que Letoön presenta fabulosos ejemplos de templos, la tipología constructiva característica de la arquitectura clásica.

Los romanos también fueron consumados constructores de caminos, y desarrollaron una extensa red que unía centros mercantiles y enclaves militares. En Tarsus se pueden ver tramos de una calzada romana.

Bizantina

Los edificios eclesiásticos distinguen la arquitectura bizantina de la de los primeros griegos paganos. Los bizantinos desarrollaron el diseño

El arte de construir Bizancio, de Auguste Choisy, muestra profusamente la arquitectura bizantina y sus técnicas constructivas, con ilustraciones para entender cómo se hicieron las cúpulas.

LA CAPITAL DEL ASIA ROMANA

Éfeso es el ejemplo preeminente de ciudad romana en Turquía. Calles enlosadas, gimnasio, sistema de alcantarillado, mosaicos, frescos y teatro integran un ordenado conjunto de arquitectura y diseño romano.

Como próspera ciudad comercial que era, fue dotada de edificios significativos. El templo de Artemisa, con su 'bosque' de robustas columnas, era una de las Maravillas de la Antigüedad, pero fue destruido por orden de un arzobispo bizantino. El Gran Teatro, uno de los más grandes del mundo romano, es un claro exponente de la destreza romana para la construcción de teatros y la acústica, mientras que la cercana biblioteca de Celso fue ingeniosamente proyectada para parecer mayor de lo que en realidad es.

LAS MEZQUITAS IMPERIALES

Para muchos viajeros, la suave cadencia de las cúpulas y la agudeza de los alminares de las mezquitas son la quintaesencia de Turquía. Las más impresionantes, en tamaño y majestuosidad, son las mezquitas imperiales que mandaron erigir miembros de las casas reales.

En torno a cada mezquita imperial se abría un *külliye*, un conjunto de instituciones de caridad que solía contar con hospital, asilo, orfanato, *imaret* (comedor de beneficencia), hospedería para viajeros, madraza, biblioteca, baños y un cementerio en el que recibían sepultura el mecenas de la mezquita, su familia y otras personalidades destacadas. Con el paso del tiempo, muchos de estos edificios fueron demolidos o modificados, pero el complejo de la mezquita de Süleymaniye de Estambul conserva intacto gran parte de su *külliye*.

Este modelo constructivo, perfeccionado durante el reinado de Solimán el Magnífico por el arquitecto otomano más venerado, Mimar Sinan (véase recuadro, p. 78), se ha mostrado tan imperecedero que aún se emplea, con variaciones, en las mezquitas modernas de toda Turquía.

El estilo arquitectónico otomano se extiende más allá de las fronteras de la Turquía moderna; en los Balcanes, aún se conservan mezquitas, fortalezas, paisajes urbanos y puentes otomanos.

de iglesias y basílicas mientras trabajaban con nuevos materiales como el ladrillo y el yeso, y demostraron tener un don para la construcción de cúpulas como la de Santa Sofía.

Los mosaicos eran parte inherente de su estilo; en el Museo Arqueológico de Antakya o en la cercana iglesia de San Pedro, se pueden admirar excelentes ejemplos. La Cisterna Basílica y el acueducto de Valente, en Estambul, son buena muestra de la floreciente habilidad de los ingenieros bizantinos, mientras que la iglesia de Chora suele ser descrita como la cúspide de la pintura al fresco bizantina.

En el este, diestros canteros armenios desarrollaron su propio y peculiar estilo arquitectónico. La iglesia de Akdamar, del s. x, es un fabuloso exponente, mientras que el yacimiento de Ani incluye algunos restos fascinantes.

Selyúcida

La arquitectura selyúcida revela una significativa influencia persa, tanto en el diseño como en los elementos decorativos, que incluyen escritura cúfica e intrincadas tallas en la piedra. Fueron la primera potencia islámica de Turquía y dejaron un legado de solemnes mezquitas y madrazas caracterizadas por sus entradas de profusa decoración; las mejores se pueden ver en Konya, Sivas y Divriği. Como mecenas y beneficiarios de la Ruta de la Seda, los selyúcidas también construyeron una red de caravasares por toda Anatolia, como en Sultanhanı o Capadocia.

En el sureste, los artúquidas crearon los paisajes urbanos de Mardin y Hasankeyf, con obras de cantería de un característico tono melado y tumbas de ladrillo de color albaricoque.

Relato de cómo se construyó *Santa Sofía*, de José M. Egea, cuenta sobre fuentes históricas el proceso de construcción de una de las obras de arte y arquitectura más importantes de la humanidad.

Otomana

A partir del s. XIV, a medida que se extendían por Anatolia, los otomanos fueron paulatinamente absorbiendo la herencia arquitectónica bizantina, en especial la religiosa (lo que se hace particularmente evidente en el empleo de cúpulas), y la incorporaron al ya existente repertorio persa para crear un estilo completamente nuevo: la planta en forma de T. La Üç Şerefeli Cami de Edirne se convirtió en el modelo, no solo por ser una de las pioneras de esta tipología, sino porque fue la primera mezquita otomana en contar con una cúpula amplia y un patio con una fuente para las abluciones.

Por otra parte, los otomanos también desarrollaron una peculiar tipología de arquitectura doméstica consistente en casas de varias plantas con la inferior de piedra y las superiores sobresalientes y apoyadas sobre ménsulas talladas (véase p. 422). Ciudades como Amasya, Safranbolu, Muğla y algunos barrios de Estambul aún conservan casas de este estilo.

Más adelante, en Estambul, los arquitectos crearon las *yalı*, inmensas y majestuosas mansiones junto al mar que solían estar construidas únicamente en madera y que servían de retiro estival para las familias más distinguidas; en el Bósforo aún se pueden admirar magníficos ejemplos.

Barroca y neoclásica turca

La influencia del barroco y el rococó llegó a Turquía a mediados del s. XVIII y el resultado fue un pastiche de curvas ampulosas, florituras, volutas, pinturas al fresco y profusa ornamentación frutal que algunos han descrito como el "barroco turco" y cuyo mejor exponente es el palacio Dolmabahçe. Mientras que la construcción de mezquitas pertenecía al pasado, los últimos otomanos aún adoraban los pabellones, en los que disfrutaban del aire libre; el de Küçüksu Kasrı en Estambul es un buen exponente.

Durante el s. XIX y principios del s. XX, arquitectos extranjeros o formados en el exterior comenzaron a desarrollar un híbrido neoclásico: arquitectura europea amalgamada con barroco turco y algunas concesiones al estilo otomano. Vedat Tek, un arquitecto turco formado en París, proyectó la oficina central de correos de Estambul, que combina elementos otomanos con la simetría europea. La estación de ferrocarril de Sirkeci, del alemán Jachmund, es otro buen ejemplo de este neoclásico ecléctico.

Moderna

No hay mucho que decir, por el momento, sobre la arquitectura moderna turca. El movimiento más destacable de las últimas décadas es el que ha llevado a los turcos a interesarse por su patrimonio arquitectónico, sobre todo por aquel que puede transformarse en dólares a través de la industria turística. Las restauraciones y nuevas construcciones que se están llevando a cabo en Sultanahmet y otras partes de Estambul, e incluso en Göreme (Capadocia), previsiblemente lucirán un estilo otomano clásico.

Constantinopla: la herencia histórica de Estambul, de Stephane Yerasimos, ofrece datos históricos y contextuales de muchas de las magníficas edificaciones de la ciudad junto a espectaculares imágenes.

CONSTANTINOPLA

ARQUITECTURA

Gastronomía de Turquía

Al pensar en comida turca, a muchos les viene a la cabeza la imagen de grasientos *döner kebaps* y salsas de supermercado, mientras que otros piensan en hojas de parra sosas y aceitosas rellenas o en *şiş kebaps* duros y calcinados en una barbacoa dominical. Por suerte, la realidad no podría ser más distinta.

En Turquía, los kebabs son increíblemente suculentos, las *yaprak dolması* (hojas de parra rellenas) recubren arroz sutilmente especiado, los platos de *meze* se elaboran cada día con los mejores ingredientes de temporada, el pescado recién capturado se cocina con pericia a la brasa y se sirve sin adornos acompañado de ensalada fresca, y la famosa bebida turca anisada, el *rakı*, y delicados vasos de fuerte *çay* se combinan con *baklava* bañado en miel y relleno de orondos pistachos de Gaziantep.

La comida aquí no es simplemente alimento para el estómago, sino un acto alegre y bullicioso, casi siempre comunitario, en el que se celebra la vida. La comida se usa para festejar una fecha, cimentar una amistad y cohesionar la familia. Para los turcos, la idea de comer frente al TV o directamente de la nevera es un anatema; su cocina es social y lenta y está basada en las estaciones.

Puede que los fundamentos de la gastronomía turca procedan de las estepas de Asia central, pero a medida que el Imperio otomano creció, fue acaparando ingredientes de Grecia, Persia, Arabia y los Balcanes, dando lugar a una deliciosa y variada cocina. Cada región cuenta con sus especialidades y sus ingredientes fetiche, por lo que un viaje por Turquía es una tentación continua.

A diario

Desayuno

El típico *kahvaltı* (desayuno) turco se compone de *ekmek* (pan) blanco recién horneado, mermelada o miel, aceitunas negras, rodajas de pepino y tomate, un huevo duro, *beyaz peynir* (queso blanco salado de oveja o cabra) y mucho *çay* (té negro con azúcar). Todos los hoteles ofrecen este festín cada mañana. Otros platos de desayuno que hay que probar son las *menemen* (una especie de tortilla con tomate, cebolla, pimiento y queso blanco) y el pan con miel de flores y *kaymak* (una crema cuajada).

Almuerzo

Muchos lugareños hacen el *öğle yemeği* (almuerzo) en una *lokanta*, locales baratos y animados que venden *hazır yemek* (comida preparada) que mantienen caliente al baño María. Hay que mirar lo que hay en la barra y decirle al camarero que prepare lo que se ha elegido comer.

Antes de empezar a comer, los turcos dicen "Afiyet olsun" (que aproveche) y, al acabar, "Elinize sağlık" (bendita sea tu mano) para halagar al anfitrión por su comida.

Se puede pedir una porción entera *(bir porsiyon)*, una *yarım* (media) *porsiyon* o un plato con diferentes opciones; se paga por *porsiyon*.

La selección de platos suele incluir *çorba* (sopa); las más típicas son de *mercimek* (lentejas), *ezo gelin* (lentejas rojas y arroz) y *domates* (tomate), además de platos de carne y verdura, *pilavs* (arroz) y *dolmas* (verdura rellena de arroz o carne).

Cena

Por lo que se refiere a la *akşam yemeği* (cena), las opciones abundan. En una *meyhane* (taberna turca), los clientes suelen empezar con una selección de *mezes* seguida de un plato principal de pescado. Un *kebapçı* (restaurante de kebab) es el lugar al que acudir para probar kebabs, y un *köfteci* es el equivalente para las *köftes* (albóndigas); en ambos se suelen servir *mezes* como entrante. En un *kebapçı*, las versiones *ocakbaşı* (parrilla) son más divertidas, pues los comensales se sientan alrededor de una barbacoa y ven cómo se prepara su carne. La mayoría de los *restorans* sirve *mezes*, una combinación de platos de kebab y *köfte*, y pescado.

Los otomanos, expertos en poner nombres evocadores a sus platos, crearon delicias como "muslos de dama", "el deleite del sultán", "ombligo del harén" o "nidos de ruiseñor".

GASTRONOMÍA DE TURQUÍA A DIARIO

MARAVILLOSOS 'MEZES'

Los *mezes* no son solo un plato, sino toda una experiencia culinaria. En las casas de Turquía, los anfitriones suelen sacar unos pocos platos preparados con sumo cariño para que los invitados piquen algo antes de servir el plato principal. En las *meyhanes*, el camarero se pasea llevando enormes bandejas de *mezes* fríos para que los clientes elijan. Los *mezes* calientes se suelen pedir de la carta.

Los turcos creen que fue Solimán el Magnífico el que los introdujo en el país. Durante una de sus campañas en Persia, aprendió de los ingeniosos líderes persas que los degustadores de comida eran una excelente idea para todo sultán que quisiese cuidar de su seguridad. Cuando volvió a casa, decretó que hubiese esclavos *çeşni* (probadores) que comiesen, antes de que él se sentara a la mesa, pequeñas porciones de los platos. Estas porciones se conocían como *mezes*, la palabra persa para gusto agradable, placentero.

Los *mezes* suelen estar hechos a base de verdura, aunque también pueden ser de pescado; estos son los más habituales del país:

Acılı ezme Tomate picante y pasta de cebolla.
Ançüez Boquerones en escabeche.
Barbunya pilaki Ensalada de alubias rojas.
Beyaz peynir Queso blanco de oveja o cabra.
Cacık Yogur con pepino y menta.
Çerkez tavuğu Pollo circasiano, con pollo, pan, nueces, sal y ajo.
Enginar Alcachofas cocidas.
Fasulye pilaki Alubias blancas con concentrado de tomate y ajo.
Fava salatası Puré de habas.
Haydari Yogur con berenjena asada y ajo.
Kalamar tava Calamares fritos servidos, normalmente, con salsa *tarator* (pan rallado, nueces y ajo).
Lakerda Jurel muy condimentado y salado.
Muhammara Crema de nueces, pan, *tahini* y zumo de limón; también conocida como *acuka* o *civizli biber*.
Patlıcan kızartması Ensalada de berenjena frita con tomate.
Patlıcan salatası Berenjena frita con tomate.
Piyaz Ensalada de alubias blancas.
Semizotu salatası Verdolaga con yogur y ajo.
Sigara böreği Rollitos de pasta frita, a menudo rellenos de *peynir* (queso).
Yaprak sarma/yaprak dolması Hojas de parra rellenas de arroz, hierbas y piñones.
Yeşil fasulye Judías.

¿Qué hay en el menú?

Turquía es uno de los pocos países del mundo que se autoabastece, y le sobra, en lo que a comida se refiere, lo que significa que los productos van rápidamente de la tierra a la mesa y conservan toda su frescura y sabor. Aquí, todo el mundo es 'localívoro'.

Carne: la favorita de los turcos

Los turcos son, sobre todo, grandes devoradores de carne, lo cual no ha de ser un problema para los viajeros vegetarianos (p. 659). Ternera, cordero, carnero, hígado y pollo se preparan de mil maneras, de las que el kebab (*şiş* y *döner*) es la más famosa, pero *köfte, saç kavurma* (trozos de carne rehogada) y *güveç* (carne y verdura guisadas en una vasija de barro) son igual de habituales. En Capadocia, muchos restaurantes sirven *testı kebapı*, kebab con salsa de champiñones y cebolla, cocinado lentamente (preferiblemente sobre brasas) en una olla de barro sellada que rompen teatralmente en la mesa. El embutido más famoso es el *sucuk,* de ternera y especiado; la *pastırma* (ternera con ajo conservada con especias) suele usarse como acompañante en platos de huevo y a veces se sirve con *hummus* caliente como *meze*.

En Anatolia central es habitual toparse con *mantı* (raviolis turcos rellenos de ternera picada y cubiertos de yogur, tomate, ajo y mantequilla); un plato ideal para el invierno que en pleno verano puede resultar un poco pesado.

Delicias del mar

El pescado aquí es maravilloso, aunque puede resultar caro. En un *balık restoran* (restaurante de pescado), el viajero debe hacer como los locales y elegir lo más apetecible del mostrador para evitar que le sirvan pescado pasado de fecha. Si los ojos del animal están limpios y saltones, y la carne del corte de las agallas próximas a los ojos es roja y no granate, está fresco. Si pasa la revisión, hay que preguntar el precio aproximado, entonces lo pesarán y calcularán el coste según la tarifa (por kilo) del día.

Hamsi (boquerón), *lüfer* (anjova), *kalkan* (rodaballo), *levrek* (róbalo), *lahos* (mero blanco), *mezgit* (pescadilla), *çipura* (dorada) y *palamut* (bonito) son las especies más populares. Véase p. 657 para información sobre pescado de temporada.

Hay que evitar comer *lüfer* pequeños (menos de 24 cm de longitud). Una reciente campaña del Convivium de Estambul de Slow Food Turkey (http://fikirsahibidamaklar.blogspot.com, en turco) destaca el hecho de que la sobrepesca está poniendo en peligro el futuro de esta apreciada especie autóctona.

Verduras y ensaladas

Los turcos adoran la verdura; en verano la comen fresca, y en invierno la conservan en salmuera (las verduras encurtidas se llaman *turşu*). Hay dos maneras turcas de prepararla: la primera se conoce como *zeytinyağlı* (salteada en aceite de oliva) y la segunda como *dolma* (rellena de arroz o carne). La *patlıcan* (berenjena) es la sultana de todas las hortalizas; los turcos la aman con pasión y la cocinan de mil modos.

Simplicidad e ingredientes fresquísimos acariciados con un hilo de aceite y vinagre en la mesa son las claves de la *salata* (ensalada) turca, que se comen como *meze* o como acompañamiento de carnes o pescado. La ensalada estival más típica es la *çoban salatası* (ensalada del pastor), una colorida combinación de tomate, pepino, cebolla y pimiento que a veces se sirve como *meze*.

El simbólico *perde pılavı,* que suele servirse en las bodas y también se puede encontrar en algunos restaurantes, consiste en carne de pollo y gallo (los novios) cocinada con arroz (la bendición) y almendras (los niños) dentro de capas de pasta (la casa).

En época otomana, los chefs elaboraban el *baklava* con más de cien finísimas capas de hojaldre por bandeja. El señor de la casa comprobaba el grosor de las capas con una moneda de oro: si tocaba el fondo de la bandeja, el chef se la podía quedar.

BAKLAVA

En Turquía, como en todas partes, siempre es mejor comer productos de temporada. He aquí una guía útil:

MES	PESCADO	HORTALIZAS, FRUTA Y FRUTOS SECOS
Enero	boquerones, bonito, chicharro, anjova	castaña, rábano, manzana, granada, naranja
Febrero	rodaballo, mero blanco, róbalo, boquerones, bonito, chicharro, pescadilla	castaña, rábano, manzana, granada, naranja
Marzo	rodaballo, róbalo, mero blanco, pescadilla	rábano, limón
Abril	rodaballo, róbalo, pescadilla, gambas, cangrejo	alcachofa, haba, limón
Mayo	róbalo, pescadilla, gambas, cangrejo, anguila, escorpina	alcachofa, haba, pepino, ciruela amarilla, fresa
Junio	cangrejo, anguila, pez espada, escorpina, atún, langosta	alcachofa, haba, pepino, pimiento morrón, judía, tomate, ciruela amarilla, fresa, cereza
Julio	cangrejo, escorpina, pez espada, atún, langosta, dorada, sardinas	pepino, pimiento morrón, judía, maíz, tomate, cereza, sandía
Agosto	dorada, pez espada, langosta, sardinas	castaña, pepino, pimiento morrón, judía, maíz, tomate, sandía, higo
Septiembre	bonito, sardinas, dorada	nuez, pepino, pimiento morrón, judía, maíz, tomate, sandía, higo
Octubre	bonito, dorada, anjova	castaña, pepino, judía, tomate, granada, higo
Noviembre	anchoas, bonito, chicharro, anjova, dorada	castaña, tomate, granada, naranja
Diciembre	anchoas, bonito, chicharro, anjova	castaña, manzana, granada, naranja

Azúcar, especias y otras cosas ricas

A la hora del postre, los turcos prefieren la fruta y, a media tarde, una buena dosis de azúcar. Para ello, se suelen pasar por una *muhallebici* (tienda de púdines), una *pastane* (pastelería) o una *baklavacı* (tienda de *baklava*), donde piden un trozo de *baklava* bañado el almíbar, una bandeja de profiteroles con chocolate o un *fırın sütlaç* (arroz con leche) a base de leche, azúcar y un toque de especias. Las especialidades turcas que no hay que perderse son el *fırın sütlaç*, el *dondurma* (helado turco), el *kadayıf* (masa empapada en almíbar cubierta de una capa de *kaymak*) y el *künefe* (capas de *kadayıf* con queso dulce mojadas con almíbar y servidas con pistacho espolvoreado).

Actualmente, el mejor *baklava* se elabora en Gaziantep (p. 579).

Comida rápida típica

La comida rápida preferida del país es indudablemente el *döner kebap*: cordero cocinado lentamente en un espetón vertical giratorio y cortado en finos trozos que se meten en pan o *pide*. A veces se acompaña de patatas fritas frías, y otras de yogur con ajo, ensalada y bayas de zumaque.

Una de las cadenas de comida rápida más popular de Turquía es Simit Sarayı, que cada día, normalmente a la hora del desayuno, vende el apreciado *simit* (rosco de pan con sésamo) a decenas de miles de clientes felices.

El kebab (carne asada en una varilla) es, sin duda alguna, el plato nacional, seguido muy cerca del *köfte* (albóndigas). Estos platos de carne se presentan de diferentes formas y suelen llevar el nombre de su lugar de origen. Los más populares son:

Adana kebap Brocheta larga de *köfte* picante a la parrilla servida con cebollas, bayas de zumaque, perejil, tomates a la brasa y *pide* (pan).

Alinazik Crema de berenjenas con yogur y picadillo de *köfte*.

Beyti sarma Carne picada picante horneada dentro de una fina capa de pan.

Çiğ köfte Picadillo de cordero crudo con *bulgur* majado, cebolla, clavo, canela, sal y pimienta negra picante.

Döner kebap Pieza de carne (normalmente de cordero) asada en un espetón vertical giratorio y cortada en finas lonchas.

Fıstıklı kebap Picadillo de cordero cubierto de pistachos.

İçli köfte Picadillo de cordero y cebolla cubiertos de *bulgur*; suele servirse como un *meze* caliente.

İskender (Bursa) kebap *Döner* de cordero sobre un lecho de migas de *pide* y yogur bañado en salsa de tomate y mantequilla quemada.

Izgara köfte Albóndigas a la parrilla.

Karışık İzgara Surtido de cordero a la parrilla.

Patlıcan kebap Carne en dados o picada asada con berenjena.

Pirzola Chuleta de cordero.

Şiş kebap Brocheta de cordero a la parrilla que suele servirse con *bulgur* y pimientos asados. El *çöp şiş* se sirve envuelto en una fina *pide* con cebolla y perejil.

Şiş köfte Brocheta de *köfte* a la parrilla.

Tavuk şiş Brocheta de pollo a la parrilla.

Tekirdağ köftesi *Köfte* con arroz y pimientos.

Tokat kebap Dados de cordero a la parrilla con patatas, tomate, berenjena y ajo.

Urfa kebap Una versión suave del Adana *kebap* servida con mucha cebolla y pimienta negra.

En el 2010, la localidad de Seferihisar, situada en la costa norte del Egeo cerca de Sığacık y conocida por sus deliciosas mandarinas y *satsumas*, fue nombrada primera Slow Food City de Turquía por la Slow Food Foundation for Biodiversity (www.slowfood foundation.com).

Muy cerca, en el segundo escalón de la popularidad, está la *pide*, la versión turca de la *pizza*, con forma de canoa y cubierta de *peynir* (queso), *yumurta* (huevo) o *kıymalı* (carne picada). La *karışık* lleva una mezcla de ingredientes. Se puede comer en una mesa en una *pideci* (restaurante de *pide*) o pedir un *pide paket* (para llevar). La masa de la *lahmacun* (*pizza* árabe) es más fina que la de la *pide* y suele llevar trozos de cordero, cebolla y tomate.

Hay diferentes tipos de *börek* (una especie de empanada) según el relleno, el método de cocción y la forma, y se venden en pequeños puestos de comida para llevar llamados *börekçi*, normalmente solo por la mañana. Los hay cuadrados, alargados o con forma de caracol, y rellenos de *peynir*, *ıspanak* (espinacas), *patates* (patatas) o *kıymalı*. El *poğaca*, con forma de bollo, lleva azúcar glaseado o queso y aceitunas. El *su böreği*, capas de pasta al estilo lasaña con queso blanco y perejil que se deshacen en la boca, es el más popular de todos; un capricho irresistible.

Las *gözleme* (crepes saladas con queso, espinacas o patatas) también son un fantástico tentempié.

Gastronomía y fiestas

En Turquía, cada celebración tiene su dulce. Se dice que esta costumbre tiene su origen en un verso coránico: "Disfrutar lo dulce es signo de fe". La buena noticia es que, aunque estos dulces son típicos de ciertas celebraciones y fiestas, muchos se pueden disfrutar también durante el resto del año.

El *baklava* se reserva tradicionalmente para ocasiones festivas como Şeker Bayramı (Fiesta de los Dulces; p. 689), los tres días siguientes al Ramadán, pero también es popular en compromisos y bodas, en las que proporciona energía dulce para que no decaiga el ritmo en las divertidas y largas fiestas, ni durante la noche de bodas... Otros dulces como el *helva* (con aceite de sémola, cereales y miel o almíbar) y el *lokum* (delicias turcas; p. 108) son propios de eventos más solemnes como funerales y los días de *kandil* (las cinco noches sagradas del calendario musulmán). En el primer caso, la familia del difunto prepara *irmik helvası* (sémola de *helva*) para los parientes y amigos. También se comparte en las fiestas de circuncisión.

El *aşure* (pudin sagrado del arca de Noé), tradicionalmente se elabora con 40 tipos de frutas pasas, frutos secos y semillas. Según la leyenda, la primera vez que se hizo fue con las sobras que había en el arca cuando las provisiones empezaron a escasear. Actualmente se elabora el décimo día de *muharram* (primer mes del calendario islámico), y se reparte entre vecinos y amigos.

Los salados también tienen su sitio en las celebraciones turcas. El *kavurma* es un plato sencillo elaborado con cordero o carnero sacrificado durante la Kurban Bayramı (Fiesta del Sacrificio; p. 689). La carne se corta en dados, se rehoga con cebolla y se cuece. Durante el Ramadán, por las tardes se hornea una torta de pan especial que se recoge a tiempo para el *iftar* (final del ayuno).

Vegetarianos y 'veganos'

Aunque para los turcos es normal comer platos vegetarianos *(vejeteryen)*, el concepto de vegetarianismo les resulta extraño. Si alguien les dice que es *vegano*, o le miran con perplejidad o asumen que está confesando tener un grave problema de conducta.

Los *mezes* suelen estar dominados por platos de verduras, y en todas partes hay ensaladas, sopas, pastas, tortillas, *pides* y *börek* sin carne, además de suculentos platos de verduras. La pregunta "*etsiz yemek var mı?*" sirve para saber si hay algo de comer que no lleve carne.

El principal culpable de que se acabe comiendo carne sin saberlo es el *et suyu* (caldo de carne), que suele usarse para hacer *pilav* (arroz), sopa y platos de verduras. Como casi nadie cae en la cuenta de que es carne, en los restaurantes siempre aseguran que el plato en cuestión es vegetariano, pero conviene preguntar "*et suyu var mı?*", es decir, si lleva caldo de carne, para asegurarse.

Costumbres y modales en la mesa

Generalmente, en los pueblos se hacen dos comidas al día, la primera hacia las 11.00 y la segunda a media tarde. En las ciudades lo normal es comer tres veces al día. En las zonas urbanas la gente come sentada a la mesa, pero en los pueblos sigue siendo habitual hacerlo en el suelo alrededor de una *tepsi* (mesa baja o bandeja) con una servilleta sobre las rodillas para recoger las migas. En la actualidad, es más corriente comer en platos individuales, aunque a veces se usan platos comunales. La mayoría de los turcos come con cuchara *(kaşık)* y tenedor *(çatal)*, pero rara vez con cuchillo *(bıçak)*.

En los restaurantes no se considera importante que todos coman los mismos platos al mismo ritmo, así que la comida sale de la cocina cuando está preparada. Es muy normal que todos los platos de pollo lleguen primero y, cinco minutos después, lo hagan los de cordero. No hay que esperar a que todo el mundo tenga su plato para empezar a comer.

Los camareros turcos tienen la costumbre de llevarse los platos antes de que el comensal haya acabado. Para hacerles aflojar el ritmo, basta con decir "*kalsın*" (déjelo aquí un momento). Al acabar, hay que poner el cuchillo y el tenedor juntos para indicar que el camarero se

Libros de cocina turca

» *Delicias de Turquía* (VV. AA.) recoge en español de modo fácil y práctico las mejores recetas e ingredientes de su gastronomía.

» *El sabor en la ruta de Marco Polo* (Montse Clavé) analiza la gastronomía de la legendaria ruta y ofrece recetas de Turquía y otros países.

» *Cocina casera turca* (Instituto Cervantes en Estambul) enseña algunos de los platos típicos en las cocinas populares.

El plato de *patlican* (berenjena) más famoso es el *imam bayıldı* (el imán desvanecido), que consiste en berenjenas cocinadas muy despacio en aceite de oliva con tomate, cebolla y ajo. Según la leyenda, un imán se desmayó del placer la primera vez que lo probó, y no es difícil entender por qué.

puede llevar el plato y, si esto no surte efecto (o no hay cuchillo), decir *"biti, alabilirsin"* (he acabado, se lo puede llevar).

Si hay que usar el mondadientes, conviene taparse con las manos, aunque no es necesario ser especialmente discreto. No está bien visto sonarse la nariz en público; si no se puede evitar, hay que excusarse.

Cursos y circuitos culinarios

Cada vez son más las agencias que los ofrecen en lenguas extranjeras. En Estambul (p. 85) se pueden encontrar varias escuelas de cocina con muy buena reputación, y en Ula, a 135 km de Bodrum, hay un curso con alojamiento dirigido por el famoso escritor turco de libros de cocina y presentador Engin Akin (www.enginakin.com). Selin Rozanes, de Turkish Flavours, organiza circuitos gastronómicos en Estambul y por todo el país, perfectos para los auténticos *gourmets*, al igual que el Istanbul Culinary Institute.

Bebidas típicas
Alcohólicas

En las zonas turísticas de la costa, prácticamente todos los restaurantes sirven alcohol, como en los más caros de las grandes ciudades. En las localidades menores siempre hay al menos un restaurante en el que se dispensa, aunque en las más conservadoras desde el punto de vista religioso, como Konya, resulta difícil hallar una sola gota. Aunque los turcos son bastante flexibles en cuanto al consumo de alcohol, está muy mal visto emborracharse en público.

La bebida alcohólica más popular es el *rakı*, un licor de uva aromatizado con anís similar al *ouzo* griego que se sirve en vasos largos y delgados solo o con agua, con la que toma un tono blanquecino. Si se quiere con hielo *(buz)*, conviene echarlo después de añadir agua pues, de otro modo, el hielo mata el sabor del *rakı*.

La *bira* (cerveza) también es muy popular y la marca nacional, Efes, es una alegre *pilsen* que se distribuye en botella, lata y barril.

Turquía produce y embotella su propio *şarap* (vino), que en la última década ha mejorado considerablemente su calidad, aunque es muy caro debido a los altos impuestos estatales. Se pueden catar buenos vinos en Ürgüp (p. 485), en Capadocia, o en la idílica isla de Bozcaada (p. 157), en el Egeo. En turco, vino tinto se dice *kırmızı şarap*, y vino blanco *beyaz şarap*. Sarafin (chardonnay, fumé blanc, sauvignon blanc, cabernet sauvignon, shiraz y merlot), Karma (cabernet sauvignon, shiraz y merlot), Kav Tuğra (narince, kalecik karası y öküzgözü) y DLC (casi todas las

---

El *ıhlamur çay* (té de lima) es el mejor remedio turco para las molestias estomacales.

La sección "Turkish Coffee"/"Fortune Telling" (café turco/predicción del futuro) de www.mehme tefendi.com, el proveedor de café más famoso del país, ofrece una guía para aprender a leer los posos del *türk kahve* (café turco).

VARIEDADES DE UVA TURCA

Los viticultores turcos, además de elaborar sus vinos con uvas conocidas (chardonnay, fumé blanc, sauvignon blanc, cabernet sauvignon, shiraz, merlot, etc.) también emplean las siguientes variedades locales:

Boğuazkere Tinto con cuerpo y un peculiar sabor y aroma a frutos secos. Región del mar Negro y este y sureste de Anatolia.

Çalkarası Tinto con un toque dulce y fuertes notas afrutadas. Oeste de Anatolia.

Emir Blanco ligero y floral con un agradable final de boca ácido. Centro de Anatolia.

Kalecik Karası Tinto elegante con aroma a vainilla y coco. Costa del Egeo y centro de Anatolia.

Narince Blanco seco y afrutado de peculiar color amarillo dorado. Región del mar Negro y este de Anatolia.

Öküzgözü (Ox Eye) Tinto seco con notas afrutadas. Región del mar Negro y este y sureste de Anatolia.

Sultaniye Blanco seco. Costa del Egeo.

Como en cualquier otro sitio, en Turquía hay comida que solo gusta a los locales. Entre los platos típicos que suelen espantar a los viajeros destaca el *kokoreç:* intestinos de cordero o carnero aliñados y asados al carbón en un espetón.

La sopa de *işkembe* (callos), que supuestamente previene la resaca, es incluso más popular que la sopa de *kelle paça* (pies de oveja).

Los lugareños que necesitan una dosis extra de energía sexual confían plenamente en las *koç yumurtası* (criadillas de carnero) y, si no funcionan, recurren a la *boza,* una bebida de aspecto mucoso hecha con agua, azúcar y trigo fermentado.

variedades de uva) son algunas de las mejores marcas, todas ellas producidas por la empresa Doluca (www.doluca.com). Su mayor competidor, Kavaklidere (www.kavaklidere.com), es conocido por los vinos que vende detrás de las etiquetas Pendore, Ancyra y Prestige (el Pendore de boğuazkere es especialmente bueno), así como por su Çankaya, una combinación de zumo de uva blanca muy agradable al paladar.

Ambas, Doluca y Kavaklidere, acaparan el mercado, pero hay pequeñas bodegas locales que se están empezando a hacer un hueco, como la Vinkara (www.vinkara.com, en turco), con el excelente Doruk de narince.

No alcohólicas

Tomar *çay* es el pasatiempo nacional; el tipo más habitual se hace con hojas de la región del mar Negro. Solo se acompaña con terrones de azúcar, que se hacen muy necesarios para parar el efecto de una larga cocción, aunque siempre se puede pedir un *açık* (suave). En hoteles y cafés de estilo occidental están acostumbrados a los clientes que piden leche *(süt),* pero no se ha de hacer en ningún otro sitio.

El *elma çay* (té de manzana), totalmente químico y sin cafeína, es solo para los turistas; un turco no lo bebería por nada del mundo.

Para sorpresa de muchos, el *türk kahve* (café turco) no es muy popular. Es denso y fuerte, y se bebe en un par de breves sorbos. Cuando se pide una taza, preguntan el punto de dulzor deseado: *çok şekerli* significa "muy dulce", *orta şekerli* "moderado", *az şekerli* "ligeramente dulce" y *sade* "nada dulce". El café se sirve acompañado de un vaso de agua para aclarar el paladar antes de probar las delicias del café.

Los zumos recién exprimidos son muy populares y baratos; el *taze portakal suyu* (de naranja) está por todas partes, y el delicioso *nar suyu* (de granada) se puede pedir en temporada.

El *ayran,* una refrescante mezcla de yogur, agua y sal, es el acompañamiento tradicional de los kebabs.

El *sahlep* es una bebida de leche que ayuda a entrar en calor en invierno. Se elabora con bulbos de orquídea silvestre y se considera afrodisíaco. Los valientes han de probar el *şalgam suyu;* el primer trago sabe a rayos (es salado), pero si perseveran, le cogerán cariño a este brebaje de nabo.

Arte

Turquía es un país extraordinariamente rico en tradiciones artísticas, y todas muestran la influencia de las muchas culturas y civilizaciones que han florecido y decaído a lo largo de los siglos en su territorio. En esta guía se ofrece una breve introducción a algunas de ellas.

Alfombras

Son la forma artística que más se asocia con Turquía, si bien es cierto que algunos viajeros no se tropiezan con un solo vendedor en toda su estancia en el país.

Las alfombras más conocidas y apreciadas son la culminación de una tradición textil ancestral. En el pasado, nómadas túrquicos que tejían tiendas de pelo de cabra y alforjas de lana desarrollaron técnicas de tejido de alfombras en las estepas de Asia central. La más antigua de las alfombras confeccionadas con la técnica turca de doble nudo o Gördes datan de entre los ss. IV y I a.C.

Como en otros aspectos de su cultura, los turcos adoptaron y adaptaron otras tradiciones. Además de resistentes tejidos para cubrir el suelo, con el tiempo también empezaron a elaborar elegantes alfombras islámicas de oración incorporando motivos persas (palmetas y rosetas) y chinos (nubes). En su desplazamiento hacia el oeste, se cree que los turcos introdujeron en Anatolia las alfombras tejidas a mano en el s. XII.

Dentro de la propia Anatolia evolucionaron estilos regionales característicos como el de Uşak, cuyas alfombras decoradas con estrellas y medallones fueron las primeras en atraer la atención de los europeos: los artistas renacentistas Holbein y Lotto incluyeron copias muy minuciosas en sus pinturas. A partir de entonces, la fabricación de alfombras fue gradualmente pasando de ser algo de exclusivo dominio femenino a convertirse en un gran negocio que, en época otomana, contribuyó significativamente a la economía.

En los pueblos aún quedan mujeres que las tejen por su cuenta, pero la mayoría trabaja a precio fijo para tiendas específicas ajustándose a unos diseños y cobrando por el resultado final en vez de por las horas de trabajo. Aun confeccionada previo contrato, una alfombra puede tener un gran valor, no obstante, su precio siempre será inferior al de una pieza única.

En otros casos, las alfombras son fruto de la división del trabajo: unos tejen y otros tintan, y lo que pierden en originalidad queda más que compensado por el control de calidad. Gran parte de las alfombras de seda de Hereke se produce a gran escala, pero conforme a patrones de calidad tan estrictos que las convierten en unas de las más demandadas del país.

Para evitar que se pierdan los antiguos métodos de confección, el Ministerio de Cultura ha promovido varios proyectos para recuperar las técnicas tradicionales de tejido y tintado en el oeste de Turquía, como el Proyecto para la Investigación y Desarrollo de los Tintes Naturales

ALFOMBRAS

Constantinopla: la herencia histórica de Estambul, de Stephane Yerasimos, es una obra en la que se muestra de forma rigurosa la historia y patrimonio de esta ciudad, capital de dos imperios.

(Doğal Boya Arıştırma ve Geliştirme Projesi; véase p. 165), que produce alfombras de gran calidad a la venta en algunas tiendas.

Literatura

Históricamente la tradición literaria turca giraba en torno a la poesía y consistía en epopeyas transmitidas oralmente, versos místicos sufíes como los de Rumi (fundador de la orden mevleví o de los derviches giróvagos; véase p. 451) y las leyendas, nanas y elegías de *aşık* (juglares) errantes. Durante la época otomana se popularizó una poesía de diván sumamente ritualizada. No fue hasta el siglo pasado cuando despegó en Turquía la tradición novelística, pero hay todo un tesoro de obras escritas por turcos y sobre Turquía que permite al viajero comprender mejor el país disfrutando de su lectura.

Yaşar Kemal, el primer novelista turco conocido internacionalmente, ha sido muy elogiado por sus relatos de leyendas anatolias y sus crudas novelas sobre la vida rural. Gracias a *El halcón,* una escalofriante incursión en las vidas desesperadas de los habitantes de la llanura de Çukurova, consiguió varias nominaciones al Premio Nobel de Literatura.

La escritora turco-americana Elif Şafak lleva tiempo ganándose al público internacional. Su primera novela, *The Flea Palace* (El palacio de las pulgas), es la densa y prolija historia de un elegante edificio de apartamentos de Estambul que vive tiempos difíciles. Su continuación, *La bastarda de Estambul,* es una saga plagada de personajes excéntricos. En su última publicación, *The Forty Rules of Love* (Las cuarenta reglas del amor), una americana profundamente enamorada se sumerge en el misticismo sufí y la poesía de Rumi y ve cómo su vida toma un rumbo inesperado.

Buket Uzuner es otra autora reconocida. Su premiada *Ada de ámbar* es una historia de amor no correspondido, mientras que la novela *Gentes de Estambul* describe la vida de la ciudad. Otra lectura recomendada es *El pañuelo turco,* de Latife Tekin, una mezcla embriagadora de folclore anatolio y realismo mágico.

El autobiográfico *Retrato de una familia turca* de Irfan Orga refleja el ambiente de los años entre el Imperio otomano y la República, y describe el colapso y la dura recuperación que sufre su acomodada familia. En *The Caravan Moves On* (La caravana avanza), Orfa ofrece su

Ahmet Hamdi Tanpınar retrata en *El instituto para la sincronización de los relojes* la vida de Hayri Irdal; es un relato apasionante en el que muestra además la historia turca durante el sultanato de Abdülhamit, la República o la Primera Guerra Mundial.

Antología poética de Nazim Hıkmet es una excelente presentación del que es considerado uno de los mejores poetas del mundo.

ORHAN PAMUK: EL LAUREADO NOBEL

Aclamado por la crítica internacional, Orhan Pamuk es el autor estandarte de la literatura turca. Famoso en su país desde hace tiempo, ha ido poco a poco ganándose al público internacional desde que fue traducido por vez primera en la década de 1990. Pamuk es un ingenioso estilista de la prosa que ha sido comparado con Calvino o Borges por crear elaboradas tramas y personajes magníficamente esbozados a la vez que tratar los graves problemas a los que se enfrenta la Turquía moderna.

Su obra *El libro negro* es una novela policíaca existencial desarrollada en Estambul y contada a través de una serie de recargadas columnas de periódico, mientras que *Me llamo Rojo*, es una novela de asesinatos misteriosos en el Estambul del s. XVI que también profundiza en los conceptos oriental y occidental del arte. En su realista *Estambul: ciudad y recuerdos*, Pamuk reflexiona sobre su compleja relación con la seductora ciudad. *El museo de la inocencia*, su última obra, batalla con los temas del deseo, la memoria y la pérdida a través de la aventura entre el acaudalado urbanita Kemal y la dependienta Füsun, y es ilustrativa de la extraordinaria habilidad de Pamuk para evocar los paisajes y ambientes de la actual Turquía.

Ganador del Premio Nobel de Literatura en el 2006, es el único escritor turco en haberlo conseguido.

visión de la vida rural en la década de 1950, cuando viajó con nómadas yörük y presenció danzas de la espada y bodas tradicionales y escuchó leyendas populares de los montes Tauro.

Young Turk (Turco joven), del turco-judío Moris Farhi, está basada en acontecimientos de su propia vida e incluye momentos dramáticos y cómicos, y encuentros cargados de sensualidad.

Música

Incluso en la era de la MTV y el dominio de las influencias occidentales, las tradiciones y estilos musicales turcos no han perdido fuerza. La industria musical turca sigue produciendo nuevas estrellas y atrayendo cada vez más público internacional.

Pop, 'rock', experimental

El pop vernáculo sigue prosperando, sobre todo desde que Sertab Erener ganó con 'Every Way that I Can' el Festival de Eurovisión del 2003, con el que obtuvo finalmente el reconocimiento internacional.

Sezen Aksu, considerada la reina del pop, lleva tres décadas lanzando álbumes de diferentes estilos, pero es Tarkan, con su imagen de chico guapo, quien ha alcanzado más fama mundial. Del disco que publicó en 1994, *A-acayıpsın,* se vendieron más de dos millones de copias en Turquía y casi un millón en Europa, un éxito que lo convirtió en el artista pop turco con más ventas. *Şımarık*, lanzada en 1999 y versionada por Holly Valance (como *Kiss Kiss*), fue su primer número uno europeo. Su álbum en inglés *Come Closer* fue un fracaso, pero Tarkan y su metrosexual meneo de caderas siguen siendo famosísimos en Turquía.

Los amantes del *rock* de guitarra no deben perderse a Duman, Replikas y Yakup, que hacen versiones en las que fusionan lo oriental y lo occidental.

Burhan Öçal (www.burhanocal.com) es uno de los mejores percusionistas del país. *New Dream* es una obra fundamental que reinterpreta la música turca clásica desde una perspectiva *funky*, aunque se ha ganado un merecido respeto experimentando con diversos estilos. Su álbum del 2006, junto a los Trakya All-Stars, investiga en la música de su Tracia natal y de los gitanos de los Balcanes.

Mercan Dede ha publicado varios trabajos en los que incorpora instrumentos tradicionales, ritmos electrónicos y músicas del mundo. En la misma línea, aunque más dado a los espectáculos, Baba Zula fusiona *dub*, *saz* (laúd turco), música electrónica y pop con danza del vientre.

Folk

La música popular turca integra varios subgéneros difíciles de distinguir para los oídos occidentales. Los grupos están formados por *saz*

ESCRIBANOS FORÁNEOS E HISTORIAS TURCAS

Cada vez está más de moda que escritores extranjeros sitúen sus relatos en Turquía.

Pájaros sin alas, de Louis de Bernières, es una epopeya con acontecimientos de la Turquía de principios del s. XX como telón de fondo. Barbara Nadel escribe emocionantes novelas policíacas ambientadas en Estambul y protagonizadas por el inspector Çetin İkmen, un fumador empedernido de barba incipiente. *La hija de Baltasar,* su primera novela, es una de las mejores. En *Aguas profundas*, Nadel lleva la acción a Mardin y los polvorientos pueblos del sureste. El turcófilo Jason Goodwin ha escrito misteriosas historias de asesinatos como *El árbol de los jenízaros, Los señores del horizonte* o *La serpiente de piedra*, que presentan a uno de los héroes más insólitos de la literatura moderna: un eunuco otomano llamado Yashim.

He aquí una selección de los mejores discos para que el viajero empiece su colección:

» *Turkish Groove* (recopilación). Introducción imprescindible en la música turca que incluye desde Sezen Aksu hasta Burhan Öçal.

» *Crossing the Bridge: the Sound of İstanbul* (recopilación). Banda Sonora del documental de Fatih Akın sobre el panorama musical de Estambul.

» *Işık Doğdan Yükselir* – Sezen Aksu (folk contemporáneo). Impresionante colección de diferentes estilos de la música popular turca.

» *Nefes* – Mercan Dede (sufí, electrónica y *techno fusion*). Síntesis muy bailable de misticismo y ritmos sufís. *Keçe Kurdan* – Aynur (folk kurdo). Apasionante álbum cantado íntegramente en kurdo que supuso el debut de Aynur.

» *Duble Oryantal* – Baba Zula (fusión). El clásico de Baba Zula, *Belly Double*, mezclado por el maestro británico del *dub*, Mad Professor.

» *Gipsy Rum* – Burhan Öçal e İstanbul Oriental Ensemble (gitana). Una excelente presentación de la música gitana turca.

» *Avaz* – Replikas (*rock* turco). *Rock* de guitarra influido por Sonic Youth.

ARTE MÚSICA

acompañados de tambores y flautas, con arreglos que suelen incluir voces quejumbrosas y estribillos in crescendo. Las cantantes kurdas Aynur Doğan y la ululante Rojin, cuyo éxito *Hejaye* incluye un adictivo ritornelo, son figuras destacadas.

La música *fasıl,* una versión ligera de la otomana clásica, es la que suele escucharse en las *meyhanes* (tabernas) interpretada, normalmente, por gitanos con clarinete, *kanun* (cítara), *darbuka* (tambor con forma de reloj de arena) y, a menudo, con *ud* (laúd árabe de seis cuerdas), *keman* (violín) y *cumbus* (similar al banjo). Suele resultar difícil distinguir la música *fasıl* de la gitana.

Con suerte, el viajero puede toparse con los juglares errantes que tocan la *zurna* (gaita) y el *davul* (tambor). Suelen actuar en bodas y ceremonias de circuncisión, y también se congregan en las estaciones de autobuses para despedir con gran boato a los reclutas que son llamados a filas.

De Tarkan se han dicho muchas cosas, como que es el "príncipe del pop turco" o el "Orhan Pamuk de la música turca". Además, un reproductor de MP3 y una línea de perfumes llevan su nombre.

'Arabesk'

Es la favorita de los taxistas turcos; una mezcla de voces aterciopeladas, coros de cuerda y percusión tradicional amalgamado con influencias árabes.

Las dos grandes figuras del *arabesk* son el inmensamente exitoso cantante kurdo İbrahim Tatlıses, un robusto y bigotudo ex albañil natural de Şanlıurfa, y Orhan Gencebay, un prolífico artista y actor.

Clásica y religiosa

La música clásica y religiosa tradicional otomana, sobre todo la mevleví, puede sonar monocorde y lúgubre para los oídos no iniciados. Estas formas musicales emplean un sistema de *makams,* una serie de tonos de sonido exótico que cumplen una función similar a la de las escalas occidentales. Además de los intervalos de tonos y semitonos, la música turca utiliza con frecuencia cuartos de tonos, que los occidentales perciben como desafinados hasta que se acostumbran a ellos.

Tras la prohibición de los mevleví en los primeros años de la República, hubo que esperar a la década de 1990 para ver un grupo, los Mevlana Kültür ve Sanat Vakfı Sanatçıları, que promocionase la música de tradición sufí.

En Tulumba.com (www.tulumba. com), el emporio de la venta de música turca en línea con base en EE UU, se encuentran los discos, los libros y la parafernalia más rebuscados, y se pueden escuchar fragmentos. Además, ofrecen servicio de envío a domicilio.

Cine

La primera proyección de una película extranjera en Turquía tuvo lugar en el palacio Yıldız de Estambul en 1896. Al inicio de la República, una naciente industria fílmica empezó a producir documentales y películas sobre temas patrióticos, a los que siguieron comedias y más documentales y, en menos de una década, los filmes turcos ya recibían premios en festivales internacionales. Durante las décadas de 1960 y 1970 se rodaron películas de sesgo político junto a innumerables cintas ligeras de estilo Bollywood, que suelen denominarse "películas yeşilcam". En la década de 1980 la industria del cine entró en declive cuando la televisión le quitó audiencia, pero la de 1990 presenció el resurgir del cine nacional con películas aclamadas por la crítica turca y extranjera.

Siguiendo los pasos de Güney, muchos directores turcos continúan haciendo películas de tema político. *Viaje hacia el sol*, de Yeşim Ustaoğlu, cuenta la historia de un inmigrante turco en Estambul al que la gente trata atrozmente por confundirlo con un kurdo. La excepcional *Lejano*, de Nuri Bilge Ceylan, que también ofrece una cruda reflexión de la vida de los inmigrantes en Turquía, ganó el Premio del Jurado en Cannes. Su siguiente trabajo, *Los climas*, del que también es protagonista, habla de las relaciones entre hombres y mujeres en Turquía. Su última película, *Tres monos*, le hizo ganar la Palma al Mejor Director en Cannes en el 2008.

Sin embargo, no todo es política. *Vizontele*, de Yılmaz Erdoğan, ofrece una mirada irónica de la llegada de la primera televisión a Hakkari, una aldea remota del sureste. Ferzan Özpetek se labró un nombre con *Hamam, el baño turco*, que investiga matices culturales a través de las experiencias de un turco residente en Italia que viaja a regañadientes a Estambul tras haber heredado un *hammam*. También es notable por tratar el hasta ahora tema tabú de la homosexualidad en la sociedad turca. Su película *El último harén* narra las peripecias de un harén otomano, mientras que su propuesta más reciente, *La ventana de enfrente*, reflexiona sobre la homosexualidad y el matrimonio.

Fatih Akin subió a la palestra al ganar el Oso de Oro en el Festival de Berlín del 2004 con *Contra la pared*, una producción emocionante y en ocasiones violenta que llamó la atención sobre las condiciones de vida de los inmigrantes turcos en Alemania. Su siguiente trabajo, *Al otro lado*, también medita sobre la experiencia turca en Alemania; la tercera parte de la trilogía está a punto de salir. En el 2010, Semih Kaplanoğlu ganó el Oso de Oro con *Miel*, un meditativo relato sobre un chico que crece en la región del mar Negro, mientras que Reha Erdem se está perfilando como un prometedor director.

Artes plásticas

La prohibición islámica de representar visualmente a hombres y animales ha impedido a Turquía contar con una larga tradición de pintura

---

Libros como *De Estambul a Rodas*, de Özlem Kumrular, *El puente del Cuerno de Oro*, de Emine Sevgi Özdamar, y *De parte de la princesa muerta*, de Kenizé Mourad, tienen en común a las mujeres turcas como protagonistas.

Kosmos (Cosmos), de Reha Erdem, es un relato emocionante y alegórico situado en el nevado este de Anatolia que obtuvo un gran éxito en festivales de cine internacionales.

TRÁGICA VIDA DE UN CINEASTA TURCO REBELDE

De los varios directores turcos reconocidos internacionalmente, el fallecido Yılmaz Güney es el más destacado. Ganadora ex aequo de la Palma de Oro en Cannes en 1982, *El camino* relata los avatares de un grupo de presidiarios con un permiso de fin de semana; una historia apasionante y trágica que estuvo prohibida en Turquía hasta el 2000. Con este filme, Güney, que había sido un exitoso actor, trató de llamar la atención sobre los problemas que sufren los presos en Turquía, lo que, en el caldeado ambiente político de la década de 1970, le acarreó enfrentamientos con las autoridades y varios encarcelamientos. Su último trabajo, *Duvar* (El muro), fue rodado en Francia antes de su prematura muerte por cáncer a los 46 años.

de retratos. Los turcos canalizaron su veta artística a través de la confección de tejidos y alfombras, el *ebru* (papel marmolado), la caligrafía y la alfarería. İznik se convirtió en el centro de la producción de azulejos desde el s. XVI, y de allí proceden los exuberantes alicatados que adornan el interior de la Mezquita Azul de Estambul y muchas otras mezquitas otomanas. En los bazares de todo el país se pueden encontrar ejemplos de *ebru,* caligrafía y alfarería.

A finales del s. XIX, los otomanos cultivados adoptaron los estilos pictóricos europeos. En la época de la República, Atatürk fomentó estas formas artísticas y el Gobierno abrió academias oficiales de pintura y escultura para promocionar este arte laico y 'moderno' y dejar atrás los cánones religiosos, lo que dio lugar a la aparición de varias 'escuelas' artísticas. Fikret Mualla, que pasó gran parte de su vida en París, es uno de los artistas contemporáneos más famosos de Turquía. De nuevo, Estambul es el lugar más apropiado para ver qué se cuece en el panorama artístico actual. İstanbul Modern y Santralİstanbul son las mejores galerías de arte moderno del país, aunque las pequeñas galerías privadas de İstiklal Caddesi también merecen una visita.

Ara Güler, uno de los fotógrafos más prestigiosos del país, lleva 50 años documentando innumerables facetas de la vida turca; su trabajo *Estambul* es un conmovedor retrato de la ciudad.

Danza

Quienes piensen que los turcos, por ser musulmanes, son aburridos en la pista de baile, se equivocan. Turquía ostenta una gran variedad de bailes populares, frenéticos, lentos o hipnóticos, y los turcos suelen ser unos bailarines entusiastas y espontáneos que contonean sus caderas y hombros de manera totalmente diversa a los estilos tradicionalmente occidentales.

Las danzas folclóricas pueden agruparse en varias categorías. Aunque originalmente es una danza del centro, sur y sureste de Anatolia, el *halay,* dirigido por un bailarín que agita un pañuelo, puede verse por todo el país, sobre todo en bodas y *meyhanes* de Estambul, cuando la concurrencia se ha tomado algún *rakı* (licor anisado) de más. Pero quizá la danza que quede más grabada en la memoria del viajero sea el *horon,* de la región del mar Negro, en la que los hombres bailan en cuclillas y dan patadas al aire al más puro estilo cosaco.

El *sema,* ceremonia de los derviches giróvagos, no es exclusiva de Turquía pero es aquí donde es más probable verla representada; véase recuadro en p. 81.

Puede que la danza del vientre no sea originaria de Turquía, pero las mujeres turcas dominan su arte como nadie y lo ejecutan sin ninguna inhibición y con el atuendo más atrevido. Aunque son habituales en bodas y, sorprendentemente, fiestas de empresa de fin de año, los espectáculos populares de Estambul son los lugares en los que hay más opciones de encontrar una buena bailarina.

FOTOGRAFÍA

Panoramic Photographs of Turkey (Fotografías panorámicas de Turquía), del reconocido director de cine Nuri Bilge Ceylan, es un álbum encuadernado con tela y disponible en edición limitada que recoge imágenes increíblemente hermosas de paisajes naturales y urbanos de Turquía.

A Osman Hamdi (1842-1910), cuyas pinturas orientalistas están muy en boga, se debe también la fundación del Museo Arqueológico de Estambul.

Población

La población de Turquía ronda los 77 millones, de los cuales, la gran mayoría son turcos musulmanes. Además de los kurdos, que componen la minoría más numerosa, hay toda una mezcla de grupos pequeños, musulmanes y no musulmanes que hace que algunos digan que Turquía está formada por 40 naciones.

Como resultado del constante flujo de población del campo a la ciudad que se ha ido produciendo desde la década de 1950 (en busca de mejores oportunidades económicas y huyendo de la situación de inestabilidad que el sureste vivió en la década de 1990), hoy en día, el 70% de los turcos vive en ciudades. En consecuencia, grandes urbes como Estambul han experimentado un crecimiento desaforado y sus cascos históricos han quedado constreñidos por anillos de barrios nuevos que han crecido sin planificación urbanística alguna y están habitados por gente pobre llegada de todo el país.

En cualquier caso, ya sean urbanitas o aldeanos, musulmanes o cristianos, turcos o kurdos, los habitantes de Turquía suelen ser muy familiares, amables, hospitalarios, sociables y cordiales con los visitantes. Muchos viajeros regresan de unas vacaciones en Turquía haciendo observaciones sobre la gentileza de los locales, y es que la impresión más fuerte que suelen tener está relacionada con la hospitalidad y la acogida que reciben.

Turquía cuenta con la población más joven de Europa; el 27% de sus habitantes (unos 22 millones) son menores de 14 años.

Los turcos

Los turcos aparecen mencionados por primera vez en fuentes chinas medievales como los tujue, que vivían en Mongolia y Siberia en el s. VI.

LA FAMILIARIDAD TURCA

Es posible que los turcos muestren vestigios de sus orígenes nómadas y tribales para mantener un fuerte sentido de la familia dentro de la comunidad. De hecho, una de sus costumbres más entrañables es usar apelativos familiares para integrar a los amigos, conocidos e incluso desconocidos en su gran prole. Así, es posible que un profesor llame a su alumno "çocuğum" (mi niño), que un transeúnte se dirija a un anciano por la calle diciéndole "dede" (abuelo), y que a la señora mayor del autobús no le sorprenda lo más mínimo que un extraño la llame "teyze" (tía).

También es habitual que los niños se refieran a los amigos de la familia como "amca" (tío), que los hombres llamen a los que son ligeramente mayores "ağabey" (pronunciado "abi"; significa 'hermano mayor') y que los niños pequeños llamen a sus hermanas adolescentes "abla", que equivale a 'hermana mayor' y que puede sonar obvio, pero que resulta simplemente encantador.

Estos términos son una señal de deferencia y respeto, pero también de afecto e integración, y puede que esta intimidad explique por qué el sentido de comunidad que rige la vida rural persiste en medio de las torres de pisos de las grandes urbes, donde hoy en día vive la mayoría de los turcos.

Los turcos modernos son descendientes de diversos grupos tribales de Asia central que empezaron a trasladarse hacia el oeste atravesando Eurasia hace unos mil años. Por ello, los turcos conservan nexos culturales y lingüísticos con varios pueblos repartidos por el sur de Rusia, Azerbaiyán, Irán, Asia central y Xinjiang, el extremo occidental de China.

Su desplazamiento hacia el oeste les llevó a encontrarse con los persas y a convertirse al islam. Los selyúcidas fundaron el primer Imperio túrquico de Oriente Medio (véase p. 640), y su victoria sobre los bizantinos en el 1071 abrió las puertas de Anatolia a otros grupos nómadas turcos que llevaban cientos de años queriendo avanzar hacia el oeste. Durante los siguientes siglos, Anatolia se convirtió en el feudo del Imperio otomano y en el corazón de la República turca moderna. En época otomana, el dominio turco se extendió hasta los Balcanes y en torno al mar Negro, de modo que hoy en día hay gentes de ascendencia turca en Chipre, Irak, Macedonia, Grecia y Bulgaria, zonas de las montañas del Cáucaso y la península de Crimea (Ucrania).

El linaje que comparten con pueblos de Asia central y los Balcanes significa que los turcos pueden charlar tranquilamente con lugareños de muchos sitios comprendidos entre Novi Pazar (Serbia) y Kashgar (China), puesto que el turco es una lengua túrquica, una familia de idiomas mutuamente inteligibles con más de 150 millones de hablantes por toda Eurasia.

Los kurdos

Turquía cuenta con una minoría kurda que se calcula que forman unos 14 millones de personas. Se cree que en las regiones orientales y surorientales, escasamente pobladas, viven unos ocho millones de kurdos, mientras que siete lo harían en el resto del país, más o menos integrados en la sociedad turca. Los kurdos han vivido durante milenios en las montañas y mesetas en las que confluyen las actuales fronteras de Turquía, Irán, Irak y Siria. Jenofonte los describió en el s. IV a.C. como jinetes testarudos e indomables.

Pese a haber vivido junto a los turcos durante siglos, los kurdos conservan su propia cultura y folclore y hablan una lengua emparentada con el persa y, de forma más lejana, con las lenguas indoeuropeas de Europa. La mayoría de los kurdos turcos son musulmanes suníes, aunque unos pocos profesan el judaísmo o el cristianismo. Los kurdos tienen un mito propio sobre su fundación que está relacionado con el Noruz, el Año Nuevo persa, que se celebra el 21 de marzo, aunque algunos kurdos afirman ser descendientes de los medos de la antigua Persia.

El conflicto entre kurdos y turcos está muy bien documentado. Ambos grupos lucharon conjuntamente en la batalla por la independencia en la década de 1920 pero, a diferencia de lo que ocurrió con los griegos, los judíos y los armenios, el Tratado de Lausana de 1923 no garantizó los derechos de los kurdos como minoría. Se decretó que el Estado turco debía ser unitario o únicamente habitado por turcos, por lo que a los kurdos se les negó su identidad cultural. Después de que los antiguos dominios del Imperio otomano se fragmentasen siguiendo fronteras étnicas, ese planteamiento parecía prudente, pero como los kurdos eran muy numerosos, los problemas surgieron pronto. Ya en 1925 los kurdos se rebelaron contra las restricciones impuestas a su identidad.

Hasta hace relativamente poco, el Gobierno turco se negaba incluso a reconocer la existencia de los kurdos e insistía en denominarles "turcos de las montañas". Aún hoy, el censo no permite que nadie se identifique como kurdo en su carné de identidad. Y todo a pesar de que el kurmancı, el dialecto kurdo, sea la primera lengua de una parte

Algunas teorías no demasiado académicas afirman que los turcos son descendientes de Jafet, el hijo mayor de Noé. Los mismos otomanos reivindicaron que las raíces de Osman se remontaban, a través de 52 generaciones, a Noé.

Thierry Zarcone expone en *El islam en la Turquía actual* la variedad histórica del islam turco y el contexto religioso del país a día de hoy.

Los kurdos: un pueblo en busca de su tierra, de Kevin McKiernan, relata los viajes de los kurdos entre Turquía, Irán e Irak, y analiza su grave situación actual teniendo en cuenta su historia y la geopolítica de la región.

Turquía es la primera experiencia islámica de muchos viajeros. Aunque pueda parecer una religión 'extraña', en realidad, el islam tiene mucho en común con el cristianismo y el judaísmo. Al igual que los cristianos, los musulmanes creen que Alá (Dios) creó el mundo y todo lo que hay en él casi igual a como lo narra la Biblia, y también que Adán, Noé, Abrahán, Moisés y Jesús fueron profetas, aunque niegan la naturaleza divina de este último. A los judíos y los cristianos les llaman "gentes del libro", es decir, personas que profesan una religión revelada (en la Torá y la Biblia) anterior al islam.

Los musulmanes discrepan del cristianismo y el judaísmo al creer que el islam es la perfecta culminación de estas tradiciones precedentes y, así, aunque Moisés y Jesús fueron profetas, para ellos Mahoma fue el más grande y el último al que Alá comunicó su revelación final.

El islam se ha dividido en muchas facciones desde los tiempos de Mahoma, pero toda la comunidad musulmana (*umma*) comparte los Cinco Pilares del islam: la profesión de fe, las oraciones diarias, la limosna, el Ramadán o mes del ayuno y la peregrinación a La Meca.

El islam es la fe más profesada en Turquía, si bien muchos turcos se toman las obligaciones y prácticas religiosas con bastante relajación. El ayuno durante el Ramadán está extendido y las fiestas santas se respetan, pero muchos solo visitan la mezquita los viernes (día sagrado) y en las festividades islámicas. A tenor del número de bares y *meyhanes* (tabernas), se puede decir que a los turcos les gusta tomar un trago, o dos. Los musulmanes turcos también han absorbido y adaptado otras tradiciones, por lo que no es raro ver a musulmanes orando en los monasterios y santuarios ortodoxos griegos, mientras que los alevíes, una minoría musulmana heterodoxa, han desarrollado una tradición que combina elementos del folclore anatolio y el islam chiíta iraní.

Quien haya viajado a otros países musulmanes en los que las normas islámicas se observen estrictamente, la práctica del islamismo en Turquía le resultará muy diferente.

de la población que, además, tiene un conocimiento muy limitado del turco. Sin embargo, esta falta de reconocimiento se está actualmente superando, pues existe un fuerte debate sobre cómo la identidad kurda puede tener cabida en Turquía.

Un reducido número de kurdos turcos profesan la fe yazidí, una compleja combinación de creencias indígenas y tradición sufí en la que Tavus Melek, un ángel con forma de pavo real, es considerado el guardián en la tierra nombrado por Dios.

Las minorías musulmanas

Turquía también acoge otras minorías musulmanas, tanto autóctonas como de aparición más reciente, la mayoría de las cuales son consideradas como turcas a pesar de que conserven aspectos de su cultura y lengua nativas.

Los laz y los hemşin

Los pueblos laz y hemşin, dos de las minorías más numerosas después de los kurdos, viven en la región del mar Negro.

La minoría laz habita los valles que se extienden entre Trabzon y Rize. Al este de Trabzon resulta difícil no reparar en las mujeres laz, con sus chales a rayas de vivos colores rojo y marrón. Los hombres son menos llamativos, aunque en su día estaban entre los más temidos guerreros de Turquía; durante años, la guardia personal de Atatürk estuvo formada por laz vestidos de negro.

Antiguamente cristianos pero hoy en día musulmanes, los laz son un pueblo caucásico que habla una lengua emparentada con el georgiano. Son conocidos por su sentido del humor y su habilidad para los negocios, y muchos están vinculados al sector naviero y de la construcción.

Al igual que los laz, los hemşin, que hablan una lengua emparentada con el armenio, eran originalmente cristianos. Proceden mayoritariamente del extremo este de la costa del mar Negro, pero en esa zona no viven hoy más de quince mil, pues el grueso de la población emigró hace mucho tiempo a las ciudades para ganarse la vida como panaderos y reposteros. En Ayder, a las mujeres hemşin se las identifica fácilmente por sus pañuelos con estampados de leopardo (más llamativos incluso que los de las mujeres laz) con los que forman complejos tocados.

Otros grupos

Los yörük, último nexo con los grupos túrquicos que llegaron a Anatolia en el s. XI, habitan en la región de los montes Tauro según el estilo de vida nómada. Haciendo honor a su nombre (*yürük* significa "caminar"), los yörük trasladan rebaños de ovejas en busca de pastos de verano e invierno.

En el lejano sureste turco, especialmente en torno a la frontera siria, existen varias comunidades de hablantes de árabe.

También hay varios grupos musulmanes que llegaron del Cáucaso y los Balcanes durante los últimos años del Imperio otomano, entre los que se encuentran los circasianos, los abjasios, los tártaros de Crimea, los bosnios y los albaneses.

No musulmanes

El Imperio otomano destacaba por las grandes poblaciones cristianas y hebreas que incluía y que, aunque han disminuido considerablemente durante la República moderna, aún conservan pequeños reductos.

Aunque los judíos llevan dos milenios presentes en Anatolia, la mayor afluencia se produjo en el s. XVI, cuando llegaron grandes grupos huyendo de la Inquisición española. Hoy en día, la mayoría de ellos vive en Estambul y algunos aún hablan ladino, el romance castellano que se hablaba en la España musulmana.

Originarios de las montañas caucásicas, los armenios llevan mucho tiempo establecidos en Anatolia. Algunos dicen que son descendientes de los urartianos, pero el pueblo netamente armenio existe desde al me-

Kurdistán, viaje al país prohibido, de Manuel Martorell, es un relato basado en las entrevistas realizadas por el autor en un audaz periplo por los pueblos de la región en el que analiza la historia, las leyendas y mitos, la arqueología o la política.

¿SEPARATISMO O FRATERNIDAD ENTRE PUEBLOS?

En 1984 Abdullah Öcalan fundó el Partido de los Trabajadores del Kurdistán (PKK), que pronto se convirtió en la organización kurda más estoica –y sanguinaria– que jamás haya existido en Turquía, y que sigue siendo ilegal. Muchos kurdos que no necesariamente apoyan la exigencia del PKK de creación de un estado independiente quieren, sin embargo, poder leer un periódico en su idioma, que sus hijos reciban educación en su lengua madre y ver la televisión kurda. El Gobierno turco reaccionó a las tácticas violentas y las exigencias territoriales del PKK tildando las reclamaciones de los derechos kurdos de "separatismo". El conflicto se intensificó de tal modo que el sureste del país estaba en permanente estado de alerta. Después de 15 años de lucha, traslados forzosos, sufrimiento y 30 000 muertes, Öcalan fue capturado en Kenia en 1999.

Desde entonces se han hecho algunos progresos, pero la resolución definitiva de la 'cuestión kurda' se resiste. Tras la detención de Öcalan, la actitud cada vez más pragmática y sensata adoptada tanto por el ejército como por el Gobierno ha dado algunos frutos. En el 2002, el Gobierno turco aprobó las retransmisiones en turco y autorizó la enseñanza del kurdo en las escuelas de idiomas, y se levantó el estado de excepción en el sureste. En el 2009, emprendió "la apertura kurda" en un intento por abordar el problema en su dimensión social y política. La creación de TRT6, un canal de televisión público en kurdo, fue aclamada como una iniciativa positiva. Sin embargo, preocupa hasta qué punto el PKK y Öcalan siguen ejerciendo su influencia en los partidos políticos kurdos. En cualquier caso, parece que las iniciativas más recientes tienen más probabilidades de acabar resolviendo la cuestión kurda que la intervención militar.

NAZAR BONCUK

El *nazar boncuk* es un amuleto de cristal azul que, según una tradición centenaria, protege contra el mal de ojo. Está presente en toda Turquía: en los edificios, en los vehículos e incluso en las mantas para bebés.

nos el s. IV, cuando fueron la primera nación en convertirse totalmente al cristianismo. Tras crear su propio alfabeto y una rica cultura literaria, empezaron a fundar varios reinos, normalmente en los confines entre grandes imperios: bizantino y abasida, persa y otomano. Hasta 1915 había importantes comunidades en toda Anatolia. El clima de controversia que envolvió a los armenios y los otomanos en los últimos años del Imperio otomano garantiza la persistencia de unas relaciones predominantemente deterioradas entre ambos, tanto dentro como fuera del país (véase recuadro en p. 647). Unos setenta mil armenios viven aún en Turquía, la mayoría en Estambul, y en pequeños grupos en Anatolia. Las relaciones turco-armenias son tensas, pero parece que hay signos de acercamiento. En el 2007, la iglesia armenia de la isla de Akdamar fue restaurada por el Ministerio de Cultura de Turquía y volvió a abrir sus puertas con la esperanza de que mejorasen las relaciones. En septiembre del 2010 se celebró un servicio en la iglesia (el primero en casi un siglo) que atrajo a feligreses del otro lado de la frontera.

La otra minoría cristiana significativa de Turquía es la griega. A pesar de que en época otomana Turquía contaba con una numerosa población helénica, tras los intercambios de población al inicio de la República y los amargos episodios de la década de 1950, la comunidad griega se vio reducida a una pequeña representación en Estambul y unos pocos griegos pónticos en los valles remotos del este del mar Negro. Sin embargo, en los últimos años, las relaciones entre Grecia y Turquía han mejorado y algunos jóvenes profesionales y estudiantes griegos se han trasladado a Estambul.

En el agreste sureste de Anatolia también viven antiguas comunidades cristianas, entre las que están los seguidores de la iglesia ortodoxa siríaca, que hablan arameo, se concentran en Midyat y mantienen el monasterio de Deyrul Zafran. También está la iglesia católica caldea, con algunos miembros en Diyarbakir.

Medio ambiente

El país

Turquía tiene un pie en Europa y otro en Asia, separados por el famoso Bósforo de Estambul, el mar de Mármara y los tristemente célebres Dardanelos. La región de Tracia oriental, la Turquía europea, supone solo un 3% de los 779 453 km² de superficie total del país. El 97% restante corresponde a Anatolia, la Turquía asiática.

Con 8300 km de costa, cumbres nevadas, ondulantes estepas, enormes lagos y anchos ríos, el país ofrece una diversidad geográfica muy amplia.

Regiones geográficas

El litoral del Egeo es una sucesión de calas, playas e islas, estas últimas casi todas griegas y situadas a pocos kilómetros de la costa. En el interior, Anatolia occidental engloba dos regiones lacustres y el Uludağ (Montaña Grande) que, con sus 2543 m, es una de las cumbres más altas de Turquía y un lugar muy concurrido por aficionados al esquí.

La costa mediterránea discurre paralela a los montes Tauro. Al este de Antalya se abre para formar una fértil llanura que llega hasta Alanya, donde se vuelve a cerrar.

Anatolia central está formada por una gran meseta elevada de estepas ondulantes interrumpida por cadenas montañosas y el espectacular paisaje de Capadocia, una región en la que la acción del viento y el agua sobre la toba arrojada a lo largo de varios kilómetros por erupciones volcánicas durante la prehistoria creó las famosas chimeneas de hadas.

La costa del mar Negro está formada por alineaciones montañosas que en su parte oriental llegan hasta el mar. En el extremo oriental, las montañas Kaçkar (Kaçkar Dağı), con sus 3937 m, es el punto más alto de esta popular zona de senderismo y montañismo en la que los *yaylas* (valles) están rodeados de picos y glaciares.

El montañoso y amenazante noreste de Anatolia también tiene cierta belleza salvaje, sobre todo en los alrededores de Yusufeli, o en Doğubayazıt, donde la nevada cumbre del monte Ararat (Ararat Dağı, 5137 m) domina el paisaje en muchos kilómetros a la redonda. El sureste anatolio lo forman estepas azotadas por el viento, afloramientos de rocas puntiagudas y el lago Van (Van Gölü), con sus insólitas aguas alcalinas.

Peligrosidad sísmica

Turquía está situada sobre tres fallas sísmicas activas: una al norte y otra al este de Anatolia, y la tercera en el Egeo. La mayor parte del país se extiende al sur de la falla del norte, que avanza más o menos paralela a la costa del mar Negro. Como las placas tectónicas de Arabia y África empujan hacia el norte, la placa de Anatolia es desplazada hacia la de Eurasia y comprimida contra Grecia.

Puesto que las prácticas agrícolas tradicionales están desapareciendo, los palomares (que servían para recoger los excrementos de los pájaros y utilizarlos como abono) que salpican las chimeneas de hadas de Capadocia cada vez están más en desuso.

En el Bósforo de Estambul habitan delfines; los biólogos marinos los han comparado con los niños de la calle por las difíciles condiciones de vida que soportan.

TOMAR SOLO FOTOS, DEJAR SOLO HUELLAS

El turismo no es el único factor que ha causado un impacto negativo sobre el medio ambiente en Turquía, pero sí es uno de ellos. Estas son algunas de las cosas que puede hacer el viajero para solucionarlo.

» Nunca dejar basura en ningún sitio (aunque los turistas no son los principales culpables).

» No comprar coral o conchas marinas, aunque queden muy bien en un collar.

» Evitar usar bolsas de plástico, aunque algunas de las que se encuentran en Turquía están fabricadas con material reciclado.

» Quejarse al capitán si el barco en el que se realiza una excursión parece soltar vertidos al mar; si echa el ancla en una zona medioambiental sensible y el capitán no hace caso, se puede contactar con **Greenpeace Mediterranean** (📞0212-292 7619; www.greenpeace.org/mediterranean).

» Elegir pensiones y hoteles construidos con cierto respeto al entorno.

» Abstenerse de comprar agua envasada en botellas de plástico, siempre que sea posible. Muchos restaurantes turcos sirven el agua en botellas de cristal, y se puede comprar un sistema de depuración de agua antes de partir. Cuando menos, se pueden comprar garrafas de agua de 5 l, que pueden dejarse en la habitación del hotel, y rellenar un botellín reutilizable para llevar encima.

Desde 1939 se han registrado más de veinticinco terremotos importantes con una intensidad de hasta 7,8 en la escala Richter. En agosto de 1999, un temblor de magnitud 7,6 sacudió İzmit (Kocaeli) y Adapazarı (Sakarya), en el noroeste de Anatolia, provocando la muerte de más de dieciocho mil personas. Si Estambul fuese sacudida por un fuerte terremoto, gran parte de la ciudad quedaría arrasada debido a las edificaciones ilegales y defectuosas. La población local es bastante fatalista y casi nadie duda de que llegará.

Fauna y flora
Fauna

El terremoto de magnitud 4,4 que sacudió Estambul en octubre del 2010 no produjo muertes ni daños, pero puso de relieve lo mal preparada que estaba la ciudad: sus habitantes, en vez de evacuar sus casas, sobrecargaron las líneas telefónicas y las redes sociales.

Teóricamente en Turquía pueden verse osos, ciervos, chacales, caracales, jabalíes y lobos, pero, en la práctica, es poco probable encontrar ninguno de estos animales a menos que se practique senderismo.

En cambio, sí pueden verse perros de raza kangal, cuyo nombre procede de un pequeño pueblo cercano a Sivas. En un principio, se criaron para proteger los rebaños de ovejas del ataque de los lobos en los pastos de montaña. Los viajeros que se aventuran fuera de las rutas turísticas, especialmente en el este del país, suelen llevarse un susto al toparse con estos animales enormes de pelaje amarillento y cabeza negra, que llevan, en muchas ocasiones, collares de pinchos para protegerse de los mordiscos de los lobos. Sus descendientes de raza cruzada viven en las calles de Turquía.

Una excelente lectura vacacional relacionada con los animales es *The Byerley Turk: The True Story of the First Thoroughbred* (El turco Byerley: la verdadera historia del primer pura sangre), de Jeremy James, una biografía novelada del caballo otomano, cuyos descendientes son hoy en día los mejores caballos de carreras del mundo.

Aves

En Turquía hay 400 especies de pájaros, de las cuales 250 están de paso en su migración de África a Europa. Primavera y otoño son épocas especialmente buenas para ver especies migratorias. Resulta muy fácil avistar águilas, cigüeñas, abubillas (pardas), carracas (azules) y abejarucos (verdes). Hay varios santuarios de aves (*kuş cennetler;* paraísos de aves) esparcidos a lo largo de todo el país, aunque por desgracia suelen estar muy concurridos de lugareños ruidosos.

Los aficionados a la observación de aves deberían dirigirse al este, hacia Birecik, entre Gaziantep y Şanlıurfa, uno de los últimos lugares del mundo en los que anida el *Geronticus eremita* (ibis eremita). En el noreste de Anatolia, el Çıldır Gölü (lago Çıldır; p. 564), situado en una zona inhóspita al norte de Kars, es una importante zona de cría para varias especies de aves. De más fácil acceso resulta el delta del Göksu (p. 384), cerca de Silifke, donde se ha documentado la presencia de 332 especies, entre las que se encuentra el raro calamón común, y Pamucak (véase p. 219), hábitat de los flamencos de febrero a marzo.

Walking and Birdwatching in South West Turkey (Senderismo y observación de aves en el sureste de Turquía), de Paul Hope, es una introducción a algunos de los mejores lugares para el avistamiento de aves del país.

Especies en peligro de extinción

Los leones, castores y tigres del Caspio se han extinguido, y el lince, la hiena rayada y el leopardo de Anatolia casi han desaparecido. Puede que la última vez que se vio uno de estos leopardos fuese en 1974, cuando se disparó a uno que estaba atacando a una lugareña a las afueras de Beypazarı. Sin embargo, las ovejas salvajes anatolias, presentes solo en la región de Konya, están volviendo.

Las poco comunes tortugas bobas aún desovan en varias playas turcas, como las de Anamur, İztuzu (Dalyan), el delta del Göksu y Patara (véase recuadro en p. 381). Una pequeña comunidad de focas monje mediterráneas vive en torno a Foça (p. 178), pero es difícil verlas.

Greenpeace ha criticado a Turquía por no respetar las cuotas internacionales de pesca del atún rojo del Mediterráneo, en peligro de extinción.

Flora

Turquía es uno de los países de las zonas templadas de La Tierra con más biodiversidad. Sus fértiles tierras producen una increíble variedad de frutas y verduras, y cuenta con una flora excepcionalmente rica, con más de nueve mil especies, de las cuales 1200 son endémicas; además, cada semana se descubre una nueva especie (de media). Los árboles y plantas más habituales del paisaje turco son el pino, el ciprés, el mirto, el laurel, la lavanda y el tomillo.

Turquía es uno de los últimos reductos del *Liquidambar orientalis* (liquidámbar oriental), que crece a lo largo de la costa suroeste del Mediterráneo, sobre todo en torno a Köyceğiz. Los egipcios usaban su resina en el proceso de embalsamamiento pero en la actualidad se exporta para elaborar perfumes e inciensos. Esta costa, en la península de Reşadiye y la zona de Bodrum y Kumluca, atesora la endémica *Phoenix theophrastii* (palmera de Teofrasto). Las últimas poblaciones del planeta de este árbol se hallan aquí y en Creta.

Otra planta característica de la costa es la buganvilla púrpura, importada de Sudamérica. Los olivos, símbolo del Mediterráneo, se originaron en la parte turca de la región y se expandieron hacia el oeste durante la época romana. Turquía también introdujo los cerezos en Italia, desde donde se extendieron por todo el mundo, a través de Giresun, en la costa del mar Negro.

The Most Beautiful Wild Flowers of Turkey (Las flores silvestres más bellas de Turquía), de Erdoğan Tekin, es la mejor guía de campo del mercado, con cuadros explicativos de cada flor y más de setecientas fotos.

Consideradas las anunciadoras de la primavera, las cigüeñas emigran a Turquía en marzo. Sus majestuosos nidos se pueden ver en la costa oeste y en ciudades como Estambul, Konya y Ankara (a menudo en la cima de la columna de Juliano). Algunas comunidades arreglan sus nidos para animarlas a volver.

Los hermosos y blanquísimos gatos Van, que suelen tener un ojo azul y otro ámbar, se han convertido en una especie amenazada en su Turquía natal. Se dice que son capaces de nadar en el lago Van, aunque es poco probable que los propietarios de estas valiosas mascotas les dejen hacerlo.

Parques nacionales y reservas naturales

En los últimos años, debido a las aspiraciones turcas por entrar en la UE, el país ha intensificado sus actuaciones en el campo de la protección medioambiental. Cuenta con 13 lugares Ramsar (humedales de importancia internacional) y es miembro de Cites, que vela por evitar el comercio internacional de especies amenazadas. El creciente número de áreas protegidas incluye 33 *milli parkıs* (parques nacionales), 16 parques naturales y 35 reservas naturales, además de 58 "monumentos de la naturaleza" que, en su mayoría, son árboles protegidos; uno de ellos es el cedro de 2000 años de Finike, al suroeste de Antalya. En los parques y reservas se supone que el entorno está protegido y la caza controlada. A veces la ley se cumple estrictamente, pero otras hace caso omiso a problemas como la basura que dejan los visitantes.

El turismo en los parques nacionales no está muy desarrollado y, por ello, pocas veces tienen instalaciones adecuadas. Ni siquiera existe una norma que exija que los caminos estén señalizados, y las zonas de acampada casi nunca pueden utilizarse. La mayor parte de los parques más populares lo son tanto por sus monumentos históricos como por su paisaje natural.

Los tulipanes suelen relacionarse con Holanda, pero esta flor es originaria de Turquía y fue muy cultivada durante el Imperio otomano, cuando se exportaba a Europa. El pacífico sultanato de Ahmet III [1703-1730] es conocido como la Era del Tulipán.

Parques populares

He aquí una lista de los parques nacionales más populares entre los visitantes extranjeros. El **Ministerio de Cultura y Turismo turco** (www.turizm.gov.tr) ofrece más información.

Parque Histórico Nacional de Gallípoli (p. 136) Lugar de una histórica batalla, situado en una península espléndidamente virgen, rodeada de cuevas.

Parque Nacional de Göreme (p. 469) Extraordinaria extensión de gargantas y conos (chimeneas de hadas).

Parque Nacional de Kaçkar Dağları (p. 535) Imponente cordillera muy frecuentada por excursionistas.

Parque Nacional de Köprülü Kanyon (p. 366) Asombroso cañón en un paisaje espectacular; con instalaciones para practicar *rafting* en aguas bravas.

Parque Nacional de Nemrut Dağı (p. 593) Cabezas milenarias esculpidas en la cima de un montículo con unas vistas maravillosas.

TURQUÍA NUCLEAR

Uno de los grandes retos a los que se enfrentan los ecologistas turcos es el plan del Gobierno de construir tres centrales nucleares. Previsiblemente una se situará en Akkuyu, en la costa este del Mediterráneo, un lugar muy controvertido por estar a 25 km de una falla sísmica. En el 2000 ya se habían descartado otros proyectos para ubicar allí una planta. Sinop, en el mar Negro, es otro posible emplazamiento, pero cuenta con la oposición de la asociación local **Sinop Es Nuestro** (www.sinopbizim.org).

Según el Gobierno, estas tres centrales producirían unos 5000 megavatios, con lo que se eliminarían los cortes de electricidad y se reduciría la dependencia energética del país, que actualmente importa el 90% del petróleo y el gas que consume. Tras los cortes de suministro de gas ruso en enero del 2009, que también afectaron a gran parte de Europa, la seguridad energética interna ha pasado a ser una prioridad.

Los expertos afirman que compartir frontera con Irán, que cuenta con un programa nuclear, ha impulsado a Turquía a desarrollar su capacidad nuclear. En el 2010 Turquía y Brasil intentaron ayudar a Irán a evitar sanciones internacionales mediante la negociación de un acuerdo según el cual Irán proveería a Turquía de uranio enriquecido. El proceso de privatización del sector energético turco se aceleró en el 2008, cuando se aprobaron leyes para promover la inversión. Se espera que esto mejore las actuales infraestructuras del país antes de que se piense en la energía nuclear. Además, la vulnerabilidad sísmica del país convierte a los reactores nucleares en un riesgo enorme.

La deseada adhesión de Turquía a la UE está obligando al país a elevar sus niveles de calidad medioambiental. El país ha empezado a revisar su legislación y sus costumbres, e incluso firmó el Protocolo de Kioto en el 2009.

El Gobierno aspira a armonizar la legislación medioambiental con la de la UE, un ambicioso proyecto cuyo coste estimado es de unos 70 000 millones de euros, aunque la Comisión Europea cree que con esa inversión Turquía al final recaudaría 120 000 millones. En el 2009, Turquía recibió el primer préstamo concedido por el Fondo de Tecnología Limpia del Banco Mundial por un valor de 250 millones de dólares.

Aunque el primer ministro Erdoğan haya mostrado una actitud ambivalente hacia los ecologistas, es de esperar que su Ministerio de Medio Ambiente esté celebrando muchas reuniones para decidir por qué reto empezar. Entre las prioridades están el tratamiento de aguas residuales y la construcción de depuradoras. La higiene de los alimentos ha sido un gran escollo, aunque las conversaciones con la UE para tratar este tema empezaron en el 2010, después de que el año anterior se hubiese abierto el capítulo medioambiental. Actualmente, productos como la carne y sus derivados no pueden exportarse a la UE.

Parque Nacional de Saklıkent (p. 332) Famoso por su barranco de 18 km de largo.

Cuestiones medioambientales

Turquía se enfrenta al poco envidiable desafío de equilibrar gestión medioambiental con crecimiento económico rápido y expansión urbanística; hasta la fecha, ha llevado a cabo un trabajo poco riguroso. La inadecuada aplicación de las leyes, la falta de fondos y la escasa formación han situado el medio ambiente en un puesto muy bajo en la lista de prioridades del país. Pero hay visos de mejoría, debido en gran parte al deseo de adherirse a la UE.

El Bósforo

Uno de los retos más importantes es la amenaza que supone el tráfico marítimo por el Bósforo. La Convención de Montreal de 1936 decretó que, aunque Turquía ostenta la soberanía del estrecho, debe permitir la libre circulación de barcos por él. En aquella época atravesaban el Bósforo unos pocos millares de navíos al año, pero esa cantidad ha aumentado hasta los más de 45 000 buques, de los cuales, aproximadamente el 10% transporta cada año 100 millones de toneladas de sustancias peligrosas.

Ya se han producido accidentes graves, como la colisión del *Independenta* y otro buque en 1979, que provocó la muerte de 43 personas y el vertido y quemado de 95 000 toneladas de crudo (aproximadamente 2½ veces la cantidad derramada por el famoso *Exxon Valdez*). Tras el desastre del golfo de México, el Gobierno turco renovó sus esfuerzos para encontrar rutas alternativas para el transporte de petróleo, entre las que se encuentra el oleoducto entre Azerbaiyán y el puerto turco de Ceyhan (este del Mediterráneo), además de los que unirían Samsun y Ceyhan, y Bulgaria y Grecia, que están en proyecto.

Urbanismo y presas

El desarrollo urbanístico está teniendo un grave efecto en el medio ambiente, especialmente en las costas egea y mediterránea. Lugares como Kuşadası y Marmaris, otrora bellas localidades pesqueras, se han visto abrumadas por el desarrollo inmobiliario y corren el riesgo de perder su encanto. Y lo que es peor, gran parte de las nuevas edifi-

OLEODUCTO

El oleoducto que une Baku (Azerbaiyán) con Ceyhan (Turquía) vía Tiflis (Georgia) es uno de los más largos del mundo; el petróleo tarda un mes en recorrer los 1800 km que separan un extremo del otro.

caciones solo se ocupan durante los meses más cálidos, lo que produce graves problemas de infraestructuras. El número de pequeñas bahías recónditas que se divisa desde los famosos cruceros por la costa (p. 323) ha disminuido drásticamente. Mientras, el desarrollo urbanístico sigue avanzando: en el 2010 apareció un nuevo puerto deportivo en Sığacık, en el norte del Egeo.

La zona de Isparta es una de las principales productoras de aceite esencial de rosas, una valiosa sustancia que se extrae de los pétalos de estas flores y se utiliza en perfumes y cosméticos. Si se desea presenciar la cosecha, a finales de la primavera, véase p. 295.

La escasez de agua y electricidad ha hecho que Turquía sea uno de los principales países constructores de pantanos. Con más de 650 presas solo en la región del mar Negro, la polémica se cierne en torno a los nuevos planes. El enorme Proyecto de Anatolia Suroriental (p. 583), conocido como GAP, uno de los mayores esfuerzos constructivos de Turquía, propone el aprovechamiento del agua de las cabeceras del Tigris y el Éufrates, lo que está creando una potencial bomba de relojería política con los países que están río abajo y que también dependen de sus aguas.

En el 2008, Hasankeyf (p. 618) apareció en la lista de World Monuments Watch de los cien lugares del planeta más amenazados gracias al proyecto de la presa de İlisu, que prevé inundar la parte sureste de su casco histórico. El consorcio İlisu se ha ofrecido a realizar una recreación de la localidad, que históricamente fue un centro mercantil de la Ruta de la Seda en la frontera entre Anatolia y Mesopotamia, pero las ruinas actuales se perderían junto a su evocador entorno a orillas del Tigris. A pesar de que los promotores europeos se han retirado del proyecto dos veces y que los acreedores europeos se han retractado por cuestiones sociales y medioambientales, se calcula que el proyecto se concluya en el 2013 y provoque el desplazamiento de más de cincuenta mil personas.

La presa de Yortanlı, cerca de Bergama, supone un peligro similar. Casi terminada, llevará agua a una región árida pero inundará las ruinas de un baño romano del s. I en Allianoi.

Otras cuestiones

Los contendores de reciclaje azules son cada vez más habituales en las calles de Estambul, pero el Gobierno aún tiene un largo camino por recorrer en términos de educación de sus ciudadanos y empresas. El portavoz de una comisión parlamentaria medioambiental dijo en el 2010 que los ayuntamientos turcos se estaban deshaciendo de manera inapropiada del 60% de sus residuos urbanos, y es que el país ha adoptado el programa de la UE según el cual "quien contamina, paga".

La erosión del suelo, la deforestación, la degradación de la biodiversidad y la contaminación del agua son asuntos clave para el país. El ministro de Medio Ambiente, Veysel Eroğlu, abordó recientemente dos de esos problemas y dijo que Turquía había reforestado casi un millón de hectáreas y garantizado el suministro de agua potable a sus 81 provincias.

No obstante, pese a las acciones para frenar las emisiones de carbono, la contaminación del aire en las grandes urbes sigue siendo un problema, y muchos piensan que el Gobierno llega tarde, mal y nunca. A principios del 2006, las sanciones por el vertido de residuos tóxicos aumentaron desde un máximo de 4500 € hasta 1,5 millones, pero estos cambios legislativos se anunciaron tras el descubrimiento de barriles de residuos tóxicos en solares vacíos de los suburbios de Estambul. Uno de los lugares más afectados es Dilovası, con un número de muertes por cáncer tres veces mayor a la media mundial y un informe según el cual la zona debería ser evacuada y declarada catastrófica. No ha ocurrido ninguna de las dos cosas, y la muy industrializada zona del mar de Mármara sigue siendo un recordatorio de las carencias medioambientales del país.

Para acabar con una nota positiva, Turquía lo está haciendo bien en lo que respecta a limpieza de las costas: 313 playas y 14 puertos deportivos han recibido la bandera azul; la lista completa se puede consultar en www.blueflag.org/Menu/Programa+Bandera+Azul.

Guía de
> # supervivencia

Datos prácticos

Alojamiento

Turquía cuenta con opciones de alojamiento para todos los bolsillos, y en los lugares más visitados por los viajeros independientes, como Estambul y Capadocia, abundan los hoteles, pensiones y albergues con una muy buena relación calidad-precio.

Las tarifas indicadas en esta guía son para temporada alta (mayo-septiembre) e incluyen impuestos (KDV) y, si no se señala lo contrario, el desayuno. Los listados están ordenados por preferencia y los rangos de precios, basados en el coste de una habitación doble con baño propio:

€ Hasta 75 TRY
€€ 75-175 TRY
€€€ Más de 175 TRY

Los precios en Estambul se sitúan en la parte alta de estas categorías, mientras que en el este son más bajos que en el resto del país.

El coste de las habitaciones puede bajar hasta un 20% en temporada baja (octubre-abril), excepto en Navidades y en las principales fiestas islámicas (véase p. 688). En las poblaciones cercanas a Estambul y Ankara a veces suben las tarifas los fines de semana de verano.

Antes de reservar una estancia de una semana o más en una zona turística costera conviene consultar los precios de las vacaciones organizadas por agencias, sobre todo las británicas, francesas y alemanas, que ofrecen paquetes de descuento con alojamiento y vuelos en el sur del Egeo y el Mediterráneo.

Los alojamientos de lugares más occidentalizados como Estambul a menudo ponen los precios también en euros, mientras que en los situados en zonas menos turísticas suelen estar solo en liras. La mayoría de los establecimientos aceptan sin problemas liras o euros, o incluso dólares americanos en Estambul. Esta guía ofrece el precio en la divisa dada por el negocio en cuestión.

Casi todos los alojamientos tienen un sitio web a través del cual se puede reservar.

Muchas pensiones operan mediante cadenas informales que remiten al cliente de uno a otro alojamiento. Si al viajero le ha gustado la pensión en la que se aloja, lo más probable es que también le agraden las recomendaciones de su propietario, pero no debería firmar nada antes de haber visto el lugar.

Apartamentos

» Los apartamentos son una opción rentable, sobre todo para familias y grupos pequeños.

» Fuera de Estambul y unos pocos sitios en el Egeo y el Mediterráneo, los apartamentos de alquiler vacacional no abundan.

» Además de esta guía, se puede consultar www.ownersdirect.co.uk, www.holidaylettings.co.uk, www.turkeyrenting.com, www.vrbo.com y www.perfectplaces.com.

» En zonas costeras como Kaş, Antalya y la península de Bodrum, los *emlakci* (agentes de la propiedad inmobiliaria) disponen de listas de alquileres vacacionales y están acostumbrados a tratar con extranjeros. Véase p. 235 para más información sobre Bodrum.

'Camping'

» La mayoría de los *campings* se concentran en la costa y son privados.

» En el interior del país, los *campings* escasean, a excepción de Capadocia y algunos puntos del este de Anatolia, como el Parque Nacional de Nemrut Dağı.

» En el interior, las mejores instalaciones suelen estar en los Orman Dinlenme Yeri (terrenos del Departamento Forestal); normalmente se necesita contar con transporte propio para llegar a ellos.

» Las pensiones y hostales suelen permitir, previo pago, que se acampe en su propiedad y se utilicen sus instalaciones.

» Acampar fuera de los *campings* oficiales suele tener más inconvenientes que ventajas, pues:

• La policía puede pasar a hacer una inspección y

obligar a los campistas a marcharse.

- En el este hay lobos en libertad; conviene tener cautela y no dejar comida ni basura fuera de la tienda.
- También hay que estar atento a los perros kangal (p. 674).
- Las mujeres deberían limitarse a acampar en campings oficiales y en zonas concurridas, sobre todo en el este del país.

Albergues

» En los destinos más populares hay numerosos albergues con dormitorios en los que una cama suele costar entre 15 y 20 TRY por noche.

» Turquía no cuenta con una red oficial de albergues, pero hay miembros de Hostelling International en Estambul, Capadocia y las zonas del Egeo y el oeste del Mediterráneo.

CASAS EN ÁRBOLES

Olympos, en la costa mediterránea, es famosa por sus casas en árboles (p. 351): refugios sencillos en parajes boscosos próximos a la playa. El éxito de estos lugares frecuentados por mochileros ha hecho que aparezcan imitadores por todo el oeste del Mediterráneo, como en Çıralı y la garganta de Saklıkent.

Hoteles
ECONÓMICO

» En la mayoría de las ciudades y localidades turísticas es fácil encontrar alojamientos decentes a precios módicos.

» Los sitios en los que es más difícil encontrar habitaciones buenas y baratas son Estambul, Ankara, İzmir y destinos turísticos de sol y playa como Alanya y Çeşme.

» Los hoteles más baratos cobran alrededor de 25 TRY por una habitación individual.

» Los hoteles más baratos suelen acoger a hombres turcos de clase trabaja-

dora y, en general, no son apropiados para mujeres que viajen solas.

PRECIO MEDIO

» Los hoteles de una y dos estrellas cobran entre 70 y 120 TRY por una habitación doble con ducha.

» El ambiente de los hoteles de una y dos estrellas es menos opresivo y varonil, incluso si la clientela es principalmente masculina.

» Los hoteles de tres estrellas, en general, están más acostumbrados a recibir mujeres.

» Los hoteles de las localidades más tradicionales solo suelen ofrecer TV en turco, desayunos turcos y ninguno de los extras que son comunes en las pensiones.

» Los precios deberían estar a la vista en recepción.

» Nunca se debe pagar más de lo que marcan los precios a la vista; a menudo se paga menos.

» Las parejas extranjeras que no están casadas no suelen tener problemas para compartir habitación.

» En el este del país, a las parejas les suelen ofrecer habitaciones con dos camas aunque pidan una de matrimonio.

» Algunos establecimientos siguen negándose a aceptar parejas sin casar si uno de los miembros es turco.

» Cuanto más barato sea el hotel y más remota su ubicación, más conservadora tiende a ser la dirección.

HOTELES-'BOUTIQUE'

Cada vez es más frecuente que se restauren o recons-

CERRADO POR VACACIONES

En las costas del Egeo, el Mediterráneo y el mar Negro, y en partes de Capadocia, la mayor parte de los hoteles, pensiones y *campings* cierran de mediados de octubre a finales de abril. Antes de viajar a estas regiones en temporada baja conviene comprobar si hay alojamiento disponible.

truyan mansiones otomanas, caravasares y otros edificios históricos para convertirlos en hoteles con mucho encanto equipados con todas las comodidades modernas. La mayoría de estas opciones es de precio medio o alto. Algunos se reseñan en esta guía, pero *The Little Hotel Book* (El libro de los hoteles pequeños; www. smallhotels.com.tr), disponible en librerías de Estambul, incluye muchos más.

Pensiones

En todos los destinos frecuentados por viajeros se pueden encontrar *pansiyons* (pensiones): casas de huéspedes sencillas y de gestión familiar con habitaciones individuales o dobles (algunas también disponen de triples y cuádruples) decentes y limpias por entre 40 y 70 TRY. No hay que olvidar quitarse los zapatos al entrar.

Algunas ventajas de alojarse en una pensión con respecto a un hotel barato, sobre todo en las zonas más turísticas:

» Una selección de comidas sencillas

» Intercambio de libros

» Servicio de lavandería

» Canales de TV internacionales

» Personal que habla al menos una lengua extranjera

'EV PANSIYONU'

En algunos lugares quedan *ev pansiyonu* (pensiones en casas privadas) al estilo antiguo. Se trata de casas familiares que alquilan habitaciones sencillas a los

LO BÁSICO

» Turquía usa el sistema métrico decimal para pesos y medidas.

» La corriente eléctrica funciona a 230 V CA y 50 Hz.

» Las tiendas de material eléctrico suelen vender adaptadores.

» Conviene tener un protector para la sobrecarga eléctrica.

» Un adaptador AC universal también es una buena inversión.

» *Today's Zaman* (www.todayszaman.com) es un periódico en inglés. *Hürriyet Daily News* (www.hurriyetdailynews.com) y *Sabah* (www.sabahenglish.com) publican ediciones en inglés.

» *Cornucopia* (www.cornucopia.net) es una revista ilustrada con artículos en inglés sobre Turquía.

» La revista mensual de Turkish Airlines, *Skylife* (www.thy.com), también es una buena lectura.

» *Turkey Post* (http://wn.com/s/turkeypost/index.html) recopila reportajes de prensa internacional sobre Turquía.

» Las guías de APA Group de Estambul, Ankara y Bodrum incluyen listas y artículos.

» TRT emite diariamente noticias en varios idiomas, incluido el inglés, por radio y en www.trt.net.tr.

» Digiturk ofrece numerosos canales turcos e internacionales.

---

viajeros en las épocas más turísticas del año. No suelen darse a conocer por cauces formales, así que hay que preguntar a los lugareños dónde encontrarlas o buscar carteles en los que ponga "kıralık oda" (se alquila habitación). Los propietarios raramente hablan inglés, así que viene bien saber un poco de turco.

Captadores de clientes

En las poblaciones turísticas más pequeñas, como Selçuk, suele haber hombres que abordan al viajero al bajar del autobús para ofrecerle alojamiento. Algunos llegan a inventarse una historia sobre la pensión que está buscando con la intención de engatusarle y conseguir una comisión de otra pensión. Los taxistas a veces también lo hacen.

Lo mejor suele ser rehusar amablemente la oferta, pero a veces vale la pena aceptar, sobre todo si se cuenta con poco presupuesto, pues en ocasiones estos captadores trabajan para establecimientos recién abiertos con tarifas muy bajas. En todo caso, antes de ir a la pensión conviene dejarles claro que solo se desea mirar, sin compromiso alguno.

Horario comercial

En los capítulos de los destinos, las reseñas solo especifican el horario de apertura si difiere del que la siguiente tabla indica para cada sector. Las reseñas de los lugares de interés siempre incluyen el horario de apertura.

La mayoría de los museos cierra los lunes y, de abril a octubre, entre 1½ y 2 horas más tarde. También cambian de horario según la temporada los bares, que en verano suelen abrir hasta más tarde que en invierno, y las oficinas de turismo ubicadas en los sitios más populares, que abren durante más tiempo y los fines de semana en verano.

La jornada laboral se reduce durante el mes del Ramadán, que suele caer en verano (véase p. 688). En las ciudades más religiosas, como Konya y Kayseri, casi todos los establecimientos cierran durante la oración del mediodía del viernes (día santo musulmán); para el resto, el viernes es un día laborable normal.

Bancos, oficinas de correos 8.30-12.00 y 13.30-17.00 lu-vi

Restaurantes desayuno 8.00-11.00, almuerzo 12.00-16.00, cena 18.00-22.00

Bares 16.00-tarde

Locales nocturnos y de ocio 21.00-tarde

Tiendas 9.00-18.00 lu-vi (más amplio en zonas turísticas y grandes ciudades, incluida apertura en fin de semana)

Viajar con niños

Se recomienda consultar la guía de Lonely Planet *Travel with Children* (en inglés), con abundante información y consejos prácticos para que un viaje con niños sea lo menos estresante posible.

Actitudes

» Los çocuklar (niños) son los protagonistas de la vida familiar turca, así que son bien recibidos dondequiera que vayan.

» Durante el viaje, por la calle la gente les bendecirá con un "Maşallah" (Loado sea Alá) y los estrecharán con cariño entre sus brazos.

» Quizá sea útil para los padres aprender a decir en turco cosas como *ay* (mes), *yıl* (año), *erkek* (niño) o *kız* (niña).

» Para preguntar educadamente a otra persona por su hijo se puede decir: *Kaç tane çocuklarınız varmı?* (¿Cuántos hijos tiene usted?).

» La mayoría de las mujeres turcas dan el pecho a sus bebés (discretamente) en público, así que a nadie le molestará que una foránea haga lo propio.

Lo básico

» En Turquía, los servicios para niños no abundan.

» La mayoría de los hoteles puede conseguir un servicio de canguro, pero las agencias y clubes infantiles son escasos.

» **Child Wise** (www.childwise.net) ofrece asesoramiento y consejos sobre cuidado infantil.

» Los hoteles y restaurantes suelen preparar platos especiales para niños.

» En los restaurantes, las tronas no son nada frecuentes.

» Muchos hoteles no disponen de cunas, pero pueden ofrecerlas si se les avisa con antelación.

» Los cambiadores de bebés en lugares públicos son poco comunes, pero sí se encuentran en las sucursales de la cadena de *kebapçı* (restaurante de kebab) Kırçiçeği.

» Los pueblos y ciudades costeras suelen contar con parques infantiles, pero conviene comprobar la seguridad de los aparatos.

» En los autobuses no suele haber lavabos que funcionen, pero normalmente paran cada pocas horas.

» La mayoría de las empresas de alquiler de vehículos

proporcionan asientos infantiles de seguridad por un pequeño cargo adicional.

» La imprudencia de los conductores y el mal estado de las calles hacen de los paseos con cochecito un deporte extremo.

» Las mochilas portabebés son muy útiles para recorrer a pie los lugares de interés.

» Véase p. 694 para información sobre restaurantes y teterías de ambiente familiar.

Productos

» Asegurarse bien de que las recetas prescritas por médicos turcos para niños son adecuadas (véase p. 713).

» La leche pasteurizada se vende en cartones en todas partes, pero la leche fresca es difícil de encontrar.

» No es mala idea llevar alimentos infantiles; lo poco que se encuentra en Turquía, o les resulta incomestible o es puré de plátano.

» Los supermercados Migros tienen la mejor selección de comida infantil.

» En general, los supermercados venden leche materna, aunque muy cara, y papillas de cereales con vitaminas.

» Los *bebek bezi* (pañales desechables) son fáciles de encontrar.

» Las mejores marcas de pañales son Prima y Huggies, a la venta en farmacias y supermercados; es mejor olvidarse de las marcas turcas, más baratas.

Seguridad

» En Turquía, el nivel de seguridad pocas veces está a la altura de los niveles occidentales.

» En los hoteles y otros edificios, hay que estar atento a los enchufes que no disponen de protección.

» En la calle, cuidado con:

• Los famosos conductores turcos, sobre todo con los que se suben a la acera en ciclomotor.

• Los cables eléctricos mal protegidos.

• Los huecos de escaleras abiertos.

• Los baches grandes.

• Las alcantarillas sin tapar.

• Los edificios históricos sin seguridad.

Puntos de interés y actividades

Aparte de las playas, Turquía no cuenta con muchos lugares de interés diseñados pensando en los niños. Solo unos pocos museos de Estambul y Ankara disponen de secciones interactivas para niños (véase p. 86).

Las actividades son una buena idea dependiendo de la edad del niño. Paseos en barca, globo o caballo, buceo y *rafting* en aguas bravas son algunas opciones. Además de las costas, la zona del país que más puede gustar a los niños es Capadocia, con sus ciudades subterráneas, viviendas trogloditas y paisajes lunares. En ciudades como Estambul e İzmir son muy populares los *ferries*, así como los tranvías y funiculares antiguos en la primera.

Aduana
Importaciones

Los artículos valorados en más de 15 000 US$ se deben declarar para poder sacarlos del país. Los siguientes productos se pueden importar libres de impuestos:

» 200 cigarrillos

» 50 puros

» 200 g de tabaco

» 1,5 kg de café

» 1 kg de chocolate o dulces

» Una botella de 100 cl o dos de 75 cl de vino o bebidas alcohólicas

» Cinco botellas de 120 ml de perfumes diferentes

» Una cámara con cinco carretes

» Una cámara de vídeo con cinco cintas

» No hay límite de divisas

Exportaciones

» Es ilegal sacar antigüedades.

» Las tiendas de alfombras deben facilitar un documento que certifique que lo que se ha comprado no es una antigüedad.

» Conviene pedir consejo a los vendedores y guardar recibos y papeleo.

Descuentos

Las siguientes tarjetas se pueden conseguir en Turquía, aunque es más fácil hacerlo en el país de origen.

Carné Internacional del Estudiante (ISIC; www.isic.org) Des-

EMBAJADAS EN TURQUÍA

EMBAJADA	INFORMACIÓN DE CONTACTO	DIRECCIÓN
Argentina	☎0312-446 20 61; embargturquia@yahoo.com.ar	Uğur Mumcu Cad. 60/1, 06700 Ankara
Armenia	Contactar con la embajada rusa; www.armeniaforeignministry.com	
Azerbaiyán	☎0312-491 1681; www.mfa.gov.az/eng	Diplomatik Site, Baku Sokak 1, Oran, Ankara
Brasil	☎0312448 18 40; brasemb@brasembancara.org	Reşit Galip Caddesi, İlkadım Sok.1, 06700, Ankara
Bulgaria	☎0312-467 2071; www.bulgaria.bg/en/	Atatürk Bulvarı 124, Kavaklıdere, Ankara
Cuba	☎0312442 89 70; embacubatur@tr.net	Şölen Sok. 8, Çankaya 06650, Ankara
Ecuador	☎0312446 01 60; eecuturquia@mmrree.gov.ec	Kelebek Sok, 21/1, Ankara
EE UU	☎0312-455 5555; http://turkey.usembassy.gov	Atatürk Bulvarı 110, Kavaklıdere, Ankara
España	☎0312-438 03 92; emb.ankara@maec.es	Abdullah Cevdet Sok. 8, 06680 Çankaya, Ankara
Georgia	☎0312-491 8030; www.turkey.mfa.gov.ge	Diplomatik Site, Kılıç Ali Sokak 12, Oran, Ankara
Grecia	☎0312-448 0647; www.mfa.gr/ankara	Zia Ur Rahman Caddesi 9-11, Gaziosmanpaşa, Ankara
Irán	☎0312-468 2820; www.mfa.gov.ir	Tehran Caddesi 10, Kavaklıdere, Ankara
Irak	☎0312-468 7421; http://iraqmissions.hostinguk.com	Turan Emeksiz Sokak 11, Gaziosmanpaşa, Ankara
México	☎0312-442 30 33; mexico@embamextur.com	Kýrkpýnar Sok. 18/6, 06540 Çankaya, Ankara
Rusia	☎0312-439 2122; www.turkey.mid.ru	Karyağdı Sokak 5, Çankaya, Ankara
Siria	☎0312-440 9657; http://tinyurl.com/6ywt8a	Sedat Simavi Sokak 40, Çankaya, Ankara
Venezuela	☎0312-438 71 35; http://embavenez-turquia.com	Koza Sok. 91/3, 06700 Çankaya, Ankara
USA	☎0312-455 5555; http://turkey.usembassy.gov	Atatürk Bulvarı 110, Kavaklıdere, Ankara

cuentos en alojamiento (normalmente del 25%), restaurantes, ocio, tiendas y transporte. Requiere presentar documentos como el resguardo de matrícula de la escuela o universidad donde se estudie.

Las siguientes ofrecen beneficios similares al ISIC, pero las aceptan en menos sitios:

Carné Joven Internacional (IYTC; http://tinyurl.com/25tlbv7) Para obtenerlo hay que presentar un pasaporte o carné de identidad que acredite que se es menor de 26 años.

Carné Internacional de Profesor (ITIC; http://tinyurl.com/25tlbv7) Entre los documentos requeridos está una carta de una institución educativa que documente que se trabaja allí un mínimo de 18 horas semanales y un año académico.

Embajadas y consulados

» La mayoría de las embajadas y consulados abre de lunes a viernes de 8.00 o 9.00 a 12.00, y después de comer hasta las 17.00 o 18.00 para recoger visados.

» Las embajadas de algunos países musulmanes abren de domingo a jueves.

» Para preguntar el camino a una embajada, decir: "[país] *başkonsolosluğu nerede?*"

» Para más información sobre visados a países vecinos, véase p. 699.

» Para información sobre misiones en el extranjero de otros países, véase http://tinyurl.com/6ywt8.

» La tabla incluye solamente las embajadas de Ankara, pero hay consulados en otras ciudades turcas (véanse las páginas web indicadas en "Información de contacto" en la tabla).

Electricidad

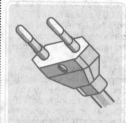

230V/50Hz

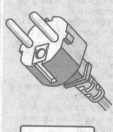

230V/50Hz

Comida y bebida

Las reseñas de esta guía están ordenadas por preferencia, y los precios basados en el coste de un plato principal:

€ Hasta 9 TRY
€€ 9-7,50 TRY
€€€ Más de 17,50 TRY

Los precios en Estambul están en la parte alta de estas categorías. Para más información sobre comida y bebida en Turquía, véase p. 654.

Comunidad homosexual

La homosexualidad es legal en Turquía y las actitudes van cambiando, pero quedan prejuicios muy arraigados y se producen actos esporádicos de violencia contra los homosexuales, por lo que se recomienda discreción.

Estambul, al igual que Ankara, posee un animado ambiente gay. En otras ciudades puede que haya solo uno o dos bares.

Club Mancha (www.gaysharesorts.com) *Resort* en Bodrum para hombres gays.

Kaos GL (www.kaosgl.com) Con base en Ankara, publica una revista trimestral para gays y lesbianas (en turco).

Lambda İstanbul (www.lambdaistanbul.org, en turco) Grupo de apoyo al colectivo LGTB.

Pride Travel Agency (www.turkey-gay-travel.com) Agencia de viajes adherida al movimiento gay, con enlaces útiles en su sitio web.

Seguro de viaje

» Siempre es buena idea tener un seguro que cubra robos, extravíos y gastos médicos.

» Hay una gran variedad de pólizas, así que conviene leer la letra pequeña.

» Algunas pólizas excluyen las "actividades peligrosas", que pueden incluir submarinismo, motociclismo o incluso senderismo.

» Algunas pólizas puede que no cubran los viajes a las regiones que el propio gobierno desaconseja visitar (véase p. 691).

» Si se decide cancelar un viaje siguiendo una recomendación oficial, puede que la compañía de seguros no lo cubra.

» Para más información sobre seguros de salud, véase p. 710.

» Para más información sobre seguros de automóvil, véase p. 705.

» En www.lonelyplanet.com/bookings/insurance.do se pueden contratar, extender y reclamar seguros de viaje en todo el mundo en línea, incluso en el transcurso del viaje.

Acceso a Internet

» La mayoría de las opciones de alojamiento de todo el país ofrece Wi-Fi.

» En esta guía, el símbolo de arroba (@) indica si la opción dispone de un ordenador con conexión a Internet para uso de los clientes.

» En las reseñas sobre dónde comer y beber, el icono de Wi-Fi (☎) indica si el negocio ofrece red inalámbrica.

» Hay redes WLAN en todas partes, desde agencias de viajes a tiendas de alfombras pasando por *otogars* (estaciones de autobuses) y terminales de *ferry*.

» Véase www.ttnet.com. tr para encontrar sitios con conexión Wi-Fi.

Cibercafés

Están muy extendidos y, en general, abren de 9.00 a 24.00 y cobran unas 2 TRY por hora. La velocidad de conexión varía, pero suele ser rápida, aunque abundan los virus.

Los mejores cibercafés disponen de teclados ingleses; otros los tienen turcos, con la "i" en el lugar de la "i". Además, en estos, para crear el símbolo "@" hay que presionar a la vez "q" y ALT.

Cursos de idiomas

Estambul es la ciudad con mayor oferta de cursos de turco, aunque también se dan clases en Ankara, İzmir y algunos otros puntos del país. Conviene asistir a una clase antes de matricularse, pues la calidad de la experiencia depende en gran medida del profesor y los compañeros.

Los profesores de clases particulares, que cuestan más, suelen anunciarse en http://istanbul.craigslist.com.tr y en la sección "yellow pages" del sitio web para expatriados www.mymerhaba.com.

Guía práctica español-turco, de Bülent Özmen, es el mejor manual a la venta.

De las siguientes escuelas, Tömer y Dilmer son las más populares, pero también tienen sus detractores.

Dilmer (www1.dilmer.com) Situada cerca de la plaza Taksim de Estambul, ofrece cursos de entre cuatro y ocho semanas de siete niveles (288-384 €).

EFINST Turkish Centre (www.turkishlesson.com) La escuela de Levent (Estambul) ofrece desde cursos de 10 semanas de media jornada (578 €) hasta clases particulares (desde 42 €).

Spoken Turkish (www.spokenenglishtr.com) Muy bien situado en İstiklal Caddesi, en Estambul, además de en otros puntos de la ciudad, pero relativamente poco conocido. Ofrece cursos intensivos de media jornada.

Tömer (www.tomer.com.tr) Afiliada a la Universidad de Ankara y con sucursales en todo el país, Tömer ofrece cursos de entre cuatro y ocho semanas (290-350 €).

Cuestiones legales

En teoría, el viajero debería llevar siempre el pasaporte encima. Ha habido casos de extranjeros detenidos y retenidos por la policía hasta que alguien les ha llevado el pasaporte. En la práctica, llevar una fotocopia también es una buena idea.

Existen leyes contra la lesa majestad (p. 689), el contrabando de antigüedades (p. 683) y las drogas ilegales. Las cárceles turcas no son lugares muy agradables.

En Turquía, la edad mínima legal por debajo de la cual el trato sexual es punible es de 18 años, la misma que para votar, conducir y beber.

Véase p. 704 para más consejos sobre conducción.

LAS PROPINAS EN TURQUÍA

SERVICIO	PROPINA
Restaurante económico	Unas pocas monedas
Restaurante de precio medio o alto	10-15% de la cuenta
Maletero de hotel	3% del precio de la habitación
Hotel económico	No es obligatoria
Taxi con taxímetro	Redondear al alza hasta los 50 *kuruş* (por ej., de 4,70 a 5 TRY)
Dolmuş	No es obligatoria
Hammam	10-20% al masajista
Circuito especial (por ej., por un guardia)	Unas pocas liras

Por tradición, cuando un cliente entra en una tienda turca para hacer una compra importante se le ofrece un asiento cómodo y una bebida (*çay*, café o refresco), se charla un poco y se habla de los artículos de la tienda en general y luego de los gustos, preferencias y exigencias del cliente. Finalmente, se le muestran varios objetos de la tienda para que los examine.

El cliente pregunta el precio y el dueño se lo da; el cliente mira indeciso y hace una contraoferta entre un 25 y un 50% más baja. Este proceso se repite varias veces hasta que el precio es aceptable para ambas partes. Se considera de mala educación regatear un precio, llegar a un acuerdo y cambiar de opinión.

Si no se llega a un acuerdo, no pasa nada por decir adiós y salir de la tienda. De hecho, es una buena manera de comprobar la autenticidad de la última oferta. Si el tendero sabe que el artículo se puede encontrar en otro sitio por menos, probablemente llamará al cliente y bajará el precio. Incluso si no lo hace, se puede volver más tarde y comprar el objeto por el precio que pedía.

Para regatear bien hay que tomárselo con calma y saber algo del artículo en cuestión, sobre todo el precio de mercado. Lo mejor es mirar primero productos similares en varias tiendas y preguntar el precio sin hacer contraofertas, y siempre conservar el buen humor y la educación; si lo hace el cliente, también lo hará el vendedor. A menudo se consigue un descuento si se ofrece adquirir varios artículos a la vez y se paga con una moneda fuerte o en efectivo.

Si no se dispone de tiempo para mirar tiendas, hay que seguir la antigua norma: encontrar algo que guste a un precio aceptable, comprarlo, disfrutarlo y no preocuparse de si podía haberse pagado menos.

En general, no se debe regatear en tiendas de comida o en medios de transporte. Fuera de las zonas turísticas, los hoteles a veces esperan negociar el precio de la habitación con el cliente. En las zonas turísticas, los dueños de las pensiones suelen ser bastante claros con los precios, aunque si se viaja en invierno o se queda mucho tiempo, merece la pena pedir *indirim* (descuentos).

Mapas y planos

Es fácil conseguir planos y callejeros en las oficinas de turismo, aunque los de calidad no abundan. Se pueden encontrar buenos mapas en Estambul, en las librerías que aparecen en la p. 109, así como en las de la zona de İstiklal Caddesi, y en Internet, en Tulumba.com y Amazon.com.

Mep Medya publica planos urbanos y mapas regionales recomendables, y mapas turísticos como:

Türkiye Karayolları Haritası (1:1 200 000) Un mapa desplegable de todo el país.

Adım Adım Türkiye Yol Atlası (Atlas de carreteras de Turquía paso a paso; 1:400 000)

Dinero

La moneda de Turquía es la *türk lirası* (lira turca; TRY). Existen billetes de 5, 10, 20, 50, 100 y 200, y monedas de 1, 5, 10, 25 y 50 *kuruş* y de una lira.

Los precios en esta guía aparecen en liras o euros (€), según la moneda que utilice el establecimiento reseñado.

Tras décadas de inflación galopante, la lira es ahora una moneda estable. La *yeni türk lirası* (nueva lira turca; TLY) estuvo en circulación entre el 2005 y el 2008 como una medida antiinflación; el viajero ha de estar atento por si alguien intenta darle antiguos *kuruş* para deshacerse de ellos. La *yeni türk lirası* ya no es válida, pero si se guardan billetes o monedas de un viaje anterior, las sucursales del banco Ziraat los cambian por liras modernas.

Debido a que la hiperinflación puso muchos ceros en la lira turca (en los billetes de la transición a la nueva lira, en el 2005, se eliminaron seis ceros), mucha gente aún opera con millares y millones. No hay que alarmarse si a la hora de pagar un artículo de, por ejemplo, 6 TRY, el dependiente pide 6 000 000 TRY.

La falta de cambio es un problema constante, así que hay que procurar llevar cambio encima para efectuar pagos de pequeñas cantidades. En las oficinas de correos hay mostradores de Western Union.

Cajeros automáticos

Dispensan liras turcas y ocasionalmente euros y dólares

PRINCIPALES FIESTAS ISLÁMICAS

AÑO DE LA HÉGIRA	AÑO NUEVO	NACIMIENTO DEL PROFETA	RAMADÁN	ŞEKER BAYRAMI	KURBAN BAYRAMI
1432	7 dic 2010	15 feb 2011	1 ago 2011	30 ago 2011	6 nov 2011
1433	26 nov 2011	4 feb 2012	20 jul 2012	18 ago 2012	25 oct 2012
1434	15 nov 2012	24 ene 2013	9 jul 2013	8 ago 2013	15 oct 2013

americanos a los usuarios de Visa, MasterCard, Cirrus y Maestro. Hay que buscar sus logos en las máquinas, presentes en la mayoría de las localidades y que suelen ofrecer instrucciones en varios idiomas, incluido el inglés.

Es posible moverse por el país usando solo cajeros automáticos siempre que uno se aprovisione de dinero en las poblaciones más grandes (en los pueblos no suele haber) y reserve algo de efectivo para cuando falle la máquina. Si un cajero aislado se traga la tarjeta, puede ser complicado recuperarla, puesto que este tipo de cajeros suelen estar gestionados por franquicias y no por los mismos bancos.

Tarjetas de crédito

Las tarjetas Visa y Master-Card/Euro Card son aceptadas sin problemas en hoteles, tiendas y restaurantes, no así en las pensiones y restaurantes situados fuera de las principales zonas turísticas, y con ellas también se pueden obtener adelantos de efectivo. Las Amex suelen tener más aceptación entre los establecimientos caros. Conviene informar al proveedor de la tarjeta de los planes de viaje, ya que en Turquía también se dan casos de fraude.

Divisas

Las monedas extranjeras más aceptadas son el euro y el dólar americano, con las que se puede pagar en tiendas, hoteles y restaurantes

de muchas zonas turísticas. Los taxistas las aceptan muy gustosamente.

Cambio de moneda

La lira turca es débil frente a las divisas occidentales, por lo que es probable que en Turquía se consiga mejor tipo de cambio que en cualquier otro sitio. La lira pierde valor fuera de Turquía, así que conviene gastar todo el dinero antes de partir.

Los dólares americanos y los euros son las divisas más fáciles de cambiar, aunque muchas oficinas de cambio y bancos también cambian divisas importantes como la libra esterlina y el yen japonés.

Las oficinas de cambio no cobran comisión, ofrecen un tipo inferior al de los bancos y se sitúan en zonas turísticas y de mercado, donde suelen encontrarse las mejores tarifas, así como en algunas oficinas de correos (PTT), tiendas y hoteles.

En los bancos es más fácil cambiar divisas menores, aunque tienden a ponerlo difícil. En Turquía no existe mercado negro de moneda.

Propinas

Turquía es bastante europea con respecto a las propinas, por lo que no hay que aguantar demandas insistentes como en el resto de Oriente Próximo.

Algunos de los restaurantes más caros suman automáticamente el *servis ücreti* (servicio) a la cuenta, aunque no se garantiza que llegue al personal.

Cheques de viaje

Bancos, tiendas y hoteles normalmente consideran que son un fastidio, así que intentan que el viajero vaya a otro sitio o los cambian cobrando un recargo por el servicio. Si se necesita cambiarlos, conviene acudir a un banco importante.

Fotografía

Los turcos suelen ser receptivos a la hora de que les saquen fotos, excepto cuando rezan en la mezquita o llevan a cabo otros ritos religiosos. Como en la mayoría de los países, no hay que fotografiar dependencias militares, campos de aviación o comisarías, pues podría levantar sospechas. La guía *Fotografía de viaje* de Lonely Planet ofrece inspiración y consejos.

Correos

Las *postanes* (estafetas) turcas están indicadas con carteles negros y amarillos con el letrero "PTT". La mayoría abren en el horario indicado en p. 682, pero algunas situadas en las grandes ciudades tienen horarios de apertura más amplios.

Las cartas tardan entre una y varias semanas en llegar a/desde Turquía. Enviar una postal al extranjero cuesta 0,80 TRY, y una carta 0,85 TRY.

Al echar las cartas, el buzón *yurtdışı* es para países extranjeros, *yurtiçi* para otras ciudades turcas, y *şehiriçi* para el correo local.

Para más información, véase www.ptt.gov.tr.

Paquetes

Para enviar uno desde Turquía, no hay que cerrarlo hasta que lo haya inspeccionado un funcionario de aduanas, y llevar el embalaje y lo necesario para envolverlo a la oficina.

Los paquetes tardan meses en llegar.

Las empresas de paquetería internacionales, como DHL, también operan en Turquía.

Fiestas oficiales

Año Nuevo (Yılbaşı; 1 de enero)

Día de la Infancia y la Soberanía Nacional (Ulusal Egemenlik ve Çocuk Günü; 23 de abril) Conmemora la primera reunión de la Gran Asamblea Turca de 1920.

Día de la Juventud y los Deportes (Gençlik ve Spor Günü; 19 de mayo) Dedicado a Atatürk y los jóvenes de la República.

Día de la Victoria (Zafer Bayramı; 30 de agosto) Conmemora la victoria del ejército republicano sobre el griego invasor en Dumlupınar durante la Guerra de Independencia.

Şeker Bayramı (Fiesta de los Dulces; del 30 de agosto al 1 de septiembre del 2011, del 18 al 20 de agosto del 2012) También conocida como Ramazan Bayramı, festeja el final del Ramadán.

Día de la República (Cumhuriyet Bayramı; del 28 al 29 de octubre) Celebra la proclamación de la República por Atatürk en 1923.

Kurban Bayramı (Fiesta del Sacrificio; del 6 al 10 de noviembre del 2011, del 25 al 29 de octubre del 2012) La fiesta más importante del año; conmemora el sacrificio que Abrahán estuvo a punto realizar en la persona de Isaac en el monte Moriah

(Corán, sura 37; Génesis 22).

Precauciones

Aunque Turquía no es en absoluto un país peligroso, siempre se recomienda tener cierta cautela, sobre todo si se viaja solo.

La seguridad en Turquía no es una prioridad: los baches en las aceras no se arreglan, los precipicios no se vallan, los cinturones de seguridad no siempre se ponen, los socorristas en las playas escasean y los conductores de *dolmuş* (microbús) toman las curvas mientras devuelven el cambio.

Las zonas en las que hay que tener especial cuidado son Estambul, donde son habituales las estafas, y el sureste de Anatolia, donde el PKK (Partido de los Trabajadores del Kurdistán) retomó su actividad terrorista en el 2010.

En ocasiones, la cuestión kurda lleva la violencia al oeste del país; en el 2010, el jefe del PKK se comprometió a atacar ciudades y *resorts* en esta zona, y el grupo bombardeó un autobús militar a las afueras de Estambul.

Insectos

En pleno verano, los mosquitos son un problema incluso en Estambul, y pueden convertir unas vacaciones en la

costa en una pesadilla. Algunas habitaciones de hotel disponen de mosquiteras y/o dispositivos antimosquitos eléctricos, aunque nunca está de más llevar repelente.

Lesa majestad

Las leyes contra la humillación, difamación e injurias a Atatürk, la bandera turca, el pueblo turco y la República turca se toman muy en serio. Incluso sin actitud despectiva alguna, ha habido casos de turcos que han declarado contra foráneos por incitar a una riña y ello ha sido suficiente para que el sujeto en cuestión acabase entre rejas.

Estafas y drogas

En Sultanahmet, Estambul, si a un limpiabotas que camina hacia el viajero se le cae el cepillo, no debe cogerlo, pues insistirá en regalarle una limpieza 'gratis' y después intentará extorsionarle.

En otro timo frecuente en Estambul, dirigido normalmente a un solo individuo, un joven bien vestido entabla conversación con él en la calle y le lleva a un bar. Después de varias copas y probablemente la atención de algunas chicas que le ofrecen más bebida, llega la cuenta. El precio es astronómico y los propietarios son capaces de crear una carta con los precios inventados. Si no cuenta con suficiente efectivo, le llevarán del brazo

TARIFAS DE ENVÍO DE PAQUETERÍA INTERNACIONAL DE PTT

DESTINO	1ᴱᴿ KG	CADA KG POSTERIOR
Argentina	39,80 TRY	12,50 TRY
Chile	40,70 TRY	14,60 TRY
España	33,70 TRY	4,50 TRY
Estados Unidos	29,10 TRY	9,30 TRY
México	32,30 TRY	12,10 TRY
Perú	37,90 TRY	14,50 TRY
Venezuela	31,80 TRY	11,00 TRY

DIFERENCIAS HORARIAS EN VERANO

PAÍS	CAPITAL	DIFERENCIA CON TURQUÍA (ANKARA)
Argentina	Buenos Aires	+6
Brasil	Brasilia	+6
Chile	Santiago	+7
Colombia	Bogotá	+8
España	Madrid	+1
Estados Unidos	Washington	-7 hours
Perú	Lima	+8
México	México	+8
Venezuela	Caracas	+7,30

hasta el cajero más cercano. Si al viajero le ocurre algo similar, debe denunciarlo a la policía turística. Algunos han conseguido volver al bar acompañados de un policía y que les devuelvan el dinero.

En una variante menos común de esta estafa, al viajero le echan algo en la bebida y despierta en un lugar desconocido sin sus pertenencias, ni sus zapatos, o en otro estado aún peor.

Los hombres solos no deberían aceptar invitaciones de desconocidos en las grandes ciudades sin haber evaluado cuidadosamente la situación. El viajero puede invitar a sus nuevos amigos a un bar de su elección, y si no aceptan, empezar a sospechar.

No se deben comprar las monedas y otros objetos que ofrecen vendedores en sitios históricos como Éfeso y Pérgamo, pues se está incurriendo en un delito que puede llegar a castigarse con la cárcel. Además, es probable que los vendedores estén compinchados con los policías locales.

Tabaco

A los turcos les encanta fumar, y hasta hay un chiste sobre la propensión tabaquista del país: "¿Quién fuma más que un turco? Dos turcos".

Está prohibido fumar en espacios públicos cerrados y se puede castigar con una multa. Hoteles, restaurantes y bares suelen ser espacios libres de humo, aunque los bares a veces se toman la norma con relajación a medida que avanza la noche. Tampoco está permitido fumar en los transportes públicos, pero los taxistas se saltan la regla en ocasiones.

Tráfico

Los peatones deben saber que los turcos son conductores agresivos y peligrosos, y que muchos motoristas, incluso con el hombrecito verde en el semáforo, no respetan su derecho de paso. Hay que dejar pasar a todos los vehículos en todas las situaciones, incluso si hay que dar un salto para esquivarlos.

Véase p. 704 para consejos sobre conducción.

Teléfono

Türk Telekom (www.turkte lekom.com.tr) posee el monopolio telefónico y ofrece un servicio eficiente pero caro. Dentro de Turquía, las llamadas a los números que empiezan por 444 no requieren la marcación de prefijo e, independientemente de desde donde se efectúen, se les aplica la tarifa local.

Prefijo de país ☑90
Prefijo para llamar al exterior desde Turquía ☑00

'Kontörlü telefon'

Para hacer una llamada rápida, lo más sencillo es buscar un quiosco con el letrero "kontörlü telefon" (teléfono con contador). El viajero llama y el propietario comprueba el contador y cobra. En las zonas turísticas, una llamada a Europa, EE UU o Sudamérica puede costar solo 0,50 TRY por minuto.

Teléfono móvil

» Los turcos adoran los teléfonos móviles (*cep*, 'bolsillo'), y la cobertura es excelente en casi todo el país.

» Los números de teléfono móvil empiezan por un prefijo de cuatro cifras cuyos primeros dígitos son ☑05.

» Las principales compañías son **Turkcell** (www. turkcell.com.tr), que es la más extendida, **Vodafone** (www.vodafone.com.tr) y **Avea** (www.avea.com.tr).

» Una tarjeta SIM de prepago cuesta 25 TRY (con 5 TRY de crédito) o 35 TRY (con 20 TRY de crédito).

» Hay que mostrar el pasaporte y asegurarse de que el vendedor envíe los datos del usuario a Turkcell para que active la cuenta.

» Se pueden comprar tarjetas SIM y *kontör* (unidades de prepago) en los quioscos y tiendas de todo el país, así como en las tiendas de telefonía móvil.

» Si se compra una tarjeta SIM local y se usa con el móvil del país de origen, el sistema lo detecta y bloquea el móvil en el plazo de un mes.

» Para evitarlo, hay que registrar el teléfono en una tienda oficial de móviles, mostrar el pasaporte y rellenar un impreso declarando el teléfono en Turquía. El trámite cuesta 5 TRY. Solo se puede declarar un teléfono.

» Se puede conseguir un móvil básico por unos 50 TRY.

» El crédito de Turkcell viene en tarjetas con unidades de 5, 10, 15, 20 (*standart*), 30 (*avantaj*), 50 (*süper*), 95 (*süper plus*) y 180 (*mega*) TRY.

» Cuanto más grande es la tarjeta, más baratas son las tarifas.

Teléfonos públicos y tarjetas telefónicas

» Los teléfonos públicos de Türk Telekom se encuentran en la mayoría de los edificios de servicios públicos, plazas y terminales de transporte.

» Se pueden hacer llamadas internacionales desde los teléfonos públicos.

» Todos los teléfonos públicos funcionan con tarjetas que se adquieren en

locutorios o, con un pequeño recargo, en algunas tiendas. Algunos aceptan tarjetas de crédito.

» Existen dos tipos de tarjetas: las flexibles con banda magnética, y las Smart, que llevan un chip. Se venden con unidades de 50, 100, 200 (15 TRY) y 350 (19 TRY).

» Ambos tipos de tarjetas cuestan unas 3,75 TRY por 50 unidades, lo suficiente para hacer llamadas locales e interurbanas cortas, y 7,50 por 100 unidades, más conveniente para llamadas interurbanas y breves conversaciones internacionales.

TARJETAS TELEFÓNICAS INTERNACIONALES

» Son la opción más económica para hacer llamadas internacionales.

» Se pueden utilizar en teléfonos fijos, públicos y móviles.

» Al igual que en otros países, antes del número de teléfono, hay que marcar el número de acceso al servicio y el PIN que figura en la tarjeta.

» Conviene usar tarjetas fiables como IPC.

» Con una Kontörlü Kart de 100 pasos es posible hablar de dos a tres minutos según la hora, el día y el país al que se llame.

» Es muy fácil encontrarlas en las zonas turísticas de las grandes ciudades, no así en el resto del país.

Hora local

» El horario local turco tiene dos horas de adelanto sobre el GMT/UTC.

» Durante el horario de verano, los relojes se adelantan una hora, por lo que Turquía está tres horas por delante del GMT/UTC.

» El horario de verano va del último domingo de marzo al último domingo de octubre.

» En los horarios de autobús y similares se usa el sistema de 24 horas, pero los turcos, cuando hablan, no suelen utilizarlo.

» Para más información sobre diferencias horarias, véase www.timeanddate.com.

Lavabos públicos

Aunque la mayoría de los hoteles cuenta con lavabos de asiento, en Turquía también abundan los que consisten en un agujero en el suelo con una cisterna convencional o un grifo y una jarra. Como suele faltar el papel higiénico, conviene llevar siempre encima. En algunos baños se puede tirar el papel por el váter, pero en otros esto puede provocar que se atasque. En caso de duda, más vale no arriesgarse y echarlo en el cubo.

En general, hay lavabos públicos en los principales puntos de interés y estaciones de transporte público,

---

RECOMENDACIONES GUBERNAMENTALES PARA VIAJEROS

Sitios web con información actualizada para viajar al extranjero:

www.maec.es Ministerio de Asuntos Exteriores y de Cooperación de España.

www.mrecic.gov.ar Ministerio de Relaciones Exteriores de **Argentina.**

www.minrel.cl Ministerio de Asuntos Exteriores de **Chile.**

www.cancilleria.gov.co Ministerio de Relaciones Exteriores de **Colombia.**

www.sre.gob.mx Secretaría de Relaciones Exteriores de **México.**

www.rree.gob.pe Ministerio de de Relaciones Exteriores de **Perú.**

www.mre.gov.ve Ministerio de Relaciones Exteriores de **Venezuela.**

www.travel.state.gov Oficina del Departamento de Estado de Asuntos Consulares de EE UU.

y suelen cobrar unos 50 *kuruş*. En caso de urgencia, conviene recordar que las mezquitas cuentan con un lavabo básico para hombres y mujeres.

Información turística

Toda población turca, de cualquier tamaño, tiene una oficina de turismo gestionada por el **Ministerio de Cultura y Turismo** (www. goturkey.com). El personal suele ser entusiasta y servicial, sobre todo a la hora de ofrecer folletos, pero pueden tener un conocimiento limitado de la zona, y los anglófonos son la excepción. Los operadores turísticos y los propietarios de pensiones suelen ser mejores fuentes de información.

Oficinas de turismo fuera de Turquía:

Berlín y Fráncfort (www.goturkey.com)

Londres (www.gototurkey. co.uk)

España (www.turismode turquia.com)

Nueva York, Los Ángeles y Washington (www.tourism turkey.org)

París (www.infosturquie.com)

La Haya (www.welkomin turkije.nl)

Tokio (www.tourismturkey.jp)

Viajeros con discapacidades

Turquía supone un reto para los viajeros con discapacidades (*engelli* u *özürlü*). Rampas, puertas anchas y lavabos adaptados escasean, al igual que la información en Braille y audio en los museos. Cruzar las calles es una aventura, puesto que todo el mundo lo hace por su cuenta y riesgo.

Las aerolíneas y los hoteles y complejos turísticos de precio más alto ofrecen algunos accesos para sillas de ruedas y las rampas comienzan a aparecer en otros lugares. Se están empezando a rebajar las aceras, sobre todo en ciudades del oeste del país como Edirne, Bursa e İzmir, que parecen haber sido diseñadas con sensatez. Selçuk, Bodrum y Fethiye han sido clasificadas como relativamente accesibles para personas de movilidad reducida porque sus aceras y carreteras están más o menos a nivel. En Estambul, el tranvía y el metro son las formas de transporte público más accesibles para sillas de ruedas.

Turkish Airlines ofrece descuentos del 25% a los viajeros con un mínimo del 40% de discapacidad y a sus acompañantes. Los viajeros con discapacidades obtienen una rebaja del 20% en los ferrocarriles nacionales.

Organizaciones

Algunas instituciones y recursos con información para viajeros con discapacidades:

Access-Able (www.access-able.com) Incluye una breve lista de operadores turísticos y agencias de transportes en Turquía.

Apparleyzed (www.appardy zed.com) Ofrece un informe sobre instalaciones en Estambul.

Hotel Rolli (véase p. 380) Especialmente pensado para usuarios de silla de ruedas.

Mephisto Voyage (véase p. 479) Circuitos especiales para personas de movilidad reducida con el sistema Joëlette.

Asociación de Apoyo a los Discapacitados Físicos (www.bedd.org.tr) Con base en Estambul.

SATH (www.sath.org) Sociedad para la Hospitalidad y los Viajes Accesibles.

Visados

» Los ciudadanos de países como España y EE UU necesitan visado, pero se trata solo de una pegatina que se adquiere al llegar al aeropuerto o puesto fronterizo con una validez de 90 días y que permite múltiples entradas.

» Los ciudadanos de Argentina, Bolivia, Brasil, Chile, Ecuador, El Salvador, Guatemala, Honduras, Nicaragua, Paraguay, Uruguay y Venezuela están exentos de visado para estancias de 90 días. Sí requieren visado los nacionales de Colombia, Cuba, México, Perú, Panamá y República Dominicana. Los costarricenses pueden entrar sin visado durante 30 días.

» Para información actualizada, véase el sitio web del **Ministerio de Asuntos Exteriores** (www.mfa.gov.tr).

» El precio del visado varía. Cuando se redactó esta guía, los ciudadanos de EE UU pagaban 20 US$ (o 15 €) y los españoles y sudamericanos, 15 o 20 €.

» Es obligatorio pagar en efectivo y en moneda fuerte. Los agentes de aduana esperan que se les pague con las divisas mencionadas y no dan cambio.

» No se necesita fotografía.

» Para información sobre visados a países vecinos, véase p. 699.

Permisos de residencia

» Hay varios tipos de *ikamet tezkeresi* (permiso de residencia), y debe solicitarse en un plazo de 30 días desde la llegada al país.

» Para más información, véase el sitio web http://ya bancilar.iem.gov.tr (el departamento de extranjería de la *emniyet müdürlüğü* –policía de seguridad– de Estambul) con Google Translate.

» Quien no tenga un empleador o cónyuge turco que apoye la solicitud, puede obtener un permiso para fines turísticos.

» En teoría, se puede conseguir un permiso turístico

para entre un mes (78 TRY) y cinco años (3186 TRY), con cargos administrativos por un importe de varios cientos de liras. En la práctica, hay diferentes modalidades según la nacionalidad.

» Hay que presentar pruebas de alojamiento, como una reserva de hotel o un contrato de alquiler.

» También se debe probar que se cuenta con 1000 US$ para mantenerse por cada mes de residencia solicitada.

» Esta prueba puede presentarse en forma de un recibo de cambio de divisa que muestre que se ha cambiado la cantidad exigida a liras, o con un extracto de cuenta de un banco turco.

» Para abrir una cuenta bancaria turca, se necesita un contrato de alquiler o similar que muestre una dirección turca y un número de identificación fiscal turco. Conviene ir a una sucursal grande; en las pequeñas suelen afirmar que se necesita un permiso de residencia.

» Es relativamente fácil obtener un número de identificación fiscal turco; hay que llevar el pasaporte y algunas fotocopias al *belediye* (ayuntamiento).

» Para solicitar un permiso de residencia en Estambul, hay que pedir cita con el *emniyet müdürlüğü* de Fatih; véase http://tinyurl.com/28ck5vo. El proceso es lento y los funcionarios poco serviciales; los que están detrás del mostrador en ciudades como İzmir (www.izmirpolis.gov.tr) tienen mejor fama.

» Apenas hablan inglés, así que, si se puede, conviene llevarse a un amigo que hable turco.

» En caso de aceptación, al solicitante le entregan un libro azul, una especie de minipasaporte.

» *A Handbook for Living in Turkey* (Manual para vivir en Turquía), de Pat Yale, ofrece muchos más datos

útiles para quienes planeen establecerse en Turquía.

» Los sitios web que figuran en "Trabajo" (p. 694) también son fuentes (anecdóticas) de información práctica.

Visados de trabajo

» Véase el sitio www.e-konsolosluk.net para información sobre cómo obtener un *çalışma izni* (permiso de trabajo).

» El empleador turco debería ayudar a conseguir el visado. Si se trata de una escuela o una empresa internacional, debería conocer perfectamente los trámites y encargarse de la mayor parte del papeleo.

» El visado se puede obtener en Turquía o a través de una embajada o consulado turco.

Voluntariado

Van creciendo poco a poco las oportunidades, que abarcan desde la enseñanza hasta el trabajo en granjas ecológicas.

Alternative Camp (www.alternativecamp.org) Una organización basada en el voluntariado que monta acampadas para personas con discapacidades por todo el país.

Gençlik Servisleri Merkezi (www.gsm-youth.org) GSM gestiona campos de trabajo en Turquía. **Gençtur** (www.genctur.com) Portal que reúne varios proyectos de voluntariado por todo el país; un buen punto de partida para conocer la oferta en Turquía.

Ta Tu Ta (www.bugday.org/tatuta) Organiza trabajo en docenas de granjas ecológicas de todo el país en las que es posible alojarse gratis o por un módico donativo para cubrir gastos.

Volunteer Abroad (www.volunteerabroad.com) Empresa de Reino Unido con una lista de oportunidades de voluntariado en Turquía a través de organizaciones internacionales.

Mujeres viajeras

Las mujeres pueden viajar por Turquía con tranquilidad siempre que sigan unas pautas sencillas.

Vestimenta

El vestido y el comportamiento deben adecuarse al entorno; lo mejor es fijarse en cómo van las lugareñas. Por las calles de Beyoğlu, en Estambul, se ven camisetas mínimas y vaqueros ajustados, pero los escotes y las minifaldas sin mallas solo deberían llevarse en los locales nocturnos de Estambul y destinos muy turísticos de la costa.

Conviene llevar un chal para cubrirse la cabeza en las mezquitas.

No es necesario llevar velo por la calle, pero en el este de Anatolia las mangas largas y los pantalones anchos llaman menos la atención.

Diferencias regionales

Bromear con hombres en restaurantes y tiendas en Turquía occidental puede ser muy divertido, y la mayoría no pensarán mal.

En el este, sin embargo, al pasar por algunas poblaciones se pueden contar las mujeres con los dedos de una mano, y todas llevan velo y chaqueta larga. Para las mujeres, la vida allí está restringida a la casa. El este de Anatolia no es el lugar ideal para practicar el turco (o el kurdo) ni para permitirse confianzas con desconocidos. Hasta sonreír a un hombre o guiñarle el ojo es considerado una invitación. El trato con ellos debe ser formal y educado, pero no amigable.

Romances de verano

No es algo inaudito, sobre todo en sitios tan románticos como Capadocia, que haya mujeres que tengan idilios con lugareños. Además de alimentar el tópico erróneo de que las occidentales son más fáciles, esto ha provocado que algunos hombres se hayan aprovechado de este tipo de relaciones para, por ejemplo, pedir ayuda económica a mujeres extranjeras después de entablar una fuerte amistad con ellas y haberse inventado una tragedia familiar como la enfermedad de la madre.

Transporte

En los taxis y *dolmuşes* hay que evitar sentarse junto al conductor.

A las mujeres que viajan solas les suelen designar asientos en la parte delantera del autocar, pero ha habido casos de acoso en autobuses nocturnos por parte de pasajeros o conductores varones. Si ello ocurriese, lo mejor es quejarse alto y asegurarse de que todo el mundo lo oiga, y repetir la queja al llegar al destino.

Véase p. 702 para más consejos sobre viajes en autobús para mujeres y parejas no casadas.

Alojamiento

Los hoteles más baratos, además de antros, no suelen ser adecuados para mujeres solas. Conviene recurrir a los de precio medio y orientados a las familias.

Si la conversación en el vestíbulo cesa cuando entra una mujer, todo indica que no es un buen sitio para ella.

Si a altas horas de la noche alguien llama a la puerta, no hay que abrir y sí quejarse al gerente por la mañana.

Se aconseja a las mujeres que viajen solas que se alojen en *campings* oficiales y donde haya mucha gente, sobre todo en el este; de lo contrario, se estarán poniendo en peligro.

Dónde comer y beber

Los restaurantes y teterías que quieren atraer público femenino e infantil suelen contar con una sala especial (o parte de una) para familias. Hay que buscar el término "aile salonu" (comedor familiar), o solo "aile".

Trabajo

Fuera de campos profesionales como el académico y el corporativo, es difícil encontrar empleo en Turquía. La mayoría enseña inglés o cuida niños.

Muchas empresas, especialmente escuelas de idiomas, están encantadas de emplear a extranjeros, pero sin un contrato formal, pues organizar permisos de trabajo les cuesta tiempo y dinero, lo que implica trabajar ilegalmente con un visado turístico y salir del país cada tres meses para conseguir uno nuevo.

Tras la crisis económica mundial, los lugareños también han empezado a denunciar a trabajadores ilegales, y ha habido casos de profesores de inglés deportados.

Los que busquen trabajo pueden probar suerte con http://istanbul.craigslist.org, www.sahibinden.com/en y las webs de expatriados www.mymerhaba.com, www.expatinturkey.com y www.sublimeportal.com.

Cuidar niños

El trabajo no especializado más lucrativo que pueden desempeñar los extranjeros es cuidar niños o adolescentes de las élites urbanas y enseñarles su idioma. En cualquier caso, las oportunidades se reducen casi exclusivamente a hablantes de inglés, francés y alemán.

Escuelas de idiomas

No se recomienda enseñar en una escuela de idiomas. La mayoría son instituciones explotadoras sin ética profesional dispuestas, por ejemplo, a hacer falsas promesas en una entrevista de trabajo. Las que tienen mala reputación suelen aparecer en la lista negra de Craigslist. Para información sobre las posibilidades de enseñar español en Turquía, es recomendable ponerse en contacto con el **Instituto Cervantes de Estambul** (✆90 212 292 65 36; www.estambul.cervantes.es; Tarlabasi Bulvari Zambak Sokak 33, 80080 Estambul).

Turismo

Muchos viajeros trabajan ilegalmente a cambio de alojamiento y comida en pensiones, bares y otros negocios en las zonas turísticas. Estos empleos suelen estar mal pagados y duran pocas semanas, pero son una manera divertida de conocer un sitio y sus lugareños.

Puesto que para estos trabajos se entra en competencia con locales no cualificados y se trabaja de cara al público, hay peligro de ser detenido y deportado.

Transporte

CÓMO LLEGAR Y SALIR

Llegada al país

Lo primero para tener en cuenta es que la mayoría de los visitantes necesitan un visado que, en este caso, no es más que una pegatina que se pone en el pasaporte al llegar al país (véase p. 692 para más información). Hay que comprarla antes de incorporarse a la cola de inmigración. Los oficiales de aduanas no suelen inspeccionar las maletas en los aeropuertos (véase p. 683 para más información sobre aduanas).

En muchos pasos fronterizos por tierra no hay cajeros automáticos ni oficinas de cambio, por lo que hay que llevar siempre la divisa adecuada en efectivo para pagar el visado. La seguridad en las fronteras con países al este y sureste de Turquía (Georgia, Azerbaiyán, Irán, Irak y Siria) suele ser estricta, y posiblemente los agentes de aduanas querrán ver qué entra el viajero en el país. Si se viaja en tren o en autobús, cabe esperar una demora de dos a tres horas en la frontera; incluso más si alguien no lleva los papeles en orden.

Véase p. 699 para más información sobre cómo conseguir visados para visitar los países vecinos.

Pasaporte

Debe tener seis meses de validez posteriores a la fecha de entrada en Turquía.

Avión

Aeropuertos y líneas aéreas

Turkish Airlines (www.thy.com) es la compañía nacional, con dos filiales de bajo coste: **Sun Express** (www.sunexpress.com) y **Anadolu Jet** (www.anadolujet.com). Desde 1974 ha sufrido nueve accidentes aéreos; el más reciente en el 2009, en el aeropuerto de Schiphol, en Ámsterdam, donde murieron nueve personas.

Los principales aeropuertos internacionales están en Turquía occidental:

İstanbul Atatürk (www.ataturkairport.com) El primer aeropuerto internacional del país, con vuelos de Europa, Estados Unidos, Oriente Medio, el norte de África y Asia.

İstanbul Sabiha Gökçen (www.sgairport.com) Acoge casi todos los vuelos de Europa de compañías de bajo coste, como Easy Jet, más algunos vuelos de Oriente Medio.

Antalya (www.aytport.com) Vuelos de Europa.

EL CAMBIO CLIMÁTICO Y LOS VIAJES

Todos los viajes con motor generan una cierta cantidad de CO_2, la principal causa del cambio climático provocado por el hombre. En la actualidad, el principal medio de transporte para los viajes son los aviones, que emplean menos cantidad de combustible por kilómetro y persona que la mayoría de los automóviles, pero también recorren distancias mucho mayores. La altura a la que los aviones emiten gases (incluido el CO_2) y partículas también contribuye a su impacto en el cambio climático. Muchas páginas web ofrecen "calculadoras de carbono" que permiten al viajero hacer un cálculo estimado de las emisiones de carbono que genera en su viaje y, si lo desea, compensar el impacto de los gases invernadero emitidos participando en iniciativas de carácter ecológico por todo el mundo. Lonely Planet compensa todos los viajes de su personal y de los autores de sus guías.

İzmir (www.adnanmenderesair port.com) Vuelos de Europa y Oriente Medio.

Bodrum (www.bodrum-air port.com) Vuelos de Europa y de algunas ciudades de la región.

Dalaman (www.atmairport. aero) Vuelos de Europa, sobre todo del Reino Unido, y algunas ciudades de la región.

Ankara (www.esenbogaair port.com) Vuelos de Europa y Oriente Medio.

Billetes

Si se planea visitar Turquía entre abril y agosto, es buena idea reservar los billetes al menos con dos meses de antelación. Si se quiere ir a una estación de esquí, consúltense las ofertas de vuelos y alojamiento con la agencia de viajes. A veces se consiguen vuelos baratos comprando a través de líneas aéreas poco conocidas, como Azerbaijan Airlines.

Los precios de los vuelos mencionados en este capítulo son de temporada alta e incluyen las tasas de los aeropuertos. A menudo se consiguen vuelos más baratos con compañías europeas, pero hay que hacer escala y cambio de avión en Europa (por ejemplo, Alemania con Lufthansa).

EUROPA

Salvo en el caso de Alemania, las tarifas de los aeropuertos europeos no varían mucho. Las principales aerolíneas europeas tienen vuelos directos a Estambul a partir de 200 € ida y vuelta. Se pueden conseguir vuelos de ida y vuelta por 150 €, pero suelen ser con escala y cambio de avión; así, si se ha viajado a Estambul desde Ámsterdam con Lufthansa, se habrá volado vía Frankfurt o Múnich. Alemania, al contar con la mayor comunidad turca fuera de Turquía, dispone de muy buenas ofertas.

Vuelos chárter Con salida desde varias ciudades alemanas y llegada a los aeropuertos turcos mencionados. Algunas compañías que ofrecen estos vuelos son: Condor, German Wings y Corendon Airlines.

EasyJet Vuela a Estambul desde el aeropuerto de Basilea Mulhouse Freiburg, en Francia.

Lufthansa Vuela de Múnich, Frankfurt y Colonia/Bonn a Estambul, İzmir, Antalya y Ankara por unos 150 € ida y vuelta.

Pegasus Airlines Vuela desde varias ciudades europeas, incluidas París y Berlín.

Sun Express Vuela desde varias ciudades europeas, incluidas Ámsterdam y Zúrich.

ASIA Y ORIENTE MEDIO

Desde Asia central y Oriente Medio se puede volar con Turkish Airlines o con la compañía nacional de cada país.

Armenia Armavia Airlines tiene cuatro vuelos semanales entre Estambul y Ereván.

Azerbaiyán Turkish Airlines vuela de Bakú a Estambul, y Azerbaijan Airlines, que suele ser más barata, también vuela a Ankara.

Georgia Turkish Airlines vuela entre Estambul y Tiflis.

Irán Turkish Airlines vuela de Estambul a Tabriz, y de Estambul o Ankara a Teherán; Pegasus Airlines vuela de Van a Teherán.

Irak Atlasjet vuela de Estambul e İzmir a Erbil, al norte de Irak.

Siria Turkish Airlines vuela de Estambul a Damasco y Alepo.

Una de las opciones más baratas para volar al noreste o sureste de Asia desde Estambul es hacerlo vía Dubái.

Emirates Airlines Vuela vía Dubái a ciudades de toda la India y Pakistán, e incluso a Bangkok y China.

Singapore Airlines Vuela a ciudades de toda Asia, incluidas Hong Kong y Tokio, vía Dubái y Singapur.

British Airways Vuela de Heathrow al İstanbul Atatürk, de Gatwick a İzmir y de Gatwick a Antalya.

EasyJet Conecta Gatwick, Luton, Stansted, Bristol, Mánchester y Liverpool con el aeropuerto İstanbul Sabiha Gökçen y los de Antalya, Bodrum y Dalaman.

Turkish Airlines Vuela de los aeropuertos de Heathrow, Birmingham, Mánchester y Dublín al İstanbul Atatürk.

ESPAÑA

Iberia Vuelos directos a Estambul desde Madrid.

Spanair Vuelos directos a Estambul desde Barcelona.

'Low cost': Las agencias especializadas en vuelos de bajo coste y chárter suelen tener ofertas como **Easyjet** (www.easyjet.com/es) y **Germanwings** (www.germanwings.com/index.es.shtml)

Turkish Airlines (www.turkishairlines.com/es-ES/index.aspx) Vuelos directos a Estambul desde Madrid y Barcelona.

EE UU Y LATINOAMÉRICA

La mayoría de los vuelos conectan en Reino Unido o en Europa con vuelos rumbo a Estambul; es recomendable informarse sobre vuelos de compañías como Lufthansa, KLM y British Airways, además de las norteamericanas. Las compañías sudamericanas como Aerolíneas Argentinas, Aeroméxico, Lan o Avianca operan también con vuelos de conexión desde las capitales europeas.

American Airlines Vuelos vía Londres compartidos con British Airways.

Delta Airlines Vuelos a precios competitivos, directos o vía Ámsterdam.

Turkish Airlines Vuela desde 11 ciudades, con vuelos directos desde Toronto, Chicago y Los Ángeles.

United Vuelos con escalas desde México o Buenos Aires.

Por tierra

Cruzar la frontera en autobús o tren es bastante sencillo, aunque cabe esperar retrasos de entre una y tres horas. Por lo general, hay que bajar del autobús o tren y tramitar el papeleo y la comprobación de equipaje a ambos lados de la frontera. El proceso suele alargarse si hay muchos pasajeros, y también por las colas de camiones y automóviles que se forman en algunas aduanas.

Las relaciones de Turquía con la mayoría de sus países vecinos suelen ser tensas, lo que puede afectar la disponibilidad de visados y la accesibilidad de ciertas fronteras. Hay que consultar la embajada turca del país de origen para estar al corriente de las últimas novedades antes de viajar.

Cruzar la frontera hacia Turquía con vehículo propio no debería suponer dificultad alguna. No se necesitan documentos especiales para importar un automóvil durante un período de seis meses, pero se recomienda salir del país antes de que expire; si se alarga la estancia, es probable que haya que pagar derechos arancelarios por valor del precio de mercado del vehículo. Si se quiere dejar el coche en Turquía y regresar luego a por él, habrá que dejarlo bajo precinto de aduana, lo cual es un proceso muy complicado.

Armenia

Mientras se redactaba esta guía, la frontera entre Turquía y Armenia estaba cerrada a los turistas.

AUTOBÚS

Varios autobuses parten a diario desde Trabzon a Tiflis (Georgia), con conexiones a Armenia.

Azerbaiyán

El remoto paso fronterizo de **Borualan-Sadarak**, al este de Iğdır (Turquía), lleva hasta el enclave azerbaiyano de Nakhichevan, desde donde hay que sobrevolar la región Nagorno-Karabaj, bajo control de Armenia, para llegar a Bakú y al resto de Azerbaiyán.

AUTOBÚS

Varios autobuses salen a diario desde Trabzon a Tiflis (Georgia), con conexiones a Bakú, y un autobús diario va directo a la capital azerbaiyana.

Bulgaria y Europa del Este

Los guardias de la frontera búlgara dejan cruzar la frontera a pie ocasionalmente; es más práctico subir a un autobús o hacer autostop y encontrar un conductor que se preste a colaborar. Hay tres pasos fronterizos:

Kapitan Andreevo-Kapıkule Muy concurrido y abierto las 24 horas, es el principal paso fronterizo. Está 18 km al noroeste de Edirne en la E80 y a 9 km de Svilengrad, en Bulgaria.

Lesovo-Hamzabeyli Situado unos 25 km al noroeste de Edirne, es el favorito de los grandes camiones y tráileres. Mejor evitarlo.

Malko Tărnovo-Aziziye 70 km al noroeste de Edirne vía Kırklareli y 92 km al sur de Burgas (Bulgaria). Solo es útil para los que se dirigen a los *resorts* del mar Negro de Bulgaria.

AUTOBÚS

Desde Estambul, hay varias salidas diarias a Sofía, Varna y Burgas (Bulgaria); a cargo de unas seis compañías. También hay salidas diarias a Skopie, Tetovo y Gostivar (Macedonia), y a Constanza y Bucarest (Rumanía).

Drina Trans (www.drina trans.com) Salidas diarias a Skopie (30 €, 14 h).

Metro Turizm (www.metro turizm.com.tr) Salidas diarias a varios destinos, incluidos Sofía (50 TRY, 10 h), Varna (55 TRY, 9 h) y Burgas (55 TRY, 7 h).

Öz Batu (☏0212-658 0255) Servicios a ciudades como Liubliana (Eslovenia) y Sofía.

Varan Turizm (www.varan. com.tr) Una de las mejores compañías turcas, con autocares a Sofía y a Tervel (Bulgaria).

TREN

El **Bosfor Ekspresi**, diario, circula entre Estambul y Bucarest (Rumanía), con conexiones que incluyen Budapest (Hungría). Hay que cambiar en Dimitrovgrad (Bulgaria) para ir a Sofía (Bulgaria) y Belgrado (Serbia). Mientras se redactaba esta guía, un autobús de sustitución recorría un tramo de 100 km de la ruta entre Estambul y Çerkezköy, en Mármara.

Hay que llevar comida y bebida, ya que estos trenes no tienen vagón-restaurante. También hay que saber que se llega al paso fronterizo entre Turquía y Bulgaria muy temprano por la mañana, y que hay que bajar del tren para que a uno le sellen el pasaporte. Nos han informado sobre situaciones de acoso en la frontera, sobre todo hacia mujeres, por lo que las que viajen solas estarán más tranquilas si eligen una ruta alternativa. Viajar en el coche-cama es la opción más cómoda y segura. Para más información, véase la web de **Turkish State Railways** (www.tcdd.gov.tr/tcddding/avrupa_ing.htm).

Georgia

El principal paso fronterizo, abierto las 24 horas, es **Sarp**, en la costa del mar Negro, entre Hopa (Turquía) y Batumi (Georgia).

Otro paso es **Türkgözü**, cerca de Posof (Turquía), al norte de Kars y al suroeste de Akhaltsikhe (Georgia).

Debería abrir de 8.00 a 20.00, pero en invierno hay que comprobar si está abierto.

AUTOBÚS

Varios autobuses salen a diario desde Trabzon hacia Tiflis. El recuadro de la p. 559 propone rutas desde el noreste de Anatolia a Tiflis.

Mahmudoğlu (www.mahmu doglu.com) tiene autobuses directos entre Estambul y Tiflis (47 €, 30 h).

Grecia y Europa occidental

Los guardas de las fronteras griega y turca permiten que los viajeros crucen la frontera a pie. Los siguientes pasos fronterizos abren las 24 horas:

Kastanies-Pazarkule 9 km al suroeste de Edirne.

Kipi-İpsala 29 km al noroeste de Alejandrópolis (Grecia) y 35 km al oeste de Keşan (Turquía), cuenta con importantes conexiones de transporte.

AUTOBÚS

La mayoría de los autobuses directos a Estambul salen de Alemania, Austria y Grecia; por lo cual, si se viaja desde otros países de Europa, hay que tomar un autobús de conexión.

Gürel Metro (☎0284-714 1051) Cuatro microbuses diarios de Keşan a destinos griegos, incluidas Salónica y Atenas.

Öz Batu (☎0212-658 0255) Cubre ciudades como Praga y Zúrich.

Varan Turizm (www.varan. com.tr) Cubre ciudades entre las que se incluye Berlín (140 €, 36 h).

AUTOMÓVIL Y MOTOCICLETA

La autopista E80 cruza los Balcanes hasta Edirne y Estambul, y luego llega a Ankara. Los *ferries* con capacidad para vehículos desde Italia y Grecia acortan el trayecto desde Europa occidental,

pero son algo caros (véase p. 699).

Desde Alejandrópolis, la carretera principal lleva a Kipi-İpsala, luego a Keşan; al este hacia Estambul, y al sur hacia Gallípoli, Çanakkale y el Egeo.

TREN

Desde Europa occidental (excepto Grecia) se llega vía Europa del Este. Una ruta sugerida de **Londres a Estambul** es el trayecto de tres noches vía París, Múnich, Budapest y Bucarest; véase www.seat61.com/Turkey. htm para más información y otras rutas.

La mejor opción para viajar entre Grecia y Turquía es el **Dostluk-Filia Express**, el tren nocturno entre Estambul y Salónica (13 h, primera/segunda clase desde 26/39 €), donde se puede conectar con Atenas. Los coches cama son cómodos y tienen aire acondicionado. Los billetes pueden comprarse en las estaciones de trenes, pero no en línea. Mientras se redactaba esta guía, un autobús de sustitución recorría un tramo de 100 km entre Estambul y Çerkezköy, en Mármara.

Hellenic Railways Organisation (www.ose.gr)

Turkish State Railways (www.tcdd.gov.tr/tcdding/ avrupa_ing.htm)

Irán

El puesto fronterizo más concurrido es **Gürbulak-Bazargan,** 35 km al sureste de Doğubayazıt (Turquía). Abre las 24 h.

Esendere-Sero, al sureste de Van, abre de 8.00 a 24.00, pero en invierno el horario puede variar. Mejor asegurarse antes. Cada vez hay más viajeros utilizando este puesto que cruza el impresionante paisaje del lejano sureste de Anatolia.

AUTOBÚS

Hay autobuses regulares de Estambul y Ankara a Tabriz y Teherán; y servicios desde

Van a Orumiyeh (Irán) vía Esendere-Sero.

En 'dolmuş' desde Doğubayazıt Se puede ir a Gürbulak, y luego cruzar la frontera a pie, se tarda casi una hora. Desde Bazargan hay autobuses que siguen el trayecto hasta Tabriz.

En 'dolmuş' desde Van Hay varios autobuses diarios a Yüksekova, al oeste de Esendere-Sero.

Thor Travel Agency (www. thortourism.com) Fleta autobuses nocturnos desde Estambul. Hay tres semanales desde Ankara a Teherán.

TREN

Para más información sobre los siguientes trenes, visítese **RAJA Passenger Trains Co** (www.raja.ir/ default.aspx?Culture=en-US&page=home) o **Turkish State Railways** (www.tcdd. gov.tr/tcdding/ortadogu_ing. htm).

Malatya-Tehran (27 €, 42 h) El servicio semanal desde Damasco (Siria) pasa por las ciudades turcas de Malatya y Van, y cruza el lago Van en *ferry.*

Trans-Asya Ekspresi Sale de Estambul los miércoles y llega a Teherán (40 €) en sábado, vía Ankara, Kayseri y Van antes de cruzar la frontera en Kapikoi/Razi y detenerse en Salmas, Tabriz y Zanjan. El trayecto incluye un recorrido de cinco horas en *ferry* que cruza el lago Van.

Van-Tabriz (10 €, 9 h) Sale los jueves por la noche.

Irak

Entre Silopi (Turquía) y Zahko (Irak), en el paso fronterizo de **Habur-Ibrahim al-Khalil,** no hay ninguna ciudad ni pueblo, y no se puede cruzar a pie.

TAXI

Un taxi de Silopi a Zahko cuesta entre 50 y 70 US$. El conductor sorteará el laberinto de puntos de control y se encargará del papeleo. En el viaje de vuelta hay que tener cuidado con algunos taxistas que aprovechan las maletas de los viajeros para hacer contrabando. Véase recuadro en p. 615.

TREN

El tren semanal **Gaziantep-Mosul** (25 €, 17 h) no estaba en servicio mientras se redactaba esta guía. Para obtener información actualizada al momento, visítese www.tcdd.gov.tr/tcdding/ortadogu_ing.htm.

Siria

Actualmente los turcos no necesitan visado para entrar en Siria, y los ocho puestos fronterizos entre Turquía y Siria están muy transitados, sobre todo los fines de semana.

Reyhanlı-Bab al-Hawa El más práctico y concurrido.

Yayladağı Cerca de Antakya (Hatay).

Öncüpınar En las afueras de Kilis, 65 km al sur de Gaziantep; muy concurrido.

Akçakale 54 km al sur de Şanlıurfa, abierto de 11.00 a 15.00 de sábado a jueves; muy concurrido.

Nusaybin-Qamishle 75 km al sureste de Mardin.

AUTOBÚS

Para ir a las ciudades sirias de Alepo (Halab) y Damasco (Şam) se pueden comprar billetes directamente en Estambul.

Hatay Pan Turizm (www.ozpanturizm.com) De Estambul a Damasco vía Antakya (65 TRY).

Desde el sureste de Anatolia:

Desde Antakya Autobuses diarios a Alepo (10 TRY, 3 h) y Damasco (15 TRY, 7 h). Véase p. 400 para obtener información de los autobuses locales que van a Reyhanlı-Bab al-Hawa, los *dolmuşes* que van a Yayladağı, y los taxis.

Desde Gaziantep Microbuses cada 20 minutos a Kilis (8 TRY), desde donde se toma un taxi a Öncüpınar o

a Alepo. Otra opción es un taxi directo a Alepo.

Desde Şanlıurfa Microbús hasta Akçakale, y luego cruzar la frontera en taxi hasta Tabiyya.

Desde Mardin Microbuses casi cada hora desde Nusaybin (6 TRY, 1 h).

TREN

El tren **'Toros Ekspresi'** une Estambul y Alepo. Estaba fuera de servicio indefinidamente cuando se redactaba esta guía. Visítese **Turkish State Railways** (www.tcdd.gov.tr/tcdding/ortadogu_ing.htm) para obtener más información sobre estos trenes.

Gaziantep-Alepo (13 €, 5 h) Tren nocturno con dos salidas semanales.

Mersin-Alepo (14 €, 10 h) Tren nocturno semanal vía Adana.

Van-Damasco (25 €, 40 h) El servicio semanal empieza en Teherán (Irán) y pasa por las ciudades turcas de Van y Malatya, cruzando en *ferry* el lago Van.

Por mar

Los horarios de salida varían según las estaciones. En invierno hay menos *ferries*. Para más información, visítense los sitios web listados más abajo o véanse los capítulos de los destinos relacionados. Un buen punto de partida informativo es **Ferrylines** (www.ferrylines.com).

En la zona de Bodrum son muy populares las salidas de un día en *ferry* a Grecia. Hay que llevar el pasaporte y contar con un visado turco de entrada múltiple para poder regresar al final del día.

Circuitos

Las siguientes compañías internacionales que organizan circuitos en Turquía han recibido buenas críticas:

Backroads (www.backroads.com) Estadounidense, con

circuitos que combinan ciclismo y navegación por el Mediterráneo.

Cultural Folk Tours of Turkey (www.boraozkok.com) Estadounidense, con circuitos culturales e históricos tanto privados como para grupos.

Pacha Tours (www.pachatours.com) Estadounidense y especializada en Turquía. Circuitos genéricos y también *packs* especiales más concretos.

Añosluz (✈ www.aluz.com) Rutas en grupo e individuales con ofertas en *trekking* y bici de montaña.

Bidon 5 (www.bidon5.es) Rutas culturales con visitas a las principales ciudades o rutas de *trekking*.

Club Marco Polo (www.clubmarcopolo.es) Circuitos por los principales lugares.

Kananga (www.pasaporte3.com) Rutas culturales por el país.

Orixà (www.orixa.com) Rutas turísticas por los lugares emblemáticos del país.

Trekking y Aventura (www.trekkingyaventura.com) Rutas por Capadocia o *trekking* al monte Taurus.

Tuareg Viatges (www.tuaregviatges.es) Circuitos y rutas, con navegación en goleta por el Egeo.

Visados para países vecinos

La normativa varía, sobre todo en relación con algunos de los países de Oriente Medio y centroasiáticos enumerados a continuación, por lo que mejor informarse con antelación en las webs indicadas.

Armenia

Casi todas las nacionalidades pueden obtener visados de visita de 21/120 días vía Internet o en la misma frontera (aeropuerto incluido) por 6/30 €; o un visado de tránsito de tres días por 20 €. Nótese que la frontera

'FERRIES' DESDE TURQUÍA

RUTA	FRECUENCIA	DURACIÓN	TARIFA (IDA/ IDA Y VUELTA)	COMPAÑÍA
Ayvalık-isla de Lesbos, Grecia	Lu-sa may-sep; 3 semanales oct-abr	1½ h	40/50 €, automóvil 60/70 €	Jale Tour (www.jaletour.com)
Alanya-Girne (Kyrenia), Norte de Chipre	2 semanales	3½ h	78/128 TRY	Fergün Denizcilik (www.fergun.net)
Bodrum-isla de Cos, Grecia	Diario	1 h	28/56 €	Bodrum Ferryboat Association (www.bodrumferryboat.com)
Bodrum-isla de Rodas, Grecia	2 semanales jun-sep	2¼ h	60/120 €	Bodrum Ferryboat Association (www.bodrumferryboat.com)
Çeşme-isla de Quíos, Grecia	Diario med may-med sep; 2 semanales med sep-med may	1½ h	25/40 €, automóvil 70/120 €	Ertürk (www.erturk.com.tr)
Çeşme-Ancona, Italia	Semanal may-sep	60 h	Solo ida desde 215 a 505 €, automóvil 260 €	Marmara Lines (www.marmaralines.com)
Datça-isla de Rodas, Grecia	Sa may-sep	45 min	90/180 TRY	Knidos Yachting (www.knidosyachting.com)
Datça-isla de Simi, Grecia	Hidroplano sa may-sep, *gület* según demanda	Hidroplano 15 min, *gület* 70 min	Hidroplano 60/120 TRY, *gület* solo ida 120 TRY	Knidos Yachting (www.knidosyachting.com)
Estambul-Sebastopol, Ucrania	Semanal	32 h	Ida y vuelta desde 185 €	Sudostroyenie
Kaş-Meis (isla de Kastelorizo), Grecia	Diario	20 min	Solo ida o ida y vuelta el mismo día 40 TRY	Meis Express (www.meisexpress.com)
Kuşadası-isla de Samos, Grecia	Diario abr-oct	1¼ h	30/50 €	Meander Travel (www.meandertravel.com)
Marmaris-isla de Rodas, Grecia	2 diarios abr-oct, dos semanales nov-mar	De 50 min a 2 h	desde 43/45€, automóvil desde 95/120€	Yeşil Marmaris Travel & Yachting (www.yesilmarmaris.com)
Taşucu-Girne (Kyrenia), norte de Chipre	Diario	2 h	69/114 TRY	Akgünler Denizcilik (www.akgunler.com.tr)
Trebisonda-Sochi, Rusia	Semanal	12 h	Solo ida 65 €	Apollonia II & Princess Victoria Lines
Turgutreis-isla de Kálimnos, Grecia	2 semanales	1¼ h	43/86 €	Bodrum Ferryboat Association (www.bodrumferryboat.com)
Turgutreis-isla de Cos, Grecia	5 semanales	45 min	28/56 €	Bodrum Ferryboat Association (www.bodrumferryboat.com)

de Armenia con Turquía está cerrada (véase p. 697). Para más información, www.armeniaforeignministry.com.

Azerbaiyán

Las condiciones para obtener un visado para Azerbaiyán son difíciles de precisar. La información de la página web del Ministerio de Asuntos Exteriores del país (www.mfa.gov.az/eng) es algo compleja. Según nuestras fuentes, la mayoría de las nacionalidades necesitan un visado de visita, que puede obtenerse en las embajadas y consulados armenios. Se necesita una carta de invitación o la reserva del hotel y tres fotos tamaño carné.

Los ciudadanos europeos y estadounidenses pueden obtener sus visados en el aeropuerto internacional Heydar Aliyer de Bakú, aunque se está estudiando la retirada de este servicio. No hay visados en los pasos fronterizos por tierra. El consulado en Kars tramita visados de visita, que cuestan 50 € y tardan tres días.

Bulgaria

Los ciudadanos de Australia, Canadá, Israel, Japón, Nueva Zelanda, EE UU y de la mayoría de los países europeos pueden entrar sin visado para estancias de hasta noventa días. Véase www.mfa.bg.

Georgia

La mayoría de los viajeros (canadienses, israelíes, japoneses, suizos, europeos, estadounidenses, australianos y neozelandeses) pueden entrar sin visado para estancias de hasta 360 días. Véase www.mfa.gov.ge.

Grecia

Los ciudadanos de Australia, Canadá, todos los países europeos, Nueva Zelanda y EE UU pueden entrar sin visado para estancias de hasta tres meses. Véase www.mfa.gr.

Irán

La mayoría de los viajeros que van a Irán necesitan un visado antes de entrar en el país, salvo los neozelandeses, que pueden obtener un visado de turista para una semana en el mismo aeropuerto. Hay una embajada en Ankara y consulados en Erzurum, Estambul y Trabzon. Algunos viajeros han obtenido su visado en una semana, mientras que otros han tardado más de un mes. Los viajeros estadounidenses, británicos, canadienses y daneses no son muy 'populares', y los israelíes (o cualquiera que lleve un sello de Israel en su pasaporte) tienen prohibida la entrada. El visado puede tramitarse en Turquía (el consulado en Trabzon es más rápido que el de Erzurum), pero es más seguro organizarse con antelación. Hay que entrar en Irán dentro de los 90 días transcurridos desde la fecha de emisión del visado.

Se necesita carta de invitación iraní, que puede ser de una agencia de viajes o de visados; véase la lista en "Información práctica" en www.lonelyplanet.com/iran. Es aconsejable que las mujeres se cubran la cabeza para hacerse las fotos del visado, y también si van a recoger su visado en una delegación iraní. Hay un servicio electrónico de visados y algo más de información en www.mfa.gov.ir.

Irak

Según el Ministerio de Asuntos Exteriores iraquí (www.mofa.gov.iq), hay visados de turismo de 15 días por 15 US$ y visados de visita prorrogables a un mes desde 40 US$. Aunque las delegaciones iraquíes en el extranjero suelen ser reticentes a tramitar visados a turistas, en Turquía tienen autorización para hacerlo.

El Gobierno Regional Kurdo tramita su propio visado turístico, que solo sirve para viajar a la zona kurda de Irak. Los ciudadanos de la mayoría de los países, incluidos Australia, Nueva Zelanda y EE UU, así como la Unión Europea, obtienen automáticamente un visado gratuito de diez días en la frontera. Las extensiones se tramitan en la Junta Directiva de Residencia en Erbil.

Es posible que el viajero sea objeto de registro e interrogatorio a ambos lados de la frontera. Hay que ser honesto. Ayuda dar el nombre y el número de teléfono de algún contacto kurdo-iraquí. Puesto que el tema kurdo es polémico en Turquía, es recomendable no hablar del 'Kurdistán' ni llevar objetos patrióticos kurdos.

Norte de Chipre

Los visados para la República Turca del Norte de Chipre (TRNC) pueden tramitarse a la llegada; las condiciones son similares a las del visado turco. Si también se desea visitar Grecia, hay que saber que las relaciones entre la República de Chipre de administración greco-chipriota (al sur) y la república del norte son prácticamente nulas. Si al entrar en la TRNC al viajero le sellan el pasaporte, puede que después se le niegue la entrada a Grecia. Los griegos solo rechazan el sello de la TRNC, no el de Turquía. En lugar de en el pasaporte, los agentes chipriotas deben estampar la solicitud de visado que el viajero rellena a su llegada, un procedimiento con el que ya están muy familiarizados. Véase www.mfa.gov.cy y www.mfa.gov.tr.

Siria

Casi todos los extranjeros necesitan visado para entrar en Siria, con embajada en Ankara y consulados en Estambul y Gaziantep. El precio del visado de 15 días, sencillo o de entradas múltiples, se basa en un sistema de reciprocidad, y oscila entre los 35 y los 100 US$. Son necesarias dos fotografías tamaño carné, y por lo general se obtiene el mismo día que se solicita. Es mejor hacerlo desde el país de origen, incluso aunque este no cuente con representación siria, ya que las delegaciones sirias en Turquía exigen una carta de la embajada del país de origen en Ankara. No hay que esperar a tramitar el visado en la frontera: muchos viajeros han tenido que retroceder.

CÓMO DESPLAZARSE

Avión

Líneas aéreas en Turquía

Toda Turquía está muy bien conectada por avión, aunque muchos vuelos se realizan a través de los *hubs* de Estambul o Ankara. Los vuelos internos son una buena opción en un país tan extenso, y la competencia entre las siguientes aerolíneas hace que el precio de los billetes sea asequible.

Anadolu Jet (444 2538; www.anadolujet.com) Filial de Turkish Airlines que da servicio a unos treinta aeropuertos de la red de su compañía principal.

Atlasjet (444 3387; www.atlasjet.com) Su red es limitada; incluye Adana, Ankara, Antalya, Bodrum, Dalaman, Estambul, İzmir, y Lefkoşa (Nicosia) en la República del Norte de Chipre.

Onur Air (444 6687; www.onurair.com.tr) Vuela de Estambul a Adana, Antalya, Bodrum, Dalaman, Diyarbakır, Erzurum, Gaziantep, İzmir, Malatya, Samsun y Trabzon.

Pegasus Airlines (444 0737; www.pegasusairlines.com) Práctica red de unos veinte aeropuertos que incluye casi todos los destinos mencionados antes,

más otros menos habituales como Kayseri y Van.

Sun Express Airlines (444 0797; www.sunexpress.com.tr) Otra filial de Turkish Airlines. Cuenta con una extensa red, en especial desde Antalya, Estambul e İzmir.

Turkish Airlines (0212-252 1106; www.thy.com) La compañía estatal ofrece la principal red de vuelos nacionales, con aeropuertos desde Çanakkale hasta Kars.

Bicicleta

Las ventajas de moverse en bicicleta por Turquía son su espectacular paisaje; el fácil acceso a yacimientos arqueológicos que, en los casos más remotos, el ciclista tendrá casi para él solo; y la curiosidad y la hospitalidad de los lugareños, sobre todo en la parte este del país.

Bicicletas y piezas de recambio Las piezas de recambio de calidad solo se encuentran en Estambul y Ankara. Bisan es el principal fabricante de bicicletas del país, pero también pueden comprarse piezas de marcas internacionales en tiendas como **Delta Bisiklet** (www.deltabisiklet.com), con sucursales en Estambul y Ankara. Cuentan con un servicio de envío de piezas por todo el país.

Peligros Cuidado con los locos del volante; los arcenes en mal estado y, al este, los niños que tiran piedras, los lobos y los feroces perros Kangal. Es recomendable evitar las carreteras principales y circular por las secundarias, más seguras y con paisajes más bonitos.

Alquiler En las ciudades turísticas de la costa y en Capadocia se pueden alquilar bicicletas por períodos cortos de tiempo.

Planos El mejor plano para recorrer Turquía en bicicleta es el *Köy Köy Türkiye Yol Atlası*, disponible en las librerías de Estambul.

Transporte Las bicicletas a menudo se pueden transportar gratis en autobuses, trenes y *ferries*. En minibuses y microbuses se paga por el espacio que ocupan.

Barco

İstanbul Deniz Otobüsleri (p. 111; Ferries Rápidos de Estambul; www.ido.com.tr) ofrece servicio de *ferry* de pasajeros y vehículos por el **mar de Mármara**, con rutas que incluyen:

» Kabataş, Estambul-Bursa y las islas de los Príncipes.

» Yenikapı, Estambul-Bandırma, Bursa y Yalova.

Autobús

La red de autobuses interurbanos turca es tan buena como cualquier otra, con una flota de vehículos modernos y confortables que cruzan el país a cualquier hora y por precios muy razonables. Casi todos los que visitan el país por primera vez comentan la excelencia de este servicio. Durante el trayecto, se sirven bebidas calientes y tentempiés, además de unas generosas gotas de *kolonya* (colonia de limón), tan apreciada por los turcos.

Compañías de autobuses

Estas son algunas de las mejores compañías, con una amplia red de conexiones.

Kamil Koç (444 0562; www.kamilkoc.com.tr, en turco) Buena red en Turquía occidental.

Metro Turizm (444 3455; www.metroturizm.com.tr) Amplia red a escala nacional.

Ulusoy (444 1888; www.ulusoy.com.tr) Excelentes autobuses y una red a escala nacional.

Varan Turizm (444 8999; www.varan.com.tr) Cubre Turquía occidental de forma exhaustiva, con algunos autobuses que van al este,

EL FEZ BUS

Un servicio de autobús con paradas libres, el **Fez Bus** (☏0212-516 9024; www.feztravel.com), conecta los principales *resorts* turísticos del Egeo y el Mediterráneo con Estambul y Capadocia. Sus principales ventajas son: conveniencia (no hay que hacer el trayecto con los autobuses regulares), flexibilidad (los pases son válidos de julio a octubre y se puede subir en cualquier punto del circuito) y el ambiente, divertido y dinámico. En cuanto a los inconvenientes, se pasa más tiempo con otros viajeros que con lugareños, lo que puede cansar una vez superado el límite de 'fraternidad mochilera'. Y no es más barato que hacer el mismo circuito con autobuses regulares.

El pase de autobús Turkish Delights (adultos/estudiantes 225/210 €) permite viajar desde Estambul vía Çanakkale, Éfeso, Köyceğiz, Fethiye, Olympos, Antalya, Konya, Capadocia y Ankara.

---

hacia Samsun y Gaziantep. Su *bistro coach* entre Estambul y Ankara tiene restaurante.

Tarifas

Las tarifas de autobús generan una competencia feroz entre las compañías, y es fácil que proliferen ofertas como descuentos de estudiantes. Los precios van acordes con la demanda; así, es probable que el precio del billete desde una gran ciudad a un pueblo sea distinto en dirección opuesta.

ISIC Algunas compañías lo aceptan (véase p. 684), pero ello no garantiza descuentos

Billetes

Casi siempre se puede entrar en una *otogar* (estación de autobuses) y comprar un billete para el primer autobús que salga, pero los días festivos, los fines de semana y durante las vacaciones escolares (de mediados de junio a principios de septiembre) es más recomendable comprarlo con antelación. Se puede reservar plaza en línea con algunas de las compañías citadas anteriormente.

» En la 'otogar' En las más grandes, al viajero le asediarán varios vendedores a la caza de clientes, ofreciéndole billetes para ir a donde quiera. Lo más prudente es comprarlos a las grandes compañías, que son las más fiables. Se paga un poco más, pero uno puede estar

seguro de que el autobús está en buen estado, que será puntual y que cuenta con relevo para el conductor en los trayectos largos. Para trayectos más cortos, otras compañías cuentan con grandes redes locales.

» Hombres y mujeres En teoría, los hombres y mujeres solteros no deben sentarse juntos, pero esto es algo que las compañías de autobuses no tienen en cuenta con los extranjeros. Quizá se pregunte a los viajeros si están casados, aunque no se exige ninguna prueba o documento. También puede darse que ambos viajeros, siendo hombre y mujer, vean que en ambos billetes pone *bay* (hombre).

» Reembolsos Conseguirlos es difícil; cambiarlos por otro billete de la misma compañía es más fácil.

» Plazas Todos los asientos pueden reservarse, el asignado se indica en el billete. El vendedor de billetes tiene un plano con los asientos que indica cuáles están reservados y cuáles libres. Por lo general, asignarán asiento al viajero sin preguntar, aunque si se puede pedir el plano y elegir uno, lo mejor es evitar los siguientes, son los peores:

• **Filas delanteras** En los autobuses nocturnos, mejor evitarlas. Hay poco espacio para las piernas y, si el conductor fuma,

habrá que tragarse su humo y oírle charlar con el cobrador desde muy temprano.

• **Sobre las ruedas** Se notan los baches.

• **Delante de la salida central** No son reclinables.

• **Detrás de la salida central** Hay poco espacio para estirar las piernas.

• **Filas traseras** El ambiente se carga, y si quien viaja es una mujer sola, esta zona es como la 'fila de los mancos'.

'Otogar'

Casi todas las ciudades y pueblos turcos cuentan con una estación de autobuses llamada *otogar, garaj* o *terminal* y, por lo general, situada en las afueras. Además de autobuses interurbanos, también tiene servicio de *dolmuşes* (microbuses con rutas fijas) con destino a barrios o aldeas alejadas. La mayoría de las estaciones de autobuses tienen una *emanetçi* (consigna), que puede usarse por una cuota mínima.

En el este de Anatolia, particularmente, no hay que creer a los taxistas que digan que no hay autobús o *dolmuş* que vaya al destino del viajero; posiblemente intenten enredarle para llevarle en taxi. Es mejor comprobarlo con los conductores de autobús y *dolmuş*.

'Servis'

Como casi todas las estaciones de autobuses están lejos de las ciudades o del centro, las compañías de autobuses ofrecen un servicio gratuito de microbuses lanzadera llamados *servis*. Llevan al viajero hasta la oficina de la compañía de autobuses o hasta otro punto céntrico, y es probable que paren durante el camino para dejar o recoger a más pasajeros. Hay que preguntar *"Servis var mi?"* (¿Hay un *servis*?). Entre las pocas ciudades que no tienen este servicio están Ankara y Konya.

Salir de la ciudad Hay que preguntar por el *servis* al comprar el billete en la oficina central de la compañía de autobús; aconsejarán llegar una hora antes de la hora de salida oficial.

Inconvenientes Con este servicio se ahorra la tarifa del taxi o el precio del billete de autobús hasta la *otogar*, pero implica dar muchas vueltas. Si se va a pasar poco tiempo en un sitio, lo mejor es invertir en un taxi.

Estafas Algunos propietarios de pensiones intentarán convencer al viajero de que el microbús privado que va hasta su pensión es un *servis* de alguna compañía.

Automóvil y motocicleta

Recorrer Turquía en automóvil proporciona una libertad sin igual para disfrutar de su maravilloso interior y de su bonita costa. Además, uno puede detenerse en los puestos a pie de carretera y comprar especialidades locales, explorar carreteras solitarias que llevan a pueblos escondidos y ruinas olvidadas, y comer de *picnic* casi en cualquier lugar, como los turcos.

Es un país muy grande, y pasar horas y horas en el coche recorriendo largas distancias hará que se tenga menos tiempo para disfrutar de los sitios. Las distancias largas se cubren mejor en avión, tren o autobús; los coches quedan reservados para trayectos locales. El transporte público es una forma sencilla y menos estresante de moverse por las ciudades con mucho tráfico.

Asociaciones automovilísticas

La principal asociación automovilística de Turquía es **Türkiye Turing ve Otomobil Kurumu** (Asociación Turca de Automovilismo y Turismo; ☎ 0212-282 8285; www.turing.org.tr). Los motociclistas pueden visitar la web de **One More Mile Riders Turkey** (www.ommriders.com), un recurso comunitario para los que recorren Turquía en motocicleta, y aprovechar la información sobre Turquía que hay en **Horizons Unlimited** (www.horizonsunlimited.com/country/turkey), que cuenta con algunos contactos interesantes.

Con vehículo propio

Se puede entrar con vehículo propio en Turquía durante seis meses sin tener que pagar tasas. Quedará registrado en el pasaporte, así se aseguran de que el coche vuelve a salir. No hay que intentar venderlo en el país, y si se excede el límite de seis meses, habrá que pagar una cuantiosa multa. Es recomendable comprobar que los papeles del coche están al día, seguro incluido.

Puntos de control

Puede que en el sureste de Anatolia el viajero se tope con controles policiales de carretera; forman parte de operaciones militares contra el PKK (partido de los trabajadores del Kurdistán). Es probable que le pidan la identificación antes de dejarle continuar, aunque a veces, si hay problemas, las carreteras de esta región están cerradas.

Permiso de conducir

Los conductores deben contar con un permiso de conducir válido. El carné del país de origen debería ser suficiente, pero el permiso de conducción internacional (IDP) es una ayuda si el viajero proviene de algún país que pueda parecerle remoto a la policía turca.

Multas

La *trafik polis*, que viste de azul, puede parar a los conductores y multarlos por exceso de velocidad. Si el viajero sabe a ciencia cierta que no ha cometido infracción alguna, y que el policía lo que quiere es dinero, lo mejor es que finja no entenderlo. Si el policía insiste mucho habrá que acabar pagando, pero si el viajero a su vez insiste en recibir un comprobante de pago, quizá desista. Si no hay que pagar la multa al momento, contáctese con la compañía de alquiler de coches (o menciónese el incidente al devolver el vehículo), ya que ellos pueden pagar la multa y cobrar la gestión a cuenta de la tarjeta de crédito del viajero. Lo mismo debe hacerse con otro tipo de multas como abandonar la autopista por la salida equivocada y no pagar el peaje. Si se pagan con antelación, las multas tienen descuento.

Combustible y piezas de recambio

El precio del combustible en Turquía es de los más caros del mundo. La gasolina y el diésel cuestan ambos 3 TRY el litro. Hay gasolineras por todas partes, al menos en la parte occidental del país; y muchas de ellas son grandes empresas. En las vastas zonas desiertas de Anatolia central y oriental, es aconsejable llenar el depósito cada mañana al salir.

En las grandes ciudades hay *Yedek parçalari* (piezas de recambio), sobre todo para automóviles europeos de marca Renault, Fiat y Mercedes-Benz. Los ingeniosos mecánicos turcos también se las arreglan para mantener en servicio algunos modelos estadounidenses. La *sanayi bölgesi* (zona industrial) de las afueras de casi cada ciudad suele tener una tienda de recambios que, por lo general, cierra los domingos. Las reparaciones son rápidas y baratas. Los talleres que hay a pie de carretera ofrecen un servicio excelente en la mayoría de los casos, aunque tengan que ir a buscar las piezas a otro sitio (o tenga que ir el viajero). Siempre es aconsejable pedir presupuesto. Para reparar neumáticos hay que buscar un *oto lastikçi* (reparador de neumáticos).

Las piezas de recambio para motocicletas son difíciles de encontrar fuera de las grandes ciudades, así que mejor llevar encima lo esencial o, en caso contrario, confiar en la pericia de los mecánicos turcos para dar con ellas, adaptarlas o fabricarlas. Si no hay manera de dar con la pieza que se necesita, se puede llamar a un taller de Estambul o Ankara para que la envíen.

Alquiler

Es necesario tener al menos 21 años y uno de carné de conducir para poder alquilar un vehículo en Turquía. La mayoría de las compañías de alquiler piden una tarjeta de crédito. La gran mayoría de las grandes compañías de alquiler cargan una tasa elevada (a partir de 150 TRY) por devolver el vehículo en otro lugar.

Las grandes compañías internacionales –incluidas Avis, Budget, Europcar, Hertz, National y Sixt– operan en las principales ciudades, pueblos y en la mayoría de los aeropuertos. Es buena idea contratar los servicios de estas compañías, sobre todo en el este de Anatolia, ya que las agencias locales a menudo no tienen seguro.

En el este, incluso algunas de las principales compañías no son más que franquicias, por lo que es recomendable revisar el contrato con atención, especialmente la parte del seguro. Mejor pedir una copia en inglés.

Si el vehículo se ve involucrado en un accidente o sufre uno, no hay que moverlo antes de que llegue la policía y se obtenga el *kaza raporu* (parte de accidente). El agente quizá pida al conductor que se someta al test de alcoholemia. Hay que contactar con la compañía de alquiler lo antes posible. En caso de accidente, el seguro del coche no cubre la conducción bajo los efectos del alcohol o las drogas y el exceso de velocidad. Tampoco sirve de nada si se remite a la compañía el parte del accidente pasadas 48 horas.

Debido a los elevados precios del combustible, algunas agencias locales, y también las más económicas, entregan los coches con el depósito casi vacío.

» **Economy Car Rentals** (www.economycarrentals.com) Consigue excelentes tarifas con otras compañías, incluida Budget. Recomendada.

» **Car Rental Turkey** (www. carrentalturkey.info) Con base en Estambul.

» **Green Car** (www.green autorent.com) Una de las principales compañías de la zona del Egeo.

» **CarHireExpress.co.uk** (http://turkey.carhireexpress. co.uk) Reservas en línea.

Seguro

Si se entra en Turquía con vehículo propio hay que tener un seguro internacional con cobertura a terceros (para más información, visítese la web de la Asociación Turca de Automovilismo y Turismo, www.turing.org.tr/eng/green_card.asp). Se puede tramitar directamente en la frontera (un mes, 80 €).

Como en la mayoría de los países, al alquilar un vehículo se ofrece un seguro más completo pagando un poco más. El seguro obligatorio básico debe cubrir los posibles daños al vehículo y el robo; con un suplemento, al que se puede renunciar porque se paga aparte. También se ofrece un seguro personal, aunque el seguro de viaje debería cubrir cualquier daño personal en caso de accidente.

Aparcamiento

Es fácil encontrar sitio para aparcar en la mayoría de los pueblos y aldeas, pero en las grandes ciudades –y en las no tan grandes– el espacio es un lujo, aunque cuentan con bastantes aparcamientos donde, por un precio módico, se puede dejar el coche una hora o incluso toda la noche. Teniendo en cuenta que se suele aparcar junto a hoteles y puntos de interés, esta guía solo usa el icono de aparcamiento (Ⓟ) en el caso de las ciudades.

Alojamiento Los hoteles de precio alto y un puñado de los de precio medio ofrecen aparcamiento cubierto a los clientes; y la mayoría de los hoteles de precio medio y de los económicos tienen zonas de aparcamiento cercanas. Si no, habrá un aparcamiento cercano vigilado por algún conserje, en cuyo caso habrá que pagar algo de dinero. Lo mejor es informarse al reservar.

Cepos Son ley de vida en Turquía. Si uno aparca el coche donde no debe, tiene todos los números para que se lo lleve la grúa; con la consiguiente multa y papeleo.

Estado de la carretera

En general, el asfalto y la señalización son correctos; al menos en las carreteras principales. La ruta más popular entre los viajeros, a lo largo de las costas egea y mediterránea, es excelente. Hay buenas *otoyols* (autopistas) desde la frontera con Bulgaria cerca de Edirne hasta Estambul y Ankara; y desde İzmir, por toda la costa hasta Antalya. En otras partes, las carreteras van mejorando, aunque las del este siguen siendo las peores. Allí, los rigores del invierno hacen estragos en el asfalto. En el noreste de Anatolia el estado de las carreteras cambia de un año para otro; por lo que antes de aventurarse por carreteras secundarias lo mejor es preguntar a los lugareños. En las carreteras del noroeste son frecuentes las obras; incluso en las carreteras principales el tráfico puede ralentizarse hasta los 30 km/h. Las nuevas presas cerca de Artvin y Yusufeli sumergirán algunas carreteras.

En invierno hay que tener mucho cuidado con las carreteras heladas. Los inviernos más duros hacen que sea necesario el uso de cadenas casi en todas partes, salvo en las zonas del Egeo y del Mediterráneo. Puede que la policía pare a los conductores en las zonas más remotas para comprobar que van equipados para situaciones de emergencia. Entre Estambul y Ankara, cerca de Bolu, hay que tener cuidado con la niebla, que puede reducir considerablemente la visibilidad.

Normas de circulación

En teoría, los turcos conducen por la derecha y ceden el paso al tráfico que viene desde la derecha. En la práctica, suelen conducir por el medio y jamás ceden el paso. La velocidad máxima, a menos que se indique otra cosa, es de 50 km/h en pueblos y ciudades; 90 km/h en autovías y 120 km/h en *otoyols*.

Seguridad

Turquía cuenta con uno de los índices de accidentes de tráfico más altos del mundo. Los conductores turcos suelen ser impacientes e imprudentes; raras veces usan los intermitentes y no prestan mucha atención a los de los demás; conducen demasiado rápido, tanto en autopistas como en pueblos y ciudades; y sienten un deseo irreprimible por adelantar siempre; incluso en las curvas sin visibilidad.

Cómo conducir por carreteras turcas y contarlo:

» Conducir con precaución y a la defensiva.

» No dar por hecho que los motoristas obedecerán las señales de tráfico o se comportarán como uno espera que se comporten en Occidente, sobre todo durante el Ramadán: están más irritables y su sentido de alerta merma a causa del ayuno.

» No dejarse llevar nunca por las emociones, aunque los otros conductores sí lo hagan.

» Como hay pocas autovías de dos carriles, y muchas de las carreteras que los tienen cuentan con muchas curvas, habrá que resignarse a pasar horas pegado al camión lento y sobrecargado que uno lleve delante.

» Evitar conducir de noche: no se ven ni los baches, ni los animales, ni los coches que circulan sin luces, con las luces rotas o los que están parados en medio de la carretera. A veces los conductores dan las largas para advertir que se aproximan.

» Cuando se visitan puntos de interés alejados, como las iglesias del noreste de Anatolia, en lugar de adentrarse por pistas de tierra secundarias es mejor alquilar un taxi para todo el día. Es un gasto extra, pero el conductor conocerá el camino, y en casos así la tranquilidad no tiene precio.

La embajada norteamericana en Ankara cuenta con una página de consejos en Internet: http://turkey.usembassy.gov/driver_safety_briefing.html.

'Dolmuşes' y 'midibuses'

Además de ofrecer transporte dentro de ciudades y pueblos, los *dolmuşes* (microbuses) también cubren trayectos interurbanos entre pequeñas localidades. Hay que preguntar: "[destino] *dolmuş var mı?*" (¿Hay algún *dolmuş* que vaya a...?). Algunos tienen un horario fijo de salida, aunque a menudo se esperan a llenar todas las plazas para partir. Para informar al conductor cuando uno quiere apearse hay que decir "inecek var" (alguien quiere bajar).

Los *midibuses*, por lo general, cubren las rutas que son demasiado largas para los *dolmuşes*, y no lo suficiente populares para los autobuses normales. Cuentan con asientos estrechos con respaldo rígido; no son muy confortables en trayectos muy largos.

Autostop

Aunque en esta guía no lo recomendamos, si hay que hacer *otostop* (autostop), es buena idea ofrecerse a pagar una parte de la gasolina, aunque la mayoría de los conductores recogerán a los autostopistas extranjeros por pura curiosidad. En algunas carreteras del centro y el este de Anatolia se tarda bastante en dar con un vehículo; se puede preguntar antes de salir a los lugareños si será fácil conseguir llegar al destino deseado en autostop. En un país tan grande, en el que hay zonas donde no abundan los vehículos, los trayectos cortos en autostop son lo más corriente. Si hay que ir desde la carretera hasta un yacimiento arqueológico, es buena idea montar con el primer vehículo que se detenga, ya sea un tractor, un camión o un turismo.

En lugar de levantar el pulgar, hay que colocarse de cara

'MARK SMITH': EL HOMBRE DEL ASIENTO 61

Según un viejo chiste turco, los alemanes que construyeron la mayor parte de red ferroviaria turca cobraban por kilómetros y nunca colocaban una vía recta si podían apañárselas con una docena de curvas. Cuando el viajero recorra el país en tren, serpenteando por valles y montañas con vistas a fortalezas sobre colinas lejanas, pensará por un momento que el chiste iba en serio. Viajar en tren en Turquía es muy barato, los mejores trenes tienen vagones climatizados y son tan buenos como la mayoría de los de Europa occidental, y el paisaje es incluso más espectacular. Relajarse comiendo y tomando una cerveza en el vagón-restaurante del exprés Estambul-Ankara es una excelente forma de recuperarse de las largas caminatas por los puntos de interés de Estambul; y los trenes nocturnos de Estambul a Denizli (a Pamukkale) o a Konya son la manera más romántica y efectiva de llegar a destino. Otros trenes son más lentos y más viejos, pero solo hay que relajarse, abrir una botella de vino y gozar del paisaje.

Mark Smith, the Man in Seat 61 (el hombre del asiento 61), es toda una autoridad global en lo que a viajes en tren se refiere, además del fundador del sitio web www.seat61.com. Si al viajero le apetece viajar en tren, puede echar un vistazo a su web.

al tráfico, levantar el brazo hacia la carretera y moverlo como si se botara un balón.

Transporte local

Autobús

Para la mayoría de los autobuses municipales hay que comprar el *bilet* (billete) por adelantado en un quiosco especial. Este tipo de quioscos suelen estar en las principales terminales de autobuses y en los puntos de conexión, y a veces junto a las tiendas de las paradas de autobús. La tarifa habitual es 1,50 TRY. Los autobuses privados a veces operan en las mismas rutas que los municipales; son más viejos y aceptan billetes o dinero en efectivo.

'Dolmuşes' locales

Son microbuses o, a veces, *taksi dolmuşes* (taxis compartidos) que cubren rutas fijas dentro de una ciudad. Suelen ser más rápidos, más confortables y solo un poco más caros que los autobuses. En las ciudades más grandes, las paradas de *dolmuş* están indicadas con una letra D y un texto que dice "Dolmuş İndirme Bindirme Yeri". Suelen estar cerca de las plazas, terminales o cruces principales.

Metro

Varias ciudades cuentan ya con metros o trenes semisubterráneos, incluidas Estambul, İzmir, Bursa y Ankara. Son rápidos y fáciles de utilizar, aunque quizá haya que pasar el torniquete para poder ver el plano de alguna línea. Hay que comprar un *jeton* (ficha de viaje, 1,50 TRY aprox.) e introducirlo en el torniquete.

Taxi

Los taxis turcos tienen taxímetro digital. Si el taxista no lo pone en marcha, hay que recordárselo enseguida diciendo 'saatiniz' (el taxímetro), y asegurarse de que aplica la tarifa correcta, que varía de ciudad a ciudad. La tarifa *gece* (nocturna) es un 50% más cara que la *gündüz* (diurna), pero en algunas ciudades, como Estambul, no hay tarifa nocturna.

Algunos taxistas, sobre todo en Estambul, intentan cobrar un precio fijo a los extranjeros. A veces es un importe razonable; por ejemplo, para llevar al turista hasta el aeropuerto, desde donde pueden conseguir otro trayecto largo; aunque lo más común es que pidan una cantidad desorbitada, sean hoscos y se nieguen a poner en marcha el taxímetro. En este caso hay que buscar otro taxi y, si es necesario, quejarse a la policía. Por lo general, los precios fijos se aceptan solo cuando se alquila un taxi para uso privado, que implique que el taxista tiene que esperar un rato (por ejemplo, en un yacimiento arqueológico), ya que suele salir más económico que poner en marcha el taxímetro. Las compañías de taxi cuentan con tarifas fijas para los trayectos más largos, y las tienen por escrito, aunque se puede regatear un poco. Siempre hay que confirmar las tarifas antes de salir, para evitar malentendidos después.

Tranvía

Varias ciudades tienen *tramvays* (tranvías), una forma rápida y práctica para desplazarse. El billete cuesta alrededor de 1,50 TRY.

Circuitos

Cada año recibimos alguna queja de viajeros timados por agencias de viajes locales, sobre todo por algunas de las que operan en Sultanahmet, Estambul. No obstante, y a pesar de algunos aprovechados, también hay muchas agencias de viajes honestas. Hay que calcular un precio aproximado para hacer el circuito por cuenta propia guiándose por los precios indicados en esta guía y comparar las ofertas de las agencias antes de contratar uno.

Operadores

Además de las agencias indicadas en los capítulos de cada destino, las siguientes ofrecen, en nuestra opinión, un servicio fiable:

Amber Travel (www.amber travel.com) Agencia de viajes de aventura dirigida por británicos especializada en excursionismo, ciclismo y kayak en el mar.

Bougainville Travel (www. bt-turkey.com) Agencia de viajes de aventura con sede en Kaş especializada en senderismo, ciclismo, barranquismo, parapente, kayak en el mar y submarinismo.

Fez Travel (www.feztravel. com) Circuitos para mochileros por toda Turquía, incluida la península de Gallípoli. También opera el Fez Bus (p. 703).

Hassle Free Travel Agency (www.hasslefreetour. com) Con base en Çanakkale, ofrece circuitos por el oeste de Turquía.

Kirkit Voyage (www.kirkit. com) Especialistas en Capadocia, ofrecen circuitos a medida por todo el país, incluidas Estambul y Éfeso. Hablan francés.

Trooper Tours (www.tro opertours.com) Especialista en Gallípoli, con circuitos de entre uno y nueve días por Turquía occidental, con salida y llegada en Estambul o Kuşadası.

Tren

Viajar en tren por Turquía es cada vez más popular

gracias a las mejoras en la red. Cada vez son más los turistas que aprecian poder viajar sin prisas y disfrutando del paisaje, y compartirlo con otros pasajeros (véase p. 707). Los ocasionales retrasos sin aviso previo y los lavabos impracticables al final de una larga jornada son parte de la aventura. Y si el presupuesto es ajustado, un viaje en tren nocturno es una buena forma de ahorrarse parte del alojamiento.

Red ferroviaria

Depende de **Turkish State Railways** (444 8233; www. tcdd.gov.tr) y cubre casi todo el país, con la notable excepción de las costas. Para llegar a la costa egea o a la mediterránea hay que ir en tren hasta İzmir o Konya, y seguir en autobús desde allí.

Las rutas más útiles incluyen:
» Estambul-Ankara
» Estambul- İzmir (*ferry* incl.)
» İzmir-Ankara
» İzmir-Selcuk
» Konya-Ankara (previsto para el 2011)

Largo recorrido

Las rutas de largo recorrido y nocturnas incluyen:
» Estambul-Adana
» Estambul-Kars
» Estambul-Konya
» Estambul-Tatvan (lago Van)

Clases

Los trenes turcos ofrecen varias opciones en cuanto a asientos y literas. La mayoría cuentan con confortables vagones Pullman de asientos reclinables. Algunos tienen compartimentos de 1ª y 2ª clase, con seis y ocho asientos respectivamente; a veces pueden reservarse y a veces elige quien llega primero.

Un vagón *küşet* (litera) tiene compartimentos de cuatro –y a veces seis– personas, con asientos que se

pliegan en forma de cama. No hay sábanas, a menos que se trate de un *örtülü küşetli* (litera 'cubierta'). Un vagón *yataklı* cuenta con compartimentos de una y dos camas, con lavamanos y sábanas; es la mejor opción para mujeres que viajen solas en trayectos nocturnos.

Tarifas

Los billetes de tren suelen costar la mitad que los de autobús. Un billete de ida y vuelta es un 20% más barato que dos billetes de ida. Los estudiantes (aunque es probable que necesiten una tarjeta de estudiante turca), los jubilados (mayores de 60 años; hay que acreditarlo con un documento) y los discapacitados (acreditados) tienen un descuento del 20%. Los niños menores de ocho años viajan gratis, y los que tienen entre ocho y 11 años pagan la mitad.

Los pases InterRail y Balkan Flexipass son válidos en la red ferroviaria turca, pero no los Eurail. Las tarjetas Train Tour Cards permiten viajar sin límite por la red ferroviaria turca durante un mes.

Reservas

La mayoría de los asientos y literas de los mejores trenes tienen que reservarse. En el caso de los vagones *yataklı*, hay que hacerlo con la máxima antelación posible, sobre todo en época de festividades religiosas y días festivos. Durante los fines de semana los trenes van más llenos. Se pueden reservar billetes en www.tcdd.gov.tr.

Horarios

Es recomendable confirmar horarios, porque suelen variar, en www.tcdd.gov.tr.

En los horarios se indican las estaciones, no las ciudades; así, se leerá Haydarpaşa y Sirkeci en lugar de Estambul, y Basmane y Alsancak por İzmir.

Salud

ANTES DE PARTIR

Vacunas recomendadas

Las siguientes vacunas son recomendaciones rutinarias para todos los viajeros, independientemente de la región que visiten. Las consecuencias de estas enfermedades pueden ser muy graves y se dan brotes en Oriente Medio.

» Tétanos
» Difteria
» Tosferina
» Varicela
» Sarampión
» Paperas
» Rubeola
» Poliomielitis

Las siguientes vacunas también son recomendables para quienes viajen a Turquía:

» Tifus
» Hepatitis A y B

La rabia es endémica en Turquía, así que si se viaja fuera de los circuitos turísticos, es prudente vacunarse contra la rabia.

Se han dado casos de malaria en zonas reducidas en la frontera con Siria.

Muchas de las vacunas no aseguran la inmunidad hasta dos semanas después de su aplicación, por lo que hay que acudir al médico entre cuatro y ocho semanas antes de la fecha de partida.

Hay que pedir al médico el certificado internacional de vacunación ('el carné amarillo'), que registra las vacunas recibidas.

Botiquín

A continuación se propone una lista de los artículos imprescindibles en el botiquín del viajero.

» Acetaminofeno/paracetamol (Tylenol) o aspirina
» Esparadrapo
» Pomada antibacteriana (Bactroban) para cortes y quemaduras
» Antibióticos (si se viaja fuera de los circuitos turísticos)
» Antidiarreicos (por ejemplo, loperamida)
» Antihistamínicos (para la fiebre del heno y para reacciones alérgicas)
» Antiinflamatorios (ibuprofeno)

» Vendas y gasas
» Repelente de insectos para la piel que contenga DEET
» Insecticida para ropa, tiendas de campaña y mosquiteras
» Pastillas de yodo (potabilizadoras)
» Sales de rehidratación oral
» Navaja
» Tijeras, imperdibles y pinzas
» Pomada a base de esteroides o cortisona (para erupciones alérgicas)
» Protección solar (en Turquía es muy cara)
» Jeringuillas y agujas estériles (si se viaja a zonas remotas)

Información en la Red

De existir, convendría que el viajero consultase la página web del Gobierno de su país referente a la salud en los viajes.

International Association for Medical Assistance to Travellers (IAMAT; www. iamat.org)

Lonely Planet (www.lonely planet.com)

MD Travel Health (www. mdtravelhealth.com)

Estados Unidos (www.cdc. gov/travel)

Organización Mundial de la Salud (www.who.int/es)

Ministerio de Asuntos Exteriores español (www. maec.es)

Ministerio de Sanidad español (www.msc.es/profe sionales/saludPublica/sanidad Exterior/salud/home.htm)

Otras lecturas

Las siguientes lecturas son referencias recomendadas:

» *Salud y viajes: manual de consejos prácticos*, de Manuel Corachán.
» *Médico de bolsillo*, de Stephen Bezruchka.
» *Manual de salud para viajeros sin fronteras*, de Nick Jones.

SEGURO

Es necesario comprobar si el seguro médico que se posee realizará los pagos de cualquier tratamiento en el extranjero directamente a los que lo proporcionen o reembolsará el dinero de la factura al cliente con posterioridad. En Turquía, los médicos suelen exigir el pago de sus servicios en efectivo. Si se pide el pago por adelantado, el viajero debe conservar toda la documentación al respecto. Algunos seguros piden que el asegurado llame a un centro del país de origen (a cobro revertido) para una valoración inmediata del problema. También conviene asegurarse de que el seguro de viaje cubra los gastos de ambulancia o transporte, ya sea al país de origen o a otras instalaciones médicas mejores. No todas las pólizas cubren la repatriación médica de urgencia por avión o el traslado a un hospital importante, lo que quizá sea la única forma de asegurarse atención médica en estos casos.

» *La salud en sus viajes en 200 preguntas*, de Jean Paul Ehrhardt.

» *Travel With Children* (Viajar con niños), publicada por Lonely Planet.

EN TURQUÍA

La asistencia médica para problemas leves como cortes, magulladuras o pinchazos se recibe en el *saǧulιk ocaǧuι* o centro de salud local. La cobertura del seguro de viaje a veces incluye el centro de salud más cercano; de lo contrario, se puede preguntar en el hotel y, en caso de urgencia, en la embajada o consulado.

Asistencia médica y coste

Asistencia primaria

Si el viajero ha sufrido algún corte, quemadura, golpe o pinchazo, debe preguntar por el *saǧulιk ocaǧuι* (ambulatorio) local, aunque es probable que el personal solo hable turco.

La asistencia de viaje del seguro puede ayudar a localizar el centro médico más cercano; si no, hay que preguntar en el hotel. En caso de emergencia, contáctese con la embajada o el consulado propios.

Calidad

La calidad de la asistencia médica turca varía. Aunque los mejores hospitales privados de Estambul y Ankara ofrecen un servicio de calidad mundial, son muy caros. En cualquier otra parte, puede que ni los hospitales privados proporcionen una atención óptima; y lo mismo se puede decir de los estatales.

Hospitales y clínicas Las medicinas, los vendajes y las gasas estériles o los sueros se compran casi siempre en las farmacias locales. La atención por parte del personal es muy limitada o rudimentaria, ya que se da por hecho que son los familiares quienes se ocupan del paciente.

Dentistas Los estándares de calidad varían, y existe el riesgo de transmisión de la hepatitis B o del VIH por culpa de instrumental mal esterilizado, por lo que hay que ir con cuidado. El seguro de viaje no suele cubrir asistencias odontológicas que no sean de urgencia.

Farmacéuticos Para enfermedades leves, como la diarrea, los farmacéuticos pueden ofrecer consejo e incluso facilitar medicamentos sin receta, aunque se requieran en otro país. Además, pueden alertar al viajero cuando necesita atención especializada.

Enfermedades infecciosas

Difteria

Contagio Por contacto respiratorio cercano.

Síntomas Fiebre alta y dolor intenso de garganta. A veces se forma una membrana en la garganta que requiere de una traqueotomía para impedir el ahogo.

Prevención La vacuna se administra por sí sola o junto con la del tétanos. Recomendable para quienes vayan a estar en contacto con habitantes de zonas infectadas.

Hepatitis A

Contagio Por alimentos (en especial marisco) y agua contaminados.

Síntomas Ictericia, orina de color oscuro, ojos amarillentos, fiebre y dolor abdominal. Aunque no suele ser mortal, puede causar aletargamiento prolongado y la recuperación es muy lenta.

Prevención La vacuna se administra por medio de una inyección (avaxim, VAQTA, havrix), con otra vacuna de refuerzo para prolongar la protección. La hepatitis A y las vacunas tifoideas también pueden administrarse en una única dosis combinada (hepatyrix o viatim).

Hepatitis B

Contagio Por sangre infectada, agujas contaminadas y relaciones sexuales.

Síntomas Ictericia y problemas hepáticos (ocasionalmente fallo hepático).

Prevención Los viajeros deberían considerar la vacuna de la hepatitis B como una vacuna habitual, sobre todo porque es una enfermedad endémica en Turquía. Muchos países administran esta vacuna como una más de la rutina de vacunas de la infancia. Se administra sola o junto con la de la hepatitis A.

Sida

Contagio Sangre infectada; contacto sexual con una pareja infectada; contacto sanguíneo (instrumental contaminado durante asistencia médica, dental, acupuntura u otros procedimientos como el *piercing* o compartir agujas intravenosas usadas).

Leishmaniasis

Contagio Por la picadura de un jején o por la mordedura de un perro infectado.

Síntomas Un bulto o una úlcera en la piel que va creciendo. Puede evolucionar a fiebre muy grave, acompañada de anemia y pérdida de peso.

Leptospirosis

Contagio Por el contacto con excrementos de roedores infectados, sobre todo ratas. Es poco habitual entre los viajeros, a menos que

vivan en malas condiciones higiénicas.

Síntomas Fiebre, ictericia, hepatitis y fallo renal que puede resultar fatal.

Malaria

Contagio Por la picadura de un mosquito. Si se viaja al sureste de Turquía hay más posibilidades de contraer malaria. El riesgo es mínimo en la mayoría de las ciudades, pero hay que preguntar al médico si se planea viajar a zonas rurales.

Síntomas Casi siempre empieza con escalofríos, fiebre y sudores. Son comunes el dolor muscular, el dolor de cabeza y los vómitos. Estos síntomas pueden aparecer entre pocos días y tres semanas después de sufrir la picadura, aún cuando se esté tomando la medicación preventiva, que puede no ser del todo efectiva, o se haya terminado de tomar.

Prevención Tomar pastillas contra la malaria es un engorro, pero la malaria puede ser mortal. Hay que tomarlas si el riesgo es elevado.

Poliomielitis

Contagio Agua y/o comida contaminadas.

Síntomas Puede ser asintomática, aunque a veces causa fiebre pasajera y raras

veces debilidad muscular o parálisis permanente.

Prevención La vacuna es una de las que se administran durante la infancia, y debe aplicarse una de refuerzo más adelante.

Rabia

Contagio Por mordeduras o lametones en heridas por parte de un animal infectado.

Síntomas Inicialmente, dolor u hormigueo en la zona afectada, junto con fiebre, pérdida del apetito y dolor de cabeza. Con la rabia furiosa se produce una sensación creciente de ansiedad, nerviosismo, desorientación, rigidez del cuello y a veces ataques de apoplejía o convulsiones, e hidrofobia. La rabia muda o paralítica (menos común) afecta la médula espinal, causando parálisis muscular primero y fallo cardíaco y pulmonar después. Si no se tratan, ambas formas de la enfermedad son fatales.

Prevención Si se viaja a zonas remotas, donde no se pueda conseguir una vacuna poscontagio en 24 horas, hay que vacunarse. Si uno no se ha vacunado y se contagia, hay que someterse a un tratamiento de inyecciones lo antes posible después del contagio.

DIARREA

Para prevenir la diarrea hay que evitar beber agua del grifo, a menos que haya sido hervida, filtrada o desinfectada por medios químicos (p. ej, con pastillas potabilizadoras). Solo deben consumirse frutas y verduras cocinadas o peladas por uno mismo y han de rechazarse los productos lácteos que puedan derivarse de leche no pasteurizada. Los bufés son peligrosos porque los alimentos pueden no conservarse con la temperatura suficiente; siempre es más recomendable consumir alimentos cocinados en el momento y a la vista.

Si se padece diarrea hay que asegurarse de beber muchos líquidos, preferiblemente soluciones rehidratantes orales con alto contenido en azúcares y sales. Unas pocas deposiciones al día no requieren tratamiento específico, pero si son más de cuatro o cinco, hay que tomar un antidiarréico (como la loperamida) o, en su defecto, un antibiótico (quinolona, por lo general). Si es sanguinolenta, persiste más de 72 horas o está acompañada de fiebre, temblores o dolor abdominal agudo, hay que buscar atención médica.

AGUA DEL GRIFO

» No es recomendable beber agua del grifo si uno visita Turquía por un corto período de tiempo. Lo mejor es tomar siempre agua embotellada, hervir el agua del grifo durante 10 minutos o usar pastillas potabilizadoras o un filtro.

» No hay que beber agua de ríos y lagos, ya que puede contener bacterias o virus que causen diarrea o vómitos.

Tuberculosis

Contagio Por contacto respiratorio cercano y, en ocasiones, leche o productos lácteos contaminados.

Síntomas Puede ser asintomática, aunque entre los síntomas se incluyen tos, pérdida de peso o fiebre, y sea meses e incluso años después de la exposición al contagio. Una radiografía es lo mejor para confirmar si se ha contraído esta enfermedad.

Prevención La vacuna se recomienda si el viajero va a convivir de cerca con la población local; ya sea por visitas a familiares, estancias prolongadas o trabajos de profesor o cooperante médico. Al tratarse de una vacuna viva atenuada no debe administrarse a mujeres embarazadas o a inmunodeprimidos.

Tifus

Contagio Por agua y/o comida infectada por heces humanas.

Síntomas Inicialmente, fiebre o un sarpullido rosado en el abdomen. Puede darse septicemia.

Prevención Typhim V o vacuna typherix. En algunos países está disponible la vacuna por vía oral Vivotif.

Fiebre amarilla

No es necesario vacunarse contra la fiebre amarilla para ir a Turquía, pero los viajeros que procedan de un país infectado por esta enfermedad (y los que hayan visitado un país infectado) deben mostrar un documento que acredite su vacunación antes de entrar en el país.

Riesgos específicos

Golpe de calor

Causas Sudar en abundancia, pérdida de fluidos y sales que no se reponen adecuadamente. Se da sobre todo cuando se practica ejercicio en un clima muy caluroso.

Síntomas Dolor de cabeza, mareos y fatiga.

Prevención Beber suficiente agua (la orina debe ser clara y muy diluida). Cuando se sienta la sed ya ha empezado la deshidratación.

Tratamiento Reponer fluidos bebiendo agua, zumos o ambos; refrescarse con agua fresca y ventiladores. Tratar la pérdida de sales consumiendo fluidos salados como sopas o caldos, y añadir algo más de sal a las comidas.

Insolación

Causas Calor extremo, humedad alta, deshidratación, consumo de alcohol o drogas y práctica de ejercicio bajo el sol. Se da al colapsarse el mecanismo corporal de termorregulación.

Síntomas Aumento excesivo de la temperatura corporal, ausencia de sudor, comportamiento irracional e hiperactivo y, eventualmente, pérdida de conciencia y muerte.

Tratamiento Refrescarse inmediatamente rociando el cuerpo de agua y con la ayuda de un ventilador. También es necesaria la

aplicación de fluidos de emergencia y reponer los electrolitos con suero intravenoso.

Picaduras de insectos

Causas Mosquitos, jejenes (localizados en playas mediterráneas), escorpiones (frecuentes en climas áridos o secos) abejas y avispas (en las zonas costeras del Egeo y el Mediterráneo, sobre todo en la zona de Marmaris).

Síntomas Aunque los mosquitos no transmitan la malaria, sus picaduras pueden provocar irritación e infecciones. También transmiten el dengue. La picadura de los jejenes es muy molesta, y puede transmitir la leishmaniasis. La picadura de los pequeños escorpiones blancos de Turquía produce un intenso dolor que puede durar hasta 24 horas.

Prevención Usar repelentes de insectos con DEET. Si se sufre de alergia severa (anafilaxis) a las picaduras de abeja o de avispa, hay que llevar en el botiquín una jeringuilla con adrenalina o similar.

Mordedura de serpiente

Prevención No se debe andar descalzo ni introducir la mano en huecos o agujeros.

Tratamiento Ante una mordedura hay que mantener la calma; la mitad de las personas mordidas por serpientes venenosas no reciben veneno. Lo primero que se debe hacer es inmovilizar el miembro afectado con una tablilla (p. ej., utilizando un palo) y vendar la zona con firmeza, como si fuera una torcedura. No se debe hacer un torniquete ni un corte para chupar el veneno, sino buscar asistencia médica inmediata para que se pueda administrar un antídoto en caso necesario.

Viajar con niños

» Plantearse administrar a los niños la vacuna contra la tuberculosis si no la han recibido. Para más información sobre la tuberculosis, véase p. 712.

» En los climas cálidos y húmedos, cualquier herida o corte puede infectarse. Hay que limpiarlo bien y mantenerlo seco y limpio.

» Evitar la comida y el agua contaminadas. Puede ser útil llevar consigo suero rehidratante en polvo, que se prepara con agua hervida. Véase el recuadro sobre la diarrea en este mismo capítulo.

» Advertir a los niños de que no se acerquen a perros u otros mamíferos porque transmiten enfermedades. Cualquier mordisco, rasguño o lamedura de un mamífero debe limpiarse inmediatamente con agua y jabón. Si existe la posibilidad de que

el animal tenga la rabia, hay que buscar asistencia médica de inmediato. Para más información sobre la rabia, véase el apartado sobre esta enfermedad en este capítulo.

» En el caso de niños y de mujeres embarazadas o que den el pecho, es importante comprobar los medicamentos y las dosis prescritas para el viaje con el médico y/o el farmacéutico, ya que pueden no ser adecuadas. Las webs de salud recomendadas en este capítulo contienen información sobre la idoneidad de algunos medicamentos y sus dosis recomendadas.

Salud de la mujer

Anticonceptivos La **International Planned Parenthood Federation** (www. ippf.org) puede aconsejar sobre la disponibilidad de anticonceptivos en Turquía

y otros países. Las farmacias turcas venden la *ertesi gün hapı* (píldora del día después).

Embarazo Es recomendable llevar consigo informes del embarazo y del grupo sanguíneo, serán útiles si es necesaria atención médica (en Turquía hay que pagar por las transfusiones de sangre a menos que un amigo done sangre ex profeso). La calidad de la atención prenatal en Turquía varía mucho, por lo que es mejor pensárselo dos veces antes de viajar a zonas muy remotas y tener en cuenta las diferencias culturales y lingüísticas, además de la pobre atención médica en caso de emergencia.

Compresas Disponibles casi en todas partes; aunque los tampones no son fáciles de encontrar fuera de las grandes ciudades, y además son caros. Mejor traerlos de casa.

Idioma

Perteneciente a la familia de lenguas uralo-altaicas, el turco es el idioma oficial de Turquía y se habla también en Chipre; tiene aproximadamente 70 millones de hablantes en todo el mundo.

La pronunciación del turco resulta bastante fácil y es muy parecida a la del español. En diferentes partes de Turquía se pueden escuchar algunas variaciones en la pronunciación, pero este capítulo está basado en la pronunciación estándar, para que al viajero le entiendan en cualquier lugar.

Cuando se vea una vocal doble, como en "*saat*" (hora), hay que pronunciar ambas por separado, en dos sílabas distintas. Hay que prestar atención a los símbolos ı e i –la ı no lleva punto ni en minúscula ni en mayúscula (como en el caso de "Iğridir"), mientras que la i lo lleva en ambos casos (p. ej., "İzmir")–. Resulta más fácil pronunciar ambas letras como la "i" latina, pero si no se distingue entre ambas, el oyente puede entender mal los conceptos. Por ejemplo, "*sık*" significa 'denso', 'apretado' o 'frecuente', pero "*sik*" es el equivalente turco de una palabra malsonante que significa 'copular'. Lo mismo ocurre con las letras o/ö y u/ü.

La mayor parte de las consonantes turcas suenan igual que las españolas, pero existe alguna excepción. La c turca se pronuncia como la "j", la ç como una "s" y la ş como la "sh" inglesa. La letra h nunca es muda, sino aspirada. La ğ es una letra muda que sirve para alargar la vocal que la precede y nunca se pronuncia. La r siempre suena como erre doble (como en "perro") y la v es algo más suave que la que se usa en inglés.

El acento prosódico es bastante suave en turco y suele caer en la última sílaba de la palabra. La mayor parte de los topónimos bisílabos (p. ej., "Kıbrıs") se acentúan en la primera sílaba y los nombres de tres sílabas suelen llevar el acento en la segunda.

CONVERSACIÓN

Hola.	*Merhaba.*
Adiós.	*Hoşçakal.* (dicho por quien se va)
	Güle güle. (dicho por quien se queda)
Sí.	*Evet.*
No.	*Hayır.*
Disculpe.	*Bakar mısınız.*
Lo siento.	*Özür dilerim.*
Por favor.	*Lütfen.*
Gracias.	*Teşekkür ederim.*
De nada.	*Birşey değil.*
¿Cómo está/s?	*Nasılsınız?*
Bien, ¿y usted?	*İyiyim, ya siz?*
¿Cómo se/ te llama/s?	*Adınız nedir?*
Me llamo...	*Benim adım...*
¿Habla/s inglés?	*İngilizce konuşuyor musunuz?*
Comprendo.	*Anlıyorum.*
No comprendo.	*Anlamıyorum.*

ALOJAMIENTO

¿Dónde hay un/ una...?	*Nerede... bulabilirim?*
'cámping'	*kamp yeri*
casa de huéspedes	*misafirhane*

hotel	otel
pensión	pansiyon
albergue	gençlik hosteli

¿Cuánto cuesta por noche/persona?
Geceliği/Kişi başına ne kadar?
¿El desayuno va incluido?
Kahvaltı dahil mi?

¿Tiene una habitación...?	... odanız var mı?
sencilla	Tek kişilik
doble	İki kişilik

aire acondicionado	klima
baño	banyo
ventana	pencere

DIRECCIONES

¿Dónde está...?
... nerede?
¿Cuál es la dirección?
Adresi nedir?
¿Podría/s escribirla, por favor?
Lütfen yazar mısınız?
¿Me lo puede/s indicar (en el plano)?
Bana (haritada) gösterebilir misiniz?
Siga recto.
Tam karşıda.
en el semáforo
trafik ışıklarından
en la esquina
köşeden

detrás	arkasında
lejos (de)	uzak
delante de	önünde
cerca (de)	yakınında
enfrente de	karşısında
Gire a la izquierda.	Sola dön.
Gire a la derecha.	Sağa dön.

COMIDA Y BEBIDA

¿Qué me recomienda?
Ne tavsiye edersiniz?
¿Qué lleva este plato?
Bu yemekte neler var?

Para comunicarse en turco, combínense estas estructuras básicas con las palabras necesarias:
¿Cuándo sale (el próximo autobús)?
(Sonraki otobüs) ne zaman?
¿Dónde está (el mercado)?
(Pazar yeri) nerede?
¿Dónde puedo (comprar un billete)?
Nereden (bilet alabilirim)?
Tengo (reserva).
(Rezervasyonum) var.
¿Tiene un (plano)?
(Haritanız) var mı?
¿Hay (lavabo)?
(Tuvalet) var mı?
Quiero (la carta).
(Menüyü) istiyorum.
Quiero (llamar por teléfono).
(Bir görüşme yapmak) istiyorum.
¿Tengo que (declarar esto)?
(Bunu beyan etmem) gerekli mi?
Necesito (asistencia).
(Yardıma) ihtiyacım var.

No como...	... yemiyorum.
¡Salud!	Şerefe!
¡Estaba delicioso!	Nefisti!
La cuenta, por favor.	Hesap lütfen.

Quisiera una mesa para...	... bir masa ayırtmak istiyorum
las (ocho) en punto	Saat (sekiz) için
(dos) personas	(İki) kişilik

Palabras clave

aperitivos	mezeler
botella	şişe
cuenco	kase
desayuno	kahvaltı
(demasiado) frío	(çok) soğuk
taza	fincan
delicatesen	şarküteri
cena	akşam yemeği
plato	yemek
comida	yiyecek

Señalización

Açık	Abierto
Bay	Lavabo de hombres
Bayan	Lavabo de mujeres
Çıkışı	Salida
Giriş	Entrada
Kapalı	Cerrado
Sigara Içilmez	No fumar
Tuvaletler	Lavabos
Yasak	Prohibido

tenedor	çatal
vaso	bardak
tienda de comestibles	bakkal
'halal'	helal
trona	mama sandalyesi
caliente (tibio)	sıcak
cuchillo	bıçak
'kosher'	koşer
almuerzo	öğle yemeği
platos principales	ana yemekler
mercado	pazar
carta	yemek listesi
plato	tabak
restaurante	restoran
picante	acı
cuchara	kaşık
vegetariano/a	vejeteryan

Carne y pescado

anchoa	hamsi
ternera	sığır eti
calamares	kalamares
pollo	piliç/tavuk
pescado	balık
cordero	kuzu
hígado	ciğer
mejillones	midye
cerdo	domuz eti
ternera lechal	dana eti

Frutas y verduras

manzana	elma
albaricoque	kayısı
plátano	muz
pimiento	biber
zanahoria	havuç
pepino	salatalık
fruta	meyve
uva	üzüm
melón	kavun
oliva	zeytin
cebolla	soğan
naranja	portakal
melocotón	şeftali
patata	patates
espinaca	ıspanak
tomate	domates
sandía	karpuz

Otros

pan	ekmek
queso	peynir
huevo	yumurta
miel	bal
hielo	buz
pimienta	kara biber
arroz	pirinç/pilav
sal	tuz
sopa	çorba
azúcar	şeker
delicias turcas	lokum

Bebidas

cerveza	bira
café	kahve
zumo (de naranja)	(portakal) suyu
leche	süt
agua mineral	maden suyu
refresco	alkolsüz içecek
té	çay
agua	su
vino	şarap
yogur	yoğurt

URGENCIAS

¡Ayuda!
İmdat!

Me he perdido.
Kayboldum.

¡Déjeme en paz!
Git başımdan!

Ha ocurrido un accidente.
Bir kaza oldu.

¿Puedo usar su teléfono?
Telefonunuzu kullanabilir miyim?

¡Llamen a un médico!
Doktor çağırın!

¡Llamen a la policía!
Polis çağırın!

Estoy enfermo/a.
Hastayım.

Me duele aquí.
Burası ağrıyor.

Soy alérgico/a a (los frutos secos).
(Çerezlere) alerjim var.

COMPRAS Y SERVICIOS

Quisiera comprar...
... almak istiyorum.

Solo estoy mirando.
Sadece bakıyorum.

¿Puedo verlo?
Bakabilir miyim?

La calidad no es buena.
Kalitesi iyi değil.

¿Cuánto cuesta?
Ne kadar?

Es demasiado caro.
Bu çok pahalı.

¿Tiene algo más barato?
Daha ucuz birşey var mı?

Hay un error en la cuenta.
Hesapta bir yanlışlık var.

cajero automático	*bankamatik*
tarjeta de crédito	*kredi kartı*
oficina de correos	*postane*
firma	*imza*

Preguntas	
¿Cómo?	*Nasil?*
¿Qué?	*Ne?*
¿Cuándo?	*Ne zaman?*
¿Dónde?	*Nerede?*
¿Cuál?	*Hangi?*
¿Quién?	*Kim?*
¿Por qué?	*Neden?*

oficina de turismo	*turizm bürosu*

HORAS Y FECHAS

¿Qué hora es?
Saat kaç?

Las (10) en punto.
Saat (on).

Las (10) y media.
(On) buçuk.

por la mañana	*öğleden evvel*
por la tarde	*öğleden sonra*
por la noche	*akşam*
ayer	*dün*
hoy	*bugün*
mañana	*yarın*
lunes	*Pazartesi*
martes	*Salı*
miércoles	*Çarşamba*
jueves	*Perşembe*
viernes	*Cuma*
sábado	*Cumartesi*
domingo	*Pazar*
enero	*Ocak*
febrero	*Şubat*
marzo	*Mart*
abril	*Nisan*
mayo	*Mayıs*
junio	*Haziran*
julio	*Temmuz*
agosto	*Ağustos*
septiembre	*Eylül*
octubre	*Ekim*
noviembre	*Kasım*
diciembre	*Aralık*

TRANSPORTE

Transporte público

¿Cuándo sale/ llega el...?
... ne zaman kalkacak/ varır?

barco	*Vapur*
autobús	*Otobüs*
avión	*Uçak*
tren	*Tren*

Números

1	bir
2	iki
3	üç
4	dört
5	beş
6	altı
7	yedi
8	sekiz
9	dokuz
10	on
20	yirmi
30	otuz
40	kırk
50	elli
60	altmış
70	yetmiş
80	seksen
90	doksan
100	yüz
1000	bin

¿Va a (Maltepe)?
(Maltepe'de) durur mu?

¿Cuál es la próxima parada?
Sonraki durak hangisi?

Por favor, ¿cuándo llegamos a (Beşiktaş)?
(Beşiktaş'a) vardığımızda lütfen bana söyleyin.

Quisiera bajarme en (Kadıköy).
(Kadıköy'de) inmek istiyorum.

Quiero un billete	*(Bostancı'ya)*
a (Bostancı).	*... bir bilet lütfen.*
1ª clase	*Birinci mevki*
2ª clase	*İkinci mevki*
ida	*Gidiş*
ida y vuelta	*Gidiş dönüş*

primer	*ilk*
último	*son*
siguiente	*geleçek*

Quiero un asiento.	*... bir yer istiyorum.*
de pasillo	*Koridor tarafında*
ventana	*Cam kenarı*

cancelado	*iptal edildi*
retrasado	*ertelendi*
andén	*peron*
taquilla	*bilet gişesi*
horario	*tarife*
estación de trenes	*istasyon*

Transporte privado

Quiero alquilar un/una...	*Bir... kiralamak, istiyorum*
todoterreno	*dört çeker*
bicicleta	*bisiklet*
automóvil	*araba*
motocicleta	*motosiklet*

tienda de bicicletas	*bisikletçi*
asiento infantil	*çocuk koltuğu*
diésel	*dizel*
casco	*kask*
mecánico	*araba tamircisi*
gasolina	*benzin*
estación de servicio	*benzin istasyonu*

¿Es esta la carretera a (Taksim)?
(Taksim'e) giden yol bu mu?

¿(Cuanto tiempo) puedo aparcar aquí?
Buraya (ne kadar süre) park edebilirim?

El coche/la motocicleta se ha averiado en... (Osmanbey).
Arabam/Motosikletim (Osmanbey'de) bozuldu.

Tengo un pinchazo.
Lastiğim patladı.

Me he quedado sin gasolina.
Benzinim bitti.

Los sufijos entre paréntesis indican una forma de la palabra que puede oírse en conversaciones.

acrópolis – en las ciudades helénicas clásicas, ciudadela y templos situados sobre una colina

ada(sı) – isla

ágora – en una ciudad grecorromana, espacio abierto donde ejercer el comercio y la política

Anatolia – la parte asiática de Turquía, también llamada *Asia Menor*

arabesco – música turca de estilo árabe

arasta – hilera de tiendas cerca de una mezquita, con cuyo alquiler esta se mantiene

Asia Menor – véase *Anatolia*

bahçe(si) – jardín

banliyö treni – líneas de tren suburbano

bedesten – almacén abovedado e ignífugo donde se guarda la mercancía valiosa

belediye – ayuntamiento

bey – tratamiento educado para un hombre; va después del nombre

bilet – billete

bouleuterion – en una ciudad helénica clásica, lugar de reunión

bulvar(ı) – bulevar o avenida, a menudo se abrevia "bul"

cadde(si) – calle; a menudo se abrevia como "cad"

cami(i) – mezquita

caravanserai – posada grande y fortificada destinada a las caravanas comerciales

çarşı(sı) – mercado, bazar; a veces centro de la ciudad

çay bahçesi – jardín de té

çayı – arroyo

çeşme – manantial, fuente

dağ(ı) – montaña

deniz – mar

derviche – miembro de la hermandad musulmana mevleví

dolmuş – taxi compartido; puede ser un microbús o un turismo

döviz (bürosu) – (oficina) de cambio

emir – jefe tribal turco

eski – viejo (objeto, no persona)

ev pansiyonu – casa privada que alquila habitaciones a viajeros

eyvan – vestíbulo abovedado en el patio central de una *medrese* o una mezquita; también balcón

fasıl – música clásica otomana, suelen tocarla los gitanos

GAP – Proyecto del Sureste de Anatolia, un colosal proyecto hidroeléctrico y de riego

geçit, geçidi – puerto (de montaña)

gişe – taquilla

göl(ü) – lago

gület – velero de madera tradicional turco

hammam(ı) – casa de baños turca

han(ı) – caravasar

hanım – tratamiento educado para una mujer

haremlik – aposentos familiares/femeninos de una residencia, véase también *selamlık*

heykel – estatua

hisar(ı) – fortaleza o ciudadela

hititas – pueblo que habitó Anatolia durante el segundo milenio a.C.

hükümet konağı – casa del gobierno, sede del gobierno provincial

imán – director de la plegaria, clérigo musulmán

imaret(i) – comedor benéfico para los pobres, suele formar parte de una *medrese*

indirim – descuento

iskele(si) – embarcadero, muelle

jandarma – gendarme, fuerza de la policía paramilitar/oficial

jeton – vale de transporte

kale(si) – fortaleza, ciudadela

kapı(sı) – puerta, portal

kaplıca – manantial termal o termas

Karagöz – teatro de marionetas de sombras

kaya – cueva

KDV – *katma değer vergisi*, impuesto turco sobre el valor añadido

kebapçı – lugar donde vende kebabs

kervansaray(ı) – caravasar en turco

keyif – relajación (convertido en todo un arte en Turquía)

kílim – alfombra tejida en plano

kilise(si) – iglesia

köfteci – fabricante o vendedor de *köfte* (albóndigas)

konak, konağı – mansión, sede del gobierno

köprü(sü) – puente

köşk(ü) – pabellón, casa de campo

köy(ü) – aldea

kule(si) – torre

külliye(si) – conjunto de la mezquita que incluye seminario, hospital y comedor benéfico

kümbet – bóveda, cúpula; tumba rematada por una de estas

liman(ı) – puerto

lokanta – local que sirve comida preparada

mağara(sı) – cueva

mahalle(si) – barrio, distrito de una ciudad

medrese(si) – seminario teológico islámico o escuela asociada a una mezquita

mescit, mescidi – sala de plegaria, mezquita pequeña

Mevlâna – también conocido como Celaleddin Rumi, gran místico y poeta (1207-1273), fundador de la orden mevleví de los derviches giróvagos

meydan(ı) – plaza pública, lugar abierto

meyhane – taberna, vinatería

mihrab – nicho de una mezquita que indica la dirección de La Meca

milli parkı – parque nacional

mimber – púlpito de una mezquita

minare(si) – minarete, torre desde donde se llama a los musulmanes a la oración

müze(si) – museo

narguile – pipa de agua (para fumar)

necrópolis – ciudad de los muertos, cementerio

oda(sı) – habitación

odeón – pequeño teatro clásico para actuaciones musicales

otobus – autobús

otogar – estación de autobuses

otomano – perteneciente al Imperio otomano, vigente desde finales del s. XIII hasta el final de la Segunda Guerra Mundial

pansiyon – pensión, casa de huéspedes, B&B

paşa – general, gobernador

pastane – pastelería; también *pastahane*

pazar(ı) – mercado semanal, bazar

peribacalar – chimeneas de hadas

pideci – fabricante o vendedor de pide

plaj – playa

PTT – Correos, Teléfono, Telégrafos; oficina de correos, teléfonos y telégrafos

Ramazán – Ramadán, mes sagrado islámico del ayuno

saat kulesi – torre del reloj

şadırvan – fuente donde los musulmanes hacen abluciones rituales

saray(ı) – palacio

sedir – banco que servía también de cama en las casas otomanas

şehir – ciudad; municipio

şehir merkezi – centro de la ciudad

selamlık – aposentos públicos/masculinos de una residencia; véase también *haremlik*

selyúcida – perteneciente a los turcos selyúcidas, primer estado que gobernó Anatolia del s. XI al s. XIII

sema – ceremonia derviche

semahane – vestíbulo donde se celebran las ceremonias derviches

serander – granero

servis – microbús lanzadera a/desde la *otogar*

sinema – cine

sokak, sokağı – calle o sendero; suele abreviarse "sk"

sufí – místico musulmán, miembro de una hermandad mística (derviche)

tabiat parkı – parque natural

tavla – *backgammon*

TC – Türkiye Cumhuriyeti (República de Turquía); designa una oficina u organización oficial

TCDD – Turkish State Railways

Tekel – compañía estatal de tabacos y bebidas alcohólicas

tekke(si) – logia derviche

tersane – astillero

THY – Türk Hava Yolları, Turkish Airlines

TML – Turkish Maritime Lines

tramvay – tranvía

TRT – Türkiye Radyo ve Televizyon, la radiotelevisión turca.

tuff, tufa – roca ligera formada por cenizas volcánicas

türbe(si) – tumba, mausoleo

valide sultan – madre del sultán reinante

vezir – visir (ministro) del gobierno otomano

vilayet, valilik, valiliği – sede provincial del gobierno

yalı – residencia junto al mar

yayla – pastos de las montañas

yeni – nuevo

yol(u) – carretera, camino

entre bastidores

LA OPINIÓN DEL LECTOR

Las cosas cambian: los precios suben, los horarios varían, los sitios buenos empeoran y los malos se arruinan. Por lo tanto, si el lector encuentra los lugares mejor o peor, recién inaugurados o cerrados desde hace tiempo, le agradeceremos que escriba para ayudar a que la próxima edición sea más útil y exacta. Todas las cartas, postales y correos electrónicos se leen y se estudian, garantizando de esta manera que hasta la mínima información llegue a los redactores, editores y cartógrafos para su verificación. Se agradece cualquier información recibida por pequeña que sea. Quienes escriban verán su nombre reflejado en el capítulo de agradecimientos de la siguiente edición.

Puede ocurrir que determinados fragmentos de la correspondencia de los lectores aparezcan en nuevas ediciones de las guías Lonely Planet, en la web de Lonely Planet, así como en la información personalizada. Se ruega a todo aquel que no desee ver publicadas sus cartas ni que figure su nombre que lo haga constar.

Toda la correspondencia debe enviarse, indicando en el sobre Lonely Planet/Actualizaciones, a la siguiente dirección de geoPlaneta en España:

Av. Diagonal 662-664, 7º. 08034 Barcelona

También puede remitirse un correo electrónico a la dirección siguiente: **viajeros@lonely planet.es**.

Para información, sugerencias y actualizaciones, se puede visitar la página web: **www.lonely planet.es**.

NUESTROS LECTORES

Muchas gracias a los viajeros que consultaron la última edición y escribieron a Lonely Planet para enviar información, consejos útiles y anécdotas interesantes:

A Roberta A Acquaviva, Tahsin Acer, Selda Adalar, Adam, Mary Adam, Robyn Adams, Turkan Adatepe, Joel Adcock, Katrien Adriaensen, Yossef Aelony, Cristina Agdiniz, Rupal Agrawal, Levent Akad, Ria Akay, Umut Akdemir, Carrie Akkelle, Hylke B Akkerman, Gerard Akse, Catherine Allen, Noah Allington, Sellwood Almond, Livia Alvarez Almazan, Laura Ambrey, Diana Amith, Yassine Amnay, Phil y Hilary André, Christy Anderson, Chris Andrews, Estela Aparisi, Kathy Arici, Zeynal Arslan, Mustafa Askin, Andy Aten, Mehmet Ates, Geoffroy Aubry, Christian Audet, Gaynor Austen, Ibrahim Aydemir, Elif Aytekin **B** Alexandra Babynec, Bonita Backhouse, Karen Bacon, Howard Bade, Sandeep Bagchee, Ibrahim Bagci, Charles Bagley, Ann Baker, Cagla Balcilar, Olaf Ballnus, Christoph Balmert, Lee Banner, Susan Barlow, Jennie Barry, Rosa Barugh, Elodie Bauguen, Martin Baumann, Agnes Bayatti-Ozdemir, Gary Beckman, Greg Beiter, Ertugrul Bekler, Adam Benbrook, Antonella Benvegna, Adam Berg, Francisco Berreteaga, Bettina Bert, R Bevelacquy, Leslie Bialik, Douwe-Klaas Bijl, Tom Billings, Steve Bilton, Kashi Bilwakesh, Salih Birbilen, Orçun Birol, Anne Bishop, Steven Bland, Richard Bloomsdale, Fred Blouin, Sarah Boddington, Linda Bolt, Christopher Booksh, Charlýe Bosgra, Rosa Bosio, John Bosman, Bülent Boyaci, Flo Boyko, Kubra Boza, Yunus Bozkus, Erin Brady, Alexander Brandt, Stella Brecknell, Mark Breedon, Jill Breeze, Isabelle Breton, Bettina Breuninger, Andrea Brewer, Christian Brockhaus, Daniel Broid, Sergey Broude, John Brozak, Sammie Buben, Pieter Buijs, Victoria Burke, Bobby Burner, Chris Burns, Kent Buse, Graham Butterfield **C** Marina C Murray Cain, Rema Calauor, Seyit Can, Serena Cantoni, Ryan Cardno, Kim Carey, Martinez Carlos, Linda Carlton,

Julie Carson, Sonja Carter, Sarah Cartwright, Natalia Carvajal, Bee Castellano, Gilles Castonguay, Tugba Cavusoglu, Matej Cebohin, Marco Cencini, Duygu Cenesiz, Irfan Cetinkaya, Irfan Çetinkaya, Andrew Chapman, Joanne Chatfield, Yvonne Cheung, Susan Christie, Vicki Chu, Ilya Chubarov, Huseyin Cicek, Refik Çiftçi, Francesco Cisternino, Jack Clancy, Sue Clarkson, Fatma Çolakoglu, Lisa Cole, Angela Coleman, Helena Colliander, Heather Collins, Ben Connell, Sarah-Jane Cooper, Tunahan Corut, Paul Corvi, Alexandre Couture Gagnon, Lorena Covanni, Sarah Cross, Melissa Crumpler, Majatta Cunynghame, Dianne Currie, Michael Dallin, Jo David, Josephine David y Mark Breedon **D** Alexander De Jaeger, Annamaria de Crescenzio, Bianca De Vos, Helen De Munnik, Karin De Boer, Michiel De Graaff, Peter Debruyne, Mauricio Del Razo, Victor Del Arco Cristià, Anna Delinikola, Ediz Demiralp, Chris Derosa, Bert D'Hooghe, Lynn Dickhoff, Paula Dickson, Martın Dıon, Alison Diskin, Martina Doblin, Ahmet Dogan, James Donald, Pauline Dong, Dee Doutch, James Down, Michael Doyle, Erik Du Pon, Rob Dubin, Dudley Mcfadden, Julien Dumoulin-Smith, Kiril Dunn, Mary Dunn, Eileen Dyer **E** Gary Edwards, Alexander Eichholz, Trym Eidem Gundersen, Erdjan Eker, Sina Elle, Katherine Ellis, Sara Emery, Martin Engstrom, Cagla Erdogan Ruacan, Firat Erel, Izi Ersonmez, Rabiya Ertogdu, Tayfun Eser, Tayfun Eser, Dursun Esmeray, Jasmine Evans, Jeremy Evans, Michael Evans, Rigmor y Joergen Eybye **F** Dan Faden, Hallie Fader, Jackie Farquhar, Rob Farrington, Sophie Feather-Garner, Adam Federman, Rachel Fentem, Alberta Ferligo, Diego Fernandez Belmonte, Guillem Ferré, Lee Ferron, Gianni Filippi, Moira Findlay, Laura Fine-Morrison, Elke Flemming, Margot Fonteyne, Alexa Forbes, Joey Fowler, Christopher Fox, Mateusz Franckiewicz, Sandra Frank, Amber Franklin, Dario Freguia, Gerry Fuller, Thomas Furniss **G** Cheryl G Paul Gabriner, Phil Gaffey, Ruth Gallant, Blanca García, Scott Gavens, Freek Geldof, Stephanie Geller, Mr Gergely, Paola y Luca Giacometti, Sandy Gibbs, Anina Gidkov, John Gilchrist, Selen Gobelez, Louisa Gokkaya, Julian Gonzalez, Carmelita Görg, Pıerre Gourteau, Ozge Gozke, David Graham, Stefano Grando, Maria Grazia Vanaria, Stephanie Green, James Grieve, Maxmilian Grillo, Melissa Grima, Megan Grover, Leif Jr Gulddal, Arnold Guinto, Dilay Gulgun, Furkan Gun, Alastair Guthrie **H** Rana Haddad, Craig Hadley, Avgusta Hajicosta, Zelda Hall, Spence Halperin, Jane Hamilton, Dik y Sinclair Harris, AJ Hartman, Diana Hartshorn, Jennifer Hattam, Olaf Hauk, Aran Hawker, Tom Haythornthwaite, Rachel Heatley, Angela Heidemann, Karl-Wilhelm Heinle, Kees Hemmes, Kate Hendry, Stein Henrik Softeland, Gilles Herve, Claire Heywood, Jeffrey Hibbert, Mike Hill, Adele Hogg, Christine Hoier, Richard Holland, Jenny Hope, Sonya Hope, Joe Horacek, Tim Hoskins, John Howell, Stephen Howse, Karine Hueber, David Hughes, Becky Hunter-Kelm **I** Ted Ibrahim, Tolga Ilgar, Artar Inciduzen, Klaus Inhuelsen, Karina Ioffee, Ruth Isaacs **J** Terry Jack, Erdmute Jahn, Kaj Jalving, Catherine James, David Janssen, Jared, Anthony Jenkins, Denise Jensen, Jo, John, Craig Johnston, Grey Johnston, Louanne Jones, Ildiko Jordaki, Annika Joseph, Rosalie Justus **K** Erdal Kahya, Orhan Kalender, Susan Kambouris, Jorrit Kamminga, Edmond Kannchen, Kubilay Karabulut, Hallie Keel, Geoff Kelsall, John Kent, Malcolm Kent, Madaline Keros, Nader Khalili, Chris Khoo, Burcu Kiliç, Stephen Killeen, Cameron King, Kevin Kingma, George Kingston, Cigdem Kiray, Martha Kirmaz, Alan Kirschbaum, Judy Kleiman, Ashely Knight, Gordon Knight, Burakhan Kocaman, Diana Koether, Kristian Kofoed, Ildi Kohles, Benjamin Kohlmann, Burcu Kök, Lauren Koopman, Allison Koslen, Melle Koster, Renee Kovacs, Malgorzata Kowalew, Marko Krajina, Katrin Kröger, Christian Kukkula, Gürol Kutlu, Tom Kyffin, Martina Kyselova **L** Kim Ladone, Ian Laing, Sukhjit Lalli, Lewis Lamb, Tess Lambourne, Peter Lang, Ashley Lee, Jay Lee, Mike Lee, Audun Lem, Lionel Leo, Maria Letizia Cagnacci, Bev Lewis, Nick Lewis, Ian Lincoln, Sean Ling, Alona Lisitsa, Alannah Little, Erika Lo, David Locke, Laynni Locke, Steve Locke, Katie Lord, Paolo Lorenzoni, Sam Lovell **M** Josh Mackenzie, Edit Madaras, John Mahon, Lloyd Malin, Eldar Mamedov, Guy Mander, Michael Mann, Juliana Manoliu, Francesca Marini, Andre Marion, Y Selvihan Matthaei, Ah McAdam, Margaret McAleese, Jennifer McCarter, Amber McClure, Lyle McClure, Warren McCulloch, Ruth McDonald, Andrew McLean, Eoghan McSwiney, Janice Meier, Susan Meierhans, Steven Meiers, Val Menenberg, Rod Mepham, Gerald Meral, Olivier Meunier, Corrie Meus, Laura Miguel, Jason Milburn, Craig Miller, Janelle Miller, Sheila Miller, Ashley Milne-Tyte, Thomas Mira y Lopez, Jordan Mitchell, Monika Moesbauer, Dennis Mogerman, Miquel Monfort, Lorraine Montgomery, Ignacio Morejon, Carlos Moreno, Janet Morrissey, David Motta, Robert Motta, Caroline Moulton Ratzki, Mitja Mueller, Catherine Murphy, Rita Mushinsky, Matt, Michela, Milos **N** Chris Nash, Holly Nazar, Andronikos Nedos, Paolo Neri, Emily Neumeier, James Newman, Kien Ngo, Thao Nguyen, Dylan Nichols, Daryle Niedermayer, Jessica Norcini, Anissa Norman, Aidan Norton **O** Denise O Riley, Rafa Ocón, Colette O'Connor, Oezen

Odag, Kateena O'Gorman, Nida Ogutveren, Greg O'Hern, Gunes Oktay, Saban Olcer, Dervis Ölmez, Deirdre O'Reilly, Nadi Otlu, Funda Ozan, Kutay Ozay, Yilmaz Özbay, Ayfer Ozcan, Sevket Ozdemir, Mo Ozer, Cüneyt Özkan, Kemal Ozkurd, Erkan Ozsu **P** Denis Pacquelet, Rolf Palmberg, Michelle Parlevliet, Lisa Parolini, Kellene Parra, Alia Parrish, Vish Patel, Trent Paton, Alja Pavletic, David Pawley, Amanda Pearson, Rui Pedro, Jo Peeters, Ana Peralta, Paul Pesie, Simon Peters, Niklas Petersen, Johan Petersman, Sonia Petrich, Beate Philipp, Penny Phillips, Megan Philpot, Andrew Phippard, Susan Pike, Vivian Pisano, Boizen Platon, Jim Pleyte, Jan Polatschek, James Pollicott, Jeffrey Polovina, Christy Pomeranz, Ben Potter, Hélène Potvin, Christine & Mike Poznanski, Rossana Pozzati, Brad Prestipino, Silvia Primerano **R** Peter Radford, Roxanne Rahim, Ruba Rahman, Boyden Ralph, Uday Ram, Chas Rannells, Gaye Reeves, Daniel Rellstab, Tanja Remec, Keith Resnick, Julie Reynolds, Claudio Riccio, Leona Riegle, Heather Riggin, Ale Rincon, Helen Ripley, Narelle Ritchie, Aaron Robertson, Gulsah Robertson, Gina Robinson, Katie Robinson, Norm Robinson, Maiza Rocha, Rodriguez, Joshua Rogers, Kyle Rogerson, Xavier Roman, Thomas Ropars, Rami Rosenbaum, Annie Rousseau, Selin Rozanes, Edoardo Rubbiani, Karen Rutter **S** Ortal-Paz Saar, Maria Sachocos, Ali Safak, Melih Saglambasoglu, Bulent Sahin, Sayim Sahin, Berrin Sakman, Emilio Salami, Lyn Salisbury, Brianne Salmon, Javier Sanagustín, Taylan Sargin, Der Sarkissian Anouche, Olivier Savary, Joan Scapetis, Els Schep, Dick Schilp, Lauren Schlanger, Manuela Schliessner, Daniel Schmidt-Loebe, Claudia Schnellinger, Siegfried Schwab, Duncan Scudamore, Nicholas Scull, David Sears, Robert Sears, Paul Seaver, Mehmet Segil, Figen Semerciyan, Ramazan Serbest, Lori Shapiro, Akbar Sharfi, Sue Sharp, Trish Shea, Jenny Sheat, Kirsty Shepherd, Tory Shepherd, Jenni Sheppard, Rachel Sheppard, Timothy Silvers, Paul Simon, John Singh, Ellen Sitton, Ben Skinner, Alena Slavikova, Tom Smallman, Britt Smith, Colleen Smith, Val Snedden, Renee Snyder, Maria Soledad Rueda, Sabrina Spies, Silvia Spies, Eckart Spindler, Jaap Sprey, John Springborn, Branislav Srdanovic, Aarthi Srinath, Ioannis Staikopoulos, Paul Stamatellis, Bruce Stanger, Robert Stanton, Sandra Stanway, Sarah Steegar, Margaret Steel, Sam Steele, Clifford Stein, Jozef Steis, Joanne Steuer, Stan Steward, Taryn Stewart, Jody Steyls, Renske Stichbury, Chantal Stieber, Tom Stockwell, Mirjam Stoll, Lei Sun, Jesse Sutton, Monique Sweep, Frank y Linda Szerdahelyi, Patricia Szobar **T** Lindsay Tabas, Kristina Täht, Yuki Tanaka, Erach Tarapore, Nes Tarjan, Robert Tattersall, Alessandro Tavano, Lucy Taylor, Susan Taylor, Outger Teerhuis, Miia Teir, Philip Tervit, Sebastian Teunissen, Jon Thomas, Anne Thompson, Gordon Thompson, Panom Thongprayoon, Jerry Tilley, Tim Bewer, Zeynep Tiskaya, Ted Todd, Karina Tokur, Cristian Tolhuijsen, Müjde Tosyali, Agnes Toth, Alan Tourle, Edward Trower, Francisco David Trujillo, Maya Tsukernik, Carley Tucker, Fatih Türkmen **U** Gino Uguccioni, Suat Ulusoy, Yorukhan Unal, Jayda Uras, Manuel Usano, Cagri Uyarer **V** Anja Van Heelsum, Hanny Van Den Bergh, Jeannette Van Eekelen, Marianne Van Der Walle, Ronald Van Velzen, Ruben Van Moppes, Steven Van Renterghem, Tom Van Buitenen, Wim Van Der Sluijs, Paula Vandalen, Paola Velasquez, Savin Ven Johnson, Michele Volpi, Joachim Von Loeben, Beryl Voss, Simon Vuuregge **W** JP Waelter, Birgit Wagner, Robert Walker, Wendy Walsh, Mei Wang, Tom Weaver, Antje Weber, Pieter Weeber, Jason Weetman, Edward Wendt, Michael Wenham, Sibylle Wensch, Bill White, Helen Wienand, Nancy Wigglesworth, Maggy Wilcox, Kevin Wilkinson, Jo Williams, Sue Willingham, Brian Willis, Alison Willmott, Natashar Wills, Sean Windsor, Katarzyna Winiarska, Gordon Winocur, Chris Winters, Anna Wittenberg, Sarah Wolbert, Otto Wolkerstorfer, Celena Wong, Nicola Woodcock, Michael Woodley, Alison Woods, Mirjam Wouters, Stefan Wuelfken **Y** Deborah Yagow, Mary Yang, Elif Yenici, Ugur Yenici, Karen Yeung, Natalia Yialelis, Mehmet Yildirim, Sakir Yilmaz, Ian Young, Veysel Yuce, Renan Yücel **Z** Thelma Zarb, David Zaring, Mark Zekulin, Mark y Jolee Zola, Mengmeng Zong, Anne Zouridakis, Manuele Zunelli

AGRADECIMIENTOS

James Bainbridge

Un caluroso *çok teşekkür* a toda la gente que me ayudó en Estambul y durante el viaje: Selcuk Akgul, Yener y sus amigos, Leyla Tabrizi, Funda Dagli, Pat, Ekrem y la pandilla de Kelebek en Göreme, Ece en İzmir, Ziya, Bill y su grupo en Eceabat, Melek Anne y el Café Pena en Edirne, Lütfi y los demás en Behramkale, Annette en Ayvalik, Mustafa en Bergama, Remzi en Foça y Talat en Alaçatı. Imogen, Cliff y mis colegas autores han sido como rocas con forma de periodistas y de editores. Gracias a Jen por enseñarme a jugar al *backgammon*, y *dankie* a Leigh-Robin por unirse a la aventura.

Brett Atkinson

Un agradecimiento particular a la acogedora y cálida comunidad kurda del sureste de

Anatolia. Un agradecimiento especial a Selin, Alison y Jale por su amistad y apoyo para con un 'kiwi' tan alejado de su tierra, y a todos los demás viajeros a los que conocí por el camino. Gracias a mis colegas de guía James Bainbridge y Virginia Maxwell por una gran noche en Estambul, al coordinador editorial Cliff Wilkinson, de Londres, y al trabajador equipo editorial y cartográfico de la central de Lonely Planet en Melbourne.

Jean-Bernard Carillet

Muchas gracias a Celil y a Osman, mis ángeles de la guarda, que hicieron todo lo que pudieron y más por ayudarme cuando se me averió el coche en plena estepa. También estoy en deuda con Zafer, Necmettin, Cumhur, Bülent y Ebubekir, por compartir conmigo sus conocimientos. Nuestro coordinador, el extraordinario James Bainbridge, merece una palmadita en la espalda por su paciencia y tenacidad. Muchas gracias también a Brett Atkinson y Will Gourlay. En Lonely Planet, un agradecimiento especial a Cliff por su atenta supervisión; a Laura, gurú del estilo; y al equipo de cartografía y producción.

Steve Fallon

Un çok teşekkürler especial para el 'oráculo' de Kaş, Jayne Pearson, y para mi socio y solícito compañero de viajes Mike Rothschild. Otros que me han ayudado durante el viaje son Mehmet Acar en Marmaris; Carrie y Şaban Akkelle en Çıralı; el personal del Arsuz Otel en Arsuz (Uluçınar); Phil Buckley en Kaş; İlknur İdrisoğlu en Dalyan; Yakup Kahveci en Kızkalesi; Sibel Romano en Reşadiye; Nermin Sümer y Aziz Tankut en Antalya; Emrah Tag en Side; e İrfan y Saffet Tezcan en Kaleköy (Kekova). En Londres, gracias a Ceyda Sara Pekenc y a la gente de Redmint Communications.

Will Gourlay

Gracias a Clifton Wilkinson por embarcarme en el equipo de Turquía otra vez, y gracias a Anna y al equipo editorial de Lonely Planet. En Turquía, Pat Yale ha sido de nuevo una valiosa fuente de información, además de compartir inspiradoras historias de Easter services en Mardin y compañía. Finalmente, gracias a Claire, Bridget y Tommy: siguen siendo mis compañeros favoritos para viajar por Turquía. ¡Repitamos pronto!

Virginia Maxwell

Muchas gracias a Pat Yale, René Ames, Tahir Karabaş, Eveline Zoutendijk, Saffet Tonguç, Ercan y Şenay Tanrıvermiş, Ann Nevens, Jennifer Gaudet, Özlem Tuna, Shellie Corman, Mehmet Umur, Emel Güntaş, Faruk Boyacı, Özen Dalgın, Selin Rozanes, Necdet y Ayse Bezmen, Atilla Tuna, y a todos los lugareños que compartieron conmigo sus conocimientos y su amor por la ciudad. Gracias también a mis colegas autores James Bainbridge, Brett Atkinson y Steve Fallon.

Brandon Presser

Un sentido çok teşekkürler a Haldun, Uğur y Damla (dondurma!), Muge, Figen (mi mamá turca), Nirvana, Angela, Selim y Tamera, Sinem, Kerim, Cumhur, Mehmet, Murat, los

ESTE LIBRO

Esta es la traducción al español de la decimosegunda edición de *Turkey* de Lonely Planet, documentada y escrita por James Bainbridge (coordinador), Brett Atkinson, Jean-Bernard Carillet, Steve Fallon, Virginia Maxwell, Brandon Presser y Tom Spurling. Will Gourlay ha escrito los capítulos *Historia, Arte, Arquitectura* y *Gente*. El capítulo *Salud* se basa en la investigación original de la doctora Caroline Evans. Tom Brosnahan ha investigado y escrito las cinco primeras ediciones de *Turkey*. La onceava edición es obra de James Bainbridge (coordinador), Brett Atkinson, Jean-Bernard Carillet, Steve Fallon, Joe Fullman, Will Gourlay, Virginia Maxwell y Tom Spurling. Esta guía fue encargada por la oficina de Lonely Planet en Londres.

VERSIÓN EN ESPAÑOL

GeoPlaneta, que posee los derechos de traducción y distribución de las guías Lonely Planet en los países de habla hispana, ha adaptado para sus lectores los contenidos de este libro.

Lonely Planet y GeoPlaneta quieren ofrecer al viajero independiente una selección de títulos en español; esta colaboración incluye, además, la distribución en España de los libros de Lonely Planet en inglés e italiano, así como un sitio web, www.lonelyplanet.es, donde el lector encontrará amplia información de viajes y las opiniones de los viajeros.

Gracias a

Mark Adams, Elisa Arduca, Imogen Bannister, David Connolly, Stefanie Di Trocchio, Janine Eberle, Joshua Geoghegan, Mark Germanchis, Chris Girdler, Michelle Glynn, Jocelyn Harewood, Lauren Hunt, Paul Iacono, Laura Jane, David Kemp, Lisa Knights, Nic Lehman, Shawn Low, Katie Lynch, John Mazzocchi, Wayne Murphy, Trent Paton, Adrian Persoglia, Piers Pickard, Lachlan Ross, Michael Ruff, Julie Sheridan, Laura Stansfeld, John Taufa, Sam Trafford, Juan Winata, Emily Wolman, Nick Wood

pródigos mosqueteros de Barbarbos, y a mis encantadoras compañeras de viaje: Yağmur y Justine. Muchísimas gracias a toda la gente de 'Lonely Planetlandia', sobre todo a Cliff, James e Imogen. Y gracias a Joanne por cuidar de que no perdiera la razón en un viaje que pasará a la historia como 'el viaje donde se pierde de todo'.

Tom Spurling

En Göreme tengo una deuda de gratitud con Mustafa, de Heritage Travel, y con Ali, de Kelebek. Gracias, como siempre, a Pat Yale por los comienzos. Todo mi cariño a Ruth por la alfombra y por cuidar de Lucy. En Ürgüp, ¡solo hay un Esbelli y un Suha! En Tokat, gracias a Tügce. En Ankara, gracias a Helen Mary por unirse a la fiesta. En Safranbolu, gracias a la gente de Gül Evi. En Estambul, enhorabuena a Dodger por sobrevivir al amor del hombre brutal. En 'Lonely Planetlandia' gracias a James, Cliff, los editores, los cartógrafos y al equipo editorial por vuestro espléndido trabajo. Y a Lucy y a Oliver: ¡Lo hemos conseguido!

RECONOCIMIENTOS

Los datos de los mapas climáticos se han extraído de Peel MC, Finlayson BL y McMahon TA (2007) *Updated World Map of the Köppen-Geiger Climate Classification, Hydrology and Earth System Sciences,* 11, 163344.

Fotografía de cubierta: cueva y playa de Kaputaş, Kalkan, Antalya, Turquía/Izzet Keribar, LPI. Gran parte de las imágenes que aparecen en esta guía está disponible con licencia de Lonely Planet Images: www.lonelyplanetimages.com.

índice

La **negrita** indica los mapas
El azul indica las fotografías;
los números romanos remiten
a los cuadernillos interiores
en color.

La **negrita** indica los mapas
El azul indica las fotografías;
los números romanos remiten
a los cuadernillos interiores
en color.

cómo utilizar esta guía

Simbología para encontrar el tema deseado:

- 👁 Puntos de interés
- 🎇 Fiestas y eventos
- ⭐ Ocio
- 🏃 Actividades
- 🛏 Alojamiento
- 🔒 Comercios
- 🚲 Cursos
- 🍴 Dónde comer
- ℹ Información/transporte
- 👉 Circuitos
- 🍺 Dónde beber

Atención a estos iconos:

- 🖐 Recomendación del autor
- GRATIS Gratis
- 🍃 Propuesta sostenible

Los autores han seleccionado lugares que han demostrado un gran sentido de la responsabilidad, apoyando a comunidades y productores locales, habiendo creado un entorno laboral sostenible o llevando a cabo proyectos de conservación.

Simbología de información práctica:

- ☎ Teléfono
- 🕐 Horario
- Ⓟ Aparcamiento
- ⊖ Prohibido fumar
- ❄ Aire acondicionado
- @ Acceso a internet
- 📶 Acceso wifi
- 🏊 Piscina
- 🥗 Buena selección vegetariana
- 📖 Menú en inglés
- 👶 Apto para niños
- 🐾 Apto para mascotas
- 🚌 Autobús
- ⛴ Ferry
- Ⓜ Metro
- Ⓢ Subway
- ⊖ London Tube
- 🚋 Tranvía
- 🚆 Tren

Las reseñas aparecen en orden de preferencia del autor.

Leyenda de los mapas

Puntos de interés
- Playa
- Templo budista
- Castillo
- Templo cristiano
- Templo hindú
- Templo islámico
- Templo judío
- Monumento
- Museo/Galería de arte
- Ruinas
- Lagar/viñedo
- Zoo
- Otros puntos de interés

Actividades, cursos y circuitos
- Submarinismo/buceo
- Canoa/kayak
- Esquí
- Surf
- Natación
- Senderismo
- Windsurf
- Otra actividad/curso/circuito

Alojamiento
- Alojamiento
- Camping

Dónde comer
- Lugar donde comer

Dónde beber
- Lugar donde beber
- Café

Ocio
- Ocio

De compras
- Comercio

Información
- Oficina de correos
- Información turística

Transporte
- Aeropuerto
- Puesto fronterizo
- Autobús
- Teleférico/funicular
- Ciclismo
- Ferry
- Metro
- Monorraíl
- Aparcamiento
- S-Bahn
- Taxi
- Tren
- Tranvía
- Estación de metro
- U-Bahn
- Otros transportes

Red de carreteras
- Autopista
- Autovía
- Ctra. principal
- Ctra. secundaria
- Ctra. local
- Callejón
- Ctra. sin asfaltar
- Zona peatonal
- Escaleras
- Túnel
- Puente peatonal
- Circuito a pie
- Desvío del circuito
- Camino de tierra

Límites
- Internacional
- 2º rango, provincial
- En litigio
- Regional, suburbano
- Parque marino
- Acantilado
- Muralla

Núcleos de población
- Capital (nacional)
- Capital (2º rango)
- Ciudad/gran ciudad
- Pueblo/aldea

Otros
- Cabaña/refugio
- Faro
- Puesto de observación
- Montaña/volcán
- Oasis
- Parque
- Puerto de montaña
- Zona de picnic
- Cascada

Hidrografía
- Río/arroyo
- Agua estacional
- Pantano/manglar
- Arrecife
- Canal
- Agua
- Lago seco/salado/estacional
- Glaciar

Áreas delimitadas
- Playa, desierto
- Cementerio cristiano
- Cementerio (otro tipo)
- Parque/bosque
- Zona deportiva
- Edificio de interés
- Edificio de especial interés

Steve Fallon

Antalya y el oeste del Mediterráneo, Este del Mediterráneo Steve considera Turquía su segundo hogar, y tanto es así que posee una casa en Kalkan y la mayor parte del personal de vuelo de Turkish Airlines que cubre la ruta entre Londres y Dalaman ya le tutea. Este trabajo le llevó desde Marmaris hasta Hatay, donde descubrió los placeres de las ensaladas de tomillo, los castillos que se elevan sobre el agua y el cristianismo temprano. Y aunque *Türkçe'yi hala mağara adamı gibi konuşuyor* (todavía habla turco como un hombre de las cavernas), solo dice cosas bonitas en su nueva lengua preferida.

Más sobre Steve en:
lonelyplanet.com/members/stevefallon

Virginia Maxwell

Estambul Tras trabajar muchos años como editora en la sede de Melbourne de Lonely Planet, Virginia decidió que sería más feliz escribiendo guías que encargándolas. Desde que tomó esa decisión, ha viajado a nuevos países para Lonely Planet, la mayor parte de ellos alrededor del Mediterráneo. Virginia conoce Turquía muy bien, y es un país al que ama de forma apasionada. Además de haber trabajado en las tres ediciones anteriores de la guía de este país, también es autora de la guía de ciudades *İstanbul* y de la guía de bolsillo *Estambul de cerca,* y escribe sobre dicha ciudad para un buen número de sitios web y revistas internacionales.

Más sobre Virginia en:
lonelyplanet.com/members/virginiamaxwell

Brandon Presser

Éfeso, Bodrum y el sur del Egeo, Oeste de Anatolia Tras licenciarse en Historia del Arte por la Universidad de Harvard y trabajar en el Louvre, Brandon cambió los lienzos de paisajes por los paisajes reales y se unió a las glamurosas filas del nomadismo eterno. Actualmente, Brandon es un escritor de viajes a tiempo completo: ha trabajado en 20 títulos de guías Lonely Planet, desde Islandia hasta Tailandia. Para este trabajo, Brandon viajó desde las frías y claras aguas del Egeo hasta las polvorientas carreteras secundarias de Anatolia; su aventura turca perdurará siempre en su memoria como un recuerdo inolvidable.

Más sobre Brandon en:
lonelyplanet.com/members/brandonpresser

Tom Spurling

Ankara y el centro de Anatolia, Capadocia Tom Spurling viajó por primera vez a Turquía en el 2003 para pasar la temporada baja en Olympos mientras esperaba que allí llegara la temporada alta. Para la edición anterior de Turquía recorrió el Mediterráneo acompañado de su mujer embarazada y sus constantes mareos. Para esta edición ambos han vuelto con el pequeño Oliver, que se sintió especialmente inspirado por las ruinas hititas del centro de Anatolia. Cuando no está viajando, Tom vive en Melbourne y enseña a los muchachos de instituto a aprovechar sus vacaciones de la mejor manera posible.

Más sobre Tom en:
lonelyplanet.com/members/tomspurling

Will Gourlay

Historia, Arte, Arquitectura, Población Visitante asiduo de Turquía, Will pisó por primera vez Estambul hace casi veinte años. Su primera larga incursión en el país le llevó a través del sureste de Anatolia y a Siria. Regresó al cabo de poco para impartir clases durante un año en İzmir, donde descubrió las delicias del *İskender kebab* y los peligros del *rakı.* En sus viajes más recientes ha ido acompañado de su mujer y sus hijos, que están cada vez más obsesionados con Turquía de lo que él lo está. Actualmente, Will está llevando a cabo una investigación doctoral sobre la cultura y la sociedad turca.

LOS AUTORES

James Bainbridge

Autor coordinador; Tracia y Mármara, İzmir y el norte del Egeo Para James, en los últimos años todo ha girado en torno a Turquía. Mientras coordinaba la edición anterior de *Turquía*, se documentó sobre Capadocia y el centro de Anatolia, y luego se puso a escribir sus notas manchadas de kebab en su casa de Hackney, un enclave turco en Londres. Para esta edición se trasladó a Estambul. Cuando no ha estado aprendiendo sufijos en un curso de turco o sentándose entre artistas en los cafés de moda de Cihangir, ha estado escribiendo sobre la ciudad para publicaciones de todo el mundo. Su trabajo de viajes sobre Turquía y otros países, desde India a Irlanda, ha aparecido en una decena de guías Lonely Planet y de publicaciones, incluidos *The Times* y *The Guardian*.

Brett Atkinson

Costa del mar Negro y montañas Kaçkar, Sureste de Anatolia Desde su primera visita a Turquía en 1985, Brett Atkinson ha vuelto regularmente al que es uno de sus países favoritos. Entre sus mejores momentos se incluyen viajar en globo por Capadocia, descubrir los conmovedores restos de Ani y Afrodisias, y pasar su luna de miel con Carol en Estambul. En su viaje de documentación para esta guía visitó por primera vez el sureste de Anatolia, y el asombroso paisaje, la cultura kurda y la excelente comida de la región no le defraudaron. Brett ha escrito sobre más de cuarenta países diferentes como autor de guías y escritor de viajes. Véase su sitio web www.brett-atkinson.net.

Jean-Bernard Carillet

Noreste de Anatolia A Jean-Bernard, un periodista y fotógrafo instalado en París, le apasionan los rincones remotos y las regiones repletas de aventuras, por lo que no es extraño que continúe volviendo al noreste de Anatolia. Ya ha viajado cinco veces hasta allí, y cada vez la zona le ha hechizado un poco más (a pesar de un par de importantes averías en los automóviles de alquiler). Buscar iglesias y castillos perdidos en la estepa o colgados en lo alto de acantilados, escalar cimas majestuosas (incluido el monte Ararat), hacer excursionismo por las Kaçkar o hacer *rafting* por el río Ispir: para Jean-Bernard no hay mejor lugar de diversión.

PÁGINA MÁS
ANTERIOR AUTORES

[Anotaciones manuscritas:]
1° → 416 km. 15 lt. 20 Oct.
2° → 527 km / 49 lt 21-Oct
3° → 235 km. 27-Oct.
4° → 800 km
5° →

geoPlaneta
Av. Diagonal 662-664. 08034 Barcelona
viajeros@lonelyplanet.es
www.geoplaneta.com · www.lonelyplanet.es

Lonely Planet Publications (oficina central)
Locked Bag 1, Footscray, Victoria 3011, Australia
☎ 61 3 8379 8000 · fax 61 3 8379 8111
(Oficinas también en Reino Unido y Estados Unidos)
talk2us@lonelyplanet.com.au

Turquía
6ª edición en español – julio del 2011
Traducción de Turkey, 12ª edición – marzo del 2011
1ª edición en español – noviembre del 2001

Editorial Planeta, S.A.
Con la autorización para la edición en español de Lonely Planet
Publications Pty Ltd A.B.N. 36 005 607 983, Locked Bag 1, Footscray,
Melbourne, VIC 3011, Australia

ISBN: 978-84-08-09796-9
Depósito legal: B. 23.419-2011
Textos y mapas © Lonely Planet 2011
© Fotografías 2011, según se relaciona en cada imagen
© Edición en español: Editorial Planeta, S.A., 2011
© Traducción: Raquel García, Victoria Gutiérrez, Bet Nonell, Sergi Ramírez, 2011

Impresión y encuadernación: Liberdúplex
Printed in Spain – Impreso en España